宋美龄全纪录

寿韶峰◎编著

上卷

中国文史出版社

图书在版编目（CIP）数据

宋美龄全纪录：上下 / 寿韶峰编著. – 2 版. – 北京：中国文史出版社，2020.7

ISBN 978-7-5205-1072-1

Ⅰ.①宋… Ⅱ.①寿… Ⅲ.①宋美龄（1897～2003）– 传记 Ⅳ.① K827 = 7

中国版本图书馆 CIP 数据核字（2019）第 086384 号

责任编辑 / 蔡晓欧 薛未未

出版发行 / 中国文史出版社
图片提供 / 国民党党史馆王铭石先生授权
英国 gettyimages 图片网授权
长城出版社（解放军画报社）授权

社　　址 / 北京市海淀区西八里庄 69 号院 邮编：100142
电　　话 / 010–81136606 81136602 81136603（发行部）
传　　真 / 010–81136655
印　　装 / 北京新华印刷有限公司
经　　销 / 全国新华书店
开　　本 / 787 × 1092 1/16
印　　张 / 74.25 字数：580 千字
版　　次 / 2020 年 7 月第 2 版
印　　次 / 2020 年 7 月第 1 次印刷
定　　价 / 289.00 元（上下卷）

Foreword 前言

公元2003年10月23日，已是百岁老人的宋美龄在纽约曼哈顿寓所中去世。一朵历尽风雨沧桑的红玫瑰在阅尽世间荣辱繁华后，飘然零落……

百年历史，风风雨雨，似乎早已在漫长的异国隐居生涯中静静消逝。笃信基督教的宋美龄晚年经常说的一句话就是："上帝让我活着，我不敢轻易去死，上帝让我去死，我决不苟且地活着。"

可是历史不会忘记，这位曾经的中国"第一夫人"，当年是如何的风华绝代、万众瞩目。她拥有与生俱来的聪明、美丽和手腕，有中国第一家族的光耀和特权，有他人无法企及的美国背景与智识。她牢牢抓住机会，在政治舞台上尽展英姿，成为中国近代百年史上最有影响的女人，而美国人更是认为，把宋美龄称为20世纪全球最有影响力的女性"毫不过分"。

在20世纪20年代灾难深重的中国，渴望权力，或者用她自己的话来说是"渴望为国家做点事"的宋美龄选择了成为蒋介石的夫人。她可以安然享受奢华的生活，引领上海滩十里洋场的洋装风尚，也敢于冒着血雨腥风，穿着卡其布衣服到淞沪战场前线慰问将士；她可以为保护二姐宋庆龄怒斥蒋介石，也会在1971年因为不愿和代表中国大陆的宋庆龄见面，而忍心不参加哥哥宋子文在美国的葬礼。这看似矛盾的一切，都源于她性格中的倔强好胜。这种好胜的精神最终让宋美龄在蒋经国接班，自己失去"第一夫人"的光环后，便远赴美国，销声匿迹，过一种与她与生俱来的性格难以契合的隐居生活。

1897年，宋美龄出生在上海滩的一个传教士兼富商家庭。她是幸运的，父亲宋耀如经过艰辛奋斗，此时已是百万富翁。在当时女性以"无才便是德"的时代，家庭却为她提供了比一般人更优越的学习环境和中西合璧的教育。

宋美龄5岁就被送入中西女校就读，年仅10岁，就远渡重洋，和姐姐一起被送到美国的贵族学校读书，接受了十年完整的西方教育，从而拥有了较为宽广的国际视野，她的价值观、思维方式甚至生活方式都深深地被打上美国烙印。

虽然宋美龄在美国的大学里说过"只有我的脸像个东方人"，可是父亲的一纸家书，还是让宋美龄立即动身告别异域生活，回到那个战乱不休已是满目疮痍的东方大国。那时候两个姐姐的婚姻已使得宋家成为

举国瞩目的家族，宋美龄当然不甘寂寞，她除了尽情享受上海滩的奢华贵族生活，也开始在时代的风云际会中展现自己敏睿的智识。

一直想“嫁个英雄”的宋美龄在30岁的时候，终于如愿以偿，成为蒋介石的夫人。于是，一条政治纽带把孔家、宋家两大财团与“蒋氏王朝”联结在一起。

妻以夫贵荣，恰是这层关系，让宋美龄在那段血雨腥风的年代里，用自己的智识化解着层层干戈与矛盾。她组建“航空委员会”，又请来陈纳德，组建“飞虎队”。第一次见面后，这位美国退休军人就发誓要为自己心目中“永远的公主”效力。

“西安事变”是宋美龄面临的第一个重大难关，她幸运地成功了。当她带着被张学良和杨虎城软禁了两星期的蒋介石回到南京时，享受到了前所未有的欢呼和赞誉。南京政府的要员们纷纷赞扬蒋夫人临危不惧、深入虎穴的精神。甚至国际上也传扬着这位中国“第一夫人”的事迹。美国外交官约翰·佩顿·戴维斯就说过，中国的这位“第一夫人”在西安表现出“具有一种要是在前一个时代就会把她推上王位的气质”。

宋美龄的锋芒在20世纪的政治舞台上可谓耀眼。1937年7月“卢沟桥事变”后日本全面侵华，在全民族面临空前劫难和考验的时候，她用自己出众的才华和超卓的智能在抵抗外侵的战场上挥毫泼墨。组织妇女慰劳活动、救助难童、前线慰问、电台和报纸宣传，“第一夫人”如旋风般奔波各地，不知疲倦。1938年国民政府人员从武汉撤往重庆，她甚至比蒋介石都走得晚。

宋美龄是一流的外交专家。1943年她在北美大陆刮起了一股强劲的“蒋夫人旋风”，成为第一位在美国国会发表演说的外国女性，随后马不停蹄，展开“征服美国”的全美巡回演说。从纽约到芝加哥，从旧金山到洛杉矶，宋美龄用自己优雅的仪态、流畅的英语和诚挚的感情，向美国民众宣传中国的艰苦抗战，呼唤支援。她的成功是巨大的，除了大量的军火援助，美国国会还废除了延续60年的《排华法》。

开罗会议上，在男性政权中，宋美龄独领风骚，成为全世界最受瞩目的杰出女性。一时间，在世人眼里，宋美龄成了中华民族的代表，成了反侵略国家的代言人。

抗战的几年，几乎耗尽了“第一夫人”的精力，以至于当1945年8月最后的胜利来临时，宋美龄正在美国治疗她那严重的神经衰弱症。

1948年底，在国共战场上面临全线溃败的蒋介石把全部希望寄托到美国盟友身上，宋美龄只好再次出马，飞往美国。

可是事异时移，这次宋美龄遭到了白宫的冷遇，杜鲁门总统对她的陈述只是“同情地予以倾听”，然后表示美国给蒋介石政府的援助总额已超过38亿美元，离美国的承诺援助额40亿美元已经很接近了。

她希望用自己诚挚的真情和动情的词藻再次感动美国，可她的努力收效甚微。当“金陵王气黯然收”时，她便再也无缘踏上祖国大陆的领土一步。对于深恋这片国土的宋美龄来说，其景堪惊，其情堪凄。

“无可奈何花落去”的凄凉，宋美龄可谓体味最深。1950年1月，宋美龄离美赴台。当时的台湾国民党政府可谓风雨飘摇，朝不保夕，夫人甘愿到岛上共患难，蒋介石感动异常。然而风云变幻带给宋美龄的是“西北望长安，可怜无数山”的凄凉境遇，所以到台湾后的她更多地移情于作画，只有移情其中，她才会淡忘曾经的耀眼与如今的幻灭。

此后的宋美龄也不断往美国活动，无奈大势已去，风光不再。联合国被逐、蒋介石病逝、蒋经国掌权，不断的打击让已是“老夫人”的她心灰意懒，若“失根的兰花”飞往美国，隐居在晨宵喧闹的纽约。

晚年的宋美龄虽然长居美国，不再过问政治，但一直坚决反对“台独”。蒋经国去世时，尚在台湾的宋美龄曾致信国民党中央，试图阻止李登辉上台。后来在1995年，她还在一份书面发言中向台湾当局呼吁，海峡两岸“最后的和平统一”，尚有待大家从海内外和各个领域岗位来协力完成，希望大家不要忘了复兴民族的重责大任。

世事如棋，风云变幻。见证了中国近现代史上无数惊心动魄的重大史实，见证了国家内战和长期分裂的宋美龄以平静安详的方式告别了人世，一朵阅尽世间沧桑的红玫瑰在历史的长廊里早已化作永恒。

第一章 宋父起家

正是美丽的文昌县城，孕育出一个又一个传奇性的人物，数百年前，清官海瑞从这里走出，在中原大地写下了“青天”的美名。几百年后，一个懵懂的少年从这里登船，前往大洋彼岸陌生的国度。这个少年就是“宋氏王朝”的创始人——宋耀如。

第二章 童年生活和教育

宋美龄小时候一直是一个活泼可爱的小女孩，然而比起两个姐姐，她活泼的外表下却有着一颗敏感的心。儿时的印象是十分深刻的，很长时间里宋美龄都无法摆脱这种挫折感。类似的事件使得她很难与他人推心置腹、和睦相处，在自卑中产生的尊严，使她容易激动、盛气凌人，让人觉得高不可攀。

第三章 在美学习和初恋

宋美龄心中除了爱情的甜蜜，还有些许疑惑。在她看来，爱情应该是伟大的、壮丽的、轰轰烈烈的，自己的爱人，也应该是一个无所不能的大英雄。然而，刘纪文只是一介书生，他所给予宋美龄的只有爱情。

第四章 两个姐姐的婚姻

上海，时尚的中心。宋美龄身着洋装出入于各种社交场合，引领着上海滩十里洋场的风尚。一些纨绔子弟兴起了追求之风，然而比对两个姐姐的婚姻，宋美龄越来越觉得刘纪文离自己理想丈夫的标准相差甚远，这些纨绔子弟更难入宋美龄的慧眼。

第五章 蒋介石漫长求婚

“余今无意政治活动，惟念生平倾慕之人，厥唯女士。前在粤时，曾使人向令兄姊处示意，均未得要领，独对女士才华容德，恋恋终不能忘，但不知此举世所弃之下野武人，女士视之，谓如何耳？”一位英雄向自己投下了倾慕之情，宋美龄在那一刻心动了。

第六章 蒋宋联姻

其实将宋美龄的美貌暂且抛置一边，她独有的显赫地位，她的西方关系，她广泛的社交关系，宋家庞大的财产，她与孙中山的关系，对于权力欲极重的蒋介石来说，一个宋美龄早已赛过了二十个陆军师。

第七章 正式成为“第一夫人”

对宋美龄来说，幸福绝不仅仅是嫁给了一个有权有势呼风唤雨的丈夫，更重要的是，自己要有自己的事业。在宋美龄看来，“第一夫人”绝不仅仅是一个好听的头衔，“第一夫人”要成为宋美龄所代表的一切。

第八章 伴夫四处征伐

为了笼络人心，蒋介石经常与他的同僚举行饭局，而每一次蒋介石都坚持宋美龄与他一起出席，宋美龄也常常扮演女主人的角色，虽然她往往是座中唯一的女性。这种接待，展露了宋美龄的交际才能，弥补了蒋介石与这些政要打交道时的缺陷，取得了日常政治活动所起不到的作用。

第九章 开始独当一面

“新生活运动”是20世纪30年代中期的一场全国性运动，由蒋介石和宋美龄亲自发起，号称要改造社会道德和国民精神，用蒋介石的话来说，它是国民党政府在20世纪30年代所进行的遍及全国的“精神方面的重大战争”。

然而，在当时的中国环境下，劳苦大众连基本的生活都无法保障，再提“新生活”只能是一种奢侈。

第十章 多方协调家族关系

曾经在国外留学时的姐妹间的亲密，随着年长后政见的不同，而越来越缺少温情了。繁忙的工作之余，宋美龄最关注的就是一家人的感情。二姐庆龄一直是美龄的心病。

宋子文和孔祥熙是蒋介石的“摇钱树”，然而财政部长的位置只有一个，两个人总是在“你方唱罢，我方登场”的“游戏”中轮换着，而宋美龄在其中起着调解的作用。

第十一章 “西安事变”爆发

蒋介石被扣西安。面对张学良停止内战、一致抗日的劝谏，软禁中的蒋介石以绝食相抗。

消息传到南京政府，犹如一个晴天霹雳，宋美龄惊呆了。宋美龄在国民党中央临时常务会上号啕大哭，赢得了大多数人的同情，接着义正词严地训斥了何应钦，宣布自己将亲自飞往西安谈判，营救委员长，众人目瞪口呆。

第十二章 和平解决“西安事变”

南京政府的要员们纷纷赞扬蒋夫人的临危不惧、勇闯虎穴的精神。蒋介石的幸存似乎成了民族和国家的大喜事，也成了宋美龄的一大功绩。甚至国际上也传扬着这位中国“第一夫人”的事迹。美国的《时代》杂志还把宋美龄和蒋介石评为当年的“新闻人物”。

第十三章 投身抗战

抗战时期，宋美龄的身影活跃在国内和国外的媒体面前，尽其所能寻求人们对中国抗战精神和物资上的援助。她出任“全国妇女慰劳总会”的领导人和中国航空委员会秘书长，通常每日工作达十几个小时。她是中国历史上第一个进行现场直播的人。

第十四章 “空军之母”

宋美龄凭借她特殊的身份和活动能力，请来陈纳德组建“飞虎队”，为中国的抗战事业做出了贡献。

宋美龄对于中国早期空军的贡献，蒋经国曾有过这样的评述：“对于北伐以后的革命事业，老夫人……确实有莫大的贡献，尤其是中华民国空军与民航的建立与发展，以及促进中国的国际关系，提升中国的国际地位，老夫人的确是功不可没，我相信未来历史自然会有公评。”

第十五章 三姐妹再携手

烽火连天的岁月里，因为抗日，三姐妹重聚在一起。

在亲人面前，大家都无所顾忌，尽情享受着这团圆的欢乐。可是当时谁也没有想到这会是最后一次全家团聚。随着抗战后国共内战的爆发和蒋介石政权在大陆的失败，一家人分散四处，或在美国，或在港台，只有宋庆龄还在中国大陆，不要说全家团聚，就连见上一面都是难上加难。

第十六章 访问印度再入新疆

1942 年 2 月 5 日，蒋介石偕宋美龄访问印度。

尼赫鲁称蒋介石和宋美龄的访问“是一个具有历史意义的伟大事件，象征中印两个伟大民族的友好和未来的同志关系”。印度民众认为他们的访印可以“增厚中印友谊，亦且促进印人对日觉悟”。国大党党报及各大报分别发表社论，赞扬蒋介石和宋美龄“不辞劳苦，顾及中印友谊及世界前途，远道飞行，令人景仰，更盼随时指导”。

第十七章 轰动全美的访问

宋美龄在美国公众面前所展示的魅力和智慧，像一股旋风一样席卷了华盛顿。美众议院外交委员会主席勃罗姆说：“蒋夫人演讲时态度之优雅，解释世界局势之透彻，运用英语之流利灵巧，不但使每一听众能了解其意义，且能与其抱取同一见解，莅美外宾之影响美国民众者，从无若蒋夫人之甚！”宋美龄成了中美 160 年交往史上第一位到美国国会演讲的人。

第十八章 开罗会议风采

在开罗会议上，宋美龄在男性政权中独领风骚。她在会议中与蒋介石、罗斯福、丘吉尔平起平坐，三巨头高峰会变成四巨头会议，会议的官方照片即有三巨头和四巨头两种。

第十九章 史迪威事件

宋美龄长于交际，她深切了解沟通谈判的重要性，而对于沟通的技巧、谈判的艺术，事实上宋美龄已经运用自如，她始终认为在外交工作中沟通协调是最重要的一环。

抗战时期，在蒋介石和史迪威之间，宋美龄扮演着调解和沟通者的角色。然而，在两个对彼此都已厌恶到极点的人中间周旋，结果不是两败俱伤就是一方离弃。

第二十章 抗战胜利回南京

八年抗战，在最后的一年里，熟悉世界局势的宋美龄早已知道抗战必胜，她已经为之耗费了大半的精力，尤其是在美国参战、援助中国之前。现在姗姗来迟的胜利，反而没有给她以惊喜之感。8月14日，她在美国发表了《胜利播讲》。

第二十一章 在大陆全面溃败

然而就在蒋氏夫妇沉浸在一片祥和之气中时，蒋介石精锐的74师被人民解放军全歼。消息传到溪口，震惊笼罩了蒋介石。

看到国民党军事上节节败退，陈布雷惆怅空虚，“饱受刺激”，自杀身亡。陈布雷的死，似乎预示了“蒋家王朝”在大陆统治的终结。

第二十二章 赴美乞援

外交手腕灵活的宋美龄再次前往美国，将美国当成“救世主”的她期望能像1942年一样在美国掀起宋氏旋风，再次获得美国热情的援助。

这一次，美国人并没有给“第一夫人”面子，宋美龄处处碰壁，昔日高贵的公主受尽冷落。更令宋美龄哭笑不得的是，外交上毫无收获的她却被全美艺术协会评选为“全球十大美人之一”，《纽约时报》说“蒋夫人的鼻子为世界最美”。

第二十三章 偏居台岛

蒋介石败退台岛，1950年1月，宋美龄也从美国来到台湾。3月，蒋介石宣布“复职”，宋美龄又当起了这个“小朝廷”的“第一夫人”。她面临的最重要的任务，就是环岛劳军，掌握台湾的妇女工作，使其成为“反共复国”的重要工具。

第二十四章 频繁赴美

20世纪50年代的台湾局势暧昧不明，蒋介石发现美国已经不仅仅是“限制”自己的“政府”，甚至产生了直接的“威胁”。在这种矛盾重重的政治局势中，宋美龄的作用越来越重要，她与美国人周旋的手腕，是台湾外事部门的行政官僚们难以相敌的。宋美龄又一次活跃在了美国的舞台上。然而，台湾只是美国在太平洋上一艘不沉的“航空母舰”。动人的演讲、华美的词句，都只不过是过眼云烟。

第二十五章 多方插手台湾政事

从联大驱蒋到尼克松访华，以及此后的一系列“断交”事件，在较长的时期内宋美龄在各种文章和讲话中对联合国不断进行攻击、指责。

台湾已是风雨飘摇，而蒋介石更加一蹶不振，从此缠绵病榻。昔日的“第一夫人”，如今盘踞孤岛，心中凄苦难言。而让她更加黯然神伤的是，蒋介石“大位传子”的思想愈加急切，她自己再也不能风光无限地站在蒋介石身边了。

第二十六章 士林官邸老夫妻

宋美龄郁郁寡欢。为了修身养性，也为了排遣心中的烦闷，宋美龄开始学画画。那个风雨飘零的日月里，能独辟心境，寄情画作，也可看出宋美龄坚强的一面。宴请宾客时，蒋介石常常命人将宋美龄的画张挂在壁间，脸上充满了自豪，只等来宾一一赞叹，而宋美龄也带着谦虚的笑，虽然她的目光中明显地流露着自得。

第二十七章 蒋介石病逝

年少夫妻老来伴。不管当初促成宋美龄婚姻的原因是什么，五十年的共同生活，宋美龄对蒋介石的感情不可谓不深。接下来的风云变幻更让宋美龄感到，台湾非久居之地。尽管一部分支持宋美龄的政客试图奉宋美龄为蒋介石的继承者——这条路宋美龄未必不乐意走，她对政治始终有着浓厚的兴趣。宋美龄如一棵“失根的兰花”从此乘风远扬，终老异邦。

第二十八章 蒋经国接班

蒋经国，一个复杂的人物，他和父亲蒋介石有着既矛盾又亲密的感情。他曾经激进，意气风发，是“改革派”的一员，但最后还是继承了父亲的“事业”，小心翼翼地维护着自己的权力。或许这一切都无法盖棺定论，历史人物就是因为其复杂性，才会让后人一再猜测追问。

第二十九章 送别“蒋家王朝”

蒋经国的去世，不仅标志着一个时代的结束，更是“蒋氏王朝”的结束。宋美龄悲戚万分。她的悲戚，不仅是为蒋经国，更是为了“蒋氏王朝”的凋零。

比起蒋家在政治舞台上的消失，更让宋美龄感到痛心的是，自从蒋介石去世后，蒋家的子孙辈人又多早死，自己不断地经历着白发人送黑发人的哀伤。

第三十章 终老纽约

随着世事变迁，沧桑远去，宋美龄逐渐淡忘世事，隐居在异国他乡看尽庭前落花。寄情于画作，在《圣经》中体味时代的哀伤。纵观历史沉浮，荣辱繁华都已随风而去。凉夜如井，古道扬尘，弹指一挥间，白了头，百年光阴瞬间逝。一个享尽繁华、阅尽灿烂缤纷的老人“独上高楼，望断天涯路”，也终在异国他乡逐香尘远去。

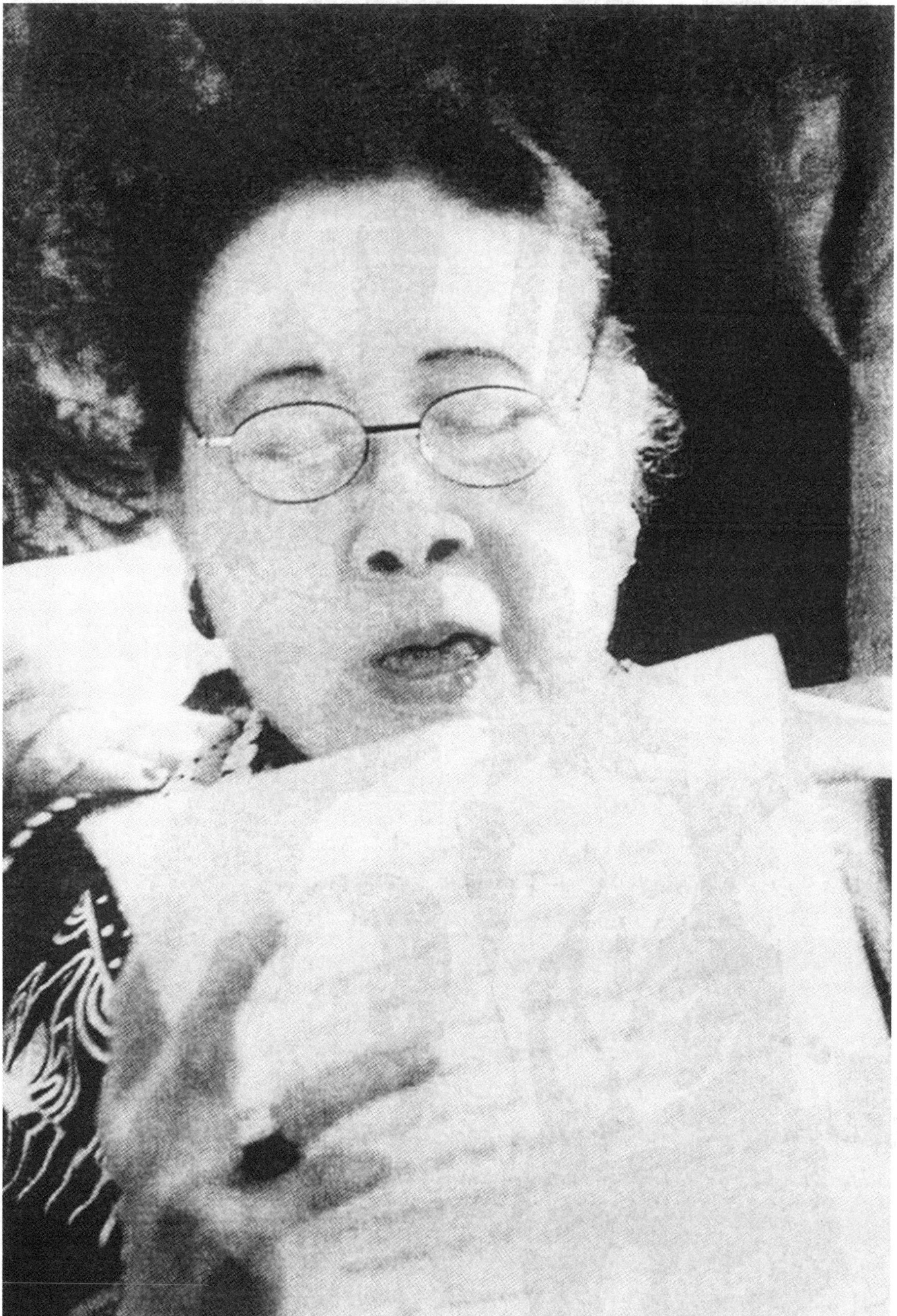

宋美龄自述

……以往的几十年，
在蒋先生和我相伴的几乎半个世纪之中，
我所思所念大部分都是回忆个别以及一连串的种种事件，
如同万花筒似的在我心中闪过。
虽是如此，我必须说，
我也很深刻地回想某些成就所带来的欢欣和满足……

01

宋父起家

在风光旖旎的海南岛上，文昌县犹如一颗明珠，镶嵌在名山秀水中，背靠的黎山笼罩着葱翠润泽之气，面朝的大海清风宜人，一派瑰丽的热带风光。正是美丽的文昌县城，孕育出一个又一个传奇性的人物，数百年前，清官海瑞从这里走出，在中原大地写下了“青天”的美名，留下了荡不尽的浩然正气和一身傲骨清风。几百年后，一个懵懂的少年从这里登船，前往大洋彼岸陌生的国度，开始了在异国他乡的打拼。这个少年就是“宋氏王朝”的创始人——宋耀如。

他是最早的中国人传教士

公元1886年的上海，正日益成长为"冒险家的乐园"，殖民者和传教士纷至沓来，暴发户和帮会纷纷涌现。黄浦江上轮船来往，外滩边新的大楼不断崛起，各式各样的工厂和洋行如雨后春笋般创办起来。中西交汇，龙蛇混杂，各种势力交相碰撞。

7月的一天，上海外滩英租界，一群中国人正在公开集会。虽然是早上太阳刚出来，但闷热的天气已让人冒出汗来。集会的参加者显然有些特别，不少人在这大热天也是西装领带，衣着严整，为首的几个人手捧《圣经》，神情肃穆。

其中的一位青年牧师，个子矮小，皮肤黝黑，但眼睛明亮有神，正用激昂有力的语言发表着演说。简短的演说后，他在人群的呼应声中高高举起一块用硬纸板制成的标语牌，上面用中英文写着："请取下侮辱我们的牌子！"

这是一次公开要求摘除外滩公园那块"华人与狗不得入内"牌子的抗议行动，参加抗议行动的人，大多是中国第一个归国留学生会社——留美学人会的成员。

这时旁观的群众开始多了起来。大家虽然对身着西装、剪着短发不留辫子的青年牧师感到新奇，一时间议论纷纷，但听到他号召大家起来捍卫中国人的尊严时，立刻大声叫好，掌声不断。

马上有人提议到英国领事馆门前示威游行，大家齐声响应。队伍由留美学人会成员组织和引导，青年牧师走在队伍的最前列。这时从英国领事馆内冲出来的印度巡捕开始驱散示威人群。场面开始混乱起来，喊叫声和打闹声不断。面对巡捕的棍棒，青年牧师镇定自若，不躲不闪，手持《圣经》，反复地吟诵着《新约全书》中的一段话："使我们胜了世界的，就是我们的信心。"

这位年轻勇敢的牧师名叫宋耀如。当时，他刚从美国留学归来，受美国基督教会的派遣，到上海参与传教活动。

宋耀如虽然幼年即随亲属赴美，并在长期的旅美生涯中养成了美国化的生活习惯和思维方式，但仍然有强烈的爱国心和民族感情。充满激情和理想的他不能忍受租界当局对中国人的歧视，回国不久就和留美学人会的朋友们组织了这次示威活动。

宋耀如等活动组织者很快被带到了租界的管理机构——工部局。面

∧ 上海外滩公园一角，英国人就是在这里挂起了侮辱华人的“华人与狗不得入内”的牌子。

对洋人官员，宋耀如用流利的英语侃侃而谈，义正词严地要求租界当局不得侮辱广大中国人民。

靠着自身坚强的信念和众多围观的中国群众的声援，以及租界当局对宋耀如等人美籍牧师身份的忌惮，这次示威活动达到了部分目的。租界工部局不得不宣布，外滩公园只有“狗与自行车不得入内”的那块牌子是被允许的。

虽然自己组织的活动产生了不小的影响，也取得了成功，但宋耀如仍然感到压抑。清朝廷的腐败、国民的愚昧和社会的全方位落后，让这位一心想用基督精神来拯救中国的年轻人备感失落。而派遣他到上海传教的美国南方卫理公会并不重视像他这样的中国传教士，只给他安排了一个低级职司。想到自己在美国这么多年艰辛飘零、发奋学习，回国后还是遭受如此待遇，总是闷闷不乐。

宋耀如出生在海南岛文昌县，原名韩教准，他的父亲是韩鸿翼，夫人王氏，生有三男一女，他是第二个儿子。由于家境困难，9 岁时随哥哥韩政准到爪哇一个远房亲戚处当学徒。1878 年初，他在爪哇遇到了一位姓宋的堂舅。这位堂舅原在美国加州当华工修筑铁路，后来跑到东岸波士顿开设了一家专售中国丝茶的小店，他在海南岛探亲后返美途中经过爪哇，见当时的韩教准聪明勤快，又能吃苦，就带上了他一起远渡“新大陆”。

韩教准到了波士顿之后，他的堂舅很喜欢他，加上堂舅年纪大了也没有孩子，就把韩教准收为儿子，改姓宋，取名嘉树。耀如则是后来到上海后他自己取的号，因为他的朋友和革命伙伴经常以此称呼，反而更为知名。

> 清末上海的外国传教士。

宋耀如就在养父的丝茶店里帮工当店员。为了宋耀如较快地学会英文，养父为他请了一位英语教师，这位教师不只教他英语，还时常讲些美国林肯总统的故事。宋耀如也渐渐知道了美国内战★、林肯总统“民有、民享、民治”的民主思想，受到了民主思想的启蒙教育，为他后来投身于孙中山领导的革命党事业打下了最早的思想基础。

★美国内战

1861年4月至1865年4月，美国南方与北方之间进行的战争。北方领导战争的是资产阶级，战斗力量是广大工人、农民和黑人。在南方，坚持战争的只是种植场奴隶主，他们进行战争的目的是要把奴隶制度扩大到全国，北方目的则在于打败南方，以恢复全国统一。经过近4年的征战，1865年初，奴隶纷纷逃亡，种植场经济濒于瓦解。4月9日，南北战争终止，美国恢复统一。

当时有些清政府选派赴美就读的幼童留学生常从麻州剑桥越过查尔斯河到波士顿他养父的店铺里买东西，大家年纪相若，有共同语言，所以经常一起聊天。天长日久，他和其中名叫牛尚周和温秉忠的两名留学生成了好朋友。牛尚周和温秉忠本是表兄弟，三人的关系非常融洽。牛、温两人常劝宋耀如找机会到学校念书，增进知识，将来也好为祖国效力，至少可以回国后找个理想的工作。宋耀如对他们的鼓励牢记于心。后来他们都回了国，三人还结成了连襟，世代交好，传为佳话。

宋耀如想要念书，可是这个想法让他的堂舅兼养父很不高兴。他把宋耀如训斥了一顿，不准他上学，命令他好好学会做买卖，把店铺经营好。可是这时的宋耀如已不再是到美国前的那个不谙世事的小孩子了，在美国潜移默化所受的影响和知心朋友的劝告发挥了作用。考虑了几天后，富有理想又性格倔强的宋耀如不甘心就这样一辈子与丝茶货物为伍，终于选择了像一些美国男孩那样离家出走。他偷偷跑到波士顿港口一艘美国国税局缉私船“亚伯特·加拉廷”号上躲起来，39岁的挪威裔船长查理·琼斯被他不甘平庸、勇于追求的精神所感动，收留了他，让他在船上

∧ 宋耀如渴望改变自己的命运，答应了里考德牧师将其培养成一名传教士兼医生的要求。当时在中国的传教士已形成了庞大的势力。图中即是部分在华传教士的合影。

干活。不久，船长琼斯被调至北卡罗来纳州温明顿的另一艘国税局缉私船"舒勒·柯法克斯"号，宋耀如也随后跟了去。

勤快聪明的宋耀如很快赢得了琼斯船长的好感和喜爱，他待宋耀如有如亲子，并教他信仰基督教。

船长的好友、内战退伍军人罗杰·穆尔上校是美国南方卫理公会的重要人物，负责男子读经班，为了帮助宋耀如实现进入学校念书的愿望，琼斯船长找机会把宋耀如带到了穆尔上校那里。穆尔上校又把宋耀如介绍给南方卫理公会的头面人物里考德牧师。里考德对这个东方男孩产生了兴趣，打算将宋耀如改造成一个医生传教士，使他在回到东方大国——中国之后，既能行医又能传教，治病又救人，一举数得。宋耀如自己也渴望掌握一门学问，来改变自己的命运，就同意了里考德牧师的安排。

于是在1880年，宋耀如正式受洗为基督徒。为了表示对琼斯船长的敬意，宋耀如以查理·琼斯·宋为教名。

1881年4月，穆尔上校和里考德牧师把宋耀如送到北卡州三一学院（杜克大学前身）学习，并请求杜克大学创办人之一的朱利安·卡尔将军负担宋耀如的学费。卡尔将军是联邦军的军人，当地著名的纺织企业家和慈善家，他一口答应了此事。卡尔将军的这一善举不但从此改变了宋耀如的一生，甚至可以说在相当程度上改变了近代中国的历史。

卡尔将军给宋耀如留下的影响是深刻的。宋耀如喜欢称他作“卡尔父亲”，从卡尔身上他学到很多东西，甚至几十年后他还效仿着卡尔的生活方式，也喜欢模仿卡尔的一些习惯性动作。同时，身为纺织企业家的卡尔将军还给了宋耀如一些非常有效的商业知识和做生意时准确判断的能力，培养了他作为企业家的职业本能。

当然，宋耀如的主要任务是学习神学，他在三一学院苦练英文，勤读《圣经》。一年后转学到田纳西州纳希维尔的范德比特大学神学院。他在范德比特读了三年神学，于1885年5月毕业。宋耀如的学业是出色的，当时他本人想留在美国，继续学医，卡尔将军也赞成，但教会不同意，范德比特大学校长马克谛耶主教也是美国南方卫理公会布道团的负责人，他坚决反对宋耀如继续待在美国学医，要他尽快回到中国传教。

早在19世纪初，美国各地的基督教会就派出大批传教士，前往中国各地传教，而上海是最重要的传教基地。美国南方卫理公会在上海就派遣有一个布道团。当时，各国教会在中国争夺范围，基督教与中国的儒教、佛教等其他宗教的斗争十分激烈，宋耀如所在的南方卫理公会急需要更多的像宋耀如这样已经完全美国化了的中国人充当传教士，返回中国以增强南方卫理公会在中国传教布道的力量，以便更好地扩展美国教会在中国的势力。于是，1885年10月北卡罗来纳州监理会在马克谛耶主教的主持下，举行特别仪式，任命范德比特大学神学院毕业生查理·琼斯·宋为监理会见习牧师，并立即派赴中国传教，在负责中国上海地区传教事务的林乐知牧师手下工作。

虽然没能继续学医，但想到可以回到自己阔别多年的祖国，宋耀如还是充满了兴奋。同时，当时的他也相信基督能帮助他拯救祖国，对回国传教充满了信心。为此，他还给南方卫理公会在上海的负责人，也就是他将来的顶头上司林乐知博士写了一封热情洋溢的信，其中说道：“在我结束我的学业时，我希望我能把光明带给中国人。我生活的目的是行善、敬人、赞美上帝；对别人行善，拯救他们免遭永恒的惩罚。但愿上帝帮助我。”

1886年1月，宋耀如搭乘太平洋邮船公司的海轮到达上海码头。凛凛寒风中，双脚重又踏上祖国土地的宋耀如感慨万千，一个阔别了故土十一载的海外游子，满怀着用基督精神拯救祖国的理想回来了。

但是满腔热情的宋耀如却不曾想到，马克谛耶主教已给上海的林乐知博士写了一封信，要求把他派到基层巡回布道，并特意指出不能让他过像在美国那样舒适的日子，去农村布道时“没有轿子，就走着去”。

在信中，马克谛耶主教还这样说道：“我们认为最好是：不应该在他还没有在中国人当中努力工作之前，就把他身上那个中国佬的特征丢光。他早已‘尝过了安乐椅的滋味’——而且并不反对享受高级文明的舒适。这不是他的过错。让我们为之付出了辛勤劳动的我们这位年轻人也开始辛苦吧。让他上阵；没有候补的位置。”

当然，宋耀如始终不知道这样的教会内幕，他直接感受到的是顶头上司林乐知博士的冷淡和白眼。

在虹口的南方卫理公会，宋耀如见到了这位上司。当他用英语热烈地向林乐知述说自己对在中国传教的感想时，却发现对方似乎并没有太大的兴趣。

林乐知博士面无表情地听着宋耀如说话，心里却在想着马克谛耶主教信中的话，不由得皱起眉头。在他看来，这个查理·宋无论英语如何流利，志向如何远大，也只是被美式教育改造过的中国农民后代，绝不能让他等同于真正的美国传教士。他决心把宋耀如的这种美国外表剥掉，让他看起来更像一个中国人。

想了一下后，他慢吞吞地说道：“查理，你应该先学讲上海话，少讲英语，这样才能更好地向中国民众宣扬基督教义，为他们指明道路。”宋耀如虽觉得这位上司的冷漠表情让人不舒服，但也不好反对，而且学说上海话也有其必要性，于是恭恭敬敬地答应了。

随后林乐知简单向宋耀如宣布了对他工作和生活的安排，他必须先到上海郊区的吴淞口传教，月薪15美元。初来乍到的宋耀如当然也没有办法表示什么意见，只好一口答应。

美国南方卫理公会在吴淞地区的基础比较好，当地教

V 宋耀如怀着传教可以救国的信念回到了祖国。此时外国的传教士已遍及中国的各个地区，图中就是传教于水乡的外国女传教士。

徒早已是卫理公会的忠实会众，所以虽然是郊区，宋耀如的传教工作并不很艰难，但他同时还要负责在本教会的学校教授孩子，这可是一件辛苦事。

他教的学生全是附近农村的一些无法无天的顽劣儿童，喜欢捉弄老师。每当宋耀如出现在讲台上时，他又矮又壮的身材、剪短的头发和黝黑的带有华南人特征的脸孔，都会引起学生们哧哧窃笑。他总是要花不少时间和精力来让这些小孩安静下来，才能打开他的课本，开始讲课。而他的上海话又没有马上学好，不时地会夹杂着英语单词。最要命的是有时候当他偶尔加上一些海南方言时，总是会引来学生的哄笑。

当然，凭着自己的毅力和信心，宋耀如坚持了下来。并以自己的质朴坦率的性格，赢得了学生的拥戴。他教的学生中还有日后大名鼎鼎的胡适博士，当然那时的胡适也还是一个爱捣蛋的小孩子。第二个学期他的学生就多了一倍。

< 在华的外国传教士与中国教民。

当时的中国还是清政府统治，上海虽然是通商口岸，外国人众多，但像他这样的生活方式完全美国化的留洋传教士还是很少见的。他的穿戴和举止总是和别的中国人格格不入，别的中国人都穿黑布长衫，或褪色的蓝上衣和裤子，头上梳着辫子。而宋耀如穿的却是"洋鬼子"的西服，剪短头发，梳的是整齐光滑的西式背头，走路昂首挺胸，显得精神十足。儿童们在街上看见他便叫他"洋鬼子"，他们的父母则叫他"小矮子"。

比这些更让宋耀如难堪的是15美元的月薪实在是太低了，这个收入标准对于当时一般的下层中国民众当然不算很低，但对于他这样一个留过洋、受过良好教育的年轻人，这些钱只能勉强维持生活，根本没有其他消费的能力，也不可能有所积蓄。当然，他知道自己年轻，在上海立足未稳，一切还只能依靠教会，所以并不急着在这些事情上向林乐知多提要求。

尽管如此，麻烦的事还是接踵而来。

林乐知博士安排了一位老师教宋耀如讲上海话，同时也教一些书面的中文。这位老师名叫查理·马歇尔，原来也是一位中国人，小时候作为南方卫理公会传教士凯利博士的仆人，在美国待过十四年。

宋耀如本就心直口快，脾气急，林乐知博士是顶头上司，那是无可奈何，偏偏这查理·马歇尔也是一副自命不凡、目中无人的样子，两人之间一开始就产生了摩擦。于是本来教中文的语言课常常变成争论谁的英语表达更准确。宋查理受过大学教育，争论的时候自然要占上风。

时候一长，马歇尔老师无法再忍受了，怒骂道："你知不知道你的那种北方佬的讲法是多么的让人发笑！我讲英语的时候你还没有出世呢，我到美国的时候你还不知道在哪里的乡下呢！你给我滚，我不想再教你这个混账学生！"

于是两个人不欢而散。在挨了顶头上司的一通狠批后，宋耀如被派到上海远郊，在昆山县的乡下当一名巡回传教士。

尽管心中不平，宋耀如还是走马上任了。在昆山的日子是单调而苦闷的。宋耀如还是只有每月15美元的微薄收入，租住在乡下一所简陋的村舍小屋。房子条件不好，四面透风。遇到阴雨天更是难熬。对于饮食上已适应了西方餐饮的他来说，吃饭也是个难题。平时没事他就成天一个人待在屋里，不愿出门见人。

一个本来热心地希望向祖国人民传播新知识和基督福音的年轻人变得异常孤独，因为他发现中国人和西方人都不喜欢他，当地人都有意避开他。走在传统封建的中国农村，穿着西式服装的他总是引来众多疑惑的目光，这可比上海街头差太远了。最后，他不得不收起美国服装，穿起中国长袍，戴起瓜皮帽来，但他又没有辫子，总是不能和周围的人融为一体。

他经常躲在屋里，一个人陷入沉思，想起过去在美国时卡尔将军和琼斯船长等热诚厚道的人对他的真诚帮助，不禁感叹林乐知为什么老看他不顺眼，同时对自己的未来感到十分悲观。理所当然地，他要求回海南老家探亲的请求也被林乐知拒绝了。

和徐光启的后人联姻

感谢上帝，这段难熬的日子并不长。时来运转的一天来了。那一天，宋耀如赶到上海见留美学人会的朋友，因为平时熟悉的几个教友不在，便早早出来了。这些天在昆山的小屋子里成天闷着，早想出来散散心，于是信步来到了上海黄浦江边的外滩。望着江上来来往往的轮船，心中也是烦躁不安。沿江走了一会儿，实在不想动了，就呆呆地站在那儿一个人发愣。

"是查理吗？"身后一个熟悉的声音传来，带着些迟疑。宋耀如转过头去，只见一位长袍马褂、风度翩翩的青年站在他的面前。他身材高大，浓眉大眼，嘴角挂着熟悉的笑容，正是在美国时相识的留学生牛尚周。

牛尚周和宋耀如互相看了半晌，同时张开双臂，朝着对方扑去，热烈地拥抱在一起。过了许久才松开手来。宋耀如仿佛孤身在外的游子见到了亲人，激动得差点流下泪来。

两人就在江边坐下聊了起来。当然说起各自回国的情况。宋耀如说话快，很快就把自己回国后的遭遇全盘托出，向牛尚周诉说了自己的苦闷和心酸，最后他感叹："我是多么的孤独啊，所有的人都当我是外人，有话无处讲，哪还说得上向别人传播福音。"

牛尚周耐心地听他说完，说道："先不要着急。现在我表哥也回上海了，大家以后可以时常在一起，互相照应。""啊，秉忠也回来了，那太好了。"宋耀如几乎要跳起来了。

牛尚周的表兄温秉忠也曾一起在美留学，大家都是熟悉的好朋友。

照宋耀如的急性子，马上就要让牛尚周带他去见面。牛尚周笑说："你还是风风火火的脾气。秉忠这两天不在上海，过几天等他回来我们再聚。"接着，他故作神秘地说，"我和他现在可又多了一层亲戚关系啦。"

看着宋耀如疑惑不解的样子，牛尚周笑道："你想不到吧，我们现在可是连襟啦。"

这消息确实让宋耀如也有些意外，过了好一会儿，才苦笑着说："你们都已经结婚了。唉，我还是一个人，像个游魂野鬼。"

看到牛尚周沉吟不语，宋耀如又叹口气说："我这一辈子恐怕只能单身了，走来走去，不讨人喜欢。人家当面喊我'洋鬼子'，姑娘见我躲得远远的。这里又不像美国，谁家的岳丈敢招我这样的女婿啊？"

"别这么说嘛，你这小伙子不是挺好的吗？有热情有干劲，又留过洋。虽然个头矮些，也是蛮精神的嘛！我看姑娘有的是，怕是你看不上呢。"牛尚周拍了一下宋耀如的肩膀，诡异地笑着，说，"我能解除你的苦闷，给你找个老婆。"

牛尚周的话让宋耀如出其不意，脸一阵发红，笑了一下才说："你又在开我玩笑了。"说着挥拳作势要打。牛尚周笑着求饶道："别打了，打坏了，就没人给你找老婆了。"

看到宋耀如着急害羞的样子，牛尚周心里明白，看来他确实是想找个老婆结婚了。

其实牛尚周心里已有了打算。

当时，牛尚周刚刚和上海一个倪姓的基督教徒家庭结亲。这是中国最早、最有名的基督教徒家庭之一，相传倪姓教徒是明朝宰相徐光启的嫡系后裔，而徐本人早在1601年就经著名传教士利玛窦介绍而皈依了天主教。

牛尚周的岳母就属于徐氏家族，出生在上海西郊的徐家汇，据说这个地名就因世居当地的徐家而来，徐家在当地也有不少的产业。她的家庭教师是一位姓倪的学者，也是圣公会的教徒。长期相处后，她嫁给了那位倪姓先生，自己也成了圣公会教徒。这对夫妻一共生了三个女儿，倪太太依照当时传统，让每个女孩都缠足。可是到第三个女儿就不行了。这小女儿对缠足反应不适，发了高烧。出于父母疼爱儿女之心，倪氏夫妇只好作罢。由于倪家三小姐

∧ 倪桂珍旧照。宋耀如在吴淞口的那段日子虽然苦闷，但也就是在那段岁月里，他结识了后来成为他妻子的倪桂珍。

< 倪桂珍的端庄贤淑深深地吸引着宋耀如。

没有缠足，不符合当时习俗，因此也就难以为一般有头有脸、讲究身份人家的求婚目标，结果这位倪家三小姐一直待字闺中。"女大当嫁"，她的父母不免为她的婚姻发愁。每每想到这当初不坚持缠足带来的后果，老两口免不了还要互相埋怨一通。

这位倪三小姐名字叫倪桂珍，不过外人很少叫罢了。女大十八变，随着年龄的增长，她的父亲意外地发现，尽管有一双大脚，但她爱好读书，并且干活麻利，处事干脆。她5岁的时候跟着一位家庭教师读书，还练习书法，而其他女孩子则在练习刺绣。8岁时家里送她上布里奇曼女子学校。学校是上海的妇女联合救助机构开办的。14岁时她因学习成绩优异被送进上海西门的佩文女子中学，17岁中学毕业。她的数学成绩很好，并且还会识谱弹钢琴。当时，对大多数中国人来说，钢琴是洋乐器，弹钢琴可不比一般。

牛尚周从美国波士顿回国后，经媒人说合，和倪家的大小姐定下了婚姻。两人都信教，又是门当户对。后来，牛尚周的表兄温秉忠也从波士顿回来。于是，在牛尚周同倪大小姐结婚后不久，温秉忠便娶了倪家的二小姐。只留下了一个妹妹——就是受过西方教育、喜欢弹钢琴的大脚姑娘倪桂珍了。

牛尚周当然知道岳父岳母一直在为三女儿的婚事操心，他自己受过西方教育，知道这位小姨可不能随便找一个旧式人家的子弟凑合。今天重逢宋耀如，顿觉没有比他更适合倪小姐的人了。不过当时他没有立刻向宋耀如提出此事，他觉得先和温秉忠商量一下比较有把握。

于是两人先行作别，约好等温秉忠过几天回来后再一起见面。

没几天工夫，牛尚周和温秉忠这两位好朋友就和宋耀如又重聚了。当然，这次两人很认真地向宋耀如提出了把倪桂珍介绍给他的事情。宋耀如本就备感孤单，又是男大当婚的年纪，早就想找个合适的人结婚了，一听之下当然很感兴趣，再一想到可以和两位兄长兼好友成为连襟，更是一阵兴奋。

接着牛尚周把倪桂珍的情况详细地告诉了宋耀如，当然特别提到了倪桂珍因大脚而一直找不到合适人家的事。

虽说倪桂珍找婆家不易，但当时的宋耀如孤身在外，被派遣在昆山的乡下传教，想一下子找个合适的对象更难。宋耀如在美国长大，又没有家族长辈的牵掣，当然不会在乎倪小姐的大脚了，只不过心里还是想先看一下倪小姐的长相如何。

当他有点不好意思地说出了自己的想法后，牛尚周和温秉忠都大笑起来。牛尚周说："这三小姐可是她们姐妹中最漂亮的了，查理，你比我和秉忠都有福气啊。"温秉忠也大声表示赞同。

最后，三人商定趁倪小姐星期天在唱诗班唱赞美诗的时候，由牛、温两人带宋耀如去教堂偷偷地看一下。

好不容易等到了星期天，心情激动的宋耀如跟着二位好朋友来到教堂。进门后宋耀如就一直躲在牛尚周高大的身躯后边，牛尚周偷偷拉了他一把，向一个身材高挑、穿一身浅蓝色旗袍的姑娘努了努嘴。宋耀如一下子被吸引住了。眼前是一位气质非凡的姑娘，鹅蛋脸形，皮肤白皙，眼神温柔中又有一丝刚强。齐齐的刘海，平直的黑发向后梳，左边的头发里插了很小的一串珍珠，熠熠生辉。正所谓情人眼里出西施，宋耀如觉得这位倪小姐比那些普通年轻貌美的女人可强得多了。

出了教堂，牛尚周和温秉忠马上问宋耀如感觉怎么样。宋耀如也就不再有丝毫掩饰，当即表示满意："我当然是十分愿意了，就不知道人家会不会答应呢。"两人见宋耀如着急的神情，哈哈大笑，牛尚周拍拍胸脯说："放心，你的好事就包在我们身上了。"

当天下午，两人就向倪小姐的母亲介绍了宋耀如的情况，特别强调了宋耀如的教徒身份和优秀人品。倪太太本来正为三女儿的婚事发愁，听两位女婿这么说，略一思忖，也就应承下来，表示这门亲事可以谈谈。

接下来的事情就顺理成章了。倪小姐的父母都对宋耀如表示满意，很快定下了这门亲事。

如果说宋耀如和倪桂珍的婚事让周围的人觉得突然，那么他们二人的婚礼更是闪电式的。二人从相识到举行婚礼还不到两个月。这中间宋耀如曾约会过倪小姐一次，可是倪太太比较传统没有答应他们见面。所以他们两人既没有花前月下的恋爱史，也没有更多的相互约请。宋耀如后来回忆起来，还常常让他的那些留过洋的朋友们惊奇不已。他们属于中国那种传统式的婚姻，先结婚后恋爱。

∧ 进出上海吴淞港的轮船，将上海与外部世界紧密连接在一起。

说起他们闪电式的结婚，既有倪家着急的原因，也符合宋耀如的急性子。他的办事风格一向是痛快的，绝不像当时旧派人物拖泥带水，循规蹈矩。他有“一急四快”之称，即是性子急、吃饭快、走路快、说话快、办事快。他富有理想，从不甘心寂寞，按现在的心理学分类，他属于胆汁质型，情感强烈，并易爆发。有时也会因为一点小事，就大为生气和愤怒，与人争吵，甚至会不顾身份，动起手脚来。

就这样，在1887年的夏天，也就是宋耀如回国的第二年，他和倪桂珍的婚礼在上海举行了。当时宋耀如22岁，倪桂珍19岁。结婚仪式由传教士克拉伦斯·里德牧师主持，由于仓促，算不上很热闹。证婚人做了简单介绍，新郎新娘向来宾敬了烟、茶，然后一阵喧闹，把二位新人推入了洞房。

中午，由倪家出面举行了上海传统式的家宴。客人来了不少，坐满了五五二十五桌，酒菜极为丰盛，还有大桶大桶的自酿白酒。倪家在当地也是有头有脸的家庭，数以百计的亲友和宋耀如并不认识的其他有势力的头面人物前来赴宴。宋耀如的岳父倪一山熟悉法律，本就和工商政界人士多有来往，倪太太的娘家徐氏家族更是在当地教会、工商业、银行、军界以及朝廷里都有庞大的关系网，甚至和上海正在本地兴起的青红帮也有关系。和这样一个家族的联姻对于年轻的宋耀如来说，等于打开了一扇通往更广阔天地的大门，意味着他不再只有外国教会可以依赖，从此可以在上海这个迅速崛起的大都会站稳脚跟。遗憾的是，他在海南老家的亲人没能来参加他的婚礼。不过周围的人都知道他自幼在美国成长的经历，也没有人表示奇怪。

举行完婚礼之后，宋耀如便把新娘带到昆山去度蜜月，之后也就在那里先安下家来。两人的感情也日渐融洽。倪桂珍不同于当时一般的姑娘，很有自己的主见，也不在乎一时的艰苦生活。当时宋耀如薪金微薄，在教会的地位也没有得到改善，但这些都并没有影响小两口生活的甜蜜。倪桂珍对宗教的信仰也是相当虔诚的，甚至还要超过作为传教士的宋耀如。婚后因为经济拮据，她在冬天连一条围巾都舍不得买，就用旧毛巾围在脖子上御寒。他们靠宋耀如每个月15美元的薪水维持着生活，维持着这个刚建立的小家庭。

当然，单靠这15美元是很紧张的，幸而倪桂珍按习俗从娘家带来的丰厚嫁妆可以帮上大忙。在宋耀如的眼里，这些金银首饰都是宝贵的老本，是他要用来发展自己未来的事业的资本。他积极利用岳家的社会地位，当然牛尚周和温秉忠这两位志趣相投的好友加连襟也可以帮上不少的忙。

渐渐地他在当时的上层社会有了地位，眼界开阔了，也可以利用周围的人事关系来办一些事情了。可以说，新婚后的宋耀如到了时来运转的这一刻。以前一个人在乡下的愁闷和孤独一扫而光，生活重又充满了希望和动力。

当时宋耀如奉命继续在昆山任职。虽是同样的工作，但宋耀如已不再对前景感到沮丧了。那个顶头上司林乐知博士，在他眼中也不再有什么可怕的了。

宋耀如又变得干劲十足，对教会，甚至中国当时的洋务运动所取得的进展感到欢欣鼓舞。在1887年11月4日他在写给美国《基督教倡导者》的一封信中，描绘了这样一幅美妙的前景：

仁慈的上帝一直对我很宽厚，我十分感激他。前景是非常有希望的。上帝的神灵正在快速地找到通往他愚昧无知的子民的心灵的道路。我祈祷和希望上帝今年为了基督使我们具有许多崇高的品德。

我们的中国布道团会议已经举行而且闭幕了。他们没有改变对我的任命。每一个人都继续担任自己管的任务。我回（昆山）再任职一年。依靠上帝的恩惠和帮助，我希望为世人比以前任何时候都做更多更好的工作。

我们在苏州为妇女开办的医院已经建成。但是主管人、内科医生菲利普博士正生病在上海。我们在上海英租界建的砖砌教堂正在进行最后的修饰。

中国即将翻开新的一页。它已经制订了各种各样的方案和计划。政府正在考虑修建一条从北京到广州的长铁路，行驶西方式的火车，另外还将在福摩萨岛修建一条铁路，运载朝廷军队到各个荒野的地方去制服该岛不驯服的部落。

我即将结束这封信，但是在结束之前，我必须告诉你们，我同过去不一样了——我已经结了婚。结婚仪式是由我们布道团的克拉伦斯·里德主持的。

在信中，宋耀如满怀信心地告诉大家，自己已“同过去

∧ 刚结婚时的日子虽然清贫，但倪桂珍勤俭持家，小两口的生活很甜蜜。

∧ 加入三合会后的宋耀如，慢慢地开始在上海发展自己的产业。

不一样了”，与倪桂珍的结婚所带来的巨大变化和美好前景正是这种信心的来源。

可以说，宋耀如的人生从此开始迈向发达，及至后来的辉煌，近现代中国最有影响力的宋氏家族诞生了。

发家从印《圣经》开始

宋耀如的性格执着，感情强烈，并不安心于终身做一个受教会控制的平凡传教士，他从来不是一个唯唯诺诺的人，骨子里是胆大包天、蔑视传统的。婚后的宋耀如在合适的环境里准备着自己创业的关系和资源，他开始认真地考虑在传教之外做更多的事。

这一年的年底，宋耀如被提升为正式的牧师，随即调回上海市区。这是个大喜讯，他终于可以和众多的朋友一起干一番大事业了。当时的中国社会动乱频频、狼烟四起，上海更是各种势力碰撞交汇之地，既有工商业的迅猛发展，也有帮派势力的蔓延。

经过朋友的介绍，宋耀如加入了三合会。这是上海的一个秘密会社，在外一般称为红帮。它的宗旨是反对清政府的统治，恢复汉人的政权。在当时都是在极其秘密的状态下加入的，因为随时都有掉脑袋的危险。上海是三合会的大本营，当时上海很多有钱有势的人都秘密加入了这一组织。

从这时起，宋耀如最密切的朋友都是三合会的成员，他本人也开始从传教士向革命者过渡。他在美国接受的林肯的思想，替代基督的教义占据了上风。帮会的兄弟不光从事反清活动，为了筹措经费，平时也都经营着不少工商产业，这正好给了宋耀如在实业方面发挥才能的机会。

在美国经营丝茶的实践和多年资本主义社会的耳濡目染，特别是卡尔将军的商业经验使得宋耀如比别人更有眼光，他很快看出了赚钱的门路。当时的宗教书刊都由国外印刷再运到中国出售，这样一是价钱太高，一般劳动阶层都买不起；二是这些书都是英文，大多数人买了也读不懂。宋耀如那时正在给美国圣经协会当代理人，销售宗教书刊，这个圣经协会向世界各地提供不同文字的《圣经》，宋耀如代理出售的是英文版的《圣经》和中文版的《新约》。

∧ 海南文昌的宋氏旧宅。

根据这种情况，宋耀如做出了一个大胆的计划，准备买几部印刷机，用当地便宜的纸张、硬板纸封皮和本国的排字工人来全天开工生产，这样他就能以很低的价格复制和印刷大量的外文书刊出售。因为成本大大降低，宋耀如提供的《圣经》和其他外文书籍的价格也要比直接从国外运进来低得多，是大部分中国人都能承受得起的。当时白话文的《新约》在中国已经出现，如此一来凡是能读书看报的中国人便都能看得懂《圣经》了。

早在美国求学期间，宋耀如就曾在当地的印刷厂勤工俭学，所以他对西方的机械化印刷也基本懂行，从而能比别人更早发现这个商业机会。

从宗教的传播方面看，这也是一项值得称道的事业。宋耀如乘机说服了西方一些传教组织和宗教团体在金钱和技术方面为自己提供帮助。另外从三合会方面看，有一个自己人控制的印刷厂，他们的许多宣传品就可以轻而易举地秘密大批印刷，真是再好不过。有了帮会力量的支持，宋耀如在上海的工厂很顺利地建立起来了。

这时倪桂珍带来的嫁妆钱派上了用场，牛尚周和温秉忠也提供了一些资金，当然三合会的兄弟也有部分投资。用这些钱宋耀如买了几部印刷机，还在法租界买下一幢不大的房子来当厂房。这幢房子原是山东路上一个年久失修的货栈，所以后来三合会的成员经常在那里开会，进进出出从未引起清廷探子的注意。

宋耀如把自己的公司称作华美书馆，利用原来的代理关系，很快他就得到了替美国圣经协会印制《圣经》、为卫理公会印小册子和为其他传教组织印赞美诗的合同。这时的宋耀如为了自己事业的发展而日夜奔波，已把传教变成了兼职工作。而这时他和林乐知的关系也因为有了自己的事业而开始缓和起来。

在印刷厂的筹办过程中，他又听取温秉忠等人的建议，组织人把《圣经》等书翻译成了上海地区的吴语方言，这样信教的即使是纱厂女工、乡间农民和码头装卸工，也都能买得起、读得懂了，印刷数量就可以大大增加。

有了自己的事业，宋耀如积蓄已久的能量终于爆发了出来。他精力充沛，信心十足，为自己的事业整天东奔西跑而不知劳累。在美国养成的良好工作习惯也让他的工厂管理效率更高。

当时的传统中国人还有不少懒惰和不重视时间的毛病。宋耀如尤其对不遵守时间的行为深恶痛绝，有一次他和几个三合会成员约好了谈事，结果遇上下雨。等了半天对方也不见人影，宋耀如一气之下冒雨跑到他们住地，也不顾有些人在会中的地位比自己高，大声责问为什么不遵时守约，结果双方发生了争吵。

和会中长老发生争吵，也只有宋耀如这样受过西方教育又性子急的人才敢。这次争吵反而提高了他在帮会兄弟中的威望，许多人知道了他是讲究效率的人，与他打交道或在他手下工作时都不敢懈怠和懒懒散散。他的印刷厂很快开始了运行，并且情况良好，不到半年时间就开始盈利。随着影响的扩大，西方人都知道有一个“印《圣经》的宋查理”了。他的工作效率和经营能力开始被人关注，不久，一家亏损的面粉厂也因为他的名气而交给他经营，宋耀如还获得了该厂的一些股份。作为一个实业家，他开始在上海滩崭露头角了。

宋耀如结婚几年了，当初因为经济上并不宽裕，他们夫妇一直不敢要孩子。宋耀如和倪桂珍都受过教育，深知教育对一个孩子将来的重要性。为了避免贫困的生活使孩子得不到良好的教育，影响他们的前程，两人一致商定先不要孩子，等有经济能力了再生。现在，他的事业蒸蒸日上，手里有了足够支配的金钱。于是，他们决定自己建一所新房子，并要生一个孩子，为他们美满的生活增添乐趣。

当即宋耀如在虹口买下了一块不小的地皮，准备在这里建造他的新家。他对地点的这一选择让许多人不解，都说他又把在美国所养成的洋观念带到了上海，就像他在饮食上的美国化。

在当时的上海，到处都是来淘金的外国人。自从英国人用炮舰轰开了中国的国门，上海成了通商口岸之后，形形色色的外国人就一批一批地涌到这里，或是想大发横财，或是来寻欢作乐。中国各地的人口向这里聚集。有带了资本来这里经商的，也有破产的农民到这里打工谋生的。人口的高度密集，又滋生出不少流氓阿飞、大盗小偷，渐渐就有不少黑社会性质的帮会产生。由于人口增加迅速，地方官府又因为租界的限制，缺乏统一管理，治安相当混乱。外国人出门要自带火枪，有钱有地位的中国人则随时带着保镖。因为租界的管理相对较严，当时的有钱人建房选址时尽量靠近外国领事馆，以求得到庇护。

现在宋耀如所选的建房之处虹口，当时还是远离市区的荒田旷野，这当然要让许多人感到不可思议了。但宋耀如自有他的想法，他觉得老城里街道又狭窄又肮脏，而这里环境优美，视野开阔，空气新鲜，可以把房子建成很有现代气息的别墅。四周一片田园风光，还可以为将来的孩子们提供一处适于身心健康发展的活动和玩耍空间。

房子建好后，他又为牛尚周、温秉忠和其他一些朋友在这里购买了地皮，还帮助他们建房，从此这一带很快就发展起来。十几年后这里的房屋纵深已有好几公里。当初这里的地价很低，他搬往别处的时候，已经大大升值，光是出租房子就可以给宋家带来可观的租金收入了，而且一直延续到1937年日本人占领虹口。

新房子是一所中西合璧、风格独特的建筑。房子坐北朝南，建在一片绿茵茵的庄稼地中间，一条小河从门前流过，

∧ 上海老街道旧景。

★解放黑奴运动

19世纪工业革命传到美国，美国经济迅速发展，同时美国获得了西部的大片领土，急需劳动力，南方奴隶制成为经济发展的障碍。1860年主张废除奴隶制的林肯当选总统，南方奴隶主发动叛乱，南方蓄奴州纷纷独立，1861年2月组成邦联政府，戴维斯当选总统。1862年林肯颁布了《解放黑人奴隶宣言》，宣布解放黑奴，允许黑人参加北方军队，这就是著名的解放黑奴运动。

快到门口时又往南流，绕个弯再拐回来，这也符合当时流行的风水之学。门前是一座江南水乡特色的石拱桥。门两边延伸出一溜不高的石墙，墙身被涂成深黄色，与四周绿色的田野相映成趣，充满诗情画意。院子里一前一后建了两幢房子。前排是二层楼房，底层是一个很大的餐厅，还有宋耀如的书房。宋耀如还特别给家里设计了一中一西两个不同风格的客厅。中式客厅里的家具是红木方桌和凳椅，还配制了一些立式小凳。西式客厅摆放着钢琴、舒适的扶手椅和沙发。沿着油漆的木制楼梯可以登上二楼。楼上宽敞的游廊显得气派不凡，尽头通向一个宽阔的凉台，可供一家人露天就餐。楼上的房间是舒适的卧室和浴室，还有孩子们的游艺室，当然还有专门用来读《圣经》和做祈祷的房间。卧室共有四间，每间卧室里都安放着精美舒适带有弹簧垫的美式沙发床，而不是大多数中国人用的平板木床。

后面一排平房是厨房、贮藏室和用人住房。房后有一个不小的菜园，可以自己栽种蔬菜，宋耀如就喜欢在里面亲自干活。楼房的前后都是花园。宋耀如很喜欢棕榈等植物，所以特地从美国订购了一些栽在花园里，使整个院子看起来更有异国风情。

经过多年异乡漂泊和回国后租住农民破旧草房的艰苦日子，宋耀如终于圆了一个家的梦。

1890年2月，宋耀如夫妇的第一个孩子出生了。这是个可爱的小女孩，圆圆的脸蛋，大大的眼睛，格外地惹人喜爱。在给第一个孩子起名这件事上，宋耀如还费了不少心思。宋耀如一生中最崇拜的人就是美国的林肯总统，他常对身边的人宣传是林肯解放黑奴运动★的壮举，拯救了美国并使美国逐渐强大起来。所以这第一个女儿他决定起名“爱琳”，意思就是热爱林肯的意思。同时，宋耀如也希望中国出现林肯式的人物来拯救贫弱的祖国。因此他给后来的两个女儿依次起的名字叫庆琳和美琳。

当时宋耀如还给女儿起了一个英文的教名：南希。这是为了纪念大恩人卡尔将军的夫人——南希·卡尔。1892年宋耀如夫妇又生下了第二个女儿宋庆龄，英文名字是罗莎蒙德，据说这是为了纪念让宋耀如受洗的里考德牧师的女儿——罗莎蒙德·里考德。

受过美国文化熏陶的宋耀如没有中国传统的重男轻女思想，对女儿的成长也同样倾注自己的心血。

当时宋氏三姐妹的名字一直沿用到1904年。那年春天，宋爱琳留美前夕，宋耀如带着女儿去看望自己的老朋友、《万国公报》的主笔沈毓桂先生。这位已97岁高龄的老人看到青春可爱、风华正茂的爱琳由衷地喜欢，便亲切地问到她的名字。当得知姑娘叫爱琳时，沈毓桂老人沉思了片刻微笑说："爱琳是洋人的名字。我们中国人应当有我们中国人的名字。"宋耀如此时已在上海生活了将近二十年，在工商各界广为交际，对沈老先生的这个说法倒也表示赞成，于是顺便说久闻老先生满腹经纶，是一个起名的高手，就请求他给爱琳另起一名。老先生也不推辞，就取和蔼可亲之意，为宋爱琳将名字改成宋霭龄。宋查理听了也觉得不错，当即决定将"爱琳"改为"霭龄"。于是，大姐名字一改，后面两个妹妹的名字也就随着改了过来。

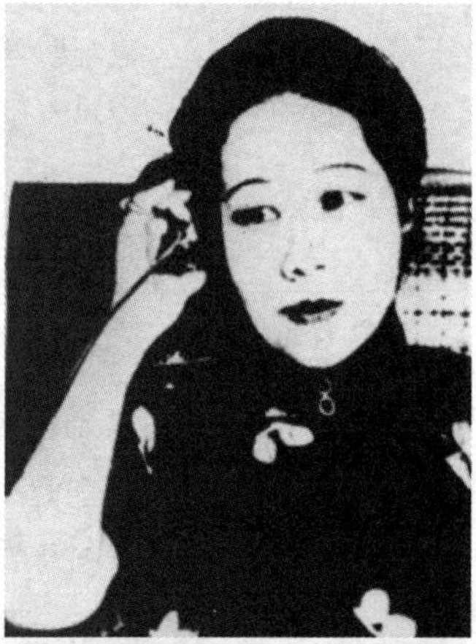

∧ 宋耀如长女宋霭龄。

∧ 在上海滩以贩卖鸦片和经营房产发迹的犹太人雪拉斯·隆·哈同。

在事业蒸蒸日上之时喜得爱女，宋耀如的精力更加充沛起来。他的印刷厂日夜开工，在印刷《圣经》的同时，还为革命团体印刷大量的宣言、通告、传单，甚至债券、金币票和委任状。此外，他也帮温秉忠——他是一位主张君主立宪的教育家——印刷西方教科书。

凭借印刷厂的众多业务，宋耀如在上海的工商界也名声渐响。由于他留过洋，精通英语，上海话也已说得相当流利，同时在教堂这样的地方又能接触到各方人士，他很快成了一个帮本地实业家代办外国机器的商人。

以前上海滩的买办基本上是波斯人或是犹太人，比较出名的有沙逊、哈同等，都是腰缠万贯的大富豪。后来有一些中国买办也开始出现，而宋耀如可以说是上海第一个代办机器进口业务的中国商人。而在为各类纺织厂、面粉厂代理和安装设备的过程中，他又熟悉了各种新的业务，从而能够更好地投身于上海的工业化大潮。

1891年初，基督教传播一直比较盛行的中国长江流域发生了大规模的反洋教运动。成千上万从各地乡村涌来的民众把当地的教堂围住，进行示威抗议。各式各样的反洋教传单贴满大街小巷，在城市的街道上空飘飞。一些平日趾高气扬的传教士和教民在街上一露头，就会遭到愤怒群众的辱骂和追打。传教士们惶惶不安，一些教徒害怕群众有更过激的举动，纷纷宣布退教。

情况越来越严重，不断传来教堂被毁、传教士被杀的消息。美、英、法等国一面以保护传教为名，开来军舰；一面严厉敦促清廷派兵镇压。

宋耀如因为本身是传教士，对人们如此激烈地反对洋教当然感到震惊和不安，但又不赞成对反教的广大群众使用武力，造成更多的流血事件。为了搞清楚反教运动的原因，他亲自到江苏、安徽的一些地方进行考察。事实证明，群众的反教情绪早已存在，只不过是因偶然的诱因而一时间爆发出来。宋耀如在底层传教时就发现地方教会权力过大，而有些地方的情形比他以前想象的更为严重。有些教会依仗外国势力，干预中国的地方行政司法。传教士写上一张条子，就能让县官把无辜的农民判处死刑。一些传教士和当地教民仗势欺人，为非作歹，奸污妇女，霸占良田，这怎能不激起广大群众的愤怒？

考察回来，宋耀如立即向在上海的上司林乐知博士建议，不要急于动用武力，应该首先由教会做出反省。

对宋耀如的意见林乐知大为不满，大发脾气：“查理，我认为你对事件的性质根本一无所知！如果对传教士和教徒放弃特殊保护，中国就会变成杀戮基督教徒的疯人世界！”宋耀如对林乐知简单粗暴的态度感到愤怒，不禁当面质问他：“发生这样的事件，绝不能只归罪于中国民众的疯狂。像在中国这样传教士享有司法特权的，世界上可还有第二个国家？”

理屈词穷之下，林乐知承认在别国没有，但他强调中国的情况特殊。宋查理一字一板地说：“不论怎样特殊，传教归传教，不能侵国政！”

经过此事以后，宋耀如公开断绝了和林乐知以及南方卫理公会的关系。他宣布辞去该会神职，独立传教，并把自己的名字又改成了原来的宋嘉树，号耀如。

软弱的清政府屈从了外国政府和教会的意见，对反教群众进行血腥镇压。对此，宋耀如深感失望，也更激起了民族主义的情绪。而林乐知对宋耀如的反叛行为十分恼怒，他一面组织教会人员对宋耀如进行审判式的辩论围攻，一面秘奏上海道台，揭发宋耀如的反清言行。

同时，在美国的北卡罗来纳州，这个宋耀如开始他的基督信仰之路的地方，教会人士对他辞职一事的反响很强烈，教徒们都说："宋查理重又崇拜起木偶来了。"

∧ 外国传教士与中国官员合影。外国传教士干预中国地方行政司法，激起了民愤。

为了表明自己的态度，宋耀如专门写了一封信给《基督教倡导报》主编，公开阐述了自己的观点。信的主要内容如下：

亲爱的里德兄弟：北卡罗来纳州某些人士中盛传一则与我有关的毫无根据的谣言，我想借贵报一角说几句话，以正视听，不知您能否惠予刊登？我从一位友人的来信中得知，他所在的城市中有消息说我"重又恢复了崇拜偶像的异教习俗"。我写此信就是要指出，这种说法纯系无稽之谈。我自皈依本教以来，脑子中无论何时都从未产生过背弃我敬爱的救世主、重新崇拜无生命的木石之神的念头。一个人放弃永生去崇尚永死，那是愚蠢的行为。但是，这一无中生有的谣言的制造者可能会说，所罗门是有史以来世上最聪明的人，然而后来却崇拜偶像，为什么别的人就不会那样做呢？我的回答是：我不如所罗门那么聪明，也不像他那般愚蠢。但是，本人的确自认头脑尚称清醒，深知应竭尽全力为主效力，而且只要一息尚存，就将继续如此。我离开布道团的原因是它给我的薪俸不足以维持生活。我以每月15美元左右的薪金无法养活我自己、我的妻子和孩子。我希望朋友们能够理解，我离开布道团并不意味着我将停止宣扬基督和钉在十字架上的耶稣。目前我同美国圣经协会来往，但我仍在从事与我

∧ 年轻时的孙中山。他与宋耀如相识一见如故，此后与宋家结下一段不解之缘。

们教会有关的布道工作。我在洛德、希尔兄弟和邦内尔公司里的教友们可以证明这一点。所以，我离开布道团只是意味着，我现在是我们南方卫理公会布道团的一名独立的工作人员，或者说是一位尽其所能为布道团工作而又不依赖美国国内的教会来维持生计的工作人员。我现在负责我们卫理公会的新教堂，那是由（美国）堪萨斯城穆尔兄捐赠的，是中国本国最好的一座教堂。我们这座教堂开设了一所很大的主日学校，配备着一批优秀的教师。我自己也在主日学校里负责着很好的一个班，该班里有青年男子，也有老人。我们非常喜欢“国际主日学校课程”。假如你们之中有谁在某个礼拜日上午偶然来访，我们一定会给予你们永生难忘的欢迎，并且让你们看到孩子们的日课背得有多熟。我希望那些听说过我“重又恢复了崇拜偶像的异教习俗”的人能不吝费心读一下我的这封信，亲自看看我究竟站在哪里。我喜欢我的宗教信仰，并且希望我所有的朋友也喜欢他们自己的信仰。最后，朋友们，我对你们有一个请求，那就是，首先，请为我祈祷，愿我能成为争取人们的心灵归向基督的有用工具；其次，请为布道团在这个愚昧国度的工作祈祷；第三，请向我主祈祷，祈求他派更多的劳动者到田间里来劳作，因为庄稼已经成熟，正等待着收割呢！

宋耀如吸取了和林乐知争执的教训，委婉地把自己的辞职原因归于家庭经济的紧张，而不是争论中国的反教风潮。这是一个明智的举动，他和美国圣经协会的合作关系也保持了下来。

宋耀如同美国卫理公会宣告决裂之后，成为当时第一个不受外国教会控制的中国牧师。他在自设的一座小教堂里继续布道，很快他就得到了教友们的同情，而且还得到了来自美国的捐款。

上海滩的富翁革命家

1894年，无论是对于中国还是对于宋氏家族来说，这一年尤为重要。3月的一天，宋耀如与孙中山在上海相识并且一见如故。

那天宋耀如第一次见到孙中山是在穆尔捐建的卫理公会教堂里。孙中山出生于广东香山县，当时刚从香港的一所医学院毕业。被人称作孙博士的孙中山一副晚清书生打扮，英姿勃发，挥斥方遒。

见面后孙中山并没有虚词客套，坦然向宋耀如表示：“我不属于由各种教会组成的基督教，而是属于革命者耶稣的基督教。”这种开门见山的谈话风格很合宋耀如的脾气，于是两个人谈得十分投机。

∧ 李鸿章旧照。孙中山给清廷重臣李鸿章上书陈述自己的主张。

随即宋耀如邀请孙中山回自己的家中畅谈。

孙、宋二人能够如此投缘，并成为可共生死的挚友，确实是因为他们有很多相似之处：他们都是广东人，讲广东方言并且都学过英语；两个人都是在国外接受西方新式教育，而且都是基督教徒；甚至家庭出身都很类似——传统中国乡间亦耕亦读的家庭出身；还有比较偶然的一点，两人都曾想学医；当然最后一点是最重要的，两人都有报效国家和社会的远大抱负。

从宋耀如这方面来说，虽然早就参加了反清的革命组织三合会，但他在美国所形成的民主自由思想和会中兄弟的封建江湖思想还是经常有所冲突。宋耀如就曾和会中一位名叫洪春魁的传奇英雄人物发生过激烈的争论。洪春魁是太平天国天王洪秀全的大哥洪仁发的儿子，15岁随洪秀全参加金田起义，作战骁勇，屡建功勋，洪秀全亲封他为瑛王三千岁。天京陷落后，洪春魁率残部转战闽粤，后来撤到了香港。他一心想恢复太平天国的大业，组织洪门，开展秘密反清活动。

宋耀如对这位反清老英雄内心非常尊敬。因为在推翻腐败的清政府和信仰上帝这两点上大家是一致的。但是洪春魁却对美国传教士罗孝全当年逃出天京背叛天国一事一直耿耿于怀，加上洋枪队的头目华尔、法尔思德、白齐文都是美国人，所以一听到宋耀如赞扬美国的民主自由制度就大摇其头，而宋耀如听到洪春魁经常宣扬推翻清朝后中国不能少一个好皇帝、一个真命天子这样的说法也是不敢苟同。两人都是火暴脾气，免不了要当着会中兄弟的面公开争论。

现在从广东来的孙中山虽然在是否推翻清朝廷这一点上还不如三合会兄弟来得坚决，但他具有坚定的民主思想。而这一点是宋耀如最欣赏的。

孙中山在来上海之前刚刚给清廷重臣李鸿章写了一封上书，并准备到天津亲自向李鸿章陈述自己救国的主张，途经上海时听人说起宋耀如的事迹，就顺便让人介绍见面。

当时的孙中山并没有痛下推翻清王朝的决心，还抱着一丝希望，想效法战国策士的上书游说，以天下大势、国脉所系的利害安危，来打动朝廷重臣李鸿章。希望借助李鸿章的权力，来革新政治，任用贤能，使国家的颓势有所扭转。

宋耀如却对他的上书行为大不以为然，认定清王朝已不可救药，非推翻不可，上书不会有任何效果。同时他对孙中山想做“洪秀全第二”也极不赞成，劝孙中山做中国的林肯或华盛顿。

当然，此时的孙中山尚未遇挫折，辩论起来，宋耀如自然也无法占得上风。最后宋耀如只好同意了他到天津上书一试。

虽然宋耀如对孙中山的天津之行不抱什么希望，但他既然同意了，也就尽力促成此举，提供帮助。

结果正如他所担虑的，孙中山白白在天津等了许多天，李鸿章不仅迟迟不接见孙中山，更没有兴趣听一位广东书生陈述那些在他看来不得要领并且毫无可行性的社会改革建议。

孙中山最后虽然凭人推荐在天津见到了这位大清权臣，却丝毫未能对他产生影响。当时那位宦海沉浮几十年终于位极人臣、热衷于操办洋务的中堂大人，又怎么可能为一介书生的几句危言所打动？

历史是如此巧合，那年的7月，中日甲午战争爆发。当孙中山停留天津，还未从上书失败的痛苦中解脱出来时，中日“甲午海战”★的告急

★中日“甲午海战”

1894年7月，日本海军在朝鲜半岛海面袭击中国的运兵船“高升”号和“操江”号，“操江”号被俘，“高升”号被击沉，清军700余人殉难，日本不宣而战。日本侵略中国图谋已久，中国人民进行了8个月的斗争，最终因为清政府的腐败和落后的实力而告败，北洋水师全军覆灭，双方签署《马关条约》，台湾从此与祖国大陆分离。

> 清王朝慈禧太后旧照。

奏报便每日像雪片般朝李鸿章的总理衙门飞来，庞大的北洋水师最后一败涂地，全军覆没。这使孙中山更加认识到清政府的腐败无能和穷途末路。

而当孙中山和一路随同的陆皓东怀着悲愤由天津转上北京，却发现京城中的大多数人们并没有那种山河破碎、丧权辱国的痛心。当时满北京城只关心着一件事，即慈禧太后的六十大寿。整个京城被装点成了彩灯的世界，各地进贡祝寿的官员来往不绝，一片歌舞升平的景象。

看到这一切，孙中山对清王朝彻底绝望了。在中日“甲午海战”惨败的衬托下，这样的祝寿活动进一步显示出清政府的腐败已达到无以复加不可救药的地步。孙中山终于痛下决心，要推翻这个腐败的朝廷。还在北京时，他就迫不及待地用英文写信给宋耀如，疾呼：“这个王朝已腐败到生蛆的地步了，当初希望它或可奋起，如今看来，已不能用改良的方法使其进步，唯有革命才是出路。”

就这样，当孙中山上书被李鸿章所拒绝后，又紧随而来的中日“甲午战争”和慈禧太后六十大寿庆典的纸醉金迷，终于促使孙中山从一个改良者变成了一个彻底的革命家。

断绝了对清廷的最后一点点幻想，孙中山无奈地从天津返回上海，并寄居在宋耀如家中。两人互相切磋，共谋反清大计；同时也开始规划了使中国尽快富强的实业方针。

为了朋友，宋耀如实践了自己在孙中山北上时的诺言，给了他很大帮助，并设法把孙中山的《上李鸿章书》，作为一篇论改革的文章发表在林乐知办的《教会新报》上。这是孙中山的政治观点首次公之于众。

在宋耀如的家里，在他的华美书馆里，孙中山和宋耀如及陆皓东等其他革命同道们日夜在一起讨论革命的问题。孙中山提出：社会改革绝无成功希望，现在应该按照秘密社团的样子组织一个新的政治团体，以便领头进行革命。当时，“三合会”等各类反清社团在全国已有近3,500万名成员，这是一支革命的潜在力量，孙中山决定利用这些力量，并请宋耀如帮

∧ 甲午战争惨败的阴云尚未散尽，慈禧太后六十大寿庆典的奢靡，让孙中山对清政府的最后一丝幻想也化为泡影。

忙联络，和他一起战斗。就这样，宋耀如成为孙中山秘密组织的创始成员之一。

自此以后，宋耀如和孙中山的命运就紧紧连在一起了。宋耀如开设的华美印书馆成了孙中山在上海联络革命党人的据点。经宋耀如介绍，孙中山不仅结识了上海会党的首领，还在这里认识了一些有志于推翻清政府的革命青年。他们大都是出过洋、受过西方教育的有志之士，有几个还是宋耀如主持的耶稣教徒会的成员。

经过反复讨论他们一致认为要推翻清朝，光复河山，首要的是发动民众，组织民众，建立革命团体，为革命大造舆论。一天，在和宋耀如、陆皓东两人密谈时，孙中山提出，这个革命团体的名字就叫“兴中会”吧！所谓“兴中”，就是振兴中华之意。

宋耀如和陆皓东都十分同意，觉得这个名字响亮而贴切。宋耀如还兴奋地说道，最近他在帮某个纺织厂进口机器的业务中又赚了一大笔钱，这是上帝的恩赐。他决定将这笔钱拿出来，作为捐献给“兴中会”的第一笔经费。

随后，孙中山将自己关在宋耀如的书房里，整整三天三夜，他拟出了《兴中会章程》的初稿。“章程”充满着强烈的爱国主义热情，指出了帝国主义列强瓜分中国，特别是日本帝国主义侵华战争所造成的民族危机：“方今强邻环列，虎视鹰瞵，久垂涎于中华五金之富、物产之多，蚕食鲸吞，已见效于踵接；瓜分豆剖，实堪虑于目前。有心人不禁大声疾呼，亟拯斯民于水火，切扶大厦于将倾。”

当时《兴中会章程》还强烈谴责清朝统治者昏庸无能，“上则因循苟且，粉饰虚张，下则蒙昧无知，鲜能远虑”，造成“辱国丧师”，“荼毒苍生，一蹶不兴，如斯之极”。“章程”还进一步说明：“是会之设，专为振兴中华，维持国体起见。”“联络中外华人，创兴是会，以申民志而扶国宗。”

此外，“章程”还就经费、组织机构、议事制度以及吸收会员等问题做出一些规定。

为了提高团体的凝聚力和战斗力，孙中山他们还商定，兴中会除订立“章程”外，还要求入会人员举行秘密宣誓，誓词是：“驱除鞑虏，恢复中华，创立合众政府。”这个誓词所提出的革命主张，第一次向中国人民提出推翻腐败的清朝帝制政府、建立欧美式资产阶级民主共和国的理想。《兴中会章程》成为中国资产阶级革命的第一个纲领。它体现了孙中山早期的民族主义和民权主义思想。孙中山在《兴中会章程》中所说的"强邻"，就是指侵略中国的帝国主义，他的革命目的是为了民族独立和国家富强。

孙中山草拟的《兴中会章程》得到了宋耀如和陆皓东的完全赞同。他们三人首先举行了"驱除鞑虏，恢复中华，创立合众政府"的宣誓。宣誓后，宋耀如表示自己是个牧师，受到教务和教会的约束，不能像他们一样叱咤风云地冲在前面，但是可以在幕后做一些力所能及的辅助工作。关键的一点是开展革命活动需要花大量钱财，他愿意为革命组织筹措经费，并且在暗中做联络工作。对此孙中山表示十分赞赏。

当时，不论孙中山走到哪里，宋耀如利用自己在上海各界广泛的人脉关系，随时可以向他报告各方面新的情况，并自愿掏钱替自己的朋友支付各种费用花销。

孙中山认为要使拟议中的兴中会正式成立并且组织人马举行暴动，必须有一个联系广泛的团体和足够的经费。于是孙中山决定亲自动身去檀香山筹集经费和争取支持，让宋耀如留在上海，以便经常把国内的动态向他报告。

1894年10月，孙中山怀着革命的远大抱负，从上海乘轮船经日本，再度到自己少年时读书的地方檀香山，联络华侨，宣传革命思想，发展革命组织。在他的行李中，有宋耀如辗转托人为他办理的出国护照，有宋耀如慷慨捐助的一笔数额可观的经费，还有华美印书馆印制的《兴中会章程》等宣传品。

临行前，宋耀如取出珍藏的一把宝剑，意味深长地对孙中山说："这把剑具有历史意义，这是当年一位太平军的将领战死前留下的。我原想把这件宝物传给儿女，现在把它送给你。希望上帝保佑你推翻清廷，大展宏图！"孙中山十分激动，意气风发地说："等我推翻了清廷再接受你的宝剑吧。"

孙中山一抵达夏威夷首府，就立即开展工作。当时檀香山有华侨约两万人，他们多靠种田开荒、种植蔗园和经营商业为生。其中少数人靠辛勤劳动所得，慢慢积累和发展，成为资本家。孙中山在华侨中宣传反清主张，获得了经营商业的宋居仁、夏百子等人的积极响应。但是，多数侨胞安于现状，把孙中山的反清宣传视为"作乱谋反言论"，害怕招致

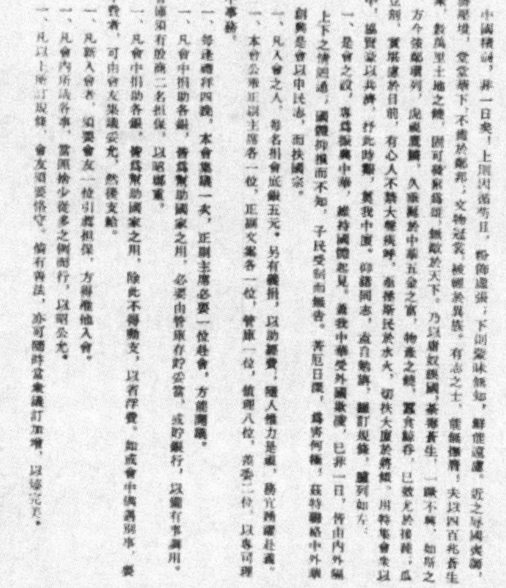

檀香山興中會成立宣言

孫文

中國積弱，非一日矣！上則因循苟且，粉飾虛張；下則蒙昧無知，鮮能遠慮。近之辱國喪師，翦藩壓境，堂堂華夏，不齒於鄰邦；文物冠裳，被輕於異族。有志之士，能無撫膺！夫以四百兆蒼生之衆，數萬里土地之饒，固可發奮為雄，無敵於天下。乃以庸奴誤國，荼毒蒼生，一蹶不興，如斯之極。方今強鄰環列，虎視鷹瞵，久垂涎於中華五金之富、物產之饒，蠶食鯨吞，已見效於踵接，瓜分豆剖，實堪慮於目前。有心人不禁大聲疾呼，亟拯斯民於水火，切扶大廈之將傾。用特集會衆以興中，協賢豪以共濟，抒此時艱，奠我中夏。仰諸同志，盍自勉旃！謹訂規條，臚列如左：

一、是會之設，專為振興中華、維持國體起見。蓋我中華受外國欺凌，已非一日，皆由內外隔絕，上下之情罔通，國體抑損而不知，子民受制而無告。苦厄日深，為害何極！茲特聯絡中外華人，創興是會，以申民志，而扶國宗。

一、凡入會之人，每名捐會底銀五元。另有義捐，以助經費，隨人惟力是視，務宜踴躍赴義。

一、本會公舉正副主席各一位，正副文案各一位，管庫一位，值理八位，董事二位，以專司理會中事務。

一、每逢禮拜四晚，本會集議一次，正副主席必要一位蒞會，方能開議。

一、凡會中捐助各銀，皆為幫助國家之用，必要由管庫存貯妥當，或貯銀行，以備有事調用。惟管庫須有殷商二名担保，以昭鄭重。

一、凡會中捐助各銀，皆為幫助國家之用，除此不得動支，以省浮費。如或會中偶遇別事，要用小費者，可由會友集議妥允，然後支給。

一、凡新入會者，須要會友一位引薦担保，方得准他入會。

一、凡會內所議各事，當照少從多之例而行，以昭公允。

一、凡以上所訂規條，會友須要恪守。倘有善法，亦可隨時當衆議訂加增，以臻完美。

> 孙中山回到檀香山后，组成了中国最早的资产阶级革命团体——兴中会。这是兴中会宣言。

“破家灭族”之祸，避而远之。孙中山把这种情况描述为“风气未开，人心洞塞”。

这种遭遇并没有使孙中山气馁、颓丧。经努力，在不到两个月内，他先后发展兴中会会员 129 人。11 月 24 日，在檀香山召开成立大会，通过了孙中山起草的《兴中会章程》，选举了兴中会的领导人。

这是孙中山在海外建立的第一个资产阶级革命组织。除了遵守章程外，所有入会者必须宣誓。其誓词中提出“驱除鞑虏，恢复中华，创立合众政府”的革命主张，第一次向中国人民提出了推翻帝国主义走狗——清政府，建立资产阶级民主共和国的伟大目标。

几乎是在同时，1894 年 11 月 16 日，宋耀如夫妇的第三个孩子出生了。当时，宋耀如从孙中山的来信中获知兴中会成立的消息，立即跑到银行给孙中山汇去大洋3,000元。回到家里，仍然兴奋不已，于是和倪桂珍商量后，决定给这第一个儿子起名“子文”，希望他长大后像孙文叔叔一样投身于中国的民主革命事业。

1894年12月，尚在国外的孙中山收到了宋耀如的一封急信。宋耀如在信中说清政府在中日甲午战争中的腐败无能让全国人民对它气愤至极，群情激奋，兴中会应该抓住机会迅速行动。孙中山接信后极为振奋，他一面回信要宋耀如留在上海照管财务，继续充当长江流域的革命眼线；一面准备回国，亲自领导他们已商定的第一次暴动。

但孙中山领导的革命党在广州发动的第一次反清武装起义，很快就被清廷镇压下去了。

∧ 宋耀如的长子宋子文，后来果然如其所愿，追随孙中山投身于中国的旧民主主义革命事业。

★广州起义

1895年10月，孙中山亲自筹备、部署、指挥了广州起义。孙中山在香港成立兴中会总会以后，即着手筹备广州起义。由孙中山指挥起义，助手为郑士良、陆皓东、陈少白等4人。因香港、汕头方面擅自改动战斗部署，计划被打乱，起义流产。陆皓东、朱贵全、丘四等被害牺牲，孙中山经澳门流亡日本。广州起义是兴中会领导的第一次起义。

当时许多革命者都被捕遇害，孙中山逃亡日本。不过，广州起义★的失败并没有使孙中山灰心。在日本他又联络当地华侨成立了兴中会横滨分会，孙中山断发改装，以示革命决心。也就是自此时起，孙中山成了反清革命斗争中公认的先行者和伟大领袖。

在以后的16年中，孙中山始终作为一名被清政府通缉的逃犯亡命国外。因为无法返回故土，他不得不经常依靠宋耀如经济上的接济，并依靠宋耀如及其他革命党人帮他料理国内的革命事务。而孙中山则从一个国家辗转到另一个国家，四处寻求支持和援助，始终都在奔波之中。

宋耀如一如既往地支持着孙中山的革命事业，为他的革命活动提供了大量的金钱援助。倪桂珍也很理解和支持他。除了捐助给革命事业，他们也经常接济穷人，向学校和教堂提供赞助。

或许是上天垂青，宋耀如的实业经营飞速发展，他在上海地方各界的影响力也与日俱增。同时，宋家的孩子也一个个降生了，宋氏家族日渐兴旺起来。

∨ 1900年，孙中山与日本友人在东京合影。

历史备忘录

HISTORY MEMORANDUM

V 慈禧太后在宫中留影。

V 19世纪末，时任清朝直隶总督兼北洋大臣的李鸿章（前排左四）视察唐山车站。

2

3

4

兴中会建立

兴中会是中国最早的资产阶级革命团体。1894年11月24日由孙中山建立。在上书李鸿章落空后，孙中山坚决走上了革命道路。他联合各界华侨人士20余人发起兴中会，通过《兴中会章程》，提出“振兴中华”，秘密誓词把“驱除鞑虏，恢复中华，创立合众政府”作为奋斗目标，并发行“革命军债”（亦称科股银）。该会章程没有明确提出武装反清的宗旨。次年在香港吸收杨衢云等创办的辅仁文社，成立香港兴中会，修改后的《兴中会章程》，公开提出了反抗清王朝的主旨。从此，资产阶级民主革命开始有了核心领导。

平壤之战

中日战争爆发以后，李鸿章极力奉行“避战自保”的方针，命令清军“先定守局，再图进取”。这样，清军既不能主动迎敌，也不能择险拒守，致使万余名清军滞留平壤，贻误了战机。1894年8月，日军分多路围攻平壤。清军回族将领左宝贵亲临玄武门城头指挥作战，不幸中弹牺牲。清军统帅叶志超弃城逃走，退到鸭绿江北岸。日军占领平壤。

黄海之战

1894年9月17日，北洋舰队在鸭绿江大东沟附近与日本联合舰队激战，战斗中，提督丁汝昌负伤，管带邓世昌战死。在这场海战中，北洋舰队有5艘军舰沉没，日方有5艘军舰受伤。李鸿章为了保存实力，命令北洋舰队躲入威海卫港内，不许巡海迎敌，使日本取得了黄海海域的制海权。史称“大东沟之役”或“黄海之战”。

公车上书

清政府在中日甲午战争中失败后，于1895年4月派李鸿章赴日，与日本首相伊藤博文签订《马关条约》，国内各阶层人士反对割地讲和。5月2日，康有为联合各省在北京会试的举人1300多人，联名上书光绪皇帝，力主拒签中日和约、迁都抗战和变法图强3项主张。史称“公车上书”。

02

童年生活和教育

宋美龄小时候一直是一个活泼可爱的小女孩，然而比起两个姐姐，她活泼的外表下却有着一颗敏感的心。在捉迷藏时，姐姐丢下她，一种被抛弃、被轻视、被愚弄的委屈顿时涌上心头，一向骄傲的她感到自尊心受到了伤害。儿时的印象是十分深刻的，很长时间里宋美龄都无法摆脱这种挫折感。类似的事件使得她很难与他人推心置腹、和睦相处，在自卑中产生的尊严，使她容易激动、盛气凌人，让人觉得高不可攀。

宋耀如在子女们的教育上，有着长远和独特的打算。在马克谛耶学校的学习，为宋美龄以后能在中国近现代史上叱咤风云一时做了很好的铺垫。

从小是家里的小霸王

1897年3月，宋家的第四个孩子降生了，这是一个女孩，也就是后来成为中国“第一夫人”的宋美龄。

宋美龄出生时，宋耀如已逐渐发展为上海滩上有钱有势的富翁，并且还是孙中山领导的兴中会的执行秘书长。相比她的两个姐姐和哥哥宋子文，宋美龄生长的家庭环境更为优越。

小时候的宋美龄是个胖乎乎的可爱的孩子。冬天，母亲倪桂珍给她穿上厚厚的棉袄，使得本来就胖嘟嘟的美龄显得更圆了，走起路来一摇一摆的，活像一只满地滚动的大皮球。她的一个叔叔看到如此有趣的景象觉得很好笑，就给她起了个“小灯笼”的绰号。

那时的她头顶梳着两根小辫子，用红带子扎着，然后卷成圆环。这种俗称“螃蟹眼”的发型在当时的小女孩中是相当流行的。母亲倪桂珍经常给她穿上背后开口系扣的短花布衣裳，鞋子做得看上去像个猫头，两旁伸出两只猫耳朵，上面还绣着猫胡须和眼睛。长大一点后，母亲又经常给她穿男孩的衣服，这一方面因为她是一个顽皮的姑娘，举止像个男孩，穿哥哥子文的衣服比穿姐姐们的衣裳显得更自然；另一方面是因为哥哥子文长得快，衣服很快就小了，以至于每两三个月就要给他做新衣服，于是小妹妹美龄就成了他这些穿小了的衣服的继承者。直到十多岁去美国前，宋美龄还经常穿男孩的衣服。

宋美龄聪颖灵敏，但比两个姐姐霭龄和庆龄淘气可爱。母亲倪桂珍注重从各个方面培养子女，不但让女儿们学习识字断文，而且希望她们精通针线活。因为刺绣是当时中国女孩的必修课，古代把刺绣作为“女红”，把它与妇德妇言妇容并列为女子的“四德”。倪桂珍自己喜欢读书，针线活不行，可她却希望女儿们精通这门技艺。

为此，她请来一位刺绣师傅，那是一位针线活做得相当好又有些文化的寡妇。宋美龄活泼好动的天性使她对这种静坐半天才能绣一条花边的活感到很无聊，她一点儿也不愿意学这活计，经常是坐不了一会儿就想开溜。大姐宋霭龄也不喜欢学刺绣，有一天偶然发现在上海方言里“女工伙计”与“女叫花子”的发音非常接近，就利用这个双关语大做文章。她把自己的发现悄悄教给两个妹妹庆龄和美龄，大家约好一起和这位师傅开个玩笑。第二天刺绣一开始，三个女孩就轮流把这位女工师傅喊作“女叫花子”，然后问这问那。每一个人叫一次，其余两个就笑个不停。

< 儿时的宋美龄聪颖可爱，像个小公主。

< 三姐妹小时候亲密无间朝夕为伴，长大后却因革命信念不同而分道扬镳。这是难得一见的三姐妹的合影。

开始这位女工师傅不明原因，后来终于发现了她们的秘密，她怒气冲冲地去找倪桂珍，揭发了三个小孩对她的戏弄。

倪桂珍非常生气，认为女孩子这样做很不合礼仪，也违背了基督的精神。她严厉地训斥了几个女儿，甚至要责打带头的宋霭龄。

宋耀如回家听说了这件事，呵呵一笑，说针线刺绣之类，不学也罢，既然只花几块钱就可以买到更好的绣品，倒不如给孩子们腾出时间多学点更有用的东西，况且这种精工细活也会损害小孩的眼睛，而眼睛最好用于阅读。倪桂珍听他这么说，也就不再坚持，先让已上学的大姐宋霭龄不用再学这刺绣活，没多久，美龄和二姐庆龄也获准不再学了。

三姐妹获得了解放，她们走出家庭，跑遍了乡村，和周围许多小孩子成了好朋友，经常在一起做游戏。大姐宋霭龄经常带着他们爬上不高的院墙，再翻下来跑到外面，像飞檐走壁的江湖大盗一样，来追求这种刺激的欢乐。他们跑到农民的稻田里，抓小鱼、捉青蛙、踩倒大片的庄稼；到农家庭院附近的果树上，偷摘未熟的青果。在宋霭龄率领下的这群孩子，越来越像一帮小匪徒，闹剧愈演愈烈。以至于当地农民都来找宋耀如告状。与一般的家长不同，宋耀如并不责难孩子，他认为喜欢玩耍是小孩的天性，不能横加管束。当然，小孩损坏了附近农家的庄稼，他都加倍赔偿。

捉迷藏是孩子们最爱玩的游戏，小美龄年纪最小，走路都摇摇摆摆的，不太会玩。轮到她藏的时候，她往往不知道该往哪儿藏，很快就被人家找到了。当她去找别人时，却又不知道该去哪儿找，因而她往往成为孩子们游戏中的小累赘，孩子们都不太愿意跟她玩。

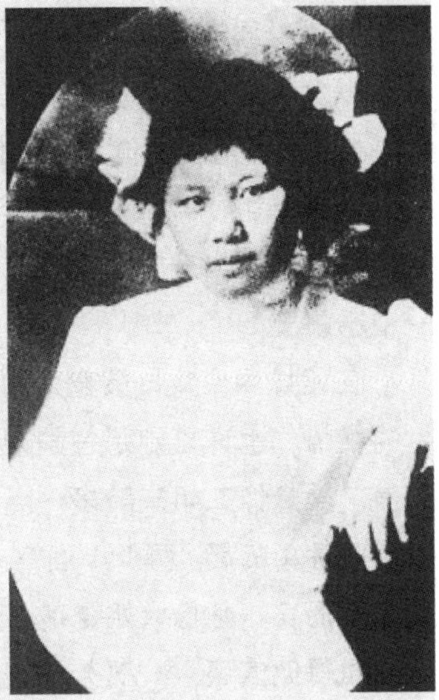

> 随着年龄的增长，宋美龄我行我素的高傲个性已初露端倪。

有一次，又玩捉迷藏，大家禁不住美龄的一再哀求只得带她玩。有一个小孩想出了一个主意甩掉美龄。她对美龄说：“你是个机灵鬼，先站在花园里，闭上眼睛数100个数再找我们，可不许偷看哦。”

小美龄一听很高兴，就用胖乎乎的小手捂住眼睛，耐着性子数了起来。为了早点数到100，生性聪敏的她从20就跳到30甚至40，没多一会儿，她就数到了100。但有一个留下来听她数数的小孩，却说这么数不算，要重数。美龄只好再数一遍，这次没人再监督了，四周一片寂静，只有她稚嫩的数数声。等她终于数完，睁开眼睛准备开始找时，发现花园四周一片沉寂，连个人影都没有。她找了半天，一个人也没找到。这时她才明白自己上当受骗了：她们一定是跑到别处去玩了，也许还在那儿嘲笑自己呢。

一种被抛弃、被轻视和被愚弄的委屈感顿时涌上心头，一向骄傲的她感到自尊心受到了伤害，站在那里伤心地哭了起来。这时，大姐霭龄跑了过来，替她擦干了眼泪和鼻涕，还安慰她很快就会长大，长大后就不用害怕了。

儿时的印象是十分深刻的，很长时间宋美龄都无法摆脱这种挫折感。类似的事件使得她很难与他人推心置腹、和睦相处。在自卑中产生的尊严，使她容易激动、盛气凌人，令人觉得她高不可攀。她在过分激动的时候，浑身上下突然出现许多红色肿块或疹团，这种被称为荨麻疹的慢性皮肤病在后来的多年里一直困扰着她。

因为大姐霭龄自小就帮助她、保护她，从未使她失望过，所以美龄对大姐产生了英雄般的崇拜，以后逐渐转化为深厚的感情。她对大姐几乎是言听计从。当宋霭龄在家里发号施令、处理家务的时候，美龄总是在一旁聚精会神地看着，那神情就仿佛自己在做霭龄的艺徒，准备将来取代姐姐的角色。

随着年龄的增大，宋美龄个性高傲的一面渐渐显露出来。她孤芳自傲，我行我素，无人敢理。同时她精力旺盛，威风凛凛，俨然是家中的一个小霸王。

三姐妹中，父母最宠爱的就是小女儿宋美龄。也许是她占了年龄最小的优势，也许是她那楚楚动人、顽皮淘气的外貌更使人喜爱。就长相而言，美龄像二姐庆龄多一点，细眉细眼，小鼻子微微地朝上翘着，薄薄的两片小嘴唇，两个小酒窝儿非常可爱。但她不如庆龄长得那么耐看。就性格而言，她像大姐霭龄，庆龄比较文静、温柔，美龄则像大姐霭龄一样显得傲气逼人、孤芳自赏。

当时有人传说，她们的母亲会观天象。她说霭龄出生时，月亮是圆的，说明她的婚姻会很美满；庆龄出生时，月亮是弯的，将来她要守寡；而美龄出生时月亮是昏黄的，说她的婚姻会有气。这当然是后来人们的附会了，事实上，她们的母亲是不会讲究这些迷信东西的。

当年的宋太太倪桂珍是个虔诚的基督徒，勤俭持家，严厉地管教孩子。每天她都和孩子们按时起床，按时做祷告。她不像其他的贵妇人，她不会打牌和跳舞。她也不允许孩子们进行跳舞、赌博等她认为不体面的娱乐活动，不放纵他们的任何越轨行为，哪怕仅仅是由于儿童好奇的天性和缺乏自控的能力。

同时，她不信旧礼教，主张男女平等，要求妇女解放，并且不曾缠足。和丈夫一样，具有浓厚的反封建的民主解放思想。按宋美龄的话说："母亲的个性，处处显示出她的严厉刚强，而绝对不是优柔善感的。"这位母亲，几乎在孩子们还很小的时候，就领着他们做祈祷。在她看来，没有什么比对全能全知的上帝的虔诚更重要的了，不自觉自愿地接受上帝的指引，就不可能成为有作为的人物。

她思想上亦受西方文化影响，个性"严厉刚强"，凡事持之以恒。她要求子女们做事时总是循循善诱，而不是光靠严厉的惩罚。由于有虔诚的宗教信仰，常诱导子女们养成上教堂做礼拜的习惯。她又具有中国妇女端庄贤淑的美德，在这方面她对女儿们也影响极深。

母亲的形象在女儿们的心中是高大完美的，她不但可亲可敬，而且显得端庄文静、知书达理，常向子女们讲述历史故事，使他们从中得到教益。倪桂珍对三个女儿的打扮也极为重视，严格要求。她们无论春夏秋冬、社会潮流，都一直梳着和母亲一样的中国式发髻，并且直到成年。

宋耀如由于长期在美国生活，养成了终生喜吃西餐的习惯，所以倪桂珍不得不认真学做西餐，并且成了一名出色的西餐厨师。虽然后来宋耀如发达以后，家里雇用了专职的厨子，但倪桂珍仍经常亲自下厨房。她还把女儿们召集起来，向她们传授美式烹调的奇特花样。当时，文静的二女儿宋庆龄和活泼的小女儿宋美龄在母亲手把手的传授下，耐心学了些厨艺，其中耐性较好的庆龄还成了不错的厨师；甚至在她成了孙中山的夫人后，遇有重要的客人，她也还是会亲下厨房，做一两样精致的食品招待客人。唯有任性的宋霭龄不喜欢母亲的传授，不知是有意还是无意，她总是毛手毛脚，不是碰翻了盆子，就是烫伤了手指，以至母亲传授了几年，她还是一技无成。美龄的耐性也不佳，不过好歹也学会了一些简单的技艺。

另外，在宋美龄个性形成时期，她又于少女时期赴美读书，所进的学校均是注重女德的美国女子贵族学校，并专攻了她喜好的课程——文学与哲学，所以陶冶出宋美龄高雅端庄贤淑的气质，对人也亲切温和。

> 文静的宋庆龄随母亲学了一手不错的厨艺。

当最后两个孩子宋子良和宋子安出生的时候，宋耀如已渐渐发展成百万富翁，同时担任革命党的执行秘书，事务繁忙，使得他与孩子们相处的时间都极为短暂，自然对两个小儿子的言传身教就很少了。后来前四个孩子都成了灿烂夺目的人物，而子良、子安则相对逊色了许多，抛开自身的个性与勤奋程度不说，在某种程度上与父亲的言传身教亦不无关系。这些孩子虽然是同一父母所生，遗传的因子和成长的时代以及幼年接触的事物却略有不同，这使得他们的性格各自显出不同的倾向。

大姐宋霭龄不同于一般女孩的温柔腼腆，有一股类似宋耀如桀骜不驯的个性，有自己的主见，很不愿意服从别人，爱说爱闹，常常流露出一种叛逆精神。尤其是孩子中她作为老大，更使她常常喜欢发号施令，指挥一切，成为一帮孩子的班头领袖。

二姐庆龄是这群孩子中最漂亮的一个。当时她的几个姐弟身材像父亲，大都长得身矮体胖，唯独宋庆龄修长苗条，她的皮肤细嫩，显得娇柔、纤弱。她的五官端正，下唇微翘，眼

∧ 宋庆龄是姐妹三人中最漂亮的一个，且谦和文雅。

★沙俄拒撤军欲入侵东三省

1903年4月4日，清廷派增祺、长顺按约定前往接收俄国第二期交还的奉天、吉林等地。俄军本应于8日退出沈阳、牛庄、营口、辽阳及吉林，但至期却未履行。沙俄不但不撤兵，反而增派军队800多人到安东，并重新占领营口。26日，俄国外交部、户部、陆军部再次举行会议，决定夺据哈尔滨、齐齐哈尔、富拉尔基、宁古塔、海拉尔、珲春、松花江河道及齐齐哈尔至海兰江大道。

神总带着一些忧郁，仿佛为当时社会的贫苦大众所遭受的苦难而忧伤。她谦和文雅，与宋霭龄和宋美龄骨子里的那种自命不凡、傲气逼人绝然不同。她说话办事都很有条理，就是在梳妆打扮上也很容易显示出来。幼年风风火火的宋霭龄和被娇惯得不成样子的宋美龄都是把头发匆匆忙忙地往后一掠了事，只有宋庆龄精心地梳理。她在前额上留一缕刘海，再把脑后的秀发用一条色彩鲜艳的缎带扎住，蓬蓬松松地垂在脖子后面，显得清纯美丽，惹人喜爱。

小时候，宋霭龄以大姐身份，领导着一帮小孩子到处玩耍，她对弟弟妹妹的关心爱护、办事的专心致志和卓越的组织才能，使她在弟弟妹妹们面前树立了很高的威信。童年时期，这群各具特色的孩子聚集在宋霭龄的旗帜下，由宋霭龄率领他们在游艺室里，在自己家那宽敞的院子里，在风景如画的田野上，打闹嬉戏，胡乱折腾。童年这些看起来没什么明确目的的玩耍，在不知不觉中培养和加深了他们之间的手足之情。

直到成年之后，除了宋庆龄由于坚持孙中山的革命理想，与他们分道扬镳外，其余弟妹仍把宋霭龄奉若神明，唯她之马首是瞻。当宋家子女作为一股强劲的势力崛起于中国政治舞台之后，由于宋耀如去世较早，富有心计、城府很深的宋霭龄就成了宋氏家族的掌舵人，她是宋氏家族真正的领袖，也是后来大家熟知的宋家王朝里的幕后领导者。

宋耀如早年在美国受林肯的“民有、民享、民治”的思想影响颇深，对腐败的清王朝十分不满。宋耀如自从与孙中山先生结为好友之后，一直大力协助孙中山先生，从事再造中国的革命工作。因此他所塑造的家庭，既有虔诚的基督教信仰、西化的生活方式，又有改造中国的革命理想和远大抱负。在这种家庭氛围的影响下，宋家的几个孩子都具有这种精神，宋美龄也不例外。她后来表现出的较强烈的使命感和爱国热情，就是受着父亲和家庭因素的影响。事实上，在宋美龄的幼年时期，这一影响已开始有了表现。

1903年（光绪二十九年），上海因沙俄拒撤军欲入侵东三省★而发生抗俄活动，及1905年（光绪三十一年），又因美国歧视华工而发生抵制中美公约风潮时，深受父亲爱国精神影响的宋美龄，小小年纪即随同长兄宋子文及二姐宋庆龄参加爱国活动——在虹口繁华的马路上散发传单。

抵制中美公约时，她加入中国童子抵制美约会，手持宋家特制的旗帜，挨户散发传单，抵制美货。7月19日上海各界在务本女学举行拒美特别大会。宋家除霭龄已赴美求学外，全家出席。在当时的上海曾引起轰动。这可以算是宋美龄从事热爱国家民族活动最初的举动。

宋美龄的热爱国家民族，又是与她虔诚的基督教信仰密不可分的。日后她回忆早年生活时，曾说："我与宗教发生关系，可分为三个阶段。第一个阶段，我极度地热心与爱国，也就是渴望替国家做些事情。"而她的虔诚基督教信仰与爱国心实际上都是自幼得自家庭传统，受着家庭的影响。

父亲对宋美龄的影响之大则表现在，使她养成了一种信念：世上无难事，只怕有心人。事实上，宋耀如本人经历过各种各样的惊涛骇浪，对自己的冒险有许多故事可讲，在孩子们的眼里父亲就是一个"胆大者，事竟成"的活楷模。

在受过西方教育的宋耀如看来，最先进、最科学也是最伟大的教育方式，应是符合孩子天性即个性的教育方式，任何扼杀或窒息孩子天性的举动，都是愚蠢和罪恶的。倪桂珍从小也受过西式教育，夫妇两人都坚决反对中国传统的压抑个性的那种教育方式。

当孩子咿呀学语时，宋耀如就常常给他们朗诵《圣经》赞美诗。他的嗓音深沉优美，声情并茂，给孩子们留下了很深刻的印象。这其中，年纪幼小的宋美龄的宗教信仰最虔诚，并且对基督教的虔诚信仰一直保持了下来。

每逢周日，宋家都会举行晚会。倪桂珍弹钢琴，宋耀如和霭龄唱歌，美龄就和二姐伴着琴声翩翩起舞。在这个欢乐的家庭里，人人都有自己的喜好和特长。大姐霭龄最像父亲的性格，也继承了宋耀如唱歌的天赋，二姐庆龄继承了母亲弹钢琴的爱好。宋美龄则喜好跳舞和画画，跳舞是她一生的爱好，后来直到60岁才作别舞池。

宋耀如信奉"知识就是力量"。1898年，他就和不到10岁的大女儿霭龄一起编了一份《上海儿童报》，主要文章都由孩子自己写。这里是自由天地，孩子们想写什么都可以。父亲则是他们忠实的朋友和热心的读者。为了鼓励孩子们的写作热情，他还在自己的工厂里把报纸印出来给很多人看。这份报纸一直办到宋氏夫妇最小的两个孩子子良、子安进入圣约翰大学附中时才停刊。孩子们在这种创造性的自立活动中，迅速增长了各种才干。后来他们到美国学习，同学见到他们都能信手在打字机上打出一篇篇文采斐然的文章，都为之惊讶。

∧ 宋美龄晚年回忆早年自己的民族情结时称，这与她是虔诚的基督徒有关。

∧ 20 世纪 20 年代的宋氏三姐妹。

宋耀如很重视孩子们的英语训练，在孩子们入学前，他就从美国购买来大量幼儿读物，他们夫妇俩轮流教孩子们读写。同样，他也很重视孩子们的中文教育，希望自己的子女们成为学贯中西的大人物。孩子们在父亲的严格督促下，认真地练习毛笔字。宋耀如常常对孩子们说："学英文是为了睁开眼睛看世界，是为了留学长知识学本领，将来报效祖国，所以中文一定要更好！" 他坚信未来中国的领袖人物一定要学贯中西，就像他的革命挚友孙中山那样。在父亲的督导下，孩子们的中文水平提高得很快。

为了培养孩子们勇于创新、勇于开拓的精神，宋耀如经常给子女们讲述那些冒险家的传奇经历。宋耀如是个讲故事的能手，这一方面归功于他擅长演讲的天赋，另一方面则归功于他丰富的人生阅历。他讲的故事，不但人物性格鲜明，而且故事情节极富戏剧性和幽默感，大多来源于他本人在海外拓荒历险的传奇经历。这些故事，简直使父亲成了孩子们心目中崇拜的偶像和英雄，并且激起了他们要像父亲那样到外面闯荡一番的强烈愿望。

有这样的家庭教育，孩子们的知识自然是在迅速地增长着，以至于他们的外婆徐老太太都认为他们在家的教育已经足够了，无须到学校读书。倪桂珍也认为，她可以继续充任孩子们的家庭教师。宋耀如却坚持认为，教育应当是社会的，不管家庭教育多好，也不能代替集体生活的训练，孩子们大了总得要走上社会，独立地面对社会的各种挑战。他们的女儿不应当是象牙塔中的公主，更不应当是笼中的金丝鸟，她们应当成为对社会有影响和贡献的人。为了增加孩子们的社会知识，宋耀如还经常带领孩子们去参观印刷所、面粉厂、香烟厂和纺织厂。他和孩子们坐着私人黄包车从大街上经过时，他向她们揭示社会的现实和城市中弱肉强食的生活真相。

宋家当时已是上海滩少有的富贵之家，但宋耀如对金钱看得很淡。面对中华民族的危难和生活在水深火热之中的广大劳动人民，以经商发家的宋耀如并不只顾着自己的生活，总是竭尽所能地向孙中山领导的革命党提供资助，同时向教会和学校捐助，尽量接济生活困难的人们。他常对人说："无钱难生存，钱多害子孙。有钱行善事，救国为己任。"

所以他也注意从小培养孩子们正确的金钱观，不让他们养成大手大脚花钱的习惯。他自己曾亲身经历过苦难，深知金钱的来之不易。平时宋耀如从来不给孩子零花钱，孩子需要什么都是他给买来。一次宋霭龄拿着母亲给的钱去买了很贵的进口巧克力，正在分给弟妹们吃，被回家的宋耀如看见了，宋耀如当场就把霭龄训斥了一顿。这件事给年幼的宋美龄留下了深刻印象，以后无论她多么有钱，但一直没有乱花钱的毛病。

宋美龄的童年就是生活在这样的家庭环境中，父母的言传身教和兄弟姐妹的影响，都在宋美龄的成长过程中打下了很深的印迹。宋氏夫妇的家庭教育对孩子的影响是巨大的。甚至有人说，宋家和别的中国封建家庭相反，重女轻男。作为一个家族的奠基人，宋耀如的杰出贡献是精心培育子女，使他们成为国家和社会的“栋梁之材”。尤其令人钦佩的是，他敢于蔑视男尊女卑的世俗偏见，为自己的三个女儿从学前到大学教育提供了与男子一样的学习机会和条件，使她们能够接受西方现代科技知识和价值观念，并且刻意训练她们能够独立面对生活挑战的能力。

父亲的刚直不阿、热情爱国、乐做善事和强烈的事业心，母亲的深情善良和严厉管教，对宋美龄有很深的影响。正是由于父母对儿女们悉心抚育、积极培养，使她和两个姐姐和兄弟们都得到了新式的、正规和优等的教育以及品德上的熏陶，这对于他们后来成为中国近现代政治和经济舞台上叱咤风云的人物有很大的关系。

最小的中西女校学生

宋耀如名下华美书馆的印刷业务使他接触了很多教育和文化方面的人士，他的好友和姻兄温秉忠就是一个主张引入西方文化的教育家。以自己的印刷业务为基础，宋耀如和别人合资创办了上海商务印书馆，专为中国出版西方教科书并且大量印刷商业本册报表。这家印书馆后来成为中国最有名的出版社之一。宋耀如还投资兴办了香烟厂、棉纺厂和面粉厂，并为工厂进口了大量机器设备。到 1904 年，他私人的产业已相当殷实。

与此同时，宋耀如把自己的流动资金几乎全部贡献给了革命事业。为了给革命者找一个安全的活动场所，宋耀如创建了上海华人基督教青年会。这是他在经营工商企业的同时，联络各方教会人士共同创办的。为此，他还走遍了全国的几个大城市，1900 年上海市基督教青年会成立后，由他资助的上海青年会馆落成，此后其他城市的分会也陆续成立。这大大方便了各地革命党人的联络和活动。

宋耀如这时在上海滩已是相当有名的人物了，当地的基督教会把他视为重要的领导人之一，西方人也不再把他看作不起眼的“本地传教士”了。宋耀如不失时机地利用这一切来为革命服务。在一次市府礼堂举办的义演中，他公开讽刺新任的清廷内阁大臣为“战争大臣”。

革命党的高级领导人仍旧在他虹口的宅第和他的印刷所里开会，一般成员则把基督教青年会当作安全的处所，他们可以在那里开会和相聚，而不致引起别人的注意。

进入中年，事业已有成就的宋耀如这时开始体态发胖，因为多方操劳，眼神里经常隐约带着一丝忧郁和疲惫，精神也已大不如以前。在他的朋友中只有几位知道他加入革命党的内情，其中包括传教士步惠廉夫妇。当时革命党在各地四处活动，清政府严厉镇压。宋耀如为了预防万一，买了一张葡萄牙护照，自称出生在澳门。虽然当时世界上还没有普遍使用护照，比如当时去日本就不用护照。但是有了葡萄牙国籍就可以避开美国新颁布的排华法，一旦出事就可以携带儿女到美国去避难。

在培养子女方面他有自己的独到眼光和长远计划，为了让女儿们将来能够到美国念书，他特地供她们读上海著名的中西女塾——一所外国教会学校——马克谛耶学校。

这是外国教会在中国开办的第一所收费女子学校，主要创办人就是当年宋耀如在上海卫理公会的上司林乐知博士。林乐知看到上海有那么多的"高级中国人"，却没有一所学校供他们的女儿就读，于是建议美国卫理公会，由南方女布道会负责筹备，在上海成立一所专供中国富豪们的女儿就读的学校。中西女塾首任校长为佐治亚州教育家海淑德女士，她和宋耀如有很好的交情。中西女塾的校名则是林乐知取的。

关于宋氏姐妹求学的这所19世纪90年代创办的贵族女子学校的大致情况和历史背景，当时担任中西女塾校长的海淑德女士曾在回忆中如此介绍：

1. 上海的情况和二十五年前大不相同了。中国人不再敌视和怀疑外国人了。过去家长们不愿意送子女进外国人办的学校，学校甚至贴钱给学生，学生才勉强来上学，而现在很多家长愿意自出学费让子女来上学。

2. 富有的家长们不愿意送自己的女儿进教会开办的慈善性质的义务学校，因为这些学校的学生都是穷人家的女儿。富有的家长们不愿自己的女儿和她们生活在一起。

3. 有许多富有的家长，很希望现在就有一所合适的学校，让他们的女儿马上可以入学。从各方面的迹象来看，我们的学生一定会不断增加，每个在国外留学过的中国男子，都希望他的姊妹、他的妻子和他的女儿受到新教育。现在中国还没有一所他们认为理想的、外国人办的正规的学校。因此，只好请家庭教师或者由兄长和父亲在家里充当教师。

4. 中国地大人多，我们不可能单靠自己派遣传教士来开展工作，一定要培养很多中国精英，让他们自己去做工作。

5. 要办好这所学校和搞好工作，你们一定要不断选派传教士来华。为了使新来的传教士能很好地适应环境，必须使他们在开始工作前，有充分

∧ 上海商务印书馆旧址。

的准备。因此，在建筑校舍的同时，还应考虑到建筑一所教师之家，让他们住上一二年，学习华语，接受必要的师资的培训。新来的传教士，可从这里积蓄力量和胆量，在很短的几年中，就可以很快地在他们出色的工作中偿还你们的投资。

这样，在校长海淑德的精心策划和设计下，林乐知所渴望的一所"理想的""高贵华人"的女校，终于在1892年3月在上海西藏路汉口路口成立了。

那么这所学校是如何培养人才呢？从知情人的介绍中我们可以有如下的了解：

∧ 除了宋氏姐妹求学的贵族女子学校外，上海还有一所赫赫有名的圣约翰大学。图为圣约翰大学旧址。

课程方面，可以用一句话概括地讲，一切都是从美国的角度，来灌输所谓西方文明的。其表现在下面四个主要方面：

（一）重英文轻中文。

所用的课本，除语文外，一律都是英文的，连中国的历史、地理课本也是美国人编写、在美国出版的，而且是由美国老师教的。

（二）美国家事训练。

在学校初开办的时候，有刺绣课，但没有烹饪课。这是什么缘故呢？因为厨房工作是下等的。学生既是"高贵"华人的女儿，就不需要这种本领。

第一年让学生掌握如何美化自己，如何美化家庭和环境。

第二年按照美国当时青年女学生对待男朋友的惯例，教学生如何选择对象和如何组织家庭。

第三年让学生学会如何在家中和公共场所招待宾客，如何开茶会、宴会和舞会以及怎样做西点、西菜等。

这个家事实验室，就是要使中国女青年了解并接受美国的生活方式。

（三）宗教课占有很重要的地位。

（四）三门课外选修课是以钢琴为主的西洋音乐课、表演课、舞蹈课。

这三门课的共同点，都是另外收费，数目与学校的正规学费相等，学成后都另发文凭。学习内容都是外国材料，当时在校内都被称为“出风头”课。

宋耀如将三个女儿送入这所学校，无疑是为她们将来赴美留学选中了最合适的预备学校。

在某种意义上，这种教育就等于是留美预备学校一样。宋氏姐妹就曾在这样的贵族学校受到她们早期的启蒙教育。到底这种教育对她们一生有多大影响，很不好下什么结论，毕竟三姐妹走上了截然不同的道路，但有一点可以肯定，在她们同时代的人中从小就受到西方教育的是凤毛麟角的，因此，她们能够脱颖而出，成为中国近现代史上知名度很高的女性是很自然的结果。

三姐妹中，宋美龄是看起来最自信和最活泼开朗的。1902年，宋美龄满5岁时，看到两个姐姐都到学校上学了，一个人在家很孤单，每到周末就盼望着她们从学校回来。于是她也不停地向父母苦苦哀求，要和姐姐一起去中西女塾读书。宋耀如终于答应了，于是家里人给她准备了小旅行箱，带着自己的衣服和生活用品到学校去过寄宿生活。上学那天，小美龄打扮得整整齐齐，穿着一条绿裤子和一件方格呢上衣，由父亲陪着坐黄包车到学校。

大姐霭龄因为上学早，举止娴雅，颇有些泰然自若的风度。二姐庆龄的英文名字叫罗莎蒙德，和大姐霭龄的举止行为很不一样。她7岁时才出现在马克谛耶学校。庆龄是个文静的孩子，学英语有出众的天赋。沉稳的性格使她显出一种与她的年龄不相称的成熟。她总是把小手放在背后，专心致志地听老师讲课。她非常聪明，理解能力很强，各门功课的成绩总是名列前茅。

庆龄有很强的自我约束力，不像别的小女孩那样一有小事就爱哭爱闹，让人对这样一位小女孩不禁生出一种难以名状的爱怜。她默默地克服一个初入学校的孩子必然会遇到的一些困难，努力去适应学校的集体生活。连最严厉的外国教师也免不了鼓励她可以放纵一下，或者至少是活跃一点，比如在课堂上捣捣乱，和同学闹点矛盾之类。他们甚至表示即使她这样做了，也绝不会受到惩罚，还会给予奖励。他们生怕她心里有什么委屈，挫折了孩子的天性。宋庆龄总是微笑着摇摇头，表示她这

∧ 1916 年时的宋庆龄。

样做并非由于害怕什么，而是因为这样做心里才坦然愉快。她的坚强性格是从小就形成的。

美龄上学的年龄最小，5岁时就开始了学校的住宿经历。

宋耀如夫妇同意让幼小的宋美龄离家进入学校，一方面由于霭龄已在这种环境中很好地成长了起来；另一方面家人认为这个小女孩有姐姐做伴，处境会更好。于是通过宋耀如的好朋友、校长海淑德女士的安排，马克谛耶学校就做了一次特殊的招生，让年仅5岁的美龄入了学校的幼儿班，并且与庆龄住在一间寝室里。

作为庆龄的小妹妹，她被获许与她二姐同住，小美龄也就特别卖劲地履行自己的义务。每天下晚自习后，庆龄的朋友们回到寝室里总发现“小美”为她们准备好了茶水——只为庆龄的朋友效劳，活泼好动的她也很乐意地干其他服侍人的活。

每星期三晚上，马克谛耶学校都从外面邀请一些有名望的客人来主持宗教讨论会。有时宋氏夫妇也来主持会议，更经常的是由李牧师当主持人。讨论会鼓励孩子们提问题，经过公开讨论，解决她们宗教信仰上的疑难问题。每个问题都认为是正当的，不会受到权威人士的批评。

爱持怀疑态度的那些小女孩得到了大家认真和善意的对待，外表文弱的宋庆龄就是一个具有怀疑和叛逆精神的学生。有一次她向李牧师提出了自己对基督信仰的怀疑后，大人们都故作宽容地笑笑了事，而幼小倔强又虔诚信仰基督的宋美龄却不能理解她，而且感到十分惊讶。回到宿舍后还不停地问姐姐：“你为什么向李牧师提这样的问题？难道你不忠实信仰？”

宋美龄天赋的聪明使她的功课毫无困难，但她在家养成的霸道劲儿在与同学相处上遇到了麻烦。班里的学生，即使比她大好几岁的，也得乖乖听她摆布才行。这些同学可不比自家的姐姐哥哥，往往有人对她的颐指气使不屑一顾。她没有宋霭龄初入学校时那样的刚强意志，极容易冲动，每当遇到这种情况，她就会气得浑身发抖，厉害的时候她的荨麻疹又会发作，身上立即长出许多红肿块来。

在众人面前的宋美龄活泼调皮，胆大要强。位于汉口路上的马克谛耶学校由两座楼组成，由于当时上海城市无计划发展的结果，一幢楼有电灯，另一幢楼只好用汽灯照明。点汽灯的楼到有电灯的楼之间有一段漆黑的通道，许多女孩子不敢走这段路，而美龄却几次大着胆子一个人从这里通过。

老师鼓励其他胆小的孩子时总说："你们为什么不像美龄一样从那里走呢？"受到老师的表扬，美龄自然十分得意，脸上笑意盈盈。其实，她心里比谁都害怕走那段路，只是硬撑着罢了，每次通过时都吓出一身冷汗，睡觉时被噩梦困扰，总要经过一段时间后才能恢复常态。学校里的一个老师发现，这孩子夜里睡不着觉时，就一阵阵地颤抖，这时，她总是下床来站直身子，反复地默读她的课文。

活泼自信的宋美龄成了马克谛耶学校中引人注目的小明星、各级老师的宠儿。但是最终，这个5岁的小女孩在这所学校的寄宿生活却没持续多久。在上学的几个星期时间内，美龄白天表现得非常好，赢得了教师的喜爱。小小年纪就喜欢支配周围的一切，常常能迫使年纪比她大的孩子们屈从于她的意志，听她的话。同时她也能轻松愉快地完成功课。但天黑以后，一个人躺在黑乎乎的宿舍里的床上，树影在窗子上晃来晃去，却使她吓得连连做噩梦，她梦中的尖厉的喊叫声，打破了女生宿舍的宁静。

时间一长，老师发现了这个情况后，就把这件事通知给宋耀如。在倪桂珍的坚持下，美龄被接回家去，由私塾先生教她，一直到几年后出国为止。所以，宋美龄童年所受的教育主要还是来自父亲的家庭教育。

虽然是在家里，父亲也不放松对她的教育，她的学业安排得很紧，功课还要继续下去。宋耀如给她请了一个英国女家庭教师，每天早上给美龄上课，除了教英语，还要教拉丁语，而拉丁语对当时中国上等家庭的小孩也还是很新奇的事物。下午的时候，她要跟一位老先生学习古典文学。这位先生曾教过宋耀如中文，对宋家的第二代要求更为严格。课余时间，美龄还要练习钢琴。

从女校回家后不久，她所在的幼儿班又把她借回学校帮助她们演一场学校排的话剧。这是专为学期结束排演的话剧。因为小美龄的活跃和大胆，大家都希望她能参加演出。宋耀如亲自送小女儿到学校，并留下来观看了演出。还在校读书的庆龄被安排扮演这个神话剧中的公主，在该剧落幕的时候，她扮演的公主被加冕成为王后。一同看演出的还有宋耀如的一位叫张喜富的朋友，这时向着他大声叫道："好！宋先生，你是王后的父亲，国王的岳父啊！"大家都看着宋耀如笑了起来，就连宋耀如也不由得开怀大笑。

十岁留洋的小女孩

在宋美龄日渐长大的同时，宋耀如一直不懈支持的孙中山的革命事业也在持续地发展着。1900年义和团运动爆发及失败后，孙中山的革命事业出现了新的势头。从那时起，越来越多的有志青年含愤东渡日本，希望通过学习明治维新后迅速富强的东方近邻，来掌握更多的科学知识和军事知识。于是这批青年志士很快形成了一支新的更为革命的核心力量，他们

< 1906 年 2 月，孙中山在巴黎组织同盟会分会时留影。

> 孙中山与同盟会骨干在上海议事。

团结在孙中山周围，赞成他推翻清朝统治、振兴中华民族的革命理想，公认孙中山是他们的领头人。

局面一下子打开了，孙中山在得到如此广泛的支持后，决定成立一个统一的资产阶级革命政党，这就是后来的同盟会。1905 年 8 月 20 日在日本东京，同盟会正式成立大会★通过了“章程”，孙中山被推为总理。“章程”中提出了同盟会政治纲领：“驱除鞑虏，恢复中华，建立民国，平均地权。”还提出了“自由、平等、博爱”的口号。孙中山首次公开倡导了自己的“民族、民权、民生”三民主义的主张。

宋耀如应邀从上海赶到了日本，孙中山决定让他挑起为革命解决经费的重担。孙中山知道若要取得成功，必须要弄到一笔数量可观的款子，单是依靠点点滴滴的捐款是不行的。而只有宋耀如在美国有丰富的经历，熟悉教会和社会上一些非常富有的人，所以会议决定派宋耀如专程赴海外为革命筹集巨额经费。

1905年，宋耀如远涉重洋赴美国为孙中山的革命筹措经费。时隔二十年后旧地重游，心中不免感慨万千。所不同的是，二十年前他去美国是为个人奋斗，二十年后他作为一个颇有成就的实业家出访美国，并且实际上是为一项伟大的革命事业而来。此次赴美宋耀如完全是一副有成就的实业家形象，在太平洋邮轮公司的一艘轮船上，他独自一人包了一个单间。抵达美国旧金山码头时，他受到致公堂成员的欢迎。宋耀如被接到斯波福巷63号致公堂总部，在那里他被逐一介绍给当地的华人银行家和实业家。致公堂打出了一个令人感到亲切的招牌，名曰“世界华人自由共济会”。有了这个招牌，那些腰缠万贯的美籍华人热切希望证明自己是爱国的，所以从募捐角度来看，宋耀如此行的收获很大。

在美国期间，宋耀如还专门赶到北卡罗来纳州去拜望了他的大恩人朱利安·卡尔。当他

★同盟会正式成立大会

1905年8月20日，同盟会的会员在东京赤阪区霞关阪木金弥子爵的宅邸召开成立大会。会上通过了孙中山起草的《同盟会宣言》《同盟会对外宣言》以及由黄兴等起草的会章。当天，还选举了总部的主要干部。孙中山被一致推选为同盟会总理。黄兴被推为负责执行部的庶务。同盟会的本部设在日本东京。

∧ 孙中山（前排左五）在日本与同盟会会员合影。前排左一为宋耀如。

们二人在达勒姆的火车站紧紧拥抱的时候，在卡尔的眼里宋耀如已经从当年那个朴拙腼腆的中国少年，变成一个精力充沛、信心十足的大企业家了。卡尔看着如今和自己地位不相上下的宋耀如，心里不胜自豪。

当晚他们二人在卡尔的书房里促膝畅谈时，宋耀如毫无保留地向自己的恩人透露了这次来美的真正目的，并详细介绍了清政府的腐败和孙中山领导的几次革命起义失败的经过。宋耀如着重说明几次失败的原因主要是经费不足造成的革命党人的装备不足。宋耀如向卡尔解释道："只有推翻清政府，中国亿万民众才能真正获得新生，西方的文明也才能真正传到中国，基督教才能给中国人带来福音。"听罢宋耀如有理有据的坦言相求，卡尔立刻答应提供一笔巨额经费以资助中国的革命党人。

宋耀如用了半年的时间，在美国各地奔波，游说企业家、银行家，为孙中山也为革命事业积极进行募捐活动。回到上海后，宋耀如向同盟会上缴了200多万美元，这中间卡尔将军的捐助份额是最大的。

由于宋耀如赴美筹资获得巨大成功，同盟会任命他为司库。在过去，他只是非正式地担任这一职务，现在则正式地专门负责革命事业的经费筹措了。同时宋耀如继续兼任孙中山在上海总部的执行秘书，并仍从自己的腰包里掏钱供孙中山开销。由于他的慷慨和工作效率，基本上保证了孙中山在任何情况下都有钱花。

1907年3月18日，孙中山被日本政府驱逐出境。他当即秘密来到上海。船到上海的那天深夜，宋耀如亲自到码头把化了装的孙中山先生接到家中，并为其举行了小型的家庭欢迎会。孙中山也是多年未来宋家了，看到这熟悉的房子，想起当年初到上海和宋耀如会面的情景，感慨万千。晚上，孙中山又惊喜地发现，当时宋耀如的三个孩子宋庆龄、宋子文和宋美龄（当时大女儿宋霭龄已赴美留学），竟然能非常熟练地背诵自己在《民报》上写的同盟会发刊词等文章，一时间激动不已。

接着，孙中山给他们讲了当时的革命形势，并鼓励几个孩子一定要好好学习，学成本领长大报效祖国。听了孙中山这一番语重心长的话语后，当时几个孩子深受鼓舞，且仿佛一下子长大了许多似的。尤其是年仅13岁的宋子文，居然很有男子汉气概地表示，他发誓要推翻腐朽不堪的清朝政府，并努力为建立未来的共和国而奋斗。看着宋子文那壮志凌云的少年意气，孙中山和宋耀如都欣慰地笑了起来。

这是宋美龄第一次见到孙中山，看着这位和蔼可亲、因长年奔波操劳而略显憔悴的长者，想到父亲经常讲起的关于他的革命事迹，小小的心中充满了崇敬。她暗暗地下决心，以后也要像男子汉一样做一番大事业。

就这样，孙中山先生不屈不挠的革命斗志，深深地激励了宋耀如的几个孩子。此后不久，宋子文和宋庆龄、宋美龄姐妹俩，便追随他们的大姐宋霭龄，奔赴美国求取救国的知识和本领了。当时，宋庆龄年仅15岁，宋美龄则只有10岁。

孙中山在上海没待多久，就又离国出走。1907年以后，宋耀如和孙中山的联系越来越困难了。在清廷的外交压力下，孙中山被迫从一个国家转移到另一个国家，过着漂泊式的苦行僧般的生活。宋耀如在与孙中山联系不上的情况下，只得默默发展着自己的事业，并伺机从事着各种革命的工作。

早在1904年，宋耀如就通过老同学、传教士步惠廉的关系，将长女、年仅14岁的霭龄送到美国的威斯理安女子学院学习。该学院是美国第一所特许设立的女子学院，同范德比特大学三一学院和埃默里学院一样，也是南方卫理公会办的一所学院。

此后，他就一直筹划着把庆龄和美龄也都送到美国去读书。1906年，宋耀如为孙中山

< 1906 年孙中山与同盟会会员在新加坡。

> 在美国求学期间的宋庆龄（右）、宋美龄（左）和宋子文。

筹款访美，在这期间他曾问过负责女子预科教育的克拉拉小姐是否愿意明年接收他的两个女儿庆龄和美龄入校学习。

这位克拉拉女士祖籍白俄罗斯，个子高大，一头浓密的栗色头发，精神饱满，极富工作热情。19 世纪末，她的父亲在耶鲁大学辅导过几名中国学生。那些学生都是阔气的年轻男子。他们回到中国后，克拉拉同父亲一道去东方参观访问，长年累月，她渐渐地对东方有了亲身体验。父亲去世后，克拉拉承袭父业，在萨米特学校招收少数中国学生，为他们补习功课，以准备进入美国的大学读书。宋耀如参观了学校后，对这里优美的环境很喜欢，就萌发了让两个女儿在这里学习的念头，因为当时她们的年纪还小，去不了学院。当场，克拉拉很高兴地表示没有问题，欢迎宋耀如的女儿来美学习。

宋耀如有他自己的通盘考虑：在几个孩子当中，大女儿霭龄已就读于美国威斯理安女子学院。两个较小的女儿也即将安全地到美国克拉拉小姐的学校里读书。他的长子子文就要从上海的圣约翰大学少年班毕业了，不久即可赴哈佛大学读书，一旦发生紧急情况，身有葡萄牙护照的宋耀如就会少了许多后顾之忧。另外两个男孩子良和子安还很小，出现危难时，他们不会成为多大的累赘。

除了上述原因外，他一直认为自己的子女将来要成为对国家有贡献的优秀人士，一定要认真地学习西方先进文化，中西结合，才能成为通才。在这一点上，宋耀如比周围别的人看得更清楚。当时尽管也有很多人认识到学习西方知识的重要性，但往往停留在表面，只想着留洋镀金，而且也很少把自己的女儿送到遥远的美国去留学。虽然在宋家姐妹之前曾有过少数中国女子出国留学，但都是由教会把她们送到国外的，而且都是学医护的。当时很多人听说宋耀如要把女儿送去留学，都觉得不可思议，认为宋耀如花这

么多钱在女儿的学业上真是不值，这笔钱本来可以是一笔丰厚的嫁妆。

正如宋美龄就读的韦尔斯利大学校长麦克阿斐女士说的："宋美龄的双亲打破国内的习俗，送其东方生长的女儿来西方学校里求学实在是需要想象力及勇气的。鼓励在一种文化中成长的女儿到另一种文化中求学的宋氏父母实为东西文化融合的前驱。"

还有一个有利条件是1907年，他的姻兄、上海著名的教育家温秉忠再次率教育代表团赴美。他赞成君主立宪，当时在清政府中任职，具有外交身份，可以用来庇护庆龄和美龄，不会再重演当年霭龄在旧金山的那种可怕的经历了（当年因美国移民局刁难，宋霭龄在旧金山港口船上被扣留3个星期后才得以上岸）。利用二姨父温秉忠为清廷出差的机会把两个小姐妹带到美国，宋耀如夫妇就放心得多了。

1907年，宋美龄才10岁，她父亲就决心把她和15岁的二姐庆龄一起送到美国读书，以现在的标准来看，她无疑是一个名副其实的小留学生。在这一点上，又体现了宋耀如性格中刚强的一面，对于美龄的赴美，就连一向支持他的倪桂珍都有些犹豫。毕竟孩子太小了，她的两个姐姐赴美的年龄都在十四五岁，基本上能自己照料生活了。还有一点就是美龄一走，家里就只剩下三个男孩，习惯了姐妹几个待在身边的母亲总是有些不舍的。而宋耀如则坚持认为让女儿早点出去也好，哪怕上大学还早，也可以先从预科读起。对美龄，他很欣赏这个小女儿大胆勇敢、喜欢支配一切的性格。

就这样，1907年夏，温秉忠和他的夫人带着庆龄和美龄乘坐了"满洲里"号客轮离开中国。当然，年仅10岁的美龄上大学还太早，但她坚持要随二姐同行，父母也认为既然孩子们已共同经历了马克谛耶学校的生活，那么两人同时离开家庭将会使她们感到更轻松些，也使父母放心些。

1907年，上海虹口英联码头。清晨江风送爽，太阳刚刚升起在远处的黄浦江面上，"满洲里"号远洋巨轮拉着长长的汽笛，缓缓地离开码头。

∧ 赴美读书时的宋美龄。
∧ 20世纪30年代的宋庆龄。自小就表现出超出年龄的成熟与勇敢。

V 20世纪初的宋庆龄。

宋耀如和太太倪桂珍一起到码头，向远行的两位女儿和护送她们的姨父温秉忠送行告别。本来宋耀如这几天患感冒，身体不适，宋庆龄和宋美龄不让他相送，可是他硬是坚持来了，夫妇俩一直目不转睛地盯着“满洲里”号客轮远去。码头上送行的人群中有很多人都忍不住哭了出来，宋耀如一直保持着镇定，没有在女儿面前落泪。

临开船前，倚在栏杆上的宋美龄挥着手向双亲告别。为了表现自己的坚强，小小年纪的她硬是没让自己的眼泪掉下来。也许她认为，此刻她若是哭了，父母会格外挂念她的，因为她年龄最小，爸爸妈妈最宠爱她。在沉闷的汽笛声中，她拼命地喊着，让父母放心，自己已经不小了，可以照顾自己了。

站在她旁边的是文静的庆龄，她不愿大声喊叫，只是上船前向父母轻声道了别，要他们保重身体。船离码头越来越远，她就一直立在船头向父母挥手告别。从小看大，也许一个人的性格终生是不会改变的。宋庆龄从小就娇柔、纤弱和沉静，眼睛里流露出温柔、遐想和伤感的神情。而宋美龄则要强好胜，十分活跃。

“满洲里”号很快驶入蔚蓝的大海。望着无边无际的大海，小美龄也不禁呆呆地出神，一会儿想起了朝夕相处的父母家人、温馨舒适的家，一会儿又想到已在美国学习了三年的大姐霭龄，以及将来自己在异国他乡会是怎样的生活。

这时姨父温秉忠怕姐妹两人发闷，来找她们聊天。好奇心强的美龄就要求他介绍介绍美国的风土人情，温秉忠也不客气，侃侃而谈起来。温秉忠性子温和，为人和蔼可亲，不同于宋耀如的急性子。有了这位姨父的悉心关照，两个女孩的长途旅行生活过得很开心，尤其是美龄，还是稚气未脱的小孩，大海上的航行生活对她来说是那么的神奇，又是那么的新鲜。

宋美龄当年在马克谛耶学校读书时就是引人注目的活跃分子，此时在船上仍然是个招人喜爱的孩子。她对即将前往的美国充满了幻想，并且对自己未来的计划充满信心，她对谁都很热情，乐意和别人交流。同船有个从上海回家的年轻英国女子，一天，她同宋美龄一起在甲板上散步时被这个聪明自信的小女孩逗得乐了起来，她像大人们对小孩经常爱做的那样问她：“你长大后，想成为一个什么样的人？”

宋美龄马上骄傲地回答：“我要当个医生。”这是因为她的父亲年轻时曾想学医，平时也不自觉地会影响到孩子们。但在20世纪初，这对一个中国小女孩来讲是个多么惊人的抱负啊！

宋美龄的回答使这个英国姑娘惊愕，她随即夸张地说：“医生！噢，天哪，我想你不应该干那行，你知道吗，你得去锯掉人家的腿，你懂吗？”

“是吗？”美龄感到惊讶，这可是她没想到的。美龄从小就有洁癖，平时只想到医生白洁干净的外衣，却未想到医生背后的辛苦和代价。想了一会儿，她变换了一种语气说：“那么我不想当医生了，因为这工作太脏了。”

当时的这位宋家小妹虽然还很幼稚，但她的英语已说得相当流利。这得益于宋耀如很重视在语言方面对孩子的培养，他甚至要孩子们学习日语。当然，英语是最主要的，宋家孩子经常和他们的父亲对练，这可是他们得天独厚的条件。这是一方面的因素，此外，还应归功于当时的马克谛耶学校坚持用英语教学的高标准。虽然宋美龄在那里念书的时间很短，但打下了很好的语言基础。

在船上还发生了一件头等舱的日本乘客丢失贵重物品的事件，因为一下子查不出来，包括宋氏姐妹二人在内的全体头等舱客人都成了怀疑对象。其实那个日本客人带的东西是从中国偷运出来的文物——金银镯，他自然不便公开说明，硬要船长把船停在日本的港口，由日本人来处理此事。结果“满洲里”号被日本人扣在神户港。

乘客等不及了，纷纷起来向日方提出抗议。这时宋庆龄显示出了她超出年龄的成熟，有理有据地说：“一个人丢了东西，就惩罚全船乘客，不让开船，这也太不讲道理了！假如我们中国人丢了东西，就让你们日方赔给黄金，你们干吗？”

全船乘客的情绪被宋庆龄的一把火点燃起来，纷纷与日本当局争吵起来。也许是日方做贼心虚，当他们弄清金银镯的不明来历时，马上命令开船，向全船乘客做了让步。

一场闹剧结束后，“满洲里”号开出了神户港，向美国的旧金山驶去。时值8月，天高气爽，海天一色。迎面的海风一阵阵吹来，众人也觉得心中的一口闷气终于出掉了。姐姐庆龄在这件事中勇敢而又理智的表现也深深地印在美龄的心中。

经过一个多月漫长的穿越太平洋的航行，“满洲里”号终于抵达终点旧金山港。到港的那天，只见港湾浓雾茫茫，这是一个多雾的早晨，连入港口都看不清楚。望着浓雾中的港口和城市，宋美龄心中的好奇感越来越强烈了。好不容易待到日出雾散后，轮船才慢慢驶入，在码头停稳。移民局的大个子官员登上船，在休息室的一张桌子后面坐定。乘客们排成一条长龙，挨个儿出示证件。

同船的还有一批到美国学习的官费留学生。宋庆龄和宋美龄姐俩因为有姨父温秉忠的相送和父亲的好友步惠廉先生前来迎接，顺利地通过了移民局的检查。她们没有像大姐宋霭龄初来美国求学时那样，屈辱地受到美国人的冷遇和非难。

“我们比大姐初来时的命运好。”当即宋美龄得意扬扬地对宋庆龄说。

“爸爸有经验了。”宋庆龄莞尔一笑。

在港口的出口，爸爸的老同学步惠廉先生，热烈地拥抱了她们小姐妹，犹如见到了多年不见的亲人，而实际他们在上海分别还不到半年时间。步惠廉虽然夫人刚刚过世，但仍很开朗地和她们有说有笑，介绍路上的风光。现在，宋美龄心里充满了幸福的感觉，可以肯定，美国的学校会像父亲向她保证的那样好，步惠廉先生也像父亲一般地体贴她们。

初到美国的一切都还顺利。到处都是崭新漂亮的房屋和热情开朗的美国人，让小小的宋美龄十分高兴，也暂时忘却了离家万里的孤寂，而当想到马上能在美国见到三年多不见、一直亲近的大姐霭龄，她更是兴奋不已。

她对美国的第一印象是美好的。

历史备忘录

HISTORY MEMORANDUM

V 孙中山在日本东京与日本友人合影。

V 1903年，中国留日学生浙江同乡合影。

2

3

4

1

中国留日学生创办革命刊物《浙江潮》

1903年2月17日，日本东京的中国留日学生浙江同乡会创办《浙江潮》杂志。编辑兼发行者有孙翼中、王嘉榘、蒋智由、蒋方震、马君武。该刊持论激烈，批判改良保皇，赞扬暴力革命和排满。抨击清廷“直如木偶傀儡”。批评梁启超的“新中国必先新民”之说是“倒因为果”。指出拯救中国危亡只有一途，即“革命造反”。

留日学生开展拒法运动

1903年4月24日，有消息说，广西巡抚王之春，勾结法国人镇压游勇，并向法国亨达利洋行筹借巨款，交换条件是将广西铁路、矿山等权利卖给法国（后证明是误传）。这一消息立即激起了人们的不满，当日，在东京的留学生分别致电清政府议务处、两广总督和广东巡抚，请他们向清政府奏请拒绝向法国借兵贷款，撤销王之春的职务。4月25日，500余名留日学生召开大会，声讨王之春的卖国罪行。清政府在人民的巨大压力下，免去了王之春的巡抚职务。

《苏报》被查封

1903年7月6日，章炳麟的《狱中答新闻报》一文登载于《苏报》。当日，清廷律师古柏向公廨要求查封《苏报》。审官允准，英领事签字，但工部局拒不执行，用不派人会审他案相抵制。不过，在清廷多方施压后，《苏报》馆于7月7日被封。这份名震一时的革命报纸至此停刊。

孙中山在日本组建军事学校

留学生胡毅生等9人愿意参加革命组织，他们认为要从事革命必须通晓军事，孙中山答应为他们想办法，要他们填写盟书，盟书的誓词是“驱除鞑虏，恢复中华，建立民国，平均地权”。用该誓词取代了兴中会原有的誓词。1903年8月，孙中山在日本东京创办了“东京革命军事学校”，作为训练民主革命干部的基地。

影像大扫描

IMAGE SCANNING

03

在美学习和初恋

宋美龄心中除了爱情的甜蜜，还有些许疑惑。在她看来，爱情应该是伟大的、壮丽的、轰轰烈烈的，自己的爱人，也应该是一个无所不能的大英雄。然而，刘纪文只是一介书生，他所给予宋美龄的只有爱情。然而这份爱情没有古诗歌里描绘的那般美好，这份爱情没有期待中勇敢的骑士和美丽的公主之间的无数磨难，难道这就是自己憧憬的爱情？

快乐女孩在异国的别样生活

宋美龄在美国的学习生涯正式开始了。

最初，她和宋庆龄一同被安排在新泽西州萨密特小镇的一所私立学校补习功课。这所克拉拉·波特温小姐创办的学校坐落在小镇的西部，周围全是田园，环境优美，风景如画。

宋庆龄的年龄虽然可以去学院念书了，但她还是先在萨密特镇私立学校补习法语和拉丁语，准备投考大学。她仍然十分用功，并且爱看一般女孩子不感兴趣的历史和哲学书。和在中国的时候一样，她也依然是文静安详的姑娘，这在美国并不多见，所以很多人都觉得她是一个严肃的姑娘。

由于年龄和气质的关系，她不爱参加同学们一些幼稚的游戏和嬉闹，15岁的她比其他同学年纪都要大一些。她们在镇上学校的美国同学们早在听说有两个中国姑娘将来校学习时，就已十分感兴趣了，因为这些学生也都是只有八九岁的孩子。因为年龄相仿，活泼快乐的宋美龄很快便成了大家喜爱的小伙伴。

在那些小同学的眼里，小小的宋美龄生气勃勃，欢蹦乱跳，有些调皮，但又是那样讨人喜爱，总是一副快乐、活泼的模样。那时她还是胖乎乎的，对什么都感兴趣。

宋美龄虽然爱玩，但和宋庆龄一样也爱读书，当然她毕竟年幼，对历史、哲学等成年人感兴趣的书籍看得较少，平时爱读的多是像《小兔彼得》等故事性强的书。晚上想家的时候，就跑到一位叫玛格丽特的教师家里去聊天解闷，分散对家的思念。当时她已能用英语向老师谈她家里人，或讲述有关在上海生活的情况。

由于年纪小，她比姐姐更快地融入当地的生活中，也没有感受到强烈的东西文化冲突。

两个女孩在克拉拉小姐的学校里学习了不长一段时间后，她们的大姐霭龄来看望她们。这可是小美龄盼望多时的。分别多年，姐妹三个在异国他乡重逢，有着说不完的话语。此时的大姐已成了18岁的大姑娘，举手投足更具有一种大人的风范，经过多年的大学教育，更有丰富的思想和知识了。这让从小就崇拜大姐的宋美龄钦佩不已，不停地问着各种问题。

庆龄则看着经过化妆打扮的霭龄说："大姐，你变了很多啊，都快认不出来了。"

∧ 宋氏三姐妹在美国一起度过了一段难忘的岁月。

霭龄当时已剪掉了辫子，梳起了美国流行的高发式，深色的西式裙子，大开领上衣，一副美国姑娘的打扮。

“再变不也还是你们的大姐吗?”霭龄笑了。

“不，我是说你变得洋气了。”

“过两年，你也是一样。”霭龄说着又不停地夸奖美龄和庆龄越来越漂亮了。

三人聊了一阵后，宋霭龄拿出一个纸盒子，那是步惠廉送给她们姐妹的礼物，有烤火鸡咸肉等好吃的东西。大家就在庆龄的房间里吃了起来。霭龄边吃边向妹妹介绍在大学的学习生活，说一些生活趣事，当然，主要是给即将进学院读书的庆龄传授经验。

∧ 正式考入威斯理安女子学院时的宋庆龄。

在镇上待了两天后，宋霭龄才告别她们回威斯理安学院去了。

没多少日子，家里就从上海给她们寄邮包过来，除了一些五颜六色的小玩意儿外，包里还有一套给美龄做的可爱的小衣服：一条黑绸子裤子和绣着几条青龙图案的小袄。美龄爱向小伙伴们炫耀从中国带来的式样别致的新衣服，当天就穿上它们去找同伴玩了。

时间过得很快，经过一年的补习，1908年9月5日，宋庆龄正式考入姐姐宋霭龄当时正在就读的威斯理安女子学院。

她和美龄在佐治亚州避暑山城德莫雷斯特的朋友家度过了1908年暑期。到了秋季，庆龄该到梅肯开始秋季学期的学习了。美龄继续住在德莫雷斯特，与游伴一起在一所当地学校上学。临分手时，宋庆龄把小妹安排在了德莫雷斯特的皮德蒙特学校，在那儿上学的小美龄可以住在宋霭龄一个同学的母亲莫斯夫人家中。事实上，这个安排也是大姐宋霭龄的主意，而她也就在年底毕业回国了。

在这里，宋美龄一共住了九个月。皮德蒙特的生活是愉快的。刚满11岁的她非常喜欢那个小村庄，并在那儿的小姑娘中间找到了玩伴儿。另外使她十分感兴趣的是，她发现读同一年级的许多学生实际上是小伙子和大姑娘。他们从遥远的山区来到这里，其中许多人，为了弄到来皮德蒙特求学的钱而教了好几年小学。

这些人对来自东方的小女孩都很感兴趣。而宋美龄则有机会更深入地了解了那些为了生存，甚至为了要筹措到初等教育费用而奋斗的人们的生活。通过与他们的接触，引起了宋美龄对那些出身贫寒的人们命运的关心。她也变得更会思考一些社会问题了。

在皮德蒙特的学习对于宋美龄迅速掌握纯正的英语是很重要的。以前因为年纪小，学英语的时候基本是以口语为主，现在，老师教她从语法上分析句子，使她能比较准确地用英语将自己的意图表达出来，她的英语书面能力得到了训练。

她的哲学成绩也很好，平均分数为98分。但算术成绩则比较差，尤其对百分比的换算没有弄懂，考试仅能得“C等”，勉强及格。

那年圣诞节的前几天，宋美龄与另外三个同伴决定做一件使他人愉快的事情。她们每人拿出25美分，总共凑成1美元，买了些土豆、牛奶、牛肉饼、苹果和橘子等，送给住在铁道边的某家穷人，并互相约定要做到谦逊不骄，不把自己的高尚行为告诉任何人。

第一次做这样的行善之举让宋美龄和同伴们很兴奋。当她们抱着包裹吃力地跨过栈桥时，都感到自己好像如鲜花盛开般的圣女贞德行进在执行神圣使命的途中。然而，当她们走近预先选定的受礼人借以蔽身的破烂的木棚子时，发现面前站着的是一位心灰意冷、形容枯槁的母亲，她那一双孩子紧握着她的双手，站在那里，从她的裙子后面偷看她们。大家都吓呆了，谁也说不出一句话。结果宋美龄把包裹丢在地下，撒腿就跑了，跑出了一段距离，感到勇气又来了，她们又放慢了脚步，其中的一个人壮着胆子喊了一声：“祝你们圣诞快乐！”就又飞快地跑起来。

采集榛子是宋美龄感到新奇有趣的活动。每当星期天下午，她们就会沿着那条长长的、尘土飞扬的路步行到树林里去。有时运气好，碰上驾着车赶上来的好心肠的农民，就让她们坐上车去，还会让她们分享他的午餐。而中国小女孩宋美龄总是要受到人们一些善意的戏弄。

那些大人会开玩笑地问她：“坚果来自何处？”宋美龄就用英语响亮地回答：“当然来自树上。”然后他们眉开眼笑地反问道：“油炸甜团是从哪种树上长出来的？”看到宋美龄瞠目不知所对时，就开心地告诉她是“从餐室里”（餐室pantry的词尾try和树tree谐音）。

然后，看着宋美龄迷惑不解的样子，众人又是一通大笑。

好心的车夫在树林边放下她们时，总要照例再告诫一番：“你们女孩子家最好天黑前就动身回家。”然后，她们就蹦蹦跳跳地跑进树丛里，去采摘榛子或是黑莓。采来了果实，大家坐在树林里就开怀大嚼，往往吃掉的果子比带回家的还多。

学校里绝大多数的男生都在二十岁上下的年龄，有一些是到学校寻求教育的乡村教师。热情好客的莫斯夫人每星期日晚上都邀请他们中的一些人来吃晚饭。男学生们能把一盘盘的热饼和黑莓酱吃得精光。这总是让宋美龄感到惊讶不已，觉得成盘的热饼和大盘的火腿就像是变魔术一样消失了。莫斯夫人很照顾她，时常教她做饼干，可宋美龄总

> 在威斯理安女子学院求学的宋霭龄。

是做不出像样的饼干。就像以前在家母亲倪桂珍教她做西餐一样，她经常是做着做着就不耐烦了，事实上，缺乏足够的耐性是宋美龄一直以来的个性。

那段时间宋美龄读了大量的书。她最喜欢坐在住房外面两棵树之间的那条长凳上看书。那是莫斯太太的房子，她是男生宿舍的负责人。读书之外，她也跟小伙伴们练习弹琴和唱当地的民间小调。

当年一共九个月的生活使宋美龄对那个南方小镇充满了感情，就连她的英语发音都一直带有浓郁的南方乡音。在美国生活的日子里，宋美龄也时常以南方人自居。一年夏天，宋美龄在北部的一个暑假补习班学习，历史老师叫她叙述谢尔曼将军在南北战争中进攻南方的经历。宋美龄立即用忧郁的表情答道："原谅我，这个问题使我很难过，因为我是个南方人。"

1909 年，12 岁的宋美龄结束了在皮德蒙特山城九个多月的补习功课生活，也随两个姐姐之后进入了威斯理安女子学院。热心的莫斯夫人还亲自把宋美龄送到亚特兰大。

此后，宋美龄在亚特兰大共待了五年，但只有一年算是正式在威斯理安女子学院念书的，其余四年都是由于学院打破或修改规定才收留她的。在学校里她可以到处跑，年龄比她大些的女学生都把她看作小福星，虽然在宿舍楼里离厕所不远的地方有她自己的房间，但是她的大部分时间是在安斯渥夫院长家度过的。

当时宋美龄因为年龄太小，不够上大学读书的条件，甚至连作为"特别生"进威斯理安女子学院也不行。但恰好在那一年，该学院老院长格里先生退休了，新任院长安斯渥夫主教改变了非本院学生不得住在学院宿舍里的规定，这样宋美龄可以到宋庆龄身边来了。

恰巧同时，学校里还有另一个跟她岁数相仿的小女孩，即院长安斯渥夫主教的小女儿艾罗斯，所以校方又为她们做了特殊的安排。就这样，她被留在学校，一切都很顺利。

艾罗斯性情活泼，只比宋美龄小2岁。她们两人很快就亲热起来，一道在维多利亚式的主楼过道里跑来跑去，窥视和捉弄学院里的女学生。当时她们非常喜欢隔着会客室的百叶窗偷看女大学生们会男朋友。看后，她们就咯咯咯地笑一阵子，然后跑去把看到的告诉安斯渥夫夫人。当这些女生中有一个订婚时，她俩与所有人一样兴奋。宋美龄和安斯渥夫夫人的感情一直很好，对她可以无话不谈。后来1927年她和蒋介石在上海举行婚礼时，已退休的威斯理安老校长安斯渥夫和他的夫人正好在中国访问。宋美龄见到安斯渥夫夫人，仍像当年一样热情，搂着老太太的脖子用佐治亚腔调说："校长夫人，当年您告诉艾罗斯和我的话，我并没有当它是耳边风，您知道这些金玉良言现在仍让我受用不尽。"

后来，又来了第三个女孩，也加入她们一伙。她叫克拉瑞贝尔·马歇尔，是另外一个大女孩的妹妹。这三个人组成了自己非正式的班级，她们在一起都很快活。

此时的宋美龄就已显示出非凡的领导才能，两个年纪相当的女孩都成了她顺从的追随者，有什么活动都是由宋美龄来带头。那时三人都有一个共同的心愿：总希望小女孩同大女孩一样受人器重，引人注目。因为那些大哥哥大姐姐们搞活动时总是让她们小孩待一边。

女学生们的联谊会几乎把她们馋疯了，于是她们想出个主意，成立了自己的组织，并称之为"三个小家伙"。她们还四处寻找会议室。大音乐室的顶层有一间小屋，这是唯一合适的房间。为了获准使用这间小屋子，她们不得不想办法逼着艾罗斯的爸爸安斯渥夫主教宣誓成为她们的一个忠实会员。这一招很灵，不久几乎所有的老师也都成了她们忠实的会员。她们制定了相应于大女孩联谊会的口令、秘密暗号和规则，例如，其中一项规定是，在会议室开会时不准嚼口香糖。在一般情况下，老师们从不注意不准嚼口香糖的规定，他们总是津津有味地嚼着口香糖走进房间，"三个小家伙"的几个创始人立刻大喊大叫以示抗议。

∧ 在威斯理安女子学院就读时的宋美龄。

远在上海的家人和姐妹俩保持着密切的联系，经常有书信过来。宋庆龄很关心当时中国国内局势和革命的发展。宋耀如也总是写很长的信，告诉她们这方面的情况，并寄来剪报。当然，这方面姐姐宋庆龄要更为成熟，她那时候就经常思考中国的社会和革命问题，关注孙中山先生的革命事业，还在学院的刊物上发表文章阐述自己的革命观点。

在威斯理安女子学院，宋庆龄自小培养出来的勤奋精神再度表现出来，她对哲学课程尤其感兴趣。她的文学及写作水平亦较高，又热心于社会活动，因此很快担任了校刊《威斯理安》的文学编辑和哈里斯文学社的通信干事。班上讨论问题时，宋庆龄态度温和，声音柔和，却滔滔雄辩，颇有见解，深得同学们的钦佩。受到姐姐的影响，宋美龄小小年纪也渐渐开始关注起这些国家大事来。

1911年辛亥革命爆发，腐朽的清政府被推翻，中国两千年的帝制结束了。远在美国的宋庆龄和宋美龄很快得到了消息，当时遍布全球的通信网已经建立起来，民国成立和孙中山就任中国第一位临时大总统，这样重大的事件美国的新闻机构也很快做了报道。

当地的报纸发出这一消息时，兴奋的宋庆龄和宋美龄第一个举动就是扯下清朝的龙旗，把它扔在地上用脚踩踏。面对一大群莫名其妙的美国同学，宋美龄挥舞着白皙的小拳头，涨红了脸高喊："打倒龙，打倒皇帝！"宋庆龄拿出了一面早准备好的五色旗，挂在原来的地方，拉过宋美龄面向五色旗并排站好，举手宣誓般地大声说："高举共和的旗帜！"

宋美龄学样却学走了调，她喊："高举巩固的旗帜。"宋庆龄纠正她："是共和的旗帜。"宋美龄不肯认错，小嘴一噘，说："共和的旗就是要巩固了呀，不巩固叫风吹跑了还有吗？"

宋庆龄还满怀激情地写了一篇文章《20世纪最伟大的事件》，热情歌颂辛亥革命，称它是"20世纪最大的事件之一，甚至是滑铁卢战役以来最大的事件之一"。当时美龄还没有姐姐这样深刻的思想，兴奋了一阵后又若无其事地继续享受自己快乐和多姿多彩的学生生活了。

威斯理安女子学院熟悉她们的人都说，两个姐姐刚来时学习适应美国的习惯和方言是很困难的，而宋美龄轻而易举就适应了学校的环境。当然，这是因为她年龄更小的缘故。不久，学校派专人对小美龄进行个别辅导，她们是青年教师马吉·伯克斯和露西·莱斯特。伯克斯小姐的母亲、英语教授伯克斯夫人照管小美龄的个人需要，为她做衣服，帮助她到城里买鞋。宋氏姐妹穿的是美国样式的服装，但她们的衣服都是用上海寄来的

< 当选为中华民国临时大总统的孙中山。

中国料子缝制的。每当她们两个人在一起的时候，往往马上换上中国服装。要是此时有同学突然闯进宋美龄的屋子，她就会忙不迭地钻进大壁橱，换上普通西式服装后才出来，只有这样她才觉得自在舒适。

有时候家里会在箱子里放一些丝绸寄给她们，这很让她们的美国同学羡慕。她们打开箱子取出丝绸衣料时，往往整个宿舍的人都会围过来，边看边赞美这华美的衣料。

由于这段时间受到老师的特别辅导，宋美龄比在普通班级里取得了更大的进步。她学习进度之快令人惊讶，一直到学完她的整个大学课程。在学习上她经常会有一些与众不同的习惯，而老师们尽量地照顾这个来自遥远东方的女学生，比如在法文课堂上，老师就允许宋美龄在上课过程中随时中止听课，去绕着校园跑一会儿，只是因为她坚持认为这是必要的。

1912年，宋美龄终于成了大学一年级新生，可是此后的她却显得不怎么用功。她不靠勤奋，而爱靠小聪明学习，这和宋庆龄严肃认真的学习态度形成了鲜明的对比。

尽管如此，她的文科成绩仍然不错。有一个学期她的哲学平均分数为98分，获得了高分，成了班里唯一免受期末考试的学生。这让她自豪了相当长的一段时间。

她的语言课成绩总是相当优异。可以说从那时起，宋美龄的语言能力就得到了充分展示，老师和同学们都惊讶于她娴熟的英语。后来宋美龄成为蒋介石外交上的大帮手，被称为最标准的外交家，除了她的智慧和渊博的学问、高雅的气质，最重要的是她具有令大家钦佩的语言能力。她的语言能力如此之强不但中国人对她钦佩，甚至连外国人也觉得不可思议，她在演讲、在广播、在与人会谈时所用的辞藻，对一般的人来说，要查字典才能解决，于是人们惊叹她怎么能用到这么深奥而恰到好处的词汇。这是一个具有外交才能的人必须具备的条件，这也正是宋美龄日后能够从事外交工作的基本条件。而这个条件恰恰是她从年轻时的留学生涯打下的良好基础。

在佐治亚这几年的生活对宋家姐妹的英语口音具有非同小可的影响，姐妹三人的言谈，尤其是她们拿腔拿调时的话音仍保留着美国南方教育的痕迹。据说，许多上海的中国姑娘说英语时，都带有美国中西部地区较重的鼻音。而宋美龄悦耳动听的言语、宋霭龄低沉流畅的声音和宋庆龄文雅甜润的话语，无不得益于她们在威斯理安女子学院所打下的基础。

几年下来，宋美龄已经完全融入美国青少年的圈子了。她的外表是最显著的证明，布扣子的中式服装已经被她丢弃，她改成每天穿着西式服装，穿着和所有的美国少女一样的长裙洋装，模样也越来越明艳动人。这时宋美龄的内心世界也起了极大的变化，她开始阅读狄更斯的著作，到她14岁的时候，她已经读遍了狄更斯的著作。由于她对文学和写作的兴趣，还尝试着和一些小朋友一起创办了一份小报。

∧ 宋美龄（后排右二）在威斯理安女子学院毕业时与同学合影。

当时宋美龄和艾罗斯、克拉瑞贝尔两个小伙伴创办了一份报纸，宋美龄是文字编辑，另两人分别担任美术编辑和记者的工作。这可能是世界上独一无二的报纸，因为虽然它每周发行五份，但每份都不相同，其中一份的社会专栏评论会说些"校园里所有的姑娘都没有帕蒂·布朗长得美，昨天，有人见她……"不一而足。另一份报纸在同一栏里评论说："多萝西·迪尔是全校最聪明的姑娘。"

此外，每天都有个自称"讲故事夫人"的角色出现，讲的都是辅佐美人、劝告失恋者以及评议校园闲话一类的事情。还有宋美龄随心所欲想象出来的叫作"闲谈者和旁观者"的消息报道。

她们的报纸也卖出去。每份报纸价值5美分，因为报纸用的是学校普通的作业纸，所以不用花管理费。"三个小家伙"每天经过劳动挣得25美分的零花钱。对她们来说整个事情最

★孙中山流亡日本

1913年8月4日，孙中山、胡汉民一行，由福州马尾乘日轮抚顺丸到达基隆。5日从基隆换乘日轮信农丸赴日本。9日到达神户，于18日转抵东京。黄兴继孙中山之后，于27日到达东京，化名为冈本义一。先后到达日本的还有李烈钧、柏文蔚、居正、谢持、许崇智、田桐、廖仲恺、熊克武、李根源、钮永建、林虎、程潜、方声涛等人。

难办的，就是需要统一认识，如何花这笔钱，统统都买冰激凌呢，还是拿出一部分买成花生米或糖果。

当时东部一所大学的学生听说这种报纸后，还给她们写信，想要得到一份，以便把它当作美国最年轻编辑的作品的一项纪录。这可着实让她们几个激动了好一阵子。

与一般人相比，宋美龄当年显得成熟过早。衣服常常是一天三换，男女之间的事她也最敏感。她异常活跃，喜于交际，并且常常爱搞一些恶作剧，而且她往往能用自己机智幽默的谈吐摆脱尴尬，活跃气氛。当时十多岁的女孩子抹胭脂涂口红在学校里被视为伤风败俗，有一天宋美龄用了中国搽脸的粉，又涂了口红，后来被人发现了。

“哎呀，美龄，”一位年纪较大的学生惊叫道，“今天你脸上化妆了吧，又抹胭脂又涂口红，好漂亮哇！”

“是呀。”宋美龄回敬了一句，“美国的胭脂口红不能用，我用的是中国粉，总可以了吧。”

到波士顿读名校

但是到了1913年，宋美龄在威斯理安女子学院的学习生活提早结束了。

这一年的春天，宋庆龄以优异的成绩从学院毕业，获文学学士学位。8月，从国内传来让她们担心的消息，因为反对袁世凯复辟帝制，孙中山被迫流亡日本★，父亲宋耀如也决定全家移居横滨，继续跟从孙中山进行革命活动。宋庆龄得知消息后，就马上离美回到了父母身边，并接替大姐宋霭龄担任孙中山的英文秘书。

威斯理安女子学院就剩下宋美龄孑然一身，于是过完暑假，她就来到麻州韦尔斯利女子大学，被招收为该校一年级的学生。

< 在威斯理安女子学院学习时的宋庆龄。

沿波士顿向西约12里，即进入韦尔斯利镇。这里风景同样异常优美，每到秋天，通往学院的路上丹黄杂驳，霜林染醉，景色如画，韦尔斯利学院就深藏在大片的树林中。韦尔斯利虽然是全美顶尖的十大学府之一，却从来不在规模上与哈佛、耶鲁等名校竞争。如果说哈佛、耶鲁等是配备了现代化生产线的都市型大学，韦尔斯利就是保持着手工艺精美风貌的乡村型大学。在美国，韦尔斯利是以其对学生“个别注意”的特殊教育风格著称的；在这里曾有过两位来自中国的明星学生，除了宋美龄外，冰心也曾在这里学习，她们都以最高荣誉学位毕业。

如果说威斯理安给宋美龄带来了温馨和快乐的少女时代以及知识上的启蒙阶段，韦尔斯利则使她扩大了视野，在教育的殿堂上更上一层楼，使她从一个讨人喜欢的活泼少女变成令人倾慕的优雅淑女。这两个美国学府的校园生活塑造了宋美龄的人生观和生活哲学。

从教育内容和学术水平上来看的话，韦尔斯利比威斯理安更胜一筹。前者是美国东北部的名校，才女辈出，有很多知名的校友。威斯理安则是典型的南方小学校，以强调教师和学生之间的融洽感情为主，着重言传身教，而且它的学生大多来自中上家庭，并不很注重学科成绩。

正是因为和老师感情更为融洽的原因，宋美龄始终对威斯理安的感情更深厚些。

开学的第一天，因为刚离开几年来朝夕相伴的姐姐和威斯理安学院的伙伴，情绪低落的宋美龄曾宣称不喜欢韦尔斯利大学，她走进校长办公室，不加掩饰地说："我估计，在这儿我不会待很久。"让那位校长惊奇不已。

当然她也很快适应了新学校，开始埋头学习，并且经常参加社交和体育活动，成为校内有名的活跃人物。她的名片上印的是"美龄·奥利弗·宋"，中间的奥利弗是她自己别出心裁随便加上去的。

宋美龄从威斯理安学院转赴韦尔斯利后，专攻英国文学和哲学，在这两门课上，她的才华得到了充分的显示，这门课由当时负有盛名的教授维达·斯卡德讲授。她特别喜欢英国的古典文学，对亚瑟王骑士传奇故事中的激烈战斗场面津津乐道。

∨ 宋美龄（右一）、宋庆龄（右四）与宋子文（右五）在美国。

学习之余她也参加体育活动，她喜欢游泳和打网球，还参加了自己班里的篮球队。她参加体育活动时，穿一件水手领罩衫和一条长长的锦缎灯笼裤。有一年的复活节，她在格罗丝特附近游泳，差点被汹涌的回头浪吞没，同游的女学生揪住她的头发，才把她救上来。尽管如此，宋美龄胆大爱冒险的性格却一直没变。

宋美龄也喜欢音乐，她不但精通乐理，而且还是弹奏小提琴和钢琴的好手，经常参加社团的音乐和艺术研究活动。同时，她也对东方文化充满感情，她的这种思想感情似乎随着年龄的增长而越发强烈。在周围的人看来，她最初似乎完全西方化。但逐渐地她越来越为中国的文学和艺术感到自豪。在和老师同学谈话时，宋美龄经常口若悬河地谈中国对世界文明的贡献，并为西方世界对此竟然漠视而表示遗憾。当然，宋美龄对中国的封建礼教和旧传统是不满意的，一直怀有某种担心和恐惧。

不过总的来看，宋美龄对东方文明和文化遗产在那时还是保持着兴趣的。她宿舍的墙壁上挂着一把装饰用的东方宝剑，她也经常把寒光闪闪的宝剑抽出剑鞘，把玩一番。一个对“异教的东方人”心怀恐惧的一年级女生曾经对此很害怕，经过宋美龄的房间门口时总是拔腿而跑。

其实宋美龄的基督教信仰是很坚定的，在兄弟姐妹几个当中，她是信教最虔诚的一个。在学校里，她也经常和同学交换心得，探讨各种宗教问题。

随着年龄的增长，她个性越来越鲜明。在同学和老师的眼里，她时而快活，时而忧郁，情绪变化无常，有点让人捉摸不透。曾在伍德村同她住在一起的安妮·克·特埃尔教授这样评论道：“她对许多事情都有了不起的见解。她常常提问，问各种思想的性质，今天跑来问文学的定义，明天跑来问宗教的定义。她是一个坚持真理的人，一旦发现向她灌输传统的谬误，她就愤愤不满……”“我们大家都喜欢她，把她看作我们的当然成员，完全忘了她是一个外国人……当然，她受到人们那么多的称赞，不是因为那时她像两位姐姐一样漂亮，而是因为她热情、真诚，常常有一种内在的力量……”

“她也愿意帮助别人。曾帮自己的一个同班同学通过韦尔斯利大学的哲学考试。在玛利·惠顿·卡尔金茨教授讲授的哲学课上，她的同桌对这门学科感到茫然，失去了学好的信心。宋美龄主动帮助她。让她买一本卡尔金茨写的《哲学中始终存在的问题》好好读一读，凡有不懂的地

∧ 20 世纪 20 年代，蒋介石与宋美龄在上海。

方，每天晚上到自己的房间来问。就这样，经过宋美龄一个多月的辅导，这个美国姑娘最终通过了哲学考试，拿到了学分。”

相互熟悉以后，她的同学也都开始慢慢地喜欢并接近她。

作为学校的一个女学生，她脚蹬结实的美国鞋，身穿和大家一样的美国裙。但是她经常用一些色泽明快的丝绸在自己宽大的短外套或夹克衫上做点缀，使其具有东方人的特点。

宋美龄小时候是胖胖的，非常可爱，谁也不会想到她会是个漂亮的小女孩。可是她越长越标致，等她到美国韦尔斯利念书时，已被大家公认为是这个学校最漂亮的女生之一。她丰富而独到的思想、她优异成绩的表现被老师和同学所称道。所以，她在学校里被大家公认是个才华横溢、最受欢迎的女生。她善于交际，相当出风头，而且她对每件事情都有不同的、了不起的见解；她对各种问题都有高度的兴趣，她对文学、宗教、哲学、音乐、法语以及小提琴、钢琴、教育学，样样都精通，可谓是一位多彩多姿、多才多艺的女性，她在学校为大家留下非常深刻的印象。可以说，还在年轻的求学时期，她就已被外国人所欣赏。

韦尔斯利大学规定全体学生（全部是女生）都必须穿一种像水手服的制服，宋美龄穿起那样的制服，再配合她那张年轻而聪颖的东方面孔和一条又黑又亮的辫子，让人打心眼里就对这位中国少女存有一种浓厚的神秘感和好奇心。

她在韦尔斯利大学所住的宿舍楼名叫“木庐”，由于宋美龄的气质和清秀的外表，吸引了许多青年的目光，于是，在“木庐”宋美龄的住处附近，总是聚集了许多慕名而来的青年。这些热情青年，希望借助各种理由接近宋美龄这位东方少女。

当时正好她的哥哥宋子文也来到美国留学，他就读的是著名的哈佛大学，经常抽空过来看她。

当初宋美龄转学到韦尔斯利，也是因为这里离正在哈佛大学读书的哥哥比较近，兄妹可以互相照应。

宋美龄和哥哥的感情也相当好，把他当成自己的保护人。留学期间的宋子文是位身材修长、沉默寡言的青年人。宋美龄爱听他的话，他是兄长，她总是希望得到他的教诲。

宋子文是宋耀如和倪桂珍的第三个孩子。能对女儿进行开明教育的父亲宋耀如当年对儿子宋子文的教育更没有丝毫疏忽。1912年宋子文在圣公会办的上海圣约翰大学毕业后，父亲即把他送进了当年誉冠全球的美国哈佛大学，攻读经济学专业。宋子文比小妹宋美龄大5岁，眼下在远离父母的异国他乡，哥哥理所当然便成了小妹的保护神。

宋子文能考入哈佛大学，也得益于父亲宋耀如的培养和教导。虽然当年在宋氏家中，男女都一样，但宋耀如还是对长子宋子文格外地下了一番功夫，在幼年时，宋子文就进入上海圣约翰大学少年班，基础一直打得比较牢。

★辛亥革命

1911年（清宣统三年）中国爆发的资产阶级民主革命。因该年以干支计为辛亥年，故名。它是在清王朝日益腐朽、帝国主义侵略进一步加深、中国民族资本主义初步成长的基础上发生的。其目的是推翻清朝的专制统治，挽救民族危亡，争取国家的独立、民主和富强。领导这次革命的是中国资产阶级的政党同盟会及其领袖孙中山。这次革命结束了中国长达两千年之久的君主专制制度，是一次伟大的革命运动。

圣约翰大学是当年美国基督教在上海开办的大学，师资力量较强。后在美国哥伦比亚区注册立案，设有神、文、理、医、工等学院和研究院。当时，在中国设有许多教会学校，而圣约翰大学是最出名的一所学校。因为当时中国并不开放，敌视西洋文明，因此在中国招生人数极少。而思想开放的宋耀如——这位上海当年名声赫赫的大实业家，偏不信邪，坚持把大儿子宋子文送到圣约翰，这是相当有眼光的。

宋子文也不负父望，他坚持每天从虹口家中步行去学校。他学习非常认真，看书的时候总是眉头紧锁。在学校里，宋子文最喜欢参加的活动便是演讲会。要知道，宋子文本来天生有些口吃，可他偏偏来向他的生理缺陷挑战。很快学校里的师生们便发现，宋子文的讲演不仅逐渐自然流畅起来，而且能用英、中两种语言讲演。宋子文的这种克服困难的毅力，令当年圣约翰学校的老师们大为赞叹。圣约翰大学毕业时，他的中、英两种语言运用娴熟，可谓炉火纯青，并且其他的各科成绩也都相当出色。

由于宋子文基础较好，进入哈佛大学后各学科的成绩一直保持名列前茅。用当时他的话来讲，"学习对我来说，是一种兴趣，并没有压力可言。实际我只用了60%的劲，却得到100%的收获"。

课余之暇，宋子文经常抽空去看望小妹美龄。每个周六晚上，宋子文都会按时地出现在宋美龄所住宿舍楼的台阶上。每当听到哥哥的皮鞋声，宋美龄也总是迎上前去，兄妹情谊尽在不言之中。久而久之，宋美龄也通过哥哥的关系，认识了当时不少在哈佛和麻省理工学院学习的中国留学生。

宋子文在哈佛大学念书的一些同学，也都对宋美龄有深刻的好感，也都喜欢和这位少女结交朋友。以宋美龄当时在学校优异的表现，加上她清朗秀丽的外貌，且又是上海知名商人的掌上明珠，自然是众多中外青年竞相追逐的绝佳对象。

但是，宋美龄早年的择友因为她的两个姐姐对她产生的影响，而在她的性格形成上，产生了微妙的作用。正当宋美龄在韦尔斯利大学就学的时候，她的大姐和二姐，先后结了婚。

1911年的辛亥革命★以及随后动荡的时代背景，让宋美龄对政治产生了浓厚的兴趣，特别是在她的大姐宋霭龄回国后成为孙中山的秘书，乃至和孙中山的助手孔祥熙结婚。由于姐夫孔祥熙是孙中山在财政方面的得力助手，从而让宋美龄开始注意到中国的政局发展。

而让宋美龄真正感到吃惊的是二姐宋庆龄和孙中山的热恋、父母的坚决反对以及宋庆龄最终私奔结婚的经过。当宋美龄接到二姐离家前写来的信时，简直不敢相信自己的眼睛，在威斯理安照顾她五年的二姐，竟会嫁给她所崇拜的革命家、爸爸的好友孙中山先生。

< 青年时期的宋子文。
> 宋庆龄与孙中山的结合在宋家掀起了轩然大波。

她赶紧拍了一封电报给在附近哈佛大学就读的子文哥哥，要他在周末到韦尔斯利来"详谈庆龄的事"。宋子文周末从波士顿搭车赴韦尔斯利时，居然在当地出版的英文报纸上看到斗大的标题："上海世家次女私奔赴日嫁革命领袖孙逸仙博士。"宋子文到了韦尔斯利，宋美龄含着泪水和他一起细看庆龄的信件，为姐姐和家庭的分裂而伤心。

那是1915年深秋的时候，二姐宋庆龄的婚事，在宋家掀起了轩然大波。宋耀如和孙中山之间因此事发生的冲突，以及父亲对宋庆龄的强烈不满，都在宋美龄心中造成了强烈的冲击。

而宋庆龄的婚姻经历，也使得宋美龄在日后面对婚姻问题时，抱持着更为强烈的自主态度。

她是个聪明的姑娘，从父母干涉二姐的婚姻，她联想到了自己，父母很可能会干涉她的婚姻，以免宋家再出个"宋庆龄第二"。

这样的想法让宋美龄很心烦，因为那时她正和一个中国留学生来往频繁，互相都有情意。那位中国留学生是宋子文的同班好友，名叫刘纪文。

美国式的初恋

宋美龄和刘纪文的第一次相见还是在1914年夏季。

那天是周日，宋美龄到哥哥所在的哈佛大学去玩。当时她正坐在图书馆门前的台阶上等哥哥宋子文。突然，从图书馆里走出来一位身材挺拔、风度翩翩的中国留学生，此人长得一表人才，气质非同凡响，就连身边经常有男子献殷勤的宋美龄见了也是心中一动。

那人正是刘纪文，老远见到宋美龄就猜到几分，等走近后看到她秀美的容貌和婀娜的身材，心里也是一阵激动。"小姐，您是子文兄的小妹吧？"定了定神后，他主动上前打招呼。

"您认识我？"宋美龄有些不好意思地问，脸上却带着笑意。"哦！我和子文兄是同班同学，他马上就出来了。"刘纪文解释道。

说实话，随着宋美龄逐渐长大成人之后，身边围着她转的男孩子都数不清了，但往往都如过眼云烟一般，从没有特意注意过某一个。而眼前这位风流潇洒的英俊青年，不知怎么竟一下叫她产生了"白马王子"的遐想。

就在两人正觉得尴尬的时候，宋子文走了出来，一见眼前的情景，便立即明白了。他得意地看着他们俩害羞的样子，然后才介绍道："来，我介绍一下，这是我的好友，同班同学刘纪文，经济系的高才生。这位是我的小妹美龄，现在韦尔斯利女子大学就读，主攻法语和音乐。小提琴和钢琴可是她的强项噢。"

宋子文抚着美龄的肩头，俨然是她的保护神一般。

宋美龄谦虚了一下，象征性地向刘纪文伸出了手，刘纪文很有礼貌地握了一下宋美龄的手。宋美龄感觉像触电般，很快把手抽了出来，心突然怦怦地跳，脸也有点发红。宋子文在一边都看在眼里，连忙打圆场道："纪文，音乐室不是有架好钢琴吗？趁着时间还早，走，让我小妹表演表演。怎么样？"

刘纪文当然是求之不得，宋美龄也笑着答应。于是三人一同到音乐室，宋美龄特意弹了两首肖邦的抒情曲。看着刘纪文对宋美龄如痴如醉的样子，宋子文暗暗得意。作为刘的同班好友，他也希望自己的妹妹能喜欢上这个哈佛的高才生。

伴着宋美龄悠扬的琴声，刘纪文完全陶醉于音乐和宋美龄的美貌之中。那天分别的时候，刘纪文恋恋不舍地问道："什么时候还能听到美龄小姐的琴声呢？"

∧ 二姐宋庆龄的婚姻对宋美龄造成了强烈的影响。

“随您的便吧，什么时候想听都可以。不过，我更喜爱摄影。对了，是摄影，而不是照相！”宋美龄特意强调了一下，把自己和一般爱上相片的姑娘区分开来。

“啊，那太好了，我早就想搞一本摄影专集，专拍风景照片。每一张照片配一首莎士比亚或歌德的小诗，画面可以是柳树下、小河边等花草树木，也可以是落日、海滩等壮丽的景象。你觉得怎么样？”刘纪文一听宋美龄喜欢摄影，那是自己的强项，瞬间来了精神。

“那太妙了，还能把摄影和文学结合起来。”宋美龄欣喜地说，“刘先生就收下我这个小妹妹做徒弟吧。”

宋子文在一边补充道：“刘先生是个摄影迷，上次《明星报》的封面摄影就是他的大作。”

三人又聊了一阵，约好了下周再一起到郊外摄影，宋美龄才和哥哥告别离去。

就这样，在哥哥的帮助下，宋美龄开始了和刘纪文的交往。两人隔一段时间就会一起见上一面，平时则以书信交流。

在两个姐姐先后离开美国后，宋美龄身边只有哥哥可以依赖，她将与刘纪文的交往和感情的进展情况随时向哥哥宋子文汇报。因此宋子文对小妹的初恋了如指掌。美国是一个高度开放、高度文明的国家，在这样的文化背景下，宋子文没有受家里反对宋庆龄婚姻的影响，积极支持妹妹自己寻找爱情，并做她的高级参谋。他告诉小妹要自尊、自重、自强，尤其不要影响学业。以后宋美龄与刘纪文分手，宋子文也是尊重宋美龄的选择，没有进行干涉。

兄妹二人在学业上互相鼓励互相支持，生活上又互相照顾，手足情深，还一同给父母写信。现在宋美龄虽然和刘纪文感情日深，她和哥哥之间的那一种同胞手足之情，也仍是有增无减，日愈深厚。

就这样又过了一年，也就是1915年，宋子文进入美国哈佛大学攻读四年之后，以优异的成绩毕业并获得该校经济学硕士学位。

毕业后的宋子文急于归国，因为随着国内形势的发展，宋耀如希望他回到国内尽快帮助自己以及南方的革命政府做些事情。每次接到家里来信，宋子文感到热血沸腾，渴望早日回国施展自己的才能，做出一番事业来。

行前，他来到宋美龄的学校，向小妹道别。说实在的，宋美龄为哥哥取得硕士学位而高兴，但她又不愿意哥哥离开。这并不是因为她失去了保护神，更确切地说，是她失去了一个良师益友。哥哥来美四年，给她的帮助太大了。此时，她已长大了，懂得了人生的价值，也懂得了父辈的追求。在哥哥的身上，宋美龄仿佛看到了爸爸的影子。

在宋子文离开波士顿的那天晚上，宋美龄为哥哥举行了饯行晚宴，兄妹洒泪而别。

哥哥走后，在美国就只剩下她一个人了。和刘纪文的交往一直持续着，虽然刘纪文很热烈地追求着她，而她也愿意他做自己的男朋友，但宋美龄是一个有自己独立性格和追求的姑娘，她还是很重视学习和各种群体活动，关注着国内的形势和家族事业的发展，总想着自己将来也像父兄和姐姐那样做一番事业出来。她不愿意花太多精力在男女之间的谈情说爱上，并且也不愿让国内的父母知道她在谈恋爱。

1916年暑假，宋美龄决定以旅游的方式度过在美国的最后一个假期。暑假前的一天傍晚，她拨通了刘纪文的电话，告诉他暑假来临，她想利用这十几天的假期出去旅游，希望刘纪文和她一起结伴而行，还特意告诉他要好好地拍一些相片。电话那边，刘纪文一听兴奋得声音都有些变调了，他二话没说，满心欢喜地答应了宋美龄的邀请。宋美龄早已想好了旅游的行程，就在电话里跟刘纪文说了，刘纪文自然是没有异议。

旅游生活开始了。接下来的十几天中，他们游览了旧金山、纽约等地，并特意参观了华侨的聚居地——唐人街。刘纪文老家在广东，宋美龄祖籍在海南，听着华侨的岭南话备感亲切。当看到那些飞檐斗拱的中国式建筑，两个人感觉自己仿佛回到了祖国，禁不住沉浸在久别的乡情之中。宋美龄也觉得和刘纪文在一起总是有很多思乡的话题，这是和美国同学一起出来游玩时所没有的感觉。

接着，他们又参观了洛杉矶的电影城，并到了位于西部的美国历史最为悠久、规模最大的国家森林公园，饱览了北美胜景。此外，两个人还特意去了一趟位于美国和加拿大交界处的尼亚加拉大瀑布，叹服于大自然造物的神奇。

旅行中的刘纪文穿一身灰色带白线条的运动衣，精神十足，健康俊朗的脸庞更显得容光焕发，头发有点蓬乱，看起来越发充满活力。看着陶醉在自然风光中的宋美龄，他正好施展摄影特长，不失时机地按动相

> 1916 年，孙中山、宋庆龄与日本友人在东京。

< 1916 年暑假的纽约旅行给宋美龄留下了深刻的印象，这也是她晚年定居那里的原因之一。

机快门，把她摄入一幅幅构图精妙、如梦如幻的美景中。回去后，又在一张张相片上配上自己写的小诗，还跟宋美龄说要找机会把它们发表出去。

十几天的暑期周游结束了，宋美龄与刘纪文的感情由此也越来越浓，日益深厚。

没多久，旅行中刘纪文给宋美龄拍的照片便在《明星报》上刊登了好几幅，一时间宋美龄的美貌成为大家津津乐道的话题。宋美龄在校内校外大出风头，心里自然高兴，刘纪文也暗暗得意。

然而好景不长，一个突如其来的事件打碎了这份甜蜜。事情是这样的，宋美龄的照片在《明星报》上刊登后，引来许多求爱者，光杂志社就为她转来了好多封求爱信。刘纪文这下可沉不住气了，找到宋美龄后，当即就向宋美龄提出订婚和提前结婚的请求。宋美龄没想到刘纪文会提出这样的要求，看着他那慌慌张张的样子，又喜又气。她安慰刘纪文说："放心吧，谁也夺不走我。我不嫁人，谁都不嫁！""那我呢？"刘纪文一听着了急。

"在上帝面前，人人是平等的。"宋美龄对刘纪文扮了个鬼脸，故作轻松地说。看到刘纪文还是一副着急的样子，她低下头沉吟了一会儿，又抬起头来认真地说："真的，我还太小，才 18 岁。以后的路还很长，等一段时间再说吧。"

"不，我要和你正式订婚！"刘纪文显得有点迫不及待。

刘纪文提出订婚的要求确实是宋美龄从未考虑的，她的睫毛垂下了几秒钟，又迅速抬起来，目光炯炯地停在刘纪文的脸上，语气坚定地说："纪文，你知道的，我不喜欢男人婆婆妈妈、纠缠不清的。"

刘纪文叹了一口气，只得悻悻地走了。

看着刘纪文失望离去，宋美龄反而觉得怅然若失了。她跑进卧室，把桌上的一个洋娃娃抱在怀里，一个人躺在床上望着天花板发呆。她知道刘纪文爱她，她也爱刘纪文，但是她不甘心就这样和他订婚。宋美龄总觉得两个人相爱，多磨上一段时间没有坏处，起码双方的缺点能够尽可能地多磨掉一些。其实当时她自己也不明白为什么不肯答应刘纪文订婚的要求，在她心里，一直觉得自己会嫁一个英雄，刘纪文虽然各方面条件都很优秀，但和心目中完美的英雄形象，却有着太大的差距。这是否就是常说的理想和现实的差距，她自己也不能说清楚。

还在以前学习英国文学时，她就幻想着出现亚瑟王骑士传奇中的激烈战斗场面，然后英俊的骑士捧着情人仇敌血淋淋的首级来求爱时，伟大的爱情就这样产生了。

随着年龄的增长，阅历的丰富，特别是两个姐姐的爱情和婚姻，都滋长了她的这种英雄情结。有时候她会想二姐爱上孙中山也完全可以理解，换了自己很有可能也一样会产生爱慕之情的。

而同时，18岁的宋美龄正值豆蔻年华，少女情怀，又不由自主地会对刘纪文这样英俊潇洒的年轻学子产生好感和爱意。在当时的中国留学生眼中，宋美龄不仅是思春的佳偶，也是怀乡的寄托，有多少海外学子或明献殷勤，或暗表相思，使她有众星拱月的感觉。刘纪文是其中最优秀的一个，又是哥哥宋子文的好朋友，和自己也交往了这么长的时间，宋美龄自然也觉得难以割舍与他的这份感情。

宋美龄本身的个性强烈，说一不二，在两人的交往中总是刘纪文顺从着她，一方面这固然满足了她心底里的领导欲，觉得他是一个体贴可亲的男朋友，不像中国传统社会中男子的骄横；另一方面又让她觉得刘纪文实在不是自己理想中的英雄形象。就在这样的矛盾心理中，她和刘纪文的恋情暗暗延续着。

1917年7月，经过四年的学习，宋美龄终于如愿以偿，以优异的成绩从韦尔斯利大学毕业，在整个四年中，她学了法语和音乐（包括音乐理论、小提琴和钢琴），还选修了天文学、历史、植物学、英文写作、圣经史和讲演。此外，1916年夏天，她在佛蒙特大学选修教育学，也获得了学分。

她是以该校最高的杜兰荣誉学位毕业的。杜兰是韦尔斯利大学的创办人，该校校名即杜兰所取，用以纪念他的好友、大慈善家亨尼威尔之妻。在这个学校里，“杜兰奖”是优秀学生的最高奖项。因为她在各方面的表现都很优秀，学校决定授予她这一最高荣誉称号。颁奖仪式是在一个学期的开始时举行的，当时的场面十分隆重，令宋美龄无比兴奋。那天，当她从校长手中接过奖励证书时，竟情不自禁地流下了眼泪。

毕业，意味着宋美龄的学业完成了，更意味着她已经是一个十足的美国人，至少，在外表上看起来是这个样子。初到美国的那些中国传统服装，早已进了旧衣箱。

然而当别的美国同学正在为毕业庆幸的时刻，她却在忧虑回国后如何调适多年来在美国的生活方式的问题。当时，民国政府虽然早已成立，可是这个脆弱的政府却始终被北方的军阀所把持，孙中山先生所倡导的民主革命并没有实现其目标，中国还是处在深重的危难中。

在美国的大学时代就要过去了，回国使她面临着许多困难的问题。她和哥哥宋子文都有这种感觉。宋美龄不能设想回国以后将会遇到什么困难，因为对她来说，中国的环境与生活条件已经变得陌生了。在美国，尽管她善于交际，而且颇有人缘，但是性格中高傲自尊的一面，又使得她总保持那么一点距离观望美国人，时而怀疑挑剔，时而乐意赞同，觉得自己多少有点外国人的味道。而一旦回到国内，面对的是经济条件和知识修养都要差上一大截的人们，恐怕和他们的距离感就会更明显一些了。

从1907～1917年，宋美龄在美国学习了十年。而且这十年是她从童年进入青春期的黄金时代，是其性格成型的时期，也是她世界观形成的重要时期。她实际上几乎在美国读完了从小学到大学的全部课程。可以毫不夸张地说，宋美龄所受的教育是全盘的美国教育。宋美龄初到美国时，还是个小姑娘，正是学习和模仿力最强的时期，因此，她在生活习惯、举止言谈等各方面都美国化了，她的价值观念、思维方式也都打上了深刻的美国烙印，已经变得非常的美国化，以致当时她认为自己不是中国人了。

“只有我的脸像个东方人。”这是她在韦尔斯利大学常被引用的口头禅。而她的一位美国朋友甚至说，从一张照片上看，连她的脸也不太像东方人了。

还在毕业前的一个月，家里就来信要宋美龄毕业后马上回国。这一度让宋美龄很彷徨，在美国的十年让她很留恋，她是宋家几个子女中在美国受教育时间最长的一个。这十年中她几乎游遍了整个美国，美国的每一个州她都去过。每年暑假她都会跟同学一起出去旅游，到他们的家中做客，或是拜访父亲在美国的朋友。她在美国有数不清的朋友，想到就要和他们分别，并且很可能再不能见面，总有很多的伤感与不舍。

而国内的环境对她则变得陌生了，在上海的家也搬过两次了。想起大姐霭龄刚回国时在信中抱怨国内社会环境的糟糕和人们对留洋归国女学生的非议，她都不知道回去后是否能马上适应国内的生活。同时，她虽然很想马上见到久别的爸爸妈妈，但一想到他们很可能因二姐的事情而包办自己的婚姻，就暗暗发愁。

她的这种烦恼和矛盾心情在毕业前后的两个月内始终挥之不去。有个很要好的美国朋友知道她的忧虑后，建议她先和刘纪文在美国订婚，这样回国后家里人也就拿她没办法了。宋美龄听了只能苦笑，她拒绝了刘纪文的订婚请求后一直为这段感情如何发展拿不定主意。刘纪文这时已在读博士，学业繁重，但还是在不舍追求。宋美龄对他的感情依旧，总觉得这么早订婚不好。她还刚毕业，以后的道路还很长，有很多的事情等着自己去做，不想这么早被婚姻束缚住。更何况订婚能改变家里的态度吗？说不定反而火上浇油，父母一急之下给她的压力更大，到时候恐怕连拖延的机会都没有了。

为了散心，宋美龄毕业后决定在美国先待上一阵再说，她想到了小时候留下美好印象的

∨ 1917 年，宋美龄从美国回到上海时与家人合影。

皮德蒙特，它所在的佐治亚州德莫雷斯特城也是著名的避暑山城，正好可以在那儿避一下暑，度过这闷热的8月，还可以见一下热心的莫斯夫人和多年不见的玩伴。

就在宋美龄做好打算，准备动身时，收到了从上海来的家信。信上父亲宋耀如是这么说的：

美龄，我的爱女，你是爸爸的心肝宝贝。爸爸不能没有你，离开了你爸爸就少一份乐趣。记得你小时候，天资聪颖，逗人喜爱。你也最听爸爸的话，爸爸也最是疼你。爸爸虽说有三个女儿，你是最小的，爸爸还是向着你。你和姐姐吵嘴的时候，爸爸从来没有说过你，挨打的总是你的姐姐。我想，这些你是不会忘记的。

看到这里，宋美龄不禁勾起儿时的记忆，心中充满了温暖，因为以往父亲在信中是很少用这种温情的语言的。

美龄，还记得你六岁的时候，得了中风不语病，不几天你的右腿又起了脓包。这可吓坏了爸爸。爸爸从来没落过泪，看到你躺在病榻上的时候，爸爸平生第一次为儿女掉了泪。一直到你十岁，离开爸爸的时候，如今十年了，爸爸一直为你担心祈祷。前些日子，听你来信说不想回来了，爸爸又是几个不眠之夜。想着送你出国那天，爸爸是带着病送你的，爸爸对你怀着多大的希望。你也含泪对爸爸讲，要珍惜这次学习机会，努力学习，争取回来后给爸爸当个帮手，为我们落后的华夏民族做些贡献。可是眼下你却把这些话全给忘了。想到当初，爸爸真后悔不该送你出去。如果你要真是爸爸的血缘，你应该回来，你应该立即回来，爸爸在等着你……

这时在宋美龄的脑海中，父亲已不再是那个刚强的精力无穷的实业家和革命者形象了，父亲仿佛已衰老了，需要儿女们围绕在身边，安享天年了。二姐的事打击了父亲，儿女们不能再刺伤老父的心了。

最后，父亲的信中说：

美龄，你的母亲为你的事已经病倒了。她哭了几天，眼都哭肿了。我的劝说对她来说是无济于事的。你要是妈妈的女儿，你就应该回来，应该立即回来……

看完了信，宋美龄不禁泪流满面，父母的亲情充盈在心中，压倒了一切疑虑和犹豫。她决定不去皮德蒙特了，她要马上回国，回到父母的身边。

于是，结束了在美国长达十年的留学生活，1917年8月3日，刚满20岁的宋美龄告别了韦尔斯利大学，启程回国。

历史备忘录

HISTORY MEMORANDUM

∨ 京师女子师范学堂旧址。

∨ 1909年，京张铁路建成通车，这是茶会专列入站情景。

2
3
4

1

京师女子师范学堂开学

1908年11月3日，京师女子师范学堂于北京创设开学。这是中国最早的女子师范学校。清政府学部委派博增湘为总理，负责主持校务，先行招收简易科四班。1909年，建校舍于宣武门内石驸马大街。1910年起设完全科，并创办附属女子两等小学堂。1911年设本科。1912年5月改为北京女子师范学校，1924年改为国立北京女子师范大学，后并入北京师范大学。

京张铁路建成通车

京张铁路是中国以本国人才及财力自行设计自行建造的第一条铁路，路线自北京至张家口，全长178公里。1905年陈昭常负责开办局务，起用著名工程师詹天佑任会办兼总工程师。詹天佑带领技术人员，精心设计，精心施工，克服地势险峻、地质不好等种种困难，终于在1909年9月24日全线提前竣工、通车。詹天佑还和他的助手们以“人”字形铁道，解决了青龙桥上下坡的难题，为京张铁路的建成做出了杰出的贡献。

中央资政院正式成立

1910年10月3日，中央资政院正式成立，由摄政王载沣亲临训词。该院设总裁2人，由王公大臣特旨简充，副总裁2人，由二品以上大员特旨简充。该院“有议决预算、决算、水法、公债、定法典及弹劾行政大臣之权”，但议决之内容，须“具奏请旨裁夺”，经批准后方可施行。同时颁布《资政院议员选举章程》。

国民党在北京成立

1912年8月25日，国民党成立于北京。同盟会的主要领导人宋教仁等认为要真正实行责任内阁制，必须要建立一个在议会中占绝对多数议席的政党。于是，以同盟会为基础，联合四个政治小团体即统一共和党、国民共进会、共和实进会、国民公党等立宪派、官僚政客组成的小党成立国民党。本部设北京，各省及海外设支部，是当时中国最大的政党。孙中山任理事长，黄兴等8人为理事。宋教仁任代理事长，掌实权。二次革命后，该党被袁世凯强行解散。

04

两个姐姐的婚姻

白色的小围裙，镶边的黑天鹅绒紧身马甲，白色的宽檐帽，一个风姿绰约的美丽姑娘站在那个刚刚由帝制到民国的过渡时期，站在扎辫子、裹小脚、穿旗袍的人群中，风华绝代成了她的专利。

上海，时尚的中心。宋美龄身着洋装出入于各种社交场合，引领着上海滩十里洋场的风尚。一些纨绔子弟兴起了追求之风，然而比对两个姐姐的婚姻，宋美龄越来越觉得刘纪文离自己理想丈夫的标准相差甚远，这些纨绔子弟更难入宋美龄的慧眼。

连父亲都觉得她太洋气了

在上海的码头，刚下船的宋美龄几乎要让来接她的父母都认不出来了。她的穿着打扮十分洋气，白色的小围裙，镶边的黑天鹅绒紧身马甲，小小的外套也是黑天鹅绒的，头上是一顶白色的宽檐帽，当年赴美时才10岁的小姑娘，如今已变成了一位风姿绰约的美丽姑娘了。而宋美龄发现父母的变化也不小，尤其是父亲，明显地发胖了，动作变得迟缓了，让她在重见亲人的高兴之余又有一点感伤。

两年前从日本流亡回来后，宋家一直住在上海法租界霞飞路上一栋新买的洋楼里。这也是一个很大的宅院，有客房和舞厅。

宋美龄回家时二姐的婚姻风波算是过去了，宋庆龄正和孙中山住在广州。

当天的接风家宴上，除了二姐，全家人都到齐了，包括从未见面的大姐夫孔祥熙。孔祥熙也留过洋，和蔼可亲，宋美龄对这个大姐夫印象颇佳。

久别重逢，宋家又恢复了往日欢乐和谐的气氛。在这个家庭大团圆中，当天最高兴的还要数母亲倪桂珍，她不顾自己身体欠佳，坚持要亲自上灶掌勺，中西餐兼有，做了满满一大桌子菜，以招待远归的小女儿。虽然宋美龄的口味和父亲一样基本西化，但吃到母亲特意烧的传统上海菜，还是觉得美味可口。大家共同举杯为宋美龄学成归国一家团圆而干杯。

席间说起回到上海的观感，宋美龄就说："小时候我眼里高大的房子现在看着都又矮又小，这才感觉自己真的长大了。"接着她又幽默地说上海的自来水有一股咸味，让人怀疑是不是直接从海上接来的。

大姐霭龄一听大笑，说："我当时刚从美国回来就是这么说的，还让妈妈训斥了一顿呢。"

美龄有感而发，说道："我就是和大姐一个脾气，像二姐那么文静秀气的女孩子，就不会说这样的话了。"说完这话后，发现父母亲的脸色有些不自然，知道他们的隔阂还没完全消解，不由得心里暗暗叹息。

饭后，宋耀如又邀请了一些社会名流，为女儿举行了一个小型的接风舞会。宋家已经好久没这么热闹了，宋美龄也深深地沉浸在家人团圆的幸福之中。

第二天，父亲就把宋美龄带到自己的办公室，谈她回国后的生活和

∧ 孔祥熙旧照。宋美龄在回家后的接风家宴上初次见到了大姐夫孔祥熙。

工作安排。宋耀如的办公室设施豪华，地上铺着上等的红地毯，还有长条的棕色沙发和古色古香的茶桌，洁白的墙壁上挂着世界名画。可是宋美龄走进来看了一眼，却不满意地说："爸爸，你的大名连美国都有不少人知道，可这房子太落伍了，和您的身份不相称啊。"

宋耀如一时无言以对，女儿又说："现在美国可不时兴这样的布置了，我们应该把它改造得更现代化，这里还要有浴室。如果爸爸同意，我愿意帮爸爸设计一下。"

宋耀如对刚回家门的女儿只有说好，可心里却对女儿以美国的眼光看待一切的做法不以为然，心里想着该让这个十年不归的女儿懂得要爱祖国、爱同胞。

在父亲的眼里，长成大姑娘的宋美龄比两个姐姐西化得多，几乎成了只有东方肤色和脸型的美国人，他不禁想起自己刚回国的情形，觉得家里应该尽快帮助她适应国内的生活，多了解国内的形势和环境。

而在宋美龄眼里，家里确实起了巨大的变化。父亲看起来确实老了，尽管50才刚出头，已没有了当年生气勃勃的精神和干劲。哥哥子文回国也才一年，对家里影响最大的就是两个姐姐的婚姻了。在她看来，宋家事业的担子已经落到他们这一辈身上了。而两个姐姐的婚姻为家族的发展打开了巨大的前景。以前因为身在美国，都是从信中得知她们的婚姻，具体的经过却不知情，大姐夫孔祥熙也一直没见过面，孙中山先生虽然在家里时见过，但小时候的印象也已相当模糊了。所以回家后她就很有兴趣地开始了解两个姐姐的婚姻过程，当然，这是不能向父母多问的，只能向家里的其他人打听，主要是弟弟子良和子安，还有父亲身边的亲友。

孔"圣人"进宋家

大姐宋霭龄的婚姻，还要从1911年的辛亥革命爆发说起。孙中山当时仍在美国，宋耀如负责与孙中山的联系以及负责上海与全国各地的联系。11月4日上海"光复"，到处都是欢庆的人们。宋耀如看到自己和孙中山一直为之奋斗的革命就要成功了，情不自禁地高举《圣经》挥舞，感谢和赞美上帝。

根据国内形势发展的需要，这一年的12月25日，孙中山从美国取道欧洲风尘仆仆地回到了上海。宋耀如携全家到码头亲切迎接。在宋耀如的书房里，孙中山和他分析了当前形势并展望了革命的未来。面对纷繁复杂的局面，孙中山要宋耀如帮忙物色一位精明强干且精通英文的秘书，以便帮助他处理日常工作事务和往来的信件、电稿等。宋耀如马上想到已回国三年的女儿宋霭龄，便向孙中山推荐。

于是，宋霭龄开始担任孙中山的秘书，同时宋耀如自己也协助孙中山工作。当时孙中山结束流亡生活自海外归来时，在上海码头宋霭龄随父亲前往迎接。当孙中山先生见到着一身西装、胸口还别了一朵漂亮的红宝石花的宋霭龄时，禁不住连连惊讶地说道："这么大了，没想到，没想到！在我的印象里，你还是个扎着羊角辫、穿灯笼裤的小姑娘呢。"确实，在宋家的几个小孩中，当年和孙中山最熟的，就是宋霭龄了。

1912年1月1日，孙中山在南京就任中华民国临时大总统★。宋耀如带领全家陪同孙中山从上海赶赴南京。宋耀如坐在前排的观礼席上，亲耳聆听孙中山先生那庄严的誓词："颠覆清廷专制政府，巩固中华民国，图谋民生幸福，此国民之公意，文实遵之，以忠于国，为众服务。"宋耀如看着这激动人心的场面，心里想着革命终于成功，清政府被推翻，情不自禁地热泪纵横。

然而事与愿违，很快国内形势急剧变化。迫于内外的压力，孙中山在1912年4月1日正式辞去了临时大总统职务，袁世凯趁机篡夺了革命果实。

辞职后的孙中山自告奋勇担任了全国铁路总监，任命宋耀如为国家铁道部的财务局长。为了追随孙中山继续革命事业，同时也为了振兴国家的实业，实现孙中山提出的10年修铁路20万里的宏伟计划，宋耀如欣然领命成为孙中山的随员。并且宋霭龄继续担任孙中山的秘书。从此宋耀如及其一家公开地和孙中山密切联系在一起了。

宋耀如的夫人倪桂珍是一个虔诚的基督教徒，从不干涉丈夫的活动。当年她明明知道丈夫从事的反清事业有很大的危险性，但她信任自己的丈夫，相信他所从事的事业是正义的，是于国于民都有益的。她只是默默地祈祷，愿上帝保佑丈夫，并默默地准备着随时与丈夫一起亡命天涯。

∧ 宋美龄的弟弟宋子安。

★孙中山就任中华民国临时大总统

1912年1月1日上午10时，孙中山乘沪宁铁路专用花车起行离沪，赴南京就任临时大总统。临时大总统府设在南京城内旧两江总督衙门内。当晚11时，举行孙中山大总统受任典礼。孙中山宣读誓词。同时发布《临时大总统宣言书》和《告全国同胞书》。宣言毕，孙即接受大总统印。

∧ 宋霭龄（后排右一）做孙中山秘书时与孙中山及其家人，应邀参加犹太巨贾哈同（前排右一）的家宴。

1913年，以袁世凯派人刺杀宋教仁为导火索，二次革命爆发。由于革命党人的仓促应战，经过两个月的奋战，二次革命失败了。孙中山逃往日本。宋耀如为了继续追随孙中山也为了全家的安全，便紧急离开了他在上海虹口的宅第，旋即带领全家包括霭龄、子安、子良和妻子倪桂珍，乘船东渡日本。

自此，和孙中山一样，宋耀如也成了政治流亡者。在日本，宋耀如的到来，受到了已先期到达的国民党领导人的热烈欢迎。宋耀如恢复了昔日和孙中山的密谋，他们共商反袁大计，制定新的建党纲领。顿时孙中山的寓所成了当然的流亡者总部，每日来聚会的革命者络绎不绝。

当时宋庆龄自美国毕业后，直接到了日本和家人会合。也参加了流亡者总部的工作，她思路清楚，眼光敏锐，剖析事理直中要害，不为表面现象所迷惑。同时她没有个人企图，一心一意做好流亡者的组织工作。她的文静、谦和使得她很善于与人相处，因此很快博得众口一致的称赞。

∧ 孙中山流亡日本时与宋耀如、戴季陶及日本友人合影。

在日本的日子里，宋耀如亲自撮合了自己的长女宋霭龄与孔祥熙的婚事。

孔祥熙当时也在日本流亡，在宋耀如的基督教青年会担任职务。说起来他也可算是孔子的第75代后裔，出生于山西太谷县城西的程家庄。他的曾祖父曾和一位姓孟的秀才争夺拔贡失败，气得咯血而死。临终立下遗嘱，不许子孙再进考场。孔家从此弃儒经商，不想因祸得福，此后居然发了大财，最盛时银号、当铺开到了太原、北京和广州等地，一度成为山西首富。但孔祥熙的父亲孔繁慈后来吸上了鸦片。鸦片本就费钱，孔父又无心经营进取，到孔祥熙1880年出生的时候，殷实的家业已在烟雾中飘散得差不多了。当时孔祥熙向外边的人吹嘘的“山西首富”，其实已经是老一辈的神话了。

孔祥熙的太谷祖居因为院中有一口水井，村里人就把他家称为井儿院。孔祥熙就出生在

∧ 孔祥熙与宋霭龄的结合，促成了历史上宋孔两大家族的联姻。

井儿院西厢房的土炕上。他 3 岁的时候母亲死去，家境又不宽裕，所以从小也受过不少苦。7 岁时曾蓬头垢面地和村里的孩子一起到县城捡煤核（山西盛产煤炭，太谷一带却无煤矿）。后来在叔叔的坚持下，他才得以进学堂上学。

太谷当年虽然是一个交通不便、较为封闭的山西内地小县，外国传教士却很早就来此传教，并已在这里扎下了根基。当时的教会以扶助教育、给人治病的形式，千方百计拉人信教。年幼的孔祥熙在教会医院治过一次病后，也就信奉了基督教。

当时孔祥熙是在极端秘密的状态下加入基督教的，因为那时候多数中国人对洋教会没有好感，信教者都被看成是假洋鬼子，有被孤立和遭人白眼的危险。但是从后来的发展经历来看，孔祥熙信教这件事为他带来了一生享用不尽的好处，如果不是信教，他日后最多只能成为山西当地的一个土财主。

孔祥熙在教会的帮助下来到北京潞河学院学习。当时的中国正处于反清革命到处酝酿发动的躁动中，受革命思潮的影响，他曾和另一名同学一起，参加了刺杀慈禧的所谓密谋。那个不知天高地厚的同学声称，他已经结交了一名皇宫中的太监，如果给这名太监一些贿赂，他会安排这名学生进入皇宫。那个同学说，只要进了宫，他就有办法把慈禧杀死，而且他慷慨激昂地表示，不去考虑自己行刺后的脱身问题，只要能谋刺成功，为革命立下大功，哪怕是同归于尽或被凌迟处死都心甘情愿。

年轻的孔祥熙听得热血沸腾，于是真的从亲朋好友处筹集了一笔款子。两个人带着借来

★义和团运动

1898年，在民间习武组织义和拳的基础上，山东兴起了反教会、反侵略的义和团运动。义和团遭到清军的严厉镇压。1900年，山东、河北两省义和团联合起来向北京进军。由于这场爱国运动得到了人民的热烈支持，义和团队伍迅速壮大。慈禧太后害怕义和团运动危及自己的统治，为了向列强求和，与外国军队勾结在一起绞杀了义和团运动。

∧ 八国联军入侵北京后，在清朝的配合下大肆捕杀义和团员。

的钱在皇宫附近转悠了几天，却始终没再碰上那个太监出来，此事也就不了了之。事后，孔祥熙觉得自己当时真是莫名其妙，行事荒唐。

潞河学院有不少外国学生，孔祥熙因为信教的原因，和他们来往较多，结识了不少外国朋友，这成为他日后到美国留学并开始发达的契机。1900年义和团运动★兴起时，山西有159名外国传教士被杀。孔祥熙在太谷基督教福音院也险些做了义和团的刀下之鬼，他因为地形熟悉，得以逃脱。

后来八国联军攻进北京，开始进行疯狂报复。孔祥熙为避免家乡遭受乱兵之灾，利用与外国传教士的关系，在山西地方官府和侵华联军指挥官之间牵线搭桥，进行斡旋，从而达成了一项秘密协议。避免了外国军队在山西的烧杀掳掠，也为急于发财的外国财团打开了山西的门户。孔祥熙办理教案的立场和才能，当即受到清政府和基督教会两方的赏识。清政府为此还在事件结束后授予年轻的孔祥熙一枚龙图勋章。基督教华北卫理公会则向他发出了到美国留学的邀请。

没等完成他在潞河学院的学业，即由美国基督教会邀请并经清政府公派，到美国留学去了。在美国他先后获得欧柏林大学文学学士和耶鲁大学经济学硕士学位。

和当时的很多中国留学生一样，孔祥熙在海外期间认识了孙中山，经人介绍后加入了孙中山领导的革命组织。不过他并没有直接参加革命活动，他最感兴趣的是经商和教育方面的事。

∧ 向北京进犯的八国联军。

孔祥熙在美国留学期间努力向美国人说明，以前之所以发生外国传教士被杀事件，是因为中国下层人民愚昧无知。他要求美国人提供帮助，兴办学校。他说如果中国人有了文化，就会认识到外国传教士到中国完全是为了拯救中国人的灵魂，就会高高兴兴地和美国人拜倒在同一个基督面前。他的游说取得了成功，美国人拨出了中国庚子赔款中的75万美元，在孔祥熙的家乡太谷建立了欧柏林大学分校，孔祥熙把它命名为铭贤学校并自任校长，一时博得了很大名声。

辛亥革命爆发时，已在地方上颇具影响力的孔祥熙积极响应，组织了巡防队和学生军守护县城，宣布革命。地方上的父老曾建议他出任山西的革命军总指挥，孔祥熙知道自己的才能不在领兵打仗上，后来清军进犯山西，在娘子关前线他把军队交给了山西都督阎锡

< 蒋介石夫妇到孔祥熙的铭贤学校视察。

山，自己做了阎锡山的经济顾问，同时仍从事教育工作。他曾不无得意地说道："革命不是一夜之间完成的。武力推翻或许可以在一夜之间结束，但是然后呢？你到哪里去找接下来的建设人才？治国是需要训练的，而教育正是任何革命的第一也是最重要的一步。"

在山西搞教育不仅给他带来了很大的名声，也使他日后在山西拥有了丰富的人际关系和资源，为他将来的飞黄腾达打下了一个基础。

孔祥熙在家乡时曾娶了当地教会中一位温柔漂亮的韩女士，可是在过了几年安逸温暖的婚姻生活后，这位孔夫人不幸因肺病死去，加上称帝后的袁世凯到处迫害革命党人，孔祥熙心情沮丧，也就离开山西加入了东渡日本的"自由主义者联盟"，后经王正廷推荐担任了华人基督教青年会总干事。

基督教青年会是当年宋耀如在上海创办的。此时在孔祥熙的身上，早没了那个捡煤核小男孩的痕迹。家学渊源和西洋文化的熏陶，使他显得学识渊博、谈吐不凡。孔祥熙信奉基督教以及他后来在革命工作中表现出来的热诚和踏实成为宋耀如特别赏识的两大要素。

因为早听说过宋耀如的脾气和性格，孔祥熙在和宋耀如结识后就把这些经历告诉了宋耀如。宋耀如认为这是一个精明的、有实干精神的青年，日后将大有作为，于是渐渐有了招他为大女婿的想法。就这样他把孔祥熙带进了家门，希望大女儿霭龄能够慧眼识人。

那是1914年春天的事了，横滨多雨的时节。晚上，在海滨山上的宋家楼房里灯火通明，壁炉的火光一闪一闪，把整个房间烘得暖洋洋的。宋耀如带着一位面貌可亲、身材微胖、三十四五岁的男子回到家里。扫视了一眼家人，他大声而略带激动地介绍道："这位是孔子第75代孙、山西首富孔祥熙先生。"

宋霭龄主动站起来热情地同客人握手，表示了她的欢迎。

宋庆龄却身子没动，只故作惊讶地大声说道："哦，圣人啊！"众人不禁失笑。就因为宋庆龄随口而出的这句话，孔祥熙在宋家终生得了"圣人"的绰号。

∧ 辛亥革命时，出任山西都督的阎锡山。

宋霭龄此时已经23岁，她对在孙中山身边整日处理那些烦琐的事务有些厌倦，正想物色一名有作为的男子从而完成自己的婚姻大事，以开始自己的新生活。而宋耀如今天带孔祥熙参加晚宴，就是基于这种考虑。当晚宋家的餐桌上，宋耀如特意安排孔祥熙和宋霭龄分坐在自己左右。

孔祥熙虽在美留学多年，英语说得很地道，可一说起中国话来，就是总改不了那股山西老陈醋味儿。他不由自主流露出的家乡口音让听惯了上海话的宋家人感到好奇和新鲜。不一会儿，子良和子安两个孩子就学会了几句，在饭桌上模仿起来，孔祥熙也笑呵呵地不以为意。这些佐料的加入，反倒增加家宴其乐融融的气氛，使孔祥熙成了能给大家带来快乐的人，也使倪桂珍对他有了很不错的印象。

那一晚，宋霭龄显得特别活跃，因为父亲带孔祥熙参加家宴的意思她也能猜想得到。她和孔祥熙在美国时曾在一个华人聚会上见过一面，当时的印象并不深刻，但在今天的家宴上重提这件事，却使两人之间分外热情起来。于是他们以故知旧友的身份叙谈，找到了不少的共同话题。

在宋霭龄的询问下，孔祥熙礼貌地介绍了自己的家世。虽然刚才受到宋庆龄的调侃，但他还是用含蓄的语言证明了自己确实是孔子的直系后裔。

按孔祥熙的说法，明朝万历年间，孔子第62代孙孔宏开宦游三晋，曾任太谷县令。因相中太谷这块风水宝地，告老之后他未回山东，就在太谷定居下来。孔门这一支从此在那里繁衍生息，至今族谱不乱。

宋耀如对这一点非常看重。他认为在中国，还没有哪个家族可以和孔家相比。孔子创立的儒家学说是世界文明的一大贡献，在中国几千年来一直处于独尊的地位，历代帝王都要举行祭孔大典。孔子的后裔不论散落何地，一直保持着纹丝不乱的族谱排辈，这是一个中国最古老、最神圣的家族。自己出身寒微，子女受的都是西洋教育，对中国传统和中国文化都缺乏很深的了解。以自己在国内这么多年的经历，他相信如果能有一位出自圣族名门又具备现代革命意识和信仰基督教的乘龙快婿，宋家就会比较容易在传统观念很深但又在进行民主革命和向西方学习的中国社会取得更大的成功。同时，这种结合将使中西合璧，不仅形成一个具有巨大优势的家庭，还会孕育出既有传统文化又有现代观念的优秀子女，对未来的中国产生重大影响。

当然，孔祥熙对自己家世的介绍隐瞒了家道中落、幼年家贫的历史，把自己描绘成是一直在山西首富家族的优越环境中长大。而且不止这一次，他终生也未向外界的人透露过家道中落的那一段。他认为不论什么原因，贫穷都是一种耻辱，必然招致别人的鄙视。

宋霭龄对孔祥熙感兴趣的倒不是他是孔子的第几十代孙，而是他的“山西首富”地位。当时她对孔祥熙第一印象良好。尽管孔祥熙也比自己大了十几岁，但毕竟还处于男人干事业的黄金时期，他有财富，而且善于使用这些财富；尤其是孔祥熙还在美国受过教育，有相当才能而又性格随和，便于驾驭，日后对自己必定是言听计从，这是富有头脑、目光远大的宋霭龄很看重的。

那天晚上家宴结束后，孔祥熙本来就要告辞，但说做就做、行事从不犹豫的宋霭龄主动要求他留下聊会儿天。宋耀如也表示赞成，于是在客厅，两人又继续进行了愉快的长谈。

当时的谈话双方都毫不拘谨。孔祥熙是结过婚的人，30多岁的人，不再是容易害羞的年轻人了。宋霭龄虽还是黄花闺女，但从美国回来已五年，在父亲和孙中山身边已经经历了中国近代史上的一系列大事，接触过各阶层形形色色的人物，处事干练，观念成熟，完全没有一般姑娘单独与男子相处时的羞羞答答。于是，两个人的谈话还是很随便和热烈的。

宋霭龄和孔祥熙谈了一阵美国、日本等去过的地方后，不觉谈到了孔祥熙出生的山西太谷，孔祥熙得意地说：“人都说美国富，可我刚到美国的时候，就明显感到纽约不如太谷……”

“什么——纽约不如太谷？”见多识广的宋霭龄大吃一惊，还以为自己听错了，“你这不是在开玩笑吧？上海是中国最现代化最繁荣的大都市了，可它在世界大城市排名榜上还远在纽约之后。你没听过那首歌吗？一纽约、二伦敦、三巴黎、四柏林、五上海、六东京……我在见到你之前，从来还没有听说过中国有太谷这么个地方，就是现在我也不知道它具体位置在山西哪里，它怎么能胜过纽约呢？”

孔祥熙仿佛早知道她会有此反应，笑了起来：“这个你就不知道了。1901年我初到美国时，看到纽约大街两侧的房屋还远不如太谷的建筑华丽而坚固；街头来来往往的男女，穿着也多是旧棉布衣服，怎么能和太谷城里人的绫罗绸缎相比？”

宋霭龄听他说得认真，不由得跟着说：“我也到过中国好多地方呢，你说的我不能相信，绝对不能相信。”

孔祥熙开始抖搂起当年山西票商的历史来，说：“这是事实，你不知道山西早就是北方商业最发达的地方？拿太谷来说吧，在清代中叶时太谷就商贾云集，江南的茶叶、丝绸，蒙古的羊皮、毛货以及各地的药材都在这里交易。而且只做大宗批发，不做小打小闹的零售。太谷本地人则主要是开票号、钱庄和当铺，也就是现在的金融生意，为那些买卖人提供融资或资金担保，每年获利甚厚。当年有‘银祁县、金太谷’之说，这个民谚你没听说过吗？”

看到宋霭龄连连摇头表示不信，孔祥熙还是不慌不忙地说着：“我来日本前在当地做过统计，太谷县城现有经商户2094户，计903人，占县城人口的85%，什么地方有这样高的比例？我小的时候县城一户资产在300万两白银以上的，就有13家，四五层楼的大宅院到处可见。”

< 孔祥熙表现出超乎常人的商业头脑，使其后来在商界大展身手。

< 蒋介石夫妇与孔祥熙在山西太谷合影。

其实孔祥熙所说虽然有夸大的地方，但也是事实，只不过那也是过去的事了。孔祥熙为了在宋霭龄面前夸耀自己的身世，也就顾不得这些了。

接着孔祥熙又讲了一个故事：以前有一个姓孙的大户，修建花园时竟用白玉铺砌地面。当时有个秀才看了眼红，就找借口向他勒索钱财，但孙家没有理睬他，于是秀才就向朝廷告发，说他家奢侈过度，各种构制规模，都已超过了皇宫，有谋反叛乱之嫌。朝廷三次派员查访，孙家都用大量金银打点，于是查访的人回去都说孙家确系良民百姓，绝无谋叛之举。皇上放心不下，把姓孙的押到京城，亲自殿前审讯。这姓孙的受了一位高人指点，装痴卖傻。皇上问他："你家花园用什么东西砌成？"

姓孙的答道："都是些白石头子。"皇上就以为他边鄙乡民，土里土气的，错把白玉当石头，就哈哈一笑放他回家了。

宋霭龄笑着说："你讲的这个，我姑妄听之吧。"

孔祥熙这才有些急了："我这可不是自己瞎编出来的，你怎么能姑妄听之呢？我在铭贤学校教学生，每年新生来了都给他们讲这些，人家听得都鼓掌。你不信的话，咱们一起到太谷看看，你就信了。"

宋霭龄笑着对他说："我干吗要跟你到太谷去呀？"

孔祥熙脸红了一下："不干吗，就不兴去看看啦？我请你嘛！"

接下来两人谈到了钱的作用，孔祥熙因为刚才自己兴致勃勃地说了很多自己家乡的事，觉得应该让宋霭龄多表现表现了，于是故作谦虚地询问她对此有什么看法。

宋霭龄也不客气，发表了她的高见，说："以前的人老说什么要轻财，要我说这钱能掌握人的命运和成败，是任何人不能轻视的。比如说我的父亲，刚从美国回来时，没有任何资本，只有一个月15美元的薪水，连自己家也养不起，做什么都要靠教会，在上海滩上能有什么地位？可自从经商发了财，就俨然一位大人物了，连革命党都来联络他。要不是他出那么多钱资助革命，一个普通传教士能在党内有这样的地位？再说孙先生，要不是他从华侨中募集到那么多钱，怎么会有那么多人追随他、拥戴他？"

她意犹未尽，又说："一个人的命运是由钱的多少来决定，一个团体组织甚至国家的命运也往往要由钱来决定。辛亥革命以前，同盟会在各地十次起义十次失败，为什么？就是因为钱不够！钱不够就买不来足够的武器，招募不到足够的人员。武昌起义准备并不充分，仓促起事居然取得成功，为什么？那是因为清政府缺钱！国库空虚，发不出军饷，军官士兵当然也就不肯卖命。孙先生游说美、英、法等国，虽然没有取得他们对革命的支持，但他们答应了保持中立，不再向清政府提供贷款，断了他们的财源，就等于釜底抽薪，使清政府因为没钱而不能调动军队扑灭革命。而南京革命政府为什么向袁世凯交权？还不是因为没钱！没有财政来源，怎么能维持政府的运转？"

孔祥熙竖起拇指，连称高论："你这可真是抓住了要点了，这么多重大事件的原因，从来没有一个人能像你分析得这么透彻精辟。真是'听君一席话，胜读十年书'啊。"他这么说倒不是吹捧，而是确实有同感。

宋霭龄说："我倒用不着你这么恭维。这不过是我这些年来生活和实际工作的一点感受。现在我逐渐明白了，有些事情太理想化了不行。有些人整天空喊革命，革命！听起来好像志向远大得很，其实他们的理想和革命，都不过是糕饼上的糖霜，而糕饼本身却是不能从天上掉下来的，只有靠钱才能买到。有人说过，一个贫穷的智者，犹如一本未翻阅的《圣经》，在他自己看来他是活着的，在别人看来，他却早已经死去。所以我现在最渴望的，是掌握巨大的财富。这样，在巨大财富的支持下，爸爸和孙先生再造共和、修筑铁路的愿望都可以比较容易地实现。当然啦，有大笔的钱还可以帮助天下穷苦的人们。”

孔祥熙又是鼓掌叫好，附和道：“这钱确实是决定事情成败的关键。比如我想办学校，自己又没钱，就对美国人说，中国人为什么杀你们的传教士？没文化嘛！你们看我上了学，学习了西方知识就入了教。你们如果多在中国办些学校，中国人有文化了，自然不会再和教会作对，美国的文化就传过来了。这么几句话，就哄得美国佬一下子拿出了75万美元，在太谷建了学校。”

∨ 辛亥革命时期，孔祥熙在山西太谷与属下合影。

宋霭龄点头道："嗯，教育救国，这也挺时髦的！"

孔祥熙随即又绘声绘色地介绍了自己一边当校长一边开设祥记公司，在山西境内包销美孚石油大发其财的经历。特别是讲到他得知美国人收购铁砂，立即与他们签订了一大笔合同，收了订金，然后才在太原订出招牌进行收购，在太原每担铁砂付一个银圆，运到天津卖给美国人就是两美元。哪一个环节都不用自己动手，也不用自己垫多少钱，就净赚了一倍多的利润。

他在山西利用地方关系颇做了一些煤油、矿产等垄断生意，确实也赚过不少钱。这时抖搂出来，正好在宋霭龄面前把自己夸耀一番。

宋霭龄听得咯咯咯地笑个不停，她逐渐明白了一点，那就是孔祥熙因为从小在金融家和当铺经纪人的环境中长大，钱对于他来说，并不是不可捉摸、难以驾驭的，他有着凭敏锐的眼光、独到的手段轻松地使钱成倍增长的本领。虽然孔祥熙的年龄大出自己十几岁，但他善于赚钱的本领足以抵消这一缺憾。这应该是一个可以托付终身的男人。

自从那天长谈以后，宋霭龄和孔祥熙的关系迅速密切起来。宋耀如也很乐意让他们多谈谈，多接触以增进了解。

一切顺利，没过两个月，当樱花烂漫的4月来临，宋霭龄和孔祥熙以闪电般的速度订下了他们的婚事，两人就在日本横滨市的一所小教堂里举行了俭朴的婚礼。婚礼那天，早上就下大雨，但是在结婚典礼刚要开始时，老天仿佛善解人意似的放晴了。新娘宋霭龄精心打扮，穿了粉红色的缎子上衣，绿色的裙子上绣着象征富贵的牡丹，乌亮的黑发上面斜插了一支闪亮的龙凤银钗。满面春风的孔祥熙则是中国传统的新郎装束，藏青色的长袍马褂，胸前一朵大红花。

婚礼的规模很小，只有宋耀如一家人和特意赶来的孔祥熙的一位堂兄参加，虽然是在教堂，他们还是尽量使婚礼表现一种温馨的情调。婚礼后新郎、新娘立即乘坐一辆马车，两个人在亲人的护卫下，前往镰仓胜地。

孔祥熙把他的住处已装修得富丽堂皇，洞房的一切都是按宋霭龄的意见装饰布置的，完全是美国式的西方情调。当时偏有好事者探知孔宋婚恋由宋耀如撮合的原委，加上结婚当天下雨的天气，遂按中国风俗送上了一副喜联贴到了门楣上。上联是"风调雨顺，乃为天公作美助兴"；下联是"金玉良缘，原是泰山牵线穿针"。

宋霭龄对下联中牵扯出父亲做媒一事甚感不快，认为它暗含揶揄，要把它撕掉。孔祥熙却觉得这不仅是实情，且抬高了自己身价，就哈哈一笑说："难得这位朋友才思敏捷！结婚大喜，朋友插科打诨，图个热闹。一撕岂不拂了朋友情面，反不愉快。由它去吧。"听他说的也在理，宋霭龄才只好作罢。

孔宋联姻，创造了日后中国首屈一指的家族财富。

< 1905 年时的孙中山在日本东京。

革命伙伴变女婿

还在孔祥熙参加宋家家宴后没几天，宋霭龄就正式向孙中山提出了辞职。孙中山舍不得失去这样一位好助手，当时沉默了好一会儿才开口。他语调沉缓，高度评价了宋霭龄几年来的工作，赞扬了她的工作精神、办事能力和负责态度，并对宋霭龄做了诚恳挽留。孙中山说，如果霭龄准备结婚，以后可以多留一些时间处理家务，每天只要能来两三个小时帮他处理一下最重要的事务就行，他将非常感激。

当时，宋霭龄突然发现孙中山好像苍老了许多。辛亥革命总算是推翻了清朝的统治，结束了两千年的帝制，结果袁世凯的独裁统治和称帝野心又把国家投入黑暗之中。这对革命者是一段非常困难的时期，人民的失望情绪达到了极点。孙中山自己也同样心情沮丧，二次革命★失败的打击、自身面临的危险和党内的涣散状况使他心力交瘁。当时他正着手做国民党的改造工作，以使党能够统一意志，坚强有力，承担起倒袁并重建共和的重任。

这时候离开，宋霭龄心中也有些不忍。但是为了自己的婚后生活平稳安定，她还是离开了。不过，她向孙中山推荐了妹妹宋庆龄来接替秘书工作。她介绍说，宋庆龄非常崇拜先生，热情高、意志坚定，是一位凡事务求完美的理想主义者，她在各个方面都比自己更强，肯定能干得更好。当时孙中山默默点了点头。

> 1912年5月，孙中山、宋霭龄（后排右二）与孙中山全家在广州合影。

宋霭龄处理了手头紧急的事务，把其他的案卷做了清理，未完的事情都加了说明性的文字，为宋庆龄能很快熟悉情况展开工作做了准备。

宋庆龄是1913年6月离开美国的梅肯城，于8月到达日本横滨的。当时父亲到码头迎接了她。宋庆龄开始以为现在国内局势动乱，父亲和全家是暂时到日本避难的。她怎么也不会想到，在日本一住就是两年多。

在日本居留这段不寻常的日子，奠定了她一生奋斗的目标即献身革命，而且她还与孙中山先生结为了夫妻。当时，因为姐姐宋霭龄向孙中山先生推荐了自己，宋庆龄便十分认真地担当起中山先生的秘书工作。由于整天跟随孙中山在一起工作，使孙中山与宋庆龄之间有了相当深刻的了解，并且使两个人的同志之间的友情，发展升华为互相爱慕之情。一时间，他们沉浸在热烈的爱情之中。

当时孙中山年近50岁，而宋庆龄刚刚20岁出头。她接任秘书后，不仅在工作上帮助了孙中山，更在精神上支持了孙中山。她的知识和修养，以及对革命的赤诚炽烈之心，如同一支火炬照亮了孙中山一度黯淡的心情，使得孙中山精神焕发，信心倍增，充满了继续革命的雄心，决心抓紧改造国民党，早日推翻袁世凯的反动统治。

★二次革命

1913年7月12日，江西都督李烈钧宣布江西独立，并发表电告讨袁。黄兴亦于南京组织讨袁，江苏、安徽、广东、福建、湖南、上海、四川亦宣布独立。7月底至9月初，袁世凯的北洋军节节胜利，先后攻克南昌、南京，各地宣布取消独立。孙中山、黄兴等被通缉，相继逃亡日本，二次革命宣告失败。

< 胡汉民旧照。二次革命失败后，国民党元老胡汉民随孙中山到日本组织革命党。

几个月之后，也就是1914年7月8日，孙中山创立的新党——中华革命党在日本正式成立。当时，孙中山阐述创立新党的考虑是：二次革命所以失败，“非袁氏兵力之强”，“乃同党人心之涣散”，此次创立中华革命党，是为坚定革命信心，重新集结革命力量。当时由孙中山出任党的总理，陈其美、居正、张静江、胡汉民、张继、廖仲恺等人为总务、党务、军务等各部正副部长。中华革命党的纲领是“以实行民权、民生两主义为宗旨”，“以扫除专制政治，建设完全民国为目的”。在组织原则上，明确规定党员“必须以牺牲一己之身命、自由、权利，而图革命之成功为条件。立约宣誓，永远遵守”，“凡党员有背党行为，除处罚本人外，介绍人应负过失之责”。

为改变国民党“主持党务者，半为官僚所软化”和成分复杂的情况，宣告此次建党办法，务必正本清源：第一，拒斥官僚；第二，淘汰假革命党。孙中山希望能够以此防止第一次革命时形形色色的不同动机、不同面目的人纷纷投机混入党内，结果鱼龙混杂，以伪乱真，异党入据，大权旁落，真正革命党反遭排斥，革命也完全变味的情况。

在这过程中，宋庆龄不顾辛劳，把心思全部放在帮助孙中山的事业和生活上，两人的感情日渐加深。孙中山当时已是有妻室儿女的人了。他的妻子叫卢慕贞，是一个没有什么文化的旧式女人。当初也是在双方父母的包办下，卢氏小小年纪便嫁到了孙家，并为孙中山生儿育女，操持家务。结婚以后，孙中山先是在香港读书，只是学校放假时才回家与妻儿团聚。再后来，由于他奔走革命，长期逃亡海外，回家与妻子团聚的机会就更少了。长时间的分居，加之卢氏性格保守，对孙中山从事的革命事业缺乏理解和支持，致使两个人的感情日渐隔阂。待到二次革命失败后，由于卢氏坚决反对孙中山的流亡生活并独自返回澳门生活，夫妇二人实际上已经正式分居了。

尽管孙中山和宋庆龄想尽可能长时间地保守他们之间的爱情秘密，

> 宋氏三姐妹与母亲在上海合影。

但宋耀如还是很快发现了这个秘密。最早发现两人关系不寻常的是宋霭龄，当她把这事告诉父亲时，宋耀如大为吃惊，经过沉思，他决定暂不声张，私下劝说自己的女儿。

很显然，性格坚定、极有主见的宋庆龄不为父亲的反对所动，认为他的观念过于陈旧，任凭他发脾气大声斥责，就是一言不发。宋庆龄坚持认为爱情是不因年龄、贵贱、贫富、种族的差别而被隔绝的，真正的爱情是心灵的沟通，是摒弃一切利害关系的超凡脱俗的两性间的互相吸引。扼杀真正的爱情，是旧世界最落后最不人道的行为，一个革命者怎么可以走旧社会的老路呢？

宋耀如知道女儿外柔内刚的性子，知道再发脾气也没有用，最后也只有长叹一声另想他法了。

没过多久，也就是1915年的6月，宋耀如出其不意地宣布全家结束流亡生活，要返回上海。宋庆龄知道这是父亲要阻止自己和孙中山的恋情，坚决表示反对，要求继续留在孙中山身边工作。她的理由是孙先生改造国民党的工作非常紧张，正在关键时刻，她已熟悉各种情况，突然离开会影响整个工作进程。但宋耀如表示一切都已安排好了，时间紧迫，也不让她再和孙中山联系，就把她带上船，连夜驶回国内。

回到上海不久，宋耀如便宣布女儿宋庆龄与教会里的一个名门子弟正式订婚了。而宋庆龄坚决反对，大声抗议道："在我们这样的家庭里，还出现包办婚姻，什么打倒封建，什么实现民主，都是假的！还口口声声谈论革命，都是假革命！"

她发誓决不与那位名门子弟成婚。宋耀如虽然觉得女儿说的令人无法反驳，但终究不能接受自己的女儿和自己一直以来并肩作战的朋友成为夫妻这样的事实。为了防止女儿随意出走发生不测，宋耀如把宋庆龄禁闭在楼上她自己的寝室里，由用人看着，不许离开房间，也不许和外界接触。

宋庆龄秘密写信给孙中山，问他是否还需要她，自己是否应该返回日本到他的身边。这封信由她的女佣偷带出房送到了邮局。多亏了这个女佣的同情和勇敢，宋庆龄才得以联系上孙中山。

当时孙中山得知宋庆龄全家离开日本回到了上海，就已意识到事情的严重性。此时他和宋庆龄相恋的事已到了半公开的程度，党内外同志和朋友的反对意见不少。对此孙中山毫不在意，他坦率地发表自己的看法："我孙中山不是神而是人！我是革命者，我不能受社会习惯所支配！"

宋庆龄的离去让他这些天来陷入痛苦和深思，回忆她在身边的日子，给了自己多少支持和欢乐，分担了自己多少忧虑和烦恼。他托付给她的不但有日常事务，还有他的秘密通信，有宋庆龄在身边，工作一点也不觉得累，再大的风险和困难也不放在眼里。

这些天的分离反而让孙中山下了和宋庆龄结婚的决心。于是他在接到宋庆龄从上海的来信后，欣喜之下立即回信叫庆龄前来日本，说迫切需要她。同时也立即准备和原配夫人卢慕贞离婚之事。

这边宋庆龄得到孙中山的回信后把实情告诉了自己的父亲，宋耀如十分生气，他坚定地拒绝了女儿的请求，命令她立刻回自己的房间去。庆龄也不示弱，警告父亲她要出去。宋耀如采取了严格的防范措施，把女儿锁在房间里。当天晚上，宋庆龄给父母留下预先写好的长纸条，由女佣替她看守着楼梯，她爬出窗户，从阳台顺着绳子下了二楼，翻墙逃走了。当天夜里，宋庆龄便登船前往日本的神户。

在日本的孙中山已为结婚做了各种必要的准备，他派自己的贴身秘书朱卓文到澳门，和原配夫人卢慕贞商谈解除婚约之事。卢氏本来就对孙中山总是亡命天涯的生活不能理解，宁愿自己留居澳门，这时也同意孙中山找一个比自己更适合一起生活的伴侣，但起初她只是想让孙中山找一个侧室，两人不必离婚。但孙中山作为具有现代观念的革命者，坚决反对纳妾这样的落后习俗，当然也不愿意这样安排自己和宋庆龄的关系。

当朱卓文把卢慕贞带到日本见孙中山后，经过孙中山的劝解，卢慕贞也就同意了离婚，双方签署了一份由日本著名律师和田瑞草拟的文件。为了照顾卢氏当时的社会影响，在文件中采用了分居的说法，而实际上这是一个离婚的变通办法。分居后，卢氏仍回澳门独居，其子孙科等人依旧对她奉养如前。

∧ 1914年11月，孙中山与日本友人梅屋庄吉夫妇合影。

∨ 孙中山与宋庆龄的结合给血雨腥风中的革命带来了希望。

10月24日，宋庆龄到达日本，下午到达东京火车站。孙中山亲自到车站接了她。第二天上午，孙中山便携她来到牛达区袋町5番地日本著名律师和田瑞家中，两人签订了《婚姻誓约书》。一切手续完毕，和田瑞在家中设宴招待，以示庆祝。

当天下午，孙中山携宋庆龄乘车来到大久保百人町350番地的梅屋庄吉家，举行茶点宴会作为公开的结婚典礼。一切都由梅屋夫妇安排和布置。结婚典礼在梅屋家的二楼大厅举行。在正面大厅的壁龛前面，是金凤屏风，辉煌耀眼。左右两边是中国制造的红木高低架，架子上的青瓷大花瓶里插着盛开的菊花。菊花在日本象征着吉祥如意，而在中国象征着白头偕老。一切都显得隆重大方。

当时，宋庆龄戴着大花边帽，穿一件粉红和淡绿花图案的裙子，衬裙透出白色，手里捧着一束百合花，显得十分俏丽动人。孙中山则一身笔挺西装，神采奕奕，仪表堂堂。

客人有五六十人，其中有犬养毅、宫崎寅藏、萱野长知、头山满、内田良平、古岛一雄、小川平吉、杉山茂丸、寺尾亨等许多日本政界的人士，他们都是同情和支持中国革命的人士。还有孙中山的一些同志和朋友，包括当时在日本的廖仲恺夫妇等。他们向新婚夫妇表示了祝贺。然后在一阵赞美诗的音乐声中，梅屋夫妇充当主婚人，让新郎和新娘喝交杯酒。犬养毅唱《祝福歌》。这之后，头山满站在中间，孙中山和梅屋、宋庆龄和梅屋夫人分别喝了结为义兄弟和义姐妹的交杯酒，宣布酒宴开始，婚礼进入了高潮。

结婚后不久，宋庆龄在写给威斯理安学院的一位同学的信中说："婚礼是最简单不过的，因为我们俩都讨厌铺张的仪式和诸如此类的东西。我很愉快，尽量帮助我丈夫处理英文来信。我的法文大有长进，现在我能够阅读法文报纸，并能轻易地边看边翻译出来。你瞧，结婚对我来说好像是上学，只是没有'考试'来打扰我罢了。"

再说宋耀如发现女儿失踪以后，立即想到她是私奔去找孙中山了，后来果然得知她已乘一艘日本轮船渡海了。他又气又急，当即订购了太平洋邮船公司的一张船票直追日本。抵达神户后他乘上一辆火车便直奔横滨。但是太晚了，待宋耀如赶到时，婚礼已经举行完毕。

他怒气冲冲地来到新郎新娘面前，指责孙中山背叛了他们的友谊，所做的事愚蠢至极，当着众人的面把孙中山的结婚称为"抢走了我的女儿"。激愤之中，宋耀如还提醒孙中山不要忘记他们共同奋斗了二十多

∧ 孙中山与宋庆龄在患难中孕育出惊世的爱情，志同道合又让他们成为革命伴侣。

年，现在胜利指日可待，他最好的朋友怎么能够因为失去理智而破坏彼此的信任呢？

当场孙中山镇定自若，他一句话也没讲，只是拿《结婚誓约书》给自己的老朋友看。宋耀如不肯看，他感到很痛苦。他认为孙中山这一次做得太过分了，并发誓再也不同孙中山或他领导的革命行动发生任何关系，同孙中山及其同盟会断绝一切关系。宋耀如还脸色铁青，威胁女儿说要和她脱离父女关系。说完，他拂袖而去，当天就搭乘下一班轮船返回了上海。

木已成舟，任凭宋耀如夫妇怎样生气，一切都无可挽回。后来，每当提到女儿宋庆龄的时候，宋家老两口只是说她“正式同孙博士结合”，然后便缄默不语了。几个月后，宋耀如对自己的老朋友、传教士步惠廉发泄了他心中的苦闷：“比尔，我一生中从来没有这么伤心过，是我自己的女儿和我最好的朋友害的。”

尽管当时宋耀如对亲生女儿和多年好友的“背叛行为”十分气愤，没过多久他还是原谅了他们。为了不让社会上的流言蜚语伤害自己的女儿，宋耀如和倪桂珍不仅为宋庆龄补办了一份丰厚的嫁妆，包括一套古朴典雅的家具和一床百子图缎绣被面，让人专门送到日本，而且还一如既往地在政治上和经济上支持孙中山领导的革命事业。

显然，在当时宋耀如还未必能意识到，宋庆龄与孙中山的结合，已经为宋氏家族的未来前程，揭开了崭新的一页。

说实话，当时宋庆龄和孙中山的婚姻不光父母反对，就连大姐霭龄和在美国的宋子文、在家的子安子良等几个弟弟也都表示不能理解，唯有在美国留学的宋美龄表现出了同情和理解。现在回国后，虽然宋庆龄和家里的关系还未恢复如初，但宋美龄已从各个方面感觉到了孙宋联姻给家里带来的新机遇。

当时袁世凯帝制已被推翻，孙中山也已从日本回国，正在广州组织新的革命政府。而从全国来看，他“革命第一人”的威望仍无人可及。孙宋两人的结合虽然开始时不为多数人接受，时间一长，大家也就慢慢平静下来。这惊世骇俗的婚姻给孙中山本人和宋家的声誉所造成的影响迅速淡化了，宋庆龄作为革命领袖的忠实伴侣的形象已渐渐深入人心，尤其是在同情革命的年轻人中间，更是有很多人衷心支持他们的婚姻，为他们打破了传统的束缚而欢呼。

宋美龄虽然刚从美国回来，对国内最新的形势并不很了解，但正因为在国外可以不受传统观念的束缚，在一个相对客观的位置上对二姐的婚姻及其对家族的影响也就看得比父母更清楚些。现在家里和宋庆龄孙中山的关系缓和下来，她也暗暗高兴，并且立即和在广州的二姐联系上了。

宋庆龄知道妹妹从美国回来，也十分开心。还在宋美龄回来之前，宋庆龄就曾写信谈起小妹回国的事，她当时高兴地写道："试想，小美龄今年6月就要毕业，7月就要回国了。时间过得真快呀！她是个讨人喜欢的小姑娘，她的大学生活过得多么惬意！"

领导上海滩的新潮生活

虽然回国后未能一下子适应上海的生活，但宋美龄还是积极地和周围的人接触，她善于交际的特长很快发挥了出来。刚开始时，由于她的举止和行事作风不符合中国传统的淑女形象，曾受到不少人的指责，但由于上海本身也在迅速地西方化，过了一阵子后，宋美龄的美式作风在一些社交场合反而被当作时髦，在圈子里流传开来。当然，这在很大程度上得益于她大胆自信的性格。

大姐宋霭龄1908年回国，至今已有八年，海外归来的女大学生虽然还是很少，但已渐为人接受，几个留学的姑娘还自己组织了一个俱乐部。然而宋美龄的举止和衣着打扮比起她们来更是西化得多，毕竟，没有人像她那样几乎是在美国成长起来的。

刚20岁的宋美龄精力极其旺盛，并且积极参与社会活动。她是一个体态纤细、性格活泼的姑娘。她那充满活力的个性与当时青年女子的行为规范大相径庭，初回国时，宋美龄感受到中西文化的冲击，显然比当年初到美国时的冲击要来得激烈。因为，当年到美国时，美龄还是一个10岁的小女孩，尚未形成自己的世界观和生活理念，在美国求学十年时间，宋美龄几乎已被塑造成一个美国人，价值观念上，她已经彻头彻尾地以美国人的心态出现在公众面前。别具一格的着装让人看起来根本就像一个黄皮肤的美国女子。

起初，宋美龄无论在家里或出门，都是身着洋装，直到中式服装的陌生和别扭感逐渐消失，她才有所改变。后来，她虽然也穿起了中式服装，但就像当年在美国求学时保留东方特点一样，总爱保留某些西方的格调。例如，冬季她常戴一顶有檐的帽子，上装也总是在腰部弄得很合体，而当时国内的青年女子一般都是穿较为宽大的筒式上衣。她还经常满不在乎地身着一身剪裁时髦的女式骑装，头戴一顶别具一格的宽檐女帽。据说，此后许多国内上等人家的妇女骑马时都穿上了马裤，这恰是宋美龄首开先河的。

宋美龄总是身着洋装出入各种社交场合，立刻成为众亲友侧目的聚光点。亲友的非议，一度困扰着宋家人。因为在那个刚由大清帝国改朝换代到民国的过渡时期，在许多女孩子还是扎辫子、裹小脚、穿旗袍的时代，宋美龄的穿着打扮引起这样和那样的批评非议，是不足为奇的。

> 宋美龄的身上既有西方女性时尚的风情，更具中国传统女性特有的神韵。

< 宋美龄怎么也没想到，这个日后叱咤政坛的风云人物竟然走进了自己的生活中。

尽管身边有不少非议和批评，可是这没有让宋美龄马上入乡随俗，改变观念，就像年幼的时候在家里，少年的时候在美国一样，她依然是我行我素。

宋美龄回国后似乎有无限的精力。她积极地投入到各种社交活动中，同时也热心于一些公共与社会服务的工作。但她投身于社会活动的方式，却引起仍处在传统社会观念中的人们的非议。这些人认为她的举止似乎过于不拘小节，不像中国传统的妇人，经常让人觉得无法适应。面对非议，除了家人以外，宋美龄对任何人的看法都不介意。她做她想要做的事，穿她高兴穿的衣服，爱戴有檐的帽子。她是上海第一个穿着合适的短外衣和剪裁讲究的便裤的中国妇女。

刚开始的时候，宋耀如对于小女儿几乎成了只有东方肤色和脸型的美国人也是颇多感慨，担心她一直这样下去，以至于最终要求重返美国。他决心帮助女儿改变一下。比如宋美龄刚回国时总是以挑剔的眼光指责中国的种种落后、同胞的种种愚昧。“噢，在美国可不是这样的”，她经常重复这句口头禅。另外对于她霞飞路的房子她也看不惯，认为这房子太小，不太适于节日聚会，奇怪她的父亲为什么没有买一栋比较气派的大房子。

宋耀如终于抓住机会，开始劝说女儿：“留美回来的人都像你这样完全以美国人的口气来指责自己的祖国和同胞，那以后中国的父母亲谁还愿意送自己的子女出去留学？不管思想和社会习惯上有多少差距，每个人都首先要爱自己的祖国和同胞，落后的地方当然要改，但并不是所有的差异都成为她指责的理由。”

面对父亲的教导，宋美龄发誓：“我并不是不爱自己的国家，只是在生活习惯上总应该坚持一些自己的喜好啊。”

宋耀如听女儿这样严肃的发誓，也就不好再说什么了。宋美龄仍然坚持着一些自己的生活习惯，甚至是一些怪癖。

宋美龄一直有洁癖，在这一点上毫不松懈。如果家里的用人做得不好，平时待人比较礼貌斯文的她会不留情面地加以训斥。有一天，她在街上遇到了以前小时候的同学，相伴而行，快到家的时候，宋美龄邀请这位英国女孩子到她家去喝茶。进门后，宋美龄摇铃叫来仆人吩咐准备待客。等仆人走后，宋美龄随意四处望了一下，突然皱起眉头，不高兴地说道："都是灰尘！"然后转身向她的这位英国朋友解释："这些仆人就是不晓得怎样保持房间的清洁。"

随后，她又唤来了一位女仆人，指着一张桌子，要她擦干净，这名女仆人见小姐在客人面前生气，十分紧张地拿着抹布使劲擦着。宋美龄看她还是擦不干净，再也忍不住了，一把将抹布拿了过来："不是这样子！这里……要像这样子！"

然后她就起劲擦着，所有她看得到灰尘的地方，她都不放过。她一面擦着一面回头和她的客人说道："这些人除非你教他们，否则他们什么都不懂！""我想大多数人会认为我竟自己来做这些事情，实在是很没面子，但是我顾不了这些了！"

帮助家里擦拭灰尘，只是小事一桩，对于中国普通家庭的孩子来说，干这点事情是普通的事儿；可是一个富有家庭的娇小姐能做这样的粗活，也的确不容易。这也许跟宋美龄在美国受到的务实教育有关系，但从这一件小事上，更反映出宋美龄鲜明的个性和终此一生的洁癖。

宋美龄的洁癖让她对所看见的脏乱东西无法忍受。回国后她一直想着有机会一定要先改进国人不卫生的生活习惯，并终于在成为"第一夫人"以后搞起了影响颇大的新生活运动。

后来许多到过中国访问、看过在医院和学校中工作的宋美龄的外籍人士都曾留下类似的印象。几十年过去了，宋美龄对于干净与威严的要求仍无丝毫减弱。

当时由于宋美龄的活跃和知名，上海的许多学校纷纷邀请她去任教，他们想从这位美国大学毕业生的身上学些东西。可是宋美龄没有到任何一个上海学校去任职，主要是因为她父母的反对。他们认为宋美龄的中文不够好，应补习自己的中文课程，这一点才是更重要的。

应该说，大学毕业回国后宋美龄想做的事情很多，最终决定做的第一件事，也是父母的希望，就是找一位中文教师，开始重新学习书面汉语。在上海的高级社交场所虽然通行英语，毕竟回到祖国，良好的中文水平还是必不可少的。去复习已经几乎完全生疏的中文，对宋美龄来讲无疑是一件艰苦的事情。由于她已经离国十年之久，中文要不再加强训练，她根本不能写一篇完整的中文文章。尽管她的上海方言一直讲得很好，可是听说和理解当时正逐渐成为国语的北方官话的能力却很差，而这对于想做一些社会性工作的她是不能接受的。同时，她还需要提高自己书面汉语的写作能力。

宋美龄的汉语老师是位老学究。几乎像孩提时代在学校里念书一样，她还是那样的与众不同。在绝大多数的归国留学生都对中国文学不屑一顾的情况下，美龄却是坚持每天都跟她的老师学习。她决心要掌握流利的国语，精通中国古典文学。她要通过学习记住更多的中文词汇，学会读和写。就这样，她跟随私塾先生每天学习，坚持了好多年。她的学习态度极为认真，甚至连老师吟诵古文时摇头晃脑的样子也乐于模仿。

功夫不负有心人，在后来成为“第一夫人”，特别是抗战时期，她的很大一部分工作就是需要抛头露面对公众发表演说。她那一口流利的汉语和文字优美简洁的文稿，使人称道。再也没有人说她“彻底洋化了”，“连中国话也不会说”。

回国以后，宋美龄的日子过得充实而又紧凑。除了积极学习与补课之外，主要参与某些社会工作，她加入了上海的基督教女青年会，帮助爸爸做一些青年会的教务工作，还在公共租界做过义工。她的工作性质即在教导中国青年，特别是女青年，养成具有现代性的生活习惯。她也从事一些社会服务性的工作。同时她还是当时刚建立的全国电影审查委员会的成员，并且是发言最积极也最直言不讳的一个。

由于她出色的演讲能力和宗教背景，上海市议会还破例邀请她加入童工问题委员会。这使她不仅成为该委员会的第一个妇女委员，而且也是其中的第一个中国人。这是可怕而又令人震惊的工作。当时上海的童工数目惊人，中外资本家正用疯狂的剥削进行着原始积累。工厂的童工营养不良，眼神呆滞，紧张的劳动使他们体力不支，经常有人在繁重的体力劳动中昏倒在地。

这种景象使刚接触中国下层社会的宋美龄感到愤怒，这个委员会的经历对她往后的生涯有莫大的影响。对于这位纯粹是学校里培养出来的大学生来说，这无疑是一种启蒙教育。在此之前，她的世界是在学院，此后，她才踏入了真实的世界。

和宋美龄事先预料的一样，父亲正在给自己物色对象。在她回国后的半年内，宋耀如已经考虑过不少人选，但他知道女儿的眼光极高，他自己也觉得不能降低标准，左挑右选，总算挑了一个卫理公会的周姓年轻人。小伙子一表人才，对宗教事务很热心。

可是宋美龄一心想要做更大的事业，怎么会安心做一个神职人员的夫人？最后，宋美龄只好说：“那我就先和他见一面，看是否谈得来。”宋耀如答应了。

于是过了几天宋美龄勉强去见了一面，聊了些宗教信仰的问题，就算完成任务了。

∧ 从辛亥革命开始一直在山西掌权达38年之久的阎锡山，奉行“骑墙”哲学。随着形势和利害关系的变化，阎锡山的立场也在随时发生着改变，这是阎锡山与孙中山的合影。

回来后，宋耀如急着要她表态，宋美龄说："这次谈得不多，还要再了解后才能定下来。"

以后每逢父亲催促，宋美龄总是说事情不急，等自己熟悉了国内的环境后再说。当然，她也不愿马上告诉父亲自己在美国还有一位在读博士的留学生男朋友，心想还是等刘纪文学成回国再说吧。

其实回国后的一段时间里，她和刘纪文的联系也并不多，对比两个姐夫，她越来越觉得刘纪文离自己理想丈夫的标准相差甚远。二姐夫孙中山先生不用说了，大姐夫孔祥熙也算是一个人物，宋美龄虽然接触不多，但很快就觉察到他和众多政界人物非同寻常的关系，绝不简单的是一个山西商人的角色。当时的孔祥熙在山西极有影响力，和阎锡山的关系密切。他本人身兼地方名流、教育家和商人等众多角色，在山西可以呼风唤雨，而和孙中山的关系，又使他的影响力不限于山西一地。

宋美龄当时用她自己的话说是"极度地热心与爱国，渴望能够替国家做些事情"。她并不很热心于父亲的宗教事务和商业活动，只对社会活动感兴趣。她希望自己的丈夫能是这方面的强者。刘纪文当时还在美国留学，虽然经过长时间的交往，宋美龄知道他并不具备政治人物那种霸气和雄心，性格柔弱，缺乏出众的胆略。但当时周围也没有理想的人物，心想还是等刘纪文回国后看他的发展吧。

宋耀如除对美龄的婚事表示关心外，对她回国后的政治思想变化，也是非常关心的。他总是希望自己的子女都能成为中国民主革命事业的支持者。宋美龄也经常在父亲面前直言不讳地发表对中国政局的看法，提出她的政治见解。使宋耀如感到震惊的是，自己年轻的女儿主张在中国实行强权政治。宋美龄认为，当前民心涣散，各行其是，必须有铁腕人物出来实行强权政治！要有强大的政党，党员必须绝对服从领袖；要有强大的军队，纪律严明，所向披靡；还要有强大的财政金融……这同宋耀如的民主理想大不相同，他还以为宋美龄在美国这么多年，会是一个理想主义的民主派。

当然，在当时中国的现实背景下，连孙中山也认识到以前失败的原因在于没有掌握自己的军队，以至于对封建守旧的军阀无可奈何，从而走上了抓国民党重组和军队重建的道路。宋耀如自己也感叹千辛万苦推翻了清廷帝制，结果国家还是一团糟，所以觉得女儿的看法也并非幼稚，有时候甚至会觉得这个天资聪颖的小女儿是比男子汉还要有胆有识的杰出女性，将来或许会有一番大的成就。

当时大姐霭龄和丈夫在北方安家，经常来往于山西和天津两地。二姐庆龄在广州陪孙中山先生忙着建立广东革命政府的事，哥哥子文在汉冶萍公司任职，两个弟弟子良和子安都到美国留学去了，家里也就美龄陪着父母。宋美龄一直想有个机会见见广州的二姐，可是宋庆龄当时和父亲的关系还没有完全和解，加上一直很忙，也就没来上海。

不过机会很快来到了。这年年底，宋耀如的大恩人卡尔将军的夫人南希太太去世了。卡

∧ 孔祥熙不仅是一个出色的商人，而且在政坛也左右逢源，宋美龄希望自己未来的丈夫亦是这样一位强者。

尔悲伤不已。于是宋耀如建议卡尔做一次环球海上旅行，并在上海小作逗留。卡尔最初并不答应，后经过再三考虑，还是接受了宋耀如的建议。

卡尔乘船抵达上海时，宋耀如亲自带着宋美龄到码头迎接，并将他径直接到霞飞路的家里，将妻子倪桂珍等家人介绍给卡尔。卡尔将军当时已是70多岁的老人了，看到50多岁的宋耀如戴着灰色软呢帽，胖得连他那件蓝哔叽上衣的扣子都扣不上了，也不禁感叹时光易逝，自己当初资助并看好的少年也都成了老人了。看到风姿绰约、充满活力的宋美龄，卡尔则很高兴宋耀如有一个好女儿，子女也都成才了。

★广东革命政府

1917年9月1日，国会非常会议第四次会议举行大元帅选举会，孙中山以84票当选为大元帅。2日为元帅选举会，唐继尧、陆荣廷二人当选。会议将选举结果立即电告唐、陆。余一名元帅预定为程璧光，但程表示不愿居此名义。同日下午，众议院议长吴景濂及国会议员数十人，乘舰至黄埔，举行大元帅授印仪式。10日，孙中山在广州就任海陆军大元帅后，正式另行组织广东革命政府与北京政府对抗。

∧ 孙中山在上海法租界莫里哀路的住宅。

对于宋耀如能有今天的成就，卡尔也是颇感欣慰。除了宋耀如，宋美龄也一直陪着卡尔，她待人接物的能力深得卡尔的好评，认为宋耀如的这个女儿将来也必有成就，开玩笑地对他说："美龄将来可是中国的外交家。"

一般从海外回来的中国人，往往不再与外国人接触，但是宋美龄则不同，她回国后仍然与美国人保持往来。她的英语水平一点也没有退步，和美国人打交道的能力依然出众。

在后来的一些日子，宋耀如安排卡尔会见了在上海的老朋友步惠廉牧师，带他参观自己早年华美书馆的陈旧设备和商务印书馆的新建大楼。

因为卡尔将军当年在宋耀如到美国为孙中山的革命组织"同盟会"筹款时，曾慷慨提供了200万美元的经费，支持过中国革命，所以他到上海后，革命党人也热情地接待了他。孙中山正好也到了上海，就在法租界莫里哀路的住宅接见了卡尔将军，宋庆龄也一起见了面。孙中山亲自主持两次宴会招待卡尔将军，并发表了感谢卡尔将军支持中国革命的讲话，孙中山亲自指示他人为卡尔设计了一个精致的大瓷瓶，并由上海最优秀的工匠手工制成，作为中国政府的正式礼物赠送给卡尔。虽然孙中山当时不是全国政权的领导人，他的广东革命政府★也并不稳定，但中国革命党人对卡尔当年帮助的感激之情，却是非常诚挚的。事后卡尔将军回忆说："他们待我像对待皇室成员——像对待一个皇帝。"卡尔在写给家里人的信中，还说他在上海受到的款待，就像当年华盛顿为了感谢拉斐德在美国独立战争期间所做的贡献而给予他的款待。

当时的卡尔将军是宋耀如和孙中山二人共同的贵宾。孙中山亲自主持招待卡尔的两次宴会，宋耀如也都出席作陪。所有这些活动，宋美龄都陪同贵宾参加，不光和姐姐姐夫会了面，从中又认识了不少革命党人。

虽然宋庆龄和父亲的关系还不融洽，也没有专门回家，但她和宋美龄还是谈得很开心。宋美龄也乘机了解了宋庆龄在孙中山身边生活和工作的情况。以前在威斯理安的时候，宋美龄还不太懂政治形势，现在和二姐难得见面，谈得最起劲的就是国家形势。宋庆龄也明显感到小妹长大了，不再是以前淘气可爱的小姑娘了。问起她对自己婚姻的想法，宋美龄却笑而不语，只说现在还不想考虑。

让宋美龄想不到的是，就在卡尔将军归国后几个月，父亲宋耀如就突然被医生告知得了癌症，这一消息对全家来讲无疑是一大噩耗。

宋耀如患的是胃癌，在年初被美国人开办的胜德医院检查出来，当时知情的只有宋美龄和母亲倪桂珍。到了1918年4月，宋耀如的胃痛日益加剧，进食越来越少，常常是吃进去又吐出来，每天只能靠输液保证营养，维持着生命。

眼看着父亲快不行了，伤心欲绝的宋美龄只好和母亲商量，把在外面的兄弟姐妹都召回来。经过母亲的同意，她向各地发出了父亲病危的通知书，立即召回在大洋彼岸求学的两个弟弟子良子安，以及在汉冶萍公司任职锻炼的哥哥子文、在山西的大姐和在广州的二姐。

父亲的病危震惊了所有的子女，先是大姐霭龄偕同孔祥熙带着出生不久的女儿孔令仪赶来了，接着是宋子文，宋庆龄也不顾一切地从广州赶来了。孙中山本来也要来上海，但因护法运动失败，情绪受到打击，自己也病倒在床，只好让宋庆龄一个人过来。遗憾的是在美国的宋子良和宋子安兄弟俩接到父亲病危的消息后立即启程回国，却途遇海风，在路上耽搁了数日，没能赶上给父亲送别。

宋庆龄是5月1日赶到的，病榻上的宋耀如终于心软，也不再生女儿的气了。就在两天后，5月3日凌晨，52岁的宋耀如经抢救无效，与世长辞，走完了他历经坎坷、奋斗不息的一生。临终前，他还关心着美龄的婚事，要倪桂珍和宋霭龄为她的成家多操心。

∧ 孙中山旧照。宋耀如的去世，让孙中山失去了一位亲密的战友。

宋耀如的葬礼分两步举行，先是家庭内小范围的葬礼，然后才是社会公开的葬礼。他的逝世，在上海和全国引起震惊和痛惜。5月6日晨，遗体被抬进上海万国公墓入葬，上海各界敬送花圈花篮和挽联。在牧师的主持下，有上万人前往参加遗体告别仪式。葬礼隆重庄严，超过公墓中安葬的任何一位逝者。

宋家的大家长走了，对家族是一个重大的打击，对宋耀如的妻子倪桂珍而言，更是晴天霹雳。作为唯一在母亲身边生活的孩子宋美龄来说，只能强掩自身的悲痛，陪伴在旁劝慰母亲节哀顺变。宋耀如一生留下的是一个被称之为“宋家王朝”的近现代中国最有影响力的家族和一个与勇敢、改革同义的名声。宋耀如对孙中山的革命斗争给予巨大的支持，因此革命党人把他看作亲密的战友，他的逝世是孙中山革命事业的一大损失。

如果宋耀如当初没有结识孙中山，而是沿着传教士和实业家的道路一直走下去，他或许早就成为一个腰缠万贯的巨富或有影响力的教会人士，却不一定能成为一个积极从事民主建国的革命者。正是由于宋耀如在特定的历史时期和特殊的环境下结识了孙中山，才改变了他后半生的人生轨迹，从而成为一个革命者和一个曾对中国近代史产生不小影响的杰出人物，为自己本就富有传奇色彩的人生添上了不平凡的一笔，也为宋氏家族的辉煌提供了一个至关重要的先决条件。

孙中山对这位亲密的战友兼宋庆龄的父亲进行了高度评价：“宋先生一生高风亮节、和平敦厚，蔼然使人如坐春风。”

有人这样说过：“在中西价值冲突、是非复杂的19世纪中叶与20世纪初叶，宋耀如先生可以说是最少争议性的人物，也是最普遍受敬仰的人物，颂扬他的文字何止千百言。但他名扬天下，谤则未随之，这不能不说是20世纪中国伟人中极少数的例外之一。”

凭着自己的辛勤奋斗和革命理想，宋耀如把宋家提升到中国社会财富和声望的顶层，如今他走了，难免对宋家家业的进一步发展，造成某种程度的顿挫，但是，宋家的四兄妹都已经学有所成，宋家在教育上的巨大投资也到了产生回报的时候了，宋耀如的故去，反而更激励了兄妹们向上奋进的决心。尤其是已学成的四兄妹中唯一未婚、在家陪伴母亲的宋美龄，更是感到了自己对家族的责任，决心要做出一番事业来，以慰父亲的在天之灵。

∧ 宋美龄与宋庆龄在父亲病重期间于上海家中。

历史备忘录

HISTORY MEMORANDUM

V 时任民国大总统的袁世凯。

234

1

国民公党成立

1912年3月，中国共和研究会在上海改称国民公党。该党的宗旨是“以组织健全政党，巩固民国基础，增进国利民福为目的”。其政纲要点是：实行平民政治；尊重法律，保护人权；提倡国民外交。该党成立时推举岑春煊、伍廷芳、程德全为名誉总理，王人文为总理，温宗尧为协理。本部设上海。1912年8月25日与同盟会等五个政党合并成立国民党。

黄兴组织暗杀袁世凯

1913年5月，与汪精卫一起谋刺摄政王的革命党人黄复生、参议员谢持、宋教仁秘书周予觉，携炸药和黄兴给的3000元由沪赴京，企图暗杀袁世凯。但周予觉叛变，由他的妹妹周予儆出面，谎称黄兴组织“血光团”，令其携款40000元赴京实行暗杀。5月17日，谢持在北京被捕。31日，北京检察厅认定黄兴犯有组织谋炸要人罪，交由租界会审公堂审理。

《民国》杂志在东京创刊

1914年5月10日，在孙中山支持下，《民国》杂志创刊于日本东京。胡汉民任总编辑，居正为发行人。参加编撰工作的有朱执信、邵元冲、田桐、周瘦鹃、苏曼殊、戴季陶、廖仲恺、汪精卫等，所写文章皆用笔名。《民国》杂志社不仅是革命党人的舆论机关，也是革命党人的活动中心，孙中山经常在这里召开会议，商讨党内重大问题。

中华革命军发布讨袁书

1914年10月，中华革命军为讨袁发布告全国同胞书说：袁氏窃柄，以诈取，以术驭，以杀止乱，以力防民，以权利饵政客，以牢笼待将士，以资格取官僚，以命令代法律，以谄媚策外交，万机出自亲裁，庶政不由舆论。愿我同胞，烛彼奸谋，声罪致讨，共树白日旌旗，扫除独夫凶焰，行者充役，居者助粮，重建共和，共襄义举。

影像大扫描

IMAGE SCANNING

05

蒋介石漫长求婚

“余今无意政治活动，惟念生平倾慕之人，厥唯女士。前在粤时，曾使人向令兄姊处示意，均未得要领，当时或因政治关系。顾余今退而为山野之人矣，举世所弃，万念灰绝，曩日之百对战疆，叱咤自喜，迄今思之，所谓功业宛如幻梦。独对女士才华容德，恋恋终不能忘，但不知此举世所弃之下野武人，女士视之，谓如何耳？”一位英雄向自己投下了倾慕之情，宋美龄在那一刻心动了。

孙中山广州提亲

父亲过世后，在上海就剩下宋美龄一人和母亲住在霞飞路的家中。倪桂珍把家里的一切事情都交付给宋美龄，自己把所有的时间和精力都放到了宗教上。大姐宋霭龄和孔祥熙夫妇俩回到了北方，他们主要居住在当时北方的商业都市天津，哥哥宋子文不久后就到广州，和二姐宋庆龄一起帮助孙中山为革命事业效力。居丧期间，宋美龄成天闭门不出，在家里和老母日夜相伴，同时，也更抓紧时间进行学习。

父亲的逝世，给她带来的是巨大的悲痛，在她的婚姻问题上，却给她带来了自由。她曾对二姐说过，自己非英雄不嫁，决不将就。

当时的上海，对像宋家这样富有的中国家庭而言，是个非常舒服的地方。他们在这个西式的、奢华的都市中，可以尽情地享受中国式的现代化舒适生活。当第一次世界大战接近尾声时，这个新兴东方大都市的商业更是空前的繁荣。富豪之家都是以车代步，豪华舞会如流水宴席终年不断，有钱人拼命在享乐上挖空心思，互竞高下。富人家的生日宴一连就是好几天吃不完的美酒佳肴、山珍海味，请著名的外国剧团到家里来表演更是常有的事。

不过，在外国朋友的质与量上，宋家仍然是个中的翘楚，宋美龄与美国的联系更是不曾间断。除了参加一些公益活动，宋美龄就把剩余的精力，用在社交活动上。她并不甘于像一般的阔小姐那样整天只是休闲娱乐，在社交活动中，始终注意保持和各界精英人物的联系和交往，学习各种新的知识，锻炼自己领导和驾驭局面的能力。

在当年的上海，除了少数资本家家庭的青年之外，其他家庭的青年几乎是没有机会赴美留学的，因而像宋美龄这样的留美青年，便成为上流社会特别是当地的西方人最喜欢交往的社会精英。只要是外国人举办的聚会，都绝对不会把像宋美龄这样的人疏漏。久而久之宋美龄便成为上海上层社会以及外国人社交聚会的常客。在这些社交活动之外，宋美龄平时最喜欢的就是看电影，在当时的上海可以看到最新的外国电影。

宋家是一个富有的家庭，又有一个舒适愉快的环境。当年和宋耀如交往的亲朋好友也都像宋家一样，拥有汽车和财富，他们经常聚会。当他们为某一位家庭成员庆祝生日时，总要举行为期几天的盛大宴会，遍邀各方朋友。凡有这种场面出现，宋美龄必会出席，并常常担任重要角色甚至是活动的中心人物。

∧ 20世纪20年代的蒋介石。

这些社交场合在众人看来是宋美龄寻找自己“白马王子”的重要机会，但是拥有强烈的政治抱负的宋美龄在这些纨绔子弟中总是很难觅得理想的人选。在这种场合，有来自各方的玩家，以及上流阶层的有钱人，他们见到像宋美龄这样风姿绰约、出身高贵而又是如此高雅的女士，难免会兴起追求的念头。可是在宋美龄看来，他们比起刘纪文都差得远，更不用说是自己理想中的英雄人物了。由于宋美龄对这些人都看不上眼，所以，许多纨绔子弟，难免也要在宋美龄面前碰上许多软钉子。她长得漂亮，有教养，有钱购置精美的服装，这就使她成为社交聚会中的焦点。在各种各样的聚会中，宋美龄结识了不少风流倜傥或老成持重的世家子弟、巨商富贾之流，这些人频频向她发动攻势，公开求婚，但她总是坦率地拒绝，有时候干脆表示不准备结婚。

在婚事上，宋美龄不打算成为上海上流社会的一名阔太太，也不愿做一个默默无闻的贤妻良母，而是很想成为一个叱咤风云的人物。在她后来写的《我的宗教观》一文中谈到过为什么最终会选择和蒋介石结婚，她说：“我极度的热心与爱国，也就是渴望替国家做些事情。我的机会很好，我与丈夫合作，就不难对国家有所贡献了。我虽有这样的抱负，但只赖自我，我实在还缺乏一种精神上的定力。”

在那个时代的中国，一个女子，就是有天大的本领，如果不借助她丈夫的力量，也是难以施展才干的，宋美龄迟迟不婚，正是在积极物色能给予她以“精神上的定力”的那种男人。宋美龄希望出现一个铁腕人物来统一四分五裂的中国，当然也希望借助这个铁腕人物的权势和力量来施展她的才干，实现她自己的政治抱负。

> 身着大元帅服的孙中山在广州。

确实，当时在上海以外的中国大地，军阀混战，一片混乱，孙中山在广东的革命政府也不稳定，根本无力完成统一四分五裂的中国这样的目标。但出于对跟随孙中山的二姐和哥哥命运和前途的关心，她也时刻关注着广东的形势。

1923年8月，宋美龄收到了孙中山夫妇邀请她到广州住一阵的电报，十分高兴，她早就想到广州去看看了。于是在征得母亲的同意后，启程前往广州。当时到广州的路并不好走，勇于尝试的宋美龄不顾母亲的反对选择了坐飞机前往。

飞机到达广州时，天上下了一场小雨，孙中山特意亲自到机场迎接，而姐姐宋庆龄则没有来，让她感到有些奇怪。

孙中山把宋美龄安排在自己的大元帅府住下，随后夫妇俩一起设宴招待了她。席间，虽然姐姐姐夫都是谈笑风生，但聪敏的宋美龄还是感觉到他们似乎有什么重要而为难的事情要跟她说。于是她干脆直接发问："姐夫和姐姐都很忙，不能总陪着我，有什么事就先交代给我吧。我可以自己一个人在广州慢慢玩。"

宋庆龄不语，向孙中山看了一眼。孙中山只好一笑，说："小妹啊，是这么回事。你的年龄也不小了，你的事情我们也在为你操心，尤其是你父亲去世之后。最近姐夫为你物色了一位，就是姐夫的部下，现任大元帅府参谋长的蒋介石。此人条件不错，有军事才能，又好学上进，在日本留过学，早年就是革命分子。咳，去年在上海我的寓所你见过他的。当然，他也不是全无毛病，好像你姐姐对他有点小小的看法。"

∧ 1923 年，时任大元帅府参谋长的蒋介石。

> 上海孙中山故居。就是在这座房子里，宋美龄与蒋介石初识，但雍容尔雅、风姿绰约的宋美龄对蒋介石没有什么印象。

宋美龄倒也知道蒋介石这个人，只是听孙中山说要介绍给她做对象，却不免大感意外，一时不知说什么才好。

这时宋庆龄说话了："你姐夫刚才也说了，我是不太赞成此事的。当然，主意是由你自己拿，我们的意见都只是参考。你可以多考虑一下，不必马上做决定。"

孙中山连忙说是，说实话他也心里没底，只是因为蒋介石向他多次请求，才勉强答应做媒。

宋美龄本就觉得难以答复此事，听二姐这么说，也就顺势说考虑考虑，过些日子再说。于是饭后宋庆龄带她到房间休息。

8月的广州非常炎热，孙中山给她安排的房间就在大元帅府内楼上一间约20平方米的小房间，南北向，临走廊处开了一扇门，使整个小房间显得通透，有风来时，也很凉爽。朝北开的门隔着走廊正对着会议室，孙中山平时在这里召集军政要员开会商讨国家大事或接待群众代表；朝南开的房门隔着有拱券的走廊可以眺望大元帅府的后花园。

小客房内摆放着黑色的红木广式家具，从进门的东边开始依次是盥洗盆、橱柜、衣柜、床、床头柜、梳妆台、落地灯、两张木椅、一张八仙桌。八仙桌上的暖水杯上是鲜红的凤凰图案，整个房间看起来比大元帅府其他房间显得有青春气息。

宋美龄却不知道当时身为大元帅府参谋长的蒋介石就在她房间的楼下办公，只是想孙中山倒是安排得挺周到的。

一个人在房间，她开始回忆和蒋介石去年在上海莫里哀路孙中山先生的寓所见面的情况，可是实在觉得印象模糊。她对蒋介石在上海跟从陈英士搞革命活动、参加青帮等也有所耳闻，但也从不在意这样的一个人，也没想到他在跟随孙中山后被如此看重。

原来在去年12月初，蒋介石还在上海滩上混的时候参加了一个社区的基督教晚会。当

★陈炯明叛变

1922年6月16日凌晨，陈炯明发动叛乱，率部4000余人突然包围总统府，向孙中山所住的粤秀楼开炮。15日，粤军总指挥叶举接到陈炯明密令，于白云山召开军事会议，决定熊略为攻城指挥官，洪兆麟为先头部队，开始围攻总统府。晚后半夜，叛军首先占领石井兵工厂，随后包围了总统府，孙中山生命危在旦夕。陈策恭请孙中山莅临舰队，以便在陈军叛变时下令讨伐。孙中山未能决断。17日，孙中山转登永丰舰，并发表讨陈电文。

∧ 陈炯明旧照，他的叛变为蒋介石赢得孙中山的信任提供了机会。

时晚会在上海莫里哀路孙中山先生的寓所举行，主持人是人称“国舅爷”的宋子文。就是在这次晚会上，蒋介石第一次见到了宋美龄。宋美龄当时只有25岁，正值一个女人生命之树的黄金季节，她举止雍容尔雅，风姿绰约，笑靥迷人，一时倾倒了出席晚会的所有男性，成为晚会的中心人物。看着宋三小姐飘然而至，蒋介石立刻被她的美国式的教养和气质吸引住了。

蒋介石也算是情场老手，早已经有过一妻一妾，新近又与陈洁如举行了婚礼，但像宋美龄这样的具有良好修养和洋气十足的女子也是他梦寐以求的。

他在一边痴痴地望着宋美龄，脑子里飞快地旋转着宋美龄的家庭、社会背景，旋转着宋家势力和财力以及孙、孔、宋三家在海外的巨大影响力，萌发了娶这位宋三小姐为妻的念头。如果能和这位宋小姐结婚，就是孙中山的连襟了，那自己在政治上的前途将无可限量。

蒋介石是个善于识别并掌握各种机会的人。攀交陈其美，使他有了革命派的资历；跟随孙中山，使他很快成为孙中山所赏识的军事“干才”；现在，命运之神又把一个绝好的机会送到了他面前，他相信这是上天所赐，绝不可轻易放过。

这次晚会后不久，蒋介石奉孙中山电召来到广州。1922年，陈炯明叛变★，蒋介石表现得十分忠诚，一直护从孙中山。对于在自己蒙难过程中全力相助的蒋介石，孙中山给予了充分信任，并赏识其军事才能。

看到自己越来越受赏识，他觉得时机成熟了，于是找机会向孙中山表露了想娶宋美龄为妻的念头，恳请代为做媒。他绝口不提自己新近才娶的陈洁如，只一味强调说明自己已经离婚，“为了革命事业”休妻弃妾，目下独身一人奔走革命，急切地想找一个宋美龄这样有知识、有情趣的姑娘作为终身伴侣。

> 上海青帮头目杜月笙。

孙中山没有思想准备，觉得这事应该和宋庆龄商量一下。于是他把蒋介石的意思转告了妻子。宋庆龄看不惯蒋介石的生活作风，听到丈夫转述蒋介石的意愿之后，当即以激烈的态度和决绝的语言表示了反对："我宁可看到妹妹死去，也不愿意让她嫁给一个仅仅在上海就找了两个女人还要谎称没有家室的男人！"

孙中山为人敦厚善良，不忍把宋庆龄原话转告蒋介石，以免伤了他的自尊心。他只是委婉地说这事不急，宋家三小姐现在上海，来往不便。

蒋介石虽然感觉有点不太对劲，但他是个典型的"知其不可为而为之"的人，他明知以自己当时的地位和名望去攀求宋家小姐确实是有点儿离谱，可是他认定的事，就一定要实现。无论这中间有多少艰难险阻，他是到了"黄河"也不肯"死心"的。蒋介石性格上的这种特点是贯穿于他生命的始终的。

当下他又反复重申自己在生活上的清白，驳斥了一些有关他在广州有情人的传闻，强调目前单身的情况。孙中山被蒋介石磨得没办法，只好答应努力一下，尽力而为。

于是他和宋庆龄再次商量，决定请宋美龄到广州住些时候，让她自己来做判断。宋庆龄觉得让妹妹来广州一趟也好，大家可以见见面，而且自己也可劝劝她。就这样宋美龄来到了广州。

宋美龄虽然当场没有答复姐夫，但回头一想，还是觉得蒋介石的条

∧ 1924 年，孙中山与时任黄埔军校校长的蒋介石合影。

件并不合适。她倒不是对蒋三妻四妾的传闻很在意，而是觉得他出身于上海滩青帮，身份和修养都不够。但同时又对他现在一下子成了孙中山身边的得力干将颇感兴趣，也想看一下他是否真的如别人说的那样能干，前途不可限量。于是就在广州先住了下来，但并没有打算立即和蒋介石见面。

当时蒋介石知道宋美龄住处，特意收买了一个小报童在大元帅府下面卖报纸。当天报纸上有一整版登载的是蒋介石为人忠诚等文章的，还登载了孙中山与蒋介石以永丰舰为背景的合影及赞扬文章。宋美龄买了这份报纸，结果首先就看到了蒋介石和孙中山合影的照片。

照片上的孙中山坐在一把椅子上，蒋介石侧立其后，面露微笑。下面还有一段文字加以说明并附有赞语，其中有“黄金若粪土，肝胆硬如铁”“千里识骏马，危难识忠诚”等词，看得宋美龄不禁莞尔。

在该报第二版详细描述了当时孙大总统在陈炯明叛变之时蒙难的经过和蒋介石的忠心相护。宋美龄认真阅读了这篇描绘生动的文章，对蒋介石的印象渐渐加深。

想到婚姻的问题，她又感到茫然。和刘纪文一直保持着联系，他也马上就要回国了。这些年在上海也认识过不少男子，但都有不如意的地方。她对今年初来上海的东北少帅张学良的印象颇好，符合她的理想择偶标准，可惜张少帅已是使君有妇。

当时张学良到上海后曾慕名到宋家做客，他也出国留过学，仪表堂堂，谈吐俊雅，颇有绅士风度，更难得的是年纪轻轻，就已是手握重兵，拜为陆军上将，海内闻名，颇有纵横天下之志。宋美龄和他谈得甚为投机，以至于张学良出来后对人说，若不是已与于凤至成婚，定当向宋三小姐求婚。

现在看着照片中英气勃勃的蒋介石，宋美龄不由得想，这会是自己要找的英雄吗？

宋美龄在广州住了将近一个月，对于姐夫孙中山的介绍和姐姐的反对意见，她觉得自己不便给予明确答复，而她虽然对当时的蒋介石心里并不满意，但想众人都说他有才干，将来真能成大器也未可知，明确拒绝只怕伤人自尊，姐夫面子上也不好看，还是先不做决定，推说让上海的母亲做主比较好。

于是临别时她对姐姐姐夫说，自己的理想是嫁一个英雄，否则宁愿终身不结婚，献身于社会工作。对于蒋介石，她还要看看再说，双方可

∨ 1922 年蒋介石在桂林。

以先保持信函联系，增进了解和沟通。她的答复令孙中山很满意，就说先这么办吧，让蒋介石安心先把革命工作做好。

蒋介石听了孙中山的转告，也觉得不能太急。既然这位“总理的小姨子”如此看重英雄，自己应有机会，更何况人家还答应保持联系，更是高兴，决心在孙中山的广东政府里好好干一番事业出来。自己现在的地位身份确实尚有不足，但这位宋家三小姐眼光如此之高，一时半会儿也不见得就能找到心目中的英雄，只要自己事业成功，再加上有孙总理的关照，还怕事情不成？

正好孙中山当时准备建立黄埔军校，蒋介石就主动请缨到苏联考察，先做前期工作去了。

当时的蒋介石已36岁，婚姻经历非常复杂，孙中山也根本搞不清，还以为他已和家里的发妻离婚，独身一人在外从事革命活动。蒋介石那时已先后在老家和上海等地和两位女性结婚，与一位女性同居，说他三妻四妾倒也不是完全的无稽之谈。

他的第一次婚姻是在老家和同乡毛福梅。毛氏遵守三从四德的古训，足不出户，对丈夫百依百顺，对婆婆孝敬有加，平时在家吃斋念佛。毛福梅本身是靠包办婚姻、父母做主才和蒋介石成婚的，生有一子，就是蒋经国。毛福梅的年龄比蒋介石要大5岁，蒋介石长年在外，早已对她不感兴趣，但碍于寡母之命不得离婚。

后来在上海跟着青帮兄弟混的时候，蒋介石经常出入于风月场所，认识了出身寒门、在一家高级妓院当“娘姨”的姚怡琴，两人从1912年就开始同居，此后姚怡琴改名姚冶诚。当时两人是有感情的，蒋介石是为了从中找到婚姻生活以外的情感安慰。但姚氏因为出身的原因，只能在蒋介石发达以前当他的患难夫妻，蒋介石进入革命队伍，地位日渐提高之后，因为身份、经历和修养方面的差异，她已不再适合身边帮手的角色。在1921年底，两人正式分手。

分手后姚冶诚住在苏州，蒋经国和蒋纬国也时常过去探望，尤其是她抚养过的蒋纬国，一直终身侍奉。

再后来，蒋介石又找到了陈洁如，并在事实上和她结了婚。陈洁如原名陈阿凤。当时因为与张静江的续弦夫人关系比较好，时常到张静江家做客。蒋介石那时也是张家的常客，十分喜欢她，明确地表示要娶她为妻。陈阿凤那时年纪还很小。后来，孙中山在广州正式建立了革命政府，蒋介石也追随他来到广州，出任大元帅府参谋长，政务、社交活动大为增加。于是他对身边陪伴的女性要求就更高了。毛福梅、姚冶诚当然不能适应这种新角色。陈洁如在上海长大，相貌出众，也受过不错的教育，在社交上也颇有天赋，于是蒋介石就把她带到了广州，准备结婚。

可是不久蒋介石又看上了孙中山的小姨子、上海滩上有名的名门小姐宋美龄，两相比较，宋美龄在社交风度、文化素质，以及对外国和政界的熟悉了解远远胜过陈洁如，所以蒋介石决定追求宋美龄，于是原定和陈洁如的婚事就暂时放下了。

不过随后在广州的日子里，蒋介石在广东革命政府里扶摇直上，历任大元帅副参谋长、黄埔军校校长、国民革命军总司令之时，身边陪伴的都是陈洁如。到孙中山逝世后，蒋介石在广州成为掌握军队的实权人物，陈洁如也成为广州城里有名的“总司令夫人”。

同时，蒋介石和宋美龄也一直保持着书信往来。他深知宋美龄的心理，在信中总是讲些国家大事、军事形势，炫耀自己的功绩，并不涉及儿女情感。宋美龄很乐意和他在信中探讨政治形势，并且也在报章上关注有关他的消息。两人的通信一直保持到1927年。

北京送别孙中山

1925年初，孙中山在北京病危，这一震惊全国的消息也在宋家引起了震动。在上海的宋美龄立刻赶往北京，代表母亲倪桂珍前去看望。

还在1924年底的时候，冯玉祥的军队攻入了北京，赶走了由“猪仔议员”贿选出来的“总统”曹锟，把末代皇帝溥仪赶出紫禁城，一举控制了北京。他还联合奉系张作霖、皖系段祺瑞组成了一个联合政府。当时三人商量，认为孙中山在全国的威望无人可及，就想请他主持国事。于是发出信函，邀请孙中山北上，商讨成立新政府的事。孙中山为了革命大局，毅然决定抱病北上。

< 时任黄埔军校校长的蒋介石。

当时，孙中山先生刚完成对国民党的改组。改组后的国民党其革命性、组织性和当时的先锋性，都得到了巩固和加强。于是孙中山先生准备挥师北伐，进行一场统一中国南北的革命战争——北伐战争。此时北京的北洋军阀政府被冯玉祥驱逐，孙中山觉得应抓住难得的机遇，尽早完成全国的民主革命和和平统一大业。

当时的孙中山58岁，身体已经不太好了，所以离开广州的时候特意对广东政府的人事做了安排，任命胡汉民为"副大元帅"，然后由宋庆龄、共产国际代表鲍罗廷以及十几名国民党官员陪同，于11月13日坐船出发，先到上海，再往日本神户，最后抵达天津。

他们11月17日抵达上海。孙中山夫妇在上海受到了3万群众的热烈欢迎，一时盛况空前，令孙中山感叹不已。他们在莫里哀路寓所住了下来后，看望者、拜访者络绎不绝，宋美龄也代表母亲前往看望。由于接待来访者之外还要开会商讨国事，忙得孙中山一连几天不得休息，身体也大受影响。

在上海短暂停留几天后，孙中山偕宋庆龄又启程前往日本神户，并发表了公开演讲。

12月4日，他们坐船到天津大沽港，2万余名前来迎接孙大元帅的各界群众，已立于码头和主要街巷。孙中山夫妇立在甲板上，同欢迎的群众见面并挥手致意。

可是等他到天津后，冯玉祥已在北京失势，北京政权又落入段祺瑞之手。段祺瑞表面上欢迎孙中山入京商谈，实际上并无合作的诚意。孙中山在天津停留的时候就病发，突发高烧，卧床不起。当时的孙中山带病北上，长途跋涉，几度转换车船，再加上一路天气不好，雨雪交加，在船上还饱受风浪之苦；每到一地，又要接见中外记者、当地要人，又要参加欢迎会、发表讲演等，使他精疲力竭。还有12月4日抵达天津大沽口时，朔风呼啸，天气很冷，他站在船头上和簇拥在码头上的欢迎群众见面，又受了风寒。

当孙中山在天津卧病的将近一个月时间里，宋庆龄一直守候在病榻边。12月31日，在孙中山的坚持下，一行人坐专列抵达北京。到达时有10万群众到车站月台欢迎，可是病重的孙中山已无法向群众发表公开讲话，只发表了书面谈话以表示“此次来京，曾有宣言，非争地位权利，乃为救国”。

孙中山北上时带着召开国民会议的建议，并明确指出必须有工农代表参加。但段祺瑞阳奉阴违，自行召集了一个只有旧军阀和政客们参加的“善后会议”，作为抵制。他还擅自照会各国公使馆说，任何新设立的政府都将尊重现存的所有条约。

此时已卧病在床的孙中山对此怒斥道：“我在外面讲要废除那些不平等条约，你们在北京偏偏要尊重那些不平等条约，这是什么缘故呢？你们要升官发财，怕那些外国人，要尊重他们，为什么还来欢迎我呢！”

1月26日，孙中山被送入协和医院，经过专门诊断，确认为肝癌后期，无法医治。随后他就在著名外交官顾维钧的家中暂住。

孙中山病危的消息立刻传遍全国，他的许多革命同志和朋友纷纷赶

∨ 1924年10月23日，冯玉祥发动“北京政变”，推翻了曹锟政府，并将末代皇帝溥仪赶出了紫禁城。

> 1924年11月，孙中山夫妇在上海。

到北京看望。他在广州委以重任的胡汉民、廖仲恺和蒋介石都接到指令，坚守在南方，因为孙中山担心广州政府在自己病危的时候再发生不稳定。

在病重期间，孙中山建立了一个中央政治委员会，汪精卫受到重用，负责委员会的工作，在北京展开活动。3月11日，在这位中国革命的伟大先行者临终前，围绕在他身边的亲人除了宋庆龄和长子孙科外，就是宋家的兄妹几个，一直从广州跟随来北京的宋子文、在天津的宋霭龄和孔祥熙夫妇，以及最后从上海赶到的宋美龄。

宋美龄在上海得知二姐夫病危，立即动身赶往北京。当时津浦铁路中断，大沽口也已封港，于是只得乘船先到青岛，由胶济铁路北上转往北京。时逢寒冬，车厢既无暖气，又没有热水供应，火车到达北京的前门车站时，宋美龄已冻得浑身发抖。到了北京后，宋美龄就不断地安慰和关照愁容满面的二姐。

宋美龄对孙中山的崇敬心情并不亚于二姐宋庆龄，也十分清楚他对自己以及家族的关心和照顾，她不像宋庆龄那样能克制自己的情感，是孙中山临终时在场的人中流泪最多的一个。

当场，由汪精卫宣读了一份别人起草、需孙中山签字的政治遗嘱，在场的每个人都屏息静听。最后孙中山吃力地说："很好，我完全赞同。"汪精卫还念了一份个人遗嘱："余因尽瘁国事，不治家产。其所遗之书籍、衣物、住宅等，一切均付吾妻宋庆龄，以为纪念。余之儿女，已长成，能自立，望各自爱，以继余志。此嘱！"

在遗嘱中孙中山把自己的藏书、文件、个人用品及上海莫里哀路的房子都交给宋庆龄，而这也是他一生奋斗所留下的所有个人财物。

随后孙中山在两个文件上都签了字。病弱体虚的他在签字时，还不得不由宋庆龄扶着他的手。

< 1924 年时的孙中山。

< 汪精卫曾追随孙中山到越南和马来西亚等南洋各地进行革命活动，并赢得了孙中山的充分信任。孙中山逝世后，其与蒋介石进行了长达十余年的权力争斗。

孙中山的政治遗嘱全文是：

余致力国民革命，凡四十年，其目的在求中国之自由平等。积四十年之经验，深知欲达到此目的，必须唤起民众，及联合世界上以平等待我之民族，共同奋斗。现在革命尚未成功。凡我同志，务须依照余所著《建国方略》《建国大纲》《三民主义》及《第一次全国代表大会宣言》，继续努力，以求贯彻。最近主张召开国民会议及废除不平等条约，尤须于最短期间，促其实现。是所至嘱！

这就是著名的《总理遗训》，后来在国民党的每一次政治大会上都要宣读。当场宋子文还读了一份由鲍罗廷起草的致苏联的遗书。

3 月 12 日上午 9 时 30 分，孙中山先生的心脏停止跳动，享年 59 岁。弥留之际，孙中山先生关于国事最后的一句话是："和平……奋斗……救中国！"

他没有留下巨额的家产，留下的只是未竟的事业和不可估量的精神财产，并使宋庆龄终身受用不尽。当时宋庆龄还只有 32 岁，他的逝去无疑对宋庆龄是个莫大的打击，况且宋庆龄又是一个执着理想、感情专一的人，致使她的悲痛延续好长时间后，终于理智清醒，面对现实，继续先生遗志，把自己"奉为"先生形象的化身，一言一行代表先生，重新塑造先生在国民中之形象。

孙中山在北京逝世的消息传出，举国悲悼，当时的苏联公使馆立刻下半旗志哀。

3 月 19 日，宋家为哀悼亲人，还举行了一个私人丧礼。接着，在北京协和医院的小礼堂举行公开丧礼，由前司法部长许崇智致悼词。悼词宣读完毕后，由燕京大学学生自发组成的唱诗班手持蜡烛，唱着孙中山先生生前喜爱的歌："甜蜜的和平，上帝博爱的礼物。"随后他们静静地排列在灵柩旁。在外面，成千上万的群众等待着，一直等到唱诗班把送葬者从小礼

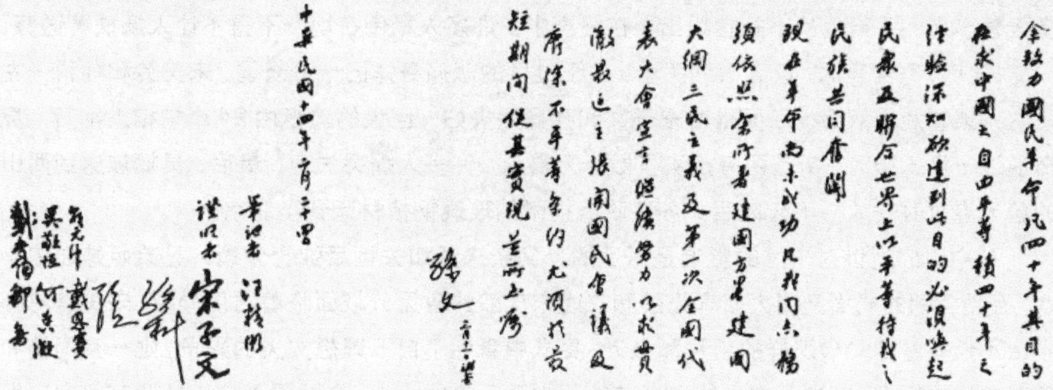

余致力國民革命凡四十年其目的在求中國之自由平等積四十年之經驗深知欲達到此目的必須喚起民衆及聯合世界上以平等待我之民族共同奮鬥

現在革命尚未成功凡我同志務須依照余所著建國方略建國大綱三民主義及第一次全國代表大會宣言繼續努力以求貫徹最近主張開國民會議及廢除不平等條約尤須於最短期間促其實現是所至囑

孫文 三月十一日補簽

中華民國十四年二月二十四日

筆記者 汪精衛

證明者 宋子文 孫科 孔祥熙 邵元沖 戴恩賽 吳敬恒 何香凝 戴季陶 鄒魯

∧ 孙中山的政治遗嘱。

∨ 东征军在广东兴宁沉痛哀悼孙中山逝世。前为东征军总指挥蒋介石，手执祭文者为东征军政治部主任周恩来。

堂里领出来，哭声也从小礼堂跟出。在哭声中，许多人晕倒在地，不得不让人搀扶着送葬。

宋庆龄身穿丧服，蒙着面纱哭着，由于过度的悲痛身体已十分衰弱，宋美龄和孙科一左一右扶架着她的双臂，后面跟着宋子文和孔祥熙夫妇。巨大的灵柩由24个护棺人抬着。灵柩通过十里长街时，街道两旁挤满了数十万群众，许多人痛哭失声。最后，灵柩被送到西山的碧云寺暂时安放。不久以后，苏联政府捐赠的玻璃钢棺材运到了北京。

孙中山的逝世对宋家的影响是深远的，父亲宋耀如去世后弥合分裂，兄弟姐妹血浓于水、互帮互助的局面又因大姐宋霭龄和二姐宋庆龄的政见分歧面临着再度分裂。宋美龄对孙中山不仅有着像父亲那样的崇拜和亲近，更从中看到了自己理想丈夫的影子，她一直同情和羡慕二姐的婚姻。在送孙中山的灵柩前往西山碧云寺的路上，亲眼看到广大的北京民众自发组织的悼念活动，心里也是激动万分，更激起她献身政治，做一个万众景仰的政治家的雄心。

> 宋庆龄为孙中山守灵。

> 孙中山的灵柩暂时安放地——北京西山碧云寺。

蒋介石当上了总司令

与此同时，在广州也开展了声势浩大的悼念活动。当时担任黄埔军校校长的蒋介石面色沉痛地向全校师生宣读了孙先生在北京逝世的消息。他的悲痛是发自内心的，没有孙中山赏识和提携，就没有他蒋介石的今天。孙中山的死，对于雄心勃勃想在国民党内往上爬的他无疑是一个沉重打击。现在自己最大的靠山倒了，一切的政治前程和命运，还有对宋美龄的追求，都只能靠自己了。他深知孙夫人宋庆龄对自己的印象不佳，宋美龄自己也一直没有允婚之意，一时心情很坏。

不过蒋介石毕竟也算是人中之杰，对于争权夺利的政治斗争有着超强的灵敏和强烈的信心，他马上冷静地分析了自己的处境和广州的形势，决定了不再依附别人，利用自己掌握广

> 孙中山与廖仲恺旧照。孙中山逝世后，其被认为是最有可能的继承者。

州政府军队的有利条件，积极争取成为国民党的高层实权人物。只要做到了这一步，宋庆龄再要反对他和宋美龄的婚事也就不足为虑了。江山既得，还怕美人难求吗？

当时孙中山逝世后国民党内面临着权力、继承人的分配和激烈竞争。在大多数旁观者看来，黄埔军校校长蒋介石脱颖而出，成为孙中山继承人的可能性并不大，因为他在党内的资历不够，有许多人跟随孙中山的时间比他长，名声比他大。但是蒋介石相信手腕和心计，最重要的是军队和财力。他迅速和交往密切的上海青帮大佬杜月笙联系，准备由他出钱出力，一起图谋大事。

蒋介石盘算目前党内的形势，公开而强有力的继承权竞争者有三个：左派廖仲恺、右派胡汉民和中间派汪精卫。汪精卫在孙中山逝世的时候一直在北京跟随，在党内的声望颇高，当时的呼声也最高，但蒋介石认为此人优柔寡断，又素来没有军队支持，缺少雄厚的力量基础，最多只能是当一个中间派的折中人物、一个临时性的领导。

胡汉民是强硬的右派，他早年就跟随孙中山，资历和能力都很强，但也没有军队背景，加上和汪精卫是死对头，互相瞧不起对方，估计两人的力量会互相抵消，谁也当不了最后的胜者。

蒋介石最担心的对手是左派廖仲恺。此人出生在美国，深得孙中山信任，在当时既是苏联顾问鲍罗廷的亲密伙伴，又是右派胡汉民的密友，同时宋庆龄也对他评价很高，可以说在当时的党内人人都喜欢他。如果不出意外，孙中山的继承人将会是他。

∧ 俄国人鲍罗廷（右一）是孙中山的政治顾问，他帮助改组国民党，促成了第一次国共合作。

孙中山逝世后不久，广州就发生了杨希闵、刘震寰军阀叛乱★，鲍罗廷也被迫逃到黄埔。这给了蒋介石表现的机会，他和廖仲恺联手进行了反击，很快夺回了广州。在两天两夜的战斗中俘敌万人，缴获大量武器装备，他的威望得到了大大的提升。

广州局势安定下来后，国民党中央委员会马上开会决定孙中山的继承人选。会议上争吵激烈，谁也不肯相让，最后只好搞了个大妥协，决定不搞个人继承，国民革命政府由左、中、右三派联合领导，也就是廖仲恺、汪精卫、胡汉民三人的联合领导。胡汉民被任命为外交部长，汪精卫算是担任代理主席，但只是一个形式上的头衔，政府的主要控制权仍然掌握在廖仲恺的手中。

这样的形势显然不是蒋介石所希望的，他在积极巩固自己军权的同时，抓紧和上海的杜月笙联络。不久，他在上海的好朋友张静江奉命来到广州，商量夺权的策略。张静江和蒋介石是青帮的兄弟，也是杜月笙在生意上的长期伙伴。

1925年8月20日，震惊全国的事发生了，国民党领袖廖仲恺在广州被刺。当时他坐着自己的汽车去参加国民党中央委员会的一次会议，当他从车上下来时，早已埋伏在建筑物柱子后的五名枪手冲出来向他开枪射击，把他击倒在地。到底谁是谋杀廖仲恺的幕后主谋，始终是一桩疑案。

因为党内的右派被广泛怀疑和谋杀事件有牵连，随后蒋介石和鲍罗廷领导了一次大调查，以清查内部奸细的名义除掉了不少反对他的人。这次谋杀事件除掉了党内左派最强有力的领导人廖仲恺，同时又打击了右派，在各方压力下，胡汉民也不得不出走国外，失去了上台的希望。在党内高层领导权的争夺中，蒋介石最担心的对手消失了，这为他的上台铺平了道路。

第二年的“中山舰事件”，蒋介石又借机成功地消除了共产党在国民党内日渐壮大的影响力，扶摇直上，实际上掌握了党内的军政大权。1926年5月19日，蒋介石安排的张静江当选为廖仲恺的继承人，出任国民党中央执行委员会常委会主席。这出乎所有人的意料，而实际上张静江只是为蒋介石的当选提供时间上的缓冲期，一个月后，蒋介石就接替了他，亲自出任常委会主席这一握有党内实权的要职。

当时的上海《申报》这样评论道：“目前广州最流行的游戏之一，似是将政府高层大员赶下台这个玩意儿，而被赶走的人几乎都是广东人。例如，许崇智将军、刘震寰、胡汉民和最新版本的汪精卫便是。一般咸信，这些人之所以被迫离开广州，系因他们阻碍了‘新领袖’蒋介石将军的政治野心，众信蒋氏企图取得政务及军队的最高统治权。事实上，他是当今‘最出色’的国民党领导人物！”

经过一年时间的精心策划和玩弄手腕，蒋介石这个事先并不被人看好的黄埔军校校长终于夺得了国民党的大权。

上台以后，蒋介石审时度势，决定继续借助苏联和共产党的力量。他一方面从苏联取得大量军火支持和军事顾问；另一方面利用共产党的组织才能，积极建设军队，准备北伐。同时，对于国民党内的势力进行大改组，大量提拔自己的亲信，网罗党羽，招降纳叛，培植自己的力量。蒋介石和宋子文一向有矛盾，但蒋介石不但没有剪除他，反而加以重用，提他出任中央银行的行长。宋子文长期在广州政府内担任财政要职，在江浙和国外的财团中颇有影响力，又是宋美龄的哥哥，所以虽然他平时一向看不起蒋的为人，蒋介石还是忍住了心中不满，因为他知道宋家在政治和经济上的深厚背景和影响力对他将来的事业会大有帮助的。

军政大权到手，局面初步安定下来后，蒋介石开始了北

★杨希闵、刘震寰军阀叛乱

1925年5月18日，加入广东政府的投机分子滇军首领杨希闵、桂军首领刘震寰突然发动叛乱，并迅速占领了广州火车站、电报局等要地，宣布广州已控制在他们的手中。广东革命政府被迫迁往河南士敏土厂继续办公。杨、刘二人此举早有预谋，并得到了段祺瑞的秘密支持。本月3日，杨希闵便与段祺瑞的密使在香港接触，并立即将所部移防，又北上回桂。13日，蒋介石、许崇智等开始商讨回师伐杨、刘计划，并决定由蒋介石任总指挥。

< 黄埔军校师生悲恸万分，为廖仲恺送殡。

< 领军北伐时的蒋介石。

∧ 1926 年 7 月，国民革命军誓师北伐，广州市民在中山大学举行欢送会。

伐，自任国民革命军总司令。因为北伐是孙中山的遗愿，也符合国民党各派的利益，同时也得到了共产党和苏联的支持，所以在广东政府内部没有什么阻力，大家暂时放下权力斗争，齐心协力，共同推进北伐。

当时的北伐目标首先是消灭长江流域的吴佩孚和孙传芳两大军阀集团，所以一开始国民革命军就兵分两路，一路主要由左派力量领导，由大批的共产党员担任军队的骨干，向武汉挺进；另一路由总司令蒋介石亲自率领，由他的心腹黄埔军校出身的将领担任骨干，向上海方向挺进。

由于国民党内各派在北伐上的共同努力，加上国共双方的紧密合作，北伐开始进行得十分顺利。全国的民众也都支持国民革命政府，反对军阀集团的黑暗统治，工人罢工和农民运动风起云涌，北伐战事频频告捷，国民革命军一直打到长江以南。

由国民党左派和共产党员组成的中路军很快占领了九省通衢的重镇武汉，蒋介石指挥的东路军也占领了南昌。但随着革命形势的不断发展，蒋介石和在武汉的国民党中央矛盾日渐

∧ 陈果夫旧照。由于蒋介石与陈家的渊源使得陈果夫、陈立夫两兄弟在国民党内迅速崛起，形成了“蒋家天下陈家党”的局面。

明显，他的个人野心日益膨胀，反共独裁倾向日趋明显。他掌握国民党的军政实权后，也带动了自陈英士死后在国民党中久已式微的江浙帮之复兴。

在蒋介石的安排之下，中央监察委员张静江居然当起中央执行委员会常务委员会的主席来。中央组织部长谭平山，也让位由蒋介石“兼任”，由陈果夫“代理”。国民党中的组织部自此变成CC派的天下了。

当时为使北伐尽早成功，统一南北，解放全中国，国民政府及时召开了二大会议，选举新的机构，宋庆龄以压倒多数票当选为国民党中央执行委员会委员，兼任妇女部长。这是她第一次独立取得的政治上最高的职位。

在蒋介石面前宋家分裂了

就在这样的形势下，1926年冬，宋美龄和大姐宋霭龄陪着母亲倪桂珍，前往武汉看望当时在国民党中央的宋庆龄和宋子文。她们是坐江轮于12月26日到达汉口码头的，正好赶上当年武汉的第一场雪，天气十分寒冷，宋庆龄和宋子文冒雪亲自到码头迎接。亲人重逢，驱散了身上的寒意，一家人又在武汉团聚了，宋美龄和母亲以及大姐就在武汉住了下来，准备一起过年。

随后的几个月，宋美龄在武汉亲身经历了中国革命形势的大动荡。

1927年元旦，是宋美龄来武汉的第五天，当时的国民政府正式宣布迁都武汉★，民众和军队为此都举行了庆祝活动。几天后，国民党中央政治会议决定在武汉设立分会，分会委员13人，有宋庆龄、邓演达和董必武等。

此时长江北岸的英帝国主义势力妄图扼杀新生的革命政权，但此时的新生政权不再是软弱的清政府了，于是冲突不可避免地发生了。

1927年1月3日，一队英国水兵在汉口英租界界外用刺刀对付正在举行庆祝活动的中国民众。那时候武汉群众的情绪本来在欢乐中已夹着愤怒，不只是因为他们在这个新政权的首都仍然看到外国兵耀武扬威，还因为不久前英租界当局逮捕了14名领导工人运动的国民党党员，并把他们交给了吴佩孚的军阀政府。结果他们有的入狱，有的被杀。在武汉本地，英国人控制的海关拒不将"关税"交给革命政府，而仍然交给北京的旧军阀政府。

尽管如此，聚集的中国群众当时并不打算冲过租界边沿堆满沙袋的工事。反而倒是英国水兵端着刺刀冲了出来，向群众施暴。群众愤怒了，向前冲去，英国水兵撤回到军舰上，于是英租界处于中国群众的包围之下。

摆在武汉政府面前当时有两种道路：一是仍像过去软弱的清政府那样，违背人民意志，不敢触动外国人一丝一毫的特权；二是同广大人民群众站在一边，坚决废止不平等条约，废除那些外国人的特权。

作为新改组的武汉革命政府，当然站在人民一边，支持群众的行动，并勇敢地做出决定：收回英租界。这是一项历史性的决定。自从1840～1842年鸦片战争以来，第一次由中国人民和政府收回外国根据不平等条约强占去的中国领土。

当时宋庆龄曾同外交部长陈友仁和苏联顾问鲍罗廷讨论战略，结果有三种不同的看法。负责外交的陈友仁考虑到在武汉聚集着约50艘外国海军舰艇，而武汉政府的部队则正往北开拔，所以作为革命政府所在地的武汉极易受到外国的武力威胁，而且蒋介石也有可能乘机发动攻击。这将从后方破坏整个北伐。因此，陈友仁虽然赞成收回租界，但认为

★国民政府迁都武汉

1926年12月，根据国民党中央政治会议的决定，从12月12日起，广州国民政府停止接受文件；从12月5日起，国民党中央党部和国民政府在广州停止办公；国民政府对迁都事宜做了部署。国民党中央和国民政府负责人分批陆续前往武汉。但蒋介石此时却无视国民党中央的多次决议和自己以往的主张，开始反对迁都武汉，企图改都南昌。

须做好谨慎的外交工作，要保证不干涉外国侨民的居留和贸易，使列强没有诉诸武力的借口。

鲍罗廷则认为这个问题也许应该暂时搁置起来，等北伐军推翻北京军阀政府之后，对外国租界及其他特权问题，在全国范围内一揽子解决。

宋庆龄主张采取迅速而果断的行动。她坚决认为革命将取得全国性的军事胜利，这一点不仅中国人民，世界各国也都已看到，因此列强将避免同革命形势高涨的中国直接发生冲突，这样的冲突对他们有百害而无一利，而且列强之间也有意见不一的地方。虽然他们都不喜欢武汉国民政府，但他们对武汉政府的态度、对其前途的看法以及当前各自利益受到直接威胁的程度并不相同，因而中国对它们的态度也应有所区别。

她的意见是：在武汉，应该只收回英租界，而法租界和日租界则暂时都不去动它。收回英租界的行动越快，英国人就越是来不及同其他国家协调。这样做，武汉革命基地和继续北伐都不会有迫在眉睫的危险。

她的看法为大家所接受并迅速付诸实施。

1927年3月初，武汉政府外交部部长陈友仁与英国高级外交官欧文·圣克莱尔·奥马利交换了照会。英方认错并签字，中方亦承认并保持英人在前租界内居住和经商的正常权利。于是，中国人民的意志最终战胜了帝国主义强国的意志。当时为取得这一成果，宋庆龄做出了她的贡献。这使她很愉快，心想孙中山在世的话，也一定会感到莫大的自豪的。

一时间，武汉政府的威望不但在国际上，同时在国民党内部也迅速上升。1927年1月7日，宋庆龄和陈友仁、蒋作宾联名致电南昌的蒋介石，说明作为首都的武汉军事、经济和外交形势正日趋改善，特别是收回英租界"内顺民心，外崇威信"，蒋介石身为国民党领导人应立刻到武汉来，共同商讨推进北伐。

在这样紧张的革命形势下，身在武汉的宋美龄当然也没有置身事外只顾自己游山玩水。就是在上海那样的舒适生

∧ 国民党在武汉设立了分会，邓演达为分会会员之一。

∧ 当时任外交部部长的陈友仁。

∧ 孙中山逝世后，宋美龄涉猎政坛，展现了政治家的风范。

活当中，她也时时刻刻关心着政治，关注整个国家形势的发展。现在，她当然明显地感受到了国民党内二姐宋庆龄和哥哥宋子文所支持的左派和以蒋介石为代表的新右派之间日益尖锐的矛盾。她和蒋介石的通信一直没有中断，对他在政坛的迅速崛起也是看在眼里，十分关注的。

面对武汉方面的立场和要求，蒋介石当时则明目张胆地试图在南昌建立自己的党政总部，他甚至截留第二批从广州去武汉的中央执行委员和国民政府委员，并要他们投票赞同他的主张。尽管如此，武汉方面还是以大局为重，希望蒋介石亦能以团结为重。

但是，蒋介石的意图不像武汉政府所希望的那样——大家互相合作，使北伐和国民革命继续在更为团结一致的气氛下前进。相反，他开始进行讨价还价并阴谋制造分裂。但他控制武汉国民政府、实行军事独裁的企图，在同年3月中旬召开的国民党二届三中全会上，遭到了国民党左派的迎头痛击。此后，宁汉分裂的形势越来越严重。

当时的那场分裂，不可避免地要反映到宋氏家族内部来。自从宋耀如去世后，宋霭龄以大姐身份执掌门户，宋氏家族的内部关系基本上还是融洽、和谐和亲密的。姐妹兄弟之间不但在生活上相互关心、照顾，而且在政治上也能基本形成共识，一致赞成并参与孙中山领导的国民革命，这是形成并维系宋氏家族内部团结的重要条件。但是，自从孙中山先生逝世后，情况就开始发生变化。此时的“宁汉对立”给国民党带来了左派与右派的纷争，也打破了宋氏家族内部原来形成的平衡和互助友爱的局面，维系宋氏家族内部团结的基础条件也已不复存在了。

当时，宋氏家族的对立和分裂，主要体现在宋霭龄与宋庆龄两个姐妹之间的针锋相对上。宋庆龄代表国民党左派，站在武汉国民政府一边，愤怒地揭露蒋介石的新军阀嘴脸以及违背孙中山留下的革命方针、背叛革命的行径，旗帜鲜明地继承和维护孙中山先生联俄联共、扶助农工的革命政策。

而宋霭龄和丈夫孔祥熙则认为国民党左派所支持的工农革命继续发展下去，会损害自身的经济利益和政治地位，因而倾向国民党右派，明确表示支持蒋介石，维护蒋介石的“反共清共”政策和他亲帝国主义、亲大买办大资产阶级的政治立场。

< 蒋介石与宋霭龄在一起。宋霭龄以精明厉害著称，蒋介石亦畏她三分。

两姐妹的政治对立，虽有其深刻而复杂的社会和时代因素，但同时也再一次显示了两姐妹在思想个性上的强烈反差。

宋庆龄是国民党内著名的左派。她在孙中山先生逝世后，坚决捍卫和执行孙中山所制定的革命路线与革命政策，与国民党内的右派进行了不屈不挠的斗争。在右派势力与强权政治的引诱和高压下，她决不以革命原则做交易。宋庆龄的大智大勇，固然来源于孙中山先生的长期影响与熏陶，同时也再一次充分显示了她的理想主义的伟大品质与高尚情操。

随着武汉政府形势的恶化，在大批的所谓国民党左派人物在蒋介石的高压政策下纷纷叛变革命的时候，她仍然不改初衷，一往无前，充分展示了一个真正的资产阶级革命党人的原则立场，从而成为当时左派的旗帜与中坚，民主进步人士的榜样，也成为几万万中国人民的良知与榜样。

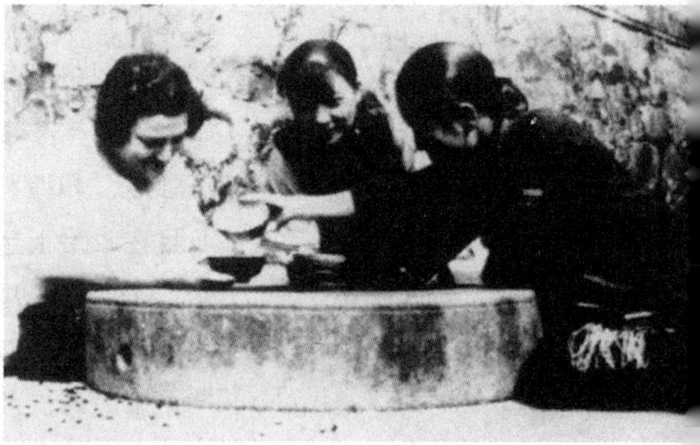

∧ 宋霭龄、宋美龄与鲍罗廷的夫人在一起。

与宋庆龄的激进思想和理想主义的气质相反，宋霭龄的保守思想和追求现实利益的愿望则越来越鲜明。宋霭龄早年虽然也曾经投身革命，一度是追求进步的青年革命党人，并在担任孙中山先生秘书时做了大量的革命工作。但是当孙中山在晚年推行激进的革命路线与政策后，宋霭龄在思想认识上的差距就越来越大了。加之那个时期的宋氏家庭与孔氏家庭成员纷纷在政坛和商界崛起，既当官又当买办，从家族利益上来说，已与官僚买办资产阶级的利益融为一体，当然对国民党左派奉行孙中山的新三民主义的路线及政策极为不满。

在孙中山逝世后，大姐宋霭龄和宋庆龄的这种政治立场分歧越来越明显。宋霭龄认为宋庆龄支持和密切联系的国民党左派和共产党人没有军事和经济基础，政治前景并不看好，为了保持宋氏家族在政坛的地位

∧ 尽管孙中山去世的哀痛仍存留于她的脸上，但先生的革命思想已牢牢植根于她的心间。

和影响力，有必要和蒋介石建立紧密关系。她这次来武汉就是想劝说弟弟子文和宋庆龄主动缓和与蒋介石的关系，为宋家的将来着想。

宋美龄的想法和大姐接近，但是她还是比较同情二姐的态度，愿意和她多多沟通，同时自己也想在武汉亲身感受一下国民党中央和左派阵营对革命形势的看法。她一直和蒋介石的一方以及宋庆龄他们同时保持着比较融洽的关系，能够比大姐相对客观地看待整个形势，和在武汉的左派人士也有不少交流。因为大姐宋霭龄和孔祥熙夫妇本来就在北方和当地的军阀政府有千丝万缕的关系，所以对激进的国民党左派和共产党本能地有抵触心理，对宋庆龄也早就有所不满，宋美龄则是在中间，她很希望能够凭自己的努力化解这种家族内的对立情绪。

在武汉期间，宋美龄接触了许多国民党中央的知名人士，还几次会晤了苏联顾问鲍罗廷。她和鲍罗廷多次讨论了中国的革命和共产主义的本质问题。鲍罗廷是个善于辩论的革命家，他和宋美龄交谈时，以丰富的欧洲史和美国史知识，旁征博引，痛斥美国开国历史的不实之处以及欧美民主政治与资本主义的弊端，滔滔不绝地讲述共产主义的世界观和行动方针。宋美龄对他的丰富历史知识表示佩服，承认鲍罗廷是一位有魄力和感染力的演说家，是共产国际的杰出人物，但她又认为其主张和观点过于激进，有些革命措施过于冷酷无情，蔑视人性，违反了人之常情。当然，还有很重要的一点，宋美龄是一位虔诚的基督教徒，鲍罗廷所宣扬的无神论也让她感到难以接受，这也是她和宋庆龄的最大不同。

> 在“四·一二”反革命政变中被捕的共产党员和革命群众。

★“四·一二”反革命政变

1927年4月12日凌晨，全副武装的青红帮分子，在国民党第26军配合下，向上海总工会纠察队的驻地闸北、浦东、吴淞等处发起攻击，袭击并占领了闸北总工会会所、闸北商务总厂等20余处。大批反动军队以调解“工人内讧”为名，打死打伤300多人，血腥屠杀上海共产党人和革命群众，制造了“四·一二”反革命政变。

> 此时汪精卫既无兵权，也不具经济实力，在与蒋介石的对抗中自然处于下风。

在武汉几个月亲身考察的经历加深了宋美龄对共产主义的恐惧和排斥心理，她认为这种政治理论不适宜中国的现实社会，而且也违背了基督教的基本精神。她的政治理念开始倾向于右派，看到宋庆龄立场的坚定和固执，她已意识到家族面临着第二次分裂。后来在和大姐交谈时，她无可奈何地说宋庆龄是一个固执的理想主义者。

宋美龄在武汉期间，蒋介石也一直和她保持着联系。3月中旬，大姐宋霭龄从武汉赶到九江和蒋介石面谈并达成了蒋宋合作的意向。随后，蒋介石即通过宋霭龄再次表达求婚之意，并邀请宋美龄到庐山牯岭游玩。宋美龄考虑到蒋介石身边还有陈洁如，再加上觉得在当时的形势下见面并不合适，所以决定仍然待在武汉，再作打算。不久，宋霭龄急于实施她和蒋介石在九江达成的合作行动，开始动员宋母和宋美龄马上回到上海。

1927年3月底，宋美龄告别二姐和哥哥，离开武汉东下回上海。当时的形势已是空前紧张，蒋介石已在磨刀霍霍，所以临行前她特意让两人多多保重，形势不好的话就赶紧回到上海来。

1927年4月12日，蒋介石发动了“四·一二”反革命政变★，在上海派出军队去对付手无寸铁的工人群众，屠杀了数千人并血洗宝山路。其后根据他的密令，由他控制的国民党军队和特务，在南京、广州等地对共产党员进行了同样的大屠杀。当时中共的主要牺牲者包括赵世炎、陈延年（陈独秀之子）、萧楚女、邓文辉等一批著名的革命家。

据说当时宋庆龄也在密令谋杀的名单之中，只是后来蒋介石考虑到自己正准备与宋美龄结婚而被推迟下来了。

1927年4月18日，距“四·一二”反革命叛变没几天工夫，蒋介石就在南京建立了他

∧ 20 世纪 20 年代的蒋介石。宁汉之争中，宋庆龄与宋子文是蒋介石极力争取拉拢的对象。

自己的“国民政府”，与武汉国民政府相对抗。蒋介石当时的这一叛逆行动，理所当然地遭到了国民党内广大左派的强烈反对。于是，国民党内出现了泾渭分明的两大政治派别，并且第一次出现了两个国民政府。这就是中国现代史上著名的以“宁汉”两政府对抗为标志的国民党左派和右派的对立时期。

孙中山逝世后，国民党失去众望所归的领袖，代表各阶级利益的政治派别纷纷推出自己的代表人物到前台表演。于是一部分人向左转，一部分人向右转。宋霭龄从维护宋氏家族利益的立场出发，很自然地与以蒋介石为代表的国民党右派产生了共同语言。这是宋氏两姐妹在政治上所以分道扬镳的主要原因。也说明了宋霭龄亦是善于观察形、一心维护自身利益的性格特征。

从另一方面来说，宋霭龄不惜抛弃血浓于水的姐妹之情，转而支持与宋氏家族素无渊源的国民党右派领袖蒋介石，这也是当时她审时度势、权衡利弊的结果。从性格上看，宋霭龄并不是一个传统与保守型的人物。但是，从思想气质上看，她又是一个过分注重现实利益的人。当年宋霭龄考虑问题的方法十分简单，然而也十分管用，就是看谁更有实力，谁的政策更符合自己以及家族的利益，她就支持谁。

当时，宁汉对立的代表人物分别是蒋介石和汪精卫。蒋介石是一介武夫，政治上又被认为是个暴发户，声誉不佳，但是由于手握重兵而成为国民党内实力型人物。汪精卫虽是一位老资格的革命党人，早年从政，熟悉孙中山的革命理论，又因雄辩而能在国民党内一呼百应，是当时颇受世人景仰的著名政治活动家与左派革命领袖。然而，汪精卫不掌握军队，没有经济实力，而且他的革命立场也并不坚定，只是虚有其表，不能承受真正的压力。

在当时的宋霭龄看来，蒋、汪的争斗孰优孰劣、孰胜孰败，其结果是十分明显的。因此，宋霭龄决定支持蒋介石，与国民党右派联手打击武汉国民政府。显然，宋霭龄当时做出这个抉择，虽多少带有赌博的味道，却也是经过深思熟虑的。

而从当时蒋汪斗争的手段和眼光来看，蒋介石制变机先，抢先一步把宋霭龄、孔祥熙争取到南京政府一边，不但是蒋介石转败为胜重要的一步，而且也是导致宋氏家族大分裂的重要因素。当时武汉政府与南京政府、蒋介石与汪精卫，都标榜自己是孙中山的嫡系传人，是国民党的正统政府，并不惜开动一切舆论宣传工具，揭露、指责与打击对方。

∧ 宋霭龄旧照。蒋介石与宋美龄的婚姻是宋霭龄一手促成的，当然这桩婚姻也为孔祥熙登上一人之下万人之上的宝座以及日后的飞黄腾达，创造了得天独厚的条件。

但是，在当时那场宁汉冲突中，蒋介石的南京政权明显地处于不利地位，因为孙中山的夫人宋庆龄坚定地站在武汉国民政府一边，完全有充分的理由和根据宣布南京国民政府是"伪府"、蒋介石是"民贼"。这是蒋介石当年极为害怕和忧虑的。

从当时宋庆龄在党内的地位来看，虽然只是一个国民党中央执行委员和妇女部长，但是她在政治上的声望却是如日中天。不仅蒋介石难以望其项背，就是同在武汉的公认的国民党元老人物汪精卫也难以与其争锋。因为只有她才可以说是孙中山的忠实革命伴侣和亲密的同志，是孙中山革命政策的坚决捍卫者。由此，蒋介石十分希望能把宋庆龄争取到南京政府一边来，但是宋庆龄对南京政府和蒋介石的断然拒绝态度，又使他感到又恨又怕。暗杀虽曾也在计划之列，只是始终没敢动手。

除了宋庆龄以外，宋氏家族的另一个重要成员宋子文当时也是蒋介石争取拉拢的对象。宋子文虽然在政治上没有很大的表现，不居于重要地位，但他是国民革命政府中著名的经济专家，握有武汉国民政府的财政金融大权。又由于他与江浙财团的密切关系，在财政金融方面具有举足轻重的作用。争取到了宋子文，也就是争取到了江浙财团的支持，这对南京政府来说也是成败的关键所在。遗憾的是，当时宋子文也是跟着姐姐宋庆龄，在武汉国民政府里面负责财政，不肯与蒋介石合作。

虽然宋氏家族的两名重要成员都在与蒋介石对抗，但是蒋介石还是有办法的。他于危急之中想到了一个人，这就是宋氏家族的大姐宋霭龄。他和孔祥熙一直有密切往来，所以很早就发现这位孔夫人对大局的许多想法，往往与自己不谋而合。于是，蒋介石早在3月份率军北伐途中到达南昌并驻庐山牯岭的时候，就曾经秘密派人到汉口送信，邀请宋霭龄到九江会面磋商要事，以便争取她的相助。宋霭龄接信后，当即搭乘中国银行的船赶到九江。

但是宋霭龄并没有下船，而是差人把蒋介石请到船上，并与蒋介石做了24小时的长谈。在那次谈话中，蒋介石请求宋霭龄能对他给予援助。

正如蒋介石事先预料的那样，宋霭龄是宋家三姐妹中最有办法的，她不但意志坚强、精力充沛，而且是一位醉心权势、富有心计、行事果断的女人。蒋介石深知宋霭龄最热衷的就是金钱和权势。为此，他把争取宋氏家族支持、扭转不利局面的希望放在这个宋家的大姐身上，结果，宋霭龄并没有让蒋介石失望。

一见面，蒋介石就诚恳地说："孔夫人的许多见解，中正十分赞同。现在革命形势变化迅速，不知孔夫人有何新的看法？"

宋霭龄也不客气，说："现在的形势对总司令很严峻啊。"

接着，她帮助蒋介石分析了他目前所处的危险境地，武汉政府有共产党和广大工人群众的支持，在国际上也有苏联政府的援助，蒋介石如不能得到有力的援助，则形势十分危险。接着，她提出让蒋介石积极争取上海和江浙财团的支持，同时要得到英、美等国的承认和援助，才有能力对抗武汉方面。为了达到这两点，宋霭龄明确指出蒋介石需要宋家这样有着海外背景和上海本地影响的家族的帮助。如果能达成合作，她有把握把宋子文争取过来，也就是争取到蒋介石急需的财政支援。

蒋介石听得连连点头称是，十分佩服宋霭龄的眼光和准确的形势分析。随后两人达成共识，蒋介石和宋家实现联合，宋子文和孔祥熙在蒋介石的新政府里将担任要职，帮助蒋介石在财政上获取上海和江浙金融资本家的支持，还有美、英等国的援助。

宋霭龄早就知道蒋介石一直在追求小妹宋美龄，眼看会谈进行得差不多了，就主动问蒋介石："小妹在武汉写的信总司令可收到？"蒋介石连说收到，还说自己正在准备写回信。

宋霭龄不再绕圈子，表示如果能实现蒋宋联姻，就更能保证双方的紧密合作。她答应蒋介石帮他做红娘，去说服宋美龄，以及获得宋家其他人对婚事的支持。

蒋介石喜出望外，连表赞同。

蒋介石和宋霭龄的九江会晤，无疑是中国现代史上的一件大事，由此而开始了蒋宋两大家族合作的格局。随着蒋宋联姻的成功，宋霭龄在

∧ 蒋介石与宋子文在一起。在拉拢宋霭龄的同时，蒋介石对宋子文软硬兼施，希望他出来主持财政。

蒋介石心目中的地位也一直极高，他始终很尊敬这位宋家的实际掌门人，对孔祥熙也一直很重用。

蒋宋在九江达成合作后，宋霭龄就正式开始在暗中策划颠覆武汉的国民党中央、帮助蒋介石成立南京政府的一系列活动。她一方面运筹帷幄，精心设计；另一方面让孔祥熙也从广州赶到武汉，以便夫妻两人共同活动，来帮助蒋介石获得成功。宋霭龄与孔祥熙在相互配合的同时，并对各自的工作重点做了分工。宋霭龄主内，重点做好宋氏家族成员的分化瓦解工作——软化宋庆龄、俘虏宋子文，实现蒋宋合作体制；孔祥熙主外，重点联络北方的实力派军阀冯玉祥，来帮助蒋介石对抗武汉，并协调汪蒋矛盾，促进宁汉合流成功。

当时孔祥熙的联冯活动进行得很顺利，这使他后来在南京国民政府要员们心目中的身价倍增，也为他以后的飞黄腾达奠定了基础。宋霭龄的倒汪活动也进行得卓有成效。当时，宋庆龄与宋子文姐弟俩可以说是武汉国民政府的左膀右臂。如果说宋庆龄是武汉方面的政治支柱的话，那么宋子文则是武汉方面的财政支柱。

蒋介石很同意宋霭龄的看法，南昌武汉之间的国民党党内斗争和国共两党的党际斗争的决胜战场，不在武汉，而在上海。谁能抓到上海的钱包，谁就有最后的胜利。

如果能够娶宋美龄为妻，蒋介石自己就成为孙中山的姻亲，而握有国民政府财权的宋子文就成了他的大舅子。在当时，除争取一定的政治声望之外，能争取财援对蒋介石乃是当务之急。宋子文握有武汉国民政府的“钱箱子”。因蒋介石对武汉的国民党中央抗命，财神爷曾经扣压了他的军火与军饷。加之宋子文与江浙财团的密切关系，能号召上海资本家捐款为蒋买军火，在财政金融方面具有举足轻重的作用。所以宋子文成了蒋介石必须争取到的重要对象。换句话说，争取到了宋子文，在某种意义上也就是争取到了江浙财团的支持，这对南京政府来说，也是成败的关键所在。

蒋介石希望宋子文出来主持财政，解决南京政府面临的筹饷和财政统一问题。这也是南京国民党中央决策层的共同看法。当时和宋子文一直交好的国民党高官曾谈道：“以现在政府之状况说，北伐军事已在发展时期，首都新治，应从训政开始。惟军事政务皆赖于财政者最为重要，国府方面故以宋部长出而担任。宋部长前在广东办理财政，很有成绩，辅助军事进行极大。……现在训政开始，要实行民生主义，更要一方面发展军事，一方面统一财政。宋部长之经验学识最深，党内同志，希望其在此最短时期，于财政上有重大之发展，以完成北伐统一中国。”

的确，作为建立不久的南京国民政府，一方面在大部分新收复地区急需整理财政、增加收入；另一方面正在规划新的战事，筹措军费乃至政费，实在是不可拖延的紧迫任务。此外，财政部是国民政府中的一个极为重要的部门，财政部长的人选必须在国民党中央决策层内获得通过，为各主要派系所接受。显然，在当时国民党营垒中，从学识、经历、地位、人际关系等方面的因素来看，宋子文确实是出任财政部长的最合适的人选了。

同时宋子文在广东政府数年，名声也一直很好，按照李烈钧的说法："宋部长向来光明磊落，很以国家人民为重的。"蒋介石不会不看到这一点的。

但要争取宋子文，没有宋霭龄的帮助就大为不易。早在1927年3月底，宋子文就以武汉国民政府财政部长的身份到上海负责筹款。宁汉对立后，宋子文断然拒绝了蒋介石要求与他进行合作的请求。当蒋介石不得不在没有宋子文帮助的情况下，直接向上海金融界"借款"时，宋子文又拒绝为银行家们签发偿还"借款"的保证书。这使蒋介石十分恼火，但一时又无计可施，只好赶紧写信给宋霭龄求援，让她和宋美龄速回。

不久，宋霭龄也赶回上海，她暗中向蒋分析并献计：宋子文一时难以"转弯子"的原因，一是他一向把武汉政府视为"正统"，而把宁方视为"伪府"；二是宋子文素来自视甚高，有书生习气，对蒋介石靠军队出身的新军阀更是不屑一顾；三是他在国民政府任职多年，与武汉方面的许多人士毕竟有很深的交情，特别是与其二姐宋庆龄感情颇深。现在要他叛汉投宁，无论是从他的一贯性格与气质方面讲，或是从伦理道德上讲，都将是他一向不屑于做的。为今之计，只有采取软硬兼施的办法，一方面对他施压，使他不得不从；一方面让他能在心理上有所解脱，洗掉所谓"叛徒"的罪名。

另外宋霭龄认为，宋子文虽然一直在武汉国民政府中担任重要职务，但是，他对武汉地区近来出现的阶级斗争激化的现象亦表示出不满，对国民政府亦即武汉政府的前途曾表示悲观失望，尤其对自己的前途地位与私人财产深感忧虑。因此，宋子文不同于宋庆龄是纯粹的理想主义者，也看重自己的个人利益，他应属于那种能够争取过来的对象。

蒋介石一听，连称孔夫人妙计，并当即依计而行。1927年5月，蒋任命特务处杨虎为上海警备区司令，陈群为各军政治部主任兼特别军法处处长。杨、陈奉蒋介石的命令在宋宅附近布置暗探，窥测动静。宋子文亦不断收到匿名恐吓信。本质上还是知识分子的他一时感到十分紧张不安，以至不敢出法租界与公共租界一步，生怕一出租界就会被抓。接着，蒋介石又派人封闭了宋子文在上海的办事处，并成立江浙两省财政委员会，令其没收宋子文在广东银行的所有财产。

在蒋介石动用武力对宋子文蛮干的时候，宋霭龄则配合默契地对他进行说服动员工作，并发动母亲倪桂珍与小妹宋美龄等共同上阵，以群体战术对宋子文实行车轮大战，一起帮助他"洗脑筋"，晓以利害并促其放弃武汉政府，投入蒋介石怀抱，以维护整个家族利益等等。

就这样宋霭龄与蒋介石互相配合，同时实施软硬两手，使宋子文感到穷于应付，心情也极其紧张。当时，宋子文不敢外出，住在位于法租界莫里哀路的宋庆龄寓所内，每天坐困愁城，不知所措。

经过一段时间的对峙、彷徨与动摇，宋子文已知自己别无选择，只好听从大姐的"劝告"与安排，表示与蒋介石的南京政府合作，并且同意替蒋携带一封信，返回汉口交给宋庆龄，

∧ 宋子文在内外压力下，投向了蒋介石，也开始了他在国民党内纵横捭阖的岁月。

进一步动员宋庆龄脱离武汉政府站到蒋介石一方来。宋美龄当时已准备答应蒋介石的求婚，看到这个大哥终于和自己以及家族走到了一起，十分高兴，她也给宋庆龄写了一封信托宋子文带到武汉。

当宋子文于同年7月上旬离沪返汉时，宋霭龄另叫宋子文给宋庆龄带去一个口信，恐吓她如果不与南京政府合作，蒋就会对她实施一个暗杀计划，到时她将有生命危险云云。

虽然武汉政府内部汪精卫日渐动摇，准备背叛革命，但是宋庆龄接到蒋介石的“劝降”亲笔信与宋霭龄的恐吓口信后，丝毫不为所动。同时她却为大姐与大弟背叛孙中山的革命事业、与独夫民贼蒋介石为伍，深感羞愤与痛苦。她要宋子文答复大姐与蒋介石，如果武汉政府最后垮台了，她就回上海，决不加入蒋介石的南京政府。她决不会与背叛孙中山遗训的叛徒进行合作。

宋庆龄当时的这个态度，无疑也是与宋氏家族的断绝。因为在数十天后，武汉政府垮台，蒋汪合流，宋霭龄及孔祥熙成为蒋记南京政府的大功臣，宋子文、宋美龄、宋子良等家族成员在大姐的带领下，先后均成为南京政坛上的风云人物。唯有宋庆龄不肯屈从于大姐的权威，成为蒋记南京政权的重要政敌，也成为宋氏家族的“叛逆”。

历史备忘录

HISTORY MEMORANDUM

V 1924年，孙中山等国民党政要出席黄埔军校开学典礼。

V 黄埔军校教官正在讲授军事课。

2

3

4

1

《中国国民党宣言》发表

在共产国际和中国共产党大力支持和帮助下，孙中山开始了国民党改组工作。1923年元旦，由胡汉民、汪精卫起草的，孙中山审定的，政策上有重大的改变的《中国国民党宣言》发表。宣言强调“以三民主义为立国之本源、五权宪法为制度之约领”，还指出“今日革命，则立于万民之众之地位，而为之向导，所关切者，民众之利害；所发抒者，民众之感情。……故革命事业，由民众发之，亦由民众成之”。宣言表明了孙中山由依靠地方军阀到依靠广大民众的转变。

农协会被纳入三民主义

1924年6月19日，广州政府就农民运动发表第一次宣言。宣言号召农民组织农民协会和独立自卫军。24日，经孙中山批准，国民党中央执行委员会发布《农民协会章程》。章程明确提出：农民协会是三民主义组成部分，代表农民解放劳动阶级的意愿。将贫苦农民以协会形式组织起来的目的是增强农民自我保卫和提高农民的生活。

中国致公党成立

1925年，以国外华侨主要是海外洪门人士为基础组成的爱国民主党派。洪门致公党是洪门华侨中最大的一个组织。10月，在美国旧金山召开洪门团体代表会议，即洪门致公党第一届代表大会。决议自10月10日起，以洪门致公党为基础，组织华侨政党，名为中国致公党。

蒋介石组建嫡系集团

1926年6月27日，黄埔陆军军官学校同学会成立，该会称以“遵守总理遗嘱，努力国民革命”为宗旨，规定：“一切会务均听命于会长。”蒋介石任会长，下设组织、宣传、总务三科，曾扩情、贾伯涛、刘仇西等负责实际事务。该会成为蒋介石吸引黄埔军官、形成自己势力的核心组织。

蒋宋联姻

06

《大公报》创始人之一胡霖对蒋介石向宋美龄求婚的举动做过精辟的分析："蒋介石再婚是一个深谋远虑的政治行动。他希望做他们的妹夫，以便争取孙中山夫人和宋子文。当时蒋介石也开始想到有必要得到西方的支持。以宋美龄做他的夫人，他便有了同西方人打交道的'嘴巴和耳朵'。另外，他很看重宋子文这个金融专家。不过说蒋介石不爱宋美龄那是不公正的。蒋介石显然认为自己是英雄，在中国历史上，英雄难过美人关。"其实将宋美龄的美貌暂且抛置一边，她独有的显赫地位，她的西方关系，她广泛的社交关系，宋家庞大的财产，她与孙中山的关系，对于权力欲极重的蒋介石来说，一个宋美龄早已赛过了二十个陆军师。

宋霭龄大力推动蒋宋联姻

1927年3月26日晚上，坐落在上海西摩路上的宋家客厅内灯火通明，正在举行宴会。宋老太太端坐在上首，神情严肃，不多说话。宋霭龄坐在母亲身边。当天，黄埔军校校长、国民革命军总司令蒋介石要来宋家赴宴。当时的北伐进展顺利，蒋介石一路凯旋，战绩辉煌，进入上海后，更加踌躇满志，在宋霭龄的出面邀请下，兴致勃勃地来到宋美龄家中参加宴会。

虽然宋老夫人似乎不太热情，但有宋霭龄的热情招呼，加上孔祥熙的善谈，平时一向严肃的蒋介石也是表情轻松，谈笑风生。宴会结束后，宋老夫人先回房休息了，宋霭龄把蒋介石留在客厅。

9点钟的时候，宋美龄从外面回来了。蒋介石急忙上前和宋美龄握手寒暄。随后，宋美龄向早已有默契的大姐打了个招呼，就带着蒋介石上楼，两人在楼上密谈了一个多小时。将近11点钟，蒋介石才告辞下楼，宋美龄送他出来，还微笑着用英语和他说了“再见”。

回到客厅，还在等结果的大姐宋霭龄就迫不及待地问宋美龄和蒋介石谈得如何，都说了些什么，宋美龄只是不停笑着，说：“他这个人呢，总司令当惯了，说什么话都是板着脸，一点也不有趣。”宋霭龄看着小妹的神情，知道事情已经成功了。

经过长时间的通信和大姐宋霭龄的传话联系，宋美龄和蒋介石两人这次面对面的谈话终于算是把事情定了下来。蒋介石欣喜不说，宋美龄也是如释重负：自己终于做出了决定。

接下来的问题就是如何说服家里人了，虽然哥哥宋子文和姐姐宋庆龄都不赞同，母亲知道后肯定也要反对，但既然宋霭龄已保证此事能成，有这位大姐的帮助和策划，宋美龄相信事情终究会得到解决，因为从小她就信任大姐的能力和智谋。

就在蒋介石这次来宋家拜访之前，大姐宋霭龄约她到自己的家里进行了长谈，明确地给她分析了形势，要求宋美龄尽快表态，答应和蒋介石的婚事。

宋霭龄也知道小妹和蒋介石早有交往，直接问她对蒋介石的看法。宋美龄笑了笑，说：“我和他的生活习惯合不来，他连拿刀叉都不懂，像个一窍不通的阿木林。”

宋霭龄知道她是故意回避主要问题，就直截了当地说：“这些都是枝

∧ 1926 年 10 月，蒋介石在北伐途中留影。

节问题了。蒋介石现在是总司令，也是明天中国的统治者。你不是非英雄不嫁吗？大姐看得比谁都准，和他结婚，你就是总司令夫人，明天中国的第一夫人，宋家的未来就要看你的了。”

宋美龄心里也是一阵激动，但还是笑着说：“第一夫人那可是当孙夫人的二姐啊。”

“她是现在的第一夫人，将来就不是了，将来你是第一夫人。”听宋美龄提到庆龄，大姐有点不愉快了。

宋美龄知道该说正经的了，于是提出了蒋介石的前妻问题，还有家里人可能的反对，毕竟蒋介石是 40 岁的人了，也有过不少女人，声名不佳。

★北伐战争

随着两广统一和国民政府的巩固，1926年1月，国民党二大做出了进行北伐的决定。这是第一次国共合作时期，广州国民政府在中国共产党的支持和协作下，以推翻北洋军政府的反动统治为目的而进行的一场反帝反封建的伟大革命战争。由于有中国共产党人的积极参加和沿途农民运动的全力支持，北伐军取得了前所未有的伟大胜利。但由于以蒋介石为首的国民党右翼势力的背叛革命，北伐战争中途夭折。

宋霭龄很有把握地说："他的家庭问题容易解决，和现在的老婆脱离关系，姓蒋的肯定没话说的。家里母亲的说服工作包在我身上，我有主意。你快下决心吧，机不可失。"

从大姐的家里出来，宋美龄一路思索这事的前因后果、方方面面。

宋美龄一直记得1923年在广州的日子。蒋介石在长达五年的求婚历程中，已奇迹般地从广东政府一个普通的军事将领升为统领千军万马的北伐军总司令。在国民党内，他也已成为举足轻重的核心人物，成为"总理的继承人"，名扬世界。当时，英美的一些报刊称蒋介石为一位"最年轻的革命领袖"，美国《时代》周刊也曾以蒋介石为封面人物。风云际会，时势造英雄，蒋介石在北伐战争★中捞足了政治资本，发展了自己的军事实力，当时权倾天下，成为万众瞩目的风云人物，全世界许多国家从此开始建立"蒋介石档案"，认准他将是全中国的领袖。

回国十年了，国内的政治形势变幻宋美龄都看在眼里，她也认为蒋介石登上中国政治权力顶峰的可能性已非常大。凭着女性的直觉，宋美龄感到接受蒋介石求爱的时机已经成熟，再像以往那样不做决定的话，就会失之交臂。以蒋介石今时的权力地位，要找到比自己年轻貌美的女性是轻而易举的，他也是看重自己的能力和才气，当然还有宋家和孙中山的特殊关系。自己的年纪也已不小了，事情不能再拖了。

宋美龄一直觉得自己的婚姻大事应当与中国的命运有某种天然的联系，现在，这种感觉终于在蒋介石指挥北伐军取得一个又一个辉煌胜利的时候应验了。她觉得，嫁给蒋介石应该就是她命运的归宿了。

∧ 仕途得意的蒋介石对宋美龄展开了长达五年的追求。

＞ 1927 年 11 月，蒋介石与刘纪文在日本合影。

蒋介石那边的条件已具备，现在家里又有大姐的从中相助，宋美龄感到应该正式接受蒋介石的求婚了。大姐可以帮她向蒋介石谈一些自己不便谈的条件和想法，也能帮助她说服家里人，而她之所以一直犹豫，就是知道家里人肯定会反对。宋庆龄在五年前就对蒋介石看不惯，现在就更不用说了；哥哥宋子文也一直看不起蒋介石，觉得他流氓出身，素质不高，不择手段地往上爬，虽然宋美龄觉得可以英雄不问出处，但哥哥未必会这么想，而且宋子文和刘纪文是好朋友，一直希望妹妹能和刘纪文结婚。

刘纪文回国后也一直没有放弃对宋美龄的追求，但宋美龄回国后社会阅历和人生经验颇为丰富，已不再是大学时代的纯情少女了。她曾明确告诉刘纪文自己虽然也爱他，但不想做一个无所事事的家庭妇女，成天在家相夫教子，默默无闻。她要找一个英雄，来实现自己为公众服务、做一个有社会影响力的人的目标。刘纪文虽然很失望，但是痴心不改，告诉宋美龄只要她没结婚，自己就一直会等她。所以宋美龄心里也一直很感激他的一番情意，决定和蒋介石结婚后也要尽力帮他一把，以作报答。

后来，在蒋介石的安排下，刘纪文果然当上了南京市长。但他没有实权，本身也并不适合官场，所以不久后就去职了。

经过一夜思考和权衡，第二天宋美龄决心已定，就找到大姐，提出了三个条件，要她向蒋介石转达。这三个条件是：第一，蒋介石必须信奉上帝，受洗礼成为基督徒，因为宋家是全家信教，两人必须有共同的宗教信仰；第二，蒋介石必须立即和原有配偶解除婚约，她的丈夫必须一辈子忠于她，并且只属于她一个人；第三，宋美龄不担任政府公职，只担任蒋介石的私人秘书，对外从事政治活动。

蒋介石急于获取宋美龄的芳心，对这三个条件当然是满口答应。于是才有了3月26日蒋介石的夜访，宋美龄当面答应了他的求婚。

南京政府4月18日正式成立后，蒋介石一边忙着他的“清党运动”★，继续“四·一二”以来对共产党的镇压，一边还忙着和宋美龄的婚事进展。当时感到身心疲惫的他决定到镇江焦山去休养一段时间，就想乘机邀请宋美龄一起去游玩。为此，他还特意向国民党中央请假十天。

5月14日，蒋介石派自己的卫士队长宓熙带了自己的亲笔信专程到上海邀请宋美龄。第二天上午，宋美龄坐了蒋介石安排的一列花车，在下午3时抵达镇江。

火车驶入镇江车站时，车站上已有警察警戒，蒋介石早已亲自带人等候在车站上，他不穿军装，换一套英国花呢西装，戴一顶巴拿马金丝草帽，足蹬一双白皮鞋，精神奕奕，容光焕发，打扮得一派绅士风度。背后有一排卫士和公安局长俞子厚。在车站站长的亲自指挥下，花车正停在蒋介石的面前，他立即走上花车，同宋美龄见面，握手言欢。看到这样的隆重场面，宋美龄感到很高兴。随后，蒋介石急忙把宋的手提包抢

∧ 在1927年的"清党运动"期间，有无数的共产党人和进步民众被国民党杀害。

★"清党运动"

1927年4月18日，南京国民政府通过了《请中央执监联席会议训令各级党部从事清党运动》的提案。同时，国民政府发出"秘字第一号令"，实行"清党"。谓："查此次谋逆，实以鲍罗廷、陈独秀、徐谦、邓演达、吴玉章、林祖涵等为罪魁，以及各地共产党首要次要危险分子，均应从严拿办。"首批明令通缉者有197人。4月26日，南京国民政府宣布接受南京国民党中央政治会议咨请《查办共党分子案》。"清党运动"全面展开。

在自己手里，两人缓步下车，改乘一辆新式轿车开到江边，换乘小汽艇，直驶焦山。

焦山位于长江之中，来往必须乘船。山上有个大庙，和尚并不多，平时游人也不很多，环境非常幽静。

两人在焦山一起度过了十天，每日早出晚归，游览附近的名胜古迹，放情于水光山色之间。这次历时十天的旅游，是蒋介石与宋美龄婚姻道路上的一个里程碑。

蒋介石“处理”旧妻妾

为了取得“合法”的求婚资格，通过宋家尤其是宋老夫人这一关，蒋介石开始对自己原有的妻妾进行处理。对原配夫人毛福梅、侧室姚冶诚和一直陪在身边的陈洁如，他采取的手段各不相同，使得毛福梅离婚不离家，姚冶诚异地别居，哄骗陈洁如“出国考察”，从而一一解除了与三个妻妾的关系。

毛福梅是蒋介石的结发妻子，生于1882年，比蒋介石还大5岁，从19岁嫁入蒋家到45岁被休，她与蒋介石的夫妻名分不过维持了26年，而在一起的时间更是寥寥无几。毛福梅嫁给蒋介石，是由双方家长做主包办的旧式婚姻，毛氏是缠足的旧式家庭妇女，年纪比他大，长相又不出众，因此结婚后蒋介石对她一直很冷淡，夫妻二人的感情极其一般。不过毛福梅心地宽厚，性情柔顺，对蒋介石的生活悉心照顾，同时尽力帮助蒋母操持家务，恪守妇道，深得婆婆王采玉的疼爱。她给蒋介石生下了儿子蒋经国。

1921年蒋母王采玉去世，毛福梅成了蒋家老宅丰镐房的女主人。虽然外有总管，内有账房，但她事无巨细，都亲自过问，治家严谨，深得蒋家上上下下的敬重。但是蒋母的去世毕竟使她失去了最强有力的靠山，蒋介石本来因为母亲之命不敢提出离婚，现在就可以为所欲为了。蒋母是6月去世的，11月蒋母的丧葬大典刚结束，对自己的旧式婚姻早就不满的蒋介石立刻正式向毛福梅提出离异的要求，因为众多乡里亲朋的反对而不得不暂时作罢。

现在，蒋介石决定正式向宋美龄求婚，以往的一切婚约自然要解除，他再次面临抛弃糟糠之妻的难题，颇感棘手。但此时的蒋介石已登上中国政治舞台的中心位置，自然有他的办法。

他首先给家乡奉化县的县长发函，请许可与夫人离婚，随后亲自回溪口老家强迫毛福梅办理离婚手续。为了有回旋的余地，他派蒋介卿代表自己出面和毛福梅以及毛家商谈，但遭到拒绝。毛福梅表示坚决不出蒋家老宅，毛家的态度也很明确：“福梅是嫁出去的囡，泼出去的水，嫁鸡随鸡，嫁狗随狗，活着是蒋家人，死了是蒋家鬼。”

眼看事情闹成僵局，蒋介石不得已只好请出毛家一向敬重的地方绅士孙琴风来做说客。最后，在孙琴风的担保下，双方达成了离婚协议。但协议订明仅在名分上脱离关系，离婚不离家，毛福梅仍然是蒋家丰镐房

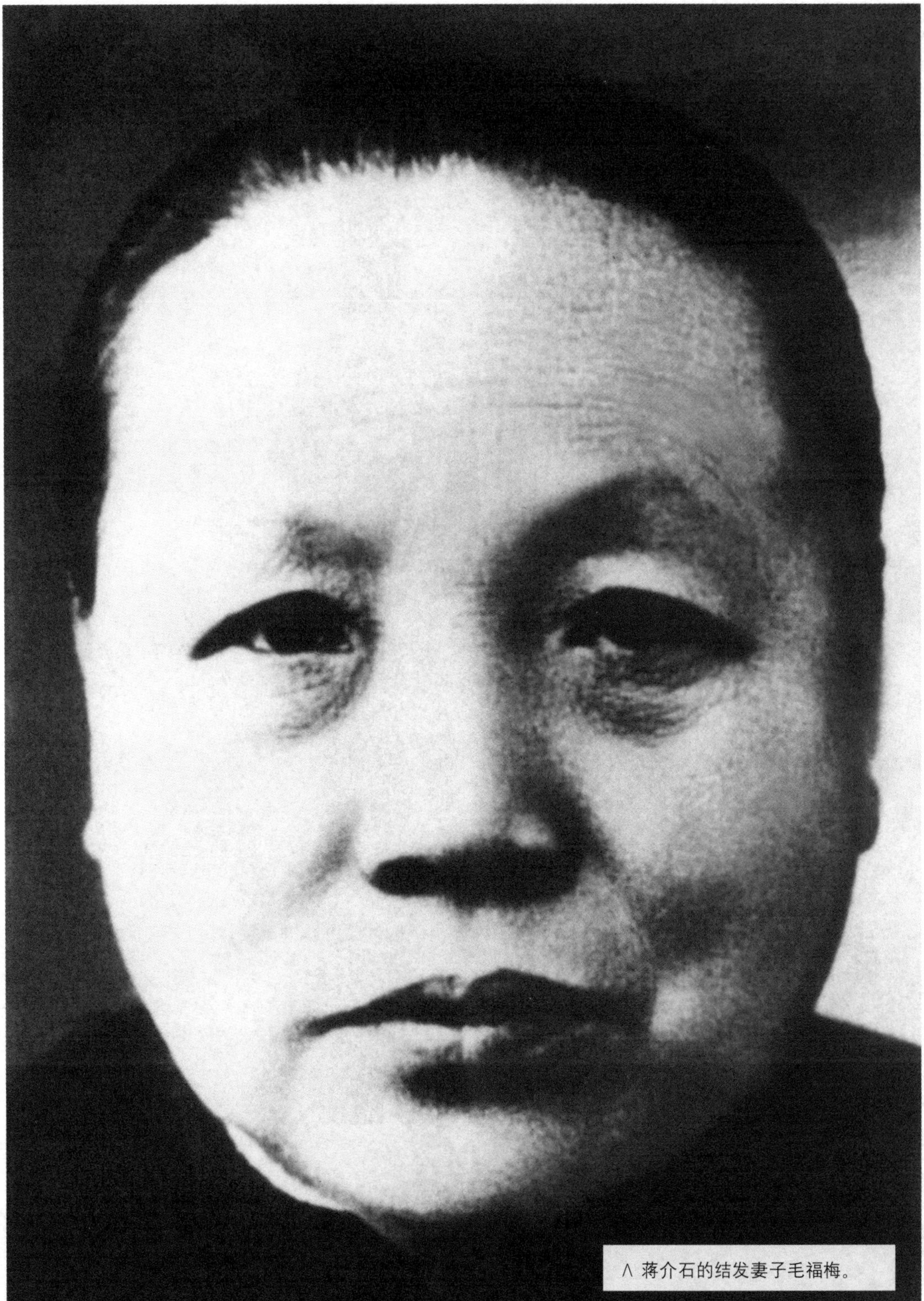

∧ 蒋介石的结发妻子毛福梅。

< 1926年，蒋介石与陈洁如在广州。

< 毛福梅与蒋经国夫妇合影。一个将自己的幸福葬送在封建婚姻制度下的女子，据理力争得来的不过是一个名存实亡的名分。

的主妇，蒋经国也依旧是蒋家的正宗嫡嗣，记在毛福梅名下。毛福梅抱着“宁可人负我，不可我负人”的态度，最终在离婚协议上签了字，成全了蒋介石。

1927年9月28日，蒋介石连着三天在上海《民国日报》等报刊上刊登了一则《蒋中正家事启事》：

各同志对于中正家事，多有来函质疑者，因未及遍复，特此奉告如下——民国十年，原配毛氏与中正正式离婚。其他两氏，本无婚约，现已与中正脱离关系。现除家有二子外，并无妻女。惟传闻失实，易滋淆惑，特此奉复。

这个启事还在奉化县政府备了案。蒋介石终于如愿以偿，为向宋家求婚扫除了第一个障碍。

姚冶诚早在蒋介石找了陈洁如后就已和蒋分居，也只是同居关系，所以这次就不用他再费心处理了。

但是对于如何处理目前一直陪在身边的陈洁如，蒋介石倒是大费了一番脑筋。陈洁如年轻貌美，又有见识，脾气也不像前两位的和顺，容易对付。

陈洁如原名陈阿凤，1906年出生在浙江镇海老家，从小随父亲到上海居住。蒋介石初见她时，她还只有13岁，由于身材高挑，看上去比实际年龄成熟不少。在张静江家认识以后，蒋介石就展开攻势，疯狂追求。两人于1921年在上海订婚，当时的证婚人是和蒋介石一起闯荡上海滩的兄弟张静江和戴季陶。其后蒋介石为陈阿凤改名陈洁如，寓意为纯洁脱俗。当时蒋介石34岁，陈洁如15岁。

∧ 蒋介石与其母王采玉合影。

不久后蒋介石即应孙中山电召，带了陈洁如南下广州。虽然蒋介石因为托孙中山做媒的关系，没有向外界表明陈洁如是自己的夫人，但此后陈洁如一直陪在他身边，被称为"总司令夫人"。陈洁如受过中等教育，中英文俱佳，在各种社交场合也是应付自如，蒋介石也感到很骄傲。他们两人的感情也不错，蒋介石经历几次大的政治风浪时，陈洁如都和他共同度过。

1926年底到1927年初，蒋介石开始正式筹划和宋美龄的婚姻。当时围绕国民政府的迁都问题，设在南昌的北伐军总司令部与设在汉口的国民党中央之间发生了激烈的冲突。一方要把政府从广州迁往南京，一方要求迁到武汉。蒋介石迫切需要得到江浙财阀的支持，与宋家的联姻迫在眉睫。

> 蒋经国为蒋介石与毛福梅所生，蒋介石离婚后其身份仍为蒋家正宗嫡嗣。

现在与宋家的掌门人宋霭龄会谈过，宋霭龄答应促成他和宋美龄的婚事，蒋介石必须考虑处理和陈洁如的关系了。在九江的时候，蒋介石首次向陈洁如透露了自己的打算。他把自己说成是为了政府的前途而不得不寻求和宋家联姻，要求她从长远前途考虑，做出自我牺牲，赴美留学，退让出去。等中国统一大业完成，他的权力和地位稳固了，就立刻恢复与陈洁如的关系。

陈洁如当时感到震惊和愤怒，离开了蒋介石回到上海自己家中。8月份蒋介石"下野"前夕，亲自到上海陈洁如家中，做她和其母吴氏的工作，劝说陈洁如出国留学，并发出重誓："自今日起五年之内，必定恢复与洁如的婚姻关系。如果违反誓言，没有将她接回，祈求我佛将我殛毙，将我的南京政府打成粉碎。如果十年二十年之内，我不对她履行我的责任，祈求我佛推翻我的政府，将我放逐于中国国外，永不许回来。"

陈洁如见事情已无可挽回，只好服从蒋介石的安排，同意到美国留学。于是在1927年8月19日，蒋介石委托杜月笙安排陈洁如前往美国"考察"，临行前给了陈洁如10万元旅行费。

< 张静江夫妇是蒋介石与陈洁如的证婚人。

8月，在徐州兵败之后，迫于武汉方面和南京政府内部桂系的压力，8月13日蒋介石即辞去国民革命军总司令等本兼各职，宣布“下野”。他带着卫队回到家乡溪口，入住雪窦寺，一方面遥控政局，一方面抓紧办理与毛福梅、姚冶诚、陈洁如彻底脱离关系的手续，并在奉化地方政府备案，以使他成为一个真正的“独身未婚”之人。

蒋介石的“下野”是为了以退为进，他离开南京后，由汪精卫控制的具有法统地位的国民党中央党部和武汉政府就可以和南京政府合并，南京政府可以成为国民党的合法政权。而他离开南京时带走了政府中一大帮人，像中央委员张静江、蔡元培、吴稚晖以及身任国民政府主席的胡汉民等都辞职去了上海，南京城里留下负责和汪精卫谈判的是做不了主的桂系和何应钦等人，而在许多重要岗位上的人员都是蒋介石的亲信，上海的买办和银行家也不支持桂系领导的南京政府。蒋介石知道到时候桂系和汪精卫还是要请他出来收拾局面的。

蒋介石下野★后在溪口给宋美龄写了一封情书，其中写道：

余今无意政治活动，惟念生平倾慕之人，厥唯女士。前在粤时，曾使人向令兄姊处示意，均未得要领，当时或因政治关系。顾余今退而为山野之人矣，举世所弃，万念灰绝，曩日之百对战疆，叱咤自喜，迨今思之，所谓功业宛如幻梦。独对女士才华容德，恋恋终不能忘，但不知此举世所弃之下野武人，女士视之，谓如何耳？

宋美龄当初肯与这个“武人”同游焦山，芳心所属已然昭示于人，接到蒋介石的这封情书后，她当即向亲朋好友们放出口风，说是要同蒋介石结婚。她和大姐宋霭龄都十分清楚南京政府的形势，知道蒋介石的复出是迟早的事。

后来这封情书在天主教所办的天津《益世报》公开后，被传诵一时，宋美龄也很得意。她尤其喜欢蒋介石自称“举世所弃之下野武人”，觉得很有大人物的豪气。自己的婚姻如此被天下人重视，更是有了一种登上舞台中心的感觉，而这是她从小所向往的。

★蒋介石“下野”

1927年8月9日，唐生智发表讨蒋通电，指责蒋介石“以军治党，以党窃政”，自立政府。通电要求海内忠实同志“共起而平乱”。8月13日，蒋介石发表《告中央各执监委员书》说：“本年七、八月间，察知一般军人多不能认识党，不愿尊重党……中正以为情势至此，若再恋栈，既非党所任命之总司令，而将成武力之傀儡。中正决不愿如此，故决然引退。”同日，蒋介石被迫辞去国民革命军总司令职，宣布“下野”。

∨ 陈洁如在蒋介石的安排下赴美“考察”，她在檀香山受到当地革命党人的欢迎。

∧ 1927 年 4 月，蒋介石与胡汉民（右二）等人在南京。
＞ 1927 年时的蒋介石。

宋老太太终于点头

蒋介石忙着在老家处理旧妻的同时，宋家这边大姐宋霭龄也正忙着做家里人的说服工作。

她首先要说服的是宋子文。宋子文虽然最终迫于各方压力同意到蒋介石的南京政府任职，但在小妹的婚事上还是持着反对意见。他可以接受宋美龄不和好友刘纪文结婚，但不能接受她和蒋介石这个自己心目中的流氓政客结婚，他明确地表示自己不想当这个大舅子。宋霭龄一方面利用自己的大姐身份进行说服，同时还找了和宋家关系密切而且宋子文较为心服的谭延闿出面做工作，最后总算让他表示同意。

宋庆龄当时还在武汉，由于她有“国母”的身份，又对蒋介石从人品到政治立场完全是痛恨的态度，所以也很伤宋霭龄的脑筋。最后，还是靠在宋家和宋庆龄比较谈得来的宋子文出面。在大姐的压力下，宋子文只好答应到武汉说服宋庆龄。经过他从上海到武汉来回两趟，最后宋庆龄总算答应在宋美龄和蒋介石结婚过程中尽量保持沉默，尽管她还是持反对意见，认为小妹和蒋介石的婚姻只有政治，没有爱情。

宋母倪桂珍一直未曾答允这门亲事。她认为军人的社会地位低下，而宋家是有文化的中国家庭，双方门不当户不对。此外，蒋介石早有妻子小孩，并且还曾纳妾，社会上也一直有传言说他与别的女人保持关系，与自家有才有貌的三小姐极不般配。此外，蒋介石一介武夫，不是基督徒，这信仰的差异也是宋母不肯答允这门亲事的重要原因。

当时宋美龄就曾不无忧虑地告诉蒋介石："自从二姐私奔日本，嫁给了结过婚的男人之后，家母对有过婚史的男人就十分厌憎，而且尤其看不上军人。如今，你是两条都占了，所以，家母那里还有一关哪。"蒋介石只是笑了笑，不以为然地摇了摇头。他想只要你同意，还有什么办不成的事呢？他相信以自己的地位和能力，加上大姐宋霭龄的帮忙，宋母那一关总是能过的。

宋霭龄办事认真，只要她认准的事，非办成不可。同时，也让世人看到，她在家庭这个舞台上的作用和威信、威力。实际上，当年在宋家这个十分西化和开明的家族里，她也一直保持着掌门人的地位。宋母倪桂珍虽然一直没有答应这门婚事，但也说过让宋霭龄为小妹的婚事做主。

当时倪桂珍因国内战事紧张，也不想见蒋介石，就到日本暂住，行事果断的宋霭龄决定先公开消息，再慢慢想办法让远在日本的母亲接受女儿的婚姻。

1927年9月16日，上海宋霭龄的寓所里热闹非凡，一个小型的记者招待会正在这里召开。蒋宋联姻的主要策划者宋霭龄向到场的记者和摄影师介绍了蒋介石和宋美龄，并正式宣布："蒋总司令即将与我的三妹喜结伉俪。"

在场的记者争先恐后地给蒋宋两人拍照。第二天，世界许多报纸和杂志都预先刊出了蒋宋两人携手并肩的照片。在结婚后，宋美龄和蒋介石的合影不知有多少，蒋介石的严肃和宋美龄的美貌世人皆知，可是这"第一张合影"却是意义不同寻常。当时许多报纸用的标题是"蒋总司令与孙夫人的妹妹即将结婚"，强调了其政治含义。

9月17日《纽约时报》也于头版头条刊登了这则令世界吃惊的消息："蒋总司令即将与宋美龄女士结婚"。并在该报左上角刊出了蒋介石与宋美龄的第一张合影。

当时该报驻上海记者米塞尔维茨发回的一篇报道说："这场在中国空前隆重的婚礼正在紧锣密鼓地进行，据说蒋已请来了一位英国著名裁缝，正在为他赶做礼服、礼帽，宋家正在为其妹赶制嫁妆。据说这份嫁妆价值3.5万美元，是中国姑娘中至高无上的。据说蒋总司令已同结发之妻毛福梅离婚，采取的是中国最传统的做法——休妻制，宣布她再也不是他的老婆了；另外宋美龄也同她的情人、当年赴美留学生刘纪文分手。"

米塞尔维茨在报道中还说：

"种种迹象表明：即将举行的宋美龄的婚礼没有因为这些形形色色的蒋夫人的存在而推迟，他们之间的婚姻完全是以双方的爱情为基础的。蒋同宋家的罗曼史将使蒋身价倍增，成为中国第一人……"

至此"蒋宋联姻"的唯一障碍就是宋氏姐妹的母亲倪桂珍了。这位被人称为宋家"佘太君"的老夫人不但始终反对这门婚事，而且极力回避同蒋介石当面谈论这个问题，并且在很长一段时间里拒绝与蒋介石见面。为了躲开蒋介石的死缠烂磨，宋母决定远走日本，避开蒋介石。

但是，蒋介石对宋美龄是志在必得，现在大事已定，又岂肯功败垂成？于是，在宋美龄和她大姐的精心准备和安排下，他决定亲赴日本，当面向宋母求允婚事。为了配合他的当面请求，宋霭龄和宋子文都写信给母亲，反复说明蒋宋联姻对小妹和整个家族的重要性。

行前，蒋介石还特意对外声称："此种婚姻，并非政治结婚。诸人皆从事于政治生涯，乃属偶然巧合，并非同派。且家姓尚未允许，宋女士之母病在神户。余拟即前往问候，并向乞婚，以外并无其他任务。是否成行，尚待神户消息，视家夫人病体何如。"

∧ 1927 年 9 月蒋介石赴日本，一来为寻求日本政府的支持，二来游说宋母倪桂珍同意自己与宋美龄的婚事。图为蒋介石在东京接受记者的采访。

蒋介石此次赴日，除了向宋夫人倪桂珍求允婚事，还另有目的。当时，中日关系已经相当紧张。1927 年 5 月北伐军进入山东，日本借口保护侨民，悍然出兵。后来，蒋军因在苏北兵败被迫后撤，蒋日军队的正面冲突才得到暂时避免。接着在6月底至7月初，田中内阁又召开东方会议，确定了侵华的所谓“积极政策”。蒋介石感到，要继续北伐，统一中国，有必要取得日本的支持和谅解。在这种情况下，蒋介石决定赴日访问，争取日本对他统一中国的支持，同时也正好可以向宋母征得婚姻的许可。

1927年9月28日，蒋介石和张群一起东渡日本，到达东京后，发表了《告日本国民书》，借孙中山之名，鼓吹中日亲善，希望日本抛弃张作霖等军阀转而支持他自己。并表示：“吾人今后努力亲善之工作，首当扫除国民间从前之误会与恶感，以及其亲善障碍之军阀……并切望日本七千万同文同种之民族，对于我中国革命运动彻底了解，而予以道德及精神上之援

∧ 20世纪20年代的蒋介石。

助。”本着这个意图，蒋介石还与田中首相举行了会谈，田中表示日本不会支持张作霖。可以说蒋介石日本之行的一个目的很顺利地达到了。

到达长崎后，蒋介石即去探望宋母倪桂珍，可是宋老太太还是不愿见他，她得知蒋介石抵达日本的消息后，不顾劳累，穿越了整个日本，迁移到了镰仓，在马大旅社住下。因为宋耀如死后，她对女儿们的婚事颇觉头痛。她作为基督教徒，希望女儿的婚礼都在宋耀如的教堂举行，由本教堂牧师主持。大女儿宋霭龄是在日本结婚的，未能这样做；二女儿宋庆龄也没有这样做。现在的小女儿想嫁的蒋介石则根本就不信教，她当然不愿就这么答应蒋介石的求婚。

蒋介石得知消息后穷追不舍，立即奔到镰仓。他打听得宋老太太暂居的马大旅社地址，当即提了礼品前往拜访。往日不大注重打扮的蒋介石，今天却破例穿戴一新，脱下军服，换上考究的衣服，精干了些，人也显得年轻，精神焕发。下巴上的胡须也特意刮得铁青。他手中的盒装礼品，是宋霭龄深知母亲的口味，特意提醒他买的。

宋老夫人见蒋介石这么快就追了上来，恼怒无奈之余，心里也隐然有了一些感动——这个蒋介石对自己的女儿倒也痴情得很啊！她望着满脸堆笑的蒋介石，无可奈何地叹道：“唉！你也算得上是个消息灵通人士了，怎么这样快就跟来了！”

蒋介石何等精明，一听这种口气不像是拒人千里的意思，慌忙上前恭恭敬敬地深鞠一躬：“晚辈多有打扰，请您原谅！”

宋母见他这位中国政坛新崛起的风云人物也对自己执礼甚恭，心中也觉得好受了一点。两人随便闲聊几句后，老夫人开门见山，直入主题：“你要娶我家三小姐，我且问问你，你不是还有原配妻子吗？”

“是曾经有，而不是现在有，”蒋介石温和地微笑着，一点没有慌乱之意，“第一个妻子是我14岁时由父母包办的，她大我5岁，我俩根本就没有感情；后来我长期在外面奔走革命，内室空虚，曾经纳过一个妾，叫姚冶诚；这两个人与我脱离关系后，我又曾与陈洁如小姐共同生活，但我们并没有办理正式结婚的手续，现在我已经送她到美国去读书了，她并且答应永远在美国定居，我同她们都已经断绝了关系。”

说着，蒋介石双手奉上一份离婚协议书。

宋老太太挥挥手：“我不看这些，我再问你，你的那些情妇又是怎么一回事呢？”

“那完全是造谣！”蒋介石没料到老夫人会问这个，事先没有准备，

< 春风得意的蒋介石终于获得宋母倪桂珍的准许，正式同意了他与宋美龄的婚事。

幸亏反应得快，连忙辩白："我投身革命多年，自然有不少政敌，他们看到我追随孙中山先生，取得了一些胜利，没法子打败我，就用这种恶毒的人身攻击中伤我！中正一向行事光明磊落，从无此等偷偷摸摸之事。"

宋老夫人沉吟了一会儿，又出了个难题："你是个军人，是征伐杀戮的，这与基督教教义水火不相容。"

"老夫人，战争不一定都是罪恶，"对此问题蒋介石胸有成竹，早有准备，侃侃而谈，"比如大卫击毙歌利亚的战争，耶和华焚毁了两座城池，都是罪恶之城……"

话没说完，宋老夫人已诧异地抬起头来，上下打量着蒋介石："怎么？你读过《圣经》？"

"是的，只是我太忙了，偶尔翻一翻。"蒋介石故作谦虚地回答。

宋老夫人面色和善起来，又问："你也是知道的，我们宋家是一个基督教徒之家。你既愿意同我的女儿结婚，你愿意成为一个基督教徒吗？"

蒋介石挺直了身子，正色答道："我愿意试一试，我先得认真研读一下《圣经》，弄清楚基督教的教义内容，如果我未经研读就冒冒失失地答应了老夫人，恐怕老夫人也不会相信我的。"

宋老夫人闻言，目光里闪现出一丝欣悦，她觉得这个年已40岁的"青年人"心地十分坦诚，没在自己面前说大话。她点点头，转身从身边的手提箱里取出一本《圣经》，递到蒋介石面前。蒋介石慌忙双手接过，面色庄重而虔诚地望着宋母。

宋老夫人缓缓地说道："年轻人，基督教是世界上最杰出的宗教之一。我相信你会喜欢它的！"她看了看毕恭毕敬地站在自己面前的蒋介石，又说，"这部《圣经》是美龄父亲的遗物，他临终时曾经嘱咐我，将这部《圣经》送给未来的三女婿。我相信你说过的话一定算数，你既然答应读《圣经》，只要你担保自己一定会实现，我就答应这门婚事。"

一直心中惴惴的蒋介石心头一阵狂喜，他强自压抑着心头的狂喜，把那部《圣经》小心翼翼地捧在怀里，用着激动得发颤的声音说："谢谢您！晚辈一定谨遵教诲，认真研读《圣经》，不负老夫人殷殷厚望！"

"你既愿入教，就得遵守教规约束，这不是儿戏的！"当即宋老夫人叮嘱道，"你要和美龄每周到西摩路的私邸，一起祈祷一次。"

蒋介石自然是满口答应。

从老夫人房间出来，蒋介石异常兴奋，碰到送下午茶的马大旅社老板娘，高兴地大声说："老板娘，成功了！成功了！婚约成功了！"随后主动要给老板娘写字留念。激动之余，没等老板娘把墨磨好，就一口气连写了五幅字。

得知母亲同意了自己的婚事，宋美龄也是十分激动。她很重视家庭的亲情，和母亲一样，是虔诚的基督教徒，自从决定和蒋介石结婚后，最让她担心的事就是母亲的态度了。她一直祈祷着不要让自己的婚姻又像二姐那样造成家里的分裂、母女的不和。当初在美国得知二姐庆龄婚姻风波时自己和哥哥子文的震惊和不安，至今记忆犹新。

惊动中外的豪华婚礼

1927年11月26日，上海各大报均刊登了蒋介石与宋美龄结婚的启事，说："中正奔走革命，频年驱驰戎马，未遑家室之私……兹定十二日一日，在上海与宋女士结婚，爰拟撙节婚礼费用，宴请朋友筹资，发起废兵院……欲为中正与宋女士结婚留一纪念。"

美国的《纽约时报》抢先向全世界发布了消息，全世界21家报纸杂志陆续做了报道。

11月30日，在结婚的前一天，蒋介石还在《大公报》上刊登了一则启事，里面写道：

今日得以与最敬爱的美龄结婚，为有生以来最光荣愉快之一日，余奔走革命以来，常于积极中忽萌退志，前辈常询何日始可安心工作，当时未答，今日圆满答复，即确信自今日结婚后，革命工作必有进步，即从此可安心为革命尽责任。余深信人生若无美满婚姻，一切皆无意味，故革命当从家庭始，今日结婚实为建筑我二人革命事业基础。

当时蒋介石在上海住在拉都路吴忠信的公馆里，原来想借用宁波巨商叶琢堂环龙路的公馆内房屋，作为新房，因为宋老夫人不肯让爱女马上离开自己身边，于是改在西摩路的宋家公馆内另辟新房。当时的宋美

∧ 1927年8月，远赴苏联莫斯科访问的宋庆龄并不赞同妹妹与蒋介石的这桩婚事。

龄已经30岁了，女人在这个年龄结婚那时候显得不够体面，为了避免社会上的议论，宋家把宋美龄的出生时间向后推了三年。所以后来在相当长的时间里，关于宋美龄的出生年月都有不同的说法。

1927年12月1日，蒋介石和宋美龄的结婚典礼在上海隆重举行了。这是20世纪中国最为隆重、显赫的一场婚礼。

婚礼分两次举行，一次是在宋家，这是安静的并且合乎基督教的习俗，时间较短，由宋霭龄操办。另一次是在豪华的上海大华饭店面向宾客的世俗婚礼，有些中国传统的味道；婚礼时间很长，持续到当晚12点钟。

那天清晨，当穆尔教堂沉闷的大钟撞响的时候，宋家的亲戚好友已经聚集到西摩路的宋公馆。他们是宋霭龄、孔祥熙、宋子文、宋子良、宋子安等51名基督教徒和至亲好友。明眼人很快会注意到，其中没有宋庆龄。

1927年8月，宋庆龄离开武汉，回到上海莫里哀路她和孙中山曾一起住过的家。但是，她在上海没待几天，便匆匆离开了。她同一位名叫雷娜·普罗梅的美国朋友，去了莫斯科。说实在的，宋庆龄是很爱小妹的，但她认为小妹这样做为自己日后的痛苦打下了基础。她力求说服小妹，但当时宋美龄已下了和蒋介石结婚的决心，宋子文也由反对转为支持，生米已做成熟饭，为时已晚了。

宋公馆内的礼堂设在西边花厅，正中悬挂宋耀如的遗像，堂中安放一张红木长方桌，上面陈放着两个花篮。

∧ 宋美龄与蒋介石的结合，成就了近代中国历史上一桩最著名的婚姻。

当教堂钟声再次响起的时候，婚礼正式开始。奏起基督教圣乐，一位男高音高声唱着圣歌。人们聚集在耶稣的像前，一对新人——蒋介石和宋美龄站在最前排。第二排是宋氏家族的人，其次是宋氏家族的亲朋。宋老夫人今天显得格外硬朗，虽然头发已经花白，但身体很好，神采奕奕，她对今天的一切安排很满意。可以说对第三个女儿的婚礼，她是比较满意的，因为前两个女儿的婚礼都是在日本举行的。当时她闭目祈祷几句后，主持婚礼的牧师从后门步入教堂，这是南方卫理公会及阿伦纪念教堂的余日章牧师。此人是基督教青年会的总干事，办事干练，在社会上很活跃，在江浙一带是小有名气的。

这个婚礼原是请南方卫理公会的牧师江长川主持的，因为宋家是景林堂的教友，而景林堂的牧师是江长川，按习惯应由江牧师主持婚礼。但江长川牧师非常认真，他亲自做了一番调查后，认为蒋介石不是自由再婚，因为他的离婚是单方面的，没有法律根据，手续不全，不符合“圣节”的教会精神，因此拒绝了宋家的请求，不同意主持蒋、宋的婚礼。虽经宋美龄和家人再三说明，江牧师还是不肯答应，这也让宋美龄极为伤心。宋家笃信基督，婚礼没有牧师主持是不行的，万般无奈，他们只好请来中华基督教青年会全国协助会总干事余日章临时充当主持人。

在余日章牧师的主持下，婚礼进行得颇为顺利。

婚礼第一项是主婚人余日章致新婚贺词，随后，新郎新娘先后朗诵誓文：

我蒋中正，情愿遵从上帝的旨意，娶宋美龄为妻。从今以后，无论安乐患难，健康疾病，一切与你相共。我必尽力地爱敬你、保护你，终身不渝，上帝实临鉴之，这是我诚诚实实地应许你的。如今特将此戒指授予你，以坚其盟。

我宋美龄，情愿遵从上帝的旨意，嫁你蒋中正。从今以后，无论安乐患难，健康疾病，一切与你相共。我必尽力地爱敬你、保护你，终身不渝，上帝实临鉴之，这是我诚诚实实地应许你的。如今特将此戒指授予你，以坚其盟。

接下来双方交换戒指。新郎郑重地把戒指套在新娘手指上，随后低头在新娘面颊上轻轻一吻，宋美龄含情脉脉地望着新郎，报以微笑。

最后，由主婚人余日章宣读祷文和祝福词。祝福完毕，新郎新娘向余日章鞠躬致谢。宗教仪式的婚礼正式结束。

> 国民党元老吴稚晖也参加了蒋介石与宋美龄的婚礼。

这第一次婚礼并不热闹，只充满了宗教气息，既庄严肃穆，又显得有几分沉闷寂寥。

婚礼告一段落，大家簇拥着蒋、宋二人走出了肃穆宽敞的教堂，接着一行人前往外滩戈登路的大华饭店舞厅，再次举行邀请来宾参加的世俗婚礼。

如果说刚才的教堂过于严肃的话，那么大华饭店则是张灯结彩，花团锦簇，异常的热闹。偌大的大华舞厅，在沪上是很出名的。大舞厅外面正墙上是一片绿白相间的叶子，两旁是鲜花组成的巨大影壁，上面用红色花朵组成“长寿”和“幸福”字样。一条黄绿相间的玻璃屋檐，把建筑雄伟的大华饭店和舞厅从蔚蓝的天空中勾画出来，那壮丽的柱廊、淡雅的色调，以及四周层次繁多的建筑，组成了一幅色彩绚丽的图画。

从大门到大厅的行道上铺着红地毯，新郎新娘将由此进入。饭店的入口处除了蒋介石的便衣卫兵，还有众多的巡捕和黄金荣的手下，戒备森严。

大厅内装饰豪华的天花板上，吊着金黄流苏的五彩宫灯，宫灯四周又有小彩灯相配，犹如众星捧月。辉煌的大厅布置得光彩夺目，饭店特地请刘易斯育婴堂用彩带和白色鲜花编成了巨大的婚礼之钟。在临时搭起的台子上悬有一幅孙中山先生的大幅画像，画像两边是国民党党旗和国旗——青天白日旗和青天白日满地红旗。台上摆着白色鲜花，一个大红“喜”字占了显赫的位置。

在另一个台上坐着白俄的管弦乐队，他们个个穿着笔挺的白色制服，可谓浑然一体；在管弦乐队的旁边，是来自各地30余家报纸杂志的记者，他们手提照相机正在焦急地等待着婚礼的开始；大厅里早已坐满了1,300多名被邀的来宾，他们怀着兴奋的心情耐心地等待着。

国民党各要人几乎全部参加了这次婚礼，像汪精卫、吴稚晖、戴季陶、陈果夫、沈钧儒、陈布雷、周佛海等都来了。遗憾的是张静江这位蒋介石的密友没能来，他是昨天被送进医院的。舞厅外面还有一千多名看热闹的人，被门卫堵在门外。大华饭店三层楼的房顶上垂下十行花花绿绿的鞭炮，一直到地面。当时看热闹的人围观着，笑谈着。只等那爆竹点燃，便是隆重婚礼的开始了。

婚礼由时任南京政府的教育部长蔡元培主持。本来，蒋介石和宋美龄想请何香凝当证婚人，企图利用廖夫人的威望和声名来显示自己的不凡。但何香凝不但不同意当证婚人，甚至连婚礼都不肯出席，蒋介石无奈，只得另请一位女士证婚。

当日下午4点15分，爆竹点燃，乐队开始奏乐，一时煞是热闹。"剥剥"的鞭炮声把沉寂多日的大华饭店震醒，把人们的兴致推向高潮。如果说外面热闹，那舞厅里更是热闹。当婚礼主持人蔡元培先生登上礼台立在孙中山遗像下的时候，台下爆发出经久不息的掌声，掌声震耳欲聋。

本来这场婚礼应由张静江主持，因张有病临时改为蔡元培先生。来宾中有英国、美国、日本、挪威、法国以及其他一些国家的领事，还有外国在上海的知名大公司代表和大报社的记者。众多外宾的出席，意味着国际社会对蒋介石地位的承认。陪同这些贵宾的是国民党众位元老以及上海各界的头面人物，他们分别坐前三排。自然也有宋霭龄这位牵线搭桥的红娘，以及她的丈夫孔祥熙。此时孔氏夫妇先在外负责接待，等宾客到齐坐下后，便主动离开，到后面去陪新人了。

蔡先生开始用英、汉两种语言向来宾致意，台下又是一阵热烈的掌声。

∧ 蔡元培先生是蒋介石与宋美龄婚礼的主持人。

＞ 婚礼上的蒋介石与宋美龄。

“先生们、女士们，今天是大喜的日子，客盈满厅，让我把各位来宾以及外国来宾介绍一下。”舞厅里顿时鸦雀无声。

蔡先生逐一将众来宾向观众介绍，足足持续了半个多小时。末了他宣布：“欢迎新娘、新郎入场，向众位宾客致谢礼！”

在门德尔松的《婚礼进行曲》悠扬的乐声中，只见蒋介石穿着高雅的欧式礼服，在孔祥熙和作为男傧相的首席秘书的陪同下出场，舞厅里顿时热闹迭起。他当时穿的是条纹裤子、鞋罩、燕尾服、银色领带，在柔和的灯光下，显得格外挺拔。他不戴帽子，脑袋剃得发亮，满面挂笑，向来宾挥手致意。人们热烈鼓掌欢迎这位号称“中国第一强人”的下野军事领袖，摄影师把镜头对着他不停地闪动、拍照。

又一次掌声响起了，后面的人们再次登上椅子，伸长了脖子。伴随着《新娘来了》的古老乐曲，新娘挽着她的姐姐宋霭龄及哥哥、前武汉政府财政部长宋子文先生的手臂从廊子后面走进舞厅。廊子上铺着大红地毯，两边摆着白色的鲜花，宋美龄穿着白色长裙礼服，披着银白色乔其纱，披纱用一枝香橙花别着，稍稍偏向一边。饰以银丝的白色软缎拖裙长长地拖在身后，像一只出水的白天鹅，透过轻纱裙可以看到她脚上的银色皮鞋。新娘的乌发藏在白色尚蒂利桃花的罩纱里，罩纱垂到肩上，形成第二层披纱。她手里捧着一束用银白色缎带系着的淡红色麝香石竹花和棕榈叶子。

当时共有四位女傧相伴随着新娘宋美龄，只见前面两人穿的是桃红色软缎衣，上面镶着钻石和桃红色珠子，软缎袖子长仅齐肘，在肘部用浓淡相宜的桃红色乔其纱做成宽大的袖口。另外两位年纪小的女傧相，穿着同样的衣服，但是颈上装饰的是带褶的乔其纱，袖口也带褶。女傧相后面，跟着撒花的两个少女周稚英小姐和陈明月小姐。

撒花的少女身穿撑开来的桃红色塔夫绸衣裙，手持装满花瓣的小花篮。最后是两位小侍从孔珍妮小姐和孔路易少爷，他们亦身穿黑色丝绒衣和缎子马甲。

这是一次高雅文明的婚礼。与基督教的习惯相反，新郎、牧师或其他人都没有拥抱或亲吻新娘。

新娘款款走到新郎身边停下，镁光灯闪烁着，摄影机快速地转动着。

新郎和新娘拍完照片后，向讲台正中的孙中山先生的肖像三鞠躬。然后是向宋老夫人鞠躬，向证婚人鞠躬，向来宾鞠躬和夫妻对拜鞠躬。在众人的注目下，新郎、新娘按照主婚人的指挥，一丝不苟地做了。

接着，蔡元培先生宣读结婚证词。宣读完毕，一个大印盖在结婚证书上，一式两份，新郎新娘每人一份。在接受证书的时候，一对新人向主婚人蔡元培先生躬身施了礼。然后他们又向证婚人蒋介卿施礼，向周围观众施礼。

“向新郎、新娘献花！”在蔡先生的口令下，只见两个十一二岁的小姑娘（其中之一是宋霭龄的女儿），头扎红头绳，手捧鲜花，跑上台前向新郎、新娘献了花。

在乐队的伴奏下，美国次中音男歌手霍尔唱起了《哦，答应我！》。洪亮的歌声伴着人们有节奏的掌声，为这次婚礼增色不少。婚礼结束后，在舞厅和威凡斯厅举行了茶会。

V 一个抱得美人归，一个嫁给了心中的英雄，可谓珠联璧合，堪称完美。

“先生们，女士们！为新郎新娘祝福！为祖国的统一祝福！唱吧！跳吧！”顿时，舞厅活跃起来，一对对舞伴结伴走出，挽臂搭肩，轻歌曼舞。

那一天下午的舞会一直持续到晚上7点钟，接着，大华饭店又为来宾举办了盛大的宴会。宴会中，新郎新娘又举杯向一千多名来宾致谢……午夜12点钟时，蔡先生宣布晚宴结束。在暴风雨般的掌声中，蒋介石和宋美龄快步穿过廊子，走到由鲜花组成的大钟下面的椅子边。缎带拉开了，成百上千的玫瑰花瓣从花钟里落下来，撒在新郎新娘的身上。

在众人的欢呼声中，蒋介石和宋美龄退席了。他们悄悄从后门出去，乘车到西摩路宋家府上换装。

当天晚上，蒋介石和宋美龄带着200名卫兵上了已经备好的专列，连夜前往杭州，他们要到浙江莫干山的一个寺院。在那里，他们将开始新婚蜜月的生活。

《纽约时报》第二天在头版头条的位置报道了婚礼的盛况：这是近年来的一次辉煌盛举，也是中国人的一个显赫的结婚典礼……国民党将在星期六召开全体会议。

该报还说：“如果会议开得圆满，蒋将再次成为中国的实权人物。”不久蒋介石也发表了一项声明，说他准备重新掌握指挥权：“我们结婚以后，革命工作无疑将取得更大进步。因为我今后能安心地担起革命的重任！从现在起，我们两人决心为中国革命事业做出最大的贡献。”

旁观者没有忽略参加婚礼的整个外交团。人们注意到美国的太平洋舰队司令布里斯托尔上将参加了在西摩路举行的家庭婚礼仪式和在大华饭店公开举行的婚礼，他手下的人同他一起参加了大华饭店的婚礼。这表明，宋氏家族的新成员蒋介石得到了国际认可，美国感到满意了。这对于正准备复出执政的蒋介石是非常重要的。

大华饭店是当时上海最高档的饭店，这次豪华铺张的婚礼花费达数百万元。它是一次政治亮相，向全中国和全世界宣布当时中国最有权势的蒋介石和最有财富的宋氏家族的政治联姻，宣布蒋、宋两家将携手统治中国。用蒋介石的话说就是“我们的结婚，可以给中国旧社会以影响，同时又给新社会以贡献”。

∧ 蒋介石与宋美龄婚后在莫干山郊游。

∨ 1927年4月18日，南京国民政府成立时所摄。

★南京国民政府成立

1927年4月18日，蒋介石在南京成立国民政府。4月14日，蒋介石与胡汉民、吴稚晖等国民党中央执监委员在南京举行二届四中全会预备会议，决定取消在武汉的国民党中央党部，成立南京国民党中央政治委员会和军事委员会；建都南京，成立国民政府；取消武汉国民政府；取消跨党分子党籍等。18日上午，国民政府在前江苏省议会举行成立典礼。国民党中央政治会议发表了《建都南京宣言》。

通过婚礼，蒋介石宣布自己已成为孙中山的合法继承人。在比较重视家庭背景的中国文化传统下，与国民党的缔造者、国民革命的已故领袖孙中山结为连襟，这无疑增加了蒋介石作为国民党实际控制者的正统性和可行性，增加了蒋介石的政治资本。而借这样隆重豪华甚至铺张的婚礼，蒋介石意在扩大影响，引起国内外的注意，等于宣布自己即将复出。

蒋、宋联姻对近现代中国社会产生了重大影响。婚礼表明蒋介石得到了外国势力的支持。当时，南京国民政府成立★不足8个月，不光中国共产党和劳动人民反对它，正在酝酿中的国民党新军阀间的争夺也威胁着它的正统性和权威性，蒋介石用权术和阴谋夺得的权力宝座也岌岌可危。无论是南京政府还是蒋介石本人，亟需获得西方列强政治、财政和军事上的支持。来宾中有引人注目的外国驻上海的领事，他们的到场无疑是通过特殊的外交形式对中国局势做出的政治表态，他们一方面表示了对蒋宋婚姻的赞成，同时也表示出对蒋介石复出的期待和支持，西方列强的态度强化了蒋介石在国民党中的地位。

虽说婚礼对于蒋介石来说不是第一次了，但这一次有着非同凡响的意义。对于宋美龄而言，这次万众瞩目的婚礼是个重大的突破，是她一生的重大转折。

历史备忘录

HISTORY MEMORANDUM

∨ 1927年3月10日，出席国民党二届三中全会的部分执行委员合影。

∨ 1927年，鲁迅（左）等在广州。

2

3

4

1

南京国民政府成立

1927年4月18日，在“四·一二”反革命政变之后，以蒋介石为首的中国国民党右翼势力，在南京建立了大地主大资产阶级的政权——南京国民政府。胡汉民为南京国民政府主席，政府实权掌握在担任国民革命军总司令的蒋介石手中。南京国民政府成立后，对内发布的第一号命令就是所谓“清党”，明令通缉的共产党员、国民党左派和其他著名活动家190余人。对外方面，投靠帝国主义，出卖民族利益，推行反苏政策。

奉系军阀捕杀李大钊

1927年4月28日，中共北方区委书记、中国国民党中央执行委员李大钊等20人被奉系军阀处以绞刑。“首登绞刑台者，为李大钊先生，闻李神色未变，从容就义”，时年38岁。4月6日，奉系军阀张作霖派大批军警、特务逮捕了李大钊等中共北方区委领导人、国民党左派及一些苏联大使馆人员共80余人。中国共产党北方区委机关遭到破坏。

邓演达辞职赴苏

1927年6月30日，邓演达因不满汪精卫集团曲解和背叛孙中山的三大政策，迫害、驱逐共产党人的反动行径，离开武汉前往苏联。行前，他公开斥责汪精卫的倒行逆施，并留下《辞职宣言》，重申对革命的坚定信念，并表示“倘将来诸同志能幡然觉悟，尊奉先总理遗嘱，根据三民主义努力作真正之革命，则予仍当乐归从事，而与诸同志合作也”。

蒋介石宣告“下野”

1927年8月13日，蒋介石面临各种压力宣告“下野”。宁、汉、沪合流之后，各派之间相互纷争，矛盾重重。8月初，蒋介石军队在徐州前线作战失利，蒋不问情由，处决了西翼军指挥、黔军将领王天培，蒋桂矛盾激化。桂系军人移兵南京四周，进行“逼宫”，蒋自知处境不妙，被迫于8月12日辞去总司令职务，当晚离宁赴沪。13日，在沪发表“下野”宣言，提出武汉要员来宁、继续北伐、肃清共产党等三项要求。当天下午，乘轮船赴宁波，转到原籍奉化溪口，9月28日，同张群等人东渡去了日本。

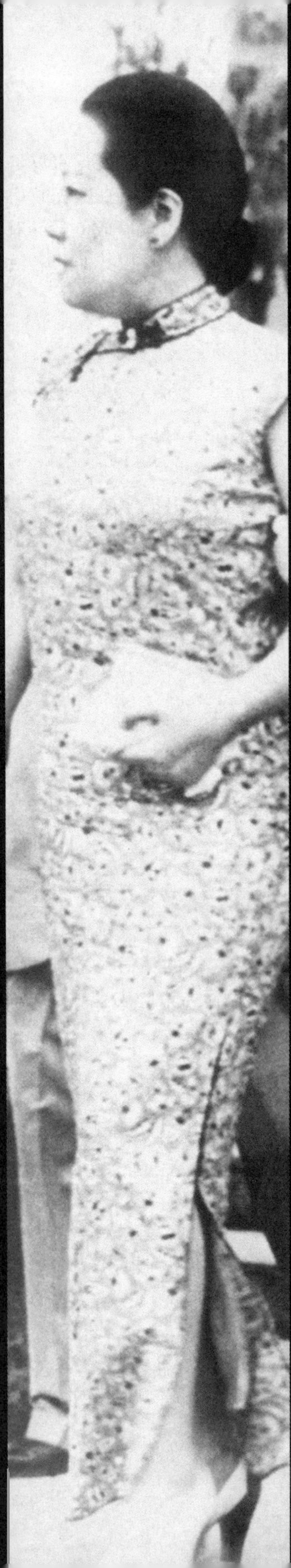

影像大扫描

IMAGE SCANNING

07

正式成为“第一夫人”

在宋氏三姐妹中，宋美龄具有异于常人的精力和强烈的支配人的欲望，具有一般女性所不具备的特点，那就是权欲心。她不像二姐宋庆龄那样浪漫，将一切寄托于理想和对于穷人的怜悯；她也不像大姐宋霭龄那样过分地爱钱，养成一种贪性，以至于发展到嫉妒人。

对宋美龄来说，幸福绝不仅仅是嫁给了一个有权有势呼风唤雨的丈夫，更重要的是，自己要有自己的事业。在宋美龄看来，“第一夫人”绝不仅仅是一个好听的头衔，“第一夫人”要成为宋美龄所代表的一切。

宋美龄拒交青帮保护费

在短暂的蜜月期间，蒋介石复出的脚步并没有稍停。宋美龄和他刚到莫干山寺院的次日一早，蒋介石收到了一份密电，他抛开妻子宋美龄，即刻与张静江等密谋对策，在杭州召开了一个秘密的重要会议。那天会议开了一整天，从早上8点一直开到晚上8点。到深夜的时候，蒋介石才匆匆回到下榻之处。他一进卧室就对宋美龄说："夫人，快收拾行李，我们要立即返回上海。"

原来蒋介石"下野"后，由桂系把持的国民党中央"特委会"根本就控制不了南京政府。蒋介石的亲信仍控制着国民党的重要机关，陈果夫把持中央党部，上海的买办和银行家拒绝向南京政府交税和贷款，以虞洽卿为首的上海买办、各商业团体集体抗议，反对由桂系任命的上海市长，国民党的一些军队，特别是何应钦的第一军仍然听从蒋介石的调遣。宁汉合流后，由于江浙和上海财界不支持桂系领导的南京政府，新任财长孙科在上海筹不到巨款，使得每月的政府预算大大低于蒋介石时期，无法维持日常工作，基本处于瘫痪状态。

无奈之下，他们只好请蒋介石出来收拾烂摊子。

12月3日，蒋介石和宋美龄回到了上海。当天，他就在拉都路自己的住所召开了国民党二届四中全会预备会议。桂系和汪精卫等都来了，在南京"一一·二二"流血事件★中受到打击的西山会议派，再也不能以反共"先觉"自居。预备会议变成了桂系与汪派的一场斗争，桂系借第四军响应共产党在广州发动起义一事攻击汪精卫，甚至说汪本人就是"共党分子"。蒋介石见汪精卫遭到围攻，势单力孤，就假惺惺地袒护汪精卫，以达到他坐山观虎斗的目的。

★"一一·二二"流血事件

1927年11月22日下午2时，南京各界群众1万余人在省立公共体育场举行庆祝讨唐（生智）胜利大会。会上，南京市党部妇女部长陈逸云等相继登台演说，并高呼"打倒腐化分子""打倒鸦片烟鬼"等反对西山会议派的口号，台下的党校学生数百人也齐声响应，使会议气氛骤变。会后举行了示威游行，中央党务学校学生冲在最前面。"特委会"出动军警开枪镇压游行队伍，制造了"一一·二二"流血惨案。

他这么做刚开始时还让宋美龄很是不解，蒋介石就笑着说："你看着吧，他会主动请我当总司令的。"

果然不出蒋介石之所料，汪精卫和桂系争斗两败俱伤，为了摆脱自己孤立地位，于12月10日在会上提出："唯有请预备会议即日催促蒋介石同志继续执行国民革命军总司令职权，才是解决党务、军务问题的当务之急。"桂系看到汪精卫极力主张请蒋介石复职，一时都慌了手脚，李宗仁、李济深等立即商讨对策。

当天晚上，蒋介石兴致勃勃地走进卧室对宋美龄说："夫人，我说汪精卫对我是有用的，是会为我出力讲话的，"说完，蒋介石拿出一张会议公报，"你看，他果然请我当总司令了。"

宋美龄终于明白了蒋介石的用意，不禁从心里佩服这个善用心计而又会耍弄政治手腕的丈夫。正在这时，侍卫官进来报告说："李宗仁将军来访！"蒋介石眼睛一亮，对宋美龄使了个眼色，笑着得意地说："又来了一个请我复职的人。"

果然，李宗仁是连夜来请蒋介石复出的，和蒋介石长谈后，第二天就向新闻界发表声明，说汪精卫拥蒋又反蒋是个反复无常之人，只有他李宗仁是一贯拥护蒋介石的。这时，北方的阎锡山、冯玉祥顶着张作霖的压力，也电请蒋介石尽快出山复职。

蒋介石经过精心策划，巧妙地利用了各派系之间的矛盾，扫清了自己出山上台的一切障碍。最后，在预备会议上终于通过了蒋介石复职的决议案。1927年12月10日，即蒋、宋婚后第九天，蒋介石恢复了其国民革命军总司令的职务，后来又被选为国民党中央执行委员会主席。决定立即举行国民党二届四中全会，争夺军政大权。

最初，蒋介石搞到了军队的大权后，其野心并没有满足，这时他又施一计，一面负责筹备国民党的二届四中全会；一面过河拆桥，将支持他的汪精卫、胡汉民等赶跑了。此时，蒋介石才实现了他的政治野心，当上了国民党的"领袖"。

蒋介石成为当时中国的实权人物之后，夫贵妻荣的宋美龄也就理所当然成了"第一夫人"了，终于实现了自己的梦想，她在感到自豪的同时，决心好好地利用这个地位干一番事业出来。

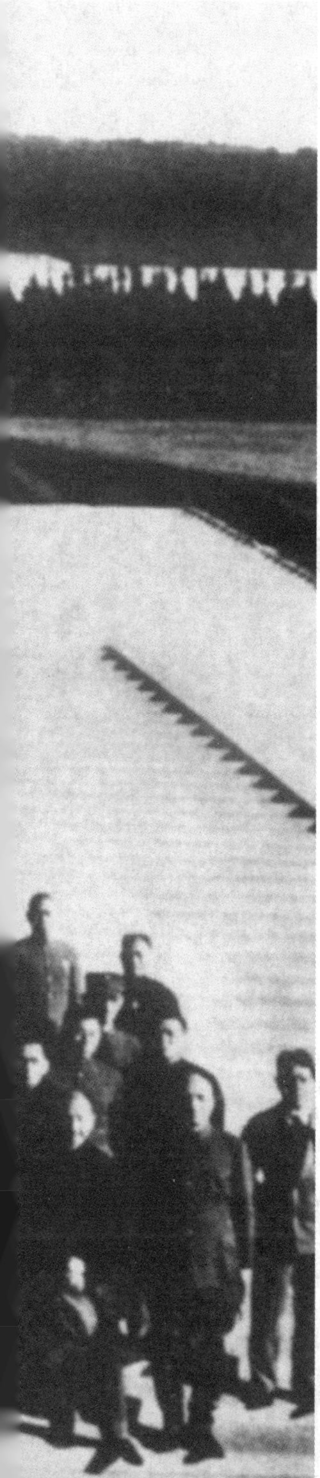

< 1927年，蒋介石、汪精卫等人在南京中山陵合影。

不过，还没等她和蒋介石前往南京享受威风和荣耀，就在上海发生了一件意外的事。事情的起因在于她阻止了蒋介石向青帮交纳保护费。当时她得知蒋介石还在给杜月笙交青帮的保护费时，觉得该是发挥一下自己对丈夫影响力的时候了。

在那时的上海，一个初涉大都市的人是难以立足的。要想在这里站稳脚跟，特别是一心要发迹和实现自己野心的人，就得找“山门”，入“帮会”也就是“拜老头子”。当时上海滩上有三个最有实力和影响的帮会头子，一个是黄金荣，一个是杜月笙，还有一个是张啸林，谁要是拜其中一人作为“老头子”靠山，就没人敢欺侮了。

蒋介石当年初到上海时，就曾在青帮混过，他曾于1921年拜杜月笙为“老头子”，因此，得到了各方面的照顾，当然，青帮势力也不会白白地照顾你，为你花费力气。这些“老头子”是要向其门徒们收取“保护费”的，蒋介石当然不能例外，他一直向杜月笙交纳保护费，一直到他当上总司令之后也未间断过。

蒋介石当上总司令后还向青帮头子杜月笙交纳所谓“保护费”这件事被宋美龄知道后，她心里很不是滋味。她想，丈夫现在是中国的军政首领，为什么要向这些地方上的帮会交纳什么人身“保护费”？她越想越觉得不对劲，丈夫是领导着数百万大军的总司令，掌握着中国亿万人的生杀大权，居然还要向青帮交钱，简直是笑话。于是宋美龄极力劝说蒋介石停止交付这笔所谓“保护费”。

蒋介石毕竟在上海混过很长的时间，他知道帮会里的一些情况，也知道其中的利害关系，这些帮会头子是不好惹的，他们的势力不能小视，至少能左右上海地区的社会局面，是有一定社会影响的，弄不好会出麻烦，甚至发生骚乱。

> 桂系首领之一的李宗仁。

∧ 上海青帮在蒋介石发迹前曾给予其重要帮助。图为上海青帮重要成员合影（右二为陆京士，右四为杜维藩）。

而且在他一路发迹的过程中，杜月笙给他帮了很大的忙，他和杜月笙的关系远比宋美龄所知的更为特殊。蒋介石心想多一事不如少一事，以后借用这位杜老板之处很多，便说："这笔费用已交了好长时间了，反正数目也不大，我看还是继续交吧！只要政府成功，钱是取之于民，任我所用的，不必在意这点小事。"

可是宋美龄不肯，说："达令，你现在的身份不同了，不是你从前刚混事时的情况了，你现在是国民革命军的总司令，只几个钱的事当然算不了什么大事，但以你现在全国人民瞩目的身份和地位，再这样做，会遭人议论的，会造成不良的社会影响的，我这也是为你的声望着想啊！"

蒋介石听后也有些动心，不觉说："夫人言之有理，不过……"

宋美龄又说："不过什么，难道你还怕他们不成？你现在是手握军权、能调动千军万马的总司令呀！做事要有魄力，要果断，绝不能优柔寡断！从现在起，就是不交纳'保护费'了，看他们能把你这个总司令怎么样？他们还能把你也抓起来敲诈不成！"

蒋介石正在春风得意之时，本就有些飘飘然，见宋美龄这么坚持，也就依了她，心想杜月笙和自己如此交情，也不会在乎这点小事吧。

但杜月笙听手下说蒋介石不交"保护费"了，而且也不跟自己打个招呼，觉得蒋介石是在耀武扬威，自尊心受到了"伤害"。他当然并不在

∧ 杜月笙（右）与张啸林（中）是当时上海滩有名的“青帮老大”。

∧ 杜月笙“软禁”宋美龄，给春风得意的蒋介石一个下马威。

乎那几个小钱，他受不了的是蒋介石这种高高在上的态度，也最恨得势忘本、过河拆桥这种不讲江湖义气的行径，决计要教训一下这位总司令。

没几天，蒋介石有个重要约会，回公馆晚了些，他到家后，发现宋美龄不在，于是便向用人打听夫人上哪儿去了，一个男用人告诉说：“夫人到她姐姐家中去了，中午有一个小姐来接她的。”

蒋介石立即打电话给她的姐姐宋霭龄询问，当得知宋美龄没有到她姐姐处时，蒋介石意识到事情不妙，要出麻烦事，再问那个男佣是否认识那个接宋美龄的人时，男佣说不认识。但说夫人是和蔡妈一起出去的，来接她们的是一辆豪华轿车，牌子叫罗尔斯·罗伊斯。并说来接的那位小姐很漂亮，跟夫人在花园里说了一会儿话后就坐车走了。

蒋介石一时急得满屋乱转，口里不断地念叨。他想，上海有这种豪华轿车的人家不多，想了一会儿心中有点路数了，于是，他马上给宋子文打电话，交代了这件事。

宋美龄和蔡妈是被杜月笙骗上汽车接走了，这是杜月笙在对蒋介石实施小小的报复。

那天，他用汽车将宋美龄和蔡妈一直接到了西摩路的杜公馆。一下汽车宋美龄就意识到情况有变，于是问带她来的人：“这是什么地方，你们把我们带到这里来干什么？”

“蒋夫人，实在对不起，这里是杜公馆，我是奉我们老板之命把你接来的，其他的事我一概不知道。”说完，那位小姐就走开了。

∨ 1928 年 3 月，蒋介石督师北伐时在徐州黄河故道旁驻足。

杜月笙虽然也曾不止一次到过宋家，宋美龄却从未来过杜公馆，她对这些江湖上的帮会人物一向很反感，从不主动交往。现在这个胆大包天的杜月笙竟然将她堂堂总司令夫人骗到这里，她心里十分不满，只是没有发作出来。

这时杜月笙满面笑容地从门口迎了出来。宋美龄强压怒火，问道："杜老板，你这是什么意思？"

"蒋夫人，别误会，没有什么别的意思，我怕你一个人在家寂寞，特意派人将夫人接来家中一起玩玩牌，高攀高攀你这位总司令夫人，对你的安全我会负全部责任的。"杜月笙露出了狡黠的笑容。他不待宋美龄分辩，转身对妻子张小妹说："夫人，快陪蒋夫人打打牌！"

宋美龄被杜公馆的一群女眷请到屋里，按在早已准备好的牌桌上。她几次起身要走，都被拉住不放，碍于身份，又不好发作。

这时，站在宋美龄身后一声不吭的蔡妈发火了，她见杜月笙竟敢如此对待宋家三小姐，再也克制不住心中的怒火，她大喝一声："杜老板，你给我出来！"说着，将刚刚放到桌上的茶点等等，用力掀翻。桌子上的东西"哗啦"一声撒满地上。

蔡妈名叫蔡祺贞，是宋家的老用人了，从小进门，已有二十多年了。她是江苏扬州人，为人忠厚老实，坦率直爽，能帮助人，有求必应，只要自己能做得到的，尽力去帮助别人，勤勤恳恳地为宋家干活，因此博得了宋家上下所有人的欢心和尊敬。尤其是信教的宋老夫人特别喜欢她。宋家的三个少爷和三个小姐都是她照料看着长大的，对她都有很深的感情。哪个少爷、小姐淘气了，她都敢当面发脾气教训他们。她有股天生的泼辣脾气，有话就说，有气必出，心直口快，从不存私。宋家上下都知道，她的一举一动，甚至是发脾气，也是为了维护宋家的利益。因此，有时她的粗野之举，大家也都不会和她认真计较。

宋美龄这个三小姐出嫁后，蔡妈就跟了宋美龄出来，到了她和蒋介石的新家里。蔡妈虽然是个用人，但有时连宋美龄也要让她三分，她在家的权威甚至超过了蒋介石的侍卫长，除蒋介石之外，她对谁都敢发威使性。

此时的杜月笙正在他的房间里，为自己扣住了蒋夫人而沾沾自喜，想着怎么让蒋介石收拾这件事。听到蔡妈的一声呼叫，顿时怒火上升，刚想发作，瞬即又克制住了。他本想不理睬蔡妈的叫喊，但那不停的叫闹声，又使他心烦。他正考虑是否给蒋介石打电话说一下，达到目的就算了，恰好宋子文打来电话。

在电话里杜月笙说："子文，你放心吧。蒋夫人平安无事，不要担心。她身体很好。今天早上有人发现她只有一个女佣陪着，坐着汽车在上海的大街上穿行。这是很危险的，为了她的安全，我已让人把她送到一栋舒适的别墅，她受到了殷勤的接待。"接着，他才说到正题，"总司令结婚后也太忙了，应该给夫人安排可靠的保护。要知道，在上海这样一个危险的城市，这确实是太大意了。子文你是否来一趟，对此事做出妥善的安排？"

宋子文听懂了杜月笙话里的意思，是为老蒋交纳"保护费"的事。

放下话筒，他就匆匆赶到戒备森严的杜公馆，将宋美龄主仆二人接回。从此之后，宋子文暗中一直替蒋介石支付"保护费"。而杜月笙目的达到了，气也总算出了，蒋介石也明白是怎么一回事。只有宋美龄始终没明白是她哥哥花钱摆平了这件事，还以为是蒋介石的威风使杜月笙也只能乖乖地屈服了。

1928年2月2日，国民党二届四中全会在南京召开。2月7日，蒋介石被"推举"为国民党中央执委会常委、军事委员会主席和国民革命军总司令。

3月7日，国民党中央委员会又推举蒋介石为国民党中央政治局会议主席。至此，蒋介石实现了他早已"梦寐以求"的野心，把党、政、军三位一体的大权都弄到了自己的手中。宋美龄也成了名副其实的"第一夫人"了。

然而蒋介石的心情却并没有因此而轻松愉快起来，他深知自己的权力宝座还远未达到巩固的程度，随时有被人"拉下马"的危险。国内、党内的政治派系和军事力量的山头纷立，表面上"拥护中央"，实际上各行其是，根本不买他蒋介石的账。蒋介石要的是一统天下，不想坐在架空了的权力宝座上眼睁睁地望着诸侯雄踞四方，使自己的中央却没有指挥的权力。

北伐战争"伐"的是旧军阀，不料旧军阀还没有完全消灭，在北伐中发展起来的"新军阀"们又成了蒋介石统一中国的巨大障碍。像桂系、广东的这些新军阀都先后参加了孙中山发动的国民革命运动，在对北方军阀的作战中崛起，他们都自称是孙中山的忠实信徒，而暗中却又相互争权夺利，背叛孙中山晚年定下的三大政策，打着"三民主义"的旗帜，拼命发展自己的势力，扩充自己的地盘。他们都不把蒋介石放在眼里，觉得蒋介石只是比他们实力稍强一点的军阀，暂时登上了南京政府的宝座，自己也都有可能取而代之。倘若任其发展，坐视其壮大，蒋介石的天下是连一天也坐不稳的。

蒋介石开始积极筹备继续北伐，先解决北方的对手。为了重新开始北伐，蒋介石进行了为期三个月的准备工作。在这段时间里，宋美龄和蒋介石的工作虽然非常繁忙，但他们安排

∧ 出席国民党二届四中全会的代表在开幕式上合影。

得井然有序。他们常常一起散步、阅读《圣经》并且进行讨论，因为蒋介石要恪守他向岳母许下的诺言，竭尽全力研究基督教。4月，北伐战争重新开始。从这时起，宋美龄一直随同蒋介石来往于前线。他们走到哪儿，就住在哪儿。南京的住宅寒冷而简陋，比上海家里的洋楼差得多，但是前线的一些住处和南京的比较起来，差距就更大了，她经常随着蒋介石在车站、棚屋或者是四壁透风的帐篷中过夜。为了野外生活的方便，她脱掉绸缎旗袍和高跟鞋，穿上她自己设计的宽松衣服和平底布鞋。对于宋美龄来说，这是她真正体验中国生活的开始，既是艰苦生活的开始，也是她官场生活的开始。

宋美龄蜜月刚过就离开一直生活的上海，随蒋介石来到南京，正式开始“第一夫人”的政治生活。当时由于南京政府成立还不到一年，来不及进行大规模的建设，加上这一年的时间，政府更迭，派系斗争，战火不断，宋美龄看到的南京城到处是一片萧索凄凉的景象。由于条件有限，很多老旧的房屋又必须推倒重盖，有时连街道都成了政府人员的办公地点，条件十分简陋。

尽管宋美龄到过中国的一些地方，但是仅限于天津、北京、武汉和广州几个大城市。用她自己的话说，她的婚前生活一直是惬意而又舒适的。但当时的南京并不如她去过的天津、武汉等繁华。住在南京对她是一种磨炼，这里没有上海那种有暖气的现代化寓所，在寒冷的冬季有如冰窖，而夏天又是热得出奇，加上城市污秽不堪，因此许多官太太宁可待在上海，每个周末才与丈夫见上一面，也不愿随丈夫到南京来。许多夫妻分居两地的状况一直持续了好几年。当时母亲倪桂珍也曾想让她待在上海。

可是，宋美龄却有着与众不同的理想和热情，心甘情愿地选定南京作为她婚后家庭的

基地。她认为要想做自己的事业就不能过那种舒适而无所事事的太太生活。她支持丈夫的宏伟蓝图，要把南京重建成一座堪称中国新首都的城市，使它成为中国政治、经济和文化的中心，成为自己施展才能的新舞台，并且喜欢对城市规划等问题发表自己的意见。

当时的南京，生活条件很差，作为一般市民自然没有什么文化娱乐可言，就是一般官员也不会有五光十色的社会活动。不过蒋介石与宋美龄毕竟与一般人不同，还是要经常出席各种形式的宴会和招待会。

< 1928年，蒋介石与宋美龄在南京。

在自己举办的宴会上，蒋介石总是让宋美龄陪着他，并坚持让她作为女主人出场，这也是他当初认定有西方教养的宋美龄的重要原因。而宋美龄作为各种盛大活动中的唯一女性，当然威风八面，她的社交天赋得到了发挥。当然由于宋美龄是这种政治场合中绝无仅有的一位女性，起初她曾感到不适应，毕竟这和上海那种高尚优雅的社交场所大不一样，官场上的人在宴会上也是板着脸，没有笑意。但宋美龄还是很快适应了，她这样说过："我认为官员们也觉得我是一个妇女，后来我索性忘掉自己，一心一意帮助丈夫工作，他们也就不再把我看作一个妇女，而当成他们之中的一个成员了。"她的美式交际能力让蒋介石也在这种公开场合大出风头。

在宋美龄和蒋介石结婚前，宋庆龄曾说过他们的婚姻只有政治的投机，没有爱情。确实，那时候宋美龄和蒋介石很少见面，也没有很深的感情基础，但是经过一段时间的共同生活，两人的感情也越来越融洽。虽然生活习惯不同，但是宋美龄平时也很关心蒋介石的生活起居。因为她本身对仪表有很高的要求，甚至对蒋介石的穿着打扮也要管一下，当然她也注意尊重蒋介石本身的习惯和面子。有一次美国《时代》周刊来访问蒋介石夫妇，想拍些有关蒋介石日常生活的照片，蒋介石就安排了这批美国客人到他的官邸拍照。那天，蒋介石和平常一样，穿着中山装。中山装有两个口袋，蒋介石喜欢在里面放些眼镜之类的杂物，放得多了看起来就有些邋遢。宋美龄就在一旁叮咛，要蒋介石扣个扣子，衣领也要整理好，叮咛了好多次，最后蒋介石有些烦了，就十分不耐烦地叫道:“哎呀，好了好了，你别说了。”美国记者虽然听不懂他们夫妇的说话，可是从蒋介石的表情也隐约看懂他在说些什么了，大家不禁面面相觑。但是宋美龄在一旁并不以为忤，只是安静地看着美国记者拍照。

宋美龄结婚前，由于长期在美国生活的影响，加上上海又是中国当时最时尚的都市，她的衣着常是西式的。但结婚后，因身为中国“第一夫人”的关系，她力求与蒋介石的形象配合，改着旗袍，不烫发，梳传统式的发髻，外表不带欧美风格。那时候大多官员的夫人不随丈夫参加各种宴会等交际活动，各夫人间亦少往来。宋美龄则不然，经常陪同蒋出现在各种公共场合上，她还经常邀请南京政府各要人的夫人相聚。在成为蒋介石“最亲密”的助手的同时，她也在进行着“夫人政治”的活动。

作为蒋介石的私人秘书，她为蒋介石保管最机密的文件，处理最机要的事务。宋美龄英语说得非常流利，所写英文字迹优美。在当时的南京政府中，她算得上是最精通英语的人之一。她每天摘录外国报纸杂志，把重要的事件向蒋介石报告，并解释西方政治、经济情况。蒋了解外国的形势或问题，她是必不可少的顾问。在与外国人交往的时候，她又成为不可缺席的翻译。她几乎和蒋介石形影不离，他们几乎讨论所有的问题，从内政、外交政策到《圣经》。

当时的中国正在面对比自己强大的日本的挑衅，必然要寻找新的国际联盟，因而由亲日、德的外交政策，转向亲英、美的外交政策，是形势所逼，特别是日本1928年5月制造了“济南惨案”★，试图阻止中国的统一后，蒋介石更是把希望放在了美、英等西方国家身上。宋美龄顺应这一形势，起了推波助澜的作用。

就内政而言，宋美龄的影响力也不容忽视。这不仅表现在宋美龄本身对军事、政治的

> 日军攻占济南后，制造了震惊中外的“济南惨案”。图为惨死在日军屠刀下的无辜平民。

★“济南惨案”

日本帝国主义为阻止中国以及英、美势力向北方发展，借口保护侨民，于1928年4月下旬出兵济南。5月1日，中国南京政府军开入济南，日军借此寻衅闹事，开枪打死打伤中国军民多人。3日，日军向中国南京政府军大举进攻，蒋介石命令部队不准抵抗，撤出济南。日军侵占济南后烧杀抢掠，屠杀中国军民5000余人。惨案发生后，由于中国人民的反抗和各帝国主义国家之间的矛盾，1929年日军撤出济南。

干预，而且蒋宋联姻也使宋氏家族成为蒋介石统治中国的顶梁柱。虽然蒋介石是从不轻易迁就别人的，即使是妻子的意见，他也不一定言听计从。但是宋美龄是从维护丈夫的独裁地位出发的，她的一言一行无不与加强蒋介石的统治权力有关。因此，宋美龄的活动不仅能得到丈夫的理解，而且还会得到丈夫的支持。宋美龄经常向西方国家发表演说，撰写文章，发表一些“半官方”的谈话，还写长信、评论文章和书，并在美国发表出版，目的就是为了向“外国朋友”宣传她丈夫，宣传她丈夫领导下的国民党政权。当然，由于她的政治立场和蒋介石始终保持一致，

∨ 蒋介石、宋美龄与其弟宋子良合影。

也就不可避免地经常要为蒋介石的反共政策做辩护。她曾经向外国朋友说，“四·一二”大屠杀只是使共产党人和其他低下阶层的人受害，一些过火的行为是普通士兵的狂热造成的，是难免的。

∧ 张学良迫于日方压力推迟易帜。

张学良在东北易帜

二次北伐进展得很顺利，虽然1928年5月3日在济南遭到了日本野蛮的武装干涉，造成了震惊中外的“济南惨案”，但蒋介石避免了和日本直接的武装冲突，继续北上，终于占领了北京，并改北京为北平。

蒋介石收复北平、天津之后，剩下的就是东北问题了。因为济南惨案的教训，他知道如果继续进攻东北，日本必将直接干涉。所以只有考虑和平解决东北问题，停止对关外用兵。

早在1926年7月国民革命军在广东誓师，开始北伐，国际势力即担心中国形势的变化会影响到他们的在华利益。尤其是一直支持张作霖的日本，更是在蒋介石占领南京后公开宣称蒋、张两人合作，南北妥协，共同反共。后来蒋介石“下野”，到日本会见田中首相时，田中保证日本“绝不援助张作霖”，“只求维护满洲的治安”。所以1928年初他刚一复出，就马上进行二次北伐，进攻在华北的张作霖集团。张作霖在大势已去的情况下，仍不想退往关外，企图借助日本的帮助保住北京。但此时美、英等国看到南京政府取代北京政府的形势不可逆转，纷纷表示支持蒋介石，日本也只好放弃在京津地区武力干涉的打算，同意国民党军和平接收京津，并敦促张作霖退回东北。

1928年6月4日张作霖坐火车从北京回东北，专列在沈阳皇姑屯附近被日本人事先埋下的地雷炸毁，张作霖被炸死。“皇姑屯事件”成为蒋介石解决东北问题的一个转折点。

张作霖死后，其子张学良7月被推为东三省保安总司令。张学良继位后，南京国民政府和东北各团体都希望东北问题和平解决，统一于国民政府。蒋介石拿下北京、天津后，为扩充自己的实力，也想把张学良拉到自己一边，于是派出自己的代表，劝其早日“易帜”。因张学良和宋家早有交往，宋美龄也让人带信给张学良和其夫人于凤至，进行劝说。

当时帝国主义势力态度各不相同。英、美帝国主义对日本独占中国的野心不满，力促张学良归属南京政府，支持蒋介石统一中国；日本帝国主义则竭力反对东北易帜，力图阻止中国统一，并在东北接连制造事端，进行大规模军事演习，以逼迫张学良就范。

张学良刚返回奉天没几天，日本总领事即前往拜会，警告他不要和南京政府合作。日本的公开反对，为东北统一设下了严重障碍。但是张学良并没有被吓倒。7月1日，张学良发出通电，明确表示同意归属南京政府。第二天，又密电南京政府，称东北易帜势在必行。当时张学良提出的与南京政府议和的条件是东三省通电服从国民政府，改换旗帜；东三省成立政法分会，实行委员制，张学良任政法分会主席；所有军队暂由原任统率。

7月24日，就在张学良打算通电易帜的时候，又遭到日本的蛮横干涉。张学良迫于日本的压力，只得延期易帜。并于当天以“火急”密电南京政府在北平的代表，说明自己是愿意归属中央的，只是面对日本的压力事不由己。在热河的汤玉麟宣布易帜的当天，日本

V 张作霖的专列在沈阳皇姑屯附近被炸之情景。

∧ 日本政府派出特使赴中国东北游说张学良放弃易帜。图为张学良（右一）接见来访的日本特使一行。

在沈阳的总领事林久治郎向张学良面交田中首相的警告书，强硬地要求东三省“保境安民，观望形势”，坚决反对易帜，同时又表示如果南京政府武力压迫东三省，日本愿不惜一切牺牲，尽力相助。这实际上是发出了武力干涉的警告。

张学良迫于日方压力推迟易帜，让蒋介石十分焦急。他不光在北平召见张学良的代表，同时还派外交大员去日本进行疏通。7月25日，蒋介石派人到东北面见张学良，要求他不能辞职，要他以国家民族为重，和日本人周旋到底，关于易帜之事可以从长计议。随后张学良通知日本总领事林久治郎，暂缓悬挂青天白日旗。

就在同一天，日本首相田中义一发表声明，不承认中国政府废除不平等条约声明和《临时办法》，并声称必要时采取行动，以维护其利益。日本陆相也声称拒不从山东撤兵，以相呼应。随后英国也声明不同意废除旧条约，日本政府则更加蛮横地要求南京政府撤销《临时办法》，否则将要采取措施，以相恫吓。同一天，张学良再电蒋介石，仍表示无法很快易帜，要等待时机方行。

8月4日，张学良向南京政府的代表提出东北统一需分步进行，先停止军事行动，东北地方政府人员维持原状。对此，南京政府许多人有所顾虑，但蒋介石在宋美龄的影响下，坚持信任张学良，表示完全同意张学良的各项要求。

日本方面也依然没有放弃对张学良的争取。东北当局宣布将于8月4日在奉天为张作霖举行丧礼，日本政府闻讯决定派第一次世界大战期间曾任驻华公使的林权助以特命大使身份前来参加。林权助名义上是来参加张作霖的葬礼，但在他出发前，田中首相曾对他详细说明了此行的主要目的是说服张学良放弃易帜的打算。日本一直认为"满洲"是日本的外围，对日本和朝鲜影响甚大，不能因促进中国的统一而损害日本在满蒙的利益。当时日本还准备在必要时放弃在"满洲"的治外法权作为居住、经商自由的交换条件。

林权助利用参加张作霖丧礼之机在奉天积极活动，一再向张学良施加压力。他先后向张学良递交田中首相反对东北易帜、要求实行东北"自治"的信件，并严重警告他如不放弃易帜，日本政府将以武力制止，或将发生重大事件。张学良对日本政府的恐吓和威胁进行了坚决的回击，明确表示东三省归属南京政府，自己作为地方长官无法答应外交方面的条件。

为了应付面临的严峻形势，张学良召集了东三省保安会、三省议会联合会议，经讨论决定对日本方面采取拖延的办法，再次推迟易帜。第二天，张学良派人通知林权助，延期易帜三个月。林权助总算保住了作为大使的面子，返回了日本。

蒋介石对东北推迟易帜十分担忧，他担心时间拖长情况有变。美国政府也唯恐日本策划东北独立的阴谋得逞，有损于美国的在华利益。在这种情况下，美国终于决定直接参与东北易帜的斡旋。于是美国驻华公使马克谟在南京政府的同意下，以赴朝鲜为名，前往奉天与张学良会面，力劝张学良及早换旗，美国方面愿为实现东北易帜做出努力。美国的支持对张学良产生了重大影响。

日本方面对美国的态度也十分关注，林权助得知美国公使马克谟的到来还推迟了回国的日期。在这种形势下，日本政府不得不重新考虑其外交立场。

张学良和南京政府的联系也在进一步发展。8月13日以后，易帜之事被延期后，双方进入加强实质性关系的阶段。10月8日，国民党中央常务委员会会议上，依照国民政府组织法，改组国民政府，成立五院，选蒋介石为国民政府主席。这次会议任命张学良为国民政府委员，蒋介石公开发表了这个消息。同日，蒋介石为推动东北易帜致电张学良："委员既经发表，应乘此时机，同时更换旗帜，宣言就职。以十七年双十节为兄完成统一之纪念日也。"

这一年的"双十节"易帜虽未能实现，但至此易帜之势已不可逆转。张学良表示接受任命，同时南京政府利用美、英等国牵制日本，在国际上争取同情者。美、英、法等国抓住日本出兵山东问题不放，一再向其施加压力。在日本国内，田中内阁也是内外交困，不得不放松了干预。

至此，条件完全成熟，张学良于12月29日毅然通电全国，宣布东北易帜。蒋介石当即复电表示嘉慰。这一天上午7时，张学良在省府大礼堂举行易帜典礼。欧美各国领事均应邀参加，唯独日本领事未到，接着张学良发表了讲话。12月31日，国民政府任命张学良为东北边防司令长官，并将热河省加入东北，成为东四省。

东北易帜后，日本政府大为恼火。12月31日，总领事林久治郎拜会张学良，捶着桌子叫嚷："突然易帜，等于宣告断交。日本方面现在看你的态度，必要时有采取断然措施的可能。"张学良只是回答"没法子"。

东北易帜是张学良一生的壮举。张学良身为奉系首领张作霖的儿子，能和蒋介石抛弃前嫌，在纷繁复杂的形势下保持清醒头脑，不畏日本的强权压力，坚持统一，为避免大规模内战做出了贡献，同时他自己也巩固和加强了张作霖奉系继承人的地位。东北易帜最大限度维护了东北人民的利益，得到了东北人民的拥护，也赢得了全国人民的赞誉。同时，也使蒋介石在名义上统一了中国，巩固了南京国民政府的地位。

在整个过程中，宋美龄积极支持，也发挥了重要的作用。张学良和宋家早有交情，宋美龄以前在上海时就和张学良是好朋友。她不仅向张学良和于凤至写信，努力劝说，动之以情，而且在蒋介石面前替张学良做保证。东北易帜从7月开始筹划到年底实现，历时半年，中间几度反复，南京政府里不少人都对张学良失去信心，而蒋介石在宋美龄的支持和沟通下，始终信任和体谅张学良，和他默契配合，终于成功。此外，美、英政府的支持也是成功的重要因素，宋美龄不时地向美、英人士介绍和宣传南京政府的方针和政策，亲自撰写文章向海外宣传。

东北易帜，是蒋介石靠近西方，利用美、英势力抗衡日本取得的一个成果，这自然也少不了宋美龄的一份功劳。

而蒋介石经过多年的征战招抚，总算名义上统一了中国。宋美龄也正式成为了中国的"第一夫人"。

蒋介石为孙中山移灵

在统一南北、志得意满之际，蒋介石准备把暂放北平西山碧云寺的孙中山灵柩移到南京，以进一步巩固他的南京政府的法统地位，更好地利用全国人民对国民革命的伟大先行者

∧ 位于北平西山碧云寺灵堂内入殓孙中山遗体的铜棺。

孙中山的崇敬为自己服务。为了扩大影响，蒋介石还特地邀请旅居欧洲的孙中山夫人宋庆龄回国参加移灵的“奉安大典”。

这消息让宋美龄很高兴。因为二姐庆龄自从在她和蒋介石的婚礼前悄悄离国到苏联后，一直没回来过。每当想到家族分裂，二姐一人在外流浪，成了流亡夫人，就觉得很难过。现在奉安大典举行，二姐就有可能抛弃前嫌，回国相聚了。在蒋介石的加急电文发出后，她怕宋庆龄还不肯回来，自己又写了亲笔信，让弟弟宋子良带往欧洲，恳请她回国团聚。

当年孙中山在南京任临时大总统时曾有意死后葬在南京，所以他去世后，中山陵于1926年1月5日破土动工，历时3年，于1929年春基本竣工。中山陵规模宏大，气势雄伟，陵园面积将近5万亩，设计和建设所用经费折合白银共400余万两。在正式奠基前的筹建过程中，全国人民拥护和支持，包括海外华侨在内的各族人民捐献的款项共460万两，超过了全部造价，华侨还在中山陵周围兴建了纪念建筑。

V 中山陵远景。

< 北平庞大的送殡队伍。

V 宋庆龄回国参加孙中山的移灵大典。

1929年1月18日，南京政府成立了“总理奉安委员会”，蒋介石亲任主任。随后他即以主任名义发电请宋庆龄回国参加奉安大典。

5月7日，南京政府发表宣言，宣布中国统一告成。宣言中说：“中国之统一，因全国人民奋斗与牺牲，正告完成。”接着，蒋介石以中央政治会议的名义，决定在北平举行四个集团军总司令祭奠孙中山灵柩的盛典。通电全国，自5月26日至6月1日，全国一律下半旗志哀。

5月8日，蒋介石带同一帮南京政府的大员吴稚晖、陈布雷、邵力子、陈立夫、周佛海等人，从南京乘军舰溯江而上，5月10日到武汉，5月14日到达北平。阎锡山、白崇禧等亲自到长辛店迎接。蒋介石和宋美龄立刻住进了西山碧云寺的含青舍，以行“孝子守灵”之仪。

各集团军总司令、总指挥都到北平参加盛典。冯玉祥于5月16日赶到北平，当时冯玉祥与蒋介石的关系正紧张，冯的部下正在通电要求蒋下野，蒋介石对他也不敢怠慢，因为大家都自称为孙中山先生的忠实信徒。

5月18日在西山碧云寺正式举行各集团军总司令、各路总指挥祭灵大典。整个碧云寺布置得庄严肃穆。上午8时20分，由蒋介石为主祭，冯玉祥、阎锡山、李宗仁为襄祭的祭奠正式开始，奏哀乐，主祭蒋介石献花圈，行三鞠躬礼，然后由第三集团军总指挥商震代表蒋介石读祭文。

祭文开头称：

维中华民国十七年五月十八日，国民革命军既奠北平，弟子蒋中正谨诣香山碧云寺，致祭我总理孙先生之灵曰：溯自我总理之溘逝，于今已三年余矣，中正昔侍总理，亲承提命之殷殷，寄以非常之任，教诲拳拳，所以期望于中正者，原在造成革命之武力，铲除革命之障碍，以早脱人民于水火。

在祭文中，蒋介石这位第一集团军总司令以"北伐胜利""统一大业告成"的统帅自居，凌驾于其他的各路军阀之上。祭文中他标榜自己是"亲承提命之殷殷，寄以非常之任"，告诉冯、阎等各路军阀他才是受命于孙总理，是他的当然继承人。

读罢祭文，开棺盖瞻仰中山先生遗容。蒋介石当场抚棺痛哭。冯玉祥上前相劝，他哭得更甚。这时身后有人不满他的表演，说道："他是嫡系，我们都不是嫡系。让他一个人哭吧，我们走了。"蒋介石这才停止痛哭，盖棺结束祭奠。

蒋介石本想用这祭灵哭棺证明自己是孙中山唯一继承人的地位，以便于以后慑服众人，可是众多的新军阀们虽然在孙中山灵柩前毕恭毕敬，不敢丝毫冒犯，都是总理信徒，争夺起权力和地盘来，还是谁都不肯相让。

5月10日，在蒋介石离开南京的两天后，迎榇专列从南京开出，一路停停走走，5月21日到达北平。北平的移灵仪式共搞了四天，不仅出动了陆军、骑兵、空军，而且几乎倾北平全城的群众参加了祭灵、送灵仪式。25日夜，灵柩在30多万人的护送下，从香山抬往前门车站，一路步行，将近15个小时，两次鸣礼炮101响。到5月28日下午3时15分，灵柩才装上专列。4点35分，专列在全市工厂的汽笛声及礼炮声中徐徐启动。

从北平到南京，沿途各站都举行盛大的接送仪式。车到安徽蚌埠，已经先期返回南京的蒋介石和宋美龄乘专列到此恭迎。然后，蒋介石的专

∧ 蒋介石、宋美龄、宋子文等迎接灵车。

列为先导，开往浦口。5月30日上午10时，灵车抵达浦口，国民党中央出动陆、海、空三军，南京政府的大小官员和市民倾城而出，在奉安总干事孔祥熙的指导下，将灵柩移过长江，送到湖南路中央党部大礼堂。

此后是三天公祭，蒋介石亲自守灵。6月1日是安葬日。奉安大典从午夜2点开始，先在中央党部举行起棺仪式，然后灵柩经过中央大道，沿途搭建了二十余座牌楼，以松柏树枝、青白布铺地。宋氏全家和蒋介石都送葬到中山陵。南京万人空巷，参加葬礼。

在奉安大典过程中，报纸、电台天天报道奉安盛况，各种纪念书刊大量发行。在一系列的活动中，蒋介石成了主要角色，从中捞了不少政治资本。

当时宋庆龄经过考虑，决定参加孙中山的移灵。为了不给蒋介石以利用之处，回国前，她发了一个声明，坚持1927年7月14日在汉口发表的反对蒋介石南京政权的立场，表示自己回国参加葬礼并不意味着和蒋介石政权的合作。

宋庆龄从陆路穿越欧亚大陆回国，5月6日过莫斯科，转乘横越西伯利亚的火车，在5月16日到达哈尔滨。17日到沈阳，张学良派夫人于凤至到车站迎接。张学良和宋家的关系一向密切，特别是宋庆龄、宋美龄、宋子文都对他有深厚的情谊。随后于凤至和她一起前往北平，在天津，继子孙科和天津警备司令傅作义及其他国民党高级官员到车站迎接。傍晚到达北平，宋美龄亲自到车站迎接两年不见的二姐。

在月台上，她看到一身黑色长旗袍的二姐面容憔悴，想到她这两年孤身在外，一人孀居，感到一阵伤心。姐妹相见，宋庆龄仍然不忘小妹与蒋介石结婚给她带来的伤痛，绝口不提蒋介石。宋美龄也只好默默地陪着她前去探视孙中山的灵柩。

宋庆龄到碧云寺时因悲伤过度，已不能移步，下车后由宋美龄搀扶而上。宋庆龄到灵堂前行礼献花圈，然后手指灵榇，示意左右想再看看孙中山的遗容，卫士揭开覆盖在棺榇上的国旗，扶她上石台。宋庆龄边走边哭："总理，我在这里，你往哪里去了？"左右扶她下来，她不忍离开，又抚棺大哭，泪珠滴在玻璃棺盖上。

6月1日，宋庆龄又亲自护灵到南京中山陵，一步步走上几百级台阶，把孙中山的灵柩送进墓室。孙中山的遗体放在一具精致的紫铜棺内，棺下面有一个特制的楠木座子，棺上还有一层密封着的水晶透明板，站在石台上扶着栏杆就可以瞻仰孙中山的遗容。公祭后，将紫铜棺盖盖上，然后由宋庆龄亲手将墓门关上。

奉安大典后，蒋介石想留宋庆龄在南京居住，还说给她安排了中执委委员的要位，但宋庆龄坚决不肯合作，立刻返回了上海。宋美龄本来想通过这次奉安大典，能慢慢修复二姐和全家的关系，但见她这样固执，也只有让她先回上海去陪母亲。

再说当时蒋介石对宋庆龄的回来，曾做三点指示：一是拉拢，二是封其嘴，三是前者不行就来硬的。同年6月9日，蒋介石先让宋美龄以姐妹亲情去说服，并请她到南京参加即将召开的国民党三届二中全会。宋美龄明知二姐难以说服，但还是赶到了上海，因为当时母亲倪桂珍也是身体不好。

到上海看了母亲后，她就托宋庆龄多多照料母亲，在上海先好好住下，休养好身体再说，尽享天伦之乐。此后，宋美龄、宋霭龄和宋子文虽是公务繁忙，也常常从南京回去看妈咪，同时也是看宋庆龄。宋庆龄很少说话，因为政见不同，她也不愿说话，说出来又怕伤了全家的和气。宋美龄和宋子文也只有默然。

可是就连这样的日子也没多久，9月份国际反帝大同盟在德国集会，再次选举宋庆龄为名誉主席，21日宋庆龄又离开了上海前往欧洲，并且一住就是两年。宋美龄知道后只有叹息。

在宋氏三姐妹中，宋美龄具有异于常人的精力和强烈的支配人的欲望，具有一般女性所不具备的特点，那就是权欲心。她不像二姐宋庆龄那样浪漫，一切寄托于理想和对于穷人的怜悯；她也不像大姐宋霭龄那样过分地爱钱，养成一种贪性，以至于发展到嫉妒人，包括姐妹之间。

当时有人把她们三姐妹比作“龙、虎、狗”。意思是说，孙夫人宋庆龄女士一心爱国，道德高尚，思想进步，政治上的操守极为纯洁高贵，为全世界民主和进步人士所敬仰，所以是“龙”；蒋夫人宋美龄喜欢权力和荣耀，热心于政治，帮助蒋介石做“外交”工作，在蒋介石的家庭里也是只“母大虫”，所以是“虎”；而孔夫人宋霭龄则最爱钱，政治立场善于变化，只要有利可图，什么事都能做，包括小妹美龄的婚事，任何事情她都在所不惜，所以是看家“狗”。

其实宋美龄虽然有野心和政治欲望，在三姐妹中却是最看重家庭亲情、最维护家族利益的，在孙中山逝世后，她一直关心二姐的生活。她们三姐妹之间，宋霭龄和宋庆龄二人理想和道德观念不同，是有矛盾的，而宋美龄则居间。虽然在政治上的立场不同，但

> 出席国民党三届二中全会时的宋庆龄。

她同情二姐宋庆龄的不幸遭遇，并且也不同意大姐因为观念不合而恶言恶语地攻击二姐，以至于双方没有了姐妹之情。

宋美龄催促蒋介石受洗

当时宋美龄答应蒋介石求婚的条件之一是蒋介石必须皈依基督教，后来在日本蒋介石也亲口答应过认真研读《圣经》，然后信奉基督。但是，蒋介石结婚后近三 年，一直不大愿意接受洗礼。

因为蒋介石潜意识中还是有佛教和传统文化的影响。蒋介石是非常迷信的，他很相信风水，他的母亲和发妻都信佛。深受中国传统文化影响的他自然会考虑一旦成为基督徒，将以何颜面拜谒蒋氏祠堂里的列祖列宗。

更为重要的是，蒋介石与宋美龄结婚后的头几年中，权力宝座并没有真正坐稳，各路诸侯也还没有收服，他在国民党内的地位也并不十分牢固，在这种情形之下，大张旗鼓地公开信奉基督教，在当时的中国政治环境下会对自己的政治生涯产生何种影响，一时也难以预料。或许人家会说你蒋介石口口声声自称是孙中山的学生，怎么忽然变成了"上帝"的子民？你口口声声实行三民主义救中国，怎么忽然自己信奉起基督来了？这些都是一心想统治中国的蒋介石要反复斟酌的。

当初因为求婚心切，蒋介石行了权宜之计，暂时答应下来。后来他就一拖再拖，迟迟不肯履行婚前对宋老夫人的承诺。虽然《圣经》天天读，平时也经常和宋美龄讨论基督教的问题，但一说到受洗，就总是借口太忙，加以推脱。

宋美龄是个虔诚的基督教徒，做事又是非常认真，所以一直穷追不舍。平时一有空就向蒋介石灌输宗教思想，宣扬基督教义。宋美龄和蒋介石的生活作息不大一样，蒋介石习惯早睡早起，宋美龄相反，喜欢晚睡晚起，但为了帮助蒋介石修习《圣经》，有段时间宋美龄还特意改变了作息时间，一大清早6点多钟就起床，和蒋介石一起祈祷，一同读经。结婚后第二年，宋美龄就把和宋家关系密切的上海卫理公会教堂牧师江长川请到南京，要他以其家庭老朋友的资格，劝请蒋介石接受基督教，若有可能，就为其担任洗礼。

那天由于蒋介石公务繁忙，到下午4点才有时间接见商谈。为了避免访客到来打断谈话，宋美龄还提议驱车出游，且行且谈。于是三人同坐一辆车，在侍卫车辆的前后护卫下，来到郊外。在车上宋美龄又力劝蒋介石接受基督教，并正式受洗礼。她说："我们的老朋友江牧师不久赴美国，此行将逗留许多月，还是抓紧时间行洗礼吧。"蒋介石不能明确拒绝，只好说："我现在只读完《新约》第二遍，正开始读《旧约》，我要对基督教多知道一点，然后正式接受耶稣为我的救主。"

三人又继续谈了一会儿，江长川后来也只好表示赞同蒋介石的意见，建议他在自己出国的时候再熟读《圣经》，等将来自己回国后为他举行洗礼。

∧ 1928年冯玉祥与蒋介石换帖结盟拜为兄弟，开始了二十年的合作关系和私人交往，其间有并肩携手的合作，有利害之争的冲突，有政见不合的分裂，最终走向了刀戈相向的结局。

此后，发生了几件据说是促使蒋介石最终信教的离奇事情。

1929年12月1日，是宋美龄与蒋介石结婚两周年纪念日。宋美龄和蒋介石照例要举行庆祝活动。纪念日的前几天，蒋介石提议渡江到江边的野外度假兼庆祝，宋美龄欣然同意。可是就在随后的几天里，宋美龄感到身体越来越不舒服，最后只好对蒋说："我不太想去了。不过，如果会让你扫兴的话，我们还是去。不知为什么，我就是想待在家里。"

蒋介石说："你太累了！我们就在家里庆祝吧！"

12月1日那天，蒋介石非常忙碌，因为当时他正抓紧组织几路大军"围剿"冯玉祥的西北军，前方军情不断传来。一直到傍晚时分，仍有好几个重要的访客需要接见，看样子一直忙到深夜才会结束。

宋美龄平时睡得很晚，但这几天因身体不适，就寝得较平常为早。可是她在床上辗转反侧，怎么也睡不着。南京的冬天，又冷又潮湿，室内的湿气很重。宋美龄躺在床上，一直心神不宁，有种不安的预感。除了客厅，整个房子里灯全关了，女佣们也都回到自己房间里去了。

房间里一片漆黑。宋美龄在黑暗中躺了很长时间，还是睡不着。她终于忍不住了，忽然翻身起来，把室内，甚至连浴室和蒋介石书房里的灯全部打开，一时间灯火通明。她披上睡袍打算去叫蒋介石，但转念一想，又觉得不妥，于是就站在客厅门口，静听里面的动静。

一个汇报情况的人走了，她听到蒋介石和他道别的声音。接着，又一个访客进来了，这

★石友三叛变

1929年12月2日，石友三下令炮击南京，通电反蒋。蒋介石集中兵力打唐生智时，石友三又和韩复榘投靠阎锡山。12月21日，石友三通电反对改组派，唐生智联盟破裂。蒋介石乘机正式命令石友三部归属阎锡山部，让石友三掉转枪口打唐生智，对石友三的背叛行为不再追究。

人一听声音便知，是人称“倒戈将军”的石友三★。石友三刚归附蒋介石不久，今天是特意来澄清有关他对蒋不忠的谣言的。石友三赌咒发誓，决心效忠蒋介石。这时，站在门口的宋美龄再也忍不住，敲门而入，把蒋介石叫到自己房里来，紧张地说：“我有种强烈的不祥预感，你要留意些，我觉得要发生不幸的事！”

“会有什么事呢？一切都很平静啊！你太紧张了，也可能是太累了，我叫蔡妈来陪你，我也会尽早结束公事，你还是先去休息吧！”蒋介石劝慰她说。

宋美龄不要蔡妈来陪她，自己回到房里，过了一会儿，终于睡着了。可是，半夜里她被噩梦惊醒，发现蒋介石正坐在床头上。

“达令，我做了一个可怕的梦！梦见河中间有块巨石，月亮照耀下，波光如银。突然间，所有的河水变成血红！整条河变成一条血河！”宋美龄喘息着说。

一块巨石在血河之中，这是很明显的凶兆，而她的丈夫不就是“介石”吗？

但蒋介石听后不以为然，只是说她太紧张了，安抚一番后，两人再度就寝。

12月2日凌晨3点钟左右，隆隆的炮声把睡梦中的蒋介石夫妇惊醒。接着，卫士来报告：石友三叛变了，正在浦口用数十门炮轰击南京城。蒋介石夫妇原拟去度假的地方也遭到了炮击。

那个晚上两人再也没有合过眼。早晨6点钟，宋霭龄来到蒋介石官邸，宋美龄看到她时，还是惊恐万分，向她讲了昨晚的噩梦，要她赶紧回去。

宋霭龄急忙拍了一封电报给上海的宋老太太，大意是情况紧急，不及详述，但请母亲代为儿女祈祷云云。两小时后，宋老太太来了回电，附了《圣经》中的一句话：“敌人将会自动退去！”

原来，当时国民党内的反蒋派系改组派发动了"溧阳暴动"。事先曾策划由中央军校的一个航空教官驾驶教练飞机，准备在中央政治会议召开时，炸毁中央党部会议厅。但因当天天气不好未能起飞。石友三也参加了这次反蒋行动，他下令炮击南京后，发现城里没有配合行动，不敢孤军深入，就急忙退走了。南京又暂时安全了，蒋介石和宋美龄受了一场虚惊。上帝的话果然"应验"了！

这次偶然的"上帝显灵"却成为促使蒋介石信奉基督教的重要原因之一。

∧ 卫立煌的及时出山解除了石友三对南京的威胁。

∧ 有"倒戈将军"之称的石友三。

石友三虽没攻打南京，但他把沿浦口到蚌埠铁路沿线驻扎的蒋军第56师、第168旅全部缴了械，而北上讨伐冯玉祥西北军的中央军嫡系一时无法调回，南京空虚，警报频传。

为了解除石友三的威胁，保卫南京，蒋介石苦思良策。宋美龄忽然想起了卫立煌。此人原是粤军中骁勇善战的将领，被蒋介石改编后，又在北伐中立有战功。1928年1月，蒋介石重新上台后，排斥异己，培植个人势力。因卫立煌既非浙江籍，又不是黄埔出身，便不受蒋介石重用，被送到北平进陆军大学特别班"进修学习"。

现在，南京危急，宋美龄想到了要请他出山来保卫南京。因为她和卫立煌的夫人朱韵珩是昔日在美国留学时的好友，就给朱写了一封信。信中说："现在您的将军已在陆大学习，达到了您的愿望。蒋先生想请卫将军以崭新的姿态，速返安徽，重组劲旅，以保卫南京，保卫中山先生的陵园……"

读罢来信，朱韵珩十分感动。她本打算让卫立煌军校毕业后，远游欧美，继续深造，不再介入国内的军阀混战。卫立煌虽对蒋的排挤抱有怨气，但反复考虑后认为这是重返军队、再建战功的好机会。于是，他说服了妻子，登车南下就职。蒋介石和宋美龄都接见了他，以示嘉慰。经过数月的努力，卫立煌以粤军时期的老部下和黄埔学生为基干，组建了45师，驻扎蚌埠。石友三见状，马上把自己的人马撤离津浦路南段，移军河南商丘。

< 中原大战前，蒋介石与冯玉祥、阎锡山合影。

★中原大战

1930年3月，以蒋介石为首的国民党政府军同国民党西北军冯玉祥部、晋军阎锡山部等在山东、安徽、河南、湖北境内进行大战，又称“中原大战”。从4月开始，蒋与冯、阎双方积极向豫东调兵遣将，5月9日蒋首下攻击令，此次大战历经了商丘之战、民雎之战、雎杞太边之战、民考曹边之战等激烈战斗，投入兵力数十万人。至10月6日蒋军攻占郑州，中原大战基本结束。

就这样，在各地军阀大战的时候，宋美龄的灵活手腕，把一度彷徨的卫立煌拉入了蒋介石的阵营，增添了一位善战的将领。

据说蒋介石入教之前，还发生过一件上帝接纳祈祷、骤下大雪的奇异事。

石友三退走后，没多久中原大战★爆发。一次蒋介石被冯玉祥的军队围困在开封附近，四面几乎全被包围。危急中的蒋介石只好祈祷上帝解救，并声言此次得救后，定即正式信仰基督为救主。随后天降大雪，使得敌军无法进迫。同时，胡宗南的援军也迅速赶到，结果不仅蒋介石保住了性命，而且乘势反攻，转败为胜。最后中原大战以蒋介石的全面胜利告终，蒋介石打败了两个强劲的对手冯玉祥和阎锡山，总算又大体上实现了中国的“统一”。

对此，蒋介石暗感“上帝恩赐”，当时他也认为这是上帝的安排。再加上当时宋母倪桂珍已病倒，很可能不久于人世，为了让宋母欣慰，看到自己履行诺言，中原大战一结束，蒋介石便主动向宋美龄提出入教之事。于是，在宋美龄的安排下，1930年10月23日夫妇二人携手回到上海。然后在宋家老宅，由从美国回来的江长川牧师主持仪式，在她父亲宋耀如的教堂里为蒋介石洗礼入教。那次的受洗仪式，除了宋庆龄不在场之外，几乎所有的宋氏家族成员都到场观礼，并且为蒋介石祝福。

可见，宋美龄在促使蒋介石皈依基督教方面确实费了一番心思。诚然，结果也是令她满意的。此后，蒋介石每日祈祷礼拜，从不间断，并且在入教后，还常向下属炫耀自己是虔诚的基督教徒，大讲基督的“博爱仁义”以及西方信教的文明史。

当时蒋介石入教，并不仅仅是信仰问题，另外还有一个政治问题。明眼人一看便知，那是为和宋家的其他家庭成员保持好关系，还有就是改善他在西方国家眼里的个人形象。因为宋家是全体信教的，蒋介石在财政方面倚重的宋子文和孔祥熙都是教徒，而且当时宋子文和蒋介石关系一直不甚融洽，蒋介石的信教对于改变宋子文的印象还是有点好处的。同时，当时的日本明显地表现出了对中国的敌意，蒋介石扫平了国内的反对势力后，迫切需要得到西方的美、英等强国的支持，来作制衡，而西方国家一直认为他是一介武夫，自己信教后就可以大大改善这个不好的形象。

蒋介石参加基督教，接受洗礼，在中国人当中还是引起了不小的震惊，很多人刚开始表示不相信，但是，在外国人中间，尤其在美国人中间，则可以听到很多赞许的声音，认为基督教虽在中国受到批判和抵制，然而蒋介石皈依基督则是基督精神在中国复兴的一种象征，说明传教士的工作会变得容易起来，十字架佩戴起来也不会像以前那样沉重了。

当然也有不少西方人对于蒋介石皈依基督的动机表示怀疑，例如美国期刊《基督教世纪》就发表社评指出：各地的基督徒们最好不要把蒋介石皈依基督这项宣布视为是基督教在中国的胜利，因为没有“任何确凿无疑的迹象，说明中国在走向上帝的天国方面向前迈进了一大步”。这篇社评最后指出：“在目前的中国局势中，还有其他一些因素……譬如，它明显地迫切需要外国的支持，尤其是以贷款形式给予支持……他们对经费的需要极为迫切，甚至不断有人传说可能会在官方或半官方的默许下恢复鸦片交易。”南京政府的领袖们鼓励“这位总裁采取这一步，必定已经考虑了非常直接和实际的好处”。

确实，蒋介石信教的功利目的是很强的，像中原大战的“上帝降雪”解救或许只是他的一个借口和解释。作为他的夫人，宋美龄当然很清楚蒋介石的心理和意图，所以她利用一切机会向她的朋友宣传蒋介石皈依基督的情况，争取外界对蒋介石的同情和支持。她不管走到哪里，都向外国传教士和妇女俱乐部的人士发表讲话，企图将外国的教会团体、传教士和外国的基督徒集聚到自己的身边。可见，蒋介石皈依基督，为宋美龄争取美国朝野人士对国民党政府和蒋介石的支持，从而为美国在中国推行扶蒋政策产生了很大的影响。

而且蒋介石受洗后，也并不是纯粹做给外国人看，还是坚持了每日的祈祷礼拜，认真地把自己当作一个基督徒的。

历史备忘录

HISTORY MEMORANDUM

V 1928年，鲁迅在上海不断发表文章抨击时政。

V 20世纪20年代，上海虹口市场旧景。

2

3

4

1

国民党新军阀的“北伐”

亦称“第二次北伐”。1928年2月初，国民党二届四中全会上，各派达成联合讨伐奉系军阀张作霖的协议，通过“集中革命势力限期完成北伐案”。随后，国民政府将蒋介石、冯玉祥、阎锡山、李宗仁所属各部队分别编为第一、二、三、四集团军，以蒋（兼）、冯、阎、李分任总司令，共70万人。4月5日，蒋介石在徐州誓师北伐。5月28日，国民党军全线开始总攻，至6月2日，先后占领保定、高阳、肃宁、河间、沧州之线。各部继续追击，直至进驻南苑，肃清京汉线。6月3日，张作霖被迫退出北京。

皇姑屯事件

1928年6月3日凌晨1时，奉系军阀张作霖因与蒋介石作战失败，由北京乘火车退往东北。6月4日晨5时23分，当张作霖专车行至沈阳城郊皇姑屯车站京奉路与南满路交叉处的铁桥下时，被日本关东军高级参谋河本大作指挥日工兵22联队预先埋设的炸药炸毁，张作霖受重伤，抬回沈阳大元帅府后于上午10时身亡。这就是日本帝国主义一手制造的皇姑屯事件。

张学良与东北易帜

张学良就任东三省保安司令后，国民政府急于统一。1928年7月1日，张学良发布通电，表示与南京方面停止军事行动，8月3日，国民政府参加张作霖丧礼，同张学良谈判易帜问题。12月29日，张学良正式通电宣布东北“改旗易帜”，取下原北京政府的红黄蓝白黑五色旗，换上南京政府的青天白日旗，服从国民政府。12月31日，国民政府任命张学良为东北边防司令长官。蒋介石政权出现形式上的统一。

“改组派”在上海成立

1928年12月，在上海成立“中国国民党改组同志会”（简称“改组派”）。领袖汪精卫。机关刊物为顾孟余主办的《前进》杂志。中央设总部，各省及海外设支部，会员曾达1万余人。改组派坚持国民党一党专政，主张“恢复十三年改组精神”改组国民党；认为在不妨碍国民革命的条件下，工人有罢工的自由；同时，还主张将地主土地没收。

伴夫四处征伐

08

为了笼络人心，蒋介石经常与他的同僚举行饭局，而每一次蒋介石都坚持宋美龄与他一起出席，宋美龄也常常扮演女主人的角色，虽然她往往是座中唯一的女性。宋美龄自己也说过她在家中要帮助蒋介石接待许多客人，这种接待不单纯是妻子接待到家里来的宾客这么简单，这是政治活动的家族化，这是旧中国官场活动的延伸，也是宋美龄加入官僚行列的一个起步营生。这种接待，展露了宋美龄的交际才能，弥补了蒋介石与这些政要打交道时的缺陷，取得了日常政治活动所起不到的作用。

夫人出马拉拢韩复榘

二次北伐完成，张学良在东北易帜后，蒋介石在形式上“统一”了中国。但各地的军阀和地方实力派虽然在表面上归顺了中央，暗地里始终对蒋介石的南京政权心怀戒备，绝不答应蒋介石染指地方利益。像阎锡山、冯玉祥以及桂系等有实力和蒋介石对抗的都是在暗暗较着劲，他们拥兵自重、占据一方，随时准备取代蒋介石的统治地位。蒋介石当然很清楚中央和地方的这种格局，把消灭地方势力当成巩固自己统治的首要大事。所以从1929年初，就接连开始了连绵不绝的新军阀战争。

首先是对付桂系的蒋桂战争★，随后又是对付冯玉祥和阎锡山的中原大战。规模空前的中原大战后，蒋介石总算大体上扫除了几个最有威胁的对手，虽然各地还有一些地方军阀，但他的统治总算稳固下来，已没有和他争夺中央统治权的对手了。

在这几场新军阀战争中，宋美龄除了陪蒋介石视察前线鼓舞士气外，还巧妙地利用自己的交际手腕，为蒋介石拉拢了不少将领和心腹。

1929年3月，蒋桂战争爆发，蒋介石争取了张学良、阎锡山等北方实力派的支持，这样，就可以避免在和西线的桂系军队作战的同时还要应付北方的威胁。当时在陕西的冯玉祥也是蒋介石所担心的，所以他派了邵力子等人到华阴去见冯玉祥，答应让冯担任南京政府的行政院长，并在打败桂系后把湖北的地盘给冯。但冯玉祥的态度一直不明确，直到3月底才表示愿与蒋介石合作讨伐桂系，并派自己的部将韩复榘为总指挥率军出武胜关，但私下又要韩复榘在武胜关观望形势。

蒋介石的军队进攻比较顺利，4月5日攻下了武汉。坐观战局的冯玉祥，见蒋占取武汉之后，匆忙于4月8日发出声讨桂系的电报，并派代表曹浩林、刘骥偕同蒋的代表邵力子、马福祥等赴武汉见蒋，努力增进蒋冯之关系。

★蒋桂战争

1929年初，蒋介石与汪精卫合作重新出任“国民革命军”总司令，占据江浙和沪宁地区。桂系军阀则控制了两湖、两广，并在平津等地扩充军队，还罢免了湖南省政府主席鲁涤平，严重影响了蒋的个人独裁。3月27日，蒋介石集中了16万兵力，开始进攻桂系盘踞的武汉。由于桂系两将领李明瑞、杨腾辉遭到蒋介石策反后倒戈，致使桂系在战争中很快失败。

< 蒋介石在蒋桂战争时，争得了北方实力派张学良和阎锡山的支持。

< 蒋介石在武汉热情地接待了韩复榘。

但同时冯玉祥又暗令韩复榘领军向武汉推进，表面上是要帮蒋打桂系，其意图则是一旦桂系重占上风，就立刻夺取武汉。

蒋介石当然知道必须解除这个威胁，因为如果冯玉祥和桂系联手，进攻武汉的话，全局危殆。于是他想到了收买韩复榘的法子。当时在武汉的蒋介石给韩复榘发了个电报，让他停止进兵，到武汉来相见。

韩复榘答应来见后，宋美龄决定亲自出马进行拉拢。宋美龄先把韩复榘与二太太纪甘青迎到汉口，礼待有加，又是陪玩，又是宴请，十分热情。她听说纪甘青从来没有到过上海，马上在上海为她准备了一栋住宅并派人专门在上海恭候，竭尽招待之能事。蒋介石也亲自招待了韩复榘和纪甘青，不仅对韩在武胜关观望和欲取武汉的行动避而不谈，还对韩嘉奖备至，口口声声称“向方（韩复榘字向方）兄的战功卓著”，并说，现在北伐成功，不应再有内战，应当从事和平建设。韩复榘受宠若惊，临走之时，蒋送韩30万元，宋美龄也送了一枚昂贵的戒指给纪甘青。韩复榘又感激，又高兴，说“良臣择主而事，蒋总司令才是真正难得的领袖”。

韩复榘是个粗人，平生戎马，哪里见过像宋美龄这样高雅的女士？相识之初，心里已生敬意，受了礼遇，更是感激不尽。后来每每跟人谈及宋美龄，他总是这样说：“蒋夫人见到我，总喊我‘常胜将军’，从不喊我的名字。可我的老上级冯先生见了我则是韩复榘长韩复榘短地训斥我，连个‘向方’也不肯叫。”

韩复榘是冯玉祥一手提拔起来的，在冯玉祥的手下当过侍卫、司务长等，成为冯的亲信，被人称为冯的“十三太保”之一。韩复榘作战勇敢，为冯玉祥立下过不少战功，是老西北军的骨干，冯玉祥把他从一个普通士兵一步步地提拔到了河南省政府主席的位置上。说起栽培之恩，韩复榘感激涕零，常对人说：“冯先生于我，如同亲生父母。”

但是韩复榘在南口战败后，曾投降过阎锡山。冯在五原誓师后，以宽容的态度将他召回，并表示既往不咎。但韩复榘对冯玉祥一直存有戒心。韩复榘虽然作战勇敢，但当了河南省主席后，常瞒着冯玉祥去嫖赌玩乐，出巡时看上了当地以唱坠子书闻名一时的伶女子纪甘青，就娶了她为二太太。冯玉祥自小家贫，生活俭朴，对手下的高级将领也管束得特别严，要求他们保持简朴的生活。他知道韩复榘纳妾的事情后，便在河南省政府军政人员会上，不指名地批评韩复榘说：“现在许多军政高级人员，生活很腐化，吸烟、喝酒、打牌还不算，有的人打了几个胜仗，自以为了不起，你弄个唱戏的，他弄个说书的……”

∧ 冯玉祥对于韩复榘有提携之恩。

韩复榘本来就不愿过冯玉祥那样的艰苦生活，对他的严厉管束很反感。对比宋美龄和蒋介石的态度，简直是天上地下。宋美龄明知道纪甘青是他的二太太，还是十分亲热，又送戒指又陪玩，让韩复榘也是很有面子。再加上蒋介石控制着江浙上海富庶之地，费用充足，出手大方，比冯玉祥有钱得多。当时从武汉返回驻地后，韩复榘就有叛冯投蒋之意。

此后蒋介石顺利地解决了桂系，已不需要再拉拢冯玉祥，于是，原来答应给冯玉祥的行政院长和湖北地盘也就全部收了回去。这让冯玉祥很恼火，但一时又不好发作。

蒋介石又发表了《和平统一为国民政府唯一之希望》一文，宣称“欲消弭内乱，非铲除军阀不可；欲铲除军阀，非根本扑灭封建地盘思想不可”。他搞起了对地方军阀的编遣活动，规定从此全国军队归中央统一调度，各总司令部由南京国民政府下令取消，各部队只能在原驻地听候编点，各集团军无权自行调动和任免军官。地方军阀的权力大为削弱，而蒋介石在编遣过程中又把冯玉祥的第二集团军实力削减一半，减发其军饷。

冯玉祥见蒋介石“削藩”要搞到自己头上，加上自己部将孙良诚的山东地盘也被蒋介石吞并，兵戎相见已不可避免。于是5月15日正式向蒋介石发难，即刻令韩复榘、石友三从信阳、襄樊撤退，并炸毁武胜关隧道，同时令原在鲁、豫两省孙良诚、马鸿逵、庞炳勋部向潼关以西撤退，并将洛阳以东的铁轨拆毁，以阻蒋介石进兵之路。冯计划在潼关、华阴集结兵力，缩短战线，并压迫阎锡山一道反蒋。

随即，冯玉祥通电成立“护党救国军西北总司令部”，自任总司令，反蒋战幕揭开。于是，蒋介石遂以“背叛中央”的名义开除冯玉祥的党籍，下达讨伐命令。

韩复榘在武汉受了宋美龄和蒋介石的招待和馈赠后，就一直念念不忘。当时他嫌河南省穷苦，想借机得到湖北地盘，当湖北省主席，但被冯玉祥所斥骂。现在受到蒋介石的收买，便产生了叛冯之心。

在冯玉祥召集的华阴军事会上，他又反对冯玉祥要他从河南退入陕西，声称陕甘贫瘠之地，给养不足，无法生存。全军将士刚由贫寒地区打出，谁也不愿退入穷地方受苦。要求准许他的部队驻防洛阳至南阳一带，冯玉祥坚决不允许。

韩复榘在华阴会议之后回到驻地，十分不满地对身边的人说道："把整个河南省放弃，部队全撤到潼关以西，这不是自取灭亡吗？以后我们吃什么？穿什么？靠什么激励将士跟着我们？"

随后，韩复榘便联络在洛阳的石友三一起叛冯投蒋。石友三当过冯的马夫、警卫，也是冯的"十三太保"之一，曾同韩复榘一起投降阎锡山。石友三做事一向追随韩复榘。他多年来战功赫赫，居功自傲，因未能裂土封疆，早对冯玉祥甚为不满。同时他瞒着冯玉祥吸食鸦片，妻妾成群，也对冯玉祥在生活上的管束很反感。蒋介石在蒋桂战争时，派钱大钧赴襄樊慰劳石友三部，给了他30万元。石友三也接受了蒋的拉拢。

所以韩复榘一提议，石友三当即答应。

韩复榘东进到了洛阳，和石友三联名于5月22日向蒋介石发出了第一份电报，表示要"维护和平，拥护中央"；第二天，又连续发出两份电报，内容分别是"反对内战服从指挥""已有10万之众正待命东进，请示机宜"。

蒋介石得讯大喜，于是当即复电"极表嘉慰"。委任韩复榘为西北军总指挥，仍为河南省政府主席，统领豫、陕、甘等省军队；委任石友三为安徽省主席、讨逆军第13路总指挥。并立即给二人送现款1,000万元作为犒赏。同时下令各军讨伐冯玉祥。

韩复榘把部队拉到郑州后，宋美龄又特地赶到郑州替他洗尘，还送了大批的慰劳品。韩复榘因此被蒋介石视为座上宾。蒋请韩到南京欢聚，让宋美龄亲自陪同饮宴、劝酒。随后蒋介石约请韩复榘同游杭州西湖，在岳坟又特意叫上宋美龄三人一起合影，以示亲密无间。

蒋介石答应每月调拨给韩协饷银60万元。在庐山训练团长以上军官时，对韩的团长以上受训军官给予特殊待遇，个别谈话送钱，亲自题名赠送照片，称兄道弟，面嘱有何困难以后可直接写信解决。

后来，韩复榘任山东省主席时，南京的财政部长宋子文以参观趵突

★冯玉祥通电下野

1929年5月16日，西北军将领发出反蒋通电，推冯玉祥为“护党救国军西北路总司令”，并开始军事行动。17日，国民政府通电，指斥冯玉祥，随即下达讨伐令。5月22日，冯玉祥军将领韩复榘、石友三通电拥蒋，背叛冯玉祥。韩、石的倒戈导致了冯玉祥在与蒋冲突中失败。23日，国民党中央下令革除冯玉祥的一切职务，永远开除党籍。27日，冯面对蒋的强大压力，发表下野通电。

←

泉为名，还到济南联谊韩复榘，送去手枪200支，并乘兴与他结拜为把兄弟。

冯玉祥听到韩复榘叛变的消息后，开始不肯相信。后来接到韩、石的联名通电，打击太大，一下子躺倒了，日夜哭泣，咒骂自己，不停地猛打自己的嘴巴，又拔出手枪欲自杀，幸被卫士抱住。韩、石为冯的最精锐部队，二人一叛变，冯对于其他未倒戈的将领都失掉了自信心，对统率西北军也失去了自信心，再加上不愿看到自己的老部下内部相残，决定避战自保。

1929年5月27日，冯玉祥通电下野★，表示：“洁身引退，以谢国人”，“从此入山读书，遂我初衷；但得为太平之民，于愿足矣”。上华山隐居读书去了。

韩复榘的倒戈，帮助蒋介石挫败了冯玉祥的第一次反蒋行动。

蒋介石在接连打败了桂系和冯玉祥后，更是盛气凌人，加紧对地方实力派的清剿和夺权。不到一年的时间，由于地方各派不服蒋介石的压力，寻求新的途径与蒋介石争雄，1930年爆发了规模空前的中原大战。

此次领头向蒋介石发难的是阎锡山。阎锡山在山西扎下自己的根后，一直伺机夺取河北河南的地盘，现在蒋介石扫荡了大半的新旧军阀，剩下较大的实力派也就自己和张学良了。张学良待在关外，和蒋介石的私交不错，蒋介石下一个要解决的就是自己了。阎锡山决定拉拢冯玉祥和其他各派，联合抗蒋。

1930年2月，阎锡山公开谴责蒋介石独揽大权、消灭异己的行径，提出“整个的党，统一的国”“和平统一，礼上为国”的旗号，反对蒋介石一手包办的编遣会议，要求蒋介石下野。蒋介石则声称武装叛乱必然要用武装解决，坚持自己不能辞职下野，准备谁不服从“中央”就用武力讨平。

> 韩复榘旧照。韩复榘的倒戈给了冯玉祥致命一击。

∧ 冯玉祥旧照。军阀混战时期，阎锡山极力拉拢冯玉祥联合抗蒋。

3月，阎锡山、冯玉祥和李宗仁的反蒋联合阵线形成。4月，蒋介石下令免去阎锡山本兼各职，同时发布讨伐令，自任讨逆军总司令，中原大战正式开始了。这是中国现代历史上最大的军阀混战，参加混战的有蒋介石的中央军、冯玉祥的西北军、阎锡山的晋军、李宗仁的桂军以及大大小小的地方军、杂牌军。战场波及面之广，参加人数之多，对政局影响之大，在中国内战史上是罕见的。

∧ 中原大战前，冯玉祥的西北军在加紧军事训练。

从声势上看，反蒋一方有晋军、西北军、桂张联军，拥众70万，实力对比占据优势。冯玉祥、阎锡山和李宗仁分别于津浦、陇海与鲁西南、平汉、湖南等几个战场上同时进军。他们的战略计划是：晋军为主体的第三方面军沿津浦线南下，徐永昌任前敌总指挥；沿陇海路东进的是以西北军为主体的第二方面军，鹿钟麟为前敌总指挥；以石友三部为主体的第四方面军攻占济南后，三路大军会师徐州，再进兵南京。另外，以桂张联军为主体、李宗仁为总司令的第一方面军沿粤汉路北上，与沿平汉线南下的第二方面军南北对进，夹击湖北蒋军，会师武汉，控制长江中下游，而后一举推翻南京政府。

当时蒋介石面临南北夹击，形势严峻。经过分析，蒋介石认为阎锡山反对自己只是为了换取更多的政治和经济利益，不会以损失实力为代价不顾一切地进攻，而冯玉祥的立场坚定，在战场上将会不惜一切代价抗争到底，所以蒋介石决定先打垮冯玉祥的西北军，在陇海线上推出嫡系主力参战，务求战胜，而在津浦线上则采取守势，只要陇海线上胜利，阎锡山的晋军将不战而退。

在这种形势下，河南的战略地位就变得十分重要。为了确保战略意图的实现，蒋介石决定再让宋美龄去笼络韩复榘。韩复榘当时任河南省主席，在河南拥有重兵，他倒向谁，谁就占据了战场的主动。中原大战开始后，当初和韩复榘一起叛冯投蒋的石友三又宣布加入反蒋联盟，还担任了第四方面军的总指挥。坐镇河南的韩复榘也开始动摇了，与冯玉祥暗中联系，大有反蒋投冯之意。

蒋介石感到情况危急，如果韩复榘真的再行背叛，后果实在是不堪设想，考虑到当初韩复榘和纪甘青对宋美龄的感激之情，蒋介石趁着在徐州召开军事会议之际，带上宋美龄一起北上，并且马上让宋美龄同前来打探动静的韩复榘单独会面。

乍一相逢，宋美龄就满面喜色，大力称赞韩复榘作战勇敢，为中央立了大功，说得韩复榘受用非常，搔着头皮，光知道咧着嘴笑。宋美龄还代表全国两万万妇女向他表示敬意，说韩复榘在河南实行反对蓄婢纳妾、禁止女子缠足束胸的举动，是值得全国宣扬的大好事。慌得韩复榘还礼不迭，连连表示有愧于夫人的厚爱。

宋美龄见韩复榘满脸恭敬的样子，知道他说的是真话，于是话锋一转，开始谈到眼下战场的形势。她先宣扬了一通蒋介石以中央之名削夺地方兵权的理由，说国家的建设，最最要紧的莫过于保证统一、和平的环境，现在不应该再有内战。可是阎锡山、冯玉祥他们为私利所动，挑起战端，致使中国走衰败之道，对此，希望向方将军深明大义，千万不要受他们的拉拢。

说到这里，宋美龄见韩复榘脸上红一阵，白一阵，有点坐立不安，知道他心里在想什么，于是马上展颜微笑，缓和了紧张的气氛，随后满怀信任地对韩复榘说，尽管外面传闻很多，可自己还是百分之百地相信将军，也一直劝委员长不要听信谣言，受人挑唆，所以这一回，不但让你担任第一军团的总指挥，还把陈调元、马鸿逵和刘珍年的部队都交给你调遣，还要增拨经费，加强装备。

宋美龄这一番话又有吹捧，又有威胁和利诱，发挥了自己善于外交的天才。把韩复榘说得连连点头，到后来已由刚开始的紧张转为感动，在宋美龄面前又是表白，又是诉苦。

宋美龄认真听他表白，并深表理解和同情。片刻之间，原来左右摇摆的韩复榘，立马恢复了坚定的拥蒋立场，他这时唯一的要求就是不和西北军的老弟兄们正面交火。他对宋美龄说："冯先生好比是我的亲生父

∧ 1928 年，蒋介石与冯玉祥、李宗仁（右二）、阎锡山等人合影。

母，委员长和夫人好比是我的再生父母，我不能帮着冯先生打委员长，也不能帮着委员长打冯先生。我本来主张和平，反对打仗。现在看在夫人的面子上，我听委员长的。不过，请夫人跟委员长说说，体谅我的苦衷，就让我去打阎老西那个王八蛋吧！”

宋美龄连连点头，表示一定向蒋介石转达他的心情。旋即，徐州军事会议如期举行，会上，蒋介石在进行军事部署时，果然把韩复榘的第一军团调往山东，从正面去阻击阎锡山的进攻，他自己的嫡系部队则专门对付冯玉祥的西北军。蒋介石总算在陇海线上稳住了局面，而收服韩复榘，也是宋美龄在中原大战中帮蒋介石的一个大忙。

尽管稳住了韩复榘，战场的形势对蒋介石还是非常严峻，因为倒蒋一派毕竟在军队人数上占有优势。当时要扭转局势，唯一可利用的就是倒蒋各派彼此之间尚不太紧密的合作关系，于是宋美龄又利用自己的交际手腕，为蒋介石争取了阎锡山手下将领刘茂恩的投诚。

当时刘茂恩的第六路军在河南归德。刘茂恩是旧军阀刘镇华的弟弟，当年刘镇华出国，把部队交给了老部下万选才和五弟刘茂恩。阎锡山忌惮刘茂恩的势力坐大，就把刘镇华军队的指挥权和河南省主席的位置都给了万选才，刘茂恩只是万选才的下属，心中十分不满。

这次中原大战，万选才是反蒋联盟的第六路军军长，阎锡山又任命他为河南省政府主席，反蒋的态度也就更加坚决，一路过关斩将，立下了不少战功。刘茂恩却并不太热衷于对抗蒋介石的中央军。

恰在此时，刘茂恩的弟弟刘茂修回国。他是刘镇华的七弟，正在日本士官学校读书。前不久，国内形势骤变，旅居日本的刘镇华不放心，就叫刘茂修回国看看。为此，刘茂修决定帮哥哥跑一趟南京，摸摸蒋介石的态度。回国后没几天，他就偷偷从天津出发，搭船到上海，然后坐火车到南京，暂时住在第十一路军的驻宁办事处。

正当刘茂修为如何接近蒋介石犯愁的时候，宋美龄派属下上门邀请来了。一辆小车把刘茂修一直送进了黄埔路官邸，又是接见，又是宴请。宋美龄向他表示了蒋介石的友好之意，让刘茂修大为感激。经过一番努力之后，刘茂修劝说刘茂恩阵前倒戈的心意已决。蒋介石让宋美龄拿来笔砚，当场写了一封给刘茂恩的亲笔信，作为他投诚以后加封行赏的信物。为了保险起见，宋美龄让刘茂修把背心脱下，叫人把蒋介石的亲笔信缝入衣中，然后再亲自帮刘茂修穿上。

刘茂修带着这“衣带密诏”，匆匆地回到前线，找到五哥刘茂恩，把蒋介石的指示送到了他的手里，两人就倒戈一事商量已定，反蒋联盟当中的一员干将开始密谋反叛。

这一边密谋反叛，那一边却毫无防范。尤其是阎锡山，说什么也不会生疑。因为刘镇华当年驻军陕豫，跟山西只有一水之隔，彼此常相往返，交情笃厚。1925 年刘部对冯玉祥的国民军作战失利；1929 年刘部为唐生智、宋哲元所逼，曾两次东渡黄河，退入山西，都是靠阎锡山的照顾接济，才得以保全。阎锡山没有丝毫戒心，加上他身边的万选才反蒋坚决，当然不会有所怀疑。

刘茂恩暗中与陈诚牵上了线，然后一个电话，把万选才骗到军中。刘茂修立即让预先埋伏好的枪手把万选才五花大绑，直接押送到陈诚处。这位万选才刚当上河南省主席不久就变成了阶下囚，后来被转送南京执行枪决。

第二天，蒋介石的中央军就占领了兰考，威胁开封，晋军阵脚大乱。这件事使反蒋联盟大为震动。刘茂恩带走了一个师，兼并了万选才第六路军的大部，还顺手端掉了晋军的两个炮兵营。这等于白白让蒋介石增加了 8 万多精锐之师。本来，反蒋联盟进展顺利，眼看就要形成对中央军的合围，他们的阵地却忽然出现了一个大口子。蒋介石再乘乱一阵反攻，晋军抵挡不住，稀里哗啦地退了下来。幸亏冯玉祥的西北军及时增援，孙良诚和吉鸿昌重创了刘峙的第二军团，才使晋军停止了溃退，稳住阵脚。

此后，中原大战中的主战场呈现了胶着状态，双方在开封以东的广大地区展开了拉锯。对反蒋联盟来讲，最宜速战速决，时间拖得越长变故也可能越多；而蒋介石却可以利用这段时间，加紧对东北军的拉拢，改变对自己不利的局面。宋美龄拉拢刘茂修，为争取战场形势的好转起了重要作用。

中原大战自1930年4月爆发后，双方投入总兵力达150万人，在陇海线、平汉线、津浦线大规模厮杀。西起潼关，东至连云港，北起济南，南至浦口，方圆数百里的大战场，硝烟弥漫，炮声不绝于耳。双方各有胜负，势均力敌。到了 8 月，经过四个月的激烈厮杀，战事成拉锯局面。

∧ 唐生智旧照。

∧ 刘峙旧照。

在此局势下，拥兵关外的张学良就成了左右战局的关键力量。当时，蒋介石有兵员61.93万人，枪支47.9万支，机关枪2,479挺，迫击炮1,010尊，大炮586门。此外，蒋介石还拥有飞机143架。东北军拥有飞机191架。就陆军而言，东北军与蒋介石相比稍逊，但若以海空军相比，东北军则是蒋、冯、阎、桂的总和，独占优势。东北军不光拥有数十万人马，而且自成体系，武器、弹药自行生产供给，海空军和炮兵齐全，所以在这时双方打成拉锯战局面，谁能赢得张学良的支持，谁就能赢得中原大战的胜利，最终能赢得整个中国。

还在大战开打之前，张学良就身价百倍，蒋介石和阎锡山都派出自己的代表前往沈阳和北戴河进行游说。张学良从自身的利益考虑，没有答应参加反蒋的一方，表示保持中立，主张用和平手段解决问题。

V 中原大战前，张学良（左）成了蒋介石和阎锡山互相争夺的对象。

张学良和蒋介石有不错的关系，对阎锡山和冯玉祥的反蒋一方也没有恶意，但阎锡山势力在平津地区的存在，却妨碍了东北军向关内的发展之路。平津地区是东北入关的桥头堡，自从张作霖时代就把控制平津地区作为东北军的头等政治大事，也是东北军向关内发展的头号目标，张学良对此是十分清楚的。蒋介石二次北伐后，东北军失去了平津地区，退回了东北，如果让南京的中央政府控制平津地区倒也还可以忍受，可是让阎锡山控制则让人担忧。阎锡山也把平津地区视为自己的战略要地，绝对不会拱手让给东北军。在拉拢张学良一事上，阎锡山显然舍不得下血本。

相反，蒋介石在这方面的资本比阎锡山雄厚得多。6月，南京政府特任张学良为陆海空军副总司令，还把河北省和北平、天津二市划归张学良管辖。此后，在宋美龄的帮助下，蒋介石还让英、法公使对张学良施加影响，并以巨额资金为后盾进行拉拢。

在拉拢张学良这件事上，和张学良一向甚有交情的宋美龄又给蒋介石帮了大忙。由于自己不便出面前往沈阳，她特意让蒋介石派吴铁城陪同张群一起前往沈阳进行游说。宋美龄深

知张学良的脾气喜好，就建议蒋介石，让吴铁城的新婚夫人杨慧珍一起前往。杨慧珍人长得漂亮，也会交际，和宋美龄很熟。宋美龄特意嘱咐她要多陪张学良打牌，这样既可以融洽气氛，让张学良高兴，还可以乘机送钱。

吴铁城一行带着蒋介石的200万银行支票到了沈阳，住进了沈阳最高级的宾馆，进行银弹攻势。而另一边阎锡山和冯玉祥的代表只带着500元，当然住不起高级饭店，就连吃饭的费用也很拮据，哪谈得上用钱铺路打通张学良。

在蒋介石的拉拢下，张学良已有助蒋之心，但当时战场形势未明，不愿过早表态。当时阎锡山和冯玉祥曾任命张学良为中华民国军副总司

< 1930年10月9日，张学良就任陆海空军副总司令后与蒋介石派来的代表张群（前右二）、吴铁城（前右四）等人合影。

< 张学良与抵沈阳游说的张群在一起。

令，但张学良没有就职。他一直在观察战事的发展，等待战争的结果，等待南京方面更优惠的条件。而反蒋一方的代表则一直得不到张学良的任何回应。

到8月份的时候，财源丰富的蒋介石在装备给养方面的优势渐渐发挥出来，战场形势逐渐向蒋介石一方倾斜。张学良知道表态的时机成熟了，如果等蒋介石打败了阎锡山和冯玉祥之后表态，价值不大，蒋介石也不会看重，最佳的时机就是在将胜未胜之机，既能表明自己的政治态度，又能出来收拾残局，抬高自己的身价。于是他向吴铁城和张群说，等蒋介石拿下济南，他就出兵华北，进攻阎锡山的背后。

济南城防守严密，张学良担心东北军入关后，如果攻打济南就会发生重大伤亡。所以他要蒋介石先拿下济南，为东北军入关占领济南创造条件。其用心吴铁城、张群当然心中明白。他们立即发电给蒋介石，将情况汇报后，蒋介石不假思索，立马下令蒋光鼐部、蔡廷锴部向济南发起猛攻。阎锡山部溃不成军，连连后撤。8 月 15 日，中央军一举占领济南。

9 月 13 日，宋美龄见张学良迟迟还不入关，要蒋介石迅速以国民政府名义拨给东北军入关开拔费 2,400 万元。9 月 17 日，张学良对《大公报》发表谈话，表示："现在民困已达极点，北方尤不宜再受兵祸，故余已不能不被迫而出于干涉，唯余之意，干涉非用武力耳。"9 月 18 日，张学良发表通电，要求参战各方立即停止战争，他要求阎锡山和冯玉祥的部队听候中央处置。同日，东北军开始入关"武装调停"，大批军队坐火车风驰电掣般进关，千军万马大有气吞山河之势。西北军把东北军比作"东北虎"，听说"东北虎"进关，一枪不放向西撤退。反蒋派的军事路线全面崩溃。东北军不费一枪一弹，占领了河北、山东，主力直逼娘子关。张学良进北京后得意地对人说："我从未打过一枪不放的大胜仗。"

蒋介石乘胜追击。11 月 4 日，阎锡山和冯玉祥联名发表通电，宣布"即日释权归田"。南京政府答应给他们路费，想让他们出洋，但他们都留在国内，阎锡山去了大连，冯玉祥则隐居山西乡下。历时半年的中原大战终于以蒋介石的全面胜利而告终。

< 蒋光鼐旧照。在蒋介石的命令下，蒋光鼐部一举占领济南。

> 宋美龄与张学良夫人于凤至关系甚密。

张学良的最终助阵是蒋介石获胜的决定性因素之一，于是蒋介石不仅和张学良兄弟相称，也让宋美龄和张学良夫人于凤至加深感情联系。不久，张学良和夫人于凤至来到南京，拜见蒋介石夫妇。蒋介石和宋美龄天天宴请他俩，宋美龄与于凤至拜了干姐妹。随后，宋美龄、宋霭龄还拉着于凤至到上海玩，并拜宋母倪桂珍为干娘。

蒋介石在这次大战中能取胜，宋子文的财政支持也是一个重要因素，他在上海发行了大批公债，又从江浙财阀和官僚买办那里筹集了大量款项给蒋介石做军费。

当时还有一个所谓"夫人兵团"。蒋介石夫人宋美龄、冯玉祥夫人李德全、李宗仁夫人郭德洁、汪精卫夫人陈璧君、韩复榘二夫人纪甘青、吴铁成夫人杨慧珍、张学良夫人于凤至等，都在这场战争中发挥着作用。而宋美龄帮蒋介石争取了韩复榘的支持、刘茂恩的倒戈，还有张学良的最终支持，所起的作用在这个"夫人兵团"中无疑是最大的。

陈诚做了干女婿

∧陈诚从黄埔军校开始追随蒋介石，一直充当蒋的左膀右臂。

宋美龄为了帮蒋介石笼络人心，还通过亲自做媒等手段，为蒋介石网罗亲信将领。陈诚的夫人，就是宋美龄的干女儿，正是宋美龄亲自把她介绍给陈诚的。

谭延闿是蒋介石的密友，和宋家也是相交甚久。他是清末进士出身，曾任国民革命军第二军军长、南京国民政府主席、行政院长，平时经常到蒋介石的官邸漫谈，每来必携女儿谭祥同行。

谭祥又名曼怡，是谭延闿的三女儿。1905年生于长沙。她品貌端庄，聪慧出众，曾就读于上海教会女校，并到美国留过学。因谭延闿曾认宋母倪桂珍为干娘，所以谭祥虽仅比宋美龄小8岁，但论辈分，却是宋美龄的干女儿。她善解人意，很会讨人喜欢，称蒋介石为爸爸，称宋美龄为妈妈。宋美龄对她也极为钟爱。

1930年，谭延闿患脑溢血病故，生前曾嘱托蒋介石和宋美龄，为其物色才识卓越、前途远大的乘龙快婿。当年谭延闿曾说服了宋子文答应宋美龄的婚事，为撮合蒋宋姻缘出过大力，宋美龄感激这份恩德，自然责无旁贷为干女儿选择"佳婿"。

蒋介石和宋美龄决定在比较看重的年轻将领中以胡宗南、陈诚两人择一而配。最后商量选定陈诚。胡宗南当时还没有结婚，但考虑到胡宗南是黄埔军校的一期学生，是"天子门生"，对蒋介石忠贞不渝，可以放心。当时的陈诚虽然已结过婚，但他早期与反蒋的邓演达关系极深，以后才投靠蒋。为了笼络陈诚，因此决定将谭小姐许配陈诚。当然陈诚

∧ 胡宗南和蒋介石合影。在黄埔学生中，升官最快的当属胡宗南，而且他也是黄埔系第一个晋衔陆军上将和战区司令长官的人。

比较有才干，为人讲信义，久为蒋介石所器重和赏识，宋美龄也很欣赏陈诚的为人，也愿意把谭祥介绍给陈诚。于是由蒋介石和宋美龄亲自为谭祥选择佳婿，此后宋美龄的这个干女儿便成了蒋介石和陈诚紧密合作、相互信任的一种推动力。

蒋介石和宋美龄商量内定后，征询谭祥本人意见。谭祥问陈诚现居何职，宋美龄回答说是军长。其实当时陈诚只是第11师师长。生性仔细的谭祥又问是哪一军，蒋介石在旁补充一句："18军。"谭祥低头不语，算是默许了。

蒋介石事后提升陈诚为第10军军长，宣布陈诚因在中原大战中有功晋级。于是，在陈诚赴日本参观秋操回国后，蒋介石、宋美龄便正式向陈诚提起了这桩婚姻。

∧ 陈诚陪同蒋介石视察国民党军。

陈诚见过谭祥后，不仅为谭小姐落落大方的仪态和知书达理的高雅素质所折服，而且更为蒋介石、宋美龄亲自出马充当介绍人而受宠若惊。他毫不犹豫地接受了蒋、宋的美意。谭祥对陈诚的翩翩风度和军阶战功，也很是仰慕，双方可谓一见钟情。

可是，陈诚要与谭祥结婚，还有一道障碍需要克服。因为陈诚乃有妇之夫，当时他与老家青田的吴氏结婚已十二三年。这桩婚姻是由父母做主，原配夫人吴舜莲为旧式的裹足家庭妇女，在外求学、从军多年的陈诚对其毫无感情，即使回家也是独居一室，拒绝与夫人同室

共寝。吴舜莲曾因不堪冷落而用剪刀自杀，幸亏被及时发现而捡了一条命，但其婚姻已是名存实亡。

尽管如此，陈诚若不与吴舜莲正式离异，谭祥嫁入陈家，就不能算作正娶。作为名门闺秀的谭祥，在这一点上，当然不肯迁就。陈诚便托了同乡前辈、吴家祖上的亲族杜志远先生和吴舜莲的哥哥、自己的同学兼下属吴子漪，出面进行劝导，要原配夫人同意办理离婚手续。淳朴、老实的吴舜莲，在各方劝说下，只好同意离婚，并决心终身不再婚嫁。当时她只提出了一个可怜的条件："生不能同衾，死后必须同穴。"陈诚当即同意。由吴子漪代写了一张离婚协议书，并注明：因舜莲不识字，故由子漪代为签名盖章，并愿承担一切责任。

1932年元旦，陈诚与谭祥在南京"励志社"举行婚礼。男方由杜志远主婚，女方由谭泽闿主婚，蒋介石还亲自当了证婚人。随后，蒋介石特给假期，新婚夫妻双双到杭州西子湖畔度了蜜月。

谭祥性格温存，落落大方，夫妻感情弥笃。婚后，谭祥堪称陈诚之贤内助，持家有方，尊敬婆婆；每当陈诚在人事关系上遇到麻烦时，也亲自出面到干妈宋美龄面前说情表白，使之化险为夷。谭祥计生四男二女，长子履安，次子履庆，三子履碚，四子履洁；长女幸，次女平。诸子女学业均佳。后来长子陈履安位至台湾当局"行政院国家科学委员会"主任委员，并为国民党第十二届中央执行委员会常务委员，曾是台湾政坛的新星。

当然，这桩婚姻给蒋介石带来的是一个忠臣，而给陈诚带来的益处则是吃了败仗反而继续能受到蒋介石的重用。1933年陈诚负责到江西"围剿"红军，当时陈诚指挥着三路纵队11个师的人马，用分进合击战术，向江西革命根据地发动了猖狂进攻，被红军打得狼狈不堪。前半阵劳师辗转，疲于奔命，后半阵处处挨打，溃不成军，连遭黄陂、东陂两次惨败，3个精锐师被歼，其中被生俘者达1万余人，枪支被缴1万余支，又损新式机关枪300挺、大炮40门。除了数万之众遭歼，两个师长竟也都当了俘虏。尤其是他赖以起家的第11师，竟也未能逃脱被歼之命运，更使其丧魂失

< 陈诚与其子陈履安。

< 时任南昌行营参谋长的贺国光建议陈诚用“夫人外交”来打开与蒋介石之间的僵局。

愧，颜面尽失。当他听到这一消息时，几乎昏厥倒地，数日中，伤心泪下，羞愧不已。

惨败之后，蒋介石军队内部一片哗然，都对陈诚的丧师辱命表示愤慨。当陈诚听说江西省主席熊式辉向蒋介石建议要撤销被歼的几个师番号时，更是悔恨交加。他致电蒋介石，辞去本兼各职，并不待回电，即去南昌，住于家中，闭门谢客，等待蒋介石的处罚。

面对攻击四起的严峻形势，陈诚十分消沉，做好了解甲归田的打算。这时夫人谭祥挺身而出，跑到干妈宋美龄那里，为陈诚表白和诉苦。宋美龄疼爱谭祥，也知道陈诚的为人，所以毫不犹豫答应在蒋介石面前为陈诚求情。

此时蒋介石对陈诚在第四次“围剿”中的失败，虽有责备之意，但并未对他失去信任，而且权衡手下诸将领，觉将来“围剿”红军的前方指挥，还是非陈莫属。但陈诚不主动前往谒见，蒋介石也不便就这样直接召见任命，蒋、陈关系一时竟成僵局。

后来还是南昌行营的参谋长贺国光从中斡旋，经商量还是用“夫人外交”的办法，来打开僵局。贺国光向谭祥建议，邀陈诚散步，顺便去看望宋美龄，以便蒋、陈见面。谭祥依计而行，在散步的时候提出拜访宋美龄，陈诚当然不好拒绝，就跟着谭祥一起去见宋美龄。那边宋美龄也早有安排，于是在宋美龄和陈诚夫妇寒暄不久，蒋介石出来了。然后蒋介石和陈诚就顺便谈起了“围剿”红军的事，陈诚做事比较认真，就向蒋介石谈了自己的想法和计划，蒋介石对他的计划十分赞赏，表示了重用的决心。于是陈诚欣然受命，重新回到江西抚州前线，坐镇指挥。

陈诚就这样靠着宋美龄和夫人的疏通关系，不仅没有被追究兵败的责任，还继续受到蒋介石的重用。此后，靠着自己的忠诚和夫人的关系，更是步步高升。

东征西讨跑遍全国

宋美龄结婚后，从1928年初的二次北伐开始，蒋介石大多数的日子都是在东征西讨中度过的。而宋美龄一直跟着他在战场上来回奔波，不论这些战场是在边关，还是内地。二次北伐和中原大战主要是在华北地区，而之后的蒋介石"剿共"战争，则多是在江西等地，到了中央红军在第五次反"围剿"失败，开始长征，蒋介石一路督师尾追，她也一路跟随着。

蒋介石自1927年叛变革命后，一向把中国共产党看成他的心腹大患，必欲消灭而后快。1931年6月6日，蒋介石发表《告全国将士书》，声称定要"剪除内乱，剿灭共匪"，"幸而完成此愿，决当解甲归田"，否则将舍死疆场，在所不惜。1932年6月至1933年3月，宋美龄随蒋介石到武汉、庐山等地指挥反共战争。南昌行营取代了南京政府的机关，宋美龄陪同蒋介石常驻庐山。

在江西的时候，宋美龄经历过几次危险，甚至还受过伤。1933年4月，在江西抚州宋美龄随蒋介石在前线督战。那几天，她和蒋介石住在抚州中学临河的木结构三间小屋里。一天夜里，在室内安睡的宋美龄和蒋介石突然被一阵猛烈的枪声惊醒。"出了什么事？"蒋介石急忙让宋美龄穿好衣服，同时派遣特务员前去侦察情况。枪声越来越密，越来越近。宋美龄在寒风中冷得直打哆嗦，在微弱的烛光下披上衣服，拣出机要文件放在身边，准备在非转移不可的时候，把这些文件烧毁，以免落入他人手中。

当时的宋美龄十分紧张，掏出手枪坐下，等待着事态的发展，如果无法冲出去，就准备和蒋介石一起自杀。蒋介石命令全部卫队环列成一个圈子，准备万一真的被红军包围起来时，好冲杀出去。蒋介石和宋美龄都十分恐惧，因为抚州城防空虚，守卫抚州的只有蒋介石的几百名卫兵。

一小时后，蒋介石得到消息：原来是守城门的哨兵被红军吓破了胆，在黑暗中误把好几卡车蒋军当成了红军，开枪射击，双方便交起火来。一场虚惊很快过去了，守城门的哨兵被蒋介石下令枪毙了。当时如果真的遭到红军的进攻，他们一定是凶多吉少了。事后，宋美龄回忆这段经历时曾说："当时，心中只记挂两事：一是我们军队调动以及布防的那些文件；二则万一不测，唯有举枪自毙，出之一死。"

∧ 蒋介石发动对中央苏区根据地“围剿”时，携宋美龄在江西与湖南军阀何键合影。

还有一次是在冬季，宋美龄在前线寻找材料写战地报道。一天早上，她正在驻地写自己的《从军记》，一路突围的红军转到蒋军的后方，双方在凌晨时分发生了遭遇战。一时间炮弹雨点般落在周围，宋美龄和蒋介石急忙躲进屋内，拔枪在手，以备不测。过了大半天，总算枪炮声渐息，红军离去。宋美龄和蒋介石长舒一口气，走出屋来，正想看一下周围情况，拍两张照片，忽然一发炮弹飞来，带着哨响，落在右边不远处的栅栏里爆炸。幸亏身边的侍卫及时扑倒两人，才保住了性命。宋美龄被气浪冲倒，一片炮弹皮击中她的小腿弯部，顿时鲜血直流。宋美龄随后被送往南昌的医院。

此外，有一次在到南昌的路上，因为赶夜路，宋美龄坐的吉普车在山路拐弯的时候撞上了大树。不过她倒是没有受伤，一位侍从官被摔伤，断了三根肋骨，住进了医院。

虽然遭到过不少危险，但宋美龄还是不改初衷。如果换了别的普通女子或者是养尊处优的上层人家的女子，处在“第一夫人”的位置，或许会觉得留在南京或庐山享清福更好些。可是，宋美龄却不这样想，她坚持要和蒋介石一起到江西去“围剿”中央苏区。

这或许是她的特殊性格决定的，从小她就喜欢接受新鲜的挑战，不甘于过平庸的家庭生活。1933年9月，蒋介石纠集100万军队、200架飞机，气势汹汹地包围了中央苏区。10月16日，对中央苏区发动了第五次“围剿”。国民党军队进入红色区域后，“剿共”总部发出命令：1.红区壮丁，一律处决；2.红区房屋，一律烧毁；3.红区粮食除分给“铲共义勇队”搬运出红区外，难运的一律烧毁。经过了前几次的失败，蒋介石恼羞成怒，在苏区大肆烧杀。

10月19日，蒋介石带着宋美龄从南昌行营出发，到达临川督战。11月9日，宋美龄随蒋到达吉安，她率领救护兵和江西一些官员以及上层家庭的妇女，到前线慰问蒋军伤员。她在给美国的一位友人的信中曾这样写道：“虽然生活很艰苦，同我们的军队一道进一步深入内地，但我还是感到很愉快，因为我身体健康，很有耐力，这样，我能和他（指蒋介石）在一起，并出些力，如果我在家里坐等到中国真正实现和平，那么我们要等待很久才能团聚。所以我总是决定和他在一起。”

11月，被蒋介石调往福建“剿共”的十九路军，在中国共产党关于合作抗日主张的影响下，发动了“福建事变”，成立了抗日反蒋的“中华共和国人民革命政府”。蒋介石闻讯，生怕红军和十九路军采取联合行动，使自己陷入两面作战的困境，便于1933年12月中旬，调派人马向福

> 蒋介石向“围剿”中央苏区的国民党军训话。

建进攻，去消灭福建人民政府。同时对苏区暂时采取守势，加构堡垒，加紧封锁，以掩护“入闽军”东进。

1934年1月，宋美龄陪同蒋介石到福建督战。他们从杭州动身，乘飞机和汽车到达浦城。早年的宋美龄晕机，为此蒋介石特地将机上的固定座椅拆了几个，为宋美龄摆了一张卧榻。宋美龄就横卧在机上特设的睡榻上。一下飞机改乘汽车就没有不舒服的感觉了。

∧ 1931年，蒋介石夫妇等在南京合影。

当时的中国交通不便，幅员辽阔，各地的安全环境恶化，蒋介石因此特别为宋美龄配备了卫队，一路保卫她。宋美龄克服自身困难，坚持坐飞机。不过她走南闯北，却也要带上护士、秘书和男女仆人，还有卫士副官等，同行的总是浩浩荡荡一大帮人。

这次出巡福建，正好在圣诞节前夕。同去福建但出发稍后的还有一架飞机，委员长侍从秘书汪日章、德国顾问斯泰奈斯、美籍飞行师史密斯、电务员3人、宋美龄的女秘书1人、厨师2人等多人乘这架飞机，他们携带着文件，还有宋美龄准备圣诞节食用的一只烤好的火鸡。因飞机发动机失灵，迫降在距景德镇20里外的地方。圣诞节要到了，厨师只好将宋美龄过节用的那只火鸡分给大家吃了。

一星期后，蒋介石乘坐军用飞机到建瓯去指挥作战。当时正是隆冬时节，乘坐飞机寒冷而又危险，蒋介石怕宋美龄的身体吃不消，就让宋美龄一行人乘船到建瓯去。宋美龄带着美籍护士、女秘书、女仆各1名和男仆卫兵等，同行共有六七十人，分乘5只民船、5个竹筏前往。河道有些地方急流冲击，有的地方浅可见底。小船在急流中前进，船身时而擦过岩石，时而撞着水底的石块。忽然，宋美龄乘坐的船被撞裂了一个口子，于是人们急忙舀水，拿脱脂棉把裂口塞好。他们白天乘船，夜晚泊岸过宿。傍晚时候，身体坐得僵冻，他们便到石岸上去采集芦苇，燃起篝火，围坐在篝火旁取暖。

宋美龄登岸，极目四望，见周围到处是断壁颓垣，十室九空，满目荒凉。这本是蒋介石军队进行“围剿”，残酷烧杀留下的罪证，宋美龄却把这一切通通推到了所谓“匪徒”身上，说这是“匪徒”的杰作。

1月中旬，在蒋介石的外部进攻和内部收买之下，十九路军失败。1月22日，宋美龄随同蒋介石从建瓯乘飞机回到南京。

就在镇压福建人民政府期间，端纳进入了宋美龄的生活之中，并在此后一直充当宋美龄的私人顾问。当宋美龄还在孩提时代，端纳就已是其父亲宋耀如的朋友。端纳是澳大利亚人，在1897年前后，就作为报社记者来到中国，当时宋耀如还在印《圣经》，办商务印书馆。后来端纳成为张学良的顾问，前后有六年的时间，他还帮助张学良戒掉了毒瘾。1934年初，张学良在端纳的陪同下从欧洲旅行归来。蒋介石为了谋划反共战事，在杭州与张学良进行多次会晤，端纳都在场。不知不觉中，端纳逐渐离开张学良，转而为宋美龄服务。张学良在杭州拜访宋美龄期间，端纳也常与他们见面。一天，宋美龄抱了一大摞信件、报告以及建议书等文件来到端纳身边，对他说：“瞧瞧这摞儿东西！我永远也处理不完。端，您能帮个忙吗？”于是，端纳便留在了蒋介石的司令部里，成了蒋介石的顾问。

1934年，红军第五次反“围剿”失败，准备离开江西苏区，开始进行战略大转移，进行长征★。对蒋介石来说，战

★红军开始长征

1934年10月，由于王明“左”倾冒险主义的错误领导，造成了第五次反“围剿”的失败，中央红军（第一方面军）连同后方机关人员8.6万余人被迫退出中央革命根据地，分别从江西的瑞金、雩都（今于都）和福建的长汀、宁化出发，开始长征。1936年10月，一、二、四方面军三大主力红军在甘肃会宁胜利会师。至此，中国工农红军，在党中央和毛泽东的正确领导下，长驱二万五千里，纵横11个省，冲破国民党重兵的追堵，克服雪山草地的自然险阻，战胜党内分裂的危机，胜利地完成了长征。

∧ 1934年时的蒋介石。

事总算稳定了下来。10月，端纳建议蒋介石和宋美龄到各地去视察，了解民情。

经过考虑，蒋介石决定和宋美龄一起巡视华北和西北地区。

华北和西北地区地域开阔，战略地位十分重要。尤其是西北地区，多年以来一直是中央政府统治最薄弱的地区之一，也是边疆少数民族和宗教问题的敏感地区。蒋介石视察华北和西北的十个省份，也有巩固统一“成果”之意。

10月4日，蒋介石在宋美龄、张学良、端纳和其他人的陪同下，下庐山到华北、西北各地视察。

他们首先到达汉口，在汉口停留的几天当中，蒋介石召开了几次会议，讨论和制订了“剿共”的新计划，准备对工农红军再一次发动进攻。10月10日，蒋介石和宋美龄离开汉口，前往洛阳。在洛阳他们参加了国民党中央军事学院洛阳分院的开学典礼，蒋介石对学员发表了演说。

随后，蒋介石和宋美龄一行于10月14日到达西安。宋美龄和蒋介石下车伊始就发表演说，大肆鼓吹“新生活运动”。在宋美龄的策划下，他们还邀请在西安的所有外国传教士参加茶话会。会上，蒋介石用汉语，宋美龄用英语分别发表了演说，赞扬传教士对中国所做出的“贡献”，并呼吁他们协助推广“新生活运动”。蒋介石和宋美龄都认识到，传教士和普通的中国民众常年生活在一起，是了解中国社会的基本情况的，他们有一定的知识和修养，因而能够说出一些改造中国落后面貌的方法来。同时，传教士还有一种特殊的独立地位，他们可以讲实话，不必像中国的地方官员那样，因为害怕上级而有所顾虑，报喜不报忧，甚至是谎话连篇，反而蒙蔽决策者。

> 红军长征出发时的于都一角。

所以宋美龄特别请求传教士们诚恳陈言，说出自己的真实想法，并代表政府保证与他们合作。传教士们受到鼓舞，能够与中国国民党政府的最高领导人对话，使他们受宠若惊，于是纷纷发言，指出他们各自所在地区的弊端，并提出纠正这些弊端的一些对策。

对宋美龄和蒋介石的此举，当时的舆论给予了好评，认为“该市所有外国传教士被邀参加茶话会，实为开明之举”。

宋美龄还单独把西安高级官员的太太们召集到一起开会，以“第一夫人”的身份，敦促她们要关心公共事业，特别是女子的教育事业，同时不忘宣扬自己在这方面的事迹。这些太太们答允集资开设一个戒鸦片瘾的诊所。宋美龄还与她们一起参观了省立孤儿院和为贫穷少女开设的商业学校。

接着，蒋介石和宋美龄一行来到了甘肃省会兰州，他们参观了当地新建的羊毛厂和棉纺厂。他们还登上了兰州古城墙，并视察了当时新建的兰州黄河大铁桥。当时很多人认为兰州之行具有危险性，蒋介石和宋美龄随时都有被暗杀的可能，由于张学良和端纳没有阻拦蒋介石西行，还遭到了许多南京政府官员的责难。

< 宋美龄在西安时留影。

在兰州参观之后，蒋介石和宋美龄旋即乘飞机来到宁夏，受到马鸿逵、马鸿宾兄弟的隆重欢迎，并举行了欢迎仪式。在宁夏，蒋介石一行参观了一座制币厂和一座煤矿，以示对当地发展的支持。此外他们还看了正在修建的陇海铁路支线。

∧ 宋美龄虽然从小生活优越，但是在“新生活运动”中，她也在身体力行地尽量节俭。

离开宁夏后，一直陪同的张学良去了汉口。几天后，蒋介石一行来到古都开封。宋美龄要求与在开封的所有外国传教士会面。她派出私人代表，邀请各个传教机构的传教士参加在地方政府礼堂举行的茶话会。会上，蒋介石再次吹嘘了传教士在中国所做出的努力，他还向传教士们保证，今后不再反对和压制传教，他领导的政府的政策将会与传教士们合作，给他们的工作以自由。宋美龄用英语读了一份国外记者写的报告，来证实江西省“新生活运动”改造的真正成绩。她特别呼吁女教士们要与中国的官员夫人合作，掀起美好家庭活动。

此后，在大队人马路经北平时，宋美龄提议在北平协和医学院附属医院休整一下，因为这是教会办的医院，当年孙中山先生也曾在这所医院治过病。于是，蒋介石和宋美龄在该医院住了几天，顺便让医生为蒋介石治疗消化不良症。在北平期间，内蒙古的德王、沙王等打电报邀请蒋一行到内蒙古去视察。

∧ 蒋介石在青海塔尔寺参观。

> 蒋介石、宋美龄到宁夏视察时受到了马鸿逵（后排左）等人的欢迎。

蒋介石不打算去内蒙古，便采取了一个折中的办法，派了一位“友好”使者赴内蒙古，大队人马则只到了察哈尔省的张家口，从张家口又转赴绥远。蒋介石和宋美龄在11月初乘专列从张家口抵达归绥（今呼和浩特），受到归绥省主席傅作义的热烈欢迎。在归绥，蒋介石会见了蒙古各族王公，宣扬了南京政府民族自治的政策。当时在归绥的保安措施也很严密，在市内视察毛纺厂等时都是戒备森严。

随后他们登上欧亚航空公司飞机，再飞到太原，同时孔祥熙也从北平到了太原。蒋介石和宋美龄就在太原分别，蒋介石赶回南昌行营；宋美龄、端纳等人则取道北平、天津、青岛、上海返回南京。

华北、西北之行，宋美龄每到一个城市，她都把上层妇女，尤其是各省要人的太太们召集起来，敦促她们为“新生活运动”尽力。在演说中，她大力反对中国的传统旧习，反对名门闺秀躲在家里、深居简出，号召她们多出来参加社会活动。她号召人们远离鸦片，抵制肮脏和贫穷。她呼吁妇女要有责任感。她任命各地高级官员的夫人为“新生活运动”的领导人，这些紧张连续的社会活动让她对自己的政治能力更有信心。

蒋介石带着宋美龄的华北、西北之行，用了一个月的时间，行程数千里，巡视了11个省份。此行使蒋介石争取到西北将领对他的好感和支持。

此外，蒋介石和宋美龄所到之处，都同当地的外国教会拉关系，同传教士座谈，争取外国教会和传教士同他们合作，使各地教会合作委员会相继成立，从而又加深了他们同外国，特别是美、英两国的关系，在争取国外支持方面又迈出了重要的一步。

蒋介石和宋美龄的华北、西北之行，绝不是为了游山玩水，也不仅仅是为了宣传所谓“新生活运动”，而是有重大的政治目的的，其目的就是炫耀他的武力统治，传播个人的所

谓领袖魅力，加强对当地的控制力，特别是在当时面临日本对华北的威胁全民要求抗战的情况下。

1931年9月18日，日本侵略者占领我国东北后，建立了伪满洲国★，接着又不断蚕食我国华北地区，平津告急。蒋介石一再采取不抵抗政策，实行“攘外必先安内”的反动政策，全力“围剿”中央苏区和各红色根据地。蒋介石的倒行逆施引起了全中国人民的普遍不满，各地学生纷纷游行示威，反对蒋介石的卖国政策，一些爱国将领也主张团结抗战，反对内战。

蒋介石和宋美龄此次华北、西北之行，主要目的是向当地的国民党实力派将领进行游

★伪满洲国

1932年3月1日，日本假借“满洲国”政府的名义，发表《建国宣言》，正式宣布“满洲国”成立。伪都设于长春，“满洲国元首”称“执政”，伪年号“大同”。同时，按照关东军的安排，张燕卿、谢介石等9人到达旅顺，3月9日，举行溥仪“就职典礼”。10日，溥仪根据关东军司令部提出的名单，任命了伪满洲国的官吏。伪满洲国的各级政权组织均设日本顾问和官吏以掌握实权。

说，说服他们合力反共。在北平，蒋介石夫妇接见了原东北军的重要将领莫德惠、王树常、马占山、苏炳文、邹致权等人，对他们百般抚慰；在察哈尔他们接见了宋哲元等，在归绥接见了傅作义和蒙旗德王、云王、沙王等，在太原与阎锡山密谈多次，在西安接见了杨虎城、马鸿逵等。

蒋介石对这些人主要宣传的是，他不是不抗日，而是共产党在后方“捣乱”，拉住了他的后腿，所以他非消灭共军不行。蒋介石和宋美龄正在华北游说之时，10月中旬接到“南昌行营”转来的情报，说红军主力开始突围，前锋已通过信丰江。于是，蒋介石于11月9日急急忙忙从太原赶回南昌，立即召集会议，讨论判断红军的行动方向。

1934年10月，由于博古、李德（共产国际派来的军事顾问）的错误指挥，中央革命根据地的兴国、宁都、石城一线相继失陷，粉碎蒋介石第五次“围剿”的希望完全丧失。中共中央领导人博古等仓促决定中央红军主力撤离中央革命根据地，突围转移。21日，中央红军连同后方机关共8万余人，从福建长汀、宁化和江西瑞金、宁都等地出发，向湘西进军，开始长征。

蒋介石亲自在南昌指挥国民党军队围堵红军，设了四道堵截封锁线，在湘江部署了五路军队追堵红军，并配有飞机一队助战。

∧“九·一八”事变后，日军炮队进入沈阳，开始了对东三省的大肆掠夺。

长征开始后，中共中央领导人又在军事上犯了逃跑主义的错误，使红军蒙受巨大损失。在突破蒋军湘江封锁线时，中央红军即损失过半，减至3万余人。12月，蒋介石调集40万军队，准备围歼向湘西转移的红军。在这紧急关头，中共中央接受了毛泽东的正确主张，放弃向湘西前进的原定计划，改向敌人力量薄弱的贵州挺进。1935年1月，进入贵州的红军强渡乌江，占领遵义。中共中央在遵义召开了政治局扩大会议，揭发和批评了第五次反“围剿”和长征以来中共中央在军事领导上的错误，肯定了毛泽东等关于红军作战的基本原则，确立了以毛泽东为代表的新的中央的正确领导，挽救了党和红军。接着，红军一渡赤水河，进入川南。2月中下旬，又挥师东进，二渡赤水，重入遵义，搞得蒋介石晕头转向。

1935年3月2日，蒋介石带着宋美龄与陈诚等人前往重庆，扬言要亲自督师，“雪遵义失败之耻”。宋美龄以前从未到过四川，一路上见到的自然风光和风土民情对她很有吸引力。宋美龄跟随蒋介石从南昌出发到九江，再从九江坐轮船到重庆。轮船沿着扬子江上游的石滩向上航行，直到四川的宜昌。

到达重庆那天，时值下雨，宋美龄和蒋介石被安排到一座宽敞漂亮的大房子里住下。当时的四川地方军阀刘湘并不希望蒋介石的势力进入四川，所以最后双方妥协的结果是蒋介石此行只带了军事委员长行营参谋团入川。

当时参谋团有2000余人进驻重庆，督导“剿匪”，实际上也插手四川的军政事务。宋美龄也在重庆进行了自己的活动，她对四川群众种植和吸食鸦片烟很不满意，所以到处发表演说或谈话，大声疾呼扫除烟祸，设法训练民众，禁止吸鸦片烟。在重庆的日子里，宋美龄劝告四川的官吏们将烟馆一律封闭，她还组织一些官太太来肃清烟祸，但因四川妇女毫无训练，连组织开会的程序都搞不清，所以，禁烟活动根本无法开展起来。

∧ 傅作义旧照。

∧ 为了维护自己的统治，蒋介石千里奔波，游说于国民党高官与军阀之间。这是蒋介石与阎锡山在太原合影。

宋美龄觉得“天府之国”四川是个大有可为的地方，所以，她提倡开发当地资源，创办工厂，开展“国民经济建设运动”，可惜，当时的四川军阀刘湘和刘文辉正忙于争夺地盘，宋美龄的建议根本无人理睬。

正当宋美龄和蒋介石在重庆游山玩水、兴致大发的时候，红军三渡赤水，再入川南。蒋介石再次调动各路大军聚集在川南围堵红军。3月24日，蒋介石带着宋美龄由重庆飞抵贵阳督师。

宋美龄陪着蒋介石在贵阳住了一个多月，闲暇时他们一起到城南的清溪去散步，畅游龙门洞，观看溪水流入洞中，泻下山崖。

3月底，红军在毛泽东的指挥下突然掉头东进，四渡赤水，神速南下，突破乌江，兵临贵阳，吓得正在享受山水之乐的蒋介石夫妇惊慌失措、手忙脚乱。

蒋介石当时虽然任命云南军阀龙云为“剿匪”第二路军总司令，但他到贵阳督师后，实际上自任了战场的指挥官。如今红军直逼贵阳，贵阳城防兵力包括宪兵在内不足两个团，如果红军发起进攻，蒋介石根本守不住贵阳。蒋介石慌了手脚，急忙调动龙云手下

∧ 蒋介石向“围剿”红军的国民党军训话。

∧ 与蒋介石的结合，让宋美龄有了在国际政治舞台上施展才华的机会。
＞ 蒋介石与云南军阀龙云合影。

孙渡的部队，限令昼夜兼程赶到贵阳来“救驾”，同时命令空军连番侦察红军的活动。贵阳城防处则派兵确保飞机场及蒋氏夫妇的安全，并挑选二十多名忠实可靠的向导，预备十二匹好马、两乘小轿，以便蒋介石和宋美龄能随时逃走。

4月5日，得知贵阳东南90里处发现红军，贵阳守军人心惶惶，蒋介石和宋美龄也心神不安。夜间，又听说贵阳城外有红军游击队在活动，吓得蒋介石和宋美龄彻夜不安，赶快向上帝祈祷，求上帝保佑。好在孙渡率部连夜赶到贵阳，蒋介石大为宽慰，连声称赞孙是“真正的军人”，表示要奖赏他。因龙云担心自己的部下被蒋介石收买，极力反对。

中央红军巧妙地利用敌军间隙从贵阳、龙里间通过，神出鬼没直扑云南，于5月初巧渡金沙江，从此跳出了蒋介石几十万大军的包围圈，粉碎了蒋介石的围追堵截，取得了战略转移中的有决定意义的胜利。

5月12日，蒋介石带着宋美龄等人由贵阳飞往昆明，以金钱、地位拉拢云南军阀龙云，梦想在大渡河消灭红军。

飞机降落在巫家坎机场。机场上搭着彩棚，云南省主席龙云及其夫人率领男女学生及云南各界人士在机场迎接蒋介石和宋美龄。

为了表示对蒋介石的忠心，龙云为他们举行了盛大的招待宴会，其客厅的宏伟、华丽有如北平的居仁堂。宾主有300余人。宴席间，蒋介石和宋美龄分别发表了讲话。龙云还组织了数千小学生开了一次别开生面的欢迎“委员长”的提灯会，处处显得中央和地方的关系不错。

宋美龄是个喜欢游山玩水的人，初到云南，她游兴大发，在昆明游览了滇池，参观了华亭寺的佛塔，游览太华山并在万顷一碧楼上进午餐，又在三清阁逗留许久。她兴致勃勃，异

想天开地要到中越边境一带的个旧市去看一下当地的热带丛林风光。于是一天下午，她率领着一大帮侍从从昆明乘坐长途汽车，浩浩荡荡南下，穿过好几十个隧道，经过许多曲折的山路，掠过无数悬崖峭壁，来到阿迷州，在一所客栈里住了一夜。宋美龄的好奇心和冒险心得到极大的满足，但终因身体不适，只好返回昆明。

蒋介石在昆明督师三个星期，终以失败而结束。红军已渡过金沙江进入西康。5月22日，蒋介石飞往贵阳，再飞重庆。

7月上旬，蒋介石又在成都陕西街设立行辕，妄图消灭进入川康的红军。宋美龄觉得成都可供游览的地方不多。因为城内街道狭窄，人流拥挤，所以，宋美龄喜欢到宽阔的城墙上去散步。她站在城墙上，极目四望，看河流旁边转动着的水磨和田间劳作的农民。宋美龄对成都街道两旁的小手工艺品商店很感兴趣，她认为这些小手工艺品，制作精巧，价格低廉，是值得大力提倡、推广的。在成都的时候，她还特意去看了川剧。当时正在大力提倡“新生活运动”，宋美龄也穿了普通的衣服来到成都有名的“新又新”剧场。她看到前排一个包厢空着，就坐了进去。不一会儿四川军阀范绍增的姨太太们来到包厢，见宋美龄穿得普通，就吵着要她出去，引起纠纷后宪兵到场。宋美龄亮出身份，吓得对方连连道歉，宋美龄命令剧场停演，发表了简短的讲演，谴责军阀专横，号召大家积极参与“新生活运动”。从此“新又新”剧场全部改为对号入座。

7月中旬，因天气炎热，宋美龄和蒋介石乘汽车来到峨眉山避暑。一路上，渡过浪大流急的岷江，穿过富饶美丽的成都平原，来到峨眉山麓。

到了峨眉山脚下，他们改乘轿子登山，观赏两边的山景。晚上住在半山腰外国教会建造的西式洋房里。

宋美龄和蒋介石在川、黔、滇游山玩水的时候，中央红军突破蒋介石的围追堵截，于5月29日飞夺泸定桥，渡过天险大渡河，接着又翻越终年积雪的夹金山，走过荒无人烟的茫茫草地，于10月19日抵达陕北吴起镇，11月21日至22日，在直罗镇全歼蒋军109师，彻底粉碎了蒋介石对陕北革命根据地的第三次进攻，为中共中央把全国革命大本营设在西北举行了奠基礼。1936年10月，中国工农红军第一、二、四方面军在甘肃会宁会师，伟大的长征胜利结束。蒋介石“围剿”红军的计划彻底破产。蒋介石从峨眉山下来时，得知红军已越过川康草原，无可奈何地慨叹道：“六载含辛茹苦，未竟全功。”

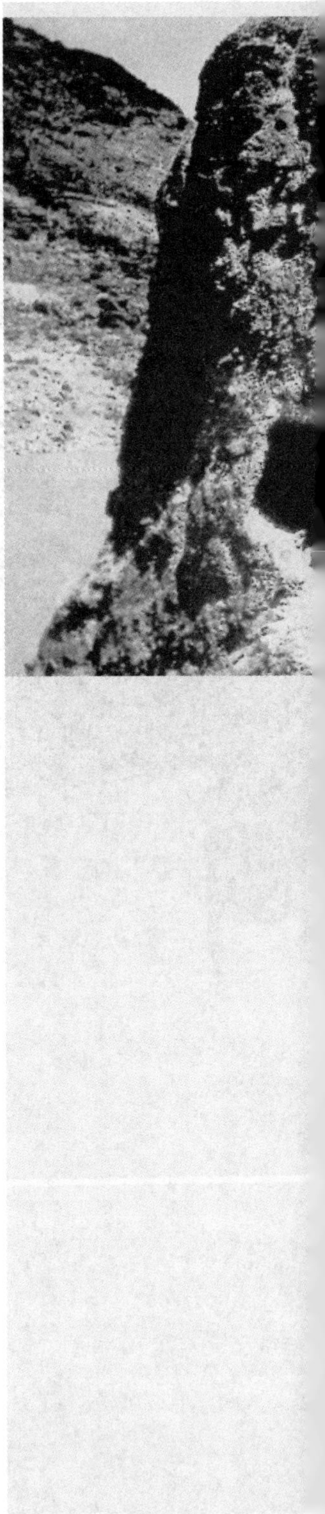

∧ 红军巧渡金沙江令蒋介石的计划再次破产。图为毛泽东指挥红军抢渡金沙江时住过的岩洞。

蒋介石这次带着宋美龄在西南三省围追工农红军没有战果，但是在贵州的时候倒是顺便把当地军阀王家烈的地盘给吞并了。蒋介石制服“贵州王”王家烈，实现对贵州军政的控制，宋美龄在此过程中还发挥了相当大的作用。

当时西南各省实力派依然是各自为政，在多数情况下，并不服从中央指挥，所以，消灭当地的异己实力派，实现政令、军令统一，一直是蒋介石努力的目标。由于四川的刘湘和云南的龙云实力较强，蒋介石就把目标先放在了较弱的贵州军阀王家烈身上。

在西南诸省中，贵州的军阀力量一向是最为薄弱的。过去，老黔军的传统政策就是联省自保。王家烈派甘凤章为长驻代表以联粤，派张蕴良为代表以联桂，派胡茕为代表以联湘，派毛月秋为代表以联滇，派徐大伟为代表以联川，由此编成了一张外有粤桂湘滇川、黔居中央的扇形安全网络。近些年来，贵州政治腐败，内部矛盾重重，但因为和周边各省军阀的关系比较平衡，所以一直也能自保。

> 蒋介石与云南军阀龙云。
V 20世纪30年代的薛岳。

贵州地处僻远，不服中央调遣由来已久。只因鞭长莫及，蒋介石一直无力实现对贵州的实际控制。但这一次，在“剿共”战争期间，正当中央军在云贵川对红军进行围追堵截，蒋介石感到胜利在望之时，忽然听说“贵州王”的夫人万淑芬不请自来，十分高兴。

万淑芬到南京的目的是为贵州与南京政府及各省关系进行协调。当时万淑芬先往广东找胡汉民商谈，胡汉民自恃堂堂党国元老的身份，根本不把这个贵州王的夫人放在眼里，没怎么接待她。万淑芬恼怒之下，乘飞机到南京，干脆想和南京政府建立关系，依靠蒋介石的中央力量。

蒋介石可不像胡汉民那样摆架子，他马上让夫人宋美龄出马，热情款待。这些年来蒋介石征战讨伐，收买安抚，软的硬的，无所不用，同时也利用对手夫人们的弱点采取“迂回”战术，善于交际的宋美龄不光能拉拢像韩复榘等将领，对付夫人们也很有办法。当下宋美龄心领神会，又是设宴招待，又是陪同游览，十分热情，很快就赢得了万淑芬的好感。万淑芬把宋美龄与胡汉民的态度一对照，感激之情油然而生。于是，两位夫人先结成了“同盟”，一个表示有什么需要贵州方面帮忙的事，一定尽力而为。另一个则说，南京方面需要帮忙斡旋的，一定倾力相助。

第二天，宋美龄根据事先商定，安排万淑芬与蒋介石见面。会晤中，蒋介石笑容可掬地对万淑芬表示欢迎。随后又说了一大通中央如何信任王家烈、如何寄希望于贵州军民的话。蒋介石走后，宋美龄又详细地说明了蒋介石对贵州的态度以及对王家烈、王夫人的看重。万淑芬深信不疑，连连表示：“我这次回去，一定让贵州听委员长的。”不久，万淑芬带着蒋介石赠送的200支连发炮和宋美龄给的1万块大洋，扬扬得意地返回了贵阳。

万淑芬回到贵州的第一件事就是告诉王家烈，蒋介石委员长和蒋夫人对他们深信不疑，非常友好，开导王家烈多听委员长的。王家烈却认为，贵州要想自保，必须有邻省的帮助，贵州势单力薄，为老蒋而得罪邻省，并不一定合算。万淑芬一方面大讲联合南京的好处，一方面又离间桂军和川军，提醒王家烈小心。在夫人的劝说下，王家烈也渐渐心动了。

于是，通过万淑芬，蒋介石打通了和王家烈的关系。贵州也不再以西南的联省自保为轴心，而是直接听命于蒋介石的指挥了。不久，王家烈和邻省各实力派逐一冷淡甚至翻脸，然后帮着蒋介石追堵过境的中国工农红军，半年厮杀下来，元气大损，内部更是四分五裂，矛盾重重。蒋介石趁其新败，立即让薛岳领兵入黔"支援"，进行"剿共"。

看到蒋介石派来军队，王家烈感到有些不对劲，同时桂系的李宗仁、白崇禧让王家烈赶快把部队集中到黔南一带，与桂军廖磊部取得联络，共同堵截中央军。

这时，宋美龄给万淑芬拍来电报，说是她要和蒋委员长来贵阳表示慰问。王家烈刚要调兵遣将，对抗入黔的中央军，就遇到了夫人的阻拦。眨眼之间，薛岳率领大军进入了贵阳。随后薛岳就开始接管贵阳城防，拉拢收买王家烈的部属，派人收集王家烈反蒋以及各种贪赃枉法的材料，向蒋介石报告，同时南京政府也开始断绝王家烈的财政供给，不发军饷给王部。

跟着，蒋介石和宋美龄也来了。万淑芬亲自前往委员长行辕，邀请宋美龄去游览阳明洞。宋美龄当场满口答允。可是到了约定的日子，万淑芬等得望眼欲穿，也不见宋美龄的影子。万淑芬着急了，差人去催请。结果，回话是蒋夫人身体不适，今天不来了。

当时在场的多是富有经验的贵州省要员夫人，一听这个回话，顿时预感到大事不妙。新黔系开创者周西成的遗孀钱夫人克制不住，一把搂紧万淑芬痛哭起来。

当时王家烈的处境极为糟糕，在前线屡遭红军痛击，自己老巢又被蒋介石的中央军占领。就在宋美龄拒请的同时，蒋介石把王家烈叫去，板着脸说："绍武兄，你把省政和军队都搞得一团糟，我来贵阳没几天，日日都有部下告你的状，说你克扣军饷。这样吧，我看你这支队伍也带不下去了，25军的番号就此取消，你可以马上跟张汉卿副总司令的飞机一起先去汉口，再转去南京，到陆军大学高级班学习一段时间再说吧。"王家烈知道蒋介石在夺自己的权，苦于贵阳已被蒋介石的军队掌握，无力挣扎，只得哭丧着脸表示默认，随后辞去了贵州省主席和25军军长的职务，离开贵州老巢到武汉赋闲职。

按照原先的策划，陈诚主张把王家烈杀掉，斩草除根。经过考虑，蒋介石没有采纳。他担心25军的几万部众由此而发生骚乱，因而决定以稳妥的方式，平和地解除王家烈的兵权，并给他旅费3万元。从此作为一个独立军阀系统的黔系不复存在。

就这样，蒋介石借王家烈夫人万淑芬的手除掉了王家烈，轻而易举地控制了贵州。而宋美龄拉拢万淑芬也立下了头功。

历史备忘录

HISTORY MEMORANDUM

V 1928年，蒋介石在北伐途中。

V 日本与伪满洲国签订《日满议定书》。

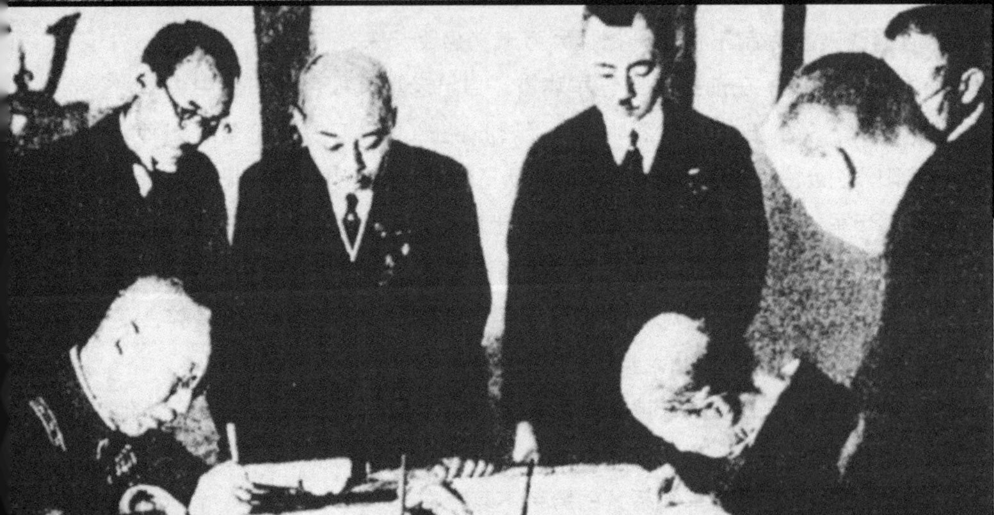

2
3
4

1

孙中山灵柩归葬南京

1929年6月1日，孙中山灵柩归葬南京紫金山中山陵。孙中山生前曾有过辞世后愿“归葬紫金山”的愿望。4月23日，国民党政府派何应钦为总理灵柩归葬总指挥。5月26日，孙中山灵柩扶入灵车，由北平移往南京。5月28日灵柩抵达南京。停灵公祭至31日结束。6月1日，在南京紫金山中山陵园举行奉安大典，灵柩由其夫人宋庆龄和儿子孙科及党政要人护入墓室。当日，全国各地举行公祭，并通令全国停止工作及交通3分钟，以示哀悼。

国民党特务组织中统建立

1929年11月，在蒋介石授意下，陈果夫、陈立夫将“浙江革命同志会”改组为国民党中央俱乐部，又称“CC系”，其中成立一个专门特务机构“调查科”，后改为“调查统计局”，隶属于国民党中央党部的组织部，简称“中统”。中统以党政机关、大中学校为活动重点，除进行反共特务活动外，还对国民党内及国内的思想言论进行严密控制。它以各级党部为活动基地，省市设调查统计室，省以下党部设专人搞“调查统计”。

珍珠桥事件

1931年12月17日，北平、天津、上海、武汉、广州、济南等地学生和南京学生3万多人，联合举行示威游行，要求国民党政府出兵抗日。当游行队伍经过中央日报社附近的珍珠桥时，遭到国民政府军警的血腥镇压，30多人被害，100多人受重伤。是夜，又有大批军警包围中央大学，搜捕各地赴京学生。次日，蒋介石公开宣布屠杀学生是“正当处理”，通令“制止学生团体出境赴各地游行示威”，对全国抗日救亡运动进行公开镇压。

日本众议院承认伪满

1932年6月14日，日本众议院承认“满洲国”。17日，国民党政府发表对外宣言说：“此次日本政府竟抛弃最后之面具，明目张胆承认伪国，此种行为不独对于中国最显豁之侵袭，抑且将国联盟约及九国公约完全撕毁”，“中国国民为自卫计，……对于日本政府此种行为，决定不惜任何牺牲，坚决反对”。

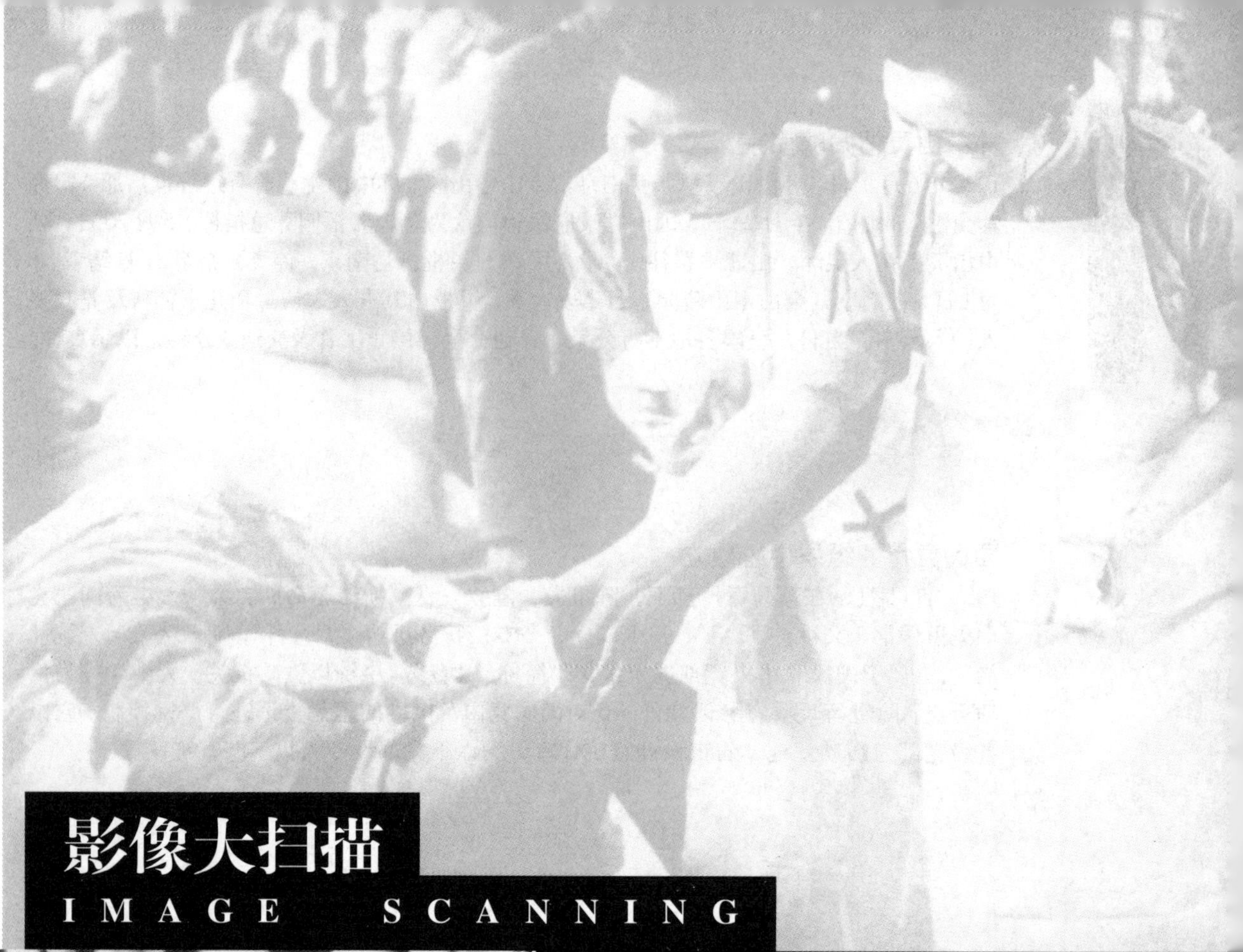

影像大扫描

IMAGE SCANNING

09

开始独当一面

“新生活运动”是20世纪30年代中期的一场全国性运动，由蒋介石和宋美龄亲自发起，号称要改造社会道德和国民精神，用蒋介石的话来说，它是国民党政府在20世纪30年代所进行的遍及全国的“精神方面的重大战争”。

宋美龄在陪伴蒋介石征战疆场时，亲眼看到了人民困苦艰难的生活状况，所以此举的目的是想以西方的生活方式改造中国社会，在中国开展社会风气改造运动。然而，在当时的中国环境下，劳苦大众连基本的生活都无法保障，再提“新生活”只能是一种奢侈。

遗族学校抚养烈士遗孤

宋美龄婚后把主要的精力放在陪蒋介石进行各种活动，担任其私人秘书，但很快就在一些事务中开始独当一面，发挥其管理才干，在抗战爆发以前，她主要抓的几项工作就是遗族学校、“励志社”和“新生活运动”。

1928年11月，国民党中央常委会决议在南京创办国民革命军遗族学校，专门招收在北伐战争中阵亡将士的子女和自辛亥革命以来追随孙中山先生奔走革命牺牲的先烈后代，以慰英灵。当时常委会决定由宋庆龄担任这个学校的校长，蒋介石、蔡元培*、胡汉民、戴季陶、何应钦、何香凝、宋美龄、王文祥等人为该校的筹备委员会委员。

第二年的10月，学校在南京的中山陵园建成，原筹备委员会改称校董会。当时宋庆龄在参加完孙中山的移灵活动后就离国，在欧洲从事国际反帝大同盟的工作，所以遗族学校从筹备到成立到最后解散，一切校务问题都是由宋美龄负责的，她一直是遗族学校的常务校董。

遗校筹备时，宋美龄新婚不久，蒋介石对她说：“二姐在国外，学校的事交给你管吧！”从此她就把校长的责任担当起来。

遗族学校开办后，宋美龄和蒋介石还是很关心这所学校的，尤其是宋美龄，更是把它当成自己的一项事业，很热心地参与各项管理，投入了相当多的精力。

宋美龄亲自抓学校的校务管理，她说：“我对于遗族男女两校，既然负着责任，总要希望把它们办成中国的模范学校。……所以我对两校的校务，完全由我负责进行。”当宋美龄不在南京时，则由两校讲座委员会随时讲座校务及其他各项问题，并执行管理监督权，而后向宋美龄汇报，学校的重大事情都要由宋美龄决定。

***蔡元培（1868～1940）**

绍兴人。我国近代著名的民主革命家、教育家、思想家。1898年戊戌变法失败，蔡元培开始投身教育。1912年就任南京临时政府教育总长。1917年起任北京大学校长11年（实际在职6年半）。1927年后历任国民政府大学院院长、中央研究院院长等职。1937年冬上海沦陷后移居香港。1940年3月在香港病逝。中共毛泽东主席特致唁电，称蔡元培为“学界泰斗，人世楷模”。所著后人辑为《蔡元培全集》。

∧ 身为遗族学校筹委会委员之一的何应钦。

平时宋美龄每星期至少去学校三次，处理校务，研究问题。她常常陪同蒋介石到校视察。往往两辆小汽车同时到校，前一辆是蒋氏夫妇，后一辆是便衣卫士。两人总是会向有关人员提出不少问题，所以一般的校务都很规范。

遗族学校的创办经费，起初是陇海铁路东段的附加税。还在中央常委会决议之前，学校筹备处就开始申领这项经费。由于宋美龄本人和多位国民党要人都是校董会的成员，学校的经费增加很快，经过公开劝募之后，竟然多达50万元以上。那时的南京政府也十分支持这所学校，每月的日常经费多达5,000大洋，后来又增加到每月1,2000元，可见其受重视的程度。学生的待遇更是十分优厚，凡是入学的学生，因为都是遗族子女，所以学费一律免除，并且还由公家供给一切的生活用品。

宋美龄在美国的时候也选修过教育学，虽然一直没有从事过教育工作，却有自己的一套教育理念，加上蒋介石本身给她的关于军人教育的一些观念，所以这所遗族学校就成为宋美龄的美式理念和蒋介石的日本军校教育模式的一个混合体。

宋美龄把校舍选择在环境优美的孙中山陵园里。在新校舍建成前，先在南京城内租屋开办。校舍于1929年10月建成，地址正好就在中山陵园的中心，前有紫金山，后有环城河，右边是中山陵墓，左边是明代孝陵。校园内松柏成荫，还有农场千亩，四季花开不绝，春夏果蔬盈园，环境十分幽静。学校成立之初，是男女合校的，后来又在南京市内羊皮巷总司令部旧址设立国民革命军遗族女校，专门培养遗族女子，女校有学生150余名。

宋美龄虽没有教育的实际经验，但对教育问题还是颇有见解的，如对某课文中所述遵照孙中山先生“双手万能，手脑并用”的思想观念，实施做、学、教合一的理论，她很欣赏，将其译为英文，作为她接待外宾时宣传讲解的内容。“双手万能，手脑并用”是遗族学校的基本校训，也是宋美龄最喜欢对外人宣传的优点。她自己就说过：“我向来主张教育不但只

∧ 宋美龄把遗族学校的地址选在了中山陵园。

是重视精神的训练，而手足的活动与一般的生活，也要同样地注意，尤其是对于革命先烈的子女，更要养成他们刻苦耐劳的精神和能力，使他们了解生活价值。”她还曾经要求学校的学生自己动手设计校舍，以体现此一校训。

1930年孙中山先生的老朋友、美国人林白克来校参观，听了宋美龄的介绍，称赞遗族学校为当今“东方第一所新兴学校”。宋美龄得此嘉许，引以为荣，她重申：“我希望他们能够具有中国旧道德和现代新知识，发展蓬勃的精神、高尚的志趣，成为建造新中国的柱石。”

宋美龄重视学生的思想教育，要求他们为国家而努力学习，她曾向学生说过：“你们不要以为你们父兄为革命牺牲，为国家尽忠，是政府应该教养你们的；要知道为革命牺牲，为国家尽忠的，还有几千几百倍遗族的子女，都没有机会来进这个学校，你们仅是少数的幸运者，得到政府的优待。你们应该对社会国家，有些贡献，来报答政府培植的厚意。不要变成只会享受不能服务的寄生虫，才不辜负受遗族教育的光荣呢！”

学校还实行军事化管理教育，注重对学生日常和个人清洁卫生习惯的培养。每逢学生吃饭的时候，食堂里每张桌子都有教师专门检查，要学生注意吃饭时的姿态，养成良好的风貌和习惯。

高年级学生以生产教育为基础，以学习农业技术为中心，要求学生学会新的耕种方法。女学生从五六年级起，就给以家事训练，教以缝纫、织袜、刺绣、编织、造花、玩具制造等手工艺；男生则要学习木工、竹工、石膏工等等。

> 宋美龄对蒋介石家乡学校的建设起了不小的作用。图为蒋介石家乡溪口镇鸟瞰。

V 当时在街头的“新生活运动”宣传车。

遗族学校的童子军颇出风头，学生汤护民1935年曾代表中国童子军出国参加美国童子军25周年纪念大会，1937年汤护民又代表中国童子军到欧洲荷兰参加世界童子军第五次露营大会，并为代表团的队长，在录选考试中汤获得第二名。宋美龄得此喜讯，非常高兴。汤回国的第二天，宋美龄立即传见，慰勉有加。

宋美龄在南昌时，曾参观过江西的农村服务区，在南京时曾接见过平民教育促进会的晏阳初。为了让学生的社会实践更深一步，她决定在遗族学校也成立学生乡村服务团，以学校四周乡村，即中山门外苜蓿园到孝陵卫各乡村为服务范围，服务内容有文化、卫生、“新生活运动”的宣传及娱乐等许多项目。文化方面设有平民学校一所，进行农民的扫盲工作，儿童班在白天上课，成人班晚上上课，教师由遗族学校的高中学生担任，请老师做辅导，解决教学难题，提高教育质量。卫生方面在孝陵卫开设诊疗所，为民众免费医疗。诊疗所的医师由中央医院医师担任，护士由遗族女校曾受过护士训练的学生担任。

宋美龄还利用遗族学校的力量推行“新生活运动”，组织学生在要道站岗检查或进行家庭访问。娱乐方面由“励志社”经常在遗校大礼堂放映电影，欢迎民众观看。服务团由宋美龄直接领导，每月汇报一次，有一次她还特地通知卫生部部长刘瑞恒、保健司司长金宝善来参加汇报会，解决服务团药品供应和医疗技术指导等问题。服务团由于宋美龄的重视、有关机关的热心协助，一度搞得轰轰烈烈。服务团自1935年开始工作，到抗战初学校停办才结束。

宋美龄对建筑遗校同学会会舍大力支持，除筹拨大量经费外，还将她立法委员的月薪600元，捐给学校作为同学会建筑费用。她在研究同学会房舍建筑的一次会上，要求由同学们自己设计，自己施工，以体现手脑并用、教育实践结合的思想。

当时，宋美龄主持了筹建会议，成立了同学会会舍建设工程处，进行工程的筹备。被任命为工程处主持人的汤鹤松后来说道："我和同学们都没有学过土木建筑，房子怎么盖，毫无所知，但蒋夫人的命令难违，我们几个同学只得到图书馆找资料，到别人工地去参观，读了很多有关建筑工程的书，经过好长时间，才摸索出建筑设计的一些门道，向蒋夫人做了报告。她看了很高兴，称赞我们一番。然后介绍我们去基泰工程公司找关颂声请教（关颂声是当时国内著名的建筑工程专家）。承他热心指导，提出许多宝贵意见，叫我们修改后再送审核。半年后，抗战爆发，因此停工，没有建成。但我在这次自建同学会的过程中，学到了许多建筑工程的知识和经验。"

抗战开始后，遗族学校被迫停办，但学生仍然得到了很好的安置。在大后方的时候，初、高中的在校学生在贵州省铜仁县中学和国立三中读完初中或高中，已经毕业有志深造的，可以有助学金升大学的机会，没有工作的也都安排了工作。

即使是在抗战时期，遗族学校的毕业生在大学里每学期的成绩报告单宋美龄都要过目，亲自决定每年助学金的金额。有一次她陪蒋介石从重庆到成都，对在西南联大学习的遗校学生一一接见，并鼓励他们好好学习。

> 在蒋介石老家溪口扩建的武岭学校，宋美龄为学校建设做了不少努力。

抗战胜利后，宋美龄还把大学已毕业的遗校学生都安排在遗校的各部门。像金陵大学农科毕业的汤鹤松被安排为农场的主任，王育民为牛奶场场长。她在和外国的新闻记者谈话时表示，把遗族学校培养出来的学生安排担当各种事业，是她一生中最快意的事。

遗族学校的毕业生后来分布在世界各地。在宋美龄定居美国之后，每年到了当年遗族学校的校庆日这天，还有蒋介石和宋美龄生日那天，有些旅居美国的遗族学校学生都会去宋美龄的住处探望她。遗族学校的学生都亲切地称她为"妈妈"。

遗族学校是宋美龄和蒋介石结婚后主持公益事业的一个起点，以此为基础，宋美龄在中国的"童子军运动""农村服务运动""新生活运动"和抗战时期的"救亡图存运动"中做了不少的工作。

除了管理遗族学校，宋美龄还对蒋介石家乡的学校建设起了不小的作用。当时蒋介石准备扩建溪口的武岭学校，既作为对乡里的贡献，又可以为自己培养可靠有用的人才。宋美龄曾具体提出不少意见，比如她要求学校要包括农科中学、完全小学和幼儿园三部分，并附设武岭医院。宋美龄的思路主要是仿照外国的乡村学校模式，以学校为中心，把溪口镇的各种社会福利事业都包括进去，像医院、图书馆、消防队、电影院和公园等。

当时学校校舍的布局和设备都很新式，卫生设备一应俱全，还备有招待来宾的客房。从学校设计开始，宋美龄可以说是对所有事情都加以过问，连教室门漆成什么颜色都是按照她的意见。学校建成后，无论外观和内部设施都很不错，蒋介石和宋美龄还亲自到校仔细检查。武岭新校舍落成时，正逢蒋介石44岁生日，宋美龄陪蒋介石回溪口，还提前几天就安排人布置庆祝事宜，按照乡俗耍龙灯，放爆竹，热热闹闹地庆祝了一番。

“励志社”培养黄仁霖

宋美龄负责主管的另一个组织是“励志社”。它本来是蒋介石的一个军官俱乐部，但在宋美龄接手后又带上了一些基督教的色彩。

“励志社”的全称是“黄埔同学会励志社”，正式成立于1929年1月1日。当时蒋介石二次北伐告成，全国“统一”，为了使自己的嫡系军队能够保持早年黄埔军校的“革命精神”，更好地维护他的南京政府统治，就希望成立这样一个组织，来培养和教育自己的军官。

早在蒋介石担任黄埔军校校长的时候，就有所谓的黄埔军官道义所这样的军官俱乐部，目的在于提高士气，加强课外的政治思想教育。

宋美龄结婚后住在南京时，很多黄埔军校的毕业生都来拜访他们的前校长蒋介石。他们当时都已是蒋介石的嫡系，宋美龄也经常和他们在一起聊天。许多人都抱怨在南京的时候除了待命奔赴前线外，平时无处可去，也没什么可消遣的。于是宋美龄向蒋介石建议为军官们办一个俱乐部，就像“军人之家”这样的组织，发展一些高雅的休闲活动。蒋介石当时正想着搞这么一个组织，好让军官们在公务之余也能接受自己的控制教育，就批准了建立军官“励志社”。

为了宣扬自己的“革命观念”，蒋介石还为“励志社”的成员制定了一句格言：“立人立己，革命革心。”

∧ 抗战时期，孔祥熙与蒙巴顿在一起。

除了这句格言外，蒋介石还颁布了十条戒律，要所有的成员一体遵行。这十条戒律是：“一、不贪财；二、不怕死；三、不招摇；四、不骄傲；五、不偷懒；六、不嫖赌；七、不吸烟；八、不饮酒；九、不借钱；十、不说谎。”而这些戒律和清规正表明了蒋介石想要通过“励志社”向黄埔军官和自己的嫡系“灌输道德，提高精神”。

虽然蒋介石的本意是让“励志社”成为让军官和黄埔学生“养志”的地方，他希望“励志社”是一个能端正军中风气的场所，但是在宋美龄的主导下，“励志社”很快成了一个基督教色彩极浓的场所，后来又因局势的发展而演变成一个为外国援华部队服务的机构，到了抗战时期，在重庆的“励志社”则成了一个主要为蒋介石官邸日常服务的机构。

宋美龄一直掌握着“励志社”的主要人事权，培养了一些自己的亲信。蒋介石虽然是社长，但他政务繁忙，根本没有精力过问“励志社”的事情，所以“励志社”的实际权力掌握在宋美龄和她的大姐夫孔祥熙的手里。

“励志社”的首任总干事是朱懋仁上校。当时孔祥熙任国民政府的实业部长，朱懋仁是下属的实业司司长，不久就因为工作繁忙，把总干事的职务交给了黄仁霖。

黄仁霖可以算是宋美龄的嫡系。他早年留美，回国后在基督教青年会任职，也是基督徒。因为孔祥熙也曾在基督教青年会中工作过，所以在当了部长后，就把黄仁霖安排了位置。黄仁霖的岳父余日章★曾为宋美龄和蒋介石主持过婚礼，当时宋家原来请的江长川牧师不肯主持，在宋家为难之际余日章慨然答应，所以宋美龄也就很照顾黄仁霖。

★余日章（1882～1936）
湖北人。出身于一个基督教圣公会牧师家庭，长大后受到良好的西方教育。后来迁居到上海，继续在教会学校学习，并开始显示出杰出的组织和演讲才能。1905年他又回到湖北武汉从事教育工作。1908年余日章在美国获得硕士学位。回国后，1913年他担任了中国基督教青年会全国组合演讲部主任。1917年又担任“中华续行委办会”副会长。1918～1930年担任中华基督教青年会全国协会总干事。

< 蒋介石旧照。蒋介石本想让“励志社”成为军官和黄埔学生“养志”的地方，不曾想“励志社”在宋美龄的主导下成了一个基督教色彩极浓的场所。

> 20 世纪 30 年代，蒋介石夫妇在一起。

黄仁霖曾经在基督教青年会任职，本身也是基督徒，到“励志社”任职后，对蒋介石提出的那些和基督教清规戒律相似的规矩执行起来并无困难，受到了蒋介石的好评。有一次，蒋介石和宋美龄没有通知下属就突然来到了“励志社”，正巧亲眼看到社里的每个干事在黄仁霖的带领下，都卷起衣袖在做清洁工的工作，他们都很满意，也留下了很深刻的印象。蒋介石后来在大会上说：“我亲眼看到这位总干事黄仁霖同志以及他的同事们，用扫帚和拖把来打扫清洁这个地方，他们亲自动手做这种工作，是个好的榜样。我要把这种精神，灌输到你们军官和学生的身上，以及各个军营中去。”接着，宋美龄也表扬了一番，她说：“我从来没有看见过政府公务人员，收入微薄，而能做这样勤奋的工作。你们‘励志社’同仁都是谨慎而节省的，你们用一块钱去做两块钱的事。愿你们好好保持着这种精神。”

黄仁霖留过学，又是基督徒，所以很会揣摩宋美龄的心理和喜好，花心思搞了不少创新，使得“励志社”有很浓厚的宗教和西方色彩。

当时宋美龄一直对国内一些不讲卫生的习惯很不满。为了让军官们养成不随地吐痰的习惯，黄仁霖就交代下面的人，在每扇门的背后都放一个小拖把，只要有人进了“励志社”的大门还随地吐痰，就有“励志社”的工作人员用拖把马上把地上的痰拖干净，然后再对吐痰的人加以劝导。日子一久，便再也没有人好意思在“励志社”吐痰了。黄仁霖知道蒋介石和宋美龄对军官们的衣着和仪表是否整洁很重视，特地在“励志社”门口放置了一面镜子，镜子的旁边还悬挂了一则标语，写着“整衣冠”。在“励志社”，好多军官和黄埔学生学会了如何遵守现代礼仪和卫生习惯。

此外，黄仁霖还引进了国外的一些饮食起居的方法。他把在美国留学时看到的自助餐搬到“励志社”来，结果这种吃法很快受到欢迎，成为最受欢迎的一种用餐方法，并且逐渐在国民党军官中流行开来。“励志社”当时还引进了西方的淋浴方法，黄仁霖特意在浴室里设计了一套只能装五加仑水的桶子，既能让社员享受淋浴的滋味，又不浪费水。正因为有这样的西化风格，后来它也就承担了为外国援华部队服务的任务。

“励志社”成立还不到半年，就遇到要为孙中山先生移灵的工作，也就是把当时暂厝北平西山碧云寺的灵骨移葬到南京紫金山新建的陵园内。蒋介石把这个工作交给了“励志社”，黄仁霖具体负责实施，孔祥熙是总指挥。孔祥熙除了和“励志社”的关系，还因为当时孙中山先生在北京逝世时，曾捐赠了5万大洋，为孙中山购置了一口铜棺，所以蒋介石就让他当了奉安大典的总干事。当时的移灵是全国瞩目的一件大事，由于“励志社”的全力以赴，总算圆满完成。蒋介石和宋美龄也很是满意。

< 孙中山灵柩到达下关码头后，由孔祥熙执旗引导迎柩汽车。

V 蒋介石夫妇亲临“励志社”视察。

由于黄仁霖懂得对宋美龄讨好，"励志社"后来越来越成为专为蒋介石官邸日常服务的组织了。尤其是在重庆时期，蒋介石和宋美龄在住所要看电影，就由"励志社"派电影放映队去，他们外出拍摄的照片和电影，都由"励志社"专门负责，别的单位是插不上手的。蒋介石和宋美龄的油画肖像由"励志社"美术股的人负责画制。如果要在官邸进行宴会，就由"励志社"负责中西餐的配制，而且"励志社"的戏剧股和音乐股还负责宴会所需的表演。

黄仁霖在蒋介石和宋美龄请客时，总是以第一副官的身份在场指挥用人布置并处理一切。他对宋美龄十分恭顺，深得蒋氏夫妇的宠爱，可以直接进出蒋介石的官邸，而不用像一般官员，晋见的时候还要通过侍卫人员，更不必约定时间。

"新生活运动"无果而终

除了"励志社"和遗族学校，宋美龄还花很大的精力参与了"新生活运动"，并成为该运动实际上的决策者和推动者，从而在这场运动中大出风头，让全国人民看到了这位"第一夫人"的政治能力。

"新生活运动"是20世纪30年代中期的一场全国性运动，由蒋介石和宋美龄亲自发起，号称要改造社会道德和国民精神，用蒋介石的话来说，它是国民党政府在20世纪30年代所进行的遍及全国的"精神方面的重大战争"。

"新生活运动"的发起是源于宋美龄最初想要改变江西当地脏乱环境的提议。当时宋美龄和蒋介石在江西实地考察苏区"剿共"回到南昌后，宋美龄看到南昌市容又脏又乱，市民不太讲卫生，便建议蒋介石指示南昌的地方政府重视做好城市的管理和抓好卫生及文明工作。

宋美龄从小生长在中国最繁华的大都市上海，10岁又到美国留学，20岁回来后已经十分洋化。对中国国情的了解仅局限在几个经济发达的大城市的表面印象，对中国广大的农村地区并没有亲身的经历。自从与蒋介石结婚后，她陪着蒋介石"走南闯北"，对中国落后的面貌有了切身的了解，亲眼看见了人民困苦艰难的生活状况，就有了以西方的生活方式改造中国社会，在中国开展社会风气改造运动的想法。

此外，1933年夏天，宋美龄在庐山避暑时，曾与一批美国传教士座谈中国的社会问题。传教士提出，南京政府如果想获得外国政府的支持和更多贷款，就必须在国内实施社会福利计划，使外国政府对南京政府有好感。同时，传教士们又建议，美国罗斯福★总统正推行“新政”，蒋介石不妨也实施改造中国社会福利方面的“新政”。宋美龄很同意传教士关于在中国搞一个“新政”的建议，此后一直在思索从何处着手进行这样的一个改变中国福利事业现状的计划。

由于福利事业牵涉到政府的财政状况，宋美龄很快发现难以轻易让蒋介石同意此事，于是准备从改善卫生状况、改变国民的不良生活习惯等花钱少、见效快的方面着手。

在南昌，她向蒋介石提出了自己的想法后，蒋介石表示赞成，立即指示下属：“南昌市民污秽不堪，市容杂乱不堪。如此市风，何以为行营所在地？若让异域报道出去，不是丢尽了我们的脸面？”他要求“南昌所有机关、团体、商店、学校，自即日起必须整理内务，搞好清洁，改善环境，振奋精神”。

同时，蒋介石在秘书杨永泰的建议下，又想到了用中国传统旧道德中的礼义廉耻之说改造国民精神，于是决定把它搞成一个大规模的运动。

当时的蒋介石在1930年中原大战后，暂时压服了各路新老军阀，但共产党领导的工农红军仍是他的心腹大患，于是他开始一心对付共产党。蒋介石对外声称中国还不能抗日，特别是在国力被内战削弱耗竭的情况下更是如此。当蒋介石对红军发动“围剿”，发现蒋军占领苏区的一些地方很不安定，他感到苏区人民的思想都被“赤化”了，意识到除了采用镇压的措施之外，还应该对江西苏区的人心加以“改革”。

此外，蒋介石已在与各路新旧军阀的斗争中取得了决定性的胜利，正想组织一场大规模的社会改造运动，按中国封建传统伦理道德来巩固自己的统治。他在南昌行营的秘书杨永泰建议，春秋时代管子治齐，有“礼义廉耻，国之四维，四维不张，国乃灭亡”之说，提倡礼义廉耻即可改变“人心风俗之颓败”，以抵制共产主义思想的影响。同时蒋介石和宋美龄都看到了当时世界各国正在发起各自的运动来应付世界经济衰退，意大利有法西斯主义，德国有纳粹主义，苏联有两个五年计划，美国有新经济政策，中国似乎也有必要发起一个新的运动。

就这样，由宋美龄最初提出的改造江西落后环境和生活习惯，再加上蒋介石对共产党的宣传加以抵制，不断清除共产党影响，维持自身统治的需要，促成了这场由江西开始，蔓延全国的“新生活运动”。

1934年2月29日，蒋介石在南昌行营举行孙总理纪念周，发表了由

∧ 罗斯福旧照。罗斯福总统在美国推行“新政”给了蒋介石启发，他决定在中国社会福利方面也实施“新政”。

★罗斯福（1882～1945）

美国总统。1904年毕业于哈佛大学，后入哥伦比亚大学学习法律并获得律师资格。1910年当选纽约州议会民主党议员。1921年患小儿麻痹症。1928～1932年任纽约州州长。1933年出任美国总统。“二战”爆发后，主张援助英、法对德作战。珍珠港事件后，美国参战。战争期间，他曾参加了数次关系重大的国际性会议和会晤，为赢得反法西斯战争的胜利、战后合作和联合国的成立都做出了贡献。1945年4月12日病逝于总统任内。

杨永泰起草的《新生活运动纲要》。他说："国家民族之复兴不在武力之强大，而在国民知识道德之高超"，而"提高国民知识道德，在于一般国民衣食住行能整齐、清洁、简单、朴素，过一种合乎礼义廉耻的新生活"。

蒋介石并在当地讲演，说："我去年初来的时候所看到，几乎无一个不是蓬头散发，有扣不扣，穿衣服要穿红穿绿，和野蛮人一个样子，在街上步行或是坐车都没有一个走路坐车的规矩，更不晓得爱清洁，甚至随处吐痰。还有，看到师长不晓得敬礼，看到父母也不晓得孝敬，对于朋友，更不知道讲信义。这种学生，可以说完全不明礼义，不知廉耻！这样的学生，这样的国民，如何不要亡国？"

他还说："我现在提倡的'新生活运动'是什么呢？简单说，就是整个社会，全体人民生活的全面军事化，以便使他们能够磨炼勇气和增强敏捷性，增强对艰巨工作和痛苦的忍耐力，特别是养成他们联合行动的习惯和能力，以便他们将来在任何时候为民族而牺牲。"

2 月 29 日当天，在南昌成立了"新生活运动促进会"，蒋介石亲自担任会长；同时成立"新生活运动促进会妇女指导委员会"，由宋美龄亲自担任指导长，宋美龄成为"新生活运动"的实际推动者和领导人。

如何开展这一大规模的改造运动？蒋介石根据宋美龄和智囊的建议，做出了一系列部署。整个运动分为"训查、设计、推行"三个阶段。首先由"规矩"和"清洁"开始，要求由自己做起；其次由不费钱、不费时、不费力之事做起；最后，由机关团体推及公共场所。通过身教、口教配合图画、电影、宣传等等各种形式展开。

< 蒋介石在一次集会上发表讲话。

> 宋美龄与"新生活运动促进会妇女指导委员会"的妇女代表们在一起。

∧ 20世纪30年代，蒋介石、宋美龄、孔祥熙等合影。

宋美龄为了争取外国对她和蒋介石实施的“新生活运动”给予支持，在美国和上海的英文报刊，连续发表解释“新生活运动”的文章。1935年6月，她在《美国论坛》杂志发表《中国的新生活运动》，1936年10月10日，她又在上海《字林西报》发表《舆论的形成》，同时她还为纪念“新生活运动”2周年和中华民国成立25周年发表《新生活运动》一文，反复地解释“新生活运动”的意义，以及提倡“新生活运动”的动机。通过这些宣传，宋美龄首先扩大的是自己在这个运动中的影响。

“新生活运动”先在江西南昌开展，然后推广到全国。3月17日，在南京成立“新生活运动促进会”，会后进行游行，以壮声势。接着各省各县也相继成立分会或支会，由各省主席担任分会会长。“新生活运动促进会妇女指导委员会”也在各省设立分会，由各省省主席的夫人担任领导人。一时间全国上下热闹非凡。

宋美龄重视妇女的作用，在全国各地普遍设立“妇女工作委员会”和“妇女新生活运动队”，每个机关成立一队，负责检查各地区环境的清洁与卫生。宋美龄特别倡导在许多大城市和乡镇成立“识字班”。因为她相信知识就是力量，而妇女的潜力是不容忽视的。她撰写“新生活运动”的文章时强调：“衡量一国的进步程度，必得注意那一个国家妇女的情况和妇女在社会生活及国家生活中的地位。倘若大多数妇女有受教育的机会，而且生活很合理，那个国家才算是进步的国家。”她勉励妇女同胞：“国家的力量是依着人民的力量而消长的，居人口半数的妇女，有绝对的理由得为国家出力。”

“新生活运动”为宋美龄提供了一个前所未有的广阔的表演舞台，使她在当时很多外国人的心目中成了改革中国旧习惯的旗手。

除了“新生活运动促进会妇女指导委员会”，宋美龄还依靠教会去推进这项运动。她首先以南昌为试点，邀请南昌市各基督教会的教会领袖及附属各教会学校、医院等团体代表共30余人举行茶话会，大谈“新生活运动”的“政治意义”及其与基督教的关系，号召教会对“新生活运动”予以协助，大力推广。宋美龄的努力收到了效果，会后基督教会即以多种方式，为推行“新生活运动”开展广泛的宣传活动。

他们利用南昌卫理公会、豫章中学、葆灵女中等教会学校作为宣传的基地，每逢纪念周，即向全体学生讲演“新生活运动”之意义，并利用各校学生组织宣讲队到各公共场所如火车站、汽车站、菜市场、茶馆、剧院进行宣传，并散发各种宣传小册子。此外，在各教会医院门诊候诊室，向候诊病人宣传，并向住院病人散发有关基督教及“新生活运动”的宣传文件。教会还在江西当地组织了11个农村试验区，配合“新生活运动”开展工作。

宋美龄还让她在“励志社”的亲信黄仁霖向陆军医院及南昌模范监狱接洽，利用监狱展开布道宣传。事先由宋美龄借南昌的一所妇幼医院康成院长的住宅，召集南昌市各基督教会各传教士及教会团体负责人30余人开会，组织所谓传教团，由南昌内地会西籍传教士博英望任团长，率领内地会圣经学校男女学员代表10余人，每星期赴南昌“模范监狱”及陆军伤兵医院布道一次。在布道中，总是讲《圣经》中“浪子回头”的故事，劝在监的“犯人”彻底悔改，重新做人；要“安分守法”“服从领袖”。这种布道实际上就是劝人不要革命，要像信仰上帝一样，皈依于蒋介石的独裁统治。传教团的宣传活动情况，由团长博英望每月向宋美龄做一次书面报告。宋美龄在给他的回信中，对他赞赏备至。

此外，还在南昌举办一个特种警官训练班，由传教士向受训警官传授接待外国人的礼节，教他们英语会话。因为在南昌开始推行“新生活运动”时，曾闹出过警察强迫外国人扣上西装扣子的笑话。有一次美国传教士高福绥在街上散步，交通警察过来说他领扣没有扣好。高福绥很惊讶地说：“我穿的是西装，外面领扣是从来不扣的。”因为当时中国政府还是比较尊重传教士的，警察总算没有使用暴力，只是吵闹了一下，但宋美龄认为这是对外国人的失礼，因此，在南昌办的训练班特别注重训练如何接待外国人。

后来，蒋介石、宋美龄游历各地时，都把当地阅历最深、最有经验的传教士找来，开会谈话，安排他们去推进“新生活运动”。针对教会中有人认为和政府合作搞“新生活运动”违反了“政教分离”的原则，宋美龄宣称：“教会不应再离开近代中国的发展而独自存在。中国整个的国家目标都在迈进途中，教会也应当跟她保持着同一步调前进。”

宋美龄不仅号召妇女与利用基督教会来开展“新生活运动”，还让蒋介石任命“励志社”总干事黄仁霖兼任“新生活运动”全国总会总干事。黄仁霖出任该职，固然是因为“励志社”在工作性质上与“新生活运动”比较接近，另外也是因为宋美龄对“新生活运动”相当看重，亲身参与其事。黄仁霖是宋美龄的亲信，他的总揽其事，更可使运动按照宋美龄的意图推行。

宋美龄对“新生活运动”有她自己的解释，她认为：“精神往往重于物质，所以仅仅经济繁荣，尚不足完成中国大国的地位，同时一定要提高人民道德的水准。”她还宣扬蒋介石的旧道德理想，说他“深究中国过去的历史，觉得先人遗传的良好品性，足以补救目前种种的颓风恶习，相信我国固有的礼义廉耻四种美德，是复兴民族的良药”。

∧ 蒋介石、宋美龄游历各地，积极推行“新生活运动”。

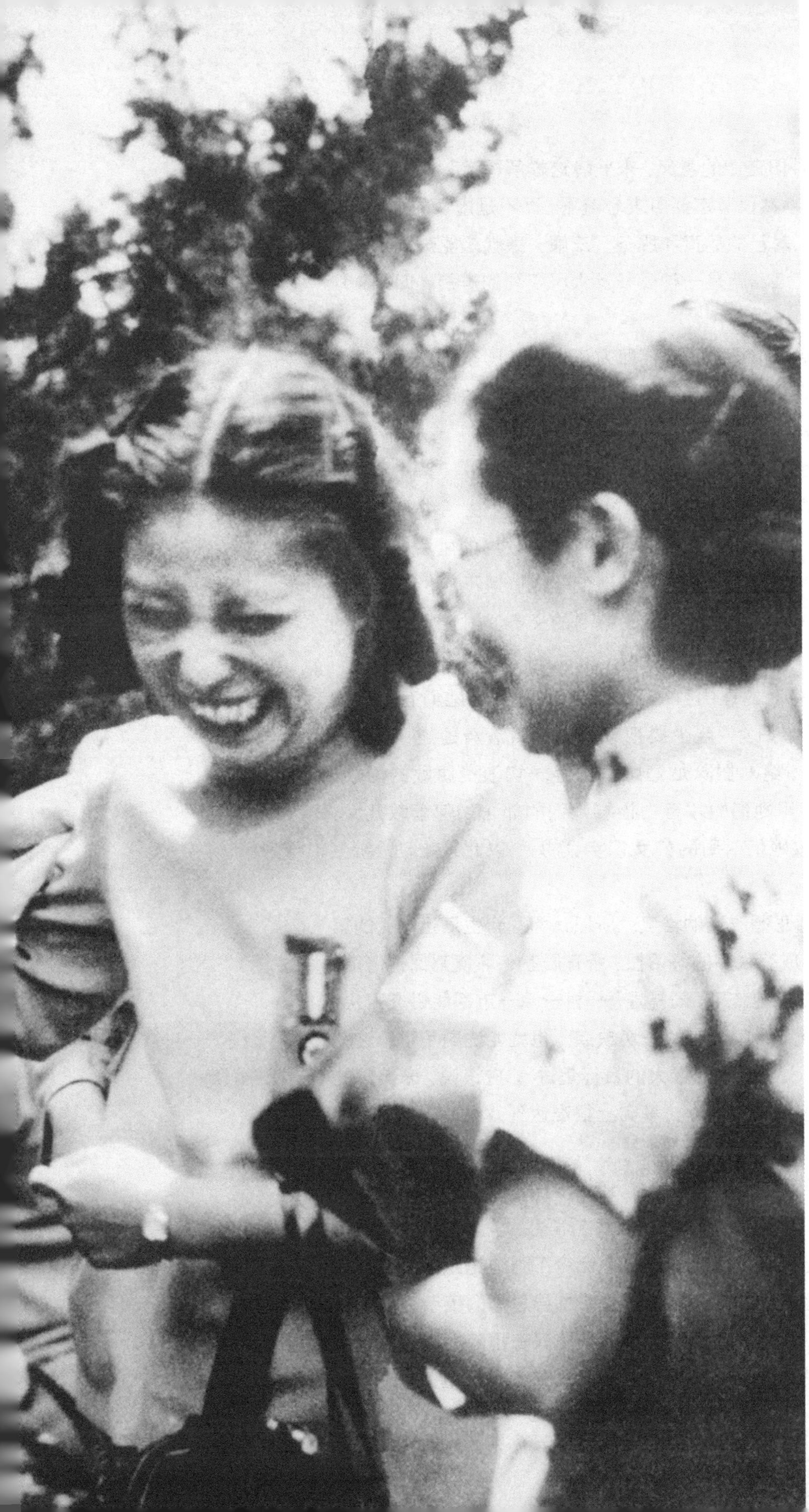

< 显赫的地位，优雅的举止谈吐，宋美龄这位“新生活运动”的倡导者无处不彰显其影响力。

对于礼义廉耻四种旧道德的意义，宋美龄这样解释道："一礼，最浅显的解释，礼就是仪节。然仪节定要自衷心流露，而不是虚伪的形式。二义，义可以略释为对人对己的尽责和服务。三廉，廉就是能辨别权利界限，不侵犯别人，换言之，就是一种公私及人己权利的辨别。四耻，耻就是觉悟与自尊。"

显然，宋美龄在解释中糅进了近代西方资本主义国家民众的一些生活习惯和精神文明的内容，她尤其强调环境卫生和个人的清洁卫生。所以在很多人看来是一种土洋结合的口号。

对于这四个原则的具体实施，宋美龄也有自己的看法："第一步先把那四种原则实施于衣食住行，换句话说，就是先实施于生活中最普遍最必需的事项。"她要用"礼"来纠正国人混乱而没有秩序的生活习惯，用"义"来教导人们随时必须帮助他人，"使他们知道倘遇不幸，不能委诸天命，有余力的人，必须把扶助他人视为应尽的义务，树立公共责任的观念，养成西方人所谓的公共精神和公共意识"。

她认为妇女"有绝对的理由，得为国家出力，正像她们有处理家务的职责一样"。她希望妇女"至少要把家庭处理得清清楚楚，把家庭生活调整得井然有序，绝对摒除烟酒赌博等等一切浪费腐败的习惯。知识较高的妇女，应当用她们的才智去指导她们的邻舍如何管教儿女、如何处理家务，应当教她们四周的妇女识字读书"，以此来推动"新生活运动"。

当然，宋美龄知道思想改造的难度，所以认为"新生活运动"的第一步，只是鼓励大众养成有秩序的好习惯，所有居室和环境都保持清洁，然后大家的思想也会跟着纯洁了。同样地，一村一镇一市都能讲究卫生，保持秩序，到相当时候，大家旧有的一切缺点，也就能洗刷尽了。这就是宋美龄说的"从最小处着手，向最大的目标迈进"。应该说，宋美龄的这种想法带有宗教的理想主义色彩，事实上很难达到效果。

随着运动的迅速开展，1935年4月，还在全国成立了"新生活运动劳动服务团"，分为军队、宪兵、警察、教员、学生、党部、机关、铁路等部门。这些团体多是在国民党政府的行政命令下强迫组织起来的，其中军官"励志社"起了重要作用。但由于整个指导思想的庞杂，难以贯彻，结果所谓"新生活运动"真正能实施的措施只在不随地吐痰、出门扣好衣扣等等枝节方面做文章，根本解决不了任何实际问题。

∧ 端庄典雅的“第一夫人”。

V “新生活运动”发展到后来，受到了越来越多的批评，但是宋美龄在这场运动中为建立自己的政治班底打下了基础。图为宋美龄出席一次普通的聚餐。

运动刚推行时，下面的执行者和群众并不太理解蒋介石和宋美龄中西结合又讲思想又讲生活习惯的一整套东西。“新生活运动”被普遍理解成改进卫生生活习惯的运动，强调诸如大褂的领子必须系上纽扣之类的规定。政府官员和警察在这些表面东西的执行上开始时的确认真尽职，公共场所，如火车站外的广场保持得十分清洁，随地吐痰和乱扔烟蒂者都要受到惩罚。

但据蒋介石的想法，这一运动的内容远不止如此，像礼仪、清洁、衣着俭朴、饭桌仪表及节制吸烟这些细节的东西，只不过是蒋介石呼吁人民所进行的最重要的精神改造的外在的东西。事实上，蒋介石的用意是，利用“新生活运动”实现自己理想中的军事化社会，使民众对最高统治者的意志无条件地服从。因此，一切有利于蒋介石个人独裁、思想控制的东西纷纷出笼。为了提倡“礼义廉耻”等旧道德规范，南京政府1934年通令全国，规定每年8月27日孔子诞辰日为国定纪念日，各机关学校一律举行孔子诞辰纪念大会。同年11月，国民党中常会通过了“尊崇孔子发扬文化案”，将孔子的后代衍圣公改为大成至圣先师奉祀官，享受部长级特任官待遇。颜回、曾子、孟子的嫡系裔孙也分别被命名为辅圣、宗圣、亚圣奉祀官。在倡导“新生活”的同时，思想上开展的是高度集权的运动。

由于指导思想上的混乱，蒋介石、宋美龄领导的“新生活运动”不会也不可能取得实质性的效果。他们把当时中国的脏乱问题归于民众思想意识的落后，无视贪污、腐化等经济成因，以为完全可以用伦理道德来纠正，因而一再教导人们礼义廉耻，不要随地吐痰、随地丢垃圾，养成整洁的习惯等等，但是诚如一位美国学者所说：“全民复兴运动不可能建筑于牙刷、老鼠夹、苍蝇拍之上。”

尽人皆知，当时的中国战争连年不断，再加上饥荒和洪水旱灾，人们的温饱都难以保证，根本没有心思去听什么礼义廉耻之类的道德说教，如果只是做到了生活卫生习惯，不用袖子擦鼻涕，不在街上撒尿，或者不贪污受贿，生活和思想就会得到改善，只是一种空想。像运动所提倡的一些卫生知识，劳动人民在自己的生活中都已经掌握，只是在过度贫困的生活条件下，其生活方式无法达到宋美龄大谈的高度文明的要求而已。

到1936年，经过两年的运动，表面文章做了不少，还是没有达到目的，蒋介石于失望之余，把“新生活运动”交给宋美龄来负责，随后抗战爆发，这场运动终于无疾而终。

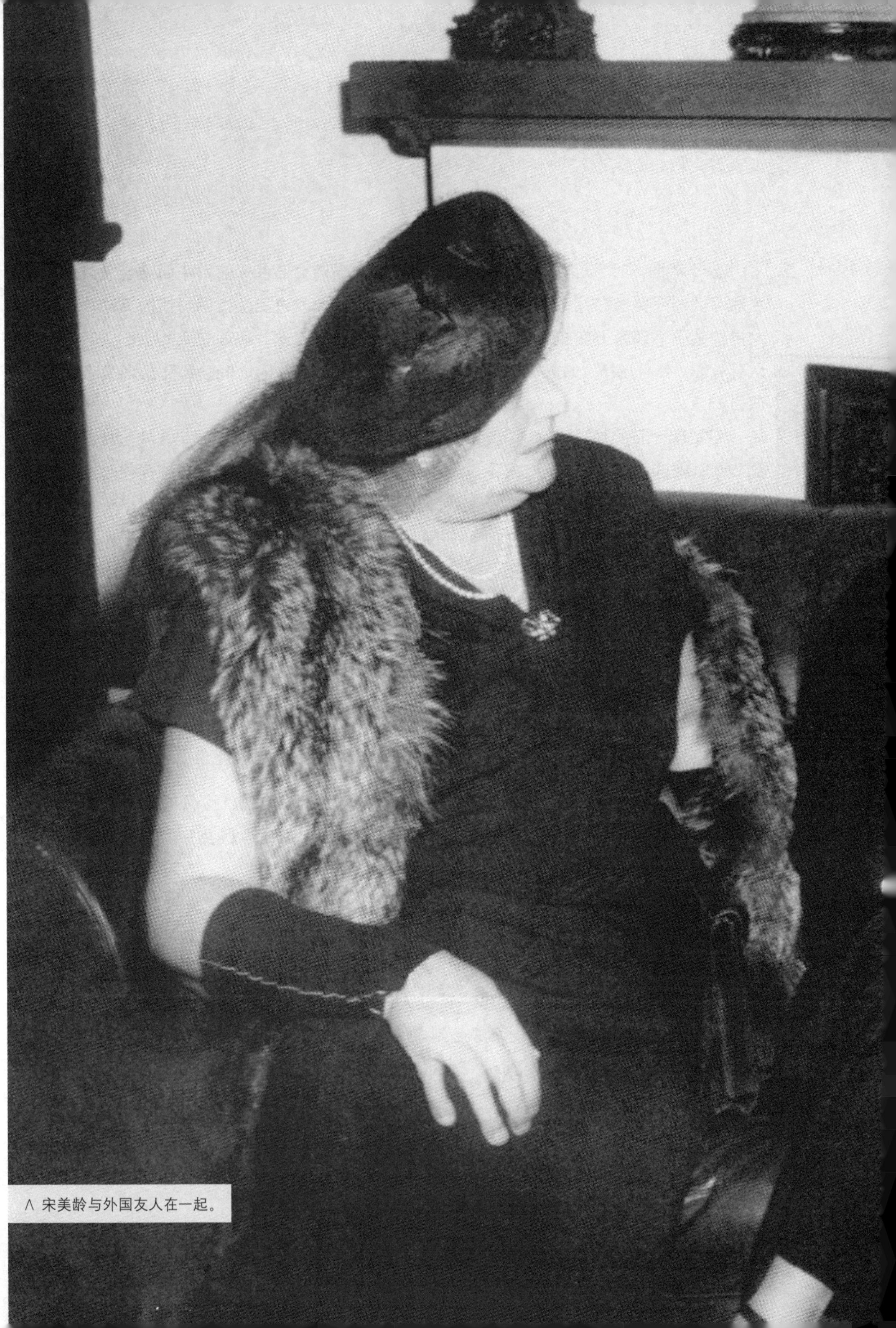

∧ 宋美龄与外国友人在一起。

***冯玉祥（1882～1948）**

民国时期军事家，爱国将领。1924年第二次直奉战争中发动北京政变。1926年脱离北洋军阀，加入中国国民党，参加国民革命。1927年任国民革命军第二集团军总司令。翌年，举兵反蒋，先后爆发蒋冯战争和中原大战。“九·一八”事变后，积极主张抗日，反对蒋介石的不抵抗政策。1933年5月与中国共产党合作，率部抗日。抗日战争爆发后，先后任第三、六战区司令长官。抗战胜利后，仍采取与共产党合作的立场，反对内战。

宋美龄曾以“第一夫人”的身份谈“新生活运动”的必要性，她是这样看待中国人的：“现在，绝大多数中国人的精神状态是浑浑噩噩，毫无生气。在行动中表现为好歹不识、是非不辨、公私不分。由此，我们的官员虚假伪善，贪婪腐败；我们的人民斗志涣散，对国家福利漠不关心；我们的青年颓废堕落，不负责任；我们的成年人则淫邪险恶，而又愚昧无知；有钱人纵欲放荡，花天酒地；而穷人则体弱污秽，潦倒于黑暗之中。所有这些导致政府的权威和纪律扫地以尽、荡然无存，终于引起社会动乱，使我们在天灾和外敌入侵面前束手无策，无能为力。”

宋美龄不光否认战争带来的灾难给广大人民造成的贫困生活，反而认为大众愚昧无知、刁顽险恶，把人民当成群氓，甚至当成敌人，在这种认识基础上而提出的“新生活运动”也就失去了可行性。宋美龄对官场的批判和对有钱人的揭露是事实，但不肯承认国民党政府的阶级本性和社会制度是其根源。

而宋美龄在自己仍然过着奢侈豪华生活的同时要求别人过健康俭朴的生活，自然难以服人。当时宋美龄和蒋介石听说山东的“新生活运动”开展得不错，是北方的模范省，前往视察。山东省主席韩复榘本来就对“新生活运动”提倡节俭生活不以为然，自己照样花天酒地，只是在下边大搞形式。得知宋美龄和蒋介石要来，故意在省政府设宴，以所谓的“新生活午餐”招待蒋介石夫妇。结果宋美龄一看这韩复榘大肆吹嘘的“新生活午餐”三菜一汤，只是白菜叶、小米饭、粉条和豆腐汤，皱着眉头，食欲全无。自己难以做到一切生活从俭，当然难以认真要求别人了。

除了主观上的原因，“新生活运动”具体负责推行的人员也不得力。蒋介石和宋美龄以及国民党政府的高级官员自身难以完全按运动的准则去做。在开展“新生活运动”的地区，虽说从中央到地方甚至家庭妇女都有归口管理，可是各套班子形同虚设，只是向上应付了事。为之奔忙的都是一些别有用心、想走“夫人路线”的人。许多达官贵人、土豪富绅和警察恶霸，要么实权在手，要么财大气粗，称霸一方，执法犯法，“新生活运动”的准则根本无法限制他们。在运动的后期，即1936年，由“蓝衣社”这样的法西斯组织进行的纠风行动，已使得运动在形式上改善生活习惯、遵纪守法的积极作用都成了对民众生活的粗暴干涉。对于下层劳动人民，无非是惩治百姓、搜刮民财的一次灾难。

比如宋美龄领导教会人员和学校学生、童子军等在大街上和火车站、戏院等公众场所宣传“新生活守则”，然而蒋介石自己的军官和士兵，在搭乘火车或到戏院看戏时，却从不排队，横冲直撞。有的军警甚至还要火车改变开车时间，等待有特权的人。

冯玉祥★就曾经指出过：“其实，新生活是说着骗人的，比如新生活不准打牌，但只有听见说蒋介石来了，才把麻将牌收到抽屉里，表示出一种很守规矩的样子；听见说蒋介石走了，马上就打起麻将来，二十四圈卫生麻将的、推牌九的、押宝的也都是这个样子。又如新生活不准大吃大喝，普通人吃一桌饭只花8块钱，蒋介石左右的大官吃一桌饭约60元，总是燕窝席、鱼翅席。不但大官是这样奢侈，大官的女人、奴才也是这样。要是这些违反所谓新生活的故事，发生在离蒋介石远的小官身上，蒋介石也可以装不知道，而这些事都是发生在离蒋介石很近的文武大官身上，这还能装不知道吗？”冯玉祥又说：“……那些书的名字，什么新生活与军事、新生活与政治、新生活与这个与那个，几十个名堂，事

V 在“新生活运动”的口号下，上海第一届集体婚礼仪式在江湾市政府礼堂举行。

实证明是什么？政治是腐败的，军事是无能到极点，经济是贪污到极点，文化是摧毁到极点。实行新生活会有这个样子？”

从本质上来说，蒋介石和宋美龄大力倡导的“新生活运动”只是从中国的传统旧道德中找出一些维护统治阶级的统治秩序、麻痹人民反抗精神的儒家经学理论，加上蒋介石的法西斯军事思想，再加上宋美龄从美国搬来的一些生活方式，加以糅合，看似中西结合，其实还是基本脱离当时中国的实际情况来进行“思想改造”。

到了1936年底，“新生活运动”虽然没有预想的成功，遭到人们越来越多的批评，但给蒋介石和宋美龄带来了两个意外的收获。

首先是“新生活运动”在客观上有助于改变蒋介石的南京政府在西方世界的形象。在宋美龄不遗余力的宣传下，以前西方人眼里只知争夺权力、四处进行军阀战争的蒋介石，通过“新生活运动”，现在成了关心民众生活和社会环境的政治领袖。在外人看来，似乎这场由江西掀起的“新生活运动”，表明蒋介石正在中国进行现代化改造，推进社会福利政策；似乎中国人民经过“新生活运动”就能一步跨入无忧无虑的“新生活”，套上民主和自治的光环。西方有些善良的人们，以此呼吁当局增加对蒋介石的援助，从这个意义上说，这也算是宋美龄摸透西方人的思维方式和改变蒋介石形象的一项有效措施，从此加深了西方大国与蒋介石的关系，并且在随后的抗战时期为蒋介石赢得了实质的好处，这是“新生活运动”获得的第一个意外的收获。

“新生活运动”还使得宋美龄在全国出尽风头，在国民党的政治生活中打上自己的烙印，从此有了自己树碑立传的资本。南京城里的文武官员，对这位自1927年底与蒋介石结婚以来在政治舞台上还不是过多露面的“第一夫人”有了新的认识，看到夫人的能量远不止“夫人”名分之内，从而为宋美龄最终建立自己的政治班底打下了最早的基础。宋美龄在此之前还主要是陪着蒋介石进行一些活动，而“新生活运动”让她有了在公众面前表现自己能力的机会，她在全国各地到处演讲，和教会与教育界的人士沟通，召集各省高级官员的夫人，组织活动。许多人也开始走“夫人路线”，为宋美龄效力。

“新生活运动”在当时受到高度赞扬，出面肯定的有国民党高级官员，也有西方人士，一时间宋美龄声誉鹊起，名响四方，江西省也被南京政府列为“模范省”。

作为宋美龄本人，当然看到了“新生活运动”的局限性，有花无果，劳而无功，至多是在表面上做了一些工作，而且也没有持久的效果。这样的结果，连她自己和蒋介石都不满意，还受到官场人士和宣传界的赞扬，宋美龄自然明白这不是赞扬“新生活运动”取得了什么成绩，而是在吹捧“第一夫人”、向“第一夫人”致敬效忠的一种官场文章。

在“新生活运动”之后，宋美龄再也没有费大力气搞过类似的大运动。其原因是她明白像这样的运动只能造一时的声势，不能有持久的效力，一味地做这些表面文章，将会给人留下好大喜功、华而不实的印象。所以她后来虽然还是热衷于做社会和宣传的工作，但不再要求搞这种大而无当的全民“精神复兴”的运动了。

∨ “新生活运动”期间，宋美龄等前往各地巡视。

历史备忘录

HISTORY MEMORANDUM

∨ 1934年，溥仪即位前与日本关东军高级将领合影。

∨ 1939年，孙连仲陪同蒋介石视察童子军教导人员训练班。

2

3

4

1

日军设立细菌部队

1933年8月，日本在东北哈尔滨市宣化街以东，秘密设立了石井细菌研究所，匿名“加茂部队”“奈良部队”，公开称“防疫部”。日军于1928年派遣石井四郎出国考察。1930年后，石井四郎四处鼓吹进行细菌战，得到了日本陆军支持。1932年8月，日本陆军军医学校内设立了防疫研究室，由石井四郎开始主持细菌武器研究。

热河失守与张学良下野

1933年3月，日军攻占热河，热河失守。日本制造伪满洲国的同时，积极向热河、察哈尔及关内进行新的侵略扩张。2月底，日伪军向热河进攻。由于东北军执行蒋介石的不抵抗政策，使日军在3月3日轻易攻占了热河省会承德，仅仅10天时间，热河全部沦陷。全国人民对此极为悲愤，谴责蒋介石和国民党政府的卖国行为。蒋介石为了逃避全国舆论的谴责，将丢失热河的责任完全转嫁到北平军分会代委员长张学良的身上。张学良当了蒋介石的替罪羊，被迫于3月8日引咎辞职，10日通电下野。

“满洲国皇帝”即位

1934年3月1日，溥仪在长春“称帝”。溥仪身穿清朝皇帝的龙袍，举行即位的“郊祭仪式”。美国20世纪福克斯公司在“满洲国首都”新京郊外的杏花村摄下了溥仪的登极大典。日本关东军司令官率日本200多名官员出席仪式，并与出任“满洲帝国”总理大臣的郑孝胥换文，表示当场予以承认。溥仪在临时用土堆起来的“天坛”上，庄严地举行了告天即位的古礼，圆了他的“皇帝”之梦。“满洲国”改为“满洲帝国”，年号“康德”。

“中国童子军总会”正式宣布成立

1934年11月1日，“中国童子军总会”正式宣布成立。“总会”下设有各级组织，对少年儿童实施教育和军事训练。此前，10月20日，教育部召开了童子军第一次全国理事会，王世杰、陈立夫、朱家骅、张治中作为理事出席。会议上推举蒋介石任会长，戴季陶任副会长，王世杰任理事长。

10 多方协调家族关系

曾经在国外留学时的姐妹间的亲密，随着年长后政见的不同，而越来越缺少温情了。繁忙的工作之余，宋美龄最关注的就是一家人的感情。二姐庆龄一直是美龄的心病，因为政见不合，庆龄一直对自己客客气气，少见姊妹间旧时的亲热。然而在庆龄遇到危险时，宋美龄依然挺身而出，为姐姐化险为夷。血脉相连的亲情在他们身上还是那样温暖，只不过转换了一种方式。

宋子文和孔祥熙是蒋介石的“摇钱树”，然而财政部长的位置只有一个，两个人总是在“你方唱罢，我方登场”的“游戏”中轮换着，而宋美龄在其中起着调解的作用。

风光隆重的宋母葬礼

1931年，是充满了天灾人祸的一年。

这一年秋天，日本帝国主义悍然发动了“九·一八”事变★。一时间，整个东北三省成了日本军队耀武扬威的战场；在蒋介石的不抵抗政策下，东北军退入关内，短短几个月内，东北三省沦陷，中华民族处于危难之际，中国人民处于水深火热之中。而此前的6月汛期开始，神州大地一派阴云密布，长江流域和华北在一个月内同时暴雨成灾，湖塘横溢，沟渠涨满，江河溃堤，一泻千里。

当时，先是长江告急，后是黄河决口。于是几乎顷刻之间，全国各地均发生了大面积的水灾。后经统计核对，这次水灾面积共达8省，受灾良田达1.6亿亩，灾民达6,000万人。其面积之大，灾情之重，确属民国历史空前。

此时，蒋介石正在江西大规模地“剿共”，连遭挫折，自顾不暇，也无心回南京指挥抗灾。宋美龄当时在南京，正在忧愁国事的时候，7月23日又传来噩耗，母亲倪桂珍在青岛病故。真可谓“一波未平，一波又起”，仿佛雪上加霜。

一时间宋家子女又齐聚上海家中。宋老太太的遗体由青岛运到上海，停放在西摩路宋家老宅，并在那里设下了灵堂。整个宽敞的房间布置得庄严肃穆，花圈从房间四周，一直摆到了外面的院子里。它们分别是孤哀子宋子文、宋子良、宋子安，孤哀女宋霭龄、宋庆龄、宋美龄以及两个女婿孔祥熙、蒋介石等家属和亲朋所送。

由于宋家的地位，送花圈的许多都是显赫一时的大人物。宋老夫人无疑是一位伟大的母亲，其身后的哀荣殊重和显赫不凡，实属中国近代史上所绝无仅有。

★“九·一八”事变

1931年9月18日，日本关东军故意炸毁南满铁路沈阳北郊柳条湖地区一段路轨，诬称中国军队破坏铁路并袭击日本守备队。18日22时20分，炸药点燃，一声巨响，炸毁一段路轨。以爆炸声为信号，早已准备好的日军便向预定目标攻击。“九·一八”事变全面爆发。当日夜，关东军在南满铁路沿线展开了全面攻势。19日，日军攻占了南满、安奉铁路沿线的大部分重要城镇。“九·一八”事变激起了全国人民的抗日怒潮。

< 张群旧照。1931 年，时任国民党上海市市长的张群在宋老夫人公祭仪式上致祭文。

就在宋老太太遗体抵达上海的当天，大女婿孔祥熙也从南京赶到了上海。当时大家都想把母亲的丧事搞得体面一些，但知道蒋介石正在江西“剿共”，尚不知能否来到，于是让宋美龄再催一下。

宋美龄虽然知道蒋介石连吃败仗心情不好，很有可能就不想来上海参加葬礼了，但大家都觉得蒋介石这个二女婿不来的话葬礼不成样子，只好再一次拨通蒋介石的军用专线电话，恰巧蒋介石正在对手下训话，推说军情紧急，不回上海了。宋美龄只说：“还记得当年吗？你为了我到日本，向老太太求情。要不是老太太，能有我们今天吗？……你也可以不来，我并不是非要求你。”

听到宋美龄提到日本的事，电话里蒋介石顿时缓下了口气说：“子文、祥熙都到了吧？”

“他们都在等你哩！就缺你这个孝顺的女婿了。”

“二姐从欧洲回来了吗？”蒋介石问。

“电报已经来了，很快都要回来了。”宋美龄回答。

“好，我回去。”蒋介石终于下了决心。

宋美龄放下电话就向大家通报了情况，宋霭龄和孔祥熙听罢都十分高兴。

因为宋老夫人病逝时，宋庆龄尚在国外，所以葬礼不得不延期举行。8 月 13 日，宋庆龄自欧洲回到上海。于是宋老夫人的治丧委员会决定：8 月 17 日“开吊”，18 日“出殡”。

1931 年 8 月 17 日，为宋母倪老太太“开吊”之期。灵堂即设在西摩路宋家老宅的外客厅中，厅外悬挂着南京政府颁给的“精忠报国”四字横匾一方，灵堂内满置花圈挽联，十分庄严肃穆。宋老夫人躺在万花丛中，面目安详，接受着四方客人的凭吊。当日上午 8 时至下午 6 时，中外宾客往来凭吊者，络绎不绝。当时的来宾中包括赵晋卿、张群、王晓籁、王一亭、杜月笙等南京政府要员和上海本地大亨，还有日本公使重光葵及各国领事等，可谓尽是各界名流。

当日12时30分，公祭开始。南京政府特派参军杨啸天、田沛卿二人主祭，他们二人分立两旁，然后由上海市长张群代表南京政府，致祭于宋母倪太夫人之灵。

∨ 日本悍然发动“九·一八”事变，日军占领了沈阳中国军队营地北大营。

这篇祭文极尽溢美之词，表达了南京国民政府对宋母的最高评价。宋母倪桂珍和宋父耀如当年患难情深，一直默默帮助丈夫从事革命事业，为孙中山领导的国民革命做出了不小的贡献，养育的三姐妹和三兄弟，个个都是当时的国家栋梁。如此伟大的母亲，身后受到如此高的评价，应该是当之无愧的。

丧礼的第三天亦即8月18日，是为宋母倪太夫人举行葬礼的日子。

由于宋母是虔诚的基督徒，故当日清晨6时先举行了宗教仪式——宋氏家人及亲友齐集宋宅花园草坪上，当时按照儿女的年龄大小依次排列的顺序是：宋霭龄、孔祥熙、宋庆龄、宋子文、宋美龄、宋子良、宋子安等。仪式开始后，先听牧师讲述倪太夫人的生前恩德和为人。

当时牧师开头引了几句《圣经》中的话，接着就以倪太夫人的口气说："我现在坐在一片草地上，天空飘着云彩，周围开着鲜花，环境是这样优美，空气是这样清新，我感到非常愉快。"那声音和话语，就像倪太夫人快乐地和大家告别似的。

于是在牧师的带领下，宋家儿女们齐唱赞美诗，顿时使悲伤的气氛变得轻松起来。

"让老夫人的灵魂，在我们的祈祷下升入天堂吧！"随着牧师的一声祈祷，出殡开始了。

蒋介石带领他的政府代表团，总算在此时如期赶来。并且，其声势之大，人员之多，前呼后拥，让人叹为观止。

那天蒋介石赶到上海时，身着青色长衫，头戴草帽和墨镜。待他抵宋宅后，旋即改换黑布衣袍、黑袜黑鞋，以示哀悼。

宋母的灵柩原定那日清晨5时由西摩路宋宅出发，所有参加的政府部长及亲友，均于晨4时30分前就在宋宅集合。后因蒋介石来沪奔丧，当晨5时40分才赶到宋宅，故出殡改迟至6时30分出发。

整个送葬的队伍由军乐队在前开道，宋子文等三兄弟走在最前面，接着是三个女儿宋霭龄、宋庆龄、宋美龄以及两个女婿孔祥熙、蒋介石，依次相随前行。宋家三姐妹等，均是身着黑纱旗袍、布履、黑色纱袜，面罩黑纱，垂首饮泣。蒋、孔两氏亦衣黑纱长衫以克尽半子之礼。

随着一声"灵起"，当场就见宋庆龄哭得最为伤心。大概因为联想到政治把亲情分开，她犹如一只离家的孤雁，在母亲临终前尚在国外，所以更加悲痛不已。

当时参加和保卫葬礼的部队，有上海警备司令部宪兵一个营和军乐队、海军部海军陆战队一个连和军乐队、公安局警察第一大队全队包括车队和军乐队，以及英法两租界中西巡捕和各军警机关侦缉员等，总数不下千人。

> 宋庆龄旧照。身为昔日"国母"，她坚定不移地贯彻孙中山的革命主张，与蒋介石之流进行了长达数十年的斗争。

∧ 宋子文夫妇在上海拜谒其父母墓时情景。

送葬队伍从西摩路宋家出发，直至万国公墓。十里长街，警备森严。

整个送葬队伍由公安局车队及捕房探捕为先导，沿途巡视。上海市公安局长陈希曾为总指挥。而现场来宾有何成浚、贺耀组、连声海、杨杏佛、虞洽卿、张群、马福祥、朱培德、王正廷、杜月笙、黄金荣、陈绍宽、王柏龄、蔡元培等。此外，张学良夫人于凤至女士、于右任夫人、戴季陶夫人等，亦亲自前往送殡。

当日上午9时许，灵车至万国公墓中央礼堂，宋子文、宋子良、宋子安三兄弟及宋霭龄、宋庆龄、宋美龄三姐妹，还有蒋介石、孔祥熙等人恭站灵前，由江长川牧师主礼，举行了一次约5分钟的小小仪式。而当灵柩伴着牧师的祈祷送入墓穴时，宋家姊妹的哭泣声都变成了号啕大哭。

宋子文悲痛地哭道："我们没有妈咪了！"

宋庆龄扶着宋美龄哭喊："妈咪，我在此，你在哪里？"

宋家的子女们拥在一起悲伤地哭泣着。此时，众人目光投向蒋介石，只见他亦频频以巾拭目。

接着，十名身着蓝色长衫的抬棺人，在棺上覆盖以党旗和国旗两面，并对灵柩加封。

当日9时50分，葬礼完毕。

宋母倪太夫人墓穴在万国公墓礼堂前左首亦即丈夫宋耀如先生墓西侧，宋老夫人生前留下遗嘱，待将来其子女们辞世后，都要安葬在她们老夫妇俩的墓周围，以示生前是骨肉，死后是魂归。

宋母的墓穴深5尺，穴内铺以水泥，墓外四周铺以青草。宋子文等依次在墓前最后行三鞠躬礼，以向母亲告别。

∧ 20 世纪 30 年代的宋庆龄。

母亲的葬礼举行完毕后，宋家的兄弟姐妹重又回到母亲的住宅。但在对母亲的故宅如何处理上，姊妹几个又发生了分歧。大姐宋霭龄坚持把旧宅交给教堂，因为母亲一生信仰基督。宋美龄则坚持保留下来，作为宋家兄弟姐妹联结感情的纽带。当时宋庆龄首先站起来支持小妹。最后，大家也同意了宋美龄和宋庆龄的意见，于是事情才算了结。

宋庆龄在 1929 年离国后，还是第一次回来，宋美龄当然希望她能留下来。宋庆龄虽然答应留在上海，但坚决不肯到南京。亲情使她们姐妹团聚，政治又很快把她们分开。就在倪太夫人的葬礼后，宋庆龄因不满蒋介石对中外进步人士的镇压，继续高举孙中山先生的旗帜，并着手筹建中国民权保障同盟；宋美龄则支持丈夫返回江西，又去忙着指挥“剿共”的军事行动了；而宋子文、孔祥熙二位负责政府财政大计，忙着返回南京，应急水灾救济事宜去了。

保护二姐庆龄的安全

宋庆龄虽然回到了国内，但仍然坚持反对蒋介石的政治立场，在上海组织民主人士，公开发表文章抨击蒋介石反共反人民的独裁统治。宋美龄也曾亲自到上海劝过她几次，转达了蒋介石只要宋庆龄肯合作就在南京政府安排高层职位的许诺，但都是无功而返。宋庆龄坚持住在上海家中，从来不到南京妹妹和蒋介石的住处。

可是就在这一年的 11 月，从不登门的宋庆龄竟然来到南京，首次登门来面见蒋介石了。一开始宋美龄又惊又喜，忙着招呼二姐。宋庆龄直截了当地告诉她，自己是为邓演达的事来的。她要求蒋介石释放被捕的第三党领导人邓演达。

邓演达是著名的国民党左派，早在大革命时期就十分活跃，在国民革命军将士和黄埔军校师生中有很高的声望。1927 年蒋介石和汪精卫先后背叛革命，屠杀共产党后，他和宋庆龄一起愤怒谴责蒋介石和汪精卫，并出走苏联。此后他成为第三势力的领袖，主张建立资产阶级民主共和国，把斗争矛头始终指向蒋介石的南京专制政府。

他曾和宋庆龄在苏联联名发表了《对中国及世界革命民众宣言》，倡议组织“中国国民党行动委员会”，并由此成立了“中华革命党”。1930年，邓演达回到国内，第三党正式成立。第三党的政治主张虽然也有一些不同意和反对中国共产党的说法，但基本上是反帝反封建的，并主要是反蒋。当时它的发展很快，在许多地方建立了分支组织。同时邓演达还利用自己的影响力，组织了“黄埔革命同学会”，与蒋介石的“黄埔同学会”相对抗，并多方联络国民党军队将领，密谋反蒋。

蒋介石对第三党的活动十分恼火，而邓演达在自己视为命根子的嫡系军队中进行密谋活动，更是让他寝食不安。蒋介石悬赏20万元缉拿邓演达，希望除掉这个眼中钉。1931年8月17日，邓演达因叛徒陈敬斋告密被捕。那天，邓在上海静安寺愚园坊20号举行的干部训练班上讲话，陈伪装肚子痛离席外出，给事先约好的敌侦缉队长王斌打电话，由王率领侦缉队将邓等12人全部拘禁，并立即解往南京关押。当时考虑到邓演达在国民党内外的声望，蒋介石一直不敢公开“审判”，派人进行劝降。邓演达不为所动，指出蒋介石完全背叛了孙中山的政策，背叛了革命，没有合作的可能。

蒋介石最后亲自出马，表示要和邓“捐弃前嫌，共赴国难”，答应只要邓演达公开声明取消第三党，就委任他当“剿匪”副总司令。邓演达当面表示“政治主张决不变更，个人更不苟且求活”，并斥责蒋介石“叛变总理遗教，连年内战，排除异己，民穷财尽”。蒋介石恼羞成怒，对邓起了杀心。

就在这时，宋庆龄为了营救邓演达，亲自登门。蒋介石对这位孙总理的遗孀还是不敢怠慢，只是含糊其词地表示邓演达虽然不能马上释放，但自己不会杀他，会有一个公正的审判。宋美龄在此事上也和姐姐站在一起，要求蒋介石尽快给邓演达自由，否则蒋介石政府在国外会背上镇压民主人士的恶名。当场蒋介石满口地答应了下来。

∧ 北伐时期，邓演达（右）与苏联顾问在一起。

> 这是宋氏姐妹等与其母倪桂珍的合影。

几乎是在同时，黄埔军校历届毕业生联名上书，要求蒋介石释放邓演达。这让蒋介石非常震惊，没有想到邓演达在自己的军校学生中有如此威望，终于不顾一切，决定除掉邓演达。11月29日深夜，蒋介石命其侍卫长王世和负责，在南京麒麟门外沙子岗秘密枪杀了邓演达。为了掩盖罪行，蒋介石还命令军政部军法司伪造了公审"判决书"，以所谓"背叛革命危害民国"的罪名，判决邓演达死刑，并将之公布于报纸上。第三党虽然遭到镇压，但不少成员仍然坚持斗争，后来发展成为中国农工民主党。

12月初，邓演达遇难的消息公布后，宋庆龄悲愤填膺，在上海公开发表宣言，严厉谴责蒋介石的罪行。宋美龄知道后，也是大为震惊，她和蒋介石大吵了一场。这是婚后她和蒋介石从未有过的大冲突，一气之下，她跑回了上海。蒋介石自知理亏，只好请出宋霭龄和孔祥熙夫妇来帮忙劝说，等宋美龄气消了后，亲自到上海接了她回去。

此后，宋庆龄联合了蔡元培、杨杏佛、邹韬奋、鲁迅等知名人士，在上海组织了中国民权保障同盟，继续争取民主，反对蒋介石的专制统治。

蒋介石对中国民权保障同盟的活动恨得咬牙切齿，他找来陈立夫、戴笠等特务头子，要他们立即采取措施，但同时特别告诫，对宋庆龄和蔡元培“可吓不可杀，可批不可动”，其他人就不用顾虑了。戴笠很快拿出了行动计划，准备对宋庆龄和蔡元培进行恐吓，由特务寄恐吓信和子弹。同时准备对民权保障同盟的总干事杨杏佛进行暗杀。杨杏佛曾留美，和孙中山的关系也很密切，蒋介石叛变革命后，他一直站在宋庆龄等革命阵营一边，成为爱国民主的斗士。

戴笠安排的特务在杨杏佛和儿子坐车郊游时，在一个路口进行了伏击。汽车内的杨杏佛听到枪声后本能地扑在儿子身上，连中三弹当场死亡，他的儿子杨小佛则幸免于难。

杨杏佛遇害后，宋庆龄发表声明，表示对特务行径谴责的同时，更表明了自己不会被吓倒，以及坚决斗争下去的决心。几天后在上海万国殡仪馆为杨杏佛举行悼念仪式，特务们扬言还要暗杀其他人。但是宋庆龄等人毅然前往，鲁迅前往万国殡仪馆时，干脆没有带家里的钥匙，表明赴死之心。

宋美龄在“反共”方面是和蒋介石的立场一致的，但这样的暗杀事件让她深感不安，尤其是担心二姐庆龄的安全。她曾多次要蒋介石保证不会对宋庆龄下手，蒋介石考虑到和宋家的关系以及宋庆龄孙中山夫人的影响力，也一直没敢对宋庆龄动手。但是不久后，从上海传来了孙夫人宋庆龄遭遇车祸、重伤住院的消息。宋美龄闻讯大吃一惊，她顾不上打电话过去慰问二姐，先怒气冲冲地跑去找蒋介石，问是不是他的手下干的。

蒋介石知道情况后，也已经让手下去查过了。这事倒确实不是他的特务干的，而是杜月笙让人去撞了宋庆龄的车，因为杜月笙的青帮本来也对民权保障同盟恨之入骨。蒋介石早知道杜月笙的企图，打电话去问时，杜月笙却矢口否认是他干的，于是蒋介石只好简单提醒了他，说了宋庆龄的安全必须保证之类的话，也没有深究。

现在面对夫人的责问，蒋介石连忙表白，发誓自己没有暗害二姐之心，并且表示一定要查明此事。宋美龄看他说得坚决，也只好算了，只是让蒋介石又做了一次对宋庆龄人身安全的保证，就匆匆赶往上海，到医院看望宋庆龄去了。

宋子文的财政部长不好当

就在宋美龄为二姐的安全费尽心思之时，她的哥哥宋子文和蒋介石的关系又开始紧张了起来，并且还牵涉到了大姐夫孔祥熙。

当初宋子文答应到蒋介石的南京政府任职后，还是认真地为蒋介石做事的，而蒋介石也一直很看重他的工作能力和在江浙财阀以及海外的关系，加以重用。两人在一段时间里关系还是很融洽的。

从1928年至1933年，宋子文在南京政府担任财政部长期间，在筹款理财方面为蒋介石

∧ 宋子文旧照。

< 蒋介石发动战争后，军费连年增加，这就使财政部长宋子文根本不能按自己的想法安排财政支出，这是他们产生矛盾的根本。

帮了很大的忙。蒋介石在新军阀混战特别是中原大战中，之所以能击败众多对手，取得全面胜利，在很大程度上就是因为有宋子文从海内外筹措的巨额军费做后盾。

蒋介石对此自然心知肚明，他对宋子文特别器重，并委以重任。蒋介石不仅把全国财政经济大权交给他，而且因为宋子文在海外的广泛关系，蒋介石几乎把南京政府除军事以外的其他权力也交给他负责或由他参与决策管理。于是宋子文成了蒋介石的左膀右臂——这期间他身兼数职，主要有国民政府委员、行政院副院长及代院长、国民党中央执行委员、中央政治会议委员、国防会议成员、财政部长、中央银行总裁、特别外交委员会副会长、全国经济委员会常委等一大堆头衔。蒋介石之所以如此重用宋子文，在当时一方面看中了他的才干，一方面也是对宋家的报答。

可是尽管当时宋子文挖空心思，多方筹钱，甚而被人称为蒋介石的“摇钱树”，但是蒋介石的军费开支却是个“无底洞”，战争连年不断，钱是张口就要，永远也填不满，致使南京政府的财政赤字越来越大，包袱愈背愈重。为填补巨额赤字，唯一办法就是靠借债生存。南京政府收入中的借贷部分，1927年6月最高时达48.6%，最低时是1932年7月的16.8%。当时，由于蒋介石需要帝国主义势力的支持，所以南京政府承担了以前历届政府所欠的外债，且国内政权尚不稳固，因而在国际上缺乏信誉，一时很难借到外债。宋子文使尽办法，也只是从美国那里筹到了近1亿美元的援助，但还是不够应付庞大的开支。无奈之下，宋子文只有大量举借内债了。仅1927年至1931年5年间，南京政府内债就发行了25种之多，合计10.058亿元。

到了后来，南京政府对内发行公债都已是困难重重。宋子文知道，以政府的债务状况，再要向上海和江浙财阀们筹款，难度很大，无奈之下便用了与这些财阀合作的办法发行公债，即以公债和库债大打折扣出售给银行家，也就是将债券在正式发行前抵押给银行，由银行预付债券票面值的50%现金。待债券正式发行后，或者直接投放上海证券交易所；或者存在银行，由这些银行根据市场价格议定最后出售价。这样的结果，等于政府变相提高了债券利率，由于有利可图，当时银行家们都愿意做这宗买卖。

同时，宋子文和孔氏家族的成员们还可以利用自己既掌握南京政府的财政大权，又控制着全国的金融业并且信息灵通的条件，既可以通过国家政权发行公债，又可以通过银行垄断公债的经营，从转手中获取巨额利润。当然，这也为这几大家族利用权力牟取私利开了方便之门，导致了蒋介石政权的腐败。

从1930年到1933年，蒋介石又连续发动中原大战和对红军的大规模的军事"围剿"，军费年年有增无减，所以当时报纸都称"南京政府视发行公债如家常便饭"。在宋子文主持下，南京政府发行公债其唯一用途，就是供蒋介石穷兵黩武之用。而宋子文只好把财政收入一部分充当军饷，一部分购买枪械，一部分收买军队，根本没有办法正常地按自己的想法安排财政支出。

宋子文留过洋，本身是具有书生气的官员，对蒋介石又是在心底里缺乏尊重。现在蒋介石只管催着要钱，而不顾宋的困难，以至于宋子文曾发牢骚说："当财政部长，跟给蒋介石当一条狗，没什么两样。"两人的关系开始紧张起来。

此外，宋子文留学美国时，对欧美等国实施的预算制颇有好感，一直信奉国家管理必须施行预算制，必须做到收支平衡。作为财政部长，从国家管理正规化、制度化和法治化的角度出发，宋子文最初曾非常认真地计划着国家预算，以作为管理国民经济、争取收支平衡的工具和手段。为此，在南京政府召开的国民党第二届中央执行委员会第五次全体会议上，他提出了"中央预算和限制军费"的提案。当时，宋子文激动地说："北伐期间，为了筹措军费，我们财政部已将全部重要税收都做了抵押。

∧ 十九路军在闸北前线抗击日军的进攻。

因此，除非迅速采用统一税收和预算计划，形势很难扭转。中国金融将很快面临破产。因此，我们提出的中央预算和限制军费的提案是有一定理由的。”宋子文的这番讲话分量颇重，得到了与会者的支持。蒋介石虽然从来不想有这么个限制自己花钱的国家预算，也只好顺水推舟。所以，国民党二届五中全会批准了“统一财政，确定预算”的提案。会后成立了国家预算委员会和中央财政整理委员会，并由宋子文领导，以便早日统一国家财政。这时，宋子文才松了口气。

随后，1931年南京政府总算建立了独立的国家预算机构——主计处，并于次年9月24日首次颁布了《预算法》。预算体制确立，在要不要国家预算上，蒋介石总算满足了宋子文的要求。

可是事实并非如宋子文想得那么简单，由于蒋介石坚持军事要放在首位，坚持不愿压缩军费。

于是两个人就是否严格执行预算问题，马上又出现冲突。宋子文对整个政府预算偏重于军费大为不满，例如1929年南京政府总支出为6.19亿元，而其中军费竟达2.66亿元，行政费用为1.46亿元，经济建设却是分文不支，其余支出都是为庞大的债务本金利息所支。宋子文作为经济学博士、财政部长，当然会对如此不合理的支出安排不

★“一·二八”事变

“九·一八”事变后，中国民间的反日情绪高涨。1932年1月18日，五名日本僧人在上海三友实业社外被殴打，一人死亡。日方指为工厂纠察队所为，三友实业被日本暴徒放火烧掉。之后日本海军向上海派兵。当时负责防卫上海的中国军队是原属粤军的十九路军，由蒋光鼐及蔡廷锴指挥。1月28日，日海军陆战队在浦东登陆，半夜企图进入上海市区，被十九路军击退，日军在吴淞的登陆作战亦被击退。

满。他一是对国家预算中的各项支出比例不合适而屡次向蒋介石进言，要求限制军费所占比例；二是对蒋介石不尊重和任意修改预算且军费高于一切的主张极为不满。

但在蒋介石看来，宋子文要求的合理的财政支出简直幼稚可笑，自己的政权还要靠军队保住，军事上既要对付红军，又要对付李宗仁、冯玉祥、阎锡山、唐生智和张发奎等地方倒蒋势力，军费当然是重点保护的支出。

说实话，由于当时蒋介石的反共内战和军阀混战不断，蒋也无法估计作战的大小规模和次数多少，如此又怎能确切预算军费所需数目？蒋介石虽然勉强答应了建立国家预算，但对军费支出还是要采取按需分配、实报实销的办法，而这样的军费支出既是打破宋子文收支平衡的主要原因，又使得所谓的预算成为一纸空文。

就在两人为了财政支出的事互相不满时，随着日本帝国主义对中国侵略的步步加深，蒋介石和宋子文在要不要抵抗这件事上也产生了矛盾。

日本帝国主义在继“九·一八”事变之后，又于1932年在上海挑起了“一·二八”事变★。当时，宋子文一直是南京政府的亲英美派，看到日本人不顾国际舆论，大肆进攻所造成的严重后果，深感震惊。于是在此之后，宋子文同蒋介石的不抵抗政策产生了严重分歧。

1932年夏天，当上海的“一·二八”事变还刚刚过去，蒋介石就准备动用浩大的军费和人力，开始发动大规模的对中共革命根据地的反革命“围剿”，而宋子文对此则坚决不同意。当时他认为抗日应比“剿共”更为重要，南京政府应力图收复东北三省，保卫华北不受日本的威胁。于是，宋子文和蒋介石之间为筹措“剿共”军费发生矛盾。1932年6月初，蒋介石提出每月军费由1,300万元增加至1,800万元，以支付“剿共”急需费用，这又使宋子文的节缩财经计划流产，而且还要发行新公债。

与此同时，宋子文也反对蒋介石将在上海英勇抗日的十九路军调往福建去“剿共”的安排，并坚决反对更多的借款。实际上宋子文当时对蒋的反共政策的“合理性”，已开始提出异议。

当时反内战要求抗日的呼声很高。1932 年 5 月，上海金融界的许多巨头和一些在西方留过学的教授，在上海成立了一个叫“废止内战大同盟会”的组织。这个组织的目的，按其组织者的说法主要是防止内战。该同盟认为，外祸纷来，源于内乱，只有根除内战，中国才能抵抗外国的侵略。并且当时参加这个组织的银行家们宣布，拒绝认购与内战有关系的一切公债和借款。

宋子文虽然不直接参加废止内战同盟的集会，但他对大同盟的活动表示了明显支持。他当时就公开赞扬，声称这个组织终将成为一个“没有一个军阀敢于忽视其意旨”的组织。

但是，蒋介石仍旧一意孤行，坚持他的“攘外必先安内”的反动政策。宋子文见此情形，便以“把十九路军调走的做法，在上海金融界不得人心”为由，于 1932 年 6 月 4 日向蒋介石提出辞职，这是宋子文第一次向蒋介石提出辞职。

∧ 蒋介石与宋子文在“剿共”军费问题上产生了尖锐矛盾。这是在南昌督“剿”的蒋介石。

这时，孔祥熙在欧美出访尚未归国。蒋介石感到宋子文此时一走没人接手，所以虽然对宋子文的所作所为十分不满，还是决定加以迁就，便许诺将宋提升为行政院院长。于是双方达成妥协，宋子文同意用贩卖鸦片的秘密收入支付蒋介石“剿共”的一部分军费，同时蒋介石答应采取措施在华北进行抗日的行动。

然而不久，宋子文发现蒋介石并没有真心履行诺言。他为支持华北抗日而发行的公债受到蒋介石的百般阻挠，而驻在热河省的中国军队遵照蒋介石的命令，从抗日前线撤退，竟一仗未打。此外，行政院长的许诺也成了空。当时汪精卫从海外回国，蒋介石为了平衡各方势力，让他坐上了行政院院长的宝座。

宋子文对这个出尔反尔的妹夫大为恼火，决定辞去中央银行总裁职务。随后他以参加世界经济会议为堂而皇之的理由，到美国去进行长达四个月的访问。蒋介石也就不再挽留宋子文了。

就在此时，孔祥熙受到了蒋介石的重视和起用。孔祥熙由于宋霭龄的关系，本也一直受到蒋介石的信任。他也有宋子文所具有的长处：比如他们都受过美国教育，都同孙中山和蒋介石有姻亲关系，都是通过家族关系和个人才能在政界发迹且地位显赫等。但是，在同蒋介石的关系上孔祥熙明显要胜于宋子文。

孔祥熙有“哈哈孔”之称，待人随和，不露锋芒，是蒋介石政府里的“老好人”，他尽可能地与所有政客军阀表示亲切友好，并且他对蒋介石殷勤驯顺，和蒋的关系较宋子文与蒋的关系更为亲密。而宋子文书生气十足，对看不惯的人常常态度生硬，在南京政府中树敌甚多，事实上宋子文对蒋介石也一直有些看不起，经常表现出一种“傲慢”的态度。所以蒋介石早就有意用孔祥熙这样殷勤驯顺的属下来为自己办事了。

于是，在宋子文从美国访问回来后，蒋介石和他的矛盾终于大爆发了。最初，宋子文仍然是主张限制军费但并不主张停止反共内战和军阀混战。但到了此时，在全民要求先行抗日收复东三省的时候，宋子文对蒋介石的“剿共”战争就极力反对了。而蒋介石执意先消灭共产党的武装，以稳固自己的统治。当时他发给部队的薪饷军需本来就不足，以致使军队内部“喝兵血”之风盛行，对外则抢劫老百姓财物。如果宋子文再削减军费，军队内的贪污和危害百姓的罪行将会更多。所以他对宋子文的“停战”要求不予理睬，坚持要“剿匪”到底，也不答应减少军费开支。

一天，宋子文情绪激动，对蒋介石也不再客气，两人争吵起来。蒋介石脾气本就不好，怒火上冲，开口大骂的同时，还动手打了宋子文一下。

宋子文是养尊处优的高级知识分子，又有“国舅”的身份，蒋介石对他一直也面子上十分客气，哪里经受过如此遭遇，满腔气愤之下，当场扬言自己不干了，甩手而去。

宋美龄知道两人发生冲突的事后，当天夜里，就赶到宋子文家里，进行慰问。随后大姐宋霭龄闻讯也赶来了。宋子文心情不好，一个人躺在床上不愿意出来见人，姐妹二人只好在宋子文的夫人张乐怡的陪伴下，来到宋子文的卧室进行看望。

宋子文躺在床上，默然无语。宋霭龄就对宋美龄说：“小妹，你告诉老蒋，你大哥若是有个好歹，我们宋家非找他算账不可！”

其实宋子文辞去中央银行总裁的职务后，孔祥熙就接替了这个职务，现在大家都知道宋子文和蒋介石闹翻后，孔祥熙将是最大的获利者，所以宋霭龄此话虽是说给小妹宋美龄听的，不过更多的是说给宋子文听的。

接着宋霭龄又让宋子文不要过于生气，保重身体为重。她向宋美龄说：“我现在怕的是老蒋对大弟有成见，影响大弟的前程。这个问题就看小妹的啦！”

“大姐，你就放心！我一定不会让大哥吃亏的。”宋美龄知道大姐的意思，口气十分坚决。

“有小妹保证，我就放心了。”其实，宋霭龄心里也很复杂，因为此前蒋介石已放出风来，让孔祥熙接任财政部长。这样一来，一边是自己的丈夫，一边又是自己的亲兄弟，搞得宋霭龄也是左右为难，既喜且悲。

宋美龄也觉得不便再劝，就让宋子文安心等她和蒋介石交涉，随即驱车回到家中。当天夜里直闹得蒋介石不能入睡，非要他说个清楚不可。蒋介石无奈，只好表示仍然会重用宋子文，不会亏待宋家的人。由于宋子文辞去财政部长一职难以更改，蒋介石就答应另行安排较好的职位，保证宋子文仕途顺利。

第二天一早，宋美龄就带着蒋介石的承诺来到宋子文家中。看到他的心情仍然不佳，连忙开导，向他解释说：“大哥你的心里很烦，小妹也能理解。但是财政部长辞去后，还是会保留你的中央执行委员和政治委员会委员，还有全国经济委员会常委职务呢。”宋美龄的一番话多少使宋子文恢复了些理智。

宋美龄接着告诉哥哥，蒋介石已经答应以后仍然会照顾他的前途，并特别提到了全国经济委员会将来的职权会更重要。宋子文也清楚，全国经济委员会也是一个很重要的地方，还未正式成立，但眼下各派势力都想利用经济委员会的旗号，发展本集团的垄断经济。那儿可是一个没有硝烟的战场。蒋介石的亲信张静江，还有实业部长陈公博、铁道部长顾孟余等都觊觎着这个肥差。

宋美龄又给他仔细分析了形势，说：“你在美国签下的美麦棉借款两亿元，已经决定归全国经济委员会支配。再说经济委员会由你、汪精卫和孙科三人组成，他们又管不了经济，一切还不是你说了算。现在全国经济界人士企图扩大这个组织，目的还不是想取得使用借款的优先权。这可是一个大好的位置啊。再说，这个机构事关全国经济命脉之大事，有些好处，现在恐怕还难以估计呢。”

∧ 宋子文的夫人张乐怡。

∧ 宋美龄在蒋介石与宋子文的矛盾冲突中起到了调解人的作用。

宋美龄又说："我抓紧时间帮你说说，全国经济委员会要正式成立，并形成一个专门机构，法定下来。这样汪精卫是行政院长，孙科是立法院长，你是全国经济委员会主任。我看实际上不比原来那个财政部长差。"

宋子文听她这么一说，终于露出笑容，说："那我就去主持全国经济委员会吧。"

就这样，经过宋美龄在蒋宋之间的调解，两人总算化解了矛盾，宋子文答应离开财政部到全国经济委员会当主席。同时，孔祥熙那里在宋霭龄的安排下，也同蒋介石进行了长时期的讨论，以谋求改善蒋、宋之间的关系。最后双方达成的共识是：宋子文继续在中国银行任职，不负责中央银行的事，但是蒋介石和孔祥熙有事，可以找他商量。

随后孔祥熙接受了蒋介石的任命，于1933年11月初，就任了南京政府财政部长和行政院副院长。

10月27日宋子文提出辞去财政部长一职后，29日国民党中常会和中政会批准。当天蒋介石在会上，还大讲特讲了一通宋子文的能力和贡献，其离职只是工作的需要，且另有要职安排，并表示两人将继续合作云云。宋子文听他这么说，也总算心平气和了。

没过多久，全国经济委员会正式成立。那天宋子文精神焕发、西装革履地出席了成立大会并讲了话。在会上他侃侃讲道："麦棉借款，数目不小，必须用于生产与建设二项。只有如此，才能再生产，并增强国民经济实力，提高人民的生活水平。为用好管好这笔款项，必须成立相应的组织机构，比如成立棉纱统制机构、粮食管理机构等，以便监督和用好这笔款项。当前首要的是兴修公路、加强农田水利建设，以及国民卫生事业等。如现有的棉业不能立足，则对内复兴农业、对外抵御经济侵略云云，均为空谈。"

最后，宋子文要求国人积极和政府"同舟共济，共渡难关"。

事实上，由于宋美龄的关系，蒋介石此后还是一直比较照顾宋子文的。宋子文离开财政部和中央银行后，没多久反而更加风光起来。在10月份出任全国经济委员会主席后，第二年4月，他又兼任中国银行董事长；1939年10月兼任"四行联合总处"副主席；1941年12月兼任外交部长；1942年11月在国民党五届十中全会当选为中央常务委员；1944年12月代理行政院院长；1945年5月正式出任行政院院长；1946年6月兼任全国最高经济委员会委员长；同年10月兼任行政院绥靖区政务会主任

∧ 宋子文陪同蒋介石会见比利时驻中华民国使节。

委员；旋又当选为“制宪国民大会”代表，从而达到了他仕途的顶峰和最后的辉煌。

同时，他和孔祥熙又共同把持了金融界，建立起由蒋宋孔几大家族控制的全国银行系统，从而发展起了巨大的官僚资本。

张学良替蒋“背黑锅”

张学良在中原大战帮了蒋介石一个大忙后，蒋介石和宋美龄一直对他很亲密，宋美龄和张学良的夫人于凤至结为干姐妹，蒋介石和张学良也是兄弟相称。可是随着形势的发展，特别是日本侵占东三省后，张学良因为按蒋介石的指令对日军不抵抗而承受了巨大压力。蒋介石不得不考虑应付舆论压力，对张学良进行一定的处置。由于不抵抗的命令是由自己发出的，事情颇为复杂，蒋介石只好让和张学良关系密切的宋美龄和宋子文兄妹两人与之进行沟通。

当初“九·一八”事变发生后，日军占领沈阳，在随后的4个多月内，辽宁、吉林、黑龙江三省全部沦陷，东北人民陷入水深火热之中。1932年1月28日，日本在中国东北成立了以原清朝末代皇帝溥仪为“执政”的傀儡政权伪满洲国。

东北三省的沦陷，应该说是蒋介石南京政府坚持“剿共”，对日本长期奉行不抵抗政策的必然结果。当时蒋介石幻想着英美势力的支持，在明知日本将在东北采取行动的情况下，于1931年8月16日致电张学良，要他“不论日本军队此后如何在东北寻衅，我方不予抵抗，力避冲突”。

蒋介石还调张学良东北军主力入关攻打石友三的部队，之后让其仍留驻河北而不撤回东北驻防。然而，正是由于南京政府的这种妥协退让政策，给了日本关东军以可乘之机，致使日本侵略者得寸进尺，终于导致了“九·一八”事变的爆发。

日本帝国主义武力进攻中国本土这个事实，使中日之间的民族矛盾顿时上升到主要地位。一时间全国群情激奋。当时，北平、上海、南京、广州和武汉等地的学生、工人和市民纷纷游行示威、罢课、罢工，发表通电强烈要求政府抗日。1931年9月28日，上海和南京的学生数千人前往国民党政府和国民党中央党部，要求对日宣战，并痛打了外交部长王正廷。并且，民族资产阶级的态度这时也有明显变化，开始积极行动起来。当时，上海《申报》和《新闻报》刊登学生的抗日宣言；上海、汉

∧ “九·一八”事变后，学生到南京请愿要求蒋介石出兵抗日。

∧ 在白山黑水间与日军作战的东北抗联战士。

＞ 1932年1月28日，日本在东北成立了以溥仪为“执政”的伪满洲国傀儡政权。

口、天津等地的商号抵制日货，要求“实行对日经济绝交”。而在被日军占领的东北，则兴起了为数众多的抗日义勇军，他们在白山黑水之间展开艰苦卓绝的抗日游击战争，并得到全国人民的热烈声援。

而当时南京政府在日本大举侵略面前，一再退让。“九·一八”事变发生时，日本关东军不过1万多人，中国东北军除在中原大战后期调进关内7万人外，仍有16万余人驻在东北。但蒋介石在这一年7月已提出“攘外必先安内”的方针，坚持以主要兵力“围剿”主张抗日的工农红军。当年“九·一八”事变发生时，南京政府即电告东北军：“日军此举不过寻常寻衅性质，为免除事件扩大起见，绝对抱不抵抗主义。”正是由于南京国民党政府采取这种态度，使得日本帝国主义无所顾忌地用武力大规模进攻中国。

“九·一八”事变爆发后，在国民抗战高潮的推动下，蒋介石只好求助“国联”，希望利用外国势力的干涉，阻碍日本的行动，好为自己的内战争取时间。

经过南京政府多方努力和争取，1931年9月30日国联理事会终于做出决议：要求日本政府于当年10月10日前“将其军队从速撤退至铁路区域以内”。日本政府当时宣布接受国联理事会的决议，但又以“中国政府不能担保东北日侨生命财产之安全”为理由，拒绝撤兵。于是，国联对此调解受阻。当时包括宋子文在内的许多南京政府人士都认识到“国联结果，道德上固属胜利，实际成为僵局”。

此后日本看透了蒋介石的不抵抗政策，继续大举进犯。1933年初，日军开始向热河进犯。1月1日，日军进攻山海关。山海关守军何柱国部奋起还击，安德馨营全体官兵300余人力战殉国。于是震惊一时的“长城抗战”★爆发。

★“长城抗战”

1933年3月9日，中国守军抵抗日本侵略察哈尔的长城抗战开始。11日早晨开始，日军在长城喜峰口开始向中国守军阵地全线炮击。在全国人民抗日热情的鼓舞和推动下，驻守长城线的中国军队和长城内外的义勇军，自动奋起抵抗。11日至13日，日军向长城古北口一带进犯。16日至18日，长城抗战进一步发展。日军继续向中国长城一线发动进攻。

∧ 1933年2月，日军进攻热河，张学良决心抵抗到底。宋子文前往热河慰问予以支持。

但因孤军无援，中国军队寡不敌众，没有抵挡住日本陆海军的联合进攻，不久山海关沦陷。之后，日军开始向长城一线推进。当时，张学良按蒋介石的指令放弃了东三省，还希望保留热河及河北，以静候蒋介石同日本人交涉。山海关战事一开，张学良便知如再不抵抗，热河、河北就不能保住，于是决定调长城以内的东北军4万人进入热河布防。但是，当时张学良对抵抗亦没有把握，便致电蒋介石求援。

2月，日军纠合伪军共10万人，分两路进攻热河，一路由绥中攻凌源，一路由锦州攻朝阳。张学良虽部署了抵抗，但当地守军多不是自己东北军部下，20万人竟不作抵抗，望风而逃。结果日军长驱直入，于3月4日以百余骑先头部队突入承德，于是热河失陷。当时的热河省主席汤玉麟把搜刮来的民脂民膏，装满了200多辆汽车运往天津租界，他本人也跟着逃走了。

热河失守，平津告急，全国舆论哗然。张学良自知失职，曾表示要亲率王以哲等部去与日军拼杀以收复热河，结果在南京政府的牵掣下又告落空。此时的全国上下，一致谴责南京政府，并要求对张学良、汤玉麟等按军法处置。

迫于舆论的压力，张学良于3月7日电请辞职，以谢罪于国人。8日南京政府发布命令："热河省政府汤玉麟，身膺边疆重任，兼统军旅，乃竟于前方军事紧急、忠勇将士矢志抗敌之时，畏缩弃职，贻误军机，深堪痛恨。着即先行去职，交行政院、监察院同军事委员会彻查严缉究办，以肃纲纪。"

< 长城抗战中，中国军队在喜峰口一带抗击日军。

> 蒋介石与张学良在一起。迫于内外压力，张学良充当了蒋介石不抵抗政策的“替罪羊”，只好辞职出国养病。

随即全国舆论攻击的矛头，开始指向蒋介石的不抵抗政策。蒋介石深感自己“泥菩萨过河自身难保”，于是就想让张学良下野，好为自己代罪受过。

当时蒋介石要求张学良下野，除了要他当“替罪羊”，也还有其他原因：一是北方的阎锡山军队和冯玉祥的旧部，都因张学良曾在中原大战中与之作对，所以不听张学良指挥，这就无法靠张学良在北方指挥各军抵抗日寇，而中央军一时又不能调往北方。二是因为张学良经此打击后，体力不支，精神不振，无心统率军队打仗。

当时蒋介石和宋美龄商量后，决定让张学良先出国一阵，避避风头，同时也好治病。宋美龄知道以张学良的为人，会出面承担责任，但她又提醒蒋介石以后一定要给张学良东山再起的机会，以作回报。然后她就到上海安排张学良和夫人于凤至出国的事去了。

随后，3月9日蒋介石约张学良在保定会晤。张学良还以为蒋介石可能决心抗日，并补给东北军充足的弹药，以便收复热河，马上从北平赶往保定面见蒋介石。张学良到保定后，首先与先期到达的宋子文会面。宋子文转达了蒋介石的意思：失东北，丢热河，中央与张学良均责无旁贷，全国舆论指责，所以必须有一人下野，方可以平民愤。

当即张学良只得表示：“既然如此，请立即免除我本兼各职，严予处分，以谢罪国人。”

当天下午4时，蒋介石所乘专列到达保定，张学良在宋子文的陪同下上车与蒋见面。当即蒋介石不待张学良开口，先用很严肃的口气对张学良说：“我接到你的辞职电报，很知你的诚意。现在全国舆论沸腾，攻击我们两人，我与你同舟共命，若不先下去一人，以息全国

∧ 1933 年的张学良。

愤怒的浪潮，则难免同遭灭顶。所以我决定同意你辞职，待机会再起。”

蒋介石要求张学良于次日即飞上海，并要他到上海后赶快出国治病，出国的名义和手续他已办妥。此时，张学良只好表示：“我不该丢失东北，早应引咎辞职。今又丢热河，更责无旁贷。我当然应该首先下来，请即免去我本兼各职，以申国法，而振人心……”同时张还提出：“日本野心要吞并中国，希望中央速调劲旅北上，收复热河保卫华北。”

蒋介石一边听着，一边言不由衷地连声说：“好，好，好！”

后来张学良曾对人说过，“蒋先生认为，热河失守之后，我失土有责，受到全国人民的攻击。中央政府更是责无旁贷，他首当其冲。正如两人同乘坐一只小船，本应同舟共济，但因眼前风浪太大，如先下去一人以避浪潮，则可免同遭沉没，待将来风平浪静，下船的人仍可上船。若是两人一起相守不舍，势必同归于尽，对自己对国家皆没有好处。”

1933 年 3 月 11 日，张学良通电下野。随即宋美龄和宋子文兄妹为其办完了出国手续。4 月 11 日，张学良偕夫人启程赴欧洲考察。宋美龄还到上海送了他们夫妇。

蒋介石心里也很感激张学良挺身而出的仗义之举，因为当初失东北三省时，张学良也是按自己的密电行事，不予抵抗的。他对宋美龄说："张学良这个人我还要重用，要让他当副总司令。"后来，他总算没有食言，张学良在国外待了一年后，蒋介石就让他回来了。

"第一夫人"内外兼顾

宋美龄和蒋介石婚后事务繁杂，四处奔忙，转眼间两人结婚也将近十年了。刚结婚的时候，两人的生活习惯和饮食方式大不相同。宋美龄和蒋介石经常在一块儿吃饭，但宋美龄喜欢吃西餐，蒋介石则还是要吃中餐，所以吃饭时经常是各吃各的。宋美龄喜欢吃烤鸡、猪排，蒋介石则喜欢吃浙江的家乡菜，像肉丝咸菜汤、干菜烧肉、咸菜大黄鱼之类。

刚开始时两人也会为一些意见的不合争吵，宋美龄有时生气了就会回到上海母亲家里。但在宋母去世后，两人的感情日渐和睦，宋美龄也开始经常和蒋介石同吃中餐。

蒋介石的生活很有规律，保持了军旅生活的传统。他每天早上6点就准时起床，在室外做早操，运动20分钟后洗澡，然后是静坐，思考一些问题，并记日记。他记日记的习惯保持了二十多年，从未间断，主要记录他对政事、人物的一些想法。8点以后开始工作，到上午10点以后则开始会客谈话。中饭在1点才开始，也经常会约请别人一起边吃边谈。午餐后通常要午睡1小时，到3点又开始办公批阅公文，4点以后又开始会客。到下午6点或7点会和宋美龄一起出去散散步，晚饭一般在7点以后才吃。如果晚上不见客人，蒋介石会在8点以后看上两三小时的书，通常是一些经史子集之类，当然也会看一些新出的书，但蒋介石对研读古籍很下功夫，有些书都是反复温习。蒋介石睡觉一般比宋美龄要早，10点半就会上床睡觉。

宋美龄婚后的生活习惯和蒋介石有些也渐渐接近，但晚睡晚起的习惯一直没变。上午总是要9点以后才起床。但她对蒋介石的生活起居还是很照顾的，蒋介石有胃病，不能吃得过饱，宋美龄就加以限量，每餐只让他吃两小碗，有时蒋介石还想再添，宋美龄总是进行劝阻。每天的菜肴蔬菜多于肉菜，但都会有一只新鸡，炖了汤吃两餐。蒋介石不吸烟、不喝酒，也不喝茶和咖啡，渴了就喝白开水，平时也不吃点心零食。宋美龄的饮食和生活没有这么简朴单调，但也并不特殊，当年上海重庆的小报说她用牛奶洗澡，只是民间的传言，并非事实。

> 宋美龄与蒋介石的生活习惯在多年共同的生活中渐渐接近，十分和谐。

> 20 世纪 30 年代的蒋介石。

蒋介石所追求的能成为“革命事业基础”的完美婚姻，似乎在宋美龄身上得以实现。论家庭背景、社会地位、财产、相貌、个人学识、修养等等，宋美龄都可算是难有匹敌者，很快就成为蒋介石处理国内外日常事务的有力助手。

宋美龄受过正统的西方文化教育，思想比较开明，作风也比较民主，思维方式趋于西化，不拘泥古板。她有较强的事业心，热衷于妇女儿童事业和公益事业。因为她是基督徒，所以对宗教事务也颇关心。虽然她和蒋介石在许多问题上的看法和行事作风不一样，但在成为蒋介石夫人之后，她的政治立场始终与蒋介石保持一致，全力支持他的事业。

宋美龄有较高的文化教养。她的穿着考究，但不追求奢华，她的衣服都很适体，平时穿高跟鞋，走路也总是放轻脚步。在官邸走道上碰到侍从和工作人员，她总是面带微笑，平易近人，从不让人觉得她有骄矜盛气，所以侍从人员和她谈话都不觉得拘谨。她和别人谈话，总是只让对方可以听清楚就是，从不大声、颐指气使，也很少和蒋介石发生口角。

蒋介石身边的人，都知道宋美龄待下属比较宽和、民主，不怎么摆“第一夫人”的架子。这自然与宋美龄自幼受美国高等文化教育的经历有关，同时也与她的基督教徒身份有关。宋氏家庭的人，多数待人友善，处事从容公允，较少蛮霸习气。

正因为宋美龄待下人宽和，所以被视为蒋介石身边侍卫人员的保护伞。蒋介石脾气急

∧ 1931 年 7 月，宋美龄陪同蒋介石参加阅兵仪式。

躁，好发脾气，斥骂下级将领是家常便饭，骂得不解气时，还要动手打人。他身边的侍卫们挨打挨骂是经常的事，而且挨了骂不准分辩，按军规，长官打时，他们只能硬挺着，不敢回避。侍卫长王世和、侍卫官兰培基经常挨打。有一次，蒋介石又在发脾气打兰培基，正好宋美龄从外面回来，见此情景急忙劝止，并对被打的兰培基说："你怎么这么呆？他打你，你为什么不跑呢？" 有了宋美龄这句话，此后每当蒋介石发怒，再要动手打人的时候，兰培基拔腿就逃，并顺手把门带上，不再那么老老实实站着挨打了，蒋介石也就罢了。后来别的侍从也都相与效仿。

宋美龄在场的时候，蒋介石很少发火。因为宋美龄经常规劝他："像你这样的身份，还能随便发火骂人打人吗？"平常侍卫人员听到蒋介石的喊声，进去见他时都心里发慌，如果宋美龄在的话，就会感到松一口气。

因为性格及学识修养的关系，宋美龄对待"下人"和平民百姓一般是比较友善的，也比较富有同情心。对待下级，宋美龄多半比较宽容，例如她曾陪"励志社"的青年军官跳舞，一时传为美谈。甚至对下级军官的"轻浮"举动，她也能处之泰然。

1931年7月的一天，黄埔军校第十三期学员即将毕业，当时任校长的蒋介石带着夫人到军校视察。在看过学员各种战术指挥考核后，蒋校长和夫人在一群教官的簇拥下，走下看台，来到学员们中间。

当时学员中有一名叫韩诚烈的优等生，趁蒋夫人与其握手之机，抓住她的手，在众目睽睽之下像西方人那样亲了一下。

虽然这样的举动在宋美龄这样长期在美国生活过的人看来也没什么，但在军校的师生看来却是大事，以为韩诚烈会受到训斥和惩处。蒋介石也让人把韩诚烈带到宋美龄处让她处理。宋美龄并没有生气，和韩诚烈谈了会儿话，听说他是个基督徒，还十分高兴。

也许是上帝在无形中帮了韩诚烈的忙，韩诚烈不仅没有受到任何处罚，反而从此备受重用。黄埔毕业后，韩诚烈

∧ 宋美龄与西方友人交谈。由于受过良好西方教育的熏陶，生活中的她谈吐优雅、衣着考究。

> 抗战时期，蒋介石在重庆检阅部队。

当上了大尉营长，几年后又提升为少将，代理师长。抗日战争爆发后，宋美龄认为韩诚烈在前线部队当指挥官随时会有生命危险，遂将韩诚烈调到国防部机关工作，后又干脆调到了自己身边，委任他为自己办公室的主任，军衔为中将。

宋美龄辅佐蒋介石的“家务内政”，用的是“柔”的方法，与蒋介石“刚柔相济”。她的这种和蔼态度与蒋介石的军人威武严肃之气能产生中和的作用。而在帮助蒋介石处理军国大事以及外交方面，宋美龄则处处以“女强人”的姿态出现，辅佐蒋介石内政外交，也有不小的贡献。

宋美龄经常随蒋出访各地，在外地他们所住房子一般总是三间，包括卧室、办公室、秘

∧ 那个年代的女子，有时连自己的命运都很难把握，她却已在历史的风云际会中光芒四射了。

∧ 戴季陶为蒋介石倚重的“文胆”。

书室。宋美龄很讲究卫生，即使在庐山时也有人从山下挡去蒸馏水饮用，1935 年暑期在峨眉山时，还以瓶装矿泉水犒赏侍从室高级职员。蒋介石和宋美龄夫妻间感情还是比较融洽的，有时说话聊天也不避人。

侍从室人员对侍从室称“公馆”，对蒋介石称先生，对宋美龄称夫人，都不带姓，不带官衔。蒋介石的内务副官是蒋孝镇，是他侄孙辈；宋美龄的内务副官叫斯绍凯，平时穿蓝色长衫，没有军衔。还有两个用人，有客人来则负责送茶水点心。公馆有中、西厨师各一人，不对外。有一个 40 多岁的健壮外国保姆料理房间、保管衣物以及诸如给小客厅换透明窗帘布等，但不做洗衣服之类的事。

宋美龄也有私人秘书，所以她也有秘书室。女秘书的办事能力和学识素质都不错，但外表都是其貌不扬的，这或许是做妻子特有的心理。1933 年的女秘书叫钱用和，30 多岁，嘴唇动过手术还看得出，后来调到中山门外贵族学校当校务主任，宋美龄常常去视察，关心备至。后来换了一个身体健壮但一只眼睛有毛病的女秘书；随后又换成一个男秘书，叫吉兆鹏，广东人，40 多岁，秃顶，带着妻子，是宋子文介绍的，专做与美国教会、华侨方面的通讯交流工作，包括宣传和捐赠、救济事宜。

宋美龄的秘书主要是代她做些妇女儿童福利工作。宋氏三姐妹都热衷于这个工作，在抗战爆发后，三人共同成立了妇女抗战后援会，她们相互联系，经常碰面，共同商讨，感情非常融洽。1938 年 3 月，宋美龄辞了航委会职务后，即去香港，三姐妹在一起，微服去一家豪华的饭店察看民情，看到那些富商、经理、贵妇、小姐们依然过着纸醉金迷的生活，便设法动员这些人有钱出钱，为祖国抗战贡献力量。1940年，三姐妹在重庆时也是共同做救济工作。

宋美龄有两个贴身的随从，除了一直跟随的蔡妈外，还有一位是秘书陈小姐。陈小姐虽然容貌普通，但落落大方，有端庄娴静的气质，中英文水平都不错，擅长打字。她工作之余从不单独外出，很少人际交往，喜欢阅读中外文学名著。宋美龄后来担任很多政府和社会公职，以她“第一夫人”的身份，身边本可以多安插几名工作人员，但她的贴身秘书始终只有陈小姐一人。所有文稿，经由宋美龄批阅整理后，再由陈小姐打成英文或中文材料送有关部门办理。陈小姐大学毕业后就到宋美龄身边工作，一直未婚。宋美龄也比较关心她的生活，在她29岁时曾想给她介绍对象，陈小姐表示只想待在夫人身边，决心一辈子独身。宋美龄也就没有再提。后来陈小姐一直跟随宋美龄去了台湾，到20世纪50年代后期才和一位广东籍的军官结了婚。

蒋介石和宋美龄在公馆请客吃饭也是常有的事，菜肴是普通的，有些人出来后说吃不饱，这当然有感到拘束的原因，但与不丰盛有关。在宋美龄的厨房里没有过多的酒肉，都是按少量、新鲜所配的。

蒋介石自己在用度方面是比较节省的，若有部下请求济助，最多只批200元，就算是面子十足了。他一年之中多数时间是穿军装，穿便装的时候不多，衣服的原料都是用国货，只求整洁简朴，不尚浮华。婚后宋美龄选购衣料，也总是跑上好几家，问明价格，择合意的地方去买。但宋美龄对教会方面比较慷慨，每到一地，若当地有基督教会，总是要邀集教友特别是外国传教士及他们的家属举行茶话会或聚餐，以联络感情。

宋美龄处事仔细，也注意小节。有一次，外收发送一封从美国寄给她的信，见信封上一张邮票被扯去，她立即查询，后来外收发的工作人员胡某承认自己为集邮而犯下错误，

> 备受宋美龄宠爱、身穿男装的孔二小姐。

并送回撕下的邮票，宋美龄也没有给予处罚。蒋介石和宋美龄的私人信件，都经各自的侍从秘书（又称随从秘书）拆阅送呈，一般批件也由侍从秘书加封，若密件、急件均另打记号加火漆印，外收发有所疏忽立即能查出。

自从1933年4月宋美龄随蒋介石抚州半夜受到惊吓之后，侍从室文职官员每人发给手枪。

当时宋美龄的侄女孔二小姐深得小姨的喜爱，经常到公馆来。孔二小姐脾气异于常人，打扮不男不女。起初见到她来，门岗总是向她敬礼，后来有意给她难堪，不再敬礼。孔二小姐气愤地告诉宋美龄，不料宋美龄反而为门卫辩护，说："你不是政府官员，何必向你敬礼？"

宋美龄除了帮蒋介石处理日常公务，对公馆的侍从人员也很照顾。如1933年、1934年间公务繁忙，人少事多，侍从人员经常通宵工作至天明。办公室离蒋介石和宋美龄的住处很近，宋美龄常常亲自做糕点派人送给电务员当半夜餐。对少数侍从人员，还在过年时各送一套长袍马褂以进行笼络。有时侍从因事忙不能分身，中午回去吃饭不方便，宋美龄就叫她的中国厨师每天中午多做一份饭，每次都是两菜一汤，很可口。当时侍从们从早到晚都在公馆里，随时能遇上宋美龄，她总是微笑着点头。

当时蒋介石颇为倚重的"文胆"陈布雷身体不好，宋美龄十分关心他的身体，经常劝他注意营养，在重庆时，尽管物资紧张，宋美龄还是每天让人送一磅牛奶给他。

宋美龄当时作为"第一夫人"，许多内外事情都得兼顾，所以每日作息时间安排有序，不浪费分秒。她有许多外国寄来的刊物，每日必看书报。除了喜好文学和音乐外，宋美龄对美国历史及世界名人传记都注意研究。她的中文也相当好，毛笔字体和蒋介石的相似，但较秀柔。宋美龄不但能说一口流利的上海话和广东话，也讲普通话。

结婚后，宋美龄对蒋介石的日常生活有很大的影响。他们午休时间均由侍从人员放留声机，片子皆是小提琴独奏曲，都由宋美龄亲自选好放在盒内；留声机在卧室门外，直至开门时才停止放片。后来宋美龄不在时，蒋介石也养成了这个习惯。宋美龄对基督教的几个节日非常重视，按西方风俗过圣诞节，即使是在军务前线时也不忘记。

在宋美龄的影响下，蒋介石待人接物也有不少变化。1942年顾维钧回到重庆，应蒋介石之邀，同到江南岸的黄山住了一夜。过江后，蒋介石和他一直步行了一个半钟头，两人边走边谈。蒋介石对顾维钧招待殷勤备至，送他到房间就寝时，还亲自陪入房中检查床褥。第二天出门时还叫人帮助穿大衣并备汽车。顾维钧讲了什么意见，蒋介石总是耐心地用笔记在纸上。事后，顾维钧也感叹蒋介石在和宋美龄结婚后脾气变得好多了。

宋美龄对住所十分讲究，除了陪蒋介石出去在外地临时住上三间平房或楼房将就一下外，一直想有一个像样的公馆。当初刚结婚的时候，宋美龄和蒋介石在南京住在中央军官学校后面的三间小楼房内，算是校长官邸。楼下有客厅、饭厅、秘书室和副官室，还有一个小的会客室。宋美龄会客就在装有落地玻璃窗的圆形书房，墙上还挂着意大利画家画的西洋风景画，楼上的房间是她和蒋介石的卧房，室内布置平常，墙上也不挂画。此外还在孝陵卫修建了三间小平房作为别墅，每到休假时他们便驱车前往休息度假，顺便在郊区开车兜风。偶尔在那儿过夜，但宋美龄嫌那儿过于偏僻，不太愿意宿夜。

宋美龄对这两处地方并不很满意，她在1931年起就看好了南京中山门外小红山的一个山坡，一个树林里没有任何建筑物，四周都是空旷的地带。她曾计划在这里盖一所中西结合的楼房，有地下室，有平台，作为长久居住的地方。从这里朝东北方向可望见中山陵，正北方能看到明孝陵。1931年底开始建房，由南京市工务局长赵志游负责，以工程师陈品善为主的好几个人设计了多种建筑图案，宋美龄更是一再提修改意见，单就室内装饰、浴室颜色就进行了多次变换拆建，阳台也修整好几次。整个楼房被笼罩在参天古木的深处，四周有高高的围墙，进门便是花园，曲径通幽处，才是两层高的宫殿式屋顶的楼房，以绿色琉璃瓦和汉白玉栏杆装饰。当时的南京市长魏道明和赵志游为了讨好宋美龄，还特请杭州西湖艺专校长林风眠亲自画室内墙壁的装饰花样：有千姿百态的鸟群嬉戏在嫩绿翠柏林中。屋内几间卧室、大小餐厅、两间办公室（蒋介石和宋美龄各自一间）以及其他众多的大小房间设计布置方案，无一不是由宋美龄逐个审查鉴定，有些已经决定的，施工时又常加改变。如浴室瓷砖先是改成绿、黄间色，后又改为一律淡蓝色，复将花样装饰一概废去，改成单色平面。结果这座房子长期不能竣工，抗战前夕只好停止建筑，抗战胜利后方才全部完工，但事过境迁，也就不再把它当正式住处了。宋美龄把它改作耶稣教堂，每逢礼拜日准时和蒋介石同去做礼拜。

> 宋美龄对住所十分讲究，对自己的打扮更是考究，透出高雅的气质。

宋美龄有幢陪嫁的房子，在上海法租界迈尔西爱路。这幢房子本是外国人的花园洋房，是宋美龄经手买过来的，在

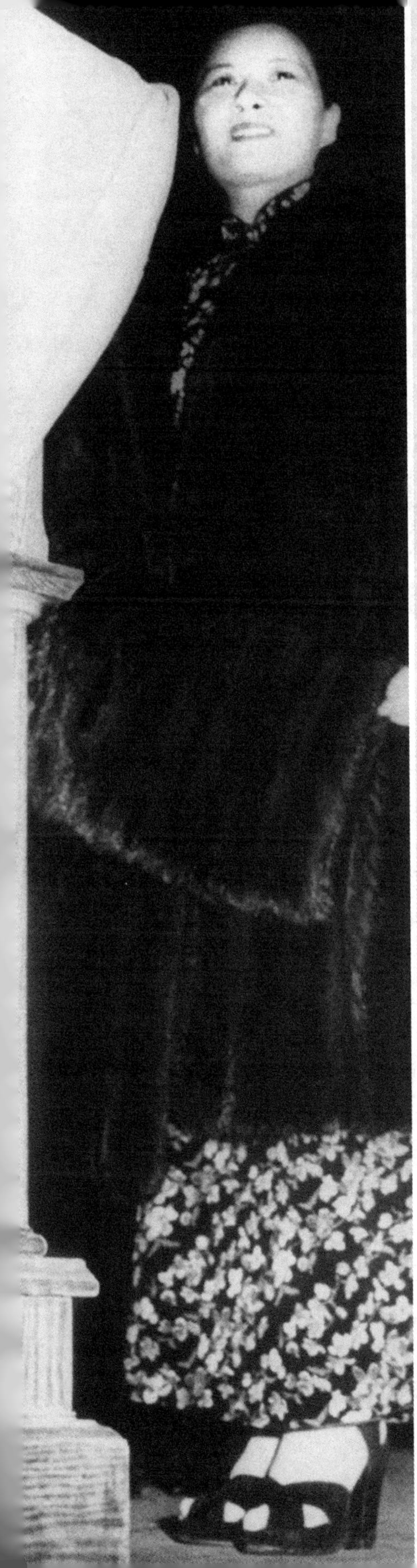

上海并不算是最好的，是法租界住宅区里靠马路的两层楼小洋房，后面有小花园。这栋楼虽然不大，但设计新颖漂亮。正房约四开间，纵深颇长，楼下有一个大客厅，四十人也不显拥挤，也可放电影，客厅是小柚木条拼嵌的地板。向西延伸一排二层楼十多间下房，花园面积大于建筑面积三倍，有小溪行贯过草坪，溪阔3米，东侧安放小石块，可徒步跳跃而过。灌木丛中，间以假山，取自然园林式布局，散步其间并不觉得身处闹市。

室内布置除应有的大小沙发、大茶几桌椅外，墙上挂的画颇为精致，有八大山人画的春、夏、秋、冬四花鸟条幅，意境逼真，确是神品。这座房子蒋介石总共住过六七次，最长一次也住不上两个月，宋美龄有时是稍后赶来，有时先期回来，这种时候宋总是单独在这里住上一段时间，并和两个姐姐叙叙天伦。这里平时由副官蒋富寿（蒋介石的本家）看管，宋美龄来住时经常把母亲从两个弟弟处接过来同住。这时都要由侍卫长王世和派9名便衣带枪随同保护。

1934年在庐山观音桥旁，江西省主席熊式辉为蒋、宋盖起三开间的小木屋以作暂居之所。房子前有水泥平台，坐在靠椅上静听桥下泉水叮咚，远眺五老峰雄峙众山，令人心旷神怡。但他们只小住几天，就废置了，改买了一所外国人的旧房子，即枯岭路12号。那所房子起先叫13号，因为西方人忌讳13这个数字，所以改为12号。这所房子是英式建筑，气度不凡，上下两层，有露台和庭院，四周环境十分幽静，蒋介石为它取名“美庐”。房子傍依山脚，门前低，后面渐高，有个大平台，蒋介石和宋美龄常常请客人来，围坐在那里打桥牌，谈笑自若。端纳常来做客，宋美龄也借机练习英语口语。1946年夏天，宋美龄曾多次陪美国特使马歇尔的夫人，在“美庐”游览居住。

抗日战争时期，在重庆南岸黄山，蒋、宋有一所别墅作为主要住处，就近也为二姐宋庆龄修了一幢别墅，宋美龄经常过去看望二姐。除黄山别墅外，宋美龄和蒋介石还在歌乐山的林园、曾家岩官邸和小温泉“中央郑州大学”校长官邸住过。这些住处都建筑华美，很有气派。

∧ 蒋介石夫妇在溪口的住宅。

在蒋介石的老家奉化溪口，也为宋美龄修建了别墅。因为蒋介石的原配夫人毛福梅离婚不离家，仍然住在蒋的祖屋“丰镐房”，宋美龄自然不便栖身。同时因蒋家老宅四周都是民房，警卫不易，所以在附近另行挑了一个风水宝地建造别墅。

在溪口的别墅名叫“乐亭”，在一条小溪旁，临溪有走廊，沿石阶而下有一座小桥，可以在桥上观鱼。宋美龄初次到溪口的时候就住在这里。“乐亭”的布置装饰也是西式的，有大小客厅、餐厅、卧室，除主楼外，还有一平房，可供来宾休息和侍从秘书等人员住宿。

此外，在蒋母墓道的半山脚处也有新房三间，称为“慈庵”，蒋介石和宋美龄到溪口也曾在那里落脚。

宋美龄和蒋介石1928年初次回溪口时，就游览了雪窦山。她对雪窦山的风景十分赞赏。离雪窦寺二里外的妙高台风景尤佳，三面临空，陡壁深渊，易于警戒。蒋介石就在妙高台上建造了一栋别墅，以及一些凉台和亭子之类。因为平台突出在岩石上，修了铁栏杆，凭栏眺望，群山连绵，重峦叠嶂，气势磅礴，风景几乎可与庐山媲美，所以蒋介石和宋美龄到溪口时经常在此避暑。他们每到此必去附近的雪窦寺礼佛，寺的大门有蒋介石亲书的“四明第一山”匾额。蒋介石虽入基督教，但对佛教还是比较尊敬的，宋美龄也会陪着他来，她对佛像的雕塑也很感兴趣。

＞ 宋美龄对溪口雪窦山的风景十分赞赏。右上图为妙高台，下图为雪窦寺。

V 蒋介石老家奉化溪口镇街景。

历史备忘录

HISTORY MEMORANDUM

V 20世纪30年代，蒋介石父子在庐山。

V 蒋介石、陈布雷、吴稚晖等人与萧伯纳（左三）在庐山。

2

3

4

1

南京国民政府公布土地法

1930年6月，南京国民政府立法院，根据中央政治会议所决定的原则，制定并通过了土地法。《土地法》分为五编：总则、土地登记、土地使用、土地税、土地征收，共297条。规定土地权力，包括所有权、地上权、永佃权、地役权、典权、抵押权，都必须向政府机关登记才算有效。土地税分为地价税与土地增值税两种，土地已改良者地价税轻，未改良者地价税重，最重可达估定地价的1/10。另外，《土地法》还规定了保护佃农耕作权的条文，以及地租不得超过生产物收获总额375‰限额。

蒋介石第二次下野

国民党四大在南京、广州、上海分别召开以后，宁方国民党中央电邀粤方、沪方中央委员来南京举行国民党四届一中全会，但广州方面坚持以蒋介石必须下野作为宁粤合作的先决条件，否则不去南京参加会议，而要求在上海召开四届一中全会。1931年12月15日，迫于粤方的压力，蒋介石于是通电请辞国民政府主席等本兼各职。蒋介石在通电下野的当天，召开了国务会议，并在中央和地方各要害部门安插亲信，控制中枢机构，为以后上台做好准备。

日军在青岛登陆

1932年1月7日，日军陆战队在青岛登陆。1000余名日本暴徒借口青岛《民国日报》刊载日皇遇刺案，在报馆和国民党市党部鸣枪放火，并提出解散市党部、查封《民国日报》、惩办日报社长和总编辑等无理要求。13日，青岛市政府被迫向日方道歉，令《民国日报》停刊10天，并将总编辑撤职。

宋庆龄迎接萧伯纳

1933年2月17日，宋庆龄和杨杏佛在上海吴淞口迎接英国文学家萧伯纳。萧伯纳抵沪，在宋庆龄住宅休息后，拜访了蔡元培。下午，应中国笔会之约，出席在世界学社的招待会，与梅兰芳、叶公绰、张欲海、唐瑛见面。于当晚乘原轮离沪赴秦皇岛。萧伯纳是乘英国“皇后”号轮从香港抵达上海的。

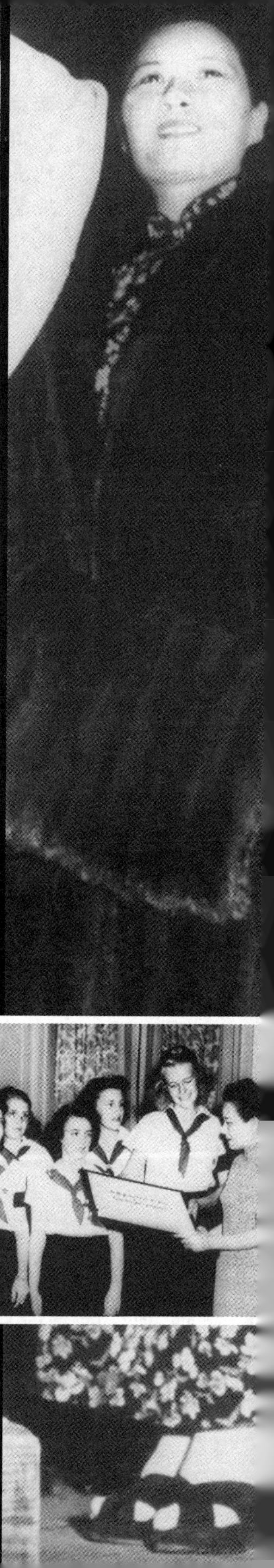

影像大扫描

IMAGE SCANNING

11

“西安事变”爆发

蒋介石被扣西安。面对张学良停止内战、一致抗日的劝谏，软禁中的蒋介石以绝食相抗。

消息传到南京政府，犹如一个晴天霹雳，宋美龄惊呆了。然而，连年战争使得众多野心家都想称王称霸，此时，正是大好时机，所以野心家何应钦就主张轰炸西安，这样一来，救出蒋介石他就是功臣，救不出蒋介石他就能掌权，正直的冯玉祥极力反对。宋美龄在国民党中央临时常务会上号啕大哭，赢得了大多数人的同情，接着义正词严地训斥了何应钦，宣布自己将亲自飞往西安谈判，营救委员长，众人目瞪口呆。在这局势未明的时候去西安，无异于送死啊！

蒋介石被扣西安

1936年10月，就在日本帝国主义对华北的侵略步步深入、平津危急的时候，蒋介石还是坚持他的“攘外必先安内”的方针，对陕北红军展开大规模的“围剿”。在他看来，如今红军被赶到了陕北，自己已有绝对的把握，只需最后一击，就可以大功告成了。于是他踌躇满志地飞临西安，亲自督促张学良和杨虎城实施“剿共”的会战。

当时蒋介石对西安的情况特别是东北军的动态不放心，因为那一段时间里，戴笠的特务系统已不止一次地跟他汇报过张、杨两人对“剿共”不积极，和中共有接触，而且东北军和西北军在陕北前线同中共的红军之间处于实际上的休战状态。蒋介石最初听了汇报后尚不以为然，他自信地以为，张学良的东北军不过是因为东北家乡沦陷后的抗日复仇心切，为意气所动，才受了共产党的蛊惑。但随着一些消息的不断传来，他感到有必要自己亲自到西安督阵。

蒋介石一到西安，就在东北军将领张学良、西北军将领杨虎城和陕西省主席邵力子的陪同下，先游览名胜。在谈话中他得知张学良在看《唯物辩证法》等一些马列著作时，就对他说：“我在十几年前，也看了不少这样的书，这些书都是俄国人写的，不适合中国的国情，你看了是会中毒的，以后不能再看这些书了。你要好好地读《大学》和《曾文正公全集》等书，你把这些书读通了，一生受用不尽。”

张学良早对他的“攘外必先安内”政策不满，就趁机表示，如今国难当头，应该先停止内战，一致对外，并表示“停止内战，一致对外”已成为东北军全体将士的主张。杨虎城也在一旁表示，自己的部队抗日情绪高涨，“剿共”士气低落。

早先，毛泽东就和周恩来等12位红军将领，发出了致张学良等东北军全体将士的公开信。当时中共提出的“中国人不打中国人”“打回老家去”等口号，在东北军官兵中引起强烈反响。于是，内战首先在陕北前线，在东北军和红军之间打不下去了。

与此同时，驻西北十七路军总指挥兼西安绥靖主任杨虎城将军，也在共产党员南汉宸等人的影响下，开始积极主张停止内战、抗日救国。就这样，截至1936年春天，在陕北前线的东北军和十七路军均已结束了同红军的对峙状态，并实际上建立了“停止内战，一致抗日”的统一战线。

此刻蒋介石亲耳听到张、杨两人的说法，暗暗心惊，觉得自己应该

∧ 20世纪30年代，蒋介石与张学良合影。蒋介石到西安本是为了督促张学良和杨虎城实施“剿共”，谁承想经历了一场惊天巨变。

★阎锡山（1883～1960）

国民党高级将领，字百川。山西五台县人。1905年10月加入同盟会。1911年武昌起义后被举为山西都督。北洋政府期间任山西省省长。1927年“四·一二”反革命政变后，追随蒋介石。抗日战争爆发后，任第二战区司令长官。1937年9月，组织忻口会战，重创日军。抗战胜利后，支持蒋介石发动的内战。1949年3月，人民解放军攻占山西后逃离太原。同年6月在广州就任国民党政府在大陆的最后一任行政院长兼国防部长。1949年12月飞赴台湾。

∧ 阎锡山，一个在山西统治长达38年之久的“土皇帝”。

到这两支部队中去训训话，同时也准备把自己的中央军调过来。10月27日，蒋介石在张学良和杨虎城的陪同下，在西安的西关大操场进行了阅兵，并发表了讲话，他大谈目前还不能抗日的大道理，还训示军人以服从为天职，任何违抗命令的人都将受到制裁。

10月31日是蒋介石的五十岁生日，所以29日他离开西安前往洛阳，表示“避寿”。这时阎锡山也和张学良一起赶到洛阳，为蒋介石祝寿。生日那天，各界在洛阳西宫军分校广寒宫礼堂为蒋祝寿，蒋介石发表了《五十生日感言》。德国元首希特勒、日本首相广田都致电祝贺，全国各地的军政要人纷纷前来祝寿，热闹的庆典之后还举行了别开生面的飞行表演，参加表演的飞机都是当时担任航空委员会秘书长的宋美龄专门在全国募捐的。当时她和蒋介石根本没有想到在身边一起贺寿、交情匪浅的张学良会在一个月后发动“兵谏”。

张学良和阎锡山★是参与祝寿活动中职位最高的，都当过蒋介石的陆海空军副总司令，在宴会中二人始终在蒋介石夫妇身边相伴。庆祝活动结束后，两人一起向蒋介石提出了停止内战、共同抗日的要求。蒋介石的决心已定，根本听不进两人的劝告。

第二天张学良就离开洛阳返回西安，想起在洛阳几次诤谏，都被蒋介石拒绝和痛斥，心情十分沮丧。回到西安后，他和杨虎城进行了一次推心置腹的谈话，商量最后解决的办法。杨虎城提出了“挟天子以令诸侯”的想法，张学良大为吃惊，说要好好计议。

∧ 蒋介石与张学良等人游苍龙岭时合影。

< 张学良与时任陕西省政府主席的邵力子在西安合影。

随后张学良经过考虑，给在洛阳的蒋介石写了一封《请缨抗敌书》。当时张学良在书中写：

今绥东战事既起，正良执殳前驱，为国效死之时矣。日夕磨厉，唯望大命朝临，三军即可夕发。盖深信委座对于抗日事件，必有整个计划与统一步骤，故唯有静以待命，无须喋陈。乃彼大军调赴前线者，或已成行，或已到达，而宠命迄未下达于良。绕室彷徨，至深焦悚。每念家仇国难，丛集一身，已早欲拼此一腔热血，洒向疆场，为个人洗一份前愆，为国家尽一份天职。昔以个人理智所驱与部属情绪所迫，迭经不避嫌忌，直言陈情，业蒙开诚指诲，令体时机。故近月来，对于个人或部属，均以强制功夫，力为隐忍，使之内愈热烈，外愈冷静，以期最后在委座领导下，为抗日之前驱，成败利钝，固所不计。今者前锋既至，大战将临，就战略言，自应厚集兵力，一鼓而挫敌气，则遣良部北上，似已其时；就驭下言，若非即时调用，则良昔日之以时机未至慰抑众情者，今已难为曲解。万一因不谅于良，进而有不明钧意之处，则此后统率驭使，必增困难。盖用众必有诚信，应战在不失时机，凡此种种，想皆在洞鉴之中。伏恳迅颁宠命，调派东北军全部或一部，克日北上助战，则不独私愿得偿，而自良以下十万余人，拥护委座之热诚，更当加增百倍。

当张学良这封言辞恳切感人的《请缨抗敌书》送到当时蒋介石在洛阳的行辕后，蒋的反应竟十分冷淡。蒋介石只在这封《请缨抗敌书》上批了六个字："时机尚未成熟。"张学良得知后感到一阵绝望。

蒋介石在洛阳结束了五十大寿的庆典后，又经过一个多月的军事部署，于1936年12月4日带领大批高级将领和官员，从洛阳乘专列再次赶到西安，驻在临潼华清池。本来宋美龄也要陪伴丈夫同往西安的，只因那几日她身体不适，正欲赴上海治病，蒋介石没有答应让她同往西安。

当时蒋介石的心情，在他赴西安前一日的日记中也有所流露："东北军之真心，为察绥战事而动摇；亦剿赤之举，几将功亏一篑。此实为国家安危之关键，故余不可不进驻西安，以资震慑，而挽危局。"在他看来，消灭红军已经指日可待，无论如何不能放弃"剿共"，使自己十几年的努力功亏一篑。所以他决定再到西安压迫张、杨两人进兵。

专列到达西安车站，张学良和杨虎城、邵力子前往迎接。那一日西安刚刚下过一场大雪，气温骤降。在凄冷的寒风中，蒋介石看见车站外面聚了一群东北军的年轻军官，正等着要跟他请愿。他们的要求就是“停止内战，一致抗日”。当即蒋介石心里不免一沉，似有一种不祥之感掠过心头。蒋介石当场不动声色，吩咐随从转告那些请愿军官：所有的意见可以通过他们的张学良长官转呈给他。

∧ 蒋介石在西安期间与张学良（左）、杨虎城在一起。

随后，蒋介石在张学良等人陪同下，驱车前往下榻地临潼华清池。可是到了下榻的华清池五间厅，他却要求张学良严厉处分车站上的那群请愿军官。在蒋介石看来，军人应该以服从命令为天职，动辄向上峰请愿简直是目无军纪，这是绝对不能容忍的。

而张学良则再次恳请蒋介石考虑停止“剿共”，并同红军联合抗日，同时张还请求蒋介石释放刚刚在上海被捕的沈钧儒等“爱国七君子”。蒋介石大怒，他声色俱厉地训斥张学良，当即令张学良十分难堪。尤其是蒋介石当着张的面仍顽固表示，他决不停止“剿共”，还拿出了毛泽东、朱德给他的公开信：“吾人敢以至诚，再一次请求先生当机立断，允许吾人之救国要求，化敌为友，共同抗日。”表示自己根本不会理睬。众人又是不欢而散。

当时在蒋介石看来，张学良还是幼稚“无知”，是根本不能领会他“攘外必先安内”的大政方针。此前几天蒋介石就曾在日记中慨叹道：“张学良要求带军抗日，而不愿剿共，此其做事无最后五分钟之坚定也。亦其不知做事应有段落，告一段落后，始可换一段落，始终本末其次之理，何其茫然，可叹。”

蒋介石此次到达西安后，把东北军、西北军的师长以上军官一个一个地请到华清池谈话、宴请和照相，要他们在“剿共”完全胜利的最后五分钟内，做出一份贡献。同时，他还发誓说，只要消灭红军，他一定可以带上东北军回东北去。

同时，蒋介石还向张学良和杨虎城两位将军摊牌：要么张学良的东北军以及杨虎城麾下的西北十七路军同意留在陕北继续“剿共”，要么就将东北军调往福建、十七路军调往安徽，陕北的红军由中央军负责“进剿”。本来，张学良1935年秋受蒋驱使，率部队到陕北与红军作战以后，仅数月时间便损兵折将，致使东北军遭到沉重打击。而蒋介石不仅没有考虑给东北军弥补损失，反却授意何应钦取消了东北军被歼灭的部队番号。现在，蒋介石如此安排可以说把他和杨虎城都逼上了绝路。对他们来说，“剿共”和被调到南方分而治之都是无法接受的。张学良开始认真考虑杨虎城提出的兵谏方案了。

与此同时，蒋介石将其军政大员陈诚、卫立煌、蒋鼎文等人，调集西安，召开西北“剿共”会议。在这次会议上，蒋介石旧调重弹，坚称其“剿匪已到最后五分钟成功之阶段”，对张学良和杨虎城的抗日请求，则再次辩称“时机尚不成熟”。会上蒋介石还任命蒋鼎文为“剿共”司令、卫立煌为前敌总指挥并立即调中央军嫡系部队计20个师约30万人进驻陕西。同时，为切断东北军、西北军和中共红军的联系，蒋介石还调胡宗南的第一军向陕北靠拢以监视东北军和西北军。

当时蒋介石的意图是，如能威逼张学良和杨虎城继续进攻陕北红军当然最好；而万一张、杨不听话，则利用其中央军大军压境迫使东北军和西北军出陕并分离，以便将来分而治之。

12月7日，张学良请杨虎城到自己公馆，商量办法。张学良主张再劝蒋介石最后一次，他再不听，就先礼后兵，也算对得起他。杨虎城则认为蒋介石固执己见，是个死不回头的人，根本劝不转，如果说翻了露出马脚，反而不好。不过最后他还是答应让张学良再试一次。

当天晚上，张学良再一次面见蒋介石，陈述其“停止内战，联共抗

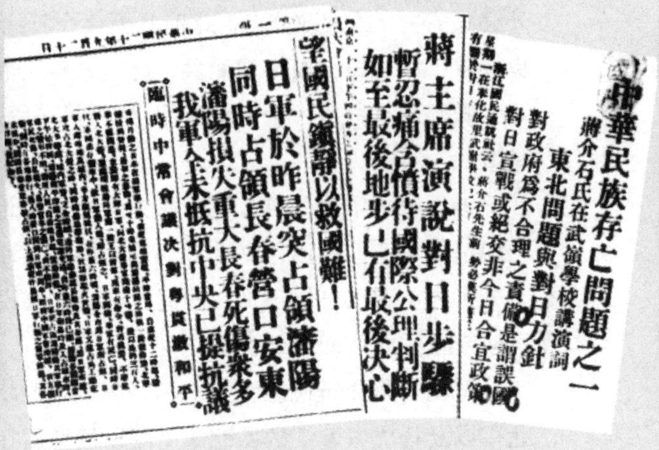

中華民族存亡問題之一
蔣介石氏在武嶺學校講演詞
東北問題與對日方針
對政府爲不合理之責備是謂誤國
對日宣戰或絕交非今日合宜政策

蔣主席演說對日步驟
暫忍痛含憤待國際公理判斷
如至最後地步已有最後決心

望國民鎮靜以救國難！
日軍於昨晨突占領瀋陽
同時占領長春營口安東
瀋陽損失重大長春死傷業多
我軍全未抵抗中央已提抗議

∧ 华清池旧址。

∧ “九·一八”事变爆发后，蒋介石认为必须得准备两年才能抗日。这是当时报纸上发表的关于蒋介石不抗日的有关报道。

∧ 1935 年 12 月 9 日，北平学生万余人在街上示威，不顾国民党军警镇压，奔走宣传抗日。

日”的主张。他哭谏道：“九·一八”事变爆发时，您认为我们必须有两年的准备时间，然后才能把日寇赶出中国。现在日寇由占领东北进而控制冀察，今又由冀察而进窥绥远。这种节节进逼永无止境的野心，如再不加以制止和反击，将使整个国土全部沦丧于敌人之手，到那时我们都将成为中国历史上的千古罪人。

接着，张学良又说，无论为国家为民族的利益着想，还是为委员长的个人威信着想，都应该停止内战，共同抗日。现在全国的人心，都一致要求政府抗日，若再继续“剿共”打内战，必然丧失人心，绝对不会有好结果。

张学良说了三个多小时，最后已是泣不成声。可蒋介石还是不为所动，最后，他勃然大怒，拍起了桌子，大骂张学良“年轻无知”，并声称：“你现在就是拿枪打死我，我也不能停止剿共！”

张学良回去后第二天就和杨虎城商量，认为现在劝谏和哭谏都已失败，只有立即采取行动，不能再失去时机和人心。最后，张学良说：“我们为了国家，对蒋介石也仁至义尽了，现在只有干的一条路。”两人下定了兵谏的决心。

决定兵谏后，两人开始周密安排。最后决定由张学良的心腹部队卫队 1 营和 2 营到华清池捉蒋，西北军负责扣押随蒋介石到西安的南京政府军政大员。张学良还特意把自己的爱将刘桂五、白凤翔调来负责行动。

第二天，张学良亲自开车带刘、白二人到华清池五间厅谒见蒋介石，蒋介石并不知情，还和他们谈了话。

当天是12月9日，西安市为了纪念“一二·九”运动一周年，爆发了大规模的爱国游行示威。当时，示威的进步学生和广大群众徒步自西安市内向临潼华清池蒋介石的行辕进发，要求蒋介石立即停止内战，答应抗日。蒋介石获知此事后，命令当时正在华清池的张学良“用武力制止”。鉴于情况万分危急，张学良立即驱车赶至十里铺拦阻游行队伍。当时在游行队伍中，有不少东北流亡学生，人们一见是张学良来了，竟情不自禁地高呼：“我们愿意为救国而死，让我们前进吧！”张学良十分感动，表示要他们稍作等待，自己一周内就会有抗日的行动。

12月11日晚，蒋介石在临潼举行一个告别宴会，张学良参加了宴会，并始终陪伴在蒋介石身边。晚宴上蒋介石宣布了新的“剿共”军事计划。宴会10点钟才结束，南京来的军政大员们个个酒足饭饱，带着醉意返回住所。

> 张学良力谏蒋介石“停止内战，一致抗日”。

张学良和杨虎城随即来到新城杨虎城的公馆，让手下开始起草通电稿，阐明这次行动的宗旨和主张，准备扣押了蒋介石后第二天向全国发出。张学良还向负责捉蒋的白凤翔、刘桂五和卫队营长孙铭九等人一再强调：“千万注意，不要伤害委员长。把委员长平安带到城里，不到万不得已，不准开枪，委员长一定要活着带到。”随后众人出发，张学良和杨虎城守候在电话机旁指挥。

凌晨3时，队伍到达并包围了临潼华清池蒋介石的行辕。众人冲进二道门时，蒋介石的侍卫长发现了大声喝问，被一枪击倒。一时间，骊山脚下枪声大作，子弹横飞。蒋介石的卫队虽做了顽强抵抗，却终归寡不敌众，蒋介石的侄儿暨宪兵第3团团长蒋孝先以及20余名卫兵当场被击毙。

蒋介石听到前边混战，穿着睡衣仓皇出逃，躲在骊山的一个山洞里。孙铭九带人在周围展开大搜索，找到了在山洞里浑身泥土、瑟瑟发抖的蒋介石。蒋介石抬头看了一眼孙铭九，说：“你打死我吧。”孙铭九向他行礼，大声说：“不打死你，请你抗日！”随即众人把蒋介

< 杨虎城旧照。他与张学良共同发起了震惊中外的"西安事变"。

石押送至西安城内杨虎城的绥靖主任公署新城大楼。蒋介石因惊吓过度，加上爬墙时跌伤，不能步行，由人搀扶着送入房内。

与此同时，蒋介石在西安的随行大员陈诚、陈调元、蒋鼎文、蒋作宾、钱大钧、朱绍良、卫立煌、邵元冲、万耀煌等人，也在西安被张、杨所部软禁起来。其中，邵元冲因越窗出逃未遂，被击毙。

上午9点半，张学良来到新城大楼，看望蒋介石，向他说明不得已而兵谏的原委。张学良对他说："委员长，受惊了。"蒋介石不作声。

张学良继续说道："我们发动这次事变，完全是为国家着想，不是为个人利害打算。现在希望委员长能平心静气，改正自己的错误，联合全国力量，坚决抗日，以争取民族生存。"

蒋介石听他说完，只是要求张学良既是为了国家，就先把自己送到洛阳再谈。随后就闭上双眼，不再开口。张学良见谈话没有结果，就告辞出去了。

第二天中午，蒋介石写了两份遗嘱式的电文。一封是给宋美龄的，内容为：

美龄吾妻：余决心殉国。余死后，余之全部财产由汝继承。望汝善视经国、纬国两儿，有如己出，以慰余灵。愿上帝赐福予汝。

蒋中正二十五年十二月十三日

另一份电文是写给蒋经国、蒋纬国的：

经国、纬国吾儿：余只承认宋美龄为余唯一之妻，务望汝等以生母待之，则余虽死，于九泉下亦瞑目矣。

蒋中正

1936年12月12日傍晚，张学良、杨虎城两位将军联名通电全国，申明“西安事变”扣留蒋介石的原因，其电文内容大致如下：

东北沦亡，时逾五载，国权凌夷，疆土日蹙，“淞沪协定”，屈辱于前；“塘沽、何梅协定”，继之于后。凡属国人，无不痛心……我中枢领袖，应如何激励军民，发动全国之整个抗战？乃前方之守土将士浴血杀敌，后方之外交当局仍力谋妥协。自上海爱国冤狱爆发，世界震惊，举国痛愤。爱国获罪，令人发指。蒋委员长介公受群小包围，弃绝民众，误国咎深。学良等涕泣进谏，屡遭重斥……学良等多年袍泽，不忍坐视，因对介公作最后之诤谏，保其平安，促其反省。西北军民一致主张如下：一、改组南京政府，容纳各党各派共同负责救国；二、停止一切内战；三、立即释放上海被捕之爱国领袖；四、释放全国一切政治犯；五、开放民众爱国运动；六、保障人民集会、结社一切之政治自由；七、切实遵行总理遗嘱；八、立即召开救国会议。

这就是后来以“八大纲领”著称的“西安事变”中张学良、杨虎城的政治主张。与此同时，张、杨二位将军也将西安事变的情况及其“八大主张”，通报给了在陕北的中共中央。

同时，张学良还以个人名义致电蒋夫人宋美龄：

蒋夫人赐鉴：

学良对国事主张，当在洞鉴之中。不意介公为奸邪所误，违背全国公意，一意孤行，致全国之人力、财力，尽消耗于对内战争，置国家民族生存于不顾。学良以待罪之身，海外归来，屡尽谏诤，率东北流亡子弟含泪剿共者，原冀以血诚促其觉悟。此次绥东战起，举国振奋，介公以国家最高领袖，当有以慰全国殷殷之望，乃自到西北以来，对于抗日只字不提，而对青年救国运动，反横加摧残。伏思为国家、为民族生存计，不忍以一人而断送整个国家于万劫不复。大义当前，学良不忍以私害公，暂请介公留住西安，妥为保护。学良生平从不负人，耿耿此心，可质天日。敬请夫人放心，如欲来陕，尤所欢迎。此间一切主张，以文电奉闻。挥泪陈词，伫候明教。

张学良叩

张学良在电文中向宋美龄说明了自己发动“西安事变”的苦衷，希望得到她的理解，并保证蒋介石的安全。

此外，张学良还给孔祥熙发了一电，说：“伏思中华民国非一人之国家，万不忍以一人而断送整个国家于万劫不复之地。弟爱护介公，八年

< “西安事变”后，民众上街游行呼吁政府一致抗日。

> 何应钦旧照。何应钦曾任黄埔军校总教官，地位仅次于蒋介石。

如一日，今不敢因私害公，暂请介公留驻西安，促其反省，决不妄加危害。”

随即，张学良又召集“西北剿总”全体将领训话，陈明他与杨虎城此次发动“西安兵谏”的缘由。当时张学良情词恳切地讲道：我内心不愿做“剿匪”工作，在外侮日进的时候，用枪来打自己的人，我万分难过！我曾同蒋委员长讲过几次，可惜我的嘴太笨，总未能尽其辞……我们对蒋委员长绝对没有私仇私怨，我们绝不是反对蒋委员长个人，而是反对他的主张和办法。如蒋委员长能放弃过去主张，毅然主持抗日工作，我们马上绝对拥护他……

“西安事变”发生后，南京国民政府顿时大乱。在如何应付事变和营救蒋介石的问题上，出现了主战、主和两派的分歧。12月12日夜间，南京国民党中央常务委员会和中央政治委员会召开紧急会议。

当时除了张、杨两人的通电外，南京政府对西安的情况茫然不知，连蒋介石到底是否还活着都不确定。会上以冯玉祥、孙科、李烈钧等人为一派，主张谈判解决西安发生的事变，并认为任何针对西安的军事行动，都可能首先危及蒋介石的生命，所以不要匆忙做出惩罚张、杨的决定。而另一派则以戴季陶、居正、吴稚晖、何应钦等人为主，在“不能过于瞻顾蒋公之安全，置国家纲纪于不顾”的旗号下，坚决主张以武力讨伐西安的“叛逆”。

经过激烈争论，最终还是主张“讨伐”的一派占了上风。最后会议通过了以下决议：

一、张学良应先夺本兼各职，交军事委员会严办，所部军队归军事委员会直接指挥。

二、张学良背党叛国，送中央监察委员会议处。

三、行政院由副院长孔祥熙负责。

四、军事委员会常委改为5至7人，并加推何应钦、程潜、李烈钧、朱培德、唐生智、陈绍宽为该会常委。

五、军事委员会由委员长及常委负责。

六、关于指挥调动军队归军事委员会常委兼军政部长何应钦负责。

会后，何应钦立即召集亲信，开始筹建“讨逆军”司令部，准备马上对西安使用武力。

何应钦力主讨伐，也有他自己的打算。原来蒋介石起家靠的就是黄埔系的军权。没有黄埔系就没有军权，也就当不了军事领袖，所以蒋介石最重视这个政治资本，把它当成自己的独立王国。而黄埔系又分为黄埔教官和黄埔学生两大派。当初蒋介石把重点放在学生的扶植上，让他们逐步取得军队实权。何应钦是黄埔教官，是黄埔军校的教育长，地位仅次于蒋介石。当年他从第一军副军长、军长、东路军总指挥、浙江省主席、第一路军总指挥一帆风顺地上来，是蒋介石嫡系的第一员大将。可是在1927年宁汉合作，汪精卫和桂系欲逼蒋下野又担心其嫡系部队无法驾驭，会出乱子时，何应钦表示自己有把握控制，成了促使蒋介石下野的力量，结果蒋介石只好下野。第二年蒋介石重新上台后，当即砍掉了何应钦的第一路军总指挥部，削去何应钦的军权，调任有职无权的国民革命军总司令部参谋长。以后何应钦历任训练总监、军政部长，职位虽高，却始终没有掌握军队的实权。所以这次“西安事变”，他看到了机会。

在他看来，自己积极主张讨伐，对张学良和杨虎城进行打击，既表示了自己对南京中央政府权威的重视，如果救出蒋介石的话还是一大功。万一因讨伐使蒋介石死在“叛军”手里，他也可以顺势取得军政大权。同时，他也知道日本方面支持他对西安的讨伐。

全力阻止亲日派“讨伐”张、杨

宋美龄得知“西安事变”的消息时在上海，当时她正以国民政府航空委员会秘书长的身份主持会议，讨论全国航空建设会改组的事。上午担任行政院副院长、财政部长的大姐夫孔祥熙亲自赶到，向她通报了西安兵变、蒋介石被扣生死未明的消息。宋美龄如闻晴天霹雳，一时间惊

∧ “西安事变”后，军政部长何应钦主张讨伐西安。

∧ “西安事变”中被扣押的南京政府军政人员。右二为陈诚。

呆了。当即会议中止，在宋美龄还没回过神来的时候，宋霭龄也赶来了，并告诉她正在香港的宋子文也会马上赶回，共同应对这前所未有的大事件。

过了一会儿，宋美龄镇定下来，和大姐大姐夫稍作商议，决定当天连夜返回南京。同时，由孔祥熙出面立刻给张学良发出了一封电报：

急！西安张副司令汉卿吾兄勋鉴：密。顷由京中电话告知，吾兄致第一电，虽未读全文，而大体业已得悉。保护介公，绝无危险，足征吾兄爱友爱国，至为佩慰！国势至此，必须举国一致，方可救亡图存。吾兄主张，总宜委婉相商，苟能有利于国家，介公患难久共，必能开诚接受，如骤以兵谏，苟引起意外枝节，国家前途，更不堪设想，反为仇者所快！辱承契好，历共艰危，此次之事，弟意或兄痛心于失地之久未收复，及袍泽之环伺吁请，爱国之切，必有不得已之苦衷。尚须格外审慎，国家前途，实利赖之。尊意如有须弟转达之处，即乞见示。先复布意，候明教。弟孔祥熙叩。

在电报中，表示对张学良爱国心切的理解，要求委婉协商，以先稳住西安方面。

随即宋美龄和孔祥熙夫妇，还有蒋介石的顾问澳大利亚人端纳，连夜出发，13日清晨到达南京。因为端纳曾经当过张学良的顾问，关系很好，所以宋美龄马上想到他可以帮忙和张学良联系。

宋美龄几乎是一夜不眠。这是她生平遇到的最大的意外事件，一时间心潮起伏，一时记挂蒋介石的生死安危，一时又感叹张学良如此亲近之人，竟会扣押蒋介石。同时不断猜测张学良的意图到底是什么。因为事情紧急，张学良发给她的电报根本没有看到。现在宋美龄所能做的就是要端纳赶紧到西安去了解真实情况，和张学良迅速沟通。

早上刚到南京，宋美龄一行人正在早餐时，军政部长何应钦等人赶来了。何应钦通报了昨天晚上国民党中央临时会议的决议以及下一步讨伐的计划。宋美龄马上告诉何应钦，她要派人到西安去联系张学良，了解真实情况。何应钦表示反对，他对端纳说："任何人不能去西安，我们正要对西安进行讨伐，马上就会轰炸西安。"

宋美龄一听要轰炸西安，立刻叫了起来，表示蒋介石还在西安，这样做简直是谋害他。何应钦一听脸色大变，马上说等一下要召开中央会议，会上再作讨论。随后宋美龄表示自己派人到西安的决心已定。她告诉何应钦，端纳可靠值得信赖，并且也能为张学良所接受，他到西安做初步的接触，可以确知蒋介石的安全和健康状况，到底是否像谣传的那样已遭遇不幸，只有知道这些基本情况，然后才能谈其他的行动。

何应钦无奈，只得说一切等会议上决定，同时请孔祥熙和宋美龄参加会议。

当天下午，国民党中央常务委员会和中央政治委员会再次召开联席会议，宋美龄和孔祥熙，还有接到电报从香港赶回的宋子文都参加了会议。

会议乱成一团，宋美龄兄妹和孔祥熙等关注蒋介石的安危，坚决主张和平解决。他们认为对西安的军事行动肯定会危及蒋介石的生命安全，而和张、杨两人谈判则可以保住蒋介石的身家性命，对南京政府也是至关重要的。而何应钦

★吴稚晖（1865～1953） 江苏武进人，清末举人。曾留学日本、法国，1905年加入同盟会。1915年创办里昂中法大学并发起留法勤工俭学运动。1927年后入政界，曾任国民党中央监察委员。他对胡适倡导的文学革命极为支持，胡适最佩服吴氏"实事求是，莫作调人"的人生态度。在科（学）玄（学）论战中，吴稚晖大力支持科学派。1953年病死台湾，胡适曾撰文悼念他。

< 冯玉祥旧照。对于“西安事变”如何解决，时任军事委员会副委员长的冯玉祥倾向于和平谈判。

则坚持讨伐西安，当然，他让戴季陶、吴稚晖★等元老在前面发言，自己从后推动。

戴季陶和吴稚晖自恃党国元老，认为政府的权威信誉重于蒋介石一人的安危，中央政府坚决不能纵容张、杨的“叛逆”行为。他们两人再加上另一元老人物居正，要求立即对西安进行讨伐。何应钦这时作为军政部长，也宣称洛阳一带的中央军已经开始向潼关进发，西安城外发生了小规模的战斗，必须趁张学良和杨虎城做好准备之前，向西安发动全面进攻。他并且向宋美龄表示这样做还有可能救出蒋介石。

宋美龄自然知道何应钦的如意算盘，她直截了当地责问他：“若有其他途径可循，又何必一定军事解决？张、杨要求的不过是‘抗日’二字，何必大动干戈？”同时她又提出如果进行军事行动的话，蒋介石很有可能被南京方面的飞机炸死，或者因“叛军”误认为和平解决无望而把蒋介石这个人质杀死泄愤。

她的意见得到了冯玉祥和孙科的支持，但是讨伐派人数众多，还是占了上风，加上他们的理由也算堂堂正正：国民政府不能对“叛乱”行为示弱，讨伐也是为维护蒋介石的元首地位而战，“一国之君”被扣，无一兵一卒“拥君平叛”，则中央政府威信何在？同时讨伐派也提出在军事高压下，张、杨也不会孤注一掷，蒋介石的安全可以得到保障。

至此，宋美龄和孔祥熙等知道已无法阻止军事行动，冯玉祥虽然是副委员长，但他在南京政府没有实权，也无力扭转局面。最后会议正式决定对西安进行讨伐，不过在宋美龄、孔祥熙和冯玉祥的坚持下，何应钦总算做出让步，同意空军只炸西安城外，不得在城内投弹。

会后，孔祥熙利用代理行政院长的身份，分别致电阎锡山、宋哲元、韩复榘以及杨虎城的师长冯钦哉等地方实力派，劝告他们放长眼光，一致拥护国民政府既定国策，完成国家的统一。他这样做，主要是要孤立张学良和杨虎城，向西安施加压力，以免他们有更进一步的行动，使局势恶化到不可收拾的地步，为将来的和平解决创造条件。

∧“西安事变”发生后，时任行政院代院长的孔祥熙力主和平解决。

宋美龄虽然未能在会上阻止对西安的讨伐，但也有一个收获，就是让会议同意了她派人到西安去了解蒋介石目前的具体情况。

于是在何应钦忙着去组织“讨逆军”的同时，宋美龄立刻回到官邸找端纳商量到西安的具体事宜。

宋美龄亲笔写了一封信给张学良，同时还写了一封安慰蒋介石的信。她把信交给端纳时特意告诉他：“有些话我不便写在信上，只好请你口头转告委员长了。”

然后她拿出一张纸条，开始念道：“汉卿等要求抗日，而我夫予以当面拒绝，确属不该，现在果然闹出事来，希望能圆满解决。端纳先生到后，请与他多面谈，他还是有真知灼见的。我及子文等，不日也将离京飞秦，但应以端纳先生此行结果如何而定。至于南京，眼下南京是戏中有戏……”见端纳心领神会，宋美龄放心地让他即时出发了。

除了端纳，宋美龄还安排了自己的亲信、“励志社”总干事黄仁霖陪同一起前往西安。黄仁霖个性圆融，擅长交际，不仅是自己的亲信，也深得蒋介石的信任，同时和张学良也有一定交情。在出发前，孔祥熙还特意交代了黄仁霖此去主要是亲眼看一下蒋介石的健康状况。

时间紧迫，可等到下午西安张学良方面还没有音信。宋美龄早已发出端纳即将启程赴西安的电报，但迟迟不见回应。她当机立断，让端纳立刻飞往洛阳，等有了西安方面的消息马上就近飞往西安。

第二天上午，宋美龄终于接到张学良要求端纳马上到西安的复电，十分兴奋，立刻打电话通知在洛阳的端纳前往西安。

就在这时刻，她的二姐宋庆龄，也对她伸出了援助之手。宋庆龄得知事变发生后，从全国抗战的大局出发，准备出面让共产党协助张、杨和平解决西安事变。12月13日，宋庆龄用电话通知孙科，叫他准备飞机，她愿意偕何香凝一同飞往西安，劝说张学良和杨虎城以大局为重，释放蒋介石。虽然最后由于南京政府的阻挠，宋庆龄没有成行，但她的这个举动却在全国产生了深远的影响。

宋美龄得知这个消息后，十分感激，她深知二姐宋庆龄在民众尤其是中共方面的影响力，所以立即给居住在上海的二姐拨了个电话表示由衷的谢意。宋庆龄当即回电话让小妹不必着急。

12月14日下午4点，端纳所搭乘的小型飞机到达西安上空，并用小型降落伞投下一个信筒。信筒马上被送往张学良处。端纳在写给张学良的信中说，自己受蒋夫人的委托，希望会见张学良将军，如果同意，请在机场上点起烟火。张学良急忙命令点火，让其降落，并且还派自己的私人管家、美国人杰米到机场迎接。

∧ 张学良阅读端纳带来的宋美龄的亲笔信。

端纳一见到张学良，就把宋美龄写给他的信呈交。宋美龄的信主要是回复张学良的电文的，信中写道：

西安张副司令汉卿兄勋鉴：

昨在沪上，惊悉西安兵变，即晚来京，接奉文电，深以为慰。吾兄肝胆照人，素所深佩，与介兄历共艰危，谊同手足。在沪未接电前，已知其必承吾兄维护，当决无他；来京获读尊电，具见爱友之赤诚，极为感慰。惟精诚团结，始足以御侮抗敌；沉着准备，乃足以制胜机先。介兄自九·一八以来，居处不宁，全在于此。吾兄久共军机，夙所深悉。凡吾兄有所建议，苟利国家，无不乐采纳。介兄以地位关系，不得不加以慎重，藉避敌人耳目。吾兄贤明，当必深谅此意。我国为民主制，一切救国抗敌主张，当取公意。只要大多数认为可，介兄个人，当亦从同。昨日之事，吾兄及所部将领，或激于一时之情感，别具苦衷，不妨与介兄开诚协商，彼此相爱既深，当可无话不说。否则另生枝节，引起中外疑惧，不免为仇者所快，亲者所痛，想吾兄亦必计及于此。至于如何安慰部曲，消弭事端，极赖荩筹。介兄一切起居，诸祈照拂，容当面谢，并盼随时电示一切为荷。

蒋宋美龄叩

在信中，宋美龄希望张学良能顾全蒋介石个人安全和国家大局，表示自己随时准备到西安，当面商谈。

张学良简单问了一下南京的情况，就向端纳详细说明了扣留蒋介石的经过。并表明了他和杨虎城扣蒋的原因和态度，同时也告诉了他蒋介石的身体情况。张学良还对端纳说，南京政府对西安的讨伐是不顾蒋介石生死的鲁莽做法，是某些人要夺权。

当天晚上，张学良陪着端纳来到新城大楼见蒋介石。宋美龄写给蒋介石的信经过检查记录后，被允许给蒋介石亲阅。

端纳到时，看到蒋介石正躺在一张木床上，面朝墙用被蒙着头。端纳当即向他说："你好，委员长。"蒋介石转过身坐起来，见到端纳后激动得流下眼泪，说："我知道你会来的。"

端纳将宋美龄的亲笔信交给蒋介石，并说："我来了，蒋夫人也要来的。"蒋介石脸上顿时变色，忙大声说："你不能让她来这个贼窝！"

随后蒋介石先看了宋美龄写给他的信，宋美龄在信中表达了对丈夫的关切之意，她这样写道：

夫君爱鉴：昨日闻西安之变，焦急万分。窃思吾兄平生以身许国，大公无私。凡所作为，无丝毫为自己个人权利着想。即此一点，寸衷足以安慰。且抗日亦系吾兄平日主张，惟兄以整个国家为前提，故年来竭力整顿军备，团结国力，以求贯彻抗日主张。此公忠为国之心必为全国人民所谅解。目下吾兄所处境况真相若何，望即示知，以慰焦思。妹日夕祈祷上帝赐福吾兄早日脱离恶境，请兄亦祈求主宰赐予安慰。为国珍重为祷。临书神往，不尽欲言。专此奉达，敬祝康健。

妻美龄廿五年十二月十二日

> "西安事变"发生后，宋美龄写给蒋介石的信。

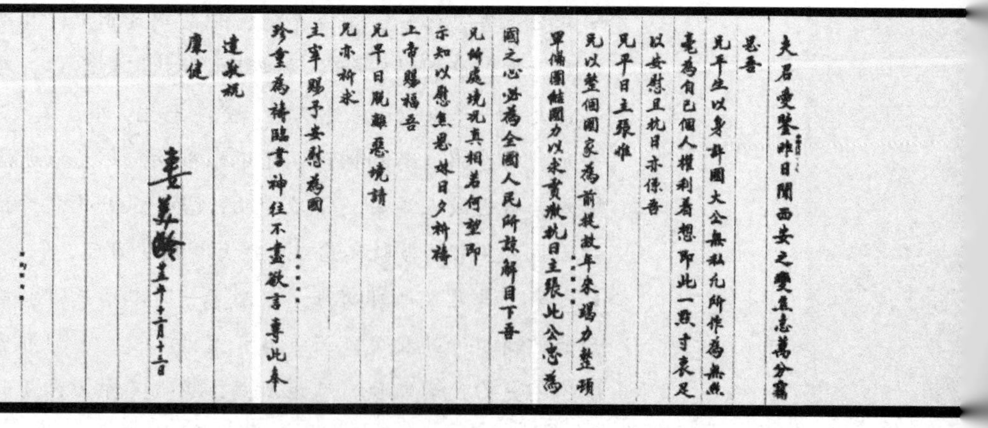
夫君愛鑒昨日聞西安之變焦急萬分竊
思吾兄平生以身許國大公無私凡所作為無絲
毫為自己個人權利着想即此一點寸衷足
以安慰且抗日亦係吾
兄平日主張惟
兄以整個國家為前提故年來竭力整頓
軍備團結國力以求貫徹抗日主張此公忠為
國之心必為全國人民所諒解目下吾
兄所處境況真相若何望即
示知以慰焦思妹日夕祈禱
上帝賜福吾
兄早日脫離惡境請
兄亦祈求
主宰賜予安慰為國
珍重為禱臨書神往不盡欲言專此奉
達敬祝
康健
妻美齡 廿五年十二月十二日

民生快報
日軍舉行重要會議
西安業已易懸紅旗

> 1936年12月14日，《民生快报》刊登的张学良提出的五项要求。

看完信蒋介石又流下了眼泪，对宋美龄患难之中的关心十分感动。端纳等他心情平静下来，又把宋美龄交代的话转告了他。当蒋介石听到“南京政府是戏中有戏”这句话时，也开始冷静地思考起该怎么办的问题来。而宋美龄表示在可能和必要的情况下亲自来西安和张学良商谈，又使他在感激之余认真地考虑是否应该和张学良好好谈一下，以缓解目前的僵局。

端纳此时经过和张学良、杨虎城的会谈，对他们的主张有所了解后，也对蒋介石进行了劝说，他说：“我已和张副司令进行了晤谈，对事情的经过也有了一些了解。我相信张将军对你绝无加害之意。只要你答应他们抗日的主张，他们还是忠心拥戴你做领袖。我认为这不仅是张、杨两位将军的个人意见，也是全中国人民的迫切要求。而且许多西洋人也赞同这样的政见。你若是接受他们的主张，今后更成为世界的伟人；若是拒绝接受，将成为渺小的人物。国家和委员长个人的荣辱安危，全在于委员长自己的一转念间。”

蒋介石在看到了宋美龄的信后，对张学良的对抗情绪也已有所缓解，加上南京政府的行动也令他不安，开始认真面对自己被扣留后的现实。他的心情也不再像前几天那么紧张，平心静气地和端纳商谈起来。最后，蒋介石同意当天晚上就搬出新城大楼到金家巷高桂滋公馆去住。他和张、杨的紧张和敌视关系开始缓和。西安和南京的僵局渐渐开始被打破了。

当时随同端纳来西安的黄仁霖一开始并没有被允许见蒋介石。后来在蒋介石的坚持下，张学良和黄仁霖一起见了蒋介石。随后，蒋介石写了一封给宋美龄的信让黄带回南京。信中说：

∧ 蒋介石被扣押后，宋美龄为解救丈夫四处奔走，令蒋介石十分感动。

余决为国牺牲，望勿为余有所顾虑。余决不愧对余妻，亦决不愧为总理之信徒。余既为革命而生，自当为革命而死，必以清白之体还我天地父母也。对于家事，无他所言，唯经国、纬国两儿，余之子亦即余妻之子，望视如己出，以慰余灵，但余妻切勿来陕。

蒋介石还把信念了三遍给黄仁霖听，他怕此信被扣下或遗失，所以要黄仁霖记住内容。但后来不光信被扣下，黄本人也被张学良留在了西安。

张学良在和端纳交谈后，接受了对方的意见，又给宋美龄发出电报，告知蒋介石的安全，同时还给美国《纽约时报》、英国路透社和其他世界各大通讯社发出电讯，报告蒋介石平安健在。此外，张学良还请蒋夫人宋美龄和代理行政院长孔祥熙一起来西安，谈判解决有关问题。

在南京苦候端纳消息的宋美龄收到端纳和张学良的电报后终于确信了蒋介石的平安，而且知道了张学良的真实意图，丈夫的生命已经没有危险。她当即和孔祥熙商量赴西安的事，同时准备让何应钦马上停止对西安的军事行动。

但是事情并不顺利，孔祥熙由于身体的原因和代理行政院长的身份，难以前往西安，而宋美龄自己想去西安也遭到了激烈反对，何应钦等人认为她此时去西安徒然给张、杨送去一个重要人质，反而增加南京政府的压力。就是主张和平解决的冯玉祥等人也认为宋美龄此时去西安并不合适，不见得就有收获，劝她不要做不必要的牺牲。

而就在宋美龄一心和张学良联系准备营救蒋介石的同时，南京政府也没有停止军事“讨伐”的步伐。在12月13日的中央会议后，何应钦即开始调动军队准备西征。他还在会见日本大使时保证对西安的讨伐将按计划进行。12月16日，即在宋美龄回南京的三天后，南京政府公开发布“讨伐令”，何应钦正式宣布了军事部署。17日他宣誓就任“讨逆军”总司令，进行全面的军事动员。除他自己任总司令外，还任命顾祝同为讨逆军西路集团军总司令，在兰州集结军队由西向东进攻西安；任命刘峙为讨逆军东路集团军总司令，在潼关外由东往西进攻。总共将近20个师的大军东西呼应，对西安进行军事威慑。同时大批轰炸机集中在洛阳待命，准备对西安方面实施轰炸。讨伐派在全国大造舆论，宣称“不惜玉石俱焚”也要“征讨”西安的“叛逆”，一场新的内战大有一触即发之势。

宋美龄心急如焚，幸好端纳这时从西安到了洛阳，和她电话联系上了。端纳在电话里要宋美龄尽力制止南京方面对西安的轰炸，因为一旦

< 顾祝同旧照。1936年12月17日，何应钦任命顾祝同为讨逆军西路集团军总司令。

★顾祝同（1893～1987）

国民党高级将领，江苏涟水人。1916年入保定陆军军官学校第六期步科。1925年东征中任教导第2团营长、第2团团副，后升任国民革命军第3师参谋长、副师长。1926年北伐中任第一路军第3师师长。1931年底任江苏省政府主席。1933年参与对红军的第五次"围剿"，任北路军总司令。1937年"八·一三"淞沪会战开始后，先后任第三战区副司令长官、司令长官，兼江苏省政府主席。1948年任国防部参谋总长。1950年去台湾。1972年任"总统府"战略顾问。1987年1月17日卒于台湾。

西安被轰炸，蒋介石的生命安全将受到威胁。宋美龄告诉端纳自己已无力阻止何应钦的军事行动，只能让蒋介石给何应钦写一张手令，才有可能暂缓中央军对西安的进攻。端纳本来准备从洛阳返回南京，听宋美龄这么说，当即决定再回到西安。

于是在12月16日下午，端纳又回到了西安。除了要蒋介石制止何应钦的军事行动外，还向张学良转告了宋美龄关于她和孔祥熙因健康和身份的原因不能前来西安，能否先让宋子文和顾祝同★代替孔祥熙。

张学良和端纳经过商量，决定请宋子文来西安。同时端纳向蒋介石转告了宋美龄要他阻止何应钦进攻西安的意见。蒋介石还在犹豫不决，张学良也极力劝说，他向蒋介石指出："我们对你是一番好意。何应钦要打，我们也不怕他。但是如果轰炸西安，那就不知道是要炸到我还是你了。"最后，蒋介石终于在17日晨决定派蒋鼎文带着自己写给何应钦的手令赶赴南京。蒋介石在手令中要求何应钦停止军事行动三天，上面写道：

敬之吾兄：

闻昨日空军在渭南轰炸，望即令停止。以近情观察，中正于本星期六以前可以回京，故星期六日以前，万不可冲突，并即停止轰炸为要。顺颂戎祉。

中正手启

十二月十七日

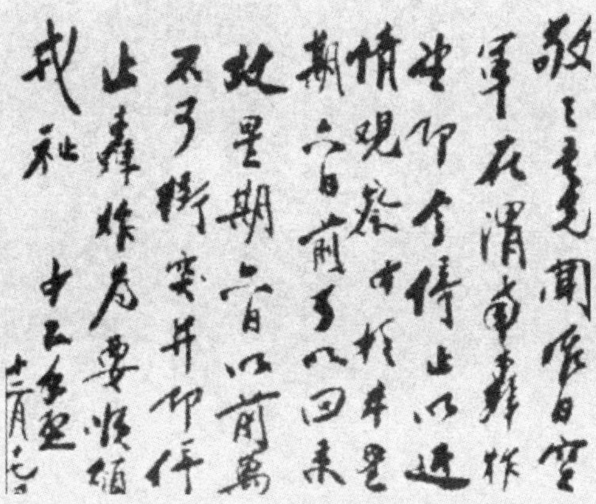

> “西安事变”后，蒋介石写给何应钦的手令。

当天中午蒋鼎文即带着手令和蒋介石给宋美龄的信飞离西安，在洛阳停留后，第二天上午到达南京。在此情况下，何应钦不得不下令在19日下午6时前暂停轰炸。宋美龄总算可以松一口气了，在蒋介石的手令送到之前，她曾想办法找了中央军官学校的教育长张治中等人进行劝阻，也没有结果。

宋子文为妹妹赴西安

现在宋美龄终于可以筹划下一步的营救行动了。当时身为代理行政院长的大姐夫孔祥熙是一直支持她的和平解决兵变的主张的，也同意宋美龄飞往西安亲自和张学良等商谈，但遭到讨伐派的坚决反对，他也没有坚持。而且孔祥熙的态度比较圆滑，在南京政府12月16日正式发布“讨伐令”的时候，他也在向全国广播轰炸西安计划的讲话中说道：“虽然我们都渴望解救委员长，但是我们的态度是，不能允许一个人的个人安全妨碍全国的大局。”这种说法明显是向占了上风的讨伐派屈服。同

∧ 1936年12月16日，周恩来率领的中共代表团抵西安与国民党谈判。图为周恩来（后排左一）和叶剑英（后左五）、张云逸（中左四）、叶季壮（中左五）等人同中共西安联络处工作人员合影。

时在张学良公开邀请他到西安会谈时，他也没有回应，只是推说身体不适和南京政府不同意。

孔祥熙态度的不坚决让宋美龄更为心焦，幸亏这时宋子文表现了他的热诚和肯干精神。当时张学良得知孔祥熙不能到西安后，即在16日复电表示欢迎宋美龄和宋子文到西安“洽商一切”，并表示“在陕安全，弟可完全保证。请即早日命驾，无任企盼”。

就在同一天，由周恩来率领的中共代表团也到达西安，这为和平解决事变提供了政治保证。但此时南京政府的主战派仍然不赞成政府出面与张、杨进行谈判，更加拒绝宋美龄亲赴西安。无奈之下，宋美龄只有请宋子文一个人先往西安进行活动，包括和中共方面的沟通，以保证蒋介石生命的安全和事变的最后和平解决。

宋子文当即慨然答应。他虽然和蒋介石的关系并不融洽，并且他的财政部长、行政院副院长和中央银行总裁的职务也被蒋介石撤去不久，但在这关键时刻，他还是决定利用自己在南京政府的影响力和与张学良的私交进行斡旋，只身前往西安。

∧ “西安事变”的发生让蒋介石非常震惊，无论如何他都想不到张学良竟如此“胆大包天”。

宋子文之所以愿意为解决事变营救蒋介石如此出力，除了为妹妹宋美龄着想外，他自己也确实有和平解决“西安事变”、帮助张学良实现全国一致抗日的心愿。他和张学良的关系一直很亲密，赞成全国团结，一致抗日。他当初和蒋介石差点闹翻，就是为了反对蒋“攘外必先安内”的政策，所以从事变一开始，他就同情张学良的做法。

在蒋介石停战手令规定的停止轰炸时限到期前一天，也就是12月19日下午，宋子文不顾何应钦的反对，乘机离开南京，同行的有他的两名高级秘书和与杨虎城关系密切的十七路军高级参议郭增恺。

当时南京政府禁止任何人前往西安，除了不准宋美龄去之外，也企图阻止宋子文前往。何应钦曾强行命令宋子文取消行程，警告他不要插手此事。但宋子文毫不退让，当面对何应钦说：“我是个不担任公职的平民，不是军人。”同时他坦然地表示自己之所以单枪匹马先去西安，并不是为了搭救自己的私亲妹夫，而是为了民族大业，为了国家前途和全国的抗日。

在宋子文和宋美龄的据理力争之下，何应钦无法阻止，但他强调，宋子文此去只能是以“私人身份”前往联络，并不代表南京政府。最后宋子文才得以成行。

宋子文19日出发，当夜停留洛阳，第二天上午飞抵西安。到西安后，张学良随即陪同他一起去见蒋介石。蒋介石在床上抬头看见宋子文走进

>“西安事变”谈判期间，周恩来和秦邦宪（左）、叶剑英（中）在西安。

房间时，吃惊得说不出话来。他没想到这个一向和自己有心结的大舅子会在这紧要关头来看他。

宋子文首先把宋美龄给蒋介石的亲笔信交给他。信上说：“倘子文去后，三日内不能返京，则不得再阻余飞西安，……与君共生死。”蒋介石看到这里也感动得哭了出来。

随后，宋子文和蒋介石单独交谈了半个小时。蒋介石此时也已意识到了眼下对自己威胁最大的不是张、杨的“叛军”，而是南京的亲日派。他已准备和张、杨谈判妥协，但碍于他的委员长身份，一直无法主动表示。

此时宋子文的到来对蒋介石是大有帮助的。蒋介石不是不想解决事变，也不是完全反对张学良的抗日主张，只是刚开始的“不谈判”态度摆在那里，自己再要改口总觉得有失政党领导人的脸面和身份。宋子文的到来正好可以给蒋介石一个机会和台阶。当时蒋介石也已知道张、杨和中共来往的事情，知道中共代表就在西安。为了确保自己的安全和面子，蒋介石默认宋子文和张、杨以及中共代表进行沟通。可以说，宋子文的特殊身份成了西安、中共和蒋介石三方沟通的桥梁。

周恩来率领的中共代表团是16日从延安乘坐张学良派出的波音飞机到达西安的。周恩来向张学良转达中共中央对“西安事变”的处理意见是：蒋介石虽然被扣留，但他的实力还在，在国民党政府的地位也没有人能完全取代，因此对蒋介石的处置要十分慎重。周恩来要张学良尽量说服蒋介石，只要他答应停止内战、一致抗日的条件，就释放他回南京，以免南京政府的控制权最终落入亲日派的手里。

宋子文在西安时，知道中共代表周恩来已先期到达，同时郭增恺也已向宋子文转达了周恩来关于中共和平解决“西安事变”的态度。他对中共方面的态度十分赞赏。至于张、杨的政治主张，即停止内战，一致抗日，逼蒋抗日，拥蒋抗日，宋子文本来就是赞同的。

于是当天晚上，宋子文和张学良又一起来到蒋介石的住房，进行劝说。最后，蒋介石终于在张学良离去后，向宋子文表示，自己可以接受张学良和杨虎城的几项要求，主要就是改组政府，建立抗日统一战线，并马上停止内战。但蒋介石又表示自己不会出面和张、杨以及中共谈，并且首先要西安方面释放他，达成的协议才能生效。

蒋介石的这个态度让宋子文十分高兴，他当即表示自己要马上赶回南京，首先是停止军事行动，然后让宋美龄等一起过来，以便进行认真的谈判。

于是第二天，宋子文就和端纳一起返回南京。

∧ 蒋介石被扣押后，政治形势骤然紧张，许多店铺关张停业。

再说宋子文走后，12 月 19 日正是停止军事行动的截止时间，南京政府围绕着是否立刻开始轰炸西安又是争论不休。此时的国民党政府已经分化成了主张和平解决的亲英美派和主张讨伐的亲日派。宋美龄自从“西安事变”爆发后至此，已和以何应钦为主的讨伐派争持了一个多星期，深感疲累。她在后来的《西安事变回忆录》中，是这样描述当时的形势和自己的心情的：“西安四周军队皆整装待发，叛军之后，复有共军，凡此各方，皆屏息以待，立可爆发。而中国境外复有各国静观此间之结果。所谓东北军者，人数众多，军械精良，其作战计划，即以后方之共军为其唯一之后盾；而虎视眈眈之帝国主义者，正是盼中国内战之爆发，俾以借口以大规模之侵略，完成其统治中国之迷梦，则此种现象之造成，自将引起彼方之无限制之干涉。凡上述之危状，皆为日来缠绕我心坎之魔影。自闻军事长官坚决主战之论调后，未能一日忘怀者也。”

在主张讨伐的国民党政府诸人中，何应钦是为首之人，但他一向处事圆滑，有“何婆婆”的绰号，所以虽然和宋美龄意见不合，但对她总还是客客气气的，保持了对委员长夫人的礼貌。但戴季陶、吴稚晖等人以元老自居，平素就对蒋夫人干预国家大事不满，此时更是在宋美龄面前摆出一副公事公办的架势，认为她只关心丈夫安危，不顾国家大局，是典型的妇人之见。宋美龄和主战派周旋时，在他们那里受了不少的气。

宋美龄曾当面正告诸人，自己虽是女流之辈，但她的主张绝不仅仅是为了营救丈夫的私意。她宣称，倘若蒋介石的死能有利于国家大计，为民族造福，自己会先劝丈夫做出牺牲。同时她也指出，如果内战爆发，轰炸西安，不光作为政党领导人的蒋介石生命受到威胁，陕西的数千万无辜百姓也要遭受战火的摧残，徒然使国家的建设蒙受损失，浪费国力军力。最后，她向主战派要求，他们可以先进行军事准备，让军队进入阵地，但先不要轻易开火，也不要空军轰炸，在和平完全绝望时，再开始战争也未为晚。

在12月19日宋子文出发到西安时，南京政府中传言宋美龄也要同机前往，一时间政府中高级官员纷纷来到官邸进行劝留。当时停止军事进攻的时限已到，宋美龄就乘机要求诸人一起表态，在蒋介石离开西安之前，继续停止中央军对西安的进攻。最后，南京政府同意再延长三天时限。同时，宋美龄也坚决表示，倘若宋子文去了西安后三天不回来，自己将亲自飞往西安，希望众人不要再行阻拦。

在宋美龄焦急的等待中，宋子文终于在21日和端纳一起回到了南京。他们带来的消息是令人振奋的。宋子文首先告诉了张学良以及中共方面的立场，他认为宋美龄此时有必要亲自到西安走一趟，一方面听一下中共方面周恩来的意见，因为宋美龄和周恩来也曾见过面，当然更重要的是宋美龄去可以当面劝说蒋介石同意抗日，以促成事情的最终解决。对于一些仍然怀疑张、杨谈判诚意的南京政府要人，宋子文毫不客气地指出，只有像周恩来这样了不起的人物，具有政治远见，力主和平解决事变、释放蒋介石，南京政府有谁能承担这样的责任和风险，来挽救委员长？相反，还有人要轰炸西安呢！

宋美龄得知中共代表团力主和平解决事变，也很高兴，当时她从二姐庆龄的态度中就已猜想到了，此刻听哥哥说周恩来已亲口向张学良表明了中共方面的态度，更是放心。同时，经过端纳和张学良、宋子文的多次劝说，蒋介石也已开始改变拒绝谈判的立场。宋美龄觉得现在是自己亲自到西安的时候了，因为蒋介石自己肯定不愿出面与张、杨和中共谈判，只有南京方面派代表过去谈，而在这样的情况下，何应钦等亲日派已不再有理由和借口拒派代表赴西安谈判。

而此前主持南京政府军事的何应钦已致电正在德国休养的汪精卫★，请他回国主政，以应付蒋介石被扣后南京政府群龙无首的乱局。汪精卫接电后喜出望外，亲自求见希特勒，以南京政府加入德日反共协定的条件，请德国支持他回国掌权。希特勒通过和日本政府联络后，决定支持汪精卫回国和何应钦组织亲日政府。这样一来，使得本来抱着当行政院长一线希望的孔祥熙感到极度失望，从而坚定了帮助宋美龄救回蒋介石的决心。于是孔祥熙也在宋子文回到南京后开始支持宋美龄到西安亲自谈判。

★汪精卫（1883～1944）

早年留学日本，后加入中国同盟会。1924年当选为国民党中央执行委员。1927年在武汉发动反革命政变。1928年在上海成立中国国民党改组同志会。1931年“九·一八事变”后，任国民党中央政治会议主席、行政院院长和外交部长等职，主张对日妥协。抗日战争爆发后，任国民党副总裁、国民参政会议长。1938年12月发表艳电，投降日本。1940年3月在南京成立汪伪国民政府，任主席。1944年死于日本。

∧ “西安事变”发生后，何应钦致电汪精卫请他回国主政。

到了12月21日，宋子文从西安回来后，各方形势已向着和平解决的方向发展。宋子文带回南京关于蒋介石同意谈判的消息和他本人来去自由的事实，使得主战派失去了军事解决“西安事变”的借口，何应钦等也再无理由阻止宋美龄前往西安。

同时，各地方实力派也纷纷表示支持南京政府和西安方面的谈判。冯玉祥一直坚决主张避免内战，用和平手段解决事变；阎锡山本来想借事变进行政治投机，操纵局势，此时也开

始要求双方和解，避免内战；桂系的李宗仁、白崇禧则明确主张和平解决事变，反对何应钦决定的对西安的讨伐行动；傅作义支持张学良和杨虎城的抗日主张，也反对南京政府的军事行动；四川的军阀刘湘想趁机夺回蒋介石控制的部分势力范围，但此时也同意和平解决事变；云南的龙云表示同情张、杨的抗日行动；山东的韩复榘先是支持何应钦讨伐西安，此时见军事行动无望后，马上发表通电主张和平解决事变，在谴责张、杨的同时，表示拥护蒋介石；北平的宋哲元要求张、杨和共产党划分界限，但强调要保护蒋介石的生命安全。

在这样的形势下，讨伐派的态度也开始发生变化。随着事变出现和平解决的曙光，尤其是亲日派通过实施军事讨伐、想借张学良杨虎城之手除掉蒋介石的阴谋失败后，何应钦等也看到蒋介石最终平安返回南京只是时间问题，由他们主导成立亲日政府的幻想已经破灭。于是他也只得因势利导，同意宋美龄亲自到西安，推动“西安事变”的和平解决，并且极力表白自己的讨伐只是为了勤王救驾、维护南京政府的声望，掩盖自己想要借机除掉蒋介石、组织亲日政府的政治野心。

作为宋美龄，在经过了整整十天的煎熬后，终于盼来了转机，当然不会放弃这个机会，她毫不犹豫地决定第二天就和宋子文、端纳一同前往西安。21日下午宋子文刚到南京和她见面后，她就告诉哥哥，第二天早上就和他们同机去西安。她对宋子文和端纳先后到西安的行动表示感谢，认为解决整个事情就像建造房屋，端纳12月13日去西安是打下了地基，子文12月19日的西安之行是竖起了柱子和墙壁，现在就只剩下上梁盖顶这最后完成的工作了，自己责无旁贷，非去西安不可。

在宋子文告诉了她张学良和中共的态度后，宋美龄也已接受了张学良关于停止内战、一致抗日的政治主张，所以她行前的目标很明确，就是要说服蒋介石，并且代表他出面谈判。

于是在孔祥熙等人的支持下，宋美龄12月22日踏上了飞往西安的飞机。

< 1936年，蒋介石夫妇在绥远与傅作义（前右一）等人合影。

历史备忘录

HISTORY MEMORANDUM

V 日本武装走私大批物资在港口装卸。

V 1937年1月20日，抗日红军大学改为中国人民抗日军事政治大学。

2

3

4

1

日本重申对华三原则

1936年1月21日，日本外相广田弘毅在贵族院演说外交方针，提出对华关系仍要本着三原则进行：（1）中日两国积极亲善提携；（2）中国承认“满洲国”，调整中日“满”三国关系，以保东亚安定；（3）中日共同反共。他还表示，中国政府业已对日本帝国所提出的三原则“充分谅解”，“表示赞成”。次日，国民政府外交部发表声明，否认曾接受“广田三原则”。

日本在华北大规模走私

1936年4月，中国海关报告：因受华北日伪武装走私影响，当月关税收入损失达800万元；自去年8月1日至本月30日止，海关税收损失共计达2550,6946万元。自冀东运往天津的走私物品有：人造丝89617包，卷烟纸6171包，布匹12131包，白糖479296包，杂货11052包。

中共抗日红军大学成立

1936年6月1日，中国抗日红军大学在陕北安定县瓦窑堡成立并举行开学典礼。林彪任校长，毛泽东兼任政治委员，罗瑞卿任教育长。毛泽东、张闻天、周恩来等出席开学典礼并讲话。这期学员编为3个科，共1063人。1937年1月，改名为“中国人民抗日军事政治大学”。

山西成立“牺盟会”

1936年9月，“九·一八”事变5周年时，山西省牺牲救国同盟会在太原成立，简称牺盟会，阎锡山任会长。山西各县均设有分会。在中国共产党密切合作和帮助下，牺盟会发动群众，组织抗日救亡团体和抗日武装，在山西的抗日斗争中，起了重要作用。1943年3月，该会在沁源县召开第二次代表大会。会后，牺盟会宣告解散。

和平解决“西安事变”

12

南京政府的要员们纷纷赞扬蒋夫人的临危不惧、勇闯虎穴的精神。蒋介石的幸存似乎成了民族和国家的大喜事，也成了宋美龄的一大功绩。甚至国际上也传扬着这位中国“第一夫人”的事迹。美国外交官约翰·佩顿·戴维斯就说过，中国的这位“第一夫人”在西安表现出“一种要是在前一个时代就会把她推上王位的气质”，称她是力挽狂澜的中国“第一夫人”。美国的《时代》杂志还把宋美龄和蒋介石评为当年的“新闻人物”，在1938年1月3日出版的那一期封面上，刊登了他们的合影。

宋美龄临危不惧

1936年12月22日，在“西安事变”发生十天后，经过漫长焦虑的等待和周旋，宋美龄终于离开南京，飞往西安。此次行程南京政府没有阻拦，上午11时，飞机起飞。除了宋子文和端纳外，负责情报工作的戴笠★和送蒋介石手令回南京的蒋鼎文也陪同前往。

下午2时许，一行人飞抵洛阳，宋子文和宋美龄去洛阳军校稍作休息。此时蒋鼎文忽然害怕起来，表示自己不愿去西安了。宋美龄认为他这样做会影响众人的心情和气氛，于是坚决不同意，在她的压力下，蒋鼎文勉强同意继续同行。

当时虽然是冒险进入“叛军”的控制区域，但宋美龄没有丝毫怯意。她始终相信张学良的保证，加上哥哥和端纳的亲身经历，更让她坚定张学良是有和平解决的诚意的。所以她去西安之前的主要精力一直放在对付南京的讨伐派上。此时在洛阳已有传言，张学良很有可能控制不住手下的将领，东北军将领未必会答应放蒋介石回南京。宋美龄就此事征询了宋子文的意见，宋子文告诉她，以自己的亲身经历看，这样的情况不会发生。况且中共方面的周恩来也是宋子文所信任的，当年两人在广州革命政府共事时，宋子文就很熟悉周的为人和行事。于是在哥哥的鼓励下，宋美龄坚定了继续前进的信心。

在洛阳机场，宋美龄看到轰炸机排列待发，一派战争气氛，于是她召集集结在洛阳地区的将领和军官，要他们不要轻举妄动，以确保蒋介石的安全。她还特别严令空军将领：“未得委员长命令，切勿派飞机飞近西安。”当时宋美龄担任国民政府航空委员会秘书长已有一年，凭着自己对航空事业的兴趣和特殊背景，在经费和人员上为空军帮了不少忙，对空军有很大的影响力，也培植了一批亲信。所以她相信自己在洛阳机场这么讲话，空军的将领们不会轻易违抗的。

★戴笠（1897～1946）

浙江江山人。1926年考入黄埔军校。“四·一二”反革命政变后，任蒋介石总司令部联络参谋，开始从事情报活动。1930年他发起建立了国民党第一个特务组织调查通讯小组。1932年任国民党中华民族复兴社特务处处长。1938年任军统局副局长，实为其主事。1940年兼任财政部缉私总署署长、战时货物运输管理局局长。1945年当选为国民党中央执行委员。抗战胜利后，又积极推行蒋介石反共内战的政策。1946年3月17日，在江苏江宁县坠机身亡。

< 戴笠旧照。1936 年 12 月 22 日，负责情报工作的戴笠跟随宋子文飞往西安。

在短暂的停留后，宋美龄等一行人又从洛阳机场起飞。下午 4 点半到达西安机场。在飞机开始降落前，宋美龄从提包里取出一把左轮手枪，交给身边的端纳说："端纳先生，如果叛军乱兵哗变，张学良将军失去控制，把我们也扣住的话，你就用这把枪打死我，千万不要迟疑。"

当时宋美龄的座机为了引起地面的注意，到达西安上空后，还特意在空中转了几圈。飞机降落在机场后，让宋美龄等人意外的是张学良和杨虎城亲自到机场欢迎。气候十分寒冷，机场上头戴羊皮帽的东北军士兵高举火把围成一个圈，以示欢迎，场面很热烈，仿佛什么事也没有发生过。

宋美龄此次来西安带了大批的侍卫和随从，还有女仆和厨师。她给蒋介石带来了许多吃的和用的东西，有蒋介石喜欢吃的浙江老家的霉干菜，还替蒋介石带了一副假牙。宋美龄向张学良表示行李不用检查了，张学良也就同意放行，但没收了戴笠的一把小手枪。

在张学良的公馆稍事休息后，宋美龄和宋子文就在张学良的陪同下去见蒋介石。蒋介石当时还是住在金家巷的高桂滋公馆，一行人没有事先通报，就直接过去了。当时正在房间里面壁苦思的蒋介石突然见到宋美龄出现在眼前，惊喜交加，不禁喃喃自语着："余妻真来耶？君入虎穴矣！"

患难之中，妻子冒险前来，蒋介石虽然心里十分高兴激动，但还是大声问她："你为什么要来，你不知道这里危险吗？"

宋美龄见到蒋介石后也是十分激动，几乎要失声叫喊起来，但现在身为"第一夫人"的她已经很会控制自己的情绪了，只是平静地说："我来看你。"接着走上前略一端详，见蒋介石气色还好，问道："达令，伤在哪里？给我瞧瞧。"

蒋介石也平静了下来，淡淡地答道："还好，回去再找个大夫吧。"

宋美龄立刻故作惊讶地说："难道没有大夫替你看伤吗？"

> 宋美龄亲赴西安营救蒋介石。

张学良连忙接过去道："有的，夫人。大夫每天替委员长换药、打针。"

"那就好。"宋美龄立刻又笑起来，"我知道你们不会亏待他的。"

这时场面的气氛被调动起来，大家觉得不再尴尬和拘谨了。蒋介石也有些得意地把早上读到的《圣经》中的一段话拿给宋美龄看，说："今天早上做早祷，在《耶肋米亚》第31章中说得明白，耶和华将会有新作为，将由一位妇人之手显示奇迹。"

宋美龄大笑，在座众人也一齐发出赞叹之声："委座了不起，有先见之明！"

稍坐片刻，张学良起身告辞。于是蒋介石和宋美龄以及宋子文等人坐下来开始商量下一步该怎么办。首先由宋美龄把南京情形说了一遍，包括各种各样的传言和舆论的变化，她的主要意思是蒋介石不应再固执地坚持不妥协，否则得利的将是南京政府中的亲日派。最后她劝慰蒋介石："此后君不应再轻言殉国矣。"

众人也都劝告委员长应珍惜生命，为国家努力。蒋介石此时已坚持了十多天的不妥协，自觉也该找台阶下了，以免最后弄得事情不可收拾。当下他和宋美龄、宋子文兄妹两人私下交换了有关谈判的看法。当时张学良和杨虎城以及周恩来已经表示谈判应以张、杨在事变当日发表的八项政治主张为基础，蒋介石在两天前和宋子文商量时也已大体同意了其中的几个主要条件，此时他强调的是自己赞同谈判，但不能直接出面谈，主要由宋子文和宋美龄兄妹两人出面，代表他进行谈判。

同时蒋介石坚持，最终的协议上他将不会签字，而是以"领袖人格"担保实现。宋美龄自然知道这是蒋介石要面子，不愿在被挟持的情况下和人签约，心想虽然张学良不一定会答应，但还是先把谈判完成再说吧，到时候再想办法。宋美龄和宋子文都是一直赞同张学良的抗日主张的，心想蒋介石态度如此，谈判应该会比较顺利。宋美龄安慰蒋介石，他在圣诞节之前就可以回南京了。

∧ 宋美龄与端纳抵达西安时在机场留影。

于是带着蒋介石同意谈判的意见，宋美龄当天连夜去见张学良。在张学良的住处，宋美龄首先批评了张学良这次的行动太莽撞了，同时她也对张学良抗日的初衷表示理解，说自己正在促使蒋介石反省自己的问题，搞好此事的善后工作。

张学良对宋美龄再次强调他绝无伤害蒋介石的意思。他说："兵谏也是迫不得已，只是想让委员长同意抗日。如果夫人当时在西安的话事情也不一定会到这地步。委员长自被禁后，一直愤愤不已，拒不谈任何问题。希望夫人能劝服委员长，我们一不要钱，二不要地盘，只希望他同意八项政治主张，一致抗日。"他还表示，只要蒋介石答应抗日，签不签文件都可以，他个人很愿意立刻恢复蒋介石的自由，送他回南京。

宋美龄感到放心，就对张学良说谈判可以马上进行，希望张学良能尽快收拾"危局"，让蒋介石赶在圣诞节前回到南京。

张学良也同意立刻进行谈判，但提出要尊重杨虎城及西北军的意见，同时中共代表周恩来也将参加谈判。宋美龄表示同意。

∧ 1934 年，张学良与何应钦在南京。

第二天，也就是事变发生后的第12天，12月23日上午谈判在西安金家巷的张学良公馆西楼二层正式进行。这是第一轮谈判，宋美龄没有出席。宋子文代表蒋介石和南京方面，张学良代表东北军方面，杨虎城代表西北军方面，还有代表中共的周恩来。

在这第一轮的谈判中，周恩来提出了中共及红军的六项主张：

一、双方停战，中央军撤退到潼关以东。

二、改组南京政府，排逐亲日分子，加入抗日分子。

三、释放政治犯，保障人民的民主权利。

四、停止“剿共”，联合红军抗日，允许共产党公开活动（红军仍保存独立组织领导。在民主国会召开前，苏区保持原状，但名称可冠以抗日或救国等字样）。

五、召开各党、各派、各界、各军的救国会议。

六、与同情中国抗日的国家合作。

周恩来表示这六条蒋介石如能保证实行，中共将帮助蒋介石统一中国各方力量，一致抗日。

急于结束事变的宋子文表示这六条并无过分之处，他个人表示同情

> 代表中共参加和平解决"西安事变"谈判时的周恩来。

和承认，但还要先征求蒋介石的意见。当天下午谈判继续进行，宋子文先就周恩来的六项条件提出了具体的实施意见，双方进行讨论。

宋子文就改组南京政府先提出了具体方案，准备由孔祥熙和宋子文本人负责组阁，驱逐亲日派，并表示可以先成立过渡政府，三个月后成立正式的国防政府。对此，张、杨和周恩来都认为可以接受，但提出释放蒋介石回南京前，应该先行撤退中央军和释放上海被捕的"七君子"。在过渡时期，先由东北军、西北军和陕北红军共同组成西北抗日联军，由南京政府提供必要的军饷和开支。

第一天的谈判进行得比较顺利，当天晚上，宋美龄告诉宋子文她想见一下周恩来，希望通过周恩来向杨虎城施加影响。于是晚上宋美龄和周恩来作了第一次谈话。见面后周恩来首先说明了中共和红军并没有参与"西安事变"，同时向宋美龄阐明了中国共产党关于和平解决事变的主张。然后，周恩来从中国革命所经历的困难和曲折谈起，说明在"九·一八"事变后，民族矛盾上升为主要矛盾，中国共产党希望团结抗日，但蒋介石对中共方面团结抗日的要求始终不予理会，顽固坚持"攘外必先安内"的政策，才造成了"西安事变"的发生。他认为，当前是蒋介石及其南京政府改变政策的好机会，希望宋美龄和宋子文兄妹能劝蒋介石回心转意，同意他们的抗日要求，这对国家、对个人均有好处。周恩来还这样说："我们不是说委员长不抵抗侵略，我们是说他抵抗得还不够坚决，或者说行动不够快。"

宋美龄表示，既然中共有团结抗日的诚意，应该在政府的领导下，共同努力。周恩来说，只要蒋介石同意抗日，中共愿意拥护他为全国的领袖。此外，周恩来还分析了目前日本对华北地区的进逼和全国形势，表示红军可以马上开赴抗日前线。宋美龄对他的分析表示赞同，当然，她最后还是找机会提出了要周恩来做劝说杨虎城的工作，以使杨虎城同意早日释放蒋介石。周恩来答应了下来。

12月24日，三方谈判继续进行。宋美龄也参加了谈判。经过一个上午的谈判，基本上达成了协议。宋美龄和宋子文代表蒋介石，基本接受了西安方面的政治主张。张、杨也基本同意了先让蒋介石回南京，红军暂时由东北军负责接济，到抗战正式开始后红军再统一改编，同时允许中国共产党公开活动。此外，宋美龄和宋子文同意了蒋介石回南京后，立刻辞去国民政府行政院长一职，召开国民党中央全会，开放政权，召开救国会议，三个月后改组国民党中央。

宋美龄和宋子文坚持，只要蒋介石下令中央军撤兵，就应该先放他回南京。对此，张学良表示同意，杨虎城和周恩来表示再考虑，但他们

> 西安谈判期间，中共代表周恩来、叶剑英与国民党代表张冲在一起。

表示谈判有了协议，就可以放蒋介石。此外，宋氏兄妹俩还表示，中国国力薄弱，目前还只能进行抗战的准备工作，全面开战还未到时候，希望大家能给蒋介石一定的时间做出部署和准备。张、杨和周恩来对这种抗日的“唯武器论”和“抗日长期准备论”进行了批驳，认为抗战已是迫在眉睫的事，但对宋美龄和宋子文提出的方案还是基本表示了认同。

由于宋美龄和宋子文都有诚意，既有抗日之心，也有解决事变的紧迫感，所以这两方四派的谈判进行得比第一天还要顺利，下午就形成了基本协议，主要有以下几条：

一、改组国民党和国民政府，驱逐亲日派，容纳抗日分子。

二、释放上海爱国领袖，释放一切政治犯，保证人民的自由权利。

三、停止“剿共”政策，联合红军抗日。

四、召集各党、各派、各界、各军的救国会议，决定救亡方针。

五、与同情中国抗日的国家建立合作关系。

其他还有一些重要的内容是蒋介石须命令中央军入陕部队撤出潼关，西北各省军政由张学良和杨虎城负责。

至此，谈判宣告结束。

宋美龄和宋子文当即将谈判结果去告知蒋介石。在吃晚饭的时候，由宋子文向张学良转达了蒋介石的意见和保证。蒋介石的保证是他将下令中央军退出潼关，不再进入西北地区，改组国民党，在外交上联俄、联英美等，对抗日本；要孔祥熙和宋子文商定名单，改组政府；朱绍良、邵力子等南京政府人员离开陕、甘，让何应钦出国考察；联红容共，现红军苏区保持不变，由张学良的东北军暗中接济红军，待抗战全面开始后再联合行动，改红军的番号。可以说，蒋介石的这些保证表明他基本接受了协议。

晚上，宋美龄和宋子文陪同周恩来来到戒备森严的金家巷高公馆见蒋介石。蒋介石见周恩来到来，勉力坐起，与周恩来寒暄。

∨ 为了保证“西安事变”谈判的胜利，中共中央在军事上也做了部署，准备还击汪精卫、何应钦等国民党亲日派对西安的“讨伐”。这是率部在咸阳、潼关一带驻防的红十五军团军团长徐海东（右三）与前来慰问的西北救国会宣传部副部长宋绮云（右四）以及杨虎城秘书米暂沉（右二）在咸阳西乡总部的合影。

> 时任黄埔军校政治部主任的周恩来。

周恩来当年是黄埔军校的政治部主任，而蒋介石是当年的校长和总司令，两人在十年后又面对面地坐在了一起。看到当年骑在战马上英姿勃勃、严肃冷峻的蒋校长此时由于在事变中受惊吓、受风寒又遭跌伤，面色疲倦不堪，腰也直不起来，只是勉强坐在床上，周恩来不由得一阵感叹，向他说："蒋先生，我们十年没有见面，你显得苍老多了。"

蒋介石对周恩来的印象颇深，虽然对方现在已是中共的最高领导人之一，他还是用当年两人合作时的称呼说道："恩来，你是我的部下，你应该听我的话。"

周恩来非常明确地回答："只要蒋先生能够改变'攘外必先安内'的政策，停止内战，一致抗日，不但我个人可以听蒋先生的话，就连我们红军也可以听蒋先生的指挥。"

宋美龄也在旁边对蒋介石说："你们本是同校故交，今日会面，以前的事要互相见谅。这次你在西安出事，多亏周先生千里迢迢地从延安赶来调解，实在是应该感谢的！"

张学良也在一旁表示："只要委员长同意抗日，我们仍拥护委员长做领袖。"

这次见面的气氛是友好的，也是很有成效的，蒋介石当

< 毛泽东等中共领导人亲赴机场迎接自西安返回延安的周恩来。

场向周恩来表示了三点：一、停止“剿共”，联红抗日，南京政府的中央地位不变，统一中国，由他指挥全国抗日。二、由宋子文和宋美龄以及张学良全权代表他本人与周恩来具体解决协议中商谈好的问题。三、他回到南京后，周恩来可以直接和他谈判。

至此，蒋介石对各方的态度已经表明，“西安事变”得到了和平解决。

在送周恩来出来时，宋美龄又特意对他表示，大家都是炎黄子孙，不应该再自相残杀，凡是内政问题，都应以政治手段寻求解决，不应擅用武力。

这次会见令蒋介石很满意，他终于确信自己已经可以安全地离开西安了。蒋介石后来提到这次会见时说，周恩来是他认识的“最通情达理的共产党人”。

后来蒋介石回到南京，停止“剿共”，和共产党进行谈判，周恩来一直是中共方面的主要代表，并在抗战期间一直常驻重庆。

谈判成功携夫回南京

现在谈判已经结束，基本的协议达成，释放蒋介石也就显得顺理成章了。还在谈判开始前，蒋介石就死要面子，提出他不参加谈判，只是由宋子文和宋美龄做代表，而且谈判如达成协议，他不在上面签字，只是以“领袖人格”担保实施。对于这两点，张、杨和周恩来都表示了同意，所以谈判才得以进行。

当时他们三人都觉得蒋介石身为“国家元首”，又不是举行最高会晤，不出席谈判也可以理解。至于签不签字的问题，周恩来曾向在延安的毛泽东和中共中央请示，毛泽东在回电中讲得很明白：“要他签字干什么，签与不签一回事嘛！他要推翻的话，签了字也没用。”

< “西安事变”后第三天，张学良阅读蒋介石顾问端纳带来的宋美龄的亲笔信。

可是在面临释放蒋介石的关头，事情出现了一些变化。在12月24日晚上，张学良和杨虎城在新城大楼召开会议。当时多数人主张释放蒋介石应有条件，也就是蒋介石必须签字做出保证，可是张学良认为只要蒋介石原则上答应了已达成协议上的条件，就可以让他走，而且还决定亲自送他回南京。因为许多人对张学良的决定感到不安，所以张学良特意开了这个会，把王以哲、何柱国、董英斌等高级将领召集起来，当场宣布他要送蒋介石回南京，并向南京政府请罪，以恢复蒋介石的威信，以利于今后的抗日大业。在会上众人都劝张学良不必送蒋，怕他回去后变卦，见张学良坚持，又建议至多送蒋到洛阳。

张学良表示送蒋是为了大局，并布置了他走后的安排：东北军的事务一切由于学忠负责，抗日联军总部的事由杨虎城负责，有什么问题可以和中共方面的代表周恩来商量。

可是张学良的安排并没有打消众人的疑虑，东北军的著名将领高崇民在听了张学良的安排后，回去连夜写了一封长信给张学良，反复说明必须有条件和有保证地放蒋。

12月25日早上，东北军和西北军的高级将领和重要幕僚联名写信给宋子文，提出中央军先撤军是放蒋的前提，同时表示如果蒋介石不在协议上签字，即使张学良和杨虎城同

∧ 抵达西安营救蒋介石的宋美龄、孔祥熙（右二）、端纳（右三）一行。

意放蒋介石回南京，他们也不会答应。信的措辞十分强硬，说如果蒋介石不签字的话，“即使张、杨两位将军答应了，我们也誓死反对”。

宋子文大为吃惊，赶紧和宋美龄商量。两人觉得事态又严峻起来，还是要做张学良的工作，争取马上离开，以免夜长梦多。

于是两人急忙去找张学良，催促他当天就放蒋介石走。在张学良面前，宋子文先是转达了蒋介石的保证，即他一离开西安，就下令中央军撤出潼关。宋美龄则表示她和蒋介石都是基督徒，都希望能在圣诞节赶回南京。宋子文也说，改组南京政府的事最好趁热打铁，早日进行。同时他们还把东北军和西北军将领的信给张学良看了。

张学良看了信后，也着急起来，生怕部下哗变，出现重大乱子，于是决定当天就让蒋介石离开。

还在前一天的晚上，杨虎城就曾向张学良提到，现在他的许多部下都对蒋介石不放心，认为张学良和宋氏兄妹交情深厚，以后蒋介石反悔的话，张学良的性命也可以保住，但别人的性命就难说了，所以众人都要求在释放蒋介石之前必须让他有一个明确的保证。当时张学良还进行了一番安抚。

现在眼看事态有失控的危险，张学良当即答应当天下午就放蒋介石，并且自己亲自送回南京。同时，他要宋美龄和宋子文向蒋介石要求，在临上飞机前除了协议中的条件外，还必须亲口保证将来不再追究参加此次事变的所有人。

在宋氏兄妹离开后，张学良立即去见杨虎城和周恩来，表示他将马上释放蒋介石，并且准备亲自送他们回南京。杨虎城感到有些吃惊，要他再仔细考虑一下。张学良表示不必再多考虑了，事情紧急。随后就匆匆回去做准备了。

25日下午2点，张学良打电话请杨虎城到金家巷自己的公馆商谈要事。杨虎城匆忙赶到后，张学良神色紧张地告诉他，现在不马上走不行了，夜长梦多，可能会出大乱子。接着张学良说，他已探听到东北军和西北军的部分军官在得知自己要立即释放蒋介石后，有人提出了再次发动兵变，将张学良和蒋介石一起抓起来杀掉的主张。

“现在只有先走再说，这样才是避免出乱子的最简单方法。”张学良说。

杨虎城也意识到情况严重，对于蒋介石签不签字、做什么保证，他本来是想再坚持一下的。可是他也明白蒋介石真要反悔，签了字也没用的道理，和部下哗变的后果比起来，还是让蒋介石立刻离开的好。

张学良见杨虎城答应，松了口气。这些天来自外界和内部各方的压力，还有内心巨大的焦虑，已把他搞得身心俱疲，神经高度紧张，几乎难以支撑。

当下张学良又对杨虎城说：“我今天决心亲自送蒋走。我想在几天内就可以回来的，请你多偏劳几天。万一我回不来，东北军今后就完全归你指挥。”

杨虎城虽说同意让蒋介石马上走，但没想到当天就走。看张学良十分坚决，他也觉得不便反对，只是力劝张学良不要亲自送蒋介石回南京，说：“放他就已经表明了我们的真诚，送他实在是使不得啊。”

张学良也很感激他的关心，说：“老兄之言，足见关爱，学良感铭于心。但事情已定，也只好如此了。”

于是在25日下午3点半，张学良和杨虎城分别陪同蒋介石、宋美龄以及宋子文、端纳等人，分乘两辆汽车，秘密地从蒋介石所住的金家巷高公馆开出，悄悄地驶往西郊军用机场，连周恩来都没有通知。

当时时间紧急，离开得十分匆忙，蒋介石等人坐的飞机是张学良的座机。由于座位有限，绝大多数南京过来的人员都没有一起走。不过宋美龄还是比较关照自己身边的人，她让亲信黄仁霖收拾东西，带上一直跟从自己的蔡妈第二天坐另一架飞机走。而和蒋介石一起被扣留在西安的国民党军政大员像陈诚、朱绍良、卫立煌、蒋作宾、陈调元等十多人不仅没有和蒋介石夫妇同时离开，甚至连第二天蔡妈和黄仁霖的飞机也没有赶上，又等了七八天，元旦过后，才由杨虎城将他们送出西安，返回南京。

蒋介石由于身体虚弱，扭伤的腰也没有完全恢复，出高公馆的时候还是由宋美龄和宋子文一边一个搀扶着上张学良的汽车的。蒋介石夫妇和张学良一辆车，宋子文、端纳和杨虎城一辆车。

到了机场后，蒋介石看到那里聚集着两千多人的群众队伍，大吃一惊，还以为是西安的

∧ 蒋介石与陈诚合影。陈诚作为蒋介石的心腹干将，也被扣留在西安，可谓与主人“同甘共苦”。

★傅作义（1895～1974）

山西荣河人。中原大战期间任阎军第三方面军第二路军指挥官，率部在津浦铁路沿线与蒋军作战。1931年任第35军军长兼绥远省政府主席。“九·一八”事变后，通电坚决抗日。1935年4月被授为陆军二级上将。抗日战争期间，相继任第7集团军总司令兼第35军军长、第十二战区司令长官，先后参加南口张家口战役、忻口会战、太原保卫战诸役。抗战胜利后，任华北“剿总”总司令，执行蒋介石的内战政策。1949年接受中国共产党提出的和平解放北平的条件率部起义，中华人民共和国成立后于中央人民政府任职。

群众得知他不肯在协议上签字，特地来机场示威，阻止他返回南京的。经过张学良解释，说那是群众准备欢迎从绥远来西安的抗日将军傅作义★的，才放下心来，点着头说：“嗯，应该抗日，应该抗日。”

临上机前，杨虎城向众人告别，并特意对蒋介石说：“委员长回京之后，为民族，为国家的大业还要多操心，一切请多珍重。”

蒋介石有些紧张，生怕对方又生变故，赶忙握住杨虎城的手，显得很诚挚地说：“虎城兄，我答应你们的条件，我以领袖的人格担保实现。你们放心，假如我不履行自己的承诺，你们可以不承认我是你们的领袖。”

宋美龄也赶紧从身边摸出一张纸来，又读了一遍协议的主要条款：“蒋先生绝对不会忘记，答应你们抗日。现在再重复一遍：一、命令中央军入关之部队于12月25日起撤出潼关。二、停止内战，集中国力，一致对外。三、改组政府，集中各方人才，容纳抗日主张。四、改变对外政策，实行联合一切同情中国民族解放的国家。五、释放上海被捕各领袖，即下令办理。六、西北各省军政，统由张、杨二位将军负其全责。”

蒋介石等她读完，又说：“今天以前发生内战，你们已经负责了，今天以后发生内战，我负一切责任。今后我绝不剿共。我有错，我承认；你们有错，你们也要承认。”

说完后，他觉得应该再保证一下不事后追究参与事变的人，就说：“你们这一次的事，嗯，是做得有些冒失，现在一切主张都已达成共识，过去的事就不必再说了。今后大家只当没有这回事了，安心训练部队，准备抗日。”

杨虎城也觉得蒋介石能这么说已经很难得了，就扶着他说：“委座请放心，我已通报洛阳，说您的座机将在那里停留，一切都很安全。”

随后蒋介石在宋美龄的搀扶下登机。在西安的暮色中，飞机慢慢升空，张学良护送着蒋介石夫妇离开西安。

> 东三省陷落，背负“不抵抗将军”罪名的张学良，用实际行动在西安书写了其人生最辉煌的一笔。

> 搭载蒋介石回南京的飞机准备从西安机场起飞。

半躺在飞机上特意准备的沙发里，蒋介石思潮起伏。从12月12日到25日，差不多半个月的时间，都是在焦灼不安中度过，他曾为自己的生命安全及一生的事业而忧心，如今总算可以透过一口气来了。不过接下来回到南京如何巩固自己的权力，把“西安事变”给他造成的负面影响减到最少又是一个不小的问题。

他轻轻叹了口气，转头默默地看了身旁的宋美龄一眼，宋美龄此时正打开耳机听着音乐。蒋介石心里十分感激，真是难得的“第一夫人”啊，是她挽救了自己的生命！后来，蒋介石在私下和身边的人还说起，在那次他一生中经历最惊险的“西安事变”中，是夫人给了他一条命，他和她没白做夫妻一场。

而宋子文的表现也让他感动，此后蒋介石一直给了他很高的职位，甚至让他当了行政院长，直到大陆兵败，逃亡台湾，宋子文才结束了在蒋介石政府的仕途。

和心神不宁的蒋介石不同，宋美龄此刻的心情十分轻松，也充满了得意和成就感。在西安的三天她和张、杨以及中共方面的谈判改变了一切，而且是如此的顺利，不能不让她得意。虽然从今天早上直到上飞机前形势一度显得比较严峻，但还是很快结束了，还把少帅也一起带上了飞往南京的飞机。大局已定，不会再发生意外了。她又想起了昨天晚上在平安夜做的一个祷告，得到的启示是第二天就可以回南京，当时蒋介石还表示怀疑，现在它真的实现了。想到这里，宋美龄的脸上现出了笑容。

她不能忘记和南京政府中的讨伐派的艰难周旋，想象着自己带着蒋介石在南京走下飞机，各界热烈欢迎，以及何应钦等人强作欢颜的样子，得意之情再次充满心头。

接着又想到张学良这个讨伐派眼中的“叛军首领”居然跟着自己到南京“请罪”，这次事情的解决实在是太完满了。当张学良表示要送蒋介石到南京时，宋美龄曾保证他的安全，

在她看来，这不是很难的事。虽然她估计到了南京蒋介石会有所报复，但张学良后来的结局却是她此刻万万想不到的。

飞机先到洛阳停留，第二天中午才到达南京。从西安出发后，“西安事变”和平解决、蒋介石平安返回南京的消息已通过电报通知了洛阳、南京和全国各大城市，甚至世界各地也很快传遍了。

全国一片欢腾。12月25日当晚飞机到达洛阳时，驻洛阳的中央军团以上军官紧急集合，他们服装整齐，列队等候在机场，欢迎蒋委员长平安归来。

在上海，当天圣诞节十分热闹，行人拥挤在圣诞灯火装饰通明的街道上。蒋介石被释放、重新回到南京主政的消息传来后，街上放起了鞭炮。整个城市更是沸腾，人们纷纷互相祝贺，庆幸国家避免了一场大的内战，团结抗日的局面马上可以形成了。

南京的情形更是热闹。晚上，玄武湖和中山陵等处搭起彩棚，燃起篝火，人们载歌载舞。总统府前的广场上也聚满了人群，他们高举标语牌，为和平和国家团结而欢呼。就是南京政府中的讨伐派，也有人对这么短的时间内蒋介石从西安获释表示惊叹，佩服宋美龄前往西安的勇气和成功。

1936年12月26日中午12时，蒋介石和宋美龄乘坐的波音飞机在四架战斗机的护航下从洛阳飞抵南京大校场机场。机场上举行了热烈的欢迎仪式，国民政府主席林森亲自到机场迎接。

张学良和宋子文、端纳是乘坐另一架飞机到南京的，比蒋介石和宋美龄晚到了两小时。机场上欢迎的人群早已散去，除了前来迎接宋子文和端纳的几个人外，都是武装宪兵和便衣特务。宋子文见这样的架势，也有些不放心，因为他曾向杨虎城和周恩来等保证过让张学良马上回西安的。不过好在军警也没有马上拘捕张学良，只是把他接上蒋介石派来的专车，还是按照预定的安排送他到北极阁宋子文公馆。

张学良来时带了4名警卫，张学良上车时只有两名被允许上车，另两人被留在了机场上。在到宋子文公馆时，军警特务的车子前后夹着，一路监视。

宋子文公馆北极阁在风景秀丽的鸡鸣山，环境幽雅，山高林密，是夏天避暑的好去处。宋子文在西安以个人身份担保张学良的人身安全，张学良送蒋介石返回南京后，就与宋子文一起居住在这里。宋子文也没有别的办法，只好安慰张学良先宽心住上几天，等蒋介石忙过了再说。

在宋子文和张学良焦急等待的同时，宋美龄正享受着欢呼和赞誉。南京政府的要员们纷纷赞扬蒋夫人的临危不惧、深入虎穴的精神。蒋介石的幸存似乎成了民族和国家的大喜事，也成了宋美龄的一大功绩。甚至国际上也传扬着这位中国“第一夫人”的事迹。美国外交官约翰·佩顿·戴维斯就说过，中国的这位“第一夫人”在西安表现出“一种要是在前一个时代就会把她推上王位的气质”，称她是力挽狂澜的中国“第一夫人”。美国的《时代》杂志还把宋美龄和蒋介石评为当年的“新闻人物”，在1938年1月3日出版的那一期封面上，登出了他们两人的照片。

《时代》周刊的老板卢斯是宋美龄的老朋友，他把约翰·佩顿·戴维斯称赞宋美龄的话登在了自己的刊物上，还宣称在自己主办的报刊上是从不刊登类似言论的，这是第一次，因为宋美龄太伟大了。

< 国民政府主席林森亲往机场迎接蒋介石返回南京。

当时的那期《时代》周刊还在头版头条的显赫位置报道了“西安事变”的经过，高度评价了中国“第一夫人”宋美龄。其中说道：“中国人在一位最高领袖及其出色的妻子的领导下度过了1937年。在这对夫妇的领导下，向来不团结的中国人民，慢慢地表现出民族意识。”

而1938年的1月，南京刚陷落不久，蒋介石和宋美龄已被迫撤离南京，连周刊的记者都无法透露这对年度“新闻人物”夫妇本周到底身在何处。不过在专题报道里记者引用了蒋介石表示对抗战前景乐观的话：“告诉美国，请完全相信我们。战争的形势正在扭转，最后的胜利将属于我们。”

当时在美国的大中城市，宋美龄成了人们议论的话题，她本人也成了具有轰动效应的国际新闻人物。可以说，正是“西安事变”使得宋美龄在美国开始有了真正重大的影响力，为她以后赴美演说，寻求美国对中国抗战的援助打下了良好的基础。

同时，“西安事变”的和平解决也使宋美龄在国民党政坛上更增加了政治资本。大大小小的官员纷纷吹捧蒋夫人的丰功伟绩，就连宋美龄的亲信黄仁霖也因为到过西安而沾光。

不过宋美龄得意之下，也不自觉地做了得罪人的事。宋美龄平时就有写一些新闻报道的习惯，帮助蒋介石在国际上宣传。这次经历了“西安事变”后当然更是要好好写一下。不到一个月的时间，也就是1937年1月，她的《西安事变回忆录》就面世了。

在这个小册子中，宋美龄自然要吹嘘和宣扬她个人的功劳和勇敢精神，也为蒋介石做辩解和争取声誉。但她忘不了当初南京政府的讨伐派如何让她心焦和难堪，在回忆录中对何应钦、戴季陶等进行了抨击。她还明白地指出了事变发生后南京政府中的讨伐派是想趁机掌权。在叙述自己从中斡旋力求和平解决的同时，和她意见对立的人都被描绘成了怀有阴谋的亲日派。

而在蒋介石几乎同时写的《西安半月记》中，则主要是在攻击扣押他的张学良，毕竟蒋介石的政治经验比较丰富，明白自己在西安被扣之时，何应钦等人如果真是要置自己于死地，那就不会是现在的结果了。当时，蒋介石在西安被扣押时还是希望自己的中央军能随时保持对张、杨的压力，以作为和平手段的一种补充和后盾。所以尽管在西安时蒋介石答应了改组政府，让何应钦等亲日派出国，回南京后并没有马上实行。事实上，除何应钦外，戴季陶、吴稚晖等人也都是国民党的元老，一向没有和蒋介石争权的野心，其中戴季陶更是和蒋介石交情非同一般，蒋介石是绝对相信戴坚持讨伐西安只是为了维护南京政府的权威。所以后来这些人都还是蒋介石政治上合作的伙伴，当时身为“讨逆军总司令”的何应钦此后还在“蒋家王朝”一直待了几十年。

宋美龄性格中要强好胜的特点在《西安事变回忆录》的写作中再次表现了出来，本来自己取得了成功，声势大振，对失意的对手大可一笑而罢，可是宋美龄却在书中大量渲染自己如何顶着巨大压力，在“甲胄森严”与“战斗意识弥漫之重围中”奋力抗争，最后终于取得完全成功。

当时蒋介石本来是想要宋美龄把《西安事变回忆录》删改一下再公开印刷的，但宋美龄坚持不肯，于是回忆录和蒋介石的《西安半月记》合刊出版。

< 时任黄埔军校首任政治部主任的戴季陶。

> 从西安归来的宋美龄满脸的笑容，而蒋介石似乎还处于惊悸之中，笑容做作。

当时《西安事变回忆录》的出版惹恼了曾主张讨伐的戴季陶。戴季陶是蒋介石最亲密的朋友，两人一起在日本待过，又同在上海混过。在蒋介石的政府中，戴季陶一直是重要的理论家，像三民主义理论的解释、国民党员守则、“新生活运动”以及提倡尊孔等都是他的主意和谋划。“西安事变”发生后，一向重视法统伦理的戴季陶在国民党中央政治会议上力主讨伐张学良和杨虎城，正中何应钦的下怀。于右任、居正等元老也都有此意，但没有先表态，经过戴季陶首先慷慨陈词后，才一起附和，讨伐案于是被通过。

宋美龄认为讨伐西安会送了蒋介石的命，当即让兄长宋子文去拜访戴季陶，希望能劝说他放弃讨伐的主张。戴季陶对宋子文说：“老实说，我同介石的关系，不比你们浅，我不会害他的，你们搞你们那一套，我主张我的一套，你们不要管我。”宋子文只好无言而退。

戴季陶炫耀自己和蒋介石的深厚交情，比双方意见的不合更令宋美龄气愤。戴季陶等人平时就仗着自己党国元老和蒋介石故交的身份，对这位爱出风头的蒋夫人不怎么尊重，认为女人不应太多过问国家大事。在宋美龄力争和平解决的时候，总觉得她只看重丈夫的身家性命，是典型的妇人之见。所以宋美龄在回忆录中对戴季陶也是毫不客气，加以报复。

戴季陶在看了《西安事变回忆录》后十分生气，拿起鸡毛拂尘把家里的瓶子都打烂了。此后他一直对宋美龄十分痛恨，只是碍于蒋介石的面子无法发作。

一直到抗战时期，有一次他还把宋美龄的亲信黄仁霖骂了一顿。当时国民政府迁都重庆，戴季陶身为考试院长，住在求精中学内，一天黄昏，戴季陶持手杖在园内散步。黄仁霖穿着短裤，从旁边走过，遇见戴季陶时用洋人的口吻向他打招呼道："哈喽，戴院长。"当时黄仁霖身为"励志社"负责人，在蒋介石夫妇身边非常受宠，国民党的许多要人都对他客客气气的。而戴季陶平时就看不惯黄的洋人做派，经过"西安事变"后又最恨宋美龄，见黄仁霖如此轻狂，大发脾气，举起手杖打了他两下，骂道："你是什么东西，敢用这种态度对我。"黄仁霖只好赶快逃开。

宋美龄也保不住张学良

回南京后，蒋介石会如何对待亲自送行而且表示"请罪"的张学良让宋美龄很伤脑筋。

当初张学良出于义气和表示自己光明磊落的态度，不顾部下亲属以及杨虎城的劝告送蒋介石回南京，宋美龄是表示赞成的。她曾和宋子文一起担保张学良的人身安全和来去自由。

宋美龄的想法是张学良到南京可以表明他发动的"西安事变"完全是为了抗日，并无私心，也没有危害蒋介石和争夺权力的野心，同时这也是一种负责任的态度，可以调解南京政府和西安的关系，有利于双方协议的遵守和实施，有利于团结抗战局面的尽快形成。

当然，她也知道蒋介石这次在西安栽了个大跟斗，而张

∧ 1928 年，张学良在东北“易帜”促成了蒋介石二次北伐成功。

学良亲自把他们送到南京，可以让蒋介石挽回不少面子，对于两人以后再度合作共事也有好处。宋美龄还是希望他们两人能恢复以前的良好关系的。此外，张学良这个“叛军首领”亲自到南京表示“请罪”，也可以使宋美龄在何应钦等主战派面前大出风头。

出于种种考虑，宋美龄是大力支持张学良的这种“义举”的。至于张学良到南京后是否会有危险，宋美龄并不担心。她知道蒋介石的报复心极强，可能会对张学良进行一定的惩罚，但她想有自己和宋子文的担保，蒋介石不会做得太过分。而且张学良数度有大恩于蒋介石，1928 年毅然在东北“易帜”，让蒋介石二次北伐告成，1930 年中原大战最后关头助蒋一臂之力，使得蒋介石终于打败了强劲的对手冯玉祥和阎锡山，此后东北沦陷、热河失守，全国一片声讨之声，又是张学良仗义，挺身而出替蒋介石承担抗日不力的责任，下野出洋。即使这次“西安事变”，要不是张学良态度鲜明，大公无私，蒋介石也难以重回南京，加上张学良最后又亲自相送，蒋介石应该会加以考虑的。

可是回南京后，种种情况表明张学良的前景并不乐观，不仅原先所答应的回西安之事难以实现，而且张学良更有可能被处重刑。这让宋美龄开始着急起来。

先是南京政府中的讨伐派何应钦、戴季陶★、陈立夫等人，唯恐蒋介石放过张学良，放出口风，坚决要求以暴行胁迫劫持统帅、戕害官员、拘押将领等罪名，将张学良判处死刑。随后一些和张学良有宿怨的人，也乘机鼓噪，直闹得南京城中人人都以为张少帅这回是凶多吉少了。

宋美龄大急，想跟蒋介石说个清楚。但偏偏蒋介石这几天借口刚回南京，事务繁多，日夜不回。原来蒋介石当时正在考虑如何处置张学良，怕宋美龄和宋子文来说情，干脆躲了起来。他正让陈布雷为他起草文告以及对张学良军法审判的判词。这几天他的行踪只有陈布雷知道，连自己的夫人宋美龄也瞒过了。

偏在此时，宋子文又打电话过来催问此事。原来张学良一到鸡鸣山的北极阁宋子文公馆，军警和便衣特务就在这里层层设岗，把北极阁与世隔绝起来。与其说是保护张学良的安全，不如说软禁他更好。

头两天，宋子文每天陪张学良下棋、打桥牌、打网球等，有时还陪他一起接待来客。但此后宋子文也发觉风声不对，他对蒋介石出尔反尔的性格是十分清楚的，焦急之下，只好找妹妹商量。

宋美龄也是没有办法，只好说自己先过去看看少帅。

等宋美龄带了端纳赶到北极阁，发现大姐霭龄也在。当时张学良的神志紧张，宋霭龄正在劝慰他，见宋美龄出现，忙说：“你看，小妹也是关心你的，老蒋就是想报复你，小妹也能制服他，你就放心好了。”

★戴季陶（1891～1949）

原籍浙江吴兴，生于四川广汉。早年留学日本，参加中国同盟会。辛亥革命后在上海做投机买卖，后又投奔孙中山。1924年任中国国民党中央常委、宣传部长。1925年参加西山会议派的反革命活动，并发表《国民革命与中国国民党》《孙文主义之哲学的基础》等文章，反对孙中山联俄、联共、扶助农工三大政策，为蒋介石发动反革命政变制造舆论。1927年南京国民党政府成立后，历任国民党政府委员、考试院长。长期充当蒋介石的谋士。后在广州自杀。

宋美龄闻言只有苦笑，但也只好说些安慰的话。随后要端纳和宋子文多陪陪张学良。

当时，西安方面要求蒋介石兑现诺言，并立即放张学良回西安主政。消息见诸报端，令宋美龄和宋子文更是焦急。正在这时，蒋介石回到了官邸，告诉宋美龄，张学良必须受到军事法庭的审判，否则他个人无法向国民党中央、国民政府和舆论交代。同时他又说张学良本人应该有认罪的表示，这样他也可以指示军事法庭从轻发落。

< 审理张学良的审判长李烈钧是早年同盟会的会员。图为他任江西都督时的照片。

宋美龄当即通知了宋子文，要张学良做出表示。张学良听了宋子文的转告，表示自己愿意承担责任，于是连夜写了一封向蒋介石请罪的信，信中说道："凡有利于吾国者，学良万死不辞，乞钧座不必念及私情，有所顾虑。"

信由宋子文转交蒋介石后，蒋介石在信上的批语中写道："已亲来都门，束身请罪……有尊重国法、悔悟自投之表示……应如何斟酌情事，依法办理，并特予宽大，以励自新之处，伏候钧裁。"然后他将信转给国民党中央政治委员会和国民政府，以表明他不计前仇的大度。

可是蒋介石还是演了一出军法审判的戏。

1936年12月29日，国民党中央政治委员会第32次会议通过了将张学良"交军事委员会依法办理"的决议，并内定组织高等军事法庭会审，由李烈钧任审判长。

12月31日上午10时，军事法庭开庭审理，李烈钧偕全体会审人员走进法庭，分别入席。李命鹿钟麟先到候审室巡视，然后让张学良出庭受审。

张学良在受审时对自己的所作所为并不推卸责任，但表明自己是出于抗日义愤，一心为国。他陈词道："我做了一次这样的事。如果我认为国家需要，我还会做第二次！"他还说："我的错误是试图挟制委员长。但凭我的感情，我绝对不会伤害他。"

这样的审判只是走一个形式，很快李烈钧拿出事先准备好的判决书宣判：

"张学良首谋伙党，对于上官以暴行胁迫，判处有期徒刑十年，褫夺公权五年。"

宣读完后，李烈钧宣布退庭。张学良在军法审判后被正式逮捕，在军警的武装押送下，送往南京和平门外孔祥熙的别墅内，由宪兵和便衣特务看押。从此张学良失去了人身自由。

宋子文早在得知审判后就一直向宋美龄打听内定的结果，得到的答复是特赦，现在一听判决十年徒刑，心中大怒。他跟着来到孔祥熙别墅，却被特务堵在门外，不许进入。

回来后他马上给宋美龄打电话，宋美龄倒是不急，告诉他蒋介石已经向国民政府请求特赦张学良了，要他等消息就行了。

宋子文如此着急，是因为他曾在西安当面向杨虎城、周恩来等人保证张学良的安全，并许诺张学良很快可以返回西安。所以他觉得张学良如果真被判刑，自己岂不成了欺骗众人的阴谋策划者了？

而让他尤为不满的是蒋介石居然还在张学良来南京第二天，提出要他当协调人，尽快派人与西安方面联系，索还张学良和杨虎城在“西安事变”中扣留的50架战斗机和飞行员等。

宋子文当时立即照办，12月28日让阎宝航带着张学良给杨虎城的信前往西安索要飞机和飞行员，还特意要阎宝航告诉东北军和西北军将领，张副司令几天内就可以回去。

∧ 1934年时的张学良。

在西安，阎宝航受到了杨虎城等人的热情接待。在众人问起张学良的情况时，阎宝航照着宋子文的交代说：“情况不会有变。宋主任来前特意交代，张副司令几日内必回西安。请杨主任及东北军全体官兵不必过虑。”因为有张学良的亲笔信，加上宋子文的担保，杨虎城很快答应了蒋介石的要求，阎宝航顺利索回了被扣的飞机和人员，返回南京向宋子文复了命。

现在张学良被判刑，宋子文感觉自己在西安方面丢尽了脸面，自然是火冒三丈。

不过蒋介石说要特赦张学良倒不是完全在骗人，12月31日上午刚宣判完，当天下午蒋介石就向国民政府递交了早已准备好的呈文，罗列了大篇理由，请求国民政府特赦张学良。他的请求特赦的呈文是和军法处的判决书一起送达国民政府的。

第二天，也就是1937年元旦上午，国民政府主席林森便将此文交司法院核议。而司法院也不顾新年元旦休假，装模作样地核议了一番，当天就以“尚属可行”呈复国民政府。

当天的报纸上，高等军事法庭对张学良的判决书和蒋介石向国民政府请求特赦的呈文，作为新年的头号新闻刊登在各大报纸上。宋子文也感到松了一口气。

1月4日上午，在林森的主持下，国民政府举行了第22次委员会议，还邀请了在南京的五院院长及有关人员列席。首先，林森对蒋介石请求特赦张学良的呈文和司法院的核议意见做了说明，随后一致表决通过了对张学良予以特赦。

但所谓特赦只是蒋介石掩人耳目的一种手段。当天下午国民政府的特赦令中说："张学良处十年有期徒刑，本刑特予赦免，仍交军事委员会严加管束。"

军事委员会的委员长就是蒋介石本人，于是，这场特赦的闹剧终于收场了。张学良由十年有期徒刑体面地变成了"严加管束"。当时，谁也没有想到这"严加管束"竟然是终身的幽禁。

而宋子文得知张学良将被军事委员会"严加管束"，就知道自己又被这个妹夫骗了，气急之下，他冲进蒋介石的办公室大吵大闹。总算蒋介石看在宋美龄的面子上，加上宋子文也刚在西安帮过他的大忙，所以一向脾气不好的蒋介石没有发火，只是由着他说。最后宋子文知道无法改变局面，只好警告蒋介石："你不要做人，我是要做人的！你碰汉卿一根毫毛，我非跟你拼到底不可！我会把全部内情公布于众，不但让国内老百姓知晓，而且向全世界发布新闻，让外人也可以了解你！"

当时为了张学良的事，就连蒋介石和宋美龄的顾问端纳也和蒋介石闹翻了。还有宋霭龄也对蒋介石的所作所为不满，她和宋美龄一样，一向对张学良存有好感。1月3日，也就是国民政府决定对张学良"特赦"的前一天，在宋霭龄的要求下，孔祥熙给国民政府发了一个密电，希望蒋介石能网开一面，特赦张学良，因为在"西安事变"发生的当天，张学良就曾经给孔祥熙发过电报，保证他会保护蒋介石的生命安全，而孔祥熙也向张学良保证，若是张学良能将蒋介石放回南京，他可以保证张少帅的安全。

作为宋美龄本人，当然也感到这样处理张学良难以接受，当初她也是和宋子文一起担保张学良的安全的。蒋介石如此食言而肥，扣押张学良，自然也让宋美龄的保证落了空。而让宋美龄尤其难受的是周围的亲人好友，包括最亲近的大姐、哥哥等都是向她提出要求，希望影响蒋介石的决定。可宋美龄知道自己也是无能为力。

宋美龄很早以前在上海滩以社交淑女闻名的时候就认识了张学良。当时风流倜傥的少帅张学良率东北军打败了孙传芳后，首次进入上海，也曾是宋美龄家中的座上尊客。此后张学良几次帮了蒋介石的大忙，其

∧ 张学良被幽禁在蒋介石的老家奉化溪口镇。

豪侠仗义的性格深受宋氏家族中人的欣赏。“西安事变”宋美龄之所以敢到西安去，就是因为她相信张学良的为人，知道他能说到做到。

张学良的夫人于凤至和宋美龄是金兰姐妹，当时还在英国伦敦陪伴三个读书的孩子，听说张学良的消息后，立刻给宋美龄连发两道急电，请她无论如何保住夫君的性命。宋美龄接电后也是一阵叹息。

宋美龄深知蒋介石的为人和性格，她知道一下子就让张学良返回西安，重新统领东北军是不可能的，现在只有先保证张学良的人身安全，尽量让他的“管束”生活过得舒心一些。

以当时的形势，蒋介石一方面是要挽回自己的面子，以维护南京政府的“权威”；另一方面当时和西安以及中共方面的协议尚要考虑如何落实，所以暂时让张学良从政治舞台上消失，可以巩固蒋介石的个人地位，削弱东北军和杨虎城的西北军力量。宋美龄对此也很清楚，所以她的主要目的就是保护好被软禁的张学良，不再让蒋介石“碰一根毫毛”。

蒋介石在处理完张学良的事后，就带着宋美龄回溪口老家疗养去了。当时为了表明自己对“西安事变”应负的责任，他在1936年12月29日向国民党中央请辞行政院长和军事委员会委员长的职务，国民党中央自然要加以挽留，随即蒋介石再次提出要恢复身体，尤其是要疗治在西安

< 张学良被幽禁在贵州黔灵洞时的情形，右为张学良和赵四小姐。

< 身居要职且与蒋介石沾亲的宋子文也没能改变张学良被幽禁的命运。

扭伤的腰，于是国民党中央同意给他一个月的时间回奉化疗养。

就在宋美龄感到对不起张学良的时候，宋子文也是自感无法向西北军和东北军官兵交代，无法向全国人民交代，无法向老朋友杨虎城将军和周恩来交代，更无颜再见到张学良。最后宋子文感到无法在南京住下去了，干脆搬到上海住处办公。

得知宋子文离开南京，为了安慰哥哥和张学良，宋美龄向蒋介石建议让张学良离开南京，到奉化溪口住一阵，也好在山水之间散散心，同时也便于看管。蒋介石同意了。于是张学良从1937年春天开始一直住在溪口的雪窦山。

宋美龄在溪口时也和宋子文去看望过张学良，还经常让人给张学良送些日用品和名烟名茶之类。当时正值蒋介石的亡兄在奉化举行丧礼，宋子文也赶来参加了。丧礼过后，宋子文和弟弟宋子良二人特意到雪窦山看望被软禁的少帅张学良。两人在蒋家派的一位向导带领下，弃车步行10余里，到雪窦山的一座石刹里去看张学良。这座古刹是奉化最大的庙，光和尚就有20余人。古刹左侧有三间青砖造的瓦房，是蒋介石专门为囚禁张学良而下令建造起来的。

宋子文一行来到古刹后，军统的看管人员便把宋子文、宋子良带到屋子里面去了，几名卫士则在外面等候。大约过了一个多小时，张学良送宋子文、宋子良兄弟俩出来。当时张学良身体十分瘦弱，面容憔悴。

★张治中（1890～1969）

安徽巢县(今巢湖市)人。保定军校第三期毕业。曾任黄埔军校学生总队长、军官团团长。1926年参加北伐战争。1928年起任国民党第5军军长、第四路军总指挥、中央陆军军官学校教育长。抗日战争时期，任第9集团军总司令、湖南省政府主席等职。抗战胜利后，任西北行辕主任兼新疆省政府主席。1949年任国民党政府和平谈判代表团首席代表。后脱离国民党留住北平(今北京)，同年出席政协第一届全体会议，后任西北军政委员会副主席、全国人大常委会副委员长、国防委员会副主席、民革中央副主席。

张学良与宋子文分别时，咽喉哽塞，两眼泪汪汪的。宋子文也流下了眼泪，跟随在张学良身后的赵四小姐更是泣不成声。

宋子文和张学良性格相近，都是重情守义之人，不像一般官场人物的阴沉世故，所以两人一向很谈得来。过了不久，宋子文再次来到溪口。张学良陪宋子文游览雪窦山，两人谈话非常随便，话题也很多，谈兴极浓。宋子文还在山上住了一夜，与张学良抵足长谈至深夜。次日晨，宋子文下山时，张学良仍与他依依不舍。

当时蒋介石已下决心长期幽禁张学良，宋美龄也已告诉了宋子文，所以他只好对张学良讲："委员长希望你休息几年，闭门休养，研究学问。"

此后的张学良辗转安徽黄山、江西萍乡、湖南郴州和沅陵、贵州修文和桐梓等地，一直过着被幽禁的生活。

对于张学良的生活，宋美龄是比较关心的，除了经常让人送些东西外，还力所能及地满足他的一些要求。后来，还引导张学良成为基督教徒，让他安心地研习宗教。

1947年10月，张治中★曾探望了被幽禁在台湾的张学良。张学良托张治中向蒋介石夫妇提两点要求：一是恢复自由。张学良表示恢复自由以后蒋介石住哪里，他就住哪里，也不要求有别的什么待遇。二是诉说看管员刘某的骚扰难以忍受，希望刘某搬出去住，他的生活由他自己管理，以保持一定的自由和清静。张治中当场保证把他的这两点转告蒋介石和宋美龄。

可是张治中回到南京向蒋介石转达了张学良的请求后，蒋介石很不高兴，把话岔开，并且还下令以后没有他的批准，任何人不准去看望张学良。

张治中又去找宋美龄，把张学良的两点请求又再提了一遍。宋美龄叹息着说："文白兄，

< 与张学良同甘共苦的赵一荻有时以养鸡来打发幽禁时光。

我们对不起张汉卿！”又说，“第一点不容易做到，恐怕现在不可能得到许可。第二点我一定想办法做到。”

宋美龄最终也没能改变张学良失去自由的命运，晚年在台湾遇到张学良的老部下王铁汉，还叹息着说：“我们对不起汉卿啊。”

其实，宋美龄虽然没能恢复张学良的自由和政治生命，但张学良能够一直不被蒋介石杀死，甚至没有被“碰一根毫毛”，已经是全靠宋美龄的关照了。和张学良一起发动“西安事变”的杨虎城将军的遭遇更是悲惨，在被长期羁押后，于1949年9月6日，也就是国民党败逃台湾的前夕，被蒋介石的军统特务于中美合作所内秘密杀害。同时被杀害的还有杨虎城的次子、幼女。而杨虎城将军的夫人谢葆真，则在长期的折磨后于1947年逝世。

而蒋介石之所以如此狠下毒手，就是觉得如果没有西安事变，共产党也不会坐大，夺了他的“江山”。如果不是宋美龄全力护着张学良，他也早就要对张下手了。

张学良自己也深知其中情由，从未对宋美龄有过怨言。他晚年曾说过：“宋美龄活着一天，我也能活一天。”

∨ 1946年被幽禁在台湾新竹井上温泉的张学良。

历史备忘录

HISTORY MEMORANDUM

∨ 1936年，上海民众宣传队在街头宣讲抗日救国主张。

∨ 东北抗日联军战士在伏击日军。

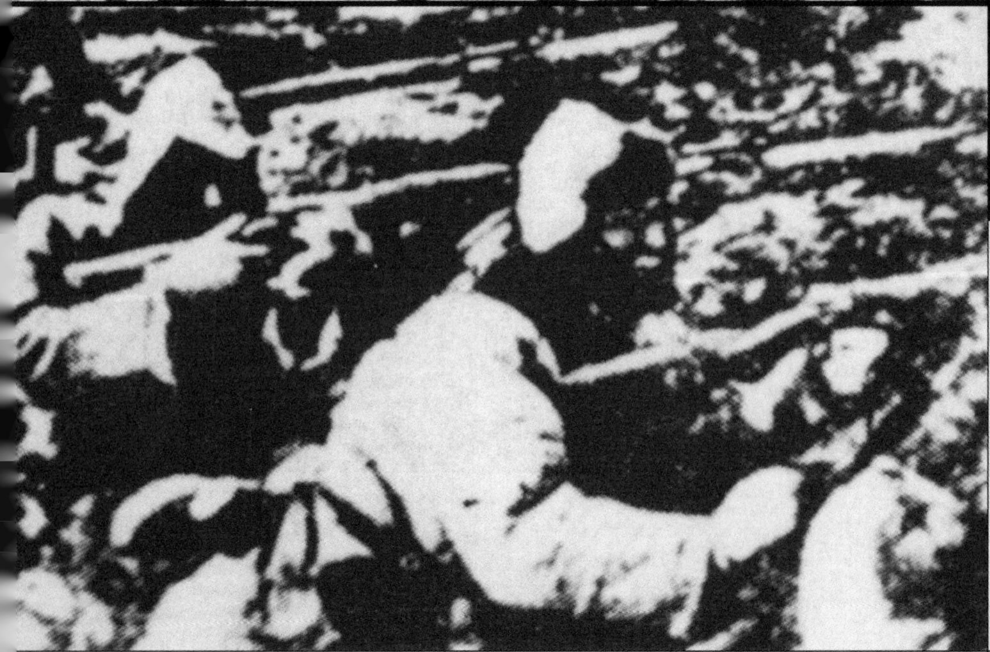

2
3
4

1

教育部修正中小学制度

1936年2月18日，教育部公布修正初高中、小学教学科目及时数。初高中：每周数学总时数减少3至4小时；增加民族精神教材；高中第二年起分甲、乙组学习。小学：各级教学总时间平均减轻1/10以上；社会、自然及卫生科归并为常识科，劳作与美术归并为工作科，体育与音乐归并为畅游科。

刘志丹牺牲

1936年4月14日，红28军军长、北路军总指挥、党中央所在地瓦窑堡警备司令刘志丹，在率领红28军东征作战，指挥部队在山西省中阳县三交镇与国民党军队作战时牺牲，时年33岁。中共中央和西北中央局决定，将刘志丹的故乡陕西保安县易名为志丹县，以示纪念。

东北救亡总会成立

1937年6月，在中共领导下，以原东北人民抗日联合会为核心，包括东北义勇军、抗日联军及国内各地东北民众救亡团体在内的“东北救亡总会”在北平正式成立。该会设常务委员会，下设秘书长和组织、宣传、训练、联络各部。该会在华北、陕西、河南、成都等地设分会，创办机关刊物《反攻》半月刊。

蔡廷锴将军回国抵粤

1937年8月10日，巴黎《救国时报》报道：前十九路军将领蔡廷锴将军于卢沟桥事变后，奉南京政府之召，已由马尼拉提前启程回国。蔡抵粤后宣称：“本人此次入京目的系在完成为解放中国而奋斗之任务。无论政府是否决定恢复十九路军，但每个十九路军战士，随时均准备着为国家福利而流尽最后的一点血，而且必将为恢复东北四省而奋斗到底，我们必须抗战到最后一个人。”

影像大扫描

IMAGE SCANNING

13

投身抗战

1937年7月7日，“七·七”事变的爆发，掀开了中国历史上苦难深重的一页。随着抗日局势的严峻，虽然蒋介石政权承担了正面战场的作战，但从上海到武汉，国民党军队依然是节节败退。

抗战时期，宋美龄的身影活跃在国内和国外的媒体面前，尽其所能寻求人们对中国抗战精神和物资上的援助。她出任“全国妇女慰劳总会”的领导人和中国航空委员会秘书长，通常每日工作达十几个小时。她是中国历史上第一个进行现场直播的人。

“卢沟桥事变”蒋介石无法再退

“西安事变”的和平解决，使得蒋介石终于停止了“剿共”的内战，全国团结抗战的局面开始形成。而侵略成性、一心灭亡中国的日本帝国主义是不能忍受这样的局面的。在东北扶植了清废帝溥仪的伪满洲国后，日本帝国主义自1935年后一直想要“华北自治”，继续它对中国的蚕食政策，而在“西安事变”后，它更是加快了侵略的步伐。

当时控制华北平津地区的地方实力派宋哲元虽然一直防范着蒋介石中央军势力的进入，希望维持自己的势力范围，但在民族大义前，宋哲元顶住了日方的压力，抗拒日本要求他脱离南京中央政府、分裂华北的企图，保持了民族气节。

在诱降宋哲元以控制华北的企图失败后，日本帝国主义终于决定在华北动手了。

当时日本在天津设立了华北驻屯军司令部，在北平、天津、唐山、山海关以及许多地方驻兵，并且自1937年春以后不断增兵华北。日军在1936年9月进驻丰台后，就经常在丰台至卢沟桥一线进行军事演习。1937年6月开始更是日夜不停地演习攻城战术，枪炮声不绝于耳。

华北的形势已是危如累卵，蒋介石自然十分清楚日本人很快就要动手了。“西安事变”后他也一直在进行着准备，但总是觉得还没有把握，胜算不足，想要再争取些时间。

可是日本帝国主义不再给他时间了，1937年7月，“卢沟桥事变”★爆发了。

7月6日，日军要求通过宛平县城到长辛店去，被中国守军拒绝。7月7日夜，驻丰台的日军第1联队第3大队第8中队长清水节率本中队于桥北举行夜间演习，以卢沟桥为假想敌，向桥身射击。当夜11时，日军一士兵因小解未告知中队长，日本北平特务机关长松井太久郎即借口

★“卢沟桥事变”

1937年7月7日，日本军队在北平城西南的卢沟桥非法举行军事演习，借口一名日军士兵“失踪”，要求进入宛平城进行搜查。在其要求遭到拒绝后，日军向宛平城大举进攻，中国驻军进行顽强抵抗。此事件是日本帝国主义大规模全面进攻中国的开端。中国守军在卢沟桥的抗战，揭开了中国全面抗战的序幕。7月11日，日本大本营决定增调军队扩大侵华战争。8月13日日本侵略军大举进攻上海。

∧ 驻守在卢沟桥上的中国军队士兵。

∧ “卢沟桥事变”爆发后，日军向中国守军发起进攻。

“日本士兵失踪”，要求进入宛平城搜查，并扬言如不同意进城搜查，日军就要包围宛平城。其实日军点名时“失踪”士兵早已归队。

中国军队对日军的无理要求予以严正拒绝，日军当即鸣枪示威，两军形成对峙。7月8日凌晨，华北当局为避免事态扩大，正派人和日方代表在宛平城谈判事件的调查问题，日军突然以猛烈炮火轰击宛平城墙，打响了“卢沟桥事变”的第一枪。中国守军坚决予以还击。

“九·一八”的柳条沟事件又一次重演了，日本人再次以卑劣的手段寻找着扩大战争的借口。

当时蒋介石正在庐山举办军官训练团，同时避暑。7月8日清晨，华北地方当局北平市长秦德纯的“特急电报”呈上蒋介石的案头。

这一次看来真的是退无可退了，蒋介石在当天的日记中愤然写道：“倭寇在卢沟桥挑衅矣！彼将乘我准备未完之时，使我屈服乎？或故与宋哲元为难，使华北独立乎？倭已挑战，决心应战，此其时乎？”

随后，蒋介石电令正在山东老家省亲的宋哲元速回保定，指挥华北局势，同时要正在重庆主持川康整军的军政部长何应钦立刻回南京，准备军事动员，全力抗战。

7月11日，日本内阁会议正式决定，出兵华北。傍晚，经过天皇的批准，日本政府在军部的支持和推动下，正式发表《派兵华北的声明》，华北的紧张局面开始扩大为全面的侵华战争。

7月16日，日军在大量增兵华北，准备停当后，开始全力向华北发动大规模的进攻。

同一天，国民政府为共赴国难而举行的谈话会也在庐山开幕，一时间各界人士齐聚庐山牯岭。7月17日，蒋介石出席谈话会的时候，发表了题为《对于卢沟桥事件之严正表示》的讲话，明确了中国政府决心抗战的态度。

这是中国现代史上最著名的讲话之一，蒋介石一开始就直言：

中国正在外求和平、内求统一的时候，突然发生了“卢沟桥事变”，不但我举国民众悲愤不已，世界舆论也都是异常震惊。此事发展结果，不仅是中国存亡的问题，而将是世界人类祸福之所系。

当时的蒋介石就认识到中国的力量尚不足以和日本对抗，所以把它和世界和平联系起来，为以后寻求国际的帮助定下基调。

接着，他说：

中国民族本是酷爱和平，国民政府的对外政策，向来主张对内求自存，对外求共存。本年二月三中全会宣言，于此更有明确的宣示。近两年来的对日外交，一秉此旨，向前努力，希望把过去各种轨外的乱态，统统纳入外交的正轨，去谋正当解决，这种苦心与事实，国内都可共见。我常觉得，我们要应付国难，首先要认识自己国家的地位。我们是弱国，对自己国家力量要有忠实估计，国家为进行建设，绝对的要和平，过去数年中，不惜委曲忍痛，对外保持和平，即是此理。前年五全大会，本人外交报告所谓“和平未到根本绝望时期，决不放弃和平，牺牲未到最后关头，决不轻言牺牲”，跟着今年二月三中全会对于“最后关头”的解释，充分表示我们对于和平的爱护。我们既是一个弱国，如果临到最后关头，便只有拼全民族的生命，以求国家生存；那时节再不容许我们中途妥协，须知中途妥协的条件，便是整个投降、整个灭亡的条件。全国国民最要认清，所谓最后关头的意义，最后关头一到，我们只有牺牲到底，抗战到底，唯有“牺牲”到底的决心，才能博得最后的胜利。若是彷徨不定，妄想苟安，便会陷民族于万劫不复之地！

< 秦德纯旧照。1937年7月8日清晨，北平市长秦德纯的一封“特急电报”令蒋介石决心抗战。

> “卢沟桥事变”后蒋介石在庐山发表讲话。

在表明了自己以前之所以一直忍让，就是等待“最后关头”到来的态度后，蒋介石把话题进入到这次“卢沟桥事变”：

这次“卢沟桥事件”发生以后，或有人以为是偶然突发的，但一月来对方舆论，或外交上直接间接的表示，都使我们觉到事变发生的征兆。而且在事变发生的前后，还传播着种种的新闻，说是什么要扩大“塘沽协定”的范围，要扩大冀东伪组织，要驱逐第29军，要逼迫宋哲元离开，诸如此类的传闻，不胜枚举。可想这一次事件，并不偶然。从这次事变的经过，知道人家处心积虑的谋我之亟，和平已非轻易可以求得；眼前如果要求平安无事，只有让人家军队无限制地出入于我们的国土，而我们本国军队反要忍受限制，不能在本国土地内自由自在，或是人家向中国军队开枪，而我们不能还枪。换言之，就是人为刀俎，我为鱼肉！我们已快要临到这种人世悲惨之境地。这在世界上稍有人格的民族，都是无法忍受的。我们的东四省失陷，已有了六年之久，继之以塘沽之协定，现在冲突地点已到了北平门口的卢沟桥。如果卢沟桥可以受人压迫强占，那么我们的故乡，北方政治文化的中心与军事重镇的北平，就要变成“沈阳第二”！今日的北平，若是成昔日的沈阳，今日的冀察，亦将成为昔日的东四省。北平若可变成沈阳，南京又何尝不可变成北平！所以“卢沟桥事变”的推演，是关系中国国家整个的问题，此事能否结束，就是最后关头的境界。

在表明了“卢沟桥事件”就是自己眼中的“最后关头”后，蒋介石终于说出了抗战的决心：

万一真到了无可避免的最后关头，我们当然只有牺牲，只有抗战！但我们的态度只是应战，而不是求战；应战，是应付最后关头，必不得已的办法。我们全国国民必能信任政府已在整个准备中，因为我们是弱国，又因为拥护和平是我们的国策，所以不可求战；我们固然是一个弱国，但不能不保持我们民族的生命，不得不负起祖宗先民所遗留给我们历史上的责任，所以到了迫不得已时，我们不能不应战。至于战争既开之后，则因为我们是弱国，再没有妥协的机会，如果放弃尺寸土地与主权，便是中华民族的千古罪人！那时便只有拼民族的生命，求我们最后的胜利。

虽然表明了坚决抗战的决心，蒋介石还是不忘向国际上发出声明，表示希望日本停止战争步伐、维护和平的要求：

“卢沟桥事件”能否不扩大为中日战争，全系于日本政府的态度，和平希望绝续之关键，全系于日本军队之行动，在和平根本绝望之前一秒钟，我们还是希望和平的，希望由和平的外交方法，求得卢事的解决。但是我们的立场有极明显的四点：一、任何解决，不得侵害中国主权与领

土之完整；二、冀察行政组织，不容任何不合法之改变；三、中央政府所派地方官吏，如冀察政务委员会委员长宋哲元等，不能任人要求撤换；四、第29军现在所驻地区，不能受任何约束。这四点立场，是弱国外交最低限度，如果对方犹能设身处地为东方民族作一个远大的打算，不想促成两国关系达于最后关头，不愿造成中日两国世代永远的仇恨，对于我们这最低限度之立场，应该不至于漠视。

∧ 蒋介石庐山发表抗战讲话时，在地图前说明战略部署。其身边者为陈诚。

最后，蒋介石说：

总之，政府对于“卢沟桥事件”，已确定始终一贯的方针和立场，且必以全力固守这个立场。我们希望和平，而不求苟安；准备应战，而决不求战。我们知道全国应战以后之局势，就只有牺牲到底，无丝毫侥幸求免之理。如果战端一开，就是地无分南北，年无分老幼，无论何人，皆有守土抗战之责任，皆应抱定牺牲一切之决心。所以政府必须特别谨慎，以临此大事；全国国民亦必须严肃沉着，准备自卫。在此安危绝续之交，唯赖举国一致，服从纪律，严守秩序。希望各位回到各地，将此意转达于社会，俾咸能明了局势，效忠国家，这是兄弟所恳切期望的。

∧ 蒋介石在庐山号召全民抗战。

讲话结束，全场感奋。自“九·一八”以来，六年之中日本帝国主义步步紧逼，南京政府丧权辱国，国人久已忍无可忍，抗日救亡运动在全国形成大潮。今天在庐山的都是来自全国各地的知名人士、社会贤达，听到蒋介石代表南京政府终于发出了抗战的声音，都是无比激动。

宋美龄和哥哥宋子文一样，一直赞成抗战，只是身为蒋夫人，不能像宋子文那样公开呼吁。在宋家几个兄弟姐妹中，她和宋子文是坚定的亲英美派，早就对日本的咄咄逼人十分不满。

蒋介石的庐山讲话当天，她就对陈布雷说：“布雷先生的讲稿写得太精彩了，‘如果战端一开，就是地无分南北，年无分老幼，无论何人，皆

V “卢沟桥事变”后，蒋介石夫妇召开中外记者招待会，表明抗日决心。

有守土抗战之责任，皆应抱定牺牲一切之决心。’这几句话大家都是交口称赞，必将传诵全国，鼓舞人心。”

庐山讲话后的第二天，周恩来就把国共谈判的十二条意见交给宋美龄，委托她转交蒋介石。周恩来还是不忘宋美龄在“西安事变”中表现出来的抗日热情，向她当面表达了中国共产党坚决支持全民抗战的决心。这十二条意见的主要内容是允许各报登载《中共中央为公布国共合作宣言》，国民党中央发出书面谈话表示同意等。

宋美龄转交给蒋介石后，蒋介石当天就电示何应钦，对日抗战的主意已定，不容更改，对共产党及其军队的改编、安排要迅速落实。

华北战事开始后，日军倚仗其优势装备和精锐部队，向驻守华北的第29军发起猛攻。到7月30日，平津相继失陷，其中在北平南苑保卫战中，第29军副军长佟麟阁、第132师师长赵登禹等高级军官壮烈殉国，这是抗战以来，中国军队牺牲的最高级别的将领。

闻知北平失陷，蒋介石十分悲痛，对宋美龄说：“历代古都，竟沦为犬豕矣。”随即为了鼓舞士气，7月31日，蒋介石发表《告抗战全体将士书》：

这几年来的忍耐，骂了不还口，打了不还手，我们为的是什么？实在为的要安定内部，完成统一，充实国力，到“最后关头”来抗战雪耻。现在，和平既然绝望，只有抗战到底。那就必须不惜牺牲来和倭寇死拼。我们大家都是许身革命的黄帝子孙，只有齐心努力杀贼，驱逐万恶的倭寇。

8月7日，中国国防最高会议在南京召开。蒋介石、汪精卫、林森、国民党各军事部门长官以及冯玉祥、阎锡山、白崇禧、刘湘、余汉谋等地方军政大员均出席了会议。蒋介石还特别邀请了正在改编成国民革命军第八路军的红军总司令朱德等参加会议。如此之多的地方实力派首领，甚至中共红军的总司令齐集南京，是前所未有的盛况。这些人中绝大多数都曾在历次军阀战争中和蒋介石兵戎相见，或者不同程度地与蒋介石为敌，红军更是和蒋介石打了将近十年的仗。

如今到了国家民族生死存亡的关头，大家终于“兄弟阋于墙，共御外侮”，捐弃前嫌，携手共赴国难。

会议的气氛十分热烈。最后，主席宣布对和战的决策以起立方式进行表决。结果，全体与会者齐刷刷地站起，赞成对日作战，显示了同仇敌忾、举国一致的抗战决心。

这种全民抗战的激情让宋美龄兴奋不已，她意识到抗战是中国妇女团结一致，发挥惊人力量的重要契机。于是作为“第一夫人”的宋美龄在南京活动频繁，开始奔忙于妇女界的抗战组织工作。

∧ 1937年7月29日，日军攻陷北平。图为日军开进前门时的情形。

前线慰问不惧炮火

在淞沪抗战★爆发前夕，宋美龄于8月1日在南京主持创立了“中国妇女慰劳自卫抗战将士总会”。成立大会上，面对700余名妇女团体的代表，宋美龄发表演说，慷慨陈词，号召妇女们担负起慰劳抗战将士的责任。她致辞表示：“我们的工作并非为了虚荣，乃是为了救援国家的生命，打仗的时候，男子都要上前线去杀敌，后方工作是我们的责任。我们也准备牺牲一切，就是我们的生命也可以牺牲，来拥护我们前线的忠勇将士。”

∧ 1937年8月，中共代表团周恩来（右一）、朱德（右五）、叶剑英（右二）在南京出席国民党召开的国防会议时留影。

她在名为《告中国妇女》的演讲中是这样说的：

我们妇女也是国民一分子，虽然我们的地位能力和各人所能贡献的事项各有不同，但是各人要尽量地贡献她的力量来救国；什么地方有适合我们的工作，我们就得争先恐后地担任。

妇女的工作不只局限于生产军火和办医院，而且还应教育大众；这将是一场消耗持久战，大多数人对迫在眉睫的战争规模和意义还不甚清楚。国家领导人在指挥作战的时候，在座的妇女应该教育她们的姐妹们什么是爱国主义的原则以及卫生和耕田的重要性；由于许多农民妇女在地里干活，因此有必要降低农民疾病率以免妨碍粮食的生产。

宋美龄自己担任慰劳总会主任委员，并号召全国各省主席夫人分别在各省设立分会。各地已成立的妇女救亡团

★淞沪抗战

1937年8月13日，日军在上海发动“八·一三”事变。事件起因是：驻上海日军一中尉率一士兵，不顾中国卫兵的劝阻，乘军用汽车企图冲入虹桥中国军用机场进行挑衅。机场的中国守军忍无可忍，开枪将日军官兵2人击毙。事件发生后，上海市市长俞鸿钧即与日方交涉。日本政府一方面派员与中国政府谈判，另一方面则加紧制订作战方案。一切准备就绪后，8月13日，即以上述事实为借口，向上海中国驻军发动大规模进攻。淞沪抗战开始。

体，如上海妇女后援会等组织，也更名为各地慰劳分会，不久便在全国各地成立42个分会及54个支会，在慰劳总会的统一领导下，共同开展慰劳工作，积极展开各种战时服务。

在妇女慰劳总会的活动开展过程中，宋美龄得到了二姐宋庆龄和大姐宋霭龄的大力支持。当时宋庆龄发起在上海成立了妇女抗敌后援会，由在全国妇女界德高望重的廖仲恺夫人何香凝女士担任主席，宋庆龄和宋霭龄担任常务理事，她们在上海进行抗日宣传，训练妇女担任战地护士，号召大家捐钱捐物支援抗战，活动开展得轰轰烈烈。得知宋美龄在南京成立全国妇女慰劳总会后，为了大局着想，宋庆龄和大姐以及何香凝商议后，决定把自己的团体改名为“中国妇女慰劳自卫抗战将士总会上海分会”，从属于宋美龄领导的妇慰会。

宋美龄在南京知道消息后，十分感动，除了给宋庆龄打电话感谢外，还亲笔写了一封信，派专人送到上海，对二姐的胸怀坦荡和磊落无私表示钦佩。

这件事也使得长期分裂的三姐妹又开始走到了一起，妇慰会的声势大振，一时间海内外妇女纷纷响应。许多妇女上前线，在难童保育院、野战医院和难民营服务。这些妇女组织的工作主要包括为抗战将士缝制军衣、救济流亡难胞、募款支援抗战、慰劳前方将士和服务伤患官兵等。

日军在7月底占领北平和天津后，随即以30万的兵力沿着津浦、平汉铁路向华北平原的广大地区进攻。整个华北危急。

早在几年前，蒋介石的高级军事顾问、著名的军事家蒋百里就曾指出，对日战争不可避免，如果日本从华北向南进攻，先占领华中的武汉，把南京、上海地区和中国的西部分割开来，中国的局势就危险了。如果

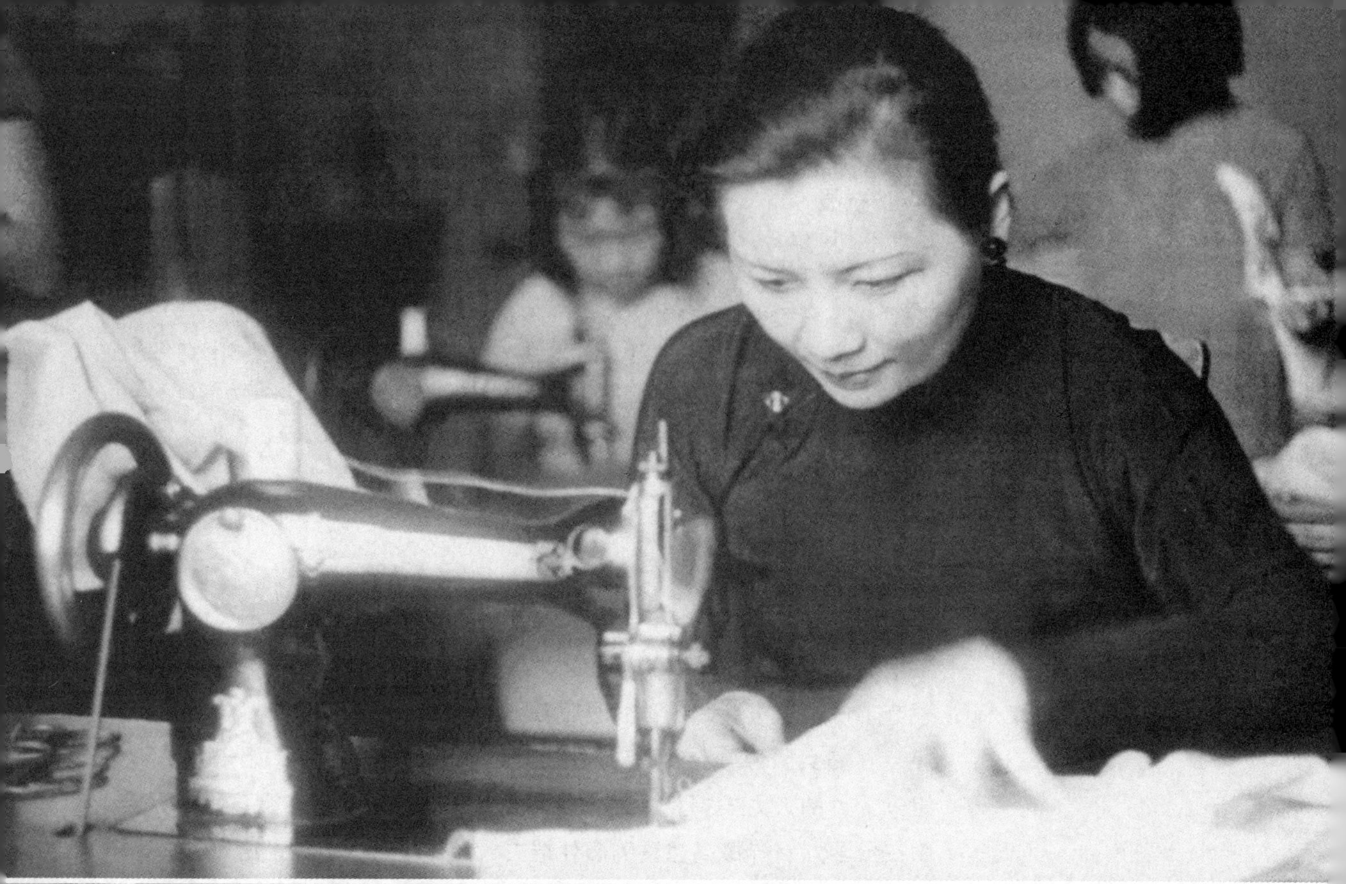

< 宋美龄在南京主持创立了“妇女慰劳总会”，号召为士兵做军衣，身为“第一夫人”的她使用缝纫机也是得心应手。

< “妇慰会”的成立使长期政见不合的三姐妹又走到了一起。

能吸引日本先进攻上海南京，一路沿长江由东向西进攻，则中国可以凭借复杂的地形一路节节抵抗，在西部建立大后方，持久抗战，就有可能由弱转强，反败为胜。

当然，这样的战略就有可能牺牲南京和中国最发达的城市上海。但蒋介石权衡大局，还是决定在上海开辟战场。他的想法首先是为了把日军从华北方向引开，让日军由北向南的有利进攻态势改为由东向西、溯江而上仰攻的不利进攻态势，由铁路的快速进攻改为水路、公路的慢速进攻，以使抗战进入蒋百里所希望的持久战争。此外，蒋介石还想通过在上海的战斗向国际上表明态度，促使美、英等国家走上支持中国抗战的道路。

而日军为了求得“速战速决”，迅速打垮蒋介石的南京政府，也正想在上海开辟战场。于是8月13日，大规模的淞沪会战在上海爆发了。8月14日，国民政府发表《自卫抗战声明书》，指出：“中国为日本无止境之侵略所逼迫，兹不得不实行自卫，抵抗暴力。”宣布：“中国决不放弃领土之任何部分，遇有侵略，唯有实行天赋之自卫权以应之。”

而日军则疯狂叫嚣：三个月内要灭亡中国。

上海是宋美龄的出生地，又是她和蒋介石的结婚地，又是美、英等在华势力和利益的集中地。宋美龄自从战事爆发后就积极投入抗战活动。从淞沪抗战开始到南京陷落前的这段时间里，宋美龄经常奔波于南京、上海之间，她亲自率领慰劳总会人员到前线去慰劳将士，看望伤员并发表战地演讲，以激励士气。宋美龄在上前线慰问的时候，是冒着炮火的危险的，她曾这样描写在战场上的景象：“那里的天空，充溢着恶魔般的暴怒，地面上喷射着火焰，飞溅着人类的鲜血。”

10月8日，在上海的战斗进行得最激烈的时候，宋美龄决定亲自到淞沪前线的中国守军阵地慰问。她准备给前沿阵地带去全国“妇女慰劳总会”捐赠的1,000件棉衣、500条军毯和2,000卷纱布。还带了一些可可糖和苹果等物，虽然吃的东西数量不多，但表示了妇女界的一点心意。

宋美龄和司机、军事向导三个人是当天下午2点从上海市区出发的。在通往吴淞前线的路上，一片战争破坏的景象。汽车走在弹坑累累的公路上，路旁到处是被敌机炸毁的车辆，路边的民居也大部分被炸毁了。途中还几次遇到敌机在头顶上盘旋，这时他们只好下车躲到树林中。

司机和军事向导都十分钦佩宋美龄的勇气，出发前他们还都曾劝她不必亲自到危险的前线去。在树林中躲避敌机时，宋美龄还镇定地吃着苹果，看敌机在空中飞过。一路上几次遇到敌机，有一次司机跳下汽车逃向树林，宋美龄却把他叫了回来，指着敌机说："它已掉转方向了。"

∧ 1937年8月14日，日军飞机轰炸过后的上海。

他们赶到阵地时，官兵们正在利用日军飞机轰炸的间隙抢修工事。突然间，阵地上的一切活动都停止了，所有将士的眼睛都惊愕地注视着阵地后方。一辆运输卡车在那里停了下来，只见车门开处，走下一位妇女。她穿着卡其布的紧身衣和马裤，上身外罩一件纹皮外褂，一头梳理得很整齐的秀发在脑后挽成一个发髻。她就是"中国妇女慰劳总会"会长宋美龄。接着长官大声宣布，今天，蒋夫人代表"慰劳总会"到前沿阵地来向抗日将士们祝贺"国庆节"（双十节），并带来了"慰劳总会"捐送的大批慰劳品。

宋美龄突然出现在战火纷飞的前沿阵地上，使得战地指挥官感到十分惊讶。他急忙将她领到一间作为临时总部的农舍里。这间农舍，除了几条长板凳、一张靠背椅和一张方桌外，别无他物。宋美龄被让到那张唯一有靠背的椅子上坐下，军官们则都坐在长条凳上。

V 宋美龄亲自到前线慰问，并送去“中国妇女慰劳总会”捐赠的军衣。

“夫人，您冒着这么大的危险，把慰劳品送到这儿，我真佩服您的勇气。我代表弟兄们感谢您的诚意。您的到来，增加了我们为国抗战的勇气，我们一定英勇杀敌！”指挥官激动地说。

就在这时，一阵阵巨大的爆炸声，把这间农舍震得摇摇欲倒。宋美龄十分镇静，对他们在如此艰苦的环境下坚持战斗表示了敬意，还说：“我们不能像你们那样到前线作战，所以，只好做点慰劳的工作。”

将士们都十分感动，简单地喝过茶，又留她吃饭。饭后，指挥官领着宋美龄参观了阵地上抢修的地下工事，宋美龄连声称赞他们的工事修得坚固而整洁。随后将带来的慰问物资分发给官兵后才离开前线。

回去时天已快黑了，路上倒是没有遇上敌机的骚扰。可是半个月后，宋美龄在沪杭公路上却遭遇了车祸。

∧ 淞沪会战中，谢晋元率领所部在四行仓库与日军展开激战。

∨ 淞沪抗战期间，中国军队士兵依托沙袋垒成的工事抗击日军的进攻。

10月22日，宋美龄在端纳及一名副官的陪同下到上海看望伤员，并准备发表战地演讲。汽车进入危险区后，他们开始留意天空，防备日本飞机的轰炸。果然不久响起了尖厉的空袭警报声，司机加快了车速。

当时汽车行驶在沪杭公路上，汽车在高速前进中突然被公路上的一个大弹坑颠起，失去控制，整个汽车翻出了路面，强大的冲击力使司机的头部猛撞在车前玻璃上，玻璃碎裂，满是鲜血。车里的其他人从后座中被甩了出去。端纳的腿受了伤，血流不止，宋美龄则飞出车外，重重地摔在了一个泥潭里，当场昏迷过去。

随行的军医紧急施救，忙了半天，宋美龄的心率才有所加强，微微挣扎了一下，发出一声呻吟。锥心刺骨的疼痛使她喘不过气来，她对关切地望着自己的端纳说："我不能呼吸，一呼吸就钻心地疼。"端纳十分镇定说："那就别呼吸。"宋美龄的神志有所恢复，对他说："可不呼吸我就会死啊。"

端纳安慰她："夫人，我们马上送你到医院，到了医院就好办了。"

可是宋美龄却强自支撑着说："不，我继续去上海，要上前线。我是一个人，人家是成千上万的人，不能为一个人而误了成千上万人的事！"

当晚10点，宋美龄还是坚持着看望了伤兵，第二天才返回家中。后来医生发现她的肋骨摔断了两根，强迫她安静地卧床休息。

可是宋美龄只休息了两天，10月25日就又赶到上海，还写了《日方诬言别有用心》的电讯，驳斥日军制造的关于中国军队在战场上使用毒气弹的谣言。10月28日，她从南京发出电讯，向全世界人民介绍中国军队在上海的英勇战斗事迹，揭露日军的凶残和在华北建立傀儡政权的阴谋。11月3日，她又发表了《中国之决心》的电讯。11月4日，又发表了题为《战略的移动》的电讯，向全世界人民揭露日军残酷轰炸中国和平城市和平民的暴行，并赞扬中国守军用简陋的武器抵抗日军猖狂进犯的奋勇精神。针对当时美、英等国的"中立"态度，指出日本的残暴行为是西方列强采取"默认日本策略，阻挠中国获得抗战所必需之军械军需，间接给予日方以不少助力"的结果。

中国军队在淞沪会战中的表现是勇敢的，从8月到11月，战斗持续了三个月，粉碎了日军"三个月灭亡中国"的幻想。

但从10月下旬开始，战场的形势越来越不利于中国军队，在日军猛烈炮火的攻击下，在飞机轰炸、海军舰炮的强大攻势下，中国军队损失不断增加，渐渐丧失了战场的主动权。

但是中国军队在艰苦的条件下还是奋勇战斗。其中800名壮士坚守四行仓库最激动人心。10月26日，88师524团副团长谢晋元率部坚守四行仓库，掩护闸北友军撤退。主力撤退后，谢晋元率部死守，打退日军多次进攻。

最后，在英国租界方面的调解下，800名壮士奉命转移，进入租界。

尽管中国军队奋勇抵抗，但由于双方实力相差悬殊，最后上海还是失陷了。

当时蒋介石虽然知道以中日实力的对比，上海难以守住，但还是希望上海的战事能引起英、美等国的干涉，从而阻止日本的侵略。可是事实是这几个西方国家还是从自己利益出发，纵容了日本的暴行，这不仅让蒋介石失望，更是让宋美龄这个亲美派极度失望和痛心。但她还是坚持向西方尤其是美国的民众宣传中国的抗战，希望最后能唤醒美国民众，推动他们的政府支持中国。

蒋介石早在7月13日就给国联发出声明书，要求国联对日本侵略采取必要行动。随后又分别接见英、美两国大使，希望他们出面制止日本侵略。他下决心在淞沪地区打一场大仗，动机之一就是想推动在上海有重要利益的英、美等国改变不干涉的“中立”态度。可是美国和英国都只限于道义上的同情，而没有对日本采取实质性的行动，甚至在9月取消了卖给中国的飞机军火协定。

8月份英国大使许阁森在上海因被日机轰炸而受了伤，可英国在日本做出道歉和赔偿的表示后就表示不予追究，甚至还准备共同对付苏联。此后英国商船又在芜湖江面被日机击沉，“瓢虫号”军舰也遭到日军炮击，但英国仍然只是接受道歉和赔偿了事，面对已经走上战争轨道的日本，张伯伦执政的英国坚决执行绥靖政策。

当时宋美龄的顾问端纳也叹息道：“中国因对条约与国际法的信念与国联势力及英国等信誉之依赖过深，卒成重大的牺牲。”

< 淞沪会战期间，日军向上海中国军队发起疯狂进攻。

< 抗战时期，蒋介石、宋美龄在地图前分析全国抗日形势。

宋美龄对此是非常气愤的。她于9月12日在南京发表了对美讲话，气愤地控诉了国际社会的冷漠和不公道。她说："如果西方各国，对于上述种种，漠不关心，我们埋头苦干的中国人，将尽我们力之所至，抵抗到底。我们将奋斗到最后胜利或最后的惨败。纵使大好河山悠远历史，都染上了鲜红的血液，或毁灭在猛烈的烈火之中，亦所不惜！"

宋美龄一向对英国的老牌殖民主义作风不甚满意，但对美国则寄予厚望，所以美国政府的态度是最令她痛心的。美国政府在9月14日的声明中，表示对中日之间应用"中立法"，任何争端不予过问。事实上，自"七·七"事变以来，中国政府没有从美、英等西方国家获得任何军事方面的援助，反而一再被他们劝说立即与日本"和平解决"，以利国际通商，来维护他们自己的在华利益。

当时英国将少数飞机高价卖给中国时，却不允许供应商提供飞机所必需的机枪；在香港装配并运出的三架飞机还都被装扮成救护机的模样，还要中国政府保证将来不供做其他用途。而美国政府也向当时的日本许诺，不准美国的船只运输飞机到中国。后来，美国将一架波音飞机卖给中国时，还一定要借道澳大利亚，但澳大利亚总理表示拒绝飞机再运往中国，并将此事通知日本驻澳总领事馆。

虽然美、英政府出于自身利益的考虑，害怕和日本发生冲突，但宋美龄还是相信美国民众的力量，坚持对美广播宣传，并终于在日后收到了效果。1938年底，美国终于答应借给中国2,500万美元，这是在1939年以前中国从外国获得的唯一援助。

宋美龄和蒋介石一样，有着倔强的个性，她坚决支持蒋介石在孤立无援的境地中仍然坚持抗战，迁都重庆，继续战斗。同时，她把对西方的宣传重点放在民间，而不再是政客身上。她号召在华的传教士进行宣传，要求他们的政府停止向日本提供军事物资。这些传教士都清楚宋美龄的宗教背景，因此乐意帮助，他们利用一切机会向自己的国家宣传，强调蒋介石政府中的大部分官员毕业于基督教学校，在信仰上皈依了上帝。

同时，宋美龄的好朋友、《时代》杂志老板卢斯也伸出了援助之手，把她和蒋介石评为1937年度的新闻人物，宣传了中国正在进行的抗战。

自淞沪抗战开始后，宋美龄一直陪蒋介石在南京，直至南京沦陷前几天才撤离去武汉。蒋介石带领高级将领亲自到前线督战，宋美龄也经常到前线慰问将士。

这期间为防备日军的空袭，宋美龄和蒋介石经常住在中山陵园树木深处的一个花房里，那里曾是宋美龄当初精心修建的“美龄宫”，但当时还没有竣工。战争一爆发，就停止施工了。花房内有小屋数间。日寇飞机多次轰炸，有一夜空袭，将相隔数十步的一个同样的小屋夷为平地。当时国民政府已决定迁往重庆，许多政府机构已先行迁往武汉，宋霭龄也偕孔令俊亲自来劝宋美龄随孔家先去武汉，宋美龄婉言谢绝，坚决不走，说：“为了国家大事，我一定要陪他，和他在一起，很多场合里能帮助做些事。于私是给他精神上的安慰和信心，于公则是我们俩都在首都，能安定人心和军心。”

∧ 日军飞机对上海实施狂轰滥炸。

在南京遭到日机空袭的日子里，宋美龄为了躲避敌机空袭，经常调换工作和休息地点。她在南京城里“亲眼看见许多残酷的炸弹，从月色朦胧的天空投掷下来”。空袭后，她还视察了被34枚炸弹轰炸过的地方。

当时的宋美龄不光是“中国妇女慰劳总会”的负责人，还担任着中国航空委员会秘书长一职。当时年轻的中国空军要和强大的日本空军作战，而外国的飞机军火又难以获得，宋美龄为此费尽心机，每天工作18个小时。

★国民政府迁都重庆

1937年11月16日，国民政府在南京之各机关，开始向重庆、汉口、长沙等地迁移。20日，国民政府正式发表迁都重庆宣言。自11月18日起，国民政府各院部即络绎迁往重庆。20日，中央电台奉命广播《国民政府移驻重庆宣言》这条消息后，中央党政人员纷纷乘轮西上，中央电台人员也撤离南京去长沙。他们好不容易弄到了江南汽车公司的客票，很多人行李都未顾上带，车上已是人满为患，秩序大乱，所谓的撤离变成了一场大逃亡。

∧ 抗战初期的中国空军力量弱小，飞机也是外国“一战”时生产的旧飞机。

随着战争形势的恶化，国民政府陆续开始迁往重庆，军事委员会则迁往武汉。当时上海失守，日军沿沪宁路长驱直入，准备进攻南京，并加紧了对南京的轰炸。

南京不仅是国民政府的所在地，而且是中国民族民主革命的先行者孙中山陵寝所在地，虽然自淞沪会战打响后，国民政府就做好了迁都重庆★的准备，但是否坚守南京，还是让蒋介石颇费心思。因为南京的地形不利，在日军拥有海空优势的情况下，很难固守。而日本侵略军则想通过占领南京，迫使中国政府投降，迅速解决战争。

蒋介石经过考虑，决定在放弃南京之前做一顽强抵抗，一方面掩护从上海撤退下来的几十万军队在安徽、江西一带进行休整；另一方面也可以表示中国政府的抗战到底的决心。于是他调集了十多万军队，由唐生智指挥，准备短期固守南京。

当时，墨索里尼政府曾建议中国与日本和谈。同时德国驻华大使陶德曼从汉口返回南京，求见仍留在南京的蒋介石夫妇。蒋介石固守南京的态度，就是表明了自己不会在日本压力下屈服。

陶德曼的调停持续了一个多月，这次来时，已是12月初，南京危急的时刻，蒋介石知道日本的条件肯定非常苛刻，他也不想作城下之盟，所以并没有马上会见。陶德曼先被引进

> 1937年11月日军进攻南京时，唐生智成为保卫南京的最高指挥官。

宋美龄的办公室，宋美龄坐在办公桌后等着他。他们已经相识多年，宋美龄热情地向他打招呼，两人寒暄了一阵后，陶德曼将德国的建议放到宋美龄的办公桌上，说："这并不是我个人的意见，您要明白，夫人。"

宋美龄很从容地将文件推到一边，笑着说："我也想不是的。"接着，她说，"告诉我，孩子们怎么样？"

就这样，宋美龄以这种轻松的方式表明了态度。陶德曼也十分明白，所以后来蒋介石出来会见时，只是向陶德曼表示了对他不辞辛劳来回奔波的感谢。

随后，在日军的隆隆枪炮声中，蒋介石和宋美龄痛别南京。当时蒋介石愤然宣称，日军不先退出中国，就没有和平可谈。

当时，国民政府的主要官员暂时先迁到武汉办公，工厂、政府机构和私人企业则迁往四川重庆，准备将四川建设成为长期抗战的大后方。

在离开南京之前，宋美龄是十分悲痛的。和蒋介石结婚后她在这里住了整整十年，而现在这中国的"首都"已被日机轰炸得满目疮痍，并且将落入敌寇之手。她曾在文章中描写了临别前的所见所闻和悲痛心情。

她站在南京的大街上，看到南京市民逃难的情况："惊恐的人们手推着小车，车上堆着他们可怜的家里仅有的他们认为所宝贵的物品，后面跟着愁容满面的少妻与鹤发鸡颜的老母，从炸弹与烧夷弹乱投如雨的城中逃亡。"

她还看见"迷了路的妇女们，怀中抱着婴儿，衣角边拖着疲乏的幼童，在朝着城外的大路上踟蹰前进。妇女的脸上带着倦容，精神现出无可奈何的宿命的悲哀，一面走，一面还在盲目地希望能在大路上蚁集着的人群中找到她们的丈夫"。

> 因为战乱，昔日热闹的南京中华路变得冷冷清清。

∨ 德国驻华大使陶德曼（左二）与国民党政府前驻意大利大使刘文岛（左一）等在汉口合影，陶德曼充当了中日战争调停者的角色。

她还看见“年老的男女精疲力竭地倒在中途，试想觅得一个安静的地点。尽可能地宁静地等待着那最后的一刹那……”

宋美龄伤痛之余，更添对日军侵略的痛恨。

∧ 1938 年，撤至武汉的蒋介石召开军事会议进行作战部署。

“第一夫人”充当中国的对外宣传员

从南京撤出来的蒋氏夫妇来到了武汉，以便布置武汉会战。当时的武汉成了中国的政治和军事中心，在1938年10月武汉保卫战失败，再次撤往重庆之前，宋美龄和蒋介石共在这里停留了 11 个月的时间。

1938 年，国民政府出版部门搜集和出版了宋美龄的《战争与和平通讯》一书。由于此书搜集仓促，几乎没有经过编辑加工和适当的校对，事后宋美龄对此深感失望。该书原稿原样印出后，宋美龄和其他一些作者对其中大多数段落都极为不满意。但正因此书形式不羁，材料真实，原汁原味，才对学历史和传记文学的学生有着特殊的魅力。书的内容是未经任何润色的广播讲话、信件、报纸和其他文章的摘选，不过在披露宋美龄的顽强性格及其在危难中的表现方面，却胜过最正式的书籍。

在战争开始到武汉失守期间，她的一系列演说和广播稿，都对西方国家不援助中国的做法表示愤慨，并义正词严地提出了抗议。《日本的烟幕》《战争的进展：来自前线的消息》《令人失望的美国态度》《日本的恐吓战》《对南京的破坏威胁》《长谷川之无理命令》《不宣而战的可能性》——这些标题都原封不动地编进了书里。尽管这些文章没有按年代或内容进行过

∧ 抗战时期的中国军队飞行员。

编排，但清晰地表露出促使宋美龄发表这些文章时的愤怒和激情。她从不喜欢向别人乞求，凡是她认为属于正义的事情，她便提出自己的要求，并认为这是正当的。她常常认为，与其像一个喋喋不休的鼓动家那样说些空泛的大话，还不如什么也不说。

在一篇通讯里，宋美龄真实地记录了日本飞机的野蛮轰炸，并批评了美国对日本军用物资的出口：

我在写此文章的时刻（她在一篇文章中这样写道。该文首次发表在1937年12月的《论坛》上），正坐着等待日本空袭飞机的到来。警报是在15分钟前拉响的。我像往常一样走出防空洞观看空袭，特别是察看一下我们是怎样进行防御的。飞机到来时，我要将我所见到的按顺序记录下来。日本开始在上海攻击我们以来已经有两个月了。这段时间，我们的人民罹难的痛苦是不可言状的。

在世界大战中，空军基地一般距前线有几百里之远。轰炸机如果没有遭到强大的阻击飞机拦截的话，一天大概可以轰炸两次。但我们在上海现在却没有飞机阻挡日本，所以他们最多只需飞行5里就可以返回基地重新载上炸弹。……大概你们会奇怪，我们为什么没有空军来对抗日本在上海的400多架飞机（他们的飞机总数是3,000架）。你们应当记住，中国空军的历史还不满五年，而在这五年中，由于缺乏掌握这一新式武器的经验，还浪费了许多时间。这使我们在入侵到来时没有适当的空中防御力量，因此我们不得不大量地向美国和其他国家定购，希望他们能尽快为我们提供飞机。我们知道，日本将要怎样做，但我们从最悲观的角度也没料到美国……

文章写到这里时，日军的轰炸机又飞来了，于是宋美龄又开始如实地记录空袭的情景。

当时宋美龄以航空委员会秘书长的身份，说出了中国空军的艰难境况，强烈呼吁美国的帮助。而这些文章都被翻译成了外文并出版。在美、英政府对日本的侵略采取纵容政策的时候，宋美龄希望能通过大量的新闻报道、真实的通讯，来向各国人民揭露日军的暴行，坚定地重申中国人民抵抗到底、决不投降的决心，希望在美国掀起支持中国的民间舆论，并最终迫使美国改变政策，制止日本。

在第二次世界大战中，日本有一位专门负责对美国做广播宣传的著名播音员，被人称为所谓的“东京玫瑰”，其实在中国的抗战爆发后，宋美龄就一直在扮演这样的一个角色。

宋美龄作为当时中国的“第一夫人”，却在抗日战争爆发初期，主动担负起国际播音员的责任，以国民党政府的半官方发言人的身份出现在公众面前，利用媒体竭力向美国及世界各国宣传中国的抗战事业。她的英语流利，熟知西方的国情，更由于她身份特殊，颇具外交和公关天赋，她的这些行为为她赢得了很好的声誉，客观上为中国的抗战做出了贡献。

为了向全世界揭露日军的暴行，批评西方国家对日本的纵容政策，宋美龄可谓是口诛笔伐。她最初在南京沦陷以前的主要做法是抽空接见西方记者，并通过他们宣传自己的观点。

1937年8月25日她接见上海英文《大美晚报》编辑兼国际通讯社记者福特，向他揭露日本的侵略野心，并从9月6日起开始撰写关于上海战场的新闻电讯。9月初，宋美龄向路透社特派记者专门谈了中国妇女的战时职责。9月16日，日军对上海狂轰滥炸，宋美龄再次到前沿阵地慰问将士。她看到中国守军“据阵抗敌，殊堪庆幸”，精神受到很大宽慰。这天，她写了《令人失望之美国态度》的电讯，批评美国政府撤退上海侨民，禁止船舶运输军火来华的错误做法，指出美国“蓄意阻止中国获得自卫武器，则结果不独为中国之悲剧，抑将成世界之大患”。针对美国政府冷淡的对华态度，且还想从中日战争中发战争财，宋美龄搜集了许多日寇暴行的事实，写文章，利用报纸杂志和广播对美国人民广泛宣传，并揭露美国政府的恐日病，指责它批准把汽油、轻重武器、军用物资大量卖给日本，支持侵略者屠杀中国人民的恶劣行径。宋美龄在文章中指出，在中国战场上缴获和击毁的日方坦克和飞机上有美国制造的零件，毫不隐讳地指责美国的两面手法。她的这些文章美国各报刊多抢着转载。

从1937年9月12日起，宋美龄在南京通过美国广播网，直接用英语向美国民众发表广播演说，揭露日寇侵华罪行，报道中国艰苦抗战的情况，呼吁美国政府给予援助。欧洲和美国的新闻界频频约她写文章和发表讲话。她警告世界说，中国只不过是第一个遭到法西斯攻击的国家。同盟国由于目光短浅已经使日本在中国东北的第一次失信变成为一种威胁，助长了法西斯的侵略野心，最终同盟国也会因“精神近视”而招来可悲的结果。

9月20日晨，宋美龄在前线慰问部队并看望了医院的伤员后从上海返回南京，途中遭到43架日机的追击轰炸。9时许，日本飞机在南京城西南角投下大量炸弹，炸毁房屋和车辆无数。9月23日，宋美龄再次到上海前线慰劳将士，并写了《长谷川之无礼命令》的电讯，揭露日寇对南京进行野蛮空袭，炸死炸伤无数无辜平民的罪行。此后的一周内，宋美龄在南京接连发出电讯，向世界各国人民介绍上海战况，揭露日军侵略暴行和日本政府散布的种种为侵略制造借口的谣言，呼吁西方国家，特别是美国政府支援中国的抗日战争。

12月宋美龄接见瑞典记者李民，揭露日本野心家侵华并进而争霸太平洋的侵略计划，呼吁西方国家放弃“中立”政策，支援中国抗日斗争。

宋美龄在抗日战争初期的一系列演说和广播讲话，对西方国家不援助中国的做法表示愤慨。她表示不敢相信自己的眼睛，这些国家曾许下诺言，但又自食其言，后来事实使她不得不信时，她义正词严地向美英政府提出了批评。

可以说，在这场中日之间的战争到来之前，宋美龄一直在为她的理想而努力工作，热衷于中国社会的改造事业，宣传教会，按美国的生活模式推进“新生活运动”，而对于她理想中的美国的一些实用主义、利益至上的做法并未加以考虑。多年来，她一直把美国作为衡量中国的标准。她一直以西方国家为楷模劝诫中国学生为国家效力，并努力使蒋介石的南京政府向西方美、英等国靠拢。

即使在抗战初期相当一段时间，宋美龄也一直对西方国家抱有幻想，认为他们只是一时反应迟钝，迟早是会明白日本的危害性的。所以，她一直向这些“异常迟钝”的人们做解释，希望让他们多知道一点真相，以便认清他们的职责以及不履行职责对他们自身的危险。她说道：

通过日本在中国的所为，你们便可以看到这是一个邪恶、残忍、武装和组织良好、按着预定计划在行动的国家。多年来，日本人一直在为企图征服中国而做准备，尽管在征服中国人民之前，他们无法达到此目的。而所奇怪的是，似乎没有一个国家愿意阻止日本的行径，这是否由于日本每天广播的大量歪曲真相的消息已被人们相信？抑或世界上的政治家被日本施了催眠术？日本似乎只讲了一句简单而富于魔力的话就使世界陷入了沉默：“这不是战争，而仅仅是一次事件。”日本首相8月28日宣称，日本准备“彻底击溃中国，使其失去战斗精神”。但甚至这句话似乎也没能唤醒世界认清正在发展中的灾难。……正是为了避免这一灾难的发生，各大强国才签署了九国条约，主要是为了使中国免于遭到日本的侵略。他们还签署了凯洛格和平条约，以防止战争；组织国际联盟，以确保弱小国家免于遭受侵略国家的伤害。但说来奇怪，这些条约似乎已化为灰烬，这在历史上迄今还是罕见的。更有甚者，国际法中那些为制止战争和保护平民所逐步制定的复杂的条款，也似乎与条约一道

∧ 日军飞机对南京城实施轰炸过后，其坦克部队向城内发起了进攻。
＞ 抗战时期，蒋介石与宋美龄在外地巡视时合影。

烟消云散了。所以我们又回到了弱肉强食的野蛮时代，强国吞食弱国，不但杀戮他们的斗士，还株连他们的家庭、妇女和儿童。日本正是企图在中国这样做。但真正允许条约失效，以及在20世纪恢复大规模残杀无辜人民的野蛮行径的却是文明国家。1931年日本占领东北时，他们允许这种行径在中国发生。1932年日本在上海闸北轰炸沉睡中的百姓时，他们继续容忍这种行径。现在日本在中国大规模展开侵略时，他们仍保持沉默！

告诉我，面对这样的屠杀，面对房屋和企业的摧毁，西方的沉默是否象征着具有人道主义、行为准则、骑士气概和基督教影响的文明的胜利？世界强国缄默地站成一排，似乎慑于日本的威力而不敢发一声责备，这种奇观是否预示着国际伦理道德和基督教准则以及行为的灭亡？是否已敲响所谓西方道德优越的丧钟？

你们大概可以从广播中听到炮击声，但你们却听不到（不过我希望你们的心能听到）死亡者的叫喊声、数以万计受伤者的痛苦呻吟声，以及房屋坍塌的巨响。你们也看不到千百万流浪、惊恐、无家可归的无辜人民所遭受的苦难和饥饿，看不到母亲们的眼泪以及她们在燃烧中的房屋所冒出的黑烟和火焰。

虽然从宋美龄的个性来说，是倔强好胜，不愿意乞求别人的，但为了抗战需要，为了国人请求援助，她还是频繁地对电台发表演说，接受聚集在南京无数记者的采访，还不断地写文章向舆论界呼吁，这对她是不容易的，她也只能这样做。

1938年底撤到重庆后，不仅宋美龄仍然担负着对外宣传中国抗战的任务，而且她的大姐宋霭龄和二姐宋庆龄也都参加了战时的国际广播，她们一起继续利用报纸、杂志、无线电广播和接见外国记者等方式向美国及全世界宣传中国的抗战大业，促使美国以及其他国家各界人士能够关注艰苦抗战下的中国的困境，并且解囊相助，提供必要的援助。

∨ 上海市民目睹了日军轰炸过后的闸北浓烟滚滚的场景。

在1939年7月7日抗战两周年纪念日，应美国反侵略会的邀请，宋美龄发表对美广播，敦促美国及其他西方国家履行条约义务，实行对日经济制裁，呼吁美国对中国进行物质援助。

同年10月26日，宋美龄应美国《纽约前驱论坛报》妇女座谈特刊之约，向美国听众发表广播演说，指出，日寇是在向文明挑战，中国独立抗战已经两年有余，美国应该断绝对日本的物资接济。

1940年3月21日，《纽约先驱论坛报》登载了宋美龄的《对美国妇女的谈话》一文，她在文中写道：

< 1938 年，宋氏三姐妹在重庆共同参加宣传抗战的活动。

∨ 被日机轰炸后的重庆街道情形。

< 日军飞机轰炸过后，在重庆一处防空洞外惨死的中国民众的尸体。

> 1940年日军对重庆实施大轰炸，全城笼罩在一片硝烟之中。

这场不宣而战的战争所带来的恐怖，已经使成千上万的中国妇女沦为牺牲品。如果人们能注意到她们的悲痛、眼泪以及她们被烧毁的房屋所冒出的黑烟，那么美国妇女一定会在震惊之余，立即认识到这场正在威胁文明的灾难所带来的深远后果。……假如过去曾有过远方战鼓震动的威胁，现在……只有通过联合行动，至少从经济上，才有可能阻止自由和正义的民主思想趋于崩溃，才能使美国，特别是弱小和不幸的民主国家免遭所谓“不可预测的危险”。其实，如果对正在中国所犯下的暴行不是有意视而不见，这种危险是完全可以预测的。无论如何，一些国家曾正式同意尊重我国领土与行政区域的完整。如果我们在遇到侵犯时不履行协议，试问协议还有什么作用呢？

依我们的浅见，请允许我这样说，如果某个国家是协议原则的签署国，自然从道义和义务上有责任与其他签署国一道，采取一些措施来制止任何一个敢于侵犯协议原则的国家，当然并非使用武力。中国人还感到迷惑的是，一些国家愿意签署一些似乎颇有内容的文件，但在现实中，在危机到来的时刻，这些文件却又化为乌有……美国已经笼统地阐明了自己的政策，我们表示感谢。但应必须采取具体的措施，迫使日本认识到它对协议的违背，以及在中国所犯下的惊人的非人道的暴行和破坏，将不会得到饶恕和开脱。首先必须毫不含糊地使日本明白，任何以牺牲或侵犯中国的主权和领土完整的代价所换来的所谓和平，都不会得到默认或忍受。

宋美龄还利用自己在传教士中的影响，呼吁他们向本国民众宣传，揭露日本帝国主义的残暴罪行，得到了响应。在武汉和重庆的时候，她不仅为传教士写贺词，转达蒋介石对他们的谢意，而且还亲自向美国的民间捐献者写致谢信。

在报纸文章和讲话中，她还是以激昂的词句表达她对美、英政府纵容侵略的愤慨、惊讶。在撤到重庆后，宋美龄对改变西方国家那些政客的态度已不抱什么幻想了，她对他们纵容日本的侵略行径不再表示惊讶，她开始认识到隐藏在这些国家政府宣言后面的利益至上和实力至上等功利色彩。

“毕竟还是要自己顾自己。”1940年日机轰炸重庆后，宋美龄对美国国会议员发表广播：“我不知你们国会议员是否想到过，如果中国屈服于日本，那将发生什么样的情况？无疑，日本将利用中国的资源转向美国进军，美国也将受到自食其果的惩罚。支持野蛮的日本军的侵略战争，本身就是不义的。”她严正地谴责美国纵容侵略，对中国的正义自卫战争不及时援助，转达了中国人民对美国政府的愤慨。她以为从全球战略看来，美国是不会坐视日本独吞中国的。

< 援华抗日的美国将军陈纳德。

在中国抗战开始以后四年多的时间里，她不断呼吁并促使美国政府改变政策，对美国朝野人士或多或少产生了一定的影响，而民间的舆论更是同情中国，自发性的捐助不断送往中国。而且部分议员开始主张派少量战斗机作为“志愿队”支援中国。同时随着日本对东南亚英法殖民地的觊觎，美英政府的态度也开始渐渐改变。

1940年6月，中国向海外取得物资援助的唯一道路——滇缅公路被日机封锁，到年底的时候南进的日军又占领了越南。于是美国才将现役空军120架飞机包括空、地勤人员和器材，以国民政府聘请名义，组成“航空委员会美籍志愿军总队”（飞虎队）参加中国抗战，而其总指挥就是宋美龄的好朋友、美国的陈纳德将军。

当时的国民党军事委员会政治部还将从沦陷区拍来的照片、战地实况、中国军队英勇顽强杀敌视死如归的记录及一本实录南京大屠杀的《日寇暴行录》的照片集，分发给各国记者。宋美龄也亲自将这些真实资料通过各种渠道发向国外。

尽管美国政府在太平洋战争爆发以前，一直对中日战争采取“中立”的态度，但是美国人民却以各种形式支持和援助中国的抗日斗争。1940年9月，“美国妇女援华运动委员会”发起“希望书”签字运动。在“希望书”上签名的美国公民达数百人，她们还捐赠了3万余美元，并在9月26日举行了赠献典礼。典礼上，当时中国驻美大使胡适代表中国妇女界接受了这份捐赠，并把“美国妇女援华会”的盛意转达给宋美龄。宋美龄立即复电向“美国妇女援华运动委员会”致谢。

美国的民间组织“美国救济中国难民联合委员会”，对于救济中国难民做出了积极贡献。为了表示对该委员会的感激之情，宋美龄与宋霭龄一起赠送给这个委员会一头熊猫。据说，这头熊猫极为名贵，是华西大学博物院院长格莱翰亲率西康猎户在深入川西的高山丛林中捕获的。这大概是“熊猫外交”的起源吧！虽然有人提出中国大熊猫最早于1937年已被美国私人拥有。但事实上，赠送大熊猫作为外交礼物，宋氏姐妹确实是首开先例的。

1941年4月28日，宋美龄用英语向英国公众广播宣传中国的救济事业。同年11月10日和12月4日，她再次在无线电广播里向美国呼吁："我觉得美国这一个国家，绝不会因势乘便，以做便利自己的打算的。美国绝不像法西斯国家那样认为牺牲弱小是正当的行为。"宋美龄在文章和讲演中，毫不隐讳地对美国的所谓“中立”立场表示愤慨、惊愕和悲痛。她向美国人民直言自己不理解她心目中的“民主国家”美国为什么竟纵容和在物质上支持日本的侵略行径，并预言他们这样做是会后悔的。

★日本偷袭珍珠港

日本为了摧毁太平洋美国舰队主力，确立自己在太平洋的霸权，决定对美国发动战争，并选择珍珠港为首要打击目标。1941年12月7日晨6时15分，日军第一批183架飞机开始攻击珍珠港。7时55分，日机开始向珍珠港投弹，当即炸毁美国的大量舰只和飞机。8时54分，日机171架第二次猛烈轰炸珍珠港。整个袭击中，美国海军被炸沉和受重创的大型舰只19艘，各类飞机损失311架，陆海空军伤亡3615人，还有961人失踪。而日方只损失了28架飞机。日本偷袭珍珠港宣告了太平洋战争的爆发。

1941年12月7日，日本偷袭珍珠港★。当时中国的情报系统曾向美国发出警报，可是美国人仍然自以为是。空袭事件发生后，美国政府才意识到这是自己以前对日本纵容的后果，宋美龄及时对美国广播，措辞更加激烈，指出中国独自对付凶残的日本已坚持四年多，中国对世界正义事业做出了巨大贡献，现在要看美国的态度了。

此外，宋美龄还经常写文章或发表谈话，批评美国以及其他西方国家对中国的错误看法，批评美国及西方人的民族和文化优越感。她指出：“过去美国人常自认为较优于中国人，此系因美国人并未能力求认识中国所致，今日美国人士对华人均抱深切之钦慕。”她在《如是我观》一文中写道：“西洋各国对待中国，心中老是抱定了自居优越的宗旨，而且不论时境有没有变迁，总是不肯放弃这种优势之感。”她希望西方人从此能彻底改变对中国人的这种错误看法，以平等的态度对待中国人民。

随着“二战”形势的变化，宋美龄的抗战宣传，在西方国家特别是在美国有了相当影响。《伊克论坛报》1942年4月25日的社评说：宋美龄的一些讲话和文章，“其力量殊不应予以低估”，“此非常而显赫之女性，以动人之坦率态度发言，我人深刻了解我人之友朋，固与了解我人仇敌同样重要”。认为宋美龄的发言是“政治战争的武器”。

以上的事实可以充分证明宋美龄在抗战初期，就已经在利用媒体的宣传中，尽其所能在争取一切精神和物质的援助。另外，很少有人知道，宋美龄利用媒体的优势，还开了中国现场直播之先河。

现在的人们，对于广播、电视的现场直播已经司空见惯，但在20世纪40年代以前，我国还没有现场直播。在抗日战争最艰难的年代里，一次机遇，使宋美龄成为中国历史上第一个进行现场直播的人。

1942年10月，美国总统特使、国会议员威尔基来华访问。威尔基曾是1940年美国总统大选的共和党总统候选人，虽然败给了罗斯福，但在美国的声望很高，罗斯福特意派他作为总统特使到中国考察访问。蒋介石夫妇热情接待了他，宋美龄还约同大姐霭龄、二姐庆龄在重庆范庄举行了欢迎晚会。宋美龄致辞前，中国国际广播电台的记者把一个麦克风放在她的座位前面，准备做现场广播。由于那时广播事业还比较落后，一般人根本不懂什么叫“广播记者”，宋美龄的随从对记者这种置麦克风于夫人身前的做法，似乎认为是一种冒犯，正想让他拿走，宋美龄听该记者说是“中国之声”的，马上就说“让他做节目好了”。从而开始了中国广播事业史上第一次现场广播，人民直接听到了宋美龄的声音。从那以后，现场广播越来越多，广播记者通过辛勤的工作也逐步为社会接受，1942年中国新闻学会还专门制定《广播记者法》。追根溯源，宋美龄在这当中至少起了倡导的作用，因为当时她要是阻止了那位记者的举动，现场直播就不会这么快在国内流行开来。

V 1942年10月2日，蒋介石接见访华的美国总统特使威尔基。

< 抗战时期，蒋介石、宋美龄发起了"新生活运动"。这是宋美龄在新生活运动1周年纪念会上讲话。

历史备忘录

HISTORY MEMORANDUM

V 抗战时期，援华殉职的加拿大医生白求恩遗照。

V 1940年时的汪精卫。

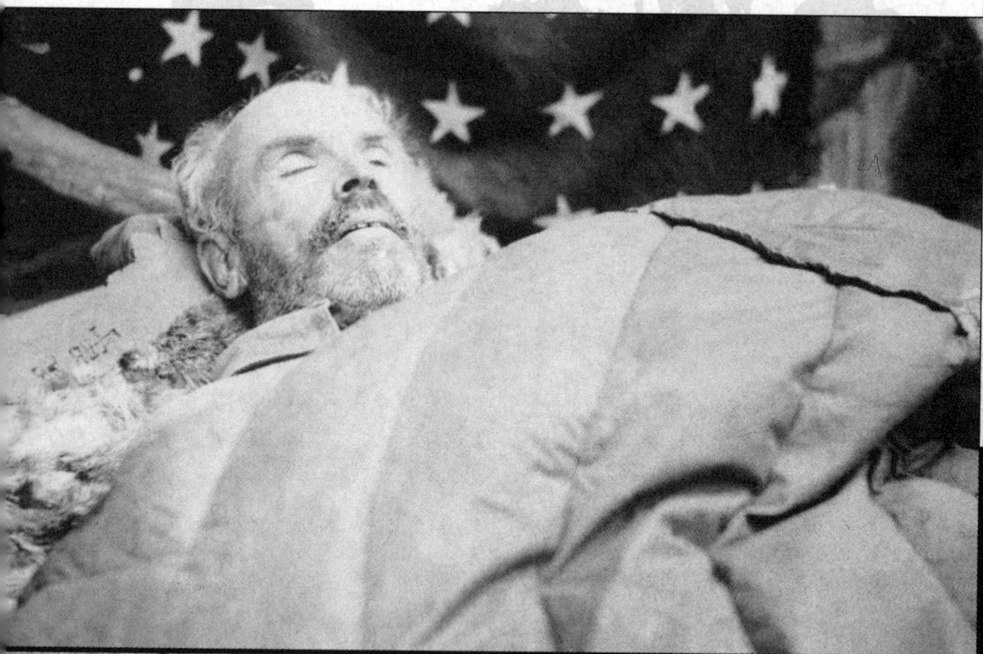

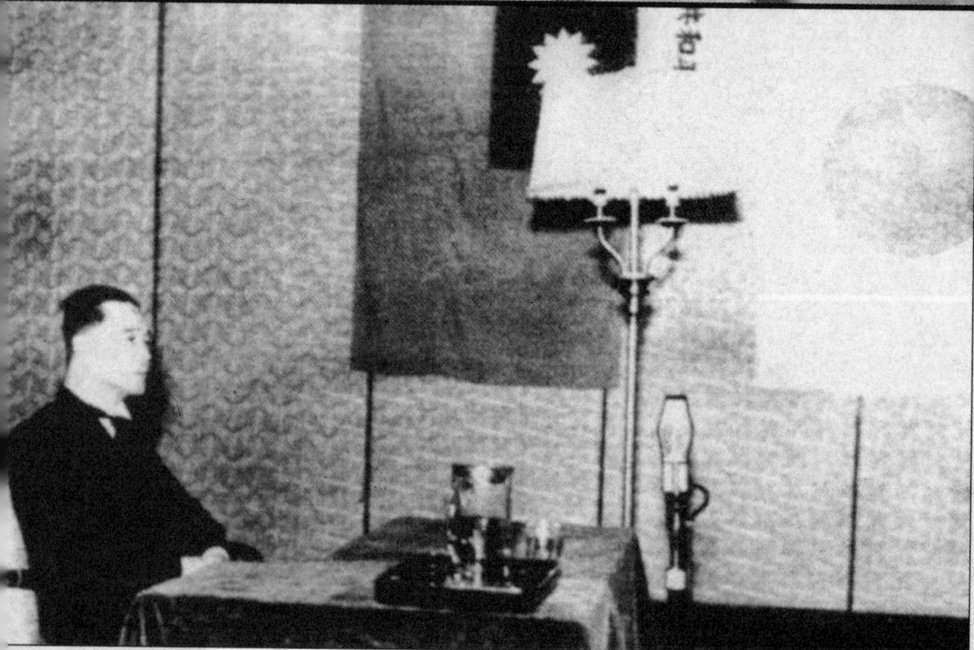

234

1

广东青年抗日先锋队在广州成立

1938年1月1日，广州成立广东青年抗日先锋队，从事抗日救亡工作。同年10月，根据中国共产党的指示，组织队员和队外青年，参加“战地工作队”，开展抗日宣传工作，组织农民抗日团体。1939年初召开第一次全省代表会议，成立总部和东江、西江、北江、中区四个办事处，并决定到敌后开展抗日武装斗争。1940年4月，先锋队被国民党当局取缔。

白求恩来到中国

1938年1月8日，著名医生、加拿大共产党员诺尔曼·白求恩，率由加拿大和美国人组成的医疗队启程，取道香港飞抵武汉。20日与周恩来会见。3月底到达延安。4月，即转赴晋察冀边区，开展战地医疗服务。1939年11月12日，因医疗伤员中毒，逝世于河北唐县。12月21日，毛泽东写下了《纪念白求恩》一文以示哀悼。

毛泽东论两种战争

1939年3月18日，毛泽东在延安发表纪念“三·一八”13周年讲话。他说，我们要消灭敌人，就要有两种战争：一种是公开的战争，一种是隐蔽的战争。隐蔽的战争有战略的进攻，打入敌人的内心；也有战略的防御，保卫自己。要打败敌人，须内外夹攻，所以两者都有同样重要的意义。

汪伪中央电讯社在南京成立

1940年5月1日，南京成立汪伪中央电讯社。该社由汪伪在上海的中华通讯社和南京维新政府的中华联合通讯社合并改组而成。理事长林柏生，社长赵慕儒，许锡庆为副社长兼总编辑。该社同日本同盟社、德国海通社、意大利罗马通讯社签订了互相交换稿件的协定，于上海、武汉、广州、香港、杭州、苏州、蚌埠、南通、徐州等地均设有分社。

14

“空军之母”

抗战时，中国空军仅凭着不到300架飞机，与拥有几千架飞机的日本空军开始了空前的血战。虽然空军将士们士气高昂，技术娴熟，屡建奇功。但在日本飞机补充不断，越战越多时，中国飞机却因得不到补充，越打越少，在不到3个月的时间里，中国空军就完全丧失了制空权。宋美龄凭借她特殊的身份和活动能力，请来陈纳德组建“飞虎队”，为中国的抗战事业做出了贡献。

宋美龄对于中国早期空军的贡献，蒋经国曾有过这样的评述：“对于北伐以后的革命事业，老夫人……确实有莫大的贡献，尤其是中华民国空军与民航的建立与发展，以及促进中国的国际关系，提升中国的国际地位，老夫人的确是功不可没，我相信未来历史自然会有公评。”

年轻的中国空军参战

1937年底，南京失陷。1938年4月，在李宗仁的指挥下，中国军队取得了台儿庄大捷★，振奋了全国人心。但由于日军南北夹攻，中国军队处境不利，李宗仁奉命率数十万大军撤出徐州，随后日军于5月19日占领了徐州。

就在日军占领徐州的当天下午，中国空军的两架马丁式轰炸机从汉口机场起飞，当晚在浙江的衢州机场加油后，飞向日本本土。这两架轰炸机上满载的是传单而不是炸弹，传单上写满了唤起日本民众反战觉悟的文字，是由中央宣传部副部长方治及其日裔夫人和军委会政治部第三厅厅长郭沫若以及日本反战作家鹿地亘撰写和翻译的。

中国空军的这次跨海东征，飞过日本九州门司、长崎、福冈等城市上空，散发了100多万份传单。直到日本人发现纷纷落地的传单，日本防空部门才发现中国的轰炸机竟然来到了日本本土，匆忙下令高射炮发炮射击，但中国空军的飞机已高速返航。第二天早上，远航的飞机安全返回武汉。

这次飞行对日本的震动是很大的，他们没想到中国空军的轰炸机竟然能深入日本本土，而饱受日机轰炸之苦的中国军民则极为振奋。像这样对日本本土不流一滴血的"纸弹轰炸"，后来被称作"人道飞行"。而中国空军的这次英勇的夜航突袭成功，得到中外舆论的一致赞扬，在日本军界则引起了极大的震动。

在祝酒筵席上，蒋介石和宋美龄频频向建立殊勋的中国空军健儿敬酒。蒋介石还在日记中写道，这次飞行"使倭人民知所警惕。盖倭人夜郎自大，自以为三岛神州，断不被人侵入，此等迷梦，吾必促之觉醒也"。

而当时担任中国航空委员会秘书长，实际执掌中国空军大权的宋美

★台儿庄大捷

中国抗日战争时期，中国军队在山东台儿庄抗击日本侵略军并取得重大胜利的战役。1938年3月20日，日军第10师团开始进攻台儿庄，中国守军奋力抵抗，双方展开激烈的争夺战。日军曾多次冲入庄内，中国守军以近战、肉搏战逐屋顽强抵抗，至4月6日取得歼灭日军两万余人的胜利。并于7日晨收复台儿庄。台儿庄战役的胜利，打击了日军的嚣张气焰，振奋了全国人民的抗战精神。

< 1938年4月，李宗仁指挥中国军队取得了台儿庄大捷。图为李宗仁在台儿庄车站留影。

龄更是自豪地说："我们派飞机空袭东京，表示我们有能力轰炸东京，但我们是正义的斗争，不伤及日本的妇孺百姓，我们只带上数十万份传单散发启蒙日本国民：中国是不会屈服的，全民抱着抗战到底、最后胜利必属于我们的决心，而你们是危险的，趁早回头吧。"

其实在淞沪抗战刚爆发的时候，年轻的中国空军就曾取得过辉煌战果。8月14日，也就是日军进攻上海的第二天，中国空军首次出击，奇袭汇山码头的日本海军司令部和停泊在上海黄浦江上的日本军舰，狂妄不可一世的日本海军陆战队被这突如其来的袭击搞得狼狈不堪，日寇第三舰队的旗舰"出云"号来不及躲避，被中国空军炸成重伤失去应战能力。当天下午，日寇18架轰炸机从杭州湾飞来，妄图偷袭我陆军阵地。中国空军第4大队大队长高志航奉命阻截，他率领27架战斗机穿云破雾，冲向敌群，杭州上空顿时枪炮轰鸣。高志航首先击落日本领机，接着全队又合力击落日军5架飞机，其余日机向东南海上逃逸。经过激烈的战斗，我空军击落敌机6架，而自己无一损伤。中日第一次空战，中国空军以6：0的骄人战绩大获全胜。而当天的日本电台也不得不承认："18架飞机中，13架失去联络。"

中国空军首战告捷，蒋介石十分高兴。在8月15日的日记中写道："倭寇空军技术之劣，于此可以寒胆矣！"

而宋美龄高兴之余，更建议每年以8月14日为"空军节"。蒋介石也表示同意，于是为纪念年轻的中国空军的功绩，这一天被定为"航空节"。

此后，不断来犯的日机连连遭到中国空军的阻击。到8月20日的短短一星期内，日军共被击落重型轰炸机40架、轻型轰炸机27架、水上飞机13架、驱逐机18架，共98架飞机，而同期中国空军仅损失7架。中国空军还不断轰炸停泊在吴淞口等处的日本军舰，炸毁日舰11艘。

∧ 中国空军轰炸停泊在黄浦江上的日本军舰。

然而，这样的良好局面并没有持续很久。到淞沪会战后期，中国空军的战斗力大为减弱，从而严重地削弱了整个中国军队对日作战的能力，也使中国人民为之振奋的空战局面只维持了三个月。

由于开战之初，包括杭州笕桥航校在内的空军基地，便受到日本飞机的密集轰炸，那时中国飞机还没有地面掩体设施，许多停在地面的军机因为来不及起飞，被日本飞机击毁，几次空战下来，中国军机的折损率也很高，飞机成了当时最宝贵的资财。因为飞机少，而发生了一机多用的情况。当时还有青年飞行员想出了一个办法，在“霍克2”式和“霍克3”式战斗机上面加装投弹设备，让这些战斗机兼有轰炸机的功能，甚至在一些简陋的初级教练机上，也加装了投弹装置，做轰炸机用，可是，这种教练机一装上炸弹之后，起飞速度变得非常迟钝，所以效果十分有限。

早在日本对中国开战之前，蒋介石为了掌握空军，加紧对内对外备战，除了向美国、意大利等购买飞机，还曾经通过关系，向苏联等国，购买军用飞机。苏联基于让中国抵挡日本，缓冲其东方的军事威胁的考虑，曾提供若干苏制飞机，供中国军队用，但是毕竟是杯水车薪，根本无法在战场上派上大的用场。

抗战时中国空军在做过英勇战斗后消耗过大，又无法补充，到迁都重庆时，中国空军几乎无飞机可以应战，致使日机经常深入重庆等地狂轰滥炸。

造成这种局面的原因很多，但身为“航空委员会”秘书长，实际上掌握着当时中国空军大权的宋美龄多少也有一些责任，因为中国空军的采购安排都是由她最后拍板的。

当时，中国空军的经费特别优厚，这也体现了蒋介石对空军一贯的高度重视。对于这笔经费的使用，是造飞机还是买飞机，一时间在空军内部引起了争论。最后，还是统一到身为秘书长的蒋夫人宋美龄的意见上。

∧ 整装待发的中国空军。

∨ 重庆金融界动员民众参加捐款劳军竞赛活动。

宋美龄认为，世界各国飞机制造业发展迅速，型号日新，性能月异。一种型号的飞机刚问世不久，很快就会被另一种更新的飞机所取代。这样岂不是买不胜买？至于要说自己造飞机，当时航空委员会下设两家飞机制造厂，一个在杭州，一个在南京，生产“羊城”“复兴”等飞机，宋美龄认为国产飞机不及正宗的外国货。这倒也是实情。凭着她对世界市场的了解和中国军队的需要，宋美龄提出了既不自己造飞机，也不马上买飞机的主张。她认为最好的办法还是把钱全部存到银行里生利息，到了必要时再买也不迟。因此，宋美龄决定除了维持必要的空军飞机数量外，不要把所有的钱都用来采购国外的飞机。她还把空军的主要经费，连同老百姓捐献的大笔航空救国专款都存到香港银行里。

宋美龄和她的哥哥宋子文以及姐夫孔祥熙都是具体负责向国外采购飞机事宜的，应该说这样的想法也有一定的道理，尤其是对于熟悉金融的人来说。但是宋美龄忘了，中国市场可以任她这位“第一夫人”呼风唤雨，可是世界市场则不会由她来摆布。虽然平时拿着钱可以想要买谁的就买谁的，但战时的情况就不一样了。

结果到了“卢沟桥事变”发生，全面抗战爆发，中国空军迫切需要立即大批进口飞机。但是生意场比不得战场上，从讨价还价、草签合同、付款发货，到运抵中国，海岸线早已被日本人封锁，一架飞机也进不来。而美英等国家当时为了保持“中立”，更宣布不向中国提供作战飞机。所以到抗战时期，中国空军只能依靠原有的数量不多的飞机战斗。

当时蒋介石在一次军事会议上问空军的将领有多少飞机可以投入使用，听说只有300架时，大吃了一惊。到会的国民党高级将领都知道，这些年，全国人民为实现“航空救国”的愿望，捐了多少钱。单是航空奖券储蓄一项，每期就是500万元。发了这么多期，该折成多少飞机？其他的还有献机祝寿，一县一机运动，全国有多少县，就是打个对折，一次运动少说也有500架飞机。再加上临时捐款、义演献机等等，拿出千八百架飞机，绝对不应成为问题。怎么会只有300架飞机？

最后空军将领把宋美龄的全部“高见”和盘托出，听得蒋介石哑口无言。最后，蒋介石故作镇定地说道：“没有空军，也要抗战！”

不过众人也知道若不是“第一夫人”宋美龄自愿献身于航空事业，并四处奔走，呼吁各国援助飞机和航空设备，中国的航空事业还不知要落后多少年。这些事情，都是到会者有目共睹的。眼下，大家心里都很清楚，虽说在航空委员会注册的各种杂牌飞机有500架，但由于作战频繁，其实真正可供作战的当时尚不足100架，许多飞机早已毁坏却未注销。因此，每次航空委员会例会，大家都一筹莫展，拿不出一个切实的方案来。在目前，空军只能零星地派一些飞机去上海作战，勉强能解前方的燃眉之急。

就这样，中国空军仅凭着不到300架飞机，与拥有几千架飞机的日本空军开始了一场空前的血战。虽然空军将士们士气高昂，技术娴熟，屡建奇功。但结果可想而知，日本飞机由于国内可以大批生产，补充不断，越战越多；中国飞机因为得不到补充，越打越少。从8月作战开始，不到三个月时间，中国空军就完全丧失了制空权。

当然，这样的局面也不能全怪罪到宋美龄头上。因为当时中国自行生产和维护飞机的能力不足，在沿海主要城市相继失守的情况下，更是难以保持空军的正常维护和保养。同时又加上美英等国不肯向中国提供军火，停止已订购飞机的交货，都造成了空军的飞机数量减少，维护不足。这是中国当时整个国力衰弱的体现，所以蒋介石也无法对此表示什么。

晕机的“空军之母”

宋美龄自1936年4月出任“航空委员会”秘书长后，还是为年轻的中国空军做了不少事的。她的贡献主要是在与外国军事部门和飞机制造商的沟通上，同时，也运用自己的特殊身份和活动能力，扩大了空军在全国的影响。担任秘书长一年多的时间里，她为空军在经费和人事上帮了不少忙，也培植了一批亲信。所以当时被称为中国的“空军之母”。

宋美龄对于中国早期空军的贡献，后来蒋经国也有过这样的评述：“对于北伐以后的革命大业，老夫人对党国确实有莫大的贡献，尤其是中华民国空军与民航的建立与发展，以及促进中国的国际关系，提升中国的国际地位，老夫人的确是功不可没，我相信未来历史自然会有公评。”

中国最早的空军是当时的北洋政府建立的，1913年在北京成立了一个“南苑航空学校”★，只不过当时还没有正式成立空军。而最早拥有飞机的则是阎锡山控制的山西省，1919年向国外采购了中国的第一架飞机。紧接着，云南也在1921年设立了航空学校。而张作霖控制的东三省则更进一步在1921年成立了航空处，是中国第一个常设的航空事务机构。同年，浙江成立了航空教练所。江苏则于1923年成立了航空队，西北军于1924年成立航空处，山东则于1925年设立航空教练所。而这些航空机构的所有飞机全部是从国外购入。

国民党部队首先成立空军单位，是在1920年，由孙中山领导在广州成立了一个叫“航空局”的机构，当时，广东革命政府已经拥有5架飞机，曾经多次参与对旧军阀的战斗。孙中山是很重视航空的，曾喊出“航空救国”的口号。

当时的广东革命政府下属的“广州飞机制造厂”制造了一架“乐士文”飞机，是中国第一架自制飞机；1924年冬天，孙中山在广州东山创立了“广东军事飞机学校”，并拥有“寇蒂斯”飞机3架，且从黄埔军校的学生当中，挑选了8名学员学习飞行技术。

∧ 尽管中国空军与日本空军力量相差悬殊，但中国空军将士们仍屡建奇功。图为执行完任务的中国飞行员在飞机前留影。

★“南苑航空学校”

1913年12月，袁世凯采纳法国人白里索的建议开办了南苑航空学校。这是中国第一所航校，学制2年，课程分学科、术科两门。学科以航空学、机器学、气象学为主，以陆海军战术、战史、外语和体格锻炼为辅。术科以练习飞行为主，拆卸发动机、帮助修理飞机为辅。学员从陆、海军部队中25岁至30岁中尉或少校中招选。教员聘请法国人充任。

1925年，国民革命军为了北伐，特地从国外购买了DH.9A及BREGUET.14等飞机，积极备战。1926年7月9日，国民革命军北伐到武汉之后，把原来的"航空局"改组为"国民革命军总司令部航空处"，而蒋介石指挥的东路军在占领上海后，也收编了浙江和江苏两地的空军，统一调动。

1927年5月，蒋介石的南京政府成立，国民革命军成立了航空处，并将飞机重编为一、二两队。1928年5月，北京被北伐军占领，蒋介石的军队正式接收了北京政府的航空机构。随着二次北伐的完成，蒋介石名义上统一了中国，全国的航空行政单位也开始统一，同年的11月，航空处改为航空署，直属于军政部，辖下有航空队4队，共有飞机24架。

北伐初期，国民革命政府的空军参与了包括湘北之役，阻截敌人舰艇，汀泗桥之役，津浦路、平汉路沿线支援地面部队作战，都发挥了重要作用。北伐胜利之后，南京国民政府空军最大的任务，便是统一国内所有的空中军事武装，建立一支有组织有效率的空军。

1929年，国民党中央陆军军官学校附设航空班，国民党军队开始有计划地培养空军幼苗；1931年3月，航空班迁往杭州，改称"军政部航空学校"；1932年9月1日，正式改为"中央航空学校"。

1933年2月，南京政府制定了空军官制。8月，航空署改为隶属于军事委员会，航空队编了轰炸、驱逐、侦察各1队，共为7队。

1934年，为配合蒋介石对江西红军的"围剿"，在南昌建立了行营，航空署也随之迁往南昌，改名为"航空委员会"，航空队增编为8个队，11月筹建中央航空学校洛阳分校。

1936年，宋美龄就任隶属于军事委员会的航空署秘书长，实际上成了国民党空军的"司令"。一个乘飞机就会晕机，且不懂军事、没有军职，又完全不懂如何建立现代兵种

> 张作霖旧照。张作霖控制的东北三省在1921年就成立了航空处，是中国第一个常设的航空事务机构。

∧ 时任航空委员会常务主任委员的周至柔。

∧ 20世纪30年代的宋美龄。其衣服上佩戴着“空军飞行徽章”。

的女人，居然被称为中国“空军之母”。这在中外历史上是绝无仅有的，也是中国近代政治独有的产物。宋美龄也乐意自己被称作“空军之母”，而且数十年来她最喜欢的胸饰也是“空军飞行徽章”。1986年，在蒋介石百岁冥诞纪念会上，仍佩戴着“空军飞行徽章”，表明她仍未忘记她是空军的“家长”。由此可以看出宋美龄视国民党空军为己出的心态。

留学过美国、眼界较为开阔的宋美龄较早就认识到空军在国防中的作用，1937年3月12日，她在上海《英文晚报》发表《中国航空》一文，把航空事业的发展，看作中国统一的最重要条件。在这篇文章中她强调：“一切促进中国统一的新发明，或许要推飞机的功绩，最为伟大。飞机不仅能拉近边远省份与各省以及与中央的距离，且可迅速消除彼此之间的误会。在没有飞机以前，尤其是边远各省的官吏，大都各自为政，和中央相当隔膜。”因而她认定航空发达，有助于蒋介石国民党政权的统一和稳固。

然而，宋美龄能在20世纪30年代担当国民党空军的要职，更重要的原因是蒋介石把她作为自己的心腹来安排，蒋介石需要她帮助自己控制好空军从采购到用人的各项大权。

蒋介石在二次北伐成功，名义上统一了全中国之后，开始准备把空军建成自己掌握的一支重要作战力量，以对付潜在的地方军阀对手和江西的红军。因为他认识到空军的作用，而这是他的对手们难以比拟的。当时他的主要对付目标是共产党在江西建立的红色根据地。所以在1933年把航空署改为隶属于自己控制的军事委员会，以便直接控制这个新兴的兵种。

当时蒋介石自任“剿匪总司令”，对江西的中央红军连续发动了五次“围剿”，国民党空军也多次出动。因为当时飞机的作战半径不大，如果不在江西建立基地，就难以深入江西的山区进行轰炸，所以蒋介石特意把航空署迁往“剿共”指挥中心的南昌，企图用空军来给红军实施致命打击。同时，他把航空署改组为“航空委员会”，航空队的飞机数目和作战队伍，也由原先的7个作战队伍，扩充到8个队。为了培养飞行员，在同年底又在洛阳成立中央航空学校洛阳分校，以补充因作战增多而随时会在战争中阵亡的飞行员。到了1935年底，国民党空军已经由原来的8个队扩编到14个航空队，全面投入“剿共”战争。

1936年1月，对江西的“剿共”战争结束，红军长征到了延安，建立了陕北革命根据地。蒋介石虽然也认识到“剿共”战争尚“未竟全功”，

308
311

< “围剿”红军的国民党飞机。

但对于首次大规模用于实战的空军兴趣大增，开始准备建立更大规模的空军，来平定各地的叛乱，同时也可以应付日益临近的中日战争。

随着空军的发展，蒋介石觉得有必要健全“航空委员会”的组织和编制，于是在1936年4月终于决定由宋美龄出任尚处于“摇篮时期”的空军“航空委员会”秘书长，来帮助他更好地控制空军。

宋美龄担任秘书长后不久，就在委员会内部进行了人事改组，把自己信赖的周至柔提拔为“航空委员会”的主任，而把原来的主任陈庆云调到航空学校当校长。

这样的人事调动当然也是蒋介石的意思。因为此时蒋介石的心思主要是放在如何把一些地方军阀的空军力量，收编到自己的部下，不费昂贵代价就可以壮大自己的空军力量，这是蒋介石拨的如意算盘。蒋介石夫妇之所以把陈庆云调到航空学校，是因为陈庆云是广东人，而当时广东和广西的空军实力已经十分强大，两广的李济深、李宗仁，以抗日为借口，不理会蒋介石的指挥，颇让蒋介石头痛。那时，全中国的空军基本上都已经被蒋介石的中央所控制，唯独广东空军根本不受蒋介石的控制，蒋介石当然不能忍受这样的局面。蒋介石夫妇特派陈庆云到广东、广西向两广空军游说，

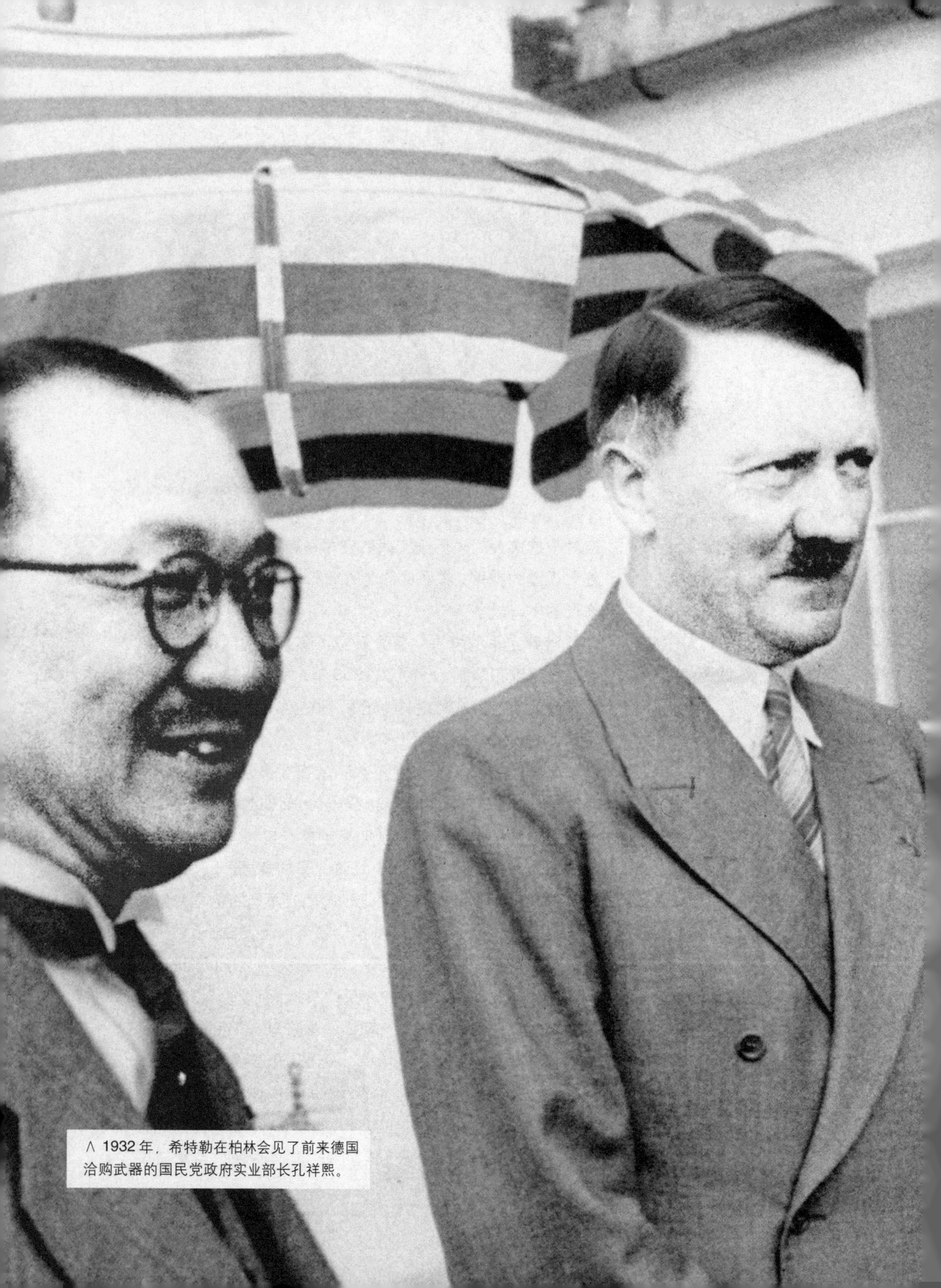

∧ 1932 年，希特勒在柏林会见了前来德国洽购武器的国民党政府实业部长孔祥熙。

几番劝说之下，两广空军军官黄志刚等21人，于1936年7月间，分别驾驶21架军机到杭州，向蒋介石“投诚”。一个月以后，广东空军司令黄光锐率领全体飞行员和机械员，飞到杭州。两广的空军力量便如此悉数瓦解，国民党空军终于“统一”。

随后，蒋介石把更大的权力交给了宋美龄。因为在20世纪30年代的中国，空军作为新兴的外来兵种，几乎所有的飞机和装备都来自国外，空军急需拥有杰出的外语能力并且能够和外国专家沟通有关技术和采购等事宜的人，而当时蒋介石最信赖的人只有宋美龄具备这些条件，宋美龄担任这一重任确实也算是发挥了她的长处。

蒋介石会把发展空军的这样一个重要任务交给宋美龄去落实，除了借重宋美龄的外文能力，也和当时错综复杂的政治环境有关。

∧ 中国空军装备的美式战斗机。

在北伐以后，蒋介石逐步夺取了国民党政府的军政大权。蒋介石决定扩大空军规模，更新装备，所以进口了大量空军器材。蒋介石认识到必须使中国的军事力量现代化，需要购买国外的新式战斗机。

然而，空军的发展涉及有关军火销售的重大利益问题，购买飞机涉及大笔款项，蒋介石不希望让外人掌管这样的大权，同时蒋介石也不希望像早期那样，军售掌握在何应钦等军人手中，所以，把购置装备建军和后勤保养最花钱的空军交由宋美龄去负责，由此也可以接着把一连串的相关事宜，交给宋子文、孔祥熙等家族人员去经手。

∧ 抗战时期，蒋介石、宋美龄在成都视察空军军官学校。

其实原先蒋介石就有让孔祥熙掌管空军采购的想法。早在1932年，蒋介石派遣当时担任国民政府实业部长的孔祥熙，到欧美考察，孔祥熙特使的名义是“实业专使”，表面上是去欧美各国考察“实业”，然而实际上却是去德意美各国，采购“剿共”所需武器，更重要的任务则是采购空军所需的飞机和装备。

由于孔祥熙是蒋介石的官方代表，因而在各国都受到十分热烈的欢迎，像德国的希特勒、意大利的墨索里尼等各国政府的首脑，都十分热情地接见了这位来自中国的财神爷。此外，德、意等国的军火商，如像德国克虏伯军火企业家，都和孔祥熙进行了广泛接触，尤其是意大利更对中国空军的建军计划，表现出了极大的兴趣，因而频频向孔祥熙示好。

到了美国之后，由于孔祥熙是美国欧柏林大学的毕业生，而从这个学校毕业的美国人中，有不少是资本家家族出身的人，他们和美国的飞机制造商的关系深厚，知道孔祥熙去美国准备替中国军队采购飞机，都纷纷巴结他，给他介绍军火商。

为了推销自己公司的飞机，美国厂商自然给了孔祥熙不少有关飞机型录的说明书，让孔祥熙带回中国。孔祥熙在各国逛了一大圈回来，把收集到的飞机型录和资料都给蒋介石看，蒋介石在看了这些型录之后，觉得孔祥熙很有办事能力，对他更是倚重，当时，一度有意要孔出任拟议中的航空部部长一职。

谁知孔祥熙出国洽商飞机采购的事情，被一些原本负责军备采购的军界人士知道后，包括何应钦在内的许多人都对孔祥熙极为不满。不但何应钦等人对设立航空部持否定看法，就连宋子文也坚决反对。

可是，成立空军是蒋介石的既定政策，不仅关系着“剿共”战事的成效，还是蒋介石建立现代化的军事力量的重要组成部分，蒋介石只好想出一个权宜之计，不设航空部，设立了一个“航空委员会”，既然孔祥熙主管航空，宋子文等人不同意，那干脆找宋美龄来主持。

一方面，宋美龄英文很好，而空军的成立势必要依靠美国人的军火和援助，如果有一个英文好一点的人来主管，当然比较妥当；另一方面宋美龄和大姐家与哥哥宋子文都保持着良好的关系，由她来掌管空军的建军或是军事采购，应该不成什么问题，更重要的是自己的夫人应比别人更为可靠。

于是蒋介石最终决定让宋美龄来出任“航空委员会”的秘书长，负责空军事务。从此，宋美龄便和中国空军结下了不解之缘。

人事上虽然做此安排，可是身为财政部长，主管政府开支的孔祥熙在实际上还是负责对外的采购和联络事宜。而宋子文和孔祥熙之间，为了军购事宜，始终互相较劲，宋美龄在其中起了相当微妙而关键的调和作用。

在担任“航空委员会”秘书长之前，宋美龄并没有担任过军政的实职，而当上“航空委员会”秘书长，标志着她开始掌握政府的实际权力。

在宋美龄受蒋介石之命担任“航空委员会”秘书长一职的时期，宋美龄的确可说是意气风发，投入大量的时间和精力。当然这种内心的权力欲望，也必然会随着地位的升高膨胀起来。之后，宋美龄的活动能力则明显表现为“航空委员会”内部几次人事变动，更为突出的是她受命到美国去求援的抗战中期，对空军内部权力的控制和对美国军火供应商的影响力，更是到了一个前所未有的巅峰期。

宋美龄于1936年4月，受蒋介石之命，担任“航空委员会”秘书长之后，“航空委员会”曾经历了几次的组织人事上的变动。

1938年初，也就是南京会战结束以后，“航空委员会”又做了新一波的组织调整，蒋介石还是“航空委员会”的委员长，宋美龄依旧是该会的秘书长，而这次的人事调整中，委员人选包括了宋子文、孔祥熙、何应钦、白崇禧、陈诚、贺耀祖、徐永昌、宋美龄、钱大钧、周至柔等人，主任则为钱大钧。

1939年5月，蒋介石在重庆召开空军第一次干部会议。在这次会议上，蒋介石指示，以后有关空军的建设及改进大计，应由“航空委员会”主持，至于普通事项，则授权下级机关处理。在这次改组之后，蒋介石仍兼任委员长，委员增加唐生智、龙云两人，周至柔和黄光锐继任正副主任。

∧ 1938 年初，“航空委员会”重新调整，白崇禧是重新调整后的委员之一。

∧ 1941 年 4 月，“航空委员会”进行了第二次改组，商震是改组后的委员之一。

1941 年 4 月，为了划分空军的军令军政系统，第二次进行改组。人事方面，蒋介石仍兼任委员长，委员有孔祥熙、宋子文、宋美龄、周至柔、陈诚、唐生智、龙云、冯玉祥、陈庆云；当然委员有何应钦、白崇禧、程潜、徐永昌、张治中、商震、贺耀祖；主任周至柔，副主任沈德燮、黄镇球。

抗战胜利后，1946 年 6 月，蒋介石又把“航空委员会”改组为“空军司令部”，宋美龄手下的大将周至柔成为首任的空军总司令，副总司令两人，分别是毛邦初和王叔铭，王叔铭兼任参谋长。

此后，宋美龄也从空军的幕前退到幕后，不过中国“空军之母”的称号则一直伴随着她。

宋美龄具有宋氏家族中人办事认真的优点，她不愿仅仅在“航空委员会”秘书长的位置上当个摆设，开始抽出时间进行认真的学习和钻研。为了对当时美国军用飞机有全面的了解，宋美龄花了不少时间，对各个美国飞机制造商飞机的特性进行了深入的研究，对有关航空理论、飞机设计、飞机配件等等，宋美龄都在 20 世纪 30 年代初、中期，做过广泛的了解和接触。以宋美龄一个留学美国的大学毕业生，而且专攻的是文学、艺术、哲学方面的课程，这样做对她来说确实是要花费不少心血的。

∧ 20世纪30年代，蒋介石夫妇、张学良等在检阅国民党空军。

凭着出色的口才和组织能力，宋美龄很快争取到美国国防部的支持，从美国采购到了新式飞机。美国的飞机制造商对蒋介石政府的军火购买力大为吃惊，因为宋美龄一出手就订购了价值2,000万美元的飞机。这笔大买卖的确让当时纽约的军火商喜出望外，从此把宋美龄视为大主顾，毕恭毕敬。于是就有了第一批属于中国的较为先进的飞机，为未来中国空军的发展奠定了基础。

在1935年的时候，中国已经是美国武器和飞机的最大出口国，在蒋介石把空军的大权交给宋美龄后，更奠定了她和美国军火商之间的紧密关系。而宋美龄此后在美国能享有如此之高的声望，有很大一部分原因是美国的大军火商的哄抬。她的历次美国之行，能够风靡全美、轰动一时，就是因为军火商们善于为其造势。所以说担任了“航空委员会”秘书长后，也在这方面给宋美龄带来了巨大利益。

当然，中国空军大部分飞机的采买，基本是通过宋子文在美国活动，因为当时的宋美龄没有时间和精力长期待在美国活动。尽管如此，宋美龄也成了事实上的中国空军司令，这在中外妇女历史中是没有先例的。

1936年10月，宋美龄担任“航空委员会”秘书长后半年，为了显示自己的力量，同时也为了进一步发展国民党空军，宋美龄为蒋介石50岁生日举行了一场空前奢侈的祝寿活动。

在全力参与之下，宋美龄在极短时间内，就掌握了空军内部的主要权力，所以她决定在1936年阴历九月十五日蒋介石50岁生日时，要空军做一次祝寿表演，来展现空军的力

∧ 接受检阅的国民党空军人员。

量，同时向全国民众宣传一下空军。此次祝寿，虽然蒋介石当时因在洛阳督促张学良和杨虎城“剿共”而不在南京，宋美龄却要当时的空军飞行员在南京举行的献机祝寿仪式上，在空中做飞机喷雾排字表演，空军出动50架飞机，在天空中以喷气烟云排出“中正”“五十”四字的字形出来，当时在南京引起轰动。

天上用空军飞机编队排成“五十”两字，地面则邀请著名军事家蒋百里等名人聚会。宋美龄还亲自切开孔祥熙所赠特大寿糕分送宾客，并和侍从室人员合影留念。

1936年为了蒋介石的50大寿，国民党在全国人民中强令开展献机祝寿运动。为了向蒋介石和宋美龄表示忠心，一时间各省纷纷响应，成立专门机构，募款购机祝寿。据后来公开的资料显示：国内所定的目标是：一县一机，一架飞机定价为捐款10万元。政府官员则按薪水多寡定捐献比例。工商界及银行则自定募捐办法。募捐来的钱准备订购一批美国最新的“马丁”式轰炸机，每架40万元。南洋华侨亦组织南洋购机寿蒋会，推举陈嘉庚担任会长。政府还发行了航空公路建设奖券，一时间热闹非常。所捐得的款项，到10月底，总计6,551,514元。其中马来西亚华侨捐得130万元，新加坡华侨20多万元，古巴华侨1.5万元，泰、英、美等地华侨200多万元。国内广东省100余万元、飞机20架，香港50多万元。晋绥两省18万元，新疆2万元。浙江献机6架，命名为浙江一至六号。福建捐献七闽号，湖南3架。全国警察亦捐10万元，命名为警察号。南京市捐款20万元、飞机18架。陆海空三军捐机8架。上海市捐献10架等。10月31日于南京明故宫机场举行盛大献机典礼。由何应钦代表蒋介石接受105架献机。

“飞虎队”女荣誉队长

抗战爆发后，中国空军理所当然地投入到保家卫国的战斗中，并在上海的“八·一四”空战中创造了辉煌的战绩。

1937年11月，淞沪会战结束，上海被日军攻占，南京也岌岌可危。宋美龄还是坚持在南京，她的工作重点也放在空军上。当时，她能认出每架飞机和每个飞行员。机场一有飞机起飞，她就站在跑道旁目送。当时南京上空经常会发生空战，她总是会爬到高处观战。空战后，她还要亲自迎接生还的飞行员，向他们讲述自己看到的战况，并夸奖他们一番。

当时的她每天要应付许多突发的事件，可以说在这段时间里，宋美龄为中国空军在时间和精神上都付出了很大的代价。

∧ 进行编队飞行的中国空军飞机。

那时候，中国空军最大的问题就是飞机的大量损失，当时中国空军主要的战斗机种是美制的所谓“霍克”（或是鹰式HAWK）飞机，但不论是霍克2还是霍克3，都不是日本新式飞机的对手。在中日开战之前，中国政府由孔祥熙和宋子文等人，向意大利等国买了一批飞机，但是当时多半在交运之中，有的还在谈判过程中，而战争开始后很快被日本封锁而无法运进来，有些则干脆被本国政府禁运，取消供货。唯一一种已经运到中国国境的，就是一年前订购的美制的“马丁”式轰炸机，不但正在装配，而且这种飞机需要长跑道，当时南京、上海地区根本就没有供这种飞机起降的机场。

身为“航空委员会”秘书长的宋美龄，当然得操心机场跑道问题。她想起南京市区通往中山陵的公路，笔直开阔，为什么不能把它修成为跑道？于是，她在和蒋介石商量之后，就开始着手进行跑道工程改建任务，在军情紧急之下，跑道工程必须尽快完成。

那时，因为战争刚刚开始，不少难民从南京城郊涌向市区，她便命人召来一些青年难民，参与供飞机起降跑道的修筑工作。而在兴修跑道的过程中，因为担心日本飞机轰炸，只有趁夜晚在黯淡的煤油灯光下施工。

对于当时中国空军面临的艰难境况，宋美龄也曾向美国友人说过：“当时我国空军，甫经改组，而可用之飞机，其数量之少，殊令人惊异而难以置信，总计其数不足300架。其中战斗机与轰炸机，不满100架，余均供高级与初级教练之用者。而在日本方面，作战飞机约5,000架。”

她还说：“你知道，中国空军的历史，还不到五年，最初又因为缺乏驾驭这新式武器的经验，而空费了许多岁月。”

∧ 妇女们也投入到机场跑道的修筑工作中。

事实上，从1937年到1939年间经过上海的“八·一四”空战、“九·一九”南京空战、“四·二九”空战★、武汉保卫战，以及其他大小空战，飞机损失严重，又由于美英禁运，无法补充，到迁都重庆时，中国空军的可战飞机已是寥寥无几。

就在这样的情况下，宋美龄利用自己的关系和活动能力，为中国空军做出了一个重大的贡献，那就是请来了美国人陈纳德，组建了著名的“飞虎队”，来参加中国的抗日战争。

陈纳德原是美国得克萨斯州的一位乡村学校教师，在第一次世界大战中，他申请当上了一名飞行员。1920年他加入陆军航空兵，以后在飞行学校和空军战术学校当教员。陈纳德有很高的理论创造能力，他出版的空中战术教材在国际航空界因理论上的创新而引起轰动。后来因为耳聋而于1936年退休。

因为他的大名，宋美龄准备让他到中国空军做指导。于是1937年3月，陈纳德收到了宋美龄寄来的一封信。在信中，宋美龄问他是否愿意到中国当空军顾问，月薪1000美元，此外还有额外津贴，提供专用司机和专用轿车、私人翻译，宋美龄还说他将有权驾驶中国空军的任何一架飞机。当时刚退休离开军职的陈纳德立即答应，并马上动身前往中国。

1937年4月，陈纳德从西海岸旧金山搭乘邮轮到中国，护照上面写的是到中国“考察农业”。他当时也不会想到，随着中国抗战的爆发，他会就此与中国结缘，成为在中国家喻户晓的“飞虎将军”。

1937年6月初，陈纳德到达上海。宋美龄很快接见了他，她优雅的谈吐和迷人的气质给陈纳德留下了深刻的印象，当晚，陈纳德在日记中写下了他会见宋美龄的感受：“她将永远是我的公主。”还说与宋美龄的会面是“终生难忘的会面”，此后就再也没有遇到另一个能使他那么仰慕、那么尊敬和那么爱恋的伙伴。确实，陈纳德以后热心地为中国抗战奔走出力，并一直为蒋介石的军事行动服务，和他对宋美龄的这种良好印象是分不开的。后来陈纳德娶了战地女记者陈香梅，还是宋美龄给他做的媒。

随后，陈纳德立刻展开工作，对中国空军的现状进行全

★“四·二九”空战

1938年4月29日13时许，日军两个中队18架战斗机护卫18架重型轰炸机，直扑武汉。当日机出现在武昌上空时，中方机群居高临下，纷纷俯冲下来，与日机展开了激烈的空战。空战过程中，中方有一架飞机在击落一架敌机后被两架日军飞机夹击，机身中弹起火，它急速掉头，反向两架敌机猛冲过去，三架飞机空中相撞，爆炸后全部坠落。我方飞行员陈怀民壮烈殉国。日机大部分被击落在郊外。

∧ 陈纳德自 1937 年来华后，为中国的抗战做出了卓越的贡献。图为蒋介石接见陈纳德时的合影。

面的考察。不久，抗日战争就全面爆发了。蒋介石在庐山召见了陈纳德，当时形势紧张，蒋介石迫切地想知道中国空军的实际作战能力到底如何。陈纳德很坦率地说了他对中国空军的考察结果，认为他们"还没有准备好作战"。他连续讲了20分钟，宋美龄在一旁连连向他使眼色，意思是已经足够了，让他止住。那次见面后，蒋介石对陈纳德的能力也就完全信任了。

在陈纳德刚到中国时，中国空军号称有军机500架，实际上只有不到300架，而真正具

> 陈纳德组织的志愿航空队成员在飞机前留影。

备作战能力的飞机还不到100架，而且因为条件有限，训练也不能保证质量。而那时离“卢沟桥事变”的爆发只有几天的时间了。

陈纳德马上在昆明市郊区组建了一所航校，并立即开始帮助宋美龄培训中国飞行员。他还利用自己的关系，从美国招募到一批优秀的美国空军预备役军官到航校担任教官。之后，陈纳德正式参与中国空军的训练和作战，他指挥了上海、南京、武汉等的对日空战。在昆明除了建立航校培训飞行员之外，他还帮助建立了一个地面警报系统。

当时中国的陆军本来装备就比日军差得多，海空军更是实力相差甚远，要靠现有的条件作战，肯定是处于下风。而作为空军，因为美国力行中立政策，一下子又难以得到大批的新式飞机，于是宋美龄向陈纳德提出组建一个外籍航空兵团的想法，陈纳德表示可行。

接着招募志愿航空队的应急方法开始由陈纳德负责实施。起先，陈纳德打算征召一批外国的航空人员，这些人要像他本人那样愿意为中国作战。当时在上海就有许多志愿参加的航空人员，但其中大部分人不具有充任战斗机驾驶员的资格。陈纳德从中挑选了十几个人，其中有英国人、美国人、荷兰人以及法国人，他们都是经历过一些战争的飞行员。然后陈纳德把他们组织成一个国际志愿航空队，简称IVG。

国际航空队随即投入了对日本空军的作战，他们战斗虽然很英勇，但是由于实力对比的悬殊，无法阻遏日本空军的进攻，在几个月的时间内，就几乎全部牺牲了。为了继续进行战斗，宋美龄和陈纳德以及美国朋友威廉姆共同想出了一个办法，准备专门到美国去征召一批美国飞行员和美国飞机，组织一个美国航空志愿队。因为雇用美籍飞行员，陈纳德的指挥和训练显然效率更高，而且可以获得大批的飞机。

∧ 陈纳德与志愿援华的美国飞行员们在一起。

这样的办法也是出于无奈。由于当时中国空军几乎没有可用于作战的飞机，所以日军飞机在中国上空横行霸道，如入无人之境，陈纳德心急如焚，他和掌管中国空军的宋美龄一样，认为中国空军无论飞机装备和人员技术都有限，必须由美国提供轰炸机和驱逐机，招募美国有战斗经验的飞行员参加对日本基地的轰炸和支持中国地面部队作战。

不过招募美国飞行员组建“飞虎队”的计划并不顺利，因为受到美国政府“中立”政策的限制，在1938年的时候还难以获得美国的飞机。这样的情况持续了两年多，随着第二次世界大战的爆发，美、英等国开始转变对日本的态度，从1939年开始，逐步对日本进行战略物资的禁运，同时开始了对中国的援助。而这正给了宋美龄和陈纳德完成长久以来组建美国航空志愿队心愿的机会。

在美国的对华援助中，陈纳德的“飞虎队”是最有名的，为中国的抗战立下了不朽的功勋。

随着美国逐渐转变态度，特别是1940年11月罗斯福大选连任总统后，美国的对华援助终于大幅增加。蒋介石于1940年11月指示正在美国活动的宋子文向美国方面提出，由美国提供500架飞机，在中国设立机

∧ P － 40 战机是“飞虎队”的主要作战飞机。

场，轰炸日军，以支持中国军队实施大反攻。1940 年 12 月 9 日，宋子文对摩根索财长说，中国需要 500 架飞机。而摩根索回答说，这等于要 500颗星星。因为当时美国已经许诺向英国提供大批战斗机和轰炸机。正在忙于应付德国进攻的英国一次就向美国订购14,000架，不久又请求美国政府添购12,000架。而那时候美国飞机生产产量有限，各制造厂家的订货都已排到了 1941 年底。

当时宋子文为说服摩根索，便将中国空军的调查报告送给摩根索看，竭力说明中国空军若能得到 500 架飞机就能牵制日军 1,500 架飞机，遏制日本陆、海军南向攻击太平洋群岛的利害关系。他的说法打动了对方，摩根索建议宋子文转告蒋介石，如中国空军能够轰炸东京和大阪的话，他可以向罗斯福请示，把英国所订购并且已制造完成的美国空军最大最新式的 72 吨轰炸机（俗称“飞行堡垒”），拨给中国若干架，并可搭配若干架驱逐机保卫空军基地。

罗斯福总统和军方、外交部门进行会商后，同意了这一计划。1941 年 3 月，美国通过了《租借法案》，美国飞行员可以到中国进行作战。陈纳德开始在美国招募飞行员，条件是月薪 750 美元，但击落一架日本飞机可获奖励 500 美元。

但飞机的引入却不太顺利，因为当时美国的生产能力有限，又要优先保证英国的需求，新式轰炸机也难以一下子到位，最后只好将准备交

∧ 1942 年 2 月，宋美龄和蒋介石在昆明宴请“飞虎队”，宋美龄发表了热情洋溢的讲话。

付英国的 100 架 P － 40 驱逐机先给中国使用。1941 年 6 月这批飞机陆续运到中国。1941 年 8 月 1 日，美国空军志愿队正式在重庆成立，陈纳德为总指挥。这支空军部队的飞机头部都绘成鲨鱼嘴状，并且定名为“飞虎队”，陈纳德还请求宋美龄担任了名誉队长。

“飞虎队”成立后，“敌人很快开始畏惧美国‘飞虎队’的吼叫声了”。1941 年 12 月 7 日，日本偷袭珍珠港，太平洋战争爆发，从此中美两国正式联合对日作战。12 月 20 日，10 架日军轰炸机飞到昆明进行轰炸。陈纳德指挥刚正式成立不久的“飞虎队”迎战，十几架战斗机起飞进行空战。结果，英勇善战的飞虎队取得了 9：0 的辉煌战果。此后，激烈的空战不断进行，“飞虎队”以数十架可用的战斗机迎战总数超过 1,000 架的日本战斗机。在 31 次空战中，“飞虎队”共击毁击落日机 217 架，自己仅损失了 14 架，5 名飞行员牺牲，1 名被俘。对于美国空军志愿队的辉煌战绩，中国军民纷纷赞扬他们不愧被称为“飞虎队”。

对“飞虎队”的战绩最高兴的就是宋美龄了。1942 年 2 月，宋美龄和蒋介石在昆明宴请“飞虎队”，宋美龄当场用热情洋溢的发言表示了对陈纳德领导的“飞虎队”的感激之情：“在中国国运最严重的关头，你们带着希望和信仰飞越了太平洋来到中国。因为这个缘故，不仅是我国空军，而且我们全国都展开双臂来欢迎各位。委员长曾道及你们光辉和英勇的事迹，他并且赞誉‘飞虎队’为‘举世最勇敢的一支空军’。当你们翱翔天空时，你们无疑是用火焰在空中写出一些永恒的真理，给全世界都看到……”

陈纳德的“飞虎队”不光在空战中表现突出，而且后来还承担起了著名的“驼峰航线”的战略运输任务。1941年12月珍珠港事件后，美国下决心援助中国抗战，通过了向中国提供大约13亿美元的军用物资和商品的法案。但是如何把数量巨大的物资运到中国的大后方是一个大难题，因为当时滇缅公路已被日军切断，中国的陆路国际通道全部被封锁。从陆地和海上运输都已行不通，唯一的办法就是通过航空运输了。

1942年10月，陈纳德向美国方面提出开通“驼峰航线”的建议，获得批准。从中国当时后方的成都、昆明经过缅甸北部到印度的航线上，山峰连绵起伏，犹如驼峰，所以形象地把这条航线称为“驼峰航线”，在抗战时期它发挥了重要的作用。

美国方面先把各类援华物资经海运到达当时英国控制下的印度东北部港口，然后从陆路转运到靠近中国边境的阿萨姆邦，再用飞机空运到中国的西南地区。从四川、云南到南亚印度的阿萨姆邦要飞越横断山脉、喜马拉雅山脉、金沙江、澜沧江、怒江，航线全长1,120公里。虽然航线不算太长，但其困难之处是航线所经大都是高达5,500米到7,000米的高山。在高山顶上飞行，飞行高度比一般航线高一倍，既有未标明海拔高度的山峰，还有当地经常性的雷雨等变化不定的气候，再加上从东南亚起飞的日军飞机经常进行拦截，均对运输安全构成巨大的威胁。因此，“驼峰航线”又被飞行员称为“天空地狱”。

在这条最危险和可怕的航线上，从1942年直到抗战胜利，运输十分繁忙，每天都有飞机飞来飞去。当时在这条航线上飞行的，就是陈纳德指挥的美国第14航空队。而第14航空队就是由著名的“飞虎队”改组的。

本来美国军方接受了史迪威将军的建议，不想在中国战场投入空军力量，只是由于陈纳德的坚持，加上美国空军也出面劝说罗斯福支持中国空军，以加强对日本的轰炸，才有第14航空队的组建。1942年7月，陈纳德领导的“飞虎队”先是被改组为美国空军第10航空队第23战斗大队，陈纳德被从上尉提升为准将。当时第23大队每月运输的战略物资已达3,000吨，在当时飞机载重量有限的情况下这已是很不容易的成绩了，所以陈纳德对名闻中国、自己长期努力一手创建的“飞虎队”还要接受美空军第10航空队的指挥深为不满，在同年10月美国总统特使威尔基访华时，他请威尔基向罗斯福总统转交报告，再次要求增拨飞机，并要求自己有独立的指挥权。

第二年2月，美国空军代表安诺德到中国来，蒋介石会见了他。当

∧ 一架 C－46 运输机正飞过驼峰往前线运输战略物资。

> 执行“驼峰航线”运输任务的美国第 14 航空队运输机飞越中国农舍上空。

时蒋介石已经和史迪威将军的关系闹得很僵，所以他建议授予陈纳德独立的指挥权。因为蒋介石知道陈纳德与史迪威曾发生过严重冲突，史迪威当时是中缅印战区美军司令兼蒋介石参谋长，是陈纳德的顶头上司，而且出身西点军校，而陈纳德则是杂牌军出身，两人在个性脾气以至战略和政治观点上都是南辕北辙。陈纳德一向和蒋介石夫妇的私交甚好，所以蒋介石极力帮助陈纳德以牵制史迪威。

随后，罗斯福致电蒋介石，表示同意陈纳德的航空队独立指挥。于是陈纳德又被提升为少将，他的第 23 战斗大队改组为第 14 航空大队，由陈纳德任总指挥。

此后，陈纳德的第 14 航空队增加了飞机，每月运输的军用物资又上升到 7,000 吨，其中 5,000 吨归陈纳德的空军使用，其余 2,000 吨归史迪威控制的陆军使用。

第 14 航空队除了担任“驼峰航线”的运输任务外，也仍然要对日军进行空战。陈纳德指挥的空战也取得了不俗的战绩。1943 年 7 月在武汉、广州上空向日本空军发起进攻，对包括零式战斗机在内的日机进行拦截，结果击落日机共 153 架，大大打击了日本空军的气焰。

同时，“驼峰航线”的运输量也直线上升。当时第 14 航空队的 500 多架 C－46、C－47、C－54 型运输机每天穿梭飞行，最高时达到了每月 8 万吨。这期间由中国运到印度的物资有 25 万吨，由印度运往中国的物资有 60 万吨，其中陈纳德的第 14 航空队运输了 65 万吨。

∧ 任中缅印战区美军司令兼蒋介石参谋长的史迪威与蒋介石夫妇在一起。

> 抗战时期，蒋介石夫妇与陈纳德合影。

< 蒋介石与陈纳德。陈纳德和他的“飞虎队”为中国的抗战事业做出了重大贡献。

> 日机轰炸重庆后，宋美龄走上街头慰问民众。

为了维持这条关系着中国战略物资供应的航线，中美两国人民付出了巨大的代价。复杂的地形条件、多边的气候、繁忙的飞行任务以及日本飞机的拦截，使很多飞机坠毁在高山顶上。据不完全统计，美国空军共损失飞机468架，平均每月13架，牺牲人员1,579人。当时因为美国飞机的事故太多，美国特工1943年还在缅甸组织了救护队，专门抢救坠机遇险的飞行员。他们共营救出125人，但不到同期遇难飞行员的1/3。

在这条航线下面宽60公里的地面上，散落在山顶和山坡上的铝质飞机残骸到处可见，在阳光照射下竟然可以成为飞行员的地面反光路标。直到五十年后，在云南还发现了当年失踪的飞机残骸和飞行员的遗骨。陈纳德领导的航空队为中国人民的抗战做出贡献的同时，也付出了巨大的牺牲和代价。

此外，到1945年抗战胜利，第14航空队在将近三年的时间里，以损失500架飞机的代价，共击落敌机2,600架，击沉或重创日本223吨商船、44艘军舰以及大量的内河船只，击毙日军官兵66,700名。

中国人民对“飞虎队”以及陈纳德将军是由衷感谢的，他们都受到了隆重的礼遇。在重庆，中国政府为“飞虎队”进行嘉奖，授予陈纳德最高勋章时，成千上万自发的中国民众把陈纳德的汽车抬起来，走上层层台阶，一直抬进颁奖的广场。

宋美龄是“飞虎队”的名誉队长，多年以后，她还感念着陈纳德和他的“飞虎队”队员们。她说："回忆1942年2月间，我偕同今总统委员长赴昆明视察'飞虎队'。我对这群青年——我这群可爱的青年——以少克多之勇武事迹，如圣书上大卫和歌利亚之斗的那种维护正义的艰巨任务。而今岁月推移，时事变迁，我对此仍记忆犹新。"

她还说："尤感欣慰者乃是我曾为他们的荣誉司令并于促成组队之实现略尽绵薄。而借此撰以纪念之文，仍可想到当时的情景，有些青年是团团而肥胖的婴儿脸，松松的头发，带着愉快表情的碧眼，有些青年头发整洁，眼神锐利——仪容焕发的神态充分表现一种进取、信心、发愤和牺牲的精神。勇武庄重令人欣羡！如此可令人敬佩者，主要由于一位人物对他们不时灌输坚毅的团结精诚。"

宋美龄作为"飞虎队"组建的策划者和名誉队长，对他在华的各方面安排是十分关心的。她特意让自己掌管的"励志社"负责在华美军飞行员的生活安排。不过随着时间的推移，也发生了一些影响"励志社"和"飞虎队"声誉的事。当时"励志社"下属的美军招待所职工除了对经手采购食品和招待所用物品索取回扣外，还和美军串通一气，贩卖黄金、美钞、手枪以及其他走私紧俏物品，至于美军士兵的吃喝玩乐，更是有不少不良行为。

宋美龄很重视这个问题，在一次向"飞虎队"的演讲中，十分直率地说："你们的司令官曾经一再告诫各位要注意纪律。这是一个讨厌的字眼，是不是？空中要有纪律，地面也要有纪律，没有纪律我们将是毫无成就。因此我本人，以贵队荣誉队长的身份，也要将更多的纪律灌入你们的耳中。"

她还说："我要较陈纳德将军更进一步，我的意思是内心的纪律，仅仅遵守纪律是不够的，我们必须有内在的纪律，才能充分发展我们的人格。……但是我要各位子弟们牢记一点：即全中国对你们都很爱护，因之我要你们的品性行

∨ 陈纳德病逝后，蒋介石与宋美龄为他在台北公园塑造了一尊铜像。图为陈纳德妻子陈香梅和宋美龄参加雕像揭幕仪式。

为，处处配得上你们贵国的伟大传统。我要你们留给我国人民一个印象，一个真正代表美国国民的印象。我深信并知道，你们不论在中国何处，一定会使你们的行为让人看得起。”

“请你们原谅我这样直言，或许我应当对你们很客气……我希望你们每一个，无论在空中或地上，总会记住你们是中国的客人，同时你们所做的每一件事将使你们贵国有面子。”

陈纳德因为帮助中国空军抗战而与中国结缘，他和蒋介石夫妇的深厚友谊一直保持到最后。抗战胜利后，宋美龄仍然继续倚重陈纳德，她帮助因意见不合而被美国国防部解职的陈纳德在中国组建了自己的民用航空公司，陈纳德出任总经理。陈纳德利用这个航空公司为蒋介石和宋美龄联系购买美国剩余战略物资，包括飞机和零部件。他所用的美国驾驶员都是他的老部下，也就是“飞虎队”的老班底。该公司曾发展成为中国的第三家航空公司，与中央航空公司和中国航空公司并驾齐驱。

国共内战爆发后，当蒋介石的军队被包围时，陈纳德公司的飞机还为其空投粮食。辽沈战役中，该公司就集中了很多飞机，专门用来向沈阳空投粮食，淮海战役时，也曾集中飞机由南京空运粮食到前线，接济被围的国民党军队。

此外，到1949年11月，解放军刘邓大军向西南进军，在重庆和成都的国民党军政人员纷纷逃往台湾和香港。当时的国民党空军运输机忙于撤运空军人员和战略物资，同时中国、中原两航空公司的飞机又大部分在“两航起义”时飞向人民。这时陈纳德的民航公司组织飞机将大批国民党的重要官员和一切重要物资抢运到了台湾。

可以说，陈纳德和蒋介石夫妇的关系是“善始善终”的，而在经历了大陆溃败的蒋介石和宋美龄来说，这是尤为难得的。

陈纳德于20世纪50年代末逝世。宋美龄在后来纪念陈纳德的文章中说：“在抗战之前，当我出任航空委员会秘书长期间，陈纳德就是我的特别顾问。当时他给予我的印象是具有缄默及高度的工作效率能力，恰当运用空战策略和苦心孤诣发挥资源之最大效用。在我们事态急转直下的发展期间，有若干顾问在实际情况考验中有望尘莫及之感，而他确是一位卓越的领导者。能有此选择，他确未负殷切的期望。”

而宋美龄特意提到“我们事态急转直下”时陈纳德与别人的不同表现，正表明了她和蒋介石当年经历失败后得到朋友帮助的那种感激心理。陈纳德20世纪50年代每次到台湾，蒋介石和宋美龄总是极尽礼遇之能事，在他病逝后，还在台北公园为其塑造了一尊铜像。当时除了蒋介石和孙中山等少数政治领袖，国民党政府很少为人塑造铜像，更何况是一个外国人，蒋介石夫妇如此感激陈纳德，绝不仅仅是为了他抗战时的鼎力相助。

宋美龄还提到，“飞虎队”的成员们都对陈纳德十分敬爱尊重，因为他是一个卓越的空军战术家，谈吐温和，意志坚定，待人热诚。他对部属虽然要求纪律严明，但不苛刻，充满意气相投和亲如手足的亲爱精神。所以在他的领导下，“飞虎队”才有如此的成绩。

如果说抗战初期由于种种主观和客观的原因，使得宋美龄负责的中国空军因装备不足而陷入了困境，那么凭借自己的关系和独到眼光邀请陈纳德来华并组建“飞虎队”则是宋美龄为中国空军抗战所做出的重大贡献。

历史备忘录

HISTORY MEMORANDUM

V 日军在华北地区大肆推行所谓“王道乐土”的侵略政策。

2

3

4

伪满于沈阳设立“建国神庙”

1940年7月，伪满在沈阳建成建国神庙。5月，溥仪于第二次访日时，捧回象征日本建国元神——天照大神的三件神器。归国后，为奉祀天照大神，本月在沈阳建立建国神庙。日本关东军规定，每逢初一、十五必由溥仪带头，连同关东军司令官和“满洲国”官员们前去祭祀。与此同时，东北各地都按规定建起这种神庙，必须按时祭祀，违者按“不敬处罚法”加以惩治。这是日本对东北各地进一步加强奴化教育的体现。

汪伪政权与日本签订《中日基本关系条约》

1940年11月30日，汪精卫与日本驻汪政权的特派全权大使阿部信行签署了《中日基本关系条约》。这个条约完全是以“近卫三原则”为基础，以《日华新关系调整要纲》的内容为标准而签订的公开卖国条约。《中日基本关系条约》在“两国共同防共”的口号下，将日本侵略军对华北和内蒙古地区的侵占合法化、永久化；该条约是汪伪政权对中国主权和领土的一次大出卖。

日军实行“三光”政策

1941年7月10日，日军华北方面军司令官多田骏改任日本军事参议官，冈村宁次接替其职。他到任后即提出深挖封锁沟、高筑封锁墙、强化堡垒政策，以及在大“扫荡”中实行烧光、杀光、抢光的“三光”政策。

《中美租借主体协定》在华盛顿签署

1942年6月2日，中国国民政府外交部长宋子文和美国国务卿赫尔分别代表两国政府在华盛顿签订《中美租借主体协定》。1942年1月，美国政府决定给国民政府5亿美元的财政贷款，今日，美国政府决定再陆续租借给国民政府8.7亿美元的军用物资。协定规定：美国正在给予并正在继续以军火和军用物资供给国民政府“以抵抗侵略”，国民政府则继续协助美国加强国防的努力，并“供给美国各种物品、人工便利及情报”。

影像大扫描

IMAGE SCANNING

宋美龄全纪录

寿韶峰◎编著

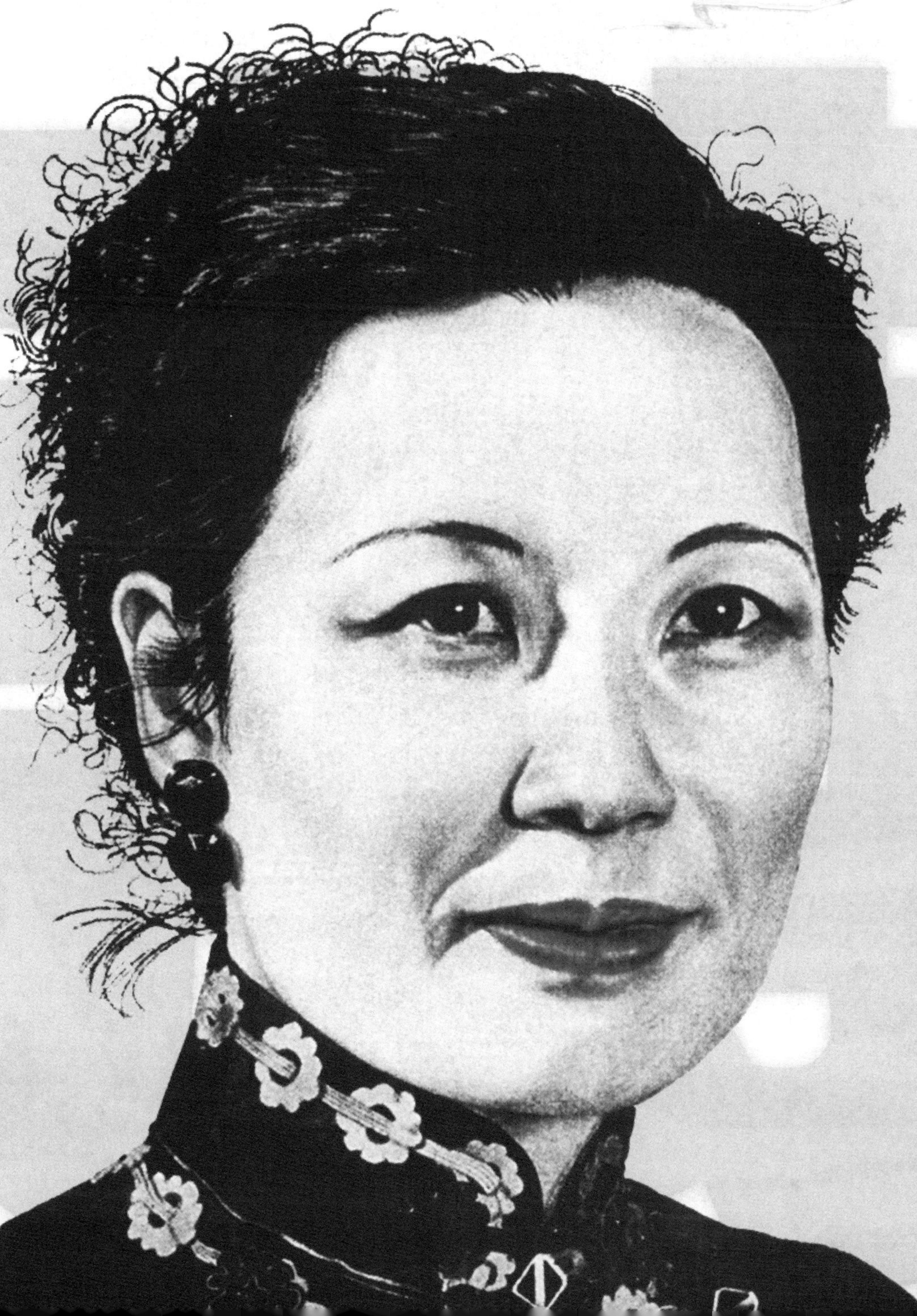

下卷

中国文史出版社

三姐妹再携手

15

烽火连天的岁月里，因为抗日，三姐妹重聚在一起。

那天的中秋团圆是愉快的，血脉相连的情感让大家感怀。兄弟姐妹们尽情开怀畅饮，倾吐心事。以前，他们因为身份而在大庭广众面前所表现的庄重和矜持，在这种场合下，全都抛之而去了。在亲人面前，大家都无所顾忌，尽情享受着这团圆的欢乐。可是当时谁也没有想到这会是最后一次全家团聚。随着抗战后国共内战的爆发和蒋介石政权在大陆的失败，一家人分散四处，或在美国，或在港台，只有宋庆龄还在中国大陆，不要说全家团聚，就连见上一面都是难上加难。

关心妇女儿童工作

1937年12月南京沦陷后，国民政府的主要机构迁往大后方的重庆，但军事委员会和大批政府工作人员都先迁到了武汉，以便在前线继续抗战。宋美龄和蒋介石也一起来到武汉。1938年10月底武汉失守，他们撤往重庆，直到1945年抗战胜利才返回南京。

武汉位于长江中游，素有“九省通衢”之称，既有长江的水路东西联络，又有平汉和粤汉铁路贯通南北，战略地位十分重要。当时国民政府虽然已经迁到了重庆，但武汉却是1938年抗战时中国的政治、军事和经济中心。抗战初期中国沿海的机关、工厂、学校就开始了战略性的西迁，而武汉就是重要的中转地，它成了中国由原来立国东部沿海向战时立国西部以进行长期抗战的中转枢纽。

当时北平、上海、南京等重要城市相继失守，大片国土沦丧，蒋介石决心在武汉组织一场大战役，以消耗日军实力，鼓舞民众的斗志，增强持久抗战的信心。而日军在当年的5月占领徐州，打通了津浦路后，也开始向武汉进攻。规模空前的武汉保卫战开始了，从7月到10月，大会战持续了4个月。

宋美龄在南京时的主要精力是在航空委员会的空军事务上，到武汉后，她开始把主要精力放到了妇女的组织工作上，因为当时的武汉是战时的政治中心，由北平、天津、上海、南京以及沿海各大城市的各界知名妇女工作人士和华北流亡女学生云集武汉，各种妇女抗日救亡团体如雨后春笋般地建立起来，宋美龄觉得自己应该出面把这些团体组织起来，这也有利于稳固自己和蒋介石国民党政府的在妇女工作中的地位。

由宋美龄1937年8月组织成立的“中国妇女慰劳总会”这时已撤到武汉，暂借汉口黄陂路基督教女青年会的房子办公，继续开展募款和慰劳工作。当时“妇慰会”还为前方将士赶制了大量棉被、棉衣、卫生衣、内衣、手套等物品，并委派唐国桢、陈逸云等送往前线慰劳官兵。

除了妇女工作之外，宋美龄也支持了战时救助难童的工作。

抗日战争爆发后，华北和华东的大片国土沦丧，日本侵略军的铁蹄蹂躏着半个中国。日军的飞机每天狂轰滥炸，无数家庭和学校毁于炮火，人民惨遭日寇屠杀，无辜儿童遭到了空前的灾难。在敌人屠刀下幸存的儿童，又大多流离失所，无家可归，饥寒交迫，到处流浪，有的甚至被抓到日本去接受奴化教育。而就在当时的武汉街头，就有大批的难童沿街乞讨，得不到救助。

孩子是国家民族的未来，为了抢救民族后代，收容和培育流浪儿童，使其成为抗日力量和将来建设国家的有用人才，当时的中共长江局妇委邓颖超与沈钧儒、郭沫若、蔡元培、李德全等人于 1938 年 1 月在武汉发起成立了战时儿童保育会筹备会。

正式成立战时儿童保育会要得到国民党社会部的批准，而国民党的顽固派一贯仇视共产党和这些进步人士，企图破坏、阻挠战时儿童保育会的成立。邓颖超听说一些流氓、特务准备在保育会成立大会上捣乱，就考虑到请具有特殊身份和地位的宋美龄出面，来主持儿童保育会的工作。

于是她找当时保育会的筹备会主持人、冯玉祥夫人李德全商议，建议李德全邀请宋美龄出面主持战时儿童保育会的成立大会，向宋美龄说明，保育会可作为由宋美龄当会长的中国妇女慰劳自卫抗战将士委员会的下属组织开展活动。

∨ 1937 年底，蒋介石在武汉表示坚持抗战到底。

李德全同意了，她和沈兹九等一起去请宋美龄。宋美龄早就想抓妇女儿童救亡工作的旗帜，况且主持儿童保育工作又是一件颇得人心的善举，于是她一口答应出席成立大会。她说儿童的救助和保育工作我责无旁贷，虽然我没有保育儿童的经验，但可以负责筹措经费。在许多战时工作当中，救援国民党军的遗孤、为战争难童设立战时儿童保育院特别受到宋美龄的重视，而且在当时宋美龄也对中共的救亡工作持支持态度，她的出面，使那些特务、流氓再也不敢捣乱，国民党社会部也很痛快地批准了战时儿童保育会这个团体的成立。

就这样，经过一个多月的筹备，1938年3月10日下午，在汉口界限路圣罗易女子中学，召开了中国战时儿童保育会成立大会。到会的各界知名人士竟有700多人，济济一堂，充分体现了抗日统一战线的威力。

∧ 冯玉祥夫人李德全。

当天宋美龄不仅出席了会议，还在会上致开幕词。她在开幕词中说："今天大家所要讨论的儿童保育问题，就是我们妇女界战时最重要的工作之一。换一句话说，也是我们义不容辞的责任。"

接着，她在发言中揭露了日本帝国主义残害中国沦陷区儿童的罪行，强调了培育难童的重要性，最后她号召全国妇女要热心从事儿童保育工

∧ 战时儿童保育会的经费主要来自社会各界的捐助，爱国侨领胡文虎（前右二）领导海外华侨出钱劳军，亦为战时儿童保育会的名誉理事之一。

作："我愿全国的女同胞们，各尽所能，各出其力，贡献于这一件伟大的工作，我更愿妇女慰劳会和儿童保育会的同仁们，以及全国热心妇女运动的先进人士，一致来扶植这一件伟大的工作。"

会上，宋美龄被推选为理事长，李德全为副理事长，并推选出国共两党和无党派的社会知名爱国妇女 56 人任理事。李德全是冯玉祥的夫人，协和女子大学毕业，曾担任北京基督教女青年会总干事，她曾随冯玉祥去过苏联，见过斯大林，办过许多妇女学校和协会，也是妇女界的知名人士。

那天身穿黑色丝绒旗袍的宋美龄主持了成立大会。她很客气地和邓颖超握手，说是对邓先生"仰慕已久"，表示要"真诚合作，全力抢救难童"。宋美龄说的也不全是客套话。对于邓颖超这样一位参加过五四运动、有着多年革命经历的妇女界知名人士，她确实也早有耳闻，并十分尊重。邓颖超也很有礼貌地称她"蒋夫人"，并说，不仅要以抗战精神抢救难童，还要将他们培养成为建设中国的人才。

∧ 邓颖超组织成立了战时儿童保育会，国际友人斯诺是名誉理事之一。图为周恩来、邓颖超夫妇在武汉与斯诺合影。

< 郭沫若也是发起成立战时儿童保育会筹备会的人员之一。

★郭沫若（1892～1978）

四川乐山人。作家、诗人、剧作家、历史学家、考古学家、古文字学家、社会活动家。1918年开始新诗创作。“五四”时期，发表新诗《女神》等，成为中国新诗的奠基人。1926年任广东中山大学文学院院长。1927年参加南昌起义，在起义部队南下途中参加中国共产党。1941年皖南事变后，创作了《屈原》《棠棣之花》《虎符》《孔雀胆》等历史剧和战斗诗篇《战声集》。中华人民共和国成立后历任中国文联主席、中国人民保卫世界和平委员会主席等职。1978年6月12日，在北京逝世，终年86岁。

战时儿童保育会成立后，聘任了286位名誉理事。国民党方面有蒋介石、林森、冯玉祥、孔祥熙、孙科、宋子文、李宗仁等；共产党方面有毛泽东、周恩来、朱德、彭德怀、叶挺、叶剑英、博古、邓颖超、康克清等。还有各界知名人士蔡元培、郭沫若★、沈钧儒、胡适、茅盾、老舍、邹韬奋、晏阳初；华侨界陈嘉庚、胡文虎；国际友人斯诺、史沫特莱、斯特朗、鹿地亘、司徒雷登等，这可算得上是空前广泛的阵容了。可以说中国战时儿童保育会是第二次国共合作开始后最早成立的抗日统一战线团体。

在讨论理事会设立的各组织机构人选时，组织委员会主任的候选人原来是邓颖超，副主任是国民党社会部妇女科负责人陈逸云。陈逸云在会上力争要国民党员独占组织、宣传、保育三个委员会的主任职位，宣称她“有几十年组织工作经验”，想要把持组织委员会，并竭力要把中共方面的邓颖超和其他进步人士排挤出去。

面对国民党顽固派想垄断这个刚建立的抗日统一战线团体的企图，邓颖超坦然表示：“我们是为抗日救国，为了保护儿童而走到一起来的，我不要任何名义。只要工作需要，我一定努力去做。”

宋美龄看到陈逸云在会上如此自我标榜，公开争抢位置和权力，也不禁皱眉。她多少有一些民主的思想，也希望和各界社会人士以及中共保持良好的关系，就笑着说：“邓先生不计名位、一心为抢救难童服务的精神，令人钦佩。大家还是畅所欲言，充分讨论吧。”

保育会成立后，立即邀请各地知名妇女成立战时儿童保育分会。短短几个月，就有广东、江西、安徽、浙江、广西、贵州、湖南、成都、陕甘宁等地成立分会，连香港和南洋各岛也有分会成立。

宋美龄并不只是在保育会挂个理事长的头衔就不管事了，她对救助难童的工作还是非常认真的。在武汉期间，她一直为保育会收留儿童的吃住和衣着奔忙，到重庆后，还特地制定了《收养计划》，根据这个收养计划，世界上任何感兴趣的人都可以领养抗日战争时期的中国孤儿，而且数目不限。

战时儿童保育会的经费主要来自社会各界的捐助，宋美龄为此在1938年4月11日写了《谨为难童请命》的文章，慷慨陈词，大力号召全国各界人士为保育会的难童救助工作捐助经费。在文中她说："我们大家倘回想到自己做孩子时候的情景，父母怎样爱护我们，家庭团聚在一起是怎样的安全欢乐，在学校里读书又是得到怎样的智慧和乐趣，现在再看看这群难童，谁不应该抢着去救济他们，救他们跳出水深火热的苦难，帮助他们变成有作为的国民，将来也担负起捍卫国家、复兴国家的一部分责任呢？现在，战时儿童保育会正在进行募款运动，……现在我请求同胞们，每一个人量力认定几个儿童的保育费，我们最初的目标想保育两万名儿童。将来经费扩大，保育儿童的数目当然也就跟着扩大了。"

∧ 1938年，周恩来夫妇在武汉。邓颖超为战时儿童保育会做了大量行之有效的工作。

当时，每个难童每年的养育费是20美元，收养者可获得一张被认养儿童的照片，以及每年他（她）在学校和孤儿院的情况报告。在全民抗战的热潮中，保育会的募捐工作很快得到各界人士的热烈响应，没过多久，就募集了70余万元的捐款。

在捐赠活动中，各界人士有认捐儿童保育费的，有捐款捐物的。儿童保育会经济委员会的主任李德全积极带头，认捐了511名儿童的生活费，副主任郭秀仪也认捐了442名儿童的生活费。宋美龄和蒋介石夫妇也分别认捐了各200名儿童的生活费。邓颖超、史良等共产党人和进步人士也都拿出自己的微薄收入帮助难童。"伤兵之母"蒋鉴女士更是拿出自己的全部家产捐给了保育院。此外，宋庆龄当时在香港领导的"保卫中国同盟"，也积极捐赠钱物，支持儿童保育的工作。征募工作还得到了英、美政府救济机构的支持。

保育会的抢救难童工作首先在武汉展开，她们动员了许多教师和学生到武汉街头收容难童，在那里最先建立了

< 儿童也在捐赠活动中端端正正写上自己的名字。

> 抗战时期的蒋介石夫妇。

临时保育院，收容了几千名难童。与此同时，战时儿童保育会派出一批批工作人员到战区去抢救难童，将他们转移到安全的地方，并组织他们进行学习。当时保育会的工作人员到徐州战场抢救难童，适逢徐州被围，最后她们随军突围，才抢救出一批难童。

在八年抗战中，战时儿童保育会先后建立了53所战时儿童保育院，收容保育了3万名难童。保育会的工作一直坚持到抗战胜利才宣告结束。

除了救助难童，宋美龄还坚持照顾革命军遗族学校的学生，并在重庆覃家岗办了一所中正学校，自任校长。学校规模很大，学生一律住宿，生活军事化。宋美龄经常去视察，还邀请各界名人和学者前往参观演讲。

1938年3月战时儿童保育会建立起来后，宋美龄又马上投入到妇女团体的组织和统一工作中，她的想法是建立一个抗战时期统一的妇女组织，从而进一步把妇女工作的领导权抓过来。于是在1938年5月20日，宋美龄召集49位来自全国各地的妇女工作者到庐山牯岭参加谈话会。她们当中有中国共产党方面的邓颖超，救国会的史良，社会名流李德全、雷洁琼等人。

谈话会在牯岭市街的庐山图书馆大礼堂举行。

宋美龄致开幕词。她说："我召集这一次会议的第一个目的，就是要使妇女界的领袖分子能够聚首一堂，大家认识。"然后她表示，这样的见面可以避免以前的种种误会的发

∧“妇指会”成员正在整理运往前线的棉衣。

∧“妇指会”成员积极为抗战将士服务。

生。接下来，她阐述了她召集此次会议的第二个目的，那就是通过谈话会订立一个全国性的妇女工作纲领，使全国妇女工作的各方面可以相互联系起来，“彼此听取报告，共同切磋”，“统一步调，共同前进”。宋美龄将谈话会所要讨论的问题概括为：战时妇女工作问题、如何动员妇女民众、如何鼓励妇女参加生产事业、改善妇女生活问题、妇女团体联络问题。

经过这样一番说明后，宋美龄终于说出了自己的真实目的，就是建议把自己掌握的“新生活运动妇女指导委员会”改组扩大为领导全国妇女救亡运动的统一机构。

为了使自己的这番努力不至于白费劲，宋美龄表示希望这次会议的精神能够真正付诸实施，并且能长久地坚持下去。她说：“我们今天在这里开会，我希望我们的一切讨论和决议，能够成为一种具体的基础，以制定有价值的工作纲领，而不要像庐山的浓雾一样。”

会议开幕当天的晚上，宋美龄举行了一次晚宴，招待来自各地的妇女工作者。宴会上，她向大家宣布了中国空军在日本本土进行传单“轰炸”的壮举。餐厅里的气氛达到了高潮，大家又唱又笑，全场唱起了：“全国妇女大团结、大团结！团结起来抗战并建国。”宋美龄也深受感染，站起身来，激动地说：“团结、永远团结！”

经过几天的讨论，会议做出了两项重要决定：一是将“新生活运动妇女指导委员会”改组并扩大为全国性的动员妇女参加抗战建国的总机构；二是通过了一个《动员妇女参加抗战建国工作大纲》作为今后妇女运动遵循的“共同纲领”。在这个大纲中，“新生活运动促进总会妇女指导委员会”成为推动一切妇女工作的总机构，宋美龄担任指导长，从而成为战时妇女工作的最高领袖。而宋美龄能够如愿以偿地成为妇女领袖，中共方面的邓颖超表示以国事为重，支持宋美龄，是一个重要的因素。

一个月以后，根据庐山妇女谈话会决议改组扩大了的“新生活运动促进总会妇女指导委员会”于7月1日在武汉正式办公，宋美龄担任指导长，邓颖超、康克清★、史良等都担任了常委会委员。“妇指会”分设总务、训练、文化事业、生产事业、慰劳、儿童保育、战地服务等8个组和联络委员会，并在各省市设分会。

“妇指会”改组后，是宋美龄最忙碌的日子。作为指导长，她并不是挂名而已，而是亲自处理各种重要事务，并且不断出入于保育院、妇女干部训练班、伤兵医院、寒衣缝制所和疏散女工的收容所，指导各种劳军、慰问和募捐活动。

为了把妇女组织起来，进一步动员妇女参加保卫武汉的工作，“妇指会”创办了“妇女救护训练班”和“武汉妇女流动救护训练队”，经过短期训练的妇女，分头到市民家中去传授救护常识，以使得更多的妇女能够参加战时救护工作。

宋美龄还以自己的名义，让“妇指会”的文化事业组筹办了大量的女工识字班，还训练学生组成战时乡村服务队。这些学生组成的乡村服务队经过短期培训后，就奔赴战区前线和后方的乡村，鼓舞大家抗日救国，不做亡国奴，要节约捐款，过新生活，劳动生产等，她们还组织歌咏队来激发战

★康克清（1911～1992）
无产阶级革命家，中国妇女运动领导人。江西省万安县人。于1925年从事妇女工作。1926年加入中国社会主义青年团。1928年参加中国工农红军并上了井冈山。1931年转为中国共产党员。参加过二万五千里长征。中华人民共和国成立后，历任全国妇联一至五届常委，第四、第五届主席，中国福利会名誉主席，宋庆龄基金会主席。1979年主持了《婚姻法》的修改工作，并提出了“四个现代化需要妇女，妇女需要四个现代化”的号召，为新时期妇女运动做了大量工作。

区民众的爱国激情。乡村宣传队的学生对人都说自己是蒋夫人的学生，宋美龄也爱把她们称为“我的孩子们”。

在各种干部训练班上，宋美龄还亲自参与授课，讲授“人格教育”的课程。她常说的一句话是：“国民没有人格，国家就没有国格。一名优良干部最必要的条件就是高尚的人格。”

宋美龄常对“妇指会”的成员说：“我们单是实行‘有钱出钱，有力出力’的口号是不够的，因为兵士是为我们全体和国家作战的，我们必须把这口号变为‘有力出力，有钱的应该出钱又出力’。我们应该亲自到医院里去看护伤兵，不但只是赠送纪念物和慰劳品，而且要切实地看护他们，用我们的手洗濯那些受伤的战士。”

“妇指会”的慰劳组每隔两星期到后方医院去慰问一次伤病员，代伤员写信，帮助伤兵搞好个人卫生，解决各种日常生活问题。“九·一八”7周年那天，武汉各团体都派人到伤兵医院进行慰劳活动。“妇指会”的工作人员来到卢沟桥街的第64伤兵医院为伤兵服务。她们穿着整洁的蓝色工人服，肩上挂着救护袋，像以往一样为伤兵换药、写信，还与伤兵谈心。

不久后，指导长宋美龄也出现在了伤兵医院。她穿着同样的蓝色工人服，看到有认出她的伤兵向她举手敬礼，就微笑着点头答礼。她慢慢地走着，在每个病床前放下一条毛巾、一个罐头和一包糖，并不时轻声地询问着伤兵的医护和生活情况。宋美龄还亲自替六七个轻伤员换药包扎，并嘱咐医院院长努力改进医疗状况。

为了帮助前方将士过好即将到来的冬季，宋美龄还号召“妇指会”的慰劳组发起筹募棉衣赶制运动。她拨专款购买了衣料，派服务队队员在正金银行组织新生活妇女工作团，集体赶制棉背心1万件。宋美龄对于这场赶制棉衣运动十分关心，经常到现场视察工作，并亲自在缝纫机前裁剪和缝制棉衣。她还以个人名义捐助棉背心2,000件。

“妇指会”还派人到各家各户去征募棉衣，当征募人员满载而归时，宋美龄特意召集大家开了一个庆祝会，她在会上发言说：“如果不把我们二万万多妇女动员起来，是我们少数知识妇女的耻辱，我们应该做的事太多了，今天的成绩加强了大家的信心，接着好好干吧！”

因为宋美龄的特殊地位和影响力，许多外国医疗机构、教会，还有慈善机构向中国派来了医疗队，附带有流动汽车，除了医生和护士，在这些车辆中配备有外科手术设备和医药品，可以随时随地进行伤员的抢

∧ 在“妇指会”的号召下，各界妇女展开了捐棉衣的活动。图为老大娘在一针一线地为抗日将士缝制军衣。

救。当时共有8辆这样的汽车捐赠给宋美龄，她把车都交给了“妇指会”，起名为“新生医疗队”，为前线的救护工作服务。

随着战局的日渐不利，从10月20日开始，武汉开始紧张地准备撤退，宋美龄为表示关心武汉的妇女儿童，要铁路局备专车一列疏散他们。她还下令在“妇指会”自用的专用轮船的底舱准备出700个座位给撤离武汉的民众。

10月22日，“妇指会”撤离汉口，前往长沙。10月24日，宋美龄和蒋介石一起乘飞机离开武汉。25日，武汉失守。

< 开展“新生活运动”时，“妇指会”为献金组织的街头宣传队。

初到重庆的轰动

宋美龄是1938年11月底抵达重庆的，“妇指会”总部也同时迁到重庆。此后，宋美龄就在重庆开展了繁忙的工作。

12月1日，重庆市四个妇女团体联合举办了欢迎宋美龄的大会。当时宋美龄才到重庆没几天，由于长途奔波，身患感冒，但她还是带病出席了欢迎会。在会上，她做了简短发言，回顾了抗战爆发以来的妇女救亡运动，并向重庆的妇女组织提出几项工作要求，她并特别指出：“中国人的老毛病是好讲面子，以为我是太太就不肯做粗工作，这种认识应该打破。”

在发言中，她还引用了一段莎士比亚的作品，告诉大家妇女也可以放下针线，拿起枪杆，与战士一同奋斗。讲到激动处，她还用力地挥着拳头，说：“我在广西见到李宗仁先生的母亲，这位73岁的老太太说，日本没什么可怕，中国妇女每人拿一把菜刀就可以解决那些日本军阀！”最后，她号召大家“要做到不要钱、不怕死、不摆架子”。

当时国民政府大批工作人员和从东部沦陷区撤离的群众长途跋涉来到大后方，四川省成了抗战建国的基地，宋美龄和她领导下的“妇指会”继续动员四川当地的妇女投入抗日救亡工作。1939年1月14日，宋美龄在重庆新交会堂公开演讲，一时间轰动了山城重庆。离演讲会开始还有一小时，能容纳1,000多人的会场就被挤得水泄不通，连门外扶梯上也站满了人，他们都是想一睹宋美龄的风采，亲耳听一下宋美龄的声音。

宋美龄的演讲主要是动员重庆各界妇女们，一起开展抗日救亡活动。她的演讲很有感染力，不到一个星期，重庆市的一些上层妇女就组织了抗敌军人家属服务队、民众教育队、救护队、缝制队和宣传队等5个妇女团队，并马上展开了救亡运动。

> 重庆妇女救护队在掩体中救护伤员。

几天后，宋美龄又设宴招待各机关首长夫人，准备动员各机关女职员及职员眷属参加抗日妇女活动。不久，“妇指会”就将各党政机关的女职员和家属组织起来，成立了各机关新生活妇女工作队，开展征募、慰劳、救济难童、提倡手工艺、扫除文盲等工作。

1939年2月19日，是“新生活运动”5周年纪念日，“妇指会”号召妇女以节约献金来纪念这个日子，并规定3月5日为节约献金日。不久，节约献金日来到了，整个山城轰动了。两辆流动献金车沿着预定路线在重庆的闹市区缓缓行驶，车上站着许多女青年，她们高唱《救亡进行曲》，一路宣传、一路演讲，吸引了无数男女老少。人们纷纷向献金台上投放钱币以及值钱的东西，就连商店的伙计、叫卖的小贩也把自己辛苦得来的角票、铜圆，一把把地捐献出来。

除了街头募捐，当天还召开了妇女节约献金大会，女学生、女工、女护士、女职员和许多太太小姐们共坐一堂。献金开始后，她们把钞票、支票和首饰纷纷投入现金箱。结果妇女界以献金63万余元的成绩夺得了重庆各界献金的第一名。

1939年5月4日晚，日军飞机对重庆进行了大轰炸。由于重庆的防空警报系统出现故障，人们没有防备，结果轰炸造成了重大伤亡，数以千计的平民在这场劫难中丧生，大火整夜不停。

当天的整个晚上，宋美龄一直忙于救灾，马不停蹄地四处奔走，视察救援工作。在伤者集中的地方，宋美龄的座车也被用来运送伤员。有一对老年夫妻开始时说什么也不肯坐进她的车，后来在劝说下才同意。他们上车前还要向宋美龄叩头，被宋美龄制止了，让他们赶紧到医院疗伤要紧。

接着，宋美龄又带着几个随从乘坐卡车疏散难童去了。

> 指挥中国军队赢得第一次长沙会战胜利的指挥官薛岳。

★薛岳（1896～1998）

国民党高级将领。广东乐昌人。毕业于保定陆军军官学校第六期。1933年任庐山军官训练团总队长。旋任第5军军长、第六路军总指挥。1936年任国民政府贵州绥靖公署主任兼贵州省政府主席。卢沟桥事变后，任第19集团军总司令。1938年任第九战区司令兼湖南省政府主席，曾率部取得长沙会战大捷。抗日战争胜利后，1946年任徐州绥靖公署主任。1949年任广东省政府主席兼海南防卫司令。后到台湾，曾任“总统”府战略顾问、“行政院”政务委员等职。

1939年9月，日军再次进攻长沙，中日军队展开了第一次长沙会战。经过将近一个月的苦战，中国军队在薛岳★的指挥下击退了日军，取得了长沙会战的胜利。

在长沙会战期间，宋美龄率领妇慰会和“新生活运动”妇女工作队的人员在湖南和广西等地视察伤兵医院，慰问受伤将士，检查医院的医疗设施，整整奔波了一个多月。

宋美龄在医院视察时，遇到不少在医院服务的青年，他们都是各救亡团体的志愿人员，多数具有高中或大学文化水平，工作充满了活力和热情。宋美龄很喜欢和他们谈话。当时因为战乱，这些青年大多是流亡学生，他们都希望能够继续回到学校读书。宋美龄保证他们将来会有继续求学的机会，绝不会长期失学。她还鼓励他们应首先顾到国家的需要，个人问题等到抗战胜利以后就好解决了。

在长沙，宋美龄和妇慰会赠送给湖南各医院住院的每个伤兵法币两元、毛巾一条、肥皂一块、牙刷一支，还送红烧肉一碗，以表示全国妇女界对他们英勇作战保家卫国的敬意。为了看一看赠送给伤兵的红烧肉做得好不好，宋美龄还在开饭时间亲自到食堂去看着伤兵们吃肉，让他们很受感动。

在湖南的时候，宋美龄动员湖南妇女为前方将士制作40万件棉大衣和40万双鞋，为即将到来的冬季做准备。宋美龄还决定，各省士兵所需棉衣和鞋子由各省妇女组织发动本地妇女去缝制，由妇慰会提供原料，她本人也捐出钱来为将士制作棉衣。经过宋美龄和妇慰会的努力，前线将士缺少棉衣的问题得到了缓解。

在广西，宋美龄向4,000名伤愈准备重返前线的士兵演讲。她先讲了每个国民对国家的应尽义务，然后告诉士兵们，因为中国对日本帝国主义的顽强抵抗，现在世界上各国都很尊敬中国。最后，她在讲台上高声问道："将来谁是胜利者？"士兵们齐声高呼作答："一定是中国，一定是中国胜利！"场面十分壮观。

在湖南、广西视察的日子里，宋美龄一行经常遇到日军飞机的扫射和轰炸。每当日机来袭，她们就被迫躲进土沟里或山林中，直到日机远去才从山沟里爬出来。宋美龄早在上海、南京时就有类似遭遇，现在辗转各

< 1939年5月4日，日军飞机对重庆进行了大轰炸，造成数千人伤亡。

地，看到祖国大好河山惨遭日寇铁蹄的践踏，心情十分悲痛。她在《湘北归来》一文中写道："这种纯朴美丽的境地，是我们的祖国，也是我们的家园，多么佳妙啊！对于我们的视觉听觉是多么恬静优美啊！但是当我们回来看见树荫下休息的一队伤兵的时候，那日积月累地堆积在我们记忆中的刻骨沉痛，又蓦然涌上心头来了。是的，湖南这种田园的风景是美丽的，正像我们中华古国其他各处的风景一样，可是留在我们印象中的是什么呢？成千上万被炸弹所摧毁的城市与村镇，寄托着无数被杀的同胞的冤魂，败壁焦垣，森然挺立，像纪念碑似的象征着人类蛮性的遗留与正义人道的衰微，这是我巡视战区后深刻的回忆。我愿我四万万五千万同胞，共同奋斗，扫净当前的荆棘，恢复我们和平区域的伟大与光明。"

∧ 为抗战将士编织的草鞋堆成了小山。

∧ 抗战时期，蒋介石夫妇沿崎岖的山路赶往目的地视察。

三姐妹携手支持抗战

抗战开始后，尤其是在庐山谈话会后宋美龄领导全国妇女界支持抗战，她本人不辞辛劳，四处奔波，进行慰问和劳军，赢得了很大的声誉。以前一向反对蒋介石政府独裁统治的一些进步人士也对她有了认同。而在抗战的大方向上，宋美龄也是支持和尊重邓颖超和史良等中共进步人士的。史良当时就表示自己对宋美龄的个人印象是好的，认为她“能干、大方，说话、做事得体”，还说她“会做人”，“喜欢笼络人心”。所以1940年国民党特务查封爱国进步人士邹韬奋的生活书店时，史良就想到了请宋美龄帮忙，希望通过她向蒋介石说情，不再查封生活书店。

当史良打电话给宋美龄后，宋美龄表示同意，于是约好了时间让史良到宋美龄的住处见蒋介石。史良到后，蒋介石不在家，中午才回来。宋美龄表现得热情大方，留史良和蒋介石共进午餐。在午餐席上，宋美龄向蒋介石提起了史良的来意。史良自己也向蒋介石陈述了生活书店在抗战中的作用，指出生活书店是抗战的书店，出了许多宣传抗日的书，不应该被查封。蒋介石听了以后，故作惊讶地说：“有这样的事吗？岂有此理！岂有此理！”表示自己一定要去查一下。

当然，生活书店最后还是照旧被封，在维护自己统治巩固自己权力这一点上，蒋介石是不会做好人的。

尽管如此，宋美龄还是在抗战这样的一个机遇下赢得了广泛的尊敬和好评，并且还让姐妹三个终于又走到了一起。

1940年春节过后，宋美龄因治病从重庆来到香港。在此之前，大姐宋霭龄和二姐宋庆龄已先后到达香港。宋美龄抵港后，就住在大姐家里。没多久，宋庆龄也搬了过来，于是三姐妹又实现了许久不曾有过的团聚。

宋庆龄是在上海沦陷后来到香港的，组织了保卫中国同盟，在香港继续进行公开的活动，支持抗战；宋霭龄则是在武汉失守后来到香港的。现在姐妹团聚，更因为抗战使得大家有了共同的奋斗目标，可以抛开以前的政见分歧，轻松愉快地相处在一起。在家的时候，三人经常一起下厨，说着小时候的玩笑话，又难得地享受起了悠闲的日子。

< 抗战开始后，宋美龄不辞辛劳，四处奔波进行慰问和劳军，她在穿衣吃饭上，也一改往日的奢华，力求节俭垂以表率。

没过多久，从南京传来了汪精卫的日伪政权即将成立的消息。汪精卫自1938年底从云南叛逃到越南河内后，公开发表投降言论的“艳电”，遭到了全国人民的一致声讨，为掩盖自己的投降卖国活动，他一再侈谈三民主义，甚至打出“爱护孙先生所手创之中华民国”的旗号。

1940年3月12日，汪精卫又宣布了一个中日“和平建议”，既是他为即将正式成立的南京日伪政权做铺垫，也是向在重庆的国民党政府提出的劝降书。汪精卫选择这一天是颇费了一番脑筋的，因为这一天是孙中山逝世15周年忌日，他仍企图使自己的卖国行径能打上继承孙中山遗志的幌子。

为了揭露汪精卫的卖国投敌罪行，坚定重庆蒋介石政府的抗战决心，宋庆龄提出姐妹三人一起作一个公开露面，表明她支持重庆政府，反对汪精卫对孙中山遗志精神的歪曲。宋美龄当然大喜过望，自从宋庆龄和蒋介石在1927年势不两立之后，蒋介石和宋美龄虽一再想与宋庆龄公开地出现在一起，以此证明蒋介石是孙中山的合法接班人，但宋庆龄总是予以拒绝，不要说蒋介石，就是宋美龄也没有机会和这位二姐一起公开露面进行各种政治活动。

宋霭龄当然也是十分乐意，于是她们商定当天在香港的一家饭店一起聚会用餐，并向来宾做一个演讲。

∧ 1940 年 3 月 30 日，汪精卫对日本发表广播讲话，侈谈“三民主义”为日伪政权造势。

∧ 1940 年 3 月 30 日，南京日伪政权成立时，汪精卫宣誓就职。

这件事使香港和世界各地的人们感到吃惊，因为她们三姐妹中任何人都从未在那里露过面，而且十余年来人们从未见过她们在公众场合团聚在一起。

对于香港当地的人来说，平时能见到她们之中一位都十分不易，现在竟然有机会在饭店里同时一睹三姐妹的芳容。况且，人们都知道这三

> 为了抗战同一个目的，宋氏三姐妹以民族大义为重重新又走到了一起。

姐妹十几年前因政见不同而分道扬镳，当年她们分属于不同的政治阵营，宋美龄直接代表着当时中国的统治集团；而宋庆龄则更多地代表着在野的左派，在国外就积极宣扬共产主义运动的一些主张，在国内则同情被蒋介石残酷镇压的共产党。虽未见她们姐妹之间直接互相攻讦，但宋庆龄对妹夫蒋介石的种种揭露和怒斥却是大家熟知的。现在宋氏三姐妹在香港突然出现在一起，人们都觉得是一个全国团结的好征兆。

当天的聚会也并非只有三姐妹的私人宴会，出席的还有香港各爱国团体的一批人士，大家都是为了中国的抗战大业相聚在一起。不过即使在当地的名流面前，人们注目的焦点也还是宋家的三姐妹。

大家用掌声欢迎宋氏三姐妹发表讲话。于是三人仍是按照“大让小”的惯例，由宋美龄首先讲话。宋美龄穿着黑绸绣花中式旗袍，旗袍两侧的开口一直到膝盖，她十分优雅地走上主席台，并不马上开口，而是先向会场扫视了一下，为的是让与会者更好地把注意力集中到自己身上，同时她也用这一瞬间向人们传递一种信心。在讲话中，宋美龄对二姐在香港的工作夸奖了一番，她用一种十分赞赏的口吻高度评价了二姐宋庆龄领导的保卫中国同盟的工作，称赞保盟和中国工业合作协会（即工合）为宣传中国抗战形势、联络海内外朋友、募集抗战物资、救助战争难民所做的一系列卓有成效的工作。

> 汪精卫在汪伪国民政府官邸发表“建国”讲话。

她的讲话引起了长时间的鼓掌，保卫中国同盟自建立以来，这还是第一次得到国民党高层的首肯。以往，国民党政府的官员对保盟和工合都采取回避的态度。宋美龄不但对保盟做出了很高评价，还特别向二姐宋庆龄提出，由保卫中国同盟对她刚刚宣告成立的“伤兵之友社”香港分社的财务账目进行审计。她说自己相信保盟在处理捐赠款物时是最公正、廉洁的。

接着讲话的是宋庆龄。宋庆龄也表态支持姐姐和妹妹的工作，她首先呼吁人们支持宋美龄领导的“伤兵之友”运动。接着她提出，刚刚成立的伤兵之友香港分社，应该由大姐宋霭龄担任主席，她称赞大姐早在民国建立前就已经开始担任孙中山先生的秘书，经历过不少大事，具有卓越的组织领导才能，近年虽没有担任公职，但她懂经济，又擅长经营实业，运筹帷幄，常操胜算，因此担任这个职务，没有比她更合适的人选了。

最后发言的是大姐宋霭龄，此时的宋霭龄已有50岁了，但她并不显老，反而更见大家风范。她的手指上戴着钻戒，脑后的发髻上更有一颗硕大的珍珠，显得雍容华贵，气派十足。她和两个妹妹一样，都穿中式旗袍，这是为了表明一种恪守中国传统的姿态，表明一种与异族侵略者势不两立的心境。她在抗战初期参加了宋庆龄在上海筹组的“妇女抗敌后援会”，后来姐妹俩又把“后援会”归属到宋美龄担任领袖的妇慰会下面。宋霭龄下嫁的孔氏家族多年经商，家资巨万，而她也为抗战捐出了不少钱财，并博得了很好的名声。宋霭龄曾用自己的钱买了3辆救护车和37辆军用卡车给淞沪抗战时的上海医院，给宋美龄的飞行队买了20余辆军用卡车并定做了500套皮衣。

她在讲话中没有提自己过去所做的工作和捐赠，而是称赞两个妹妹对中国抗战的贡献，表示自己今后要多做工作。

∧ 为了挫败汪伪政府的锐气，宋氏三姐妹同返重庆为抗日做宣传。这是三姐妹与蒋介石合影。

宋氏三姐妹香港聚会演讲的新闻，给了国内民众和国际观察家一个信号，中国国内各派抗日力量的团结更加坚强，统一战线更加巩固，有效地瓦解了汪精卫企图用孙中山接班人身份从事卖国活动的阴谋。

就在这个月的月底，汪精卫的日伪政府正式在南京成立了。三姐妹经过商议，决定为宣传抗日一同回到重庆，在陪都的广大民众面前为抗战呼喊，鼓舞艰苦抗战的大后方人民，粉碎敌人散布的宋家分裂和国民政府分裂的谣言。

4月初，一架载着三姐妹的专机从香港启德机场起飞，飞往重庆。她们是在严格保密的情况下启程的，机场上没有记者和围观的人群。

飞机经过广西崇山峻岭的上空，再进入云贵高原，然后到达重庆。和香港机场出发时的保密不同，蒋介石知道宋庆龄要来，特意委派委员长侍从室主任、著名的黄埔将领张治中到机场迎接。飞机在重庆机场还未降落，宋庆龄就看到下面布置了盛大的欢迎场面。服装鲜艳的军乐队列成了方阵，雄壮的军乐奏了起来，一队手捧鲜花的孩子把花举过头顶。中间肃然站立，以蓝黑衣服为主的则是一群大大小小的官员。

孙夫人宋庆龄与姐妹联袂访渝，象征着国内各派力量的团结御侮、共同抗敌。它可以打击南京的汪精卫日伪政权，消除抗日群众的忧虑。三姐妹都把它当成对抗战的一个支持。

机舱门打开了，在欢迎人群的注目下，宋庆龄首先出了机舱门，但她并没有立即走下舷梯。她在舷梯顶部的平台上站定，等宋美龄和宋霭龄出来后，三个人并排一起，向欢迎的人群挥手致意。三姐妹站成一排，一同伸起了右手。

军乐又吹奏了起来，孩子们又跳又喊。新闻记者的摄影机在转，照相机的镁光灯闪成一片。张治中忙迎上前去，特意向宋庆龄说明委员长蒋介石正在主持一个重要的军事会议，无法脱身亲来迎接。

在重庆，宋庆龄暂住在大姐家里。大姐夫孔祥熙精心安排，给宋庆龄辟出了单独的一所小院，除了她的秘书和随员外，孔家又安排了专门的厨师和用人，让宋庆龄能够拥有一个属于自己的安静世界。身为政府要员的大忙人孔祥熙还不时和宋霭龄一起到宋庆龄的房间问候，询问她有什么需要。

重庆各界为欢迎宋庆龄举行了一个接一个的招待会。蒋介石十分乐于出席，他总是笑嘻嘻地站在孙夫人和宋美龄的中间，听任中外记者们拼命拍照。

在重庆期间，三姐妹经常一起出现在公众面前为抗战做宣传，一同在群众集会上发表演讲，号召人们加强团结，坚持抗战，反对卖国贼。她们走遍了战时陪都的“新生活运动”妇女指导委员会、重庆第一儿童保育院、“伤兵之友”医院。当时的重庆处处都留下了她们视察访问的足迹。

她们还一起设宴招待各友好国家的外交官，向全世界表明中国抗战的坚定立场。当时，周恩来主持的《新华日报》特地发表了《欢迎孙夫人来渝》的短评，指出孙夫人来渝，定能在反汪除奸和推动宪政运动中，做出宝贵贡献。《新华日报》请宋庆龄题词，她欣然题写了“抗战到底”四个大字。

可以说，二姐宋庆龄到重庆起到了巨大的作用，对此宋美龄十分满意。她和蒋介石商量后，准备在自己家里搞一个大型宴会，不光是家里人团聚，也要向外界做宣传。蒋介石当然十分愿意，说只怕二姐不愿意过来。在宋美龄的热情邀请下，宋庆龄答应了到蒋介石家里赴宴。这可是从未有过的事，宋美龄忙碌起来，精心准备。

这次宴会比二姐到重庆以来的任何一次都盛大。蒋介石更是显得格外殷勤，亲自给宋庆龄夹菜，不时小声说两句关切的话，以显示他们之间的亲密。宋庆龄在讲话中对重庆人民在敌机空袭下仍坚持工作表示钦佩。她特别提出了两点希望，一是希望国民大会尽早召开，二是希望宪政尽早实施。这两条都是当时共产党努力推动的大事，因为一旦实施宪政就可以制约蒋介石的独裁，实现人民民主。

但国民党中央通讯社在报道此次聚会时却大肆渲染蒋介石的出席，只引用了蒋介石致辞中“孙夫人此次访渝不但为重庆人民所欢迎，全国也为之深感欣慰”，而对宋庆龄的讲话内容却只字不提。

∧ 抗战时期，宋庆龄（中）与国际友人在一起。

宋美龄看了这样的报道大为恼火，在蒋介石面前把中央通讯社骂了一通。倒是宋庆龄对这些没有计较，她还是抱着巩固统一战线、促进全国抗战的愿望，多做鼓舞士气的工作。

那段时间，三姐妹在重庆一起活动也引起世界各国的兴趣。当苏联新任驻华大使潘友新听到三姐妹将一起出席欢迎他的宴会时，他感到非常高兴；而美国的NBC广播网则特意安排请三姐妹发表广播演说，由他们向全美国做现场转播。

> 宋美龄在台上演讲，宋霭龄含笑倾听，宋庆龄一脸的凝重。

三姐妹对向美国民众宣传抗日都十分重视。那天一早她们就赶到广播电台的播音室。因为主要是面向美国听众，所以她们全部用英语演讲。

首先演讲的是宋庆龄，她用沉稳庄重的语调讲道：

亲爱的美国听众，我不知道怎样才能表达我此时此刻的心情。我们刚经历了又一次野蛮大轰炸，美丽的山城重庆已经变成了一所血腥的屠场。成千上万的和平居民丧失了他们最后的一点东西，流离失所，无家可归。他们中的许多人是从陷落的长江中、下游逃难到四川来的，最大的奢望仅仅是想生存下去，可是万恶的日本帝国主义连这点起码的权利也不想给予他们。

众所周知，中国是一个约有四万万人口的大国，但她又是一个非常贫穷落后的国家。连年的天灾、动乱以及其他种种原因，使我国在战争的最初几个年头内一直处于劣势，被动地抗击着上百万装备精良的日本军队的进攻。我们缺乏武器、燃料、钢材和食品，更缺乏全世界主持正义和公道的国家，包括美国这样的民主国家的道义上的支持。

∧ 遭日机轰炸后罹难的儿童尸体。

因此，我们呼吁你们，亲爱的美国听众，在力所能及的范围内给予我们有力的援助。我们无意滥花你们提供的资财，我们把每一个硬币都用于神圣的抗战事业。我们呼吁你们，敦促美国政府抛弃所谓的“中立”政策，尽快与法西斯帝国宣战。因为，今天发生在中国的惨祸，明天或者后天就有可能降临到贵国人民的头上，这是法西斯帝国主义的本性所决定的。

宋庆龄的讲话还是一如既往的精炼和主题明晰，最后，她激动地高呼：

必须制裁日本帝国主义！必须阻止他们犯下更多的滔天罪行！必须惩罚他们屠杀中国妇女、儿童和无辜人民的罪恶行为！否则，中国人民就不会相信，在这个病态的世界里，还有怜悯和良心可言；不会相信，在这个病态的世界里，还有公正和道义可言了。

演讲完毕，宋庆龄还是十分激动，宋美龄知道二姐的性格，也知道她的一些理想主义的观念，怕她在电台广播中说出一些刺激美国听众的言辞来，所以一等她讲完，就赶紧扶她到休息室去。

接下来讲话的是大姐宋霭龄，她努力以很温和的语气来表达中国人民对美国人民的友好之情，她说：

当我向美国讲话时，我感到并且深知，我正在向真正同情中国的朋友们讲话。在我们与日本帝国主义进行生死存亡的战斗中，我们始终都没有孤立的感觉。一想到友好的美国人民站在我们一边，我们的内心就充满了深厚的感激之情。

宋霭龄接着向美国听众简要介绍了中国人民万众一心，怀着必胜信念坚持焦土抗战，决不屈服的情况后，又提到了中国妇女的抗战精神：

必胜的信念也体现在妇女身上。妇女们已经从与世隔绝的生活中解放出来，参加各种工作。在前线，她们同士兵和伤员在一起；在后方，她们同受到战争灾难的同胞在一起；在农村、在医院、在战时孤儿院、在工业和公共事业里，都有妇女们做出的贡献。

最后是宋美龄演讲。她的口才要好于两位姐姐，再加上在美国生活了十年，英语水平也要略高一等，带有美国南方佐治亚口音的英语口语使美国听众感到尤为亲切。她首先说：

美国的朋友们，祝你们早安。我只用几分钟的时间对孔夫人的话补充几句，我所说的话，是要请一切爱好自由的人们知道中国应该立刻得到正义的援助，这是中国的权利。中国为了正义，已经经过了将近三年之流血和困苦的奋斗，我们请你们制定美国法律的国会议员，对下列两件事，必须做到一件，或者是对于侵略不再表示恐惧，或者停止鼓励侵略的行动，也就是对日禁运汽油、煤油以及其他战争原料。

∧ 抗战时期，失去亲人而痛哭的妇女。

> 日军飞机飞临香港上空实施轰炸。

宋美龄在美国长期生活过，当了“第一夫人”以来，又经常和美国的新闻界与政界打交道，所以她的演讲话题主要是针对美国的国会议员和新闻界而发。她深知只有这两者才能左右美国政府，才有能力改变美国政府的“中立”政策，大力援助中国。接着她用事实分析了中国得不到援助，被日本灭亡的可怕后果：

我们并不是没有放弃战斗的可能，但我们仍旧在这样困难艰苦的情形之下，不怕挫折，为着自由而继续抗战。我不知道贵国的国会议员，曾否想到，万一中国被日本军阀的武力征服了将发生何等的情形？结果是很明显的。日本军阀将保有它完满的海陆空军实力，并且可以利用中国的领土、人力和资源，来和民主国家为难。日本军阀曾给民主国家以强大的打击，抢夺印度支那、缅甸、马来群岛、荷属东印度、澳洲和新西兰等地。日本军阀也许不曾占领菲律宾，它相信只要它不侵犯到美国的领土，不论美国国民作何感想，美国国会议员是不会采取反抗日本军阀的步骤的，可是它能够整个地控制太平洋，攫夺那些地方，所有的资源让它去支配，这样它就不再需要美国这个市场，不必向美国购买汽油煤油，以及其他的东西。这几年来理应急剧崩溃的民主主义，由于中国的坚强抵抗与牺牲而得以避免了。若美国继续帮助日本军阀，竟使日本军阀在东方逞它的野心，那么事态的开展，就不堪闻问了。

假使不幸发生这种情形，一定有更可怕的结果！据说日本的海军，正在疯狂地加以扩充，秘密建造了几条大型的战舰，一有机会，它侵占荷属东印度是很容易的举动。日本军阀

如存心为此，机会是一定有的，它幸灾乐祸地预料荷兰会牵入欧战的旋涡，你们就可以看得出它的用心，你们并可以明白它那种无法隐藏的阻止列强保护南洋群岛的计划，如果日本军阀的阴谋得逞，那就是它更进一步地完成了“田中奏折”中所预定的野心。如果列强不认识援助中国抗战的重要，日本是有获得这种侥幸收获的可能，由于我们的抵抗日本军阀侵略，我们已把它的军队牵制在中国的泥沼之中，而使它动弹不得。只要能给我们以正义的同情，到相当时期，一定能使他们完全失败，然后它就根本不能助长人类的祸患，摧残民主主义和人道主义来扰乱世界的安宁。那时节，世人将会公认我们的功绩对于整个人类是怎样珍贵的贡献。问题只在能不能对我们表示正义的同情，这个问题只能让美国人民、美国国会议员给我们一个答复。炸弹的爆炸声，虽使中国人民震耳欲聋，但是他们正焦急地等待着你们的回答。

宋氏三姐妹的讲话被传播到大洋的彼岸，传到每个有正义之心的美国听众耳中。她们的讲话在美国引起了强烈的反响。第二天，美国纽约州立大学就有上千名学生上街进行游行，声援中国人民的抗战；美国的不少民众也开始呼吁国会和政府采取有效措施，制裁日本的侵略；此外，美国国会的部分议员也在当天以个人名义向国会递交了制裁日本的意见书。

几个月后，宋美龄演讲中所说的成为现实，日本出兵占领了越南北部，美国终于宣布对日本禁运废钢铁，并向中国政府提供了2,500万美元的援助。

在此期间，三姐妹还一起访问了成都，慰问抗日将士，并对她们共同热心的工业合作运动进行了视察和指导。在重庆待了一个多月后，宋庆龄决定返回香港。宋美龄和蒋介石都来极力挽留，希望宋庆龄“长住重庆领导妇女工作，辅助国民政府”。孔祥熙和宋霭龄也极力挽留，说如果住在孔公馆感到不便，给她另辟住宅。宋庆龄表示感谢，说在香港的保卫中国同盟有一些善后工作要自己出面处理，不得不走，同时表示她在香港也可以为抗战多做贡献。

宋庆龄虽然离开了重庆，但是大家一同为抗日出力，姐妹之间的关系依然很融洽，直到1941年初“皖南事变”的爆发。

1941年1月震惊中外的“皖南事变”让宋庆龄十分痛心，她和何香凝★联名在香港发出电报，要求蒋介石立刻停止其“剿共”部署和反共政

★何香凝（1878～1972）
爱国民主人士，国民党左派代表，画家。广东南海人，生于香港。1903年春入东京目白女子大学预科，后转入女子师范学院预科，同年结识孙中山，毕业后由日返港，随同孙中山从事革命活动。1924年坚决支持孙中山的新三民主义革命纲领，支持改组中国国民党。1927年蒋介石叛变革命后，辞去国民党政府的一切职务，进行反蒋斗争。抗日战争时期，响应中国共产党提出的抗日民族统一战线的号召，从事抗日民主运动。中华人民共和国成立后，历任中央人民政府委员，中国国民党革命委员会中央副主席、主席，中国美术家协会主席等职。1972年9月逝世。

策，保护一切抗日力量。这次事件使得宋庆龄对蒋介石的不满又加重了，也给她和宋美龄的姐妹关系蒙上了一层阴影。

那年春节的时候，宋美龄曾邀请二姐到重庆，一家团聚过个年，宋庆龄也托故推辞了。

转眼到了年底，1941年12月8日，日本偷袭珍珠港，太平洋战争爆发。随后日军攻占英国控制下的香港。宋庆龄一直坚持到日军逼近九龙启德机场之前几个小时，才和宋霭龄同乘最后一班飞往重庆的飞机撤离香港，经澳门辗转到达重庆。当时，飞机起飞后不久，香港机场即遭到轰炸。

宋庆龄再次来到重庆的消息传出，各界人士奔走相告，准备召开欢迎会。可是蒋介石却感到很不舒服，因为当时宋庆龄对“皖南事变”真相的揭露，使他的处境十分狼狈，但是又不能对这位孙夫人发作，只好采取了一种故意冷淡的态度。在国民党内一些元老的一再要求下，国民党才在国府礼堂召开欢迎宋庆龄的茶话会，但蒋介石却不肯出席。

这次再到重庆，宋庆龄不愿公开露面，对媒体也一律低调处理，就连对宋美龄的态度也略显僵硬。当宋美龄到机场迎接她，问她还缺不缺东西时，她的回答令宋美龄十分尴尬，她说：“我是独立的，自食其力，什么也不缺。”宋美龄虽然很扫兴，但是她知道二姐就是这个脾气，又对蒋介石还在气头上，也就没再说什么，把二姐送到住地，又陪她吃了晚饭。

宋庆龄这次到重庆住在求精中学的校园里。这是一所教会学校，和蒋介石宋美龄居住的黄山官邸只有一墙之隔，但是宋庆龄从来不到蒋介石的官邸。

尽管如此，宋美龄还是尽力帮助二姐。当她得知蒋介石派军统特务天天监视着宋庆龄的行踪时，想起以前在上海的事，再次严肃地警告蒋介石不得对二姐有任何的人身伤害和限制。她知道宋庆龄仍然在坚持不懈地帮助共产党和陕北边区，使一些军民必需的医疗用品源源不断地运出去，因此招来决心封锁边区的蒋介石忌恨。尤其是她眼下在蒋介石的身边，也还是敢于发出自己的声音，经常对蒋介石的所作所为进行批评和谴责，更使蒋介石常常有如坐针毡的感觉。

> 20世纪20年代的宋庆龄。

< 宋氏三姐妹为抗日而奔走，这是她们在重庆的一次集会上。

蒋介石虽然信誓旦旦地向宋美龄保证他绝对不会动二姐“一根毫毛”，但宋美龄还是不太放心，她让人给宋庆龄架了一部经中央总机接转的专线电话，不时通过这部电话和二姐聊聊。她知道二姐最近的行动令蒋介石很不满意，生怕二姐的安全受到威胁，所以她要不时询问一些情况。此外，她还要哥哥宋子文也多加留意，防备着戴笠的军统特务会有什么举动。

随着1942年抗战形势的好转，和姐妹们在抗战活动中的一起行动产生了良好效果，宋庆龄对宋美龄的态度也不再像刚到重庆时那样生硬了。当时国民党政府的宣传部官员要索取

> 抗战时期，蒋介石、宋美龄一起用餐。

抗战中三姐妹合影的照片，以配合形势的宣传，于是宋美龄在视察新疆迪化回来后，就立即策划举行了一次中秋节的家庭大聚会。

宋美龄知道只要蒋介石在，二姐就不会答应一起团聚，所以她煞费苦心地对宋庆龄说，蒋介石这几天要到昆明视察，自己在家里过中秋太冷清，希望兄弟姐妹几个一起在中秋节团聚一下，赏赏月。宋庆龄听说蒋介石不在，不仅乐意全家团聚，还同意了在宋美龄的住处黄山官邸吃月饼赏月。

兴奋的宋美龄马上接连拨通了大姐宋霭龄，大哥宋子文，小弟宋子安、宋子良的电话，把全家团聚的邀请分别告诉了他们。为了八月十五赏月团圆，大姐宋霭龄特地在重庆酒家订购了一个六斤重的大月饼，代表六个兄弟姐妹的团圆，并开车送了过来；宋子文也特意派飞机到昆明购买了两只象征团圆的神龟鱼，送进了宋美龄的厨房；两位弟弟子良和子安还为宋美龄请来了重庆饭店的高级厨师。

八月十五那天天气很好，月亮很圆很亮。黄山官邸耸立在银光下面，楼前是一片白灿灿的花朵。黄山官邸的宴会厅里甚是热闹，十几台大吊扇一齐开动起来，阵阵凉风送爽，宋氏兄弟姊妹六人以及他们的家眷、司机、侍卫官足足摆了五大桌。十几名侍者身穿全套白色制服，有的在一旁悉心伺候，有的满头大汗地跑来跑去，忙着上菜。

五个大大的餐桌上摆满了高级厨师做的名菜，其中就有宋子文从昆明买来的油炸团圆神龟鱼，除了菜，还有点心、水果、冰激凌。

作为主人，宋美龄先讲了几句开场白，只有短短的几句话，情真意切，真挚动人，使全家人都兴奋起来，连连举杯庆贺这多年不曾有的团圆。确实，自从1931年母亲倪桂珍去世后，这个大家庭从未实现过大团圆。当晚，在大姐“莫谈国事”的戒令下，兄弟姐妹们尽情开怀畅饮，倾吐心事。以前，他们因为身份而在大庭广众面前所表现的庄重和矜持，在这种场合下，都不再需要保持。在亲人的面前，大家都无所顾忌，尽情享受着这团圆的欢乐。

晚餐结束后，大家来到宴会厅外吃月饼赏月。坐在官邸的草坪上，银白色的月亮挂在天空，是那样的皎洁纯美。宋氏兄弟姊妹围着圆桌，圆桌上摆着特制的枣泥馅大月饼。由大姐宋霭龄负责把月饼切开。

宋美龄这时又讲起了在美国求学时二姐为她们分月饼的事，说："那时我还小，不懂事，二姐分了我一块，我还嫌小，还抗议二姐不公哭鼻子呢。"

"是有这么回事。"宋庆龄的脑海里也浮现出三姐妹在美国留学时那无忧无虑的生活，脸上绽放出笑容，她高兴地说，"小妹，这次我给你挑个大块的，免得你再当面向我哭鼻子喽！"

"你真坏，二姐。"宋美龄咯咯地笑了，去打庆龄。宋庆龄直向大姐求助："大姐，你不管呀，小妹要打我。"

"别闹啦，快吃完咱们去看舞会。"宋霭龄也笑着说。

那天的中秋团圆是愉快的，大家尽兴而散。经过宋美龄的多次努力，终于把兄弟姐妹几个又都召集在一起了。可是当时的她却没有想到这会是最后一次全家团聚，随着抗战后国共内战的爆发和蒋介石政权在大陆的失败，一家人分散四处，或在美国，或在港台，只有宋庆龄还在中国大陆，不要说全家团聚，就连要见上一面都是难上加难。

历史备忘录

HISTORY MEMORANDUM

∨ 爱国侨领陈嘉庚(右四)率南洋华侨慰劳团在重庆与欢迎者留影。

∨ 晋察冀边区军民举行示威，抗议国民党制造"皖南事变"的罪行。

2

3

4

1

抗日将领宋哲元病逝

1940年4月5日，宋哲元因病逝世。宋哲元，早年入陆建章左路备补军随营学校学习，后入冯玉祥部。1926年9月随冯玉祥加入国民党。1937年卢沟桥事变中，率部奋起抗击日军。事变后，任第1集团军总司令。后第1集团军被日军击溃，番号被蒋介石取消。宋哲元遂因肝病休养，直至病逝。

陈嘉庚慰问延安

1940年5月31日，爱国侨领陈嘉庚接受毛泽东的电邀，冲破国民党的百般阻挠，率领南侨慰劳团第一分团到达延安，受到吴玉章、萧劲光、高自立和3000余名群众的迎接，并出席了延安各界欢迎大会。会上，陈嘉庚发表讲话，激励海外侨胞积极支持祖国抗战。

汪精卫赞“皖南事变”

1941年1月25日，“皖南事变”爆发后，南京“国民政府”召开了庆祝大会，汪精卫亲临讲话说：“数年来蒋介石未做一好事，唯此次尚属一个好人。”30日，日陆相东条在众院陆军预算分科会答复议员质问时说：国共纠纷乃重庆之弱点，而站在日本的立场观之，内部打架当然无法抗战，显然对我有益。

中共决定建立党务电台

1941年10月12日，为加强中央与地方的联系，中共中央决定建立党务电台。自10月20日起，每天早、晚两次用密码播送党内材料，要各单位按时收听。中共中央要求北方局（包括晋冀鲁豫）、华中局、晋察冀分局、山东分局、晋西北区党委五大战略单位，都设专门电台与中央联络，利用电台报告工作。

16

访问印度再入新疆

1942年2月5日，蒋介石偕宋美龄访问印度。这是蒋介石和宋美龄的首次出访，宋美龄十分重视，不仅亲自担任翻译，还精心准备了讲话和在印度妇女界的活动安排。

尼赫鲁称蒋介石和宋美龄的访问“是一个具有历史意义的伟大事件，象征中印两个伟大民族的友好和未来的同志关系”。印度民众认为他们的访印可以“增厚中印友谊，亦且促进印人对日觉悟”。国大党党报及各大报分别发表社论，赞扬蒋介石和宋美龄“不辞劳苦，顾及中印友谊及世界前途，远道飞行，令人景仰，更盼随时指导”。

然而第一次以“第一夫人”的身份出访的宋美龄，却连一个出访的目的都不曾达到。

迟来的对日宣战

中国的抗日战争坚持到第四个年头，国际形势发生了有利于中国的变化，美英列强开始认真考虑和中国结盟，共同对付日本在远东的侵略。

当时的日本军国主义正疯狂地向东南亚进攻，直接夺取英、法、荷兰等国在东南亚的殖民地，并和德、意结盟，战争的规模迅速扩大，更多的国家被卷入，美国也终于不能再保持它的“中立”地位了。1941年12月7日，日军偷袭珍珠港；12月8日，日军在香港、马来西亚和泰国登陆，并轰炸在菲律宾的美军及其设施；与此同时，日本海军在马来西亚海岸附近击沉英国远东舰队主力舰、最新和最具威力的“威尔士亲王”号战列舰；12月25日，驻香港英军投降；1942年1月2日，日军攻占马尼拉，驻菲律宾的美军撤往山区；2月7日，日军在新加坡登陆；与此同时，日军对于英、美等国在中国天津、上海、广州的租界也一一进行强占。西方列强在远东的殖民地岌岌可危。

在中国战场，1941年底，日军打到湘北和鄂西，一度攻占宜昌，离抗日大后方四川和陪都重庆已不远，中国抗日战争进入关键时期。

令蒋介石高兴的是，珍珠港事件后，中国在远东终于不再孤军作战，他的“苦撑待变”策略总算见到了曙光。珍珠港事件所造成的巨大损失和日本的欺骗伎俩让美国人大为震怒，罗斯福总统通过广播向全美发表讲话，发誓要领导全国民众报仇雪恨。英国首相丘吉尔*也激动地叫起来：“我们从此不会单独作战了！”而这句话正是蒋介石想说的，他在当天的日记中写道：“抗战政策之成就，至今已达于顶点。”

宋美龄也是激动万分，这几年来自己一直呼吁美国支持中国抗战，可是美国政府总是从自身利益出发，迟迟不肯公开援助中国和制裁日本，

***丘吉尔（1874～1965）**

英国政治家、战略家、著作家。生于英格兰。1894年毕业于桑赫斯特皇家军事学院，1904年加入自由党。1911～1915年任海军大臣，因为“一战”中的惨败辞去了海军大臣职务。英国参加第二次世界大战后，又出任海军大臣，反对绥靖政策，呼吁全国进行武装，准备战争。1940年任首相，组成联合政府。1941年德国对苏联发动进攻后，迅速声明援助苏联，曾出席德黑兰、雅尔塔和波茨坦等重要会议，为世界反法西斯同盟的建立和反法西斯战争的胜利做出了贡献。

< 日军占领香港。

< 珍珠港事件后，美国总统罗斯福代表政府对日宣战。

现在一切都改变了。她当即接受美国新闻机构的采访，并发表文章声援美国，呼吁反日国家联合起来。

同日，国民党中常委特别会议由蒋介石主持召开，做出三点决议：一、太平洋反侵略各国，应立即正式成立同盟，由美国牵头，并推举同盟国联军总司令；二、要求英、美、苏与我国一致实行对德、意、日宣战；三、联盟各国应相互约定在太平洋战争胜利结束以前，不对日本单独媾和。

随后，蒋介石召集何应钦和白崇禧等人商议，决定向美国建议成立中、美、英、苏、澳五国军事同盟。会后，蒋紧急约见美国驻重庆代表团团长马格鲁德，要求将此建议转告美国总统罗斯福。

同时，中国政府准备正式向日本宣战。自“七·七”卢沟桥事变后，中国和日本实际上

∧ 抗战时期，蒋介石赴各地视察防务。

已经处于战争状态，但是两国都没有宣战。在日本方面，是担心正式宣战会刺激在中国有巨大利益的美、英等国，所以只是把侵华战争称为“中国事变”，后来又扩大为“支那事变”，以所谓的“事变”来替代战争。它的意思是说中国是没有组织的国家，在这样的地方进行军事行动本来是不需要宣战的，天皇的宣战对象只能是与他争霸的强国。所以日本在1938年初开国际上外交之先河，宣布“不以国民政府为对手”。而在中国方面，鉴于日本没有宣战，美、英等国的态度又不是明确支持中国的反侵略战争，所以蒋介石也不肯宣战，而且他的想法是如果中国正式对日宣战，就会给日本用武力迫使中国签订合约的机会，使它能像甲午战争那样合法地占领武装侵略所得到的一切。所以蒋介石总是强调“我们是应战，不是求战”，是“正当之防卫”。

现在，美、英已经对日宣战，蒋介石胆气大壮，决心结束中日互不宣战的奇怪现象。

1941年12月9日下午7时，国民政府正式对日宣战：

日本军阀夙以征服亚洲、独霸太平洋为其国策。数年以来，中国不顾一切牺牲，继续抗战，其目的不仅所以保卫中国之独立生存，实欲打破日本之侵略野心，维护国际公法、正义及人类福利与世界和平。此中国政府屡经声明者。

中国为酷爱和平之民族，过去四年余之神圣抗战，原期侵略者之日本于遭受实际之惩创后，终能反省。在此时各友邦亦极端忍耐，冀其悔祸，俾全太平洋之和平得以维持。不料残暴成性之日本，执迷不悟，且更悍然向我英美诸友邦开衅，扩大其战争侵略行动，甘为破坏全人类和平与正义之戎首，逞其侵略无厌之野心。举凡尊重信义之国家，咸属忍无可忍。兹特正式对日宣战，昭告中外，所有一切条约协定合同有涉及中日间之关系者，一律废止。特此布告。

中华民国三十年十二月九日

当时南进的日军势如破竹，美、英在新加坡、菲律宾等地连遭惨败，被逼得几无喘息之地，这才想到以艰苦的条件独自死拼日本四年半的中国是多么的不容易，开始谋划和中国一起在军事上合作，对抗日本。

1941年12月23日，罗斯福回电蒋介石，表示同意他建立军事同盟的意见，并建议组建以蒋介石为统帅的中国战区，设立由中、美、英三国军人组成的统帅部联合参谋处，指挥中、越、泰、缅军事。1942年元旦，美、英、中、苏等26个国家在华盛顿发表《联合国家宣言》，决定打击共同敌人，不与敌人单独媾和。

在1941年12月举行的中、美、英三国联合军事会议在重庆曾家岩蒋介石官邸举行，宋美龄出席会议并担任蒋介石的翻译。当天出席会议的有美国代表勃兰特和马格鲁德两位将军，英国代表驻印度军总司令哈特莱，中国参加会议的除了蒋介石夫妇，还有何应钦和徐永昌。蒋介石与英、美等国重要人物谈话时，大多是由宋美龄在场翻译。而由于她的中国"第一夫人"身份，她的角色就不可能只是一个普通的翻译，每当这种场合，宋美龄实际是以"权威人士"的身份出现的，她的谈话被认为是"半官方"的。

在会议上中国和英国发生了激烈争执。英国代表驻印度军总司令哈特莱仍然是一副英国绅士的傲慢态度，他只强调英国对日本作战只是为了保卫自己的殖民地印度和缅甸，而对中国战场只字不提，并且蛮横地要求把美国根据"租借法案"运到缅甸的所有战争物资占为己有。

面对哈特莱的无理要求，宋美龄忍不住发言指出："请注意中国的地位。"蒋介石则表示大度，说"中英是患难之交，应互助互谅，如英国需要美援物资，不妨与中国方面商洽"。当然蒋介石是不会答应全部物资归英国享用的，他强调中国战场一旦失控，英国保卫缅甸的全部计划就会土崩瓦解。美国代表勃兰特也赞同蒋介石的意见，在他的撮合下，最终中、英双方互相妥协，达成了按比例分配的协议。

会上中、英双方在中国是否出兵缅甸的问题上也发生了争执。蒋介石十分关心缅甸的防卫，因为中缅公路已经是中国唯一可与美、英联络的交通线了，他主动提出愿意派8万人的中国军队入缅作战。可是哈特莱根本看不起国民党军队，他傲慢地说："如由贵国军队解放缅甸，实在是大英帝国的耻辱。"不过最后会议还是通过了《中英共同防御滇缅路协定》。

< 1941年12月23日，罗斯福总统在给蒋介石的回电中表示建议成立军事同盟，并组建以蒋介石为统帅的中国战区。1942年1月，蒋介石开始担任盟军中国战区最高统帅。

和“圣雄”甘地谈话

当时的英国和美国不同，日薄西山的英国非常担心中国在远东地位的上升会危及它在亚洲的殖民利益。罗斯福总统愿意帮助中国，表示“在将来，一个仍然不可战胜的中国将不仅在东亚，而且在全世界要为维护和平、繁荣发挥它应有的作用”，战后的中国“将重申其历史上的地位”。他还保证战后“承认和把中国建成一个跟俄、英、美这三个西方大盟国具有同等地位的大国”。英国首相丘吉尔虽然在演讲中赞扬过中国军队的勇敢，但很快发现承认中国的大国地位，将意味着本已被日本打得七零八落的远东殖民地在战后还是会减少很多权益，所以他对罗斯福的扶植和承认中国大国地位始终不抱合作态度。

在这样的形势下，新担任了盟军中国战区统帅的蒋介石在1942年2月初决定出访印度。他的目的，一是协调远东战区防务，与英国驻印度总督和英军总司令哈特莱讨论对日防御，保障援华物资的供应和交通畅通等问题；二是调解英国殖民当局与以甘地和尼赫鲁为首的要求印度民族独立的力量之间的对峙，以使英国能够把印度的人力、物力和财力充分调动起来，全力抗击日本侵略；此外，蒋介石也想和印度国大党建立进一步联系，促进中印合作，以提高中国的国际地位。

自17世纪印度成为英国的殖民地以来，印度人民为摆脱殖民统治不断掀起民族解放运动。1939年欧洲战场大战爆发，英国单方面代表印度向轴心国宣战，却又不承诺给印度以自由和独立的地位，因此领导印度独立的国大党掀起了更大规模的不合作运动，反对这“没有自由的流血”。

此时日本乘虚而入，对印度进行分化，它利用印度人民反抗英国殖民统治的民族心理，大肆宣传“亚洲乃亚洲人之亚洲”“大东亚圣战的目的在于解放亚洲有色人种”“驱逐英美帝国主义出亚洲”，还利用佛教和日货进行渗透。在日本的煽动下，印度“反英亲日”情绪一度高涨。部分印度民族主义势力在日本的支持下，在缅甸成立“印度人民解放军”，试图借助日本摆脱英国的统治。

英国为了不至于完全失去印度这个重要的殖民地，被迫答应战后让印度独立自治，但印度国大党则强调先独立后参战，双方僵持不下。当时远东战局的恶化已使大英帝国的威望降到最低点。1941年7月，英国当局在印度实行改革，扩大本地人对印度行政事务的管理，并许诺战后准予印度自治。在1942年元旦26国联合宣言中，英国已同意让印度独立，成为一个联邦国家。印度国大党此时意识到侵略成性的日本是比英国殖民主义者更危险的敌人，便于1942年1月通过了尼赫鲁提出的同情世界反法西斯斗争的决议。然而，英国拒绝了立即让印度独立的建议，国大党因此坚持“二战”爆发以来所采取的不支持英国作战的方针，英印双方形成僵局。

1月4日，印度一些著名人士联名致电正在华盛顿会晤罗斯福的英国首相丘吉尔，希望英国迅速采取目光远大的政策，以获得印度人民的真诚合作，从而增强对日作战力量。

> 英国首相丘吉尔对罗斯福给予中国的援助始终持不合作态度。

> 1942年1月，罗斯福与丘吉尔在华盛顿会晤。

蒋介石敏锐地意识到印度此时助盟国对抗日本的重要性，而且一旦印度投向日本，则中国将被包围，所以他带着和英军协调防务、协调印英关系的两大目标开始访问印度。

蒋介石的访印计划首先得到了罗斯福总统的赞同，美国希望蒋介石以中国受到日本侵略的遭遇来说服印度国大党与英国当局妥协，齐心抗击日本。随后，蒋介石和宋美龄托罗斯福总统向英国首相丘吉尔转达此意，英国政府也表示欢迎。

当时的英国并不愿别人插手其内部事务，尤其是中国，但是考虑到盟国的关系和对日作战，也只好同意。1942年1月28日，英国通过驻华大使通知重庆的国民政府，表示欢迎蒋介石夫妇访问印度，但是提出一

★尼赫鲁（1889～1964）

印度开国总理，出身于显贵家庭。1907年10月，提前考入剑桥大学。1910年，他又进入伦敦法学院攻读法律，并拿到了律师执照。1923年底，担任了国大党秘书长。1929年冬，国大党在拉合尔年会上通过了尼赫鲁起草的《开辟历史新纪元》的决议，并把完全独立作为今后的斗争目标。1947年8月15日印度独立时，尼赫鲁出任第一任总理。在就职典礼上宣布："不管风多大，浪多高，我们将永远不让自由的火炬熄灭。"

∧ 时任国民政府宣传部长的董显光。

些注意事项，一是印度总督认为蒋介石应保守访问秘密，并于离开印度时发表促进印度与英国合作抗敌的消息；二是希望蒋介石在会晤印度领袖甘地和尼赫鲁★前先会晤印度总督，此外还希望蒋介石能接见印度回教领袖真纳。

1942年2月5日，蒋介石偕夫人宋美龄应英国驻印总督林利思戈勋爵的邀请访问印度，同行的有国防委员会秘书长王宠惠、军事委员会办公厅主任商震、宣传部长董显光和教育部长张道藩、航空委员会主任周至柔以及中国驻缅甸总领事等15人。

这是蒋介石和宋美龄的首次出访，宋美龄十分重视，不仅亲自担任翻译，还精心准备了讲话和在印度妇女界的活动安排。

2月9日，蒋介石夫妇到达新德里。因为是秘密访问，并且是在蒋介石和宋美龄到达印度5天后才公布消息，所以当天没有大肆宣传，蒋介石和宋美龄下了专机后就直接乘车驶往总督府。当天下午，印度总督林利思戈勋爵为蒋介石夫妇在总督府德佩大厅举行欢迎宴会，英国驻印军总司令哈特莱等参加了欢迎宴会。总督致欢迎词，蒋介石致答词。

总督林利思戈勋爵在讲话中盛赞中国人民的斗争精神，说："我们现在很荣幸地与中国并肩作战，以对付残酷的侵略者。就是在成立同盟以前，我们对中国英勇坚毅的抗战，也早有钦敬佩服的心理。中国的英勇对于我们有很大的鼓励。”

蒋介石的答词由宋美龄翻译，表达了中国人民坚韧不拔的斗争意志，答词指出：“溯自日本第一次入侵中国领土，中国人民即一致奋起，发挥高度之热情与坚韧不拔之勇气，为公理、爱国之心与不自私之心所驱使，以迈赴共同之目的，期于忍受痛苦与牺牲后，得能产生一新世界，而使男男女女都能享受和平与幸福之生活也。”

在与英方会谈当中，双方表示了加强战时合作的愿望。总督表示：“两个伟大的国家共有八万万人民，占世界人类的1/3，只要中印一心，为共同目标共同努力，中、印、英和一切盟邦的最后胜利必将早日到来。”蒋介石夫妇也表示赞同。

当时英国政府对蒋介石夫妇的到来是有一定戒心的，那就是怕他们会插手英印纠纷，偏袒印度国大党，所以总督林利思戈勋爵在会谈中还说：“阁下暨夫人与尼赫鲁的友谊很好，此

∨ 1942年2月5日，蒋介石、宋美龄及王宠惠（右二）等人出访印度。2月9日到达新德里时，受到总督林利思戈勋爵（左七）及夫人（左五）的欢迎。

是印度国民共知的事情。阁下此次前来，国民大会分子在报纸上曾经大力传播消息。如果在民众心目中留有印象，以为阁下此来有如审判官地位，将判断是非曲直，并且袒护国民大会的话，那么将使我感觉十分困难。这种印象绝不利于联合作战之努力。”因此他建议蒋介石夫妇在接见尼赫鲁后，再一并接见其他各党的领袖。

对此蒋介石和宋美龄表示他们将努力劝说国大党领袖支持英国的对日作战，但同时建议英国政府给印度以自治领的地位，战后再考虑给印度以独立。最后，蒋介石和宋美龄同意将广泛会见印度各党各派的领导人。

在和驻印军总司令哈特莱会谈时，蒋介石建议加强印度的军事防卫，以防日本进攻印度，因为印度被日本攻占的话对中国将是灾难性的。蒋介石在了解了印度的军事力量和防卫准备后，对日的进攻可能性进行了分析，他认为日军进攻印度的话不必从缅甸的陆路进攻，它可以用海空

军扰乱沿海一带，打击印度的士气，使印度人民慌张混乱。如果从陆路进攻，以蒋介石对日军情况的熟悉，他认为日军现在可以分出五六个师团来。在谈到一旦日军进攻印度是否有足够的力量进行防卫，蒋介石向哈特莱将军直言“印度没有足够的军队以保卫印度”，同时要保卫的海岸线又太长。在这样的情况下，印度可以采取的战略是把所有的军队集中在少数战略据点，待敌人前进到相当距离，地势于印度军队有利的时候再进行反击。他认为只有这样的战略才比较符合实际。

2月11日，蒋介石夫妇首先在新德里会见了印度国民大会主席阿柴德和执行委员尼赫鲁。

蒋介石在会见时表示关心印度国民对太平洋战争的态度，对此阿柴德的回答是“我们的手足为英国所捆绑，无法努力参加作战”。蒋介石和宋美龄对此深表同情，愿意帮助印度尽快取得自治领的地位。

尼赫鲁向蒋介石谈到印度国大党的对日立场：国大党同情世界反法西斯战争，不会接受日本的占领。目前印度人民未充分动员起来参加抗战是由于英国不愿意解除它加在印度人民

< 印度总督林利思戈回拜蒋介石一行时合影。

身上的殖民枷锁，但是一旦日军入侵，印度人民将协同英军抵抗，决不回避责任。对尼赫鲁的回答蒋介石和宋美龄都感到欣慰。

此后，蒋介石和宋美龄分别进行参观访问活动。

2月15日，全印妇女协会举行了欢迎宋美龄访印的茶话会。会上，宋美龄发表了演说，揭露了日本侵略者残酷迫害中国妇女儿童的罪行，宣传了中国人民的英勇抗战和不屈精神，“吾人与敌战斗时，大都以血肉之躯用劣势武器对付之，并于不敌撤退之前，凡足以资敌之物资与建设均予破坏”，“患难使中国人民团结起来，日本欲征服中国的企图已经失败，我们的努力一定获最后胜利”。

在演讲中宋美龄同时表达了中印合作的愿望，她说：“中印两国悠久之历史，已使其成为兄弟之邦。中印两国乃世界经济与社会机构之两大栋梁。于争取民主安全之伟大工作中，中印两国实负重要任务。”她还表示现在战争正在临近印度，看到这美丽的山川和富饶的土地，“余即默祷贵国万勿遭受中国所遭受的苦难”。

最后，宋美龄在演讲中说明了中国妇女在抗战中的地位和所做贡献。她介绍了中国因抗战而产生无数团体组织，妇女界在其中占有重要的地位，特别是在救济伤兵及难童中，中国妇女进行了“相当有价值的工作”。

< 访印时，蒋介石和宋美龄视察中国远征军。

同一天，宋美龄陪同蒋介石在住地的草坪上接见了新闻记者。蒋介石发表了简短的讲话后，就由宋美龄回答记者们提出的问题。有记者问宋美龄，这次访问对印度的印象如何，宋美龄回答说，给她印象最深的是“印度妇女，一如中国妇女，在重建祖国之工作中，将负有重任。此次来印，得晤印度妇女领袖多人，深信印度妇女必能完成此目的。余所晤及之诸位女士，其大公无私之精神，感余甚深，彼等倘为印度妇女之代表，则印度之前途，必较过去尤为光明”。

随后，蒋介石和宋美龄准备和“圣雄”甘地★会面。但没想到的是和甘地的会面颇费周

★甘地（1869～1948）

印度政治家，有“圣雄”之誉。出生于印度西部卡提阿瓦半岛。1888年留学英国，学习法律。1893年应聘到南非处理一起债务纠纷，开始了他的新的生涯。1915年回到印度，参加了争取印度独立的民族运动。1920年，在他的倡导和推动下，印度人民展开了轰轰烈烈的非暴力不合作运动。1924年12月26日，国大党在贝尔关举行大会，甘地当选为国大党主席。1948年1月30日下午，甘地在赴祷告场途中被一个印度教徒枪杀。

折。蒋介石夫妇为表示尊重，想按中国的礼节，到孟买附近甘地的住处沃尔塔登门拜访。甘地则想按印度的习惯前往客人在新德里的住处会面。而英国方面也是希望由甘地去拜访蒋介石和宋美龄。

为此英国总督给宋美龄写了一封信，由英国驻华大使转交给宋美龄，信上说：如果蒋介石夫妇到沃尔塔去，那么总督政治上将处于十分尴尬的境地，他真诚地希望蒋介石不要这样做。同时丘吉尔也打电报给蒋介石，请他不要违背总督的意愿，否则“就可能使我们联合全印度参加抗日的共同愿望受到损害”，而且“还可能会在这个最需要团结的时刻，无意之中造成突出社会差异的效果”。

蒋介石和宋美龄经过考虑，采取折中的办法，把会谈地点改在加尔各答。2月18日，蒋介石和宋美龄赶到加尔各答的一个私人寓所和甘地会晤。而甘地则是同他所竭力保护的穷苦人一起，忍受旅途的辛劳，乘坐三等车厢来到加尔各答的，蒋介石得知情况后深受感动。

当时一起在座的还有尼赫鲁、甘地秘书以及董显光、张道藩等人。蒋介石首先向甘地问好：“我见先生身体健康，心中颇感欣慰。”

甘地答道：“人人以为我的身体甚佳，也就是各方面对我的希望很多，我真不知如何竭尽绵力以答各方的厚望。我的身体表面很好，其实已经枯萎。”当时的甘地已经将近80岁。

接着甘地说蒋夫人宋美龄的英语极为流畅，声音极为悦耳，就由她来翻译好了。宋美龄当即表示很好。

随后，蒋介石和甘地大谈团结起来，共同对付帝国主义。甘地介绍了他在争取印度独立过程中，组织非暴力斗争的策略，他说：“阁下革命有阁下的武器，我有我的武器，你的武器声音洪亮，我的武器则寂然无声。”

∧ 甘地在住处欢迎蒋介石与宋美龄。
> 蒋介石与宋美龄同甘地亲切会面。

接着甘地把“非暴力不合作运动”的起源及过程向蒋介石和宋美龄做了介绍，认为“它已经给我们国民以希望及勇敢，并且训练了大批民众，起而对抗世界上最强大最有组织的武力。我的目的就是要用非暴力来完全有效地代替今日世界处处横行的暴力”。

宋美龄显然有些怀疑非暴力的有效性，她问甘地：“先生以为先生的方法已经获得部分成功，如果时间因素有利，还要用它继续这样做下去，是不是这个意思？”甘地回答道：“非暴力政策从来没有失败过，所以我不会让新的形势使我恐惧得手足无措。”

蒋介石努力想向甘地表明，印度如果现在支持英国尽快打败日本人，就可以早日取得自由，而一旦日本人占领印度，印度的独立就更是遥遥无期了。他说得还是比较客气：“我认为不必等到日本入侵，不如从英国人手中直接取得自由。先生已艰辛奋斗了41年，时间非短，而革命尚未完成。”

甘地还是坚持说：“即使独立也不愿以暴力来得到，否则我50年的生命史就要重新写过了。我不以为一个日本军比他们更加恶劣，英美的民主主义是假面具，他们只为了白种人的利益，从黑人手中偷窃了非洲的土地，南非土人可以像兔子那样随便给欧洲人杀害；黑人无论受过怎样的高等教育，在美洲都是不准与白人同车的。对于被压迫的民族，任何外族统治者都是一样恶劣，只有印度获得自由才能解脱英国的屠杀或其他外族的屠刀。”

宋美龄说：“黑人与白人同车在南美不行，但现在在北美是可以的。”接着她表示如果印度国大党改变政策帮助英国，参加对日战争，对本身有益无害，而且与推倒英国在印度

的殖民统治的目标并不矛盾，因为英国已经答应战后给印度独立的地位。战争越早结束，独立越早来临。

宋美龄还说，国大党支持对日作战，可以争取世界的同情，“这比任何力量都大，印度如欲得到此种同情，唯有参战。现全世界人类，其中80%的知识分子，俱表同情于印度，然如印度参战，同情者的数量必定增加，否则必致减少”。

甘地则说：“抵抗侵略是中印两国应有的共同目标。但国大党现在无力参战，心中也绝无余地可以容纳英国的帝国主义。”但是他最后还是向蒋介石和宋美龄保证：“我们接受阁下忠告，不做节外生枝、增添灾害的举动，让恶魔去自生自灭。”

会谈持续了4个半小时，最后，甘地转向宋美龄说：“现在我想把我的武器送一件给夫人。”

宋美龄一看，原来是一架纺车。甘地领导“非暴力不合作运动”，要求国民不纳税，不买英国货，自力更生，丰衣足食，而他送纺车给宋美龄的意思是希望中国妇女努力从事生产。

宋美龄收下了甘地的赠礼，和蒋介石告辞回去了。

经过了半个月的访问，2月21日，蒋介石夫妇启程回国。临行的当天，在加尔各答由宋美龄用英语宣读并广播了蒋介石的《告印度人民书》。文中说，中印两国人民命运相同，因此应并肩作战。蒋介石同时要求英国能够“不待印度人民有任何的要求，从速赋予印度国民以政治上之实权”，使他们能发挥精神和物质无限之伟力。

《告印度人民书》指出印度应当积极参加反侵略战争，因为现在的世界已分为侵略与反侵略两大阵营，进行着自由与奴隶、光明与黑暗之战。日军野蛮残暴，凡是想为国家和人类争取自由的人绝无中立旁观的可能，印度要早日获得自由独立，只有一致拥护《大西洋宪章》及26国反侵略共同宣言，积极地参加此次反侵略战线，联合中、美、英、苏等同盟国，一致奋斗，获得中印两大民族自由。文中宣称，无论中国与印度，其中如有任何一民族不能得到自由，则世界即无真正和平可言。

< 蒋介石夫妇访印期间，与“圣雄”甘地及尼赫鲁（左一）会见。

《告印度人民书》最后呼吁英国从速赋予印度更能发挥其精神与物资方面的无限力量，这是对大英帝国有益无损的最贤明政策。

这个文告由宋美龄全文用英语对印度广播后，在国际上引起强烈反响。

《告印度人民书》首先得到了印度民族主义者的高度评价，尼赫鲁称蒋介石和宋美龄的访问“是一个具有历史意义的伟大事件，象征中印两个伟大民族的友好和未来的同志关系”。印度民众的反应也极佳，每日各地首领向中国领事馆去信对蒋介石和宋美龄表示敬意的有数十起，认为他们的访印可以“增厚中印友谊，亦且促进印人对日觉悟”。国大党党报及各大报分别发表社论，赞扬蒋介石和宋美龄“不辞劳苦，顾及中印友谊及世界前途，远道飞行，令人景仰，更盼随时指导”。

《告印度人民书》在美国刊出后，引起美国各界对印度的深切同情。本来在此外交政策上有不同意见的报纸现在也一致拥护印度独立，并希望蒋介石夫妇或许能劝告印度贡献出全部力量，参加对日作战。

蒋介石的建议及世界舆论反响对英国当局形成巨大压力。英国国内各报及上下两院都对此展开了激烈的辩论，有的认为蒋介石夫妇的访印和《告印度人民书》的发表对印度人民产生了重大影响，英国应该尽快拿出普遍接受的方案来解决印度的独立问题，有的认为英国政府并不反对印度自治，和蒋介石夫妇的看法没有重大区别，还有的则坚持在战时对印度的政治改变会导致严重后果，一切都要等到战后再进行。

《告印度人民书》集中反映了蒋介石夫妇解决印度问题的基本立场，他们希望印度人民积极参加反侵略战争，联合各国共同奋斗，并从中获得最后的解放。虽然丘吉尔在蒋介石访印前就致信，希望蒋不要有“违反总督或英王意愿的举动”，但蒋介石冒着得罪英国政府的后果，仍公开呼吁英国能从速赋予印度民族解放之权利，给予印度国民政治上的实际权力。这在国际上产生了巨大的影响，英国政府也不得不公开宣称：“印度的独立也是英国的目标，与中国并无二致。”

2月24日，丘吉尔通过路透社发表意见说：“英政府对蒋之建议已加以同情之注意，目前英战时内阁已对整个局势彻底检讨。”尽管如此，英国仍然不打算让印度马上独立。

蒋介石和宋美龄结束访问回到国内。2月27日下午，昆明各界妇女代表在训练班礼堂召开欢迎宋美龄归国大会。云南地方政府官员的家属、当地女工和女学生争相参加欢迎大会。

> 尽管蒋介石对国际社会呼吁英国政府应给予印度独立的权利，但英国首相丘吉尔却不以为然。

3 月 5 日，蒋介石和宋美龄从昆明返回重庆。

访印虽然结束，宋美龄还是念念不忘。1942 年 6 月，她在自己的母校美国威斯理安女子学院建立了宋美龄奖学金。这项奖学金主要是为了促进东西方文化交流，吸收东方各国的优秀女学生到威斯理安女子学院深造。宋美龄特意指定印度可以优先派遣一名女学生到威斯理安女子学院学习。经过奖学基金委员会的协商，印度国大党领袖尼赫鲁的女儿潘狄特成为东方第一名享受宋美龄奖学金进入该学院学习的学生。

蒋介石夫妇访印的一个目的就是协调中英在缅甸战场和印度防务的问题，可是并无明显成果。就在蒋介石夫妇访印期间的 2 月 15 日，新加坡陷落，数千英军缴械投降。中国赴缅远征军次日与日军交战，日军不久开始轰炸印度城市。

蒋介石回国后，对印度的军事形势表示了极大的忧虑。他写信给罗斯福和丘吉尔，批评英国“闭眼不看事实”，呼吁英国立即改变对印度人民要求独立的态度，否则等到日本攻进印度时才采取行动，那就太晚了。据说，丘吉尔看了信后大怒。蒋介石想利用中国和印度在帝国主义殖民侵略上的相近境况，来说服印度人民，扭转印度的公众舆论，但并未成功。3 月 11 日，丘吉尔派出掌玺大臣克里浦斯赴印，提出让印度战后自治的方案。3 月 23 日，国民政府立法院长孙科发表讲话，主张承认印度和越南等国独立。由于英国拒不让步，蒋介石于 4 月 3 日又致电尼赫鲁，劝他接受英国的提案。蒋介石告诉尼赫鲁，他希望印度能在被日本征服还是在与英国协调之间做出抉择。

∧ 在缅甸战场征战的中国远征军。

7月25日，蒋再次致电罗斯福，要他促使英国让步。丘吉尔闻信后火冒三丈，威胁要撤销“中英盟约”。罗斯福给蒋介石回信说，鉴于英国在对印度问题上的强硬态度，中美采取干预措施是不明智的。此后，印度的形势日趋紧张。1942年8月8日，印度国大党通过甘地提出的“不合作运动决议”，英印当局第三天就把甘地和尼赫鲁投入狱中。一些地区的民众开始扒铁轨、割电线、攻打警察局，遭到英军坚决镇压。

虽然蒋介石夫妇访问印度的两个直接目的都没有达到，但是在《告印度人民书》中体现的对印度人民独立要求的同情和支持还是赢得了印度人民的欢迎，在国际上也产生了良好反响，提升了中国的国际形象和国际地位，并且和印度国大党建立起了良好的关系。这是宋美龄第一次以“第一夫人”的身份出访，她的表现和能力也得到了各方好评。

∧ 1942年3月23日，时任国民政府立法院长的孙科发表讲话，主张承认印度和越南独立。

新疆收服盛世才

访印回来的当年，1942年8月，宋美龄坐飞机前往新疆迪化（今乌鲁木齐），会见了当时控制着新疆的盛世才。她在迪化待了三天，利用自己擅长的“夫人路线”，让盛世才下定决心，归顺了国民党中央政府，帮了蒋介石一个大忙。

新疆地处中国西北边陲，和内地相距甚远，交通不便。辛亥革命后，新疆虽然“归附民国”，但由于此后国内政局长期动荡，战乱不止，民穷国弱，又加上地理位置上的遥远，重庆政府一直对新疆鞭长莫及，无法控制，新疆实际上处于半独立状态。

新疆的民族状况十分复杂，汉族人口当时只占总人口的6%。在盛世才之前主政新疆的杨增新等人都不是新疆本地人，他们只关心自己的权力和地位，在新疆推行“分而治之”的政策，以分化各少数民族，稳固自己的统治。

盛世才是在1933年上台任新疆边防督办的，从此掌握了新疆的地方大权。当时蒋介石的南京政府试图解决新疆长期以来的半独立状态，废除督办制，改为军事委员会制，以限制督办的权力。但盛世才抵制这一计划，使得蒋介石的计划未能实现。蒋介石想趁盛世才在新疆根基未稳，进行颠覆。他派参谋次长黄慕松以“宣慰使”名义进入新疆，准备伺机取而代之。不料盛世才与夫人邱毓芳却突然发动了“6·26政变”，抓住亲南京政府的实力派人物陈中、陶明樾等人并加以杀害。同时还把黄慕松软禁起来，作为人质。

蒋介石当时忙于“剿共”和铲除异己，无暇顾及新疆的事，被迫口头上承认了新疆的既成事实，表示不予追究。

∧ 抗战时期的蒋介石。

此后，盛世才在苏联的军事支持下统一了新疆，公开宣布实行亲苏政策。当时甘肃军阀马仲英联合伊犁屯垦使张培元两面夹击，一直打到迪化城下，盛世才紧急向苏联求救。结果苏联红军由霍尔果斯和塔城两路进入新疆，帮助盛世才打垮了马、张联军。接着盛世才就请苏联红军派出一个加强团进驻新疆的东部门户哈密，扼住内地进入新疆的咽喉星星峡。盛世才自己则兼任了新疆省主席，将军政大权集于一身，新疆比以前更加远离重庆政府，更具独立性了。

不过尽管新疆和南京政府形成了分庭抗礼的局面，但名义上新疆仍然是中国的一个行政省区，在南京还派有常驻代表。

盛世才摆脱南京政府的控制后，采取了对外联苏、对内联共的方针，具体概括为"反帝、亲苏、民平、清廉、和平、建设"的六大政策。随着抗日战争的爆发，苏联成了中国的战时盟友，蒋介石也只好承认了盛世才的亲苏政府。同时，由于抗日统一战线的建立，中国共产党也获得了国内的合法地位。中共人士也开始进入新疆的盛世才政府。当时在盛世才的新疆省政府里有不少中共人士工作，其中就有毛泽东的弟弟毛泽民。

1938年盛世才和夫人邱毓芳访问苏联，秘密加入了苏联共产党。他这么做并不是接受了共产主义信仰，而是为了在新疆搞独立王国的需要。

访问苏联回来后，盛世才雄心勃勃地宣称："六大政策和共产党、国民党为中国三大政治集团"，并自诩为"天才英明伟大领袖"。一时间，斯大林、罗斯福、丘吉尔、蒋介石、毛泽东、盛世才的相片，并排挂在全新疆的机关和学校里，称为"世界反法西斯战线的六大领袖"。

盛世才的这些举动使蒋介石十分焦虑，他想借着抗战进入相持阶段在国内掀起反共高潮的时机解决新疆问题，但是碍于苏联的大国地位，加上包围中央苏区需要大量兵力，无法对新疆动武。

就在蒋介石对新疆束手无策的时候，宋美龄却发现了一个对盛世才施加影响的渠道。

宋美龄发现，盛世才以前在南京参谋本部任职时，和朱绍良的关系十分密切。而且不光两人是多年的密友，盛世才的夫人邱毓芳和朱绍良的夫人华德芬的关系也很好，邱毓芳还做过朱绍良女儿的家庭教师。

蒋介石得知情况后十分高兴，他召见了朱绍良，希望他能为拉拢盛世才多出力。朱绍良表示一定尽力。他马上开始行动，经过他和夫人华德芬的努力，在盛世才夫人邱毓芳和宋美龄之间建立起了非常秘密的联系。

宋美龄向邱毓芳保证了中央政府对盛世才的权力和地位不做干预，并以更好的条件进行利诱，希望盛世才能改变亲苏的立场，摆脱苏联对新疆的控制。

面对蒋介石和宋美龄的拉拢，盛世才犹豫不决。他知道蒋介石的承诺并不可靠，万一和苏联方面闹翻，自己就连退路都没有了。但是夫人邱毓芳这时和宋美龄交好，劝盛世才和重庆中央政府和好，断绝与苏联和中共的关系。

此后，苏联在1941年6月遭到了德国的突然进攻，国内又发生了"皖南事变"，形势对苏联和中共都很不利，盛世才开始担心自己的靠山苏联一旦垮掉，形势就会更不利。他开始认真考虑转向蒋介石的重庆政府。

就在这时，盛世才的弟弟盛世骐被人暗杀，这一突发事件成了盛世才转向重庆政府的导火索，他把其弟之死归于在新疆的中国共产党人的阴谋，并开始了对中共人士的迫害和清洗。同时他派自己的另一个弟弟盛世骥为代表，到重庆进见蒋介石，表示愿意和重庆政府谈判。

∧ 蒋介石对盛世才在新疆的所作所为十分不满，却又无可奈何。

1942年5月，蒋介石派朱绍良★以第八战区司令长官的身份飞抵新疆，与盛世才进行谈判。朱绍良到新疆以老朋友的身份和盛世才叙旧，夫人华德芬同机前往。华德芬为邱毓芳带来了宋美龄的亲切问候和贵重礼品。在交谈中，朱绍良还告诉盛世才，蒋介石许诺不追究他以往的“过失”。盛世才也在口头承诺逐步改变亲苏政策。

从7月份开始，蒋介石大力扶持盛世才，让他逐渐国民政府化，以对抗苏联的影响和策动。蒋介石加强了国民政府军队在甘肃、青海的军备，还根据盛世才的请求，把战斗力较弱的马步青部队撤离柴达木盆地，代之以由胡宗南指挥的10万国民政府军，分别进驻武威、张掖、酒泉和敦煌等要地。

★朱绍良（1891～1963）

国民党高级将领。祖籍江苏武进，生于福建福州。1916年毕业于日本陆军士官学校。1926年任国民革命军第10师参谋长，随军北伐。此后曾多次参加对中国工农红军革命根据地的“围剿”。1933年任甘肃省政府主席。1939年升任第八战区司令长官。1947年4月当选国民党中央政治委员会委员，5月任国民政府主席重庆行辕主任。1949年调任福州绥靖公署主任兼福建省主席。同年8月去台湾。先后任台湾“总统府”战略顾问、国策顾问，1963年2月25日病逝。

为了安抚盛世才，消除他对国民政府军进入新疆的顾虑，蒋介石还派朱绍良再度入疆，做盛世才的工作，保证不会危及盛世才在新疆的权力和地位。盛世才表示放心。很快，新疆的政府机关、重要场所开始悬挂青天白日满地红旗和国民党党旗。

蒋介石十分重视新疆还政于重庆政府的事情，认为不能再行拖延。为了促使盛世才尽早与苏联和中共彻底反目，蒋介石偕夫人宋美龄于1942年8月28日飞赴嘉峪关视察，并于次日让宋美龄飞往迪化会晤盛世才，以显示自己的诚意。

宋美龄此行的主要目的是对盛世才夫妇进行感情笼络，让他们放心地和苏联决裂，投入蒋介石的重庆政府。和她同机前往迪化的还有国民党外交部驻新特派员吴泽湘、两位秘书、俄文翻译、国民党中央通讯社派赴新疆的陈万里等20多人。

∧ 朱绍良旧照。蒋介石派其远赴新疆与盛世才谈判。

8月29日下午1点左右宋美龄乘坐的飞机到达迪化。机场上成千上万的人围成一个大圆圈，在摇旗欢呼，表示欢迎。那天的欢迎盛况，据说在新疆是空前的。盛世才和夫人邱毓芳亲自到机场迎接。他和宋美龄等握手寒暄之后，合照留念，然后分乘汽车，浩浩荡荡到了新疆边防督办公署。宋美龄被安置在督办公署西大楼盛世才的家里居住。

当晚，盛世才在西大楼设宴为宋美龄洗尘，一共六席，陪客有吴泽湘及全体随行人员，还有先于宋美龄到达迪化做准备工作的毛邦初和侍从室总务组长陈希曾等。新疆方面除盛世才和夫人邱毓芳外，还有盛世才和邱毓芳的弟弟等人。

席间，宋美龄讲了几分钟话。她说自己这次能到新疆感到很高兴，承蒙盛情款待，十分感谢。她还不忘称赞盛世才一下，说新疆在盛督办治理之下，取得了很大成就，非常佩服，望今后“百尺竿头，更进一步”，以三民主义为依归，把新疆建设成一个“民有、民治、民享”的三民主义的新疆。

宋美龄的讲话结束，全场一片寂静。还是盛世才首先笑着表示感谢蒋夫人，大家才轻松起来。

宋美龄的讲话虽短，却有深刻的含义，标志着新疆政治风向的转变，因为在宋美龄之前，从未有人敢在盛世才面前谈论什么三民主义。盛世才一贯标榜自己信奉马列主义，在宋美龄

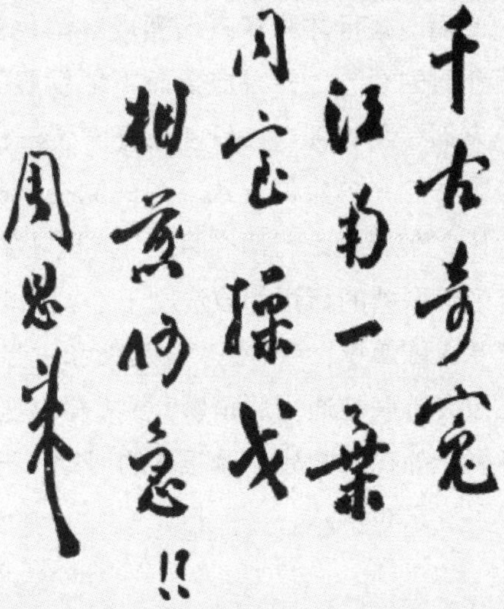

∧“皖南事变”后，周恩来奋笔疾书：“千古奇冤，江南一叶，同室操戈，相煎何急！”以示对国民党政府背信弃义的愤懑之情。

到新疆前不久，还在到处分发他那自诩用马克思列宁主义观点分析国际形势和中国抗战问题的著作。

宋美龄这次来到迪化，带来的当然不仅是蒋介石的慰问和保证，她还向盛世才提出了蒋介石对于他的几项指示：调派甘肃境内的国民政府军进疆，由兰州进驻安西、玉门，以牵制驻在哈密的苏联红军；委派新疆外交特派员，将新疆的外交权收归重庆政府；肃清新疆的共产党；请苏军尽快退出新疆。

盛世才经过衡量，觉得苏联现在“岌岌可危”，国内蒋介石又连续发起了“反共”高潮，自己必须尽快改变策略。经过宋美龄这次亲自活动，盛世才终于下了决心，公开“反共”，并断绝与苏联的关系。

宋美龄在新疆待了三天，随后返回。她的此次迪化之行标志着盛世才与苏联关系的最终破裂。蒋介石对于收服盛世才、使新疆行政权重归重庆政府显得十分兴奋，他在1942年底的一年总反省中写道：“新疆省主席兼督办盛世才于7月间公开‘反共’，河西走廊马步青军队亦完成撤回青海。于是，兰州以西直达伊犁直径3,000公里之领土（古代欧亚主要交通路线所经地）全部收复，此为国民政府自成立以来最大之成功，其面积实倍于东北三省也。”

此后，盛世才同意在新疆成立国民党新疆省党部，他自己任主任委员，宣誓服从党总裁蒋介石的领导，并且自上而下地发展国民党组织。此外，他还同意新疆选派干部进国民党中央训练团轮训，在新疆公开宣传三民主义和开展国民党文化宣传运动，在对外政策方面与国民党中央步调一致。国民党在新疆的统治开始建立起来。

宋美龄新疆之行两个月后，盛世才要求苏联方面从新疆撤军。同时，迪化市内一夜之间所有亲苏联共的标语都被洗刷干净，盛世才还和邱毓芳精心策划炮制了一起阴谋暴动案，将共产党人陈潭秋、毛泽民、林基路和进步人士杜重远等人逮捕入狱并杀害。与此同时，盛世才还照会苏联驻迪化总领事，要求撤出全部在新疆的苏联顾问、专家和驻在哈密的军队。当时苏联正处在卫国战争最艰难的时期，无暇顾及新疆发生的变动，只好按照盛世才的要求，撤走了专家和军队。

∨ 20世纪30年代，陈诚与盛世才（左）在一起。

∧ 吴忠信旧照。吴忠信担任新疆省主席后，彻底结束了盛世才在新疆十多年的军阀统治。

之后，蒋介石以帮助新疆“剿匪”为由，命胡宗南的国民政府军开进新疆。在国民政府势力大量涌入的形势下，盛世才夫妇感到自己的地位朝不保夕。而此时从苏联传来了斯大林格勒保卫战大获全胜的消息，苏军已开始转入反攻。盛世才这时又想与局势迅速改观的苏联重新恢复关系，可是苏联鉴于和中国的盟友关系，拒绝了盛世才的要求。对盛世才的反复无常早已深恶痛绝的斯大林甚至通过苏联驻华大使，要求蒋介石剥夺盛世才的权力。

于是蒋介石加快了解决盛世才的进程。得到苏联的暗示后，他下令胡宗南的国民政府军迅速进占新疆各要地，国民政府空军在酒泉集结了轰炸机。同时蒋介石又派朱绍良以旧友身份再到迪化和盛世才谈判。在蒋介石软硬兼施的攻势下，盛世才别无选择，只能就范，同意离开新疆前往重庆。

1944年8月，重庆政府下令撤销新疆边防督办公署，任命吴忠信为新疆省主席，所有驻新疆部队归国民党中央军事委员会直辖。9月，盛世才来到重庆担任农林部长，结束了他在新疆十多年的军阀统治。

盛世才在新疆时，打击迫害了一大批人，而其中就有不少是国民党1943年入疆的人员。他离开新疆后，先后多次遭到起诉。不过这次蒋介石没有忘记当年对盛世才做出的一切承诺，每次均保护其过关。他认为盛世才将新疆奉献给重庆政府是一大功绩，要大家“顾念大体，勿再责难往事”。1949年盛世才随蒋介石逃往台湾，任“国防部”上将参议、“行政院光复大陆设计委员会委员”，直至1970年病死在台北。

历史备忘录

HISTORY MEMORANDUM

V 新四军战士随时准备消灭来犯的日伪军。

V 1942年1月5日，蒋介石就任中国战区最高统帅。这是他在宋美龄注视下在就职书上签字。

234

1

新四军屡次重创日伪

1941年4月10日，新四军第2师集中主力和地方武装一部向津浦以东天长、仪征、扬州地区的日伪军展开攻势。15日，又在仪征以北十二里岔附近伏击来援之敌，全歼日、伪军80余人。17日，扬州等地日、伪军700余人，在六合东北之金牛山地区将新四军第2师主力合围。新四军第2师第4旅第12团依托金牛山阵地顽强抗击，经激烈战斗，毙伤日、伪军500余人，日、伪军不支溃退。

中共在延安成立黄埔同学分会

1941年10月4日，延安黄埔同学分会召开成立大会，到会会友共百余人。朱德在大会讲话中要求黄埔同学加强团结，研究学术，抗战到底。指出，黄埔在革命创造上、革命军队上、革命学术上有其贡献，特别是在国共团结上是个好学校。大会选出徐向前、萧克、林彪、左权、陈赓、罗瑞卿、郭化若、陶铸等15人为理事，并通过会章和致蒋介石电。

国民政府加强对人民团体的管理

1942年2月10日，国民政府公布施行了《非常时期人民团体组织法》。该法规定：人民团体之主管官署，在中央为社会部，在省为社会处，在县市为县市政府。人民团体之组织，应由发起人向主管官署申请许可，经许可后，主管官署应即派员指导。组织完成时，应即造具会员名册、职员略历册连同章程各1份，呈报主管署备案。人民团体违反法令，妨害公益或怠忽任务时，主管官署得分别施以警告、撤销其决议、整理、解散的处分。

日军撒布细菌祸及自身

1942年9月中旬，杭州日本陆军医院塞满了沾染细菌的官兵，每日死亡3至5名日兵，这是日军进行细菌战得到的报应。6月中旬至8月末，在浙赣作战中，日军第1644部队曾用飞机装载霍乱、赤痢、鼠疫等各类细菌撒布在浙江金华、兰溪一带的中国军队驻地及其后方，使无数中国军民染恶疾而死。由于中国军队撤退很快，日军进入撒布地区，并在当地住宿，饮用附近的水，使很多日军官兵也受到传染。

影像大扫描

IMAGE SCANNING

17

轰动全美的访问

随着反法西斯战争的进展，中国作为同盟国的一员，国际地位也随之提高。在这种情况下，宋美龄踏上了赴美的专机。宋美龄在美国公众面前所展示的魅力和智慧，像一股旋风一样席卷了华盛顿。美众议院外交委员会主席勃罗姆说："蒋夫人演讲时态度之优雅，解释世界局势之透彻，运用英语之流利灵巧，不但使每一听众能了解其意义，且能与其抱取同一见解，莅美外宾之影响美国民众者，从无若蒋夫人之甚！"宋美龄成了中美160年交往史上第一位到美国国会演讲的人。

成为白宫的座上客

随着反法西斯战争的进展，中国作为同盟国的一员，国际地位也随之提高，这是中国军民用自己的浴血奋战换来的。1942年10月9日，美国国务卿威尔斯召见中国大使魏道明，宣布美国取消在华领事裁判权及有关的种种特权。美国最高法院院长为庆祝中华民国“双十节”，在费城独立厅发表祝词，并鸣自由钟31响。英国也在10月10日发表声明，表示将“废除英国人民迄今仍在华享受之治外法权”。接着加拿大、荷兰等国纷纷表示了同样的态度。

这对蒋介石和宋美龄来说当然是大喜事，重庆一片欢腾，而就在同时，1942年10月，美国国会议员威尔基作为总统特使来华访问，更是在重庆引起了巨大反响。

威尔基在1940年的美国总统选举中是共和党的总统候选人，虽然败给了罗斯福，但赢得了美国民众及罗斯福总统的信任和好感。威尔基在1940年的选举中尽管对手是著名的罗斯福，但声势仍然很大，而且在竞选过程中极诚实、极有风度地表示赞同对手罗斯福的某些改革方案和外交政策，在总统选举中这样的姿态可谓绝无仅有。最后，他在选举中仅以微小差距败给罗斯福。

威尔基身材高大、精力充沛，来中国时正好50岁。许多人都认为他将来的政治前途非比寻常，罗斯福已干了三任，下一任总统很可能就是他。威尔基为人豪侠热情，以前本是民主党人，后来才改属共和党。当年罗斯福就非常欣赏他，要请他做国务卿。后来虽然成了罗斯福的政敌，但罗斯福仍然对他抱有好感，所以在1942年8月委派威尔基做他的总统特使，到世界各地访问。

这样的一位重要人物来访，蒋介石和宋美龄自然十分重视。国民党官方更声称，他是上一个世纪退休总统格兰特访华以后，层次最高的美国访客。蒋介石特派董显光和朱绍良到新疆的迪化迎接并全程陪伴到重庆。威尔基到重庆时，整个山城被整修一新，全城张灯结彩，人们在街道两旁欢迎他。

蒋介石和宋美龄热情接待了他。宋美龄于10月4日以“美国援华会”中国名誉会长的名义在两浮支路外交部官舍举行茶话会，欢迎威尔基。会上，宋美龄披着一件军装斗篷，发表了热情的欢迎词，使得威尔基非常高兴。性情豪爽的威尔基当即在茶话会上邀请宋美龄访问美国，向美国朝野宣传中国军民抗日的决心。

< 1941年，时任国民政府主席的林森（前排中）接受美国驻华大使高斯（前排左二）递交国书时留影。

几天后，威尔基对孔祥熙解释邀请宋美龄访美的原因时说："我是多么坚决地相信，让我的同胞了解亚洲的问题和亚洲人民的观点是非常重要的。必须从这个地区派出一个有智慧、口才和道义力量的人来进行帮助，使我们了解中国和印度以及他们的人民。夫人将是一位十全十美的大使。她的巨大才能——而且我知道她会原谅我说出这番私人的话——她对中国的高度忠诚，在美国是众所周知的。她将会发现她不仅会受到热爱，而且会发挥巨大作用。我们愿意倾听她的话，因为谁都比不上她。她既聪敏，又有魅力，怀有一颗慷慨和理解他人的心，具有优雅端庄的风度和容颜，加上抱有炽烈的信念，她正是我们所需要的那样一种客人。"

确实，威尔基对宋美龄的印象是非常美好的。他早在美国就认识了宋子文，对宋氏家族很有好感，这次来中国和宋氏三姐妹都见了面，尤其被宋美龄的气质和谈吐所吸引。

威尔基在重庆时不住美国使馆，而住在宋子文的豪华住宅里，令美国大使高斯大不以为然。而威尔基也只是在宋家的餐会上，才见了中共代表周恩来两面。他冷落蒋介石不喜欢的史迪威，而亲近蒋介石所喜欢的陈纳德★。在这种情况下，他对蒋介石和宋美龄特具好感，是很自然的事。在重庆的十多天里，他经常在宋子文和孔祥熙的家里和宋美龄、宋霭龄等人在一起聚餐聊天。

宋美龄对于威尔基的邀请十分高兴，她也很希望能再度到美国做访问。自抗战以来，宋美龄经常通过广播、书信、新闻通讯等方式向美国民众宣传中国的抗日战争，呼吁美国对中国的支持和援助，如果能亲自到美国会见一些政府和相关部门人士，向美国公众发表演说，肯定能促

∧ 抗战时期，蒋介石在白崇禧陪同下视察国民党军。

进美国对中国情况的了解，从而向中国提供更多的帮助。而且宋美龄对自己的外交能力和在美国政商及新闻界的关系十分自信，相信自己能够影响和说服罗斯福给予中国更多援助。

对于宋美龄访美，蒋介石的态度开始是犹豫的。主要是这样的〝夫人外交〞结果如何难以预料，而且许多人，包括孔祥熙等也并不赞同。但当时加强中美关系又是如此重要，蒋介石也希望有得力之人到美国去进行游说，以争取美援。经过慎重考虑，蒋介石还是同意了夫人出马赴美进行亲善访问。

与此同时，宋美龄到美国也可以检查一下身体，顺便治病。宋美龄自1937年10月赴上

★陈纳德（1893～1958）

美国空军准将。生于得克萨斯州。第一次世界大战时在美国陆军航空队当飞行员。后在美国陆军、陆军航空队服役。1937年中国抗日战争爆发后来华，任国民党政府航空委员会顾问，后组织“美国志愿航空队”，亦称“飞虎队”，支援中国抗战。1942年“飞虎队”编入正式美国航空队。1942～1945年任美国驻华陆军航空队司令。1946年在华组织“民用航空”公司，很快改为“行政院救济总署空运大队”。

∧ 蒋介石在重庆接受外国记者采访。

> 蒋介石夫妇在重庆款待战时公债劝募委员。

海前线时因翻车摔断肋骨以来，至今没有痊愈。由于肋骨骨折、脊椎骨扭伤，神经受到压迫而使她的后背经常疼痛。而且长期以来宋美龄操劳过度，身体状况不佳，尤其是皮肤因长期在外奔波，慢性荨麻疹又开始复发。此外，蒋介石还一直担心她是否像她的父母一样患有癌症，也希望她能赴美做一次全面的身体检查。

1942年11月16日，蒋介石致函罗斯福总统，表达了宋美龄将代表蒋介石赴美国访问之意。经宋子文接洽，罗斯福总统同意派飞机来华，接宋美龄赴美访问。

1942年11月18日，宋美龄由成都登上美方专程派来的一架波音307专机秘密启程。机上只有宋美龄的一些随行人员、护士、卫士及宋美龄的外甥女孔令俊。宋美龄一路躺在卧榻上，一行人在佛罗里达州棕榈滩停留一个晚上，改乘一架C－54飞机直飞纽约，于11月27日抵达纽约米切尔机场，受到美国总统代表霍普金斯的欢迎。

在去医院的路上，宋美龄还与霍普金斯进行了简短的交谈。宋美龄首先恭维了对方一番："我们中国人在听到日美双方在珍珠港事件前夜还在举行谈判的消息时，是十分不安的。我知道，多亏了像您这样的对日本采取了强硬路线的人在政府中坚决主张无论如何不要损害中国，才防止了这件事的发生。我代表全体中国人民向您表示深深感谢。"霍普金斯忙说："夫人太客气了。"

阔别美国二十五年后再度回到她称之为"第二故乡"的地方，由一个名不见经传的小小留学生到以中国"第一夫人"的身份受到众人瞩目，宋美龄此时的心情是非常激动的。到纽约后，宋美龄使用假名住进哥伦比亚长老会医学中心的哈克尼斯医院，由罗伯特·洛布博士负责照料。除了孔

二小姐孔令俊外，当时在美的孔令侃也在哈克尼斯医院陪伴着宋美龄，并组成秘书处，负责处理宋美龄的日常文件电讯事务。为了保密，他们还包下了医院整个12层的房间。

第二天上午，宋美龄就见到了罗斯福总统的夫人埃莉诺·罗斯福，她亲自来到了医院。宋美龄一脸病态，在罗斯福夫人眼里的蒋夫人似乎是很紧张、很痛苦的样子，显得颇为娇小和纤弱。看到宋美龄躺在床上，罗斯福夫人甚至想，“如果她是我的女儿，我一定会帮助她、照顾她”。

宋美龄表示此次来美仅为私人看病，对美国政府并无任何要求。罗斯福夫人说美国朝野人民都对蒋夫人极为仰慕，都认为蒋夫人为全世界女性中第一人物，她自己与罗斯福总统也素所钦慕，此次能有机会相晤，十分荣幸。

此后，在宋美龄住院治疗的两个半月中，罗斯福夫人经常到医院问候，两位“第

∧ 宋美龄访美期间与罗斯福夫人合影。

一夫人”很谈得来。她们就中美关系和世界局势交换意见，不光谈到了英国、苏联对战争以及同盟国的态度，还谈到了印度问题，宋美龄乘机表示了对英国的印度政策的不满。罗斯福夫人表示应该改变许多美国人的态度，使他们感激中国坚持抗战对美国的贡献。宋美龄则称中国的抗战，乃是为全人类做牺牲，今天罗斯福夫人与我的想法真是不谋而合。两人谈得很投机，罗斯福夫人还亲了亲宋美龄的脸颊，表示愿意与她成为私人朋友。

∧ 参加卡萨布兰卡会议期间的罗斯福与丘吉尔。因斯大林的反对，未邀请蒋介石参加。

罗斯福夫人对宋美龄的赞美是由衷的，对她颇为体贴、照顾。在宋美龄住院期间，1943年1月14日美、英两国在北非卡萨布兰卡举行的商讨对德日战略问题的会议，因斯大林反对，故未邀请蒋介石参加，而斯大林后也因苏德之间的斯大林格勒战役未能出席。蒋介石对此极为不满。所以这天罗斯福很友好地通过妻子向宋美龄转告了他已和丘吉尔达成协议，英国已答应帮助改善中国缺乏飞机的问题。宋美龄听后并不领情，滔滔不绝地痛批美、英两国，把中国的不满和愤怒，完全宣泄出来。她说中国是联合国成员之一，有关全球战略问题应由联合国决定，至少也应由四强决定，而不应仅由两个国家决定后再强使其他国家实行，或是以口头通知他们，这不是同心协力的民主之道，如果在战时各国之间不能平等合作，则和平不可能企及。中国遵行《大西洋宪章》，并为四大自由而战，不是为自己而战。最后她还以激愤的语气说，自己和蒋委员长曾告诉中国人民，中国在国际上和各国皆平等相对，如今中国却受到不平等待遇，那么中国何必继续作战呢？而罗斯福夫人则表示同情和理解。

宋美龄在哈克尼斯医院住院11周，拔掉了智齿，治愈了鼻窦炎，身体逐渐康复。好客的主人在宋美龄出医院后，又邀请她住进了海德公园村的总统别墅中，再度静养。园中环境清幽，宋美龄小住几天后，健康状况进一步好转，她一方面休养，同时开始认真准备如何面对美国朝野和新闻媒体，因为这关系到抗战的前途、中国的国际声望及中美关系。蒋介石也从重庆多次拍电报叮嘱宋美龄演讲应涉及的内容。宋美龄在给蒋介石的电文也说：“所告卓见非常感佩。妹

∧ 宋美龄访美期间，罗斯福夫人陪同她参观美国国会。

向国会及各地演词，当予分别遵照电示，总以维持我国家尊严、宣扬抗战对全世界之贡献，及阐明中美传统友好关系为原则。私人谈判，当晓谕美国当局以我国抗战之重要性；公开演讲，则避免细节，专从大处着眼，以世界眼光说明战后合作之必要。”

在此期间，宋美龄不仅与罗斯福夫人交换了意见，还几次与霍普金斯★谈了中、美关系的许多问题。除了表达中国人民和政府感谢主张对日本采取强硬立场的美国官员外，宋美龄还说到，盟国如想战胜德军，必须先尽一切力量打败日本；中国人民的士气曾有两次落入低潮，一在珍珠港事变前夕，一在缅甸战役遭受重大挫折时，宋美龄强调维持中国军民继续作战的重要性。此外，她还不忘批评与蒋介石闹矛盾的美军驻华指挥官兼中印缅战区参谋长史迪威不了解中国人民，对“飞虎将军”陈纳德则表示赞扬。

宋美龄在与霍普金斯几次谈话后，感觉到战后英、美、苏联等大国恐怕又将忙于自身利益，置中国利益于不顾。她感觉到自己的担子很重，而后来的事实证明她的担忧不是没有道理的。

为了使她在美国的宣传能有更大的效果，宋美龄还向蒋介石提出把对美国军火企业熟悉、经验丰富的大姐宋霭龄尽快送到美国来助她一臂之力。

1943年2月17日，宋美龄一行自海德公园搭火车于下午5点抵达华盛顿联合车站，站内外人头攒动，挤满了欢迎的人群。她所带的一行人在白宫暂作停留，准备次日在众议院的演讲。她在华盛顿停留了11天，都是住在白宫。

罗斯福总统和夫人在私人小餐厅内举行"家庭晚餐"，宴请宋美龄。罗斯福的腿有残疾，要坐轮椅。他年轻时是滑冰爱好者，擅长网球、高尔夫球，也常去骑马和驾驶帆船。进入哈佛大学后，攻读政治学、历史学和新闻学。后来罗斯福当过律师，还参加过消防队，成为

> 宋美龄访美期间参观展览。

***霍普金斯（1890～1946）**

美国政治家。美国总统罗斯福的特别助理。1921年格里尼尔学院毕业。1931年被当时的纽约州长罗斯福任命为纽约州临时紧急救济署负责人。两年后罗斯福任总统时被任命负责联邦临时救济署等工作。第二次世界大战期间任总统特别助理，为罗斯福的亲信，曾任租借管理局长等职。1945年作为杜鲁门总统的代表，前往莫斯科商谈波兰问题和建立联合国的问题。不久退出公共事务，次年病逝。

美国历届总统中任职最长、最受欢迎的总统。他对宋美龄很亲切，交谈很随意。

席间大家谈起最近美国煤矿工人准备罢工，罗斯福问宋美龄对罢工的看法，还问起如果是国民党政府的话将如何处理战时煤矿工人的罢工。这时，宋美龄安详地用一个涂了色的长指甲在自己的脖子上画了一道弧线，做了个杀人的手势。这使同桌所有的人惊讶不已，罗斯福假装大笑起来。为了引起埃莉诺的注意，罗斯福问埃莉诺道："你看到了吗？"埃莉诺在私下里说："她对民主制度能够讲得很漂亮，但是她可不知道怎样实行民主制度。"当这段话传出去后，记者们向宋美龄问及此事，她拒绝发表评论，在她看来，美国人根本不了解中国共产党在国内的严重威胁。而罗斯福事后则对人表示，自己幸亏是坐在她的对面，而没有并排坐在沙发上。"这是一个像铁一样硬的女人。"罗斯福评价道。

在那些天里宋美龄和孔令侃一同准备演讲稿，她的讲话稿或文稿每每要改写七八次之多，其作风让白宫秘书处的工作人员十分惊讶。

在白宫生活的几天里，宋美龄和孔二小姐让白宫的工作人员感到很不适应。宋美龄本来

V 宋美龄与罗斯福夫人埃莉诺（右五）在宴会上。

> 罗斯福夫妇在一起。

> 宋美龄访美期间与美国友人在一起。

就有“洁癖”，而皮肤病严重时更是讲究。她要求白宫的工作人员在她的床上铺丝绸床单，为了清洁，她从中国带来了自己的床单，她的被单每天至少要更换一次。如果她在床上小睡或歇坐，那就换得更勤，有时候每天要换四五次。当她要召唤某个女仆或男仆时，不管她在行政大厦的任何地方，她都不使用现成的蜂音器或电铃，而是使用中国的拍手办法，这使得白宫的工作人员感到奇怪。此外，她还坚持把她的两个护士和孔令俊、孔令侃的三餐送到他们的住房。

孔二小姐行事一向出人意表，在白宫也我行我素，一住进白宫就抱怨分配给她的房间不够好，并向国务院抱怨。国务院只好在五月花旅馆为她订了一间套房。孔二小姐的女扮男装，使白宫上下都被弄糊涂了，罗斯福夫妇和仆人都以为她是男孩子，仆人帮她打开行李时才发现她是女儿身。罗斯福总统甚至叫她“My boy”，孔二小姐还以白眼，机智的总统马上自我解嘲说：“我都叫年轻人My boy。”

罗斯福夫人比较宽容地表示，孔令侃和孔二小姐可能认为美国人都把中国人当作是洗衣工人，因此为了要显示他们的不同身份而故示傲慢、摆摆架子。孔二小姐在一次白宫晚宴中向霍普金斯宣称她是孔夫子第76代后裔，霍普金斯听了则表示惊讶和怀疑，让她几乎就要发脾气了。

国会演讲第一人

尽管宋美龄一行的生活做派令许多人不满，罗斯福和夫人还是为宋美龄安排了一个重要的节目。2月18日，对宋美龄来说，是她有生以来最为重要的日子。她被美国国会邀请，分别向参、众两院发表演说，成为在美国国会发表演说的第一个中国人。

这对宋美龄来说，是有生以来最重要的演讲，因为它只许成功，这个演讲的好坏不仅影响到中美关系的现状和前景，也将左右美国人民对中国的看法。更为要紧的是，她必须把中国人民奋力抗战的情况生动地介绍给美国国会和美国人民，以唤起美国上下对中国的同情与支持。因此她的表现，不仅关系到她个人的形象与声望，更要代表中国的形象与声望。

12时13分，宋美龄走进美国参议院会议厅，会场座无虚席。美国副总统华莱士向全体到会人员做了简单介绍，全场听众起立鼓掌欢迎。

原来宋美龄并没有准备在参议院致辞，只是在来参议院前华莱士副总统临时向她表示，希望宋美龄能在参议院“略致数语”。

宋美龄登上讲台，她身穿一件深绿色的紧身长旗袍，披着亮色的披肩，一头柔和的黑发盘在颈后。她佩戴着价值连城的宝石，涂着红指甲油，脚上穿着透明长筒袜和轻便高跟鞋。精心打扮之下的宋美龄给人以风采动人而又庄重大方的感觉。

略作停顿之后，宋美龄以纯正的美国口音发表了演说。她先表示自己也是临时被华莱士副总统邀请到参议院演讲，没有精心准备，然后说：

余本非善于致辞之演说家，其实余并非演说家；然余亦非绝无勇气。盖数日前，余在海德公园畔，曾参观总统之图书室，其中所见，于余有所鼓励，使余感觉诸君对于余之临时发言，或不至期望过奢。诸君试思余在该处所见者，究为何物？余所见之物颇多，其最令余发生

∨ 宋美龄访美期间在美国国会发表演讲。

兴趣者，即玻璃窗内有一总统一篇演词之初稿、第二次稿，直至第六次稿。昨日偶与总统提及此事，谓知名而公认为优良之演说家如阁下者，其演说草稿之次数，尚须如此之多，殊使余有以自慰。总统答称，彼演说词草稿有多至十二次者。准此而论，余今日在此临时发言，诸君当能谅我。

她的这段有趣的开场白引来了大家善意的笑声和掌声。

接着，她讲了中美两国之间的友好关系，说：

贵我两国之传统友谊，有160年之历史，余感觉贵我两民族所具相似之点甚多；余并相信具此感觉者，不仅余一人。此种相似之点，即为吾人友谊之基础。

然后宋美龄表示两国人民虽然语言不同，但具有相同的理想，为同一目的而战。她还用自己和蒋介石在中国衡山地区视察时听到的一个磨镜台的传说做比喻，说明不能光说空话，要用实际行动来实现理想。她说：一千余年前，中国衡山地区有一座古庙，庙中一位住持天天在石头上磨一块砖，日复一日，年复一年。一天，一个小和尚问他："住持师父，以砖磨石，究何为乎？"住持答道："余欲磨砖成镜。"小和尚说："住持师父，磨砖成镜，不可能也。"住持说："这与你整日念阿弥陀佛以求福祉是同样不可能的。"

宋美龄讲完这个故事后，说：

余今日对贵参议院诸位参议员，以及对旁听席上诸位女士与先生，愿更进一言：吾人之诸领袖，倘无吾人全体积极协助，不能实现此种共同理想。此磨镜台故事之教训，乃诸君与余所宜深切领会者也。

讲完后，议员们掌声四起，起立欢呼，气氛十分热烈。

稍事休息后，宋美龄在众议院议长雷朋的陪同下，走上众议院会议厅的讲坛，发表了曾轰动一时的演说。

宋美龄的开场白十分得体：

无论何时，余得向贵国国会致辞，实属荣幸，尤在今日，余得向一庄严伟大之团体，对于世界命运之形成有绝大影响如贵院者致辞，尤属特别荣幸。余向贵国国会演说，实际上即系向美国人民演说。

接下来宋美龄讲了自己此次来美的目的，主要是为全世界的反侵略同盟奔走。她在讲话中首先赞扬了美国士兵在世界各地奋战的良好表现，然后讲到了中国抗战的艰苦情形。她引用孙子的话"知彼知己，胜乃不殆"和"看人挑担不吃力"的谚语，说明西方人对日本始则估计过

∧ 宋美龄在华盛顿美国国会发表演讲。

高，视为超人，觉得中国无一线希望，后在中国人民奋勇抗战之下，又认为击败日本为次要之事。她强调盟军应改变偏重欧洲战场的观点，因为日本的威胁巨大，她认为打败日本比打败德国更为重要。她说：

吾人慎勿忘日本今日在其占领区内所掌握之资源，较诸德国所掌握者更为丰富；吾人慎勿忘如果听任日本占有此种资源而不争抗，则为时愈久，其力量亦必愈大。多迁延一日，即多牺牲若干美国人与中国人之生命；吾人慎勿忘日本乃一顽强之民族；吾人慎勿忘在全面侵略最初之四年半中，中国孤独无援，抵抗日本之淫虐狂暴。

她希望美国能把注意力转向日本，摧毁日本的武装力量。

日本之武力，必须予以彻底摧毁，使其不复能作战，始可解除日本对于文明之威胁。

众议员赞同击败日本和打垮希特勒不应有先后之分，宋美龄说：

……就现时流行之意见而言，则又认为击败日本，为目前比较次要之事，而吾人首应对付者，则为希特勒。但事实证明，并不如此。且即为联合国整个利益着想，吾人亦不宜继续纵容日本使其不独为一主要之潜伏威胁……

众议员对这段话予以近五分钟的热烈掌声。

话题一转，宋美龄又向众议员表示现在向德意日宣战虽已完成，但还有议员们要努力的事，那就是向民众指示取得胜利的途径，以及战后建立新世界，使一切民族和国家处于融洽与和平之中。然后她简单谈了自己对此的理想和信念，希望这一切能合乎人道主义。

宋美龄强调了中国人民的斗争是为全人类做牺牲，她慷慨激昂地说：

我中国人民根据五年又半之经验，确信光明正大之甘冒失败，较诸卑鄙可耻之接受失败，更为明智。

演说完毕，众议员们掌声雷动，达数分钟之久，议员们还一再起立欢呼，楼上旁听席上的听众也起立欢呼，气氛十分热烈。宋美龄频频含笑致谢，退出会场。

宋美龄在参众两院的演说，直接向全美做了广播，引起美国听众的强烈反响。美国各界人士纷纷写信向宋美龄致敬或邀请宋美龄去游历、演讲，每天收到信函多达三四千封。美国各界报纸杂志纷纷发表社论和评论，多达3000余篇，一时间，在美国掀起了一场赞扬宋美龄的旋风。总统夫人埃莉诺·罗斯福称赞宋美龄的演说“不仅盛极一时，抑且并世无双”。美众议院外交委员会主席勃罗姆说：“蒋夫人演讲时态度之优雅，解释世界局势之透彻，运用英语之流利灵巧，不但使每一听众能了解其意义，且能与其抱取同一见解，莅美外宾之影响美国民众者，从无若蒋夫人之甚！”

宋美龄此次在国会的演说，慷慨陈词，赢得热烈的掌声，美国女作家狄龙指出，宋美龄的演说是那一届国会最精彩的，不过其精彩处并不在内容，而在于其人之娇小妩媚与女人的魅力，以及为中国求援的真诚。

宋美龄的演讲除了宣传中国抗战的意义，她更大的目的在于通过演讲能获得美国政府和人民实质性的援助。她不愧是一流的演说家，在演讲中丝毫不露乞怜和乞援的痕迹，因为她让人们觉得那是艰苦奋战的中国人民应得的，所以演讲之后，众议员们和广大听众，众口一词要求美国政府加速援华，而民众亦慷慨解囊捐助中国抗战，就连罗斯福总统也不得不公开表示会加快对华军援。

> 她高雅的气质，无论出现在哪里都引来无数人的赞叹。

< 宋美龄接受美国 NBC 的采访。

国会演说之后，宋美龄成了当时美国新闻媒体的最热门人物，不仅因为她是第一位在美国国会发表演讲的非官方妇女，而且也是中国和美国160年交往史上第一位到美国国会演讲的政党领导人的夫人，提升了中国的国际地位。

除了国会演说，罗斯福总统还为宋美龄安排了白宫的记者招待会。

2月19日上午10时45分，宋美龄和罗斯福的联合记者招待会在白宫举行，172名美国各报名记者挤满了白宫的椭圆形办公室，争睹“亚洲第一夫人”的风采。人数之多，实属空前。只见宋美龄身穿一袭黑色旗袍，胸前别了一枚中国空军的双翼军徽，居中而坐。罗斯福总统在右，罗斯福夫人居左。

在罗斯福总统高大身材的映衬下，来自东方的蒋夫人显得娇小柔弱。她坐在宽大的椅子上，两脚几乎碰不到地板。

主持过数以千计记者会的罗斯福总统显然驾轻就熟，把宋美龄介绍给大家时的神情像个纵容的叔叔介绍他美丽的侄女，他说：“蒋夫人是个与众不同的特使，我希望记者先生的提问能使人愉快。”旁边的罗斯福夫人一副小心呵护的样子，以往惯于在记者会上侃侃而谈的她一直静静地听着。

宋美龄有礼貌地微笑着，先向记者们问好，然后说道：“我随蒋委员长在中国战场访问过前线无数次，对于日本人的刀剑，从不知惧怕为何物，但此刻看到记者先生的笔不停地挥动，心里面不知道是怕还是不怕，就像是谚语所谓笔锋强于刀剑。然而，我看到你们的脸上都闪烁着笑容，我感觉到我是你们的朋友……”

记者们热烈鼓掌。接着，宋美龄又巧妙地赞扬了美国媒体，表示希望中国的出版媒体有一天也能为中国的社会和政治民主发挥重大作用。

掌声四起，气氛变得热烈。记者们竞相提问。

有记者问蒋夫人来美有何正式使命，是否属私人性质。宋美龄回答此次来美并没有正式使命，她此行首先是为健康问题，同时也为反法西斯同盟的建立奔走。

宋美龄每次回答问题前，都直起身子，转向发问的记者。她的礼貌和风度给记者们留下了良好的印象。

这时有个记者提了个不太友善的问题：“我听说中国并没有充分运用其庞大的人力？”

宋美龄脸上闪过一丝不悦之色，随即提高声调回答：“中国在人力上

已尽全力，但缺少军火，我们不能徒手作战，有多少装备，就用多少人力。我们在没有空军掩护的情况下，也已抗战5年半。中国不缺训练有素的飞行员，但没有足够的飞机和汽油。”

有记者问在中国的美国空军对中国军民的抗战有什么影响，宋美龄说：“战争刚开始时，我们只有几百架飞机，以后随着战事的紧张和持久逐渐减少，战斗力几乎完全丧失。等到贵国空军志愿队来华，屡次重创日机，创造了辉煌的战绩，使日机不敢再任意乱炸城市。至于志愿队在华的最大效果，其实是使中国人民认识到自己并不是在单独作战，而是有美国在共同作战。中国现在所需要的是军火，要点是飞机和汽油。”

下面马上有记者追问中国如何获得军火。这时宋美龄恭恭敬敬地转向罗斯福总统，说道：“总统先生解决过许多重要问题，度过许多危机，最好由他来回答这个问题。”

< 宋美龄在麦迪逊花园广场发表演讲。

∨ 宋美龄在麦迪逊花园广场发表访美的第二次重要演讲。

记者微笑着看罗斯福如何接招，久经沙场的罗斯福马上接腔说，要把飞机和军需品运到中国去，可说是一件极为困难的事，因为既不能横渡大西洋，也不能经由俄国，只能从中国西南利用航空运输，但美国政府正全力以赴把这些重要物资送到中国，因为这不仅是感情的问题，实在是关系到整个战事胜败的问题。最后，他以俏皮的口吻说："我们将以上帝所允许的速度，把物资运往中国。"罗斯福说完后，脸上露出得意的表情。

一位记者立即问宋美龄，她对加速美国军火运华一事有何建议。

只见宋美龄站了起来，两眼盯着前方，然后转向罗斯福总统，徐徐说道："总统先生刚刚说过将以上帝所允许的速度把物资运往中国，但我提醒大家要记住：自助者天助之。"

她的话音刚落，全场掌声再次响起。

尽管宋美龄在美国公众媒体面前所展示的魅力和智慧，像一股旋风一样席卷了华盛顿，但因为英国的传统盟友关系，美国政府还是更为重视欧洲战场。罗斯福总统也还是坚持"德国第一"的原则。这让宋美龄觉得很无奈，也只能尽力催促罗斯福把答应的援助尽快送到中国去。

2月28日晚上，宋美龄一行乘专车离开华盛顿，前往纽约，展开她忙碌而紧凑的"征服美国"演说行程。

当天上午11点半，宋美龄出席纽约市长为她举行的欢迎会，登上市政厅外广场上的高台，与纽约一万多市民见面。纽约市长拉加迪亚授予宋美龄"纽约市荣誉市民"的称号，并致欢迎词。宋美龄当即发表演说，感谢纽约市政当局及市民的欢迎盛意，并赞扬纽约市的建筑和市政组织，最后谈到中美关系，她还以一个中国的古老传说做比喻，表示："中国不欲他人偿付代价而本身享受其利，更信友好与正直之美国，亦必不肯由他人偿付自由之代价而本身享受其利益也。"

中午，宋美龄出席纽约华侨团体为她举办的欢迎会，并用汉语对华侨讲话。

宋美龄此次到纽约，她的老朋友、《时代》杂志创办人卢斯和大企业家约翰·洛克菲勒担任了“纽约公民欢迎蒋夫人筹备委员会”的负责人，而这个委员会的270名成员全部是纽约有势力的人物。

卢斯和约翰·洛克菲勒邀请宋美龄出席晚宴，并由美国名流多人及美国东部九州州长作陪，宋美龄因过于疲劳没有应邀，于是改为3月2日晚7时许，由卢斯陪同各州长及约翰·洛克菲勒等人到下榻的大饭店会见宋美龄。

当晚，在麦迪逊花园举行了有2万余人参加的盛大的市民欢迎会。在观众的掌声中，专程赶来的威尔基扶着宋美龄登上讲坛发表演说，这是她赴美的第二次重要演说。开始演讲时，全场灯光全熄，寂静无声。一束银光由屋顶射入讲台，百余中国儿童手提灯笼，分成两排坐在台前，灯笼里发出柔和的光线。宋美龄在讲演词中抨击了轴心国家的野蛮侵略，指出希特勒曾说“在斯大林格勒之德军，绝非人力所能击退”，日本首相近卫曾说“吾人将于三个月内，使中国屈膝”，现在都已被证明是狂妄之语。接着她介绍了中国人民不惜一切牺牲，抗击日寇的英勇斗争，还讲了重庆遭受日机轰炸后中国人民的一些感人故事。最后，宋美龄表示希望战后世界，“一切国家均应有平等发展之机会，不应再有憎恨与报复之存在”，“建设一未来世界，使吾人不得不以全世界为一切神灵、一切人类共有之一大国家”。

当时的中国驻美国大使胡适也到场听了演讲。事后他评论当时演讲的盛况时承认场面热烈，美国民众充满了同情和热心，不过对宋美龄演讲的内容表示太凌乱了。其实宋美龄演说的目的是政治，要博取同情与支持。她那东方人娇小妩媚的身材又配上纯正流利的英语，代表了在挣扎中抗日的中国，已足以令美国参众议员们动容了，更何况日本偷袭珍珠港后，所有的美国人对日本人恨之入骨，举国上下打败日本呼声甚高，艰苦抗日的中国不能不引起广大美国民众的喝彩，所以“同情与热心”是必然的，不管宋美龄说些什么，都会赢得美国人的心声。

3月3日，宋美龄出席纽约3,000华侨同胞在卡尼奇大会堂举行的欢迎会。

3月6日上午，宋美龄一行冒着大雪来到她阔别二十五年的母校韦尔斯利女子大学。别后二十五年旧地重游，让宋美龄十分感慨。宋美龄下榻于“崇阁宫”，这里原是宋美龄在该校读书时最后一年住过的宿舍。

消息早已传出，不少1917年的同届毕业生从好几百里以外赶到这里来与宋美龄相聚。老同学相会，大家谈笑风生，闲叙话旧，十分亲热。

3月7日下午，宋美龄在校友会上向全体母校师生发表演说，着重讲的是妇女的历史地位和作用，她谈到了妇女团体的力量，希望妇女界团结合作。最后，她赞扬了母校的学术水平，希望大家努力学习，加强自身的能力。

参观完母校，宋美龄回到纽约，稍事休息后，一行人又踏上了西行的旅程。3月19日上午，宋美龄抵达芝加哥。在这里，宋美龄同样受到了盛大的欢迎，州长和市长都到车站迎接。芝加哥市长凯莱在群众面前将一把巨大金钥匙献给宋美龄。

3月21日下午，宋美龄出席了华侨欢迎会，并发表演说。22日晚，芝加哥市两万余市民在大运动场举行欢迎宋美龄大会。会场气氛隆重热烈。宋美龄发表了热情的演说，她在谈完美国立国、发展的历史后，又讲到了中国人民的抗战，认为这是全人类的共同事业，正因为“吾人不以吾国文化单独存在而自满”，所以“吾国正在努力奋斗，以协助建造色彩丰富之世界文明，以永保人类不容推翻不容放弃之各项共同誓守原则”。

3月25日，宋美龄一行乘总统专列横穿美国大陆来到美国西海岸的旧金山。在旧金山第14号码头，受到热烈欢迎。

西海岸的旧金山是全美华侨人数最多的城市，当宋美龄的车队通过华侨居住地区时，路侧侨胞男女老幼，万头攒动，争先恐后，都想一睹宋美龄的风采。街上彩旗飘扬，鞭炮齐鸣，沿街还搭有中国式牌楼多座。

∨ 宋美龄访美期间受到了各界热情的欢迎。

< 洛杉矶唐人街的人们欢迎宋美龄。

> 宋美龄在旧金山访问期间。

整个华埠辉煌璀璨、朝气蓬勃，学校放假、商店休业。除旧金山市的1.7万余侨胞外，尚有来自美国西部11州的侨胞8,000余人参加这次欢迎盛会。宋美龄见此情景，备感兴奋，回头对前来欢迎的美国州长、市长们说:“我就像是回到了故乡了！”并频频向侨胞含笑点头致意。

26日晚，宋美龄出席了旧金山市政府和总商会联合举行的盛大宴会，在皇宫大饭店用金碟进餐。27日晚，宋美龄到旧金山市民大礼堂发表广播演说，并接受该市荣誉市民称号。

3月31日，宋美龄一行驶抵洛杉矶。洛杉矶是宋美龄此行最受瞩目的地方。她在洛杉矶市长及各界名流要人的陪同下驱车来到市政厅，出席欢迎会。会上，洛杉矶市市长宣布当日为“蒋夫人日”，并将宣布“蒋夫人日”的政府通告原本装入红木锦盒内，赠给宋美龄留念。宋美龄致答词后，由市长陪同登上汽车，开始游行，途经洛杉矶最热闹的百老汇路，受到近50万人的夹道欢迎。当天傍晚，宋美龄在下榻的大使饭店举行盛大宴会，洛杉矶市长波伦及著名电影明星等共500余人出席，盛况空前。

4月1日，宋美龄在大使饭店招待美国电影界名流。

4月2日上午，宋美龄在下榻的大使饭店招待洛杉矶新闻记者。

4月2日晚7时，洛杉矶市民“欢迎蒋夫人委员会”在大使饭店举行盛大公宴，欢迎宋美龄。到会来宾1000余人，社会名流、电影明星，济济一堂。

4月4日，洛杉矶市民在好莱坞广场举行盛大欢迎会，这是宋美龄访美以来最后一次，也是听众最多、场面最为热烈的一次欢迎会和演讲会，同时也达到了美国民众欢迎宋美龄的最高潮。

CHINESE COMMU
華僑
WELCOME
迎
蔣委員長夫人
MME. CHIANG KAI-SH

欢迎会还没开始，会场上早已挤满了人，好莱坞男女明星及一般演员、电影工人，全体到场。3时整，欢迎大会开始，先由洛杉矶市长致欢迎词。接着，影星特莱西登台介绍著名女影星19人入场。著名影星玛丽·皮克福德、丽塔·海沃思、马琳·迪特里奇、英格丽·褒曼、金杰·罗杰斯和秀兰·邓波儿等都是欢迎蒋夫人委员会的成员。

在一片军乐声中，宋美龄乘坐银灰色敞篷汽车缓缓自广场西边进场，在座3万余人同时起立，掌声雷动，震荡山谷之间。宋美龄下车后，由女影星玛丽·皮克福德率领女影星向她献花致敬。宋美龄入座后，洛杉矶管弦乐队300人合奏中、美两国国歌。

洛杉矶是美国电影艺术中心，因而欢迎节目也别出心裁，大会特意安排演出了名为“中国”的默剧，介绍中国自力更生、英勇抗战的精神，以此来欢迎宋美龄。

剧终，播音员请宋美龄致辞并演讲。她在演讲中讲述了中国军民英勇抗击日寇、不怕牺牲和坚强不屈的精神时，不少听众流下了热泪。

宋美龄的演讲持续了将近一小时，听众始终被演讲的内容所吸引和感动。当宋美龄演讲结束退场时，乐队高奏《蒋夫人进行曲》，全场欢呼。

宋美龄在洛杉矶停留的时间也比较长。4月14日下午，宋美龄还出席了洛杉矶华侨的欢

> 好莱坞影星玛琳·迪特里奇向宋美龄致意。

< 宋美龄在访问期间招待美国电影界名流。图为孔令俊与电影明星的合影。

V 孔令杰陪同宋美龄出席洛杉矶市民为宋美龄在好莱坞广场举行的盛大欢迎会。

∧ 早在1943年3月，加拿大总理麦肯奇·金就邀请过宋美龄访问渥太华，后因他忙于参加魁北克会议等事宜，错过了档期。图为麦肯奇·金（前排左）与罗斯福、丘吉尔在第一次魁北克会议上。

迎会，并发表讲话赞扬华侨的爱国精神，鼓励华侨推进“新生活运动”。

此后，宋美龄返回纽约。

拒绝傲慢的英国人

对加拿大的访问宋美龄是早有准备的。早在1943年3月间，加拿大总理麦肯奇·金就邀请宋美龄访问渥太华，并建议访问时间安排在当年的4月12日到4月15日之间，因为加拿大议会4月16日休会，他本人也将出巡。而宋美龄由于已经安排了西部之行，只得推迟访问加拿大的时间。

> 资深外交家顾维钧（左）曾任国民政府驻国联首席代表。

★顾维钧（1888～1985）

中国资深外交家。江苏嘉定人。1901年入圣约翰书院学习。1904年赴美留学，1912年4月回国，任国务总理秘书、参事和总统府秘书。后在历届北洋政府中担任驻墨西哥、美国、古巴、英国公使。1931年“九·一八”事变后，作为顾问参加国际联盟调查团。1932年至1949年历任国民党政府外交部长及驻法、英、美大使。1945年出席了旧金山会议并代表中国国民政府在《联合国宪章》上签字。1956年在海牙国际法庭任职至退休，后赴美定居。1985年11月14日在纽约病逝。

宋美龄从洛杉矶回到纽约之后，便开始安排加拿大之行。这中间又发生了宋美龄拒绝英国政府访英邀请的风波，因为丘吉尔在3月间发表的演说中对中国政府极不尊重，把中国政府排除在战后战胜大国之外，宋美龄以身体不适为由拒绝了英国政府的访问邀请。此后，丘吉尔5月份访美，想邀请宋美龄到白宫见面，宋美龄认为从礼貌上说应该他到纽约来，加上她本来就对丘吉尔的傲慢自大看不惯，就再次予以拒绝。现在宋美龄要访问加拿大，中国大使顾维钧★认为：既然推迟了访英，英国人和英王、英后可能会对加拿大产生想法。宋美龄表示，她这么做英国是可以理解的，因为加拿大是英帝国的一部分。顾维钧则说：“英国人在心理上认为自治领地像子女，而英国才是家中的母亲。他们仍然以监护人的态度对待自治领地的人。”宋美龄说：“访问加拿大不过一天，仅仅是跨过边境的一次旅行，这不比飞过大西洋长途跋涉。而且对加拿大的邀请曾书面作答明确接受，不便再做更改了。”

顾维钧作为资深外交家，考虑比较周到，还是希望她既接受加拿大的邀请，又接受英国的邀请，而且“应该先去伦敦，后去渥太华，因为英国人在涉及英国在英联邦的地位很敏感，如果只去英国而不去加拿大是容易理解的，没有人感到不满。相反，如果接受加拿大的邀请而不去伦敦，届时英王、皇室家族、英国政府和人民，就会受到很大刺激”。究竟如何处理，“当然要由夫人来决定”。

但是宋美龄倔强的脾气又一次表现了出来，最终还是坚持到了与美国一水之隔的加拿大。6月15日，宋美龄乘火车到加拿大，于当日下午抵达加拿大首都渥太华。出席了加拿大援华基金会等三个团体所举行的献金仪式，接受三个团体的献金。

V 宋美龄访美期间。

6月16日，宋美龄赴加拿大国会大厦发表演说，她登上了加拿大议会的讲坛，成为在加拿大国会发表演说的第一位外国女性。当天加拿大议长、首相和参议员、众议员出席了演讲会。

在演说中，她赞扬了加拿大的两大民族法兰西人与英国人能相安协调，如同一大民族，对加拿大的进步繁荣都做出了充分贡献，并使加拿大因此成为联合国中的有力分子。

接着宋美龄又呼吁，为联合国家的共同利益计，不应纵容日本安然占有中国与其他地区，因为日本正在利用时间积存广大的资源，加强其地位，以对付整个联合国家。在谈到中国军队的抗战局势和对联合国家的作用时，说六年来中国军队以劣势的武器、血肉和斗志作战，就像一块大磨石紧套在日军的颈上，从而阻止了日本利用数百万军队去侵略其他地区。

宋美龄还特意提到加拿大的贡献，认为加拿大和中国一样，虽然在整个战局没有显著动听的贡献，但都在默默地奋斗着。她指出加拿大军民“经年累月所积聚作战之英勇；所送往英国之大批军火与粮食；以自己机场训练联合空军”，以人均计算，加拿大所产出的物资比任何其他联合国家都多。

宋美龄短暂的加拿大之行同样收到了良好效果。

从加拿大返回后，宋美龄三访白宫，向罗斯福总统和夫人告别。

当时宋美龄一行刚回到美国，蒋介石就在6月18日三次来电，要宋美龄在见罗斯福时商谈几个问题，主要是要求美国能加派几个陆军师过来，希望美国能要求苏联像中国那样提供西伯利亚的空军基地轰炸日本，蒋介石还希望宋美龄相机提出史迪威的问题。对此，宋美龄担心现在提出赶走史迪威不太合适，蒋介石也就同意了。

6月22日宋美龄前往白宫，和罗斯福总统夫妇进行最后会晤。商谈的结果是罗斯福同意再派两个师到缅甸，并同意将来可以约丘吉尔和蒋介石三巨头一起会晤。

带着这些成果从白宫出来，宋美龄大有收获的历时七个月的新大陆之旅走到尾声。在离开美国之前，宋美龄还到母校威斯理安女子学院做了访问。6月26日，宋美龄在孔令侃陪同下专程回到威斯理安探望师生，并接受名誉法学博士学位。此时，新校址已迁至6英里外的理沃立，兴高采烈的宋美龄向全校师生发表了热情洋溢的讲话。

告别威斯理安，宋美龄在美国南部的机场登上美国政府准备的四引擎巨型飞机启程返国，董显光和孔令俊也一同回国。

宋美龄的这次访美获得了极大成功，在全美都是相当轰动的。她所受到的接待有许多在美国接待外宾史上是破例的。她得到了许多外国元首都得不到的礼遇和殊荣。罗斯福总统夫妇先后邀请宋美龄在白宫和海德公园私邸小住，并陪她出席记者招待会，副总统华莱士陪她出席国会演说，这在美国接待外宾史上是破例的事。而正式受邀在参众两院演说，在洛杉矶好莱坞广场对数万美国公众发表演说，都是来访美国的绝大多数外国元首不曾享受过的殊荣。

宋美龄这一路的演讲与宣传，无疑对于她个人提高知名度确实有极大好处，同时对中国抗战起了很大的作用，她使美国公众进一步了解了中国的抗战事业，促进了美国政府的对华援助。连英国驻美大使哈利法克斯都怕美国受到“蒋夫人旋风”的影响，答应中国一些做不到的事，影响到罗斯福总统“欧洲第一”的战略。

在美期间，宋美龄除了四处演讲和访问外，还充分利用在美国的机会，将有关抗日的军情及时通知美国，同时积极争取美国的支援。在几个月的时间里，中国对美外交取得了突破性的进展，美国决定向中国提供各型飞机300架，每月空运近万吨战略物资支援中国抗战，并同意派技术人员和机器设备到中国建立炼油厂。虽然还是没能改变美国重视欧洲战场的政策，但也已经最大限度地争取了美国的援助。

当时美国决定由国会议员5人组成“小组委员会”，与马歇尔商议，赴太平洋各战区视察军事动态，宋美龄抓住这个机会，邀请这个“小组委员会”赴中国考察，以增加美国人对中国抗战的了解，从而增加对中国的援助。

宋美龄此行还接受了美、加各方面人士的大量捐助。在美国以民意为重，宋美龄赢得美国的民意，就使蒋介石直接受惠。在民意的支持下，罗斯福大胆增加援助中国的抗战，还要把当时的中国，提高为四强之一。这些对中国的抗战事业都是有益的。“夫人外交”也就在此时留下美名。

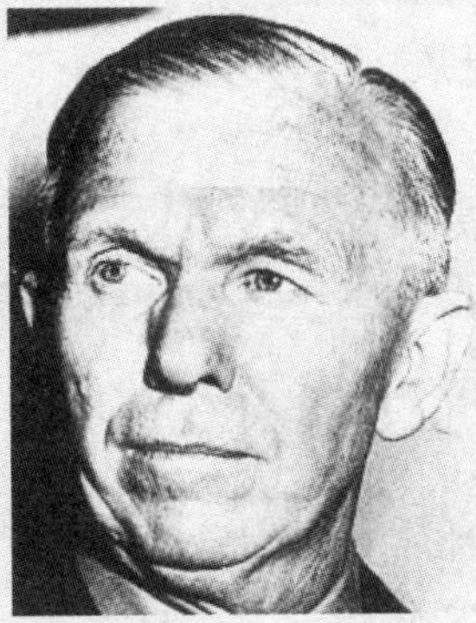

∧“二战”期间时任美国总统军事顾问的马歇尔。

< 宋美龄此次访美风光无限，几年后的再次访美，让她遍尝“无可奈何花落尽”的凄凉。

由于美国民众对中国的同情心理大增，还促进了美国肯尼迪法案的通过，取消了对中国移民的一些不合理限制。9月30日，美国参议院开始辩论该法案。10月11日，罗斯福总统致函国会，敦促尽快废除《排华法》，允许中国人移居美国，允许中国侨民归化为美国公民。他认为国家和个人一样，也会犯错误，美国要有足够的勇气承认过去的错误并加以改正，而通过废除《排华法》，美国就可以改正一项历史性错误。正是因为美国民众对中国的同情达到高潮，国会在12月终于通过了肯尼迪法案，并随即由总统签署，延续了60年的《排华法》终于成为历史中的陈迹。

许多人对宋美龄这次访美的评价是：蒋夫人的演讲态度优雅，解释世局透彻，运用英文之流利灵巧，不但使每一个听众了解她的意思，而且能够与她采取同一的见解，这就是当时的蒋夫人的影响力与魅力。

宋美龄能在美国如此受欢迎，有许多原因。首先是因为当时正值太平洋战争爆发后将近一年，美国遭受到的创痛还没有完全恢复，因而对中国的艰苦抗战表示敬佩，并把这种敬佩之情集中地表达在对宋美龄的欢迎上；其次，正如威斯理安女子大学前校长麦克菲女士所说：“蒋夫人对东方可以代表西方，对西方可以代表东方，吾人能有蒋夫人其人，深信双方必能如弟兄手足，真诚合作，达到最后胜利。”美国作家西格雷夫也说：“对美国人来说，她是中国贫民的公主，在中国的美国女儿。”美国人对宋美龄有一种特殊的感情，因为她是美国培养出的人才，是美国的骄傲，对她表示特殊的欢迎，也就不足为怪了；此外，作为罗斯福总统，当时的对华政策是合作抗日，欢迎宋美龄是他对华政策的需要。

除了上述原因，宋美龄因为家族和身份的关系，也得到了美国一些有势力的人的支持。宋美龄长期主管中国空军，1935年，中国就是美国飞机的最大进口国，而宋美龄的哥哥宋子文此时又在美国负责美国援华军火的采购，所以众多的美国军火商为宋美龄造势，也是她此次访问能如此轰动的重要原因。当然，宋美龄在新闻界的朋友像《时代》周刊的老板卢斯发挥的作用也非常巨大。

此外，自1937年抗战以来，宋美龄不断地利用广播、通讯、书信等形式向美国民众宣传中国的抗日战争，也在美国人心中留下了深刻印象。宋美龄到美国访问前，光是对美广播演说就有20多次，所以许多美国人早已熟悉了这位“中国第一夫人”的声音，也渴望能亲眼见一下她。

当然，宋美龄的这次访问也有一些不好的影响，主要是她和孔令俊、孔令侃在有些地方过于讲排场。除了在白宫因一些特殊要求引起了工作人员的不满外，在芝加哥时他们一行不住对华救济联合会地方委员会为宋美龄提供的棕榈大厦宾馆的半层楼，却要对方再花几千美元住芝加哥最豪华的德雷克饭店。此外，宋美龄的穿戴也过于讲究，以至于美国的一些人士就提出过这样的疑问：宋美龄到处为贫穷的中国呼吁，为什么她的服饰如此华丽？当她在母校韦尔斯利女子大学与学友话旧时，同学中有人对宋美龄衣服上的珠钿饰物称羡不已。宋美龄只好说这些东西在中国极其便宜，一美元就可以买到十颗。

而宋美龄一行回国时，飞机上装载了不少化妆品、皮大衣等物，也让看到的美军士兵极度不满。

> 宋美龄荣登1943年1月美国《时代》周刊封面人物。

TIME
THE WEEKLY NEWSMAGAZINE
Boris Chaliapin
MADAME CHIANG
She and China know what endurance means.
(Foreign News)

历史备忘录

HISTORY MEMORANDUM

V 被俘日军士兵与八路军一起联欢。

V 日军在华北进行"治安强化运动"。

2

3

4

蒋介石访问印度

1942年2月4日，作为中国战区的统帅，蒋介石出访印度。2月10日，蒋介石与印度总督林利思戈以及英驻印军总司令哈特莱就印度的政治问题、军事问题以及如何更好地团结印度人民共同抗击日本侵略军等问题进行了商讨。2月18日，蒋介石又同“圣雄”甘地举行会晤，共同就有关中印公路的交通运输等问题进行了商洽。21日，蒋介石发表了《告印度人民书》，支持印度人民抗击侵略军的行动。至此，蒋介石完成了预订的计划，结束访问，返回国内。

“反战同盟华北联合会”在延安正式成立

1942年8月18日，日本人民反战团体代表大会及华北日本士兵代表大会进行3天后在延安闭幕。出席会议的有中、日、朝代表1,000余人，以及延安、晋察冀、冀中、山东、晋东南、太岳、冀南等地日人反战同盟团体的代表。朱德、吴玉章等出席大会并发表讲话。会议决定将“觉醒同盟”合并，成立“反战同盟华北联合会”。

日汪在华北实行第五次“治安强化运动”

1942年10月8日，日汪在华北开始实行所谓第五次“治安强化运动”。这次运动以伪华北政务委员会为主体，并由日军当局、新民会、华北防共委员会、日本兴亚院华北联络部等方面协力推进，目标是“消灭共产党，以确立治安”。第五次华北“治安强化运动”中心环节是大搞经济掠夺，侧重是大抢粮食，但因抗日根据地军民坚决抵抗护粮，使其抢粮计划未能实现。

毛泽东接见国民党代表并申明中共态度

1942年9月1日，毛泽东接见国民党驻延安联络参谋陈宏谟、郭卫生和周励武。三位参谋转达蒋介石、何应钦、张治中、吴铁城均想与中共改善关系的愿望，并要求朱德走出延安与国民党谈判。毛泽东提出：彼方释放叶挺，我方派董必武出席参政会，否则仍不能出席；我方不推翻国民政府，决不越过现有疆界，彼方应承认我在敌后有发展权利，承认现有防地，承认边区，在敌后的国共两军，都下令互不攻击。

开罗会议风采

18

在开罗会议上，宋美龄在男性政权中独领风骚。她在会议中与蒋介石、罗斯福、丘吉尔平起平坐，三巨头高峰会变成四巨头会议，会议的官方照片即有三巨头和四巨头两种。

宋美龄在会议期间穿梭于各国军政要人之间，出尽风头，以至于丘吉尔对罗斯福说："这位中国女人，可不是弱者！"罗斯福也在返美后对记者说："在开罗，我所知道的都是蒋夫人向我讲的她丈夫如何如何，以及她是怎样想的。她总是在那儿回答所有的问题。我可以了解她，却根本看不透蒋先生。"

和丘吉尔针锋相对

宋美龄从美国返回重庆已经是1943年7月了，此后的一个月，世界反法西斯战争胜利的形势发展得很快，盟国无论在实力还是气势上都开始占据上风。德军在斯大林格勒大败，被歼灭32万人，苏联红军在对德军的战争中掌握了主动权并开始转入了战略大反攻，英美联军也先后取得了北非战役的胜利，并成功登陆西西里岛，意大利政府宣布投降，从而率先打垮了意大利法西斯。德国占领下的法国、比利时、荷兰、波兰等欧洲国家的民族解放运动有了蓬勃发展。在太平洋战场上，1943年8月美军在瓜达卡纳尔岛消灭了全部日本守军，从而使日本丧失了太平洋战场的作战主动权，美军开始转入战略总反攻。

这时候，罗斯福开始兑现他在白宫向宋美龄许下的诺言，准备邀请蒋介石作为四大国之一的领袖参加巨头会议，让中国能在战后的国际上占有重要地位。这才有了1943年11月的开罗会议。罗斯福的想法是战争即将取得胜利，有必要通过四大国领袖的会面商谈，开始规划战后的世界格局，建立世界的新秩序。

可是蒋介石和宋美龄参加开罗会议还颇费了一番周折。1943年11月23日至27日由盟国召开的开罗会议，事先在是否邀请蒋介石参加的问题上丘吉尔和罗斯福还有一番争执。丘吉尔以傲慢的老牌帝国主义的眼光瞧不起中国人，也看不起蒋介石本人，反对让他参加大国的巨头会议。而罗斯福总统决心让中国成为战后世界秩序的"四块基石之一"，并想使几亿中国人战后居于西方盟国特别是美国一边，因此极力劝说，英国最终同意，邀请蒋介石参加会议。

丘吉尔对蒋介石和宋美龄的恶感由来已久，除了他本身对中国的轻视外，他的一些霸道的老牌殖民主义作风和蒋介石宋美龄产生了严重冲突。1942年初蒋介石和宋美龄访问印度，试图调解英国当局和印度国大党领导的民族解放运动，发表了《告印度人民书》，同情印度人民的自主要求，此后蒋介石还再次致电罗斯福，要他促使英国向甘地和尼赫鲁领导的印度人民让步。丘吉尔闻信后火冒三丈，威胁要撤销中英盟约。此后，印度的形势日趋紧张。1942年8月8日，印度国大党通过甘地提出的不合作运动决议，英印当局第三天就把甘地和尼赫鲁投入狱中。一些地区的民众开始扒铁轨、割电线、攻打警察局，遭到英军坚决镇压。这一切让丘吉尔和蒋介石夫妇的关系十分紧张。同年5月，宋美龄在美国

∧ 英国首相丘吉尔最初反对邀请蒋介石参加开罗会议。

的报纸上发表文章，公开谴责英国在缅甸作战不力，却继续以帝国主义的态度对待中国，她毫不客气地要求那些以抗战的名义到中国的英国驻华大使馆的一些“大班”们滚回英国。

此外，在缅甸的问题上中英双方也是矛盾重重，丘吉尔根本不重视缅甸战场，只要求保住印度，而不顾缅甸对于中国的极端重要性。蒋介石对于战后香港主权的要求，丘吉尔甚至拒绝讨论。

而作为宋美龄本人，更是在1943年访美期间和丘吉尔直接发生过对抗。

宋美龄2月18日在美国国会发表演说后风靡全美国，不光受到美国政府的隆重接待，也在

> 罗斯福力邀蒋介石出席开罗会议，兑现了他对宋美龄许下的诺言。

★卡萨布兰卡会议

1943年1月14日至24日，丘吉尔和罗斯福在法属北非的卡萨布兰卡举行会议，会议于23日通过了题为“1943年作战方针”的最后报告。主要内容有：全力击败德国潜艇战；努力向苏军供应物资，支持其作战；力争在1943年内全力击败德国；攻占西西里岛；对德国保持最猛烈的轰炸；在战胜德国后，立即对日本发动全面进攻。会议还任命艾森豪威尔为盟军总司令，并就下一步盟军的指挥建制、主要军种及职务任命等问题做出了决议。

全美各地掀起蒋夫人旋风。她的国会演说在英国转播后，英国驻美大使哈里法克斯接到英国王室指令，要他立即前往白宫拜访宋美龄，邀请她在结束访美时顺道访英。不久，英国外相艾登正式表态希望蒋夫人访英。因为在当时的英国政府看来，邀请宋美龄做国事访问可以表明英国愿意和中国加强关系，在世界上做出各盟国之间团结合作的姿态。

因为以前中英之间发生过不快，为打消宋美龄的疑虑，英国外相艾登还向中国外交家顾维钧保证，一定用最庄重堂皇的仪式来接待宋美龄。

可是宋美龄对此却并无热情，迟迟不做决定。长期以来，中英两国政府间存在不睦。1943年1月中美、中英分别订立了新约，取消了在华的治外法权，从法理上说，中国与盟国已经是平等关系了。但是同年1月的卡萨布兰卡会议★和5月的华盛顿会议，都没有邀请中国领导人参加。而这一切都是因为英国首相丘吉尔对中国的轻视，他曾公开宣称，他不会把蒋介石领导的中国与英、美、苏相提并论。为此，蒋介石致电在美国的宋美龄道：“如夫人此时访英，将被视为有求于人，否则，亦只有为其轻侮，或反被其欺诈耳。”

∧ 参加《中英新约》签署仪式的两国代表。前排中为时任外交部长的宋子文。

此时，宋美龄在美国国会发表演说不久，丘吉尔于1943年3月又发表了一项公开声明，认为战争的进程应该是先打败德国，然后尽最后的努力来战胜日本。他还声称盟国在击败德国后，应即由英、美、苏三国组成一个国际机构，来规划战后的重大问题，而把中国排除在战胜大国名单之外，还说英国没有必要全力“挽救”中国。英国政府这种公开排斥和贬损中国政府的做法激怒了宋美龄和在重庆的蒋介石。

最后，宋美龄决定不接受访英邀请，她对顾维钧说：“我不会做挨了耳光还赔笑脸的蠢事。”当然，对英国方面宋美龄是以身体不适为由，婉言谢绝了邀请。

1943年5月中旬，丘吉尔飞赴华盛顿出席美英首脑及其军事参谋人员参加的“三叉戟”军事会议。会上，丘吉尔又自毁诺言，取消年初允诺的将于11月份与中、美军队发动联合攻缅作战的打算，且与列席会议的中国外交部长宋子文（当时未邀请蒋介石）发生公开冲突，这使中英关系更趋紧张。为了缓和中、英之间的紧张气氛，中国大使顾维钧在罗斯福总统的全力支持下，奔走于华盛顿和纽约之间（当时宋美龄已到纽约小住），努力安排宋美龄与丘吉尔在华盛顿或纽约做一次会晤。他认为，这或许会给双方一个相互了解和通融的宝贵机会。

丘吉尔尽管行程紧张，也希望和宋美龄谈谈，因为这对于中英合作

> 1943年5月，丘吉尔飞赴华盛顿出席“三叉戟”军事会议。

和远东局势没有坏处，而罗斯福总统也想缓和双方关系，请宋美龄在5月23日到白宫参加午宴，顺便和丘吉尔会面。当时甚至蒋介石也主张宋美龄和丘吉尔在美国会面，对她说：“丘吉尔既到华府，如能与英相见面，则于公私均有益。此正吾人政治家应有之风度，不必计较其个人过去之态度，更不必心存意气，但亦必须不失吾人之荣誉与立场。”此外，宋子文也和顾维钧一样，希望妹妹以大局为重，能前往华盛顿去见丘吉尔。

可是倔强的宋美龄在接到罗斯福夫人要她5月23日到白宫的电话后，还是以身体“不宜远行”为由拒绝。罗斯福知道她这是托词，但认为宋美龄和丘吉尔最好能见一面，大家不必拘泥于礼节，于是又建议改在5月26日，以便宋美龄能“不误医生约定打针的时间”，宋美龄并不理会，仍然拒绝从纽约到华盛顿去见丘吉尔。她引用了孔二小姐的说法：作为女士，应由丘吉尔来拜会。

后来，罗斯福还亲自出面调解，丘吉尔也提出一个“折中方案”，在纽约和华盛顿之间的某地与宋美龄会晤。宋美龄获悉后即请信使转告罗斯福和丘吉尔：“这样做不是太滑稽了吗？！”罗斯福听到宋美龄的回话后也很不愉快，说道：“这女人是不是疯了！她即使愿意访英，也不会再有一个英国人欢迎她了。”

此后，丘吉尔因为“事太忙”不愿到纽约去见宋美龄，双方一直没有见面，直到开罗会议。

宋美龄的两次拒绝让丘吉尔自然十分恼火，丘吉尔夫人对此事也一直耿耿于怀，在20年后谈起宋美龄时，听人说“蒋夫人的脸上已出现岁月的痕迹”，还十分高兴。

< 1943 年 1 月，时任外交部长的宋子文在《中英新约》上签字。

英国政府也感到很伤面子，认为"恐怕即使蒋夫人现在要来英国，英王、英后和首相也不欢迎了"。此后，1943 年 7 月身为中国外交部长的宋子文访问英国，到达伦敦时，英国外交大臣艾登、外交部常务次官贾德干都没有到火车站迎接，既是对中国的一种轻慢态度，更是对宋美龄拒绝访英和与丘吉尔会面的报复。

英国政府甚至还因宋美龄赴美国时飞经印度没有通知英印当局，事后致信美国政府，抗议"偷运"宋美龄经过印度。

尽管包括蒋介石、宋子文、顾维钧在内的许多人认为宋美龄应该去见丘吉尔，也明知会得罪英国政府和丘吉尔本人，甚至会让罗斯福总统难堪，但宋美龄坚决不肯妥协，这固然是因为宋美龄的倔强性格使然，但客观上她这么做也是有其道理的。因为从历史上看，英国和苏、法、德、日等国一样，是造成中国长期落后和困难的帝国主义列强，甚至是对中国实行殖民政策的恶首，即使是共同进行反侵略战争，中国人民仍然普遍对它有抵触情绪。而战时英国在远东战场的表现更是令人失望，对中国也还是一种轻视态度。作为反法西斯主力之一的中国不应该也不能表现得太软弱，的确有回击一下的必要。

宋美龄就拒绝去华盛顿见丘吉尔一事向顾维钧解释时说："丘吉尔目中无人，一定要我去华盛顿见他，我谢绝了。因为在国际关系中和个人关系上，礼仪和尊严都至关重要，必不可少。无论如何我在政治上没有外交部长之类的职务，所以有条件表现坚决一些。"

除了拒绝见面，宋美龄还毫不妥协地在印度问题上向英国继续抗议。甘地和尼赫鲁因为再次发动"非暴力不合作运动"而被捕，并且甘地绝食，生命垂危。宋美龄在美国得知后告诉罗斯福，要求他向英国施加压力，无论如何不能使甘地因绝食而死，罗斯福也致电美国驻印代表向印度总督说了，但印度总督回答说："如果他想要死，似乎也没有办法。"宋美龄在美国还发表声明敦促"释放尼赫鲁"。

此外，在拒绝访问英国的情况下，宋美龄却于6月不顾旁人劝阻，坚持到英国的自治领加拿大访问，也全不在乎英国的面子。宋美龄就是故意要向一贯轻视中国的英国政府以及丘吉尔表现出自己的傲慢。

罗斯福扶持蒋介石

与丘吉尔的轻视中国不同，罗斯福始终对中国比较友善。在珍珠港事件后，罗斯福就认识到中国的抗日力量对于牵制日本、打击在华日军来防止日德联手，使日本侵略势力不能渗入欧洲以及其他地区有着深远的意义。他在中国政府1941年12月9日正式向日本宣战后就致电蒋介石，向中国坚持抗日战争四年表示敬意，后来他又坚持让蒋介石出任了包括中、越、泰广大地区的中国战区盟军最高统帅。

因为美国和英国一样要优先保证欧洲战场，罗斯福觉得让中国承担巨大的牺牲去牵制日军对已经孤军奋战四年多的中国有些不公平，所以不但承诺给中国提供大量美援，还决定把蒋介石推上大国领袖之列。1942年元旦由美、苏、英、中领衔的26国共同在华盛顿发表《联合国家宣言》，标志世界反法西斯统一战线正式形成。宋子文代表中国正式签字后，罗斯福向他表示：欢迎中国列为"四强"之一。而自鸦片战争以来一直被人歧视的中国能与美、苏、英并列四大国，除了中国军民本身的抗战，罗斯福不顾英苏反对，坚决扶持中国是主要原因。

对于中国战场在世界反法西斯阵线的作用，罗斯福有过这样的著名论断："假如没有中国，假如中国被打垮了，你想一想有多少师团的日本兵可以因此调到其他方面来作战，他们可以马上打下澳洲、印度。他们可以毫不费力地把这些地方拿下来，他们并且可以一直冲到中东。"

罗斯福的眼光比较远大，他不光看重中国在战时的作用，还有意把中国在战后也拉入美国的阵营，所以强调"在将来，一个仍然不可战胜的中国不仅在东亚，而且在全世界要为维护和平、繁荣发挥它应有的作用"，战后的中国"将重申其历史上的地位"。因此他建立了两个目标："一是有效地共同作战；二是在战时和战后，为了筹建国际组织以及在东方确立稳定和繁荣，承认和把中国建成一个跟苏、美、英这三个西方大盟国具有同等地位的大国。"

∧ 1943年10月，傅秉常（前排右一）与宋子文抵达莫斯科时受到苏联外长莫洛托夫（前排右三）的欢迎。

在1943年初，罗斯福就战后的世界安全和秩序，提出了建立美、苏、英、中四国警察力量的计划。1943年10月底，也就是开罗会议召开前不到一个月，美、英、苏外交部长和中国驻苏联大使傅秉常代表各自政府，在莫斯科签署了《莫斯科宣言》(又称《四国协定》)，确定了最后消灭法西斯和战后国际安全的普遍原则，提出成立一个普遍性的国际组织，在此基础上，罗斯福建议召开美、中、英三国领袖会议。

在那次莫斯科会议上，罗斯福不顾英国和苏联的反对，坚决要使中国成为四强之一。当时参加莫斯科会议的英国外相艾登说“不喜欢让中国人纵横太平洋”，苏联外长莫洛托夫则表示中国在欧洲无利益可言，但美国国务卿赫尔在罗斯福的指使下，坚持要使中国进入四强行列，英国、苏联也只有同意。

接着罗斯福立即准备召集四强的领导人开会，一起商谈战后的世界秩序。他对身边的人说过：“美国将不得不出面领导并运用我们的斡旋进行调解，帮助解决其他国家之间必将产生的分歧：苏联和英国在欧洲，英帝国与中国、中国与苏联在远东。我们有能力做到这一点，因为我们是大国、是强国，而且我们不妄求。英国在走下坡路，中国仍在18世纪之中，苏联猜疑我们，而且使得我们也猜疑它。美国是能在世局中缔造和平的唯一大国。这是一项巨大的职责，我们实现它的唯一办法是面对面地与这样的人会谈。”

虽然蒋介石在罗斯福的坚决支持下得以进入四大国领袖之列，但斯大林一直拒绝和蒋介石见面，同时因苏联尚未对日本宣战，他也不便参加这次会议。几经商议，罗斯福和丘吉尔决定，将原定的四巨头会晤分成两处：先在埃及的开罗讨论对日作战（美英中会议），然后在伊朗的德黑兰讨论对德作战（美英苏会议）。并于11月27日开罗会议一结束，蒋介石取道中东返国，罗斯福和丘吉尔则冒着风沙和敌机截击的危险飞往1,000英里外的伊朗首都德黑兰，去会晤来自克里姆林宫的苏联统帅斯大林。这就是紧接开罗会议之后的德黑兰会议。

1943年10月28日、11月1日和11月9日，罗斯福先后三次致电蒋介石，邀请他参加大国元首会议。在第三次电报中，罗斯福通知蒋介石在埃及的开罗召开中、美、英三国首脑会议。此外，11月12日，赫尔利以罗斯福特使身份来到重庆，与中方就开罗会议预先交换意见。赫尔利解释了罗斯福的用意，并强调，关于亚洲问题，中、英两国如有分歧，罗斯福可以以第三者的身份从中调解。

当时的中国战场也令美国人担心，从这年秋季开始，侵华日军发动了著名的常德战役，试图一举占领华中华南，打通京广线。接着，又增兵30余万，北逼陕西潼关，兵临黄河风陵渡，南下广西桂林，西进宜昌沙市，对重庆形成三面夹击的战略态势，使中国形势骤然严峻起来。根据情报，东京大本营已经将未来战役命名为“1号作战”，旨在摧毁中国民众的抗战意志和迫降重庆政府。为了坚定重庆方面的抗战决心，并协调亚洲盟军的战略行动，罗斯福认为更有必要邀请蒋介石参加盟国巨头会议了。

11月18日，蒋介石在宋美龄的陪同下，带同国防最高委员会秘书长王宠惠、军事委员会办公厅主任商震、航空委员会主任周至柔、中宣部部长董显光等16人，离开重庆，乘飞机前往开罗，途经阿格拉、卡拉奇各留宿一夜后，于21日抵达开罗郊外的培因机场。

还在飞机上的时候，蒋介石就一直心神不宁。能够作为中国的领袖和罗斯福、丘吉尔这样的著名政治家一起参加高峰会议，在世界性政治舞台上，这种荣光可谓百年不遇，蒋介石自然充满了兴奋之感。所谓弱

∧ 开罗会议选在美丽的米纳饭店举行。

∧ 抗战期间，蒋介石与史迪威在一起。

国无外交，近代以来中国积贫积弱，在世界上一直被人看不起，毫无外交可言。现在凭借着抗日战争的浴血奋战，使美、英等国不得不重视中国的地位和影响，让中国挤进世界四强之列，蒋介石在深感荣幸的同时，也有忐忑不安之感，毕竟中国的实力远远不及美、英、苏，这次能列入四巨头，全靠美国人的帮忙，而自己又迫切需要大量美援，可以说是只有他向别人企求的份。

同时，蒋介石这也是第一次和罗斯福、丘吉尔见面，心里难免有些紧张，毕竟人家是全世界瞩目的人物，两人又是经常见面讨论整个战争形势，而自己以前一直被排挤在外，没有机会直接发表对整个局势和战略的看法，就是具体的作战方案，也是经常只能和史迪威这样的人做些争吵。一想到史迪威，蒋介石又是一阵烦闷，偏偏这个和自己过不去的美国将军也要参加开罗会议，而且很可能会向罗斯福说自己的坏话。自己又没有和罗斯福打交道的经验，难保不会吃亏。

想到这里，不禁看了看身边的宋美龄，心里感到一阵安慰。他对自己夫人和美国人打交道的能力是毫不怀疑的，到时候精通英语、能说会道的宋美龄应该会帮上不少忙的。

此时的宋美龄则是十分放松，对于开罗会议这样的重大场面她是丝毫不觉得紧张的，她和罗斯福夫妇已经很熟悉了，也不惧怕丘吉尔。在她看来，开罗会议只不过是自己的又一个表演舞台，她相信到时候自己会是最重要和最引人注目的女人。

蒋介石和宋美龄的专机降落在开罗培因机场时，是1943年11月21日的早上7点。他们一下飞机就被几十名美英记者围住了，毕竟这是中国的领导人首次出现在这样的国际性场合。神情严肃、不带一丝笑容的蒋介石是记者们集中拍照的对象，这是因为记者们对他都十分陌生和好奇。身着黑色旗袍的宋美龄还是显得很老到自如，向记者们微笑致意。

在机场迎接的只有提前到达的陈纳德和美国第9航空队的指挥官等数人，作为会议东道主的英国方面竟然没有派人前来迎接，这让蒋介石和宋美龄都感到很诧异。这时英国方面的联络官解释说蒋介石和宋美龄坐机抵达开罗的时间比预定时间早了一天，而美国空军人员又严守秘密，所以英国方面的军政长官都没有安排到机场迎接，并表示了歉意。

随后蒋介石和宋美龄乘坐美军准备的汽车，由他们的好朋友陈纳德引导，经过开罗市区，先赴米纳饭店的会议场，然后由英国方面的负责人员迎接，领到住处。

他们住的地方是在城郊卡塞林森林区的第1号别墅，随后不久到达的丘吉尔住在英国中东大臣凯西的别墅里，离他们的住所只有半英里的路程。最后到达的罗斯福则是住在美国大使柯克的别墅，相距也不太远。为了保证会议的绝对安全，附近由英军的一个旅负责警卫，把这一带变成了与外间隔绝的禁区。

> 1941年时的蒋介石。

∧ 开罗会议期间，蒋介石夫妇与美国总统罗斯福交谈。

蒋介石和宋美龄刚到住地，上午10时，英国中东事务大臣凯西来访，说明未曾预知到达的时间，表示了歉意。蒋介石见他还算客气，对英国人的不满之情也缓解了些。当时宋美龄经过长期飞行，身体不适，凯西还表示愿意请当地的名医来诊视，宋美龄一再致谢。其后，蒋介石还特别叮嘱王宠惠再向英方表示谢意，而王宠惠本人路上也曾因年高体弱，一度发生昏厥。

当天的稍晚时候，丘吉尔也到达开罗。随行的有英军参谋总长布鲁克上将、海军参谋长、空军参谋长等大批将领，还有外相艾登以及丘吉尔的女儿等100多人。

蒋介石获知丘吉尔抵达开罗，为了表示大度，加上丘吉尔也算这次会议的东道主，准备屈尊去拜访丘吉尔。他本想要宋美龄一起去，但宋美龄正因旅途劳累而有些身体不适，加上在华盛顿时和丘吉尔的风波，自尊心极强的宋美龄表示自己不会主动去见丘吉尔。因此蒋介石到丘吉尔那里时，除了翻译之外，英国的蒙巴顿将军是两国首脑首次会面时唯一在场的人。

蒙巴顿当时刚刚接手英军在东南亚战场的指挥权，他来参加会议之前特意准备了一个“锦标保持人”作战计划，而他携带的这份作战计划能否被通过，关键取决于蒋介石的意见。因为在他看来，罗斯福总统“偏爱”中国人，丘吉尔又历来不重视缅甸战场，认为只会给英国添麻烦而带不来实际好处，真正重视缅甸战场的只有中国人。所以蒙巴顿是十分希望蒋介石能和丘吉尔通过这次开罗会议达成合作协议的。

但是与蒙巴顿的愿望相反，蒋介石与丘吉尔未见面时就互抱成见甚至恶感，这次见了面也仍然是话不投机。勉强和丘吉尔客套了几句，蒋介石便起身告辞。

第二天中午丘吉尔回访蒋介石和宋美龄。见到蒋介石夫妇后，先对正午时刻来访的不合中国人习惯之处表示歉意，然后又以自己与众不同的作息规律和工作繁忙为理由，说他不得

∧ 时任东南亚盟军总司令的蒙巴顿。

不如此。蒋介石客气地表示自己并不介意，欢迎首相随时可以光临。接着，蒋介石提请丘吉尔，在即将正式开幕的开罗会议上，应把盟国援华问题和有关缅甸局势放在首位。而丘吉尔只是不置可否，笑着说："委员长阁下和夫人应当利用这个机会，多看看金字塔、狮身人面像和其他埃及的名胜古迹。"

这让宋美龄十分不满，她向丘吉尔说："中国的名胜古迹也很多，委员长现在也无心观赏，中国代表团这次来开罗是想和贵方协商解决缅甸战局的。"

丘吉尔知道宋美龄的厉害，稍谈了一会儿就借故告辞了。

当天，美国总统罗斯福乘坐"道格拉斯 C－54"号专机抵达开罗。这次旅行，他先是乘"衣阿华"号战列舰驶往阿尔及利亚的奥兰港，途中，"衣阿华"号还险遭一艘护卫自己的驱逐舰误射。到了奥兰，他改乘飞机经突尼斯来到了这里。罗斯福此次也带来了陆军参谋总长马歇尔上将、北非盟军总司令艾森豪威尔等重要将领。

罗斯福到达后，让人向蒋介石解释了斯大林不能到会的原因：开罗会议只讨论对日作战问题，与斯大林关系不大。斯大林将参加紧接着召开的德黑兰会议。蒋介石自然知道斯大林是不想和自己见面，不过他也不在乎。照宋美龄的说法，这样最好了。

★魁北克会议

1943年夏季，英、美在意大利战场上的作战行动进展顺利。8月14日至24日，丘吉尔和罗斯福等人在加拿大魁北克举行以“四分仪”为代号的重要会议。就欧洲战场与太平洋和印度洋战场的关系问题达成多项协议。1944年9月11日至19日，英美两国首脑再次在魁北克召开重要会议。会议就如何扩大和发展第二战场问题、战后对德国的处理问题等进行了深入讨论并达成了一系列协议。

难产的缅甸作战计划

美、英、中三国首脑总算到齐了，23日上午，开罗会议在位于西郊的米纳饭店正式开幕。

华丽的米纳饭店位于沙漠边缘，这是一座白色的建筑，正在吉萨金字塔和狮身人面像的对面。早在苏伊士运河开通典礼时，米纳饭店就已是接待国宾的场所。开幕式上所有人都到了，几乎当时所有知名的英、美高级将领都来到了这里。

会场四周戒备严密，周围布置了500门高射炮对空警戒，还有雷达阵地，所有的道路上都布置了最严密的警戒线。为了做到万无一失，英国方面还在几百公里外的亚历山大港安排了8个空军中队，随时准备拦截从希腊或罗德岛方向来袭的德国飞机。

根据事前商定，由罗斯福担任会议主席。对会议满怀热情的罗斯福首先致简短的开幕词：“今天的开幕式虽然简单，但此次会议为历史性会议，因为这是美、苏、英、中莫斯科会议《四国宣言》的具体化，影响所及，今后将达几十年。”

与会者一起鼓掌。罗斯福接着说：“同时，作为大会主席，我认为我可以代表英国盟友欢迎蒋委员长和蒋夫人。”蒋介石和宋美龄点头致意。

开幕式之后马上就是第一次全体会议，议题首先是关于德黑兰会议的议事日程。随后，就是讨论亚洲的行动，主要是远东的军事行动。

罗斯福让东南亚盟军总司令蒙巴顿将军把他在魁北克会议★后拟订的东南亚战役计划中有关在缅甸行动的过程向蒋介石通报。

V 开罗会议期间，蒋介石与罗斯福、丘吉尔在一起。

∧ 第一次魁北克会议期间，罗斯福、丘吉尔与英美高级将领合影。

只见蒙巴顿打开黑皮包，取出一沓厚厚的文本和作战地图，那就是他携带来的“锦标保持人”作战计划。他首先感谢了蒋介石同意将中国远征军交给他指挥，参加收复缅甸及打通中印公路。随后，他开始讲解“锦标保持人”作战计划。

这个计划的第一阶段要求：中国第22师和第38师从雷多进军（这个行动那时已在进行中），同时要求：1944年1月中旬，英第15集团军在若开区向前推进以占领改善的防线；英第4集团军向茂功、明塔、锡当进军，尽可能向东南推进；2月，上述三支长远距离的突破部队开始进攻，伞兵部队于3月中旬必占领英都，然后空运印度第26师据守该地。这个作战计划还原则上确定在孟加拉湾进行两栖登陆作战。

< 抗战时期，蒙巴顿在重庆与时任陆军总司令的何应钦握手。

蒋介石和宋美龄越听越不对劲，因为蒙巴顿在重庆时还向他们保证，在中国军队由陆地向南攻的同时，会有英国舰队从南登陆进行水路两栖作战，进行配合。现在这个“锦标保持人”计划并没有明确英方两栖作战的时间表和投入兵力，只是规定中国军队的进攻时间表。这样的方案更像是只在缅甸北部打一场战争，来保卫英国控制的印度不被侵犯，而且把最困难的野人山地区的行动交给中国军队。蒋介石不由得皱起眉头。

蒙巴顿向全体会议参加者介绍了自己的计划之后，丘吉尔先发言。他表示：“自意大利海军被击溃和投降后，我们已能够抽调一部分海军力量到孟加拉湾进行战斗。他们将以锡兰岛为基地。”听到丘吉尔这么说，蒋介石松了一口气。

> 入缅作战的中国远征军士兵。

接着丘吉尔又说:"我们将派出最新式的乔治五世战列舰2艘、重型战斗巡洋舰1艘、瑞农级15寸口径炮驱逐舰2艘、大型航空母舰4艘、小型航空母舰约10艘。这样的一支海军力量，我们相信可以超过敌人所能派遣到孟加拉湾的任何海军力量。"

蒋介石在旁表示感谢丘吉尔能告诉大家英国方面准备派到远东的海军舰只数目。

丘吉尔接着说:"在陆地方面，英军已准备投入18万人，连同盟军部队，共约32万人，在数量上已比敌人占有优势。至于空军方面，印度皇家空军及美国驻印、驻华空军力量，也相当雄厚。所以我觉得这个攻缅计划极有把握。只需负责军事行动的将领尽快制订详细的行动计划，就可以开始行动了。"

蒋介石和宋美龄听丘吉尔说得漂亮，可是始终不提他的那支庞大的海军舰队何时投入战斗，水陆两栖作战的具体时间和地点都是一字未提，只催着中国远征军在缅甸北部按蒙巴顿的计划尽快进攻，都是心里有气。

在缅甸战场上，蒋介石对英国人是一直憋着一股气的。

1942年3月中国远征军入缅，由于英军配合不力，中国方面遭受了重大损失，蒋介石的精锐部队丧失5万人，大量美式装备丢失。缅甸失守后，密支那被占领，唯一的一条空中航线被迫北移，空运得经过喜马拉雅山，一切都变得更加困难和危险；云南也遭到了日军的进攻，一时间中国西南的大后方阴霾密布。1942年10月，蒋介石向盟国提出了《联合反攻缅甸方案大纲》，其中，要求英国方面做的事是：一是英军从陆路和海路参战，二是派遣充足的空军部队提供有效支援。那时，蒙巴顿还没有来东南亚。于是蒋介石要史迪威代表自己与英国驻远东的魏菲尔上将举行了一系列会谈。

∧ 1942年3月，时任远征军第一路军司令长官的卫立煌在缅甸前线与部属研究作战事宜。

V 抗战时期，史迪威与蒙巴顿在缅甸。

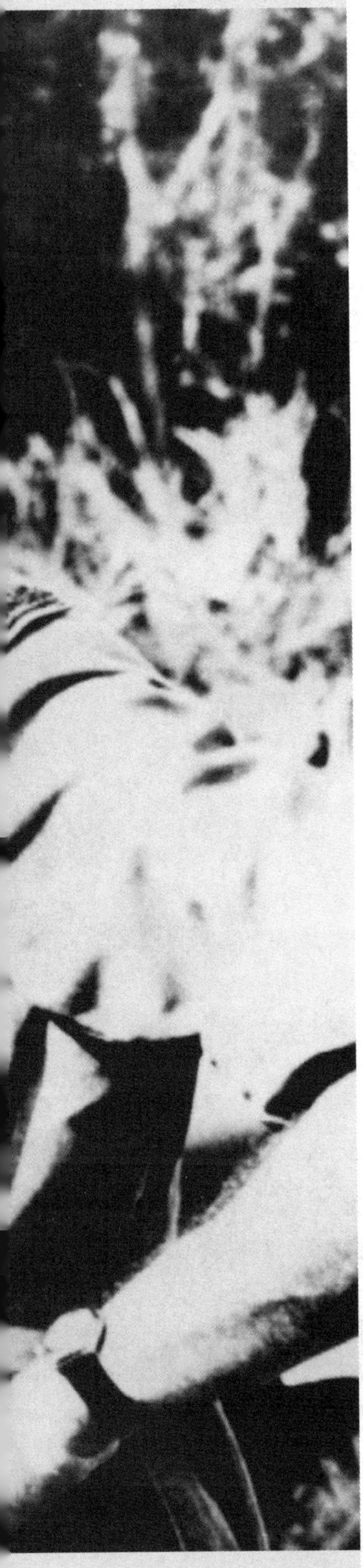

照当时蒋介石的这个方案大纲，既可使中国重新打通经仰光的陆上运输线路，同时英国也可以重新在孟加拉湾确立制海权，恢复安达曼群岛，收回仰光。蒋介石认为这是考虑到了英国的利益的。但当时英国却不顾缅甸对于中国战局的重要，无意于近期收复缅甸，他们顾虑重重，一是北非埃及失利；二是印度民族独立运动正在兴起，英对印度的殖民统治面临着现实的危机；三是英国一心投入北非战场，印度洋制海权已经失控，运输舰队大量投入北非，不可能顾及到反攻缅甸，更不能投入大量海军攻击仰光港。

同时，英国非但自己不想积极收复缅甸，也不愿让中国插手，进占缅甸。10月27日，史迪威与魏菲尔会谈时，魏菲尔拒绝中国的驻印军从英帕尔经过达武和加里瓦向缅甸推进，理由是"从孟加拉湾开始的曼尼普尔公路和阿萨姆铁路不能同时支持中国人和英国人"。他只将缅甸北部的胡康河谷按规定给史迪威指挥的中国军队。经协商，"这两位司令官同意史迪威的使命在于占领密支那—八莫，以便使用密支那机场，并与从云南进军的中国军队取得联络。"魏菲尔还将较平坦的英帕尔至达武一线留为英军自用，而让中国军队从山路崎岖的胡康河至孟拱线入缅作战，其目的很明显，他们希望中国远征军入缅作战的话，最多只是占领北边的密支那，根本不想让中国军队夺取仰光。

由于中国驻印军进攻时将以雷多为基地，从胡康河谷推进，美英双方同意"美国应负责修筑一条公路，从雷多下经胡康河谷和孟拱河谷至密支那，最后与滇缅公路衔接起来"。但是，这也不是英国人真心同意的，就连史迪威也看出了英国人的自私："英国不需要也不喜欢这项工程，他们宁可使前线无路以利于英国在运输方面保持垄断地位，更重要的是英国人不想让中国人有进出于印度和缅甸的途径。由于华盛顿的坚持，也由于公开拒绝会更加引起中国人的激烈对抗，英国人才表面上同意筑路计划。"

后来，经过和美国的商议，英国才勉强接受了蒋介石的尽快反攻缅甸的主张，但把它更改为"发动一场小规模攻势，收复缅甸沿海若干狭长地区的实兑，建立一个战斗机基地，以便将来发动进攻”。魏菲尔建议攻势于1943年春季开始，命名的代号是“安纳吉姆”行动，并答应英国投入7个师的兵力，“其中3个师以伊姆法尔为出发地，经卡勒瓦西北取更的宛河流域，其目的为取得卡他、水波、猛瓦一线后再图进取。另以1个师自吉大港进攻阿恰布而占领之，以为向东发展之准备。另外3个师则留为后备。中国军队在战役中则以雷多为根据地，经孟拱河谷，进攻孟拱与密支那而占领之，与英军在卡他会师”。这个行动计划，虽已对蒋介石提出的全面反攻缅甸方案进行了重大改变，但考虑到英国的实际情况，当时蒋介石还是同意了。

“安纳吉姆”行动计划确定后，盟军有关各方即按计划着手准备，特别是美国和中国方面进行了认真的准备工作。1942年12月8日，罗斯福批准美国参谋长联席会议关于增拨给史迪威63,000吨物资和6,000名从事筑路等任务的勤务部队的建议；蒋介石仅在云南方面就集结了15个师，其中有些师1943年2月中旬即可投入对缅甸的攻势，中国驻印军也已整装待发。但英国方面却又突然变卦了，他们担心后勤和医疗供不上，进攻缅甸北部的丛林地带风险太大，孟加拉湾缺乏驱逐舰掩护在海岸进攻的部队。其实，英国人更担心把日本人赶走后，难以把中国的进攻部队从缅甸请出去。于是魏菲尔又推翻原先的承诺，声称他的7个师中只有3个师可参加这次行动，而且还只能打三四个月，“因为他们忍受不了夏季来临时，缅甸多雨天气的折磨”。

蒋介石得知英国人的这种态度后，火冒三丈。他一气之下撤销了中国方面在1943年春季的对缅军事行动计划。“安纳吉姆”计划告吹后，中、美、英三方又搞出了一个行动规模更小的所谓“茶碟”计划，由于各方对它含糊的措辞有不同的理解，直到这次开罗会议召开前也没有实施过。

现在听到丘吉尔在会上的发言，显然英国方面对于攻占缅甸还是不肯积极配合，蒋介石和宋美龄都十分气愤，同时感到了这个丘吉尔确实是不好对付。

这时罗斯福宣布请蒋介石发言。蒋介石尽量客气地提出批评说，此计划没有明确规定水陆两栖夹击的地点和日

∧ 在缅甸指挥盟军对日作战的美国史迪威将军。

∧ 在缅甸携手对日军作战的中英两国士兵。

期。他说："反攻缅甸胜利的关键完全在于海军和陆军的配合作战同时发动。这样的话，我们在海上可以获得制海权，以断绝敌人由海上增援和补给。再加上我们空军对敌后方交通不断进行轰炸破坏，我们在陆路的进攻就比较容易，战果也比较确定。否则敌人由海上转运，补给自如，兵力源源不断地增加，我们的胜利并没有把握。这一点必须特别注意。我的意见是，如果海军没有集中，那么即使陆军已集中，还是缺少胜算把握。"

蒋介石的意思现在在座的人们都已清楚了，那就是如果英国方面不从缅甸南部沿海进行登陆作战，那么他也不会同意在缅甸北部投入一场胜算不大的局部反攻作战，因为那样的话中国的运输线还是没有完全打通。

为了向罗斯福说明缅甸战场的重要性，让美国方面支持自己的全面作战计划，蒋介石又说："我们要知道，敌人绝不会轻易放弃缅甸，我们必须经过一场苦战。因为如果缅甸战场失败，那么日本在华南、华中都将不守，所以敌人对缅甸的作战，肯定将尽其全力。根据情报，敌人在缅甸可使用的兵力达到10个师团，如果后方不予截断，那么敌人肯定还会有增援，希望总统先生和首相阁下特别注意。日本陆军作战，其生死关头有三处，一是缅甸，一是华北，一是东北四省，由此可见缅甸战场之重要。所以了，陆军集中，必须海军同时集中，也就是说，陆军集中的日期，由海军集中的日期而定。"

最后，蒋介石强调必须坚持三点：1．南北缅海陆同时夹击；2．安达曼岛同时占领；3．英军应进至曼德勒。

由于蒋介石不同意蒙巴顿的"锦标保持人"计划，会议不得不中途停止，以便进行必要的私下协商。

下午继续开会，蒋介石再次提出了全面反攻缅甸的行动方案。这是在来开罗之前中国方面精心准备的提案，它分为两部分，第一部分是中国军队方面的行动方案，其主要内容是：

一、加强有效实力，装备并训练90个战斗师，分成3组，每一组30个师和1至2个装甲师。

1．第一组由在印度的中国驻印军及那些被部署到云南边境的中国部队组成。这些师应于1944年1月1日达到规定的足额，并在那时予以令人满意的装备。

2．第二组的30个师已经指定，并已成立一个指挥中心，等通向印度的公路打通时，（第二组的30个师）应重新装备，并可以随时开往战场。

3．对第三组的30个师将进行类似的程序，在通过缅甸的交通线重新打通之后，1个或2个装甲师将组织起来。

V 英军部队在缅甸境内与中国远征军并肩作战。

4. 中国一切可供使用的资源都将用来产生有效的战斗部队，现存部队中受过训练的人员将成为充实者。

5. 中国将按照约定的计划参加收复缅甸的战役，中国驻印军的部队从雷多进攻，云南方面的部队从保山进攻。此军事行动将得到在孟加拉湾海军行动的支持。在采取行动之前，英国海军应及时集中，为行动做好充分准备。

第二部分是中国希望盟军采取的行动：

1. 在1944年雨季之前，盟国将使用陆、海、空军尽快做出努力以重新打通由缅甸至中国的交通。

2. 美国将为3组30个师和装甲师提供装备。

3. 如约维持美国第14航空队，并予以充分的补给，使之可持续采取行动。

∧ 在缅北丛林中运输物资的中国骡马队。

4. 中国空军将迅速加强到两个战斗机大队、一个中型轰炸机大队、一个侦察机中队和一个运输机中队，并保持这样的实力。

在蒙巴顿看来，蒋介石要求美国先后为他装备90个师及装甲部队，这比1942年底的"安纳吉姆"行动计划实施美国为中国建立30个师的计划更宏大，这让他很担心美国人是否还会如此慷慨。同以前一样，丘吉尔基本上不赞成蒋介石的那种等于是陆上战斗的两栖作战。他对在缅

< 蒙巴顿（左二）与手下将领在缅甸商讨作战事宜。

> 蒙巴顿旧照。蒙巴顿在开罗会议上代表丘吉尔阐述了英国政府在印缅战事上的观点。

甸进行大规模战役的建议并不表示热情。在他看来，缅甸只是大英帝国在印度殖民地的一个前哨，只是为了确保印度的安全，而不是一个具有战略性的地区，而且他也不喜欢美国人特别是中国人“分享解放缅甸的荣誉”。当蒋介石在会议上阐述自己的作战计划时，丘吉尔粗暴地多次打断他的发言。

尽管丘吉尔很不乐意把大量的英军和海军力量用在对缅甸的全面战役上，罗斯福此时却支持蒋介石的观点。他认为中国战场还是有其重要性：“使中国军队牵制住日本军队，这是我们的一大目标。”而要保持中国战场不至于溃败，必须进行援助，所以关系到重庆政府物资供应的缅甸运输线必须打通。虽然通过与蒋介石的接触，他也感到蒋介石政府的能力令人担忧，但他毕竟是中国政府的象征和代表，正如他对儿子说的：“尽管蒋氏夫妇的缺点很多，我们还是得依靠他们。”

令蒋介石高兴的是，美国军方的参谋长们在会上主张接受他的计划，即在进攻缅甸北部的同时，另外再“在孟加拉湾采取军事行动”。马歇尔就认为只要蒋介石同意从云南出兵，打通缅甸北部交通就有了保证。美国方面提出的计划基本上是史迪威的建议，即英国动用海军攻占缅甸的安达曼群岛，并登陆攻取仰光，在钦敦江上建立桥头堡，派空降部队占领英都，以控制通往密支那的铁路线。

但是丘吉尔仍然不肯明确表示支持，也不肯确定英国海军舰队的集中时间。他只是反复说，英国海军集中的时间应当在春夏之间，并说海军舰只集中事关机密，不便在会上公开，详细内容应在私下面谈。

丘吉尔的这种态度就连罗斯福也有些不满了。为了说服蒋介石尽快出兵缅甸，他在会议期间还私下向蒋介石表示自己愿以人格担保，只要缅北战役开打，英国的海军必定同时采取行动，那时如果英国不在孟加拉湾部署海军，就由美国填补这一空白。此外，美

∧ 开罗会议期间，中国军队与日军在常德展开激战。

国还将派遣经过严格训练的3,000名远程突击队员参战。同时，美国方面还将保证物资上的供应。

而蒋介石经过权衡，勉强答应罗斯福的要求，表示可以先进行准备，不过他要求的90个师的装备必须得到保证。对此，罗斯福答应"在一两个月内实行渡过孟加拉湾的大规模两栖作战"；并同意在将来某个时间武装和装备中国的90个师。

尽管开罗会议最终既没有接受蒙巴顿的"锦标保持人"作战计划，也没有完全认可蒋介石的全面反攻缅甸的行动方案，但美、英、中三方的军事专家们还是确定由中国军队在缅甸北部发动一次代号为"泰山"的攻势，另由蒙巴顿牵头发起旨在夺取缅甸沿海安达曼群岛的代号为"海盗"的两栖军事行动。

蒋介石和宋美龄来开罗之前准备在会上提交讨论的意见中，除了政治方面的要求归还东北四省和台湾、澎湖外，在军事方面还有一项就是与缅甸战役密切相关的关于喜马拉雅山的"驼峰航线"的运输物资问题。

对此，蒙巴顿的看法是目前印度方面的运输能力有限，而进攻缅甸部队的补给准备需要巨大的运输量。所以在1943年11月、12月两个月内供给中国的运输量为9,700吨，到1944年1～2月间，则能供应中国7,900吨。开战三个月以后，运量增加，除供给中国9,200吨之外，其余都供缅甸作战之用。如果还是感到不足的话，就只有尽量增加运输机的数量了。丘吉尔也认为交通线困难，所以想特别注意补给。

最关心物资供应和运输的当然还是蒋介石和宋美龄。蒋介石在会上毫不客气地提出“驼峰航线”的运输量必须保持10,000吨，并坚持美国要供应530架飞机，迅速在中国建立强大的空军，达到驱逐机20个大队，中型轰炸机1个大队，侦察机和运输机各1队，重型轰炸机1个大队。这是陈纳德和宋美龄来开罗前商量过的，宋美龄当时表示相信罗斯福会答应的。

这样的要求让罗斯福有些吃惊，但他随即想到这也是可以理解的。当时中国正饱受日本空军的轰炸而无可奈何。有了自己的强大空军后，既可以抑制日军的轰炸，还能破坏敌人的轰炸。而且罗斯福也知道中国战场的消耗确实非常之大，中国的主要工业城市都在日本占领区，战争物资极度匮乏，汽油几乎全靠进口。

蒙巴顿解释道，即使能搞到这么多的运输飞机，翻越喜马拉雅山的“驼峰航线”也难以保证能运送如此大量的物资。同时，他也认为在缅甸的雨季进行战斗时，用空降袭击也是无法办到的。对他的解释，蒋介石不肯接受，他说：“罗斯福总统绝不会拒绝我的要求。”同时他也不理睬蒙巴顿关于雨季是战争中应当考虑的重要因素。一直在场担任翻译的宋美龄觉得有些不好意思，就转头用英语对蒙巴顿说：“不管你信不信，他不懂得雨季的事。”

当然，比较重视中国战场的罗斯福还是同意尽量保证援华物资的供应，在他看来，没有中国军民的抗战，太平洋战争的胜利就很难保证。当时中国仍是美军B－29型远程轰炸机的有效基地，中国战场仍然消耗着日军的主力，这一点罗斯福和他的将领们是十分清楚的。

就这样第一天的全体会议经过一番争吵后结束了。蒋介石和宋美龄总算在援华物资方面得到了一些保证，缅甸战场上罗斯福也做了保证，蒙巴顿表示回到印度后就尽快拿出“海盗”两栖进攻的方案。

《开罗宣言》收回台澎

当晚，罗斯福设宴招待蒋介石和宋美龄夫妇，特别助理霍普金斯作陪。蒋介石和宋美龄晚上7点坐车来到罗斯福住处。一个仆役推着轮椅进来，罗斯福笑容满面地坐在轮椅上向蒋介石夫妇打招呼。仆役将他推到餐桌旁，调整好位置，拉紧了轮椅上的闸，退了出去。

宋美龄请罗斯福吸烟，罗斯福谢绝了，然后掏出自己的烟盒，用他那细长的手指把一支香烟插在一个精致的烟嘴上，抽了起来。"抽惯了自己的。"罗斯福笑了笑，耸耸肩，表示歉意。他的风度令在场的蒋介石也很欣赏。

∧ 在香港的问题上，丘吉尔断然拒绝归还中国。

罗斯福首先对中国军队在常德战役的英勇作战表示钦佩，并特地为正在与日军作战的中国将士和蒋宋干了杯。

罗斯福说："由于中国人民在抗战中的杰出表现，提高了中国的国际地位。我以为，中国应以平等地位列入世界四强，参加四强组织的机构及各项决策。关于这一点，我已同斯大林和丘吉尔交换过意见。不知委员长以为如何？"

蒋介石当然求之不得，连忙表示同意。

宴会结束后，双方进行了私下会谈，一直到深夜才结束。参加秘密会谈的只有罗斯福和他的特别助理霍普金斯，以及蒋介石和宋美龄四人。会谈的内容非常广泛，主要是谈战后的问题。

首先是关于中国的领土问题。蒋介石和宋美龄来开罗之前最为重视的就是战后中国收回被日本侵占的领土问题。经过商讨，双方一致同意，"日本攫取中国之土地应归还中国"，包括东北四省、台湾及澎湖。对琉球群岛，蒋介石和宋美龄提出由国际机构委托中、美共管，这样也可以使美国放心，以免将来发生争议时美国处于孤立地位。对于香港问题，罗斯福提议由中国先行收回，然后再宣布与九龙合并成为全世界的自由港。蒋介石和宋美龄都表示赞同，他们希望美国从中疏通，使中国至少能收回九龙。关于太平洋上日本所强占的岛屿，双方都认为应永久予以剥夺。

不过在香港问题上，丘吉尔的态度非常强硬，断然拒绝归还中国，罗斯福最后也帮不上忙。

对于战后日本的处置问题罗斯福也征询了蒋介石的意见，他指出，日本国之所以能发动大规模的战争，是因为他们不民主，如今日本战败已成定局，战后的日本应该是民主的日本。同时罗斯福还提到美国国内舆论要求追究天皇的战争责任，废除日本天皇制。

蒋介石回答道："这个问题，我以为除了日本军阀必须根本铲除，不能再让其起来干预政治以外，至于日本国体如何，最好待日本新进的觉悟分子自己来解决。"等宋美龄译完后，他又说："如果日本国民能起来对付战争祸首的军阀而革命，推倒它现在侵略主义的军阀政府，彻底消灭其侵略主义的根蒂，那我们就应该尊重他们国民自由的意志，去选择他们自己政府的形式。"

罗斯福又谈起了战后对日本的军事管制，他征询蒋介石对战后派兵进驻日本的看法，即是否应由中国为主体。很明显，罗斯福希望以中国为主，以减轻美国在远东的负担。

对此，蒋介石和宋美龄的态度是对日本本土驻军监视问题，应由美国主持，如需要中国派兵协助，中国一定尽力而为。双方同意具体处理方式可以视将来情况再定。

蒋介石和宋美龄还向罗斯福提出战争赔偿的问题，即战后日本在华的公私产业应完全由中国政府接受。罗斯福表示赞成，允许日本以实物作为赔偿。

罗斯福还允诺保证中国战后的国际地位，他表示希望中国在战后与美、英、苏共同担负起维护世界和平的责任。蒋介石夫妇当然是很高兴地答应下来。

接下来双方谈到了中美合作的问题。罗斯福提出，为维护太平洋地区的和平，战后美国应在太平洋各基地保持足够的军队，中美双方应做出安排以便互相支援。蒋介石和宋美龄对罗斯福的提议表示非常欢迎，因为这可以保证中国的国际地位。

蒋介石夫妇还要求美国帮助装备中国的陆海空军，并提出将旅顺港作为中美双方共同的基地。他们的目的显然是为了对付中共和苏联的势力，对此，罗斯福表示还要考虑一下，因为这牵涉到苏联的远东利益。

在经济合作方面，蒋介石和宋美龄提出战后中国的重建经济任务相当艰巨，迫切需要美国提供各种形式的财政援助和技术援助。罗斯福表示对此将做周密而切实的考虑。美国方面的打算显然是要以“门户开放、机会均等”的全面开放中国市场为条件，所以蒋介石和宋美龄在开罗只能得到一句空洞的保证。

关于中国周边国家朝鲜、印度支那和泰国的独立问题，蒋介石和宋美龄也与罗斯福进行了商讨。他们从中国自身长期受帝国主义压迫的民族主义立场出发，要求让这些国家战后都获得独立。对于朝鲜，蒋介石支持流亡在中国的李承晚临时政府，但罗斯福表示这样的海外组织与朝鲜国内人民的联系极少，不便予以明确支持，还要考虑到苏联的态度，因此罗斯福只同意让朝鲜独立的原则，对支持流亡在中国的李承晚政府不愿明确表态。

事实上，丘吉尔对于朝鲜的态度也是一样，苏联在稍后举行的德黑兰会议★上也同意支持朝鲜独立，然而由谁来组成独立后的朝鲜政府，各国的目标并不一致。

在越南的问题上，蒋介石积极扶植越南革命同盟，支持越南国民党的“亲华、反法、抗日”运动，鼓吹让越南独立，但对胡志明领导的越南独立联盟却不予支持。由于越南的独立涉及法国的利益，在英、法的坚决反对下，蒋介石和宋美龄不再坚持让越南独立，而是希望国际托管，由中、美两国尽力帮助越南在战后独立。具体做法是由中、美、苏、法、菲律宾各派一人，另选越南两人，成立托管机构，训练越南人建立自治政府。这个方案后来得到了罗斯福的认可。

中国国内问题，尤其是中国共产党的问题，也是罗斯福所关心的。他之所以大力支持中国战后的国际地位，就是有意要使中、美关系打下基础，让中国填补日本留下的在远东的真空，来抵御苏联。

所以罗斯福表示美国愿意帮助调解国、共两党之间的矛盾，他认为这些问题可能会影响战后的世界秩序。而在当前，最要紧的是让中国继续战斗下去，拖住日本军队。他试探着问蒋介石为什么还要部署大批军队监视和包围中共的苏区。

蒋介石答道：“共产主义与帝国主义为问题之重心。我期望总统尚须注重苏联今后之行动与事实为要，反正我对苏联不敢深信。”接着，蒋介石辩称中共并非仅仅是中国内政问题，而是苏联“赤化中国”的工具。他和宋美龄共同向罗斯福勾画了一幅共产国际利用亚洲各国共产党“赤化”

∧ 1943 年 12 月，斯大林、罗斯福、丘吉尔在德黑兰会议上。

★德黑兰会议

第二次世界大战期间，苏、美、英三国首脑斯大林、罗斯福、丘吉尔在伊朗首都德黑兰所举行的一次重要国际会议。会议于 1943 年 11 月 28 日召开，12 月 1 日闭幕。会议的主要议题是盟军消灭德国武装力量的各项计划以及安排战后和平和合作。会议最为重要的成果，是三国领导人就关于1945年5月在法国开辟第二战场的问题达成了协议，对于第二次世界大战战局产生了极为重要的影响。

整个亚洲的可怕前景，建议美国要从各方面防止共产主义在远东的蔓延。

他们表示，中国可以向苏联做出某些让步，包括大连成为国际托管下的自由港，向苏联开放，但要求苏联必须支持中国的国民党政府，不支持中共。

罗斯福对于中国的稳定比较关心，希望战后有一个稳定的合作的大国作为美国在远东的伙伴，发挥更大的作用，以替代日本，抗衡苏联，并可以参加对原殖民地的国际托管，从而加强美国在远东的地位。他曾对英国外相解释过为什么一定要扶持中国成为世界大国："中国既不会侵略，也不会成为帝国主义，而可以成为抵消苏联力量有用的平衡力量。"所以罗斯福不希望中国再发生内战，在内战中消耗自己的力量。他要求蒋介石以政治手段解决中共的问题，与延安方面握手，组织一个国共联合政府。

蒋介石没有办法，只好表示，如果苏联不插手东北，则可以考虑。

罗斯福当即表示他会和斯大林洽谈此事。

至于香港、广州、上海等被英国所占据的地方及租界的归还问题，罗斯福也以组织国共联合政府为条件，答应为中国努力促其实现。

会谈一直持续到当晚深夜12点，蒋介石夫妇和罗斯福谈得非常融洽。但因为这是私下进行的会谈，双方对会谈中所涉及的各项内容均不负义务，所以很多问题都没有实际解决，只有关于中国收回被日本侵占的东北和台湾澎湖在后来发表的《开罗宣言》中得到了确认。

蒋介石在和罗斯福会谈后十分高兴，虽然宋美龄早已和罗斯福很熟，他却是第一次和罗斯福在一起交谈。他后来在日记中对罗斯福大为赞赏，推许罗斯福为一具有远见的政治家，风度超脱，一见如故。

不过罗斯福在和蒋介石长谈后却感到有些失望，事后他曾对身边的人表示自己对蒋介石的信心大不如前了。尤其是和蒋介石不睦的史迪威也在开罗向罗斯福报告了蒋介石的种种缺点，使得罗斯福产生了这样的一种印象：国民党办事

∧ 罗斯福在开罗会议上许多观点都与中方相近。

∧ 开罗会议期间，蒋介石与罗斯福举行非正式会谈。

效率低下，政治腐败，军队战斗力不够强，蒋介石把反共看得高于一切，美国的军援物资不是被贪污就是被用来对付中共。开罗会议结束后罗斯福听说日军已攻陷了常德城，十分担忧。12月6日，他在开罗问史迪威蒋介石政权还能够支持多久，史迪威答称如果日军仍像上次那样全力攻击的话，蒋介石政权可能垮台。罗斯福沉思地说："这样的话，我们就得寻找别人或别的派别继续与我们合作了。"

第二天，也就是11月24日，召开的是仅有美、英两国人员参加的第二次"全体"会议，没有让中国方面参加。罗斯福和丘吉尔主要是讨论在欧洲和地中海地区的行动问题，包括讨论横跨英吉利海峡的"霸王"计划。

∧ 开罗会议期间，罗斯福、丘吉尔等讨论在欧洲的作战行动。

此后都是各自的会晤，罗斯福、丘吉尔和蒋介石的第二次三方全体参加的巨头会议在11月26日才举行。在此期间的4天里，罗斯福和蒋介石夫妇会谈了4次，丘吉尔和蒋介石夫妇会晤了3次。

对于蒋介石和宋美龄而言，中、英会谈除了缅甸的作战计划外，大部分都属于应酬性质，因为丘吉尔根本不想和蒋介石夫妇谈战后英国在远东的殖民地问题。而蒋介石和宋美龄也知道丘吉尔的心理，他们还是寄希望于罗斯福的从中斡旋。不过这连罗斯福也无能为力，丘吉尔曾当面对罗斯福说："不通过战争就休想从英国手中夺回任何东西。"他指的是新加坡和香港。结果，蒋介石和宋美龄始终未能解决香港问题。

相反，蒋介石夫妇和罗斯福的会谈内容要广泛得多，在以后的几次会谈中，双方更深入地商谈了战后国际政治、战时军事合作以及战后的经济合作等问题。中、美双方的军方高级将领之间也进行了亲密的接触，蒋介石和宋美龄还专门招待了美方的高级将领。

第二天，丘吉尔举行晚宴，邀请蒋介石夫妇参加。由于丘吉尔对蒋介石十分关心的反攻缅甸、恢复滇缅公路问题持消极态度，双方谈得并不愉快。

丘吉尔始终抱着老牌帝国主义的心态来看待中国。他把对日本的战争始终放在最后一位，而且更为关注的是战后能否保证英国在远东地区的殖民利益的恢复和保持。这和蒋宋的想法是有极大冲突的。所以丘吉尔在开罗会议筹备期间就不赞成蒋介石夫妇参加，会议过程中又很不礼貌地多次打断蒋介石对缅甸战役的发言。此外，他还向罗斯福抱怨蒋介石和宋美龄在开罗会议和罗斯福会谈的时间太多了，严重干扰了英、美之间参谋部关于欧洲战事的商谈，因为蒋介石和宋美龄企图把中国的问题放到会议谈判的首要地位。

不过在宴会上丘吉尔表面上对蒋介石和宋美龄还算客气，他和宋美龄还谈笑风生。丘吉尔首先对蒋夫人说，上次在美国未能晤面，实感遗憾。

然后丘吉尔故意问宋美龄："夫人认为我是一个很老的人，不是吗？"当时的丘吉尔已经69岁了。

宋美龄幽默地答道："我自己也真的不知道是不是。"

接着丘吉尔问："夫人，你知道我相信什么？"

宋美龄就说："据说阁下相信殖民主义，可我不太相信你会……"

< 开罗会议期间，蒋介石夫妇单独与罗斯福举行会谈。

< 丘吉尔与宋美龄在交谈。

过了一会儿，丘吉尔又问宋美龄："现在告诉我，夫人对我的看法如何？"

宋美龄说："我认为阁下说的时候比做的时候要凶。"

她的机智和风趣的回答令傲慢的丘吉尔也十分折服。他在自己的回忆录中提及他和宋美龄曾有颇为愉快的对话，"可看出她是一个非常特殊亦极有魅力的人"。后来，丘吉尔也曾不止一次在公开场合表示，宋美龄是他在世界上最欣赏的少数女性之一，她的骄矜和特殊魅力都让人心动。

在会议期间，宋美龄由于劳累过度，身体极度不适，丘吉尔的私人医生莫兰为她进行了身体检查。当天晚上莫兰在日记中写道："她不再年轻了，但她有一种与众不同的高贵气质，虽然形容憔悴，但也有某种特殊的魅力。"检查完后，宋美龄问医生："有什么毛病？"医生答道："没有。"宋美龄微笑着再问："没有？你认为我不久就会好吗？"莫兰一边站起来一边说："夫人，只有放松你的紧张生活之后，你才会好转。"

当然，由于双方的冲突之处甚多，丘吉尔和蒋介石之间都无甚好感。丘吉尔事后谈到他对蒋介石的印象时说："这是我第一次见到蒋介石。我对他的冷静、含蓄和敏捷的性格颇有印象，此刻是他的权力与名望臻至顶峰之际。在美国人的眼中，他是世界最显赫的角色之一。他是'新亚洲'龙头。"很显然，他对美国人重视蒋介石的做法并不认同。

他还说："英美代表团的对谈不幸被中国之情结搅乱，此情结复杂冗长而又无关大局……总统（罗斯福）立即与蒋委员长闭门长谈。（我们）希望劝说蒋及其妻去金字塔开心一下，等我们从德黑兰回来以后再谈的计划，皆成泡影。"

而蒋介石虽然向人说他对丘吉尔的印象较之平时想象为佳，但他在日记中写道："丘吉尔为英国式之政治家，实不失为盎格鲁-萨克逊之典型人物。虽其思想与精神气魄不能与罗斯福总统同日而语，而其深谋远虑、老成持重，在现代政治家中实所罕见。”同时愤愤地写道：“开罗会议之经验，英国决不肯牺牲丝毫之利益以济他人。彼对于美国之主张亦决不肯迁就……其与中国存亡生死，则更不值一顾矣。英国之自私与贻害，诚不愧为帝国主义楷模也。”

应该说，蒋介石的看法并非偏见。除了在缅甸战事上的自私和贻害，对于中国要求参加美英参谋长联席会议的要求，英国人也从中作梗。当蒋介石向马歇尔提出中方派人参加美英参谋长联席会议的要求时，马歇尔答应在讨论有关中国方面事务的时候可以让中国代表参加，可是英国方面坚决反对，英军参谋长们根本不同意中国进入这个军事组织活动。为此，罗斯福也非常恼火，他当面向丘吉尔指出，这是英国人不愿中国成为一个强国，有意压制中国。但狡猾老练的丘吉尔却装作没有听见，因为他明白美国人扶植中国的意图和后果，一个美国扶植的中国强大起来只会对美国有好处，而对英国在亚洲的殖民利益会提出挑战。

∨ 开罗会议期间，蒋介石并没给丘吉尔留下什么好印象。

∧ 蒙巴顿与丘吉尔在作战问题上产生了分歧。

而对于蒋介石来说最不能接受的是，在随后举行的德黑兰会议上，丘吉尔和斯大林联手，又大大损害了中国对缅甸的军事行动，取消了三方好不容易商定的“海盗”计划，从而事实上使得滇缅公路的打通又变得难以实现了。

开罗会议一结束，罗斯福和丘吉尔便冒着风沙飞赴德黑兰，去会晤不愿见蒋介石之面的斯大林。11月28日下午，在苏联驻伊朗大使馆富丽堂皇的大厅内，美、英、苏三国领导人齐聚在圆桌旁举行了著名的德黑兰会议。斯大林答应在打败德国之后立即参加对日作战，作为回报，他要求英美尽快实施横跨英吉利海峡的“霸王”行动计划★和在法国南部协同登陆的“铁砧”行动。尽管丘吉尔还不情愿放弃他在欧洲的“巴尔干战略”，但在美苏的一致要求下，丘吉尔不得不当面向斯大林保证支持实施“霸王”战役。

斯大林答应苏联对日参战，这让丘吉尔觉得改变了一切，他认为，“既然苏联许诺要参加对日作战，便没有必要花那么大的力量来支持中国”。他要求取消夺取安达曼群岛的“海盗”行动计划。他让参谋总长布鲁克上将给蒙巴顿打电报，指出由于欧洲战区特别是“霸王”行动的极端重要性，原定调拨给他用于“海盗”行动的登陆器材中的半数将转调给欧洲战区，原定调给他的战列舰队亦将改调他处。这给返回印度、怀着满腔热情正在拟制作战计划的蒙巴顿，无疑是浇了一盆冷水。

★“霸王”行动计划

第二次世界大战最重要的战役之一。为了彻底消灭德国法西斯，履行在国际会议中开辟第二战场的诺言，确立自己国家在战后世界和欧洲的地位及发挥应有的作用，英、美两国政府决定于1944年实施在法国登陆的“霸王”战役。至1944年6月，盟军准备参加这一历史上最大规模的登陆战役的三军将士多达287万人。“霸王”计划的实施，第二战场的开辟，给德军以毁灭性的打击，极大地鼓舞了世界各国人民反法西斯的斗争，加速了德国法西斯崩溃的进程。

作为东南亚战区总司令，蒙巴顿还是想在缅甸打一个大的战役的，而丘吉尔则从“欧洲第一”的观点出发来束缚他的手脚。当蒙巴顿向英国参谋长委员会提出，“海盗”行动所需兵力应当增加到5万人，以形成对日军守卫部队3.5∶1的绝对优势时，伦敦并没有答应，国防部参谋长伊斯梅将军只允诺不到2万人的兵力。丘吉尔还毫不客气地说“认为应比敌军占有如此巨大优势才能取胜的这种建议，是对我们的士兵的粗暴的侮辱”。蒙巴顿无奈，说美国的军事专家们也同意他的建议，丘吉尔则更加冷淡地来电回答他：“知道了，用汽锤敲开坚果是毫无疑问的。”

而此时，一贯支持蒋介石的罗斯福也难以坚持了。由于罗斯福总统已经向蒋介石许诺过，在他向缅北发起的“泰山”攻势中将会有某种形式的两栖行动予以配合。为此，美、英参谋长联席会议曾发生了一阵争吵。英国人认为，考虑到各种许诺，“海盗”行动将是不切实际的；美国人则坚持说，如果取消这一行动，将使对华关系遭受难以想象的严重政治损害。“蒋委员长将会拒绝参加今后在缅甸的任何行动。”英国的参谋总长布鲁克满不在乎地说：“他不参加也没什么了不起，不会给那里的战局带来多大的影响。”英国正不希望中国军队进入缅甸，因为日本的战败已是必然，它从缅甸退出早一些晚一些英国人反而无所谓，而让中国人以盟友的身份进军缅甸，再请出去可就难了。

在丘吉尔的坚持下，罗斯福总统怀着对蒋介石愧疚的心情，答应同意放弃在开罗会议上商定的“海盗”计划。对此，丘吉尔得意地对罗斯福说：“能够控制自己感情的人，比能夺取一座城市的人还要伟大。”罗斯福在德黑兰会议不久，便致电蒋介石：“经过与斯大林元帅会商后，我们将于明年晚春在欧洲有一大战，可望能在是年夏末结束对德战事，但因是之故，遂使我们不能供应足量登陆艇于孟加拉湾，实行两栖作战……”

中国虽然与美、英、苏并列为世界四强，但实际上却并没有与它们相当的实力，更何况一贯依赖的美国发话了，蒋介石只有服从。不过，对丘吉尔和罗斯福的出尔反尔，蒋介石感到十分气愤，就干脆取消了自云南向缅甸发动大规模攻势的“泰山”计划。

< 德黑兰会议期间的三巨头。

虽然由于英国方面的不合作，开罗会议并没有最终解决缅甸的军事行动问题，也没有成立中、美、英三国联合参谋会议，但中国在收回被日本侵占领土方面的要求总算得到了正式承认和宣言确认。在会议第二天美方起草《开罗宣言》草案时说日本窃取中国的领土“当然应归还中国”，可是后来中、美、英三方就英方提交的公报修正案进行讨论时，英方修正案竟然将东北、台湾等地“当然应归还中国”改为“当然必须由日本放弃”。这一含糊的措辞对日本放弃后是否归属中国不置可否，如果照此公告世界，必然会妨碍中国合法地收回这些地方的主权。英国人的意图显然是想在此为日后的浑水摸鱼留下埋伏，这理所当然地遭到中国方面的坚决反对，在中方代表王宠惠的据理力争下，又得到美国方面的支持，最后终于维持了原草案。

11月26日，中、美、英三国首脑在罗斯福的寓所聚会。这是开罗会议的第二次全体会议，也是最后一次，并将拟定最后宣言。参加会议的人都身着便装，唯独蒋介石还是一身整齐的军装，格外显眼。

蒋介石和罗斯福、丘吉尔最后审定了宣言稿，开罗会议正式通过了《中美英三国开罗宣言》，并约定在稍后罗斯福和丘吉尔会晤斯大林后于12月1日向全世界公布。《开罗宣言》规定：“三国之宗旨在剥夺日本自第一次世界大战开始后所夺得或占领的一切岛屿；在使日本所窃取的中国之领土，例如满洲、台湾、澎湖等，无条件地归还中国。”

从总体上看，经过中国方面的抗争，开罗会议是有利于中国和亚洲殖民地人民的，《开罗宣言》是中国鸦片战争以来争取民族独立的一个重要里程碑。蒋介石和宋美龄为争取中国的权益做了不少的努力，但这个成果更主要的是用中国广大军民的流血抗战所换回来的。

11月26日《开罗宣言》拟定后，开罗会议就全部结束了。下午，美英的一些将军，包括蒙巴顿、史迪威、阿诺德、萨默维尔、惠勒、斯特拉特迈耶和陈纳德，都来拜访蒋介石，一个个戎装笔挺，威武潇洒，宋美龄负责招待，和他们相谈甚欢。

∧ 王宠惠旧照。

当晚，蒋介石和宋美龄在住所第一号别墅举行宴会。参加宴会的英方人员有中东大臣凯西、外相艾登、丘吉尔的二女儿莎娜、参谋总长布鲁克上将、驻苏大使卡尔等；美国方面有罗斯福的儿子、驻英大使魏南特、驻苏大使哈里曼等。作为女主人的宋美龄谈笑风生，招呼着各位来宾，始终是晚会的主角。相比之下，不会英语的蒋介石倒大为逊色。

11月27日，罗斯福和丘吉尔飞往德黑兰，蒋介石和宋美龄则乘机飞离开罗回国。

在开罗会议上，宋美龄的外交才华又一次得到了发挥，她在会议中与蒋介石、罗斯福、丘吉尔平起平坐，三巨头高峰会变成四巨头会议，会议的官方照片即有三巨头与四巨头两种。在一张首脑的合影照片中，礼宾官员安排四位著名领袖在尼罗河畔坐成一排拍照。照片上左起第一人是蒋介石，他身穿整齐的军装，戴白手套，手里拿着一顶饰有国民党青天白日圆形徽章的军帽。挨着蒋介石的是身穿黑色西装的罗斯福总统，侧身面向蒋介石，好像在跟他说着什么话。第三位是丘吉尔，一身白色西服，一双白色皮鞋。最右边的是宋美龄，她身穿黑缎旗袍，外面罩一件白色短外套，脚上穿白鞋子，面向丘吉尔说笑着什么。

在罗斯福、丘吉尔都对蒋介石不熟悉或者印象不佳的情况下，宋美龄成为他们之间很好的沟通者。有人说她的穿着、谈吐和举止是会场附近的金字塔和人面狮身像以外的最生动、鲜活的形象。

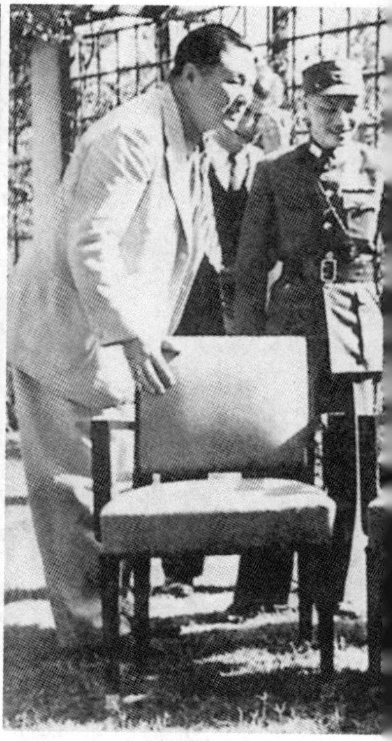

宋美龄的交际能力令蒋介石望尘莫及。见到老朋友罗斯福，宋美龄立刻迎上去热情地打招呼，握手之后又一边扶着他的轮椅一边俯下头去亲切地和他说话。见到丘吉尔时也是非常自如地和他互致问候，全然没有华盛顿拒绝见面所留下的阴影。宋美龄会议期间穿梭于各国军政要人之间，出尽风头，以至于丘吉尔对罗斯福说："这位中国女人，可不是弱者！"罗斯福也在返美后对记者说："在开罗，我所知道的都是蒋夫人向我讲的她丈夫如何如何，以及她是怎样想的。她总是在那儿回答所有的问题。我可以了解她，却根本看不透蒋先生。"

全程参与三巨头高峰会以及蒋介石和罗斯福、蒋介石和丘吉尔对谈的宋美龄，在会议期间扮演了极为重要的角色。她作为蒋介石的翻译、秘书和顾问，始终陪在他身边，为他出谋划策，对会议中出现的任何问题她都参与讨论。中国代表团重要成员如王宠惠、郭斌佳、董显光、朱世明等人虽然都能说英语，但宋美龄嫌他们为蒋所做的口译不够好，"无法转述委员长思想的全部意义"，经常亲自重译蒋介石在公开会谈时的声明和对方的谈话。

蒋介石和罗斯福、蒋介石和丘吉尔以及蒋和其他美英高级代表（如美方马歇尔、英方蒙巴顿）的对话，都由宋美龄亲自口译兼阐释，工作颇为辛苦。蒋介石在会议最后一天的日记

< 蒋介石夫妇在开罗会议上与罗斯福、丘吉尔愉快交谈。
< 开罗会议期间，罗斯福与蒋介石互让对方坐在中间的位置上。

上写道："今日夫人自11时往访罗斯福总统商谈经济问题以后，直至霍氏（霍普金斯）离去，在此十小时间几无一息之暇，且时时皆聚精会神，未能有一语之松弛，故至10时已疲乏不堪，从未见其有如此情状也。"

此外，宋美龄在她和蒋介石举行的茶话会上，也是最引人注目的主人，有时候她还独自举行茶话会，招待各国代表。有记者写道："在茶话会中，蒋夫人受到了包围。""丘吉尔的二女儿莎娜小姐和四五位太太们把蒋夫人缠住不放。蒙巴顿上将曾和蒋夫人谈了29分钟。"当时宋美龄访美活动刚过去几个月，所以一到开罗就成为美英代表团和三国新闻记者注意的中心，蒋介石虽然是中国方面的首脑，宋美龄却成了记者眼里的中心人物。

1943年11月27日，蒋介石带着从盟国得到10亿美元贷款和增加"驼峰"航线运输量的保证，以及在稍后发表的《开罗宣言》中，归还日本侵占中国的所有领土，并剥夺日本的工业企业以赔偿中国的战争损失等项成果，还有大国领袖地位的荣誉返回重庆。途中还在印度兰姆伽营地视察了中国驻印军，接见了驻印军将领孙立人、郑洞国等人。12月1日，蒋介石和宋美龄到达重庆。

对于蒋介石夫妇来说，开罗之行是成功的。开罗会议既是蒋介石和宋美龄政治生涯的里程碑，也是他们外交生涯的顶峰。然而此后，蒋介石就再也没有机会以大国领袖的身份出访了。宋美龄此后的"夫人外交"也走上了下坡路，虽然在美国还能受到老朋友的关照和欢迎，但是再也带不回实际的外交成果了。

历史备忘录

HISTORY MEMORANDUM

V 1943年，日本首相东条英机（左一）秘密访华时与汪精卫、陈公博等合影。

V 1943年时的汪精卫出席一次仪式时发表讲话。

2

3

4

1

日汪签署归还在华租界协定

1943年1月9日，日本全权大使重光葵与汪精卫在南京签署《日华关于交还租界及撤废治外法权之协定》。该协定共3章8条，声称：日本政府决定将日本在中国境内所有专管租界行政权交还汪氏政府；承认汪氏政府尽速收回上海及厦门公共租界的行政权；速行撤废在中国所有的治外法权；等等。

重庆政府发行新公债

1943年7月1日，重庆国民政府为整理各省旧有债券，换偿旧有各种债券，发行中华民国三十二年整理省公债1.75亿元。该公债换偿旧有各种债券，依原定清偿年限先后、利率高低分为4类，换偿旧有债券共26种。第一类发行5290万元（偿还期9年）。第二类发行6670万元（偿还期19年）。第三类发行4100万元（偿还期29年）。第四类发行1440万元（偿还期39年）。

国民党在重庆召开五届十一中全会

1943年9月6日至13日，国民党五届十一中全会在重庆召开。在这次全会上有些顽固分子污蔑中共“破坏抗战，危害国家”，叫嚣“打下延安”“消灭共产党”。蒋介石在闭幕会上说：“中共问题是一个纯粹的政治问题，因此应该以政治方法来解决。”全会制定的对共产党的方针是“暂时拖，将来打”。

中国民族工业濒临破产

1943年11月，各报刊纷纷报道大后方工业生产萎缩。本月出版的《中国工业》第21期载文称：“重庆的工厂本有871家，目前停工减产者达270家。”20日的《经济新闻》周报在报道工业重镇衡阳市的情况时说：“若干中小工厂已有无法维持而告停业者。据熟悉衡市工业界人士谈，至今年年底恐有2/3以上之工厂，宣告结束。”

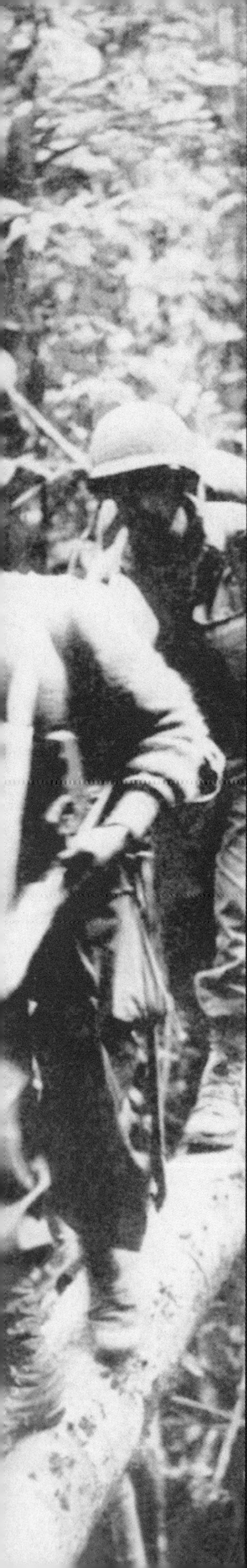

MUTUAL
MUTUAL
NBC
CBS
CBS

影像大扫描

IMAGE SCANNING

19

史迪威事件

宋美龄长于交际，也了解要从事外交工作要以实力作为后盾。在强权不断侵犯之下，要展现自己的力量，只有内部的一致抗日，使得她有足够的筹码来对外进行交涉谈判。她深切了解沟通谈判的重要性，而对于沟通的技巧、谈判的艺术，事实上宋美龄已经运用自如，她已了解到要怎样通过沟通、通过谈判来化敌为友，来减少不必要的误会。她始终认为在外交工作中沟通协调是最重要的一环。

抗战时期，在蒋介石和史迪威之间，宋美龄扮演着调解和沟通者的角色。然而，在两个对彼此都已厌恶到极点的人中间周旋，结果不是两败俱伤就是一方离弃。

史迪威向蒋介石要兵权

在访问美国和出席开罗会议之后，宋美龄的外交才能受到国内外的一致好评，以至于蒋介石一度想让宋美龄接替宋子文当重庆政府的外交部长，负责对美国的外交事务。不过1943年底后，宋美龄的身体经过长期劳累，难以坚持，蒋介石后来才另找洋博士王世杰接替宋子文，而宋子文因为在美国争取美援成绩出色，回来坐上了行政院长的位子。

和当时担任外交部长的哥哥一样，宋美龄和宋子文都在美国拥有大量的人脉关系和极高的知名度。当宋美龄穿梭访问美国各大城市时，她更成为在美国传播媒体曝光次数最多的中国女性，她的曝光次数甚至远高于蒋介石。

宋美龄在外交上和提高个人知名度上能有如此大的成就，是因为宋美龄对外交有一个比较正确的认识和了解。她认为外交是内政的延长，要想外交工作能够办得好，内政的工作是非常重要的，在某种意义上说内部的工作胜于一切，因此她一直忙碌地从事很多社会的运动、妇女工作、儿童工作，乃至于劳工的工作等等。

她还认为对外宣传很重要，换句话说，中国想打败日本，固然要靠军事力量，但是文宣方面的工作，有的时候更为重要，因此她认为文宣的工作重于一切。这也是宋美龄在推动外交时非常重视文宣的主要原因。国民党的中宣部就是在宋美龄的建议下成立起来的，负责中宣部的董显光就是宋美龄所提拔的留美人员。

在蒋介石政府的对美外交上，宋美龄实实在在做了一些重要的工作，对于中国的国际外交有着重大的影响。在抗日战争时期及以后相当长的一段时间，宋美龄在争取美国对国民党政府支持的过程当中，其作用非常重要。那时候有人说：她是中国的发言人，她是中国政府政策的宣导员，她是抗战时期苦难中国在国际上的代言人。这是作为“第一夫人”的宋美龄从事于外交最具体而又为大家所公认的成就。

此外，宋美龄外交活动的形式与外交工作者有很大不同。通常她是以“第一夫人”的身份出访的，她没有办法一天到晚留在国外，她也没有办法以外交人员的身份来对外接触、交涉和谈判，争取各方面对她的认同和支持。她所运用的方式，一是接触沟通、见面协调谈判的方式；二是广播、书信、演讲方式。通过这些方式，宋美龄在美国不光拥有了一

∧ 宋子文因为在美国争取了 10 亿美元的援助，回国后坐上了行政院长的位子。

＞ 抗战期间蒋介石与蒋纬国合影。蒋介石把蒋纬国送到德国学习，这表明了他早期的外交路线是亲日、德的，但宋美龄与美亲善行为改变了国民政府的外交走向。

大批的亲密朋友，可以帮她进行活动和联络，还在普通美国民众中留下了深刻的印象，具有很大的号召力。

抗战时期是宋美龄一生中最出彩的时期，她参与国际会议，会见各国的政要，特别是各国元首与政治领袖；她也出国访问，公开演讲，尤其是她旋风式的横跨美国之旅；她利用一切机会尽量与交涉方见面，只要能够沟通接触，就尽量接触，这就加深了别人对中国的了解；同时在此期间她还留下了大量书面的记录——书信、广播记录、演讲稿，对中国的抗战和国民党政府的政策和立场做了具体的阐述，在很大程度上弥补了对外宣传的严重不足。宋美龄后来收集自己的思想言论集，洋洋洒洒，有几百万言之多。

从某种程度上说，宋美龄改变了蒋介石上台以后的国民党政府的外交方向，如果蒋介石不跟宋美龄结婚的话，中国当时外交走向不是亲美、英，而可能是亲日、德，因为蒋介石是留日学生，他也非常重视德国人精确的科技精神，请了大批的德国顾问，还把蒋纬国送到德国学习，这对于未来外交的发展会有或多或少的影响。但是由于他和留美的宋美龄结婚，且宋美龄以她对美国的熟悉和深刻了解，有预见地认为美国可以在未来的世界上扮演举足轻重的角色，所以宋美龄自始至终以争取美国对国民党政府的支持作为第一要务。从这个意义上讲，宋美龄改变了中国的外交走向。无论中国外交的转向是偶然或是必然，宋美龄确实在其中做了不少工作，这是无法否认的事实，也是她作为“第一夫人”以来所做工作中可以引以为豪的政治资本。

当然宋美龄长于交际，也了解要从事外交工作要以实力作为后盾，在强权不断的侵犯之下，要展现其力量，只有内部的一致抗日，使得她有足够的筹码来对外进行交涉谈判。她深切了解沟通谈判的重要性，而对于沟通的技巧、谈判的艺术，事实上宋美龄已经运用自如，她已了解到要怎样通过沟通、通过谈判来化敌为友，来减少不必要的误会。

抗战期间蒋介石和来华的史迪威将军之间的摩擦，宋美龄就曾下了不少功夫，来进行调解，从而使得他们之间的问题在一定程度上、一段时间内得到缓解。她始终认为在外交工作中沟通协调是最重要的一环。

在蒋介石和史迪威之间，宋美龄也确实有条件和能力扮演调解和沟通者的角色。史迪威一直对蒋介石没有好感，但对宋美龄却是十分欣赏的，加上宋美龄本身为了维护蒋介石政府和美国的关系，竭力拉拢史迪威。正因为她的努力，所以史迪威一直在中国待到了1944年底。当然，在蒋史两人矛盾实在无法调解，甚至史迪威要夺取蒋介石对中国军队的指挥权时，宋美龄还是要维护蒋介石的权力和地位，最终，蒋介石在宋美龄和宋子文的帮助下，让罗斯福召回了史迪威。

当初1942年1月中国战区成立，蒋介石出任最高统帅后，为了感谢美国方面的大力支持，蒋介石向罗斯福提出由美方派出一位美国将军任中国战区的总参谋长。

于是蒋介石和宋美龄从印度访问归国，回到重庆后没几天，约瑟夫·史迪威将军受罗斯福总统派遣，于1942年3月6日，抵达重庆。

然而，后来美国陆军部宣布史迪威来华身兼六职，则出乎蒋介石的意料。3月6日那天史迪威在蒋介石的官邸正式报到。一番客套后，史迪威开始向蒋介石介绍自己来华的职责。蒋介石本来想不就是一个参谋长的职责吗？一听之下，不由得大吃一惊，史迪威竟然报上了六项职务，即美国总统军事代表，在缅甸的中、英、美军队司令官，对华租借物资管理统制人，滇缅公路监理官，在华美国空军指挥官和中国战区参谋长。

史迪威★是职业军人，没有太多的客套语言，接着就跟蒋介石大谈每一个职务应该有的权力。其实这些职务，只有蒋介石认可的最后一项，即中国战区参谋长，其余职务全是美国附加的。这等于束缚了蒋介石大权独揽的手脚，蒋介石怎么能不生气呢？

蒋介石当初要美国派个参谋长来只是想密切和美国的关系，以便更多地获取美国援助。他的想法是参谋长虽然是美国所派，但既然是中国战区总参谋长，理所当然地应该听命于自己这个最高统帅了。蒋介石只

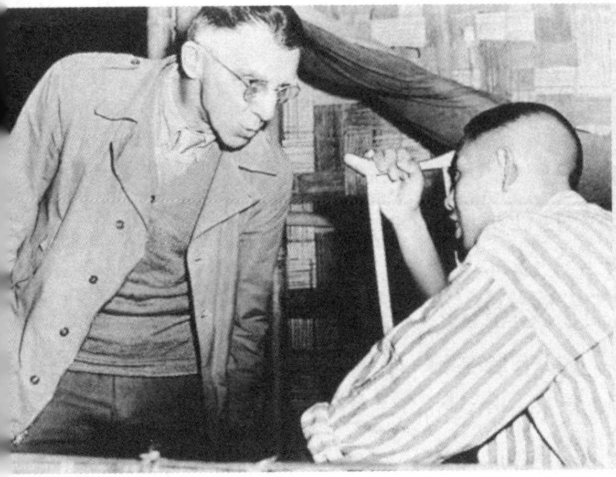

★史迪威（1883～1946）

美军高级将领。出生于佛罗里达州。1904年毕业于西点军校。1906至1910年及1913至1917年担任该校教官。1931至1939年任美国驻华使馆武官。1942年1月被任命为盟军中、印、缅战区美军司令兼中国战区总司令蒋介石的参谋长。1944年10月被美国政府召回，由魏德迈取代其职，回国后担任美国陆军地面部队司令。1945年6至9月任驻冲绳美军第10集团军司令。1946年10月12日病故。

∧ 史迪威虽个性傲慢，但对下属却平易近人。图为史迪威在缅甸慰问伤兵。

是想要个能送来美援的顾问，绝不会欢迎一个来夺取他对军队控制权的人来当参谋长。

第一次见面时，史迪威就对蒋介石说，他将指挥在中国、缅甸和印度战场上的所有美国军队，在中国所有的国际战争委员会中代表美国政府，并负责对中国根据租借法案获得的物资以及其他美国的国际援助计划进行管理和监督，同时又是中国战区最高司令官——蒋委员长的参谋长。

除了这些之外，史迪威还表示自己将负责蒋介石与英国的魏菲尔将军之间的联络，魏菲尔当时指挥着缅甸和印度的英国军队。本来，作为最高司令官的参谋长，史迪威应该接受蒋委员长的命令。但是，当时在史迪威看来，罗斯福总统的命令是高于蒋介石的。

而且第一次见面，史迪威对蒋介石便是一副高傲的态度，强调自己是罗斯福总统的代表。尤其让蒋介石无奈的是，罗斯福还让史迪威担任美国租借物资管理官员的工作。这样一来，如果史迪威认为发放给中国军队的某批援助不符合美国的利益，他就可以予以扣压。

当时中国政府在享受美国的租借物资时，尚没有别国政府那么“平等”。英国和苏联及其他受援国可以在自己国家内把美国的援助用于自己认为合适的地方，只有蒋介石必须把他的要求一项一项地呈报给史迪威将军。而这种规定是华盛顿特意设置的，因为不能让蒋介石享有阻止向中共军队提供物资的权利。

同时在美国方面看来，中国的军事组织和军队的作战能力不能令人放心，所以史迪威的任务就是让蒋介石有条件地使用美援物资，坚持对日作战并拖住日军，同时改造中国的军队。

蒋介石越想越气，对身在美国负责协调史迪威来华的宋子文十分不满，因为史迪威在受命之前，当时在美国负责美援事务的宋子文对史迪威的出身经历进行过调查，且对他十分满意，认为“挑选担任此项任务的人是美国陆军中最优秀的人物”。同时，宋子文在调查的基础上，还与史迪威做过较长时间的面谈，结果也证实了他当初的那种看法。

史迪威1883年出生于美国佛罗里达州，比蒋介石大4岁，1904年毕业于美国西点军校，1920年～1923年北洋军阀统治时期担任美国驻华使馆少校随员，并在北京学习汉语。1926年担任美军驻天津步兵第15队队长，1935年任驻华使馆陆军武官，后返回美国。由于这些经历，史迪威能讲中国话，认识汉字。美国军方派他到中国来也是有其道理的，所以宋子文后来向宋美龄抱怨人是蒋介石自己向美国要的，派别的人也未必能好到哪里去。宋美龄同意这种说法，也就劝蒋介石加以容忍，毕竟和美国的关系重要。在宋美龄的劝说下，蒋介石开始还是尽量容忍了史迪威。

可是史迪威的性格比较倔强和傲慢，风格简单粗暴，他对下属态度很好，平易近人，但对于蒋介石以及手下的一帮官员却从不客气，看了不满意就直接批评。

史迪威的粗鲁之处表现在他对蒋介石的称谓上，他常在和美国的同僚谈话时称光头的蒋介石是“花生米”（英语中指无聊的小人物）、“小响尾蛇”（爱吵架的人）。此外，史迪威还把蒋介石的一批亲信将领陈诚、何应钦、刘峙、顾祝同等称作“一篮子花生米”。当然，史迪威也曾把双腿残疾的罗斯福叫作“老软脚蟹”，并给当时许多著名人士都起了他个人爱用的侮骂性的绰号。

还在1938年担任美国驻华使馆武官时，史迪威就认为蒋介石应该对中国军队的大溃败负责，他在写给美国参谋部军情部的报告中说：“在蒋介石的指挥系统中通常存在的混乱状况，在很大程度上是蒋介石本人造成的。他首先考虑由他本人控制最精锐的部队和物资，以使自己的地位不受到威胁。”

所以说由于史迪威本身的性格和对蒋介石一贯的轻视，再加上美国方面给他的职责是要限制蒋介石对军队的控制，所以两人之间的矛盾是不可避免的。

不过史迪威虽然看不起蒋介石，但对宋美龄还是非常客气和欣赏的。宋美龄早在史迪威1935年～1939年在美国驻华大使馆担任武官时就和他认识。当时史迪威曾到重庆拜会过蒋介石，在蒋介石的官邸和蒋介石、宋美龄会晤了15分钟。史迪威出来后对人说会见时的气氛非常融洽。他对宋美龄的印象很好，称她“极有魅力，相当聪慧且有诚意”，并说尽管宋美龄在谈话时“吹嘘一大堆政府如何照顾老百姓”，但她的工作做得确实不错。

后来史迪威曾在他的日记中这样赞美宋美龄：“今天我又见到了美龄夫人，她比我以前所见到的更美，苗条、雅致、动人，白白的瓜子脸像木兰花瓣那样白皙。卷曲的黑发，松软地从前额梳向后颈，在那打成一个光滑的发型。”“同夫人讨论了一下战术。我觉得蒋夫人焕发着吸引人的美丽，在那罕见的美貌后面，蕴藏着魄力、才能和力量。同她相比，蒋介石将军和他的同僚们都显得顽固、不老实，为了鸡毛蒜皮的面子问题耿耿于怀，只关心权力，其军事战略毫无章法，同西方大相径庭。对于蒋介石腐败军队挽救的方法，也许就是由蒋夫人担任国防部长。”

在对蒋介石和他的将军们毫不留情的同时，史迪威对宋美龄却不吝惜赞美之词。

宋美龄则出于改善关系的目的，尽力拉拢史迪威。史迪威来华不久，中国远征军即准备在缅甸和英军协同作战。蒋介石和宋美龄由昆明乘飞机到缅甸腊戍的中国军队驻地视察，史迪威当时也在腊戍，他到专门接待外国人的波特酒店拜会了蒋介石和宋美龄。此时史迪威和蒋介石的关系还没有到紧张的程度。临走时，宋美龄留下一罐果酱和一封信给史迪威。信中说，罐中的食品代表着生活甘苦，她向史迪威保证：“我支持你，……摆在你面前的是一项男人的事业，而你是一个男子汉，但我要再加一句——你是一个出色的男子汉！”宋美龄就是用这样西方式的情绪和语言来拉近同史迪威的关系。

此后，宋美龄和宋霭龄也经常请史迪威共进午餐或一起喝茶，不断对史迪威进行拉拢和安抚，以调解他和蒋介石的矛盾与冲突。史迪威和蒋介石夫妇在一起合影时，宋美龄总是在两人的中间，一手挽着一个，摆出三人亲密无间的样子。当然，这主要是为了向美国方面表示蒋介石的合作意愿，以免因和史迪威的矛盾而影响到中美的关系。

史迪威失手缅甸

不过这样的缓和关系没有维持多久，随着中国远征军在缅甸的挫败，蒋介石和史迪威的矛盾终于爆发，形成了第一次大的冲突。

在史迪威的要求下，同时因为他本身也是缅泰战场的司令官，蒋介石在中国远征军入缅后很不情愿地把指挥权交给了史迪威。1942 年 3 月 11 日，蒋介石即颁令入缅的中国第 5 军、第 6 军归史迪威指挥，并向史迪威保证，两军军长杜聿明和甘丽初以及总参谋林蔚绝对服从命令。但这是在美国人的压力下，蒋介石才不得已做个样子。

史迪威本来想指挥中国远征军好好地在缅甸战场给日军以重大打击，但是他很快发现所有名义上归他指挥的中国军队实际上都对他阳奉阴违，暗中仍然接受蒋介石的遥控指挥。

这让脾气火暴的史迪威当然大为不满。他一味地要求中国军队向前进攻，但蒋介石在英军不予配合的情况下，是绝对不肯让自己的精锐部队做别人的炮灰的。史迪威忍耐不住，从

∧ 在缅北指挥作战的史迪威。

★杜聿明（1904～1981）

国民党高级将领。陕西米脂人。黄埔军校第一期毕业，曾参加过北伐战争。历任中国国民党政府军装甲兵团团长、第200师师长、第5军军长。1939年底，率部在广西昆仑关全歼日军第5师团第12旅团。1942年任中国远征军第一路军副司令长官，率部赴缅甸与日军作战。抗日战争胜利后，任国民党政府东北保安司令长官、东北“剿总”副司令、徐州“剿总”副司令兼前线指挥所主任。1949年1月，在淮海战役中被中国人民解放军俘虏。1959年被特赦释放。

∧ 史迪威在缅北前线。

∧ 在缅北前线指挥作战的史迪威。

缅甸返回重庆，当面向蒋介石发了一大通牢骚，并且要求蒋介石干脆解除自己的职务。当时的蒋介石还不想跟他闹翻，加上宋美龄也从旁劝说，蒋介石就对史迪威说了不少好话，再次重申给他指挥全权。

在蒋介石做出了重大让步的情况下，4月以后的缅甸战场史迪威对中国远征军的指挥权基本落实，为此他如释重负，在日记中写道："现在我不必每天早上在惶恐不安中醒来，搞不清楚我究竟能做些什么来证明我的存在价值了。那种日子实在难以忍受。"

于是踌躇满志的史迪威开始要求中国军队全力展开进攻。但是由于史迪威高估了英军保卫缅甸的决心和斗志，忽视缅甸战区的特殊情况，又缺乏对中国军队的全面了解，并一味迁就英国方面的利益，发动攻势作战仅仅成了为英军的撤退做掩护，为英军到处堵漏洞，从而导致了中国远征军第一次入缅作战的失败。中国军队遭受了重大损失，近10万精锐部队折损过半，让蒋介石心痛不已。而这也促使蒋介石和他矛盾的公开化。

在蒋介石看来，他在指挥权上已经做了最大让步，缅甸战役的失败理所当然地要由史迪威来承担责任。蒋介石把失败的责任归结为史迪威不顾实际和中国军队利益的进攻性作战方针。并且在以后，蒋介石也一直不信任史迪威的军事指挥才能，再不肯让史迪威掌握中国军队的实际指挥权。

而在史迪威看来，中国军队的基本训练和作战方式完全不符合他的要求，而且杜聿明★等一大批高级将领和他的沟通还是大有问题，常有冲突。更让他不满的是，蒋介石在战斗的后期直接向杜聿明发布命令让他的部分军队向中国境内撤退，打乱了史迪威把中国远征军撤往印度的计划，他对蒋介石也是满腔怒火，大骂蒋介石是个“微不足道的小人物”。

6月26日蒋介石召见史迪威。在会谈中，蒋介石以史迪威不尊重最高统帅和意图控制中国军队为由，向史迪威发难，要求史迪威因缅甸战役的失败而引咎辞职。同时蒋介石还毫不客气地提醒史迪威，他的职责只是一个参谋长，不允许他超越权限来控制中国军队。

史迪威当然不肯就范，两人的谈话不欢而散。出来后，史迪威气愤地说：“蒋介石使得我办不了任何事，我现在还是承认的好。”他还对一个美国记者说道：“我们是同一个叫作蒋介石的愚昧无知、文盲、狗娘养的农夫结盟。”

与此同时，6月份驻防中国战区的美国第10航空队的轰炸机在未告知中国战区统帅部的情况下突然全部调往埃及帮助英国作战，这让宋美龄也很愤怒，她对史迪威说：“每次英国军事失利，就夺取中国的军事装备或强行把美国拨归中国的物资转走，如果总是发生这样的情况，实在不知道会对中国的抗战有什么好处。”她还告诉史迪威马上就是7月7日中国抗战5周年，蒋委员长必须发表演讲，对中国人民报告实情，现在中国的亲日派十分活跃，他必须对盟国关于中国战区的态度有一个交代。所以盟国对中国战区是否认为必要，是否愿意支持，都必须明确。

∧ 中国远征军第一路军副司令官杜聿明。

对此，蒋介石也在日记中写道，史迪威把美军轰炸机“派赴埃及增援，而置中国于不顾，心殊愤慨，而不愿表示于颜色使之自悟，余妻则不假颜色，亦甚当也”。

确实，尽管宋美龄毫不客气地向史迪威提出抗议，但史迪威还是对宋美龄依然欣赏，表示缅甸失败和调走轰炸机有美英军方面的责任，自己将努力向华盛顿进行解释。就这样第一次冲突以史迪威妥协告终。

由于史迪威掌握着美国根据租借法案援助中国军用物资的分配大权，令蒋介石也十分不舒服。按照蒋介石和宋美龄的设想，中国只是通过史迪威来加强和美国的同盟关系，从而获得更多的援助物资。至于这些物资具体怎么使用，就不用美国人来操心了。蒋介石和宋美龄都对外界表示过，中国的抗战不是只为一国利益而战，同时也是为国际正义和世界公理而战，所以获得外援是理所当然的。在他们看来，美国对华援助不是乐善好施，更多的是其应尽的义务。所以蒋介石认为他并不需要一个美国的监理官来督导他怎样使用这些援助物资。为此，蒋介石和史迪威也是经常发生矛盾。

6月29日，蒋介石向史迪威提出美国援华的三项要求：一是调美军3个师来中国协助作战；二是在中国建立一支500架飞机组成的空军，并且由陈纳德指挥；三是美国每月从“驼峰航线”向中国运送5,000吨物资。同时蒋介石还说，如果这几项要求得不到满足，中国将不得不取消中国战区，甚至有可能和日本单独讲和。

< 开罗会议结束后，蒋介石夫妇归国途中在印度视察中国远征军。

客观上说，由于缅甸战役的失败，滇缅公路被切断，中国的抗战形势已经十分危急，蒋介石的要求也不算过分。史迪威表示同意将此意见转达给美国政府，但是当宋美龄要求史迪威在这一要求上附上他的赞同意见时，遭到了史迪威的断然拒绝，他明确表示“不愿支持一个向他本国政府发出的最后通牒”。

史迪威的态度使宋美龄也大为恼火，此后，她也改变了

∧ 中国远征军撤退到印度后，史迪威开始实施他的改组中国军队的计划。图为向印度撤退的中国远征军。

看法，准备将不合作的史迪威赶离中国，但是她同时认为在罗斯福总统正式撤换史迪威之前，还是要维护好和史迪威的关系，以免损害中美关系。

将介石和宋美龄的援助要求还是得到了罗斯福总统的支持，除了美国陆军难以调入中国作战，飞机和物资罗斯福都尽量给予了满足，而且罗斯福也没有像史迪威强烈要求的那样在向中国提供援助物资时提出交换条件。

性格简单粗暴的史迪威并没有觉察到自己一直抱有好感的蒋夫人也已经准备对自己不利了。因为宋美龄觉得此时还不是翻脸的时候，所以她还是照常笼络史迪威，在他和蒋介石之间充当调解人，经常和史迪威喝茶聊天。

1942年11月，宋美龄到美国开始她的治病和访问，刚下飞机，还在从机场驶往医院的路上，就向迎接她的罗斯福总统代表霍普金斯大批史迪威，同时盛赞陈纳德。她说史迪威并不了解中国人民，硬是逼迫蒋介石把中国非常精锐的一个师派到缅甸去，结果这个师在他的错误指挥下完全丢了，这是史迪威犯下的一个悲剧性错误。她说明，蒋介石是被迫这样做的，是为了维护盟军的关系。

宋美龄在美国期间，蒋介石听说史迪威在华盛顿军事会议上诋毁他，就给宋美龄发电报说："史迪威在华如只对余之个人不能合作，则余为大局计，必能容忍与谅解，不足为虑。但其态度与性格对中国全体之官兵与国民成见太深，不只动辄欺侮凌辱，而且时加诬陷与挟制，令人难堪；而其出言无信，随说随变，随时图赖，故自来华与缅甸失败以来，在此一年间，中国军队精神不但因其来华未有获益进步，而且益加消沉与颓丧。"他要宋美龄在见到罗斯福时，说明不光自己和史迪威不合，而且中国军队的将领都不愿听其指挥，从而提出撤换史迪威。

宋美龄经过考虑，觉得时机尚不成熟，一是因为罗斯福未必就会相信自己所说都是实情；二是此时提出换人，会影响中美在军事方面的联络。蒋介石就答复说，不是正式要求换人，只是在方便的时候以闲聊的方式向罗斯福提一下，使罗斯福能了解一下实情。最后，宋美龄还是没有在会晤罗斯福的时候把史迪威的事提出来。

当时由于史迪威在美英联合参谋会议上反对蒋介石关于缅甸战事的意见，还和中国方面列席会议的宋子文发生了争执。宋美龄也在罗斯福面前极力解释蒋介石的意见，最终罗斯福还是考虑了宋美龄的意见，修改了计划。所以宋美龄虽然在罗斯福面前一字未提史迪威的事，却在缅甸作战计划上帮蒋介石占了上风。

此后的一段时间大家算是相安无事，史迪威继续他的在华使命。史迪威向罗斯福提出“改组”中国的军队，蒋介石出于用美国武器来装备他的军队，也表现出了强烈兴趣，虽然两人对于如何“改组”其实意见大相径庭，但在中国远征军撤退到印度后，史迪威总算有了自己改组中国军队的实践机会。

∧ 史迪威向中国远征军新1军军长孙立人授勋。

缅甸战役的惨败，史迪威觉得是个奇耻大辱。事后，他自己也总结了教训：“敌视当地的人民；无空军；日军的主动；劣等的装备；军火不足；运输工具不足，无供应机构；临时凑成的医疗服务；愚蠢、懦弱的指挥；蒋介石的干涉；英国人管理铁路的一团糟；不健全的通讯；英国人的失败主义态度；脆弱的战争形势；明知无望。”之后他曾向罗斯福要求派遣一个或几个美国师给他指挥，但是遭到拒绝。既然争取不到美国的战斗部队直接参战，他只好提出建议，改革中国军队，以达到他的作战要求。

蒋介石对自己嫡系部队的私人控制为史迪威所不屑。他要求有正规化、制度化控制的军队，而不是那种只知道忠于个人的军队。整训中国军队是史迪威反攻缅甸计划的组成部分，也是收复缅甸的重要条件。在史迪威看来，中国陆军战斗力弱，其主要原因是部队建制庞杂、装备低劣、士气低落、长官不称职。鉴于缅甸战役失败的教训和中国军队在战

< 史迪威在检阅中国远征军部队。

斗中暴露出来的弊端，史迪威向蒋介石提出了改革并训练中国军队的计划，主张精简师的编制，并要求按实际能力来选拔军官，清除无能失职的军官，授予前线指挥官以指挥全权。

蒋介石对于史迪威的建议并不感兴趣，但出于用美式装备来改造自己军队的目的，他同意了史迪威“改组”中国军队，不过要求一定要配齐美式武器。于是经过双方多次协商，最后达成协议，史迪威指挥中国驻印军并负责训练，中国将领罗卓英管理行政和纪律。于是史迪威先后在印度的兰姆伽和中国的云南建立两个训练基地。

为了加强中国军队的训练，并充分利用美国的租借物资，史迪威建议蒋介石尽快调遣10万中国士兵到印度，和撤到印度的中国远征军也就是当时的驻印军一起，用美式武器装备他们，并训练成富有战斗力的军队，因为在印度，美国的援助物资不必经过“驼峰航线”运输，可以大量供应。

当时史迪威打算用4到6个月的时间来完成自己的训练计划，然后就可以用这支部队来采取军事行动，收复缅甸。作为一个职业军人出身的将军，史迪威急于挽回1942年缅甸战役失败的面子，在不被罗斯福和丘吉尔重视的缅泰战场上建立自己的功业。他的计划是先收复缅甸，再把日军从泰国赶出去。他的这个计划和蒋介石急于打通滇缅公路以获取大量美援物资的愿望大体上是吻合的，所以蒋介石也并没有过多干涉，只是要求史迪威训练的军队一半以上的高级军官要由中国人担任。由于英国始终不承诺派海军从缅甸南部登陆配合，最后蒋介石和史迪威的反攻缅甸计划缩小为收复缅甸北部的局部反攻战。

宋美龄哄骗史迪威

然而这种脆弱的合作关系很快又告破裂。1943年9月，在反攻缅甸计划紧张制订时，史迪威向蒋介石提出补足30个师的兵力，并提出使用中共军队和整编全国军队的方案，以增加实际可用的兵力。

这让蒋介石难以忍受。

首先是整编全国军队的要求让蒋介石恼火，军队是蒋介石的命根子，让史迪威来整编，搞成了军队国家化，他的统治也就没有保障了。

其次是史迪威竟然建议撤除西北方面胡宗南部队对中共的封锁，并起用中共领导下的八路军，在华北一带牵制日军。当时美国的驻华大使馆估计蒋介石至少把20个师40万人的精锐部队用来封锁共产党控制的陕甘宁边区。

史迪威等美国军人从美国的国家利益出发，向蒋介石提出的建议和作战计划都是为了积极主动地发动对日军的攻击，把日军的主要力量牢牢地拖住在中国战场上，从而减轻对美国的压力和威胁。正是这种务实的态度使他们提出不管共产党还是国民党，只要对日本作战，美国就应该与之合作，给予物资援助。史迪威关于调动国民党军队和共产党军队的建议是一

∧ 史迪威在缅甸与中国远征军将领制订作战计划。

个积极主动抗击日军的计划，也是共产党和民主党派一直呼吁的。而在积极“反共、防共、溶共”的蒋介石看来，史迪威此举不仅是干涉内政，而且同情共产党。

蒋介石绝对不能允许史迪威打破他的“反共”和“防共”方针，不能容忍史迪威用美国的援助物资去装备共产党的军队，使共产党军队强大起来简直是养虎遗患。当时的蒋介石已经把遏制中共当成主要任务，因为他认为此时欧洲和太平洋战场盟军已经转入反攻，美国援华物资又源源不断地输入，日本必败无疑，而在华的日军既然败局已定，国民党军队就不必花力气花本钱去打仗，同时中共的力量在迅速增强，抗战胜利后与中共必有一番较量，所以他认为史迪威关于援助共产党军队的观点简直就是“为虎作伥”。

★蒙巴顿（1900～1979）

英国军事家。生于英格兰。1913年入英国海军军官候补学校。1916年起在战列巡洋舰和潜艇上服役。1927～1933年在地中海舰队和朴次茅斯通信学校从事无线电通信工作。1939～1941年先后任驱逐舰“凯利”号舰长、航空母舰“光辉”号舰长。1942年任盟军联合作战部部长，负责制订盟军反攻欧洲大陆的作战计划。1943～1945年任东南亚战区盟军最高司令，率部收复缅甸。1947年受封伯爵，任印度总督，提出“蒙巴顿方案”，实现印、巴分治。1956年晋海军元帅。1979年在爱尔兰因所乘游艇被炸身亡。

就这样，两人之间的第二次大的冲突爆发了。蒋介石这次下了决心要赶走史迪威，1943年10月，他在与东南亚盟军总司令蒙巴顿★上将和美国空军补给司令萨摩维尔中将会晤时，明确提出了要辞退史迪威的要求。

而此时宋美龄认为还是不宜与美国的关系搞僵，她和大姐宋霭龄一起进行活动，一方面劝说蒋介石保持冷静，暂时再忍耐一下；另一方面则安抚史迪威，让他向蒋介石主动道歉，修补关系。

宋美龄为了让史迪威能主动表态缓解关系，和宋霭龄一起找史迪威多次谈话。

9月的一天，宋美龄和宋霭龄把史迪威请到孔祥熙公馆，姐妹俩对史迪威表示同情，同意史迪威关于何应钦是个障碍，必须撤除的看法。宋美龄还说她对于目前的战备状况感到担忧，希望史迪威能发挥更大的作用。同时，宋美龄还保证在蒋介石面前替史迪威说话，传达一些意见。

宋美龄的表现让史迪威很高兴，他在当天的日记中写道："我们签订了攻守同盟。不论出于什么原因，她们现在很当真，或许我们能获得一些成就。"

几天后，宋美龄又邀请史迪威共进午餐。席间宋美龄又和他谈心，痛骂了史迪威不喜欢的何应钦等人，还说自己希望能做个男人，做更多的事。

此后，在和史迪威的见面和谈话时，宋美龄和宋霭龄以关心的姿态，告诉史迪威一些中国军政官员背后对史迪威的议论，要他做好防备。比如当时很多人向蒋介石抱怨史迪威在文件上的签名是"美国陆军中将"，而不是"委员长的参谋长"，史迪威傲慢，讨厌中国人，说中国人不是好东西，把蒋介石的亲信俞飞鹏叫作"土匪"。

确实，性格直爽脾气粗暴的史迪威经常斥责和谩骂国民党政府和蒋介石本人，他曾公开说过中国军队每天发布的战报至少有90%是假的，他觉得美国"支持这个腐朽政权"和"由盖世太保支持的一党制政府"根本是错误的。

宋美龄除了表示关心外，还有意拉近和史迪威的关系，说自己和蒋介石一起生活很苦恼，蒋介石身边的人从不报告他真相，所以自己经常和蒋介石起争执。

在宋美龄和宋霭龄的活动下，史迪威也觉得她们是真心要维护与美国的关系，并且非常了解史迪威和蒋介石危机的严重性，正努力设法调解。

10月17日，美国传来罗斯福有意撤换史迪威的消息，这让史迪威十分担心，而宋美龄从她的渠道了解到马歇尔还是坚决支持史迪威的，决定再做协调，避免影响中美关系。

要缓解事态，只有想办法让史迪威这个骄傲的美国人低一下头，于是经过策划，宋美龄姐妹又把史迪威请到孔公馆，这次孔祥熙也在。当史迪威表示自己不愿留在人家不欢迎的地方时，宋美龄和孔祥熙以中国抗战大业和责任相劝，要他放大胸襟，贯彻始终。一旁的宋霭龄还说史迪威将星高照，只要过了这一关，地位会更稳固。看到史迪威有些动心，宋美龄和宋霭龄就对史迪威说要过这一关，就只有向蒋介石去表个态，道一下歉，只要跟蒋介石说"我只有一个目的，无非是想要中国好，如有过失乃无心之错，我将尽全力合作"，蒋介石就不会再说什么了。

然后她们保证已经把蒋介石也说服了，史迪威去道歉肯定能解决所

∧ 同为西点军校毕业的史迪威（前左）、马歇尔（前中）、布莱德雷（后中）等美军高级将领合影。

有问题。最后姐妹俩还说已把自己家中的珠宝都当赌注押在史迪威身上，赌他在中国的事业成功。

在宋美龄和宋霭龄夫妇的努力下，担心被罗斯福不体面免职的史迪威当真耐着性子跑到蒋介石那里道了歉，把宋美龄她们教的话照说一遍。蒋介石也装出大度的样子，表示不念旧恶，只是要求史迪威今后分清指挥官和参谋长的职责差异，并且避免优越感。然后蒋介石表示两人还可以和谐地合作。

蒋介石之所以同意接受史迪威的道歉并继续合作，除了宋美龄的协调和劝告，还考虑到

∧ 陈纳德（左）与史迪威不同的是，他与蒋氏夫妇关系很好，常常是蒋介石家中的座上客。

开罗会议即将召开，不便多生事端，影响与美国的关系。同时英国方面的东南亚盟军总司令蒙巴顿将军也劝告了蒋介石，所以他才没有一意孤行，赶走史迪威。

当晚蒋介石和史迪威握手言和后在日记里写道："最后允史迪威悔改留任，重加信用。"而当天晚上史迪威从蒋介石那里回到住处，心里却是愤愤不平，他在日记里写道："这是一次该诅咒的经历，……一条响尾蛇没有发出响声就咬人了。"

当时与史迪威发生冲突的并非只有蒋介石以及他的国民党军官们，与史迪威发生矛盾的还有另外一个美国人，即"飞虎队"队长陈纳德将军。

珍珠港事件之后，陈纳德的航空志愿队被并入美国军队，级别是空军少将，后来又编为第14航空队。当时按照史迪威和蒋介石制订的战略计划，陈纳德统管湖南、广西和云南的一系列空军基地，这些基地将使用美国的援助修建，并用飞机从印度翻过喜马拉雅山空运给养。结果关于这些空运过来的物资应优先用于何处，史迪威与陈纳德发生了矛盾。陈纳德希望用于他的空军基地，但史迪威却想用于训练在印度兰姆伽以及云南昆明的中国新兵。

与史迪威不同的是，陈纳德将军当时则与蒋介石相处得很好，当然陈纳德和宋美龄的关系处得更好。陈纳德对中国国内的政治没有表现出任何兴趣，不想夺取中国空军的权力，他一直愿意为宋美龄的事奔忙，而且一贯尊重蒋介石。同时，陈纳德对他手下训练的中国飞行员也十分信任，因而极少提出批评。

正是因为这个原因，蒋介石对陈纳德更加亲近，要求美国方面给以陈纳德更大的权力，以制衡史迪威。

最后摊牌赶走史迪威

1943年11月，蒋介石和宋美龄准备参加开罗会议，但是又担心史迪威在会上发表对国民党军队不利的言论，或者直接向罗斯福总统反映中国战区的真实情况，影响罗斯福对援助中国的态度，于是在11月6日邀请史迪威到黄山官邸商讨在开罗会议上的提案。在那里，宋美龄谈笑风生，还以开玩笑的亲切口吻称史迪威为"乔大叔"，蒋介石也收起一贯的阴沉面孔，显得十分温和。

可是在两波冲突中落于下风的史迪威并不甘心听命于蒋介石这个自己一贯看不起的"花生米"，于是在随后举行的开罗会议上他向罗斯福当面报告了蒋介石和他的国民党军队的诸多弊病，使得罗斯福对蒋介石的看法有了很大的改变，对国民党重庆政权的能力发生了怀疑，从而不仅在以后蒋介石和史迪威的冲突中明显站在史迪威一方，更重要的是罗斯福开始怀疑是否应该继续支援蒋介石的政权。

1943年12月6日，罗斯福结束德黑兰会议后返回开罗，召见了史迪威。当时中国军队在常德战役中失利，日军刚攻占常德。史迪威对罗斯福说蒋介石的重庆政府很可能会垮台，让罗斯福陷入沉思。史迪威还提出美国政府应该坚持国共联合和改组国民党，并希望罗斯福同意把按照"租借法案"提供给中国的武器和物资拿出一部分给共产党。最后，罗斯福也表示了可以找人取代蒋介石的意思，并说"谁接替他的职任，就支持谁"。

随后，美国战略局的情报人员也报告了蒋介石把一大批军火藏在贵州的山洞里，共有50,000吨武器弹药，而这些物资并不准备用来打日本人，全都是蒋介石准备用来对付中共和其他不服从他的地方势力的，蒋介石的首要目标是为了巩固自己的国内地位，对和日本人作战并不热心。

这些情况都促使罗斯福对蒋介石转变了态度。1944年初，中国驻印军在史迪威的指挥下从印度进入缅甸北部向胡康地区发动进攻，罗斯福、马歇尔急令蒋介石在云南派出军队向缅甸进攻进行配合。蒋介石因为英国海军没有在缅甸南部配合登陆，拒绝派中国军队作战。为此罗斯福表示停止开罗会议上答应的10亿美元贷款，而蒋介石则以退出对日作战、停止修建供美国空军使用的轰炸机基地做回应。

此后罗斯福和马歇尔接连致电蒋介石，称如果蒋介石还不出兵缅甸战场，所有美援都将停止。蒋介石不得不于5月11日派兵从云南强渡怒江，向缅北发起进攻。

与此同时，在豫湘桂战场上，国民党军队溃不成军，接连丢失大片国土，几十万军队闻风而逃，被日军轻易打通大陆交通线。罗斯福对中国军队的糟糕表现非常不满，向蒋介石来电责问，中国军队在哪里？中国军队为什么不同日军打仗？罗斯福感到恼火的是美国提供了那么多的援助，可是中国军队在蒋介石的控制下还是不堪一击，他准备支持史迪威关于从蒋介石手中拿过所有中国军队指挥权的要求。

1944年7月1日，罗斯福致电蒋介石，明确提出根据目前的危机情况，他准备委派一人以调度中国境内所有盟军武力，包括共产党军队。罗斯福还说他正将史迪威提升为上将，并打算把史迪威从缅甸战场召回，来统率中美一切军队，授予全部权力。

对于美国人要夺自己的军权这个命根子，蒋介石如遭五雷轰顶。宋美龄也认为：“头不能砍下来，否则就不会有什么东西留下来了。”冷静下来后，蒋介石决定还是不能和美国翻脸，先采取拖延战术，他一方面向罗斯福表示，赞成由史迪威来指挥全部中美军队；另一方面则要罗斯福派一个“富有远大政治见解而能全权代表总统”的人员来重庆，以协调他与史迪威的关系，加强中美之间的合作。

罗斯福虽坚持要史迪威来统率中国战区的所有中美军队，并再三来电催促，但还是同意委派赫尔利★为私人代表，来重庆进行协调工作。

9月6日，赫尔利抵达重庆，开始多方活动，协调蒋介石和史迪威的关系。赫尔利曾任美国驻新西兰大使，是一位比较成熟的外交家，他通过与蒋介石和重庆政府的接触，感觉到蒋介石在中国的地位并不像史迪威简单描述的那样可以一推就倒，而他的这种看法和意见也影响了罗斯福的决策，并最终导致了史迪威的被召回。

赫尔利到重庆后的几天里，中美双方经过激烈争吵，就史迪威的指挥权达成如下协议：史迪威职务名称改为中华民

★赫尔利（1883～1963）
美国俄克拉荷马人。第一次世界大战期间任美军上校。1929年至1933年任美国陆军部长。第二次世界大战时期在远东战区服役，晋升准将。1942年出任美国驻新西兰大使。1943年起作为美国罗斯福总统的私人代表，曾到苏联、中东和印度执行公务。1944年晋升少将。8月，被罗斯福总统任命为总统特使，来华调和蒋介石与史迪威之间的紧张关系，并要求蒋介石授予史迪威调遣中国军队的指挥权。年底出任美驻华大使。在华期间支持蒋介石的反共、反人民政策而受到中国人民的严厉谴责。1945年11月25日，被迫离职。

∧ 赫尔利（左三）抵达重庆时，宋子文、何应钦等前往机场迎接。

国陆、空军前敌总司令，其职责范围受最高统帅之命令，上承军事委员会之同意，指挥中国陆空军对日作战，作战计划之制成须经军事委员会核议。同时规定史迪威对于所辖部队有奖惩任免的权力。在这个协议中，蒋介石做了表面上的让步。

协议的达成并没有缓和两人的矛盾，蒋介石要求史迪威将中国驻印军用来救援滇西的中国远征军，否则就把远征军撤回云南，而史迪威不光断然拒绝，还要求蒋介石把围堵陕甘宁边区的胡宗南部调到云南去解围。把“防共”放在首位的蒋介石当然也是断然拒绝，于是两人很快又激烈冲突起来。

9月15日，史迪威电告罗斯福和马歇尔，指责蒋介石不肯积极作战，一心想等待美国击败日本，好坐享其成。罗斯福大怒，于9月18日发出一封最后通牒式的电报，要史迪威转交

∧ 罗斯福权衡美国和国民党的关系，最终将史迪威调离了中国，这是1944年蒋介石夫妇与史迪威等人摄于重庆。

蒋介石。在电文中罗斯福要蒋介石立即委任史迪威全权指挥所有的中国军队，否则就停止一切美援。

当天收到电报的史迪威得意地拿着电报，去找正在重庆郊区开高级军事会议的蒋介石。到会场后，赫尔利建议将电报交给蒋介石，但史迪威却要交给电报译员，还要求当众宣读。赫尔利为避免事情失控，迅速从译员手里拿走电报，交给蒋介石。

蒋介石看了电报，只是平静地说了一句“知道了”。可是他心里却是翻江倒海，难以平静。他觉得罗斯福根本不尊重他作为“一国领袖”的尊严和人格，竟然威胁到他维持统治的命根子——军队。而此时的史迪威却是兴高采烈，觉得自己终于在这场斗争当中占了上风，出了口恶气。

蒋介石决定反击。以前他对于史迪威这个美国人虽然厌恶，但看在美援和中美关系上，一直尽量容忍，不想把事情做绝，现在美国人居然连自己的军队都要夺走，等于是要把自己逼上绝路。他决定哪怕美援断绝，独立作战，甚至抗战失败，也不能在此时妥协。

9月19日，蒋介石正式向赫尔利表示：“我已下决心，请罗斯福总统调回史迪威，另派一合作的高级军官来接替参谋长职务。希望罗斯福总统不要因为我坚决要求调回史迪威而使中美之间产生隔阂。”他的意思非常明确，为了赶走史迪威将不惜牺牲美国的援助。

晚上，蒋介石要宋子文通报美国，要求另派将领来华代替史迪威。同时蒋介石还电告正在美国的宋美龄和孔祥熙，要求对任何前来说情者都

∧ 1945年1月，“云南王”龙云（中左者）与时任盟军中国战区参谋长的魏德迈主持中印公路通车典礼。

要严词拒绝。宋美龄知道在军队的控制权上蒋介石是绝不肯妥协的，她也赞同和罗斯福摊牌，并表示罗斯福不会为了一个史迪威而断绝中美之间的关系。

9月24日，蒋介石把一份正式备忘录送赫尔利转呈罗斯福，正式提出要史迪威离开中国，并且绝口不提授予任何美国人指挥中国全部军队的权力。赫尔利转交备忘录的同时，还向罗斯福发出电报，说蒋介石的地位无人可以替代，如果支持史迪威将失去蒋介石，失去蒋介石，中国的抗日力量也随之消失；蒋介石能够与美国的任何一位将领合作，但不能与史迪威合作，应该派人取代史迪威。

罗斯福接到备忘录和赫尔利的报告，也感到事态严重。经过一个礼拜的考虑，罗斯福决定妥协，毕竟美国需要中国战场的配合，蒋介石虽然缺点多多，但并没有侵犯美国的利益，他竭力限制中共的做法从整个世界遏制共产主义势力蔓延的角度看也应该支持，而援华物资一旦停止供应将带来灾难性的后果。

> 中印公路被命名为“史迪威公路”。

此时的史迪威还十分得意，做出了全盘接收中国军队指挥权的方案，赫尔利在他的方案上签上“太晚”两字。10月1日，赫尔利转告史迪威，魏德迈将军将来华接替他的职务。脾气暴躁的史迪威得知消息后大骂罗斯福是“老软脚蟹”。10月18日，罗斯福下令召回史迪威，毕竟一个中国远比史迪威重要得多。当天史迪威在日记中写道：“斧子砍下来了。”

10月21日，史迪威离开重庆，接替他中国战区参谋长职务的是魏德迈将军，接替中国驻印军总指挥职务的是索尔登。因为罗斯福当时正在准备连任总统的竞选准备，为防史迪威发表不利言论，还不允许史迪威在美国公开露面，让他当中国战区美国地面部队司令一职。

在蒋介石决定向美国摊牌之后，一贯重视维护和美国关系的宋美龄也表示了支持，她尽力维护蒋介石和史迪威关系的目的也是为了蒋介石的权力和地位，一旦连蒋介石的地位也保不住的时候，她也毫不犹豫地同意了赶走史迪威。

而史迪威的失败也和他简单粗暴的性格是分不开的，他不知道自己一直欣赏的宋美龄早在1942年11月在美国就已经对罗斯福的助理霍普金斯说过自己的坏话了。此后熟悉美国政情的宋美龄知道是马歇尔将军在支持史迪威，所以才一直努力维护和史迪威的关系。

第二年，也就是1945年的1月28日，中国远征军和中国驻印军在缅甸芒友胜利会师，同时也打通了中印公路。高兴之余，蒋介石为了表示自己的大度，决定把中印公路命名为史迪威公路，称：“我们打破了敌人对中国的包围。请允许我以约瑟夫·史迪威将军的名字为这条公路命名，纪念他杰出的贡献，纪念他指挥下的盟军部队和中国军队在缅甸战役中以及修筑公路的过程中做出的卓越贡献。”

历史备忘录

HISTORY MEMORANDUM

V 1944年，毛泽东在延安会见中外记者西北参观团。

V 时任国民政府"战时运输管理局"局长的俞飞鹏（左）、副局长麦克鲁（右）与何应钦合影。

2

3

4

1

中国远征军入缅作战

根据英国政府的请求，为共同防卫滇缅公路，配合缅甸、印度地区的英、印军队对日作战，中国政府决定组编中国远征军，赴缅参加对日作战。远征军由罗卓英、杜聿明分任正副司令长官，中国战区参谋长、美军中将史迪威任总指挥，由第5军、第6军和第66军组成，全军共97个师，10万人。3月，远征军开赴缅甸前线，在配合盟军对日作战中发挥了一定的作用。

延安各界集会庆祝中英、中美新约签订

1943年2月4日，延安各界2万余人集会庆祝中英、中美新约签订，并通电全国，举行盛大游行。《解放日报》发表社论《中国共产党与废除不平等条约》，社论指出，中国共产党是中华民族解放的急先锋，是争取民族独立解放的急先锋，是争取民族独立解放实现的主要方法——民族统一战线的倡议者。

毛泽东发表评论，指出内战危险来自蒋介石

1944年10月11日，新华社发表由毛泽东起草的《评蒋介石在双十节的演说》的评论。毛泽东指出："蒋介石的双十节演说空洞无物，……这就说明了蒋介石坚决反对人民改革政治的要求，仇视中国共产党，勾结日本帝国主义，进行反共反人民的罪恶活动。"为此，认为中国有内战危险。

"战时运输管理局"于重庆成立

1945年1月2日，"战时运输管理局"于重庆成立。国民政府交通部长俞飞鹏任局长，美方麦克鲁少将任副局长。同年2月，美国又在昆明成立"中国第二空运大队"，由美军上校勃朗里任司令。美国专家掌握着主要业务，实际上控制了中国的运输大权。此时，中印公路和中印输油管已先后建成，美国政府拨借15,000辆卡车归蒋介石支配，并派遣技术人员500余名，来华帮助中国建立运输系统，使蒋介石的抗战力量大大加强。

20

抗战胜利回南京

1945年8月10日，日本准备投降的消息传遍祖国大地。虽然内战的阴云笼罩，但是毕竟八年抗战终于胜利结束，全国人民一片欢腾。而此时的宋美龄却身在美国。八年抗战，在最后的一年里，熟悉世界局势的宋美龄早已知道抗战必胜，她已经为之耗费了大半的精力，尤其是在美国参战、援助中国之前。现在姗姗来迟的胜利，反而没有给她以惊喜之感。8月14日，她在美国发表了《胜利播讲》。此次的讲话却不再有以往那样的情绪激昂，她说："现在我们正在决策的十字路口，时间不允许我们再行蹉跎，错失机会，否则恐将悔之莫及的了。"

“陈小姐”在重庆

宋美龄于1944年7月离开重庆，经南美后又在美国长住治病，直到第二年抗战胜利才回到重庆。

自从1938年11月底到重庆后，宋美龄在这里住了将近六年，其间曾访问过印度、北美，参加过开罗会议，到过香港，飞过新疆。

在重庆，宋美龄住过四个地方：歌乐山的林园、黄山别墅、曾家岩官邸和小温泉“中央政治大学”校长官邸。

林园在重庆西郊的歌乐山，风景优美。抗战初期，蒋介石和宋美龄来重庆后即在歌乐山双河街修建官邸。官邸落成后，国民政府主席林森与国民党要员们前来祝贺，见这里环境清幽，赞不绝口。蒋介石当场表示，林森主席年高德劭，将这座官邸送给林森居住。此后这里就被称为林园官邸。

1943年8月林森去世后，蒋介石将林园收回，加以扩建，新建大楼三栋，编为1、2、3号楼，林森原住大楼编为4号楼。蒋介石每次到林园来，都住1号楼，宋美龄住2号楼，3号楼为办公和召开重要会议之用。

曾家岩官邸在重庆市内，为了保密起见，对外的名称是“国民政府军事委员会委员长侍从室”，简称侍从室。蒋介石进城办公时，住在德安里101号，是一栋西式小洋楼。而宋美龄住的德安里103号则是一栋中式楼房，位于官邸的后侧，陈设较为简朴，是专门拨给宋美龄办公用的。蒋介石和宋美龄刚到重庆时不光是办公，连日常起居都在曾家岩官邸，当时蒋介石要宋美龄先搬到黄山别墅去住，宋美龄没有同意。可是后来经过日机的几次轰炸，宋美龄还是和蒋介石一起搬到黄山别墅去住了。

黄山是在重庆南郊，隔着长江和重庆的城区遥遥相望。这里风景很好，抗战以前就是当地达官贵人避暑的地方，到处都是别墅。抗战爆发，国民政府迁都重庆，蒋介石就在这里建起了郊外的别墅。这里环境也是十分清幽，有绿树掩映、花圃小径。蒋介石经常住在黄山官邸的云岫楼，宋美龄住在松厅。松厅在云岫楼后面，是中式的平房，四周松林环抱，环境幽静，夏天是消暑的好地方。室内的陈设也是比较简朴，宋美龄经常在这里会见客人。

小温泉的校长官邸蒋介石和宋美龄只是短时间住过。

抗战期间是宋美龄最风光最引人注目的时候，她在国内主持妇女工

∨ 蒋介石与宋美龄在重庆家中用餐。

作，宣传抗战，进行慰问和救助伤员难童工作，又多次出访外国，宣传中国的抗战事迹，一时间成为国际闻名的风云人物。但是到了1944年，对于宋美龄来说是一个艰难的时期。首先是长期的奔波和操劳使她的身体难以承受，精神疲惫，在开罗会议时就已经是勉强支撑了。

而对她打击最大的是有很多证据表明蒋介石背着她又有了别的女人了，这让她无法忍受。作为一个有知识有修养的为人瞩目的"第一夫人"，她知道不可能像普通女人那样行事，所以只好先行忍耐，寻找机会。

事情早在宋美龄访美期间就已有苗头。1943年7月，宋美龄从美国返回重庆，就直接住进了大姐宋霭龄的家，蒋介石几次去接，宋美龄只是借口在大姐家休息，不肯回去。当时一直陪伴在宋美龄身边的孔二小姐早已把重庆的一些传言告诉了宋美龄，所以宋美龄一下飞机就直奔孔公馆，连蒋介石都没在机场接到人。

> 宋美龄以其出色的外交能力成为中外瞩目的风云人物。

此后，考虑到开罗会议马上就要召开，宋美龄经过考虑，还是以大局为重，陪着蒋介石出席了开罗会议，并没有表现出任何异样。

但是回到重庆后，她还是觉得不能轻易放过此事。而此时的重庆，传言更盛了，街头巷尾，人们都在传：蒋夫人现在谈到委员长时只是用"那个人"；宋美龄不满蒋介石只是在要会见"那个女人"时才把他的假牙装上；有一天，宋美龄走进蒋介石的卧室，发现床下有一双高跟皮鞋，就从窗口丢了出去，打中卫士的头；蒋介石一度有四天没有会客，因为在同夫人发生的一次争吵中，他的头侧被一只花瓶击伤了。

∧ 陈洁如当年被蒋介石休了后，以留学之名前往美国。图为陈洁如（左一）抵达檀香山后，与总督合影。

传闻如此之盛，就连美国驻华使馆也惊动了，使馆参赞谢伟思给华盛顿国务院发去报告，说：

关于蒋家庭发生内部纠葛的消息在重庆真是传说纷纷。几乎每个人都能为已普遍被人接受的消息提供一些新的细节和说法，即委员长找到一个情妇，因此，使他与夫人的关系至少说也是处于紧张状态。传言是如此之多，看来必定是出了问题。

按通常情况来说，关于政府领导人私生活的这种谣传，不会被认为属于政治报道的范畴。可是，在中国情况不是如此，与事情有关的人是一个独裁者，他与他妻子家族之间的关系，在中国具有超乎一切的重要性。这种关系由于委员长与宋子文之间关系紧张已受到削弱。如果性格傲慢而拘守宗教戒律的夫人与她的丈夫公开决裂，蒋氏王朝就会陷于分裂，在中国和海外产生的影响都可能是严重的。甚至，如果当前的情况逐渐为国外所知——几乎肯定和必然，如此也会使委员长和夫人的威信受到巨大损失。

其实，从开罗返回后，宋美龄已经通过孔家的调查，对蒋介石的婚外恋情心里有数了。孔二小姐是宋美龄身边最亲近最喜欢的人，她也很精明能干，交游广泛。通过调查，很快，孔二小姐向宋美龄报告了蒋介石另有新欢的详细情况。

那个重庆到处传闻的“陈小姐”不是别人，就是蒋介石当年为了和宋美龄结婚无奈休掉的陈洁如。

当初蒋介石把陈洁如送到美国留学，答应五年后再接她回来重续前缘。可是陈洁如也知道那只是欺人之谈。在美国待了几年，陈洁如也读完了大学，但对蒋介石还是旧情难忘，孤身一人。后来陈洁如从美国返回，在上海居住。不久，上海沦陷★。1941年日军连英租界也宣布占领。陈洁如听说汪精卫的南京伪政府知道她在上海想要找她，觉得上海也不能再待了，就在朋友的帮助下长途跋涉，历经艰辛来到重庆。

之后蒋介石得知陈洁如来到重庆，又惊又喜，心情复杂。他当年抛弃陈洁如只是为了追求宋家的特殊地位，通过与孙中山的小姨结亲，并笼络江浙财团，来为自己的政治目的服务，对陈洁如并非厌弃。此刻得知陈洁如对自己还是感情依旧，也是颇为感动，让手下人好好安顿。当时正值宋美龄在美国访问，于是陈洁如就在蒋介石的亲信吴忠信的公馆住下，蒋介石也经常找时间前往看望。

宋美龄听到孔二小姐的报告后心乱如麻，她现在能做的也就是把蒋介石一个人晾在家里，又不可能和他大吵大闹一番。而且此时还有另一件大事要设法解决，那就是大姐夫孔祥熙正受到重庆政府许多人的围攻，岌岌可危，随时可能倒台。

> 1927年9月，远走檀香山的陈洁如受到当地华人的欢迎。

★上海沦陷

1937年11月5日，日军三个师团在杭州湾登陆，切断沪宁线，实行迂回包围，中国军队被迫于9日撤出上海。12日，日军占领上海。抗战以来第一场大会战淞沪会战结束。淞沪会战历时三个多月，日军在此役中共伤亡40,672人。在中国军队的奋力抵抗下，日本企图三个月灭亡中国的计划未能实现。淞沪抗战结束后，日军溯江而上，兵分两路直扑南京，欲以武力优势彻底摧毁中国军队的战斗意志。

∧ 蒋介石与陈洁如旧情复燃，让宋美龄大为光火。

∧ 在国民党内部遭到围攻的孔祥熙。

孔祥熙被赶下台

孔祥熙自从1933年底从宋子文手上接过财政部长一职后，宋子文和他就一直不和，为此宋美龄当年也是一直忙着调停，好不容易两头摆平。现在财政部长和行政院长当久了的孔祥熙被人揭出了许多营私舞弊、大肆敛财的丑闻，遭到围攻，不光是宋子文要把他拉下马来，陈立夫兄弟、戴笠及政学系等各派系都把矛头对准了老孔，再加上舆论压力，蒋介石已有意拿他开刀，这令大姐十分焦急。

宋美龄和大姐一家是最亲密的。孔家的几个子女她都十分宠爱，尤其是孔令侃和二小姐孔令俊，宋美龄就当是自己的孩子看待。宋美龄自己并不敛财，所有的一切都由大姐一家打理，托付给孔令俊、孔令侃等人。所以宋美龄是绝对不会对大姐一家坐视不救的。

经过一段时间的考虑，宋美龄决定向蒋介石摊牌，几件事情一起解决。

她的解决办法是不再计较蒋介石私自和陈洁如的来往，只是要求蒋介石把陈洁如送走，离开重庆。孔祥熙的事情，宋美龄要求不再追查，但可以免去行政院长、财政部长等职，由宋子文来接任。

再说蒋介石见宋美龄长住孔公馆，知道宋美龄对陈洁如的事已有耳闻，但自己又不能主动提出，加上这段时间内忧外患，焦头烂额，也不知如何处理是好。他虽然对陈洁如旧情难舍，但绝对没有想过要和宋美龄分开，那样的后果简直是难以想象的，从对自己事业的重要性来说，陈洁如毕竟无法和宋美龄相提并论。

现在宋美龄主动把事情挑明，给出办法，蒋介石当然二话不说，答应把陈洁如送到香港，并发誓以后再不见面。至于孔祥熙的处理，倒是让蒋介石有些难办。

∧ 孔祥熙自从于1933年接替宋子文出任财政部长后，一直掌握着蒋介石政府的财政大权。图中左起：孔祥熙、林森、蒋介石、张治中。

＞ 时任财政部长的孔祥熙与蒙巴顿在一起。

当时重庆政府众多势力一致要求倒孔，张治中已经公开列举了孔祥熙的种种不轨之举，不光要求撤职，还要严加查办，追缴非法聚敛所得。此外和孔祥熙作对的各路人马包括宋子文等都对孔祥熙进行声讨，必欲去之而后快。

按说孔祥熙对蒋介石唯命是从，对周围的人也都是一团和气，有“哈哈孔”之称，到这举世皆仇的地步，实在是孔氏一家聚敛过度，让周围的人都红了眼，难以容忍了。

孔祥熙是在1933年接替宋子文出任财政部长的，此后又当上了行政院长，在十年的时间里一直在蒋介石的政府里掌握着财政大权，与此同时，孔氏家族的财富也是以火箭式增长。

抗战爆发之前，孔氏家族通过做军火生意、炒股票及币制改革等，已经发了一大笔横财，但孔祥熙夫妇却并没有就此满足。抗战爆发以来，孔祥熙官运亨通一帆风顺，一步一步走向他一生中的顶峰，而在金融、实业、运输等方面也是四处插手，利用职权牟取私利。

孔祥熙原本在山西老家有一家裕华银行。该行开办于1915年，总行设在天津，但其实并无多少资本。抗战以后，孔祥熙将裕华银行搬到重庆后，该行资本即增为2,000万元。手中有了权也就有了方便，孔祥熙还在中央银行为裕华银行开了透支户头，到1941年该行透支额已达3,000万元。随后在1941年黄金抛售中，裕华银行遵照孔祥熙指示大买黄金，而且利用它的西安分行从事黄金的转运，以在西安抛出盈利。通过各种内幕交易和非法手段，到抗战后期，裕华银行迅速膨胀，已增资达1亿元，孔祥熙亲任董事长。这家银行也就成为孔祥熙实际的金融中心。

春禮勞軍
春禮勞軍
春禮勞軍

< “位卑未敢忘忧国”，人力车夫为抗战捐出自己的血汗钱。

在实业方面，孔祥熙当年也曾办过一些企业。他个人并不出资，多数是挂个名，而由有关的银行参加或放款。但在抗战期间，由于他掌握了四行联合办事总处，可以随意为自己的企业进行融资，也便乘机插手工业。当时内迁的很多民营企业都被孔祥熙利用职权盘剥过，一些经营较好的企业还被孔祥熙利用种种手段吞并。

而孔祥熙最热衷的是利用职权倒卖各种紧缺物资，他认为做生意是神圣的事，生财比办实业来得快。抗战期间，孔祥熙把经商的事交给宋霭龄和子女们去做，自己则在背后出谋划策。孔家在重庆成立的商号有祥记公司、庆记纱号、强华公司、大元公司、恒义公司、升和公司等。当时祥记公司有汽车30余辆，庆记纱号专做棉纱生意，强华公司专搞运输与贸易，大元公司搞五金电料，恒义和升和则专营洋杂百货，广茂兴公司则经营参茸药材。这些公司在孔祥熙的照应下，巧取豪夺，大发国难财。1945年孔祥熙被免除所有职务后，还有人在国民参政会上公开检举祥记公司。后来又是宋霭龄出面四处周旋，才平息了那场风波。

1943年重庆银社开献金大会，孔祥熙要求大家为抗战献金。群众见他只会唱高调，便故意高呼：“请孔院长拿出钱来！”“100万！”而孔祥熙则笑嘻嘻地表示自己只是一个穷公务员，财政部长薪水才800块，能捐出一点钱来，还是因为老婆孩子在做一点小小的生意而已。在此次捐款中，宋霭龄倒是十分大方，捐出了100万。当夜，夫妻二人还吵了一架。主要是孔祥熙认为宋霭龄捐多了，不符合他在会上讲的话。宋霭龄比孔祥熙更精明，她说别人都在盯着孔家的钱，你再怎么装穷也是没用，多捐点钱，是做给老蒋看的。

当年孔祥熙插手工商企业虽赚了不少钱，但只靠这些还成不了亿万富翁。孔家能聚敛起如此庞大的私财，主要就是靠营私舞弊，发国难财。

作为财政部长和中央银行总裁，孔祥熙可以随心所欲地从中央银行支给自家费用。当时，孔祥熙把中央银行完全看成他私人的账房，孔公馆（包括香港浅水湾的公馆）的开支，连草纸、肥皂都是银行付账。孔家的汽车使用，全部由银行负担。除孔祥熙本人以外，宋霭龄、孔令仪、孔令俊等人都有专用车。

抗战期间，孔祥熙还通过走私，大发“国难财”。1937年上海丢失，于是唯一能作海运通道的，就只有香港－广州一线了。尽管英国人采取绥靖政策并受到日本的压力，但因香港与广州是唇齿相依的关系，港英当局不得不在可能的范围内给予中国内地一些方便。但如果由中国交通部门公开在香港办理接运手续又不行，因此暂许中国的一些机构改头换面，在香港进行半公开的活动。于是孔、宋豪门资本与军统特务正好利用这个机会，在香港设立了军事委员会西南物资运输处和中央信托局运输处，开始大量的走私活动。

中央信托局原是财政部于1935年明令公布成立的，由孔祥熙兼任理事长，负责办理一切由国家指定的信托业务。1937年底，中央信托局总局撤迁到香港后，孔家大少爷孔令侃以常务理事身份主管一切。为了便于走私，孔令侃在中央信托局设立运输处，派孔家的亲信林世良为处长，买了大批卡车，打着“28年度兵工储料专案”和替中央银行运钞票以及装运特种物资的旗号，拼命私运孔家需要的一切物资。由于在走私方面与军统的矛盾，还发生了“3,000万元走私案”。

1942年春，日军进攻缅甸，因滇缅公路是当时国民党统治区对外的唯一海陆交通线，为了统一调度指挥，蒋介石派他的表弟俞飞鹏以军事委员会运输统制局副主任身份，到缅甸仰光进行管理。俞飞鹏到仰光后，规定任何车辆不准放行。但当时孔家操纵的中央信托局运输处并不买账。林世良非但不承运西南运输处的物资，而且包庇走私了一批当时价值3,000万元的物资，偷偷从滇缅公路运往重庆。事后俞飞鹏向蒋介石告状，说林世良倚仗孔家势力，假公济私，阻挠军运，以致他号令不行，无法统制才致造成巨大损失。于是，蒋介石立即下令逮捕林世良，判处死刑，执行枪决。一时人心大快。

孔家还配合德国商行，用中国资金在华北一带日军占领区，收购各种土产，如桐油、猪鬃、矿砂、当归、大黄等运往德国，一方面折充贷款，一方面从中渔利。当年孔家为德国人办事，德国人也关照孔家。1939年9月希特勒突袭波兰的前几天，德方商行代表希米特接到本国密令，要他们立即撤离香港。希米特感到可能会爆发战争，就把这个消息转达给孔令侃，孔令侃又马上告诉了宋霭龄。她立即指使账

∧ 孔祥熙的贪赃枉法最后导致其丢了官。

房倾巢出动，把国家外汇拿出，大肆收购美国军火飞机商的股票，由此孔家又发了一笔横财。

孔祥熙由此被全国声讨。连蒋介石也觉得难以容忍的是，他还制造了鲸吞美金公债案。

1942年，重庆政府推销“同盟胜利美金公债”1亿美元，每美元折合国币20元，总计折合国币20亿元。该项美金公债的券面，分为1元、3元、5元和10元（美元）数种，以当时美国对华贷款差不多5亿美元中的1亿美元为基金，等抗战胜利时向储户兑还。最初发行时大肆宣传：“公债以美元为基金，本固息厚，稳如泰山；国人踊跃认购，功在国家，利在自己。”但是许多人于购得之后，宁愿折本脱手。因此美券黑市，一度曾由官价20元下跌至10元。后因政府滥发纸币，通货恶性膨胀，国币价值日愈低落，因而美券价值日渐回涨，由初时的17元、18元，逐渐涨至20多元以至30元。

此时对这块肥肉早已垂涎的孔祥熙及其属下亲信、中央银行国库局局长吕咸，见机会已到，便利用职权，上下其手，对美券干起了贪污舞弊的勾当。

当时，孔祥熙以“财政部鉴于美券黑市上涨，不利继续出售”的名义，突然于1943年10月15日下令将该项美券停售，所有尚未售出的美券5,000万美元，悉由中央银行业务局购进完案。国库局局长吕咸秉承孔祥熙的意旨，秘密将该项未售出的余额美券，分期分批，全部用20元的官价侵吞私分，一下子鲸吞了1,150余万美元，致使美券市场，由1美元兑20多元和30多元狂涨至数百元，从而使得物价更加直线上升，金融更加混乱不堪，民心士气亦更为低落。

当时吕咸把内部私下第一批购买美券余额350万美元，照官价合国币7,000万元，尽送孔祥熙一人独吞。而这批美券当时的市价，根据重庆《国民公报》经济栏所载，本月份美券最低价为20日的250元，最高价为16日的273元。以官价每1美元折合法币20元售出，即使售款全部缴入国库，孔祥熙和吕咸等人所获暴利之巨，已是骇人听闻。

而且他们前后私吞美券共达1,150万美元左右。若按当时重庆《国民公报》所载美券最低市价为250元计算，仅照官价折合法币20元购进，即被贪污法币达26亿多元。这就是孔祥熙等人通过黑市的转手所得。可是，孔祥熙却还不满足，得一望二观三，仍在大打其如意算盘，想把相当于9个省份的美券实际储额约5,000万美元，分期分批地全部鲸吞干净。

孔祥熙如此贪赃枉法，巧取豪夺，才能成为“中国的头号富翁”，宋霭龄也才能成为“中国的第一钱袋”。但与此同时，孔祥熙也越来越成为众矢之的，以至于突然发现自己已无容身之处了。

此次直接导致蒋介石要查办孔祥熙的，是孔二小姐居然挪用了财政部的巨款。孔二小姐

∧ 抗战时期孔祥熙夫妇与史迪威、宋庆龄在重庆。

> 抗战时期的孔祥熙前往云南劳军。

平时也做孔祥熙的秘书，代行代拆公文之外，还掌握了财政部的大权。最近做生意缺少头寸，竟然利用手里的权力，挪用了广西部队前线官兵的军饷。结果李宗仁连发电报催问，几乎酿成兵变。蒋介石大发雷霆，决心利用这个机会好好整顿孔家。

但是现在面对宋美龄的要求，蒋介石不得不认真考虑，一旦彻查孔家，也就意味着宋氏家族将只有宋子文一个还能倚靠。而战局正紧，即使抗战胜利后，和共产党也有一场大仗要打，和美国的关系是万万不能断绝的。而且宋美龄一旦把自己和陈洁如的事公开，对自己的影响也不可忽视。最后，蒋介石答应了宋美龄的条件，决定保护孔祥熙和他的巨额家产，但是孔祥熙必须辞去财政部长等职，好让自己能向全国有个交代。

宋美龄谈妥一切，来到大姐家里，要她和孔祥熙收拾一切，早做准备。宋霭龄处事果断，马上决定让孔祥熙从此退出官场，并着手转移财产。

于是1944年7月5日，就在中国的抗日战争已经进入到最后时刻，全国人民仍在与日本帝国主义进行殊死搏斗的时候，宋美龄却到遥远的美洲养病去了。陪同她去养病的是她的大姐宋霭龄。

宋霭龄此行是准备到南美、巴西、阿根廷等地进行投资，以转移家产。而宋美龄则是出国休养一阵。

同时离开的还有孔祥熙，他名义上是到美国出席一个世界金融会议，实际上是已经退出官场了。此后的几个月里，孔祥熙人还在美国，而重庆政府分几次宣布孔祥熙分别辞去财政

∧ 1943 年，蒋介石夫妇前往印度劳军时所摄。

部长、中央银行总裁、四行联办主席等职。从此孔家就再也没有在蒋家王朝里掌过权，不过由于宋美龄的关照，孔令侃等人还是在国内照样大做生意，直到后来遇上蒋经国“打老虎”。

抗战胜利宋美龄却在国外

在飞机上的宋美龄心里渐渐平静下来。这几个月确实让她精神上疲惫不堪，开始患上神经衰弱。孔祥熙这样的结局本不是她愿意看到的，也只能如此尽力而为了，好在蒋介石已经保证不再追究。但是一想到哥哥宋子文和大姐一家的关系搞到如此地步，宋氏家族可以说是第三次分裂，还是感到难过。

在兄弟姐妹几个当中，大姐和二姐一向不和，现在哥哥和大姐也开始分道扬镳，只有自己在中间苦心调和，费尽心机。现在既然大姐夫已经辞去财政部长，哥哥如愿以偿，宋美龄也不想再为此事多花心思了。

这段时间，蒋介石确实也是够劳心的，前方豫湘桂战场战局不利，丢失大片国土，又有美国人步步紧逼要夺取军权。当时蒋介石见宋美龄坚决要走，考虑到这一段时间她的身体确实需要休养，也就答应了，不过为了平息各种谣言，以免外界认为宋美龄离国是因为夫妻不和，两人决定在宋美龄走之前，共同召开一个党政军各方要员的招待会，由蒋介石公开辟谣。

招待会在林园官邸举行，那天到场的党政军大员很多。蒋介石神情极不自然，用他的宁波官话吞吞吐吐地念道：

各位同志：最近社会上流传着一种谣言，说我瞒着蒋夫人，同一位所谓陈女士在这里秘密同居。实际上并没有这一桩事，那完全是国内敌人对我个人的造谣污蔑，目的在破坏我们国民党的威信，使抗战受到不利的影响。如果我们听信这种谣言，那就为亲者所痛，仇者所快！须知我与蒋夫人是神圣的结合，革命的伴侣，十七年来，我们为着革命大业，为着北伐与抗战，并肩战斗，艰苦备尝，屡经险阻，矢志不移。我们的亲密合作是经得起严峻考验的，久而弥笃，天日可表。当前局面非常严重，今年是抗战中最险恶的一年。我与蒋夫人临危不惧，努力奋斗，以争取最后的胜利。

看到在场的众多国民党大员面面相觑、莫名其妙的表情，宋美龄也觉得这样做是否过于夸张，不过现在一切都已经过去了。

< 孔祥熙给人温文尔雅之感，他凭借与蒋介石的特殊关系在战时中国敛财无数。
> 日本投降的消息传来，举国欢庆。

自己这几年一直为抗战奔忙，为蒋介石的权力，也为自己东奔西走，确实也该休息一下了。眼下战局虽然艰险，但宋美龄明了国际形势，知道日本已呈必败之势，豫湘桂会战只是日本最后挣扎，她从来不怀疑美国的实力，只要美国人不抛弃自己和蒋介石政权，眼前的难关就肯定能挺过去。

宋美龄和宋霭龄首先来到巴西。在巴西，她们一起住在巴西政府供重要人物玩乐的布罗科约小岛上，她们俩同住在一座诺曼底式的大厦里，在那里隐居了两个月之久，避免与记者相遇。宋美龄在那里就医并且进行休养；宋霭龄则忙于同巴西铁腕人物热图利奥·瓦加斯打交道，转移资金，在富饶的工业城市圣保罗购买财产。

宋霭龄给瓦加斯送了不少礼物，其中有一些明清两朝皇宫里的珍宝古董，让瓦加斯很感兴趣，他下令政府部门为宋霭龄在巴西的一切活动提供方便。

宋霭龄很有头脑和心计，知道在中国没有官场的权力做保障，巨大的家财不仅难以增值，还要连老本一起被吃掉。南美洲距离中国遥远，与中国的联系不多，把财产转移到这里，很不引人注目，也就比较安全。同时这里矿产丰富，发展前景看好，在这里投资将能获得丰厚的回报。宋霭龄在巴西购买了大量的企业股票，她选择的企业主要是石油、采矿、航运等行业，还在圣保罗的银行里存了巨额的资金。此外，宋霭龄还在阿根廷等国家也做了投资。

布罗科约岛是个风景优美的休养胜地，对消除精神疲劳，恢复身心健康大为有益，宋美龄就住在这里静养，她不像大姐那样各地跑，也很少在里约热内卢露面。可是，这里的幽美环境并没有使宋美龄的皮肤病有所好转。

9月6日，她们离开南美，乘飞机前往纽约。宋美龄再次进入哈克尼斯大楼，还像上

次那样，占了这座大楼的整整一层。经诊断，她患有严重的神经衰弱症，由罗伯特·洛布和达纳·阿奇利两位医生负责治疗。医生们反复向宋美龄强调，说她需要长时间休息才能恢复身体。宋美龄在哈克尼斯疗养了一个月，便于10月9日搬到市郊里弗代尔孔祥熙的公馆，同宋霭龄和弟弟宋子良一起隐居在那里，一直不公开露面，也不会见什么人。

宋美龄在纽约住了十个月，只公开露过一次面，那是1945年6月14日，她主动提出并参观了纽约州贝德福希尔斯女犯监狱。宋美龄对监狱当局说，她想收集一些有助于管理中国监狱的资料。

在美期间，尽管宋美龄基本不露面，但还是有不少关于她的消息和说法，有消息说她在纽约大通银行或花旗银行就存有1.5亿美元，其实宋美龄自己名下从来没有什么财产，她把一切都交托给了大姐一家。

1945年8月10日，日本准备投降的消息传到美国。对于日本决定投降的消息，美国人不觉得意外，宋美龄也是一样。八年抗战，在最后的一年里，熟悉世界局势的宋美龄早已知道抗战必胜，她已经为之耗费了大半的精力，尤其是在美国参战、援助中国之前。现在姗姗来迟的胜利，反而没有给她以惊喜之感。

8月14日，宋美龄在美国发表了《胜利播讲》。这个讲话不再像以往那样的情绪激昂，在向美国人民的支援表示感谢后，还表示了对共产主义势力的担心。在演讲中宋美龄说：

今天举世欢腾，庆祝着我们战胜了最后的一个轴心的国家，这个胜利，乃是我们所期望，我们所祈求，也是我们所努力造成的。我今天要向美国国民表示我同胞的感谢，因为在我们八年长期的全面战争中，你们对于中国所遭遇的许多障碍与困难，曾经给以深刻的同情与始终如一的了解，我并且还要代表中国同胞感谢你们，你们在能力所及，莫不迅速给我们物质方面的援助，因为你们的急公好义，给我们大宗的帮助，使我们能顺利推行救济工作，无数的难童难民以

∧ 宋美龄翻阅英文版有关日本投降新闻的报纸。

∧ 1945年8月15日，蒋介石就日本投降对全国军民发表广播演说。

及流离失所的同胞，在他们悲惨的绝境，得到了资助与安慰。现在完全胜利降临了，我们先要感谢我们的创造者并且要积极缔造真正合乎基督精神的和平。科学家发明的原子弹，无疑加速了日本投降的决定，结束了野蛮而徒劳的挣扎。此次战争的结束，我想凡是有儿子或丈夫在军中服役的母亲或妻子，特别来得高兴，可是我同时也断定，我们一定万分地忧虑，知道如此猛烈的武器，如果落在残暴国家的手里，才真是了不得的事情。原子弹制造方法，虽经严守秘密，然而这是根据着很多科学家所明白的原理，若有相当的资源与时间，或许足以仿造的，如果落在贪婪无义的敌人手里，仍旧可以造成大部分人类的毁灭。我不相信人类在疯狂之中自相残杀，是上帝的计划与旨意，然而在现世界中，人类科学进步的机智，远胜于精神方面的成熟，倘使我们仍旧道德堕落，精神昏蒙，而不能深切了解那种等待着我们的全体绝灭祸害，则文明与人道将要自趋于灭亡，除非我们对于联合国参加此次战争所预见的崇高理想，能够积极实现，维护力行，否则我们子弟们的流血与牺牲，都将白费的。

最后，宋美龄说："现在我们正在决策的十字路口，时间不允许我们再行蹉跎，错失机会，否则恐将悔之莫及的了。"

当时的美国人在担心苏联的力量，而宋美龄和蒋介石一样，在担心着中共的力量。

1945年9月5日，宋美龄乘飞机回到重庆，在机场上受到蒋介石的亲自迎接。经过长时间的分别，两人都觉得更加需要对方。为了巩固蒋介石的地位，宋美龄开始更加积极拉拢美国人，来帮助她的丈夫对付共产党，准备打内战，消灭共产党，坐稳江山。

出于共同利益的需要，宋美龄仍然一如既往地在各个方面帮助蒋介石。归国不久，身体基本恢复的宋美龄又忙碌起来。妇女工作仍是她的主要任务，9月14日，她召见"妇指

∧ 蒋介石夫妇拜谒中山陵。

★日本投降

自1945年5月8日德国战败投降之后，日本成为唯一仍然顽抗的法西斯轴心国家。由于中国抗日武装和盟国攻势的不断加强，特别是由于苏联军队开始对日作战和美国向日本投掷原子弹，加速了日本帝国主义的覆灭进程。8月9日，日本决定接受中国、美国和英国督促日本投降的联合公告。15日，日本天皇发表广播讲话，正式公开宣布无条件投降。同年9月2日，日本代表与盟军代表在美舰“密苏里”号上共同签署了投降书。至此，“二战”结束。

∨ 1945年9月2日，时任国民党政府军政部长的徐永昌代表中国政府在日本降书上签字。

∧ 1946年5月5日，蒋介石谒陵后对国人发表广播讲话。

会”总干事张蔼真和各组组长商谈会务，布置工作。9月21日下午3时，宋美龄在林园官邸大礼堂设宴招待美国驻华妇女辅助队，陪着该队队长、副队长坐在礼堂上首，并用英语致欢迎词。到会来宾约60人。会后，宋美龄还陪同辅助队员参观了驻华美军总司令魏德迈和总统特使赫尔利住过的别墅。

虽然内战的阴云笼罩，但是毕竟八年抗战终于胜利结束，全国人民一片欢腾，回国后的宋美龄也感受到了人民的狂喜之情，心情也好了不少。

8月15日，蒋介石对全国军民发表广播演说，提出了“不念旧恶”“与人为善”的“以德报怨”说，同时宣布全国放假三天，举国欢庆。9月3日，国民政府在重庆市校场口举行规模盛大的庆祝活动，会后举行大游行，蒋介石乘车检阅游行队伍。到处是爆竹声和舞龙表演，街上搭起一座座的牌坊。晚上在校场口广场举行露天演奏会，千万人齐唱《义勇军进行曲》。

延安也是彩旗飘扬，万人欢腾。在美国的旧金山、纽约、西雅图等华人聚居的地方也是爆竹声连天，舞狮、舞龙灯进行欢庆。在台北，市民与学生在10月25日的日军投降仪式结束后，举行环城大游行，欢庆回归祖国。许多人家点烛焚香，祭祖拜天。

著名的学者和民主人士闻一多兴奋地把蓄了八年的胡须剃掉了。而在上海的梅兰芳也剃掉了已蓄八年的胡须，宣布重新登台表演。

9月9日上午9时，日本投降★的正式签字仪式在南京举行。何应钦作为中国陆军总司令接受驻华日军总司令冈村宁次的投降书，他乘飞机到达南京明故宫机场时，数万人在机场欢迎，冈村宁次也带着日军高级将领在机场列队迎接。

1946年5月1日，国民政府颁令还都南京。

5月3日，蒋介石和宋美龄乘“美龄”号专机离开重庆，飞赴南京。

5月5日，国民政府还都典礼在南京中山陵祭堂外举行。

★重庆谈判

抗战结束，蒋介石为了抢夺人民的胜利果实，一面积极准备发动内战，一面又假意和平争取时间。1945年8月，蒋介石连发三电，邀请毛泽东赴重庆谈判。名义上是为了中国的和平，而其实质却是欺骗中国人民，争取时间，积极准备内战。为了尽可能的争取民主和平，同时也是为了揭穿蒋介石假和平、真内战的阴谋，党中央派毛泽东、周恩来、王若飞等飞赴重庆，同蒋介石直接谈判，并签署《双十协定》。

马歇尔调停失败

抗战胜利后，在全国人民要求和平，还有美国的压力下，蒋介石不得不做出和平表示，邀请毛泽东到重庆谈判★，并签订了《双十协定》。可是蒋介石并不甘心让中共坐大，千方百计想吞并中共的军队和地盘，以实现他的“统一”与和平。随后他派遣蒋经国赴莫斯科谈判，企图从苏联手里“外交接收”东北，受挫后，决心以武力从中共手里夺取。但是迫于国内民众反战的压力，加上也没有做好全面内战的准备，所以到1945年底，局势还是不战不和，成为僵局。

此时的美国政府决定派遣马歇尔来华进行协调。

早在半年以前，美国政府在当时的驻华大使赫尔利的影响下，过高估计了蒋介石的力量，认为在美国的支持下蒋介石有能力解决中共，控制整个中国。于是美国政府在日本投降的时候全力支持国民党政府恢复和加强对中国的统治，在受降和接收方面给蒋介石提供帮助，希望蒋介石能以实力为后盾，逼迫共产党屈服。

可是从8月到年底的将近半年时间里，在军事和政治上的几次较量，蒋介石都落于下风，同时由于国民党政府的腐败，在接收问题上让沦陷区的民众十分不满，在全国人心的向背上国民党越来越不利。美国的一些分析人员认为真正打起来，失败的很可能是国民党，或者至少是短期内蒋介石难以成功，从而造成长期的内战。无论是国民党失败共产党上台，还是长期内战，对于一心想扶植中国来阻挡苏联的美国人来说都是难以接受的，所以美国政府决定尽一切努力来避免国共双方打起来。

在这样的形势下，积极支持蒋介石的赫尔利被召回，杜鲁门总统宣布任命马歇尔为总统特使赴华调解国共纷争，以避免在远东出现不可控制的局面。

∧ 在全国人民要求和平的情况下，蒋介石邀请毛泽东到重庆谈判。图为谈判期间，蒋介石与毛泽东在一次宴会上互相祝酒。

∧ 赫尔利（右三）与毛泽东等中共领导人在一起协商国共谈判事宜。

1945年12月20日，马歇尔从华盛顿飞赴上海，开始他在中国的调停之旅。

马歇尔在“二战”中功勋卓著，在美国政府中具有重要影响力，并且也是世界著名的政治家。当时在美国国内马歇尔的地位仅次于总统杜鲁门，声望则有过之而无不及。这样一位重量级人物的来华，国共双方都十分重视，而宋美龄也正好利用她和马歇尔的友谊，热情招待，希望能给他留下美好印象，不仅为和谈，也为以后争取美国政府的全力支持打下基础。

与宋美龄关系良好的美国知名人士，不可胜数，但就私人情谊来说，马歇尔是关系最密切，并且在美国政府中最具影响力的一位。

宋美龄与马歇尔最初的接触是在1943年宋美龄访问白宫期间，后来又在开罗会议上相逢。开罗会议的那几天作为美国陆军参谋总长的马歇尔和蒋介石宋美龄接触较多，他对蒋氏夫妇有如下的印象：蒋看起来不太像主宰数亿人民命运的军政强人，反倒像个中国的传统读

> 杜鲁门总统为避免在远东出现不可控制的局面，任命马歇尔为特使赴华调处国共纷争。

书人和修道者，其审慎自持的态度和说得一口漂亮英语的夫人，恰成强烈对比。同时马歇尔认为宋美龄似乎远较蒋介石更果断，注意每一个步骤，不时纠正译员的翻译并加以阐释，有时让人怀疑她的“阐释”似乎是在补充蒋的原意。

开罗会议是马歇尔首次见到蒋介石，以往都是经由史迪威发回华盛顿痛批蒋介石的报告中进行了解，所以他对蒋介石的印象是感觉有点出乎意料。而同时，深受西方文化熏陶的宋美龄与美国要人接触时，就知道如何与他们相处，如何把自己最具吸引力的特质展现出来，而使这些人为她着迷。陈纳德将军、威尔基议员和《时代》老板卢斯都曾经是“蒋夫人迷”，尤其是陈纳德和威尔基。

在开罗会议中，马歇尔和史迪威都相当不满英国将领刻意贬低中国战区的重要性，在一次激辩中，马歇尔说：“希望我们就这个问题再聚在一起讨论。”宋美龄听了这句话，把手放在马歇尔的膝上，柔声说道：“将军，你和我随时可以聚在一起。”现在马歇尔又以特使身份来华，宋美龄对他的关照当然更是无微不至。

当初马歇尔在史迪威事件中一直站在史迪威一方，而且在调处国共冲突时被蒋介石认为在帮共产党的忙，甚至遭到国民党中右翼势力的抨击，而且马歇尔本人对蒋介石和国民党政府也有颇深的成见，在这样的背景下，宋美龄还是与马歇尔发展起了很深的友谊，他们之间的私交不仅超越了政治与外交的鸿沟，而且一直持续到 1959 年马歇尔去世。

在调停期间，马歇尔每次和蒋介石单独会谈时，都由宋美龄在场亲自传译。马歇尔的调停前后持续了半年多，他在中国停留期间，宋美龄对他的生活起居照顾十分周到。同时，宋美龄不仅对马歇尔照顾备至，对马歇尔夫人也相当体贴。

马歇尔夫人年轻时在英国学过戏剧，还曾经在职业剧团做过演员，与喜爱英国古典戏剧

V 马歇尔在中国调停期间，受到蒋氏夫妇的热情招待。

的宋美龄很聊得来。马歇尔在写给友人的信中说，宋美龄对凯莎琳“颇为敬慕”。马歇尔夫人比宋美龄大17岁。1946年5月12日～16日，宋美龄偕马歇尔夫人到上海玩了四天，结果上海当地的报纸却大肆报道马歇尔夫妻吵架失和，马歇尔夫人由宋美龄陪同“离家出走”；又说马歇尔从南京追到上海，但夫人拒绝见他，躺在医院里，生气又生病。“失和”谣言传得很厉害，以至于马歇尔不得不在6月中写信向陆军参谋长艾森豪威尔抱怨中国报纸的无中生有，他说他和夫人好端端的，根本没有所谓吵架，两位夫人到上海散心、购物、吃馆子，过了愉快的四天之后，他到上海接她们回南京，如此而已。确实，宋美龄和马歇尔夫人在上海的四天里整天在一起，形影不离，两人迅速成为很好的朋友。

为了让马歇尔夫妇在中国过得愉快，宋美龄细心周到地安排着一切。她要求她的心腹、擅长后勤的“励志社”负责人黄仁霖到庐山牯岭为马歇尔找一幢好别墅，让他们夫妇好上庐山避暑；在马歇尔生日时，又特别嘱咐黄仁霖办一个温馨的生日宴会。

因为南京在夏天非常炎热，所以蒋介石和宋美龄在夏天往往要上庐山牯岭去避暑。牯岭是一个避暑胜地，它的海拔并不高，但是由于山谷间云雾缭绕，却很清凉舒适，同时具有壮丽的风景。在山谷间修建了不少别墅，蒋介石和宋美龄也在那里有几处别墅。

宋美龄和马歇尔夫人谈起过到牯岭去避暑的事，马歇尔夫人对此也很高兴地同意了。在他们上山之前一个月，宋美龄便命黄仁霖去为马歇尔租赁一幢好的别墅，并希望距蒋介石的别墅不远，以便往来。

当时为了找到令人满意的别墅，黄仁霖还花了不少工夫，因为牯岭曾在抗战时被日本人占领了有八年之久，情况变化很大。黄仁霖找到新任庐山管理局局长王作民，王曾是“励志社”以前的老干事。于是经过周密安排，在蒋介石和宋美龄避暑别墅的附近，保留了所有比较好的乡村小别墅，并且派遣工人把黄仁霖认为最适合于马歇尔居住的那幢房屋，立刻加以整理。

因为南京实在太热，宋美龄当时就先去了牯岭。在她离开南京之前，曾邀请马歇尔夫人一路同行，马歇尔夫人委婉地拒绝了她的邀请，托词称马歇尔将军无法离开南京太久，因此她不预备照早先的约定到牯岭去避暑了，并表示将来她总有一天会去庐山做一次旅行的。

马歇尔夫人的态度令宋美龄不解，马上询问黄仁霖。原来在给那幢别墅进行整理期间，黄仁霖陪马歇尔的两个随从去预先看了一下，当时

∧ 马歇尔来华期间，与蒋氏夫妇在一起。

现场乱糟糟的，估计那两位美国随从向马歇尔夫人说了房子不好，所以影响了她的兴趣。

宋美龄得知情况后，一到牯岭还来不及把住处安排妥帖，就要黄仁霖陪同她去看那幢为马歇尔将军预备的房屋。那幢房屋现已重加油漆，焕然一新，家具齐全，窗帘齐备，草坪也已修剪整洁。一切看来实在不错，宋美龄看得很满意，她亲自给马歇尔夫人打电话。结果，马歇尔夫人三天后就到了庐山。

那天宋美龄让黄仁霖去接马歇尔夫人上山。抵达山庄后大家便陪着马歇尔夫人巡视房屋。马歇尔夫人看到这一切布置，非常高兴而惊讶地说："那两位上校真是在胡说八道。我们对于度假的房屋，还能希望些什么呢？我会对将军说，并请他也上山来。"结果，隔不了几天，马歇尔将军便在蒋介石上山之后，于1946年7月18日也到牯岭来了。

马歇尔将军上山时，宋美龄又安排黄仁霖等人到九江去欢迎他，一行人坐车到牯岭山脚，换乘轿子登山。可是马歇尔将军说，他喜欢步行上山。黄仁霖想到了很多理由，解释他们应该坐轿上山。最后马歇尔同意了，于是一起乘轿上山，两人各配备了八名轿夫。

马歇尔将军对宋美龄安排的别墅非常喜欢。马歇尔和夫人向黄仁霖和王作民局长道谢，说让他们花费了很多心力，布置得如此完美。黄仁霖自然要说这都是蒋夫人的关照。

那年夏季，马歇尔将军曾六次上牯岭。每次他来，都由黄仁霖到九江机场迎接，并陪同上山。在他下山回南京时黄仁霖也一直送下山来，这已成为宋美龄对他的一个固定命令了。到最后，竟然因为这许多次的旅程，使黄仁霖与马歇尔的友谊，也日益密切。后来马歇尔还曾向蒋介石建议派黄仁霖到美国去做一次实地观察旅行，使他能担任负责后勤的高级军官。

马歇尔夫妇和宋美龄虽然建立了深厚的友谊，但肩负重任的马歇尔还是以一个比较公正的形象出现在中国。从他个人来说，他对蒋介石的政权不抱好感，认为国民党的统治极为糟糕，从美国国家利益来说，虽然要支持蒋介石政权，但不希望中国陷入长期内战，给远东的局势造成不稳定并给苏联以可乘之机。所以他还是竭力进行调停，希望国共双方能政治解决，避免战争。

∧ 国共谈判代表周恩来、张群与马歇尔在一起。

马歇尔于12月底到中国后，即多方了解情况，在上海拜会了驻华美军总司令魏德迈将军，在南京会晤了蒋介石，又匆匆赶到重庆会晤了中共方面的代表周恩来、叶剑英、董必武。

当时国共双方在国家民主化和军队国家化的前后关系上争执不下。蒋介石说中共交出军队，就实行国家民主，让共产党参政；而共产党表示在国民党一党专政结束、国家民主化之前，不能答应交出军队。

在马歇尔到达中国之前，史迪威就预言："他无法在水上行走。"意思是马歇尔不可能成功。马歇尔到达中国后，驻华美军司令魏德迈也表达了同样的看法：国民党掌握着全部政权，一丝一毫都不肯放弃的。你如果想同蒋介石和

< 周恩来在整军协议上签字。

V 军事三人小组成员，自左至右为：张治中、马歇尔、周恩来。

他的部下共事，必须记住这里是一个封建采邑式的国家。同时，得到莫斯科支持的共产党则决心把全部政权夺到手。

不过马歇尔还是准备尽力而为。由于马歇尔施加了压力，蒋介石同意成立一个谈判小组，讨论与停战有关的问题。1945年12月27日，在马歇尔将军的主持下，国共代表开始谈判，并成立了“三人小组”★，成员是马歇尔和中共中央书记处书记周恩来、国民党中央执行委员张群。

三人小组的主要任务是磋商实施停战的具体细节。因为马歇尔最初的形象是不偏不倚，而且又掌握着美援，所以蒋介石和毛泽东都接受了他的调停。1946年1月10日，三方签署停战令，宣布从1月13日午夜起停止一切战斗行动，停止中国境内的军事调动，停止破坏和阻碍交通线的行动。此外，协议还规定在北平成立一个军事调处执行部，以确保停止协定的执行。马歇尔的调停暂时取得了成功。

★“三人小组”

1946年1月13日，由国、共、美三方组成的军事调处执行部成立。当日，中共方面代表叶剑英、国民党方面代表郑介民、美国方面代表罗伯逊由重庆飞抵北平，宣告成立军事调处执行部，由美国代表任主席。军调部受军事三人委员会领导，下设若干执行小组，分赴各冲突地点进行调处。三方代表均有表决权，一切事宜均需三人一致通过，否则，提交三人组决定。三人组由共产党代表周恩来、国民党政府代表张群（后为张治中）、美国特使马歇尔组成。

当时的国共双方军事力量犬牙交错地交织在一起，停战协定签订后难以一下子传遍各处战场，各地零星冲突仍在继续。以至于国民党方面先后两次印刷了80万份停止冲突令，用飞机在各战区广为散发，声势搞得很大。不过蒋介石还在1月10日停战令刚签署时，就向手下吩咐：“停战令即将下达，各部在停战令未生效前应速抢占战略要地。”中共方面当然也有准备，要求各部队提高警惕，严守阵地，对于来犯之敌坚决消灭之。

在军事上协调停战的同时，政治上也在同时进行协商会议。停战令签订的同一天，由各党派和无党派人士参加的政治协商会议召开，马歇尔希望能在中国出现一个各党派联合执政的政府。政协会议让马歇尔感到满意，各党派达成了政协决议。

由于政协会议达成了军队国家化的协定，为军队的整编和统编奠定了基础。马歇尔决定趁热打铁，一举解决国共两党军队的整编和统编问题。当然，从美国的角度来看，他们也想通过整编全中国的军队，配合美援，来实现中国军队的美国化，以更好地控制中国。

蒋介石对整编军队也很感兴趣，他对共产党的军队始终视为心腹大患，所以也寄希望于马歇尔，把共产党的军队“编掉”。

结果经过反复辩论和讨价还价，整军谈判最后达成了国共军队5比1的方案。2月25日，军事三人小组在重庆正式签署了整军协议。马歇尔在协议上还以“顾问”的名义签了字。

就这样，整军协定和停战协定、政协决议这三大协定相继达成，中国的和平、民主与统一似乎就在眼前。全国人民热烈欢迎和庆贺三大协定的签署，马歇尔也十分高兴，觉得自己终于在别人不看好的情况下完成了一项重大任务。

∧ 军事三人小组到达汉口，视察停战令执行情况。

> 国共谈判期间，周恩来与张群合影。

此后，自2月28日起，军事三人小组分赴北平、张家口、延安和汉口等地视察停战令执行情况。3月27日，东北停战令生效。3月11日至4月17日，马歇尔回国述职。

然而，国共双方的对立并没有就此结束，蒋介石仍然一心想要把中共彻底消灭，而中共方面当然也不会善罢甘休。1946年3月中旬，马歇尔返美述职后，国共对峙情况陡然升高，要求马歇尔尽速回中国调停的电报像雪片似飞到华府，其中催促最急的即是宋美龄。她于4月2日致电马歇尔说：“吉伦将军已尽力而为，但情况告急，我认为我必须坦诚地告诉你，如欲进一步磋商，你的与会乃是关键。我不想说‘我早就告诉过你’这句话，然而即使你短暂地离开此地，已证明我以往常对你说的——中国

< 美国军用飞机协助国民党军将兵力源源不断地运往东北。

< 美国驻中国大使司徒雷登（右）与美国驻中国军事顾问团团长巴大维。

需要你……早点回到我们身边吧，顺便带马歇尔夫人一道来。”于是马歇尔夫妇于4月17日飞返中国。

东北的争夺是蒋介石最重视的。5月19日开始，国民党军队在东北发动攻击，先后攻克四平与公主岭，又于23日攻占长春。蒋介石原说共军非撤出长春不能继续和谈，现在既然长春已在国民党手中，马歇尔便要求蒋介石下停战令以免战事扩大，而蒋介石以视察东北为名，告诉马歇尔等他从东北回来再说。蒋介石显然觉得一举夺取长春，证明中共其实不堪一击，因此想大打一阵，捞足便宜后再停战。

宋美龄陪蒋介石于5月23日抵达沈阳后，写了一封英文长信给马歇尔，除表示仍将遵守前订停战协定外，提出三项要求：一、中共让中央政府接收东北主权；二、中共不干涉恢复全国交通；三、国共代表意见不一时，美方有最后决定权。马将此信交给中共方面的周恩来。周恩来于26日回信，原则上同意作为谈判的基础，只对所提三项要求略作澄清，并要求停战。

6月5日蒋介石结束东北视察后回到南京，马歇尔立即要蒋介石宣布停战以便继续和谈，因为中共方面对宋美龄提出的三项要求多少做了让步。6月5日，根据三人小组的意见，蒋介

∧ 军事三人小组飞抵延安视察受到中共领导人的欢迎。自左至右：周恩来、马歇尔、朱德、张治中、毛泽东、林伯渠。

石和周恩来向各自一方下令在东北停战15天，22日又下令延长8天。蒋介石一面谈判，一面却积极部署兵力，6月26日，国民党调集30万大军围攻中共中原解放区，从而引发全面内战。

在庐山期间，马歇尔一再向蒋介石要求尽快停战，但仍无效果。当时的蒋介石一心要"消灭异己"，本无意要和，然而在1945年底时因自己的军队都在西南，难以一下子到达前线，迫于情势，又因马歇尔的威名，不得不加以敷衍，后来自己的军队都已到达华北东北，又发觉冷战形势已成，美国因战略关系，不会主动放弃南京政府，也不会断绝军援、经援，所以腰杆硬了起来，准备用武力解决中共问题。

马歇尔对于蒋介石当然十分不满，而同时周恩来给马歇尔写了一个备忘录，责怪他阴谋助蒋，无意和平。马歇尔辛苦一场，结果是两边不讨好，为此大发雷霆，气得发抖。马歇尔声望极高、信心极强，对于调停失败当然耿耿于怀。

马歇尔对蒋介石一意想用武力解决中国问题感到非常愤怒，在和谈失败后，曾于1946年12月1日与蒋介石见面，进行了三小时会谈，由宋美龄翻译。他坦白警告蒋介石，内战将导致整个经济崩溃，绝不可忽视中共的力量。而蒋介石不同意马歇尔的悲观看法，认为中共在他的攻势下，不可能维持8～10个月。

∧ “二战”期间，马歇尔与英国首相丘吉尔在一起。

这时马歇尔很严肃地对宋美龄说：“我要告诉你几句话，这些话很不客气，也许你不愿意翻译。如你认为太过火就不用翻译。”随即他对蒋介石说：“已经破坏协议，你也会抗拒曾订妥的计划。人家说你是现代乔治·华盛顿，经过这些事情以后，他们不会再如此称呼你了。”宋美龄向马歇尔点点头说：“我要他听听这些话。”随即如实地译了出来，蒋介石听了，面无表情，只是晃着腿，而宋美龄知道，这是他不高兴时特有的动作。不过，宋美龄还是经常将她和马歇尔的谈话内容以及马歇尔对蒋介石与国民党的不满说出来。

1946年8月10日，马歇尔和美国驻中国大使司徒雷登发表声明，宣布调处失败。1947年1月，马歇尔发表离华声明后返回美国。

马歇尔调处的失败，一方面是因为国共双方矛盾的不可调和性，另一方面，美国政府对蒋介石政权明显的支持态度也使得蒋介石敢于撕毁和平协定，放手大打。在马歇尔调处期间，美援大幅度增加，美国给蒋介石的武器、物资和借款已达40亿美元；美国海军陆战队派驻中国的兵力高达4.5万余人；同年6月13日，美国国会专议军事援华法案和授权在华组织军事顾问团；6月28日，美国宣布延长对华租借法案，赠送1,071架飞机；7月16日，美国国会同意赠送271艘军舰以扩大蒋介石的海军。可见蒋介石之所以敢于发动内战，同美国的大力援助不无关系。

蒋介石虽然一直接受马歇尔的调停，但其实一直做着战争准备，把调停当作掩饰。马歇尔来华后，中共已分别在上党、津浦路、平汉路和绥远等地，粉碎了国民党方面的大规模的军事进攻。第一次停战令下达的当天，蒋介石就命令各部趁正式生效前的三天时间抢占要地，其中包括承德、赤峰、高邮、泰县等数十座重要城市；在1946年1月13日停战令生效后，国民党军队还在到处抢占城池，可马歇尔却要中共立即停止战斗；东北对国共双方来说都很重要，可马歇尔的方案中却称："为收复东北主权，政府军向东北调动不在此限"，并要中共退出在东北的大城市；国民党军队打到松花江边时，马歇尔为阻止中共的反击，再次下达停战令，捆住中共的手脚。蒋介石曾公开对国民党方面负责谈判的张群说："你管谈，我管打。"

因为马歇尔力求公正，所以要双方遵守协议，但是当蒋介石偷偷违反协议时，马歇尔还要求中共遵守协议，结果要求遵守协议的马歇尔反而成了违约方的帮凶，遭到周恩来的指责。所以马歇尔对蒋介石的违约行为特别生气，当面不客气地说了蒋介石。

虽然调停失败，并且带着对蒋介石的极度不满离开中国，但由于宋美龄对马歇尔夫妇的细心照顾，他们之间还是建立了深厚的感情，保持了长久的友谊，并且一直到最后。

马歇尔回国后，于1947年～1949年担任美国国务卿，1950年～1952年出任国防部长。担任国务卿期间推出战后欧洲复兴计划（俗称"马歇尔计划"）而于1953年荣获诺贝尔和平奖。

1948年12月，马歇尔因肾脏病住进华盛顿的华特·里德医院动手术，全球政要几乎都写信或致电慰问马歇尔，连毛泽东、周恩来也打电报表示关切。

当时的形势对蒋介石政权十分不利，宋美龄决定再度赴美求助，而她首先想到的就是马歇尔。美国驻华大使司徒雷登曾说，1948年感恩节下午，宋美龄兴奋地打电话给他，要他即刻去看她。他到了官邸，宋美龄告诉他刚和马歇尔通了越洋电话，讨论了她即将启程的美国之行。宋美龄此行是为了争取美援，所以对马歇尔的意见十分重视。司徒雷登说，他本来很想劝宋美龄取消赴美计划，因为那势必徒劳无功。但是，这位大使不仅不敢直说，而且不得不协助她安排行程，以使她能够尽快动身。后来，蒋介石曾问司徒雷登，夫人是否征求过他的意见，司徒雷登回答说没有。蒋介石说，她应该问问大使的意见，又说他自己对夫人此行也甚不以为然。其实在宋美龄看来，最重要的是咨询马歇尔的看法。

1948年11月28日，在国民党军队节节败退，急需美国帮助的情况下，宋美龄自南京飞美，开始了她的美国乞援之行。11月29日，宋美龄抵达旧金山。12月1日飞至华盛顿，马歇尔夫人凯莎琳亲自到机场接她。一到华盛顿，宋美龄顾不上别的，就直接到医院探望即将动手术的马歇尔，并向他告状说司徒雷登大使企图迫使国民党政府与中共和谈。从这里，我们既可看出宋美龄对马歇尔的关心，又可以看到马歇尔对中国事务和宋美龄的重要性。

为表示自己的心意，马歇尔夫人邀请宋美龄下榻弗吉尼亚州李斯堡马歇尔的住宅多多纳庄园。宋美龄和马歇尔夫人相当熟，两人之间可以无话不说，她甚至曾经表示要和凯莎琳"共享对马歇尔的感情"。当然，这可能只是玩笑，但是，宋美龄和马歇尔夫妇之间确实保持了长时间的深厚友谊。

历史备忘录

HISTORY MEMORANDUM

∨ 1945年，蒋介石在重庆检阅军队。

∨ 1944年，蒋介石为中国战区参谋长魏德迈授勋。

234

1

国民政府派宋子文等赴苏谈判，履行《雅尔塔协定》

1945年6月30日，国民政府为履行苏、美、英三国在雅尔塔签订的协定，派行政院长兼外交部长宋子文偕外交部次长胡世泽及沈鸿烈、蒋经国等14人飞赴莫斯科，与苏联政府代表莫洛托夫等人谈判，主要讨论苏联参加对日作战和涉及两国关系的重大问题。5月下旬，美国方面加快了促成中国政府接受雅尔塔密约与苏联达成谅解的步伐。6月14日，美国总统杜鲁门指令驻华大使赫尔利将密约内容通知中国政府。与此同时，正在美参加联合国成立大会的宋子文与苏外长莫洛托夫进行会晤，商定了谈判时间和地点。

《东北日报》创刊

1945年11月1日，《东北日报》创刊。该报先后在抚顺、长春、哈尔滨、沈阳等地出版，系全国解放战争时期和新中国成立初期中共中央东北局机关报。该报宣传中国共产党的方针、政策，指导党的地方工作，反映人民群众的愿望和要求，其内容主要是社论、国际国内新闻、地方消息等。1954年8月31日，改为中共辽宁省委机关报《辽宁日报》。

教育家陶行知病逝

1946年7月25日，著名教育家陶行知患脑溢血在上海去世。陶行知曾留学美国。推广平民教育运动，主张教育与实际相结合，设想以教育为主要手段来改善人民的生活。抗日战争胜利后，为反对独裁、争取民主进行了坚决的斗争。著有《中国教育改造》《斋夫自由谈》《行知诗歌集》等。

魏德迈要求美国政府加强对国民党的军事援助

1945年11月20日，驻华美军司令魏德迈向美国陆军部递交报告。指出，他已帮蒋介石控制中国华北及东北地区，并准备帮蒋介石积极进行内战；同时承认因国民党缺乏必要的运输设备，使得它在数月甚至数年内也无力取得对华北的控制，如遭到中共游击队的抵抗，“可能导致代价巨大的战争”等。该报告要求美国政府加强对蒋介石的军事援助。

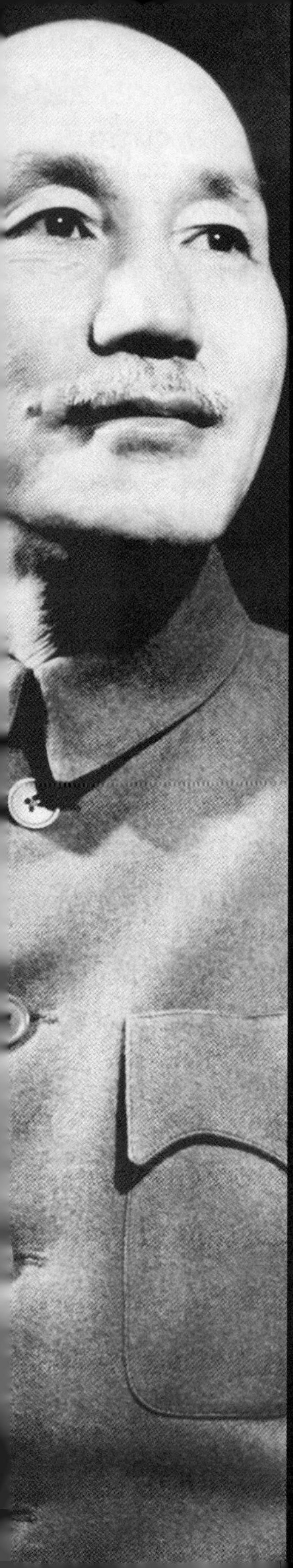

影像大扫描

IMAGE SCANNING

LETE
ENDER
American LATEST
NEWS
Journal
5¢
LATEST PEACE BULLETINS

21

在大陆全面溃败

1947年4月，蒋介石感觉自己领导抗战取得胜利，内战中，他的军队又明显处于上风，得意的他决定与宋美龄一起“衣锦还乡”去修家谱。然而就在蒋氏夫妇沉浸在一片祥和之气中时，蒋介石精锐的74师被人民解放军全歼。消息传到溪口，震惊笼罩了蒋介石。

看到国民党军事上节节败退，大量难民随着涌入关内，风餐露宿、无家可归的情形，陈布雷惆怅空虚，“饱受刺激”，自杀身亡。陈布雷的死，似乎预示了“蒋家王朝”在大陆统治的终结。

硬着头皮慰问苏军

1945年5月8日，德国在欧洲战场上战败投降，正式签署了无条件投降书。在中国战场上，中日双方正处于相持阶段，双方都很难发动大规模的攻势。虽然从总的趋势上看，日本战败已成定局，但美国认为要迫使日本无条件投降，美国还要多牺牲几十万的军队。罗斯福总统为促使第二次世界大战尽快结束，在1945年2月的雅尔塔会议*上要求苏联出兵中国，并达成了《雅尔塔协定》。蒋介石面对罗斯福与斯大林的重压，无奈之下最终还是接受了苏联出兵的条件。

1945年8月6日，美国在日本广岛投下了第一颗原子弹。8月8日，苏联对日宣战。8月9日，美国在日本长崎投下第二颗原子弹。就在同一天，100余万苏联军队在总长4,000多公里的战线上同时发动进攻，盘踞在中国东北的日本关东军遭到了毁灭性的打击。8月15日，日本裕仁天皇发布“停战诏书”，宣布无条件投降。

按照协定，国民党政府行政院长兼外交部长宋子文，以及作为蒋介石私人代表的蒋经国组成的代表团，于1945年6月底到莫斯科与苏联政府进行谈判，蒋介石派蒋经国随宋子文赴苏联谈判，主要出于这样几个考虑。首先，派自己的儿子出访，表现出一种亲善的姿态；其次，蒋经国曾经在苏联留学20多年，通晓俄语，了解苏联的情况，还曾经与斯大林见过几次；最后，蒋经国返回中国后，在八年抗战中从地方到中央经过多方面的锻炼，已经开始展现出自己的锋芒，再加上经历及语言的优势，可以弥补代表团团长宋子文的不足之处。

***雅尔塔会议**

第二次世界大战末期，苏联、美国和英国三国最高领导人在苏联克里米亚半岛所举行的国际会议，是世界大战期间最重要的国际会议。又称“雅尔塔会议”。会议是在反法西斯战争处于重要关头举行的。主要内容和议题是：处置德国问题、波兰问题、联合国问题以及远东问题，均为第二次世界大战末期迫切需要立即加以解决的重大国际政治问题。这次会议对加速第二次世界大战的进程和安排战后的世界秩序具有重大影响，标志着“雅尔塔体系”形成，这一体系在国际政治中占主导地位长达近半个世纪。

∧ 1945年2月8日，斯大林和丘吉尔在雅尔塔会议期间。

但是，蒋介石最关心的其实是东北地区的军事和工业资源。东三省地区地理位置十分重要，且资源丰富，工业发达，是国民党与共产党的必争之地。蒋经国自然更想在东北三省经营自己的地盘，以后进入国民党最高层时可是一笔丰厚的政治资本。不过，蒋经国在东北的如意算盘最终都像肥皂泡一般破灭了，当然这是后话。

8月14日，国民党代表团与苏联方面签订了《中苏友好同盟条约》及附件。条约的主要内容是：两国在对日战争中彼此给予援助和支持；战后共同防止日本重新侵略；双方友好合作，并互相提供可能的经济援助。并且还规定：苏军进入东北后，收复区由中国派员设立行政机构并派军事代表和苏联联系。日本投降后最迟三个月内苏军全部撤出东三省。

蒋介石在1927年国民党二届四中全会预备会上就促成了《对苏绝交决议》，1929年中国政府更是宣布了与苏联断交。自蒋宋联姻以来，蒋介石政府在外交政策上就是亲英美而反苏反共的，因此在这个时候，蒋介石政府尤为焦虑，担心苏联军队不肯按照条约的规定，按时撤出东北。

蒋经国于1945年12月从莫斯科完成高级会谈回来，搭乘专机到长春进一步协商军事接收问题，并与驻东北的苏军最高统帅马林诺夫斯基见面会谈。对于顺利解决东北军事接收问题，蒋经国还是很有信心。他批评了国民党内一部分人现在在重庆大肆宣传反苏的不明智行为，认为现在最重要的是绝不能刺激苏联。他要求在东北的军政人员一律不得有反苏的言行。同时，蒋经国向蒋介石建议，在苏联军队撤出东三省之前，请宋美龄到东北长春慰问苏联军队，以表示中苏之间的融洽关系。

∧ 原子弹在长崎上空爆炸后形成的蘑菇云。

∧ 宋美龄抵达长春慰问苏联红军。

> 蒋经国（右二）赴东北与苏军商量接收事宜。

> 宋美龄在蒋经国的陪同下抵达长春慰问苏联红军（中图及下图）。

按照条约规定，苏联军队应当于1945年12月3日完全撤离东北，但苏联方面却找借口拖延，要求推迟到1946年2月1日撤离。于是蒋介石便派宋美龄为自己的代表，于1946年1月22日搭乘专机“美龄”号飞抵长春，向苏联红军表示慰问。

实质上，这次慰问却更像一场勉强敷衍的“走秀”。宋美龄在外交方面的天赋，使她在国际政治舞台上大显身手，西方文化的熏陶更使她在与美国人的社交中如鱼得水，但要她对一向陌生且语言隔阂的苏联军队做一次慰问，实在是十分勉强。不过为了搞好和蒋经国的关系，宋美龄还是同意了在严寒时节去“慰问”苏军。

宋美龄在蒋经国的陪同下，到长春的苏军总部会见了苏军的高级将领，并举行了简单的仪式，向苏军赠送锦旗及奖章，并赠送了许多慰劳品，但双方之间的气氛却显得有些冷淡。相比起与美国显贵交际时的热情机智，宋美龄在会场说话很少，表情也十分严肃，连慰问词

V 蒋经国在苏军欢迎会上致辞。

也是由蒋经国代为宣读的。只在当晚举行的宴会上，宋美龄做了即席致辞，表示对苏联红军的感谢及慰问，但这些讲稿也是由蒋经国撰写的。

第二天一早，宋美龄就返回北平了。这次“慰问”，双方都缺乏热情而更像是例行公事，驻东北的苏军最高统帅马林诺夫斯基甚至始终没有出席。

虽然宋美龄冒着天寒地冻长途飞到长春慰问苏联军队，但似乎没有起到什么作用。苏军并没有遵守诺言按时撤离，一直拖延到1946年5月，苏联军队才完全撤出东北。

“下关惨案”出面慰问

持续八年之久的抗日战争终于取得胜利，高兴之下蒋介石就此向全国发表了“不念旧恶”的广播讲话：

我们的抗战，在今天获得了胜利。正义战胜强权，在这里得到了最后的证明……我要告诉全世界的人们和我国的同胞，相信这个战争是世界上文明国家所参加的最后一次战争。我们所受到的凌辱和耻辱，非笔墨和语言能述。但是，如果这个战争能够成为人类历史上的最后战争，那么对于凌辱和耻辱的代价的大小和收获的迟早，是无须加以计较的……

我相信今后地无分东西，人不论肤色，所有的人们都一定像一家人一样亲密地携手合作。这个战争的结束，必然会使人类发扬互谅互敬的精神，树立相互信赖的关系……

中国同胞们须知，“不念旧恶”和“与人为善”是我们民族传统至高至贵的德性。我们到今天一贯地与日本军阀为敌，而不以日本的人民为敌……

我们更不可以对敌国的无辜人民加以污辱，我们只有对他们的被纳粹军阀所愚弄、所驱迫而表示怜悯，使他们能自拔于错误和罪恶。我们必须切记，如果以暴行答复敌人从前的暴行，以奴辱来答复他们从前错误的优越感，则将成为冤冤相报，永无终止。绝不是我们仁义之师的目的。

平时蒋介石的演讲稿及其他文章基本上都是由陈布雷代笔的，这次抗战胜利的广播讲稿却是由蒋介石亲自执笔，可以看出蒋介石的兴奋。然而，就在全国人民欢庆抗战胜利的时刻，蒋介石却在美国的支持下，准备窃取抗日的胜利果实。

∧ 蒋介石就抗战胜利发表广播讲话。

国民党政府打着“和平建国”的旗号，实质上仍然坚持独裁内战的方针。迫于国内反内战的压力，加上内战准备工作的尚未就绪，蒋介石一边邀请中共谈判、召开政协会议，玩弄假和平的阴谋，一边寻求美国的援助，积极准备内战。

1946年的“三八”节是抗战胜利后，也是政治协商会议闭幕后的第一个“三八”节。

宋美龄为中国的妇女工作曾有过积极的贡献，抗日战争中，宋美龄被推上了中国妇女界“领袖”的地位，以“妇女指导委员会”为阵地，组织劳军、捐款、生产建设和慰问。宋美龄领导妇女界开展了多方面的工作，其中最具特色的是战地服务、儿童保育、妇女干部的训练及“献金”运动。她的努力在很大程度上激发了广大妇女为抗日做贡献的热情。成千上万的妇女被吸引到了抗日救亡运动当中，而且成千上万的青年士兵在广大妇女的激励下坚定了抗日的决心。因此，各国驻华外交官送她一个“女委员长”的雅号。在现在这个政治形势尖锐、复杂的时候，宋美龄更抓紧与共产党争夺妇女群众。

政协会议闭幕后，邓颖超在重庆《现代妇女》社座谈会上做了报告，主张不同党派的妇女团体应共同筹备“三八”节的纪念活动。重庆的妇女团体于2月11日举行了联席会议，确

> 抗战时期，宋美龄为中国妇女工作做出了积极的贡献。

定了“三八”节的中心口号，并决定了筹备会机构。在筹备会上，邓颖超代表解放区妇女团体，依靠民盟妇女和其他进步妇女力量，通过以巩固世界与中国和平，积极推进民主建设，要求各党派长期合作，加强国际妇女团结，彻底实现政协关于妇女权利的决议等为中心内容的宣传大纲、宣言草案和口号。邓颖超还亲自出席宣传组会议，以“实施政协决议，争取和平民主，合理产生妇女代表”的口号代替了过去陈旧的“拥护蒋委员长”的口号，在宣传方面取得了初步的胜利。

在最后一次筹备会上，“妇指会”在宋美龄的指使下，带了许多从未见过的“妇女团体代表”来竞选主席团成员，结果解放区妇女团体代表邓颖超和民盟的妇女代表都没能当选为主席团成员，到会的许多妇女代表很是不满。邓颖超从大局出发，坦然声明：这没关系，我们应

∧ 1946 年，周恩来与邓颖超在南京梅园新村住处合影。

该尊重已经决定的一切，我们只要求工作，从来没想到主席团不主席团的问题。邓颖超的风度让国民党代表十分狼狈，筹委会反而因此顺利通过了她事先酝酿的大会宣传提纲和口号。

1946 年 3 月 8 日，抗战胜利后的第一个“三八”节纪念大会在川东师范体育场举行，到会妇女达 6,000 余人。宋美龄作为大会总主席致开会词，邓颖超、李德全等代表中国妇女在大会上讲话。邓颖超号召全国各党派和无党派妇女团结合作，彻底贯彻政协决议，争取妇女权利，建设民主、和平、团结、统一、富强的新中国，她的演讲获得与会进步妇女的热烈拥护。

这次大会还邀请了苏、美、法等国的大使夫人参加，也在大会上致辞，呼吁全世界妇女团结起来，为保卫世界和平而奋斗。

★“校场口惨案”

1946年2月10日，重庆各界20多个团体在校场口广场联合举行庆祝政协成功大会。会议开始时，国民党当局派遣特务、打手七八百人，以重庆工务会、农务会、商务会等名义强行入场，抢占主席台。大会主持者李公朴上前劝阻，被特务拳打脚踢倒在台下，头部被打伤，血流不止。出席会议的演讲人郭沫若、马寅初、章乃器、施复亮等人也遭辱骂追打。暴徒们以事先准备好的铁条、砖头蓄意寻衅，毒打参加会议的记者、群众，当场致伤者多达60多人，制造了震惊全国的“校场口惨案”。

这次纪念大会是在国民党有意破坏政协决议、捣毁《新华日报》营业室、制造“校场口惨案”★及“反苏反共游行”的形势下召开的，由于邓颖超巧妙运用斗争策略，使得大会与宋美龄的愿望相反，粉碎了国民党破坏大会的阴谋。

无论在内政还是外交上，宋美龄都是蒋介石的得力助手。内战爆发前，宋美龄一方面以“第一夫人”的身份到处为蒋介石的将领们打气鼓劲；另一方面，她又以貌似公允的中间人姿态为蒋介石调节、缓和与各方面的矛盾，安抚示威民众，而实际上是在维护蒋介石政府的根本利益。

抗战胜利以后，蒋介石面对国内民主改造国家政治、用和平手段解决国内政治争端的呼声置之不理，反而计划发动全面内战消灭中国共产党，并吞解放区。于是，他一面借“和平协商”的幌子与共产党谈判，一面在美国的帮助下，将远在西南等大后方的主力部队运往内战前线。在“和谈”与马歇尔“调停”的掩护下，蒋介石在1946年5月以前将约160万人的正规军调集到内战前线。1946年6月25日，蒋介石撕毁停战协定和政协决议，大举围攻中原解放区，内战全面爆发。

就在蒋介石极力策动内战的同时，中国人民也掀起了反内战的高潮。

1946年6月中旬，上海人民团体联合会、上海学生和平促进会发起

＜ 1946年6月23日，上海万人举行反内战集会游行，并推举马叙伦等11人组成“和平请愿团”赴南京请愿。

组成上海人民团体代表团（又称和平请愿团），推马叙伦、胡厥文、蒉延芳、包达三、阎宝航、雷洁琼等11人为代表，以马叙伦为团长，于6月23日赴南京请愿，呼吁和平。当日，上海5万群众为代表团送行，随即举行游行示威，要求停止内战，实现和平，抗议美国干涉中国内政，“要求驻华美军立即撤退”，“停止对国民党的一切军事援助”。

请愿代表团到达南京下关车站时，代表刚刚下车，就被一群伪装成“难民”的国民党特务包围起来推搡谩骂，边上的军警却熟视无睹。到晚上11点，请愿团的代表已经被围困了5个多小时，包围在外面的国民党特务有一二百人，突然对代表们大打出手。马叙伦、阎宝航、雷洁琼等多数代表均被打伤，随行的记者头部受重伤，左眼球暴出。这就是震惊中外的“下关惨案”。

直到夜里12点，在中共与民盟代表的紧急呼吁下，代表们才被送进中央医院。当时中共的代表周恩来、董必武等人正在南京，闻讯后立刻向国民党政府提出严重抗议，并深夜赶赴医院，慰问受伤代表。

当时的随行记者高集在他的文章中回忆道：

我们到车站，已是暮色四合，大约晚上七八点钟了。车站上有一排军警，也有一些人面目不清，后来知道他们就是冒充苏北难民的地痞流氓。代表团下车后，这些“难民”拥了上去，大喊大叫，并把代表们分割成两拨，一拨是团长马叙伦和雷洁琼等人，一拨是蒉延芳、阎宝航、盛丕华等实业界人士。我和浦熙修随着马老，被这些人推搡到候车室，一路上就挨了他们许多拳脚。进来的十来个人，穿的都很体面，根本不像难民。他们围着马老、雷洁琼等无理取闹，纠缠不清。后来，阎宝航不放心马老，也来到候车室。门口有人把着，一进来，就别想出去。窗外也拥了许多人，我还看见范长江和郁风隔着窗子往里张望。过了一阵子，忽然“哗啦”一声，玻璃被人砸碎，一大帮流氓从窗户外跳进来，对屋里的人大打出手。有一个暴徒拿着酒瓶子蹿向马叙伦，举起就要砸，我一看，这还得了，砸下去不就完了吗，马上冲上去，用手一挡，瓶子就掉地下了。这家伙恼羞成怒，冲着我一通暴打，我那时二十多岁，血气方刚，就和他对打起来。后来，我见雷洁琼他们被流氓们用脚踩踏，又跑过去解围，立即又遭到没头没脑的毒打，后来就被打昏了。在整个事件过程中，军警就在旁边，但根本不予制止，这充分说明，事件是有计划、有预谋的。

……等我们被送进中央医院，已是第二天凌晨两点了。这次事件，前后折腾了五六个小时，有十几个人受伤，代表团的马寅初、阎宝航、雷洁琼、陈震中，记者有我和浦熙修，还有前往迎接的叶笃义、陆秀兰等。

郭沫若在《洪波曲》中对“下关惨案”也有专门章节记述：

以后是不断地在电话上的报告和对于党国要人的交涉。参会的秘书处来过电话，邵力子亲自来过电话，市政府的负责人，交通部部长俞飞鹏都先后来过电话……而且有的所说的情形都不同。或者说，早就被军警解散了，代表已被保护，分别送进了旅馆。或者说，难民代表们受了误会，开始被军警扣留了，后来一经疏通，平安无事了。就这样一直拖延到十二时左右，又得到最恶的情报，代表们仍然被包围在车站上的候车室里，暴徒们从窗外跳进去，砖头、石块、玻璃瓶、痰盂、椅凳乱飞，代表们不仅流血，而且有的有生命危险了。

反过身来，在地上又看见阎宝航睡在担架上，衣裳扯烂了，脸上和身上有好些血迹，两眼充着血……马寅初也蜷卧在侧近的一条长凳上，眼睛闭着，向着凳靠的一面，我没有惊动他；雷洁琼也睡在地面的担架上，左胸的衣服上一大摊血迹……品排的一个担架上睡着一个年轻的人，那便是学生代表陈震中，他的情形，一眼便使我感觉着严重。他是在昏睡状态中，两手握着向上弯曲，就像小儿熟睡的姿势……再进是普通手术室，高集坐在正中的手术台上，裸着上身在受两位年轻的医生诊视。身上红一块，紫一块，真可以说是遍体鳞伤。头的右角被打破了，左眼受了严重的打扑，两个眼球突出而充血，脸已经有点变形。浦熙修坐在手术室的一隅，头发凌乱，阴丹布走白边的旗袍在胸部被撕得七零八落。脚上的丝袜也撕烂了，鞋袜上满酱着泥土。

“下关惨案”在南京、上海等城市激起强烈反响，在外界的压力下，蒋介石接见了请愿团的代表蒉延芳，宋美龄接见了因负伤而留在南京的雷洁琼。

宋美龄在之前1938年的庐山妇女谈话会上就已经认识了雷洁琼，雷洁琼向她列举了内战将会造成的恶果，并告诉她上海的几份报刊将被政府封闭的消息。宋美龄却只用些敷衍的字眼作答，说：“我不是政府呀，我只能转达给政府。”

∧ 陈布雷与陈诚合影。从1927年陈布雷开始跟随蒋介石，在长达22年的时间里，他扮演了蒋的传声筒的角色。其显赫是其他国民党人员所无法相比的，而他的孤独也是其他人难以体会的。

雷洁琼尤其谈到政府干涉新闻自由的问题，说："假使人民连用语言文字来表达他们的意志的自由都没有，他们是会用行动来表示的。那时候，封也封不住，挡也挡不了，对政府没有好处。目前人民对各种措施普遍地表示不满意，人民迫切要求的是改革。如这一点不能达到，流血革命就将不可免！" 宋美龄却什么话也没说。

雷洁琼还详细叙述了"下关事件"的经过，宋美龄却反问她，代表们为什么没有及时出站，雷洁琼告诉她因为没有找到担行李的脚夫。宋美龄竟又问到车站的宪兵是如何一个一个从他们待的屋子里离开的，雷洁琼无话可说，只好苦笑道："蒋夫人，那我就不知道了。"

宋美龄在下关事件中又一次扮演了她亲切和蔼的"夫人"角色，与台前搞镇压的蒋介石互相配合，上演了一出双簧戏。

1947年4月，蒋介石决定"衣锦还乡"。因为感觉自己领导抗战取得胜利，眼下与共产党军队作战又处在上风，蒋介石十分得意，于是打算与宋美龄一起回老家去修家谱。他还对陈布雷说：“抗战八年，没有回家乡，我很想去拜祭母墓，看看武岭学校，会会父老。你也可以顺便去准备准备修谱大事。”

1947年4月2日下午，蒋介石与宋美龄从南京飞往上海转机，最后抵达宁波栎社机场。前来迎接的队伍十分壮观，除了蒋经国和浙江省主席等国民党高层人物，还有几千名宁波的学生和群众列队欢迎，敲锣打鼓，好不热闹。他们乘坐汽车前往溪口，到达“武岭门”的时候，门上悬挂了一条贴着金字标语的红绸横幅，写着“欢迎蒋主席锦旋故里”。两旁是学生组成的欢迎队列，锣鼓、鞭炮、鲜花，煞是喧嚣热烈。

第二天，就是宋美龄49岁的生日。溪口的新老祠堂联合演戏，还为宋美龄设了寿坛，陈列了寿糕等，宋美龄非常高兴。戏班子连演了三天三夜的戏，为宋美龄祝寿，同时也为庆祝蒋介石和宋美龄“荣归故里”。蒋介石夫妇兴致也很高，每天晚上都必定点上一两出戏，看完才走。

蒋氏夫妇回到溪口老家以后，拜访了亲朋好友，还前去祭扫祖墓。武岭学校的学生也去祭拜蒋母墓，还列队依次向坐在墓旁的蒋介石和宋美龄行礼，宋美龄还吩咐丰镐房的账房给每个学生都分两个在宁波定做的“赵大有”油包。

在蒋介石和宋美龄“衣锦还乡”的日子里，蒋介石军队继续在做着内战的准备。但是他的兵力已经明显不足了，蒋介石不得不改变全面进攻的战略，转为重点进攻。蒋介石和宋美龄从溪口返回南京以后不久，在山东孟良崮战役中，蒋介石军队74师被解放军全歼，这让蒋介石大为震惊。随后解放军的刘邓大军强渡黄河，开始了战略进攻。国民党政府衰败之相已露。宋美龄这位“第一夫人”除了要安抚蒋介石，帮助他鼓舞士气，还得帮助他防止“后院起火”。自从国民党发动内战以来，国民党统治区爆发了空前严重的经济危机。国民党政府于2月份发布了《经济紧急措施方案》，宣布冻结生活指数，激起了广大人民的不满，反对国民党统治的斗争日益高涨。5月4日，上海学生举行纪念“五四”运动28周年的活动，上街游行，宣传反对内战，遭到国民党军警的镇压。各校学生在中共的领导下立即罢课抗议，并到市政府请愿。他们高呼：“反对前方打内战，后方打学生。”15日，南京各大高校3,000多名学生举着“朱门酒肉臭，路有冻死骨”的横幅，到教育部请愿，反对内战。16日，北京大学院系联合会提出“反饥饿、反内战”的口号，北平各大学为“反饥饿、反内战”相继举行了罢课。

★"五·二〇"血案

1947年5月20日，南京发生的军警殴打学生事件。是日，南京、上海、苏州、杭州地区16所大专院校学生6,000人在南京组成请愿团，提出挽救教育危机等五项要求，举行示威游行。游行队伍向正在举行"国民参政会"的"国民大学堂"进发时，遭到国民党军警镇压。被木棍、铁棍、皮鞭打伤的学生有100多人，重伤19人，20多人被捕。

∧ 1947年5月20日，上海、南京、浙江等地的16个大中专院校学生在南京举行反内战联合大游行，国民党军警用高压水龙头驱散游行学生。

学生运动的蓬勃发展，使国民党当局极为恐慌，于18日颁布了《维持社会秩序临时办法》，规定严禁10人以上的请愿和一切罢工罢课游行示威。企图用逮捕、监禁、殴打、屠杀等残暴手段对付学生，但学生运动反而日益扩大。5月20日，京沪苏杭地区6000多名学生在南京举行"挽救教育危机联合请愿游行"，并向国民参政会请愿，遭到国民党宪兵、警察、特务的殴打，抓走了20多名学生，还有100多名学生被打伤。就在同一天，平津学生也分别举行了"反饥饿、反内战、反迫害"的游行，在国民党的镇压中，有50多名学生被打伤，造成震惊全国的"五·二〇"血案★。

当天晚上，宋美龄就赶到医院去看望受伤的学生，企图用些无关痛痒、模糊不清的言语安抚学生，又扮了一次"红脸"。

阻止蒋经国打“老虎”

1946年6月内战爆发之后，随着国民党军事上的失利，加上美国在中国大肆倾销，四大家族垄断经济，以及巨额的战争经费，到1948年下半年，国统区的经济状况急剧恶化，财政收支严重失衡，出现高达83万亿法币的赤字，国统区的经济面临着崩溃的边缘。国民党政府为了弥补巨额赤字，加大现钞发行量，导致物价飞涨，货币迅速贬值，通货膨胀的局面没有任何改观，反而日益恶化。

抗战结束的时候，法币的发行额是5,569亿元；到1945年底，法币发行量已突破1万亿元大关，较之8月份几乎翻了一番；1946年底比上年底增加了2.6倍；1947年12月则在1946年的基础上又增加近8倍；到1948年8月份，在短短8个月里又增加了19倍，“币值已贬到不及它本身纸价及印刷费的价值”。

美联社曾经颇为具体地解释，1937年可以买2头牛的钱，1938年还能买1头牛，到了1941年可以买1头猪，1943年还可以买1只鸡，全面内战爆发后只能买1只鸡蛋，而到了1947年，就只能买1/3盒火柴了。

贪官污吏更是趁机浑水摸鱼，大发横财，不法奸商囤积居奇投机倒把，国统区内百业萧条，社会生产萎缩，一时举国上下“民不聊生、民怨沸腾、民变蜂起”。

1948年8月19日，蒋介石颁布了《财政经济紧急处分令》，发行金圆券，实行币制改革，“限期收兑人民所有之黄金白银、银币及外国币券，逾期任何人不得持有”。《财政经济紧急处分令》的主要内容有：发行金圆券，并限期以一比三百万的比价收兑法币；限期收兑民间黄金、白银、银币和外国币券，禁止任何人持有；限期登记管理民间存放在国外的外汇资产。

在9月6日举行的国民党中央党部扩大纪念周上，蒋介石大骂许多持观望态度的商业银行“自私自利”，责骂他们“直接破坏政府戡乱救国的国策”，威逼金融实业家们必须马上改变态度，否则“不得不采取进一步措施予以严厉制裁”。蒋介石又委派蒋经国为上海经济管制特派员，执行《财政经济紧急处分令》。

蒋经国对平民百姓是同情的，而对于上海的有钱人却没有好感。蒋经国曾说：“他们的财富、他们的洋房建筑在老百姓的尸骨之上。”

基于这样的看法，蒋经国在上海使用铁腕发起了一场轰动一时的“打虎运动”。他到了上海以后表示，“只打老虎，不拍苍蝇”，“能够扰乱经济市场的人，不是一般的小商小贩，而是大资本家和大商人"，"因此，我们要给予严厉的制裁，要从一些为首的坏头头开刀"。还说："……只要是违犯国法者，不论其官职有多高、财力有多厚，我都将坚决依法惩办，不徇私情，相信成功可期。"

他还在饭店设宴招待了刘鸿生、荣尔仁、钱新之、李馥荪、周作民、杜月笙等上海金融界的头面人物，软硬兼施，要求他们将全部的金银外汇限时交送中央银行，否则就勒令停业。并说："你们不要敬酒不吃吃罚酒，谁手里有多少黄金美钞，我们都清楚。谁不交就按军法办理。"这真是场名副其实的"鸿门宴"。

上海各地旋即出现公告，凡检举违反经济管制者，经查属实，可以得到没收的黄金、银子、外币或囤积物资价值之三成，作为奖金。老百姓也可以把密报消息投进设在街头的建议箱，各方报告开始涌进蒋经国设在中央银行内的办公室。

蒋介石亲自督导所有的政府和警察部门，但蒋经国和这些机构中的官员们的关系并不融洽，也感到这些人对他"打老虎"并不是全力以赴的支持。他于是只好依靠和他保持密切私人关系的准军事化的"戡乱建国大队"。"勘建大队"成立于1947年初，原本是协助国民党在靠近战场的地方或新占领的解放区维持统治。当时在这些地区，共产党的地下活动非常活跃，而国民党的保甲制已经溃烂瘫痪，国民政府军和老百姓的关系非常紧张。国民党曾抽调了一些干部到中央训练团受训，以弥补这些弊病。蒋经国当时是中央训练委员会的副主任委员，领导中央训练团。因此，"戡乱建国大队"的大队长可算是蒋经国的"心腹"了。到10月份，蒋经国在上海的部队已经达到2万多人，到处突检市场、仓库、工厂囤积的物品，查核申报存货与现场实际数量是否吻合。蒋经国和部属审阅检举函，必要时即对可疑设施突击检查。奸商立予速审速决，不予宽贷。

另外，蒋经国的"打虎运动"还依靠另一个群众性的政治团体——大上海青年服务总队。实际上，它可以算是"勘建大队"的外围组织，并接受"勘建大队"的训练。青年服务总队正式成立于1948年9月9日，被上海人称为"打虎队"。

当时，"戡乱建国大队"的口号是："只打老虎，不拍苍蝇。"大上海青年服务总队的口号是："打祸国的败类；救最苦的同胞；做艰巨的工作；尽最大的义务。"这些口号与蒋经国的"一路哭不如一家哭"的口号及那篇《上海何处去》的演说词，在上海名噪一时，从中也可以看出蒋经国雄心勃勃、踌躇满志。

"紧急处分令"公布后两个多月的时间里，蒋经国共逮捕了几百人，还处死了一些哄抬物价、倒买倒卖、囤积居奇的经济犯罪人。8月23日和27日，蒋经国两次指挥上海6个军警单位，到全市库存房、水陆交通场所进行搜查，先后查封扣押了一大批从事走私、套取官价外汇、囤积金银物资、哄抬物价的违法经营公司和大小"老虎"。凡触犯法令者，吊销执照，没收货物，法办负责人。

当然，对于那些提高物价的小商小贩，大多数只是关上几天就放了出来。但蒋经国的眼

> 蒋介石委任蒋经国为上海经济管制特派员，推行“打虎运动”。

睛盯着的是那些大囤积商、大投机商和市场的幕后控制者，在他看来，是这些“大老虎”造成了商场上商品短缺和通货膨胀的加剧。蒋经国在9月1日的日记中写道：“下午，我决定开列一个大囤积者的名单，以便采取行动。”2日，他写道：“昨天晚上，我接到了从南京打来的电话，希望尽快查处有关违反经济法令的案件，并要求严厉处置大投机商……今天，我决定采取果断行动，打击不法商人。”

上海滩知名的戚再玉、陶启明、张尼亚、王春哲4个“小老虎”因囤积罪被枪决处死，64个“中老虎”被关进监狱。9月3日，又有一批“大老虎”落网：杜月笙的儿子杜维屏因从事黑市股票买卖被判了8个月的徒刑；荣家的头号人物荣鸿元被指控非法套汇外币，荣家的产业横跨棉纺、面粉业，而且其老板还是南京“国大”代表；烟草公司的经理黄以聪和纸业公会理事长詹沛霖也被指控囤积居奇、拒不按政府牌价销售货物。同一天，还宣判了大量倒卖外汇的王春哲死刑。蒋经国在他的日记中写道：“这样的事情对改变上海人民的心理是有深远影响的。”

在蒋经国的“改革”手段下，上海的物价在8月底到9月底，基本保持平稳，虽然黑市也因此滋生，但在当时的上海也是极度不容易的了。驻中国的印度大使评价说：“四个多星期来，上海已经从狰狞可怕的模样变得和蔼可亲了。”人们称赞蒋经国为“蒋青天”“打虎将”“打虎英雄”，甚至还有人把蒋经国比为“雍正皇帝”，上海的外国记者则称他为“中国的经济沙皇”。

但是，蒋经国“打虎”并没有触动四大家族的利益，当时的社会舆论说：“大老虎不打”，“小老虎死得太冤枉”，“中老虎牢中要叫屈”。

在上海巨商大会上，杜月笙就将了蒋经国一军，他说：我小儿子囤积物资，违犯了国家规定，是我没有管教好儿子。我叫他把物资登记交给国家处理，而且把他交给蒋介石依法惩办。但我有一个要求，就是请蒋介石派人去检查检查扬子公司的仓库。扬子公司囤积的货物，尽人皆知是上海首屈一指的。今天我们亲友的物资登记封存，交给国家处理，也希望蒋经国先生一视同仁，把扬子公司囤积的物资同样查封处理，这样才能服人心。

扬子公司的背景可不一般，他的老板正是孔祥熙的儿子孔令侃。

宋美龄在1942年访问美国的时候，让孔令侃任代表团秘书长，孔趁机结交美国的金融界人士，为创办扬子公司奠定了基础。

孔宋两家无论在政治上还是经济上都是连为一体的，宋美龄为了壮大实力，一手搀扶一个，在中间作为缓冲。宋美龄没有为蒋介石生儿育女，蒋介石前妻生育的蒋经国和蒋纬国就成了她的心腹之患，她必须在下一代中找几个侄子辈来与之抗衡，但宋氏一门都是晚婚且子嗣稀少，财丁两旺的只有孔氏，因此宋美龄很早就把孔氏的子女视为己出。孔令侃则是最适合于她培育条件的对象之一。

另外，宋霭龄一向在孔家独揽大权，但自从纱花案、公债案，特别是在重庆的走私案，

∧ 孔令侃（右一）是宋美龄倚重的培养对象。图为 1942 年宋美龄访美期间，与孔令侃等人合影。

经《大公报》揭露了他们的家丑，其心腹林世良被枪毙之后，举国舆论哗然，更兼她自己又患了癌症，再不便亲自出乖露丑。但孔祥熙越来越家大业大，仍需要这位“贤内助”坐镇后方，巩固他们的既得利益，于是对外新的“发展”，自然就落到了孔令侃身上。

孔令侃既有这样的特殊条件，因此在刚出校门不久，即以二十岁的孺子，被任命为中央信托局驻香港负责人，把空军和交通器材等物资向国外订购转口的业务划归其办理。少年得志，从那时起，孔令侃就开始其既政亦商的两栖活动。其后，在日本帝国主义的压力下，香港政府以孔令侃私设电台为借口，将其驱逐出境，就不得不悄然离港赴美。当其在哈佛大学毕业，寓居美国之际，正好宋美龄由重庆去美，就叫孔令侃当了她的私人秘书，随同她应罗斯福总统之邀，在美参观访问。他们就利用这个政治上的机会，同美国各大家族进行经济上的勾搭，并且聘请了几个和独占资本关系比较密切的美国人，从中穿针引线。

抗战胜利后，孔令侃回上海成立了扬子建业股份有限公司。公司经营的主要业务是对英、美、德等国的进出口贸易，而且只做现货交易，售货一律以美金计算，收款一律以美钞黄金为限，万不得已而收进法币，则必在当天换成美钞或黄金，然后再以各种方法把这些美钞黄金变成外汇。凭借强硬的后台、复杂的关系及雄厚的资金，扬子公司在中国乃至世界的经济舞台上翻云覆雨，在短短的时间内就攫取了惊人利润。

当时国民党政府对汽车等重要商品采取进口限额分配制度，而扬子公司依仗特权可以无限制进口汽车，“像‘奥斯汀’和‘雪佛兰’等座车，每辆进口成本约合1,800余美元，扬子公司在国内独占的优越条件下，经常保持5,000元美钞一辆的高价在市场销售。只从汽车这一项商品上，经常就有大量美钞黄金积聚在手中，以待变成外汇”。

就在1947年11月间，孔令侃要身边的人把几十万美钞搞成外汇，通过英商有利银行由其买办虞鲁伯经手办理，孔令侃只向手下交代了把款子送到美国纽约里弗代尔街某号，但并不指明收款人姓名。事后别人才知道原来那是孔祥熙在纽约的一所别墅。当然，他们搞外汇，定然有比这痛快而简单万倍的方法，然而无疑地这正是他们所采用的各种方法之一。以蒋孔二族外汇的积累而言，这仅是一支细微的支流。可是回过来看，那些支流所形成的总流，却正是扬子公司可以无限制运用的外汇来源所在。

蒋经国对于四大家族中宋子文、孔祥熙、宋霭龄的巨额财产及他们利用各种特权敛财、赚昧心钱本就看不惯，平日里看在亲戚和长辈的份上，只是不理不睬罢了，现在为了维持国民党政权的统治，更加上社会舆论的压力，蒋经国立刻派人去搜查扬子公司，结果检查出2万余吨的囤积货物，于是下令查封“扬子公司”，逮捕扬子公司的总经理孔令侃。

当时孔令侃的父母都远在美国，而孔祥熙下台以后，孔家门庭日益冷落，看起来没有谁会出面干预。孔令侃先是找上海市市长吴国桢求助，吴国桢却推托说自己不过问经济管制的事情，爱莫能助。但是，孔令侃还有一个法宝，就是他的姨妈宋美龄。

孔令侃立刻向姨妈宋美龄发去求救电报，宋美龄当时正在南京总统府举办宴会，闻讯后十分着急，立刻给正在北平与傅作义商量军事的蒋介石打去电报，并于第二天飞抵上海，要求蒋经国立刻释放孔令侃。

蒋介石当时正在北平主持紧急军事会议，与傅作义商议偷袭中共中央在平山县所在地的计划。而当时国民党军队与解放军在东北的战役正处于白热化阶段，华北局势也很紧张。蒋介石接到电报后，却顾不得指挥国民党军在生死攸关的东北战场的决战，不管三军生死，立刻赶往上海。当时傅作义还劝蒋介石说，战局如此紧张，不要去了。而蒋介石说有私事要办。事后傅作义对蒋介石此举大不以为然，说："蒋介石要美人不要江山，我们还给他干什么！这是我对蒋介石思想失了信仰的又一个重要原因。"1949年1月底，傅作义率部起义，北平和平解放★，华北就不再为蒋家王朝所有了。

蒋介石赶到上海见到蒋经国，训斥他办事过火，下令释放孔令侃。并说，扬子公司的汽车等货物并非日用必需品，没有触犯囤积禁令，就不用查封了。蒋经国极力争辩，如果承认蒋介石这个说法，那么经济管制就等于失败了。蒋介石却又对蒋经国说："人人都有亲戚，叫亲戚大丢脸的事情，请你们各位想一想，谁又能够真正铁面无私呢？我看，这个案子打消了吧。"

蒋介石回到南京后，监察委员们仍然不肯善罢甘休，坚持要清查扬子公司。蒋介石又密电上海市市长吴国桢，极力为孔令侃辩护，并设计保护孔令侃。10月底，孔令侃飞赴美国，溜之大吉了。

蒋介石和宋美龄这样保护孔令侃，甚至不顾影响经济管制的实行，原因是什么呢？孔令侃在电报上说得明明白白："姨父，姨母，如果经国兄一意孤行，六亲不认，逼人太甚，将请爹公布你们在美国的财产数目——大卫（孔令侃的英文名字）。"蒋介石和宋美龄在美国的所有财产都是委托孔祥熙管理的，如果他们的私人财产被公开，不仅使他们个人的"政治形象"受影响，还可能使美国改变对蒋介石政府的态度。因为蒋介石发动内战，主要就是靠美国的援助，如果美国人发现"援华"的美元都变成了蒋氏家族的"个人财产"，一怒之下终止援助，蒋介石就一天也撑不下去了。

这是孔令侃的"杀手锏"，也算是蒋介石和宋美龄的"致命点"，所以蒋经国只能无奈地说："我只好先在家尽孝，而后对国尽忠了。"

★北平和平解放

为了维护古都风貌，使人民免遭战火涂炭，人民解放军平津前线司令部林彪司令员向北平守军最高长官、华北"剿总"总司令傅作义发出关于和平解放北平的公函。傅作义迫于形势，同意进行谈判。1949年1月15日，双方基本达成协议。21日，双方在《和平解放北平问题具体实施方案》上签字。22日，傅作义率部按协议撤离市区。1月31日，中国人民解放军和北平市人民政府工作人员入城接管防务和市政，北平宣告和平解放。

蒋经国在上海“打虎”，立志不可谓不坚，行事不可谓不果断，在一定程度上打击了奸商污吏。但到最后，他终于发现，无论他的决心有多大，信念有多强，也不过是在用自己的左手掰右手。要想真正改变经济状况，只能与四大家族和江浙财团真正斗争，否则无论是“限价”还是“收兑金银”，都不可能触动拥有巨额外汇和大量金银的四大家族以及江浙财团，真正受损的不过是一些中小工商业者和普通百姓。在“限价”的严令之下，上海商人把上海市民的生活必需品藏起来，物价虽然稳定，却是有市无货，所有的贸易行为都转入黑市，致使黑市物价猛涨。到10月底，所有的生活必需品都从市面消失了，商业和工业都陷于彻底瘫痪。1948年11月1日，国民政府正式宣布停止“经改”，取消了“限价”。商品上市了，物价却随之飞涨，金圆券飞速贬值，几乎成了废纸。

蒋经国因管制经济失败被迫辞职，并发表了《告上海市民书》，向“上海公民”表示歉意，请他们“运用自己的力量，防止不法商人、官僚、政客和歹徒控制他们的城市”。1948年11月6日，蒋经国悄然离开了上海，一场声势浩大的“打虎”运动就这样悄无声息地收场了。

痛失“文胆”陈布雷

蒋介石在接到宋美龄的紧急电报飞往上海之前，辽沈战役正打得紧张，蒋介石军队在东北境内仅剩长春、沈阳及锦州三座孤城，而锦州正接连告急。蒋介石当时正在北平与傅作义商量军事，要傅作义出兵救援锦州。1948年10月16日，锦州被解放军攻克。

辽沈战役刚刚结束，淮海战役已经打响，11月6日，人民解放军华东、中原野战军协同发动了淮海战役，将杜聿明集团军30万人围在淮海战场。到11月22日，歼灭了国民党第7兵团。华北地区，傅作义的60万军队，被解放军分

< 1948年，蒋介石与傅作义在北平合影。

< 蒋经国在上海"打虎"期间走访业主了解情况。他发起的这场雷声大、雨点小的"打虎运动"以失败而告终。

割包围在平、津、保、唐、张家口、承德等几个孤立的据点中，动弹不得。南京政府在军事上遭遇了接二连三的惨败。

国民党大势已去。就在这个时候，11月14日的《中央日报》刊发了一条新闻："陈布雷氏昨日心脏病逝世，总统夫妇亲往吊唁明大殓。"报道说：陈布雷氏于昨（13）日上午8时，以心脏病突然逝世。陈氏前晚与友人谈话后，仍处理文稿，一切如恒，就寝为时甚晚。昨晨，随从因陈氏起床较晚，入室省视，见面色有异，急延医诊治，发现其脉搏已停，施以强心针无效。陈氏现年59岁，体力素弱，心脏病及失眠症由来已久，非服药不能安眠。最近数日略感疲劳，仍照常从公，不以为意。不料竟因心脏衰弱，突告不起。

实际上，陈布雷并非死于心脏病，而是吞服大量安眠药自杀的。当年陈布雷的卫士胡宏猷后来回忆说：1948年11月13日早晨8时左右，陈布雷的贴身勤务兵、慈溪老乡严尚友慌慌张张闯进我的房间，气喘吁吁地说："今天情况反常，主任迟迟未起，而且从不落闩的房门反插，我叫门不应，无法进入。"我一听来不及多问，立即快步上楼、推门，呼喊不应，当时年轻气盛，连踢三脚，房门应声而开。进入屋内，只见陈布雷已僵倒在床上，当时的形象仍历历在目：他的双手举起与头并齐，嘴巴张开，左脚伸直，右脚弯曲，上身穿着糙米色卫生衫，两肘有碗口大的洞（这是长期伏案写作磨破的，平时被外衣罩住，从未看到过），内裤裤管塞在袜子里面。床头柜上有四只盛安眠药的空瓶，地上两只竹壳热水瓶全部倒空，写字台上放着几份遗书，面上的一封是给蒋介石的，开头写着“介公总裁钧鉴”。

陈布雷，名训恩，字彦及，笔名布雷、畏垒。1911 年从浙江高等学堂毕业，在上海《天铎报》任记者，开始使用“布雷”为笔名。1927 年春，陈布雷与潘公展一起前往南昌，第一次与蒋介石见面。从那时候开始，他跟随了蒋介石22年。1927 年他加入国民党，4 月出任浙江省政府秘书长，5月赴南京任国民党中央党部秘书处书记长。1928年任上海《时事周报》总主笔。1929 年 6 月随蒋介石赴北平。1929 年 8 月至 1934 年 4 月任浙江省教育厅厅长。1934 年 5 月任国民党军委会南昌行营设计委员会主任。1936 至 1945 年，任国民党中央政治会议副秘书长、蒋介石侍从室第二处主任、中央宣传部副部长、国民党中央委员。1946 年任国府委员。1947年任总统府国策顾问，代理国民党中央政治委员会秘书长。去世时年 59 岁。

陈布雷在跟随蒋介石的22年间，一直担任蒋介石的首席文字秘书，起草过大量文章和文告，如《告黄埔同学书》《祭告总理文》《报国与思亲》《西安半月记》等。蒋介石十分信任、欣赏陈布雷，他替蒋介石写的文章、提出的意见，都深得蒋介石的欣赏，平日里蒋都称他“布雷先生”。曾有人把他称为蒋介石的“文胆”，很多国民党上层官员也称他为“大手笔”。

宋美龄对陈布雷也十分敬佩，抗战期间经常嘘寒问暖，十分关心他的健康。宋美龄还曾每天派人给陈布雷送一磅牛奶，给他增加营养。1939 年 4 月间，陈布雷身体状况不好，宋美龄便建议他去休养。还特地告诉他所有的休养费用和交通工具都不用操心，宋美龄自会关照。宋美龄还想方设法从印度空运二五牌香烟和美国奶粉，按时送给陈布雷。得到陈布雷自杀的消息后，宋美龄赶去陈的寓所，情绪十分激动，下车的时候甚至站立不稳，是总统府警卫室主任石祖德中将一直把她扶到楼上的。

陈布雷的自杀有深刻的历史和环境背景。

∧ 陈布雷的自杀似乎预示了“蒋家王朝”在大陆的溃败。图为陈布雷与秘书金省吾。

有人说，陈布雷看到国民党政权即将垮台，心中惆怅空虚，一死百了，如他的遗书中所说“目睹耳闻，饱受刺激”。陈布雷在自杀之前，精神压力很大，心绪很不安宁。当时国民党军事上节节败退，大量难民随着涌入关内，风餐露宿，无家可归。同时“限价”政策逐渐动摇，各方面意见纷然而起，这些都让陈布雷的心绪日益沉重。

有人说，陈布雷是以身殉职，表示忠贞，免得蒋介石猜疑。因为陈布雷曾经劝蒋介石罢兵，与共产党谈判，早日结束内战。他说：“已有二千万百姓流离失所，再打下去真不得了！”“国将不国，一片废墟，三民主义还有何希望？”“我一定要劝劝委员长，这个仗不能再打下去了。”“跟共产党谈判，国民党或许还能坐半个江山。”但蒋介石对此十分不满，在中央党部纪念会发表演讲的时候，痛斥主和派是向共产党投降。蒋介石的斥责当然不是针对陈布雷，但对陈布雷来说却是精神上的巨大打击。

另外，陈布雷的女儿加入共产党，也让陈布雷尴尬不安。陈琏是陈布雷最钟爱的女儿，1919年出生，1937年“七·七”事变后投身宣传抗日的热潮，1939年7月加入中国共产党。陈布雷曾经和女儿谈话说：“青年人要求进步，我做父亲的不能阻挡。希望你能顾我特殊的政治地位，不要公开同你父亲树起对立的旗帜。”1942年，八路军办事处负责人认为陈琏有陈布雷的身份做掩护，更便于隐蔽，于是派人找到陈琏，送她到重庆开展地下工作。1946年，国共合作破裂，国民党军全面进攻解放区。陈琏立即投身地下斗争，并于1947年8月与袁永熙在北平结婚。

“陈布雷的女儿”这块招牌为他们开展地下工作提供了很好的掩护，但还是引起了特务的怀疑。1947年9月24日，两人被关进牢房，解赴南京。女儿、女婿以“共党嫌疑”押赴南京，无疑给一向标榜“效忠党国”的陈布雷以公开的羞辱。

1948年11月，陈布雷在自杀之前，与袁永熙谈话中说："永熙，政治这个东西不好弄，你和琏儿千万不要卷到这里面去。我搞了大半辈子政治，一生的错误就是从政而不懂政治，以致无法自拔，于今悔之晚矣！"

宋美龄向陈布雷夫人王允默和女儿陈琏转达了蒋介石要为陈布雷举行国葬的意思，王允默婉言拒绝说："先夫不幸谢世，允默哀痛昏迷，方寸已乱，身后各事，幸赖诸先生协助，情高谊厚，慰激无极。惟思先夫一生尽瘁国事，衷心惟以国家人民为念，而立身处事，尤向崇俭朴淡泊，故丧葬诸事，深望能体其遗志，力求节约……"

宋美龄又说："有什么困难，你尽管来找我，我们会帮助解决。这也是总统的意思。"

王允默对宋美龄的好意表示感谢，表示陈布雷生前喜欢杭州的秀丽山水，曾经在范庄附近买了一块地，想终老故乡。"故长眠之地，似宜择定杭州，并即在该地筑造一普通平民之简单墓穴，碑刻'慈溪陈布雷先生之墓'，不必镌刻职衔，亦所以遂其平生淡泊之志。"又说，"先夫生前遗言谓，书生报国，恨无建树，且今日国家变乱，人民流离失所，更何忍靡费国家金钱以为一身荣哀。故国葬和公葬之议，务祈夫人及诸先生婉为解释辞谢。"

15日，蒋介石与宋美龄前往殡仪馆吊唁。陈布雷于15日申时大殓。中国殡仪馆崇敬堂内，当日充满悲凉气氛。故中委陈布雷先生的遗体即于四壁素联、鲜花丛之灵堂内举行大殓。蒋介石和宋美龄于上午11时步入灵堂，亲临吊唁。蒋介石在陈布雷遗像前默念约1分钟，始缓缓退出。蒋介石还写了"当代完人"横匾一幅，悬挂灵堂上端．蒋夫人宋美龄则献鲜花两束。

陈布雷的死，似乎预示了蒋家王朝在大陆统治的终结。仅仅过了五个月多，1949年4月23日，南京解放。

> 1949年4月23日，人民解放军占领南京总统府时的情景。

历史备忘录

HISTORY MEMORANDUM

∨ 1947年，上海南京路上的抢米场景。

∨ 1948年，何香凝（右二）等民主人士在香港。

2
3
4

1

“抢米风潮”席卷全国

1947年5月2日，杭州数万贫民抢夺、捣毁米店300多家，抢米风潮很快席卷全国。这期间，抢米风潮遍及浙江、江苏、安徽、四川、湖北、湖南、河南、山东、陕西、江西、绥远等省的40多个大小城镇。其中包括国民政府所在地南京、全国第一大商埠上海、华北军政中心北平、全国重要的米市无锡及芜湖。

意大利放弃津、沪等地的租界

1947年9月15日，对意大利和平条约经过国民政府立法院批准：意大利放弃1901年9月7日在北京签订之最后决定书及一切附件，意大利同意取消天津租界租约并将租界之各种财产移交中国，同时放弃意国在上海、厦门等地租界所有权。

冯玉祥被国民党开除党籍

1948年1月7日，国民党中央以冯玉祥“行为不检，言论荒谬，违反党纪，不听党的约束”为由开除冯玉祥党籍。14日，冯玉祥为被国民党开除党籍事在纽约发表公开谈话，宣布抗拒国民党政府命令，效忠于一切计划推翻蒋介石的势力。

《文汇报》在港复刊发行

1948年9月9日，《文汇报》在香港复刊发行。该报于1935年在上海创刊，宣传抗日救国，后被日汪政权强行停刊。抗战胜利后，《文汇报》在上海复刊，但因反对内战、坚持民主进步，于1947年5月24日又遭国民党查封。在港国民党进步人士李济深、何香凝与徐铸成集资，决定于9月9日在香港复刊《文汇报》。

22

赴美乞援

在中国命运的“十字路口”，蒋宋王朝却选择了违背人民意愿的方向。不知道宋美龄此时对这个选择是否“悔之莫及”，也许她还沉浸在中国“第一夫人”的美梦里。为了挽救蒋宋王朝即将覆灭的命运，通晓国际政治、外交手腕灵活的宋美龄再次前往美国。将美国当成“救世主”的她期望能像 1942 年一样在美国掀起宋氏旋风，再次获得美国热情的援助。

这一次，美国人并没有给“第一夫人”面子，宋美龄处处碰壁，昔日高贵的公主受尽冷落。更令宋美龄哭笑不得的是，外交上毫无收获的她却被全美艺术协会评选为“全球十大美人之一”，《纽约时报》说“蒋夫人的鼻子为世界最美”。

再次出马求援助

蒋介石发动内战以来，军事连遭惨败，经济濒临崩溃，国民党内部的反蒋倒蒋活动也更加激烈，蒋家王朝呈江河日下之势。1948年，蒋介石政府更是陷入了内政外交的双重困境。

就国内的形势来看，国民党军队对解放区发动的全面进攻和重点进攻相继遭到挫败，解放军开始了全面反攻。华北战场上，大部分地区已经解放，傅作义的60万军队只占领了几个大中城市；淮海战场上，杜聿明的30万军队又被解放军部队分割包围。早在1948年1月，蒋介石的日记上就记载“阅地图所示共匪扩张之色别，令人惊怖，若对匪作战专重对付其军队主力，而不注重面积之原则，亦将陷于不可挽救之地步”。

国际形势也让蒋介石忧心忡忡。在1948年的美国总统大选中，国民党政府押错了宝，认为纽约州州长杜威会在选举中获胜，因而全力支持杜威。不仅命令驻美大使顾维钧向杜威授以特种“吉星勋章”，同时还让在美国的孔祥熙和孔令杰父子为杜威的竞选四处奔走。然而，大选的结果是杜鲁门蝉联美国总统，这让蒋介石不能不感到尴尬。杜鲁门政府不满国民党政府经济上的腐败与军事上的无能，拒绝了蒋介石增加经济援助、派遣高级顾问团指挥作战的请求。蒋介石无奈之下只得以祝贺连任总统为由致信杜鲁门，要求美国政府给予支持。他已经不要求经济或者武器上的支持，仅仅希望杜鲁门★总统发表一篇支持宣言，以维持士气民心。信中写道：“支持国民政府作战目标的美国政策，如能见诸一篇坚决的宣言，将可维持军队的士气，与人民的信心，因而加强中国政府的地位，以从事于在北方与华中展开的大战。”然而，连这个要求也遭到了拒绝。蒋介石此时已经陷入了山穷水尽的困境。

★杜鲁门（1884～1972）

美国总统，民主党人。1884年5月8日，出生于密苏里州拉玛尔镇一个农场主家庭。1917年4月，在美国宣布参加第一次世界大战后，应征入伍。1918年3月随美军赴法国作战。战争结束时，晋升为上校。后进入政界。1934年首次竞选参议员成功。1940年连任参议员。1941年2月，担任参议院国防计划特别调查委员会主席。1945年1月就任副总统兼参议院议长。1945年4月，罗斯福总统病逝后继任总统。1948年11月，正式竞选总统成功。下台后，返回故乡。1972年12月26日，在堪萨斯城去世。葬于杜鲁门图书馆庭院内。

宋美龄在抗战胜利以后，曾在美国发表了一个颇有意味的胜利演说，在演说中她说道："我不相信人类在疯狂之中自相残杀，是上帝的计划与意旨，然而在现世界中，人类科学进步的机智，远胜于精神方面的成熟，倘使我们仍旧道德堕落，精神昏蒙，而不能深切了解那种等待着我们的全体绝灭祸害，则文明与人道将要自趋于灭亡，除非我们对于联合国参加此次战争所预见的崇高理想，能够积极实现，维护力行，否则我们子弟们的流血与牺牲，都将白费的。

"现在我们正在决策的十字路口，时间不允许我们再行蹉跎，错失机会，否则恐将悔之莫及的了。"

∧ 杜鲁门蝉联美国总统，让国民党政府始料不及。

然而，在中国命运的"十字路口"，蒋宋王朝却选择了违背人民意愿的方向。不知道宋美龄此时对这个选择是否"悔之莫及"，也许她还沉浸在中国"第一夫人"的美梦里。为了挽救蒋宋王朝即将覆灭的命运，通晓国际政治、外交手腕灵活的宋美龄再次前往美国，期望能像1942年一样获得美国热情的援助。

1942年，为了争取美国对中国抗日的支持和援助，宋美龄曾三度与罗斯福总统会谈，两次以非官方身份在美国国会参、众两院发表"战争与和平"的演说。成功的演讲之后，宋美龄在美国的募捐更是获得了前所未有的成功，美国的家庭主妇、工人纷纷为苦难的中国人民慷

∧ 在蒋介石眼里，宋美龄的能力，“抵得上20个陆军师”。

慨解囊，以至美国政府在各大报纸头版向民众呼吁，不要忘了美国国内也有许多人等待救济。

可以说，宋美龄的“夫人外交”在那时达到了顶峰，美国虽一向以民族大熔炉自居，但仍免不了白种人的优越感，轻视、排挤有色人种。然而宋美龄访美时，许多白人痴迷于她优美的仪态，凡是有宋美龄出现的公共场合，都有大批民众疯狂涌来，只为一睹宋美龄的风采，在美国掀起了“宋美龄轰动”。

她流利的英语、出众的口才、落落大方的气质，使她在美国社会获得崇高的声望，被称誉为“出色的国民外交家”。

宋美龄也始终把美国当作“救世主”，在1946年发表的演讲《舆论——世界和平的新因素》中，她说：“在我看来，美国的态度和行动也许是在未来世界的形成中唯一的伟大的决定力量。我们大部分人都同意，要是此前美国曾积极参加已解散的国联，国联也许会有足够的力气来阻遏第二次世界大战的爆发。我们也同意目前在实现永远的和平上，最有希望的因素是美国在制定联合国大宪章上积极的参加和领导。”

蒋介石曾经夸赞宋美龄说：“她的能力，抵得上20个陆军师。”对于宋美龄这次访问美国，蒋介石更是寄予了很高的期望。看看希望达到的具体要求，就知道国民党政府眼下的困境。具体内容有：

1．争取美援问题包括两个基本方面：

（1）是与目前紧急情况的重要性相适应的适当计划，且须足以彻底稳定中国局势，从而使国民政府能在其领土上，特别是在长城以南，行使其权力；

（2）是使中国能渡过美国国会采取行动前的3至4个月紧急期间的短期方案。尽管根据1948年援华法的现行援助计划尚未完成，且以援华法的特别拨款（1.25亿美元）所购买的大部分武器弹药运抵中国尚需时日，美援问题的这两个方面是互相补充与不可分割的。

2．短期方案包括下列目标：

（1）美国总统发表美国政府同情与支持中国的声明，并表示继续提供适当援助。

（2）美国政府提供技术援助，其方式是派遣由一位高级军官率领的军事代表团，以协助中国制订作战战略、条例、训练、补给等方面的有效规划，制定时须适当考虑可以利用的美国资源、美国政府避免卷入的愿望，还有美国政府的财政政策以及影响美国政府、国会和美国民众的心理因素。为了使美国政府能够接受，任何规划都必须把上述各点考虑在内。

（3）在美国国会未采取新的行动的情况下，谋求美国政府力所能及的即时援助。

（4）将以1948年援华法项下特别拨款支付的武器弹药加速运交中国。

（5）洽谈以较低价格而不以重置价格采购美国陆军库存武器弹药相关的其他补给品。

3.目前的军事物资采购计划系以1948年的援华法为依据。根据该法令，自4亿美元的总额中，以赠款形式提供不超过1.25亿美元的拨款作为对华的追加援助。我国政府决定将此项拨款全部用于武器弹药和其他军事物资的购置：陆军、空军和海军的分配额分别为8,750万美元、2,800万美元和950万美元。以援华法项下资金所购置的飞机和空军装备已开始运华，且进展情况正常。其原因是大部分飞机和装备是1948年4月2日前按照空军大队方案定购的，从去年底我国政府即大力执行该方案，当时美国当局表示将继续办理。

4．陆军采购计划的进展则不如预期的那样迅速。谈判中最困难之处在于所谓7军3师方案，该方案是我国国防部和美国代表于8月底在南京拟定的。该方案所需全部费用由两国代表根据1945年的标准价格共同估计为37亿美元。按照这个估计数字，从8,750万美元的陆军配额中将此款于9月间转交美国陆军部为支付整个方案专用。但按陆军部最近的计算，完成该方案所需费用总计为74,987,810美元，即几乎为在南京原估计总数的一倍。因此，陆军部未能按原定方案提供全部物资。症结在于陆军部的最新计算系以重置价格为依据，而这就比1945年的标准价格高得多。

5.已向美国总统和国务卿提出了增加并迅速提供精神方面和物质方面援助的紧急请求，具体内容如下：

（1）要求美国政府尽力给予更多的精神上和物质上的援助，这特别是考虑到今后三四个月是中国抗击共产党侵略的斗争的生死攸关阶段。

（2）要求美国总统发表适当的正式声明，支持中国为之而战的自由事业。

（3）要求派一位高级军官并授权他协同中国政府制订军事援助的全面规划。

（4）要求加速对华装运特别赠款购置的武器弹药。

（5）要求美国政府按1945年标准价格确定整个7军3师方案的费用，并授权陆军部采取紧急行动以完成该方案。

（6）要求提供73架A－26攻击轰炸机和24架PB－4Y海军轰炸机以及总计5,700百吨的各类炸弹，并按1948年7月15日签订的无限制合同（w-ANL-cH-1575号）继续交付P－47N飞机。

杜鲁门很冷淡

虽然蒋介石和宋美龄把所有的希望都寄托在美国政府身上，但杜鲁门政府却正打算放弃蒋介石，对于宋美龄的前来更不可能有什么热情，宋美龄这一次前往美国再没有了往日的盛况。美国作家斯特林·西格雷夫的《宋氏家族秘闻》一书中写道："这一次华盛顿没有铺红地毯。没有邀请蒋夫人在白宫过夜，也没有邀请她向国会讲话。由于国会前不久才给了蒋10亿美元，而且一场激烈的竞选刚刚结束，杜鲁门总统不想迎合卢斯的对外政策或院外援华集团。"

1948年11月28日，在国民党政府再三请求下，美国国务卿马歇尔才同意宋美龄以私人贵宾身份赴美。杜鲁门总统甚至挖苦地说："她到美国来，是为了再得到一些施舍的。我不愿意像罗斯福那样让她住在白宫。我认为她也不太喜欢住在白宫，但是，对她喜欢什么或者不喜欢什么，我完全不在意的。"

1948年11月26日，顾维钧接到国内外交部次长叶公超的电话，告诉他宋美龄决定访美，并传达了外交部长王世杰的五点口头指示：

∧ 蒋介石把所有的希望都寄托在美国身上，令他没想到的是，这一次杜鲁门正打算放弃他。

∧ 时任国民党政府外交部长的王世杰。

第一，蒋夫人将以私人身份访美，她将应美国各团体的邀请向美国政府中和美国人民中她的朋友们介绍中国的局势。

第二，她不得公开露面。

第三，她将是马歇尔将军夫妇的客人。

第四，孔家的人，无论长幼，均不得参加她的活动，她的一切活动均须通过驻美大使馆并与之商议安排。

第五，她将在华盛顿逗留一周至十天，至多不超过两周。

宋美龄这次赴美，从一开始就投下不顺利的阴影。12月1日，宋美龄到达美国首都华盛顿机场。由于“私人访问”的性质，华盛顿没有派高级官员前往迎接，马歇尔夫人代表正在医院留医观察的马歇尔到机场欢迎，同时前往机场迎接的还有美国国务院礼宾司的官员伍德沃德及夫人、巴特沃思夫妇，以及总统的代表、白宫空军武官兰德里上校。此外，到机场欢迎的还有大约60名中国人。

根据事先的安排，首先由中国大使上前迎接宋美龄，然后依照次序，依次是马歇尔将军夫人、顾维钧大使夫人、巴特沃思夫妇、孔祥熙。等到欢迎结束，宋美龄和这些人一起与机场的新闻记者见面，接受采访及拍照。让人没有料到的是，顾维钧大使正按照安排走近飞机舷梯时，孔祥熙竟然冲上前去问候宋美龄，当时的局面立刻变得混乱且令人尴尬。宋美龄不得不一边伸出右手与孔祥熙握手，同时又要用左手握住顾维钧伸出的手，新闻记者也蜂拥而上抢拍镜头。

★**马歇尔（1880～1959）**

美国陆军五星上将。出身于商人家庭。1901年毕业于弗吉尼亚军事学院。次年赴菲律宾服役。参加过第一次世界大战，先后任陆军第1师和第1军作战处长。1919至1924年任潘兴将军副官。1924至1925年任驻华第15步兵团代理团长。1939至1945年任陆军参谋长。1945年后，曾任美国驻华特使。1947至1949年任美国国务卿。1950年任国防部长，参与发动朝鲜战争。1951年退休。

马歇尔夫人将宋美龄从一片混乱中拉出来，一边走一边问宋美龄是否发表讲话，宋美龄表示不要，马歇尔夫人便把她推进自己的汽车，可这时宋美龄还没有跟美国官方代表正式见过面。后面一群记者追了上来，顾维钧赶忙拦住启动的汽车，把兰德里上校介绍给宋美龄，说明他代表了杜鲁门总统，同时又向兰德里表示感谢。

就在机场一片混乱的同时，杜鲁门正在举行一个记者招待会，谈到了很多问题，却没有提到中国，对于援华问题什么话也没说。有记者提到了宋美龄赴美的问题，杜鲁门才淡淡地表示会安排会见，但还没有确定。

白宫刻意表现了对宋美龄赴美的冷淡，昔日在美国掀起轰动的“第一夫人”再也不复往日的光彩。杜鲁门总统夫妇没有邀请宋美龄去白宫做客，宋美龄则应邀住进了弗吉尼亚州李斯堡马歇尔夫妇的住所。

1948年12月2日，宋美龄同马歇尔夫人一起去医院探望马歇尔★。当晚，她接到蒋介石的电报，“余有计划，详情即将电告，为此，希推迟会见马歇尔将军”。12月5日，宋美龄又收到蒋介石的电报，让她敦促美国政府发表支持中国政府的声明，并表示愿意“引退让贤”。这天，宋美龄与马歇尔夫人又去医院探望马歇尔，还一起吃了午饭，但并没有什么收获。

宋美龄刚到美国，顾维钧就告诉她，美国内阁近期召开的会议上，对中国问题没有做任何决定，因为号称中国问题专家的马歇尔将军对内阁很有影响，杜鲁门总统个人也十分钦佩马歇尔。宋美龄认为马歇尔将军是能影响总统制定中国政策的关键人物，所以虽然对白宫的态度感到失望，与马歇尔两次会谈也没有什么结果，宋美龄仍然很热情地和马歇尔商讨各项事务的计划。

宋美龄认为，凭着与马歇尔之间的老关系，通过她的努力，把蒋介石与马歇尔之间在中国的误会解释开，并详细陈述中国局势的严重性，以及中国局势对美国在远东的地位及利益的影响，马歇尔一定会改变看法，重新采取积极的行动，恢复援助蒋介石政府的努力。

宋美龄这次出访美国，在马歇尔庄园小住的日子里，白天与马歇尔夫人一起下厨，在花园里摘花、修剪枝叶，在菜园里劳动，晚上两位夫人则一起讨论马歇尔将军。

宋美龄自踏上美国的土地以来，处处遭遇冷淡，在马歇尔那里没有得到什么实质性的收获，出现在官方场合的时候更是尴尬，除了共和党、院外援华集团和卢斯等少数人支持帮助蒋介石政权，对她的乞援要求表示同情，其他官员的态度则与白宫的一样冷淡。只在参加美国援华联合会举办的义卖时，宋美龄才得到支持援华者的热烈欢迎。

12月8日，美国援华联合总会华盛顿委员会在“五月花饭店”中国厅举行义卖，委员会十分希望宋美龄光临会场。当天中午，布鲁克夫人、魏德曼夫人、鲁尔（援华总会副主席）和顾维钧等人在中国厅入口处迎接宋美龄。宋美龄本来没有打算发表讲话，但在义卖中布鲁克夫人突然在扩音器前讲话感谢蒋夫人的光临，宋美龄有些吃惊，但她还是十分得体地做了临时致辞，并赠送了一块锦缎参与义卖。事后有评论说：“她讲得非常好，说了几句很得体

∨ 无论出现在哪里，她那雍容华贵的气质都是众人注目的焦点。

∧ 即使宋美龄巧舌如簧，也难以改变杜鲁门对国民党政府援助的冷淡。

∧ 蒋介石夫妇与美军驻华顾问团团长巴大维在一起。

的话”，“讲话使每个人都高兴，并将产生良好的效果”。但是，这种民间义卖会对宋美龄的赴美乞援并不能起什么作用。

宋美龄在华盛顿等了十天，终于等到了杜鲁门总统要会见她的消息。然而在会见之前，美国报界就报道了宋美龄会见总统时将提出的要求，即援华声明、向南京派遣高级军官以及增加军事物资的供应。宋美龄知道这个消息后很不高兴，说：“这个报道不过是旧事重提，把报纸发表过的王世杰和其他人在巴黎和马歇尔会谈时提出的要求和在南京向美国大使馆以及在华盛顿提出的要求，重述一遍而已。”

在会见之前，驻美大使顾维钧特地为宋美龄做了充分的准备，将11月24日他在白宫同杜鲁门总统会谈的记录和交给杜鲁门的备忘录抄本交给宋美龄阅读参考。虽然顾维钧认为宋美龄对这些文件不一定感兴趣，甚至认为这些文件根本没有用处，但在给游建文的信中他还是说：“但是鉴于她即将访问杜鲁门总统并和他会谈，我认为把文件送去备她参考，是我的职责。”12月10日，宋美龄看完这些文件后与顾维钧面谈，但显得很不高兴，用顾维钧的话说，“不像往常那样愉快和自然”，但顾维钧还是向宋美龄着重陈述了几个问题。

一是关于杜鲁门总统和马歇尔将军对待中国的态度。顾维钧事先曾面见杜鲁门，将国民党政府急需的军用品清单交给总统和马歇尔将军。顾维钧告诉宋美龄说，美国内阁讨论“援华”问题的时候，马歇尔说了很多话，因此内阁最终对“援华”问题没有做出决定，杜鲁门总统将军需品清单交给了国防部门处理。他对宋美龄说：“总统对中国和中国政府是同情的，我们会见时，他向我讲了意味深长的话，他说那天早晨他再度和马歇尔讨论了中国局势问题，而且他仍然愿意支持委员长领导下的中国政府。"顾维钧还提到了马歇尔的态度同杜鲁门不同，虽然杜鲁门可以同国务院有相反的意见，但杜鲁门是十分"钦佩"马歇尔的，"华盛顿局面的关键在于马歇尔"。

二是关于"援华"的问题。顾维钧认为"刻不容缓的是今后三四个月的援助，以使我国稳定战局；三年长期援助计划可稍后再提交国会"。

此外，对于美国报纸刊登了宋美龄会见杜鲁门时将要提出的三点要求，顾维钧对宋美龄说"这不是什么新奇的事情"，"让人们了解中国所需，实际是有利也有弊"。顾维钧还解释了他将自己同杜鲁门会谈的记录和交给杜鲁门的备忘录交给宋美龄的原因，是为了让宋美龄事先了解杜鲁门的态度和想法，在会见时做好应变的准备。

宋美龄与顾维钧面谈的最后，顾还表达了对宋美龄此行的感动，说："这是中国进行的一项艰巨工作，夫人承担这项工作很有勇气，充满爱国热忱。"宋美龄回答他："当我看到我们的士兵为我们的事业而战斗与献身时，我感到承担这个工作是我的责任，不惜任何牺牲。"

12月10日下午，宋美龄应杜鲁门的邀请参加茶会，总统及总统夫人接待了她和马歇尔夫人。5点半的时候，杜鲁门请宋美龄到他的书房会谈。宋美龄再次陈述了对美国的要求：发表正式宣言支持南京政府反共救国；派遣高级军事代表团来华主持反共战争之战略与供应计划的制订工作；提供30亿美元的军事援助。宋美龄还向杜鲁门陈述中国的苦处及国民党军队失利的原因，她认为最致命的打击是当时的世界舆论"受了俄共及其爪牙的影响，一致运用宣传的灵活，发表攻击政府袒护中共的言论"。

然而，杜鲁门对宋美龄所说的一切根本就不为之所动，甚至毫不客气地对宋美龄说："中美友谊在历史上留下了重要的一页，但感到抱歉，因为'美国只能付给已经承诺的援华计划的40亿美元，这种援助可以继续下去，直到耗完为止，美国不能保证无限期地支持一个无法支持的中国（政府）'。"

会谈之后有记者采访宋美龄是否有好消息或她是否将再次会见总统，宋美龄脸色冰冷，严峻地说："这要由总统来回答。"这就等于在说，这次会谈没有成就。

杜鲁门在会见之后向报界发表了一项声明，透露美国给蒋介石政府的援助总额已超过38亿美元，离美国的承诺援助额40亿美元已经很接近了。晚上，白宫副新闻秘书艾尔斯发布消息说，"总统说，蒋夫人陈述了中国的情况，他同情地予以倾听”。记者询问杜鲁门关于宋美龄今后的计划以及他是否将再次会见她，杜鲁门冷冷地说，他不知道宋美龄的计划，也没有准备再次会见宋美龄。

杜鲁门对蒋介石政权似乎很没有好感也是有原因的。首先，美国不满蒋介石政权的腐败与无能，从美国自己的利益出发，杜鲁门政府不准备支持一个行将崩溃的政权，而正积极准备扶植新的在华代理人。

1947年国民党军队在东北战役中溃败之后，美国派驻中国的军事代表团团长就曾经警告美国政府，蒋介石在东北战役中犯下了极为严重的战略错误，而东北战役的失误，将决定蒋介石军队无可挽回的命运。

另外，从1945年抗战胜利后，一直到1948年底，美国已经拨给国民党政府援助款项20亿美元，包括军事援助和经济援助两部分。但从美国驻中国大使馆的报告上来看，军事援助的3/4，在国民党军队溃败撤退的时候被共产党部队“接收”了，更多的援助款项，美国人怀疑是被国民党贪污腐化的官员侵吞了。美国的政客和资本家因为美国纳税人的血汗钱付诸东流而扼腕不已。

杜鲁门曾经十分坦率地谈论中国国民党政府中的“贪官和坏蛋”，说：“今天肯定有10亿美元的美国贷款，在纽约列入中国人的银行户头。”然而没过多久，传来的消息让他知道，原来他的估计还是太保守了。1949年5月，杜鲁门听说宋家和孔家确实有20亿美元存在曼哈顿。杜鲁门在与美国作家默尔·米勒的一次谈话中曾经气愤地骂道：“他们全都是贼，他妈的，没有一个不是贼！……他们从我们送给蒋的38亿美元中，偷了7.5亿美元。他们偷了这笔钱，把它投资在圣保罗的房地产中，有些就投资在纽约这里……这就是曾经而且仍然在为所谓的院外援华集团使用的钱。”

美方国务院随后发表声明：“美国驻华外交代表与军事代表将最新消息随时向美国政府详细报告。”其实，这等于是在暗示宋美龄无须继续在华盛顿停留了。但是宋美龄仍然认为马歇尔可以对国会有所作为，她以接受马歇尔夫人挽留，在马歇尔住院期间陪伴马歇尔夫人为由，继续住在马歇尔夫妇的庄园，虽然马歇尔夫人的“挽留”只是为了给宋美龄失败的美国之行留些面子而已。

在这段时间里，宋美龄仍然锲而不舍地继续拜会了代理国务卿洛维特，“重申以前的援华请求”，但得到的充其量只是“同情地倾听”，而没有任何实质性的结果。宋美龄访美的目的是和马歇尔进行个人直接联系，想靠马歇尔的力量影响杜鲁门政府对于援华问题的态度，但在大选之前，已传说马歇尔即将退休。新国会已选出，尚未开会，国会不可能在援华问题采取迅速而有利的行动。宋美龄的努力并没有收到预期的效果。1949年1月6日，宋美龄迁入纽约里弗代尔独立大道的孔家别墅，隐居了起来。

当然，这位曾被罗斯福总统夫人赞誉为“中国女性在美国国会讲台上发表演讲的第一人”，被美国《时代》周刊选入全球十大最受欢迎的女性的“第一夫人”，并没有偃旗息鼓。1949年1月16日，宋美龄派人拜访顾维钧，以了解美国对于南京方面要求它从中斡旋以促成国共和谈的反应。19日，宋美龄回应蒋介石来电，想继续留在美国观察局势如何发展。6月12日，宋美龄会见顾维钧，向他了解华盛顿的情况。宋美龄还向顾维钧抱怨“目前的困境应归咎于美国国务院”，她还说，马歇尔曾答应她不反对援华。

指挥“院外援华集团”

“二战”时期的美国著名将领史迪威将军曾评价宋美龄说：“她是一位聪明、有头脑的女性，直率、精力充沛、极具说服力。她热爱权力，沉迷于阿谀奉承之中，这也是她的弱点。她也很会施展自己的魅力。”聪颖而谙熟国际政治的宋美龄有她自己的见解，在1946发表的演讲《舆论——世界和平的新因素》中曾说：

在我看来，美国的态度和行动也许是在未来世界的形成中唯一的伟大的决定力量。我们大部分人都同意，要是美国曾积极参加已解散的国联，国联也许会有足够的力气来阻遏第二次世界大战的爆发。我们也同意目前在实现永远的和平上，最有希望的因素是美国在制定联合国大宪章上积极的参加和领导。在这两个例子上，让我们注意这一点，美国过去的不参加以及现在的参加，其决定的力量是表现于舆论的美国人民的意志。

让我们也注意这是美国积极和全力参加世界组织的第一次。美国这种行动所显示的，不单是舆论对于一个国家的生命和政策所具有的效用，并且也显示它对于整个世界的日渐增加的重要性。在这个趋向于国际合作的时代中，舆论也许会成为一切影响历史进程的因素——包括卓越的领袖的影响在内中最有力的因素。

宋美龄深刻了解美国舆论力量的重要性，她离开了华盛顿，但并没有离开美国，而是继续以她的手腕开展制造“舆论”的工作，期望能够扭转白宫的态度，争取对国民党政府的援助，保住蒋家王朝的地位，保住自己“第一夫人”的利益。

直到她离开美国返回台湾，在这段时间里，宋美龄亲自指挥一批从蒋介石那里领取薪金的代理人所组成的美国“院外援华集团”（又被称为“中国游说团”），在美国社会形成一股支援蒋介石政权的势力，不仅影响了大量议员，而且逐步促成了美国社会舆论的转向。1949年3月下旬，美

∧ 宋美龄访美时，回母校与师生座谈。

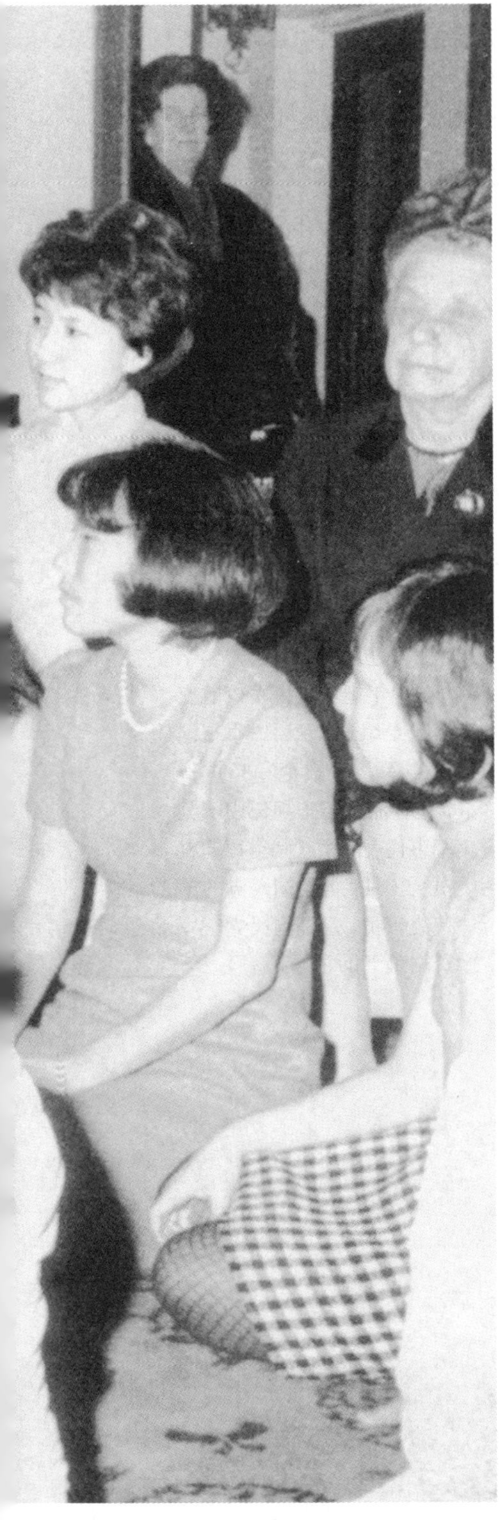

国参院及众院两外交委员会通过议案，“将尚未动用的1.03亿美元援华拨款期限延长一年，至1951年6月底，参院外委会决议表示希望至少将5,000万美元用于援助‘中华民国政府’，包括台湾及海南岛；众院外委会决议则表示希望至少将4,000万美元用于同一目的”。宋美龄的努力终于取得了一点成果。

美国“院外援华集团”也称“中国游说团”，1946年以明尼苏达州共和党众议员周以德为代表的50名众议员针对苏联阻碍国民党政府接收东北一事发表了《东北宣言》，陈述美国的立场，“中国游说团”这个词首次非正式出现在美国新闻界。

这个“团体”的核心是一群财力雄厚的国民党官员，外围还有一群美国右翼政界的核心人物。1940年夏季，宋子文来到华盛顿，为与日军奋战了三年的中国政府寻求美国的援助，并在美国创办了自己的公司，重金聘用一些有影响的人物，与许多政客和政治掮客建立了密切的关系。宋子文曾经对一位美国国务院的官员说：“事实上，你们政府里发生的任何事情，我在三天以内没有不知道的。”这为后来的“院外援华集团”建立了重要的基础。

1943年，宋子文离开华盛顿，返回中国。在罗斯福总统当政期间，他坚定地相信可以使中国成为一个大国，因此国民党政府不需要说客去影响美国政府，罗斯福已经开始定期派遣美国高级官员前往重庆。那时，宋子文在华盛顿结交的“朋友”已开始陆续进入美国政界的重要职位。不过，蒋介石并没有忽视充实在美国的“办事机构”，很快派陈之迈到美国负责宣传工作。1948年夏，孔祥熙夫妇和他们的两个儿子定居美国后，也为蒋介石谋求更多的援助而奔波出力。

由于杜鲁门不是十分支持援助蒋介石政权，“院外援华集团”的一些代表曾在各方面努力游说，制造舆论，希望杜鲁门在1948年总统大选中落选。当时，蒋介石政府全力支持杜威竞选美国总统，并在国内报纸上发表“杜威州长竞选为美国总统，似有操胜券之势……据陈副院长立夫云，如果杜威当选，则将采取特别措施向中国提供军事援助”之类的言论。没想到的是，杜威在1948年大选中失败，而杜鲁门政府在大选刚刚结束的时候，就开始重新估计援华计划。蒋介石感到了问题的严重性，在随后的几个月里，“院外援华集团”得到了整顿和扩大。

宋美龄住进里弗代尔区孔祥熙的别墅以后，开始亲自领导“院外援华集团”的工作。她每周都在纽约市与各种团体举行战略会议，这些人或是国民党官员，或者曾经是国民党官员，还有一些资财雄厚的富豪，他们都能在美国政界开展有效的活动。其中包括孔祥熙和宋子文之类的亲戚，还包括中国驻世界银行的代表俞国华、驻美国使馆的武官皮宗敢、国民党空军购料委员会驻美办事处主任毛邦初*以及陈之迈等蒋介石的亲信。宋美龄领导“院外援华集团”开展了积极而有效的工作，到1949年年中，在美国新的“系统”已经建立起来了。

“院外援华集团”的工作首先是利用在美国的国民党官员四处活动。如毛邦初、李惟果、陈之迈、皮宗敢和世界银行的俞国华等人，他们定期会面，把美国当局的态度以及关于中国问题的官方及公众舆论报告给周宏涛，再转呈蒋介石。

另外，“院外援华集团”的主要工作对象之一是国会议员。3月下旬美国参院及众院外交委员会通过的援华议案，就是在当时称为“中国集团”的支持援蒋者的影响下通过的。因为他们在国会中具有战略政治地位，虽然有些参与表决者投票赞成并非情愿，但不管怎么说，反对者退让了，“中国集团”几乎全部由反对政府的共和党人组成，他们的立场始终坚定不移。

“院外援华集团”同时还雇用美国代理人，帮助国民党政府获得美国政府的援助，以建立稳定的秩序；并向美国公众宣传国民党的观点，同时在中国政府代表和报界人士以及国会议员之间穿针引线。

美国的军方人员也是“院外援华集团”的主要拉拢对象，曾经担任第七舰队司令官的退休海军上将小查尔斯·M.

★毛邦初（1904～1987）
祖籍浙江奉化溪口镇岩头村，出生于上海。早年曾随其父在外国洋行工作。1925年1月考入黄埔军校第三期步科，次年1月被派赴莫斯科中山大学学习。1929年担任中央军校航空班飞行组组长，以后一直在国民党空军从事教育和指挥作战，还曾派赴美国担任中国驻美军事代表团团长和空军购料委员会主任。他是国民党的第一代飞行员，也是国民党空军中资格最老的领导人。

库克就是其中比较重要的角色。1949年，库克写了几篇支持国民党的文章，下半年又以国际新闻社记者的身份前往台湾，通过蒋介石和宋美龄的安排，组织“驻中国政府的美国军事技术顾问团”。在库克的领导下，又召集了一些其他的美国退休军事人员。这个顾问团的组成人员都是具有远东经历的退休美国军官，能够影响军事装备采购工作，向华盛顿施加压力，把更多的钱给蒋介石。例如，库克曾经在调查太平洋关系协会的参议院小组委员会面前做证，控诉美国政府在援助蒋介石方面的失败，并敦促政府尽快地大量地增加这种援助——提供更多的美元。

宋美龄亲自指挥“院外援华集团”四处奔走，在美国政界培养了一支“援蒋队伍”，对美国政府的对华政策产生了重大影响，尤其是热衷于支持蒋介石政权的议员起的作用更为重要。国民党驻美大使馆还替这些议员代笔，起草支持蒋介石的演讲稿。

∨ 蒋介石与陈之迈在一起。

麦卡锡议员就宣称，美国的远东政策是由国民党人为共产党人制定的。起初这个观点并不为大多数人相信，但自宋美龄指挥“院外援华集团”活动以来，越来越多的人开始接受这个苦心炮制的所谓共产党影响的论点。除了宋美龄重视“舆论”的原因，还有一个重要原因，就是宋美龄与杜鲁门的对手——共和党议员采取了一致的行动。他们强调，中国大陆的丢失，就在于杜鲁门的援华政策有问题。共和党无时无刻不设法从杜鲁门手中夺回白宫，中国问题就顺理成章地成为他们贬抑杜鲁门的武器。

美国国会开始接受“院外援华集团”对中国问题的观点，美国新闻界也随之开始出现转变。例如说，《纽约时报》曾发表社论，呼吁美国人民不要对共产党中国持有偏见。到了1949年，《纽约时报》的社论就转而抨击美国政府发表的对华《白皮书》，还发表社论，批评马歇尔将军“担任驻华特使和国务卿的这段经历是美国外交史上黑暗的一页，美国之失去了中国这样一个盟国和朝鲜战争的爆发都归咎于此”。到这个时候，《纽约时报》的立场已经是全然亲蒋的了。

另一个突出的例子是，受卢斯支持的共和党总统候选人在竞选之后曾出访中国，回国后写了一本与卢斯观点一致、颂扬蒋介石的书，在美国拥有有上百万的读者。亨利·卢斯是美国新闻史上极具影响力的人物之一，许多著名刊物如《时代》《生活》《幸福》等都是他创办的。卢斯的父亲是一名传教士，卢斯跟随父亲在中国生活了14年，许多美国人都是通过他的杂志和电影纪录片了解了抗战中的中国，但卢斯本人具有强烈的政治偏见和反共情绪，在支援蒋介石政府的活动中更是充当了先锋。这种舆论力量最终影响了国会和杜鲁门政府，促成了对华新的援助计划的通过。

杜鲁门政府有自己的情报来源作为决策依据，外交官的报告有很多不同于《时代》观点，杜鲁门曾对部下说：“别太在乎卢斯的杂志。”但舆论也是决策的限制因素之一，由于舆论作用，使中国问题深深卷入美国政治。杜鲁门为避免在大选中失去部分支持，也为了使援欧方案顺利通过，还是屈从舆论压力，通过新的对华援助方案。

就其效果来看，《时代》及“院外援华集团”的宣传无疑是成功的。舆论作用，就在于对政府决策形成持续不断的压力，促使政策偏向。宋美龄的这一步棋是聪明的，也的确收到了一些成效。“院外援华集团”的人在美国政界奔走游说，大大影响了美国的对华政策，也帮助蒋家王朝渡过了难关。

“院外援华集团”频繁的活动，引起了美国国会中反对派的关注，他们要求调查“中国院外活动集团”，指责其使用美国援华的款项来影响国会。“形形色色的利益集团——商业的、军事的、政治的、意识形态的、宗教的——都从不同的方面牵扯进来了。”与“院外援华集团”有关的个人和团体，都希望替蒋介石政府谋得美国的支持和援助。

作为“院外援华集团”重要成员之一的古德温，在1948年4月登记为中国全国资源委员会的代理人。他的合同中规定他的年薪为3万美元，还不包括其他各种经费。同年6月，古德温又通过中国通讯社登记为中华民国政府的代理人，年薪为2.5万美元，外加经费9,776美元。古德温称，他一年大概要招待差不多100名国会议员，并已促使其中约50人转向国民党中国的事业。他还说自己为麦卡锡关于共产党人已渗透到国务院中这一指控"打下了基础"。

另外，前白宫助理克拉克·克利福德和前海军部长约瑟夫·沙利文曾以法律顾问的名义，分别从台湾的国民政府得到7.5万和5万美元的酬劳。

1949年9月18日，许多报刊都刊发了指责蒋介石政府成员贪污的新消息。《华盛顿邮报》头版还刊登了题为《蒋在国会搞院外活动》的文章。此后，又有几篇文章指责国民党政权企图影响美国政策，揭露卢斯等人与"院外援华集团"的联系，以及杜威州长的秘书被国民党官员收买的内幕。杜鲁门总统也曾经命令人去调查宋氏家族在美国的财产数额及储存地点。

∧ 白崇禧旧照。时任国防部长的白崇禧发表"亥敬"电文，要求蒋介石"下野"。

两手空空离开美国

宋美龄及"院外援华集团"的活动虽然有所成效，但终究无法扭转历史的必然趋势，国民党的统治已然全面崩溃了。

在国内，蒋介石正面临着军政大员纷纷请他"下野"的尴尬局面。1948年12月24日，白崇禧发出的"亥敬"电文，内容如下：

民心代表军心，民气犹如士气。默察近日民心离散，士气消沉，遂使军事失利，主力兵团损失殆尽。倘无喘息整补之机会，则无论如何牺牲，亦无救于各个之崩溃。竟会及此，忧心如焚。崇禧辱承知遇，垂二十余年，当兹存亡危急之秋，不能再有片刻犹豫之时。倘知而不言，或言而不尽，对国家为不忠，对民族为不孝。

故敢不避斧，披肝沥胆，上读钧听，并贡刍荛：一、相机将真正谋和诚意转知美国，请美、英、苏出面调处，共同斡旋和平；二、由民意机关向双方呼吁和平，恢复

∧ 1949 年，蒋介石与宋美龄一起拜谒中山陵。

∧ 蒋介石“下野”后，李宗仁代行“总统”职务。

和平谈判；三、双方军队应在原地停止军事行动，听候和平谈判解决。并望乘京、沪、平、津尚在吾人掌握之中，迅作对内对外和谈部署，争取时间。

白崇禧的态度虽咄咄逼人，但语气还算和缓，其他官员则更直言要求“总统毅然下野”。12月30日，白崇禧又向蒋介石发出“亥全”电：

当今之势，战既不易，和亦困难。顾念时间迫促，稍纵即逝，鄙意似应迅将谋和诚意，转告友邦，公之国人，使外力支持和平，民众拥护和平。总之，无论和战，必须速谋决定，时不我与，恳请趁早英断。

12月31日晚，南京黄埔路的总统官邸内正在举行新年晚宴，大约有40多位国民党重要人物出席。官邸内到处张灯结彩，显得喜气洋洋，然而新年的气氛却掩饰不了这“最后的晚餐”的悲凉。席间，蒋介石透露口风表示自己准备“下野”。

1949年1月1日，蒋介石发表了求和文告，说：“只望和平能早日实现，则个人进退出处，绝不萦怀，而一唯国民公意是从。”

1月3日，国民党中央常委临时会议在黄埔路的总统官邸召开，蒋介石出示了他和李宗仁的联名宣言：“战事仍然未止，和平之目的不能达到。人民之涂炭，曷其有极。为冀感格共党，解人民倒悬于万一，爰特依据《中华民国宪法》第四十九条，‘总统因故不能视事时，由副总统代行总统职权’之规定，于本月21日起，由李副总统代行总统职权。”

就在同时，宋美龄于1948年12月31日搬到伍德兰大道自己的寓所中居住。1949年1月2日，她在寓所中接见了中国驻美国大使馆和其他驻美机构的工作人员。

< 淮海战役中，被人民解放军俘虏的国民党徐州“剿总”副司令官杜聿明。

< 蒋介石在溪口会见孙科（右一）等人。

> 蒋介石于1949年1月21日宣布“下野”，离开南京前与部属告别。

蒋介石在元旦时发表文告，说他个人可以“下野”。就在同一天，在美国的宋美龄与孔祥熙、顾维钧等人谈论了国内的局势和有关蒋介石“下野”的“谣传”。宋美龄说，她把那些“造谣”的人记下来了，“将来再跟他们算账”。顾维钧又称赞她的新年祝词和蒋介石的新年文告写得好，宋美龄说：“我是应合众社之请而写的。而委员长的文告，是他决心与共产党继续战斗的明确声明。”她还说：“我确信局势终会好转，洛维特的声明澄清了美国对中国的态度，那是个很好的声明。”

根据顾维钧的回忆，1月2日宋美龄会见使馆人员时十分亲切和蔼，会见十分圆满。“当时已经来到的只有十来个人，我逐个做了介绍，蒋夫人在门口和他们一一握手。然后我请她到室内，把陆陆续续到的客人介绍给她。这是很累人的，因此我请她坐下等候其他人。1小时后，我提出，如她感到疲倦，可以退场，或者，如她认为客人应先离去，我可以带头。可

是她说，她喜欢和客人在一起聊天。5分钟后，我请孔祥熙对蒋夫人说，如果她想退场，可以请便。孔对她说了之后．她立即起身，和我及其他几个人握手后，便离开客厅上楼。接见就此结束，大体说来，相当圆满。”

宋美龄如此客气地接见驻美使馆人员，其实大有深意。通过这一举动，等于在无声地宣称：蒋介石仍然掌握着南京政府；驻美使馆还是蒋介石的使馆。

1949年1月10日，淮海战役以人民解放军的全胜而告结束，国民党第2、第13兵团被全歼，杜聿明被俘，邱清泉被击毙。国民党军精锐部队55万余人被歼，长江以北的华东、中原地区基本被解放，南京的大门已经洞开。同日，蒋介石命蒋经国去上海，将中央银行的黄金、白银及外汇运往台湾。1月14日，毛泽东发表《关于时局的声明》，提出八项和平条件。蒋介石认为这是最后通牒，于是决定正式“下野”。1月16日，蒋介石下令把中国银行、中

★艾奇逊（1893～1971）

美国国务卿。先后毕业于耶鲁大学和哈佛大学。1933年担任财政部副部长，开始步入政界。1941年至1947年任美国助理国务卿、副国务卿。1949年至1953年任美国国务卿。后任美国民主党外交政策委员会主席。是第二次世界大战后初期美国对外政策的重要制定者和执行者之一，同时也是美国“总体外交”的倡导者。曾参与组织建立北约和制定“马歇尔计划”的工作，参与朝鲜战争并支持杜鲁门侵占台湾。

央银行的外汇化整为零，存入私人户头，以免被新政权接收。1月18日，蒋介石重新部署人事，重点放在经营台湾，目的是为了大陆不能存身时，只有逃亡去海岛。1月21日，蒋介石正式宣布“引退”，回到溪口老家，李宗仁代行总统职权。

1949年1月28日的除夕，是蒋介石第一次在家过年，只是宋美龄不在身边。大年初一，溪口组织了盛大的灯会，非常热闹，蒋介石还从上海请京戏班子到溪口，一连演了十几天，只是蒋介石再没了往日的心境。回想1947年4月，因为抗战胜利，与共产党作战的“国军”也处在优势，他与宋美龄“锦旋故里”，那时是何等荣耀与热闹。然而，只不过三年不到的时间，却是物是人非，昔日的热闹荣耀都成了过眼烟云，再也寻不回一丝痕迹了。

1949年4月21日凌晨，中国人民解放军渡过长江，23日，解放南京。25日，蒋介石离开溪口，在象山港乘“泰康号”军舰赶赴上海，在上海对汤恩伯等人做了部署。5月25日，上海解放。蒋介石乘坐“江静号”兵舰辗转舟山、澎湖，6月1日抵达台湾高雄。后来又返回福州召开军事会议，21日下午乘“美龄号”专机返回台湾，24日住进士林官邸。

此时，宋美龄还在与顾维钧等人仔细商讨向美国政府提出军援方案，而中国国内的胜负大局已定。美国政府也在考虑如何从中国的泥淖中脱身，在7月28日的记者招待会上，艾奇逊★透露，国务院将公布美中关系白皮书。按美国方面的解释，发表白皮书是为了消除美国在与中国关系的作用方面所受到的误解、歪曲和批评。

宋美龄仍然希望能够影响美国政府的对华政策，她在白皮书发表之前，大约在7月26日左右，曾让她的心腹人物黄仁霖前去调查美国国务院准备白皮书，并让他设法取得第一手的誊本，因为蒋介石在文件正式发表之前，急切想要知道文件的内容。宋美龄还幻想能够经由各方面的关系，把这件事拖延些时日，或者予以搁置停止发表，自然是更好。当黄仁霖赶到华盛顿，白宫里的朋友很直率地告诉他说，杜鲁门总统已批准发表这项白皮书，不可能有办法使它拖延或者搁置，这项文件将在下星期发表。

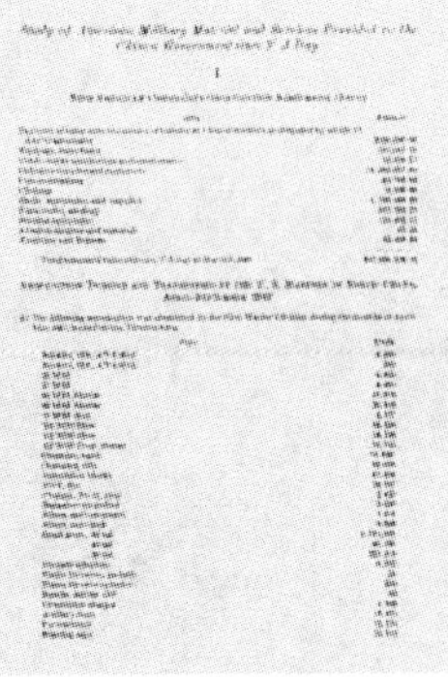

＞ 1949年8月5日，美国发表《美国与中国的关系》白皮书，内容长达1,054页，叙述了1844～1949年以来的中美关系，其中特别详细叙述了抗日战争末期至1949年的五年间美国支持国民党对付共产党的政策。

∨ 时任美国参谋长联席会议主席的布莱德雷主张继续支援蒋介石政权。

∧ 美国国务卿艾奇逊主张放弃对蒋介石政权的支持。

8月，美国政府破例提前发表中美“白皮书”，其中有相当的篇幅严厉指责了国民党堕落、腐败与无能，并宣称美国即使采取新的对华政策或额外的援助也无法挽回蒋介石的行动所造成的损失。这对于面临生死存亡的蒋介石政权及国民党来说，真如五雷轰顶。当时有人劝蒋介石对美国发表一份抗议声明，蒋介石考虑到国民党退守台湾后还要依靠美国，衡量再三，还是没有发表个人抗议电，只是让外交部长发表了一个声明，抗议美国政府对国民党的“诬陷”。

美国政府发表“白皮书”时，宋美龄正与马歇尔夫妇在纽约市以北的阿迪朗代克风景区游览。美国报界的新闻记者采访宋美龄时，她表示马歇尔夫妇邀请她度假，与美国政府发表“白皮书”并无关系。

由于“白皮书”已发表，蒋介石主张不再递交有关军事援助的备忘录，但顾维钧建议还是将要求军事援助与经济援助的计划作为备忘录交给艾奇逊，结果就是在参院联席委员会上对援华修正案投票表决时，仅有两标支持，即大约7,500万美元的军事援助。顾维钧认为“国务院已经把中国抛弃了”。

但宋美龄仍然企图扩大对美国政府的影响。8月25日，她让孔令杰将自己的一封亲笔信送给顾维钧，并要求他给艾奇逊写一封信，要求让罗斯科、庞德与饶伯森参加到以杰塞普为首的制订政策小组里去。但是，美国政府已经制定了新的对华政策，这个“建议”为时已晚。

给宋美龄以最大的打击、让她彻底打消继续留在美国的念头的，是美国政府对待台湾的态度。华盛顿曾经召开了好几次会议，反复讨论蒋介石政权能否得救的问题。以美军参谋长联席会议主席布莱德雷为代表的一派，主张继续支援蒋介石政权，并派遣军事顾问团，协助蒋介石防守台湾，认为台湾是不沉的航空母舰，是美国在西太平洋的屏障，失去台湾，菲律宾和日本将会受到威胁。而以国务卿艾奇逊为代表的一派则驳斥了这种观点，认为蒋介石政府已经没有任何援助价值。艾奇逊说：“我们必须承认，中共事实上控制着全国，其主要原因是国民党自己崩溃，即使美国介入亦无济于事；同时，美国的西太平洋防线，有没有台湾无足轻重。”

日本投降，美国在亚太地区的警报已经解除，冷战刚刚开始，台湾地位的重要性，对美国来说，当时还不那么凸显。

1950年1月4日，杜鲁门总统在白宫举行记者招待会，宣布不插手台湾事务。杜鲁门说：“美国此时不想在台湾获得特别权利或建立军事基地。美国也不利用其武力以干涉台湾现在的局势。美国并不采取足以涉及中国内战的途径。同样地，美国政府也不供给军援与军事顾问于台湾的中国军队。”

1950年1月5日，美国政府发表声明：“目前美国无意在台湾获得特别权利或特权或建立军事基地。美国政府也不拟使用武装部队干预其现在的局势。美国政府不拟遵循任何足以把美国卷入中国内争的途径。”

杜鲁门的声明，让宋美龄对扭转美国对华态度彻底死心，觉得在美国再也待不下去了，决定1月10日回国。临行前，宋美龄在纽约电台发表了向全美人民的广播演说：

我今天对你们讲话，就是要向你们辞行，谢谢你们殷切的款待。希望我下次再到美国来的时候，空气或许比较更为愉悦，敝国并已自异族侵略者的铁蹄下，重新获自由了。

每次离开美国，我总不免意绪茫然。我不仅是一个前来访问的旅客，而且我曾在这里度过多年的少女生活，我在这里接受了我的全部教育，也获得了使我能为本国人民服务的许多启示。几天之后，我就要回到中国去了。我不是回到南京、重庆、上海或广州，我不是回到我们的大陆上去，我要回到我的人民所在地的台湾岛去，台湾是我们一切希望的堡垒，是反抗一个异族蹂躏我国的基地。

不论有无援助，我们一定打下去。我们没有失败，我们数百万同胞正在致力于长期斗争。只要我们一息尚存，只要我们对上帝存有信心，我们就要继续奋斗，无一日无一时不用来为争取自由而奋斗。我们要以毒攻毒。我们要以不屈不挠的精神和生命赋予的毅力，打击敌人，消灭敌人……

大家务须明白，我们所选择的是为自由奋斗。它不是——而且全世界应该知道它不是——仅系属于我们的斗争。中国当前的斗争，乃是善恶展开庞大冲突的初期，也就是自由与共产主义搏斗的开始。……

我的丈夫领导他的人民从事反共斗争，已有二十几年的历史。1926年的国共决裂，就是由他单独负责的。他深信俄国当时的处心积虑，就在积极窃夺我们的国家。他看出中国成了一切谲谋诡诈的试验品，而这些谲谋诡诈，从此也就成了俄国用来反抗世界的伎俩。蒋总统是世界政治家中首先揭发共产党阴谋的第一人，同时也是着手反共的第一人。几年以前，他因有反共的勇气与毅力先获得赞扬。现在却被人侮蔑了。时

＞ 20世纪40年代，蒋介石和宋美龄旧照。

代虽已变迁，但此人并未改变。我的丈夫仍以不屈不挠的精神，领导他的人民反抗异族的侵略和他们的邪说……

在道义上怯懦的人们现已正在抛弃我们了。我以沉重的心情，看见曾为盟友的英国，过去虽以数百万生命献在自由的坛前，而今竟已被它的领袖们导入政治阴谋的魔窟……

中、美两国的传统友谊，具有与美国同样悠久的历史。你们有许多公民曾经寄居在我们的国家。你们的人民给我们援助，也曾给过我们慰藉。你们所给的是爱的赠予，你们从未要求任何报酬。你们的名字将永远被珍视为友谊与慈爱的象征。我不能再向美国人民要求什么。我在贵国停留的这几个月中，没有发表演说，也没有做过呼吁。我的国家虽然极需你们的援助，但我从未参加求援的竞争……我们伸着空无一物而愿接受援助的双手直立着，我们谦卑而又疲困地直立着……不论有无援助，中国决心为自由而战……

我要告诉你们，我为什么这样缄默。一个国家采取一个正义行动的时候，就和一个人行善一样，必须是出于他的良知，而不是出诸他人的请求或要求。行动有出于仁慈，有出于怜恤，有出于正义。而正义是善，因为它本身是善。

也许你们觉得我骄傲吧？我们的朋友们！我的国家受了屈辱，我的政府现在孤悬在海外的岛上，苏格兰的布鲁斯曾由山洞出来和他的人民站在一起，我们也要从岛上出来和我们的人民站在一起……

V 蒋介石亲往机场迎接从美国回来的宋美龄。

在讲话中，宋美龄仍不忘要攻击一下对蒋介石政权冷淡的英国政府。

对比1943年宋美龄赴美演讲时的盛况，时隔七年之后的这一次演说，除了议院内外的政客，还有多少人关心她说了些什么？

1950年1月10日清晨，顾维钧从华盛顿赶到纽约，在达拉瓜迪亚机场为宋美龄送行。他看到宋美龄身穿旗袍，仍是那么气质高雅、雍容华贵，然而脸上却有着掩饰不住的疲倦与悲伤。曾经在美国掀起“宋美龄旋风”的“第一夫人”，再也找不回往日的飞扬神采了。1月11日下午，宋美龄抵达檀香山，接受记者采访，她说：“你们也许要用红墨水标志中国部分，但我们必定要把这些颜色，点点滴滴，一步一步抹去的。”只是，虽有壮志在心，但是“无可奈何花落去”的窘境，是难以改变的。至此，她再也没有踏上大陆的一寸土地。

1月13日，宋美龄抵达台湾，蒋介石亲自到机场迎接。本来蒋介石特意安排宋美龄的飞机在一个较小的机场降落，但还是来了很多官员迎接宋美龄。宋美龄很是感动，说：“却料不到在小机场中，除了朋友之外，还有数不清的人，我们的同胞来接我，要安慰我、祝福我，心中受到极大的感动。”

美国人对台湾的“遗弃”，让这座孤岛笼罩在凄风苦雨之中。1950年初期，正是台湾局势最紧张、地位最暧昧模糊的时期，宋美龄选择在这个时候回到风云莫测的台湾，陪伴蒋介石度过最艰难的一段岁月，可以说对蒋介石是最大的支持。蒋介石与宋美龄之间究竟是“政治婚姻”还是患难见真情，众说纷纭。但无论怎样，蒋介石都是离不开宋美龄的。“二战”时期，蒋介石就是依靠宋美龄和美国人周旋；现在退到台湾这个弹丸小岛上，国民党政府对美国的依赖更是与日俱增。只要国民党政府还要依靠美国的军事、政治支持，宋美龄在国民党中的地位就如同过去一样举足轻重。宋美龄归来，士林官邸终于有了女主人，更重要的是，作为蒋介石重要的政治助手，宋美龄开始了她的台湾时代。

历史备忘录

HISTORY MEMORANDUM

V 1949年8月，赴韩活动的蒋介石在机场受到李承晚的欢迎。

V 时任台湾省行政公署长官的陈仪（左）与时任"国防部长"的白崇禧合影。

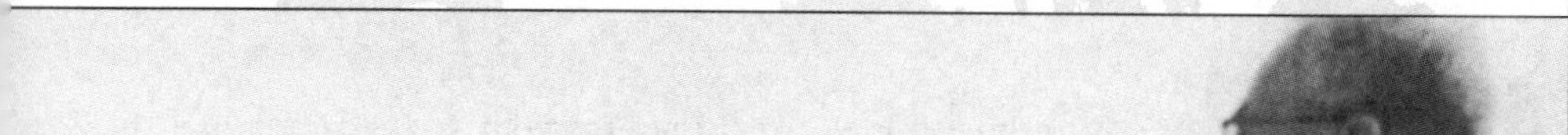

2
3
4

1

美国通过《1948年援华法案》

这是美国政府为挽救即将灭亡的国民党政府而制定的法案。1948年2月18日，杜鲁门总统将国务院制定的经济援华方案送交国会，3月间，美众议院首先通过杜鲁门所提法案，而参议院对该案讨论时，对此案做了部分修正。4月2日，联席会议正式通过《1948年援华法案》，核准拨款4.63亿美元，其中，3.38亿美元为经济援助，1.25亿美元为特别补助，由中国政府斟酌使用，期限为一年。4月14日，美国政府又制定法案，将“援华”期延长到1950年2月15日，继续拨付余款。

中共要求逮捕内战魁首

1949年1月28日，毛泽东以中共发言人名义发表严正声明，严重警告南京政府，要求其必须立即动手逮捕一批内战罪犯，“其中最主要的，是蒋介石、宋子文、陈诚、何应钦、顾祝同、陈立夫、陈果夫、朱家骅、王世杰、吴国祯、戴传贤、汤恩伯、周至柔、王叔铭、桂永清等人，特别重要的是蒋介石”。

国民党政府拘禁陈仪

1949年2月16日，陈仪被免职拘禁。陈仪原系国民党政府浙江省主席、政学系重要分子。随着中共军队的胜利发展，陈仪准备效仿傅作义，举行起义，受到国民党军统特务浙江省警保处处长毛森的暗中监视。上月，陈仪曾劝说国民党京沪杭警备司令部司令汤恩伯认清形势，共举大义。汤恩伯即向蒋介石告密。

美国国务院发表中美关系白皮书

1949年7月5日，美国国务院发表中美关系白皮书和美国国务卿艾奇逊致美国总统杜鲁门的信件。该函指出目前中国政府无一能解决中国人吃饭问题；认为造成中国革命的因素是人口过剩和西方新观念的冲击；艾奇逊承认国民党每况愈下，提出继续援助国民党并努力使国共“停战”，以确立国民党权力；主张建立一个不含共产党的“各党政府”。

影像大扫描

IMAGE SCANNING

偏居台岛

23

蒋介石败退台岛，1950年1月，宋美龄也从美国来到台湾。3月，蒋介石宣布“复职”，宋美龄又当起了这个“小朝廷”的“第一夫人”。她面临的最重要的任务，就是环岛劳军，掌握台湾的妇女工作，使其成为“反共复国”的重要工具。

回台再当“第一夫人”

正当宋美龄在美国备受冷遇、乞援受挫的时候，她的丈夫蒋介石在大陆也是一输再输，只剩下了为数不多的日子。在人民解放军的凌厉攻势下，国民党军队节节败退，在东北被关门打狗，华北平津尽失，中原淮海失败。这三大战役进行了142天，国民党军队被歼173个师，共计154万多人；加上在此期间其他地区的作战，人民解放军共歼敌182万人。这意味着国民党赖以维持其反动统治的主要军事力量基本上已被消灭殆尽。

1949年4月23日，解放军百万大军渡过长江，占领了总统府，解放了南京★。蒋介石“划江而治”的幻想，至此彻底破灭。1949年5月，上海“斯大林格勒”防线被攻破，蒋介石进行了相应的调整，确定下“立足台湾、闽粤，控制两广，开辟川滇，以舟山、马祖、金门、澎湖一线为前哨，使之成为‘反攻复国’之桥梁，确定今后以台湾防务为第一”的新的军事路线。这就意味着他已做好了从政治、军事上放弃大陆，而将“中央政府搬迁台湾”的准备。

其实蒋介石对失败的命运早有预料，做好了逃台的准备。1948年底，蒋介石下令，由陈诚接替魏明道任台湾省主席，蒋经国接替丘念台任台湾省党部主任。陈诚是蒋介石的同乡，又出身黄埔，他的夫人谭祥（谭延闿的三女儿）又是宋美龄的干女儿，与蒋介石又多了一层翁婿的关系。安排陈诚这样的亲信人物以及儿子蒋经国担任台湾的党政首脑，可以看出蒋介石对台湾的重视。

★南京解放

1949年4月20日午夜，人民解放军中、东、西三集团从西起湖口、东至江阴长达千里的长江北岸，以木帆船为主要航渡工具，强渡长江。23日，解放军相继解放了丹阳、常州、无锡等城，切断了宁沪铁路。解放军东突击集团第8兵团第34军乘胜渡江，进占南京、镇江。23日，人民解放军冲上南京总统府大厦，摘下国民党党旗，换上了红色的解放军军旗。南京解放，宣告国民党在大陆22年的统治从此结束。

> 蒋介石的亲信陈诚被蒋委以台湾省政府主席和警备总司令的重任。

V 就任国民党台湾省主席的陈诚与家人在台北合影。

1949年1月16日，蒋介石又加委陈诚兼任台湾省警备总司令。当天，还紧急召见了中央银行总裁俞鸿钧和中国银行董事长席德懋，命令他们立刻把两行在国外的存款化整为零，存入私人户头，以免将来遭被接收的命运。从1月19日到21日，又连续发布五道命令，任命其亲信方天、朱绍良、薛岳、余汉谋为江西、福建、广东、广西省主要长官，任命汤恩伯为京（南京）沪杭警备总司令，将屏障台湾的各省掌握在其亲信手中。

陈诚对蒋介石也是投桃报李，俯首听令，对后来的"代总统"李宗仁却并不买账。陈诚在台湾将地方收入全部截留，又向中央索账80万两黄金，后来又强行切断金圆券与台币的

∧ 时任国民党云南省主席的卢汉宣布起义后在欢迎大会上讲话。

兑换，直接截留外汇，台币与美钞挂钩，基本上使台省经济独立。当时国民党中央只有两广及台湾有财政来源，陈诚此举对于李宗仁的“中央”无疑是雪上加霜。

此后，蒋介石又命令蒋经国监造定海机场，背着李宗仁以“密令”输送中央银行黄金储备至台。运往台湾的黄金共计280万两，美钞1,537.4万元，银圆1,520万元。正是这笔资金，保住了台湾的金融命脉。

布置好撤台准备后，蒋介石乘“江静”号军舰南下舟山群岛视察各岛防务。6月21日，飞赴福州，在福州南郊机场的办公大楼召开临时军事会议。但不到两个月，福建又失，蒋介石携蒋经国逃往抗战时期的“陪都”重庆，企图在那儿坐镇大局。当时重庆城虽然有数十万国民党军队驻守，但早已成惊弓之鸟，无法作困兽之斗。11月28日，重庆被人民解放军围得水泄不通。第二天，市外炮声隆隆，蒋介石仓皇部署撤退措施后，于11月30日凌晨，乘“美龄”号专机离开重庆。专机抵达成都，但重庆既失，成都无险可守。12月7日，蒋介石宣布将其“政府”迁往台湾。

12月10日，已经起义的云南省主席卢汉给在成都的西康省主席刘文辉发电，要求刘文辉会同四川将领将蒋介石扣留。蒋介石的手下发现情况有变，蒋经国等人护卫蒋介石如惊弓之鸟，急奔凤凰山机场。下午2时，“美龄”号紧急升空，飞往台湾。对这段经历，蒋经国在当天的日记中是这样记述的：“父亲进台之日，即刘文辉、邓锡侯公开通电附匪之时。此

> 蒋介石自成都登机退往台湾时的情形。
> 1949年10月1日，毛泽东在天安门城楼上宣告中华人民共和国成立。

次身临虎穴，比西安事变时尤为危险。福祸之间，不容一发。记之，心有余悸也。”

1949年10月1日，中华人民共和国正式宣告成立。美国国务院公共事务局邀请部分中国问题的专家学者，讨论承认中国问题。与会者分为两组，一组赞成，一组反对。由于公众舆论莫衷一是，美国国务院无法做出决定，最后国务卿艾奇逊决定“静待尘埃落定”，采取旁观政策。

国民党撤往台湾后，美国一方面认为台湾对美有着“重大战略价值”，不愿让它落入共产党之手；另一方面又对国民党当局深感失望，对其能否在台湾立足缺乏信心，担心美国采取援台措施激起中国人民的仇美情绪，“要付出相当大的政治代价”。在这种情况下，杜鲁门继续采取放任中共进攻或让国民党在台湾自生自灭的政策。

1949年12月23日，美国国务院在《关于台湾政策宣传指示》中说：“台湾在政治上、地理上和战略上都是中国的一部分，它一点也不特别出色或者重要”，“大家都预料该岛将陷落，在国民党的统治下，那里的民政和军事情况已趋恶化，这种情形更加强了这种估计”。这时的蒋介石政权，在美国政府眼里，只不过是一艘“沉船”。美国人已经不愿意再与它绑在一起，而要同它拉开距离。

1950年1月5日，美国总统杜鲁门就台湾问题发表声明，说美国“要求国际尊重中国的领土完整，……这一原则在目前的局势下对于台湾特别适用”，并重申美国在有关国际协议中的承诺，表示了三个“不拟”，即美国“不拟使用武装部队干预其现在的局势”，“不拟遵循任何足以把美国卷入中国内争中的途径”，“也不拟对在台湾的中国军队供给军事援助或咨询”。同一天，美国国务卿艾奇逊也在记者招待会上发表声明，说“当台湾成为中国的一个

省的时候，没有人对此提出过律师的疑问”，委婉地表示容许新中国收回台湾是“符合过去的承诺的”。2月9日，美国务院官员在众议院外交委员会做证时也指出，美国及其盟国对中国在战后收回台湾从未质疑，“包括美国在内的各盟国在过去四年中认为台湾是中国的一部分”。

而中国共产党也有攻打台湾的准备，中共中央发表一定要解放台湾的声明，表明誓将革命进行到底。4月下旬，中共中央军委批准成立华东军区海军，为渡海作战做了准备。1949年5月开始，解放军发起了扫清台湾外围屏障的战斗。8月发起福州战役，解放福州★。10月发起漳（州）厦（门）战役，解放漳、厦地区及滨海一些岛屿。随后，解放军对战略要地金门岛构成了包围态势，并于10月24日发起进攻。

★解放福州

1949年8月11日至23日，人民解放军第三野战军第10兵团举行福州战役。战斗激战至16日，解放军右路军先后攻占永泰、福清、长乐，切断国民党军南逃之路。左路军先后攻占丹阳、马尾等地，切断国民党政府军海上逃路。中路军逼近福州市区。当晚，福州国民党军南逃，国民党将领朱绍良、李延年乘飞机逃往台湾。17日福州解放。解放军继续追堵国民党军至23日，整个战役结束。

∧ 1949 年 10 月起，人民解放军发起漳厦战役，某部突击队将胜利红旗插上厦门岛。

∨ 人民解放军炮舰正向敌占岛屿挺进。

> 宋美龄赴美求援失败后，这位昔日的“第一夫人”再也回不到南京的“总统府”了。

美国人有心抛弃台湾，正好为中国共产党以武力解放台湾清除了国际障碍；而失去了美国的保护，国民党想要偏安自保，也是万难之举。蒋介石拼死顽抗，誓守台湾，以国民党守军、援军和海、陆、空军联合反击。由于准备不足，缺乏后续部队支援，10月和11月，解放军进攻金门和登步岛相继失利。但暂时的失利并未影响解放军渡海作战的士气，解放军及时修正计划，将准备投入台湾战役的兵力由8个军增加到12个军，加上特种兵和后勤部队共计50余万人，并将渡海作战时间推迟到1950年1月或2月，以便充分准备。

蒋介石虽然还在加紧固守，并招募五六千日本空军以加强防御力量，但蒋军士气低下，军心涣散，失败情绪笼罩着台湾。无论从哪方面来看，如果没有美国的介入，众叛亲离的蒋家小朝廷，是不可能抵挡人民解放军的凌厉攻势的，人民解放军攻占台湾仅是个时间问题。如朝鲜战争爆发前夕的1950年6月15日，美国中央情报局远东情报处对台湾局势做的公开评估中，就曾这样预言：“台湾在7月15日以前可能遭到中共全面攻击。由于国民党军队军纪荡然，民心浮动，中共将于发动攻击数周之内顺利占领台湾。”而在这时，美国对蒋介石要求援助的呼声，反应依然冷淡。

在台湾的蒋家小朝廷，已是日暮途穷、风雨飘零；而对滞留美国的宋美龄来说，是继续留在美国，还是回到台湾，与丈夫同舟共济，必须做出一个选择。此时社会上的流言也相当多。

有一些观察人士认为，宋美龄在1948年奉蒋介石之命，赴美国求援失败后，就深感国民党政府已经没有掌握中国政局的希望。因此，她在美国滞留那么长时间，就表明她对丈夫蒋介石领导的“政府”已经失望，决心滞留在美国，不打算回中国了。但另一些人则否认了

∧ 蒋介石夫妇退居台湾后与孙儿们在一起。

这种看法，认为宋美龄乞援失败后留在美国，主要是在美国还有重要事务需要处理，还要尽力尝试游说美国当局的一切可能，并不是不打算再回中国。如宋美龄的随从就曾经说："在西安事变的时候，宋美龄抱着必死的决心，决定到西安一起和蒋介石就难。她那时就没有带她一向跟随的蔡妈，由此可知道，宋美龄当时去美国连蔡妈都没带去，证明宋美龄那时不曾打算长久待在美国。"

当时还流行过一种私下的说法，是说宋美龄之所以滞留美国长达一年有余，是因为她正在美国料理她的私人产业。这种说法认为，如果宋美龄不趁此时把她在美国的私人产业做个妥善处理的话，说不定当"中华民国政府"垮台之后，共产党一旦接收了大陆的政权，那么宋美龄名下在美国的巨额财产，说不定会因为美国政府迫于新中国政权的压力，而全部移交给共产党政府。

但不管怎么说，宋美龄还是回来了，只是这位昔日的"第一夫人"，如今已经回不了大陆，回不了南京的"总统府"，而只能回到人心惶惶、困守一隅的台湾岛。

当时台湾的国民党政权，只能用风雨飘摇来形容。蒋介石一到，就把“反共”和“反攻大陆”作为其一切工作的核心。并在1950年1月27日，国民党正规部队在大陆正式完结的第三天，指使“行政院”颁布“反共保民总体战动员纲要”，动员全部人力物力，实施各种“反攻”战略。但他嘴上“反攻”虽然叫得很响，心里却未必不明白，别说“反攻”“光复”，仅仅保住台湾，让他的小朝廷得以苟延残喘，在没有美国援助的情况下，也有点近乎痴人说梦。这从他一而再、再而三地告诫人们要为“党国”“不成功，便成仁”，也可看出一二。而他自己，1950年5月16日在《军人魂》的演讲中说，“我们所以不在大陆牺牲，就因为我要保持台湾”，“如果台湾失掉了，台湾就是我最后牺牲的地方”，为他在丢失大陆之后还没有“成仁”做了解释，同时也表达了与台湾共存亡的决心。

蒋介石要与台湾共存亡，而多年追随蒋介石的“党国要员”，却未必愿意与蒋介石共存亡。随着形势的变化，“要员”们竞相逃往海外。宋美龄的大姐夫孔祥熙一家，早于1944年，就到美国过起了寓公生活；蒋介石的大舅子宋子文，也早于1949年1月24日辞去广东省主席职务，偕夫人以治病为由去了巴黎，此后又为“家庭事务”抵达美国，从此在美定居；孙中山长子、前行政院长孙科辞去职务，举家逃往国外；做过东北方面大员的熊式辉和后任台湾当局驻美“大使”的沈剑虹滞留香港；更有许多要员逃得不知去向。

∧ 1950年，蒋介石在台湾。

在这个时候，宋美龄对于蒋介石来说就显得格外重要。这不仅是因为蒋介石要稳住台湾，乃至谈得上“反攻大陆”，就离不开对美国的依赖；而要联络美国政府，蒋介石就必须凭借孔宋家族当时在美国政府中的丰沛人脉，就离不开能在其中穿针引线的宋美龄。只要国民党当局还存在，就要仰赖美国在军事、政治上的支持，而且自国民党退居到台湾这个弹丸小岛，相比宋美龄赴美乞援的1948年到1949年，对美国的依赖其实是有增无减的。台湾对美国关系的维系，就如蒋介石的生命脐带；为了维系这个脐带，就需要宋美龄扮演如同过去一样的举足轻重的角色。如果宋美龄回到台湾，回到蒋介石身边，为蒋介石助阵，会对“保卫台湾”起到相当大的作用。

不仅是这样的政治上的因素。在台湾局势最紧张的阶段，台湾海峡可能随时爆发大战、风雨飘摇之际，宋美龄没有像孔家和宋家的至亲们那样远远地逃开，而是从美国返回台湾，回到丈夫身边，与蒋介石患难与共，陪伴蒋介石度过最艰苦的岁月，也体现了一种难能可贵的情义。这对蒋介石来说，无疑在情感上给了他莫大的慰藉与支持。后来，在蒋介石死后，宋美龄在自己写的《畅谈年来所思所感》中，说：“在这么多年来，我与先‘总统’共处的日子里，几次听到他平静而又是坚定地告诉我，他的目的是将自己奉献给国家和党。读到上面的话，我要情不自禁地泪眼模糊了，并不因为我对于先‘总统’精神之了解……而是在我内心那份油然涌出的骄傲感。”除开现实利益的考虑，除开表态作秀的成分，还是可以看到宋美龄与蒋介石之间的夫妻情谊，以及宋美龄对她丈夫的崇拜。从宋美龄的选择及她后来的表白上，多少体现了她身上有情有义的那个侧面。

宋美龄于1950年1月离开美国，为了迎接宋美龄回台，蒋介石安排蒋经国亲自前往菲律宾首都迎接继母。对于蒋介石来说，夫人回台无疑是件大事。蒋夫人不仅是回来主持家政，在政治上，也是一位重要助手。蒋介石位于台北中山北路与福林路交界处的士林“总统”官邸，从此有了女主人。

1950年3月1日，蒋介石正式宣布“恢复”“中华民国总统”职务。蒋家王朝在台湾苟延残喘，宋美龄又当起了这个“小朝廷”的“第一夫人”。

主持“妇联会”环岛劳军

回到台湾后，宋美龄急于替夫君分担一些压力，便马不停蹄地开展了环岛劳军的工作。不论前线后方，不论军营眷区，都有宋美龄的足迹。除环岛劳军外，她还飞往金门和澎湖，给守军打气。然而她最重要的任务，还是掌控台湾的妇女工作。宋美龄在大陆时，从抗战开始就主持国民党的妇女工作。如今国民党迁台之后，她以自己的身份地位，进行这一工作，仍然显得驾轻就熟。组织妇女运动，从事妇女工作，是宋美龄的权力来源之一，也是她帮蒋介石控制舆论，鼓吹“反共复国”的重要工具。

1950年3月8日，是宋美龄到台湾后的第一个妇女节。在这天的纪

∧ 宋美龄与蒋经国“慰问”金门的国民党军官兵。

念会上，宋美龄发表妇女节致辞，要求大家在“大陆已经完全沦陷，苦难跟随而来”之际，“应以美国妇女工作和奋斗的精神为借鉴”，号召妇女“应为前线的伤患官兵服务”。会上她还宣布，“我最近准备组织一个‘中华妇女反共抗俄大会’，成立后，希望每一个妇女都团结起来，发挥自己的力量；同时妇女们应该不断求进步，利用机会，多看书，多做研究，以求得到真实的学问。”宋美龄通过在妇女节这天的表演，可以说是在妇女界公开地打出了“反共”的旗帜。

4月3日，在宋美龄的主持下，“中华妇女反共抗俄联合会”召开了筹备会。宋美龄在筹备会上致辞，同时发表了《今日中华妇女的重要使命》。这是一篇充满“反共”气息的演讲，在一开头，宋美龄就抛出“本人返国以来，深觉共匪勾结苏俄出卖祖国，民族存亡已临最后关头，我妇女界的动员实是刻不容缓。因此发起中华妇女反共抗俄联合会，纠合群力，协助军事，反攻大陆”的论调，诬蔑中国共产党为“赤色汉奸”，恶毒攻击中共对民众是“使之生则生，驱之死则死”，是“善于欺骗宣传的”，是“只讲目的不择手段的”，以此煽动台湾妇女的“反共”情绪。她要求妇女们承担起“反共”的责任，“假如发现有嫌疑的分子，为了国家，为了民族，都要尽量检举出来，免得上了他们第五纵队的大当”，并要求在台湾妇女的团结，要求她们热烈慰劳三军，对民众做组训工作，要求妇女界“竭力帮助蒋总统以此救济大陆饥馑同胞的运动”，“共同负起为国家为民族也是为自己的责任，保卫台湾，打回大陆去”。她还在该文最后大声疾呼：“从今天起，这个重要的使命，我们应该大家努力勇往直前地担起来，立定反共必胜、抗俄必成的信心，扫荡大陆上残酷凶暴的恶魔，建立平等自由和平仁爱的中华民国。”命运已将蒋宋二人牢牢地缚在一起，缚在台湾这艘在风雨飘零中已残破不堪的船上，宋美龄在妇女工作中，成为蒋介石的“反共”旗手。

4月17日，“中华妇女反共抗俄联合会”在台北宾馆举行了成立大会，宋美龄主持了大会，并在开幕式上致辞。蒋介石也亲临捧场，在会上做了讲演，他要求妇女应当与家人共同努力“反共抗俄”，检举“共谍”，节约消费，增加生产。19日，宋美龄又在闭幕典礼上致辞。宋美龄在成立宣言中，号召妇女一起奋斗，同时为妇女确立了“宣传、组训、慰劳”三项工作任务，说：“在宣传、组训和慰劳三项工作之中，希望每一个妇女都要选择一项工作。”她还表示，希望“慰劳工作要深入家庭，要灌输基督精神”。

“宣传”的重点，自然离不开反共，如“揭露”大陆的“暴政”，配合台湾当局“肃清奸匪”等。谈到“组训”的重要性，则强调“有组织、有训练的民众，方能通力合作，例如肃清奸谍、推行国语、训练急救防空等，都是现在需要的”。

但在这三项任务中，“慰劳”显得尤为重要。宋美龄声称“前线将士冒着生死，忠勇作战，伤病官兵躺在床上，痛苦呻吟，我们应该随时随地去慰劳服务”。蒋家“小朝廷”要在台湾立足，首先要在军事上坚守。如果军事上失败，那一切都无从谈起。所以对蒋介石来说，此时一切以军事为优先，宋美龄的妇女工作自然也不能例外，必须把工作重点放在对军事的支援上。

∧ 宋美龄返台后，于 1950 年 4 月 17 日成立了“妇联会”，为蒋介石的“反共复国”做了不少工作。图为“妇联会”成立两周年时宋美龄与“妇联会”会员合影。

∧ 宋美龄与“妇联会”会员们在一起。

< 蒋经国夫人蒋方良也被宋美龄拉进“妇联会”，真可谓“家庭总动员”。

5月6日，宋美龄召集“立法院”“监察院”的妇女委员及“国民大会”妇女代表开茶话会，并发表了演讲，谈到这个组织的成立时说：“因为目前的工作，不许可我们慢慢地根据组织法来成立一个会，同时，我主要意思，是希望这个会能快点成立，大家不注重名义、地位，而只是工作。”26日，在台的国民党军队的政治部建立了“妇联会”的分会，宋美龄又在分会成立大会上致辞。

宋美龄被推为负责人后，每天都到“妇联会”办公，带头制作慰劳品。每到逢年过节时，宋美龄会带着“妇联会”的人深入军营、幼稚园、学校等地方进行慰问。台湾各机关、学校、社团和海外侨胞，在宋美龄的鼓动下，相继成立“妇女反共抗俄分会”。

“妇联会”下设有缝衣工厂，每天都有100多位妇女义务为军人缝军衣，据说当时台湾各界妇女缝制的棉背心，三周内达到了60万件。

“妇联会”成立之初，主要是慰劳军队和解除军人的后顾之忧。发展到后来，凡残疾、孤苦无依、贫穷者，都是“妇联会”的服务对象。宋美龄在劳军中，目睹伤残官兵的痛苦，决定号召推行残而不废运动，为所谓“荣军”装配假肢，使许多在战争中负伤致残的士兵生活有了保障。

国民党退往台湾后，一时无法安置那些随军家属，造成严重问题。宋美龄首先提出筹建军属住宅，她呼吁企业家捐款兴建军人家属宿舍。在她的号召下，一年内完成4,000幢，分赠军属进住。

除了亲自主持“妇联会”的工作，宋美龄还让两个继子的夫人蒋方良、石静宜参加“妇联会”的工作，实行起了“家庭总动员”。到了1956年，“妇联会”全名“中华妇女反共抗俄联合会”中，因为“抗俄”二字已不适应形势发展，便改名为“中华妇女反共联合会”。“妇

< 沈昌焕（左）、董显光是夫人派官员的代表，其在国民党内“常青树”的地位，是他人所无法比拟的。

联会”由宋美龄一手创办，大大小小的事务，一直由她亲自掌控。只是到了后来，宋美龄才逐渐把权力移交给了她的外甥女孔令俊。

国民党退到台湾后，权力格局发生变化，新的实力派开始崭露头角。在这个过程中，妇女工作事实上是宋美龄争夺权力的重要舞台。宋美龄除了当“妇联会”主任委员外，还担任“台湾省妇女代表大会”的名誉会长、国民党中央妇女工作会主任等职务。宋美龄通过妇女工作和各种其他活动，掌握了自己的那部分权力，同时也逐渐培植起她的“夫人系”人马。许多追随宋美龄的人，到台湾后主动配合蒋经国、陈诚等实力派，为蒋经国接班护航出力，黄仁霖、周应龙、曹圣芬、沈昌焕、沈剑虹等人长期走红于官场，成为台湾“夫人系”官员的代表。

1955年7月，国民党召开迁台后的第一次妇女工作干部会议。国民党妇工会指导长宋美龄，将“中央妇女工作会”主任的职务交给钱剑秋。“妇工会”一向是“夫人派”的地盘，钱剑秋靠着宋美龄撑腰，在“妇工会”主任的位置上一坐坐了三十几年，一直到1988年国民党“十三全会”之后才因年事过高、“形象不佳”而被取代。

朝鲜战争得喘息

蒋氏夫妇到了台湾，虽然口中高喊“反攻大陆”，但台湾的危机却是越来越严重。1950年4月16日，中国人民解放军一举攻占了中国第二大岛海南岛★。5月19日，解放军又一

< 1950年4月16日，人民解放军一举攻占了海南岛。图为人民解放军占领的海口国民党“海南特区行政长官公署”。

★攻占海南岛

广州解放后，由广东溃逃的国民党军余汉谋集团残部迅速逃往海南岛，企图凭借海峡天险，阻止人民解放军渡海登陆。1950年3月上旬，人民解放军第四野战军发起海南岛战役。5日和26日，两次偷渡成功。4月16日凌晨在海南岛北岸胜利登陆。战至5月1日，歼敌3万余人，解放了海南岛。海南岛战役，是人民解放军以木船为主要航渡工具，突破敌人海空封锁的一次成功的岛屿作战。

鼓作气攻占了舟山群岛。东南沿海除台湾、澎湖、金门、马祖外，已全部被人民解放军占领。而解放军下一个进攻目标，就将是蒋家“小朝廷”盘踞的台湾本岛了。

而在军事上已陷入困境的蒋介石，对于如何才能守住台湾，也拿不出什么善策，甚至没有能制订出一个完整的台湾防御计划。除了用一些空洞的口号来麻痹台湾岛上的军民，蒋介石唯一能做的，就是对内进行大规模的“整肃”，镇压所谓的“匪谍”，企图通过稳定内部做最后的挣扎。台湾岛上的国民党军队由于失去了美国的军事援助，不但兵力不足，武器弹药也很欠缺，岛上防务漏洞百出。尽管蒋介石刚刚确定了三军主帅，但从大陆仓皇败逃回来的军队，士气低落，军心不宁，很难抵挡得住解放军的凌厉攻势。

而在1950年上半年，宋美龄一向依仗的美国朋友却隔着大洋看热闹，不仅军事上的介入谈不上，连蒋介石过去一向仰赖的美援也成了空中楼阁。据说自1948年以后，美国政府面对国民党在大陆兵败如山倒的局面，甚至已经对蒋介石失去了信心，开始积极寻找可能的代替人选。美国人相中的这个人选，据说便是在抗战中战功卓著的孙立人将军。1950年，美国国务院和中央情报局分别拟定了《台湾政变草案》和《台湾可能的发展》。《台湾政变草案》建议以孙立人为指挥官，以“反共、保台、

∧ 舟山国民党守军秘密撤退，人民解放军发起渡海追击作战。

∨ 时任国民党陆军“总司令”的孙立人（前中）陪同蒋介石检阅国民党军。

联美”为主旨，对蒋实行软禁或放逐。美国政府曾派人找孙立人商谈，当时孙立人并未做正面回答，但美国人并未放弃努力。

然而情况发生了变化。1950年6月25日朝鲜战争爆发。这天晚上10点，台湾驻韩国的“大使”邵毓麟向蒋介石报告，认为“韩战对于台湾，更是只有百利而无一弊”，“我们面临的中共军事威胁，以及友邦美国遗弃我，与承认匪伪的外交危机，已因韩战爆发而局势大变，露出一线转机”。他分析了局势发展的可能性，认为即使此战不利于南韩，“也势必因此而提高美国及自由国家加紧援台，决不致任令国际共产党渡海进攻台湾了”。

果不其然，美国在出兵侵略朝鲜的同时，出于其反动政策的需要，对华政策来了个一百八十度的大转弯，决定继续扶植蒋介石，并悍然派遣美国海军第七舰队入侵台湾海峡。美国总统杜鲁门还蛮横地宣称，有关台湾地位的确定，有待“该地区恢复稳定与和平，或者签订对日和约，或者由联合国讨论决定”。台湾局势因朝鲜战争的爆发稍有好转，蒋介石终于松了一口气。正如一位政治家所指出的：“朝鲜战争的爆发，把已经患了癌症的国民党政权，从病榻上救了起来，使其起死回生。”

此后，在蒋介石的一再请求下，美国不仅恢复了对国民党军队的军事援助，还与蒋介石签订了一个美蒋“共同防御条约”，与美国的关系进入所谓的“蜜月”时期。蒋介石又重新振作起来，整顿军队，扩充军备，高唱“反攻大陆”的滥调，并不断派遣小股部队对大陆东南沿海一带进行武装袭扰。

对于蒋介石来说，朝鲜战争打得越久就越有利。大陆军队在朝鲜打仗，没有余力攻打台湾；朝鲜战场仗越打越大，可能引发第三次世界大战，蒋介石“反攻大陆”便有望，美国的军授、经援也会源源而至。所以，当1952年朝鲜半岛的形势发生变化，交战各方开始坐到谈判桌前，前面出现和平曙光的时候，蒋介石就要为这种不符合他的利益的情形着急了。

这时就连宋美龄也按捺不住，跳出来反对和谈。当时，美国退伍军人协会全国司令史密斯曾致函宋美龄，提出若干问题请她予以答复。宋美龄就借回信之机，诋毁中华人民共和国政府希望和平的诚意：“倘韩国战事，循现有战线，获致停战，我认为台湾所受之威胁，即将大为增加。以我个人之见，我并不相信共方参加停战谈判，乃系出于诚意希望和平。”她甚至这样断言：“倘停战协定签字，这绝非表示他们将不再从事侵略行动，他们经充分准备之后，可能即行破坏协定，而向韩国与其他力量薄弱之点，发动更为强大的攻势。他们若并不再在韩国进行作战，他们便很可能在其他地方发动一些新的侵略行为，而进犯台湾，便必然成为他们的目标之一。”这种罔顾事实的断言，充分反映了宋美龄是完全从台湾利益出发来思考这一问题，其背后的关键，还是她所置身的蒋家“小朝廷”对美国难以割舍的依赖，以及对失去美国支援的恐惧。

蒋介石在台湾“改造党”

借着朝鲜战争带来的喘息之机，蒋介石在台湾岛进行了对国民党的“改造”。蒋介石反省在大陆的失败时，就将主要的责任推卸到了国民党身上，他曾经这样说过：“老实说，在古今中外任何革命党都没有像我们今天这样颓唐腐败；也没有像我们今天这样的没有精神，没有纪律，更没有是非标准，这样的党早应该被消灭被淘汰了。”而他到台湾后的第一个圣诞节，则写下了这样一段话：

从前种种，譬如昨日死。今后种种，犹如今日生。过去一年间，党务、政治、经济、军事、外交、教育已彻底失败而绝望矣。如余仍能持态养气，贯彻到底，则应彻悟新事业、新历史，皆从今日做起。

近日独思党政军改革方针与着手之点甚切，此时若不能将现在的党彻底改造，决无法担负革命工作之效能也。

国民党退台之后，其组织虽然极其涣散，但派系斗争仍然盛行。蒋介石认为，如果让派系争斗的局面继续下去，“则党必归于毁灭，永无复兴的希望”。蒋介石的这些话从表面上看很有道理，清除内耗，从党的改造入手挽救国民党在台湾的统治，看上去似乎也是为了“党国”的利益，但这些话的背后其实是另有一番私心的，就是要借改造之机，清除异己，打击敌对的派系势力，把权力向儿子蒋经国转移，使台湾真正成为清一色的蒋家王国。

来台以后，蒋介石的所作所为，已经很明显地露出他对

∧ 陈氏兄弟虽然是国民党的元老，却成了蒋介石在大陆失败的替罪羊（上图为陈果夫，下图为陈立夫）。

> 到台湾后，蒋介石虽在党、政、军各方面做了一些改革，但是面对江河日下的窘境，蒋介石更多地将事务交给蒋经国去大展拳脚，自己则寄情山水。

< 陈立夫于1950年8月借机离开台湾，被迫流亡海外。
> 陈立夫夫妇合影。

权力转移的急切。尽管早在抗战前后，蒋介石就已利用各种手段给蒋经国历练的机会，表明他在做将权力转移给儿子的工作。但到了台湾之后，种种迹象就更为明显了。周围的人可以明显地感觉到，蒋介石是希望把部分党务和情报系统的权力，过渡到蒋经国的手中，而他自己则是除了大政之外，继续掌握着军令大权。

蒋介石急于改造国民党，还在于他想为在大陆的失败寻找“替罪羊”。国民党在大陆惨败，自然免不了会有党内集团纷纷而起，追究失败的责任。这个责任，本来自然应该由那时的“党魁”蒋介石来承担，但由于蒋介石大权在握，也就没有人敢于指责他。而蒋介石为了卸责，却必须另找“替罪羊”，结果，党务失败的责任就被推到了国民党中主管党务的陈果夫、陈立夫兄弟的头上。陈氏兄弟是国民党的元老，以他们为首的CC系更是根深叶茂，打击陈氏兄弟既可以清除CC系的派系势力，又可以为蒋经国夺来党务大权，可谓一举多得。

据说刚到台湾时，蒋介石对陈立夫还是给予了相当的信任，让他参与研究国民党的改造问题。而陈立夫在这个过程中，却为了个人及派系私利，对此进行了阻挠，结果使蒋介石下定决心要惩处陈立夫，并定下了三个步骤：第一步，不准陈立夫参加“总统府”举行的任何会议，削掉他在政务方面的权力；第二步，利用改造国民党之机，将他的党职全部解除；第三步，将他逐往美国。

陈立夫后来见大势已去，也只好“配合”蒋的“改造”，将国民党失败的责任“主动”担负到自己身上。蒋介石在大张旗鼓进行“改造”之前，曾经召见陈立夫，问他对改造的看法，陈立夫察言观色，主动表示，大陆失败应由陈氏兄弟负责，故不宜参加党的“改造”。事后

陈立夫自己与别人的谈话中，是这么说的："到台湾后，有一次在日月潭陪侍总裁检讨国事与党事，我对总裁说大陆失败是国民党历史上的一个大失败，这个失败要有人负责，果夫先生与我本人，应当负其全责。我当时建议党的改造，应当把我兄弟二人除去，郑重建议应由蒋经国同志主持此事。"

1950年7月，蒋介石在国民党第七次代表大会上宣布了"改造"方案，决定对国民党动大手术，成立"中央改造委员会"，国民党六届中执委、中监委停止行使职权。7月26日，蒋介石宣布由他个人指定的"中央改造委员会"及中央评议委员名单，除谷正纲和张道藩外，包括陈立夫在内的相当一批CC要员靠边站。陈果夫当时已病重垂危，被挂名为安慰性的中央评议委员。陈果夫于次年8月25日在台北病逝。

成立“中央评议委员会”是蒋介石这次改造的一大创举。该会纯属“照顾”性质，仅供中央委员会咨询。蒋介石把许多国民党内的失势元老排除出中央委员会，把他们赶到“中央评议委员会”，让他们当只有虚名、没有实权的“评议委员”，巧妙地剥夺了他们的权力。按照改造后的章程，“评议委员”成员由国民党的总裁圈定，而不是由国民党的“全国代表大会”选举，也就是说，被排斥到“评议委员会”的哪位元老，如果失去了蒋介石的信任与好感，那么他就会被排挤出下一届的“评议委员会”，连这个虚名也保不住了。

而宋美龄此时也以丈夫的“大局”为重，离开国民党内的实权位置，而接受了“国民党中央评议委员”的头衔。她的此举可谓用心良苦，因为这样一来，连身为蒋介石夫人的宋美龄也是如此，别的从实权位置上下来、充当“评议委员”的失势元老们也就不好说什么了。通过这次“改造”，蒋介石顺利地完成了权力的再分配，将CC派势力逐出党务系统，让儿子蒋经国和陈诚取而代之，这就为后来蒋介石“传子”打好了基础。

宋美龄趁此党务“改造”之机，还曾邀请宋子文回台湾，想让宋氏家族重新在政坛上起作用。宋子文托顾维钧在返台时代为询问宋美龄，他在台湾能干什么？表示若没有给他明确的任命，则不打算返台。但当时别说“中央改造委员会”，就连“中央评议委员会”里也没有列上宋子文的位置。宋美龄见到这个样子，就没有再做什么努力。

“改造”中对党员实施了党籍总检查，由一个专家小组负责历届中央委员的审查，结果有二十多位前中委没有再发给党证，其中就有孔祥熙和宋子文。一天，蒋介石对审查小组的人说：“夫人带回孔、宋两位的旧党证，提起他们说还没有收到新党证。”于是专家小组进行了研究，认为以他们在党内的历史，是不宜取消党籍的，所以补发了党证。但在孔、宋两人有生之年，后来的几次全国代表大会，蒋介石都没有提名他们做“中央评议委员”，宋美龄并没有为他们说话，也没有不满的表示。

身为替罪羊的陈立夫借1950年8月出席“世界道德重整会议”之机，离开台湾，被迫经瑞士流亡美国。在他离台前，宋美龄为了替蒋介石做些安抚工作，借陈立夫辞行之机，送给他一本《圣经》，说：“你在政治上负这么大的责任，你带到美国去念念，你会在心灵上得到不少慰藉。”陈立夫神情颓丧，无奈地指着墙上蒋介石的肖像，对宋美龄说：“夫人，那活着的上帝都不信任我，我还希望得到耶稣的信任吗？”宋美龄一脸尴尬，却又无言以对。

陈立夫抵美后，在新泽西州湖林城外的莱克坞镇隐居。次年8月，其兄陈果夫病逝，陈立夫痛哭一场，却没敢请求回台参加葬礼。直到1969年，陈立夫才偕全家迁回台湾，回台后从不过问政治，只是埋头研究儒家文化。

宋美龄返台后，在内政、外交方面充当起了蒋介石的助手。她每天有一项重要的安排，就是阅读书报，尤其是外来的英文报纸。蒋介石的医生对此回忆道："她常在房间里读书，一读连续五六小时，一直到催吃饭才肯停下来。一本书一下子便看完，每天还看多种报纸杂志，迅速而广泛地掌握国内外的大事和动向。"

宋美龄之所以这么勤奋地阅读书报，相当大的因素，还是为了帮助蒋介石了解外界形势，尤其是国外对台湾的看法。蒋介石的秘书说，宋美龄每天都要看许多英文报纸，并把那些对台湾不利的消息告诉蒋介石，以保证蒋介石有充分的信息来源。

同时，她也替蒋介石承担一部分"秘书"工作。蒋介石要对外发表文告时，总是先和宋美龄相与推敲，斟酌再三才最终定稿。

宋美龄还担任起翻译的角色。蒋介石在官邸接见重要外宾时，宋美龄都亲自做翻译。在蒋介石接见外宾时，她既是女主人，又是主人的助手和翻译。

蒋介石操一口宁波腔的浙江官话，若是不熟悉浙江方言的翻译，便不容易听懂，而宋美龄则没有这个障碍，于是在这样的场合，她就成了最佳的翻译。

对蒋介石来说，由宋美龄做翻译还有一大好处，那就是二者之间不存在信任与否的问题，更为可靠，而且遇上要保密的内容也无须顾虑。1953年尼克松访台后，有大量谈话记录需要翻译和核对，宋美龄为了保证翻译能准确表达蒋介石的原意，就亲自做了不少的工作。蒋介石当年的秘书在回忆中提到这样一段往事：

夫人叫去，要我帮她校对蒋、尼谈话记录，先是她念我看，她倦了则改由我念她看。弄到3点钟，她上山去参加三中全会，我则又从头到尾，把改过的再看了一遍。

11月17日，蒋公要我将蒋、尼谈话记录抄两份，分送陈诚及周至柔，我忽然想起其中一段曾为雪公（即王世杰，字雪艇，"总统府"秘书长，但蒋介石对他已不十分信任）改过，却未向蒋公报告，但向夫人说过，又恐夫人不记得。乃即刻请见夫人求助，夫人很爽快，一口答允，但嘱我切不可提雪公之名．以后不能欺蒙长官，必须实情实报。她也了解忙中有错，亦以为蒋公已经看过，这一次她可以负起修改的责任。事实上，如果这一次雪公不出事，我也不会看得如此严重的，幸亏夫人对我的工作，印象极佳，才愿为我解围，我后来又上去谢了她一次。

11月22日，中午蒋公找我，要我将蒋、尼谈话记录装订成册，依夫人所改的全部修正。下午又为李承晚来时可能与蒋公发布的联合声明，忙了一阵。蒋公在中文稿上改了，我译成英文。夫人看过后，用英文改了，我译成中文，呈蒋公核阅。如此反复数次，跑得不亦乐乎。夫人比较细心，亦懂外国人心理，但如遇到中文，还是要我向蒋公报核。几次反复之后，夫人还是对联合声明中的改动不大赞成。

宋美龄除了自己亲自担任英文翻译，还为蒋介石挑选和考核英文秘书。到了台湾之后，几位比较重要职位的对美“外交”人才，多是经过宋美龄做最后口试，通过审查之后，才准予选用的。宋美龄的一位随从，就曾忆及宋美龄为蒋介石口试英文秘书的情形：

钱复就是一个最明显的例子，他是留美的博士，在英文素养上，绝对是上乘之选，可是，因为蒋介石的英文并不是很好，所以，蒋介石就把挑选英文秘书最后的一道手续——口试，交给宋美龄负责解决。

∧ 20世纪50年代初，蒋介石夫妇在台湾家中。

钱复是台湾大学已故校长钱思亮的公子，宋美龄早就得知此人是一位才子，可是，即使是才子，要担任“总统”秘书这么重大的职务，还是要经过一定的考试程序，可见宋美龄和蒋介石的慎重。

那次，就是由蒋介石和宋美龄两夫妇，直接召见钱复，做最后阶段的口试。钱复的优点是稳健持重、反应敏捷、口齿清晰，英文程度自然更不在话下。口试大概做了将近一个小时，结束之后，蒋介石问宋美龄：“你觉得这个青年人如何？”宋美龄答得很干脆：“英文还马马虎虎，算是不错了！”蒋介石知道宋美龄的意思，所谓马马虎虎，以宋美龄的标准，便是可以录用了。

∧ 宋美龄在蒋介石的生活中充当了左膀右臂的角色。

这便是钱复正式进入蒋介石的幕僚群，乃至正式走上仕途的一个转折点，而改变钱复命运的，无疑是宋美龄的一次口试奠下的基础。

20世纪50年代中期，蒋介石开始撰写他的回忆录，书名为《苏俄在中国——蒋中正七十概述》。为了扩大宣传蒋介石的思想，这本书要译成英文在美国发行。于是，宋美龄再次担当起遴选英文秘书的"重任"。这次的中选者是沈剑虹，他对宋美龄第一次约见他的情形，留下了终生难忘的印象：

蒋夫人在台北市郊的士林官邸召见我，夫人并且要我把蒋公的回忆录英文译本随身带去。在我被引导至她面前时，她直截了当地问我，这一本回忆录的英文本是谁翻译的？我回答说是我翻译的。然后她问道，她怎么能够确定我的译文都是很正确。我说，我下笔时已极为谨慎，但当然我不敢保证我对中文原文的每一字句都了解正确，也不敢保证我的英文翻译用字造句都很恰当。蒋夫人于是叫我在她对面的一张椅子上坐下，她说，"先生"要她来核对我的译文，因为她有很多其他的事情要做，她如何找得出时间来详细核对我的译文？即使她放下其他的事不做，专心来从事这一工作，也要花好几个星期的时间。她翻阅了一下我的英译稿本，大约有六七百张大页打字纸那么厚。她显然对这么重的工作量感到吃惊，然后，她匆匆上楼去了。她似乎有些不太高兴！是否我的言谈举止令她不悦？我不由得暗自猜疑。

几天以后，我去见当时的"外交部长"叶公超，把那一天的情形告诉他。他叫我不要担心。他说，事实上蒋夫人已向他查问过我的来历背景。她获知我曾在董显光（董先生当时担任驻美"大使"）手下工作后，似乎解除了她原先可能对我的忠诚及工作能力存有的疑虑。后来我才知道，以前蒋公的英文秘书人选一向是由她先审核的，这次指派我为英文秘书，事先她并不知道。我不能责怪她对我持任何保留态度。毕竟对她而言，我是一个来历不明的人。任何人担任“总统”的英文翻译暨秘书，必然会获知许多机密性消息和资料，她只是在维护“领袖”及“国家”的利益。不久之后，叶公超告诉我，蒋夫人对我的翻译相当满意，他并且叫我不要再有任何猜疑了。

有了沈剑虹这位助手，《苏俄在中国——蒋介石七十概述》的翻译工作就紧锣密鼓地开展起来。宋美龄亲自主持审核工作，并且把叶公超也拉了进来。他们每天下午都碰面，把沈剑虹的英文译本和中文原文相对照，查对译文是否准确，用词是否妥当。他们逐字逐句地核对，不时为一两句话的翻译发生争论。凭着宋美龄的热情，和手下工作的认真，该书的英文版在1956年底按计划出版。

宋美龄后来对沈剑虹的英文能力相当推崇，美国总统艾森豪威尔访问台湾，蒋介石和艾森豪威尔在“总统府”前广场对民众演说，就是由沈剑虹担任同步翻译的。

“度假外交”创始者

朝鲜战争爆发★后，本来已经打算抛弃台湾的美国政府，重新调整了亚洲政策，又把国民党当权者捡了回来，为台湾撑起了保护伞。这自然让处于风雨飘摇之中的蒋介石欣喜若狂，他甚至还从中依稀看到了自己“反攻大陆”的希望。为了保障蒋家“小朝廷”在台湾的生存，蒋介石自然要想方设法进一步拉拢、巩固与美国的关系。而擅长处理对美“外交”的宋美龄，此时便成了蒋介石倚仗的重要助手。

> 朝鲜民主主义人民共和国首都平壤，被美国飞机炸成一片焦土。

★朝鲜战争爆发

1950年6月25日，朝鲜内战爆发。26日美国总统杜鲁门给美国远东军总司令麦克阿瑟下达“对韩国予以海、空军支援”的训令，武装干涉朝鲜内政，扩大朝鲜战争。27日，杜鲁门发表声明，宣布美国政府决定以武力阻止中国政府解放台湾。28日，外交部长周恩来代表新中国政府发表声明：强烈谴责美国政府侵略朝鲜、台湾及干涉亚洲事务的罪行。同日，毛泽东在中央人民政府委员会第八次会议的讲话中指出，美国对亚洲的侵略，只能引起亚洲人民广泛的和坚决的反对。

∧ 20 世纪 50 年代的宋美龄。

∧ 1950 年 7 月 31 日，美国五星上将麦克阿瑟到台湾活动，并宣称台湾是“一艘永不沉没的航空母舰”。图为蒋氏夫妇接见麦克阿瑟。

宋美龄在担任这一角色时，由于既可以算国民党政要，又是蒋介石的夫人，公私两方面的身份为她提供了行事的方便，使她能充分发挥处理对外事务上长袖善舞的能力。她的热情接待、周到安排，常使来访的人士产生宾至如归的感觉。

她还善于运用东方人处理人际关系的巧妙手段，对来访者做出极其露骨的恭维的姿态，往往把他们弄得不知所措。她总是在身边带着一些贵重的小礼物，比如银盆子、银盘子、镶有珍珠母的小柏木匣子，细心周到地在这些纪念品上，刻上对方的名字和东方风格的简短祝词。对于在日常生活中从来没遇到过这种东方式的巴结的西方人来说，自然能在他们的头脑中留下深刻的印象，往往起到意想不到的作用。宋美龄的这一手段，成为日后台湾掌权者效法的“外交”法宝。后来台湾当局推出“度假外交”，宋美龄可以称得上是始作俑者。

朝鲜战争爆发后，最先到台湾访问的美方大人物是麦克阿瑟将军。麦克阿瑟对台湾的战略地位极为看重，曾宣称台湾是“一艘永不沉没的航空母舰”。在朝鲜战争爆发当天，时任美国远东军司令的他就向国务院递交了一份名为《在亚洲遏制共产党的战略计划》的报告，明确提出台湾具有极其重要的战略价值，美国应立即给予蒋介石广泛的军事援助，并派出海、空军“保卫”台湾。他甚至还建议请蒋介石派一个军到朝鲜参战，但杜鲁门与国务卿艾奇逊商量后，认为这可能引发与中国的全面战争，因而予以否决。

∧ 麦克阿瑟到台活动时与宋美龄合影。

对这样一位“友好人士”，蒋介石自然寄予厚望，努力邀请他访台。1950 年 7 月 31 日，已经担任朝鲜战争的“联合国军”统帅麦克阿瑟抵达台湾的松山机场，蒋介石夫妇亲自迎接。麦克阿瑟对宋美龄行了吻手礼，然后以他特有的方式向蒋介石致意，一面用右手与蒋握手，一面用左手拍蒋的肩膀，问道：“您近来好吗，大元帅？”未等回答，又傲慢地补充了一句：“阁下能屈尊来迎接我——太好啦！”

当晚，蒋介石、宋美龄夫妇设宴招待麦克阿瑟。蒋介石为麦克阿瑟召开了台湾的军事首长会议，宋美龄也全程参与。当时在大陆的国民党残余（如所谓的“中国大陆游击队”），曾经传来消息，建议由宋美龄“领导大陆游击运动”，蒋介石问麦克阿瑟有何看法。麦克阿瑟也没多想，就表示“不错”，理由是领导地下游击工作的人最好是不容易引起怀疑的人，而宋美龄似乎是“最不会被敌人怀疑的人”。不过，麦克阿瑟在松山机场准备离台时，大概又觉得这个想法很不妥，于是又改口对宋美龄说，从事“游击运动”的人一旦被捕将会被拷打致死，“我不希望看到你身历险境”。

麦克阿瑟在台湾的时候，许诺向台派遣一批新的军事顾问，并运送一批新的武器装备。他返回东京总部后，又向美国参谋长联席会议发了一份简略的报告。七天后，他的副参谋长福克斯少将赴台，还带了一个视察组，来了解国民党在军事方面的需求。

∧ 时任国民党陆军总司令的孙立人与美军驻台顾问团团长蔡斯。

∧ 在历任美国参谋长联席会议主席中，唯有雷德福与台湾的关系最为密切。图为蒋介石接见雷德福夫妇。

麦克阿瑟的这次访问，其实事先并没有征得美国总统杜鲁门的同意。而杜鲁门得知这个消息，居然还是辗转通过宋美龄之手。宋美龄回台后，一直与已经从国务卿位置上退休的马歇尔保持通信。她在一封长达三页的信中，将麦克阿瑟访台及麦氏与蒋介石的谈话内容，向马歇尔和盘托出。当时马歇尔受杜鲁门之托，即将临危受命，担任国防部长一职。于是杜鲁门就从马歇尔口中了解到此事，据说还为此大发了一通脾气。

在麦克阿瑟访台之后，纽约州的杜威州长是美官方人士访台官阶较高的人。杜威在1948年竞选总统时曾得到蒋介石的金钱支持，可以说是蒋介石的“老朋友”了。他来台后，也受到蒋介石夫妇的热情招待，并由宋美龄亲自担任翻译。

杜威对台的印象并不好，但碍于情面，他没有在公开场合说台湾的不是。在私下里，他却曾表示对蒋介石没有好印象，而对孙立人将军、吴国桢和陈诚印象颇佳。而且，他私下还对在国民党的统治之下台湾人民的生活未见改善、台湾军队伙食很差、士气低落等表示了不满。

但很多被邀请访台的美国官员，还是对台湾表示了好感，为蒋氏夫妇及台湾大唱赞歌的也不乏其人。这中间宋美龄的笼络手段，应该说也起到了相当重要的作用。比如美国前驻俄大使蒲立德访台，宋美龄就送了他一幅亲笔中国山水画，上面还有蒋介石的题词。蒲立德回国之后，还对在台湾的日子念念不忘，对顾维钧表示“从来没有在任何地方得到过比这更愉快的休息。真希望能多待几天”，很想在下一个冬天去多住些日子。

美国军方的蔡斯将军也访问了台湾，他在返美后立即表示："要敦促当局加速运交对台湾的军援。因为蒋介石使他在台期间，看到了美国运往台湾有相当数量的装备供应，包括轻武器和一些大炮的弹药业已运到，虽不是新型的，但比没有要强。他说，仍急需飞机和重炮。一个雷达系统已经建立起来，虽也不是最新式的，但正在该岛西岸有效地发挥作用。"

美国太平洋舰队的雷德福海军上将，每次偕夫人访问台湾，宋美龄都会请官邸裁缝为雷德福夫人做几件漂亮的旗袍，并送上一幅自己的得意画作。而雷德福上将也对蒋介石赞不绝口，表示非常钦佩蒋介石"领导有方"，并相信台湾的利益也就是美国的利益。雷德福将军曾任美国参谋长联席会议主席，在历任主席中，他与台湾的关系是最为密切的。

1952年10月，美国大选揭晓，共和党人艾森豪威尔当选为第34届美国总统。与他搭档当选的副总统尼克松，是蒋介石夫妇的老朋友。而艾森豪威尔就任后，任命的国务卿杜勒斯，则是国际上著名的顽固反共派。这一切，似乎都预示着美国的新一任政府，将与台湾建立更为密切的关系。

果然，1953年艾森豪威尔就任后，即任命金兰为驻台"大使"。自从蒋介石败退台湾以来，这还是美国第一次向国民党当局派出"大使"，无异于向全世界明确表示，美国承认台湾，支持国民党当局。11月，美国副总统尼克松访问台湾。随着艾森豪威尔上台和尼克松副总统访台，美台关系进入了一个"蜜月期"。

艾森豪威尔在"二战"中一直负责欧洲的战事，对欧洲的情况比较熟悉，而对亚洲则缺少了解。他在上台后，派出尼克松访台，多少带有弥补不足的意味。尼克松在他的回忆录中，是这样说的："1953年暮春，艾森豪威尔要我到亚洲和远东做一次重要的旅行。由于他战争时期的经历，艾森豪威尔几乎比任何一个非欧洲人都更了解欧洲及其领导人。但是他不了解亚洲和中东，而他又是从来不过高估计自己的经验和知识的。而且他感到杜鲁门严重忽略了这两个重要地区，因此他准备在他的任期内弥补这个缺陷。"

为了尼克松这次远东之行中的顺道来访，蒋介石夫妇和相关工作人员可没少费心思。尼克松在美国与宋氏家族来往密切。1953年10月，台湾方面通知孔令杰，让他与陈之迈一起返台，为尼克松夫妇访台做准备。对这一安排，一贯谨慎的顾维钧"大使"在报告中表示了自己的看法，他认为尼克松过去的亲台举动，曾在竞选中被他的政敌利用，就任以来，在处理对台关系方面格外慎重，反复提出希望访台时尽量少为他举行宴会的要求。因此，顾维钧建议："在台湾同尼克松会谈时，应小心谨慎，尊重他在此事上的感情。我们当然了解，他在内心中极为同情我们的事业；我们可以坦率地向他提出我们的要求，但不要强迫他在任何具体问题上做出任何答复。"

后来，陈之迈见到顾维钧时，也表示尽管他和孔令杰是应召返台专为尼克松的访问进行安排的，但他感到在尼克松访台期间，他和孔最好不在台湾。因为《报导者》杂志曾发表文章，把他俩与"中国院外活动集团"连在一起。陈还特别提到，要顾维钧在发往台北的电报中，建议将招待尼克松的宴会从简，特别是建议为避免使尼克松回想起美国杂志发表的有关"中国院外活动集团"的文章，在讲话和行动上必须小心谨慎（例如在招待宴会上被文章点名的人不要出席作陪）。

顾维钧的建议最后被台湾当局采纳，于是又通知孔令杰和陈之迈避开尼克松，在副总统到来之前离开台湾。11月6日，就在尼克松抵达台湾的前两天，孔令杰和陈之迈离开台湾，去了日本。

尼克松抵台后，蒋介石为副总统夫妇举行了盛大的欢迎酒会，并邀请尼克松到台北士林官邸会晤。他们谈了有7个小时，始终由宋美龄给他们做翻译。蒋介石在谈话中，还流露出不愿仅仅守着这个小岛，而是抱有"反攻大陆"的幻想。尼克松虽然"不能直率地告诉蒋，他想在他的统治之下重新统一中国的可能性，实际上是不存在的"，"美国军事力量绝不会投入支持他可能发动的任何进攻"，因而"觉得他重返大陆的计划是完全不现实的"，但他仍对蒋介石赞不绝口，给予了很高的评价，"他很高的智慧和他决定尽全力要把中国人民从共产主义统治下解放出来的那种精神仍给我留下了深刻的印象"。

尼克松对宋美龄的印象尤佳，他在《改变亚洲历史的人物》一书中，评价宋美龄是"一位极文明、美丽整洁、极女性化及极坚强的女人"：

蒋中正和蒋夫人时常欢迎我到台北。通常是蒋夫人担任我们的译员，有时她亦会参加我们的讨论。受过威斯理安大学教育的她，是一位极优秀的译员。除了具有极流利的华语与英语外，她还能完全了解她丈夫的思想，所以她能正确地翻译出彼此的谈话。

蒋夫人除了担任她丈夫的译员外，还具有其他的意义。一般人认为：一位领袖的妻子，系因夫而贵，与个人在历史上的表现无关紧要。这种看法，不但忽视一位领袖妻子在幕后所担任的任务，且玷污了领袖妻子所具有的特质与性格。我相信蒋夫人的智慧、说服力与道德力量，已使她自己成为一位重要的领袖。

尼克松先后六次访问台湾，在美国显要人士中是非常突出的一个。在这些活动中，宋美龄必定伴随在蒋介石的身边，凭借她的翻译和非凡的交际能力，使双方能够更好地互相理解和沟通。这位蒋介石夫人兼助手，在台湾"外交"中所起的重要作用，于尼克松的例子也就可见一斑了。

∧ 尼克松夫妇到台活动期间与宋美龄在一起。

∨ 尼克松到台活动期间，代艾森豪威尔总统转赠艾氏的照片给蒋介石。

历史备忘录

HISTORY MEMORANDUM

V 开赴朝鲜作战的美军部队。

V 朝鲜战争期间，"联合国军"总司令麦克阿瑟飞抵汉城视察时，南朝鲜总统李承晚（左）前往机场迎接。

2

3

4

1

周恩来照会联合国

1950年1月8日，周恩来外长致电联合国大会主席罗慕洛和联合国秘书长赖依，要求联合国开除非法的国民党集团代表。19日，周恩来外长照会联合国，通知中国政府已任命张闻天为首席代表出席联合国会议和安理会，要求联合国立即将非法的国民党集团代表开除出去。

朝鲜战争爆发，美国武装干涉

1950年6月25日，朝鲜内战爆发。26日美国总统杜鲁门给美国远东军总司令麦克阿瑟下达“对韩国予以海空军支援”的训令，武装干涉朝鲜内政，扩大朝鲜战争。27日，杜鲁门发表声明，宣布美国政府决定以武力阻止中国政府解放台湾。美国第七舰队随即奉命向台湾沿海出动。28日，外交部长周恩来代表新中国政府发表声明：强烈谴责美国政府侵略朝鲜、台湾及干涉亚洲事务的罪行。

《告台湾同胞书》指出台湾是中国领土

1950年7月22日，中国人民反对美国侵略台湾、朝鲜运动委员会发出《告台湾同胞书》，指出：6月27日美国宣布侵略台湾并进攻朝鲜，激起了中国人民和世界人民的愤怒与反对。台湾是中国领土。中国人民必能击败美帝国主义及其走狗，解放台湾，解放全中国。

中华人民共和国国徽图案公布

1950年9月20日，毛泽东发布命令，公布中华人民共和国国徽图案及图案说明、使用方法、制作说明。说明指出：中华人民共和国国徽的内容为国旗、天安门、齿轮和麦穗，象征中国人民自“五·四”运动以来的新民主主义革命斗争和工人阶级领导的以工农联盟为基础的人民民主专政的中华人民共和国的诞生。

24

频繁赴美

20世纪50年代的台湾局势暧昧不明，令蒋介石忧心忡忡，也颇为尴尬。为了确保不失去美国在军事与经济上的援助，蒋介石发现美国已经不仅仅是“限制”自己的“政府”，甚至产生了直接的“威胁”。如果说美国的中央情报局可能会随时发动军事政变，搞垮国民党当权者，蒋介石对此深信不疑。所以，20世纪50年代的蒋介石与其说始终在为“反攻大陆”做准备，不如说始终在防范美国，保卫自己的政权。在这种矛盾重重的政治局势中，宋美龄的作用越来越重要，她与美国人周旋的手腕，是台湾外事部门的行政官僚们难以相敌的。宋美龄又一次活跃在了美国的舞台上。然而，台湾只是美国在太平洋上一艘不沉的“航空母舰”。动人的演讲、华美的词句，都只不过是过眼云烟。

试探新白宫“主人”

国民党当权者退守台湾以后，比以前更加受制于美国。美国方面发表“对华政策”白皮书之后，美国就一改以往“对华政策”的积极援助，而变成消极观望起来。杜鲁门总统于1950年宣布令第七舰队“协防”台湾，一方面为了防止共产党军队南犯，另一方面也是为了制止蒋介石“反攻大陆”。艾森豪威尔当选美国总统以后，虽然下令第七舰队不再阻止国民党“反攻大陆”，但实际上，第七舰队仍然是防止蒋介石军队挥兵西向的屏障。

20世纪50年代的台湾局势暧昧不明，令蒋介石忧心忡忡，也颇为尴尬。为了确保不失去美国在军事与经济上的援助，蒋介石发现美国已经不仅仅是“限制”自己的“政府”，甚至产生了直接的“威胁”。如果说美国的中央情报局可能会随时发动军事政变，搞垮国民党政权，蒋介石也是深信不疑的。所以，50年代的蒋介石与其说始终在为“反攻大陆”做准备，不如说始终在防范美国，保卫自己的政权。

在这样矛盾重重的政治局势中，蒋介石一方面将自己的儿子蒋经国推到第一线，另一方面，就要靠夫人宋美龄来拉拢美国人了。从抗日战争时期，宋美龄就开始涉足中美外交事务，到了台湾以后，国民党政权加深了对美国的依赖，宋美龄的作用越来越重要，她与美国人周旋的手腕，是“外交部”的行政官僚们也比不上的。台湾和美国的“外交”史上，宋美龄绝对有不可替代的地位。如果没有宋美龄帮助蒋介石维系与美国的关系，恐怕台湾的历史就会改写了。

1952年，宋美龄以治病为由出访美国，其实真正的目的是去观察美国当年总统大选的风向，试探白宫新主人对待台湾的态度。

10月，当时台湾的“外交部长”叶公超为宋美龄办好了赴美的护照和在檀香山入境的签证，但当美国获悉这个消息后，“建议”推迟宋美龄的启程时间。原因是按宋美龄的原定计划，她抵达檀香山的日期，与出席在檀香山召开的美澳新理事会会议的美国国务卿抵达的时间相同，美国方面担心会引起外界对宋美龄此行的猜疑。于是叶公超“个人建议”宋美龄推迟了行程。

时隔四年，宋美龄又一次踏上美国的土地，虽然此行是否顺利还不得而知，但这一次的开场似乎与上次同样混乱。宋美龄此次赴美，事先没有通知“大使馆”，所以顾维钧并不知情。10月17日，顾维钧正在华盛顿，接到纽约“领事馆”的电话，说宋美龄将于18日早晨到达纽约。顾维钧开始还不能确定这个消息，和旧金山“领事馆”核实之后，匆匆忙忙地乘坐当天的飞机赶去纽约。

10月18日早晨，有近百名中国人到纽约拉瓜迪亚机场迎接宋美龄。其中包括孔祥熙、宋子文夫妇、宋子良夫妇、叶公超夫人、刘锴、“总领事”张平群夫妇、徐堪、陈立夫夫妇，以及唐人街的代表们。中午11点15分，宋美龄的班机抵达机场。飞机舷梯口有一位警官守卫，只允许霍华德夫妇登上飞机，其他前来欢迎的人都被挡在绳栏之外。霍华德夫妇陪同宋美龄一同走出飞机，在舷梯上让记者拍照。走下飞机后，顾维钧和孔祥熙上前与宋美龄握手并拍照。顾维钧还准备向她介绍叶公超夫人，但宋美龄已经在霍华德和孔祥熙的护卫下走向孔祥熙的汽车。顾维钧和霍华德夫人紧跟其后，但突然间却被警察与联邦调查局的人隔开，许多人挤上前去想和宋美龄握手，都被警察挡开了。

唐人街的代表大约有50多名，他们列队表示欢迎，但宋美龄已经上了汽车，正准备离开。张平群赶忙示意停车，拉开车门，请宋美龄向唐人街的代表们说几句话。他告诉宋美龄

∨ 美国第七舰队在台湾海峡游弋。

> 1952年蒋介石在金门视察防务。

> 蒋介石倘若不靠“夫人外交”维系与美国的关系，台湾的历史恐将会改写。

说，这些代表们很早就赶到机场，等候了许久，却没有得到机会向她致敬。宋美龄走出汽车，但并没有亲自讲话，而是请张平群代讲了几句，又向代表们解释自己因为长途飞行十分疲倦，请大家原谅，然后上车离开了机场。

不管怎么说，仅唐人街的代表就颇为不满。宋美龄事后解释说，自己没有料想到会有那样的欢迎场面。为了弥补，她还特地邀请唐人街的代表在一家中国餐馆开了一个茶话会，但这个茶话会开得似乎也不尽如人意，甚至没有安排桌椅请大家入座，而是让代表们自始至终站着。

同样，宋美龄在芝加哥机场停留的情况也不令人满意。联合航空公司事先通知了驻芝加哥“总领事”余先荣，告诉他宋美龄的班机将在芝加哥机场降落，并将航班号告诉了他。飞机约在清晨6点抵达，余先荣组织了一个芝加哥华人代表团去机场迎接，还安排了华人妇女俱乐部主席、干事等人到时向她献花。但等到飞机降落机场的时候，余先荣被告知，宋美龄正在睡觉，不便惊动。大约有20多人到机场迎接，却连宋美龄的面都没见到。芝加哥的华侨一大清早就赶到机场，却白等了半天，大家都十分扫兴，纷纷抱怨。

宋美龄到达纽约后，住在长岛格伦科夫孔祥熙的家中。孔祥熙为她举办了一个欢迎午宴，邀请了一些亲戚及好友。12月5日，宋美龄会见顾维钧，向他了解美国政坛的形势以及总统竞选活动中的中国问题。在这段时间里，宋美龄又充分发挥了她活络的“外交”手腕，宴请了美军驻台司令魏德迈一家，又和菲律宾外长罗慕洛夫妇会面……总之，宋美龄用尽办法打开自己的社交圈，以尽快打开台湾在国际交往中的局面。

∧ 艾森豪威尔就任总统后马上修改了对台的政策。

★艾森豪威尔（1890～1969）

美国总统，陆军五星上将。共和党人。生于得克萨斯州的丹尼森。毕业于西点军校、参谋学校和陆军军事学院。参加过第一次世界大战。第二次世界大战期间，历任欧洲战场美军司令、北非战场盟军最高司令、北非和地中海盟军总司令、欧洲盟军最高司令。1952年放弃军职，竞选总统获胜。1957年1月连任总统，提出控制中东的计划，即“艾森豪威尔主义”。1958年派军入侵黎巴嫩。1961年离任。著有《远征欧陆》。

宋美龄抵达美国的时候，总统竞选正进入最紧张的阶段。共和党的艾森豪威尔★与民主党的艾德莱·史蒂文森角逐这届的总统职位。艾森豪威尔的搭档，也是副总统的候选人尼克松，与蒋宋家族交往密切，所以国民党当局非常希望共和党人能上台。当时美国的新闻媒体报道说，宋美龄一直私下为艾森豪威尔的竞选奔走。顾维钧曾就此对人解释说，那是谣言。他说宋美龄一直在乡间休养，不接电话，也不接见访客，所以美国媒体的报道是毫无根据的。当然，这是顾维钧的看法，至于宋美龄究竟做了什么，还是什么都没做，就很难说了。

11月4日，总统大选结果揭晓。下午1点45分，史蒂文森在伊利诺伊州发表讲话，承认艾森豪威尔获胜。共和党的候选人赢得了总统职位，共和党还取得了国会参议院和众议院的控制权，这个消息实在让蒋介石和宋美龄感到振奋。蒋介石特地给叶公超发电报，让他代表自己向艾森豪威尔表示祝贺。

1953年1月，在华盛顿举行了共和党总统的就职典礼，全美国将近有75万人赶来观礼。宋美龄考虑到，自己恰好在美国，美国政府一定会邀请她参加典礼，于是就开始着手安排访问华盛顿的计划。她打电话给

∧ 蒋介石自称有一支“精锐无比的陆军，训练有素，是世界第一流的劲旅”，但它的装备百分之百都是由美国提供的。

顾维钧说，等自己接到请帖，就立即赶赴华盛顿，并准备在台湾驻美“大使馆”双橡园住上几天。

但是，美国政府的态度却不像宋美龄设想的那般明朗。美国国会曾就是否邀请宋美龄参加总统就职典礼一事争论得很激烈。按照传统，总统的就职典礼是美国国内的活动，没有邀请外宾参加的先例，所以共和党中一些人强烈反对邀请宋美龄。但另外一些亲台的议员却又极力主张邀请宋美龄参加典礼。最后，国会委员会总部想出一个聪明的办法，将皮球踢给了宋美龄。他们没有主动邀请宋美龄出席典礼，而是给宋美龄发了一封电报，询问她是否有空来参加总统的就职典礼。

美国政府将皮球踢给了宋美龄，宋美龄却迟迟没有表态，这可让“大使馆”折腾坏了。因为“通知来得如此匆匆，要为这样一位高贵而不好伺候的夫人把住处布置好，需要做大量的工作”。顾维钧接到宋美龄第一通电话后，就吩咐“大使馆”的工作人员准备宋美龄的住处，并为她安排宴会及各种招待会。但不出一天，顾维钧又接到消息说，由于过去没有邀请外宾出席的先例，宋美龄没有收到请帖，不一定来华盛顿了。等到晚上顾维钧与孔祥熙联系的时候，孔祥熙又告诉他说，宋

∧ 20 世纪 50 年代的蒋介石。

美龄已经被邀请出席了，只是还没收到请帖。顾维钧无所适从，只好先按宋美龄来做准备，安排布置了她的住处，还换了一些新家具。1月16日，顾维钧又接到电话，通知他宋美龄不准备来了，因为身体不舒服，所以不能出席华盛顿的典礼了。顾维钧认为，美国方面以这种方法来暗示有些复杂的原因，而不便邀请宋美龄出席。

宋美龄没有如愿参加总统的就职典礼，但在典礼上还是有很多亲台的议员向顾维钧打听宋美龄的消息。艾森豪威尔在就职典礼之后，马上修改了杜鲁门时期的台湾政策，下令第七舰队继续在台湾海峡巡逻，以防止共产党方面对台湾的进攻。蒋介石得到消息后立刻表示，艾森豪威尔总统的新政策是明智且正确的，他还向“我们海外的朋友”保证，“中国决不要求友邦以在缅部队协助我作战”。宋美龄趁着这个机会，亲自写信给艾森豪威尔，希望双方能够会见一次。

3月2日，顾维钧收到消息，说宋美龄将要访问华盛顿。艾森豪威尔总统发出请帖，邀请她于3月9日去白宫参加茶话会。顾维钧立刻开始行动，着手为宋美龄安排日程，并布置宋美龄及随行人员的住处。

3月4日，顾维钧特地赶去纽约，与宋美龄商量访问华盛顿的安排。宋美龄表示很关心美国对援助台湾的态度及状况，以及美国新政府对朝鲜战争的意图。顾维钧建议她说，新总统刚刚就职，对于这些问题应该还没有一个明确的政策。顾维钧又就有关宴会的事项征询了宋美龄的意见，问她最想与哪些人见面。

随后，顾维钧立刻返回华盛顿，“大使馆”上上下下都忙碌起来。按照西方社会的社交礼仪，正式的宴会至少要提前三个星期通知邀请的客人，最低限度也要提前两周发出邀请，因为这些政要人物的日程安排都十分紧密。而顾维钧从收到宋美龄来访的消息后，几乎没有时间安排宴会，更别提提前邀请客人了。不过还算不错，准备工作让顾维钧得以松一口气，因为“客人都答应赴会，副总统尼克松也改变了几个月前已定好的活动日程前来出席”。

3月8日，宋美龄及随行人员到达华盛顿“大使馆”双橡园，“大使馆”及其他机构的官员到场欢迎宋美龄。宋美龄此行的目的十分明确，就像她向顾维钧表达过的一样，希望了解美国对台湾的政策，如军事援助以及英国的影响，还有美国新政府对朝鲜战争的意图，以及台湾为“自由事业”共同斗争可能做出的贡献。她在双橡园住下以后，又立即与顾维钧讨论了这些问题。

顾维钧告诉她，新上任的共和党政府还没有制定结束朝鲜战争的政策，但结束战争是美国民众和政府的共同希望，美国已经宣布取消对台湾行动的限制。他还提到，美国副国务卿强烈要求尽一切可能说服台北接受从缅甸遣返的李弥部队，仰光方面也强烈要求遣返。这位副国务卿还说，如果台湾拒绝，就把此事提交联合国。顾维钧个人的意见是，由于美国方面同意对遣返给予经济援助，并愿意提供装备援助，以协助台湾把遣返部队改编为两个新的师，台湾当局应当同美国合作，并把实施细则交给他们去和缅甸政府谈判。当然，也要为自己留下退路，要向美国方面表明，虽然当局愿意尽最大的努力推动遣返，但因为不能有效控制李弥部队，所以不能保证遣返的顺利进行。宋美龄十分赞同顾维钧的意见。

∧ 1951 年，蒋介石视察台湾岛内的国民党军。

宋美龄还与顾维钧商量了出席白宫茶会时，如何才能与艾森豪威尔总统最有效地交谈。她要顾维钧到时候尽力协助她，以便制造机会与总统谈一些重要的事，特别是蒋介石关于成立“中美联合参谋部”的强烈愿望，使总统透露一些关于“自由中国”的政策方面的态度，以及希望宋美龄在有关方面做些什么。

尽管宋美龄与“大使馆”对茶话会的每个细节都精心计划，但事实上，白宫方面只把茶话会当作一次非正式的活动，因为是由宋美龄发出的拜会请求。

3 月 9 日，白宫的茶会如期举行。整个茶话会安排得十分完美，精美的点心及饮料，和蔼可亲的总统夫妇，轻松的气氛……大家闲聊了中国菜，又谈到绘画，这是艾森豪威尔最擅长的业余爱好。顾维钧告诉总统说，蒋夫人本人就是一位中国风景画家。艾森豪威尔还特地命人取来他自己的两幅画作给大家欣赏。茶会的气氛轻松和谐，但却远非宋美龄所愿。茶会中，顾维钧几次同总统夫人交谈，当总统向客人展示画作的时候，顾维钧又趁机调换座位，好让宋美龄有机会同艾森豪威尔单独交谈。一个小时的茶会很快就结束了，宋美龄等人只好起身告辞。艾森豪威尔总统陪同宋美龄往外走，但丝毫没有和她交谈公务的意思，而是不断请宋美龄欣赏走廊中历届总统的画像。宋美龄渴望良久且精心准备的会见没有任何收获，白宫方面仅仅把它当作一场客气的应酬。

∧ 艾森豪威尔夫妇与宋美龄等人在白宫。

之后，顾维钧又为宋美龄举行了好几次宴会，邀请了她想见的几位政要人物，让宋美龄十分满意。

3月9日晚，“大使馆”为宋美龄宴请了众议院议长马丁、新任国防部长威尔逊夫妇、新任司法部长赫伯特·布劳内尔夫妇等重要人物。席间，宋美龄与新任国防部长威尔逊谈得很是投机。威尔逊十分赞同蒋介石提出的建立“中美联合参谋部”的意见，认为可以事先制订应付突发事件的计划，应该将这个构想予以实现。他还就即将任命雷德福上将为参谋长联席会议主席一事，征询了宋美龄的意见。宋美龄认为雷德福一定能够胜任，威尔逊也十分高兴。宋美

★尼克松（1913～1994）

美国总统，共和党人。爱尔兰人后裔。1937年至1943年在加利福尼亚州惠特尔当律师。1946年开始步入政界。1950年当选为美国联邦参议员。1952年当选为美国副总统。1956年他再度当选为美国副总统。1959年在竞选总统中以微弱票差被约翰·肯尼迪击败。1968年尼克松重返政坛，在当年的美国大选中，他击败民主党人汉弗莱和独立竞选人华莱士，当选为美国第46届（第37任）总统。1972年1月连任第47届总统。1974年8月因“水门事件”被迫辞去总统职务。

龄的社交手段的确十分高明，她既和威尔逊谈了所有想谈的问题，同时又没有冷落坐在身边的众议院议长马丁，这可是这次宴会的首席客人。顾维钧在他的回忆录中也表达了对宋美龄的钦佩，认为她聪明而灵敏，如果是位男子，一定能成为第一流的“外交家”。

第二天，众议院议长马丁又为宋美龄举行了午宴，并邀请了参议院议长、副总统尼克松★、佐治亚州参议员乔治、加利福尼亚州参议员诺兰等人出席，都是些政界名流。宴会主人还邀请了丘奇夫人，她是宋美龄年轻时留学美国就读的威斯理安学院的英语老师。顾维钧借机盛赞宋美龄这位“第一夫人”的精神与才能，夸奖她是台湾最合适的代言人，是“中美”合作事业的忠实伙伴。丘奇夫人也发表了讲话，说她从宋美龄那里学到的东西比宋美龄从她那里学到的东西还多。这些都让宋美龄十分满意而开心。尽管她没有事先准备讲稿，但仍然做了即席发言，大家都评论她的发言中肯而又得体。

紧接着，在“大使馆”与宋美龄的精心安排下，又举行了一次答谢宴会。许多重要人物如尼克松、卢斯等都出席了宴会，气氛热闹而融洽，许多来宾都致辞发言，尼克松副总统也祝酒答谢，宋美龄也做了十分动人的发言。能够见到这么多重要人物，宋美龄对顾维钧的安排非常满意。

3月12日，顾维钧又为宋美龄举办了一次临时的冷餐午宴。因为在前几次宴会上，因座席已满或对方当时无法抽出时间参加，有些宋美龄想见的朋友还没能见到。这次宴会就是邀请那些宋美龄仍然希望见到的朋友。大约有130人出席，来宾中有许多宋美龄的老朋友和亲台的“友好人士”，包括国会、国务院和军队的成员，新闻界代表及社会人士。基本上前三次宴会无法安排的朋友，这次都邀请到了。唯一的遗憾是，宋美龄一直很想见的陆军参谋

∧ 蒋经国、陈诚、于右任与美国参议员诺兰夫妇（右）等人合影。

长柯林斯将军因出席国会听证会，而不能亲自赴宴。不过，宋美龄仍然非常满意，每一场宴会中，她都是人们注意的中心，而且也让她遂了赴美“外交”心愿，见到了这么多美国政界的重要人物，也算是有些收获。

当天下午6点，宋美龄离开双橡园，“大使馆”也得以恢复宁静。临行前，宋美龄对顾维钧这些天来的安排表示感谢，并表示要将这些情况转告台湾人士，还要送给顾维钧一张自己签名的照片。后来孔令杰从台北返回美国时，果然给顾维钧送去一张“美丽的照片”。16日，顾维钧收到蒋介石发来的电报，说“蒋夫人受到了各种特殊关照，因此他要表示无尽感谢”。

3月22日，宋美龄从艾德威尔德机场启程返回台湾。顾维钧早上7点到达机场送行，当时到场的还有孔令仪、游建文夫妇及她的秘书等人，送行者大约有20多人。宋美龄在登机前10分钟抵达，在宋子文的陪同下进入专用候机室。顾维钧、宋子良等人上飞机与她告别。

4月10日，顾维钧收到叶公超的来信，信中说安排孔令杰无报酬在“大使馆”任职，并说这是他和陈诚商量后的折中办法。最初是宋美龄提议，任命孔令杰为“大使馆”公使，这个建议得到了蒋介石的赞成。明眼人一看就明白这个任命的真正含义：加强宋氏家族的地位。

20世纪50年代初期，孔令杰经常往来于台北与美国之间，并在“大使馆”的舞台上崭露头角，上上下下都知道他可以“通天”。孔令杰曾告诉顾维钧说，有人向蒋介石打报告，说顾维钧经常不在华盛顿，总是待在纽约，以致去双橡园办事的人经常找不到他，蒋介石听后很不高兴。还是宋美龄为顾维钧一再解释，说纽约与华盛顿之间距离不远又交通

> 台湾国民党空军装备的美制战机。

便利，不会影响“大使馆”工作，而且电话联系也很方便，蒋介石才打消了撤换顾维钧的念头。从孔令杰透露的消息看，如果宋美龄此次出访华盛顿，顾维钧不是那样尽心尽力地安排布置，估计“大使馆”已经改组了。蒋介石和宋美龄曾交代过顾维钧，让他好好关照孔令杰，而这番话更透露出孔令杰的“地位”，让顾维钧不能不特别重视。顾维钧自然欢迎孔令杰到“大使馆”工作，并希望有个职位，便于工作。6月，孔令杰从台北回到美国后，就任“大使馆”参事。

台湾当局在美国的军事采购业务和争取美国援助的工作，在这段时间内其实是很混乱的。名目繁多，采购单位又各管各的，贪污、吃回扣的现象比比皆是，甚至还爆出了“空军副总司令”兼采购团团长毛邦初中将卷款数千万美元逃亡墨西哥的大丑闻。这件事情之后，蒋介石下决心整顿采购工作。他特地派俞大维前往驻美“大使馆”，清理整顿业务。俞大维为官清廉，蒋介石十分信任他，任他为“大使特别助理”，但实际上让他负责统筹军事采购与争取美援业务，并直接对蒋介石负责。孔令杰十分觊觎俞大维的职务，曾经向蒋介石打小报告，指责俞大维工作不力，与美国方面的关系不融洽等等。孔令杰亲自告状，自然让蒋介石对俞大维非常不满，也动了让孔令杰取而代之的念头。但后来蒋介石还是亲自与俞大维会谈，并重新信任了俞大维。孔令杰的小算盘就落了空，还是在“大使馆”做他不上班的馆员。无论如何，宋氏家族中，毕竟还有一个人在为国民党政权服务，有总比没有的好。

V 蒋介石巡视"三军"基地的座驾都是由美国空军提供的。

保住联合国席位

1953年9月，第七届联合国大会召开，苏联等国的代表将大会的注意力引向了中国在联合国的代表权问题，并提出恢复中华人民共和国在联合国席位的提案，这让台湾当局不能不感到紧张。在美国代表的影响下，第七届联合国大会最后通过了一个决议案，把中国在联合国的代表权问题延期到年终。但这并不能让台湾当局松口气，因为仅仅是延期而已，并没有把问题解决掉。

1953年11月，美国国务卿杜勒斯在记者招待会上表示：接纳一个政府加入联合国，与接纳一个国家为新会员国不同：接纳一个新会员国不仅需要经过联合国大会的表决，还必须经过安理会表决，安理会可以行使否决权。而接纳一个政府，就没有否决权可以行使。因此，

∧ 尼克松早期奉行了强硬的“反共”政策。

联合国大会可以决定接纳红色中国。同时，他还表示，美国政府从未说过它将永远拒绝承认“共产党中国”。

当时，美国副总统尼克松正在台北进行访问。在杜勒斯发表上述讲话以后，尼克松也立即发表了一个声明，以平息因杜勒斯关于承认中国及代表权问题的讲话所产生的不安情绪。他说，关于接纳中华人民共和国进入联合国的问题，国务卿只是申述了联合国的相关规章，并没有宣布美国的立场有任何改变。美国的立场仍然是继续强烈地反对接纳一个曾同联合国作战的政府进入联合国，除非中国放弃执行共产党政策。

当然，尼克松发表的这个声明，论点说服力并不十分强有力，不可能让台湾当局放下心来。杜勒斯只不过表达了美国方面一个新的态度，早在1951年共和党领导人集会制定工作规划时，讨论到对待中华人民共和国态度的问题，艾森豪威尔和杜勒斯都表示，也许最终只有中国和台湾当局都参加联合国，才是解决的办法。随后，来自各方面的压力越来越大，白宫自然也想尝试一下以前的设想。

蒋介石当然“不能忍受”，他接到关于接纳中华人民共和国进入联合国问题的报告时，勃然大怒，命台湾“驻联合国代表”蒋廷黻立即向联合国声明，如果联合国接纳红色中国，台湾当局就退出。还“威胁”说，联合国如果接纳了红色中国，将会危害整个“自由世界”。

当然，这又是一次对美国与台湾之间关系的考验。早在杜鲁门政府执政时期，美国就一直阻挠恢复中华人民共和国在联合国席位的问题。顾维钧在回忆录中记载：“近两年来大约召开过一百多次国际性会议，在每次会议上美国都支持我们保有代表权。不仅如此，美国还联络并促使其他代表团支持我们，这已经成为美国的既定方针。”第七届联合国大会召开之后不久，台湾驻美国“大使馆”就收到情报，有一些人正准备发起一个运动，主张中华人民共和国加入联合国。

美国前众议员阿姆斯特朗就提醒顾维钧说，必须警惕，并且要预先考虑对策。参议员斯帕克曼也表示了他坚定反对中华人民共和国加入联合国的立场。他说，朝鲜战争已经结束，如果停战协定能够和平地解决朝鲜问题，那么各方面都会向美国施加压力，要求美国同意接纳中华人民共和国加入联合国。他正在支持一个签名向总统请愿的活动，就是为了对应这种压力的。参议员诺兰也发表演说，表示他本人将全力阻止承认中国代表权的问题。他说，中国共产党要求占领台湾，丧失了台湾就意味着共产党的“威胁”直接进逼美国西海岸，美国人民是不会赞成承

∧ 蒋介石接到关于中华人民共和国进入联合国问题的报告时，勃然大怒，立即命台湾“驻联合国代表”蒋廷黻向联合国发出“威胁论”。图为蒋经国与蒋廷黻夫妇。

＞ 抗战时期访美的宋子文。

认问题的。参议员凯恩则建议台湾方面经常举行一些比较随意的宴会，邀请议员参加讨论此类问题，以使国会的领袖们熟悉中国的问题，理解台湾当局的事业，包括联合国接纳中华人民共和国的危险，等等。

这种时候，宋美龄的身影自然再一次出现在台、美“外交”舞台上。1954年4月，宋美龄以皮肤病复发赴美就医的理由，再一次飞往美国。1954年4月17日，是“中华妇女反共抗俄联合会”成立4周年的纪念日，宋美龄本该出席纪念大会，但大会只收到她一封信函，说：“余因旧疾复发，无法照常工作，故今日匆匆出国，飞美就医，不克参加本年度本会4周年成立纪念大会，与诸姐妹工作同志话别，心中无限遗憾。”

但不知什么原因，她并没有在17日这天启程。顾维钧在4月15日左右收到消息，得知宋美龄即将赴美。4月22日，孔令杰告诉顾维钧说，宋美龄的神经性皮疹复发，决定赴美就医。他会去西海岸迎接，然后住在旧金山。如果需要了解什么情况，可以直接和他联系。一直到4月28日，美国空军方面通知衣复恩，有一架由台湾机组人员驾驶的飞机正飞向美国，飞机上有六位重要人物，美方询问他是否知情。衣复恩作为“空军武官”，有飞机从台湾飞往美国，他竟一无所知，不免感到惶恐。顾维钧于是向他转告了孔令杰透露的消息，并怀疑

BLUE

美方声称的六位重要人物可能有失准确，应该只是宋美龄的随行人员。

4月29日，顾维钧会晤美国国务院的助理国务卿帮办庄莱德的时候，对方也提醒他注意来自台北的消息，说宋美龄已经离开台湾，飞往美国。还说，据他所知，宋美龄本来并不打算公布这次赴美的消息。顾维钧解释说，自己也是从自动收报机上收到这个消息的，但不知道美国新闻界是如何得知的。4月30日，台湾空军总司令给衣复恩的电话中，通知他宋美龄即将赴美，并告诉他这个消息必须保密。衣复恩却对他说，美国报纸已经刊登了这个消息。对方听后非常诧异。

宋美龄没有打算声张赴美的消息，而美国方面也不是从正常的"外交"途径得知的，因此颇为不满。衣复恩随后飞往旧金山，与孔令杰一起迎接宋美龄，还带去了顾维钧的欢迎信。宋美龄在旧金山住了两个多月，在那里治疗皮肤病。

6月4日，顾维钧接到通知，蒋介石让他调回台湾担任"考试院长"。26日，宋子安在纽约的圣里吉斯饭店举办晚宴，邀请了顾维钧出席，宋子文、宋子良、宋子安三兄弟均在场，顾维钧趁机与他们商量自己调回台湾任"考试院长"的事情。宋子文劝他拒绝，并主动表示让宋子安把这个想法转请宋美龄告诉蒋介石。这个建议正中顾维钧下怀，他本就不情愿调回台湾担任"考试院长"的职务。

7月6日，宋美龄抵达纽约。宋子文为顾维钧安排，让他于7月11日与宋美龄在长岛宋霭龄的住处会面。顾维钧在会见中告诉宋美龄，此前不久，有一些美国参议院国内安全小组委员会的成员，想请宋美龄去委员会做证，支持撤销对苏联承认的决议案。他们想以宋美龄的名气与声望，号召更多的公众支持。他们还与顾维钧商量，为了避免宋美龄过于紧张，可以事先准备好材料，写明要向她提出的问题和她应该做出的答复。顾维钧觉得由他们事先为宋美龄准备好材料并不妥当，又不好直接拒绝，于是就委婉地答复说：宋美龄现在正在接受治疗，她的健康状况似乎不适合公开露面，也不适合接受访问。不过，他可以试探一下宋美龄的态度，在两周之内给美国参议院国内安全小组委员会的成员一个答复。顾维钧认为这样做和她的身份并不相称，宋美龄也十分赞同，认为他处理得相当好。并对他说，即使自己的健康状况许可，她也不会去为他们做证。

大概宋子安已经向宋美龄转告了蒋介石调任顾维钧担任"考试院长"的事情，宋美龄在会谈中表示，她也赞成顾维钧不要接受调任，而是留在华盛顿。她说，顾维钧在华盛顿的"大使"工作非常重要，现在不适合换人。顾维钧和美国政界所有头面人物都已经互相熟识，开展工作十分便利。如果现在换一个人担任这个职务，就要从头开始。与这些人物认识熟悉，那将要花上好些年的时间。在时间如此宝贵的状态下，更是不应该换人。宋美龄个人认为，下半年，甚至到未来两年的时间内，对于台湾是关键时期，只有顾维钧留在华盛顿工作，才能发挥最大的作用。宋美龄还强调说，蒋介石对她的这个看法是了解的。

7月中旬，顾维钧飞回台湾，晋谒蒋介石。在交谈中，蒋介石突然问他何时见过宋美龄，顾维钧回答说，大约一周前。可见，蒋介石的确了解宋美龄关于"外交大使"的看法。宋美龄与顾维钧都比较了解美国，并且在美国官方和民间都有广泛的交往。顾维钧曾说，如果摸透美国人的脾气，那么和他们打交道也比较容易。宋美龄则是在少女时代就已经熟悉美国和美国人，她说，要理解美国人需要经过很多年的时间。如果新调派一个"大使"，不经历较长的时间是无法与美国人建立友谊和信任的，自然无法有效地展开工作。现在既然时间紧迫，就更不适合派一个新人从头开始。想必顾维钧的说法和宋美龄一致，蒋介石才有此一问。

8月24日，顾维钧返回华盛顿。第二天一早，他便搭乘飞机赶赴纽约，给宋美龄带去蒋介石的亲笔书信。他们商量了8月30日宋美龄出席美国退伍军人协会会议发表讲话的事情。宋美龄表示还想在双橡园会见一些朋友，顾维钧便建议她举行一次午宴和晚宴，以比较随意的形式邀请一些朋友。由于宋美龄仍在治疗皮肤病，凡是刺激性的食物都不能食用，又让游建文将医生允许她食用的水果、饮料及食物的单子交给顾维钧。

他们还讨论了目前台湾与美国的关系。宋美龄认为现在应该谨慎说话，以前民主党执政的时候，共和党人谈及美国对台湾的政策可以畅所欲言。现在共和党执政，总的来看，两个党都很友好，但我们不应当总是抱怨或者要求增加援助，因为现在我们没有谈判的实力，要求太多会无以回报。她问顾维钧，台北方面是否提出需要伞兵部队的问题。顾维钧回答道，据他所知，台北方面认为最少需要一个伞兵师和两个装甲师。但美国人认为，这并不是国民党当局将来收复大陆时所需要的。

宋美龄认为，国民党方面并没有足够多的经过训练的人员来管理这些添加的装备及飞机。她认为数量少但效率高、随时可以投入战斗的军队，更胜过数量多的。顾维钧对她的看法非常赞同，认为她十分了解美国人的心理，也非常了解美国的政治形势，但台湾的人却并不能理解。

8月27日，顾维钧及"大使馆"的工作人员开始为宋美龄的宴会紧张工作起来。29日晚，宋美龄一行抵达华盛顿，陪同人员有游建文、孔令杰等。30日上午，美国退伍军人协会的三位前司令来双橡园迎接宋美龄，一同前往国民警卫队训练中心。宋美龄在顾维钧的陪同下出席了会议，艾森豪威尔总统也出席了会议并发表演说，大约有12,000人参加这个会议。当主席向与会者介绍宋美龄和顾维钧时，与会者报以热烈的掌声。顾维钧又向宋美龄介绍了枢机主教斯培尔曼，以及内政部长道·麦凯莱，还有女参议员弗·博尔顿及康涅狄格州州长洛奇。艾森豪威尔总统到达后，与宋美龄及顾维钧稍事寒暄，随后宋美龄被引到讲台前与总统合影，并发表了30分钟讲演。

晚上，宋美龄在顾维钧的陪同下，又出席了在斯塔特勒饭店举行的宴会。在主席的邀请下，她做了《中国将重获自由》的演说。

蒋荫恩告诉顾维钧说，新闻记者对宋美龄的演讲很失望，认为内容平淡，没有力量。尤其在这个时候，共产党向我们进攻沿海岛屿，频频传来令人不安的消息。他们本希望能听到一些重要的宣告。顾维钧说，这正是她说发言要谨慎的原因。在国会即将选举的时候，任何话都能被一些人或另一方误解的时候，讲得越少越好。第二天，华盛顿"大使馆"又在双橡园为宋美龄举行了午宴。

宋美龄极力施展她的"外交"手腕，千方百计地游说美国政客和其他国家的驻美使节，扩大台湾的"外交"关系，争取增加联合国中支持台湾席位的票数。在宋美龄等人的活动下，美国白宫继续了排斥中华人民共和国的政策，国务卿杜勒斯也转而表示，美国政府不仅无意承认中华人民共和国，甚至也无意考虑这个问题，更是坚决反对接纳中华人民共和国进入联合国问题。艾森豪威尔总统在1954年的国情咨文中也表示说：继续在经济及军事上援助台湾当局。1954年8月26日，美国国会还通过了《共同安全法》，批准拨款32亿多美元，绝大部分用作对台湾的军事援助。这样，台湾就完全在美国的"保护"之下，台湾的"安全"得到了保障。

10月6日，宋美龄离开美国返回台北，赶回去参加蒋介石67岁寿辰的庆祝活动。如同她来时一样，她希望悄悄地离开，不要声张，也不要人们去送行。联合国的席位暂时保住了，皮肤病也不再困扰她了。保住了美国对待台湾的政策不变，宋美龄可以称得上"功臣"，就像台湾出版的《蒋夫人与元老派》一书中评价的那样："一般相信，蒋夫人在历次联合国会议中国代表权的保卫战中出过大力，联合国自秘书长特里格韦·赖伊以来即倾向主张中共入会。……能抵挡这股国际逆流达十数年之久确属不易。"

热烈而徒劳的访美

国民党退守台湾这个弹丸小岛以后，蒋介石内心总是惶惶然。台湾是个孤岛，共产党军队随时可能打过来，那时候，能抵挡得住吗？焦虑之中，就更不能放开美国这根救命稻草了。杜鲁门政府当时对中华人民共和国与台湾国民党政权采取了暧昧观望的态度，发表白皮书摆脱了对华政策失利的所有责任，台湾似乎被美国人"遗弃"了。朝鲜战争的爆发，让危在旦夕的国民党当局捡回了一条小命。

1954年9月3日，人民解放军炮击金门，在国际上引起很大的震动，被称为"台海危机"。虽然作战规模不大，但已让蒋介石大为恐慌，也让美国政府开始重新考虑对待中华人民共和国和台湾的关系。一周之后，美国国务卿杜勒斯★访问台北，目的是和蒋介石谈判关于签订美、台《共同防御条约》的事情。美国政府只想把“共同防御”的区域限制在台湾本岛，而不包括邻近大陆的岛屿。但蒋介石却希望这个区域包括当时国民党军队驻守的所有地点。由于双方都各持己见，谁也不肯让步，会谈的进展很是艰难。

根据记者张广基后来回忆，蒋介石与杜勒斯会晤的时候，“新闻局将外籍记者分为两批，外地来的记者华特斯及宾汉先于杜勒斯到达，与先总统（即蒋介石）会晤于前门处时先行拍照，室内不准拍照。我与王小亭俟杜勒斯离去，先总统送出时再行拍照。后来先总统并未送出，只见杜勒斯由兰钦陪同匆匆登车离去，结果我们两人什么也没拍到，只好由新闻局交涉向先拍到的人分摊。事后与侍从人员谈起，才知道起先还谈得融洽，后来先总统脸色不对了，只见夫人委婉地以上海话解释，最后先总统站起来，也未向杜勒斯打招呼，即转往室内云云”。

∧ 蒋介石与访台的美国国务卿杜勒斯在一起。

★杜勒斯（1888～1959）

出生于华盛顿。1908年毕业于普林斯顿大学。1911年毕业于华盛顿大学法律系。1917年为美国国务院中美洲特使。1933年出任柏林债款会议美方代表。1945年为出席旧金山会议美国代表团成员。1948至1949年为驻联合国美国代表。1950年为美国驻第五届联大代表。1951年任国务卿顾问。1953年起出任美国国务卿，曾任艾森豪威尔总统的特别顾问。1959年5月24日在华盛顿病故。

∧ 美国与蒋介石签订《共同防御条约》后即在台湾设立军事基地。图为美军眷属乘船抵达台湾。

美国从根本上是希望割断台湾同中国大陆在政治、地理上的联系，孤立台湾，一方面阻止中华人民共和国军队解放台湾，一方面又要挟蒋介石从金门、马祖撤军，以避免被蒋介石拖入中国内战，将美国卷入远东战争的“危险”。

1954年12月2日，美国与蒋介石政权签订了《共同防御条约》。但是美国政府仍然强调“台湾地位未定论”，在条约内容中，美国仍然继续实施“中立”台湾，由中立国托管的图谋。这并不能让蒋介石把心放下来。

1955年1月，中国人民解放军进攻浙江一江山岛，陆海空军联合作战，顺利解放该岛。美国政府立刻做出强烈反应，在国会上通过了美、台《共同防御条约》，并加强在台湾海峡的兵力。实际上，美国是想造成“划峡而治”的局面，在向台湾提供“保护”的同时，也阻止蒋介石“反攻大陆”。

蒋介石针对美国的企图，做出了坚持“一个中国”的表示，他公开发表谈话称，“只有伸张正义，才能克服侵略危机，大陆、台湾都是中国领土”，“曲解台湾的地位是别有用心的，‘两个中国’的主张荒谬绝伦”。这是蒋介石第一次表示自己反对“两个中国”的立场，也暴露出蒋介石与美国的严重分歧。

∧ 1954年4月，周恩来在万隆亚非会议上发言，反对美国干涉中国内政，割裂中国领土。

在一江山岛解放之后的几个月里，台湾海峡的局势十分紧张，蒋介石调派了1/3的兵力保卫金门、马祖。4月，亚非会议在万隆召开，周恩来代表中国政府出席，在会上做了发言，表示反对美国干涉中国内政，割裂中国领土，要求美军撤出台湾及台湾海峡。周恩来还说，要将两岸关系与中美关系区分开来，并强调两岸关系是中国内政。

4月14日，蒋介石与宋美龄亲自到马祖视察，一是鼓舞国民党军队将士士气，也是向美国表明自己的态度：金门、马祖是国民党“反攻大陆”的前沿阵地，国民党当局是不会放弃台湾及外岛的，台湾与大陆都是中国的领土。

4月下旬，蒋介石在与美国驻台湾“大使”兰钦的谈话中，表示希望美国帮助加强台湾的防务，并重申台湾坚守金门、马祖的决心。他说：“台湾是人身，金马是灵魂，两者不可分。”

对于美国想制造“两个中国”“一中一台”，宋美龄的态度也十分明确。1955年1月，她曾发表《致美国妇女国家安全问题座谈会电》，文中说：“任何国家在求其自身生存之际，必须同时能为其他坚守公平、正直与人道原则之国家觅取生存。”她在接受美国《克利夫兰新闻报》记者福亨女士的采访时，也谈到了这个问题，她说：“两个中国政策很像是信奉两个上帝。”在她看来，既承认“中华民国”，又承认中共领导下的中华人民共和国，就像是一面信奉上帝，一面侍奉异教神。宋美龄坚决反对美国想分裂中国的做法，从某种程度上看，这也算是宋美龄民族精神的表现。

美国政府为了自己的亚洲战略，也为了安抚蒋介石，开始不断充实台湾的军事实力，同时向中国大陆施加军事压力。在提供大量军事经济援助的同时，还派遣大批军事人员进驻台湾。仅在4月到8月短短四个月时间里，就有陆军部长史蒂文森、副总统尼克松、远东空军总司令廉特上将、第七舰队司令毕克莱、太平洋区总司令兼太平洋舰队总司令史敦普、国务卿杜勒斯等美国军政要员频频访问台湾，帮助蒋介石制订对付中国大陆的计划。美国海军在台湾海峡设立了“永久性”的海上基地，部署了以中国大陆腹地为目标的、可携带核弹头的导弹。

8月，在华沙举行中美大使级会谈。美国政府表示愿意改善中美关系，但前提是要中国政府放弃武力解放台湾，并要求中国政府承认美国在台湾地区有“单独和集体的自卫的固有权利”。这仍然是在企图割裂中国领土，制造“两个中国”，中国政府自然要坚决拒绝。但对于互不信任的美蒋关系来说，中国政府与美国开始正式谈判，仍然是个严重的问题。

在这紧张而又微妙的局势之下，宋美龄利用她的地位和影响积极展开活动，到处发表演说、讲话，号召人们要有牺牲精神，与共产党斗争。1957年10月，国民党的“八全大会”在台北举行，陈诚做了《政治报告》，基本点是加速台湾各方面的建设，加强力量，随时准备“反攻大陆”。宋美龄当选为“中央评议委员”。1956年东欧各国的反共势力活跃，1957年中国大陆的“反右”斗争和1958年的“大跃进”，给台湾的蒋介石集团带来不少“反共”的材料。

1958年，是宋美龄非常忙碌的一年。她利用各种机会，在各种场合鼓吹“反共抗俄”。甚至在士林凯歌堂举行的耶稣受难节仪式上发表演讲时，也大讲“反共”。她说：“在我们这时代，我们很荣幸地也曾亲眼看到和知道许多为了信仰自愿牺牲，而不愿和那反基督的魔头妥协。在东德、波兰、匈牙利和中国大陆的许多抗暴运动，不过是身居共党铁幕以外的人们所能知道的一些最好的例子罢了。”

宋美龄不仅在台湾岛内努力地配合蒋介石的“反共复国大计”，更要发挥她的外交优势，到美国去号召呼吁，争取对蒋介石政权的援助支持。1958年5月下旬，宋美龄再次奔赴美国，继续争取美国对台湾的援助，宣传“反攻大陆”的计划及“反共”言论。表面上她仍声称，由于身体状况不佳，去美国休养。然而到达美国之后，“病人”不见丝毫病态，还异常活跃，不断地巡回演讲。虽然这一次宋美龄仍然是以非官方的名义出访美国，却受到了美国朝野的热烈欢迎。

∨ 1956年5月27日，蒋介石前往金门视察。

∧ 宋美龄与陈纳德在抗战中结下了深厚的友谊，是她邀请陈纳德组建了“飞虎队”。
图为宋美龄于 1942 年 4 月 17 日代表中国文化协会以海鹰图致赠“飞虎队”。

6月，宋美龄从台北飞抵纽约。没过多久，美国国务院就通知台湾驻美“大使馆”，欢迎宋美龄在任何时候莅临华盛顿。通知中还提到，艾森豪威尔总统及夫人都希望邀请宋美龄出席白宫的午宴或晚宴，以表示对她的欢迎。上一次宋美龄访美时，在她的极力要求下，才得到艾森豪威尔总统一个茶会的招待，而现在，白宫却主动提出六个日期，由宋美龄任意挑选一个她觉得合适的时间出席白宫的宴会，可以看出白宫此次对她的重视程度。但由于她要先赶赴密歇根州，接受密歇根大学授予的荣誉博士学位，后赴新奥尔良探望病危的陈纳德将军，然后才能转道华盛顿，白宫提供的六个日期都不合适。所以，宋美龄从7月15日起，才开始正式访问华盛顿。

7月9日，宋美龄从纽约抵达密歇根州。

7月11日，宋美龄参观了密歇根大学的附属医院、原子试验所和图书馆。当天晚上，密歇根大学在勒卡姆会堂举办了一个隆重的典礼，授予宋美龄荣誉法学博士学位。宋美龄在典礼上做了《生活在苦难中》的演说。她在演说中时刻不忘“反共”，她宣称“在苏俄和中共所控制的地方，正在以奴役和集体屠杀的方式进行着大规模的清算和整肃”，“其规模之大，甚至超过当年希特勒有系统地消灭犹太人的野蛮行为”。宋美龄每每以极富感染力的语言煽动听众的情绪，可见其对共产党的仇恨。

∧ 陈纳德夫妇在太原时与阎锡山等人合影。

7月13日，宋美龄赶往新奥尔良，探望生命垂危的老朋友陈纳德将军。路易斯安那州的前任州长夫妇、新奥尔良市市长、路易斯安那州的防卫军司令、陈纳德将军夫人陈香梅，以及台籍学生的代表都到机场迎接。宋美龄与陈纳德将军在抗战中结下了深厚的友谊。

宋美龄不辞长途跋涉前来看望，让陈纳德深为感动与欣慰。宋美龄还带来了蒋介石致陈纳德的亲笔书信，叮嘱他安心休养，还建议他可以去台北试试中医。由于癌细胞蔓延至喉部，陈纳德已经不能说话，宋美龄风趣地安慰他说："你平时话说得太多了，今天你不要说，让我来说。"陪同宋美龄一同探访的人都极为感动。宋美龄还说："你有奇妙的战斗精神，你从来未被打败过——的确未被日本击败！"宋美龄的这句话，让病痛中的陈纳德也露出了笑容。

离开医院后，前任州长和现任州长等人为宋美龄准备了欢迎宴会，新奥尔良市长还赠送给宋美龄一把新奥尔良市金钥匙和一张名誉公民证书。第二天早晨，宋美龄就搭乘飞机赶赴华盛顿，临行前又去医院探望了陈纳德将军。没想到，这一次探望竟是诀别。十天后，陈纳德就去世了。

宋美龄此次赴美，似乎又回到了罗斯福时代，在美国再度掀起"宋美龄旋风"。从她抵达美国开始，新闻界就以大篇幅并配上照片来报道宋美龄的行踪。她在密歇根大学参加典礼之后，《华盛顿邮报》就刊登了宋美龄抵达底特律机场，接受密歇根大学台籍女生吴丽雅献花的照片，同时还刊登了宋美龄在密歇根大学典礼中的演说词。《华盛顿明星报》也刊

< 1956年，孙立人向蒋介石夫妇介绍国民党军训练情况。

> 中国传统的一袭旗袍，让她总是显得那么优雅、端庄。

发了宋美龄头戴博士帽、身着博士服，接受密歇根大学校长颁发荣誉学位证书的照片。宋美龄探望陈纳德之后，各大报纸又纷纷刊登了探望的照片与消息。

7月15日，宋美龄正式访问华盛顿。她一到华盛顿，《华盛顿明星报》马上进行了报道。艾森豪威尔总统及夫人在白宫举办了隆重的午宴欢迎宋美龄，并邀请美国国务卿杜勒斯夫妇、参谋长联席会议主席雷德福上将夫妇、纽约城魏尔契主教、宋美龄的母校威斯理安学院的院长等19位重要人物出席，还特地请美国海军乐队奏乐助兴。午宴的餐具使用的是金餐具，据说在艾森豪威尔任职期间，只有两次重要的宴会使用了金餐具，这是第二次。午宴结束以后，艾森豪威尔总统及夫人还亲自送宋美龄出白宫大门。

7月中旬，宋美龄接受美国参、众两院外交委员会的邀请，到两会各做一次讲演。在参议院，宋美龄发表了题为《美国行动的重要性》的演讲，她说："自1946年以来，除去两三个例外行动之外，自由世界不幸始终处于守势地位，历史显示出那些受到鲸吞蚕食而仍然保持被动和怯懦的人总是要失败屈服的。"她谈及"美国行动的重要性"的时候，极力吹捧参议院外交委员会的委员，说他们"负着擘划美国外交政策之巨而且重之责任"，不论他们"规划出何种途径，无不影响整个自由人类之前途"。激动之余，她甚至忘记了自己已经不是国民党一统大陆时的"第一夫人"，竟然代表"全中国人民"向议员们致谢，还向他们保证说："自由中国人民以及那些暂时被关在中国大陆铁幕之后的不敢伸张其要求的人民"将与他们合作，"只要我们振臂一呼，中国人民必然会群起而响应"。话说到这里不免过于轻松，似乎新中国政权不堪一击，这反而让议员们对她演讲的内容表示怀疑了。

宋美龄到美国游说的目的，不仅是要求美国在军事及经济上支持援助台湾，协助国民党军队保卫金门、马祖，更进一步的要求是希望美国政府协助蒋介石"反攻大陆"，而此次出访，最重要的就是试探美国政府对"反攻大陆"的态度及支持程度。

∧ 宋美龄访问华盛顿时，董显光夫妇陪同左右。

7月21日，宋美龄又出席了美国众议院外交委员会午餐会，并发表题为《解决问题的办法》演说。她首先向听众发问："世界局势演变到今天这个样子，有什么办法可以不发生第三次世界大战而解决问题呢？"然后又谈了她的观点。她认为，"要克制苏俄的计划，其答案就是协助和鼓励亚洲人民，特别是中国大陆上的亿万人民，在精神上、政治上特别是在军事上群起而反击。如此，共党将无法利用亚洲庞大的人力特别是中国大陆人力来侵略自由世界"。再一次暴露出了她那顽固的"反共"立场。

美国此时还是艾森豪威尔总统在职，白宫一贯的态度就是"保护"台湾，但不支持"反攻大陆"。早在1955年，艾森豪威尔总统就同意美军"协防"金、马外岛，但那已是美国对国民党政权表示友好的极限。当时中东局势日益复杂严重，美国政府没有必要在西太平洋挑起战端，直接对抗中国大陆。所以，虽然宋美龄在美国各种场合演讲游说，"刺激"美国要赶快行动，"反攻共产党世界"，但收效似乎并不如她所愿。

就在宋美龄精神抖擞地周旋于美国朝野，四处活动，施展她的魅力的时候，台湾海峡的形势急剧紧张起来。

∧ 1958年8月23日，人民解放军炮兵对金门进行射击并实行全面封锁。

1958年8月23日，国共两党军队在台湾海峡发生了国民党退台以来规模最大的一次炮战，第二次台海危机爆发。中共中央决定炮击金门，攻而不取，以粉碎美国制造“两个中国”的图谋。毛泽东说，我们同台湾，谁也离不开谁，就像《长恨歌》中所说：“在天愿作比翼鸟，在地愿为连理枝。”蒋介石把枝连到美国，而美国却连根都会挖掉。在中国人民解放军的炮击之下，金门岛一片混乱，国民党军队死伤惨重，许多高级将领阵亡。

“八·二三”炮战使得整个台湾岛恐慌不已，蒋介石被打了个措手不及，又是惊恐又是恼怒，立刻命令俞大维向“美军协防台湾司令部”司令发出要求，要求美军尽一切力量协助增强外岛的防御及运补能力，并建议美国派海军顾问协商运输问题。

8月27日和9月4日，蒋介石两次致函艾森豪威尔总统，提出以下要求：

（1）美台联合显示武力以遏制中国。

（2）同意台湾轰炸中国大陆海空基地和金门对岸的炮兵阵地。

（3）艾森豪威尔发表声明表示对金门的攻击即构成对台湾的攻击，美国将使用武力来反击这种行动。

（4）第七舰队对金、马运输补给提供护航。

（5）授权美军驻台司令有权不请示白宫直接采取必要的措施。

“八·二三”炮战震动了台湾岛，也震动了美国白宫。美国国务卿杜勒斯认为，如果中国的炮击使局势变得危险，那么就可能需要美国进行

∧ 1958年8月23日，人民解放军对金门国民党军实施大规模炮击。

干预了。台湾“反攻大陆”的计划，能够提高国民党军队的士气，但对大局估计不能产生巨大影响。要改变中共或东欧的局势，决定的因素在于内部自然的力量。另外，他还建议，如果可能的话，应该把台湾局势问题交给安理会讨论。

8月25日，艾森豪威尔总统亲自主持了会议，决定准备承担台湾空防，提供护航，做好对中国大陆目标实施核打击的准备。两天后，艾森豪威尔在记者招待会上宣布美国将介入“台海危机”。

此时正在美国的宋美龄更是感到责任沉重，在金门炮击之后，她竭尽全力进行“反共”宣传，在美国各地奔走游说，公开发表了七次演讲：8月28日，出席美国律师公会第81届大会午餐会，发表题为《不加分辨的乐观》的演说；9月3日，前往美国退伍军人协会发表演说，题为《对当前局势的认识》；11月16日，在佛罗里达州迈阿密滩城演讲，题为《晚，犹未太晚》；11月17日，出席全美“反共”大会，发表演说《魔鬼虽恶，人性不会灭绝》；11月19日，到罗德岛新港海军大学讲演；12月9日，出席美国农会联合会第40届年会，发表题为《匪对农民残酷剥削业已失败》的演说，内容是针对中国大陆的“人民公社化”运动。

在这些演说中，宋美龄都宣称国民党当局决不会放弃金门和马祖，并不遗余力地攻击中国大陆推行的“大跃进”“人民公社化”运动，同时宣传台湾“解决土地问题及改善农村的状况”，为帮助蒋介石“反攻大陆”做舆论准备，争取支持“反共”的势力。

宋美龄借着“金门炮击”试探美国白宫对于蒋介石“反攻大陆”的态度，但仍然没有进展。美国方面始终没有和中国大陆爆发直接战争的意图。宋美龄四处奔走的努力没有收到她希望的结果，不免感到情绪低落。

中国政府对于美国的战争挑衅表示强烈谴责，并发表声明说，“现在美国政府又表示愿意通过和平谈判来解决中美两国在中国台湾地区的争端。为了再一次进行维护和平的努力，中国政府准备恢复两国大使级会谈”。美国方面为了防止第三次世界大战的发生，并考虑到美国国内反对的声音及争取其他国家的同情，对中国政府的声明迅速回应，表示准备随时同中华人民共和国恢复大使级会谈。

9月15日，美国和中国在波兰首都华沙举行首度接触谈判。中国代表要求美国从台湾撤军，美国则要求中国先停止炮击大陆沿海国民党占领的岛屿。蒋介石对华沙会谈极为不满，就在举行会谈的同一天，宣布派空军轰炸大陆沿海城市及重要据点。

9月30日，美国国务卿杜勒斯在记者招待会上声明：“如果在台湾海峡地区获得相当可靠的停火，国民党军队继续驻在金门、马祖等岛屿就是不明智、不慎重的。美国赞成国民党军队从金、马撤出。”美国政府想利用让出金门、马祖，以换取中共同意不对台湾、澎湖列岛使用武力。其实，这仍是美国企图割裂台湾与大陆政治及地理上的联系，制造“一中一台”的图谋。

蒋介石对此反应激烈，就在同一天，蒋介石对美联社记者发表谈话，称：“假定杜勒斯先生真的说了那句话，那亦只是片面的声明，我国政府并无接受的义务。”显然，蒋介石方面也是反对“两个中国”的，在这个问题上，蒋介石与美国方面的分歧已达顶点。

另外，中国政府也采取了既坚定又灵活的政策。毛泽东于10月6日以国防部长彭德怀的名义发表了《告台湾同胞书》，毛泽东说：“我们都是中国人。三十六计，和为上计。”并建议举行谈判，以和平的方式解决两岸争端。25日，毛泽东又发表讲话，指出：“中国人的事只能由我们中国人自己解决。一时难以解决，可以从长商议”，“世界上只有一个中国，没有两个中国。这一点我们是一致的。美国人强迫制造两个中国的伎俩，全中国人民，包括你们和海外侨胞在内，是绝不容许其实现的。现在这个时代，是一个充满希望的时代。一切爱国者都有出路，不要怕什么帝国主义”。

美国方面又立刻派国务卿杜勒斯前往台湾，与蒋介石谈判。1958年10月20日，杜勒斯在主管东亚及太平洋事务的助理国务卿饶伯森陪同下抵达台北。会谈进行得并不顺利，蒋介石不愿意在大陆停止炮击前从金门、马祖撤退，也不愿意放弃“反攻大陆”的计划。经过三天的谈判，在美国方面的强大压力下，蒋介石被迫放弃“武力反攻大陆”的计划，转而改变为采用“三民主义的方式来完成恢复中国自由的目标”。作为条件的是美国方面在会谈草案上删去“中华民国不发动战争在大陆重建主权及中华民国不为攻击大陆的武装基地，它的基地早已在大陆及中国人民的内心”。最终，双方发表了一个“联合公报”。从此，“反攻大陆”就只是蒋介石心中的“梦想”而已，在国际上不再具有可行性和现实意义。美国则向台湾提供对中国大陆沿海的防卫。这个“公告”让台、美双方都不尽满意，但暂时也让双方都可以松口气了。

不管怎么说，台海危机总算过去了，心绪黯淡的宋美龄也稍稍打起点精神。她心里非常明白，台湾在美国的“保护”下比以往更“安全”了，但也更受约束。宋美龄在美国的“反共”演讲也没有继续的必要了。继续下去，大概也不再有那样热情痴迷的听众。和蒋介石一样，这大概也只能成为她心中时刻不忘的“梦想”了。

宋美龄在美国住了14个月，她的努力换来的只是个人表面的风光。她竭力宣扬的“反攻大陆”并没有得到预期的回应与支持，虽然美国人待她为上宾，无数的鲜花、盛大的宴会、媒体的竞相报道……这一切的背后只有一个原因：台湾是美国在太平洋上一艘不沉的“航空母舰”。而动人的演讲、华美的词句，这一切都只不过是过眼云烟。

> “八·二三”炮战后，蒋经国前往金、马前线视察国民党军。
> 杜勒斯访台时与蒋介石交谈。

历史备忘录

HISTORY MEMORANDUM

∨ 美国爆炸的第一颗氢弹。

∨ 1954年12月2日，美、台共同签署了《共同防御条约》。

234

1

美国爆炸第一颗氢弹

1952年11月1日，美国在太平洋上埃尼威托克岛成功地试爆了世界上第一颗氢弹。这是美国科学家泰勒十年工作的成果。这颗1000万吨级炸弹（相当于1000万吨TNT，其威力为投掷于广岛的那颗原子弹的500倍）的巨大威力来自氘（氢的一种同位素）的热核聚变。这是原子核物理学的又一新突破，是人工热核反应。热核反应是在高温度下氢原子核聚变的过程，并释放出巨大的能量。

周恩来率代表团访苏

1952年8月17日至9月22日，周恩来率中共代表团访问苏联。代表团成员有：陈云、李富春、张闻天、粟裕。苏联部长会议主席斯大林、苏联外交部长维辛斯基、苏联对外贸易部长库米金同中国政府代表团举行了谈判，讨论了有关中国和苏联两国关系的重要政治与经济问题。

台湾当局实施“耕者有其田”政策

国民党退居台湾后，吸取在大陆失败的教训，在台湾实行了“土地改革”。在原来的“三七五减租”和“公地放领”的基础上，1953年1月20日，“立法院”通过《耕者有其田法》，4月23日，颁布了《实施耕者有其田法条例》。它基本上摧毁了台湾农村的封建租佃关系，并且促进了工业经济部门的投资，对台湾经济的发展起了积极的作用。

美、台《共同防御条约》签字

1954年12月2日，美国与台湾国民党当局在华盛顿签订了《共同防御条约》。翌年3月3日生效，共10条。中华人民共和国中央人民政府发表声明，指出本条约是非法的、无效的，中国人民坚决反对。1978年12月15日，美国政府就美、中建交发表的声明中宣布，中止同台湾的一切官方关系，美、台《共同防御条约》将予终止。1980年1月1日起，本条约正式废除。

影像大扫描

IMAGE SCANNING

25

多方插手台湾政事

从联大驱蒋到尼克松访华，以及此后的一系列“断交”事件，使得蒋介石和宋美龄已愤怒到了极点，在较长的时期内宋美龄在各种文章和讲话中对联合国不断进行攻击、指责。1975年3月，宋美龄发表了《不要说它，但是我们要说》的文章，文中宣称：“联合国一批会员国，乃可以听任感情驱使，……采取集体行动，再度嘲弄联合国。我们不得不承认，我们极为成功地敲响了这个国际和平组织的丧钟。”

台湾已是风雨飘摇，而蒋介石更加一蹶不振，从此缠绵病榻。昔日的“第一夫人”，如今盘踞孤岛，心中凄苦难言。而让她更加黯然神伤的是，蒋介石“大位传子”的思想愈加急切，她自已再也不能风光无限地站在蒋介石身边了。

“夫人派”成形

朝鲜战争爆发后，杜鲁门下令美国第七舰队进驻台湾海峡。美国还改变了对蒋介石的态度，派遣兰钦到台北，恢复美国驻台“大使馆”，同时又有美国国务院派遣蔡斯少将到台设立“美军军事援华顾问团”。这个“军事顾问团”的目的一方面是制止国民党军“反攻大陆”，一方面也监视中国大陆对台军事行动。在美国人的保护下，蒋介石总算获得了喘息之机。

1950年3月1日，蒋介石宣布“恢复”行使“总统”职权。此后，又赶上朝鲜战争带来的安全保障，从而使台湾政局日趋稳定。

随着时局的稳定，蒋介石开始为蒋经国扩充个人势力。从大陆逃到香港、海外，以及来台湾后惊魂初定的各路人马，纷纷出来寻找政治上的机会。而在大陆盛极一时的四大家族到此时，只剩蒋家独掌大权。其他三大家族，孔、宋家族不见了，陈氏家族只在“立法院”剩下一批几十年不改选的CC系残余势力。政学系的银行和企业也荡然无存了。在此形势下，要想在台湾发达，只能寄居蒋家篱下，为蒋家服务。

虽然蒋介石一心要扶植蒋经国，但宋美龄此时仍然有着自己的影响力。在国民党当局很多人眼里，几十年来宋美龄都一直维持着“中国最有政治实力的女人”的地位。国民党退到台湾以后，她在蒋介石、蒋经国“时代”，虽没有什么职权名分，但始终都拥有顶峰实权人物才拥有的影响力。这种影响力最主要的因素来自她是蒋介石的夫人。事实上，从蒋宋联姻开始，就已为宋美龄的这种政治实力打下了基础。蒋介石生前，她的这种作用只在幕后通过蒋介石发挥作用，但蒋介石死后，这个影响力不仅存在，而且进逼到权力核心。所以，引得许多人仍然要走“夫人路线”，且对她一直忠心耿耿。

很多人把追随宋美龄的亲信称为“夫人派”，其中比较有名的首推在台湾政坛有“常青树”之称的沈昌焕。

沈昌焕曾任台湾“总统府”秘书长。自1952年国民党“中央改造委员会”成立以来，沈昌焕就始终活跃于台湾政坛。当年，他是16位“改造委员”中的一位，后来，他又是国民党12人小组中的一员。不管政治风云如何变幻，都无法改变他在国民党权力核心中的重要地位。由38岁干到70多岁，沈昌焕能在台湾权力核心稳坐几十年，可见他与蒋家关系非同一般，而最主要的就原因是沈昌焕深得宋美龄欢心。

沈昌焕1933年毕业于上海光华大学政治系，1934年考入燕京大学研究院，攻读国际政治。像其他受宋美龄赏识的留美派一样，沈昌焕很早练就了一口漂亮的英语，为他以后从事外交，打下了基础。1936年，沈昌焕赴美国留学，就读于密歇根大学，翌年学成，获政治学硕士学位。1938年～1940年在广州中山大学任教期间，正式加入国民党。他二十多岁即担任中国远征军参议，后任宋美龄的英文秘书，为宋美龄所重用提拔。1940年秋，他在重庆进入国民党政府外交部任礼宾司交际科专员，开始了外交官生涯。

1945年后，沈昌焕开始担任蒋介石的私人英文秘书。在那段时间里，来华进行和平调解的美国驻华特使马歇尔每次同蒋介石会谈，都由沈昌焕担任翻译。由于他口才好，反应快，所以这位年轻的翻译官深得蒋介石和宋美龄的赏识，由此奠定了他与蒋家非同寻常的亲密关系。

可以这样说，沈昌焕因担任蒋介石的英文秘书而官运亨通。因为不论是蒋介石时期，还

是蒋经国时期，英文秘书一直是有着相当重要的地位。国民党退居台湾以后，在国际上的处境可以说是越来越困难，争取美国的支持便成为事关生存的头等大事。

在大陆时期，蒋介石派往美国的私人代表或驻美使节如宋子文等人因资历的原因，又长期待在美国，经常不能或不愿将其意见忠实地传达给美国政府，因此，蒋介石到台湾后，经常不厌其烦地亲自和美驻台“大使”或来访人士交换意见，在这种情况下，英文秘书不仅是担任翻译工作，往往要在重要决策上提供意见。

沈昌焕的仕途在担任了英文秘书后一帆风顺。1952年国民党成立“中央改造委员会”，沈昌焕成为16位委员中最年轻的一位，并当选为国民党中央委员。

< 20世纪50年代，蒋经国与夫人蒋方良在一起。

< 受传统思想的影响，到台湾后的蒋介石“家天下”的思想越来越浓。

沈昌焕之所以受到蒋介石和宋美龄的重用，也因为他确有不凡的表现。沈昌焕曾两度出任“外交部长”，均是台湾“外交”史上最为艰难的时期。

第一次是从1960年至1966年。当时苏联正在联合国代表大会上提出要求联合国“接纳中华人民共和国为联大的合法代表，取消台湾当局在联大的席位”，沈昌焕作为“外交部长”亲自出马，在联合国代表大会上与苏联代表辩论，同时巡回访问欧、美、日、韩各国。在沈昌焕的努力下，再加上宋美龄的对美政要的活动，台湾当局在联大的地位继续维系了十余年。由于他在“外交”上“建树”良多，1964年，沈昌焕当选为国民党中常委。

> 沈昌焕与夫人旧照。沈昌焕是“夫人派”中的“常青树”，任凭政治风云如何变幻，都无法改变他在国民党权力核心中的重要地位。

沈昌焕在联大的表现，也使得蒋经国日后对他更加倚重。1972年，蒋经国奉命“组阁”，时值台湾对日关系出现了逆转和在联大安理会的席位出现空前明显的危机，沈昌焕再度出任“外交部长”一职。他竭尽全力去挽救台湾“外交”颓势，又发动了追求实质关系的所谓“整体外交”。不过鉴于国际大势的不利，沈昌焕此次也未能改变台湾的困局。

1984年，俞国华“组阁”，沈昌焕出任最高幕僚长——“总统府”秘书长，成为蒋经国身边重要的智囊之一。

沈昌焕无论是在蒋介石身边还是后来追随蒋经国，都颇得欢心。他与宋美龄的关系更是非同寻常。还在大陆时期，宋美龄就一直十分欣赏沈昌焕。早年不仅推荐他做蒋介石的贴身秘书，而且多次举荐他出任要职。在蒋介石去世后，宋美龄于1975年9月住在美国长岛，她有什么大事要向台北传达，多是通过沈昌焕，而不是直接向蒋经国说。1986年的7月初，宋美龄把要返台的打算先通知沈昌焕再转告蒋经国，于是，蒋经国马上以蒋介石百年诞辰纪念的名义，恳请宋美龄回台主持。

所以当时很多人认为沈昌焕是台湾“夫人派”的重要代表，只要宋美龄的影响在，沈昌焕就永远是棵“常青树”。

在台湾“夫人派”中，另一重要代表人物就是秦孝仪了。秦孝仪曾担任过蒋介石的机要秘书，有相当不错的古文功底。

秦孝仪的发迹还要感谢自己的古文特长。1953年间，在阳明山“革命实践研究院”受训的秦孝仪写了一篇文辞古朴、风格简练的自传，当时兼任院长的蒋介石看到后，十分欣赏。

∧ 沈昌焕（中）任“外交部长”期间陪同蒋经国参加酒会。

那时，秦孝仪还只是国民党中央四组的专门委员，四组即今之“文化工作会”。阳明山结业后秦孝仪奉令调官邸服务，一下子被提拔为“总统府”机要秘书，专门掌管蒋介石的文案。其后不到两年即升任为国民党中央的副秘书长，仍兼管蒋介石的中文文书业务。此后直到蒋介石去世。秦孝仪一直随侍在蒋身边，前后逾二十余年。

由于蒋介石的器重和知遇，秦孝仪也同时获得了宋美龄的欢心，所有有关宋美龄的中文文稿，也都经过秦孝仪之手。由于受到蒋介石和宋美龄的欣赏，秦孝仪在官邸的“总统府”侍从的地位无人可及。当年台湾的任何达官显贵要进见蒋介石，不通过秦孝仪这一关是见不到人的，真可谓是“一夫当关，万夫莫开”。

蒋介石去世之后，蒋经国也仍然任用着秦孝仪，所以他风光依旧。关键是秦孝仪依然得到宋美龄的倚重，所以有人说过，当时的“满朝文武”，除了宋美龄和蒋经国之外，秦孝仪是不把任何人放在眼里的。

秦孝仪虽然古文功底相当好，但因过于卖弄，还出过洋相。1975年蒋介石去世后，秦孝仪为了突出表现自己，在由自己记录的“‘总统’蒋公遗嘱”的最后带上了一笔“秦孝仪受命承记”，一并发到台湾的各级部门和新闻媒介去宣读。很快就有人提出质疑：“秦孝仪的名字为什么会和遗嘱在一起，成为遗嘱的一部分？”此外，秦孝仪为显示他的学问，指定全台各媒体把蒋介石的遗体一律称为“遗蜕”。马上有人指出，“遗蜕”一说出于道家学说，是指得道的人在他们成神仙之时，灵魂出窍后，所遗下的躯壳。而蒋介石为虔诚基督徒，秦孝仪竟以道家的典故来比喻，已经不伦不类，况且“蜕”是一种废弃物，他拿废弃物来比喻蒋介

> 沈昌焕备受宋美龄器重，是台湾政坛的"常青树"。

石的遗体，更是对蒋介石的不敬。结果因为众说纷纭，使秦孝仪丢了乌纱帽，被解除了国民党中央委员会第一副秘书长的职务。

"秦孝仪受命承记"从此成了人们讽刺他的口头语，而"遗蜕"一词也一度成为台湾人茶余饭后的笑谈。

此外，秦孝仪因为不熟悉海外情况，在美国作家西格雷夫的《宋氏王朝》一书出版后，急于为宋美龄分忧，反而帮了倒忙。当时宋美龄还在美国，得知此书出版后十分生气，秦孝仪就宴请一批台湾的历史研究所的所长，并在席上拿出一份文件，要这些专家学者们一一签名，在美国《纽约时报》刊登巨幅广告驳斥该书内容。秦孝仪此举的效果适得其反，等于花钱为《宋氏王朝》做了广告宣传，致使该书大大畅销，且经久不衰，成为《纽约时报》畅销书排行榜上的第一名。

但是蒋介石逝世后较长一段时间内，秦孝仪仍然是国民党内部的一位实力派人物，因为他并没有在宋美龄那里失宠。秦孝仪后来一直担任台湾的"故宫博物院"院长一职。由于宋美龄十分信任秦孝仪，所以在她1975年离台赴美，直到1986年返回台湾的十几年中，中文方面的文件仍旧是从美国电告秦孝仪代笔。1982年和1984年宋美龄先后发表的《致廖承志贤侄》和《致邓颖超先生》的公开信，也是经宋美龄提示要点后，由秦孝仪执笔的。

不过要说最早追随宋美龄的，还是"励志社"的黄仁霖。从20世纪20年代起，黄仁霖就一直是宋美龄手下的亲信。宋美龄对外的联系，长时间由黄仁霖负责。当年张学良要见宋美龄，也还必须请黄仁霖先行联络，可见黄仁霖在宋美龄面前的分量之重。

蒋介石一直称黄仁霖为总干事，因为他是“励志社”的总干事。宋美龄则常以英文叫他“上校”。后来黄仁霖已升到中将，宋美龄对她的称呼依旧如此。黄仁霖对此非常高兴，他认为这样正表明了自己是宋美龄的老部下身份，也显示出自己与“第一夫人”之间的密切关系。黄仁霖对蒋介石和宋美龄绝对忠诚，只要是蒋氏夫妇的命令，即使冒生命危险，他也会坚决执行。所以，在黄仁霖结束他长达25年“励志社”职务时，蒋介石亲书“忠诚精勤”四字横幅，以示鼓励。

< 秦孝仪凭借他深厚的古文功底博得了蒋介石的欣赏，从而成为“夫人派”的一员。图为1983年秦孝仪（左一）陪同蒋方良参加金马奖颁奖晚会。

1980年，年迈的黄仁霖坐着轮椅在美国演讲，题目是《60年来中美关系》。他在演讲中大声疾呼，指责美国背弃“忠实盟友，与中共勾搭，如同与虎谋皮”。他引证抗战前后的历史，企图以舆论影响美国政府改变其对台政策。黄仁霖的演讲和宋美龄的观点相同，得到了身在美国的宋美龄口头嘉奖，并赐赠黄仁霖一些冰糖核桃。黄仁霖十分高兴，随即拿出这些核桃待客，以炫耀自己又得到了宋美龄的垂青。1981年，黄仁霖受到了宋美龄的接见，并得到了最高的嘉许：“如此忠诚于领袖，老而弥坚者，生平所见，以君为第一人。”

受到宋美龄看重的，还有国民党“妇工会”“妇联会”等某些人物，不过在政坛的影响力都不大，但是在“官邸派”和“元老派”基础上形

★秦孝仪（1921～2007）

湖南衡山人。上海法学院法律系毕业，美国俄克拉荷马大学荣誉人文科学博士。1955年出任国民党中央党部第四组副主任，主持文宣事项，三年后调任中央设计考核委员会委员。1969年出任国民党中央委员会副秘书长，参与国民党中央幕僚作业。后任“国家安全会议顾问委员会”委员。1967年后任国民党中央党史委员会主任委员兼台湾故宫博物院管理委员会常委，台湾大学三民主义研究所教授，国民党十一、十二届中央委员。1993年2月后，连任台湾故宫博物院院长。

成的“夫人派”，还是有着很大的影响力，除了沈昌焕、秦孝仪★等人，留美派的叶公超、尹仲容等都对宋美龄言听计从。

当时有人做了一个非常巧妙的比喻，把台湾国民党当局的仕途路线，按医院分科的方式分成四种，即“内科”“外科”“妇科”“儿科”。要想往上爬，舍此四科则无门。

所谓“内科”，当然是指大内的“皇上”蒋介石了，因为“内科”领域十分广泛，无疑是能治百病的首席大科，走“内科”路线无疑要千方百计接近蒋介石；“外科”是指走外国路线（其实就指美国）的人而言；“儿科”则是指去巴结“太子”蒋经国的那些门下客；而走“妇科”路线的毫无疑问是说想依靠着蒋夫人宋美龄往上升的人们了。

从上述四科来看，唯有宋美龄没握有党政实权。随着台湾政局的发展，蒋介石传位给蒋经国的形势日渐明朗，“外科”和“妇科”的效力终究敌不过“内科”和“儿科”，宋美龄为了表示支持蒋介石传子的“大计”，渐渐地退出了台湾的权力核心。

官邸里的教堂

到台湾后，生活环境相对稳定后，进入晚年的宋美龄愈发对上帝虔诚起来，她愈发相信祈祷的力量。宋美龄不光和蒋介石夫妇俩搞一些基督教的活动，还把周围的一些人和官太太们都发动起来，组织起了规模不小的祈祷会，经常在一起活动。

∧ 20 世纪 50 年代，蒋介石与宋美龄在一起。

经历了国民党政权在大陆的溃败，宋美龄非常痛苦，她时常自问："我个人做错了什么，或是做得不够？为什么共产党会居优势，我现在能做什么？"答案非常简单。宋美龄认为，过去"我按照自己的心意与方式做事，并求上帝协助，但未曾顺服在他的旨意中成为他的器皿。我用神，未曾容神用我，未曾专为他而服事"。因此她考虑成立一个祈祷会。

20 世纪 50 年代初，宋美龄在台湾她身边经常一起聊天的官太太的小圈子内发起了一个祈祷会，把恢复所谓"自由"与"和平"的希望寄托在上帝身上。她深信："一条绕遍全球的，

∧ 抗战时期宋氏三姐妹合影。宋氏兄妹中，除了宋庆龄，其余都虔诚地信奉基督教。

由各地祈祷会所组成的锁链必能有助于世界和平的建立。这种锁链比任何宣传还要有力量。”

由于受家庭的影响，宋美龄从小就有坚定的基督信仰，在自己感到非常困难的时候就希望得到基督教力量的帮助。不过以前年轻的时候她还经常把这一信仰当成社交手段，不论她走到那里，都对外国传教士和妇女俱乐部演讲。

当时的教会人士看到他们在中国的地位由于蒋介石政府的保障而不断加强，自然感激不尽。他们开始把宋美龄看成是基督教的守护神。可实际上宋美龄那时遇事还是喜欢凭理智的判断，而不去求教于上帝。因为她确信基督是神，耶稣来到世间是为了要替人赎罪，但是这对她并没有多少意义。

当然宋美龄知道她母亲倪桂珍的看法与自己不同，她母亲与上帝非常接近。她用许多时间祈祷，与上帝交流。宋氏兄妹中除了宋庆龄外，都是虔诚的基督徒，并且相信母亲与上帝更接近，每当他们遇到困难，必去母亲面前，请她为他们祈祷。在倪桂珍看来，祷告上帝不仅是请求他祝福她的子女，更是等候他的旨意。倪桂珍按照上帝的箴言生活，公正行事，爱慈悲、谦卑地与他同行。倪桂珍常常向宋美龄强调：她不应当要求上帝做任何能伤害别人的事。

∧ 晚年的蒋介石在士林官邸。

偏居台湾小岛，年纪渐老的宋美龄开始像她母亲一样贴近上帝。有一天，当她读到《约翰福音》第19章叙述耶稣被钉在十字架上，兵士用枪刺他的肋旁，有水和血流出来那一节，特别受感动。尽管以前读过多次，但这一次她却哭泣不已。虽然作为“第一夫人”的她有着丰富的人生历练，但是圣灵在心中激起的感动，使她体认到基督在十字架上为世人承担的一切。

宋美龄觉得自己感受到一种极大的忧伤，同时混合着一种极大的解脱，认为这是她亲身体会到的一次圣灵“重生”的经验。后来，她亲笔记下了那份感动：“我难得哭泣，因为我们自幼便学习不让感情流露，但这是一阵急流，是洪水，我无法自制。”从此她不但理智上相信她的“主”，而且与“主”建立了亲切的个人关系。宋美龄曾引用《圣经》说明自己的这种新感受：“若有人在基督里，他就是新造的人，旧事已过，都变成新的了。”

此后，宋美龄相信自己与上帝之间的距离大大拉近了，她觉得自己的祈祷会像母亲的祈祷一样有力量。她不仅希望上帝帮助自己，也希望他能帮助蒋介石，来实现“反攻大陆”的最大心愿。

∧ 蒋介石的书房里挂着其母王氏的遗照。

蒋介石此时由于年纪的变老，信仰也越发虔诚。初到台湾时，蒋介石身体健康，他一大早起来，就是读《圣经》、祈祷、唱圣歌，即使在病中，也从未中断。这方面，蒋介石完全履行了他结婚时向宋美龄母亲做出的承诺。蒋介石做事的恒心超出常人，对《圣经》的研读比宋美龄还认真。虽然宋美龄的书房桌上，也摆着《圣经》《教义》之类的灵修书籍，但她却没有像蒋介石那样勤快，更没有像蒋介石那样沉迷于灵修书籍的研读。

蒋介石的书房里，挂了三张照片，右边进门的地方是耶稣基督的画像，对面是他的母亲王太夫人的遗照，书桌的正上方，则是国父孙中山先生的遗像。每天早上做完宗教仪式后，他就进自己的房间，先后到孙中山、王太夫人、耶稣像前脱帽一一行礼致敬。

宋美龄不像蒋介石那样注重仪式，她有自己的一套宗

> 张群（右）与蒋介石次子蒋纬国在一起。在蒋介石、宋美龄的影响下，国民党元老张群也笃信基督教。

教观，她曾说过："按天性，我不是宗教家，至少不是一般人所谓的宗教家。我的个性不喜欢玄虚，而爱好实际，我很重视世间事物，有时或许重视得有些过度了……"

为了证明上帝的存在，宋美龄还在她的文章中又提起过1936年发生在"西安事变"中，蒋介石某天读经时，领悟到上帝派来女人拯救自己的事。通过这件事，宋美龄认为，既然曾接到过上帝的指示，那么，她与蒋介石坚信上帝，做个忠实的基督徒就不足为奇了。

在这样的情况下，以蒋介石夫妇为中心，在官邸聚集起了一批高官及家属的基督徒。当时"总统府"秘书长张群、台湾财经两"部""部长"李国鼎，都是虔诚的基督教徒，宋美龄与他们的夫人同属"基督教妇女祈祷会"的核心人物，交往比较密切。

宋美龄的化妆室里挂了一幅英文写的基督教义，大意是：上帝要我到地球上来只有一次，所以我要能够帮助别人，我能够帮助人类做的事情，我一定要做完，决不推辞。这幅字是正正中中地挂在她的化妆室中，每次她要化妆时一定会将这幅字看一遍。

为了让更多的人相信基督和参加祈祷会，宋美龄不仅亲力亲为，还经常要费心费力地劝周围的人们都入教。像以前信佛教的杜月笙太太姚玉兰女士，还有张学良以及张学良夫人赵一荻都是在宋美龄的影响下信了上帝。

对张学良，宋美龄还特别关照，除了专门为张学良聘请周联华先生教授《圣经》，还请了曾约农先生教授国学，董显光先生教授英文。

当时的张学良在体力和精神上都大为好转。赵四小姐在张学良被禁闭时，和他住在一起。张学良情绪很好，有各种报刊可读。1964年7月4日，张学良和赵四小姐补行了婚礼。他们之所以在同居三十多年后还要补办一次正式结婚手续，除了要在法律上取得夫妻的地位以外，主要还是受了宋美龄的影响。宋美龄认为作为虔诚的基督徒，受洗之前，张学良与赵四小姐需有正式婚姻关系。

★张学良（1901～2001）

国民党高级将领。辽宁海城县人。早年毕业于东三省陆军讲武堂。1922年，任东三省陆军整理处参谋长。1928年6月任东三省保安总团长，同年12月摆脱日本控制，举行易帜，宣布归顺南京国民政府。旋即被南京国民政府任命为东北边防军司令长官。1934年任鄂豫皖“剿共”副总司令。1936年12月12日与杨虎城发动兵谏，迫蒋同意停止内战，共同抗日。促成国共两党第二次合作，12月25日亲自送蒋回南京，旋即身陷囹圄，失去自由。1946年被秘密押至台湾监禁，后居台湾、美国，2001年10月14日在檀香山逝世。

∧ 晚年的张学良。

此后张学良就正式皈依了耶稣基督，“而且愿意奉献一生来传播上帝的意旨”。张学良夫妇也是士林官邸凯歌堂的会员。

张学良决定献身传播福音的事业，而这一决定又和宋美龄有直接的关系，所以当他和妻子离婚手续办妥，与赵四小姐正式结婚的婚礼上，宋美龄是少数几个观礼的嘉宾之一。

宋美龄在生活方面对张学良★是比较关照的。张学良曾对访谈者说过，蒋介石当年是想杀他的，而宋美龄则是保护他的。这大概是她觉得愧对张学良而应有所补偿的缘故吧。

杜月笙的太太姚玉兰女士生长于戏剧世家，信了基督教后，常在宋美龄的祈祷聚会中唱诗，她出众的嗓音还为祈祷会增色不少。

> 晚年的张学良与夫人赵一荻。

宋美龄告诉会友们："从现在开始，我希望能有一个祈祷会。我重述基督的允诺，若有两三个人奉他的名聚会，他就在那里。假如他们同意，我们将一同为中国的命运及全世界祈祷。"

当时的官太太们也有一些是本来就信教的，但有些是为了接近宋美龄才参加的。她们的祈祷会在每星期三下午举行，开始坚持了五年，从未间断。刚开始时，每个人都感到局促不安。因为她们中间有许多人从来没有大声祈祷过。但据说后来有了一刹那间圣灵真与她们同在的感觉，有时还充满了全室，她们之间就再也没有陌生感了。

她们通常先默祷两分钟，然后唱几首大家喜欢的赞美诗。主持人读一段经句，叙述她本人的灵性的做证与经句的关系。然后全体讨论。随后各位会友请求大家为某事或某人祈祷。大家都虔诚地跪下，在受圣灵感动之下依次祷告。每次约做三四个祈祷。没有严格的程序。她们认为自然变化能促进热心。但在结束时她们必定为"中国的将来及世界和平"祈祷，愿上帝的旨意实现。

当年蒋介石和宋美龄在官邸做礼拜可谓是盛大聚会，热闹非凡，有不少人虽然不是基督教徒，却以被邀请参加士林官邸的祈祷会为荣。

由于蒋介石夫妇都非常虔诚地信奉基督，还专门在士林官邸内修建了一个教堂，命名为"凯歌堂"。据说是源自抗日战争胜利还都南京时，为纪念凯旋而命名的。修建了礼拜堂后，蒋介石和宋美龄做礼拜可谓是风雨无阻。

凯歌堂盖好后，星期天的礼拜活动对台湾当局来说也是一件很重要的事情。为了安全，还要专门发通行证，并且布置严密的警卫系统，搞得像重大政治活动一样。凡是当时的党政要员们都在应邀之列，大家都清楚，如果要在官场生存和往上爬，就要紧跟老蒋，"总统"信教，大家也必定紧跟潮流一起信教。

因为宋美龄本身对宗教活动很热心，所以经常陪她的一些官太太们，也不得不装作乐此不疲。当时的宋美龄除了士林官邸凯歌堂的礼拜活动，还有"妇联会"每周一次小型祈祷会。

在“妇联会”活动频繁的时期，宋美龄也是每个礼拜都不会错过。一些“妇联会”喜欢搞关系的夫人们，也积极参加，很少缺席。这种情况一直延续到20世纪60年代末期。

1969年的阳明山车祸使宋美龄身体受了严重外伤，后来调养了好一阵子。从这个时候开始，宋美龄就不再坚持每次都参加礼拜活动，特别是像凯歌堂的礼拜。有时候，比如她前一天睡晚了，第二天起来没什么精神，便嘱咐属下说：“告诉先生，说我身体不舒服，礼拜我不去了。”

宋美龄因为身体的缘故，减少了去做礼拜的次数。有些官太太见到宋美龄不去做礼拜了，人也慢慢减少，最后留下来的，只有那些对宗教真正有兴趣的人，所以凯歌堂做礼拜时，就越来越冷清了。

当时蒋介石和宋美龄还在各地大力盖教堂。20世纪50年代，不但在士林官邸的凯歌堂礼拜活动从不中断，而且为了在蒋介石和宋美龄到各地度假时可以照做礼拜，在有些重要的度假地方，也盖起了专用的礼拜堂。像日月潭就建有这样的教堂。

1962年，宋美龄的大姐霭龄和姐夫孔祥熙回到了台湾。孔祥熙本身也是基督徒，他出钱在台湾的梨山修建了一所教堂。破土动工那一天，蒋介石、宋美龄与大姐宋霭龄全到齐了，由牧师周联华负责在梨山筹备破土动工典礼。

周联华牧师请梨山教会的牧师临时帮忙组织一个唱诗班。唱诗班组成后却提出一个条件：“我们可以为你们唱诗，你可不可以请‘总统’证道。”这下子可叫周联华十分为难。不过当时的蒋介石对基督教热情很高，在典礼快要结束时，蒋介石还真的走到当地人组成的唱诗班面前开始证道、训话和鼓励。

不过等日月潭的那座教堂建好之后，蒋介石的身体状况却一天不如一天，他已经不能再到各地度假，当然更不可能再到各地的度假地点做礼拜了。

周联华牧师是1954年从美国南部浸信会神学院获神学博士后回台湾的，并在台湾浸信会神学院任教，不久，就有人找他去凯歌堂，以后每隔一星期去凯歌堂讲道一次。直到1966年，他才担任凯歌堂的专任牧师和祈祷会监督。

< 晚年的蒋介石夫妇热衷于礼拜布道。

∧ 受宋美龄的影响，蒋经国的儿子蒋孝勇很小的时候便成为一名基督徒。

∧ 蒋孝文之妻徐乃锦亦信奉天主教。

担任士林官邸凯歌堂牧师30多年的周联华自称完全以平常心面对在凯歌堂礼拜的国民党权贵人物，包括蒋介石、宋美龄和他们的家属、心腹和下属。周联华说："我从未感觉我是'宫廷牧师'。"他说："他们都是上帝的子民，我从未想要为他们准备'贵族'信息。"

在蒋介石和宋美龄的影响下，蒋家的子孙也都或多或少地接受了基督教信仰。

蒋经国到台湾后，也经常跟着蒋介石到教堂做礼拜，不过到晚年时，就不再去教堂了。蒋经国的夫人蒋方良做什么事都是跟着丈夫的，丈夫不再去教堂，她也跟着不去。但蒋方良一直保持着祷告习惯。到美国以后，其子蒋孝勇还曾很费心地帮她找了两本俄文《圣经》。

蒋孝勇从小就随着祖父母上教堂，10岁时就应他们的要求，在凯歌堂受了洗礼。然而，起初他对于基督信仰并不十分坚定。18岁生日时，蒋经国送他一本《圣经》，里面写着"望日习之"。他说："我曾经把《圣经》整个读过三遍，以后就有好长一段时间不碰《圣经》。"

蒋介石去世不久，有一天晚上蒋孝勇陪着宋美龄，当时两人看着窗外的枝叶在风中摇曳起伏。宋美龄对这个比较喜欢的孙子说："上帝就像这风一样，你看不见风，你只能看到风所造成的影响。"这令蒋孝勇大有感悟。

不过蒋介石的后辈并非全部信仰基督教。蒋家这方面其实也是有自由的。蒋经国的大儿子蒋孝文终其一生没有宗教信仰，大儿媳徐乃锦则是天主教徒；二儿子蒋孝武虽然小时候和蒋孝勇同时受洗，长大之后却信了佛教。不过蒋孝勇的姐姐蒋孝章，是很虔诚的基督徒。

人到老年，倍感孤单，尤其是像宋美龄，身边的亲人走得都比自己早，可以说是虔诚的宗教信仰帮助她度过长长的后半生。蒋介石去世后，宋美龄到美国一住就是近11年。在这期间，她的生活是很寂寞、平淡的。除了孔令侃、孔令仪等少数人外，每年会客不过十多次。多数时间是待在长岛别墅的家中。在这漫长的十余年间，幸而宋美龄是个虔诚的基督教徒，有耶稣可以为她做伴。

1986年，回到台湾的宋美龄更是保持了一个虔诚的基督徒的本分，她对读经、祷告、聚会、见证等活动从来没有间断过。除一星期中在士林官邸的凯歌堂祈祷或阅读《圣经》占了两小时，周联华牧师每天不间断地主持教堂圣事，并分别以中、英文讲解教义。而每周三和周日，蒋纬国以及“孝”字辈的家人们，都会齐集在凯歌堂做礼拜并聆听讲道，而每周两次与家人聚会，也是宋美龄最开心的时刻。

1991年，对台湾政局失望的宋美龄再次前往纽约长住。当时已过90高龄的宋美龄生活更为单纯，信仰更加虔敬，每天早晚仍然读《圣经》，每日依旧祷告。这期间，宋美龄连续遭逢多位至亲去世的人间至痛。白发送黑发，在最悲伤之际，她所赖以面对人生巨大不幸的，仍然是神的恩典和上帝启示。她坚信，一切都是上帝的旨意，任何时候，都有上帝与她同在。她曾撰文指出，基督徒的灵性与悟性是不得停在某一点的，确实需要不断更新成长，不然就会退缩而跌倒；而不断热诚祈祷追求上帝光亮的人，信心会像鲜花般不断绽放，内心会体会到更宽广、更深切、从未体验的喜悦。

圆山饭店和华航的掌门人

圆山饭店是台湾著名的高级饭店，在当时曾是接待外宾的最豪华酒店。它位于台北市郊的圆山山麓，建筑雄伟，傍基隆河和剑潭，主体楼高14层。饭店的整体设计都是模仿明清时期的宫廷式建筑，因为与普通饭店的设计和风格上有明显不同，当时圆山饭店被人称作台北的“紫禁城”。

圆山饭店既非国营，也不是私人所有，它是由宋美龄掌管的。

当初，圆山大饭店是由蒋介石的士林官邸出面向台北市银行借贷两亿台币兴建的。它的实际控制者一直是宋美龄，不过日常出面进行管理的则是宋美龄视同己出的“孔二小姐”孔令俊。

圆山大饭店最早在20世纪50年代初开始建造。蒋介石和宋美龄建造圆山饭店的目的主要有两个：一是由于当时美国军事援助国民党当局，台湾有许多美国人，为了招待好这些长住的美国人，让他们在台湾能够吃得好、玩得高兴，以示美台关系的密切程度；二是当年国民党撤退到台湾，经朝鲜战争后，台湾局势日趋稳定，蒋介石和宋美龄为了打开台湾的“外交”局面，也需要建造一个像样的饭店，接待外国宾客。

为此，宋美龄让自己的亲信黄仁霖负责圆山饭店的筹建。不过黄仁霖当时负责的主要是从银行获得贷款。其后主要是孔二小姐负责筹办饭店。孔二小姐在接到宋美龄的指令后，几乎是全身心投入。所以圆山兴建的蓝图，实际上是孔二小姐做决定，圆山整个建筑构想、发包、建筑监工等，孔二小姐都事必躬亲。

< 蒋经国的后辈中，只有女儿孝章是个虔诚的基督徒。图为蒋孝章与蒋经国的合影。

> 由于宋美龄一生不曾生育，所以十分疼爱孔令俊并视为己生。这是蒋氏夫妇与儿时的孔令俊。

圆山大饭店是台湾最早的国际观光饭店之一，在国民党“外交”迎宾史上扮演着重要的角色。它与台湾的政治、经济、历史密切相关。

宋美龄让黄仁霖借款两亿台币后，一直未曾归还。“台银”由于是债权银行，因而特地组成了一个“圆山大饭店管理委员会”，由“台湾省府主席”担任主任委员。不过，由于圆山大饭店的后台是宋美龄，这个管理委员会是不可能发挥什么作用的。

圆山饭店当时的真正掌门人是宋美龄。经过几期改建的圆山饭店，为台湾的对外形象争了不少面子。对此宋美龄的确花了一番心血。

宋美龄对圆山饭店的各方面设施和装修要求很高。1960年，刚刚经过修整的圆山饭店十分引人注目，宋美龄突然看到饭店飞檐上的琉璃瓦颜色不对，下令全部换掉，一下子花掉台币2,000万元。

∧ 孔令俊旧照。蒋介石去世后，孔二小姐一直陪宋美龄住在美国，但是圆山饭店仍在她的掌控之中。

尽管圆山饭店的建成为当年的台湾争光不少，但事实上从建造之初就麻烦不断。圆山饭店刚建造时，第一个提反对意见的就是台湾的“安全局”，因为“安全局”的大本营就在圆山山脚下的剑潭旁，所以“安全局”的反对理由是如果站在建好后的圆山饭店新大楼往西侧望去，就可把“安全局”的一切尽收眼底。

当时主管“安全局”的正是蒋经国，于是有人就想通过蒋经国向上提意见。蒋经国当然知道圆山饭店的一切是宋美龄一手操办的，他也不想在这种事情上起争执，于是最后只好以“安全局”搬家了事。

除了“安全局”，台湾的民航也表示了反对意见。由于圆山大饭店处在飞机飞行的航道上，尽管它只有14层楼的高度，但其高度还是超过了台湾“民航”的有关规定，可能会对飞行安全造成影响。当时台湾“民航局长”毛瀛初就坚决反对把圆山饭店造得那么高。但结果是飞机飞行让位于饭店建筑，因为这是宋美龄和孔二小姐的杰作，所以，“民航局长”的意见只能是说了也白说，圆山饭店照旧按原设计建造，最后只剩下让飞机改航道这一种选择。

到了1972年8月，由于蒋介石病重住进了台北的“荣民总医院”，宋美龄为了尽心照顾蒋介石，于是，她就把圆山饭店的大权交给了她最信任的外甥女孔二小姐。从此这里又成了孔二小姐的天下。

蒋介石和宋美龄都把圆山饭店当过自己的私产。1973年，圆山饭店的主楼竣工之后，正赶上日本与台湾“断交”而与中华人民共和国建交，这一事件使蒋介石异常气愤，为表示对日本政府的强烈不满，蒋介石下令，不准日本人住圆山饭店，因为圆山饭店是当时台北档次最高的一家饭店。一直到了1975年4月5日蒋介石去世以后，此项规定才算不了了之。

圆山大饭店的产权归属从来都是一笔糊涂账。当时的说法是饭店的设备和建筑都归宋美龄所有，但下面的地皮则归“政府”所有。这在蒋介石父子掌权的时代，没人敢对此有什么不满。随着蒋家势力在台湾日渐衰落，圆山饭店就成了台湾各界的众矢之的。1992年9月，更有台湾省“议员”对圆山饭店的产权问题公开提出质询，要求圆山饭店尽早走出特权的阴影，将其产权一元化。不过此时的孔二小姐依然是我行我素，在圆山饭店一手遮天。自她接手以来，圆山饭店的经营和管理状况并不理想，而原因竟然是孔二小姐怕吵，所以她不希望有太多的人来住饭店，再加上她独断专行的经营方式，致使圆山饭店连年亏损不断。不过虽然亏损，但由于有宋美龄和孔二小姐的庇护，圆山饭店却照常能够经营下去，并且保持着自己的特殊地位。

∧ 俞国华与陈立夫握手致意。

蒋介石去世后，孔二小姐陪宋美龄在美住了很长时间，虽身在海外，但圆山饭店仍像是私家财产，孔二小姐时常把她喜爱的圆山饭店所做的食品空运到美国。尤其是逢年过节，孔二小姐会让饭店替她准备好多食品运往美国，以便她拿去送人。据知情人透露，每年春节，圆山饭店为了赶制孔二小姐所要的食物，至少要忙上一个月的时间。

所以在很多台湾人的眼里，圆山大饭店是特权的象征，一直受着特权的保护。

∧ 蒋经国（左二）与李登辉（左一）等人在岛内视察。

宋美龄还在大陆时期就当过航空委员会的秘书长，掌管过空军，到台湾后，宋美龄又在台湾的“中华航空公司”扮演过重要角色。

“中华航空公司”成立于1959年。刚组建时的投资总额为20.7亿元台币，均由国民党官方垫付。当时人员的配备，主要是国民党空军官兵以退役或停役的方式调用的。

尽管台湾当局一直宣称“中华航空公司”是一个民营企业，但其性质也和圆山大饭店类似，实际上还是“公营”特权的象征。

“华航”虽然从组织上说是一个公司，但与公司体制不同的是，在台湾的官方，还有一个由高官挂名的“华航小组”。该小组最早的召集人是台湾第六届“行政院长”俞国华，后改为国民党中常委、曾任过国民党“交通部长”、“行政院”副院长的连战担任。但是这个“华航小组”其实也不负责监督和管理“华航”，它的职责只是负责帮助“华航”解决财务问题而已。实际上“华航”的掌门人，还是蒋夫人宋美龄。

因为有国民党高层的“华航小组”解决财务问题，还有“交通部”和“民航局”编列预算维持运营。所以“华航”尽管负债惊人，还是照旧经营。实际上它就是一个特权公司，也可以算是国民党经营的公司。

在财务上，国民党“交通部”下辖有一“民航局”，“民航局”又设有一个民航事业作业基金项目，这个基金的最主要的任务就是协助“华航”。假如“华航”需要更新民航机队，出面向外国飞机制造公司购买飞机的资金，则是“民航局”从国库拨款而设立的民航事业作业基金先垫付，然后，再以低廉的价格租给“华航”使用。这等于是台湾当局出资本，而由“华航”做生意，而且即使亏损也无妨，因为有官方可以依赖。这种不计盈亏的特权生意，人人都可以做老板。又如，由于“华航”经营无方，亏损累增，“民航局”就用基金收购“华航”的飞机修护栅，但是仍然租给“华航”使用。截至1987年，“华航”已连续亏损十年。据估计，仅“民航局”的民航事业作业基金，为了“华航”已经亏损了100亿元“台币”以上。

而“华航”之所以能够具有这种特权，也是得益于“空军之母”宋美龄。几十年来，宋美龄视国民党空军为己出，因此，自“华航”出世以来，宋美龄即实际进行着幕后的掌管，她可以说是实质的董事长。

“华航”的董事长与总经理的人选均来自蒋介石和宋美龄的士林官邸。直到20世纪80年代后期，“华航”人事权仍属这个“最高当局”。而宋美龄直到80年代仍然对“华航”的最高人事权有决定性的影响力。比如当年的王锡爵驾机“叛逃”事件，就是宋美龄保住了“华航”董事长乌钺的职位。

1986年5月3日，“华航”的驾驶员王锡爵驾驶着波音747型飞机投奔大陆，在广州白云机场降落。这件事在台北造成了极大的震动。在蒋经国的“弹性”政策下，海峡两岸打开僵局，四十年来第一次在香港展开了面对面的历史性谈判，大陆方面顺利地把飞机送回，除王锡爵外，两位机员也返回台北。

王锡爵是四川遂宁人，1949年，随当时就读的国民党航空学校迁往台湾。1963年，作为第二批队员进入“黑猫中队”，退役后进入“中华航空公司”当驾驶员。在“黑猫中队”服役期间，他曾多次飞入大陆上空侦察，1964年，他的队友李南屏被击中那天，他也正在大陆上空活动，差点丧失性命。当时他是在福建上空侦察，曾一度接近了福建漳州的导弹阵地，谁知就在导弹接电准备的紧要关头，他的飞机改变航向飞走了。

“黑猫中队”是20世纪60年代国民党空军U2型侦察机的专门队伍，挑选飞行员的条件是非常严格的，必须有3,000至4,000小时的飞行经历，军衔在上尉与上校之间，性格沉稳，飞行理论扎实。由于工作压力大，保密性强，负责侦察任务的美方和国民党空军还规定：“黑猫中队”成员在出满10次任务后就“转业”调到其他部队，其理由是避免飞行员长期过度疲劳，同时也是防止他们一旦被大陆俘虏泄露过多的机密。

在台湾当局处理王锡爵投奔大陆的事件中，有许多人受到牵连，总经理刘德敏等都被罢了官。唯有董事长乌钺单独获得留任，其原因在于，乌钺曾经为宋美龄开过飞机并备受赏识。当时还在美国的宋美龄曾为此事说过：如果没有绝对的过失，不必要他去职。还问了一句：乌钺犯了什么事？为什么责任要他承担？在宋美龄的插手下，乌钺得以照坐“华航”的宝座。

宋美龄对国民党空军、台湾的“民航”享有特权，当然用起飞机来也如同自家的一样。为此，还引起过台湾舆论的一场风波。

1991 年 9 月，宋美龄乘专机赴美，专机当然也是由“华航”提供。此时蒋经国已去世两年多，台湾不再是蒋家的天下。于是有人开始进行指责，说宋美龄只是“先总统”蒋介石夫人而已，在台湾政界没有任何公职，凭什么坐专机？还有人指出根据卸任“总统”优待条件，也没有要照顾遗孀这一说。有人更是向台北地检署控告宋美龄可能涉嫌侵占公家资源，而“华航”涉嫌图利他人。

当时李登辉等大小官员都曾到机场送行。对此有人说他们是利用上班时间擅离职守至机场送行，要求予以追究。当时那些人的理由是：宋美龄虽然是蒋介石的遗孀，但只是一位未具公职身份的“平民”，至多只是人民团体中国民党的评议委员，与当政者外出访问不能相提并论，不宜也不应由官方派遣“华航”专机护送赴美疗养，因此有关单位应追查专机及随行人员的一切花费，究竟是私人支付还是公家支付。有人还举了美国的例子说，美国现任总统夫人虽然贵为第一夫人，也不能单独使用总统座机或座车，何况目前的宋美龄什么身份也没有。他接着说，不久前，美国一位部长因搭乘政府专机从事私人联谊活动，即在美国上下引起一场轩然大波，以此事为据，宋美龄坐专机也该追究！至于台湾当局官员齐聚送行之事，其花费也应向民众交代清楚。

一时间，宋美龄离台乘专机一事在台湾被新闻媒介炒得沸沸扬扬。不过宋美龄早已安居在纽约长岛的寓所，不再理会台湾的纠纷了。

“退出”联合国

经过 20 世纪 50 年代的平静期后，蒋介石在 60 年代初开始又重新叫嚷起“反攻大陆”来了。当时的大陆经过三年天灾人祸，又和苏联交恶，这一切都让蒋介石兴奋不已，而美国总统换人，也让蒋介石感到有必要抓住一切机会。

美国新当选的总统肯尼迪此时正在重新考虑对华政策，他上台前曾说过：他坚信美国必须保卫台湾，但应划一条清楚的防线，他一直认为金门、马祖对防守台湾并非必不可缺，美国防线应仅仅划在台湾本岛周围。肯尼迪的主张，令台湾当局十分不安，蒋介石还进行了不点名的批评。

肯尼迪上台后，虽然在改变对华政策方面仅仅迈出了一小步，但也令蒋介石忧心忡忡。所以，蒋介石想再度点燃海峡战火，牢牢拖住美国。对于蒋介石来说，获得美国的支持是至关重要的。

∧ 国民党元老张群（左）与蒋纬国在一起。

1962年，肯尼迪遇刺身亡，约翰逊接任美国总统。蒋介石暂时可以松一口气了，因为美国人不再施加压力要他从金、马撤军了。

此时的宋美龄又兴起了访美的念头，她需要及时打探美国新总统的对台政策动向。宋美龄始终认为自己在美国还是有一定的影响力的，加上在美国居住的众多亲朋好友，应该再去走访一下，可以为蒋介石的台湾当局活动一番。现在正好遇到约翰逊接替肯尼迪的机会，宋美龄决定乘庆贺就职礼之便，提出访美请求。

经过在美国政界朋友的活动，宋美龄安排好了比较满意的日程。但是令宋美龄感到意外的是，约翰逊总统突然以“不欲铺张，一切从简”为由，谢绝了蒋夫人宋美龄的前往道贺，访问只好取消。宋美龄未曾料到，美国人竟把自己在台湾的盟友拒之门外。

正在宋美龄心里气愤的时候，台北《大华晚报》还登出了宋美龄即将访美的消息，让她更是感到丢脸。原来该报的一名记者偶然在蒋介石秘书秦孝仪的办公室里看到了一个字条：蒋夫人即将于某月某日某时，乘“中美号”飞机，先飞夏威夷，然后改搭美国飞机赴华盛顿访问。访问日程除参加约翰逊因肯尼迪被刺而继任总统的就职礼外，还列有到联合国演说等项议程。

这样的重要消息对于一个新闻记者自然是意外收获，于是该记者很快写成新闻，赶回报馆向总编辑报告。台湾的新闻媒体历来对蒋介石夫妇的行踪最敏感也最谨慎，当总编问清消息来自秦孝仪办公室之后，才同意予以发表。

这样消息一经刊出，又适逢约翰逊拒绝宋美龄访美，让宋美龄大为震怒，认为这是故意出她的“洋相”，有意让她下不了台。蒋介石也很恼火，表示要封闭报馆，并下令严查。但是最后查实消息来自蒋介石的秘书秦孝仪，蒋介石也只好以逮捕报馆的总编和当事记者、关闭报馆了事。

后来还是国民党元老张群*向蒋介石进言：“如果只为夫人不能访美的事而关一家报社的门，岂不有损夫人的清誉？”宋美龄和蒋介石火气消了，也觉得有些道理，报社才得以保住，只是象征性地停刊一两天以示惩罚。

1962年访美被拒，宋美龄只好暂时打消了访美的念头。约翰逊总统对台湾不太重视，和曾经亲自到台湾访问的艾森豪威尔完全不同，台、美关系日渐冷淡。

蒋介石对此心急如焚，他知道没有美国的支持，自己不要说“反攻大陆”，连保住台湾都很困难。宋美龄自然很清楚这样的形势，为了讨好美国人，在接受美联社亚洲区总经理尤恩森专访时，宋美龄大力称赞约翰逊总统对越南的“立场坚定”。1965年4月15日，宋美龄的讲话在美国被公开发表。

1965年8月，蒋介石派宋美龄到美国进行长期访问。这也是宋美龄最后一次以“第一夫人”的身份出现在华盛顿。

1965年8月，宋美龄定下了访美的行程。公开的说法是为答谢约翰逊总统于1961年5月14日、15日以当时的副总统身份赴台与蒋介石三度聚谈之行，以及1963年11月约翰逊继任美国总统后对台湾的支持，宋美龄即将赴美访问。

宋美龄于1965年8月22日自台北赴美。9月7日，她乘专列从纽约来到华盛顿，受到国务卿腊斯克夫人的欢迎。宋美龄乘高级轿车来到专门为她租用的豪华饭店。几乎同时，作为蒋介石着力培养的接班人蒋经国也应邀访美。

***张群（1889～1990）**
国民党元老。四川省华阳县人。保定军官学校、日本陆军士官学校毕业。早年加入同盟会，后投靠蒋介石。历任国民革命军总司令部参议、军政部政务长兼兵工署长、湖北省主席、外交部长、中央政治委员会秘书长兼外交专门委员会主任委员、军事委员会秘书长、行政院长、西南军政长官等职。赴台后，任国民党中央评议委员。1954年出任“总统府秘书长”。著有《中日关系与美国》《对日言论集》等。

∧ 宋美龄最后一次访美期间与美国总统约翰逊夫人握手。

＞ 约翰逊总统夫人在白宫招待来访的宋美龄。

到达华盛顿的当天，她在台湾当局驻美“大使”周书楷的陪同下在“大使馆”接见了台湾驻华盛顿所有官员及眷属，而且时间很长。此时的宋美龄显得相当谦逊，以至于有人形容她“彬彬有礼、态度亲切，毫无炫耀第一夫人的官态，像是一位和蔼可亲的学者与人交谈”。

但是宋美龄在出行和住宿方面仍然要摆“第一夫人”的架子，她在华盛顿租用了豪华公寓，租金是24,000美元，只不过仅仅住了一个多月的时间。

约翰逊政府以“元首夫人”礼节接待了宋美龄，宋美龄终于有机会再次踏上白宫的红地毯。随后台湾“大使馆”为她举行了有1,500名重要的政客和“院外援华集团”的游说成员参加的招待会。宋美龄成了招待会当然的主宾。

在华盛顿期间，宋美龄与美国各方要人频繁接触。不过最重要的还是和约翰逊总统夫妇的见面。约翰逊总统夫人亲自用茶点招待宋美龄，约翰逊还特地步行至其夫人办公室与宋美龄密谈了20分钟。

宋美龄在和众多美国政要的谈话中断言，只要美国向台湾的国民党当局提供武器，国民党就能“独自收复”中国大陆，而不需要把美国拖入战争。蒋介石在会见美联社的记者时也

∧ 1956年9月，美国总统约翰逊在白宫接见到美活动的蒋经国。

强调："我们可以利用自己的力量反攻大陆，没有必要求助美国的军队。我们不想让美国卷入任何战争。在中国大陆，它是我们和中共之间的事。一旦我们回到大陆，我们就有了足够的力量。"

但是这回美国盟友仍然没有答应蒋介石和宋美龄的要求，即使当时中国大陆已经拥有了原子弹，美国人还是不打算尽全力来帮助台湾岛上的蒋介石当局。

现实是无情的，美国人还是信奉实力为上，他们认为国民党想重返大陆根本不具有现实的可能性。对宋美龄来说，这次访美已是她"外交"生涯的回光返照了。只有一件事还令她自豪，即在访美期间，她应邀到她的母校韦尔斯利学院，向学生们发表纪念珍珠港事件的演说。她像当年一样侃侃而谈。

尽管宋美龄的演讲依然有丰富的情感和动人的词汇，但是美国的政要和民众已经对东方幻想不感兴趣了。听众们再也没有那么多的掌声和

∧ 1971年10月25日，第26届联合国大会通过决议，恢复中华人民共和国在联合国的一切合法权利。图为五星红旗在联合国总部所在地飘扬。

喝彩，记者们对宋美龄的访美只是草草写了一点报道，犹如昙花一现，再也没有什么轰动效应了。宋美龄最后一次的访美风头瞬间即逝。

失望之余，宋美龄又跑到曼哈顿大姐家的豪华公寓里住了下来，暂时不打算回台湾了。

当时已经69岁的宋美龄，健康状况不断出现问题。所以她在活动了一番后，就接受了治疗，并且从那以后，她的所有美国之行，大多是为了治疗疾病。她患胆结石多年，动过取石手术；之后，又因患了癌症，飞往美国，做了乳腺切除手术；其后不久，她再次匆匆赶往纽约，做了第二次乳腺切除手术。

宋美龄在美国养病之时还曾掀起过一场风波。1968年深秋，宋美龄看到《纽约时报》刊登了一条有关中国的消息，提到蒋介石一生曾有三妻一妾，宋美龄名列正妻第三。

宋美龄看后，自然非常恼怒。当台湾的驻美“大使”周书楷前来探病问安时，宋美龄命令他代表她前往该报要求更正。周书楷一听便知道这是个困难的差事，但因为这是蒋夫人之命，又不能不去。于是硬着头皮去报社交涉一番。

可是对方却是连美国总统都不买账的《纽约时报》，哪像台湾的报纸可以随便呵斥。周书楷去交涉，自然是没有结果。

自从1936年的“西安事变”后，几十年间宋美龄一直被妇女界列为世界十大名人之一。但是在1967年，一向和宋美龄关系密切的《时代》老板亨利·卢斯在浴室里死于冠心病后，宋美龄在美国的名流地位也就此告终。尽管她还不时地在传媒上亮亮相，可在美国报纸上，宋美龄的名字已经从头版转到了社会新闻版上，后来竟又转到了食物版上。

尽管如此，宋美龄在国民党败退台湾以后的二三十年里，借各种机会访问美国，为保证台湾当局的“利益”还是做出了很大的努力。

宋美龄前后多次赴美访问，其目的不仅是到美国各地去争取朝野各界对台湾当局的肯定和支持，还有一个同样重要的“使命”是阻止联合国恢复中华人民共和国的合法席位。尽管宋美龄在美国所受到的欢迎规格越来越低，对美国各界的影响也越来越小，但她在阻止联合国恢复中国的合法席位方面，确实在一定程度上起到了拖延时间的作用。不过随着时间的推移，这样的努力终于也归于失败了，1971年联合国终于通过了恢复中华人民共和国合法席位的决议，给宋美龄和蒋介石沉重的一击。

1971年10月25日，联合国第26届大会就中国代表权案进行表决，会议以76票赞成、35票反对、17票弃权、3票缺席通过了阿尔巴尼亚等23国提案，恢复中华人民共和国在联合国的一切合法权利，并立即将蒋介石集团的“代表”从联合国的一切机构中驱逐出去。

在第26届联大表决阿尔巴尼亚等国的提案之前，蒋介石为避免尴尬局面的出现，命令“外交部长”周书楷率台湾当局出席联大会议代表团先行退出联合国大会会场，并以宣布“退出”联合国表示抗议。

无论宋美龄的态度多么强硬，蒋介石夫妇和台湾当局长期担心也是最怕发生的事情还是发生了，从此台湾当局在世界上陷入了孤立。10月27日，蒋介石发表了《为联合国通过非法决议告全国同胞书》，在文章中说：“本届联合国大会，竟自毁宪章的宗旨与原则，置公理、正义于不顾，可耻地向邪恶低头，卑怯地向暴力屈膝，则当年我国所参与艰辛缔造的联合国，今天业已成为罪恶的渊薮。”“对于本届大会所通过此项违反宪章规定的非法决议”，“决不承认其有任何效力”。“我们国家的命运不操在联合国，而操在我们自己手中。”“（我们）对主权的行使，决不受任何外来的干扰；无论国际形势发生任何变化，我们将不惜任何牺牲，从事不屈不挠的奋斗，绝对不动摇、不妥协。”

对台湾当局来说，更糟糕的是被赶出联合国之后，几乎是在一夜之间，有20多个国家与台湾当局断了“交”，转而承认中华人民共和国。截至1973年2月，仅有39个国家与地区同台湾当局保持“外交”关系。到后来，只有30个国家与地区和台湾当局保持“外交”关系，这30个国家与地区多是一些落后的小国与地区。这个多米诺骨牌效应，使台湾的“外交部长”周书楷不得不惊呼：已有了无“外”可“交”之兆。此刻蒋介石也不得不承认，这是国民党“迁台以来的最大挫折”。

∧ 尼克松到台活动时与蒋介石、陈诚在一起。

其实，进入20世纪60年代之后，台、美“蜜月”关系便已结束了。

早在美国民主党人肯尼迪入主白宫以后，就开始改变前任总统重视台湾的政策。虽然肯尼迪仍宣称坚持艾森豪威尔对华政策的三条原则，即：（1）承认台湾为中国的“合法政府”；（2）拒绝承认中华人民共和国；（3）拒绝中华人民共和国进入联合国。但在具体做法上表现出极大的灵活性，特别是在中国大陆沿海岛屿与“反攻大陆”问题上，表现出明显的差异，并一直暗示蒋介石不要轻举妄动。

更令蒋介石和宋美龄难受的是，约翰逊继任美国总统后，对华政策又有了明显的改变。约翰逊之所以如此，是基于国际局势与国内形势的最新变化。当时的中国大陆已经与苏联交恶，1964年，国际上又发生两件爆炸性的新闻：一是中国第一颗原子弹试爆成功，使中国国际地位大大提高；二是法国同中国建交。美国国内受国际局势变化的影响，批评政府的对华政策的人日益增多。形势迫使美国政府扩展与中国大陆的关系，台、美关系逐渐变冷。

> 约翰逊就任美国总统后，在风云变幻的国际形势中，他选择了扩展与中国大陆的关系，使台湾处于孤立境地，令蒋介石大失所望。图为蒋介石与时任美国副总统的约翰逊合影。

正在这时，曾担任12年美国国会议员、8年副总统的理查德·尼克松上台当上了美国总统。尼克松是美国著名的反共政治人物，在近十年间，6次访问过台湾的美国共和党人，曾给予蒋介石夫妇以很高的评价。这让蒋介石和宋美龄一度非常高兴，对尼克松总统寄予了很大的期望。

可是事与愿违，一直让蒋介石和宋美龄提心吊胆的事情终于发生了，使中美关系发生重大转折的恰恰是这个“老朋友”。

尼克松入主白宫之后，重新调整了美国的对华政策，结束了美国对中华人民共和国二十多年的敌对关系，拉拢中国抵制苏联。尼克松一向坚决反共，但是他又有美国人重视实力对比、信奉实用主义的特点。他当总统后面临的是世界形势的新变化和美国的不利地位，开始承认美国过去孤立中国的做法反而使自己被孤立起来，决定改变对华政策。尼克松并没有放弃自己的反共立场，他之所以这样做，是从美国的利益出发的，或者说这一重大变化主要是从美国的全球战略，特别是从对苏战略考虑的。

∧ 尼克松到台活动时与陈诚合影。

尼克松及其政府改变对华政策是基于三点考虑：首先是对抗苏联要有实力。为了对抗苏联，尼克松和基辛格主张开展“三角外交”，打开同中国大陆的关系，结束中美对抗，以便利用中苏矛盾，造成对苏施加压力和进行牵制的杠杆，迫使苏联对美国让步。

其次是出于结束越南战争的考虑。要结束越南战争，必须同中国政府取得谅解，否则很难从越南战场抽身。

最后，和中国交往也是因为中国的力量与在第三世界国家中影响的增长，中美对立的时间越长，美国付出的代价就越大，不利于美国稳定亚太地区的形势，更难集中力量对付主要对手苏联。“从长远来说，如果没有拥有7亿多人民的国家出力，要建立稳定和持久的国际秩序是不易设想的。”

同年10月，尼克松在接见美国《时代》周刊记者时称：“如果说我在死以前有什么事情想做的话，那就是到中国去。如果我去不了，我要我的孩子们去。”

尼克松的上述言论表明，他力图在任内结束中、美隔绝二十多年的不正常状态。就此点而论，尼克松不失为一个具有战略眼光的政治家。于是正是这位扛了三十多年反共大旗的美国总统，却替美国乃至西方世界迈出了大胆的第一步，打开了与中国交往的大门。

对于尼克松当年震撼世界的外交“大手笔”，有人是这样评论的：“‘狡猾的迪克’（尼克松的外号）到底不离本色，扛了多年反共大旗却到北京去拜访毛泽东主席，岂不是自相矛盾？现在冷静看来，与其说是尼克松彻底改变立场，不如说是他的清教徒和中产家庭背景驱使他立志要做伟大的总统，为美国的强大和世界和平的到来能使他个人有出人头地的成就，反共的背景使他不怕政敌指控他亲共，清教徒的教义使他事事求全而永不退缩，而中产家庭的背景又驱使他不断地追求成就。跟随艾森豪威尔总统的八年期间，他曾经有机会访问过56个国家。这些访问无疑加深和丰富了他对外交的兴趣和经验。很自然地，他的成就也多半集中于外交方面，应该说，其中最具特色的就是1972年2月的中国之行。”

不管尼克松本人的访华动机如何，但他打开中国的大门，和中国接触的做法永远确立了他是中国人民“老朋友”的身份。

尼克松多次访问台湾，曾是宋美龄十分欣赏和信赖的美国朋友，但这一次却让宋美龄再一次深深感受到美国人政治上唯实力论的无情。想当年最困难的时候差一点被杜鲁门抛弃，现在又被“老朋友”抛弃不顾，让宋美龄和蒋介石都是极度气愤，但又无可奈何。

★基辛格（1923~）

美国政治家。生于德国巴伐利亚州费尔特市一个犹太家庭。1943年加入美国籍，同年被征召入伍。战后在哈佛大学就学。1950年毕业，获最优等文学士学位，1952年获文学硕士，1954年获哲学博士学位。1962至1969年任教授。1969至1974年任尼克松总统的国家安全事务助理。1973至1977年出任美国国务卿。1977年离职后任乔治敦大学客座教授。

∧ 周恩来与秘密访华的基辛格会谈。

为了改变同中国大陆的关系，打开中国的大门，尼克松在他访华之前，采取了一连串的实际行动。为他打前站的是基辛格★神秘的北京之行。

面对中国在第三世界中日益增长的影响力，尼克松曾对基辛格说：在很机密的基础上，我想请你让你的助理人员起草一份研究材料，对我们在联合国接纳中国问题上将采取什么方针提出建议——不要告诉任何可能会泄密的人。我认为，我们没有足够的票数去阻挡。接纳的时间比我们预料的要来得快。我们确实需要解决的问题是，我们怎样才能逐步造成一种形势，使我们既能保持对台湾的义务，而又不致遭到赞成接纳赤色中国的人的抨击。

对于尼克松的访华，蒋介石当然是非常不高兴的，不过在事前，对于尼克松准备访华一事，蒋介石还是一无所知的，直到1971年7月15日尼克松宣布基辛格北京之行决定的前20分钟，台湾当局驻美国“大使”沈剑虹才从国务卿罗杰斯给他的电话中得知。

骤然间听到这个消息，竟然使沈剑虹有几分钟时间震惊得说不出话来。他简直不能相信方才听到的话是真的。台北方面对此消息的最初的反应同他一样，也觉得难以置信。

当1972年2月21日尼克松访问北京之际，正值台湾召开“国大”一届五次会议。蒋介石恼火之下，也不再委曲求全，于是会议对尼克松北京之行发表声明称：“戡乱反共国策”决不改变，不承认中、美间任何协议，大陆中共是“叛乱”集团，“无权代表中国”。

可是令蒋介石最害怕的事情还是发生了，中、美在台湾问题上还是进行了商谈，并且在中美《上海公报》有如下一段表述：“美国认识到，在台湾海峡两边所有中国人都认为只有一个中国，台湾是中国的一部分。美国政府对这一立场不提出异议。”

美国的这一立场否定了多年来“台湾地位未定论”，同时中美《上海公报》还提出中美应实现“两国关系正常化”。

蒋介石急忙电令沈剑虹前往拜会尼克松，当面表达蒋介石对尼克松在中美《上海公报》未提台、美《共同防御条约》所引起的不安。尼克松对沈剑虹保证，“美国决心遵守对‘中华民国’的承诺”。第二天，沈剑虹返台向蒋介石汇报会晤尼克松情形，蒋介石听后感慨地说：从此以后，我们要比以前更依靠自己。

除了尼克松访问北京，并调整对台政策的打击之外，更令蒋介石夫妇和台湾当局难堪的事则是在联合国代表权问题上的惨败。

蒋介石在美国的支持下，一直占据着联合国的席位，把中华人民共和国排除在外。从20世纪50年代开始，联合国中一年一度的中国代表权之战，美国一直站在支持台湾的立场，并且是国民党当局的最大支柱。因此，联合国大会讨论起这个问题时，表面上是台北代表在艰苦奋战，实际上却是美国国务院在幕后指挥。由于美国的支持，中华人民共和国进入联合国之事一年一年地拖了下来，一直拖了二十多年。

到了20世纪70年代，联合国新会员国一天比一天多起来，而其中主要是支持中华人民共和国的第三世界国家。美国渐渐地控制不住局面；而且，有了尼克松改变对华政策一事，且他又要访问北京。所以，也就有了美国国务院开始劝说台北接受“两个中国”的安排。

而且本来在进入20世纪60年代以后，就有许多国家认为联合国应该容纳中华人民共和国政府，但也不愿把台湾排除出联合国。当时美国在压力渐大的情况下，提出如果由美国出面或指使一些较为独立的国家出面提案“纳共而不排台”，一定会得到绝大多数会员国的赞同。

对于“纳共而不排台”的方案，早在叶公超任台湾“外长”时就有此设想。叶公超是留美派，比较开通，不像台湾一些国民党元老的顽固和注重面子。台北“外交部”的人，也没有一人不赞成的；特别是由台湾派出的那些“大使”“公使”，以及低级职员们更是一致拥护，因为对他们说来，这种结局总比降旗返台要好。

不过出乎人们意料的是，当美国人的这个“纳共而不排台”的建议在台北的最高决策层提出时，一向在台湾被视为亲美派首领的宋美龄却是第一个站出来反对，她严正地说：“宁为玉碎，不为瓦全！”

宋美龄虽然熟悉美国社会，也了解世界大势，但在反共方面却是强硬派，再加上性格倔

V 1972 年 2 月 21 日，毛泽东会见尼克松。尼氏此前多次到台活动，是公认的反共政治人物。而他此次对中国大陆的访问，让台湾当局始料不及。

∧ 1972年尼克松访华时，周恩来亲往首都机场迎接。

强，所以会有这样的态度。而这甚至和她一直喜爱并信任的孔令侃的意见都发生了分歧，当时孔家在美国的几个子女都主张在此问题上妥协，保住台湾在联合国的席位。孔令侃当时还是台湾当局在外交上的顾问，他认为台湾应该采取有弹性的做法。

但是蒋介石和蒋经国父子一向坚持“汉贼不两立”，不能接受和“共匪”同时拥有联合国席位。他们的想法代表了国民党内保守势力的看法，自然也是主流的看法。

现在宋美龄立场坚定地反对，随之而来的是国民党内保守派的群起附和。而此时一向脾气固执的蒋介石反而保持着“沉默不语”。蒋介石当然是不会赞同美国的提议的，但当时他的心情是很悲凉的。

为了给党内和台湾民众打气，蒋介石和国民党中央还通过决议，大声疾呼：“庄敬自强”“处变不惊”。

从联大驱蒋，到尼克松访华，以及此后的一系列“断交”事件，使得蒋介石和宋美龄已愤怒到了极点，在较长的时期内宋美龄在各种文章和讲话中对联合国不断进行攻击、指责。1975年3月，宋美龄发表了《不要说它，但是我们要说》的文章，文中宣称：“联合国一批会员国，乃可以听任感情驱使，……采取集体行动，再度嘲弄联合国。我们不得不承认，我们极为成功地敲响了这个国际和平组织的丧钟。”宋美龄不光攻击联合国，同时，也借机表达对美国不再顾及、关照老朋友的不满。

在联合国事件之后，蒋介石的心脏病开始发作，并一病不起。

历史备忘录

HISTORY MEMORANDUM

∨ 美国总统杜鲁门下达了入侵朝鲜的命令。

∨ 进驻台湾海峡的美第七舰队航空母舰。

2
3
4

1

蒋介石改组国民党

1950年7月26日，蒋介石指定16人组成中国国民党“中央改造委员会”，简称“中改委”。8月5日，“中改委”在台北成立，通过《中央改造委员会组织大纲》，由蒋介石任委员会主席，张其昀为秘书长。该委员会设立期间，曾进行一系列“改造”活动，从政治上、思想上、组织上对国民党进行了一次全面整顿。

中国组建东北边防军应对“联合国军”威胁

1950年7月7日，由于美国操纵联合国安理会通过非法决议，以美国军队为主组成所谓“联合国军”，侵入朝鲜，扩大侵略朝鲜战争。所以中共中央军委决定组成东北边防军，以担负保卫东北边防安全、抗击美帝国主义侵略的任务。中央军委将13兵团第40军、第38军、第39军、第42军调往东北集结，并命令全部部署于7月底以前完毕。

炮击天安门阴谋被破获

1950年10月1日，中国公安机关破获美国间谍特务企图谋杀中国领导人一案。李安东（意大利国籍）、山口隆一（日本国籍）为美国政府搜集中国情报，刺探中央首长、政协代表及各民主党派、人民团体负责人的履历、住址、电话和汽车号码，制成卡片，伺机进行破坏活动。1950年，二犯预先备置迫击炮等武器，企图于10月1日炮击天安门，谋杀中国领导人，并向东京美国占领军总部报告其将阴谋暴动的意图。10月1日当天被公安机关破获。

美国第七舰队进驻台湾海峡

1950年6月27日，美国总统杜鲁门发表声明：命令美国海军第七舰队开进中国台湾海峡，阻止中国人民解放军解放台湾，并提出“台湾地位未定”的谬论，称“台湾未来地位的决定，必须等待太平洋安全的恢复、对日和约的缔结或联合国的考虑”。两天后，美国第七舰队的8艘船舰进入台湾海峡，并即开始巡弋。

士林官邸老夫妻

26

随着中华人民共和国的成立，与台湾“断交”的国家越来越多，台湾“外交部”渐渐变成了“断交部”。宋美龄郁郁寡欢。为了修身养性，也为了排遣心中的烦闷，宋美龄开始学画画。最初学画的时候，宋美龄稚嫩的画技常常让站在身后观看的蒋介石偷笑不已，但是，天长日久，等宋美龄学艺初成时，蒋介石不得不赞叹有加了。那个风雨飘零的日月里，能独辟心境，寄情画作，也可看出宋美龄坚强的一面。宴请宾客时，蒋介石常常命人将宋美龄的画张挂在壁间，脸上充满了自豪，只等来宾一一赞叹，而宋美龄也带着谦虚的笑，虽然她的目光中明显地流露着自得。

官邸生活面面观

在台湾的日子里，宋美龄住得最久、最有感情的就是士林官邸了。

1950 年 3 月 1 日，蒋介石宣布“复行视事”，重新当上“迁台”的“中华民国总统”之后，他和宋美龄二人就住进了“总统”士林官邸，在那里开始了他们在台湾的晚年岁月。

士林官邸在日本占领的年代是一个园艺试验所。1945年台湾光复之后，是由东南长官公署盖的一处接待外宾的招待所，经过几次修建，才有了后来的规模。

最早的士林官邸是一栋二层楼的钢筋混凝土建筑，为了达到防空隐蔽的目的，官邸外表全部油漆成和附近山色同一色调的灰绿色。经过以后几十年的改造，士林官邸已变成台湾士林区“一片树林”中十分隐秘的住所。外边的人在地面根本不可能看到它的建筑，因为官邸四周树木成荫，枝叶茂盛，充其量只能看到外围林木而已。

此外，官邸附近马路虽然未受到军警管制，但空中却一直被列为禁区。尽管松山机场近在咫尺，可是航道不经过士林上空。所以，这里不可能听到飞机引擎发出的噪声，因此连台北市士林区居民长久以来也一直感受到空中特有的“宁静”。松山机场的每一架起降的军用飞机或民用客机，都不能逾越雷池一步。因为稍稍偏离航道，就有可能“鸟瞰”士林官邸全貌。这条航线多少年来一直受特权管制，后来即使是在1975年宋美龄到美国后长达十一年的那段时间也从不例外。

同时，士林官邸虽然离松山机场很近，但中间隔着一座山丘，加上飞机起飞时都是向另一方向而去，而降落时因为减速噪声很小，所以士林官邸基本上听不到飞机的噪声。在热闹杂乱的台北市区，士林官邸可以说是一个安静的世外桃源。

士林官邸四周活动空间则相当宽阔，地上种着密集的高丽草，十分柔软，如同铺上一块绿色的地毯，衬托着周围大自然的景观，令人心旷神怡。此外，还有丘陵假山、健行步道、游泳池、篮球及高尔夫球练习场，以及模仿蒋介石家乡溪口风光的小桥流水等。

宋美龄十分讲究住得舒适和有格调。士林官邸除了宽敞舒适以外，最突出的是内部摆设十分典雅，有许多精美的古董，以及很多木头镶嵌的中式家具，会客厅还有一个很西化的壁炉。官邸里的家具都是上等的。

士林官邸原为日式建筑，宋美龄不喜欢日式的卫生设备，刚搬进官

> 晚年的蒋介石。

邸时，就让人把卫生设备改建成西式的现代化卫浴设施。刚开始当地的工人尚没有修建西式卫浴设备的丰富经验，宋美龄要求又严格，经过不断返工才算最后完成。

士林官邸具有现代化的通信设备。官邸工作人员的办公室里应有尽有，基于官邸的"特殊性质"，这里的电信设施比一般电信局的设备更齐全、更先进。如收发报、高速传真、数位式交换机等设备样样俱全。这里或许比不上美国白宫那样现代化，但是据工作人员说比起过去韩国总统居住的青瓦台官邸的通信设施来，则齐备得多。

宋美龄在蒋介石死后，曾经离台去美十一载，后来才回来。士林官邸的编制，从秘书到侍卫班，依然如旧，上班照常，而且士林官邸办公室的电信设备一切操作如常，宋美龄可以通过这里的电信设备，随时与岛内有关人士保持密切联系，而且对岛内的有关事务做到了如指掌。同时，宋美龄在台湾的亲信秦孝仪经常向她汇报台岛内情况，秦孝仪无论是利用家中或办公室电话，还是用阳明书屋的电信设施，均可轻易地与远在美国的宋美龄保持联系，至于"总统府"秘书长沈昌焕有事或奉命与宋美龄联系时，更是拥有"总统府"特设的电信设备，往来迅速，毫无困难可言。

1975年至1986年的十一年间，由于宋美龄在美国居住，士林官邸一直闲置未用。为此，台湾民间的一些人士曾多次提出应把士林官邸交出公用的要求。但是当局还是以"蒋公遗物"为借口，主张予以保留。

1986年，宋美龄离台十一年后，又要返台，士林官邸因此大大修整一番。士林官邸的修葺整理，既需要符合她的注重情趣的原则，又要保持过去的样貌，因为宋美龄比较怀旧。

蒋介石在"士林官邸"度过了他最后的岁月。那段时间他和宋美龄夫妻二人可以说是相依为命，两个人的感情老而弥笃。每天下午约4点左右，宋美龄必亲自送甜点及饮料至蒋介石书房；只要时间允许，每天下午5点左右，宋美龄要陪同蒋介石至台北近郊坐车散心；只要不宴请宾客，每晚8点左右，宋美龄必陪伴蒋介石用餐；每个周日，宋美龄必陪同蒋介石到官邸近旁凯歌堂做礼拜；蒋介石1972年心脏病发作之后，宋美龄摒弃了一切的嗜好和交际，

∧ 蒋氏全家在士林官邸用餐。

全心全意地为蒋介石的身体竭智尽虑，陪着他一起住院就医，一直到蒋介石1975年去世。

蒋介石虽是台湾岛上的最高统治者，但在官邸的事务方面，却是多年以来由宋美龄做主。所以，官邸上下各类工作人员都知道必须听从宋美龄的指挥调遣。

在官邸的内务科长继任人选问题上，蒋介石曾经和宋美龄有不同意见，但是最后还是依了夫人，由她做主。

当时士林官邸的老内务科长蒋孝镇年龄大了，准备退休。蒋孝镇是一个老侍从，对蒋介石一直是忠心耿耿，跟随蒋家大半辈子，从来没有听到他有任何抱怨。到台湾以后，在士林官邸做事，他对蒋介石夫妇忠诚依旧，一切都依蒋介石和宋美龄的旨意办事，从来不会自作主张。蒋介石夫妇对他非常满意。但是这时因年岁大了不得已，只好让他退休。于是就要找一个新的内务科长。

宋美龄的打算是让陈杏奎当内务科长。早在大陆时期，陈杏奎就是宋美龄最喜欢的厨师，后来陪着宋美龄撤退到台湾后，成为宋美龄身边资格最老的侍从之一。宋美龄也把他视为最忠实的下人。陈杏奎虽然是厨师，但长得仪表堂堂，衣着整齐。1949年蒋介石在广州时，陈杏奎一天从菜市场回来，走进黄埔军校的大门时，卫兵见他穿着西服，神气十足，以为是“党国”要员，还朝他毕恭毕敬地敬礼。

< 晚年的蒋氏夫妇。

> 岁月流逝，容貌沧桑，不变的唯有两颗依偎的心。

每当用餐时间，宋美龄挂在嘴边的一句话就是："哪一样菜是陈杏奎烧的啊？"而且只要有人说某种菜是陈杏奎的手艺，那么，这样菜必定会得到宋美龄的赞扬。所以，现在内务科长一职出现空缺，宋美龄首先想到的就是陈杏奎。

不过蒋介石却对夫人的这项建议很不以为然。他认为：大厨师怎么可以直接升任内务科科长呢？但是，宋美龄执意要提拔陈杏奎。在夫人的坚持下，陈杏奎终于在蒋介石写下升任其为科长的条子后，坐上了内务科长的"宝座"。

在生活习惯上，宋美龄一直是晚睡晚起，在陪她一起消遣的众多的官太太中是有名的"夜猫子"。所以，在清晨起床时，蒋介石总是在黑暗中拿着一支钢笔手电筒，蹑手蹑足地摸进盥洗室。他之所以这样，就是不想吵醒才入睡两三个小时的宋美龄。长期以来，他们之间的生活作息一直相差甚远。但是他们彼此间从来互不干扰，尊重对方的生活习惯。

吃饭时两人还是各吃各的，有时候宋美龄会吃一些中餐的菜肴，蒋介石则基本上不碰西餐。蒋介石见到夫人吃生菜沙拉，就开玩笑说："你真是前世羊投胎的，怎么这么爱吃草呢？"宋美龄就回敬道："你把咸笋蘸上黑黑的芝麻酱又有什么好吃的呢？"好在两人各有各的厨师，不会有什么饮食冲突。在餐具方面，宋美龄十分讲究，就连吃西餐用的刀叉的尾端都镶着"蒋"的字样。

通常官邸里都是只有宋美龄和蒋介石两个人吃饭，偶尔蒋经国和蒋纬国会来官邸进餐。大家吃饭的时候都很安静。宋美龄自己吃得很少，但总是很热情地招呼客人多吃菜。

宋美龄对蒋经国也很亲切，但是在蒋经国的太太蒋方良和蒋纬国的太太邱爱伦之间，宋美龄明显和邱爱伦更聊得起劲。邱爱伦比较年轻，衣着打扮也比较新潮，宋美龄经常会和她聊些首饰、发式之类的话题。

< 蒋介石“经文纬武”的期许随着时光的流逝渐渐黯淡。图为蒋介石父子在一起。

< 宋美龄与蒋方良在一起。

到了台湾以后，蒋介石和宋美龄年纪都大了，已经没有年轻时代那样旺盛的精力了，但是，有宋美龄在的官邸夜晚，依然让人感到不会冷清。

宋美龄从年轻的时候就喜爱看电影，在上海没有结婚的时候就在自己家的洋楼里放电影，现在仍然有此爱好。在士林官邸可以看到各式各样的电影片，只要是在台湾可以找到的片子，工作人员都会设法搞到。官邸里的电影设施也不是很豪华，就是用普通的机器设备，在餐厅的墙上挂一张小型的电影银幕，不过放的片子全部是从片厂或是“中央电影公司”拿来的原片，不但保证是新片，而且一刀未动，原汁原味。

宋美龄可以为了一部片子，看到废寝忘食的地步，而且她的英语听力很强，不用字幕也可以完全看懂。蒋介石也经常和宋美龄一起在晚饭后看电影，但是保持着自己的作息规律，一成不变。蒋介石通常在晚上10点前就寝，而且就寝前还要做晚祷，所以看电影到9点就不看了。他从不为好片子所诱惑，到了该睡觉的时间，他一定叫住暂停，做下记号，下次再看。不管电影剧情如何发展，他都会毫不犹豫地回房休息。所以说蒋介石从来没有看过一部完整的电影，即使是他特别感兴趣的《巴顿将军》也不例外。

宋美龄看完电影还要和熟悉的人聊天，主要是陈诚的夫人谭祥和孔二小姐。陈夫人玩到晚上 11 点就会告辞，接下来孔二小姐还要继续聊，直到快 1 点了才各自休息。孔二小姐和宋美龄聊天除了报告一些官邸及周围的人和事，也会把最近台湾报纸上刊登的新闻，尤其是一些社会新闻讲述给宋美龄听，所以宋美龄一般很少看台湾当地的中文报纸。宋美龄看的书很多，但主要以英文的书报和杂志为主，像《时代》等是每期必看的。她的眼睛一直很好，没有近视，也没有严重的老花。

在大陆的时候，宋美龄在官邸经常听音乐，每天午休时间，蒋介石和宋美龄都喜欢用留声机放音乐，乐曲多半是宋美龄选的世界名曲。蒋介石听音乐的习惯也是受宋美龄的影响才养成的。在士林官邸，在下午以后仍然会放一些轻松的音乐。如果宋美龄自己想听，又怕吵着蒋介石的话，就在自己的书房里放低音量自己听。蒋介石年纪大了以后还是喜欢听些京戏和浙江的家乡戏。

而宋美龄无疑比蒋介石更会享受生活，无论是夜生活，还是饮食打扮，都还是非常洋化、非常注重享受。

宋美龄和许多当年在上海十里洋场待过的人一样，都是过惯夜生活的人，一大帮官太太陪着她打牌和聊天。有时打起牌来通宵达旦。早上，有时候蒋介石都已经起床五六个钟头了，宋美龄才从梦中醒来，她在醒来后，总是要躺在床榻上一阵子，先让她的女副官为她做腿部按摩，她才慢条斯理地起床，穿上晨袍，在书房的盥洗室盥洗，然后再自己化化妆。刚到台湾时，宋美龄还是由蔡妈为她梳头的，后来蔡妈年纪大了也离开官邸退休了，才另外找了一个女副官来服侍她早起梳妆和盥洗。

宋美龄基本上每天都化妆，所有见过她的人都说她真是驻颜有术。确实，宋美龄一生都非常重视自己的形象。化妆时宋美龄一向是自己动手的，即使是身边的女副官也不麻烦她们，最主要的原因是宋美龄大概不太希望别人见到她的庐山真面目。在蒋介石和宋美龄身边许多年的老侍从，几乎从未见过卸下妆的宋美龄。

宋美龄一生都是非常重视身材和容貌的保养，到了晚年她更是精心呵护。由于宋美龄自幼便患有皮肤过敏症这一顽疾，所以，有时仅仅因

< 宋美龄喜爱兰花，连蒋介石的书桌上都摆放了一盆怒放的兰花。

> 蒋介石与爱犬。

吃了一点海鲜或沾了一些花粉，就会旧疾复发，非常难受，也很影响她的“美观”。因此，手下人在服侍她时，方方面面都必须小心翼翼。宋美龄不喜欢吃海鲜，但是特别喜欢吃芒果，而芒果恰恰会导致她的皮肤过敏，于是只好尽量少吃，有时实在熬不住就吃上一小块。

此外，宋美龄的女副官还有一项任务，就是帮宋美龄拔白头发。宋美龄十分讨厌有白发，只要自己化妆时，发现头上有白发，就一定要将它除去才罢休。所以，士林官邸的侍从们经常可以看见宋美龄贴身的郭副官在帮她拔白头发。

宋美龄的体重一直都控制得很好。这主要是她在饮食方面的精心控制。宋美龄主要吃西餐，而又注意少吃含脂肪和高热量的食物，很注重饮食的科学搭配，在保持身材的同时也避免营养不良的影响。受蒋介石的影响，有时也会吃一些中餐，她爱吃烤鸡和猪排，但很少吃大鱼大肉，为的是保持苗条的身材。

宋美龄对自己身材的保养格外重视，在官邸的卧室内备有一个小的磅秤，她几乎每天都会用磅秤量自己的体重，只要稍微发觉自己的体重重了些，她的菜单马上随之做更改，立刻改吃一些青菜沙拉，不吃任何荤的食物。假如体重恢复到她的标准以内的话，兴致一来她就会要厨房为她做一份牛排，那是她最喜欢吃的餐点。

宋美龄天天要吃水果，她是南方人，最喜欢吃新鲜的荔枝和菠萝。在食谱方面，宋美龄讲求的是精致。所以，在宋美龄的厨房里没有过多的东西，都是按少量、新鲜原则配置的食物。即便是这样，宋美龄为了保持美好的身材，仍旧吃得很少。

年轻时，宋美龄为了控制体重，曾经用吸烟的方法减肥。她喜欢吸薄荷香烟，抽美国烈烟“骆驼”牌不过瘾，后改抽Kent烟。但在公开场合，则从不吸烟。蒋介石是不喜欢闻到烟

味的人，更不允许人们在他面前吸烟。所以，宋美龄如果吸烟的话，一定在自己书房里边吸。不过后来宋美龄也觉得吸烟不好，就放弃了这个减肥的方法，不再吸烟了。

在台湾时，宋美龄喜欢喝台湾本地的清茶。每天早上起身之前，副官就会为她沏好一杯清茶。宋美龄用的茶杯也比较特殊，在茶杯外缘还套了一个银制的茶杯套，以免烫手。

宋美龄由于经常有各种应酬和交际活动，对服装、服饰也十分考究，而且由于和外国人交往比较多，为了符合自己"第一夫人"的身份，她的着装特别重视旗袍，她最喜欢的衣服式样大概应算是旗袍了。她的超大型衣橱里的旗袍堪称"世界之最"。

宋美龄有一位专用的裁缝师，叫张瑞香。还在来台湾之前，张瑞香就跟着宋美龄走南闯北，寸步不离。有几次宋美龄到美国去，都带上了这个裁缝师。

宋美龄看重张瑞香是有原因的，他不仅手工精巧，而且非常勤奋，工作起来十分卖力。有几次，他重病在身，躺在床上，还是不顾自己的身体，继续为宋美龄赶做旗袍。

张瑞香为宋美龄服务也堪称敬业，几乎每天都在不停地为宋美龄制作旗袍，而且他只为宋美龄一个人做。当时许多人给宋美龄送礼时，都会送一些上等的衣料，常年不断地送绫罗绸缎，足够张瑞香一年忙到头的。凭他熟练的技术，大约每两三天就可以做好一件旗袍。

尽管如此，身边的人看宋美龄的旗袍穿来穿去，总是那么几套，从来没有太多的更换。几乎每件新旗袍做好之后，宋美龄都只是大略地看一眼，就命人拿到自己的衣橱里妥为保管，从没见她穿过一遍，实际上宋美龄似乎更感兴趣的是收藏旗袍。

当然在家居时，宋美龄还是看天气冷热来决定穿什么衣服。一般情况下，只要是不太冷的天气，她就会选择穿旗袍，冬天最冷的时候，偶尔也会穿长裤。蒋介石认为女人穿旗袍最好看了，要不就是长裙子，他觉得女人穿长裤没有女人味，这也是宋美龄很少穿长裤的一个原因。

宋美龄在士林官邸曾养有一条爱犬，它能担任警卫工作，忠心耿耿。有一次，宋美龄和蒋介石开玩笑说："你假装打我，看看它帮助谁？"蒋介石就装起样子要打，结果那条狗果然挡在蒋介石面前，不让他打宋美龄，乐得夫妻俩直笑。

到台湾后蒋介石也喜欢养狗，他每天快用完午餐时，一条中型的白狗就会被放进他用餐的餐厅里。接着一个侍卫人员拿着盘子，等待着蒋介石调拌狗食。这条白狗对蒋介石也非常亲热。

常与蒋介石和宋美龄来往的牧师周联华，猜想蒋介石这么喜欢这条狗，这狗一定是一条名犬。于是有一次周联华问蒋介石他的爱犬是什么种。蒋介石听后笑而不答。宋美龄一听便知周联华是个外行，于是对他说："你猜猜看是什么种呢？"

周联华确实不懂狗，只是想蒋介石的狗总应该是名犬，而且既然宋美龄的那条狗都如此乖巧，那么蒋介石的这条狗一定比宋美龄的那条狗还要灵通。可是他就是说不出来。蒋介石见周联华回答不出，越发高兴。最后，还是由于宋美龄忍不住了才说出它的品种，她笑着对周联华说："我告诉你吧，你就是对狗很内行，也说不出它的品种，它是土生土长、台湾生的土狗。"

张大千称赞宋美龄的画技

宋美龄到了台湾后才开始学习中国画，她喜欢花鸟和山水画，以描绘四季风情来自我消遣。为此，士林官邸还特地聘请了当时台湾最知名的黄君璧和郑曼青两位国画名家，做宋美龄的教师。

有一段时间，几乎每天下午，士林官邸都要派车去接两位画家。因为学生是"总统"夫人，两位画家当然是认认真真、尽心尽力地去教授，再加上由于母亲的缘故，宋美龄的确有些绘画天赋，学的时间不算太长，就已卓然有成了，而且有人评论说，她的画风颇有大家气势。

当然，最初由宋美龄署名的画作，实际上大体都出自这两位名家之手，只是先由宋美龄自己画一些比较简单的线条，主要的部分则是由老师来完成。直到后来，宋美龄署名的画，才是真正名副其实的她自己画的画。

宋美龄在绘画上下的功夫确实不小，她曾对人说过：我晚上未能入眠时，就画画。

最初人们都不太相信宋美龄绘画的水平有那么高，多认为那是郑曼青代笔。为此，宋美龄采纳了老师郑曼青所出的一个主意，她出面请台湾有名的画家一起到士林官邸吃饭，而后郑曼青先生提议大家一起作画。先从宋美龄这里开笔画松树。于是，在大家的眼皮底下，宋美龄从容作画，在场的人都惊叹她画得如此之好。从此，没有人再怀疑宋美龄画的真伪了。

在蒋介石的住室内，往往挂着两幅肖像，一幅是孙中山像，一幅是耶稣像，而室外的客厅往往挂着一幅夫人宋美龄的亲笔画。而且蒋介石也爱给宋美龄的画题些字，经常是宋美龄作画，蒋介石题诗。一次，蒋介石为宋美龄的画题写一首五言诗："风雨重阳日，同舟共济时。青松开霁色，龙马纵云旗。"

士林官邸内挂了许多画。有名画，也有宋美龄自己的画作，其中还有一幅画画的是一头猪。那是有一次，蒋介石见宋美龄又在作画，觉得她总是画山水，就有意要试探她是不是能画一些新的题材。正好那一年是中国农历的猪年，所以他就问她能否画一头猪，宋美龄表示没问题，结果没用几下就把一头猪给勾画了出来。对此，宋美龄当然是颇为得意，从此这幅画就一直挂在了士林官邸里。

宋美龄的国画创作，大致可分成兰、竹、山水、花卉四门。为此，蒋介石专门为宋美龄的画册作跋，也分四种。

蒋介石的书法本身也有相当功底，在画册上都是自己作跋并题字。其中的跋写兰册是这

> 蒋氏夫妇兴致勃勃地展示宋美龄的画作。

样的："辛亥春，夫人写兰都二十有四页，辑刊成册，皆为其得心应手之作。诚大涤子有所未及。盖写兰之难，在乎气韵温穆，笔墨浑厚，前贤能兼擅此长者，未易多得。余乃以此而怡悦其清芬。并以此为夫人寿。"在其他的三篇跋中，蒋介石也都夸赞了一番夫人的画技。

宋美龄还自己印制过画册。那是在1956年，宋美龄的画作选集首次在日本印制。由于当时台湾的印刷技术还很落后，难以印制精美的画册，宋美龄一直在寻找更好的厂家。正赶上当时台湾派往日本的蔡孟坚回台述职。在士林官邸，等蔡孟坚汇报完工作，宋美龄当即请他喝茶，随后又带他去画室，参观自己的画作。宋美龄问他，听说日本印制画册，水准一流，能否找个样本让她看看。

蔡孟坚正好有一本张大千的画册，是日本京都便利堂印制的。但是当时张大千因被怀疑"亲共"，一直居住在海外，蔡孟坚开始没敢贸然拿出来，只好含糊其辞。在宋美龄一再追问下，蔡孟坚才将国画大师张大千的那本画册拿了出来，请宋美龄过目。宋美龄看到画册精美逼真，就决定在日本印制画册。

这批画作的题词中，蒋介石亲笔题的不多。多数题词出自郑曼青之手。宋美龄的这个画册，1956年当年出了第一版，共计5,000册；1962年又出了第二版，共3,000册。后来，该画册成为蒋介石夫妇赠送国际来访官员的"珍品"。宋美龄更是非常喜欢以画册赠人，凡是教会人士拜访她，都能获赠一册。

后来，经宋美龄热情相邀，国画大师张大千到台湾定居。张大千到台湾的第二天，宋美龄就邀请他饮茶叙话，畅谈画艺。蒋介石也出面接

∧ 宋美龄的国画作品之一。

∨ 宋美龄的国画作品之二。

∧ > 宋美龄的一组国画作品。

见，并请张大千当场作画。蒋介石见他银须飘拂，仙风道骨，非常恭敬，亲自为他端椅让座。张大千十分惶恐，忙说："我年纪还不到80岁，不敢不敢！"实际上，他比蒋介石还小7岁。

张大千看过宋美龄的画册以后，非常赞赏，还为她的画题过词。1966年秋，宋美龄要把自己的两幅山水画，分别赠送严家淦和蔡孟坚。宋美龄说："画中题字我只写'美龄'二字，旁边留有空白，可请大千先生代题数语。"蔡孟坚请张大千看过后，他提笔写上了题词："峰峦浑厚，草木华滋；大而能秀，细而不纤，写生妙手也。孟坚兄以总统夫人法绘见示，因题。"

张大千称赞了宋美龄的绘画技巧，宋美龄也很得意，她自己评论自己的绘画特征是：运用想象力，因而能够在作品中成功地表现出她的气概和理想。每次画成以后，总要反复端详，凡是不满意的就全部撕掉。

宋美龄学习绘画多年，确也有其心得与理论。1970年6月18日，她在台北主持中国古画讨论会开幕式，谈到中国画与诗融为一体使中国文化更为丰富的命题，主张继承传统，攀登更新境界。以石涛为例，认为应将其作品与他的时代、他的身世，以及他的人生观，密切结合起来加以仔细的研究，这样就更能领会他所以能在画中表现出其独到的风格。

宋美龄对中国画的特点有自己的认识，她说过："在全世界的艺术中，中国画是独一无二的，因为画与诗融为一体，两者使中国文化更为丰富。中国画的特色，由于深涵诗意与灵感，更含有高度的文学性，并具有深刻的和谐性，且又能使人们感受宁静的吸引力，此即中国画之能超国界的特质。"

孔二小姐在官邸

当年国民党兵败大陆，跟随蒋介石到台湾的家族亲戚也有几十人，有蒋介石本家叔伯、远房兄弟，还有蒋介石母亲王太夫人娘家的支系，有原配毛福梅的娘家支系等等。而宋氏家族的宋霭龄孔祥熙、宋子文两家却去了美国。随着蒋介石在台湾的脚跟逐渐站稳，孔祥熙一家、宋子文一家也逐渐开始到台湾走动，相对而言，孔祥熙的几个子女在台湾待的时间长一些，宋子文还是不愿和蒋介石多来往。

1962年10月，孔祥熙和宋霭龄带着孔二小姐，从美国来到了台湾。住了一段时间后孔祥熙夫妇离开台湾回到美国，而孔二小姐则继续留在台北给宋美龄做伴。士林官邸还特别为她在官邸对面整理出一间招待所居住。

宋美龄一生无子女，蒋经国、蒋纬国虽然都是"儿子"，但和她无任何血缘关系。因此，她更喜欢大姐宋霭龄的子女，像孔令侃、孔令俊简直就看作自己的子女，这一方面因为他们算是娘家人，另一方面，她和他们无多大的政治利害关系。所以，在台湾只要"第一夫人"宋美龄存在一日，孔家子女就能威风一日。

大姐宋霭龄共有子女四人：孔令侃、孔令杰、孔令仪、孔令俊，其中最受宋美龄宠爱的当数孔二小姐孔令俊。

因为和宋美龄的特殊关系，所以关于孔二小姐孔令俊的身世背景有各种各样的传说。士林官邸里的侍从人员总是把孔二小姐看成宋美龄的"女儿"。他们认为，孔家的几个兄弟姐妹，除了孔令俊以外，大家都是高高壮壮的。老大孔令仪长得高高胖胖，很像父亲孔祥熙；老二孔令侃，身高1.80米，体格魁梧，相貌堂堂；最小的儿子孔令杰，也有1.70米多；就只有孔令俊最矮，又瘦又小。单从身材看，孔二小姐与另外几个哥哥姐姐的确不像，但若论长相，她还是有一些父母相貌的特点的。

在士林官邸，工作人员还经常看到孔二小姐对宋美龄撒娇的情景，可以说她们即使不是亲母女，她们的感情实在比亲母女还要深切、真挚。因为宋美龄对孔二小姐的宠爱、娇纵，导致外人把她视为宋美龄的亲生女儿。宋美龄对每位外甥都很疼爱，可是，对孔二小姐更有一种独特的关爱。有人认为孔二小姐的聪明干练，是招宋美龄喜欢的主要因素。这样的说法似乎有一定道理，因为宋美龄另外特别喜爱的孔令侃也是十分聪明能干，曾为宋美龄撰写了许多演讲的稿子，并一直是她事实上的私人总管，帮她管理财产。

由于孔二小姐长期跟随宋美龄，几乎可以说是形影不离，所以有的侍从人员便说孔二小姐是宋美龄的灵魂，如果没有她，宋美龄总是怅然若失、无精打采。

有一回，孔二小姐和宋美龄因为一点小事闹别扭，几天都不去宋美龄房间报到。那一阵子，蒋介石身体状况也不好，平常下午两人都要出去散步、兜风，这两天也取消了，一连好几天，宋美龄没出房门一步，孔二小姐又不肯来，因此宋美龄内心的寂寞总是难以排遣。

宋美龄在家里巴望了孔二小姐好几天，最后坐不住了，就派人传话，到孔二小姐的书房看她。侍从人员不明就里，赶忙到孔二小姐住的招待所传信，却见她一个人躺在床上看武侠小说，侍从向她报告宋美龄想见她。谁知，孔二小姐根本就不着急，她稍微挪动了一下身体，头朝里一偏说："你告诉她，今天我身体不舒服，不能去了。"

侍从人员回去向宋美龄汇报。宋美龄听了汇报，知道孔二小姐没事，舒了一口气，过了几分钟，她便招集随从陪同她亲往孔二小姐住的招待所探视。

孔二小姐见老夫人亲自来看她，面子也有了，心中的气也就消了，于是又和宋美龄亲昵如初。宋美龄对孔二小姐的迁就、溺爱，让身边的人无不感到惊讶。

> 宋美龄虽然一生未曾生育，但她极其喜欢孩子。图为圣诞节前夕，宋美龄到华光小学看望孩子们。

宋美龄对孔二小姐的性格、爱好也是了如指掌的。孔二小姐特别喜欢喝酒，宋美龄有心管一管，但总是管不住，因为孔二小姐知道宋美龄不会真的责怪她。

有一次在阳明山的中兴宾馆，蒋介石和宋美龄每年夏天都在那儿避暑，孔二小姐也陪同前往。虽是陪同，但孔二小姐还是自己做自己的事，一连好几天不与宋美龄见面。宋美龄发觉孔二小姐又不在了，就吩咐随从："怎么好久没见令俊了，你去帮我看看，她到底在干什么？"

随从人员奉命到孔二小姐的房间转达老夫人的意思，还没到她的房间，就闻到一股浓浓的酒味，原来，孔二小姐又在饮酒作乐了。房门只是虚掩着，随从轻轻敲了两下，孔二小姐应声回了一句："谁啊？"随从回答："老夫人派我来看望二小姐的！"她听了随意回了一句："门没关，你自己进来！"随从一进门，就被眼前的景象吓了一跳，只见孔二小姐上身只穿了一件男式的薄汗衫背心，下身穿着西装裤，坐在那儿和蒋介石医疗小组的两个医生在喝酒聊天。随从有些不好意思地说明了来意，孔二小姐满不在乎地说："你回去告诉夫人，我在和朋友聊天，但是不准说我在喝酒！"

随从们都知道，孔二小姐喝酒的时候就是她最高兴的时候，哪怕天塌下来，她也不去理会。而除了喝酒，她更喜欢和朋友摆龙门阵，话匣子打开，一聊上天就忘乎所以了，哪怕宋美龄叫她，她也不理。

随从回来，宋美龄就急着问她究竟在干什么。随从向宋美龄汇报说孔二小姐正在和两位医官聊天，宋美龄就说："聊天？聊天会聊那么久，根本就是在喝酒，对不对？"宋美龄对孔二小姐的行为是非常了解的，显然她也不会因此而生气。

孔二小姐除了喜欢喝酒，更喜欢吃一些小零食。因为自幼娇生惯养，她的癖好很多，喜欢的零食和一般人的也不太一样，她最喜欢吃的一种牛肉干，便是要圆山饭店厨房特地为她制作的。这种牛肉干呈束状，用一条条的牛腱腌制而成，风味独特，鲜美可口。孔二小姐有时候高兴了也会拿这种特制的牛肉干给身边的工作人员吃，大家都说是从未吃到过的美味。

< 晚年的宋美龄与孔令侃（右）、孔令俊在一起。

从小，孔二小姐就喜欢穿男装，她最喜欢穿的是西装，足蹬尖头绑带子皮鞋，走起路来，步履生风，好似男人一般。许多人为此侧目，说怪不得她一直不肯结婚。

孔二小姐非常聪明干练，这让士林官邸上下都佩服不已。她给人的印象是学问渊博、无所不知。和她聊天，可以上通天文，下知地理，而且连文学、科学也都是样样精通，说起来滔滔不绝。最难得的是她对知识灵活掌握，非一般读死书的人能比。

有一件事让士林官邸的人都十分惊叹孔二小姐的聪明。在蒋介石心脏病复发期间，孔二小姐为了研究心脏病，竟然把所有能找到的有关心脏病的书籍，全部找来阅读，连与心脏病患者饮食相关的书都找来看，整天埋在书堆里查找有关治疗心脏病的资料。那一段时间，她读了不少医疗专业书籍，整个人俨然成了医学教授，谈起病理医学来，头头是道。许多医生与她聊天都小心谨慎，生怕露出破绽，显得自己在专业上无知。

蒋介石卧病期间，她就问医生："老先生这种病，应该是配这种药嘛，你们怎么用那种药给他？”因为她老是提这种令人措手不及的问题，医生们往往仓促间无言以对。有的医生会向她解释：各种病症有不同的状况，而且病症牵涉很广，用药就不可能一成不变。但别人的解释她不相信，她会拿出药书指给医生看：“你们看，这本教科书是这么说的，你们看过没有？”她的诘问，经常弄得医院的医生尴尬难堪，连一流的大夫也对她感到头疼。但医生们都知道她在士林官邸的地位，都避免和她争辩，一般总是敷衍了事，或恭维她几句。

由于孔二小姐老是自作高明，弄得大夫为难，护士也不知听谁的好。一会儿这个医师要配这种药，一会儿那个医师要配另一种药，各科医生都有不同的处方，而孔二小姐来了还要按她的方子重配，因为只有她的处方才是对的，搞得护理人员们不知如何是好。

后来，宋美龄听说孔二小姐充当行家、干涉医生治疗的事情后，很是生气，说：“怎么可以这样处理，这是不行的。”

宋美龄发了话，孔二小姐就不再积极插手医药治疗的事。蒋介石的大夫们也成立了一个医疗小组，专门有一个人总负责，随时向宋美龄汇报。

虽然如此，官邸的工作人员对孔二小姐能自己看书就把治疗的事说得头头是道这样的本事，还是感到十分佩服。

除了爱玩、爱喝酒聊天，利用和众多人员接触的机会多方收集情报，向宋美龄打小报告，是孔二小姐的又一专长，也是宋美龄想着她的原因。整个士林官邸的动态，不论是个人隐私、私人丑闻还是贪赃枉法，都逃不过孔二小姐的眼睛。官邸有什么风吹草动，宋美龄不需自己劳驾，消息马上就会传到她耳中，这都是孔二小姐的功劳。有人说她是官邸的情报局长，官邸的工作人员犯了过错，最怕让她知道，因为她知道了就等于宋美龄知道。因此，随从们最怕孔二小姐过问工作。

工作人员为了让自己能顺利过关，不论官职大小，都要在孔二小姐身上打通关节。后来混得不错的一些军政要员，当年都曾是孔二小姐座前的常客。经常夜深人静时，这些人便集聚在孔二小姐的房内，陪她喝酒、聊天，极尽奉承阿谀之能事，趁着孔二小姐酒酣耳热之际，把自己的想法要求透露给孔二小姐，以求帮忙。当年，士林官邸上至侍卫长，下至武官、秘书、侍卫官、副官等，只要孔二小姐晚上有兴致，都要到她的招待所报到，几杯洋酒下肚后，这些人就开始向孔二小姐表白心迹，得到她欣赏、首肯的，就算功夫没白下。因为宋美龄在蒋介石面前讲话是有分量的，而孔二小姐又能影响宋美龄。所以，过了孔二小姐这一关，事情基本就没有什么阻力了。

也有人不识相，得罪了孔二小姐，那么只要他有把柄落在孔二小姐手上，早晚有一天，他会倒霉。

孔二小姐照例每天要见一次宋美龄，见面后必不可少的事情，就是把她从外面听来的消息添油加醋地讲一遍给宋美龄听，如果宋美龄想了解某件事，自己出马又不方便，即派孔二小姐出马打探消息。对此类任务，孔二小姐从来都会圆满完成。她会很认真地调查事情的来龙去脉，等完全弄清事实之后，便把所获悉的情报，原原本本地报告给宋美龄。而对她的汇报，宋美龄从来就深信不疑，以后，任凭谁来说情、解释也无济于事了。因此，熟悉官邸事务的人都心里有数，如果想要成功某事的话，一定要先买通孔二小姐，否则多半是竹篮打水一场空。

孔二小姐一般在晚上或者宋美龄休息前的一段时间，前来陪宋美龄聊天。宋美龄最喜欢听孔二小姐同她谈官邸、圆山饭店、“妇联会”以及振兴医院等单位的是是非非，身边人的恩恩怨怨。听了孔二小姐的报告，宋美龄不是点头赞同，就是双眉紧锁，陷入沉思。孔二小姐和宋美龄聊天的话题，大都和人有关，她的小报告，也成了宋美龄寂寞生活的最大消遣。

孔二小姐和宋美龄虽非母女，但她们互相关怀，爱憎也表现得很一致。宋美龄一直关照宠爱孔二小姐，而碰到一些事情宋美龄碍于身份不便直接说话的时候，孔二小姐也常常站出来为宋美龄出面说话。宋美龄曾经对一个为她做按摩服务的女副官十分照顾，听说她丈夫死了经济困难，就让她的三个小孩免费进入华兴育幼院读书。后来宋美龄要到美国，那位女副官不愿随同前往，孔二小姐就出面进行责备，说夫人对你这么好，要你照顾都不肯答应，简直是“忘恩负义”，后来还把那个女副官的孩子都转出了华兴育幼院。

孔二小姐不但在士林官邸大小事情都要插手，就连宋美龄在台湾挂名的几个机关团体，像“妇联会”、振兴医院、华兴育幼院等等也都受宋美龄的委托进行管理。

所以那时的人都说，孔二小姐是宋美龄和士林官邸名副其实的大总管。

阳明山遇车祸

除了在阳明山修建的士林官邸之外，蒋介石和宋美龄在台湾还有多处行宫。这些行宫主要有慈湖别墅、角板山别墅、涵碧楼官邸、西子湖官邸。

慈湖别墅位于台北桃园县大溪镇东北角。因此地有一个较大的水面，经人工改造后，蒋介石为纪念母亲王太夫人，就改称为“慈湖”。蒋介石和宋美龄每月都要来此小住几天。蒋介石死后，其灵柩曾暂厝此地。

角板山别墅位于台北桃园县境内，距慈湖约10公里处。该地风景秀丽，古木参天，景色宜人。别墅就建在角板山公园旁边。

涵碧楼官邸位于著名的日月潭风景区。早在日本统治时代，因游人多至此游览，日本人在那里修建了许多招待所，涵碧楼就是其中之一。

西子湖官邸位于高雄市内。高雄市政府为了讨好蒋介石和宋美龄，特在西子湾地区种植花木、修建道路、改善卫生，以便蒋介石夫妇到台南视察时休息住宿。

∧ 蒋氏夫妇与宋子安合影。

此外，蒋介石和宋美龄刚退到台湾的时候，住在阳明山的后草山，那里原有一个属台糖公司的招待所。因为台湾比大陆湿热，蒋介石初来时极不适应这里的气候。他在阳明山这个招待所住下来后，感觉此处不但清静，而且夏天也比较凉爽，所以养成了一个习惯，每年的6月间，如果没有特殊的事情，就会和宋美龄到阳明山避暑，待到10月再下山，住回士林官邸。

因为蒋介石喜欢到此地避暑，后来就选择了阳明山的一块地方盖了新的别墅。1970年"中兴宾馆"正式落成。以后蒋介石夫妇就搬进"夏宫"消暑。

自从20世纪60年代末期以来，蒋介石和宋美龄就连遭打击，而蒋介石的身体也开始衰败，一年不如一年。蒋介石比较迷信，曾找人看过风水，结果流传开来，居然有不少奇谈。

先是说蒋介石的"总统府"风水不好。1966年、1967年左右，当时的"总统府"有关单位，为了美化的目的，在"总统府"前方的左右两侧，建起了两个彩色喷泉。这两个喷泉的底座是水泥砌成的，颜色是白色，做好之后，夜晚把喷泉打开，五彩的水花，美丽炫目。可是，到了白天的时候，有人却私下在议论着，说什么"总统府"的那两个喷泉，活像是两根白蜡烛，"总统府"整个远看起来，简直就像是一座坟墓。这个说法不久流传开来，众人

∧ 尽情山水，远离喧嚣。

议论纷纷，不久，大概有关方面自己也发觉不对，就立刻把那两座白色底座的喷泉移走。

再就是国民党的中央党部，那是蒋介石统治的权力核心机关。本来，依“风水”来说，“总统府”的大路直冲介寿路，已经是犯了“大忌”。没想到，在“总统府”正对面的中央党部，左右两侧刚好有“信义”和“仁爱”两条大马路经过，从“总统府”的方向往中央党部看，只见“信义”“仁爱”两条马路上的车水马龙，从中央党部的两旁飞驰而过。有人说，难怪国民党无法再统一中国，因为连中央党部旁边都分岔为两条路线，中国怎么可能在国民党的手上统一？国民党内部怎能不闹分裂？当然，这个说法虽然也是甚嚣尘上，但是到底不比两个喷泉，没有人能够改变“信义”和“仁爱”两条路的方向，更没有人能够有本事把“信义”和“仁爱”路归为一条，来影响台北交通流畅，所以，这个问题始终得不到任何改善，于是大家又说难怪国民党近年会进入多事之秋。

还有蒋介石当年在世时最喜欢去的阳明山中兴宾馆，也就是后来的“阳明书屋”，并且还是国民党的党史会的会址。中兴宾馆地处后草山的山顶，大门面对七星山，背对台北市区，进入宾馆之前，要经过胡宗南的墓地。当年，蒋介石还未遇到阳明山车祸前，就开始兴建这座宾馆，但是在这座宾馆落成前后，就发生了不幸事件，那就是1969年的阳明山车祸。而在蒋介石搬进中兴宾馆后，身体始终是每况愈下，于是有人就绘声绘色地说，这完全是中兴宾馆风水出问题造成的。

最为神奇的说法是关于那座贯通圆山山麓的隧道。那条在20世纪70年代初期开挖的隧道，被官邸的工作人员传为蒋介石的“龙心”被挖走了。自从蒋介石没有“龙心”以后，身体就出现了警讯，等到隧道挖通，蒋介石竟然同时心脏病发作，一病不起。这个传闻，在官邸里广泛流传，大家谈起“风水”无不色变，都觉得蒋介石这次大概真的是在劫难逃了。

当然，这些都是穿凿附会的说法，只是民间私下传说，可是在1970年前后，确是蒋介

> 蒋介石主持国民党高层会议，宋美龄坐于其旁。

石和宋美龄二人“运气”最背的时期，“风水”之说也成为官邸上下私下茶余饭后的话题。

最早开始的倒霉事就是阳明山车祸事件，那是在1969年发生的。7月上旬，蒋介石和宋美龄与往年一样，从士林官邸搬到了阳明山官邸避暑。

一天下午，蒋介石和宋美龄在军警们的严密保护下，乘车由士林官邸回草山官邸。车队行驶在阳明山的仰德大道上，这是一条由台北市政府和阳明山管理局联合拨款，专为蒋介石上下阳明山方便而修建的高等级公路，开阔平坦，唯一的缺陷就是路势比较陡峭。

当蒋介石和宋美龄的车队快速经过仰德大道岭头附近的弯道时，前导吉普车的司机发现前面有一辆要下山的大客车正停靠在站牌前接送旅客上下车，前导吉普车因为刚刚转了个陡弯，所以没有来得及看清楚这辆大客车的后面还有没有车过来。正往前疾驰的时候，突然一辆军用吉普车从大客车的后面猛然超车，并且速度未减，直接下冲。前导车发现情况紧急，若不马上刹车，很可能与冲下来的军用吉普车迎头相撞，司机猛地将车刹住。就在这关键的一瞬间，紧跟在前导车后面的蒋介石夫妇的卡迪拉克防弹座车来不及反应，司机没有急踩刹车，车头猛地向前导车的车尾撞去。

在蒋介石和宋美龄的座车与前导车相撞的刹那之间，剧烈的冲撞力量，使手握拐杖正闭目养神的蒋介石猛烈地向前抛去，撞到了前面的玻璃隔板上，蒋介石的胸部当场受到了严重的撞伤，鼻子血流不止，阴囊也被撞肿了，嘴中的假牙也飞了出来。

幸好跟在后面的随从车司机反应机敏，一见前面情况不对，赶紧刹车，要不然撞到了前面的蒋介石夫妇的座车，那后果就更是不堪设想了。

汽车相撞时，宋美龄正坐在蒋介石的左侧，就在她随汽车的撞击力而整个身体向前冲的一瞬间，她的双腿撞到了前面的玻璃隔板上。宋美龄当时疼痛万分，一向注重身份形象的她也忍不住厉声叫喊。

车祸发生后，现场一片慌乱。警笛尖叫，救护车随即赶到，军警封锁了现场，并尽快疏散过往车辆，蒋介石和宋美龄立刻被送到医院急救。侍卫长官立即向“行政院长”蒋经国汇报，并且急忙命令手下通知各哨卡拦截肇事的那辆军用吉普。

消息传出，台北市甚至整个台湾岛一时间空气紧张得让人喘不过气来。蒋经国闻报后，当即指示情治当局，要想方设法查到已经逃离现场的那辆军用吉普。随后，蒋经国立即驱车赶赴医院看望蒋介石和宋美龄，并指挥抢救工作。

台湾的情治机构会同相关军警单位，根据蒋经国的紧急命令，在整个台北市设置关卡，对过往军车一律严格盘查，然而事情毫无进展，什么线索也没有查到。这令蒋经国气恼不已，他明令情治单位，要不惜一切代价务必把事情搞个水落石出。

台湾军方“联合指挥部”“宪兵司令部”、警察当局接到“行政院长”蒋经国的指令后，成立了专案调查组负责追查这起车祸的肇事者。经过多方努力，几个月后案子终于真相大白。原来当时坐在军用吉普车中的是一名陆军的李姓少将师长，当时他刚参加完一个军事会议，见天色不早，叫司机开快车下山回营房，万没想到闯下如此大祸。车祸发生时，他见对方是豪华车队，显然来头不小，又见自己车辆未受损伤，赶忙让司机加速，逃离现场。待到第二天，当他得知出事的竟是“总统”的座车时，一时吓得目瞪口呆，不知如何是好。

无奈之下，这名李姓师长借故请假，想躲一阵子，避避风头再说，但在蒋经国的严令之下，台湾各相关的所有机构都动员起来，最终还是被查了出来。“国防部”立即做出处分决定，将这位少将师长予以撤职处分，罪名是“伤害最高领袖”，司机也按军法判刑蹲牢。

这起事件的当事人中，唯一没有受到过分指责和处分的就是给蒋介石和宋美龄开座车的那名酿成事故的司机，那是因为宋美龄发了话，认为司机并没有大错，不要多处罚人，蒋经国也就没有追究。

宋美龄在车祸中左腿受的伤稍重些，但幸好没有骨折，头部脊椎也有挫伤。虽然没有大的损伤，但毕竟年纪大了，也留下了一些后遗症，有时候走路的时候腿会忽然觉得没有力气，经常要人扶持。

阳明山车祸后，蒋介石在医院小住几日，做了些治疗后，也很快出院了。但车祸后，蒋介石连病带惊，一蹶不振。有一次，他在会见一位国民党老将军时曾不无忧伤地说：“自从这次阳明山车祸后，我的身体受到很大影响，不但腿不行了，身体也不行了。”

历史备忘录

HISTORY MEMORANDUM

V 中国政府代表乔冠华在联大会议上发言。

V 1974年4月10日，中国政府副总理邓小平在联大第6届特别会议上发言，阐述毛泽东的"三个世界"的理论。

2

3

4

中国在联合国的合法权利得到恢复

中国是联合国创始国之一。1971年10月18日开始，联合国大会第26届会议就恢复中华人民共和国在联合国的合法权利问题进行专题辩论，25日晚，大会以76票赞成、35票反对、17票弃权的压倒多数，通过了阿尔巴尼亚等国家提出的联合提案，决定恢复中华人民共和国在联合国一切合法权利，立即把蒋介石集团的代表从联合国及其所属一切机构中驱逐出去。11月10日中国派出以乔冠华、黄华为正副团长的代表团出席联合国大会第26届会议，受到了极其热烈的欢迎。从此，中国成为联合国五个常任理事国之一。

埃德加·斯诺逝世

1972年2月15日，美国著名作家埃德加·斯诺因患癌症，医治无效，在瑞士逝世。他是中国人民的老朋友，一生为增进中美两国之间的相互了解和友谊做出了重要的贡献。16日，毛泽东主席、周恩来总理等分别致电斯诺夫人，就埃德加·斯诺逝世，表示沉痛的哀悼和亲切的慰问。

印度首次核试验成功

印度独立后，政府十分重视科技发展。1948年印度政府通过了原子能法案，成立了国家原子能委员会，同时加强核物理的研究工作。在核能开发和利用方面印度走在世界前列。1974年，印度爆炸第一颗地下核装置，拥有了制造原子弹的能力。20世纪90年代初印度拥有40个核研究机构，约2万名科技人员，已建成4座核电站、6个实验核反应堆、5个重水工厂。

邓小平率代表团出席联大特别会议

1974年4月6日，中国国务院副总理邓小平率领中国代表团出席联合国大会第6届特别会议。10日，邓小平在大会上发言，全面阐述了毛泽东的“三个世界”的理论，并说明了中国的对外政策。邓小平的发言，引起世界各国的广泛注意。

影像大扫描

I M A G E   S C A N N I N G

蒋介石病逝

27

年少夫妻老来伴。不管当初促成宋美龄婚姻的原因是什么，五十年的共同生活，宋美龄对蒋介石的感情不可谓不深。蒋介石病逝，宋美龄无比悲痛。接下来的风云变幻更让宋美龄感到，台湾非久居之地。尽管一部分支持宋美龄的政客试图奉宋美龄为蒋介石的继承者——这条路宋美龄未必不乐意走，她对政治始终有着浓厚的兴趣。然而，蒋经国却已非当年那个"打虎"不成反被免职的懵懂青年了。在台湾动荡的前夕，"老干新枝"的演说，更埋下一颗奇妙的种子。宋美龄如一棵"失根的兰花"，从此乘风远扬，终老异邦。

提心吊胆的就职典礼

蒋介石的身体一直是很好的，虽然年轻的时候有过放纵的生活，特别是在上海滩上混的时候还得过梅毒，但后来南下广东，开始担任孙中山随从并且当上黄埔军校校长以后，生活较有规律，也无大病。但自阳明山遭遇车祸，尤其是台湾被赶出联合国以后心脏病发作，身体状况日趋衰弱。

1971年春季，一天蒋介石一大早起来做完早祷，用毕早餐后，到厕所小解，突然发现自己的小便中带着不少血丝，他十分惊恐，急喊副官找个医生来查个明白。医生经过仔细察看后，告诉他这只是以前做前列腺手术留下的后遗症，但蒋介石和宋美龄并不放心，觉得其中必有重要病症。不久，他们从美国请来专家做进一步检查。洋医生用电疗的方法，将前列腺有问题的部分烧死，暂时稳定住了小便带血的症状。

但是，电疗手术后的第二年春天，蒋介石小解时，发现尿中带出的已不是过去的血丝，而是一块一块的小血块。这一下蒋介石更是紧张，宋美龄赶紧把医生叫到官邸，医生对尿样做了检查后，告诉他，这是电疗手术后正常的现象，因为当时电疗结疤后没有及时处理好，多半会造成这种习惯性出血情况，不必紧张。蒋介石听后，哪里肯信，但多个医生都做出同样的诊断结果，他也不好再问了，只是从此以后，他的神情变得十分沮丧，走路无精打采，脸上的笑容也越来越少了，每到厕所小便一次，都是胆战心惊，生怕发生什么可怕的事。

从此之后，士林官邸的洗手间内摆上了空瓶子，只要蒋介石发现尿中有小血块，总是大声呼喊副官赶快过来将尿瓶立即送给医官检查。起初，当尿瓶送到时，医官们还真当回事，日子长了，他们已经觉得正常了，也不再认真对待。

可是蒋介石本人越来越对此心存惊悸，小便出血几乎成了他的心病。一天，副官站在蒋介石身后侍候他小便，忽然看见他惊慌万分，副官连忙将一只尿瓶递到蒋介石手中，蒋介石双手发抖，握着尿瓶接完血尿，毫无血色的脸上露出了惊恐的神情："快！快！你赶快把这瓶血尿送给医官检查，看看里面到底有几个红血球？"

结果医官看了瓶子以后只是对副官说："老弟呀，回去禀报老先生，这种毛病没有什么大不了的，不要害怕，当然也没法根治，还要检查什么红血球？你去把它倒到厕所里去吧！不用化验了！"

∧ 晚年的蒋氏夫妇相濡以沫，共担风雨。

副官只好如实地向蒋介石禀报。但蒋介石对此并不放心，没过多久，蒋介石传医官到自己的书房，非常紧张而又十分慎重地问医官：“我的尿里到底有多少个红血球？”医官十分坦然自如地回禀道：“报告总统，大概有五六个吧！没问题，这属于正常现象，请总统放心休息。”

其实，蒋介石并不知道什么是红血球的单位，医官如此汇报也只不过是表示轻松，安慰他而已。

尿血虽然没有造成大的问题，但由于蒋介石年事已高，加上对尿血疑神疑鬼，身体状况大不如以前。1971 年夏天，蒋介石的血管硬化病状开始显露出来。

蒋介石到台湾后，几乎每天都抽出时间在官邸的林荫小道上散步，即使到了 20 世纪 60 年代后期已 80 岁了，也还不需别人搀扶照料，行走自如，兴致高的时候，还常与家人、随从谈笑风生。但到了 1971 年春尿血症出现以后，这种情形发生了变化，随从和宋美龄都发现，蒋介石每走几步就要停顿下来，张开嘴大口地呼吸，舌头不断地往外伸，说话的时候舌根发硬，口齿不清。跟随的副官见到几次这种情形后，立刻向医官报告，医官随即给蒋介石做检查，结论是：蒋介石可能血管硬化，进而肺部缺氧，因此呼吸时只能将舌头伸出，大口呼吸。医官叮嘱侍从们平时多加小心注意。

1971 年夏天之后，血管硬化引起的全身症状渐渐表现出来了，蒋介石的四肢功能在退化，走路打晃，拄拐杖有时不顶事，常要人搀扶，双手颤颤抖抖，不要说写字了，连点眼药、剪指甲都要请人代劳。

1972 年春天，蒋介石和宋美龄到日月潭度假，住进了涵碧楼招待所。一天上午，蒋介石从宋美龄书房前路过准备往外走，侍从们见状立刻要走过去跟随，但因为宋美龄的卧室就在附近，侍从们怕声音大，吵醒还在睡觉的宋美龄，只得绕过一个回廊，快步跑到蒋介石的面前。但还没来得及赶到，蒋介石站立不稳，一个踉跄跌倒在地上。外面的响声惊动了宋美龄，她迅速起来走出房门，厉声责备道：“这是怎么搞的？你们怎么可以让老先生摔倒在地呢？副官干什么去了？”副官们面面相觑，谁也不敢搭腔。蒋介石在一名副官的搀扶下，一面慢慢地站立起来，一面上气不接下气地打圆场道：“这不是他们的错，是我自己不小心，没事！没事！”但宋美龄还是告诫随从们：“以后不要管我是不是在房里，只要先生一出房门，你们就给我直接过来扶着老先生。”

因为宋美龄平时待人比较温和，这次少有的厉声训斥，立即惊动了随行的所有人员，医官迅速赶到现场，做了检查，发现没有造成外伤和骨折后才算松了一口气。从此，随从们半步也不敢离开蒋介石。

蒋介石的身体因血管硬化而在不断地恶化，当官邸的人看到他吐出舌头喘气的那种姿势，都十分担心和害怕，不祥之云笼罩在官邸上空。

这里加上一个小插曲。

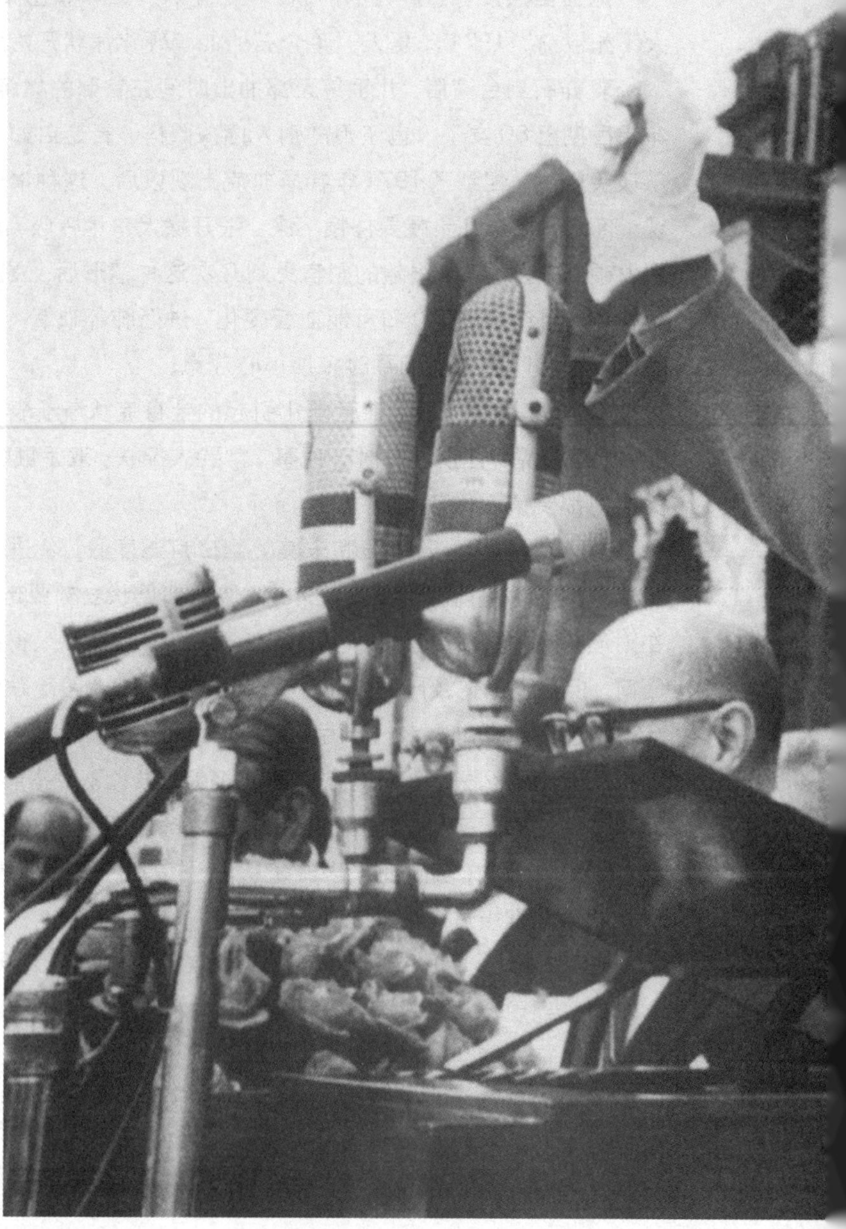

> 1971年"双十节"，蒋氏夫妇一起现身"总统府"前，此时蒋介石的身体已是每况愈下。

祝

> 蒋介石兴趣盎然地旁观宋美龄作画。

有一年秋天，正是台湾岛上瓜熟果香、气候宜人的季节，蒋介石打算出门散散心，饱览一下田园风光。11月，在随从们的照护下，他和宋美龄来到高雄清湖度假。

一天中午，蒋介石上厕所大便。按惯例，值班的随从副官陪同看护。当时由于蒋介石身体不如以往，常有便秘现象，有时必须借助甘油球来软化大便，这天他在马桶上坐了半天也没拉出来，就命令一姓钱的副官拿甘油球帮助润一润肛门，由于钱副官连日随他奔波不歇，又适逢午后犯困，心不在焉，一连往蒋介石肛门里塞了两个甘油球，但蒋介石还是拉不出来，心中十分着急，便叫另一个副官来看看究竟是怎么回事。这名副官赶到之后，趋前一看，顿时面如土色。

原来此时整个马桶全是鲜血，蒋介石还不知道，对他说："你快点帮我看看，这是怎么回事？钱副官往我肛门里塞了两个甘油球，可大便就是解不出来，你看看！"这名副官低头仔细打量了蒋介石的肛门，发现在他之前来到的那个钱副官根本没有把甘油球塞进肛门，而是塞到了肛门旁边的肌肉里去了，把肌肉插破了，导致蒋介石肛门鲜血淋漓，流淌不止。

该副官立即通知医官赶来抢救，医官发现蒋介石肛门旁的肌肉已被甘油球腐蚀，开始溃烂，就急忙打电话给"荣民总医院"。"荣总"的直肠外科主任赶来后，给蒋介石止住了血，并将他紧急送往"荣总"住院治疗。

第二天，蒋经国接到报告，立即从台北赶到高雄，到医院看望老父。蒋介石见儿子来了，对他说："给我把他关起来！"蒋经国就转身对侍卫长说："把钱副官送军法处处分！"

侍卫长当时还算清醒，知道那钱副官也是无心之失，军法处分未免小题大做，情急之下想到主意，向蒋介石报告道："在官邸有个比较好的禁闭室，把他暂时先关在那儿吧，这样也省得事情外泄，影响不好，既达到了处分的目的，又能保密，不是一举两得吗？"

蒋介石听后也觉得有道理，就下令将这位钱副官关在禁闭室。可这一关竟是五年，直至蒋介石去世。后来钱副官的遭遇受到台湾当局有关部门的注意，加上他自己的家人和过去的同僚多方打通关节，经过宋美龄的同意，才放了出来。

在"荣民总医院"住院治疗的一个多月里，蒋介石可以说是吃尽了苦头，因为肛门旁边的肌肉是人体肌肤中相当敏感的一部分，若是溃烂了，不但治疗困难，而且疼痛难忍。整整一个月，蒋介石站也不是，坐也不是，只好整日整夜地俯卧在床上。

此后的1972年，年届86岁高龄的蒋介石在遭到"内政""外交"等一连串的打击之后，自感时日无多，他早已决定把自己的"江山"传给儿子，因此，他竭力想利用连任"总统"的机会将手中的党、政、军大权彻底地让渡给自己的儿子蒋经国。3月21日，在"国民代表大会第五次会议"上，蒋介石以1308票的高票额当选为"中华民国第五任总统"。

就在蒋介石就任"中华民国第五任总统"时，他又因前列腺肥大住进了医院，做了一次大手术，后又转为慢性前列腺炎。

5月20日，台湾举行连任"总统"蒋介石宣誓就职典礼，如同以往蒋介石历次就职和重大节日一样，这天全台湾岛放假一天，各大媒体都发布消息，电台和电视台将进行现场直播。

然而，刚刚出院、身体虚弱的蒋介石如何应付完这壮观的典礼还是个大问题，因为不去是显然不行的，没有"总统"本人参加的"总统"就职仪式不成体统，反给外界以种种不安的猜测，宋美龄和士林官邸人士坚决不同意这样做。而去的话万一身体支撑不住，倒在就职典礼上，岂不让天下笑话，谁能负得起这个责任？

正在大家一筹莫展之际，还是孔二小姐脑子灵活，想出办法：在"总统府"阳台上及大客厅蒋介石与宋美龄站立位置的后边各摆上一张沙发椅子，这样就可以防备蒋介石的身体突然支撑不住倒下来时，不会摔倒在地，同时还不用人一直扶着，又能让蒋介石时不时地有个舒服的地方坐下来歇一歇。此外，蒋介石的医疗小组还在会场后方安放了氧气桶，以备急用。

宋美龄当即同意，于是大家准备了一番之后，5月20日上午10时许，

∧ 往事历历在目，而人早已迈入暮年。

蒋介石和“副总统”严家淦走到“总统”府阳台上，接受前来参加祝贺的20万人的欢呼。身着礼服、胸佩勋章、斜披勋带的蒋介石一手扶着阳台的栏杆，一手举起来缓缓地向通过“总统”府广场的“三军”受阅部队、游行队伍招手致意。

可是蒋介石的身体毕竟难以长时间支撑，尽管他脸上偶尔挤出几丝笑容，但双腿却在不住地打战，宋美龄在旁只是祈祷典礼快点平安结束。就在就职典礼顺利进行之际，让人吃惊的事情发生了，每一位坐在家里收看当天现场直播的台湾观众都不由得大惊失色。原来，在“总统”接受欢呼的画面转到“副总统”的特写镜头时，荧幕的下端居然出现了当时台湾流行的一部电视剧中的一句对白字幕：“大哥不好了……”这句话配上严家淦的特写，就好像是“副总统”严家淦在诅咒蒋介石。好在蒋介石当时没有看电视，不然的话，非得气昏不可。

事发之后，全岛民众议论纷纷，不祥之兆缠绕在人们的心头。国民党当局的元老重臣们更是惶恐不安，担心引发政治风波。大家都想到了清朝末代小皇帝溥仪登基，在皇帝宝座上哭闹不止，而其父摄政王载沣在一旁哄他不哭时随口说的那句不吉利的话：“快了！快了！快完了！”结果清朝的统治果真在三年后完了。

蒋介石的家里人更是认为有人在故意让蒋家触霉头，于是，经蒋经国默许，蒋孝武带着情治人员组成调查组到台湾电视公司调查，经过一番调查，发现这完全是一起过失事故，由于电台副控制室的值班人员一时疏忽造成的，事情到此只得作罢。但很多人都说蒋介石被这句话给说坏了。

1972年6月以后，也就是在“总统”就职典礼过后，蒋介石基本上是在病床上度过的，士林官邸成了医院，而他的身体时好时坏，异常痛苦。宋美龄此后就一直陪在蒋介石的病床前，照料病中的蒋介石，直到他去世。

∧ 执尔之手，与尔偕老。

∧ 晚年的蒋介石与孙辈们一起嬉戏。

夺命的心脏病

1972年6月，士林官邸的医官特别为蒋介石做了一次全身体检，检查结果让在场的医生们大吃一惊，原来蒋介石的心脏比前一段时间大了许多，如果不好好静养，将有生命危险。

医官将检查报告直接送到了蒋介石的面前，告诉他检查出来的结果，也就是心脏肥大症，建议他立即停止一切对内对外活动，休息半年，最好能在一个全封闭的状态下，安安静静地以休养为主。

蒋介石听了医官的建议后，大为紧张，马上去向宋美龄说明了检查结果和医官的建议，并且征求她的意见。蒋介石本来只是鉴于自己的身体状况，来询问宋美龄，可是宋美龄听后却想的是一旦蒋介石接受医官的建议静养半年，那么他突然半年没有音讯，“总统”的职权由谁来代理？蒋家的荣耀又由谁来承传？是自己这个蒋夫人，还是“太子”蒋经国？再者，如果蒋介石半年不露面，台湾岛内，中国大陆，还有美国方面又会有什么不利的反应？……

< 晚年的蒋氏夫妇尽享三世同堂的欢乐。

想到这些，宋美龄不假思索地对蒋介石说："你不要听陈医官夸大其词，你的身体不是还好好的嘛，为什么他让你休息半年，真是岂有此理！这个陈医官太不识大局了，我去找他去！"

宋美龄回到自己的房间，让人传唤陈医官来见。陈医官一到，便遭到了她一顿训斥："你应该对事情有个轻重主次观念，你这样跑去跟先生乱讲一通，会影响他情绪的，这个责任谁担负得起啊！你这样只会让他心里感受到更大的压力，你知道吗？何况他刚刚就任总统，他怎么可以就这样休息半年，我们的老百姓会怎么想啊？先生是绝对不能在这个时机上休息半年的，这对国家会有很大的不利影响的，你想过没有啊？"

在宋美龄的主张下，蒋介石休养的计划就被放下了，蒋介石本人也觉得自己尚无大碍，于是继续工作，照常生活着。

可是蒋介石的病情越来越严重，医官们往他的书房跑的次数也愈来愈勤，向宋美龄做的病情通报也越加严重，宋美龄也渐渐地感到了事态的严重性，她逐渐地认识到，一旦蒋介石的病情得不到及时的控制和治理，她会有不可推卸的责任。因此，经过医官们的说明，宋美龄决定加强"总统"医官阵容，立即征调"荣总"心脏科主任姜必宁、心脏血管科主任李有柄这两位当时台湾岛内的顶尖心脏科权威加入"总统"的医官队伍。

到了7月下旬，蒋介石的心脏病恶化，吃一顿饭，中间要停下来好几次，喘上几分钟气，才能慢慢进食。有几次，吃到一半，竟然全都吐了出来。7月22日中午，蒋介石在副官的照应下用午餐。这天，由于室内特别闷热，又不能开电扇，蒋介石吃饭时便感到没有胃口，勉强吃了几口，边吃边喘，吃到一半时，便觉胸口堵得慌，连忙向副官招手示意，副官明白后，立即在他的座位旁放上一只痰盂。蒋介石一转脸，"哇"的一声，将吃下去的东西全部吐了出来。医官们赶到时，只见蒋介石双目紧闭，大口喘气，四肢无力地垂在座位上，脸色泛青泛灰。

在场的医官都知道这是心脏病突发的症状，但是谁也不清楚如何抢救，等到蒋介石稍微安静下来之后，一位医官给他一粒“麻地黄”随一杯清水服下之后，侍从们将他抱到了旁边的沙发床上休息。可是休息了没有多久，蒋介石又感到胸闷难受，医生得知这一情况后，立即想把他移到房间的卧榻上休息。可就在副官准备抱他时，蒋介石突然昏厥了过去。此时，阳明山蒋介石住的中兴宾馆上下乱成一团，医护人员人心惶惶，甚至有人紧张得连怎样打开氧气瓶都忘了，好在从“荣总”回来的陈医官及时赶到，才开启了氧气开关，为蒋介石安好了氧气管。

由于蒋介石昏迷得突然，台湾岛的心脏病权威人士又离岛赴美，一时联系不上，大家不知所措。有人建议将蒋介石连夜送到“荣总”第六病房，但又怕在运送途中，稍有不慎，心脏病发作的蒋介石的病情会一发不可收拾。医官们斟酌了半天，最后决定就在中兴宾馆内成立一个“总统”急救站，让“荣总”的医护人员赶到中兴宾馆抢救蒋介石。

在大家手忙脚乱之际，宋美龄倒是显得临危不乱，镇定自若。她向所有的在场人员发出命令：从先生昏迷的那一刻起，你们必须停止一切休假；所有的文武服务人员，一律不得与家人联系；如有家属来电话询问工作人员去处，一律回答到南部出差，需要数天之后才回台北；医生必须及时将病情监测结果和发展情况做详细汇报，不得有误；必须尽快与美国方面联系，争取心脏问题专家余南庚博士早日回台，参加蒋介石的抢救治疗工作。

宋美龄虽然表面上十分镇静，但其实十分担忧。伤心之余，她也已做好了蒋介石撒手人寰的准备，甚至连怎样从阳明山上移灵都做了预先安排，还指挥工作人员进行了模拟演练。

就在蒋介石昏迷不醒，大家焦虑担心的时候，第二天黄昏，守候在他病榻旁的一名医官突然发现他的嘴唇在嚅动，似乎想要说些什么。这名医官赶忙喊住长年随侍蒋介石的副官：“翁副官，快来听听看，老先生好像在说什么，你应该可以听出一些什么来吧！”

这位翁副官赶忙趋到近前，侧耳到了蒋介石的嘴巴边，只听得蒋介石气若游丝般地从喉管中发出了一些不连贯的词语：“反攻大陆……解救同胞……反攻大陆……救中国……反攻大陆……救中国……”当翁副官把他所听到的这些告诉了在场的每个人时，大家心中总算放心了些，因为大家都知道这是蒋介石的口头禅，应该是还有救。

7月27日，也就是蒋介石发病昏迷的第五天，台湾的心脏病治疗权威、也是世界上治疗心脏病的顶尖高手余南庚博士，在宋美龄派出迎接的医官卢光舜的陪同下，来到中兴宾馆，检查了一遍医疗小组为蒋介石做的一些处置方法，他对医护人员的抢救工作做了肯定。通过几天的观察，余博士认为让蒋介石住在阳明山中兴宾馆并非万全之计，不利于抢救和恢复，他建议应尽早住进“荣民总医院”治疗。

蒋介石的这次昏迷对宋美龄来说是前所未有的考验，她要求一切听余博士的，尽力抢救，自己也日夜陪伴在蒋介石的身边。

8月5日，蒋介石的侍从和医疗小组的医护人员们奉命做好了一切准备工作，将蒋介石

∧ 与孙子们在一起的蒋介石，总是面露欢颜。

送进“荣民总医院”六号病房。晚上6时左右，从阳明山的中兴宾馆到石牌的“荣民总医院”的道路上布满了军警的哨卡，全面封锁，任何车辆不得出入。夜幕降临了，工作人员小心翼翼地将蒋介石抬上了一部从美国进口的新型军用救护车。8时许，救护车在随护车队的保护、引导下，缓缓驶出中兴宾馆向“荣总”开去。为了防止车身颠簸给蒋介石造成生命危险，车开得极慢，十几公里的路程，花了一个多小时才走完。之所以选择夜间行动，除了此时路上人少，车行安全外，更重要的是防止消息泄露，动摇“军心民气”，再者，到了夜间，“荣总”的病人稀少，医护人员也多下班休息，利于保密。

> 蒋家全家福。

六号病房本来就是为蒋介石专门设置的特别病房，与其他部门隔离，医疗器材一应俱全。蒋介石这次住院不比寻常，身边的工作人员和医护人员近20余人一同住进了六号病房，宋美龄、蒋经国、孔二小姐在六号病房内还开了单间住下，以备不测。这些房间都不大，有些是改造过的，但是可以让所有相关的重要家属随时到蒋介石的身边，掌握蒋介石的病情变化。

不过孔二小姐对蒋介石的病情关心过切，自己读了不少医书，加之又在官邸颐指气使惯了，因此和医生之间常常为用什么药、取什么疗程发生龃龉，常常弄得“总统医疗小组”的医官和专家们很不自在。不过，由于进入“总统医疗小组”的成员都是经过宋美龄、蒋经国反复挑选和核查过的“党国”忠臣，因此，尽管精神压力很大，但还是做到了任劳任怨，尽心尽力，正是由于他们这份“忠心”，蒋介石的生命才得以又维持了近三年时间。

住进“荣总”之后，刚开始的一段时间蒋介石仍然昏迷不醒，身上插上了好几根管子：供给氧气的氧气管、输入流质食物的胃管，还有手臂上的点滴管，靠着这些管子的作用，蒋介石的各项检验报告显示出的身体指标数反映出好转迹象，病情渐渐地稳定了下来。但由于这次蒋介石昏迷卧床的时间长，又靠打点滴维持生命，所以，昏迷了一个月后，护理人员发现，他的双手有了蜷曲现象，由于血管硬化，血液循环不畅，他的双腿的肌肉也开始萎缩，不过，他的肠胃吸收灌食营养流质食物的状况良好，这也是他能挺住的重要原因之一。

由于蒋介石躺在床上小便失禁，大便不畅，所以换洗床单和衣裤，从肛门中用手掏粪便成了医护人员最苦恼的事情，幸好孔二小姐聪明多计，这些难题常常由她想出办法来解决。比如针对大便失禁的问题，孔二小姐叫士林官邸内务科的木匠，把蒋介石病床的床板改成活动的，这样在侍卫们为蒋介石更换床单和衣裤时，把床板抽出来一块，就可以既方便又省力地完成工作。孔二小姐还去定做了一个海绵制的床垫，她命人在床垫中间，也就是蒋介石躺卧时位于臀部的地方，挖了一个碗口大的洞，每当医生和副官要为蒋介石“掏

< 晚年的蒋介石与蒋经国一家。

> 20世纪70年代初，蒋介石夫妇与陈诚在一次晚宴上。

粪”时，就可以直接透过这个床垫的洞口，进行工作。针对蒋介石翻身时常见的小便失禁情况，孔二小姐想出的办法是，使用长条形的塑胶袋，套在他的裤子里，这样就大致解决了小便失禁所造成的麻烦。

1973年元旦那天，是让一直陪在医院的宋美龄惊喜的一天，昏睡在病床上长达半年之久的蒋介石突然睁开了眼睛，除了体力不如病前外，记忆力一点也没有受到影响。对蒋介石来说，这次长时间昏迷不醒恰如做了一场大梦一样，除了宋美龄、蒋经国和孔二小姐，其他所有的亲属，以及身边的随从、侍卫、“总统”医疗小组的成员们都对此感到莫大的欣慰。

但是蒋介石从昏迷中苏醒过来之后，原来古怪的性格变得更加古怪了，常常为些小事无端地脾气大作。这也是所有得了大病的老年人都有的情况。

台北的夏季常常潮湿、闷热，蒋介石却是个平生最怕热但又不喜欢吹电扇和冷气的人，于是就只好由身边的副官拿蒲扇、芭蕉扇为他扇风。从昏迷中醒来之后，蒋介石更怕热了，不分白天黑夜地要人为他扇风驱热，否则就无法入睡，副官稍一停下来就会遭到他的呵斥。此外，蒋介石整日躺着便觉躯体四肢乏力酸疼，所以只能靠让人为他按摩来缓解苦楚，但由于双手的萎缩，他已经难以感觉到为他按摩的副官用力的大小，因此，常常觉得副官们在应付他，就大声斥责：“叫你们力气大一点，你们到底是怎么回事？”

同时，蒋介石也不愿整天躺在病床上，即使他身上插着管子，总是闹着让人将他抱到轮椅上，推到室外转转。有一天，蒋介石居然创下了一天上下床23次的纪录。每次刚起床几分钟，由于气喘吁吁，不能坚持，就吵着上床躺下，而躺下不久缓过气来，又喊着要起床，如此折腾，让副官、随从们叫苦不迭。还有几次，蒋介石在床上躺烦了，居然提出要看电影，官邸的工作人员连忙找来影片、放映机到病房放映，但看不到几分钟，他又烦了，说不想看了。

∧ 蒋孝勇的婚礼是蒋家子孙唯一向外公布的一次，虽然多半原因是为了向世人证明蒋介石还健在，但从中也可看出宋美龄对蒋孝勇的偏爱。图为蒋经国夫妇与蒋孝勇夫妇等合影。

不过蒋介石神志不失，对自己的行为失常也常感内疚，因此每逢节假日，为感谢医疗小组成员及官邸随从们的辛劳而摆宴感谢时，蒋介石总要从床上起来，由宋美龄搀扶着到酒宴席会上，向大家致谢问好。“总统”如此重病，还大驾屈尊，确实让这些人感动万分，原来心中有些不痛快的人也都觉得应该为之辛劳了。

蒋介石因心脏病发作而昏迷这半年的时间，是对宋美龄这一生最大的考验。那一阵子，宋美龄的生活发生了很大的转变，为了照顾蒋介石，宋美龄改变了长久以来形成的日常生活作息习惯和她一向喜欢与官太太交际的习惯。

宋美龄住在“荣民总医院”六号病房陪伴蒋介石的时候，虽不用她亲自端水送饭擦身子，但也在床头嘘寒问暖，经常会问蒋介石：“你要吃些什么吗？要不要我叫谁给你弄点什么东西吃啊？”体贴入微，尽到了自己做夫人的责任。对于蒋介石用何种药、实施何种治疗她都详细过问，听取医护人员的分析，然后最终决定采取何种措施。

病榻上的蒋介石要不要见人、要什么时候见，最后都由宋美龄来做

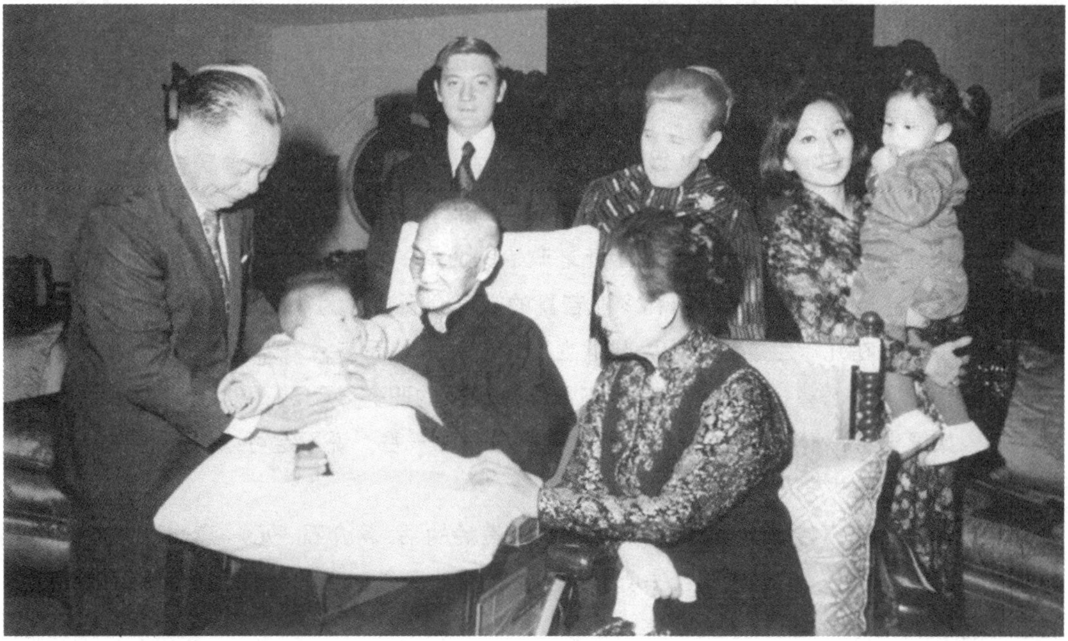

Λ 四世同堂其乐融融。

决定，她同时也是士林官邸的全权总管。可以说蒋介石的病也相对地增长了她的权势，当然她另一方面也要担心若是蒋介石一旦一病不起，她的地位将立即受到威胁，而这威胁既可能来自蒋介石的儿子蒋经国，也有可能来自其他对台湾的政治权位有野心的任何人。

不过这时候的宋美龄却在许多地方给人一种更为举足轻重的感觉，认为她是操纵日后台湾的政治方面一个不可忽视的力量。

宋美龄利用她的这种权力，安排了美国“大使”马康卫进见蒋介石，有几次为了排解民众对蒋介石已经病入膏肓的疑惑，还为蒋介石做了几次公开亮相的拍照活动。

包括美国人在内的岛内外人士，都曾经对宋美龄在当时政治舞台上扮演的角色，抱以极大的兴趣。当时，包括美国CIA在内的人，都相信蒋经国即使掌握了那时台湾的军队系统和情治系统，可是宋美龄在政治上的影响力却并不亚于他，尤其是在美国的影响和关系，加上蒋经国当时由于长期掌管特务组织，在外界的名声不太好。如果宋美龄真有政治上的野心，她在日后的影响力和作为，未必就会输给蒋经国。

不过宋美龄知道蒋介石是一心要把权力交给自己的儿子，所以并没有想要做“武则天”的心思，尤其是在孔令侃的事情之后。还在1972年，严家淦“内阁”辞职风声一出，宋美龄就曾向蒋介石建议，让自己的外甥孔令侃到台湾来当“行政院长”，因为当时在孔家的几个子女中，只有孔令侃对政治具有十分浓厚的兴趣。孔令侃本人也多在姨妈宋美龄耳边吹风，希望她能帮帮忙。

宋美龄想到大姐夫在抗战结束前去职后，孔家一直没有当过官，而今大姐和大姐夫都已客死异国，自己备感孤寂，而且孔祥熙当过国民党政府的行政院长，宋美龄也希望孔令侃能继承这一权位，像他的父亲那样，当上国民党当局的“行政院长”。

而且以孔令侃的能力，以及与美国元老政治家之间的良好人际关系，他当“行政院长”也未尝不可，甚至有人认为，当年孔令侃若真的被蒋介石任命为“行政院长”的话，美国大概也不会那么快在几年后就和中国大陆建立了外交关系，而与台湾当局“断交”。

孔令侃本人也希望担任这个国民党当局掌握实权的职务，况且，那时台湾的经济力量刚刚起飞，如果当上“行政院长”，不但可以有机会表现一番，说不定可以名利双收，让孔家在国民党的权力圈里东山再起。

但此时的蒋介石传子心切，他根本听不进宋美龄的话。蒋介石一心一意想让儿子继承他的事业，在关键时期，他当然不会去听从宋美龄的话。于是，严家淦辞职后，蒋经国顺利当上了“行政院长”。

经过这件事后，宋美龄已经知道蒋介石的意图，同时自己也年事已高，无心再与蒋经国去争夺权力。

蒋介石昏迷和在“荣总”卧床治疗的事情，尽管由于保密工作做得很好，外界不得而知。但是自从他担任“中华民国第五任总统”后不久，抛头露面的事在一年内几乎都没有，台湾岛内谣言、传闻不胫而走：“总统”已经不在人世了，蒋夫人开始把自己的财产转移到美国去了，蒋经国与严家淦为争当“总统”干起来了，蒋“总统”死因不明，等等。就连台湾的各“友邦”国家也十分关切。

为了消除不利影响，擅长“外交”的宋美龄直接导演、策划了几幕蒋“总统”身体康健的表演。

1973年7月23日，蒋介石最小的孙子蒋孝勇结婚，尽管此时的蒋介石神志清醒，但是不能做长距离移动，所以不能赶到设在士林官邸的礼拜堂凯歌厅的婚礼现场接受新人们的拜见。蒋孝勇夫妇举行完结婚仪式之后，按照祖籍浙江奉化的习俗来到“荣总”六号病房会客厅，给祖父、祖母大人奉茶行礼。蒋介石身穿长袍马褂，端坐在客厅的椅子上，消瘦的脸上带着慈祥的笑容，由宋美龄代表他接受了蒋孝勇夫妇的奉茶献礼。

第二天，台湾各大报纸均在显著位置登出了这一条重要消息，并配上了真实照片。报纸提供的消息说：“蒋总统伉俪与其孙蒋孝勇新婚夫妇合影照片，是一年多以来，中华民国政府发表之第一张蒋总统照片。足以显示总统健康情形良好。国人及关切蒋总统的友邦人士多表欣慰。金门前线军民在报端获悉蒋总统政躬康泰，认为这是国运中兴的象征。”

∧ 1972 年，蒋氏父子在士林官邸。

同年11月，国民党第十届“中央”委员会第四次全体会议召开。在整个大会期间，身为国民党总裁的蒋介石都没有能亲临会场参加会议。代父主持会议的蒋经国让后母宋美龄坐上了老“总统”蒋介石的位置，会上宋美龄也第一个获得国民党最高奖——中山奖章。

按议程，大会结束那天，参加全会的其他9名主席团成员严家淦、蒋经国等人到“荣总”六号病房会客厅进见蒋介石。此时的蒋介石由于右手肌肉萎缩十分严重，即便坐着的时候也无法控制而不自觉地垂下来，而要面对镁光灯和摄像机，必须掩饰他的右手显得无力的毛病。还是一名副官想到了一条妙计：用透明胶布把蒋介石萎缩的右手绑在椅子的扶手上，然后再给他穿上长袍马褂，这样从外表上看，看不出他右手有多大问题。

这条妙计立刻得到宋美龄和孔二小姐的赞许，随从人员立即依计行事。布置停当后，进见的国民党大员们鱼贯而入，向党总裁行礼致敬，蒋介石也用左手微微招呼一下，算作回礼。这次召见时间不长，医护人员全体戒备，一旁待命。第二天报上登出了蒋介石接见“四全”主席团成员的消息，又使岛内有关蒋介石健康状况的种种猜测平息了一阵。

12月22日，蒋介石自己觉得身体状况已有好转，而宋美龄也早想搬出医院病房，在她的一再要求下，经医生检查，同意蒋介石出院，回士林官邸过圣诞节和新年，并长期休养。然而，这年圣诞、元旦、除夕三大节日中，人们除了听到一次以蒋介石的名义发表的元旦文告外，关于他的健康状况一直毫无准确音信，于是各种谣言又起来了。

为了平息种种不利的传言，宋美龄又给蒋介石排演了向外界表明身体健康的节目。那一年的新年刚过，适逢蒋介石的曾孙蒋友松过周岁生日，蒋介石的孙子蒋孝武带着孩子来到士林官邸拜望蒋介石和宋美龄。在宋美龄同意之后，蒋家决定向外界发表一张全家欢照片，证实蒋介石依然幸福、健康地活在人间。

于是经过精心准备，拍了一张全家福照片。照片上，身穿黑色长袍马褂的蒋介石坐在沙发上，用左手逗着小孩的下巴颏玩，面带慈祥地微笑，在左侧毗邻坐着宋美龄，而右侧立站着的蒋经国则帮助父亲用右手揽着孩子的身躯，蒋孝武夫妇和蒋方良则姿势、表情“自然”地围拢在蒋介石夫妇的身后。其实，曾孙在蒋介石身旁仅仅只有几分钟的时间。

蒋介石生前最后一次在媒体上露面是在1975年初，即接见美国驻台湾“大使”马康卫。此前的1973年和1974年，马康卫曾几次向台湾当局要求进见蒋介石，均因蒋介石病重而被宋美龄以种种借口谢绝，为此美国外交部和中央情报局从各个方面均判断蒋介石将不久人世。这次是马康卫离职回美的最后一次请求，宋美龄考虑到台湾与美国这个最重要的“友邦”关系的维持和发展，与孔二小姐等人密商后，决定还是接见马康卫为好，尽管当时的蒋介石已经快不行了。决定接见马康卫后，士林官邸的侍从人员和医疗小组紧急行动起来，为此做了精心准备。

那天下午，马康卫依约准时来到士林官邸客厅，蒋介石勉强起来，打起精神坐在客厅中央的沙发上，宋美龄面带笑容，陪伴在侧旁。医疗小组的成员在后侧隐蔽着，以备不测，侍从副官们退在客厅后方等候调遣。

马康卫坐在蒋介石、宋美龄不远处，不时用眼光打量着蒋介石，判断他的身体状况。一番寒暄之后，双方进行了“亲切友好”的谈话，蒋介石表情木然，偶尔嘴唇翕动，喉咙间挤出几个不连贯的词汇，而一旁的宋美龄则用流利的英文将蒋介石对马康卫为发展“中美”友谊所做的贡献之类的颂扬之词“翻译”出来，与马康卫侃侃而谈。马康卫只能将目光移向蒋夫人的脸庞上，会谈主要成了宋美龄和马康卫的英语对话。

接见很快就结束了，蒋介石到底还是没能起来送客，好在有宋美龄帮忙处理，她把马康卫送到客厅门口。客人一走，在后边一直担惊受怕的医疗小组成员、侍从副官们满头大汗地把蒋介石抱进了卧室，大家舒了一口气，同时也不得不佩服蒋夫人的镇定自若，说毕竟是经过大风大浪的人。

蒋介石久卧病床，不能视事，外界猜测颇多。蒋经国自1972年当上“行政院长”后，实权在握，“副总统”严家淦是学者型官僚，知道老蒋着意培养儿子接班，自己只是过渡和摆设，也没有争权夺利的想法。但从旁观者的角度来看，宋美龄的地位却是岌岌可危，大家都说蒋介石一走，估计蒋经国不会给这个后母任何权力了。

1974年冬天，台北市爆发了一场病毒性感冒的流行病，年老体衰的蒋介石也不能幸免，高烧持续不退，处于半昏迷状态，不得不又住进了“荣总”六号病房，经过医护人员的全力抢救，才脱离了危险。

随后蒋介石就在医院养病，临近岁末年底，宋美龄心情变得焦急异常，在经过长时间的医院陪床之后，她觉得难以忍受病房的环境和气氛，心情极差。于是她不顾医疗小组的一再劝说，非要搬回士林官邸过圣诞节，“我不管！他如果不搬，我还是要搬回士林官邸过Christmas（圣诞节）！我搬回去！”医疗小组只得听从她的意见，把蒋介石送回士林官邸。为了防备蒋介石的心脏病突变，还将六号病房的几乎所有医疗设备搬到了官邸。

1975年3月，过完春节之后，蒋介石的身体仍不见明显好转，宋美龄为此特邀一名美国胸腔专家来为蒋介石做进一步的诊治。这名美国大夫看了蒋介石的病历之后，认为他的病之所以不见起色，与他的肺脏有2/3浸泡在胸腔积水中有关，由此，美国大夫建议对蒋介石做“肺脏穿刺手术”，把积水抽出，方可使心脏病好转。此建议一提出，便遭到“总统医疗小组”的坚决反对，他们认为，像蒋介石这样已近九十高龄的病人做这种手术危险极大，他们不是不知道蒋介石胸腔积水甚多，而是觉得目前最好的方法是让积水得到控制，不再增多，能拖一天是一天，根本不能将积水抽出，否则蒋介石的心脏病会加剧，并可能并发其他病状。

宋美龄听了情况汇报之后，主张立即进行穿刺手术，并表示："专家们提出的意见很好，我们为何不试一试，这事就这么定了，有什么事，我负完全责任。"在这里，宋美龄表现出了她说一不二的性格，准备用手术改变蒋介石长期以来病情时好时坏的状况。

∧ 当选为"行政院长"的蒋经国与"副总统"严家淦在一起。

因为宋美龄的权威，加上在一般的医疗责任原则中有尊重家属意见一款，医疗小组只得顺从了她的意见。

一切准备就绪后，美国专家开始对蒋介石施行肺脏穿刺手术，从蒋介石的肺脏中抽出了近半升脓水。应该说这次手术算是做得圆满成功，但并发症和后遗症随之而来，当晚蒋介石的体温猛升至41℃，官邸上下人员立即危恐惊慌，乱成一团。宋美龄也十分紧张，不知如何是好。第二天，蒋介石的小便又开始出血，并且比往常来得更早，来势凶猛，医疗小组不得不在一夜之间为蒋介石输入250CC血浆，才将尿血病状稍稍稳定下来。蒋介石的心脏在持续高烧和小便大出血的困扰下，停止跳动的频率越来越大，间隔愈来愈短，一夜之间达到数次。这时医官们也在私下里讲："老先生的大限怕是不远了。"

确实，这一次蒋介石没有再挺过去，不到一个月就不行了。有人认为是美国专家的手术直接导致了蒋介石的不治，但实际上将近九十岁的蒋介石本身也已经到了天年所限的地步了。

3月29日，蒋介石从昏迷中醒来，虚弱的身体使他难以坐起来说话。自知来日无多的他气喘吁吁地吩咐宋美龄、蒋经国将台湾的党、政大员召到身边，口授遗嘱，由国民党副秘书长秦孝仪执笔记录，随后又由秦孝仪在蒋介石耳边读了一遍。蒋介石授完遗嘱后，再未见过外人，病情忽好忽坏，让众人的心也是忽上忽下。

一个星期后，也就是1975年4月5日，是中国传统的清明节。这天清晨和上午，台北的天气异常晴朗，幽静的士林官邸到处是鸟语花香，景色宜人。

蒋介石这天早上身体和心情似乎比往常好了许多，神志也特别清醒，让人扶他坐到了轮椅上。蒋经国一大早就赶来向蒋介石请安，在厅外稍等了片刻，就来到了蒋介石的身边。蒋介石满面笑容地招呼儿子坐下，询问他清明节和张伯苓百岁冥辰的有关事宜。

蒋经国表示要去中山堂出席张伯苓先生的百年诞辰纪念会，随后告辞。望着儿子走出家门的背影，蒋介石慈爱地关照道："经国，你应好好多休息。"

到了中午时分，天气变得闷热起来，蒋介石的情绪也烦躁不安，躺也不是，起也不是，脸上神色让人害怕。医生们劝他安静地在床上躺着，但他一言不发，一会儿起床，一会儿躺下，反复无常，医生和随从们都觉得情况不对，但谁也不敢多说一句。

当天下午，宋美龄像往常一样，坐在蒋介石的身边，蒋介石躺在床上，闭目养神，突然又睁开了双眼，伸出右手触摸宋美龄，请她不要离开。然后再度闭上眼睛。宋美龄事后回忆说："从前每天下午，他都会叫我离开，自己去休息一下，而那天却一反平日的习惯。"宋美龄相信，那时的蒋介石大概知道自己快要不久于人世了。

晚上，蒋经国处理完公务又来到士林官邸。在蒋介石病重期间他每天都要过来，除了关心父亲病况，当然也是随时在为蒋介石发生不测后的政事安排做准备。在陪宋美龄共进晚餐后，他照例去向蒋介石请安，然后在他房内两人谈了几分钟。蒋经国见父亲似乎有些倦容，就说："阿爹！你累了就休息吧！"走出房门之前，他吩咐医生给蒋介石吃几颗镇定剂。所谓的镇定剂是假的，因为自蒋介石心脏不好以后，医生就不主张再给他吃安眠药或镇定剂之类的药，以免影响他的心脏。因而都是以一些维他命药丸来哄骗蒋介石，让他吃了还是可以在心理上产生"催眠"效果。

医生把药丸给蒋介石服下后，已经是晚间8点钟。到晚上8点55分左右，蒋介石已沉睡多时，可是谁料心电图机上的脉搏曲线，忽然变成一条直线，当班的护士召唤所有的医护人员立刻到蒋介石身边进行急救。值班医生冲到蒋介石病榻前施行急救，包括实施电击。可是连续做了几次电击，蒋介石的心脏一点反应都没有。这时，医疗小组知道事态非常严重，这次要救活蒋介石几乎是不可能的事情，于是立刻向宋美龄和蒋经国报告这个不幸消息。宋美龄当时要求赶紧把蒋介石送往"荣总"，但是医疗小组表示这时候送医院反而是有百害而无一利。随后宋美龄让人通知蒋经国赶紧过来。蒋经国从士林官邸刚回到自己的七海官邸，正要上床就寝，没想到电话铃声大作，心知不祥，等他赶到士林官邸，蒋介石的心脏已经停止跳动。

病房内外嘈杂一片，蒋经国在房间角落的壁炉边低声啜泣，宋美龄则在病榻边坐着，面色异常沉重，显得非常难过，现场一片忧伤悲戚的气氛。到将近凌晨1点的时候，医生放弃了急救，医疗小组的召集人正式宣布抢救无效，蒋介石已经逝世。随后医生开始为蒋介石戴上假牙，然后通知"副总统"严家淦等人，请他们速来见蒋介石最后遗容。

严家淦等来瞻仰了遗容以后，就准备为蒋介石移灵。移灵用的是“荣总”为蒋介石新买的进口救护车。侍卫人员刚要把蒋介石遗体移上救护车，天上忽然响起了隆隆雷声，紧接着一阵倾盆大雨如排山倒海般而来。但是照惯例移灵车队不能受气候影响而延误时间，所以，车队在滂沱大雨之中，从士林官邸出发，缓缓前进。令人不可思议的是，当移灵车从士林官邸走到中山北路的时候，滂沱大雨此刻却又奇迹般地停了，于是有人就说，大概刚才是老先生升天了。2时40分，蒋介石的灵柩移至“荣总”怀远堂“暂厝”。

在那里已布置好了一个临时的灵堂，蒋介石的灵柩前放着国民党中央委员会送的花圈，还有宋美龄献的一个，上写“中正夫君安息，蒋宋美龄敬挽”。

移灵之前，台湾当局党、政、军要员在接到蒋介石的病危通知后，于当夜赶到士林官邸，并在此举行了在蒋介石遗嘱上签字的仪式。首先是由蒋夫人宋美龄签，继之由“副总统”严家淦签。当身为“行政院长”的蒋经国在其父遗嘱上签字时，“双手发抖，已不成书”。

其后，“立法院长”倪文亚、“司法院长”田炯锦、“考试院长”杨亮功、“监察院长”余俊贤诸人都颤抖着提起笔在遗嘱上签了字。

当即，蒋经国以长子身份同宋美龄商量治丧有关事宜。蒋经国的意思是“暂厝”大溪的头寮宾馆，但在宋美龄的坚持下，最后决定“暂厝”蒋介石灵柩于台北市南60公里外的慈湖湖畔。慈湖在大溪镇，背依草苓山，湖水终年碧绿清澈，风景秀美。这里很像蒋介石的故乡奉化县溪口的风光。1961年的时候，蒋介石途经此地时，便看中了这块风水宝地，他在这里修建了一座别墅，起名“慈湖”。慈湖别墅的建筑格局很像蒋介石家乡的丰镐房旧居。蒋介石生前常来此小住，并嘱咐在他死后灵柩“暂厝”此地，“以待来日光复大陆，再奉安于南京紫金山”，以尽他追随总理的“心愿”。

岛内空前绝后的葬礼

蒋介石病逝后2小时零10分，“行政院”于4月6日晨2时发布经主治医师签字的医疗报告及蒋介石遗嘱。

蒋介石的遗嘱是一个政治遗嘱，内容如下：

余自束发以来，即追随总理革命，无时不以耶稣基督与总理信徒自居。无日不为扫除三民主义之障碍，建设民主宪政之国家，艰苦奋斗。近二十年来，自由基地日益精实壮大……全党同志，绝不可因余不起，而怀忧丧志。务望一致精诚团结，服膺本党与政府，奉主义为无形之总理，以复国为共同目标，而中正之精神，必与我党同志、同胞，长相左右。实践三民主义，光复大陆国土，复兴民族文化，坚守民主阵容，为余毕生之志事，实亦即海内外军民同胞一致之革命职责与战斗决心。惟愿愈益坚此百忍，奋勉自强，非达成国民革命之责任，绝不中止，矢勤矢勇，毋怠毋忽。

V 人逝去，“空余繁华在身后，道不尽凄凉”。图为蒋介石去世后，群众到“国父纪念堂”吊唁。

这份遗嘱中本没有“耶稣基督”的说法，是宋美龄看了秦孝仪的笔录后要求加上去的，所以后来还有人提出，蒋介石以“总统”身份向国民党发表遗嘱，竟然把耶稣基督放在第一位，不明了台湾情况的人，还以为基督教是国民党的国教呢。这种说法也不是没有道理，尤其是蒋介石与宋美龄结婚时已40多岁，直至那时蒋介石才成为耶稣信徒的，让人疑问，难道蒋介石是40多岁才束发的吗？

不过这毕竟是小毛病，一心要接大位的蒋经国倒也不在意。就在蒋介石病逝的第二天凌

總統蔣公靈堂

∧ 相伴相守48年的人逝去，宋美龄内心的哀痛无人可比。

＜ 蒋介石的灵堂。

晨7时，国民党中常会召开临时会议，会议对蒋介石的遗嘱决议如下：

全党同志，敬谨接受总裁遗嘱，并愿全国军民，共同以反攻复国之决心，团结奋斗，完成总裁遗志，亦即实践三民主义，光复大陆国土，复兴民族文化，坚守民主阵容，誓达目的，毋怠毋忽，谨此决议。

1976年11月中国国民党十一大召开时，又通过了《全党奉行总裁遗嘱决议文》，宣称："我们誓言，坚决奉行总裁遗嘱——实践三民主义，光复大陆国土，复兴民族文化，坚守民主阵容，以此为全党党员革命的职志与战斗的决心。承担并完成艰苦奋斗的革命任务。以上慰总裁在天之灵！"

在十一大重新修订的《中国国民党党章》中，将蒋介石遗嘱写入党章，以使国民党员"遵行"。修订党章云："总裁遗嘱所示：'实践三民主义，光复大陆国土，复兴民族文化，坚守民主阵容'四大革命任务，为总裁毕生的志事，全党同志自应奉为共同的革命职志与战斗决心，努力贯彻实现，故本草案拟予纳入总纲第二条，期以相互勉行，并使革命民主政党之含义更为具体而明显。"

对蒋介石的遗嘱如此重视甚至要写入党章，还是因为蒋经国接班的缘故。

4月6日晨，台北大小电台和电视台同时播发"戒严令"，所有驻守金门、马祖的官兵马上处于"戒严"状态，休假将士一律返回。台湾的军警也进入"戒严"状态。

4月6日的国民党中常会除了对蒋介石的遗嘱做出决议外，还做出两项决定：第一项决定："副总统"严家淦根据"中华民国宪法"第49条规定："总统缺位时由副总统继位，宣誓就任总统职。"严家淦在就职后发表谈话称："力行总统蒋公遗训，继承未竟之业，竟智尽忠，驰驱效命。"

第二项决定：对蒋经国辞职决议"恳予慰留"。蒋经国于其父病逝第二天便以行政主管官员身份向国民党中央提出辞呈，要求辞去"行政院"一切职务。

国民党中常会不同意蒋经国的辞呈，希望他"竭其效死勿去之忠尽"。

严家淦是学者型官员，在台湾政坛有“好好先生”之名，他知道蒋介石一心要让儿子继承“大统”，把军政大权全部交给了蒋经国，所以眼下虽然以“宪法”当上了“总统”，但自知只是过渡“总统”，当然不能真的免除蒋经国的“行政院长”之职。在这样的形势下，中常会当然要“恳予慰留”了。

蒋经国的请辞本来就是做个样子，对国民党中常会“效死勿去”之议，当即发表谈话称：“敢不衔哀受命，墨经从事，期毋负于全党同志与全国军民之督望。”

严家淦继任“总统”后的第一道命令就是：特派倪文亚、田炯锦、杨亮功、余俊贤、张群、何应钦、陈立夫、王云五、于斌、徐庆钟、郑彦芬、黄少谷、谷正纲、薛岳、张宝树、陈启天、孙亚夫、林金生、沈昌焕、高魁元、赖名汤21名大员组成治丧委员会。

与此同时，“行政院”也宣布：

（1）自4月6日起，历时一月为“国丧”期，“国丧”期间停止娱乐、宴会及各项庆祝集会（后改为4月6日至17日）；

（2）军公教人员一律着素色服饰并佩带2.5寸宽的黑纱；

（3）蒋介石遗体停放“国父纪念馆”5天，供民众瞻吊。

4月6日凌晨2时，蒋介石遗体由士林官邸移至“荣民总医院”。翌日，允许民众瞻仰蒋介石遗容。在蒋介石灵堂四周插了88根白蜡烛，正中供奉着蒋介石的巨幅遗像及遗嘱。

灵前有5个用素菊缀成的十字架，正中一个为宋美龄的，上款为：“介兄夫君”，下款书“美龄敬挽”。

4月9日，蒋介石灵柩移至“国父纪念馆”。移灵前，蒋经国亲自为其父穿衣服，按照宁波家乡的乡例，给蒋介石的遗体穿了七条裤子、七件内衣，包括蒋介石生前喜欢穿的黑色长袍马褂。遗体贴身包着丝绵、黑袜、黑皮鞋，胸佩大红彩云勋章，左右两旁佩戴国光勋章、青天白日勋章，蒋介石最喜爱读的《三民主义》《圣经》《荒漠甘泉》和《唐诗》四部书也由宋美龄亲手放在灵柩之中。《荒漠甘泉》是美国作家高曼夫人的基督教经典，扉页上有蒋介石亲笔写的一行毛笔字：“从民国三十三年起，吾即每日诵读，特别是民国三十四年一月三日，吾忆起去年下半年饱受艰危，而能坚忍不拔，安然渡过者，实得力于此书不少也。”

另外还有毡帽、小帽各一顶，手套一副，手帕一块，手杖一支，这些都是蒋介石晚年平日常用之物。一切料理就绪之后，才由“荣民总医院”移灵至“国父纪念馆”。宋美龄因悲哀过度，没有随灵柩到“国父纪念馆”。

移灵时，大批军警素装佩剑，军乐队高奏哀乐。马队在前开路，摩托车担任灵车的前导。由于蒋经国在蒋介石遗体前一次又一次地“长跪志哀”，他手下的一批人也就纷纷上行下效，率领各自手下人在灵堂或路边跪祭蒋介石。为了证明蒋介石得到台籍民众的拥护，《中央日报》还刊登了“省政府主席”谢东闵率各县市长长跪蒋介石灵前泣悼的照片。

从4月9日起，严家淦和全体治丧大员轮流在国父纪念馆为蒋介石守灵。其间，台湾当局还发表“告大陆同胞书”，号召“完成蒋介石遗愿”，“推翻中共政权”，同时继续奉行贯彻蒋介石对大陆同胞的一切“保证”。

大陆方面对蒋介石的去世反应平淡，在新华社播发的消息中，称蒋介石为“帝国主义、封建主义和官僚资本主义在中国的代表”，“双手沾满了中国革命人民的鲜血”，他是“国民党反动派的头子、中国人民的公敌”，是死有余辜。

虽然国民党方面把蒋介石的丧事办得异常隆重，但国际上的反应普遍比较冷淡。各国对蒋介石的去世态度不一，有些国家把蒋介石贬得一文不值，有些国家又把他说成是20世纪的英雄。当时与台湾有“外交关系”的国家并不多，并且都是低调处理。

蒋介石一生中最“忠实”的盟国美国，对蒋介石之死表示十分冷淡，福特总统刚开始时只拟派农业部长前来吊丧，蒋经国极为不满，要求美国一定要拿出盟国的姿态来，福特这才改派副总统洛克菲勒前来。福特对蒋介石病逝只做了礼节性的声明，他在唁电中称：蒋介石“是一个具有坚定正直的品质、巨大的勇气和深切政治信念的人”，是“最后一位在世的第二次世界大战时期的重要盟国领导人”。他的病逝“标志着中国历史上一个时代的结束”。这样的评价只能说是不冷不热。

当时正值中、美两国建交前夕，从其全球战略考虑，美国人不能不对蒋经国表示遗憾了。而且美国人之所以对蒋介石的死反应冷淡，是因为蒋介石并不是他们在台湾的理想统治工具。早在1948年底美国政府就想让李宗仁取代蒋介石，国民党退台前后，美国人又想扶植吴国桢、孙立人取代他，后又企图以陈诚代蒋。

不过当时台湾的另一“外交”伙伴日本，对蒋介石病逝表现得比较积极。4月7日，各大报刊均以头版头条报道了蒋介石病逝的消息，多数日本报纸称蒋介石是“近代中国所产生的英雄”。

蒋介石虽然丢失了大陆的政权，逃到孤岛上，但日本人本身就同情有如凋落的樱花似的“失败英雄”，而且在相当一部分日本人的观念里，蒋介石之所以成为中国的“英雄”，是因为蒋到日本留学的缘故；此外，蒋介石对日本发动战争的罪责“既往不咎”与“以德报怨”，也使一些日本人认为这是“东洋人的信条”。并且蒋介石还曾在战后力主保留日本的天皇制，也让日本人万分感激。

< 蒋介石“奉安”处——慈湖。

< 为蒋介石送灵的队伍。

正是在上述观念的支配下，使日本对病逝的蒋介石产生了好感。日本的井田官房长官代表日本政府发表了一个“非官方式”的谈话，称赞蒋介石并以示哀悼。其后，日本首相三木武夫以自民党总裁的名义，给蒋经国拍了一个唁电。同时，自民党决定派前首相佐藤荣作以“自民党总裁代理”的名义前往台北吊丧。不过由于中国大陆的抗议，日本连自民党代表的名义也不用，佐藤荣作与另一位前首相岸信介以“友人代表”身份率领“中日合作策进委员会”吊唁团出席了蒋介石的葬礼。

4 月 16 日是蒋介石的大殓日，自仁爱路的中山纪念堂起，到大溪的慈湖陵墓，所有的路口布满了荷枪实弹的军警。

8时5分仪式在中山纪念堂开始，身穿黑色旗袍、胸佩白花的宋美龄面色凄惨，在严家淦、蒋经国、张群、俞国华等党政要员的簇拥下，来到蒋介石的巨幅画像前鞠躬三次。宋美龄在蒋介石的灵柩前欲哭无泪，虽然那些前来吊唁的外国代表团中有不少熟悉的面孔，但由于台湾“国际地位”的下降，外国吊唁人员显得颇为冷落，这让一辈子奔忙于对外联络的宋美龄十分痛心，而这也正是“蒋家王朝”日渐衰败的表现。

8时8分45秒，蒋介石灵柩的棺盖放在七尺铜棺之上。之后，由张群、何应钦、陈立夫、薛岳、谷正纲、黄少谷、黄杰、谢东闵八位中国国民党中央评议委员、中央常务委员将一面青天白日旗覆盖在灵柩之上。

接着，严家淦与“五院”院长、“行政院”副院长徐庆钟、“总统府资政”王云五、“光复大陆设计委员会”副主任于斌等在灵柩上覆盖了青天白日满地红“国旗”。然后，严家淦恭读祭文。

礼毕后，又由牧师周联华为蒋介石主持了追思礼拜与安灵礼。周联华在证道中引述了蒋介石的“嘉言”：“忍爱试练越深，赞美的歌声越高。属灵的奥秘祝福即在训练之中。丰盛的生命必须经过在狂风暴雨之中生长的。以信为本的人必定有一千次顶大的试练等在前面。”

其后，周联华领导读经文，《诗篇》第23篇，读启应文。追思礼拜结束，响起圣乐，纪念馆外鸣礼炮21响，接着，蒋介石的灵柩在执绋人员的护送下，停放在灵车之上。宋美龄等家属纷纷上前抚棺大恸。

灵车前身用20万朵深黄色的菊花装饰，两边各有几条白绋，车前挂一青天白日“国徽”及鲜花十字架。灵车队由99辆车组成，由宪兵队开道车在前领道，包括“国旗”车、党旗车、统帅旗车、奉行蒋介石遗嘱令车、捧助车、遗像车。车队后面是宋美龄挽蒋介石的大型黄菊十字架，家属随其后。两千多执绋人员缓缓驶向蒋介石灵柩的暂厝地——慈湖。

蒋经国和蒋纬国兄弟两人的座车双双紧跟在灵车之后，可是他们兄弟两人坚持下车，徒步送灵。这样严家淦、张群等人自然也不敢乘车相送。

在蒋介石灵柩驶往慈湖的路上，台湾当局发动了成千上万的学生在灵车所经途中“迎灵”。绝大多数行业停止营业，鲜红的建筑上一律奉命改漆素色。不合哀悼气氛的广告，也一律修改。交通路口则搭牌楼，各家要挂挽额，平常失修的马路和未铺柏油的路面一律要整修，结果沿路各商家和修路工人日夜赶班。

移灵的大队人马经过主要路口时，都有事先布置好的军政人员等候在那里进行“路祭”，沿途分配各机构行号另设供桌，同时规定灵车经过时不许

< 宋美龄在蒋经国与蒋纬国的搀扶下参加“奉安”大典。

< 台北中正纪念堂内景。曾经的“叱咤风云”早已随风逝去，余下的只有人去楼空的寂寥。

迎灵的人抬头正视。此外还要求民众在大典鸣炮之时，在原地悼念三分钟。

下午1时10分，“安灵礼”在慈湖的湖畔行馆完成。蒋介石的灵柩停放在正厅中央的灵堂上，灵堂是以漆黑光亮的花岗石建造的，长3.2米，宽1.8米，高1.43米。灵堂上镶着青天白日徽，灵台基层四周缀满白色雏菊。正厅东侧，依蒋介石原卧室房内一切布置的原状，靠窗子的地方有一张深咖啡色的书桌，桌上有一架蒋介石生前使用的电话机、一个大理石笔筒和白色的碗，书桌南侧有一架黑白电视机，还有蒋介石的鸭舌帽和眼镜，并排放在电视机上，北面靠墙地方有一个书架，放着蒋介石生前读过的各种书籍，墙上挂着一幅宋美龄画的画。在卧室的茶几上，放着一张蒋介石生前用红铅笔写的一张便条：“能屈能伸。”

“安灵礼”完成后，蒋经国对参加“大殓”的“党国”大员们发表答谢词：“先君崩逝，野祭苍哭，敬礼志哀，悲恸之深刻，与虔诚之愿意，令人万分感动。经国遽遭大故，哀恸逾恒，无法踵谢，惟有奉行遗命，鞠躬尽瘁，以报答我国同胞之至诚厚望。”

至此，蒋介石的丧礼才算完毕。此次蒋介石丧事排场之大，在岛内可谓空前绝后。

蒋介石病逝后，遗体做了防腐处理，他的灵柩一直停放在慈湖“行宫”，不断有人前去参观，台湾当局为了永久纪念蒋介石，并把他奉为反共的精神领袖，决定筹建“中正纪念堂”。在蒋介石病逝两个月后成立了“中正纪念堂”筹建小组。

1976年10月31日蒋介石诞辰之际，“中正纪念堂”举行破土典礼，蒋经国、蒋纬国、何应钦、谷正纲等人出席典礼仪式。经过日夜赶工，终于在1980年4月5日蒋介石病逝5周年之际完工。台湾当局举行了“中正纪念堂”落成典礼，蒋经国主持典礼仪式，出席典礼仪式的有4000余人。

新修建的“中正纪念堂”，坐东朝西，遥望大陆；平面用方形，以寓“中正”之意；堂顶八角，造成多数之“人”字形，聚于宝顶，上与天接，以寓“天人合一”之思想；屋顶用天坊宝蓝玻璃瓦顶，蓝中带紫，顶上有青天白日“国徽”。“纪念堂”高70米，内部隔为上、下两层，上层为正堂，后方居中矗立着蒋介石的坐姿铜像。在正厅两侧的大理石壁上，刻着两句蒋介石的“嘉言”：“生活的目的在增进人类全体之生活”“生命的意义在创造宇宙继起之生命”。“纪念堂”下层为展示室，陈列着蒋介石的遗物、文献及喜读书目；放映室放映蒋介石的生平纪录电影，包括“功绩”“生活电影与录音”。

历史备忘录

HISTORY MEMORANDUM

V 蒋介石去世后，蒋经国在灵柩旁迎候来宾。

V 1975年9月，蒋经国在台北“立法院”发表施政报告，坚持“三不”政策。

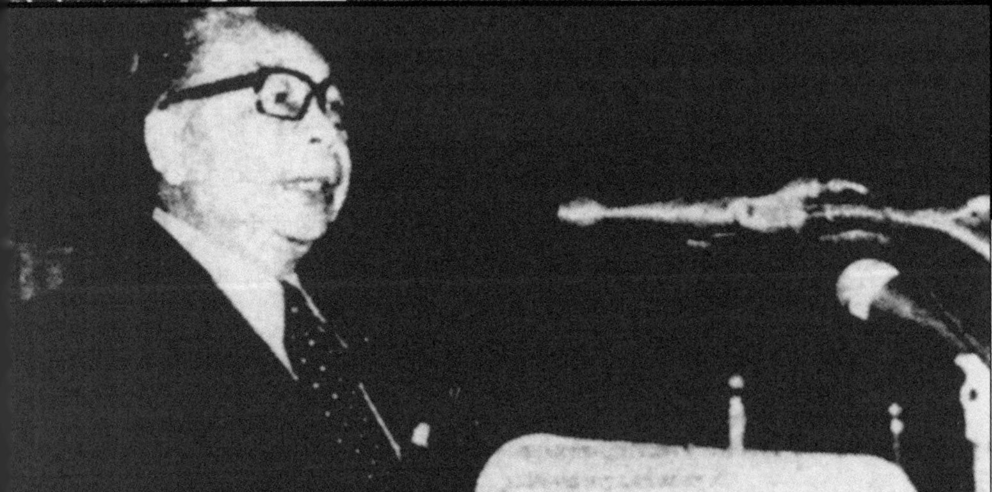

2
3
4

1

中国特赦释放全部在押战犯

1975年3月17日，中国第四届全国人民代表大会常务委员会第二次会议决定：特赦释放全部在押的战争罪犯。最高人民法院于19日在战犯管理所召开大会，宣布特赦全部在押的战争罪犯293人，其中，蒋介石集团战犯290人，伪满洲国战犯2人，伪蒙疆自治政府战犯1人，发放了特赦释放通知书。同年9月22日，中国司法机关又决定对在押的95名台湾蒋帮武装特务和49名武装特务船员，全部宽大释放，给予公民权。

蒋介石去世

1975年4月5日，蒋介石因患肺炎引起的心脏病并发症，在台北去世，终年88岁。次日，台湾当局发表了由秦孝仪记录，宋美龄、严家淦、蒋经国等共同签署的蒋介石的遗嘱。7日，国民党中央委员会决议，将其灵柩"暂厝"慈湖，等"光复"后"奉安"大陆。16日，台湾举行蒋介石的入殓仪式，仪式由"总统"严家淦主持。

中国首次回收人造地球卫星成功

1975年11月26日，中国又成功地发射了一颗人造地球卫星——"返回型遥感卫星"1号。这是中国第四次成功发射人造地球卫星。这颗卫星在正常运行3天后，按预定计划，安全返回地面。这是中国第一次成功地将卫星回收到地面，它标志着中国在宇航技术的研究上取得新的突破，至此，中国成为继苏联、美国之后第三个掌握了从轨道上回收卫星技术的国家。

中国发现2000年前的兵马俑

1975年7月11日，中国考古学家宣布，在12,000平方米大的一片墓地当中，发掘了陪葬塑像大军。新华社说，这片地区（中国西北陕西省）埋藏着6,000个武士陶俑及其装备。这批2000年之久的塑像有的已经破碎，但是都得到了很好的保护。这些陶俑是中国第一个皇帝秦始皇的陪葬品。这些陶制勇士、马匹、长矛和弓箭，再现了那个时代。这些兵士的确同真的一样，有2米高。新华社说，他们使用的剑"光亮无锈"，金制和玉制的器具、饰物零乱地置于他们的脚下。新华社认为，这些士兵们驾着由四匹骏马牵引着的战车再现了当时的军阵场面。

蒋经国接班

28

蒋经国，一个复杂的人物，他和父亲蒋介石有着既矛盾又亲密的感情。因为政见不同，他曾经严词痛斥父亲，甚至要和蒋介石脱离父子关系，但最后还是侍亲至孝；他曾经到革命的圣地——苏联去留学，民主精神深入内心，但最后还是成了台湾的独裁者。他曾经激进，意气风发，是“改革派”的一员，但最后还是继承了父亲的“事业”，小心翼翼地维护着自己的权力。或许这一切都无法盖棺定论，历史人物就是因为其复杂性，才会让后人一再猜测追问。

宋美龄觉得自己该离开

经过大半个月的折腾，总算丧事处理完毕，此时国民党内的权力交接也已经形势明朗。蒋经国不仅继续当他的“行政院长”，还把持了国民党的党务，从而正式接班。其实自蒋经国出任“行政院长”之日起，便宣告了“蒋经国时代”的来临。在一些人眼里有可能和蒋经国争权的宋美龄，则在孔令侃当“行政院长”被拒一事后就无心再争，于是经过蒋介石的精心安排和扶植，国民党的政权顺利交接。

国民党中央于1975年4月28日举行十届临时全体会议，商讨党权归属问题，经过辩论，会议做出三项规定：（1）接受蒋介石遗嘱，并即具体规划，坚决执行。（2）保留党章“总裁”一章，以表示对蒋介石“衷敬”与“永恒之纪念”。（3）中央委员会设主席一人，推选蒋经国担任。

蒋介石去世后，谷正纲等“夫人派”曾提出可否让宋美龄出任国民党的总裁的议案，但更多的国民党元老们知道，失去蒋介石的宋美龄，已经是没有任何权力可言，因此，他们舍弃了夫人，不同意宋美龄出任国民党总裁。当时在临时全体会议讨论总裁一事时，谷正纲提出由宋美龄继任，但蒋经国的心腹张宝树则说：“总裁，必须功勋卓著之人方可胜任，蒋公新丧，至今尚未发现能担当此任之人。以我之见，不如将总裁一职暂时保留，以表示对蒋公的衷敬与永恒的怀念。至于党的领袖则不可无人，拟立即推举一人为之。”

经过长期培养，此时蒋经国的人马已经颇有声势，张宝树此言既出，附和者甚众，于是决定设中央委员会主席一职。最后何应钦指出，设党的中央委员会主席，他个人认为蒋经国同志比较适合。于是蒋经国就当上了国民党的主席。

在此后的1976年11月，中国国民党十一大召开时，蒋经国正式当选为中国国民党中央主席。至此，国民党最高领导人名称三易其名，由“总理”“总裁”，演变为“主席”，而党“总裁”的称号永远保留给蒋介石，他人不得再用，如同“总理”的名号永远保留给孙中山一样。

4月28日的会议宋美龄和蒋经国都没有出席，因为是在“服丧期间”。而第二天正好是蒋经国66岁生日。午饭后，蒋经国接到宋美龄一封手书：“经国：今天又届你的生辰，往年我都为你设席与家人共聚，一享天伦之乐，此次自父撒手离你我之后，我们再也无此兴致作任何怡宴之举。今晨

< 蒋经国在王老夫人像前留影。

我特别起得早，为你祷告，祈求上帝给你智慧、健康和毅力，并特别赐福予你，这是我今年以此为寿。母字。”

蒋经国手捧继母手书阅读再三，据说是“感动无已，涕泣甚久”。

由于宋美龄是“亲美派”，所以很早的时候就在她周围集聚了一帮人，都是有留美背景的，从而形成了一个“夫人派”。在这些人中也有想借机掌握权力的，当时就有人提议让宋美龄多出面以增加自己的影响力，在蒋介石百年之后能学武则天而继任党“总裁”。宋美龄深知凭着自己的这点影响力根本击败不了蒋经国，所以一直不为所动，静观其变。

宋美龄很明白蒋介石的心思，所以她对当国民党总裁一事兴趣不大，因为她知道自己不是蒋经国的对手。蒋经国此时已牢牢地把军权、政权掌握在了手中，而宋美龄此时再想夺取党权，确是难上加难，因为没有蒋介石的支持，宋美龄办不成任何事。从孔令侃身上，宋美龄掂量出了自己在蒋介石心目中的位置。其他人也看出了蒋介石的传子企图，而自觉地投身到蒋经国身边，在国民党元老中，能为宋美龄说话的人已经不多了。

不过虽然宋美龄自己无心争权，但随着蒋经国出任国民党中央主席及随后就任“总统”，宋美龄还是觉得蒋经国应放弃“行政院长”一职，此后，她又多次托人暗示能否让孔令侃组阁，但蒋经国仍然不买她继母的账，而是让孙运璇“组阁”。

让宋美龄感到不舒服的是，尽管自己并没有要和蒋经国“争天下”的野心，但蒋经国却总是对她颇为忌惮，处处提防。自从蒋介石死后，将近一个月的时间里蒋经国到士林官邸没几次，而以前是一天要来两三次的。

宋美龄此时已无正式职务，蒋介石在时官邸不断有人前来进见，她也陪着一起会见访客。现在只有一个人冷冷清清的，偶尔用“蒋夫人”的身份接见一些外宾。但国际形势突变，世界各国纷纷与台湾“断交”，既无人可见，又不受人尊敬，昔日的显赫、荣耀一去不复返了，内心难免苦闷。

经过一段时间的考虑，宋美龄终于做出了决定，离开台湾，到美国去居住。宋美龄此次到美国公开的说法是治病，但熟悉情况的人都知道这是她为避开与蒋经国的权力抗衡，无可奈何之下的出走。

9 月 17 日宋美龄启程，行前，她发表了长达 4,000 字的《书勉全体国人》一文。文章中先说明自己此次赴美的原因一是因自己的同胞手足不幸过世，自己却无从诀别；二是侍候蒋介石三年，“身心俱乏，憬觉确已罹疾，亟须医理”。还回顾了她与蒋介石的夫妻之情。

宋美龄的这篇《书勉全体国人》在台湾引起很大反响，人们都注意到她在文中没有再提“反攻大陆”，也没有一句提到蒋介石死后，“蒋家朝廷”已“寄托有人”，可以起死回生之类的话语。此外，宋美龄没有只字提到严家淦、蒋经国等“党国”要人，没有指出他们在未来的时日中可以有所作为，当然也没有提到时任“国安会”秘书长的蒋介石的另一个儿子蒋纬国。对于自己最熟悉和擅长的中美关系，宋美龄也不像以往那样津津乐道什么“光明”前途，也没有提到她将来一定要回到台湾。

当时国民党中有人称“夫人深明大义”，有意“回避”，以便蒋经国放手大干；或是宋美龄由于悼亡心切，老地方容易触景生情，故换个环境，减少点悲伤。而另一些人则认为这是蒋经国的亲信向宋美龄施加了压力，请她离去。因为宋美龄发表的书面讲话中引了“圣咏”诗一首，称“莫偕无道行，耻与群小立，避彼轻慢徒，不屑与同席”，流露出她是受到排挤后含恨而走的。

不管怎样，性格顽强、老而弥坚的宋美龄选择了离开台湾，宁愿去美国过自己的生活。针对有关她和蒋经国争权的种种传言，她只用《圣经》上的一句话回答：“我要打的仗已经打过，该走的路已经走过。”

1975 年 9 月 17 日上午 9 点 30 分，宋美龄乘坐她的“中美号”专机由台北松山军用机场起飞，前往美国纽约。当时的“总统”严家淦夫妇，“行政院长”蒋经国夫妇及家人，“总统府资政”张群，“战略顾问委员会主席”何应钦，国民党秘书长张宝树，蒋纬国夫妇以及一些外国“使节团”的“大使”及夫人等 100 余人到机场送行。

宋美龄身穿黑色长旗袍，戴着黑色墨镜，神情肃穆，在机场上引人注目的是列队欢送的几十名小学生，他们是宋美龄捐赠设立的华兴小学的学生。临上机前，宋美龄接受了华兴小学四年级学生献给她的一束玫瑰花，然后与在场的亲友、当局要员一一话别。登机时，

∧ 蒋介石去世后，宋美龄远走美国，蛰居在美国纽约长岛蝗虫谷的孔宅里，过起了深居简出的生活。

蒋经国亲自搀扶他的继母宋美龄进入机舱。这让宋美龄也感到莫大的安慰。与宋美龄同机赴美的还有十多名侍从人员和医护人员。

经过12个小时的飞行，宋美龄于美国时间17日晚上9时35分抵达美国肯尼迪机场，台湾驻美"大使"沈剑虹★夫妇及美国政府代表在机场迎接，随即由6辆汽车组成的车队护送宋美龄去了纽约的长岛。欢迎她的场面并不热烈，只有几个警察和一些安全人员，美国方面来的是参议院外委会的副主席霍尔布莱德，他向年迈的宋美龄略致礼节性的寒暄之后，就提前离开了。而当地的侨领也都没有出现。当时合众社和路透社消息报道，她来美是为了医治乳腺癌。

宋美龄此次在纽约所住的地方是在长岛蝗虫谷的孔家豪宅，是1946年大姐宋霭龄从一名纽约富商那里买下来的，此后宋霭龄和孔祥熙、孔令俊均在这里度过了数十年的旅美岁月。宋美龄以前也曾几次在这里暂住，当时大姐都还健在，而今只有外甥孔令俊和孔令侃陪着。

长岛是一个狭长的岛屿，离纽约有一个半小时的车程，风景优美，是当地著名的富人住宅区。宋美龄很喜欢这里一望无际的树林，她以前来纽约就不愿住在繁华的市里，总是到这里和大姐一家住在一起。宋美龄所住的是一幢三层楼建筑的豪宅，这栋占地37英亩的大型庄园，已有85年的历史。大宅内楼房绿顶白墙的外观为意大利风格，而内部保留的大部分家具洋溢着浓厚的14世纪法国风情，兼具富丽堂皇和古典雅丽。

宋美龄一住下来，就把花房进行了改建，三面都装上落地的玻璃大窗，然后把从台湾带来的兰花等自己喜欢的花卉栽种起来，100多平方米的花房虽比不上士林官邸的大花棚，也已经很令人满意了。她准备在这里安心地过自己的隐居生活。

在这里宋美龄前后住了将近20年，直到后来搬到孔令侃为她买的位于曼哈顿的高级公寓。

一年后，在1976年4月2日下午，宋美龄为了追念蒋介石逝世一周年，特地从纽约乘坐

“中美”号专机飞回台北。身穿黑色旗袍的宋美龄神情肃穆，在蒋经国的搀扶下，步下飞机扶梯。严家淦夫妇、倪文亚、谷正纲、张群等“党国元老”都到机场迎接。追思礼过后不久，宋美龄再度赴美，并长居美国。

1978年，过渡“总统”严家淦结束“总统”任期。蒋经国在就任第六任“总统”前夕，于3月27日、29日两次致电宋美龄，热切地希望他的继母能返回台湾参加他的就职大典，并顺便祭悼蒋介石逝世3周年。宋美龄却称因“深恐睹物生情，哀思蒋公不能自已”而未能成行。她在4月1日从纽约发给蒋经国的回电中，叙述了近半个世纪以来与蒋介石相依为命的情感与追思：

经国览：3月27日、29日来电均悉。父亲去世三年之期将届，在此三年中，余每倏而悲从中来，上年返回士林，陈设依旧，令我有紧紧人去楼空之感，以往惯常之言音足声皆冥冥俨然，不胜唏嘘。余与父亲除数次负任去美，其他时日相伴近半百岁，尤以诸多问题，有细有巨均不惮有商有量，使彼此精神上有所寄托。二人相勉，所得安慰非可形诸笔墨。自忖余对我之生父，相处总共仅短短九年余。因我八岁即离家来美求学，返国后年余彼即弃养；余与母亲相处总共只十七年，即与父亲结缡，可谓自龀龄启蒙。最亲近最长久伴侣，兼相依为命者，乃父亲耳。此种扣心萦怀性情，只有如汝与方媳结合四十余年者，可能体会之。余幼承庭训，均授以对大悲伤、大灾祸以坚强镇定为鹄的，余虽不能谓事事做到，但时以之自律自勉。忝在母子之分，又汝29日电深为关切，能体会余三年之情绪，乃罄心言之。母，4月1日。

1978年5月20日，蒋经国就任“总统”，宋美龄从美国致电“勉励”。此后，台湾国民党的“双十节”70大庆，国民党“十一大”“十二大”等重大政治活动蒋经国都邀请宋美龄回台湾捧场，但都被婉拒。

就这样宋美龄在长岛的寓所过着相对平淡的日子。宋美龄在美国的朋友虽然不少，毕竟不能经常来看她，身边的随侍人员虽然有30多人，也不是可以随便谈天说些贴心话的，所以年已八十的宋美龄还是感受到了晚景的寂寞。

★沈剑虹（1908～2007） 上海人。毕业于燕京大学，后获美国密苏里大学新闻学硕士学位。大陆时期，从事国民党海外文宣工作，历任驻旧金山办事处主任、新闻局国际宣传处处长等职。后赴香港参与官办新闻事务。1956年，调回台湾，任“总统府”秘书。后转入“外交部”。历任情报司司长、驻澳大利亚“大使”、政务次长，一度调任“行政院”新闻局长。1971年出任驻美国“大使”。1979年1月台、美“断交”，沈剑虹黯然返台，任“总统府国策顾问”兼英文《中国日报》总主笔，国民党十、十一届中央委员。

∧ 宋美龄返台追念蒋介石逝世一周年。

> 没有子孙同堂的欢乐，没有亲朋好友的慰藉，独居美国的宋美龄备感凄凉与孤寂。

在长岛蛰居的十年间，宋美龄的故旧亲友不断逝去，生活日渐平淡，深居简出。平时每天宋美龄主要是读书和看电视，利用空闲的时间阅读一些自己喜欢的书籍。对于美国当时的各式畅销书，宋美龄并不感兴趣，她还是喜欢读历史和人物传记。此外，宋美龄还坚持绘画，主要是她擅长的中国山水画和花鸟画。

此时的宋美龄仍然会接待一些台湾和美国客人，但都不公开报道。每年她过生日时，生活在美国各地的国民党军、政遗族子女都会从各处赶到长岛为她过生日。曾由宋美龄一手经营创办起来的“国军遗族学校”毕业的学生，都已年过半百，他们依旧称呼宋美龄为“妈妈”，多少安慰了宋美龄孤独的心。每次的聚会，起码要花费两三个小时的时间。人老了爱热闹，尤其在异国，宋美龄总是觉得这样欢聚的日子太少，所以每次都与他们尽情欢乐，直到曲终人散。

宋子文葬礼留遗憾

到纽约定居前的几年内，宋美龄的大姐夫妇和哥哥先后去世，所以她在赴美前发表的《书勉全体国人》一文中，开篇便说：“近数年来，余迭遭家人丧故，先是姊夫庸之兄去世，子安弟、子文兄相继溘逝，前年霭龄大姊在美病笃，其时总统方感不适，致迟迟未行，迨赶往则姊已弥留，无从诀别，手足之情，无可补赎，遗憾良深。”

在宋美龄的亲族中，最早去世的是孔祥熙。孔祥熙在中华人民共和国成立前夕全家逃到美国。虽然巨额家产没有分毫损失，但毕竟在美国

< 1962年10月，孔祥熙自美国抵达台湾。

> 1965年，孔祥熙86岁生日时在台北与何应钦留影。

寄人篱下，不是滋味，尤其是杜鲁门政府对以孔宋家族为代表的国民党官僚资本十分痛恨，认为是他们使美国的援助全扔到了水里。

在此形势下，1952年孔祥熙曾有意去台湾岛到立脚刚稳的蒋介石政权中担任"副总统"，但遭到拒绝，蒋介石一心要培养自己的儿子，可不想让当年孙科和李宗仁争当副总统那样的事再发生一次。1962年，孔祥熙在长期寄居异邦之后，回到台湾。当时的他确实是想在台湾颐养天年，不想再当寓公了。孔祥熙此前曾多次对人说："我是中国人，我死也要死到中国。"

1962年10月，82岁的孔祥熙以为75岁的蒋介石祝寿的名义，飞抵台湾。当他和孔二小姐到达台北松山机场时，受到了蒋介石和陈诚、蒋经国、张群、于右任等大员的迎接，规格颇高。但蒋介石父子却并未因为他的所谓"德高望重"而重新起用他，仅安排了一个国民党"中央评议委员会"的委员"虚衔"。这个职位显然不能让孔祥熙满意，在台湾住了三年，未免有些失落，于是1965年2月28日，孔祥熙在女儿孔令仪的陪同下，去了美国。此次离台赴美，孔祥熙对蒋介石彻底绝望，为表示决绝，他连"中国银行"董事的头衔也不要了，与夫人宋霭龄住进纽约长岛蝗虫谷的别墅。1967年8月16日，孔祥熙病逝于纽约一家医院，时年88岁。

孔祥熙的葬礼在纽约第五街马布尔联合教堂举行。宋美龄闻讯，偕蒋纬国带一行5人护旗队从台湾赴美国参加葬礼。蒋介石还送来了“褒扬令”，并写了《孔庸之先生事迹》一文，称：“不愿其潜德幽光，湮没不彰，乃不能再避亲姻之私，而述其大略如此，世人当不以中正为有所偏私而加以辩解也，惟期对党国忠贞不贰之庸之先生在天之灵，有所慰藉云尔。”

在葬礼仪式上，有中外来宾数百人。不过同样居住在美国的宋子文没有参加葬礼，宋子文与孔祥熙当年为争财政大权而结下的积怨仍没有化解。孔祥熙的墓在纽约市北郊哈斯代尔的芬克里夫墓地。

几年后，1973年10月19日，85岁高龄的宋霭龄，也病死于纽约哥伦比亚长老医院。作为“宋家王朝”的实际掌门人，大姐宋霭龄为“宋家王朝”的建立立下了汗马功劳。从1912年任孙中山的秘书开始，到她辞世，她的政治生涯长达六十年。由于她的撮合，宋美龄与蒋介石联姻，蒋、宋两家族统治中国达二十年之久。就连一向和大姐观点不合的宋庆龄，也曾这样评价宋霭龄的才智和能力：“倘若大姐是个男人，委员长恐怕早就死了，她在十五年前就会统治中国。”

宋美龄在台湾得知大姐病危的消息，立即赶往美国。可惜没能赶上和大姐最后告别。

宋美龄和大姐的关系是最亲密的，无论是在大陆时期，还是后来到了台湾。她一心帮助大姐一家保护财产，以至于有人说她是"宁负国人，不负亲人"。早在1946年下半年，意识到风声不对的宋霭龄就在上海对孔家家族的财产进行了最后的清理，并在美国的里弗代尔独立大道购买了一幢新的住宅，作为自己流亡海外的居住地。1947年初，宋霭龄在最后告别中国大陆之前，先到南京看望小妹宋美龄。在南京期间，宋美龄陪伴大姐，或作竟夕长谈，或游览名胜。最后，在宋美龄的保护下，孔家的人员和财产都完整无缺地转移到了国外。

来到美国后，宋霭龄初在里弗代尔独立大道4904号居住。之所以选中这个地方，是因为这里比较偏僻，一幢幢楼房隐蔽在绿树丛中，很适宜隐居。不久，她又挑选到一个更好的隐居地点，纽约长岛蝗虫谷的菲斯克巷。这里风景优美，地价昂贵，安静偏僻，是豪富们聚居的地方。宋霭龄和宋美龄合资在这里购买了约1500公亩土地，兴建了一组庄园式豪华建筑。这对于渴望欢聚的姐妹来说，真是无人打扰的胜地了。

在孔祥熙去世后的几年里，年迈的宋霭龄在蝗虫谷过着与世隔绝的隐居生活。她与任何外人都不来往，也不接受新闻媒体的采访。除了孔氏家族成员与宋美龄等至亲外，没有人能得到她的邀请。此时的宋霭龄唯一希望的就是自己的子女们能够继续在世界的经济圈子里大显身手，尤其是一直比较能干的孔令侃。

宋霭龄死后，宋美龄仍然一如既往地支持和爱护着孔家的子女，并让孔二小姐留在身边一直陪着自己。

而在大姐去世的前两年，1971年4月，宋美龄的哥哥宋子文也已死于美国。

宋子文在1947年的时候接连被蒋介石免去了行政院长、全国经济委员会委员长等职，而且蒋介石手下的CC系等还把国统区的经济危机责任一股脑推到了他的头上，想让老百姓把对时局的不满集中到宋子文身上。宋美龄对老蒋的做法很过意不去，曾向当时的美国驻华大使表示，"他们"把我哥哥当作替罪羊了。至于是为谁替罪，宋美龄就不说了。那段时间出于对蒋介石做法的不满，宋美龄还住到了上海。

1949年6月，宋子文夫妇流亡到了美国。虽然对蒋介石极度不满，但宋子文碍于妹妹的面子，还是希望能在美国进行一番活动，取得美国的援助，来避免国民党政权在中国大陆的彻底崩溃。

同年8月，宋子文根据宋美龄的要求草拟了一份请求美国援助的计划书，准备争取美国提供2亿美元，并有具体的项目安排和使用期限。当时在美国的顾维钧认为美国很难答应这个计划，宋子文只是说："没办法，我们现在只得把死马当作活马医了。"

当时正值宋美龄在美国奔走乞援，而遭到美国政府的冷遇，宋子文的到来使正处于苦闷中的宋美龄感到一些安慰。于是兄妹两人携起手来，利用他们在美国的一切关系，开始游说。

他们一方面要求美国在军事上派遣军事代表团，另一方面想请陈纳德再度出马组织一支空军志愿队。这些活动随着国民党军队的节节败退、中国人民解放军的迅速胜利而徒劳无功。

宋子文还想组织一个由留美学者组成的国民党政府新内阁，来替换腐败的原有政府，以获取美国的支持，可是这样的幻想也马上破灭了。

更让宋子文感到沮丧的是，随着中国大陆共产党的胜利，美国政府开始反思为何会"失去"中国，孔、宋家族的聚敛营私自然要被人声讨一番。坐在白宫里的杜鲁门总统，也时常与他的幕僚们谈论国民党政府中的"贪官和坏蛋"。杜鲁门还指示美国联邦调查局，对宋、孔家族在美财产进行调查。尽管当时多数美国银行拒绝为联邦调查局提供线索，但是联邦调查局仍然发现了一些有价值的材料。他们发现，宋子文的流动资金有很大一部分是在他的旧金山广东银行里，宋氏家族的许多成员（指宋子文、宋霭龄和宋美龄等），在东海岸到西海岸的美国城市里都拥有公寓大楼和办公大楼。一些公司被发现是宋家拥有或控制的，其中包括孚中国际公司、芝诺化学公司等。而据已经获得的材料分析，宋子文"开始担任公职时财产比较有限，到1943年1月积累了7,000多万美元"。而宋霭龄在美国一家银行里拥有8,000万美元。宋美龄在美国的两家银行里，则存了1.5亿美元。

联邦调查局的这些调查结果还没待上报杜鲁门总统，就被美国国内的报纸和出版物大肆宣扬，一时引起美国朝野上下的强烈不满。当时一大批公民愤怒谴责政府的无能，并跑到白宫的台阶前聚众请愿，示威游行，强烈要求杜鲁门总统拿出解释，要求了解孔宋两家的家底里面究竟有多少是美援的成分？甚至要求给以冻结等。

杜鲁门在私下里也曾愤愤地说："他们都是贼，个个都他妈的是贼。"但是当时他并没有出面接见示威者，而英国的财政大臣斯塔福德·克里普斯爵士却出面为美国示威者说了话。在一次自助餐宴会上，他对当时的国民党政府驻美大使馆的官员们说，那些示威者指的是蒋委员长的家族，包括孔祥熙、宋子文及其弟弟们，这些人都发了大财。当时他还直截了当地说，宋子文现在到美国来，名义上是为了促进中国的利益，实际上仍是为了谋取他个人的利益。

一时间，宋子文陷入美国朝野的攻击之中。

随着国民党败退到台湾，美国的舆论环境对宋子文越来越不利。1950年5月1日《华盛顿明星晚报》的专栏作家布朗在一篇文章中指出：台湾的“中国政府”与其请求美国国会的援助，不如动用中国私人存美的资产。蒋“总统”目前所急需安全金融、建设经济的款项共约3亿美元，实在可由孔祥熙与宋子文两氏私人借款，不必再向美国纳税人民乞求。因为根据美国官方确切可靠的统计，孔、宋两人在美国的银行存款达5亿美元之多，从这中间借款3亿美元给蒋介石将军，绝不会使他们两人当真“贫穷”起来的，何况以他们和蒋“总统”的亲戚关系，过去都曾先后拜膺财政部长兼行政院长的高官巨职，荣辱同当，患难安乐共尝，于公于私都有贡献援助之义。省得蒋“总统”的政府为求一点有限的美援，费尽九牛二虎之力向美国政府和国会申请，多方活动，还不断遭受到误解和抨击。所以由孔、宋等富豪来“援助‘中国的政府’和他们的至亲蒋‘总统’，实在是天经地义不过的”。

这篇文章在各地的新闻界掀起了轩然大波，台湾和香港报刊纷纷就孔、宋财产问题发表评论。台湾国民党中央也电召宋、孔来台，“共赴国难”。

此时的宋美龄已经告别美利坚，飞到台湾和蒋介石一起“坚守”“反共基地”去了。宋子文也收到了蒋介石的回台邀请电。蒋介石毫不客气地说要么回台湾“操持政府公务”，要么就被永远开除出国民党的领导层。国民党中央的一项决议也要求在海外的国民党员限期返回台湾，否则将被注销“护照”。

宋子文本来就对在蒋介石手下干事失去兴趣，也不看好台湾的国民党当局前途，当然不肯乖乖地到台湾“共赴国难”，于是宣布从此不问政治，甘愿在美国当寓公。

从此，宋子文在美国住了下来。不过经过挫折，他深居简出，交际圈子大大缩小。虽然家产亿万，但生活十分乏味，愈来愈觉孤独、凄凉，只与几个故知相聚打牌。他不愿去台湾，更不敢回大陆。

当然，宋子文还是比较关心台湾的时局变化。此后小妹宋美龄几次到美国，他都是亲自送往迎来，偶尔也会和国民党驻美官员中的熟人探讨一些美国的对台政策。

1958年12月，宋子文以“看朋友”和过圣诞节的名义，来到香港，并且还住了20来天。这是宋子文在海外居住九年后，第一次香港之行。陪他一同赴香港的，有其太太和三个女儿。为此，宋子文还包下了一架国际航班专机。到香港的第二天，宋子文就驱车前往九龙等地，去眺望大海和遥遥相望日夜思念的祖国大陆。

当地记者采访了宋子文。宋子文表示，他来香港是为了看朋友、过圣诞节的，没有政治使命。记者提了一些比较敏感的问题，包括他和台湾的“蒋家王朝”的关系等，宋子文只是回一句：“我已是望七之人了，和政治生活已隔开得太久了，不准备再搞了。”

不过宋子文在香港公开举行记者招待会，则是向台湾的蒋介石放风：如邀请他去，顺理成章；而不邀请他自去，作为被国民党除名的人，面子上过不去。

在宋美龄的推动下，蒋介石于第二年初向宋子文发出了访问台湾的邀请。宋子文接受

∧ 晚年的蒋介石与分别十年的宋子文见面后，并无打算让其重返政治舞台。

了邀请，于1959年第一次来到台湾。当时宋子文夫妇是以“处理私务”和“观光游览”为名，先到菲律宾看望了女儿，再到香港查看了生意，最后才飞往台北。

这是宋子文和蒋介石在分别十年后的首次见面。蒋介石已经73岁了，宋子文67岁，宋美龄也已63岁了。十年的时间已经冲淡了当初大陆溃败时两人的矛盾，不过也只限于叙旧聊天，蒋介石并不打算让宋子文在台湾再度登上政治舞台。

1963年2月，宋子文第二次来到台湾，这也是他最后一次台湾之行。这次宋子文前后停留了半个月，他首先同蒋介石进行了会晤，并对当时世界局势进行了探讨。宋子文特别对老蒋“反攻大陆”的计划感兴趣。

当时蒋介石凭借和美国达成“长期友好”的协议，乘着大陆正遭受天灾人祸，正积极对大陆进行“反攻”的宣传，当时也局部地发生了一些空战和海战。在这些战斗中，拥有美国装备的国民党部队时而也对大陆领土发动空袭，时而又向大陆投放所谓的“游击队”和破坏分子，其中大部分是在广东沿海，但始终没有重大突破。

蒋介石对宋子文大谈现在大陆天灾人祸，地里不打粮，苏联又逼债，“反攻”时机已经成熟，宋子文听着一个劲地点头表示赞同，但并没有提出掏钱支持的事，蒋介石也不便张口，于是大家虽然谈得兴致很高，却无收获。此后，蒋介石通过宋美龄向宋子文提出美国援助的事，宋子文也以现在与美国政商界来往不多而推辞了。

1969年2月25日，宋氏家族中最小的弟弟，时任广东银行（在香港）董事长的宋子安，因脑溢血病逝。3月5日宋子文由美国飞抵香港，6日在香港坚尼地道口的基督教堂，举行了宋子安的安息礼拜仪式。在出席宋子安的送葬会上，宋子文收到了二姐宋庆龄从北京发来的唁电。宋子文急盼二姐来港，又给北京回复了一封电报。但不知什么原因，直到宋子文离开香港时，也没见回音。

1971年4月，宋子文与妻子张乐怡离开纽约，去旧金山访友。4月24日晚，他们的老朋友——广东银行的爱德华·尤

∧ 宋子文其妻张乐怡与美国友人在一起。

在旧金山家里设宴款待他们。那天宋子文兴致很高，在进餐时，因过于兴奋，使食物堵住气管，导致心力衰竭猝然去世，终年77岁。

4月27日，台北国民党党报在第一版刊登了宋子文的遗像，报道了他在旧金山去世的消息，并对宋的一生做了这样的评价："宋故院长热爱国家，于北伐、抗战与戡乱诸役，或主持政府度支，或折冲于国际坛坫，或主持中央与地方政务，皆有重大贡献。"

1971年5月1日，在纽约市中心举行了宋子文的追思礼拜，宋子文的遗孀张乐怡、三个女儿、宋子良、顾维钧、台湾驻美"大使"刘锴等500多人参加了仪式。蒋介石"颁挽"一块题有"勋猷永念"四字的匾额表示哀悼。宋子文的遗体停放在纽约州北部的佛恩崖公墓，等待将来葬回上海万国公墓父母的墓边。

令人遗憾的是，宋美龄没能出席哥哥的葬礼。宋美龄原定4月30日上午飞赴纽约，参加5月1日举行的殡仪，但由于获悉中华人民共和国方面可能派宋庆龄赴美，"立即决定取消此行"。

原来，当时的美国总统尼克松决定，通过热衷于为中、美建交而奔走的美籍华裔政界人士出面，分别电邀住在北京、台北和纽约的宋氏三姐妹参加宋子文的葬礼。尼克松的本意是想通过这个机会推进中、美两国建交。

4月27日尼克松的电报发往北京后，当天即收到中国政府的答复：宋庆龄副主席将赴美参加宋子文葬礼，因无直达航班，现正通过英国航空公司联系专机，拟经伦敦转飞纽约。同时，尼克松也得知，宋美龄已由台北乘专机启程赴美，当晚夜宿檀香山，翌日直飞纽约。

在台湾的蒋介石听说宋庆龄也赴美国，便通知在檀香山的宋美龄停止前往纽约。他的电报说："赴美参加子文兄葬礼本属常情，只因美方似有题外图谋，中共拟派孙夫人前往。为避免误入中共统战圈套，望夫人见电后再三斟酌，切勿再去纽约为要。"

宋子文的遗孀张乐怡随即也得到了孔家的电话通知：宋霭龄临时决定不参加胞弟葬礼。

尼克松得知情况后非常失望，只得依基辛格的建议，立即通知有关部门，电告蒋介石，说明宋子文的葬礼是宋家的私事，与中共无涉，出于人道主义，希望宋美龄女士能应邀来美出席其胞兄葬礼。可是蒋介石想在这个事件上表明自己对大陆中共绝不接触的态度，同时也给热衷于改善中、美关系的尼克松提出警告，所以坚持不让宋美龄到纽约。

4月30日，中国方面通知美国，由于租不到专机，宋庆龄副主席不能应邀赴美参加其胞弟的葬礼。到这时，尼克松也没有办法，只得将宋庆龄不能来美奔丧之事通知蒋、孔两家。无奈为时已晚，宋美龄乘飞机回台湾去了，宋霭龄还在犹豫不决。为了等她，葬礼也推迟到下午举行。宋氏三姐妹因为政治，又一次失去了相见的机会。

尼克松总统对此十分不满，只说了一句话："我真不理解你们中国人。"

宋美龄没有能够出席哥哥的葬礼，悲痛心情难以名状。在夏威夷接到蒋介石要她停止飞赴纽约参加葬礼的电报后，宋美龄整整一夜未眠，第二天身边的人发现她的眼睛都红肿了。经过考虑，宋美龄还是服从了蒋介石，放弃了姐妹团聚的机会，也放弃了哥哥的葬礼。想起以前在美国读书时哥哥姐姐对自己的照顾，宋美龄时常痛恨政治的无情，可是又无能为力。

此生难见二姐一面

接着，宋美龄的二姐，在北京的宋庆龄也于1981年逝世了。

1949年中华人民共和国成立后，宋庆龄的几个兄弟姐妹及其他亲友大部分去了台湾或美国，而她选择了留在国内。

由于政治立场和信仰的不同，在很长的一段时间内宋美龄和二姐都难以再顾及姐妹之情。大陆改革开放后，为了促成第三次国共合作，宋庆龄千方百计通过第三者打听海外那些站在国

人民日报
RENMIN RIBAO

国防部长徐向前声明

停止炮击大、小金门等岛屿

中华人民共和国全国人大常委会

告台湾同胞书

（一九七九年一月一日）

∧ 1979年元旦，全国人大常委会发表《告台湾同胞书》。

民党方面的亲属，并且同其中一些人取得了直接联系，还帮助一些想来大陆旅游探亲的人获得了签证。这些人回来后，不管是近亲还是远亲，见过面还是未见过面，有的还是很小的晚辈，当时宋庆龄都一视同仁，极其热情地在自己家里接待他们，分手后也始终保持着通信联系。

1978年3月，宋庆龄在第五届全国人民代表大会第一次会议上，再次当选为全国人大常委会副委员长。这一届常委会的一项重点工作，就是于1979年元旦发表了《告台湾同胞书》，宣布人民解放军从当日起停止炮击金门等岛屿，并就和平统一祖国问题单方面提出一系列积极而重大的建议。而在此一过程中，宋庆龄又多次提出一些建设性的意见，做出了不可低估的贡献。

这一年的国庆节，宋庆龄在纪念文章中特别提到：在举国欢庆祖国伟大节日的时刻，我不能不想念台湾的骨肉同胞。三十年了，台湾回归祖国、实现国家统一的大业还没有完成，哪一个中国人不应感到身有责任呢？……我们热切期望台湾同胞能同我们一起，共同努力，来进一步发展和壮大革命的爱国的统一战线，为台湾早日回归祖国，共同发展四个现代化的建国大业而做出应有的贡献。

1979年，一次宋庆龄在给其友人理查德·杨的信中，打听她在美国的亲属：“你有没有见过戴维（指孔令侃），同他谈过话？我所有亲属的地址我都没有。最近听上海的一个老朋友谈起，子安的妻子婷婷嫁给了一个埃及人！……我听说我的第二个弟弟子良病得很厉害，自己的积蓄已经花光了，现在靠亲属赡养他。战时我同这位单身的弟弟同住，后来他同银行家席德勃的女儿结了婚。也是在美国，我也没有见过这位弟妹。但我知道他们有一个女儿，他非常宠爱……”

不久，宋庆龄终于同她最喜欢的小弟宋子安的遗孀胡其瑛联系上了，在信中宋庆龄忍不住自己对弟弟离世的悲伤，因为她没能见上最后一面：“婷婷终于把子安的照片寄给我了。我真难以相信他已经离开我们！他是我的多好的弟弟，他从不伤害任何人。对他的猝然去世，我止不住掉泪。”

宋庆龄也很思念还在美国的宋美龄。1980年宋庆龄曾托与美国总统一起访华的陈香梅女士捎信给住在美国的宋美龄。当时的宋庆龄已经病重，信是由廖承志代笔，她签名的。在信中宋庆龄说道自己重病在身，希望小妹能回大陆，在有生之年姐妹相见。如果不成，也希望把在宋美龄处保存的孙中山先生的遗物还给她。陈香梅回美国后一直等宋美龄的回音，可是宋美龄只是回话说信收到了。

∧ 宋庆龄虽身在大陆，仍时刻关注着远在大洋彼岸的亲人。

1981年，廖承志向宋庆龄传递了一个重要的消息，他在信中告诉宋庆龄来自美国朋友的“从您的亲戚和妹妹（指宋美龄）那里得到的消息”。信上说：“有趣的是知道您妹妹是怎样看您的。而我相信这并不是不可想象。不仅如此，在一个美国人——里根的信使，和一个中国人到过北京后，她表露了她的感情，而这种感情，我相信，要比家庭感情的含义更多些。”

从中宋庆龄得知妹妹对自己的感情还是很深的，只是迫于政治的无奈，这给晚年的宋庆龄带来了莫大的欣慰和期望，当时已是宋庆龄逝世前三个月，她跟身边的人说过，自己很思念美龄，希望这个妹妹能到北京来相见。如果美龄来了，觉得住她家不方便，可以安排她住到钓鱼台（国宾馆）去。为了此事，宋庆龄还把许多细节都想到了。宋庆龄确实渴望宋美龄的北京之行能够实现，这既是为了私情，也是为了海峡两岸和解，实现国共合作的政治意义。

∧ 宋庆龄一生致力于中国和世界的和平建设，是国际上公认的20世纪最伟大的女性。

但最终，姐妹俩还是没能见上最后一面。尽管大陆有关部门在宋庆龄病危之时，曾邀请过宋美龄，但在巨大的政治压力面前，宋美龄还是拒绝了。

1981年5月29日，宋庆龄在北京因病逝世。为此，中国共产党中央委员会、中华人民共和国全国人民代表大会常务委员会、中华人民共和国国务院沉痛地向世界宣告：我国爱国主义、民主主义、国际主义和共产主义的伟大战士，杰出的国际政治活动家，卓越的国家领导人，中华人民共和国名誉主席，中华人民共和国全国人民代表大会常务委员会副委员长宋庆龄同志因患慢性淋巴细胞性白血病，于1981年5月29日20时18分在北京逝世，终年88岁。宋庆龄同志的逝世，是我们国家和全国人民的巨大损失，决定为宋庆龄同志举行国葬，以表达我国各族人民的沉痛悼念。

同日，宋庆龄治丧委员会发表公告，决定：一、5月31日～6月2日，在人民大会堂举行吊唁。中央党政军机关、各民主党派、人民团体和北京市各方面的负责人、各方面的群众代表以及外国驻华使节、在京的国际友好人士，参加吊唁、瞻仰遗容。二、6月3日下午4时在人民大会堂大礼堂举行追悼会。中央人民广播电台、中央电视台转播追悼会的实况。三、从5月30日～6月3日，在北京新华门、天安门、外交部和中国驻外使馆及其他驻外机构下半旗志哀；6月3日举行追悼会的当天，全国下半旗志哀，同时停止娱乐活动一天。

宋庆龄治丧委员会向在台湾和海外的宋庆龄亲属发出邀请，邀请他们前来北京参加丧礼。这些亲属包括妹妹宋美龄、孙科夫人、宋子良与夫人、宋子文夫人、宋子安夫人、蒋经国、蒋纬国、孔令仪、孔令侃、孔令俊、孔令杰等。治丧委员会还通知，台湾“中华航空公司”的专机可在北京及上海降落，一切费用由该会负担。

但是，台湾当局仍然顽固坚持“三不”政策，台湾电信局受命拒收这些电报，6月1日，台北电报局给北京长途电信局发来“加紧业务公电”，表示“拒绝收受”。

不过住在台北的孙科夫人还是派人送了花圈，上面写道：“沉痛悼念亲爱的妈妈——儿媳陈淑英敬挽。”花圈摆在棺前。其他到场的亲属也献了花圈。从美国发来唁电的有二弟宋子良及夫人，小弟宋子安的夫人，大弟宋子文的长女。

宋美龄对大陆拍来的电报没有做出任何反应，自然也没有启程到北京参加葬礼的表示。因为此事关系到海峡两岸的接触，一向安静的蝗虫谷这时也为世人注意起来，大批记者蜂拥而至，挤满了宋美龄宅前院后。

记者们想知道宋美龄会不会前往北京奔丧，或派人去奔丧，但是，宋美龄自始至终没有任何举动。

当时北京的电报特别是邀请宋美龄参加葬礼的电报发出后，坚持“汉贼不两立”的蒋经国怕宋美龄答应大陆的邀请，连忙派人到美国劝阻，还亲自写信，甚至请一向不和的孔令侃帮助劝说。

宋美龄虽然一直没有做任何表示，最终也没有参加葬礼，但她对二姐仍然怀有深厚的感情。5月下旬得知二姐病危及逝世的消息时，多次流泪，并为二姐向上帝祷告。

宋庆龄生前留下遗言，要求身后骨灰安葬在上海万国公墓的宋氏墓地，埋在她父母墓的左边。宋庆龄是孙中山先生的夫人和亲密战友，是世界上最伟大的女性之一，却不愿进南京紫金山中山陵分享孙中山先生的光辉，而真正心甘情愿地同她的父母葬在一起。

1981年6月4日，宋庆龄名誉主席的骨灰，由邓颖超、乌兰夫、廖承志★、陈慕华等护送，由专机从北京移送上海安葬。当日上午宋庆龄的安葬典礼在上海万国公墓的宋氏墓地隆重举行。墓碑上镌刻着：“一八九三年～一九八一年　中华人民共和国名誉主席宋庆龄同志之墓　一九八一年六月四日立。”宋庆龄父母之墓位于宋氏墓地中央，立于1932年8月的墓碑上刻着宋庆龄父母以及她姊妹兄弟的名字。遵照宋庆龄的遗言，她的墓穴安置在她父母的东侧。

给廖承志的公开信

1982年7月24日，时任中华人民共和国全国人大常委会副委员长的廖承志在《人民日报》公开发表了给蒋经国的一封信：

经国吾弟：咫尺之隔，竟成海天之遥。南京匆匆一晤，瞬逾三十六载。幼时同袍，苏京把晤，往事历历在目。唯长年未通音问，此诚憾事。近闻政躬违和，深为悬念。人过七旬，多有病痛。至盼善自珍摄。

三年以来，我党一再倡议贵我两党举行谈判，同捐前

★廖承志（1908～1983）

无产阶级革命家，社会活动家。廖仲恺之子。广东惠阳人。1924年8月加入国民党。蒋介石发动“四·一二”反革命政变后，愤然脱党，赴日本早稻田大学第一高等学院学习。1928年8月加入中国共产党。1938年1月任八路军香港办事处负责人，5月到南京中共代表团协助周恩来工作。1946年至1948年，曾历任中共南方局委员、中共中央宣传部副部长等。中华人民共和国成立后，曾任中共中央统战部副部长、国务院侨务办公室主任，1978年当选为全国人大常委会副委员长。在中共八大、十大至十二大上当选为中央委员。1983年6月10日，因病在北京逝世。

> 毕竟血浓于水，然而迫于政治的压力，宋美龄只能在心中默默悼念曾给过自己无尽帮助的二姐。

嫌，共竟祖国统一大业。唯弟一再声言“不接触，不谈判，不妥协”，余期期以为不可。世交深情，于公于私，理当进言，敬希诠察。

祖国和平统一，乃千秋功业，台湾终必回归祖国，早日解决对各方有利。台湾同胞可安居乐业，两岸各族人民可解骨肉分离之痛，在台诸前辈及大陆去台人员亦可各得其所，且有利于亚太地区局势稳定和世界和平。吾弟尝以“计利当计天下利，求名应求万世名”自勉，倘能于吾弟手中成此伟业，必为举国尊敬，世人推崇，功在国家，名留青史。所谓“罪人”之说，实相悖谬。局促东隅，终非久计。明若吾弟，自当了然。如迁延不决，或委之异日，不仅徒生困扰，吾弟亦将难辞其咎。再者，和平统一纯属内政。外人巧言令色，意在图我台湾，此世人所共知者。当断不断，必受其乱。愿弟慎思。

孙先生手创之中国国民党，历尽艰辛，无数先烈前仆后继，终于推翻帝制，建立民国。光辉业迹，已成定论。国共两度合作，均对国家民族做出巨大贡献。首次合作，孙先生领导，吾辈虽幼，亦知一二。再次合作，老先生主其事，吾辈身在其中，应知梗概。事虽经纬万端，但纵观全局，合则对国家有利，分则必伤民族元气。今日吾弟在台主政，三次合作，大责难谢。双方领导，同窗挚友，彼此相知，谈之更易。所谓“投降”“屈事”“吃亏”“上当”之说，实难苟同。评价历史，展望未来，应天下为公，以国家民族利益为最高准则，何发党私之论？至于“以三民主义统一中国”云云，识者皆以为太不现实，未免自欺欺人。三民主义之真谛，吾辈深知，毋须争辩。所谓台湾“经济繁荣，社会民主，民生乐利”等等，在台诸

∧ 1982 年 7 月 24 日，廖承志公开发表给蒋经国的信，希望国共两党举行谈判，共竟祖国统一大业。

公，心中有数，亦毋庸赘言。试为贵党计，如能依时顺势，负起历史责任，毅然和谈，达成国家统一，则两党长期共存，互相监督，共图振兴中华之大业。否则，偏安之局，焉能自保。有识之士，虑已及此。事关国民党兴亡绝续，望弟再思。

近读大作，有"切望父灵能回到家园与先人同在"之语，不胜感慨系之。今老先生仍厝于慈湖，统一之后，即当迁安故土，或奉化，或南京，或庐山，以了吾弟孝心。吾弟近曾有言："要把孝顺的心，扩大为民族感情，去敬爱民族，奉献于国家。"诚哉斯言，盍不实践于统一大业！就国家民族而论，蒋氏两代对历史有所交代；就吾弟个人而言，可谓忠孝两全。否则，吾弟身后事何以自了。尚望三思。

吾弟一生坎坷，决非命运安排，一切操之在己。千秋功罪，系于一念之间。当今国际风云变幻莫测，台湾上下众议纷纭，岁月不居，来日苦短，夜长梦多，时不我与。盼弟善为抉择，未雨绸缪。"寥廓海天，不归何待？"

人到高年，愈加怀旧，如弟方便，余当束装就道，前往台北探望，并面聆诸长辈教益。"度

★廖仲恺（1877～1925）

国民党元老。广东惠阳县人。1902年留学日本。1905年加入同盟会，任同盟会外务部干事。1921年在广州任财政部次长、广东财政厅长。1922年后积极协助孙中山改组国民党，确立联俄、联共、扶助农工三大政策。1924年国民党改组后，被选为中央执行委员会常务委员，历任工人部长、农民部长、黄埔军校党代表、广东省长、财政部长、军需总监等职。省港大罢工发生后，被聘请为罢工委员会顾问。1925年8月20日在广州被国民党右派暗杀。遗有《廖仲恺集》。

尽劫波兄弟在，相逢一笑泯恩仇。”遥望南天，不禁神驰，书不尽言，诸希珍重，伫候复音。

老夫人前请代为问安。方良、纬国及诸侄不一。

顺祝近祺！ 廖承志

1982年7月24日

廖承志在信中回顾了过去，展望未来，以祖国统一大业对蒋经国晓以利害。而且他的信是用文言文写的，在大陆倡导了数十年的“工农兵文学”之后，突然出现这样的书信，让海外中国人耳目一新，备感亲切。此外，廖承志行文不仅展现共产党强大的政治力量，也以兄长的口吻对蒋经国鼓励和劝慰，相当有力量。廖家与蒋家的渊源深厚。黄埔军校成立时，蒋介石任校长，廖承志之父廖仲恺★为国民党代表，母亲何香凝为国民党中央委员。蒋介石与廖仲恺同为孙中山手下重要干部。廖承志致蒋经国的公开信虽是以个人名义，实际上代表的是中共中央。

廖承志的公开信发出后，蒋经国和台湾当局坚持“三不”政策，没有任何反应，但是在美国的宋美龄却于同年8月17日发表了给廖承志的公开信，作为答复。

在信中，宋美龄首先对蒋经国的默不作声做了解释，同时也说明了自己出面答复的原因：

承志世侄：七月廿四日致经国函，已在报章阅及。经国主政，负有对我中华民国赓续之职责，故其一再声言“不接触、不谈判、不妥协”，乃是表达我中华民国、中华民族及中国国民党浩然正气使之然也。

宋美龄首先以长辈自居，接着开始回忆历史上廖蒋两家的渊源和自己与廖承志父母的交往：

余阅及世侄电函，本可一笑置之。但念及五十六七年前事，世侄尚属稚年，此中真情肯綮，殊多隔阂。余与令尊仲恺先生及令堂廖夫人，曩昔在广州大元帅府，得曾相识，嗣后，我总理在平病况阽危，甫值悍匪孙美瑶在临城绑劫蓝钢车案后，津浦铁路中断，大沽口并已封港，乃只得与大姊孔夫人绕道买棹先至青岛，由胶济路北上转平，时逢祁寒，车厢既无暖气，又无膳食饮料，车上水喉均已冰冻，车到北平前门车站，周身既抖且僵。离沪时既知途程艰难，甚至何时或可否能如期到达目的地，均难逆料，而所以赶往者，乃与总理之感情，期能有所相助之处，更予二家姐孙夫人精神上之奥援，于此时期中，在铁狮子胡同，与令堂朝夕相接，其足令余钦佩者，乃令堂对总理之三民主义，救国宏图，娓娓道来，令余惊讶不已。盖我国民党党人，固知推翻满清，改革腐陈，大不乏人，但一位从未浸受西方教育之中国女子而能了解西方传来之民主意识，在五十余年前实属罕见。余认其为一位真正不可多得之三民主义信徒也。

随后宋美龄开始强调廖承志的父亲廖仲恺是如何忠于三民主义，并以此指责廖承志是“有亏孝道”：

令尊仲恺先生乃我黄埔军校之党代表，夫黄埔乃我总理因宅心仁恕，但经多次浇漓经验，痛感投机分子之不可恃，决心手创此一培养革命精锐武力之军校，并将此尚待萌芽之革命军人魂，交付二人，即是将校长之职，委予先总统，以灌输革命思想，予党代表委诸令尊，其遴选之审慎，自不待言。余认为仲恺先生始终是总理之忠实信徒，真如世侄所言，为人应“忠孝两全”，倘谓仲恺先生乃乔装为三民主义及总理之信徒，而实际上乃为潜伏国民党内者，则岂非有亏忠贞？若仲恺先生矢心忠贞，则岂非世侄有亏孝道耶？若忠孝皆朒（注："朒"为不任事与不足之意），则廖氏父子二代对历史岂非茫然自失，将如何作交代耶？此意尚望三思。

接着宋美龄开始攻击大陆"文化大革命"的种种失误，把一些西方媒体渲染的一些数据和传闻当作事实证据，来攻击中国共产党，企图否定中国共产党领导的中华人民共和国几十年的建设成就，还说廖承志本人也是"虎口余生"："再者在所谓'文化大革命'斗臭、斗垮时期，闻世侄亦被列入斗争对象，虎口余生，亦云不幸之大幸，世侄或正以此认为聊可自慰。"

对于孙中山先生当年的国共合作政策，宋美龄也有她的一番说法，把责任全推到了中国共产党的身上，表示拒绝国共第三次合作：

或谓我总理联俄容共铸成大错，中国共产党曲解国父联合世界上以平等待我民族之要旨，断章取义，以国父容共一词为护身符，因此讳言国父批牍墨迹中曾亲批"以时局诚如来书所言，日人眼光远之人士，皆主结民党，共维东亚大局，其眼光短少之野心家，则另有肺腑也；现在民党，系联日为态度"。此一批示显见：（一）总理睿知，已洞察日本某些野心家将来之企图；（二）批示所书"现在"民党当以联日为态度，所言亦即谓一切依国家之需要而定。联日联俄均以当时平等待我为准绳。当时日本有助我之同情心，故总理乃以革命成功为先着，再者毋忘黄花岗七十二烈士中，有对中山先生肝胆相照之日本信徒为我革命而牺牲者。世侄在万籁俱寂时，谅亦曾自忖一生，波劫重重，在抗战前后，若非先总统怀仁念旧，则世侄何能脱图圄之厄、生命之忧，致尚冀三次合作，岂非梦呓？又岂不明黄台之瓜不堪三摘之至理耶？

最后，宋美龄在攻击了一番大陆的政策后，还要廖承志"幡然来归，以承父志，淡泊改观，颐养天年，或能予以参加建国工作之机会"。

宋美龄的公开信是她讲了要点后，由亲信秦孝仪写成的。信发出后，在台湾还是引起了一阵骚动。因为蒋经国的"三不"政策，大家只好默不作声，现在有老夫人发话，不少人的兴致又高了起来。其实以客观而论，宋美龄的信颇多强词夺理之处，尤其是最后要廖承志投诚台湾的一番话，在两岸实力对比悬殊、台湾根本无力"反攻大陆"的情况下，显得有些可笑。

1984年2月，宋美龄还给邓颖超发过一封公开信，内容也是一贯的攻击中国共产党的政策，宣称要用"三民主义统一中国"的论调，不过其影响力已经大不如前了。

历史备忘录

HISTORY MEMORANDUM

∨ 美国总统福特（左）与苏联领导人勃列日涅夫共同签署了《苏美和平利用地下核爆炸条约》。

∨ 邓小平最早提出了"一国两制"的设想。

2

3

4

1

由中国援助修建的坦赞铁路建成

1975年10月24日，坦赞铁路举行通车典礼。这条铁路长1900多公里，东起自坦桑尼亚首都达累斯萨拉姆的深水港，进入赞比亚境内的纳孔德，连接赞比亚首都卢萨卡和“铜带”的原有铁路，最后到卡皮里姆波希与赞比亚原有的铁路接轨，并同南部非洲的铁路网连接起来。

《苏美和平利用地下核爆炸条约》签署

1976年5月28日，由苏联领导人勃列日涅夫和美国总统福特分别在两国首都签署。有效期5年，并可顺延5年。条约的主要内容：双方将不进行爆炸力超过15万吨级以上的任何单个爆炸或爆炸力在150万吨级以上的成组爆炸（包括几个单个爆炸）；至于15万吨级以下的单个爆炸和150万吨级以下的成组爆炸则不在限额之列；即使爆炸力大于15万吨级的单个爆炸，也“将由双方在适当时间进行讨论”。

美籍华人丁肇中获诺贝尔物理奖

丁肇中祖籍山东省日照市。1948年随父母移居台湾。1956年赴美国留学，就学于密歇根大学，以优异成绩毕业于该校研究院，获物理学博士学位。从1967年起，丁肇中应聘到麻省理工学院，主持布鲁克文实验室。1974年8月，他领导的实验小组在高能加速器的质子碰撞实验中，找到一种新的、质量很大的、长寿命的重粒子。实验小组为纪念丁肇中教授的这一发现，取英文“J”大写与中文“丁”字字形上的相似而将新粒子命名为“J”粒子。J粒子的发现，轰动沉寂十多年的高能物理学界。它是基本粒子研究的重大突破。为此，丁肇中获得1976年诺贝尔物理学奖。

邓小平提出“一国两制”设想

即“一个国家，两种制度”的简称。中国共产党和中国政府为解决台湾问题，恢复行使香港主权，以和平的方式实现祖国统一而制定的一项重要战略方针。这项方针的内涵是：在中华人民共和国这个统一主权的社会主义国家里，在祖国统一的前提下，大陆实行社会主义制度，香港、澳门、台湾实行资本主义制度。1978年10月，邓小平首先提出了这一构想。“一国两制”是对马克思主义的丰富发展，是对人类历史和世界和平做出的巨大贡献。

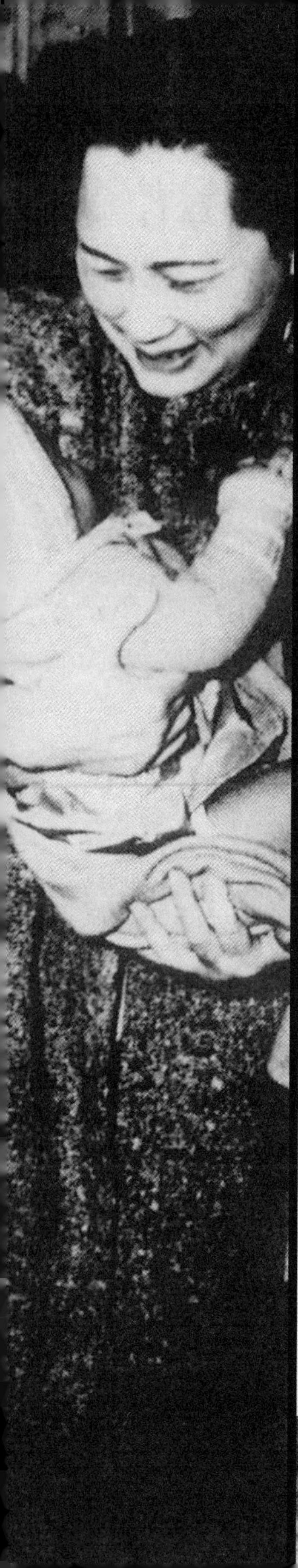

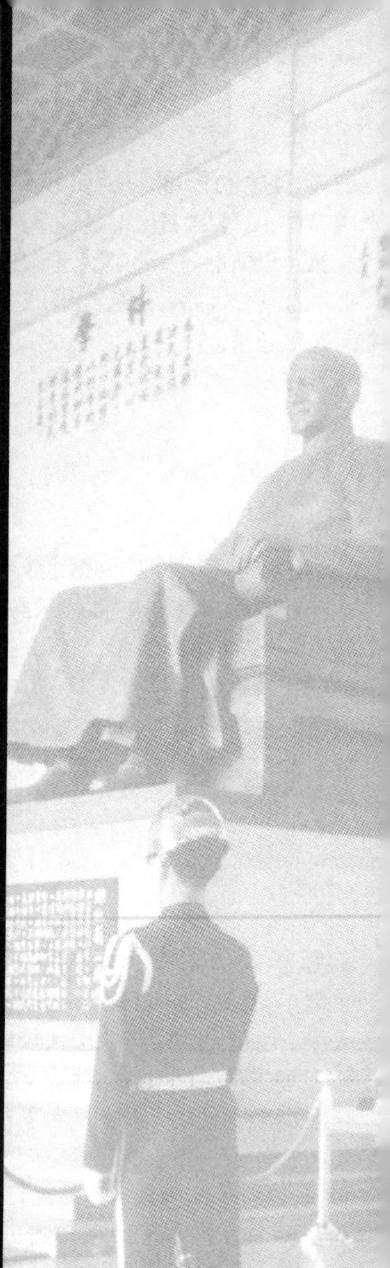

影像大扫描

IMAGE SCANNING

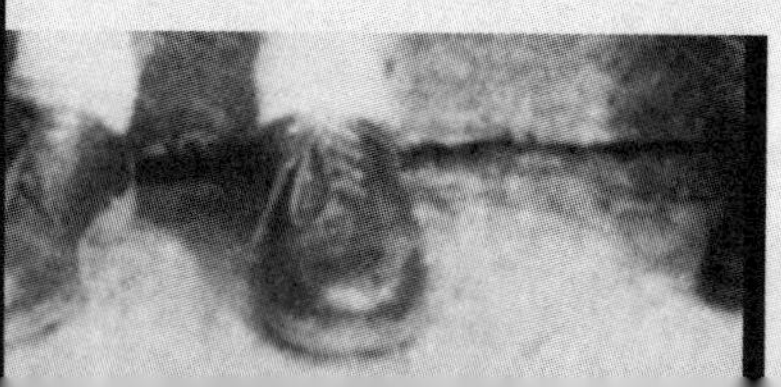

29

送别“蒋家王朝”

蒋经国的去世，不仅标志着一个时代的结束，更是“蒋氏王朝”的结束。宋美龄悲戚万分。她的悲戚，不仅是为蒋经国，更是为了“蒋氏王朝”的凋零。

比起蒋家在政治舞台上的消失，更让宋美龄感到痛心的是，自从蒋介石去世后，蒋家的子孙辈人又多早死，自己不断地经历着白发人送黑发人的哀伤。

晚年的宋美龄别离故土，远走他乡，隐居在喧嚣的纽约郊外，过着一种“与世隔绝”的生活。她拒绝写回忆录，往事的悲欢沉浮，我们只能从泛黄的照片中去揣测……

九十高龄回台湾

1986年是蒋介石诞辰100周年，此时宋美龄在美国长岛已经住了11年了。为了参加蒋介石100年诞辰的纪念活动，宋美龄决定结束在长岛的隐居生涯，返回台湾。

这一年的7月，宋美龄就通过身边的秘书将她要返回台湾的打算告知台湾当局在美国的"北美事务协调会"主任钱复，要他通过适当的方式转告台湾的领导层。蒋经国得到消息后，当然不敢怠慢，马上以蒋介石100年诞辰纪念的名义，恳请老夫人回台主持。这样宋美龄返台就显得名正言顺、十分自然了。

8月13日，台湾的《自立晚报》首先报道了宋美龄要返回台湾的消息，称如果一切顺利，宋美龄将在9、10月间成行。而此时，台北的士林官邸和武陵农场蒋介石行馆也正在加紧整修装潢。

不过宋美龄要回来的消息在台湾"朝野"却引起了巨大反响。关于她回来的原因有多种说法。有的说是为了蒋家的权力接班问题。因为当时蒋经国的身体状况已经明显恶化，而蒋经国的三个儿子都不具备接班的条件，其弟弟蒋纬国因个性直率，在台湾军、政、党各界都树了不少政敌，资历也不足以服众。在接班人没有安排好以前，如果蒋经国突然逝世，那么国民党内在权力结构势均力敌的情况下，势必要经过一段相当长时间的权力斗争和更迭，才能建立起新的领导中心。显然，在国民党内仍有相当影响力的老夫人宋美龄返台，将有助于新的领导中心的建立，并减少权力斗争所造成的混乱，有利于台湾局势的稳定。

当然也有人说是因蒋经国在台湾解除"戒严"、开放"党禁"，引起了国民党内顽固保守的元老派的不满，宋美龄是回去协调国民党内各方关系的。

还有的说法是宋美龄返台有稳定民心、稳定经济的作用。当时正是蒋经国统治末期，台湾蔓延着"信心危机"，有钱人不仅纷纷把钱偷运海外，甚至还将子孙安排到国外去了。这种"信心危机"，在蒋经国去世后，很可能对台湾经济和民心产生更深远的负面影响。宋美龄返台，对台湾的经济和民心将起到重大的安定作用。宋美龄此次返台，还将刺激海内外人士的投资意愿。

此外，还有人说宋美龄返台与海峡两岸形势缓和有关。尽管中国大陆方面从未宣布放弃以武力解决台湾问题，国民党方面也从未放弃备战

< 孔家所拥有的长岛蝗虫谷别墅，20 世纪 70～90 年代，宋美龄居住于此。

∨ 1986 年，宋美龄从纽约返回台湾，蒋经国亲自到机场迎接。

的努力，但是，在中共力争有一个和平的建设环境而台湾当局把“光复”大陆的重点由军事转向政治的情况下，两岸动武的可能性越来越小了。

其实这种种说法都过于穿凿附会，宋美龄本身只是在长岛住得久了，难免兴起思乡之情，加上蒋介石的100年冥诞，蒋经国奉请母亲回来也是很正常的事。事实上蒋经国自从权力地位稳固之后曾多次请宋美龄回台，只是宋美龄当时还不想回来。当然，宋美龄虽然不想过问蒋经国对自己接班人的安排问题，但此次回来她对蒋经国身体状况的担忧倒也是一个因素。

1986年10月25日，宋美龄返回台湾。蒋经国的三公子蒋孝勇到纽约迎接，并一路陪侍。年近九十高龄的宋美龄乘坐“中华航空公司”的“珍宝号”专机，从美国飞抵台北。

蒋经国和夫人蒋方良到松山军用机场迎接。到机场迎接的除了蒋氏家族的成员，还有台湾当局党、政高级官员，包括“副总统”李登辉、“总统府”秘书长沈昌焕、“参谋总长”郝柏村等十多位要员。这些人中除了蒋经国和李登辉外，都是国民党元老派中的保守人物。

宋美龄虽然年近九十，但精神和身体看起来还不错，长途飞行后仍然容光焕发。当时就有人说，宋美龄这次回台与十年前相比几乎丝毫未变。

随后宋美龄就住进了士林官邸。经过彻底整修后的士林官邸已经恢复原貌，令宋美龄十分欣慰。

宋美龄回台后，蒋孝武、蒋孝勇的孩子们均前往官邸陪伴，远在美国的唯一孙女蒋孝章，也专程回到台湾陪伴祖母。孙子女及曾孙绕膝，使老夫人又恢复了1975年以前“老总统”仍在世的情景，宋美龄的心情极为愉快。蒋介石的两个儿媳也礼貌周到。蒋纬国的夫人邱爱伦整日陪伴着婆婆，照料饮食起居。蒋经国夫人蒋方良也每天到官邸请安，出生在苏联的蒋方良此时一口宁波话已说得十分地道。其乐融融的大家族欢聚，使宋美龄格外开心。

蒋经国也恪尽孝道，早晚各来士林官邸一趟。早上上班之前来转一下，晚间回家之后又去一趟。后来宋美龄告诉他，你事情太忙，不必每天均来，但他仍抽空前往。当时宋美龄与蒋经国经过几度长谈，对蒋经国在重大的政治和人事上的部署，以及“政治革新”计划十分支持。

蒋经国还特别为士林官邸加派了许多警卫和侍从人员，他知道宋美龄喜欢收藏和绘画，就把当时还健在的大画家张大千等人请进士林官邸，天天陪着宋美龄谈诗论画，排遣寂寞。宋美龄知道蒋经国也喜欢绘画，就把她从美国带回的一些画册，送给蒋经国。

∧ 蒋经国与章亚若的长子章孝严。

宋美龄也关心蒋经国的身体，多次吩咐身边的医生，把自己从美国带回的药品送过去，给蒋经国服用。

当时蒋经国的健康状况转好，蒋纬国又出任台湾“国家安全会议”秘书长，蒋经国的二儿子蒋孝武赴新加坡任“商务代表”，蒋经国和章亚若的私生子章孝严出任“外交部”次长，蒋家王朝表面上看来似乎还颇为“兴旺”，令老夫人十分欣慰。

此次宋美龄回来不久，就显示出宋美龄在国民党元老派中还是有巨大的影响力。从11月10日起到12月5日止，宋美龄在士林官邸接见了几乎所有台湾当局的党、政高级官员，首先是“行政院长”俞国华，接着是“副总统”李登辉、“省主席”邱创焕、“五院院长”、“各部会”首长、“台北市议会议长”、台北及高雄市“市长”；在军队方面，宋美龄接见了郝柏村等“五虎上将”。在众多的国民党元老中，只有两人未露面，那就是97岁的元老张群和96岁的老将何应钦。这两人的年龄比宋美龄还大，已基本不过问台湾政坛的事。

10月30日是蒋介石诞辰100周年纪念日，宋美龄在蒋经国夫妇及家人的陪同下，一起到慈湖为蒋介石扫墓。10月31日，在台北“中正纪念堂”举行的蒋介石100年诞辰纪念大会上，宋美龄首次公开露面。当宋美龄拉着蒋经国的手进入会场时，全场起立欢迎。

纪念会开得很短，仅40分钟。会上蒋家唯一讲话的是宋美龄。宋美龄仪表端庄，尽管大部分时间是坐在轮椅上，但在讲话时宋美龄还是由两名侍卫相扶，站立台上好几分钟，她致辞强调“中华民族世世代代都能享受更多的自由幸福”。

当天宋美龄还发表了纪念文章，题目是《我将再起》。文章主要是弘扬基督教的博爱、宽容、忍耐精神，并表达了她对蒋介石的无尽哀思，向众人宣示了自己晚年坚定不移皈依

< 时任台湾“国家安全会议”秘书长的蒋纬国。

基督的信念。在抗战之初，宋美龄曾写过同名的文章和讲话集，旨在呼吁同胞抗争，挽救民族危亡。“我将再起”本来是基督教的典故，不过此时用这样一个题目给人不少想象空间。

虽然十多年不在台湾，但宋美龄此时仍保留着国民党中央评议委员会荣誉主席、“天主教辅仁大学信托基金会”主席和多个妇女及慈善团体的头衔，她在台湾仍然有一个根基雄厚的班底。宋美龄的《我将再起》发表后，在美国引起反响。1986年11月30日《纽约时报》将已经被移到社会新闻版的宋美龄报道重新放回头版，并登出了宋美龄的照片。照片的小标题和说明文字是：“仍具影响力：蒋介石夫人在美国待了11年后，已返回台湾。”在第28版上，刊出了一则美联社发自台北的长篇电讯，标题说，蒋介石的遗孀在台湾仍是“一股力量”，其影响力被认为仅次于在中国大陆和台湾领导国民党五十年的她的丈夫。

在台湾政界也有人认为宋美龄今天的“我将再起”和以前抗战时期的“我将再起”，在意义上似乎不太一样，有着一些政治上的暗示作用。不过无论如何，宋美龄自己是没有插手台湾政治的打算了，毕竟年龄不允许了。

宋美龄回台湾虽然没有政治目的，但是由于她在国民党元老派中间的影响力，还是有不少人希望她能发挥作用，缓解当时蒋经国因为“政治革新”而引起的与元老派的紧张关系。

当时的台湾政坛就年龄结构看确实偏高，有“老人政治”的阴影。当时的“行政院长”俞国华已74岁，国民党中央常务委员会委员的平均年龄超过70岁，整个台湾的决策层可视为“元老政治”。而这些元老中又有许多人是官邸出身，被称为“官邸派”。

“官邸派”包括了严家淦、张群、沈昌焕、秦孝仪等众多有实力的人物，他们都担任过蒋介石“总统府”或士林官邸的秘书长、主任秘书等职务，曾和蒋介石、宋美龄长期朝夕相

∧晚年的何应钦早已不过问政事了。

∧ 蒋孝勇陪宋美龄参观蒋介石100年诞辰纪念特展。

∧宋美龄出席国民党中央评议委员会举行的第五次会议（右前为"官邸派"之一的张群）。在群龙无首的情况下，"官邸派"在当时的权力斗争中，成为弱势团体，遭到排出权力核心的命运。

处。不少人本身也是基督教徒，夫人也是宋美龄组织的祈祷会成员。所以宋美龄在"官邸派"中影响力尤其巨大，不少人都是宋美龄一直以来的亲信。

当时蒋经国大刀阔斧地进行"政治革新"，开放"党禁"，解除"戒严"，其阻力主要来自党内的元老派。所以有人就猜测宋美龄是否会是元老派阻止蒋经国"改革"的一张"王牌"。但是宋美龄显然无意起这样的作用，她在和蒋经国私下见面时就表示了对他"政治改革"的支持。并且也一再向外界公开表示："经国主政，我不便再插手干涉！"

宋美龄对"官邸派"提出的看法，尽管心存留意，但是并不想去左右蒋经国的施政。当然，宋美龄此时在台湾还是起了一些稳定和团结国民党内部的作用。她除了召见元老派重要人物恳谈，还特别召见了"参谋总长"郝柏村及"三军"总司令。郝柏村曾担任过士林官邸的侍卫长，深得宋美龄信任。当时蒋经国没有把军方人员列入领导"改革"的12人小组，宋美龄特别抚慰了郝柏村等人。

12月8日，宋美龄应台湾留美同学会和美侨商会的邀请在圆山饭店公开发表演讲，谈了国际新闻媒体对世界局势的影响。身为"亲美派"的宋美龄，在这篇讲话中却对美国媒体和政客进行了不留情面的批评。

在这篇名为"结果你们来承当"的演讲中，宋美龄首先点名批评《纽约时报》，接着又批评了美国的电视报道，认为美国的传媒"应该是诚实与正直典范的人，为了自身的成见和目的，竟以不正确的话和彻底的谬言，扭曲事实来操纵大众——我们这些可怜的大众"。

接下来宋美龄发泄了对美国政客抛弃国民党和蒋介石的不满，指出"自由派人士彻底折断了自由世界的羽翼，而丝毫不感到懊悔或愧疚，更无承担责任感"。提醒大家"历史确实在重演"，"将无意中撞入第三次世界大战"。

宋美龄讲话的结尾引用了《圣经》的记载："当彼拉多见到他无法控制局面，反而造成大骚动之时，他当众拿水洗手，并向众人说：流这些人的血，罪不在我，你们承当吧！"宋美龄以此典故和演讲的题目相对应，狠狠地批评了那些做了错事却要别人甘心承担责任的"政治家"。

但是台湾还是要仰美国人的鼻息，所以宋美龄也只能是发发牢骚而已。

一封信难挡李登辉上台

蒋经国晚年也是疾病缠身，据说他在"荣总"医院的病历卡可以堆到腰部那么高。自1978年后，蒋经国的身体已经出现了明显退化的现象。最主要的原因，就是他长期以来的糖尿病让他的体力大量虚耗，同时也引发了其他疾病。早在20世纪60年代，蒋经国就发现自己有糖尿病这种疾病，主要是遗传自他的生母毛福梅。蒋介石卧病后期，蒋经国照例每天到

< 晚年的蒋经国由于双腿肌肉坏死，不得不坐上轮椅。

> 1986年，蒋经国坐着轮椅前往中正机场迎接女儿孝章。

士林官邸探望父亲的病情。他到士林官邸时，总是由护士小姐先为他在耳垂上抽血检验血糖含量，再为他按血中的血糖比例注射胰岛素。

不过那时，宋美龄也不会想到蒋经国会有一天走在自己的前面。但是蒋经国是“政治强人”，集党、政、军、特、宪众多权力于一身，身体多病加上他事必躬亲的性格，导致了晚年的多种疾病并发症。

除了主要病症糖尿病，蒋经国还有视网膜模糊、肾脏发炎和双腿肌肉坏死等并发症。就在宋美龄回台湾的前后，蒋经国的糖尿病有严重恶化的倾向，一方面是过于操劳，另一方面蒋经国自己仍然不肯节制饮食，完全无视医生开出来的饮食禁忌，无所顾忌地吃各种他喜爱的餐饮。蒋经国有一句给医生的名言是：“我的病由你们负责控制，我吃东西则由我自己负责！”

由于双腿肌肉坏死的并发症，后来蒋经国的双脚有麻痹的现象，但他不愿意老是坐轮椅，认为这有损他的形象。西医又没有什么特别的办法，蒋经国听说台北市南昌街有一位中医师很有权威，立即将他请到“总统府”，大夫开了不少中药，可并没有起色。

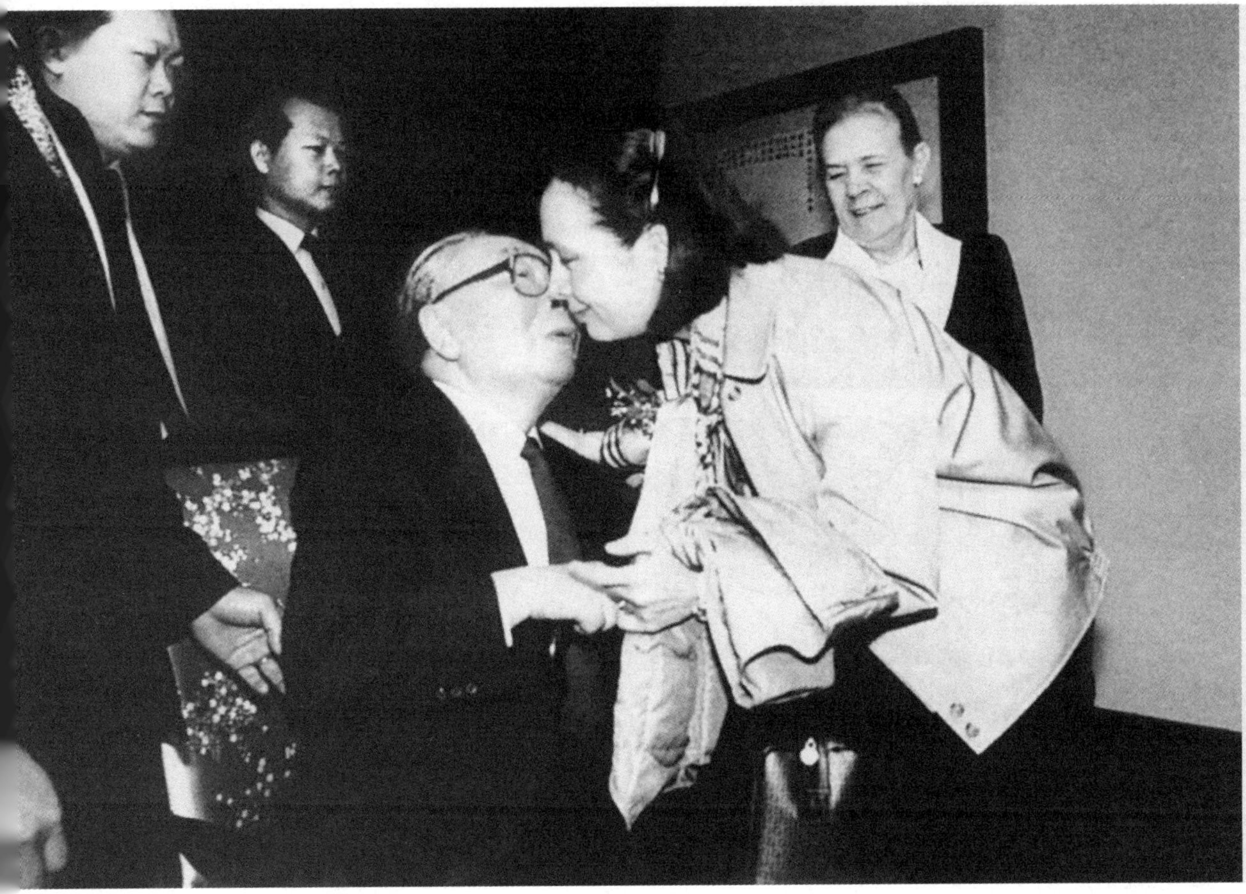

1987年8月26日，国民党举行中常会，蒋经国主持了会议。与会者惊讶地发现蒋经国坐着轮椅，这也是他首次坐轮椅到会场。其实此时的蒋经国在一次入院检查时，被检查出大部分内脏功能都已明显衰退，有的已出现严重坏死的倾向，这对一个糖尿病患者来说，意味着离死期不远了。这事除了蒋孝勇及医生以外，没有任何人知道。

同年10月10日，台湾当局庆祝“双十节”，蒋经国也是坐了轮椅参加典礼并致辞。蒋经国的讲话和致辞非常简短，总共只有106个字，而且讲话的声音低，身体动作缓慢，给人以一种大病在身、体弱无力的感觉。第二天他又乘坐轮椅参观湖口基地视察演习。几次坐轮椅露面，引起了台湾上下对他身体的种种猜测。

当时蒋经国是勉强支撑着在公众场合露面，其实已经是住院治疗了。为了稳住人心，蒋经国的车队还是照常来往于官邸和“总统府”，每天早上开出他的七海官邸，晚上再开回官邸，车里是空的，蒋经国人躺在医院里。

1988年元旦前后，蒋经国的病情加剧。因为病痛，蒋经国经常十分焦躁，就连侍卫人员

< 年迈的蒋方良出席夫君的葬礼。

< 蒋经国去世后，香港演艺界人士前来台湾表示哀悼。

照料他吃饭也成了一件困难的事。有时候焦躁或病痛难忍时，蒋经国就用力拍床，但怕惊扰到隔壁的蒋方良，闹一会儿就平息了。

1月13日早上，被病痛折磨了一夜的蒋经国显得疲惫不堪，他吩咐一早赶到官邸来接他参加中常会的秘书王家骅，自己不能参加会议了，并要王家骅去中央党部叫今天的轮值中常委再代表他主持中常会。

王家骅走后，蒋经国粒米未进，并有恶心呕吐。下午1点55分，蒋经国突然大量吐血，并引发休克和心脏呼吸衰竭，医生虽竭力抢救仍然无效。蒋经国于3点50分去世，终年77岁。蒋经国就这样没留下一句遗言，猝然离开人间。

当时，宋美龄正在士林官邸，蒋孝勇在第一时间赶到官邸向祖母宋美龄报告父亲的死讯，并陪宋美龄到七海官邸见蒋经国最后一面。

宋美龄马上赶到七海官邸，见过蒋经国的遗体后，她要在场的人准备善后的事宜。在宋美龄的指示下，秦孝仪负责安排治丧的“灵前会议”。宋美龄还看了蒋经国1月5日留下的遗嘱，认为满意后，对在场的人说，要“副总统”李登辉、“五院院长”签名后再发布。宋美龄在七海官邸待了二十多分钟，决定了这两件大事后就先返回士林官邸了。

蒋经国的去世，使宋美龄感到阵阵伤心和无奈，送别蒋介石才几年，儿子又走在了自己的前面，而且蒋经国连自己的接班人也没有选定，宋美龄预感到蒋家王朝的大厦已经摇摇欲坠了。因为悲痛，宋美龄在士林官邸连续四天不思饮食。1 月 30 日在圆山“忠烈祠”举行的蒋经国葬礼上，91 岁的宋美龄坐着轮椅从侧门进入灵堂。从电视屏幕上人们可以看到她哀戚满面。

在蒋经国治丧期间，宋美龄身着黑色旗袍，佩戴白花，为儿子戴孝。

蒋经国曾在身体状况遽然恶化之后，对蒋孝勇说过，母亲毛氏生前，他未能在膝前尽孝，所以在将来的适当时机，希望能迁葬在母亲坟旁，永世陪伴母亲。根据宋美龄的意见，蒋经国的灵柩“暂厝”头寮宾馆。头寮宾馆和蒋介石“暂厝”灵柩的慈湖相邻，在大溪公园旁，风景优美，蒋介石生前也在这里建造了行馆。

当晚 7 时，国民党中常会召开紧急会议，“行政院长”俞国华主持会议，会议听取“荣总”副院长、蒋经国医疗组召集人姜必宁报告蒋经国病逝经过。俞国华在会上宣读了蒋经国遗嘱，最后会议议定三件事：（1）全体国民党员恪遵蒋经国遗嘱；（2）由李登辉继任“总统”；（3）立即展开治丧事宜。

会后，7 时 30 分，“行政院长”俞国华在国民党总部发布蒋经国病逝的消息，台湾的电视台和各广播电台中断了正常节目。

随后，台湾当局宣布哀悼期为 30 天，此间不得举行聚餐、集会、游行及请愿活动。台湾军方也宣布，从 1 月 13 日晚 8 时始，台湾“三军”部队一律停止休假、加强戒备。晚 8 时 8 分，“副总统”李登辉依“宪政体制”继任“总统”，并举行宣誓典礼。“司法院长”林洋港监督，李登辉宣读了誓词：“余谨以至诚，向全国人民宣誓，余必遵守宪法，尽忠职务，增进人民福利，保卫国家，无负国民付托。如弗誓言，愿受国家严厉制裁，谨誓。”

李登辉继任“总统”后，立即向民众发表谈话，宣称将继承蒋经国遗志，推行“民主宪政”，坚守“反攻复国”决策，早日完成“三民主义统一中国”的使命。

对于李登辉依法继任“总统”，台湾各界均认为是顺理成章的事，关注的焦点是由谁来当国民党主席。因为李登辉继任“总统”后，并未解决权力继承问题。国民党的主席一职更是权力宝座。

蒋经国的去世，标志着蒋氏父子两代“政治强人”统治时代的结束。蒋经国继承蒋介石的遗志，声称要“以三民主义统一中国”。蒋经国不仅坚持国家的统一，还坚决反对“台独”。他曾说：“不愿做中华民国的罪人，也不愿做中华民族的罪人。”

在逝世前三个月，蒋经国开放了台湾同胞赴大陆探亲的禁令，有助于缓和两岸关系。同时，在经济上台湾20世纪70年代的起飞，成为亚洲“四小龙”之一，这些都与蒋经国采取的一些开放政策有关。在他去世的第二天，中共中央向国民党发出唁电：“惊悉中国国民党主席蒋经国不幸逝世，深表哀悼，并向蒋经国先生的亲属表示慰问。”

< 蒋经国生前亲自为李登辉授勋，在他死后，李登辉继任“总统”。

> 蒋经国夫妇与蒋纬国夫妇合影。此情此景已成为一种追忆。

但是蒋经国病逝后台湾的政局逐渐趋向复杂与动荡。蒋介石死时，其后事已完全安排就绪，所以蒋经国能够顺利接棒。蒋经国病逝前对后事虽已有部署，但远未完毕，岛内“政治革新”和大陆政策的调整还仅仅是开始。另外，蒋介石死时，台湾全岛基本上是国民党的一统天下，国民党以外的各派反对势力还形不成气候。如今，在开放“党禁”的情况下，党外反对势力已羽毛渐丰，有了一批政治骨干，出现了十多个有组织的政党和政治团体。同时，岛内的“台独”思潮和“台独”势力的举动有所蔓延和发展。

此外，蒋介石去世时，中国大陆还处在“文化大革命”的动乱时期，美国等国家仍同台湾当局保持官方联系，台湾当局日子较为好过。今日，情形则大变，中国大陆在国际上地位日益巩固，台湾则益加孤立。

在这种复杂的形势下，台湾政坛各路人马开始了激烈的争斗。而其形势大致可归结为代表国民党元老势力的“官邸派”和代表新生代势力的“开明派”之争。

在“蒋经国时代”，国民党内各派势力经过调整，形成了“官邸派”与“开明派”。“官邸派”都是宋美龄熟悉的一批老臣子，所以宋美龄主观上是希望他们能继续维持国民党自蒋介石以来的“法统”。

与“官邸派”相对的是“开明派”，其关键人物是国民党中央党部秘书长李焕、副秘书长宋楚瑜，及中常委、《中国时报》董事长余纪忠，他们获得了“副总统”李登辉的支持，两派斗争激烈。

当时的“副总统”李登辉此前并不为人看好。李登辉，1923年出生在台北淡水县世代务农的家庭。从小性格内向，曾留学日本京都大学。抗战胜利后入台湾大学农业经济系，1948年毕业留校任教。1965年在李登辉42岁时又到美国康奈尔大学攻读农业博士学位。1968年他的博士论文，获当年全美农业经济学会最佳论文奖。

留美回台后，李登辉到农业复兴委员会工作。因工作勤奋有绩，1972年被“行政院长”蒋经国提名为政务委员，开始了从政的道路。但此时他仍掌管农业。1978年蒋经国出任第六任“总统”，李被蒋经国看中任命为“台北市市长”。在“台北市市长”任期内，因对市政建设、交通发展等有贡献而形成人们称之为李登辉的“风格”。三年后，李登辉又第二次被蒋经国提升，1981年任台湾“省主席”。1984年5月，李又被蒋提名为“副总统”。1988年1月蒋经国去世，他按“宪法”规定继承“总统”。可以说，李登辉的步步高升完全是靠着蒋经国的赏识和提携。

李登辉依例继任“总统”后，并未解决真正的权力继承问题。因为国民党主席一职由谁来担任还未确定，在不少人看来，李登辉还是有可能成为像蒋介石去世时继任的严家淦那样做一个过渡人物的。当时国民党内曾有共识，准备将党主席一职的人选拖到7月7日召开“十三全”时解决，在这以前由国民党中常委轮流主持中常会。

但在背后，由谁来接任国民党主席一职问题，党内展开了激烈的斗争。

其实蒋经国在世时已决定不让蒋氏家族继承“总统”或主席。当时蒋经国的长子蒋孝文长期卧病，次子蒋孝武远在新加坡任职，且与“江南命案”有牵连，舆论十分不利。三子蒋孝勇虽有才能，也较活跃，但从资历来看也不能任此要职。

蒋纬国是蒋经国唯一的兄弟，当时又担任“国安会”秘书长，在一些人的眼里有可能接哥哥的班。宋美龄虽然很希望蒋纬国能接班，但他却一直受到哥哥的压制，蒋纬国本人也说过：“身为蒋家的人，可能心理上特别会希望自己的作为不能让上一代失望，不能带给他们污点，但仍然不是外界所说的‘非接棒不可’。”

结果，蒋纬国始终没能再支撑起“蒋家王朝”。在以后的国民党“十三全”大会时不仅没被提名为党中央副主席，且未被提名进入中常会，只能聘为国民党中央评议委员会主席团主席。与此同时，李登辉又将“国安会”三位副秘书长由原中委改聘为中评委，是有意将“国安会”降格，以阻止蒋纬国进军国民党中常会之路。

> 蒋纬国与蒋方良在一起。

其实李登辉的政治野心和能力远远超出众人的想象。在蒋经国在世时的李登辉并不显眼，给人以技术官僚的印象。现在面临着新旧权力交替的关键时刻，李登辉开始运用各种手腕，准备将国民党主席一职抢到手中，成为真正的台湾的掌权者。

首先，他在继任“总统”后，立即向国民党元老执弟子礼，谦卑下礼登门拜访。上任第二天，他先拜访了蒋老夫人宋美龄，以示对蒋氏家族的忠诚和尊敬。第三天，李登辉前往“荣总”医院探望前“总统”严家淦，就当前国事恳切交谈，严家淦称：“团结合作，互助互信，是当前国人应有的共识，唯有如此才能胜利成功。”

16日和17日，李登辉又分别登门看望了张群、陈立夫★、谷正纲等六位国民党元老，表示自己多年追随蒋经国，今后将遵循蒋介石、蒋经国遗愿。与此同时，李登辉一有时间就往蒋经国灵堂致敬，在蒋经国遗像前沉思默哀。李登辉的这些做法赢得了国民党党报“谦和、勤政”的评价。

★陈立夫（1900～2001）

浙江省吴兴县（现湖州市）人。毕业于北洋大学采矿系。1925年获美国匹兹堡大学采矿学硕士学位。同年9月回国，任黄埔陆军军官学校校长办公厅机要秘书，随侍蒋介石。历任国民党中央组织部调查科主任、国民党中央党部秘书长、国民党中央组织部部长、国民政府土地委员会主任委员、教育部部长等职。1949年去台湾。1951年去美国定居。1969年返回台湾定居，历任“总统府”资政、“中央评议会主席团”主席、“中国医学院”董事长、孔孟学会理事长等职。2001年病逝，享年101岁。

∧ 蒋纬国拜访陈立夫。

∧ 晚年的陈立夫（左）与张群在一起。

同时，李登辉还策动少壮派写推戴书。

蒋经国病逝后，国民党中常会决定暂不推举党主席，在国民党十三大召开之前，将维持由国民党中常委轮流主持中常会的做法，以便确保过去领导中心的稳定运作。当时“官邸派”的打算是要让“行政院长”俞国华出任“党主席”一职。1月18日，以少壮派赵少康为首的39名国民党籍“立法委员”联名签署了拥戴李登辉为国民党中央代主席的公开声明，表示：“推李登辉为代理本党主席，以维护全民信心，并维护本党形象。”随后，“国大”代表，不同党派“监委”分别联署签名推举李登辉任代主席，而赵少康等人正是由李登辉在幕后推动的。

当时国民党内的“开明派”都是政治上的年轻少壮派，在舆论上也确实比“官邸派”的元老们更有优势。李登辉在赵少康等签署推戴书后，即开始拉拢李焕、宋楚瑜等“开明派”，准备一鼓作气拿下党主席的宝座。

在李登辉能否担任国民党中央主席一职的问题上，李焕、宋楚瑜的作用至关重要。

李焕1917年出生，按年龄来说也算是元老。他从复旦大学法律系毕业后留美，获哥伦比亚大学硕士。李焕在大陆时期曾任《沈阳日报》社社长、东北保安司令长官部政治秘书。到台湾后历任国民党中央青年部组训处长、“中国青年反共救国团”总团部秘书长、国民党台湾“省党部主任委员”“中央组工会主任”等职，长期从事党务工作。1986年3月十二届三中全会当选为中常委。同年7月出任国民党中央委员会秘书长。按他的资历和地位，当时在国民党中是个举足轻重的元老人物。但是李焕在蒋经国晚年“政治改革”时表现积极，被认为是国民党内的“开明派”。

本来，李焕也主张到7月的国民党十三大时解决党主席人选问题。赵少康提出推戴书后，李焕作为国民党中央秘书长接见了赵少康。李焕表示：赵少康在此时这样做是不合适的，国民党主席到十三大召开时，自然会有结论。同时，国民党中央副秘书长宋楚瑜也在台北记者招待会上宣称，国民党中央主席的人选问题仍留待7月份召开的十三大来解决。原定明日召开的中常会讨论是否推举主席之事已取消。

但是在李登辉的运动下，李焕和副秘书长宋楚瑜等人开始转变态度。两人代表国民党中央自1月20日起，陆续分别拜访了国民党中央常委、元老派及部分中央委员，听取他们对继任主席问题的意见。

当时国民党内意见分歧颇大，但经过李登辉的活动，支持李登辉代理主席的人数反而较多，认为李兼任主席“可收党政一体化的统合领导之效”。于是，李焕和宋楚瑜开始运作推举李登辉为代理主席，并在党内进行意见协调，如果顺利，可望于27日的中常会中提出讨论。

这期间，台湾“朝野”出现了一股“拥李潮”。在这股“拥李潮”中，使“官邸派”希望出面担任国民党主席的俞国华渐渐感到有压力。

俞国华向以保守著称，是国民党元老之一。俞国华是浙江奉化人，其父俞作屏系蒋介石少年时同学，后跟随蒋去广东谋事，曾任县长。1924年死于东征之役，此时俞国华只有10岁。蒋介石以后把他留在身边抚养。“西安事变”时，俞国华曾与蒋介石一起被扣押，关系非同一般。后来蒋介石把他送到哈佛大学攻读经济，想把他培养成为财经专才，以日后取代孔祥熙、宋子文。俞国华在哈佛学习一段时间后，又到英国留学。回台湾后俞国华先后出任“中央信托局局长”、“中国银行”董事长。1967年出任“财政部长”，两年后升任“行政院政务委员”兼“中央银行总裁”“国际货币基金组织理事”等职。

蒋经国上台后，俞国华继续受到重用，于1984年5月出任“行政院长”。虽然以后在他任职期间发生了“江南命案”和“十信案”，但他的地位并未受到影响。他以谨慎的个性和可靠的背景继续得到蒋经国的信赖。也正是他的资历、辈分以及与蒋家的特殊关系，使其成为“官邸派”的主要代表人物之一。

现在“官邸派”有意把俞国华推出来接国民党权力之棒。但俞国华稳健有余，开创不足，面对李登辉的手腕和攻势，他自知不能与李登辉相抗，知难而退，转而愿意推李登辉出任“代主席”。结果最后，俞国华反而成为国民党内联署“推李登辉为代主席”提案的领衔人。

李焕本来就和俞国华有过节，现在宁愿李登辉当上党主席，也不愿让俞国华成为自己的顶头上司。他在明确表态反对俞国华出任国民党中央代主席以及自己无意参加此职角逐后，也公开支持李登辉。

此时的宋美龄虽已年老，但并不糊涂，她已看出台岛内外各种势力和李登辉、李焕等

“开明派”台前幕后的各种行动。宋美龄本人当然是希望“官邸派”能够掌权，毕竟也算是“蒋家王朝”的亲信，如果由李登辉“总统”再兼“党主席”，台湾的政权将落入台籍人士手中，这让宋美龄感到一丝不安。

但是宋美龄属意的俞国华不是李登辉的对手，经过连日来李焕与宋楚瑜等人正式向所有中常委及中评委展开征询与沟通之后，逐渐消除歧见，初步取得一致意见，决定由中常委推举李登辉出任代理主席职务，待7月7日举行十三大时，再循党章规定程序选出党主席。同时还决定了由俞国华提案、其余中常委联署的方式在27日的中常会提出，以显示“安定团结”的局面。

在这样的情况下，1月26日下午，也就是中常会的前一天，宋美龄写了一封历史性的亲笔信函，让孙子蒋孝勇亲自送给国民党中央秘书长李焕。在信中，宋美龄明确地表达了自己的意见，即她认为此时推举国民党代主席时机不当，应该经过法定的程序，在国民党“十三大”时决定党主席人选比较合适。

∧ 蒋经国当政后，在农业方面进行了一系列的“改革”，有效地促进了台湾农业的发展。

∧ 宋楚瑜为李登辉当选“总统”助了一臂之力。图中者为宋楚瑜。

下午5点30分，接到宋美龄的信后，李焕方寸大乱，因为他和“少壮派”不同，毕竟是蒋氏父子一手提拔上来的，对宋美龄的话不能全然不听。于是经过考虑，李焕和俞国华达成一致，在1月27日的国民党中常会上，原协调中常委俞国华领衔联署推举李登辉接代理党主席的提案，不再列入议程。

但是在第二天的会议上，“少壮派”宋楚瑜的突然发言，打乱了宋美龄的计划，改变了整个形势。

27日的中常会由属“开明派”的中常委、《中国时报》董事长余纪忠任轮值主席，除严家淦、谷正纲因病，李登辉请假，其余常委均出席会议。会议议程并未列入推举李登辉为代理主席的提案，但列席此次会议的国民党中央副秘书长宋楚瑜突然起立发言，称外面对主席继承问题议论纷纷，诸多揣测，为“党国”利益，实不宜再拖，应在此次会议讨论原定议程。

和李焕、李登辉关系密切的余纪忠立即表示，同意把宋楚瑜的提议放到会议桌上讨论，并请原提案人俞国华表态。俞国华本来想按宋美龄意旨行事，至少也要拖一拖，但此刻大势所趋，被迫提议李登辉任国民党代理主席。待俞国华表态后，其余中常委也都附和，同意李登辉任党代主席。

待中常委发言完毕后，余纪忠表示，为示慎重，请所有中常委以起立方式表示同意，在与会27位中常委一致起立鼓掌之后，正式通过李登辉代理国民党主席。至此，李登辉实现了自己的权力梦想。

在27日“中常会”举行的同时，李登辉在“圆山忠烈祠”向蒋经国遗体行礼志哀。但是李登辉却是一心牵挂决定自己命运的“中常会”。当时的他神情凝重，心情不佳，拒绝摄影记者进入灵堂摄影。侍卫人员表示，“总统”今天心情不好，希望记者不要接近。

李登辉能当上国民党的代主席，宋楚瑜是立了大功的。当时宋楚瑜还不是中常委，只是列席会议，但关键时刻站了出来，使俞国华一下子无法抵挡，只好顺势而为。

当然，李登辉善于收买人心，经过精心策划和运作，当时“朝野”各界的舆论和形势也比较有利。就连列席1月27日中常会的蒋纬国也说：“虽然我只是列席，不能举手，如果我也能举手，当时我一定会举双手同意，由登辉先生出任执政党代主席。”他还声称：李登辉出任党代主席是众望所归。

∧ 李登辉当选为“总统”，让宋美龄失望至极。

李登辉任党主席的消息在台湾让很多人兴奋不已，民进党主席姚嘉文声称：李登辉是国民党领导人中最理解台湾的人，他表示欢迎李就任“总统”和国民党代主席。舆论对李登辉出任“总统”与国民党代主席大多表示赞同。台湾报界28日纷纷发表文章，认为李登辉被推举为国民党代主席是民主与民族团结在最后一刻“取得的胜利”。《联合报》发表文章说：“李登辉能够以虚心坦诚的态度在国民党内实行民主。”《台湾时报》也宣称“李登辉的时代已经到来”。台湾军界也三度声明支持李登辉。

而对于宋美龄来说，1月27日的中常会结果是让她失望至极的。在很长时间里，九十岁的宋美龄心情还难以平静，并曾对身边的人说，这次要求推迟选举国民党主席未果的事件，是她个人参政六十多年以来，在政治生涯中所遭受的最大的挫败。

确实，她认为身边可靠的老臣子俞国华、郝柏村等都在1月27日的中常会上表态支持了李登辉。自己的故旧纷纷见风使舵，投靠新主人，实在令士林官邸内的宋美龄倍感失望。

尤其让宋美龄难堪的是，李登辉权力稳固后，台湾大小势力一派逢迎之态，而宋美龄的“致函李焕”事件也被人有意捅了出来。有的媒体以《宋楚瑜阵前倒戈，宋美龄圣旨失灵》等标题大肆渲染，说这是一场未成功的“宫廷复辟政变”。在台湾不少人都在传说着“太皇太后”宋美龄“干政”的消息，就连外国的一些报纸也在大肆渲染此事。

同年7月7日，国民党的第十三次“全国代表大会”召开。宋美龄于7月8日亲自莅临会场，九十高龄的宋美龄看起来精神不错，带着微笑。在全场热烈的掌声中，她以微弱的声音向大家问候：“各位同志，你们好吗？”

因为身体健康的原因，宋美龄请李焕代读一篇《老干新枝》的讲话稿。在这个讲话中，宋美龄称：“眼前正值紧要关头，老臣引退，新血继之，譬比大树虽新叶丛生，而卓然置基于地者，则赖老根老干。如今党内白发苍苍、步履蹒跚者，不乏当年驰骋疆场之斗士，或为劳苦功高之重臣，其对党国之贡献，丝毫不容抹杀，当思前人种树，后人乘凉。夫国之强，党之壮，赖有一定之原则、连续生存之轨迹、创新而不忘本，当年国父如不建党立国，则无今日之中华，台澎依旧日本殖民地，饮水思源，发人深省。”

宋美龄的这个“老干新枝”的讲话因为强调了党内老同志的地位和作用，被一些人看成是“官邸派”反攻的宣言。其实宋美龄此时根本无心出来召集那些元老来和李登辉等新贵争权，她只是希望国民党能继续照着蒋介石和蒋经国父子生前的政策方针走下去，并对元老的地位和贡献予以尊重。

李登辉当然知道以宋美龄的年龄，不可能再和自己争夺国民党的最高权力，而没有宋美龄出面召集，国民党内的元老们本身也是四分五裂。所以李登辉对宋美龄“老干新枝”的讲话也没有多大反应，并且在表面上对宋美龄更加恭敬，以赢得各方的好感。

在“十三大”的讲话之后，宋美龄就没有公开露面。在大会上的宋美龄虽然外表看似坚强，但内心却无比落寞。她知道自己的政治影响力已经消失，也就想待在士林官邸颐养天年了。

“眼不见为净”别台湾

可是随着时间的推移，台湾岛内的政治环境变化很大，在野的民进党对以前“蒋介石时代”的一些压制民主的措施大力批判。而一贯恭顺有加的李登辉随着权力的稳固，也开始利用这些政治势力来为自己的目标服务，所以对台湾民间批蒋的风潮加以纵容和利用。所有这

★李登辉（1923～）

祖籍福建永定，出生于台湾台北县三芝乡。1941年毕业于淡水中学，考入台北高等学校文科，1943年东渡日本入帝国大学农业经济系。1946年返台。1952年入依阿华大学，主攻农业经济与物价的关系。1965年入康奈尔大学攻读博士学位。1969年学成归台。1972年为蒋经国延揽入阁，任“政务委员”，至此投身政界。1981年12月出任“台湾省主席”。1984年被蒋经国提升为“副总统”。1988年1月13日，蒋经国逝世，当天继任“总统”。1990年5月任第八任“总统”。2000年5月20日，李登辉下台。

些都对宋美龄越来越不利，对“蒋介石时代”不断批评与翻旧账，给她的身心造成很大压力。

到后来，民进党的“监察委员”和一些“民意代表”甚至提出要进士林官邸，去调查官邸的产权等问题，还带了些人去抗议。李登辉★故意不加阻拦，台湾当局的“行政院”根本就不出面抵挡。其实按照台湾当局的法令规定，宋美龄是“老总统”的遗孀，她有资格住士林官邸。可是当时政府方面并没有什么人出面解释清楚，得知此事，年迈的宋美龄十分伤心。

∧ 宋美龄刚表示了自己对李登辉的不满，李登辉便反唇相讥，发起了批蒋“风潮”，“人走茶凉”的俗语在这里体现最深。图为蒋方良与李登辉夫人曾文惠。

此外，李登辉虽然表面上还是给予了宋美龄很高的待遇，但已经不像当初地位不稳时那样恭敬了。

1989年2月，宋美龄从“荣总”出院，为了表示庆祝，心情不错的宋美龄指示侍从打电话邀请党、政大员到士林官邸祝寿，宋美龄还跟身边的人说：“士林官邸很久没有热闹过了，这也好，人多一点总是有面子。”侍从知道宋美龄老来喜欢热闹，也爱面子，就逐一打电话给党、政机关，请大员们务必参加，否则“老夫人”会不高兴。

侍从的电话一一打出，包括“总统”李登辉以及各党、政要员，就连军方将领都是他们函邀的对象。可是让宋美龄失望的是，22日前来官邸祝寿的人士，除了沈昌焕、黄少谷等极少数“夫人派”之外，现任党、政、军的要员几乎不见踪影。许多人也就是派人送来了花篮和喜幛，李登辉也只是派人送上寿屏一个。

> 蒋纬国与蒋孝刚夫妇及孙女合影。

这样的场面让宋美龄大为生气，但也只能把气出在侍从人员身上，把他们好好训斥了一顿。当时参加了祝寿的一位老官邸人员感叹道："老夫人现在是寂寞的老人，三年前她回国定居时，谁不把她捧得高高在上，如今蒋经国一死，当年对她马首是瞻的人却一个个退避三舍，这真是政治的现实与无情。"

不过此时的宋美龄仍然想在台湾终老。1989年4月，为了参加蒋介石去世14周年纪念而专程回台的孔令侃兄妹，曾向宋美龄劝说，让她回到纽约去住，以免去因台湾岛内对蒋氏家族翻旧账而造成的身心上的困扰。可是孔令侃、孔令仪兄妹的劝说并未成功，宋美龄依旧住在士林官邸，丝毫不为所动，并没有在适当时间内离台的计划。

宋美龄不愿再兴师动众离台远行，主要有两方面的原因：一个是身体的原因，高龄的宋美龄实在不利于远行。两年前宋美龄在士林官邸散步时不慎摔了一跤，此后总是以轮椅代步，坐在轮椅上远走异国，不胜其烦；另一个是事务上的原因。蒋家已经不当权，李登辉未必肯为宋美龄到美国派专机、拨专款，以及支付随从侍卫人员的费用等。

此外，如果将来在美国的宋美龄要回台湾的话，松山机场恐怕也不会出现党、政要员云集，隆重欢迎的场面了，甚至还可能会有"归不得"的情况发生。因此，宋美龄身边的"官邸派"智囊考虑的结果，仍以不走为宜。

当然，主要是宋美龄自己本身也确实不想走。有人曾问她为什么不到美国散散心，宋美龄不高兴地说："这是我自己的家，难道还有人想赶我走吗？"

1989年6月在台湾岛内举行国民党十三届二中全会时，有舆论预测将近一年没有公开露面的宋美龄有可能再以"中央评议委员会"主席团主席的身份在会上露面，这样也给李登辉面子上好看。可是结果并未如报纸上的所料，宋美龄始终没有露面，反而是在二中全会5日闭幕的当天下午，会议通过了一封向宋美龄致敬的电文，让始终未出场的宋美龄，相当风光。

宋美龄虽然未曾出席国民党十三届二中全会，但是却在这之后的半个月时间内，先后两次公开露面。除了因步行困难而坐在轮椅上以外，宋美龄的健康情况看起来良好。

6月13日，宋美龄接受美国波士顿大学所授予的荣誉博士学位。因为宋美龄的年龄和健康原因，波士顿大学决定在台北举行荣誉博士颁赠典礼。当天在"妇联会"举办的典礼现场，贵宾如云，党、政要员及高层人士300余人出席，李登辉没有到场，只有夫人曾文惠一人出席。实际上，李登辉根本没有受到宋美龄的邀请。

宋美龄这样做，当然是在向李登辉表示自己的不满。

可是，台湾岛内的形势越来越让宋美龄失望。当时在李登辉的纵容下，台湾"批蒋"的风潮越演越烈，甚至出现了污辱蒋介石铜像的做法，蒋介石的铜像不是被打破头，就是被泼油漆。在高雄凤山陆军军官学校的操场上，有50多个蒋介石铜像摆在那里，这样的景象可能是世上绝无仅有的。

1990年3月的“总统”大选，又让宋美龄感到非常不快，因为她抱有希望的蒋纬国又被李登辉轻易打败。

宋美龄对蒋纬国一直较为亲近。还在1986年6月，蒋纬国出任台湾“国家安全会议”秘书长的讯息，从台湾传到居住在纽约的宋美龄那里，宋美龄对这个自己一向喜欢的二儿子，曾特电致贺，勉励他坚持岗位，做好“政府”及“国家”所交付给的一切任务。台湾当局高层人士变动获得宋美龄致电称贺的，蒋纬国似乎还是第一人。

同年10月，蒋纬国因病住进“荣民总医院”时，宋美龄还曾打电报询问他的病况。电报由台北转到“荣民总医院”蒋纬国手中时，蒋纬国十分感动，立即电复说明其病情。

可是蒋纬国的个性和政治手腕又使得他难以胜任残酷的政治斗争。

1989年10月15日，以军队系统“国代”滕杰为首的“国代”及“立委”组成了“中华民国各界支援贤能人士竞选委员会”，正式揭开了1990年台湾第八届“总统”选举战的序幕。对这个组织宋美龄十分支持，希望利用它来完成让蒋纬国竞选成功的目标。

“中贤会”对外宣称只是一个助选运动，目的是要集合“国会”中资深的“国代”的力量，用行动来援助具有同样理想的外省籍人第二代、第三代参与选举。但实际上它是完全针对1990年“总统”大选而设的，目的有两个：一是展现实力，逼李登辉接纳他们的主张；二是如果李登辉不顺他们的意，他们也不惜推出人选，和李登辉决一死战。

蒋纬国是“中贤会”主要支持的人选，他们的打算一共分两个方案：第一个方案仍然支持李登辉当“总统”，而“副总统”由外省籍人出任，理想人选就是蒋纬国；第二方案则是根本推翻李登辉，而另行推出“总统”与“副总统”。后者又分两个方案，或由外省人（蒋纬国）搭配本省人（林洋港）；或顺应本土化潮流，由林洋港搭配蒋纬国，与李登辉针锋相对。

不过李登辉毕竟是政治斗争的高手，又掌握着大量政治资源，很快发起了反击。李登辉的回击办法，除了通过国民党的系统极力疏通“国民大会”之外，并拉拢“行政院长”李焕，有意以李焕作为“副总统”人选，借助于李焕在“国民大会”中的力量。对此李焕倾力相助，在“立法院”公开表示服从李登辉领导。

李登辉得到李焕的联手合作，蒋纬国自然不是对手，很快就在“总统”竞选中败下阵来。1989年12月底，蒋纬国主动声明：“我是一个中国

∧ 宋美龄在无奈中踏上飞往美国的飞机，从此不再归来。

国民党的党员，一定遵守党的制度和规定，绝不会违反党纪，自行参选。”

为此，在蒋纬国去见宋美龄时，宋美龄告诫他说：“你的个性最容易遭受误会，因此，过去你受了很多的委屈，这一点我最了解了，我们蒋家从你父亲到你哥哥对党和国家已经尽了责任，对于历史也有交代，一切自有公论。你不必考虑为了蒋家而刻意去做或者不去做一些事情，只要国家需要你，大家需要你，你就去做。”

可是蒋纬国还是经受不住压力，为了“避免卷入是非”，蒋纬国和滕杰协商后，于1990年3月声明放弃竞选，并偕夫人邱如雪到美国度假去了。

蒋纬国的半途而废，使宋美龄认识到蒋家已在台湾的彻底没落，她不想再看到台湾的“反蒋”风潮，决定改变以往的主意，到美国“长期休养”。

同时，台湾的形势也是越来越让宋美龄烦心。对蒋介石父子统治时期的“翻案”风潮还没过去，李登辉上台后国民党内派系纷争，“台独”势力猖獗，“统”“独”之争日渐激烈。

台湾自蒋经国统治后期解除“戒严”以来，要求民主的呼声日见高涨，但同时“台独”势力也是日见嚣张。宋美龄一生看尽国家的分合战乱，不愿将来自己的遗骨埋在“一个不叫‘中华民国’的土地之上”。李登辉上台三年了，“台独”获得了发展空间，“一个独立的台湾”的前景似乎变得越来越近，宋美龄决心“眼不见为净”，就算到美国去埋骨他乡，也比留在台湾生气好。

其实，宋美龄此时的身体状况也不好。她长期患有皮肤过敏症，对气候和食物过敏。台湾热带的气候与宋美龄不相适宜，医生认为纽约的天气对宋美龄较为合适。

于是宋美龄终于做出痛苦的决定，再度离开台湾，前往美国。

1991年9月21日清晨，宋美龄乘坐一架“华航”专机从台北松山机场起飞赴美。李登辉对宋美龄的离台表示了理解和支持，还高姿态地答应派出专机，并派出了随行的医疗和侍从人员。

宋美龄表示了自己不再返回台湾的态度，将士林官邸自己和蒋介石生前留下的物品全部带走，所以当天在机场，宋美龄带着90余箱托运行李离开台北，直飞美国纽约。

宋美龄这次飞往美国，虽然李登辉同意“政府”支付专机费用，但并非像以前那样由“总统府”安排，而是由孔二小姐孔令俊负责一切事宜。载送宋美龄的专机，当天上午6时50分，就由“华航”董事长乌钺亲自坐镇指挥，从桃园中正机场飞到台北松山军用机场。“华航”为送宋美龄，将头等舱改装卧铺，并精选7名优秀空服人员随机提供服务。

当天，到松山机场送行的国民党高级官员，上有李登辉，下有“副总统”李元簇、“总统府”秘书长蒋彦士、国民党秘书长宋楚瑜、“五院院长”等党、政大员及夫人，“行政院长”李焕等人因为迟到，还被挡在了松山机场门外。

李登辉等人在松山机场贵宾室和宋美龄略事话别。10时18分，飞机飞离松山机场。“蒋家最后一位精神象征”也离开了台湾，蒋氏家族在台湾政坛的影响完全结束了。宋美龄在台湾目睹了“蒋家王朝”的终结。

∧ 刚从苏联返回的蒋经国夫妇抱着儿子孝文。

∧ 长大后的蒋孝文在女孩子面前倒也羞涩起来。

蒋家一门六寡

比起蒋家在政治舞台上的消失，更让宋美龄感到痛心的是，自从蒋介石去世后，蒋家的子孙辈人丁不旺，又多早死，自己不断地白发人送黑发人。

首先是蒋经国的三个儿子。紧随父亲蒋经国之后，54岁的大儿子蒋孝文1989年因喉癌过世。

蒋孝文是蒋经国的第一个孩子，是他和夫人蒋方良在苏联那段艰苦岁月中生下的，所以对蒋孝文，夫妇俩情有独钟，倾注了大量心血来加以培养。

蒋孝文自幼聪明伶俐，颇受祖父蒋介石和祖母宋美龄的喜爱。但因为从小祖父祖母的过分宠爱，就连蒋经国也难以管教，从而养成了他胡作非为、吃喝玩乐的习性。上中学时，学习成绩很糟糕，有好几门功课每学期都亮红灯。蒋孝文还常常撒谎哄骗父母和老师。为此，蒋经国对长大后的蒋孝文管教非常严格。但蒋孝文仍然我行我素，贪玩的他经常深更半夜在侍卫的帮助下，把吉普车推到官邸外面的长安路上，以免吵醒蒋经国而被发觉，然后，才敢发动引擎，开车去和狐朋狗友们聚会、吃喝玩乐。

到后来，连蒋介石也感到，在台湾蒋孝文已经无法学习下去了，于是蒋氏父子又把他送往美国，入加州柏克莱商业学校读书，学习企业管理。在美国留学期间，蒋孝文仍然是旧习难改，过着放荡不羁的生活，甚至险些入狱。最后，美国移民局把他列为不受欢迎的人驱逐出境。

蒋孝文从美国返台后不久就结了婚，蒋经国的打算是想由此改变他的生活习性。可是蒋孝文的习性根本无法改变，反而染上酗酒的毛病。有一次他酒后驾车回家，把门牙全部折断，最后只好装上了假牙。

有一次，蒋孝文在台北统一饭店喝醉酒以后发酒疯，大骂周围的人都是“帝国主义”，并将饭店所有可以摔的东西都摔烂、砸坏。餐厅的老板是华侨，当天晚上就打电话给蒋经国，控诉蒋孝文把他的店全砸了。老板还不客气地告诉蒋经国，蒋孝文三天两头来店里白吃白喝，现在还要打人、砸店，如果蒋家不赔偿损失，他以后就撤回所有投资回侨居地。

蒋经国连夜就派人去清算蒋孝文到底砸坏了多少东西，并且按原价赔偿无误，这才平息了一场风波。宋美龄也经常听到这个孙子的类似“事迹”，总是无奈地摇摇头，口中喃喃念道：“唉！蒋家的男人！”

蒋经国为了让儿子戒酒，甚至想到身教重于言教，自己首先戒酒。然而费了那么大的劲，蒋孝文却仍不断闹出事故。

终于，蒋孝文为自己的放纵生活付出了代价。在35岁那年一次醉酒之后，蒋孝文因为血糖过低而昏迷醉宿在外。他昏迷了两天两夜，才被人发现，送医院急救。虽然勉强救活了，但大脑受到严重损伤，从此，蒋孝文的举止有如四五岁的孩子。直到1989年，蒋孝文在他父亲去世的第二年，也撒手西归，到九泉下伴随疼爱他的祖父和父亲去了。

蒋经国的第二个儿子蒋孝武，1945年生于浙江奉化老家。蒋介石也很喜欢蒋孝武，想让二孙子学武，继承自己的衣钵。但由于一次意外事故受了伤，蒋孝武最后选择了政治学。他毕业于前联邦德国慕尼黑政治学院，并在与汪长诗结婚后回国。

蒋经国对二儿子尽心培养，让他担任“官兵退役辅导委员会”顾问一职。不久蒋孝武又当上了国民党中央政委会委员、组织工作会委员和国民党中央党部秘书。与此同时，这位二公子还担任“中央广播电台”主任、华欣文化出版中心主任、“广播事业协会”理事长等职，在文化宣传界建立自己的阵地。

∧ 蒋经国夫妇与蒋孝文、徐乃锦夫妇及他们的孩子合影。

∧ 蒋经国的第二个儿子蒋孝武。

从1976年起，蒋经国让蒋孝武涉足情报工作，并担任"国家安全会议"执行秘书。蒋孝武的权力不小，管辖范围包括党务、军特、文宣等重要系统。当时在蒋家第三代中，蒋孝武一度被人看好是"蒋家王朝"的"接棒人"。但因为"江南事件"的牵连，蒋孝武被外放到新加坡。此后，随着蒋经国的去世，台湾国民党政权的"本土化""非蒋化"彻底断绝了蒋孝武在政坛崛起的机会。

"江南命案"给蒋孝武的政治生命一个极其沉重的打击，让他在台湾的声誉大受损害，无奈之下，只好到新加坡避风头，就连父亲蒋经国去世时，蒋孝武也没能到台湾及时送终。

1990年"总统"大选前夕，蒋孝武被李登辉任命为"驻日代表"。1991年5月，蒋孝武请辞"驻日代表"返抵台北。7月1日，因急性心率衰竭，病逝台北"荣民总医院"，终年46岁，留下汪长诗为他生的两个孩子——蒋友兰、蒋友松。

蒋孝武去世后，蒋家老少都到"荣总"料理后事，唯有宋美龄没有去。蒋孝武的早逝令宋美龄的精神又受了沉重的打击，因为蒋孝武的死，等于是"间接向人宣告，掌握台湾政局长达四十年的蒋氏家族，正式退出历史舞台了"。

在蒋氏家族的孙辈中，宋美龄最宠爱的是蒋经国的三儿子蒋孝勇。在宋美龄晚年的时候，蒋氏家族中如果有什么讯息需要转达时，总是蒋孝勇担当老夫人的传讯使者。宋美龄迁居美国后，蒋孝勇几乎每年都要前往纽约，拜见祖母一次。在宋美龄的眼里，蒋孝勇仍然是当年可以坐在蒋介石办公桌上撒尿的小孙子。

小时候的蒋孝勇被称为蒋介石的"开心果"，当蒋介石因公务心烦时，只要人们把孝勇往他的桌上一放，蒋介石就立即会眉开眼笑。宋美龄在士林官邸不开心了，侍从们也总会打电话把小宝贝接来给宋美龄开心一下。

蒋孝勇对宋美龄的感情也很深厚。他曾把祖母宋美龄与母亲蒋方良做了这样的对比："母亲和祖母的教育背景完全不一样，我母亲可以说是个农村妇女，我待母亲也就是对待一位农村母亲，你没法跟她谈问题，她只要你在就好，就是纯粹的母亲，她是不理会政治之类的事情的，对我而言，母亲给我的，就是母亲。而祖母则不一样，她受到非常好的教育，不单和我谈信仰，也教我哲理、观念、做人处事等等，等于是个有高深学问的祖母。所以她俩的差距在于：一位是农村的母亲，一位是哲人的母亲。"

蒋孝勇从小就深得蒋介石和宋美龄的宠爱。长大后，每到逢年过节，蒋孝勇一家必定到官邸去与祖父母一起用餐。乖巧的蒋孝勇很小就学会了用餐的规矩，如大人放下筷子，孩子们也必须一起放下筷子。蒋介石、宋美龄喜欢蒋孝勇，每每吃饭的时候，总给他夹满一碗菜，让他尽情吃。不过蒋孝勇回忆起当年的情景时，也笑言那些美味也有来不及品尝的时候：小孩吃饭慢，大人吃完了，他们也得跟着放下筷子。

∧ 蒋方良与蒋孝武。

∧ 小时候的蒋孝勇。

有一次，才三四岁的蒋孝勇，在饭桌上得到蒋介石、宋美龄的允许，喝了一杯酒，结果喝完就发了"酒疯"，逗得祖父祖母开怀大笑。

蒋介石很疼爱这个小孙子，经常带着这位幼孙去视察部队，也曾亲自教过小孙子读书。在日月潭的行宫，蒋介石还亲自教蒋孝勇"四书"，一句一句地教，并详细解释句子的意思。

蒋孝勇受家庭的影响，也是基督教徒。基督教是蒋家三代不少人的宗教信仰。在宋美龄的影响下，蒋介石也是虔诚的基督教徒，两个儿子蒋经国、蒋纬国也称自己信奉基督。

蒋孝勇从小就随蒋介石上教堂，十岁时就应蒋介石、宋美龄的要求，在士林官邸的凯歌堂受了洗礼。

当然，蒋家的宗教信仰并非完全是基督教。蒋经国的大儿子蒋孝文终其一生没有宗教信仰，大儿媳徐乃锦则是"天主教友"；蒋经国的第二个儿子蒋孝武更是不同，他虽然小时候和蒋孝勇同时受洗，长大之后却皈依了佛教。只有蒋经国的女儿蒋孝章和蒋孝勇一样，是虔诚的基督徒。

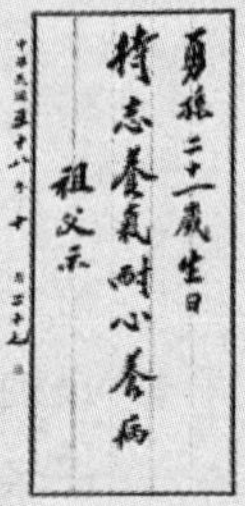

∧ 蒋孝勇受伤后，蒋介石写了“持志养气，耐心养病”来勉励他。

< 一身军装的蒋孝勇与其父蒋经国的合影。

> 幼年的蒋孝勇活泼可爱，深得蒋介石和宋美龄的喜爱。

> 蒋介石手抱孙子蒋孝勇。

蒋孝勇相当聪明，他在小学及初中的成绩差强人意，但这主要是因为他并不太喜欢上学。

有一天，蒋孝勇问蒋经国：“爸爸，什么叫应酬？”蒋经国想了想回答：“应酬嘛，就是心里头不想去，又不得不去的，就叫应酬。”蒋孝勇就对爸爸说：“那我读书就是这样的。”

蒋孝勇初中毕业之后，就去读陆军军官学校。当时军校每年在招生之前，总会做一番宣传，蒋经国的儿子蒋孝勇在军校预备班读书，顿时成为宣传的重点。蒋孝勇也在接受采访时对他读军校的抱负侃侃而谈。他打算于预备班毕业之后，继续升为陆军军官学校正期生。

当然，蒋介石非常希望他的三个孙子中，至少有一个读军校，以后在军中发展，蒋经国也是一样的想法。可是让蒋介石父子失望的是，蒋孝勇才读了一年就出了意外，并就此结束了从军的路。

在陆军军官学校的一年级下学期，有一次军校进行野外单兵攻击练习，蒋孝勇跳进一条干沟，干沟里都是石头，一不小心，脚踝扭伤。当时大家都以为只是扭伤，找个治跌打损伤的中医推拿一下就可以了。蒋孝勇自己也以为如此，就没太在意，每天到学校附近的一个小诊所做推拿。一直做了三个多月都没有好转，再仔细检查，才发现已经伤到了软骨，而且受伤的软骨已经硬化。

因为情况比较严重，蒋经国特意请美国的一位对足踝手术很有经验的医师动手术，那位美国医师认为蒋孝勇年纪轻，软骨应可重新长好，于是只修掉旁边伸出关节的软骨。但手术过后，蒋孝勇依然无法正常步行，只好二度进行手术，这回由“荣总”医师主刀，把整个硬化的软骨取出，改以两根钢钉固定。这次手术之后，蒋孝勇的足踝就只能上下动，不能左右动了。而这两根钉子就辅助他行走了一辈子。

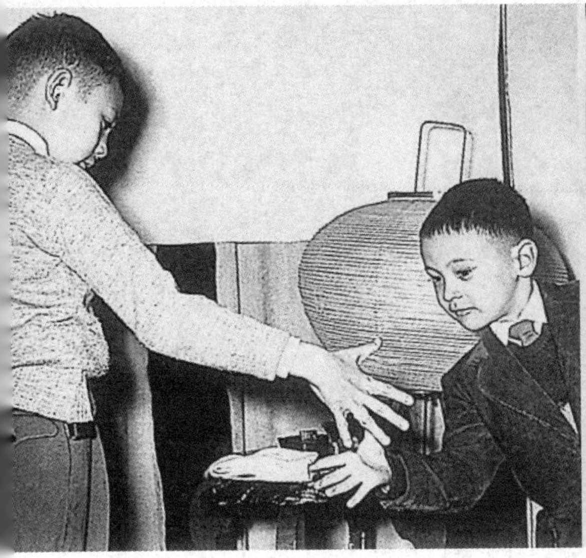

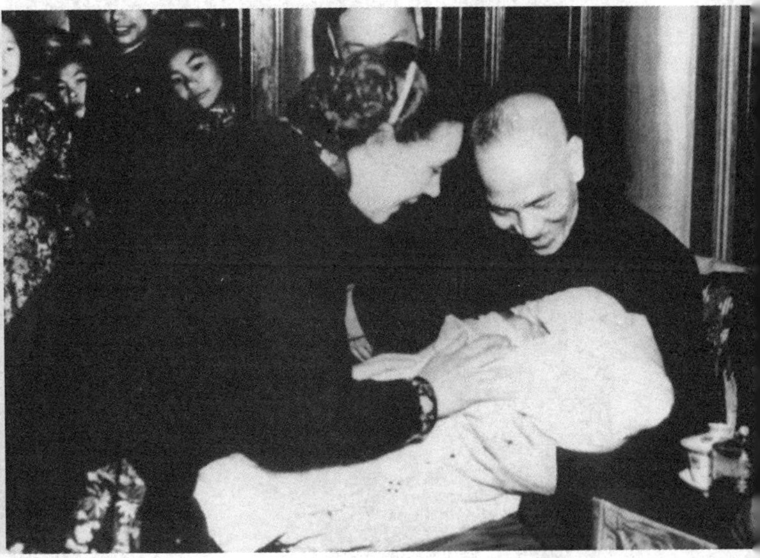

蒋孝勇足踝动手术，蒋介石十分关心，宋美龄也曾数度前往探视。

蒋介石和宋美龄为鼓励蒋孝勇，还写了一封信。信中说，"勇孙：如你足疾久不愈，恐难成健全军人，实为我半年以来最大的忧虑，乃非言语可形容也。现在既然如此，只有一切听从医生之言，凡使你足疾能愈办法，都得照办，再不可有勉强'充好汉'之行动。"后来又写了第二封信。

由此可见，宋美龄对蒋孝勇关爱至深。

不过经过这次受伤，蒋孝勇显然已不适合留在军中，最后只好在三年级时转学，并被安排到台湾大学政治系理论组二年级。1972 年，蒋孝勇自台大毕业。

第二年，蒋孝勇与恋爱八年的方智怡结婚。婚礼简单而隆重，在蒋经国的三个儿子中，只有蒋孝勇的婚礼对外发布了新闻。蒋孝勇是蒋经国的子女中，唯一在台湾成婚的，所以不单公婆亲自参加了婚礼，而且结婚当天还按蒋介石、宋美龄的意见，依家乡的礼俗见面并且合影。

参加蒋孝勇婚礼的都是双方的至亲，人数并不多。婚礼一结束，一袭白纱礼服在身的方智怡就与蒋孝勇匆忙赶到"荣总"拜见蒋介石、宋美龄夫妇，并和祖父母合照。

蒋孝勇幼年及少年时，由于父亲太忙，几乎是跟着祖父母过的，和祖母宋美龄的关系感情尤为融洽。后来，蒋孝勇成了晚年宋美龄与蒋经国之间情感和信息沟通的桥梁。

蒋孝勇个性谨慎、细腻，对父母非常孝顺，很得蒋经国夫妇的喜爱。在生活细节上，蒋孝勇尤其照顾得周全细致。蒋方良过生日，蒋孝勇会先把蒋经国要送给蒋方良的礼物准备好，放在蒋经国的书桌上，连包装纸都用心选择。

∧ 蒋孝勇夫妇与蒋介石、宋美龄合影。

因为平时细心周全，对父亲交代之事全力以赴，蒋孝勇很受父亲信任，成为蒋经国的左右手，被外界戏称为“地下总统”。

蒋孝勇很会说话，十分机灵，颇得宋美龄欢心。对宋美龄，蒋孝勇十分注意维护其形象。他还多次公开谈到宋美龄于两蒋逝世后的际遇及对政治的态度，驳斥外界关于宋美龄和蒋经国不和的说法。

蒋介石于1975年辞世后，严家淦继任“总统”，国民党面临谁来接任总裁的选择。当时孔令侃曾劝说宋美龄接任党领袖。宋美龄当时并不愿意出来和蒋经国争夺权力，表明自己支持让蒋经国接班的态度。蒋孝勇回忆起这件事情时总是十分兴奋：“祖父刚过世，‘孔家’天天坐在床旁边磨着她，不断地劝进，但是祖母坚决反对。”

蒋孝勇还说，当时宋美龄房间里面“孔家”在劝进，他及其他人待在房间外面则是紧

★李焕（1917～2010）

湖北武汉人。早年毕业于复旦大学法律系。1938年受训于赣南青年干校第一期，投入“太子系”。后任东北保安司令部政治部秘书、沈阳市政府外事处副处长等。1948年，组建“太子系”核心组织“铁血救国会”。1949年赴台，协助蒋经国筹办救国团。蒋经国主政后，先后于1972年出掌“中央组工会”，1973年兼“救国团”主任，1975年兼“革命实践研究院”主任。1977年黯然下台。1984年6月复出，进入俞国华“内阁”，执掌“教育部”。1989年6月出任“行政院长”，反对“台独”，主张中国统一。

张到“打战”，“然而祖母真是位难得的女士，她那时候身体很好，头脑也很清楚，她就是坚持不肯”。

对于宋美龄派自己送信给李焕★，希望阻止李登辉当国民党代理主席一事，蒋孝勇也尽力加以辩解，他说在蒋经国去世后，“一方面，孔家也的确想要重施故技，但我祖母也是不肯。另一方面，祖母的唯一的立场是，推举党主席，应该要有党的应有秩序，这是她的一贯立场”。而这里蒋孝勇所谓“孔家”，指的就是孔令侃。当时，蒋介石辞世期间，孔令侃人在台北，蒋经国过世之后没多久他也抵达台北。

随着李登辉上台，蒋家人的日子就不好过了。1988年，当蒋孝勇受到民进党“民意代表”的攻击之后，即向加拿大当局提出全家移民申请。蒋孝勇对此举动的说明是：“父亲一过世，我就感到气氛不对了。我晓得台湾要变，会变得和父亲在世时不一样，所以我决定要出去。我的心愿是，蒋家涉足政治，要到我这代结束，不要再让下一代有这个包袱，蒋家过去和中国现代史似乎是连在一起的，但总是要有个结束，不是别的原因，是因为人家总是用有色眼镜来看。我不愿意我的小孩跟我有同样的遭遇。”

离开台湾前，蒋孝勇带着两个儿子蒋友柏和蒋友常到士林官邸向宋美龄辞别。宋美龄告诉两个曾孙：“你们要出去，我绝对赞成你们出去，但是出去要记得两件事：第一，不要忘记你们姓蒋；第二，不要忘记你们是中国人！”

蒋孝勇在加拿大的蒙特利尔住了下来。他的家在市郊的半山坡上，房子不算大，约100平方米左右。在台湾的时候，蒋孝勇在政商两界都很顺利，地位不比常人，家里有管家、用人，方智怡甚至没有下过厨。然而一家人到蒙特利尔之后，蒋孝勇刻意过一种平淡的生活，家里也不再有用人服侍。

在加拿大的悠闲岁月，并不能让蒋孝勇忘怀台湾的一切。他时刻关注台湾的政治动向，蒙特利尔当地有华文《世界日报》，也可以收看华语电视台，这为蒋孝勇提供了更多了解台湾和国际形势的机会。

1990年，蒋孝勇夫妇又生子友青，这样蒋孝勇一家成为五口，长子蒋友柏、次子蒋友常。在加拿大生活了三年之后，蒋孝勇全家取得加拿大护照。1993年，蒋孝勇一家搬到旧金山，住在东湾一个紧临高尔夫球场、风景优美的社区。此后，宋美龄也到美国居住，蒋孝勇探望宋美龄就方便多了。

自从蒋孝勇移居美国后，全家每年过圣诞节都赶到纽约与宋美龄一起过。

1995年底的时候，一天晚上蒋孝勇在旧金山家中用晚餐，先是觉得不舒服，后到盥洗室去呕吐，结果吐出一口鲜血。妻子方智怡比较担心，就连夜打电话给远在台北的“荣民总医院”院长进行咨询。专家的意见是必须马上做胃镜彻查。

经过检查，确诊蒋孝勇患食道癌。

当得知自己患上癌症后，蒋孝勇带着全家飞往纽约，向98岁高龄的祖母讲述了自己的病情，并表示要做手术治疗。

宋美龄十分关心这个孙子的病情。对于她来说，蒋孝勇是蒋经国的最后一个在世的儿子，也是一直以来最讨她喜欢的人，如果病魔就此夺去蒋孝勇的生命，未来的岁月岂不更加孤寂？

不过身为虔诚基督教徒的宋美龄仍然以上帝的教义宽慰蒋孝勇和方智怡，对他们说：“你们要对上帝有信心，把一切交给上帝，你要随时祷告，上帝会照顾的。”

蒋孝勇向宋美龄说明，自己准备带着一家人前往大陆。他说自己此行大陆有两个目的，一是大陆对癌症治疗的经验也相当丰富，他准备到北京寻医；二是，父亲蒋经国生前有遗命，死后安葬在母亲毛氏夫人坟旁，生前蒋经国未能在毛氏膝前尽孝，所以希望过世后的某一天，大陆准允他移灵奉化溪口，生生世世陪伴毛氏。其实到大陆故乡探访，为将来父亲和祖父的移灵做准备，是蒋孝勇大陆之行最重要的动机。

宋美龄对蒋孝勇的大陆之行并不反对，虽然她自己仍然顽固地坚持“中华民国”不返回大陆，她就不会踏上大陆的土地。对于蒋孝勇关于蒋介石父子移灵大陆的想法，宋美龄是支持的。早在1995年，她就把自己百年后的安排对蒋孝勇做了交代，她说她过世后要葬在何处，要视蒋介石未来奉安何处而定。

蒋介石自称孙中山的信徒和传人，要葬在孙中山的旁边。他生前亲选南京紫金山中山陵附近的紫霞湖为墓址，并先建正气亭为标志。宋美

∧ 由于蒋孝勇细心周全，办事竭尽全力，一段时间里他成为蒋经国的左右手，被外界戏称为“地下总统”。

∧ 1989 年，蒋孝勇夫妇与蒋友柏、蒋友常陪蒋方良用餐。

龄告诉蒋孝勇说，如果将来蒋介石能够葬于正气亭，因为紫金山先后葬了孙中山先生及蒋介石，不是一般人可以随便安葬的，所以她希望能葬于上海万国公墓她母亲的墓旁。如果大陆方面未能让蒋介石葬在紫金山，而归葬浙江省奉化溪口家乡，则她愿与蒋介石一起葬在溪口老家。

1996 年 7 月蒋孝勇全家经香港到达大陆。在北京短暂停留后，蒋孝勇即直奔家乡浙江奉化，他们一家五口先在宁波落脚，以免被外界发现行踪，到了次日，才雇车前往溪口。在“蒋母之墓”，蒋孝勇一家人献了花，行了礼。“蒋母之墓”经过当地政府修葺，气派非凡。而祖母毛福梅的坟墓，孤零零地矗立在一所中学的操场上。

∨ 在身患癌症的情况下，蒋孝勇依然坚持带着一家大小返回故乡大陆，探视先人墓园以及亲自安排蒋经国生前所交代还葬于亲祖母墓的遗愿。

∧ 蒋经国去世后台湾内部开始转化，蒋孝勇举家移居海外，有了第三个儿子蒋友青。

∧ 蒋孝勇与三子蒋友青。

∧ 蒋孝勇的儿子虽生于政治家庭，但在商界大展拳脚。

从大陆回来不久，蒋孝勇即住进了台北“荣总”医院。此时的癌症已到晚期，在人生的最后阶段，蒋孝勇早已做好了心理准备，该办的事情都已办妥。1996年10月，“荣总”医师王良顺为蒋孝勇做了手术。

1996年12月，蒋孝勇的病情恶化。去世前，方智怡的父母、姐姐蒋孝章、二哥蒋孝武的遗孀蔡惠媚都到了，三个儿子围绕床前。最后的弥留时刻，病中的母亲蒋方良戴着氧气管也来到儿子床前，为自己的最后一个儿子送行。强心针已不起作用，当晚蒋孝勇病逝于“荣总”医院。

在纽约的宋美龄听说孝勇去世，悲痛不已。这不光是因为自己最疼爱的这个孙子的离去，而且此时自蒋介石后，两个儿子三个孙子，三代六男，都已离世。蒋孝勇也是不到五十岁就病死。至此，蒋家一门六寡，让人伤心。

当时在台湾就有人说，蒋介石、蒋经国二人在台湾浮厝，对后代不好，并因此而引发了蒋家要移灵大陆的争论。对此，宋美龄则表示如果将来允许蒋介石移灵大陆，那么自己百年之后就选择大陆作为最后的墓地，否则，她将考虑安葬在纽约上州的芬克里夫墓园里，那里安葬着孔祥熙、宋霭龄夫妇及其儿子孔令侃、女儿孔令俊等人。

∧ 在蒋孝武丧礼上，其遗孀蔡惠媚（左）与蒋友兰相拥而泣。

历史备忘录

HISTORY MEMORANDUM

∨ 1986年10月，邓小平陪同来访的英国女王伊丽莎白二世在钓鱼台国宾馆散步。

∨ 1989年2月，邓小平在上海会见苏联外长谢瓦尔德纳泽，会见结束时，邓小平应客人邀请在俄文版的《邓小平文选》上签名。

2

3

4

伊丽莎白二世访问中国

1986年10月12日至18日，英国女王伊丽莎白二世在爱丁堡公爵菲利浦亲王陪同下访问中国。这是历史上英国国家元首对中国的第一次访问。访问期间，中国国家主席李先念举行隆重的欢迎仪式和宴会。女王在宴会上宣布设立皇家学会对华研究员奖学金。中共领导人胡耀邦、邓小平等先后会见或看望了女王。

台湾同胞回大陆探亲

1987年10月14日，台湾国民党中常委通过台湾居民赴大陆探亲的方案，从而结束海峡两岸骨肉同胞中断往来长达38年的历史。台湾当局表示原则同意除台湾的现役军人和现任公职人员外，凡在大陆有血亲、姻亲、三亲以内的亲属者，都可以登记去大陆探亲。10月15日，台湾当局宣布有关台胞赴大陆探亲实施细则，定于11月2日开始施行。11月上旬，首批公开返乡探亲的台湾同胞陆续抵达大陆。

中国统一联盟在台湾成立

1988年4月4日，中国统一联盟在台湾举行成立大会，名誉主席胡秋原、余登发，主席陈映真，其成员有600余人，分别来自岛内各派政治势力，有较强的代表性。《统联建设》为其机关刊物。该联盟以实现民族统一，反对任何形式的民族分离主义，以促进海峡两岸的交流，停止敌对宣传为奋斗目标。对台湾当局各种不利于民族统一的错误做法表示强烈不满。该联盟的成立，打击了岛内“台独”分离倾向，有利地推动了海峡两岸统一运动的发展。

苏联外长应邀访华

1989年2月1日至4日，苏联外交部长谢瓦尔德纳泽应邀来华访问。访问期间，邓小平和李鹏分别会见了谢尔瓦德纳泽。钱其琛和谢瓦尔德纳泽举行了两次会谈，就解决柬埔寨问题达成九点一致看法。双方并就经贸关系、两国边界和国际形势等问题原则地交换了意见。

终老纽约

30

随着世事变迁，沧桑远去，宋美龄逐渐淡忘世事，隐居在异国他乡看尽庭前落花。寄情于画作，在《圣经》中体味时代的哀伤。纵观历史沉浮，荣辱繁华都已随风而去。凉夜如井，古道扬尘，弹指一挥间，白了头，百年光阴瞬间逝。一个享尽繁华、阅尽灿烂缤纷的老人“独上高楼，望断天涯路”，也终在异国他乡逐香尘远去。

历史的回廊里回荡着她铿锵的声音，曾经的舞台游离着她靓丽的身姿。走过动荡的岁月，历经风雨的“红玫瑰”，在跨越三个世纪，见证了中国现代史上无数惊心动魄的重大史实后带着安然静谧地凋谢了……

晚年以《圣经》为伴

宋美龄1991年9月离开台湾时，把士林官邸自己以及蒋介石所遗留下来的物品全部装箱带走，表明了自己不再回台湾的决心。因为行李众多，有关消息传出后，台湾上下一片哗然。一时间人们议论纷纷。于是又有人质疑宋美龄究竟从士林官邸带走了多少金银珠宝去美国。

其实宋美龄至少带走了100多箱的东西。当然这里面有很大一部分是随行人员的行李。就因为带走了那么多的物品，所以才引起外界的极度关切和舆论的众说纷纭。当时就有“华航”的工作人员说明，宋美龄一行的行李共有90件，他们在部分行李上看到中文书写的“夫人自用衣料、旗袍”“物器”“洗脸杂物”等，并有一箱燕窝及月饼。

因为宋美龄不打算再回士林官邸住了，这次到美国等于是搬家。许多箱子里装的都是一些书籍。宋美龄有许多书，这些书凡是她有签名、画线或折角的，就要人们全部装箱。因为书籍较为沉重，不能装大箱子，所以光是书，就装了几十个箱子。

宋美龄喜爱画，也藏有不少画，所以不少箱子里装的是各种画册和画作，其中很多是名家的作品。

当然，宋美龄在士林官邸也有不少值钱的宝物。其中有许多是当年接受的礼品。在国民党众多官员当中，以送礼向上爬的不乏其人。尤其在早年蒋家“一统天下”的年代，更是如此。宋美龄当年是台湾的“第一夫人”，为讨宋美龄欢心大送其礼的人自然不少。当年在士林官邸宋美龄的书房旁边，有一间储藏室，专门存放一些大小官员“孝敬”她的宝物，大凡宋美龄认为比较值钱的东西全部储存在这个房间里，稍微次一点的礼物或是过时的礼品，宋美龄就会派人把它们搬到士林官邸隔壁的一栋平房式建筑的仓库里面去。

而所有这些东西再加上蒋介石留下的不少珍品，都被搬到了美国，存放在长岛别墅巨大的储藏室里了。

自从1986年到台湾后，宋美龄离开长岛整整五年了。这次回来，由于老迈衰暮，亲人离去，故旧日稀，日常生活更显平淡。已经94岁的宋美龄在长岛蝗虫谷深居简出，很少在公众场合露面，新闻界也不大报道她的消息。平常除了读书、看电视外，空闲的时间多半用来看自己喜爱的《圣经》。

或许是心情舒畅的缘故，宋美龄在美国身体和精神状况都良好，尤其是她皮肤过敏的老毛病，比在台北时更有明显好转。她每天不但定时阅读各种报纸、杂志和《圣经》，还经常接见一些来自美国当地及台北的访客，闲时常在护理人员和家人陪伴下，到花园或草坪散散步。以宋美龄的高龄来说，能有如此的体质、精神及健康状况，非常难得。

在侍从人员和医护人员的照顾下，宋美龄的生活和健康状况良好。宋美龄的生活作息时间均有一定规律。早晨6时起床，梳洗后即用早点，而后休息片刻，接着阅读各种英文报纸、杂志，随后就开始研读《圣经》，偶尔也看看台湾方面的通讯，了解岛内政情的发展变化。宋美龄对台湾的政情也仅止于关心，当时台湾的政治形势颇为紧张，为避免影响老人的情绪，一些前往长岛寓所的客人和她见面时都不谈及敏感的政治话题，只是叙旧和问候。

宋美龄在美国的亲友远比在台湾的多，除了孔家的子女外，蒋家的小字辈中时常来见她的就有蒋孝章一家及蒋友梅、友柏等“友”字辈，孙辈的蒋孝勇更是宋美龄最喜爱的。

此外，当时宋美龄身边还有30余位侍从人员和医护人员，这些人大部分也是由台湾派来的，其中不少是蒋纬国的亲信。

不过许多侍卫人员此时却不太愿意留在美国侍候她。为此，宋美龄也真正感受到了世情的变迁，当初她是“第一夫人”时，有多少人是以到“总统”官邸服务为荣啊。

即使是当初蒋经国在台湾掌权时，为了要选派赴美为宋美龄服务的人员，在士林官邸内部还引起了一阵骚动。在一般的台湾“政府机构”，职员只要听说可以放洋“出国”，谁都乐得赶快私下活动争取，但在士林官邸一听到“出国”，大家都避之唯恐不及。

在宋美龄长岛别墅的侍卫人员要比在台湾“总统”官邸更加清闲。从侍卫人员本身来说，到美国其实和在台湾时的任务大相径庭，毕竟美国不是台湾。早期宋美龄和孔家，与美国政坛关系非常密切，而宋美龄1975年出国时美国和国民党当局之间还有“外交”关系，安全工作有美国中央情报局的人帮忙打点。那时候宋美龄每次出门的时候，总有美国警车为其座车开

∧ ＞ 一组宋美龄美国家中的照片。

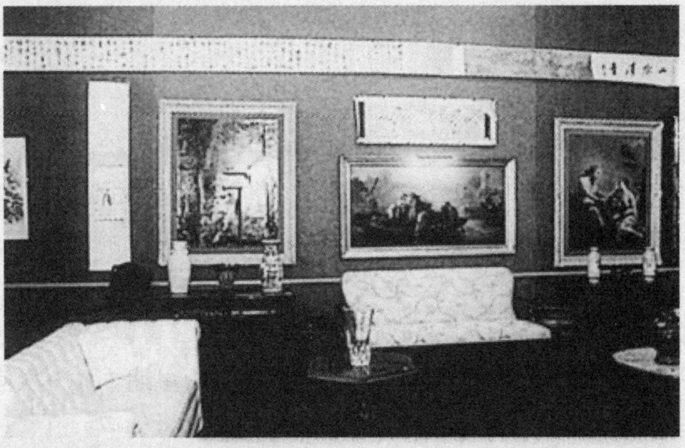

BRASWELL
GALLERIES

道，在宋美龄住的地方，还要派便衣警察布哨保护。侍卫人员根本不会有什么重要的任务。此后美国尽管已经和台湾“断交”，并且宋美龄的地位已非从前，但“断交”之后的美国与台湾之间的关系，还是十分密切的，所以，宋美龄的侍卫还是非常轻松的。

又可以“出国”，又是工作清闲，但还是有不少人不喜欢这样的工作。当时有人说出了原因：“不管你是侍卫或副官，如果每天的三餐饭吃饱了，除了在一个小房间内只能盯着一扇门看，其他没有任何事情可以做，而且两星期才放一次假，绝大多数的时间全部在官邸，与世隔绝，你会做何感想，你会喜欢这样的放洋吗？”

开始，每隔两周放两天假的方式，侍卫们还觉得可以接受。然而一段时间后，他们就觉得跟当年在台湾新兵训练时一样了。在长岛宋美龄别墅的侍卫们作息时间几乎同部队里一样，放假采取分批方式，放假时，放假人员便在门口集中起来，等候由“大使馆”派来的旅行车接他们出去，通常“大使馆”方面负责派一名司机，官邸负责由一名武官之类的官员随车接送，因为很多人都不会英语。

当时的侍卫人员十有八九是从军中或士林官邸外围或是情报局等单位的退休人员，经过聘雇签约来美国的。这些人多半年纪一大把，年轻时代因战乱没有好好读过书，文化层次不高。而有前途的年轻人则不愿来美国为宋美龄服务，有不少人明明被上面挑选上了，指定要去美国为宋美龄服务，可是，这些人为了躲避这份差事，不是借故托病，便是提前办理退休或退伍，及早脱离士林官邸。于是，官邸选来的人大半是这些老兵，没有退路，只有跟着宋美龄来。因为有不少人最后不想去美国工作，当初为了挑选到美国的侍卫人员，很让士林官邸费了些周折。在迫不得已的情况下，士林官邸方面只有通过“总统府”三局和“联指部”的系统，向情治单位和军方要人。

宋美龄平时对士林官邸的一些侍从人员不错，也注意照顾他们的家庭生活，帮助他们解决子女的求学和生活困难，所以得知有些自己比较照顾的老侍卫人员不愿跟自己到美国时，也很不高兴。

有一位负责为宋美龄按摩的女侍从人员，因为不愿离开台湾去美国，就在去后不久，向宋美龄的总管孔二小姐提出请辞。孔二小姐讲话就不客气了，冲着此人就说：“蒋家哪一点亏待你，你竟然如此不忠心！”一阵怒责，这位女侍从因为台湾家里的原因，执意要离开美国，吵着要回台湾。后来，孔二小姐气愤之下，便告诉了宋美龄。最后这位女侍从虽然回了台湾，但她的家属立刻接到限期搬出公寓宿舍的“命令”，同时小孩也被告知从宋美龄办的华兴学校转学。

V 宋美龄与蒋方良、蒋孝章母女合影。

因为中途想离职，陆续有不少人被处分。

当然，也有一些忠心耿耿的人，宋美龄和孔二小姐对这些人也会给予适当的回报。许多从美国回到台湾的人员，多半经过士林官邸的引介，到台湾一些公家金融单位，做做闲差事，坐领金融机构的高薪，这就是为宋美龄在美国工作的人，等着熬出头的回报。

这还是蒋经国在世的时候，现在宋美龄再度来到长岛隐居，侍从人员的积极性当然更是不高了。而且随着李登辉的上台，虽然还是维持了对宋美龄的优待，但侍从人员的数目却是不断减少。到宋美龄后来从长岛蝗虫谷搬到曼哈顿居住的时候，侍从人员已经从三十多减到了十来个了。

∧ 晚年的孔令俊。其最受宋美龄宠爱。

痛别孔二小姐

宋美龄对孔家的几个子女一直都十分偏爱，而她再度隐居长岛期间，孔令侃、孔令俊也先后离开了人世。

孔二小姐孔令俊的死对宋美龄打击很大，这是她最亲近的晚辈。

孔二小姐 1991 年以后一直跟随宋美龄住在纽约，不久以后，孔二小姐身体不适。她很固执，一定要到台湾的振兴医院治疗，因为那是她自己的医院。在振兴医院孔二小姐被发现并确诊为直肠癌，于是立即进行了手术。在手术后，孔二小姐的病情得到了稳定，于是她于 1993 年 2 月再度回到美国陪伴宋美龄。可是同年 9 月孔二小姐的直肠癌复发，于是她又回到台湾振兴医院治疗。

孔二小姐的个性固执、自以为是，振兴医院是她的产业，她又喜欢自己当医生，有的医生就说孔二小姐是自己把自己医死的。1992 年，孔二小姐因为肚子痛，在美国就医，结果美国的医师告诉她是肠梗阻，必须开刀。自认对自己健康很有把握的孔二小姐很不以为然，没多久就搭乘“华航”的飞机返台。

回台湾后，孔二小姐就住进自己的振兴医院，振兴医院的医师们对其进行全面检查后，认定造成肠阻塞的因素很多，必须先验血，结果，发现她的直肠癌指数很高，医师们便推测孔二小姐可能得了直肠癌。但孔二小姐坚称她的肠阻塞是以前动盲肠手术留下的后遗症，固执地要医师当成因盲肠手术造成的肠阻塞来医治。

结果，刀一开就发现直肠附近有一堆东西，医师们判断可能是直肠癌，就立即缝合，拖了几天才请了“荣总”的医师二度开刀，把癌细胞切除。由于孔二小姐当时的癌症还属早期，再加上手术相当成功，因此，医师们判断她大约能再活五年。

手术后的情况比较稳定，不过还应该进行化学治疗，可是孔二小姐却认为没有必要，随后于1993年2月又飞往美国给宋美龄祝寿，没多久，癌细胞转移到肺部，于是孔二小姐于1993年9月再度飞回振兴医院。

回台湾后，孔二小姐的病情日渐恶化，癌细胞从肺转移到肾脏、泌尿系统、淋巴腺，终于导致不治。

1994年9月10日，宋美龄不顾97岁高龄，从美国飞抵台湾，来探视病危的孔二小姐。宋美龄当初曾下了决心不再返回台湾的，可是为了自己心爱的外甥女，宋美龄还是不顾一切，坚持要来再见最后一面。

在宋美龄回台湾前的两个礼拜，振兴医院的副院长朱怀锟曾到美国向她报告孔二小姐的病情，说孔二小姐的情况很不好，宋美龄听完相当难过，但当时并未表示要回台探视，一直到朱怀锟回台一星期之后，美国方面才突然来电说，宋美龄要回台湾探视孔二小姐。

当初振兴医院的董事名单中曾列有李登辉，因为孔二小姐对李登辉没有什么好感，便把他从董事中除名了。李登辉当然对孔二小姐此举十分不满，台湾政界的人自然要巴结李登辉，所以在宋美龄要回台的消息传来前，几乎没有政府人员前来探视，除了前“行政院长”郝柏村、蒋纬国等少数人外。现在听说宋美龄要回台湾来看孔二小姐，李登辉忙派“总统府”秘书长蒋彦士到振兴医院看望。

宋美龄以97岁的高龄，冒着长途飞机旅行的辛劳和危险，万里跋涉，到台湾来看望孔二小姐，可以说她们甥姨之间的感情确实是非同寻常的。

1994年9月9日，宋美龄在孙子蒋孝勇的陪同下，由美国纽约搭乘“华航”011班机飞回台北。

10日上午，宋美龄出了机场就直接前往桃园的慈湖蒋介石陵寝谒

陵。李登辉等台湾政界要人一路陪同，宋美龄在陵寝前献花后，手扶灵柩，默默地注视蒋介石的遗像良久，才转身离开。

下午，宋美龄不顾劳累，来到振兴医院。虽然医院方面为她准备了轮椅，但宋美龄不肯使用，在医护人员的搀扶下，缓缓走过长达50米的医院大厅，还向等候的群众轻轻挥手致意。

此时的孔二小姐已经昏迷两个礼拜，振兴医院的医生几乎已经要宣告放弃治疗，宋美龄的台湾之行，本打算是为自己的外甥女送终的。当宋美龄踏进孔二小姐的病房、一开口讲话之后，不省人事许久的孔二小姐居然睁开了眼睛，这个奇迹般的现象，不仅令医护人员目瞪口呆，宋美龄更是惊喜万分。

宋美龄本来的安排是要回士林官邸，但现在她决定暂时不回官邸，留在振兴医院陪孔二小姐，以期她的病情好转。于是直到当天深夜，宋美龄仍然在医院陪伴着这个最亲近的外甥女。当天孔二小姐的病情大有好转，对宋美龄讲的话似乎也能听到，并且会有一点反应。宋美龄不知道孔二小姐这是回光返照，还以为是医生们有回天之术，非常高兴，说是要把医生的薪水加到“荣总”的标准。

由于宋美龄陪伴身边，孔二小姐的状况持续好转，为方便抽痰，医疗人员为她施行了气管切开术。在这之前，孔令俊的状况相当不稳定，一直处于昏迷状态，高烧不退，癌细胞已转移到肺部、泌尿系统，宋美龄的到来，也使孔二小姐的治疗有很大起色，这不仅让医务人员惊异，更让人们惊叹孔二小姐与宋美龄之间的深厚感情。

宋美龄在振兴医院陪了几天，孔二小姐的病情趋于稳定，医生判断病情在短期内不会有太大的变化。宋美龄于是准备离开台湾返回美国。虽然她关切孔二小姐的安危，却无能为力，只能把孔二小姐的生死交托给上帝，把治疗交给医生了。

宋美龄还回了一趟士林官邸。得知宋美龄要来，士林官邸的人员忙碌了好久，特意打扫和布置了一番。宋美龄走进士林官邸，先上楼走到每个房间看了一下，向大家道谢，然后走进蒋介石的卧室。只见床帐和生前一样，连床边几上的半杯白开水，也是刚换过还温热的。宋美龄默祷了半分钟，摸摸枕头，又摸摸睡衣，就下楼离开了士林官邸。

< 虽然外界对孔二小姐评价不一，但宋美龄始终对她宠爱有加。

9月19日，宋美龄在蒋纬国、蒋友梅和徐乃锦的陪同下，登上“华航”班机，返回美国。

就在宋美龄返回美国之后不到两个月，孔二小姐在振兴医院离开了人世，终年75岁。

在纽约的宋美龄得知消息，悲伤之余吩咐身边的人，按照孔二小姐的遗嘱，把她的遗体空运回美国同其父母安葬在一起。同时宋美龄准备在纽约亲自为孔二小姐送葬。

孔二小姐的丧礼定于1994年11月14日和15日两天，在纽约市曼哈顿上东城著名的坎贝尔殡仪馆接受亲友吊祭。孔二小姐孔令俊安详地躺在沉重硕大的铜棺里。银白色的铜棺，半部缀满了鲜花，上半部棺门打开。灵堂设于这家著名的殡仪馆四楼，这一层楼有三间灵堂，孔二小姐所占的是梅迪森北厢房。这一中型大小的灵堂四周摆满了花牌，90%的花牌下款都是英文，中文的只有几面，上书“总经理”尊称，这是因为在士林官邸，上上下下都尊称孔二小姐为“总经理”。

前两天宋美龄都没有出现。16日上午9时，孔令俊的灵柩移至附近的方砖教堂，安置在讲坛上，四周布满香烛花牌。10时10分左右，30多位亲友先后抵达教堂，包括孔令杰、蒋纬国夫人、蒋孝勇及台湾“协调处驻纽约办事处”处长吴子丹等。

宋美龄于11时前，在随从挽扶之下，步入教堂。当时，只有一两位记者被准许进入教堂，参加了这次历时20多分钟的追思礼拜。宋美龄身着黑色洋装，面容肃穆。追思礼拜开始时，宋美龄尚能自持，但到了牧师祈祷时，对孔二小姐“视同己出”的宋美龄，曾一度失去控制，掩面哭泣。

孔二小姐的追思礼拜结束之后起运灵柩，送葬车队在寒风飒飒的初冬，向北方的上州疾驶。大约50分钟之后，抵达了纽约上州芬克里夫墓园。孔家墓园是一个室内墓园，位于一座专门安置灵柩及骨灰的大厦三楼。在三楼的孔氏家族室内墓园，典葬牧师行礼祈祷之后，银白色的铜棺被嵌入第四层，下面依次是其兄孔令侃、父亲孔祥熙和母亲宋霭龄。

送葬的亲友走上三楼，宋美龄则是坐轮椅从电梯上三楼。葬礼后，宋美龄要求众人暂离，让她单独在墓前哀悼，向心爱的外甥女最后告别。看着近一百岁的老人独自站在墓前，大家都深深感受到了宋美龄的无尽哀思。

98岁高龄重返美国国会

宋美龄虽然年事已高，此时在普通的美国民众中已不是一个新闻人物，但因为历史的原因，美国政界的一些人还是对她相当尊敬，经常有书信往来。1991年9月宋美龄来到纽约后，美国前总统里根、布什等都曾致函在纽约的宋美龄，表达他们的敬意。宋美龄当年的母校，在南方乔治亚州的威斯理安女子学院和在麻州的韦尔斯利大学都把她视为杰出校友，并邀请她到母校访问。

1995年7月26日，宋美龄再次成为美国的新闻人物。已度过98岁生日的宋美龄在亲

∧ 宋美龄在华盛顿参加第二次世界大战结束50周年纪念酒会。

人的陪同下，进行了她人生旅程上的另一次“历史性美国国会之旅”。这一天，宋美龄应美国国会之邀，前往华盛顿国会山庄，出席为庆祝第二次世界大战胜利50周年而为她举行的敬酒会。

已经跨越了两个世纪，亲历“二战”的宋美龄此时重临旧地，风光程度虽不比1943年2月18日应邀分别向美国国会两院演说的“中国第一夫人”，但人们从布置在国会参议院罗素大楼致敬会场及双橡园的历史镜头里，仍可一睹她当年发表演说时的风采。

宋美龄是从纽约坐专机到华盛顿的。从步出专机的那一刻起，就展现了过人的体力，在平地上她频频地从轮椅上起身，向前来致敬的中外人士招手致谢。步出户外，她在孙子蒋孝勇及外甥孔令杰之子的搀扶下，高声向美国各地侨界及从台湾赶来的人们问安，并不时含笑挥舞手帕，还以飞吻致意。

下午2时左右，宋美龄来到双橡园做短暂休息，并进午餐。台北“驻美代表”鲁肇忠夫妇在这里举行了欢迎茶会。刚接受700多名侨界人士夹道欢迎的她心情特别好，胃口亦佳，吃完了一份牛排。

致敬酒会在罗素大楼的二楼举行，由美国参议员赛蒙主持。下午5时，宋美龄在别人的扶持下步入会场，她身穿枣红黑底条纹旗袍，外罩黑白相间的披肩，胸前别着蝴蝶形翠玉，搭配翡翠耳环与手镯，神情愉快。美国参、众议员及来宾们列队向她致意，她坐定后，先由被看好1996年总统竞选的共和党总统候选人多尔趋前向她致敬。

致敬会主人赛蒙在致欢迎词时表示，很荣幸能在第二次世界大战结束50周年时，有机会向第二次世界大战硕果仅存的重要人物致敬。他说，宋美龄的光临让大家得以重温历史旧梦。在场的29位参议员、16位众议员分别出席了酒会，向宋美龄表达了敬意。他们当中很多人都是宋美龄的老朋友。

虽然宋美龄眼下的身份只是一个外国平民，但这次致敬酒会引起广泛关注，有来自美国、欧洲、日本以及中国台湾地区的记者100余人前来采访，场面可谓盛大。

随后宋美龄向大家发表讲话。距离上次在美国国会的演说，已经52年，此次宋美龄在国会致敬会上的致辞语言平实，没再使用当年令美国新闻记者都得去翻字典的晦涩用语。她在致辞中说：

多尔参议员、赛蒙参议员、各位女士、各位先生：

首先我要表达我的欣喜心情，因为诸位还能记得战时盟国中国的一位老朋友。

1943年2月18日，我应美国国会之邀，向参、众两院发表演说。当时我曾说，我年少即负笈美国，在美国成长，并在美国完成了大学学业，因此，我一直把美国视为我的第二故乡，今天能够回家，自是非常欣喜。

容我提请诸位回想1937～1945年那段岁月，1937年7月7日，日本对中国发动全面战争。而在日本全面侵略中国的前四年半里，中国孤立无援地独立抗战。一直到日本于1941年

< 晚年的宋美龄在美国。

12月7日发动珍珠港事变，美国第77届国会对日本宣战后，中美两国才结为盟邦，两国的同心协力，奠定了第二次世界大战终在1945年获得最后胜利的坚实基础。

在我与诸位共同纪念第二次世界大战结束50周年的此一伟大历史性时刻，我无法不想到那次战争的悲剧以及那些血泪交织的岁月，更无法忘怀中美两国人民并肩作战的道德勇气。我也要借此机会，对美国人民以精神及物质援助我的国家，表达衷心感谢。

最后，我祝福各位健康、快乐及成功。愿上帝保佑诸位。

在致敬会现场的一位美联社的资深记者说："我觉得她的腔调及咬字比撒切尔夫人的演说还要吸引人、有力。"

前美国总统尼克松之女翠西亚也参加了致敬会。翠西亚回忆起三十多年前，尼克松出任美国副总统时，宋美龄曾在她家拜访。当时她大概只有9岁，她请宋美龄在宾客签名簿上签字，宋美龄特别在上面写上了"给我的小朋友翠西亚"，这让她一直很荣耀。

7名曾在中国作战的"飞虎队"成员，26日也出席了国会向宋美龄的致敬会。他们个个精神饱满、兴致勃勃，看到华人就用中文说"你好""我会说中国话"等。曾任第14航空协会会长的当年美国空军上尉副官黎满伦，在会场拿着宋美龄当年给的中文名片"献宝"。他还带来"飞虎队"队员给宋美龄的纪念牌。

虽然在台湾有一些人还在攻击着蒋介石，指责发起这一活动的美国参议员。但宋美龄不顾高龄，从纽约赶来，就是要回击这些势力。在华盛顿这一天，宋美龄并没有遇到任何不愉快的场面。不论在国会大楼外或是双橡园内，围绕在她身边的都是敬爱她的黄埔、"妇联会"、官邸旧属及支持台北执政当局侨社的人士及他们的下一代，台湾新党也发动了上百位群众加入了欢迎阵营。

下午6时半，宋美龄出席国会山庄的致敬会后，再回双橡园，一向被认为很神秘、老是避

开群众的宋美龄此刻走向了群众。台北"驻美代表处"在双橡园楼底入口处铺设了一条长长的红地毯，以便宋美龄能在前往欢迎的侨胞及新闻界视线所及处，从礼车的右后门下车，接受鲜花。但宋美龄却选择从礼车左后门下车，在孙女蒋孝章及孔令杰之子的搀扶下，走向"妇联会华府分会"的代表。

来自美国侨界的代表和台湾来的故旧们来到双橡园。"妇联会"秘书长辜严倬云、"中国国民党妇工会"主任林澄枝和"黄埔同心会"代表分赠礼物、纪念品给宋美龄。她接过这些礼物，非常开心，直说不敢当。

在国会山庄和双橡园的致敬会与茶会气氛热烈，中华人民共和国驻美大使馆的态度也很有分寸，没有对这位曾在历史上扬名于国际的"第二次世界大战中华民国第一夫人"做任何负面评论，同时重申外交部发言人的谈话，提醒美国的国会议员不要借此活动制造"两个中国"。

美国国务院曾表示，行政部门将不会有任何官员参加这项致敬活动。不过若干在战前出生的华裔美国政府人士，曾以个人身份出现在国会致敬现场。克林顿政府也表示不反对来自台湾的民间人士以战时盟友的身份应邀参加9月在檀香山举行的第二次世界大战结束50周年纪念活动。

在纽约隐居、久不露面的宋美龄连续参加两个宴会，在华盛顿活动了一天，可见她的身体相当不错。返回纽约寓所后，宋美龄也很高兴，内心非常欣慰。她特别交代孙子蒋孝勇代她向旅居美国的侨胞等诚恳致谢，表示自己非常感动，并由衷地祝福大家。宋美龄还特别提到，在活动中许多人想和自己见面合影留念，因为身边工作人员怕自己太累，没能全部答应，感到心中很过意不去。

这次"历史性的美国国会之旅"之后，在宋美龄101岁生日时，看尽人世沧桑的宋美龄不想把生日搞得太隆重，不想引起媒体的注意，婉言谢绝了很多人为她祝寿的提议。

< 虽然时光不待，宋美龄依然用她的睿智审视着这个世界。

睡眠中安然离去

宋美龄在长岛的蝗虫谷别墅住了几年后，为了生活照顾的方便，搬到了纽约曼哈顿的一座公寓楼里居住。这是孔令侃当年特地为她买的，只是宋美龄喜欢清静，一直没有搬过来，现在住在这里，仅剩的外甥女孔令仪可以就近看望。

虽然住在高高的九层楼上，上下不是很方便，但公寓楼邻近风景优美的东河，视野开阔。旁边还有中央公园，空气清新，可以坐着轮椅自由环游。在风和日丽的时候，宋美龄就会在护士和保安人员的陪伴下，坐轮椅到东河岸边或中央公园走走，呼吸新鲜空气。

在曼哈顿的公寓楼里宋美龄更加深居简出，平日除了读《圣经》之外，不大见客，并减少公开活动，她喜欢一个人静静欣赏以前画的国画，回味往事。

平时来看望的人主要是孔令仪夫妇，还有宋子安的后代宋仲虎。他们和宋美龄聊天，要挖空心思找话题。关于台湾政情等政治性的话题则完全不能提，免得宋美龄操心。

宋美龄也向孔令仪说过，希望自己身后能葬在纽约，不要把遗体运回台湾。宋美龄希望叶落归根。因为位于上海万国公墓的墓地，二姐宋庆龄和父母都是安葬在那里。受限于两岸的政治现实，宋美龄一直无法亲自到万国公墓祭拜父母，所以几年前她特别委托别人代她献花致意。宋美龄早已向蒋孝勇说过，如果蒋介石将来归葬奉化故乡的四明山墓地，自己就合葬在一起，如果蒋介石葬到中山陵，自己就葬到上海万国公墓陪伴父母。

孔令仪是孔二小姐的姐姐，人称“孔大小姐”，此时也已八十多岁。她曾在南京和宋美龄同住五年。宋美龄的至亲和同辈好友，这些年相继过世，特别是张学良去世之后，宋美龄更显落寞。

孔令仪夫妇曾希望宋美龄将自己的往事写下来或口述历史，集成自传，但都被宋美龄婉拒。虽然她的经历可以说是世人少有的。已过百岁的宋美龄心境十分苍凉，有一次曾向身边亲近的人吐露：“为什么上帝要我活这么久？”亲人闻之恻然，却是无言以对。

确实，因为经历了太多白发人送黑发人的场景，宋美龄心中的痛苦只有用宗教来化解。在下一辈儿孙当中，宋美龄最疼爱的外甥女孔二小姐孔令俊，以及孙子蒋孝勇都因癌症去世，给宋美龄很大的打击。

此外，宋美龄自1948年离开中国大陆后再也没有踏上故乡的土地，即便姐姐宋庆龄在北京逝世时也没有前去告别。她晚年的孤独、思乡以及与亲人不能相见的痛苦更是一向不被外界知晓。

宋美龄信仰上帝十分虔诚，过去遇到忧患转折时，她总是劝慰身边的人说：“上帝的安排是奇妙的，里面是有他的旨意！”自从100岁诞辰过后，宋美龄一直思索着她活到这么高龄的目的是为何，所以会忍不住问：“为什么上帝要我活这么久？”她晚年经常说的一句话就是：“上帝让我活着，我不敢轻易去死；上帝让我去死，我决不苟且地活着。”

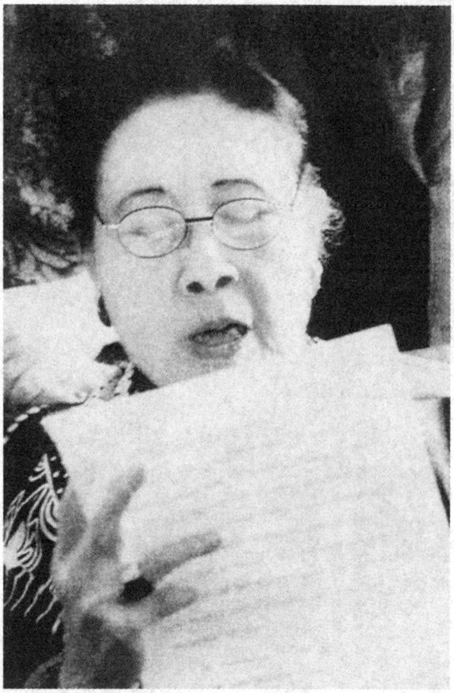

> 104 岁时的宋美龄。

宋美龄始终坚持“一个中国”理念，反对“台独”，强调“不做民族罪人”，也就成为台湾岛内反“台独”人士的“精神领袖”。一些国民党元老去看她，宋美龄总是热情接待，但“台独”分子去看她，她一个也不会见。1995年李登辉访美原打算途经纽约，顺道拜访宋美龄，宋美龄虽表示“乐于叙旧”，但最终没有与李见面。陈水扁多次过境纽约，表示要“顺道拜访”，都被宋美龄谢绝。

宋美龄支持连战领导下的国民党。2000年后“大选”投票前，国民党候选人连战的形势吃紧，国民党中评委有人请她出面支持连战。宋美龄就让秦孝仪执笔，代她起草了一封信，经她过目后发往台湾，表示坚决支持国民党候选人连战。不过连战还是败选，民进党的陈水扁上台，让宋美龄十分不安。

2001年国民党罢免了李登辉的党内职务，连战当选国民党主席，进行“党员重新登记”时，宋美龄按规定交了两张照片和1万元新台币的党费，亲笔签字支持绝不参加其他政党的党员规约，成为国民党终身党员，表示对连战及国民党的支持。

宋美龄在早年积聚了巨额的财富，即使在她晚年淡出台湾政坛后，依然可以为她支付一

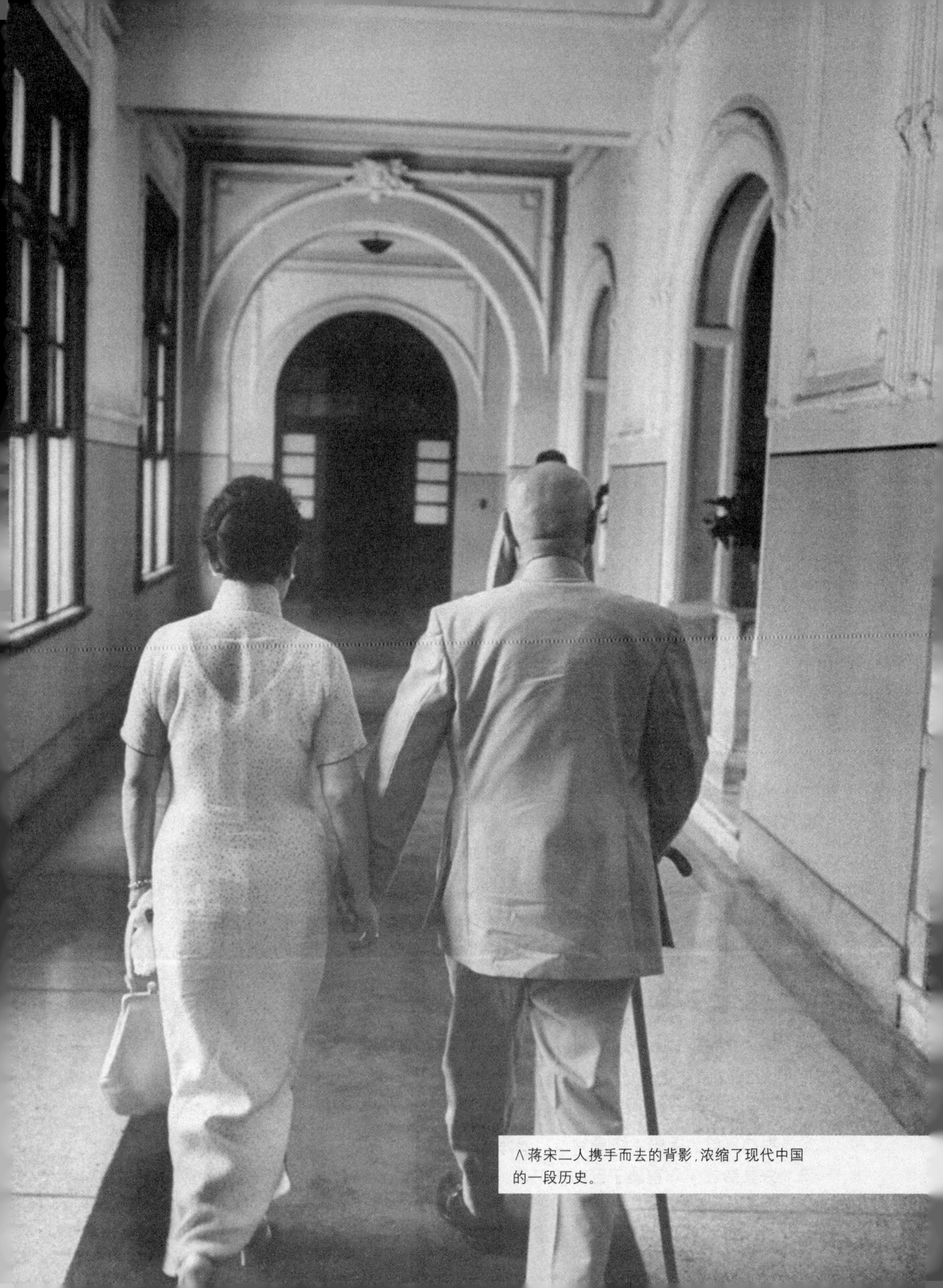

∧蒋宋二人携手而去的背影，浓缩了现代中国的一段历史。

切开销。可晚年的宋美龄居于异国他乡，虽有孔令仪等人的时常看望与陪伴，可远离故土的她看着子孙辈的一个个逝去，“蒋家王朝”的不复存在，台湾政局的日薄西山，宋美龄的内心是凄凉的，所以曾经在政坛上叱咤一时的风云人物此时备感孤寂。然而这种孤寂也只能通过寄于基督的虔诚来排解。

随着沧桑的日益逝去，宋美龄虽逐渐地看透世事，不再过问政事。可她内心的孤寂在与日俱增着。在寄情于画作和《圣经》之外，宋美龄也在考虑着自己百年之后的归所。她一直希望叶落归根，所以她曾经计划过世后要葬在何处，视蒋介石未来“奉安”何处而定。然而现在她却一改初衷，希望自己身后能葬在纽约，且不要把遗体运回台湾。

遵照她的意思，在她生前，孔令仪就已在纽约芬克里夫墓园为宋美龄购置了墓地。在此选择她的墓地原因是孔、宋家族多人皆葬在该墓园。生前不能共叙天伦，望百年后可以在天堂同聚。由此可见宋美龄一生对亲情的呵护，可由于政见及其他种种原因生前总不能如愿，只能寄托于百年后。

2003年2月底，宋美龄一度因感冒引发轻微肺炎住院，经医生悉心治疗后痊愈。但是3月间欢度106岁大寿时，首次未公开会见宾客，此后身体一直较弱。

2003年10月23日晚11时17分，宋美龄在纽约寓所睡眠中过世，享年106岁。她是在睡梦中自然过世的，走时十分平和安详，无丝毫痛苦。当时在她身边的有孔令仪和丈夫黄雄盛、曾孙蒋友常（蒋孝勇之子）及跟随她逾四十年的武官宋亨霖。

其实，宋美龄去世的当天下午身体仍好，但到晚上8时左右突然发现血压偏低，入眠后到当夜11时17分安详离去。

24日她的遗体被安放到位于纽约麦迪逊大道上的法兰克康贝尔殡仪馆。此处虽地处繁华的曼哈顿，但闹中取静，加上东河美丽的风景，给人舒适怡然的感觉，同时也给逝者以安适感。这或许也是痛失亲人的宋美龄亲属的精心选择。他们除了沉浸在悲痛中之外，还以此种方式表达着对逝者的追念。

追思礼拜和追悼仪式均在法兰克康贝尔殡仪馆举行。房间里放满了两岸致赠的吊唁花篮和花圈，花篮中除了素菊和白色兰花之外，亦有一些紫红色的兰花。兰花是宋美龄生前所爱之物，同时兰花那高洁的品质也象征了宋美龄的一生。

宋美龄的灵柩于30日上午10时由纽约的康贝尔移灵至纽约上州的芬克里夫墓园。10位工作人员将古铜色的棺木抬上白色灵车，由两部警车开道，灵车和10余部家属乘坐的礼车缓缓向墓园行进。灵车上没有黑纱，没有白色花环和遗像，也没有乐队。在一片寂静和亲属的沉痛中，宋美龄走向了天堂。

一朵历经风雨的红玫瑰，在跨越三个世纪，一生历经世事沧桑，见证了中国近现代史上无数惊心动魄的重大史实后安然落下了帷幕……

沧桑已逝，荣辱繁华都已随风而逝。

历史备忘录

HISTORY MEMORANDUM

∨ 这是1970年1月1日，《人民日报》发表的《告台湾同胞书》。

∨ 1997年6月30日，中、英两国政府香港政权交接仪式在香港会展中心举行。

人民日报

RENMIN RIBAO

国防部长徐向前声明

停止炮击大、小金门等岛屿

中华人民共和国全国人大常委会

告台湾同胞书

（一九七九年一月一日）

2

3

4

1

联大通过《全面禁止核试验条约》

联合国大会第50届会议在1996年9月10日以158票赞成、3票反对、5票弃权通过了《全面禁止核试验条约》。至此，目前世界上已知的三种大规模毁灭性武器——化学、生物、核——都达成了有关全面禁止的条约。9月24日，《全面禁止核试验条约》在联合国开放供各国签署，包括美、俄、英、法、中五个核国家在内的16个国家成为首批签署条约的成员国。条约的主要内容是禁止缔约国进行核爆炸。联大通过的这一条约，有助于推动全面核裁军和防止核扩散。

中国政府对香港恢复行使主权

1997年7月1日零点，中华人民共和国国旗和香港特别行政区区旗在香港升起，经历了百年沧桑的香港回到祖国的怀抱，中国政府开始对香港恢复行使主权。中、英两国政府香港政权交接仪式于6月30日午夜举行。7月1日零时4分，中华人民共和国主席江泽民在香港会议展览中心庄严宣告：根据中、英关于香港问题的联合声明，两国政府如期举行了香港交接仪式，宣告中国对香港恢复行使主权，中华人民共和国香港特别行政区正式成立。

最高人民法院认可台湾地区有关法院的民事判决

1998年6月，最高人民法院通过了《关于人民法院认可台湾地区有关法院民事判决的规定》。这项《规定》旨在进一步有效地减少两岸当事人的讼累，为及时、公正地解决相互之间的民事、经济纠纷提供了便捷有效的途径和方式。它标志着海峡两岸当事人特别是台湾同胞的民事权益在祖国大陆将会得到及时、公正、有效的司法保护。

中国发表国防白皮书强调台湾问题是中国内政

1998年7月27日，中国政府发表国防白皮书，这份近3万字、由国务院新闻办公室发表的国防白皮书，内容包括国际安全形势、国防政策等五部分。白皮书重申今后三年内再次裁减中国人民解放军50万人，使军队总规模维持在250万人。白皮书强调台湾问题是中国内政，不容其他国家或军事同盟把台湾海峡划入安全合作范围，不承诺放弃以武力解决台湾问题。

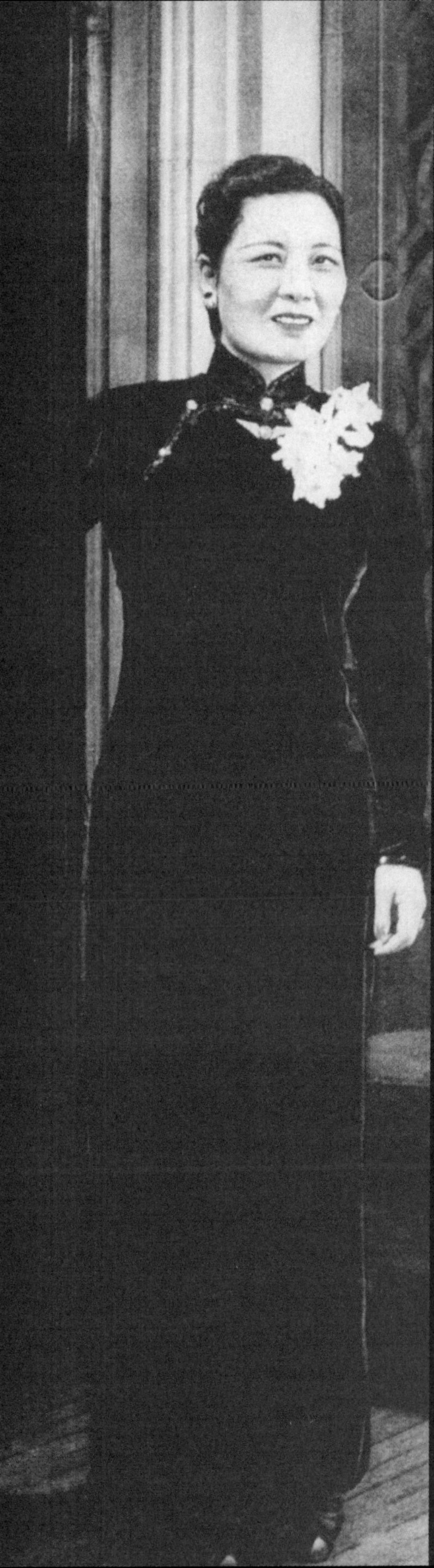

影像大扫描

IMAGE SCANNING

《蒋介石全纪录》《宋美龄全纪录》参考书目

《蒋家四遗孀深宫风云》 雷鸣／著 （汉斯出版社）

《蒋介石传》 何虎生／著 （华文出版社）

《毛泽东与蒋介石》 叶永烈／著 （广西人民出版社）

《平凡平淡平实的世界伟人 蒋总统经国先生》 （立坤出版社）

《蒋介石画传》 师永刚 杨素／编著 （长江文艺出版社）

《宋美龄——美丽与哀愁》 王丰／著 （台湾书华出版事业有限公司）

《尘封的记忆——在宋美龄身边的日子》 张紫葛／著 （团结出版社）

《我所认识的蒋介石》 冯玉祥／著 （中国文史出版社）

《宋美龄评传》 刘毅政／编 （华文出版社）

《蒋委员长西安半月记 蒋夫人西安事变回忆录》 （台湾正中书局）

《蒋介石秘史》 程舒伟 孙启泰 王光远／著 （团结出版社）

《金陵残梦》 陆平／著 （中国文史出版社）

《宋美龄大传》 佟静／著 （团结出版社）

《宋美龄画传》 师永刚 林博文／著 （作家出版社）

《晚年宋美龄》 佟静／著 （安徽人民出版社）

《宋美龄传》 杨树标／著 （江西人民出版社）

《蒋介石家世》 齐鹏飞／著 （团结出版社）

《我做了七年蒋介石夫人》 陈洁如／著 （团结出版社）

《蒋氏密档与蒋介石真相》 杨天石／著 （社会科学文献出版社）

《蒋介石全传》 张宪文 方庆秋／著 （河南人民出版社）

《蒋介石的宠将陈诚》 孙宅巍／著 （河南人民出版社）

《蒋介石家事家书》 蒋介石／著 （华文出版社）

《蒋介石权谋》 李松林／编 （华文出版社）

《蒋介石一家人》 刘艳宇／著 （华文出版社）

《宋美龄自述》 袁伟 王丽萍／选编 （团结出版社）

《在蒋介石宋美龄身边的日子》 汪日章／著 （团结出版社）

《宋氏三姐妹》 罗比·尤恩森／著 （世界知识出版社）

《蒋介石大传》 刘红／著 （团结出版社）

《风雨五十年》 李艳／著 （团结出版社））

《一世枭雄蒋介石》 李理 夏潮／著 （湖北人民出版社）

《宋子文与蒋介石的恩恩怨怨》 （中国文史出版社）

《蒋介石与他的家族》 万高潮／著 （中国文史出版社）

《宋美龄最后的日子》 窦应泰／著 （华文出版社）

《宋美龄的最后一程》 （中国《新闻周刊》）

《蒋夫人言论集》 （台湾光华出版社）

《一代风流宋美龄》 刘巨才／著

《蒋介石祸国史话》 刘松涛／著

《总统言论选集》 蒋介石／著

《蒋委员长西安半月记》 蒋介石／著

《与鲍罗廷谈话的回忆》 宋美龄／著

《胜利之路》 蒋经国／著

《蒋介石全纪录》《宋美龄全纪录》图片提供

1.国民党党史馆王铭石先生授权

2.英国 gettyimages 图片网授权

3.长城出版社（解放军画报社）授权

王春山　邓宋智　刘建定　孙　侯　成　山　吴印咸　张　举　张　熙　张祖道　李　峰　杨振亚　沙　飞　邹健东　陆仁生
陆文骏　郑景康　郝世保　徐　光　流　萤　耿　忠　袁克忠　郭建东　陶文治　高　粮　康矛召　童小鹏　黎　民

摄影作者（按姓氏笔画排列）、部分照片作者无记载，故未署名。